Élever bébé

Direction : Jean-François Moruzzi
Direction éditoriale : Pierre-Jean Furet
Responsable éditoriale pour la présente édition : Tatiana Delesalle-Féat
Édition : Caroline Rolland
Couverture et maquette intérieure : Nicole Dassonville
Coordination éditoriale : Anne Vallet
Réalisation : Catherine Le Troquier
Illustrations : Philippe Plateaux,
à l'exception des p.p. 736, 737, 738, 739, Anne Cinquanta
Fabrication : Amélie Latsch

L'Éditeur remercie Bertille Provansal pour son aide précieuse et efficace.

Pr Marcel Rufo
Christine Schilte

Élever bébé

hachette
PRATIQUE

Avant-propos

*LA PETITE ENFANCE, DE LA NAISSANCE À 6 ANS, EST UN MOMENT EXTRAORDI-
NAIRE. Dès cette période, une grande partie de la vie relationnelle, psychique, intellectuelle et motrice de l'enfant est engagée. Le petit bébé qui se blottit dans vos bras
depuis quelques jours, voire depuis quelques heures, va faire des acquisitions déterminantes pour son devenir. Tout ne se joue pourtant pas avant 6 ans. Les enfants que
je rencontre depuis de nombreuses années, pour un soutien, le prouvent chaque jour.
En ce début de la vie, rien n'est jamais joué et tout se rejoue toujours !*

*Si vous lisez bien ce livre, vous n'aurez besoin ni de moi ni de mes collègues.
En effet, depuis une vingtaine d'années, les parents ont fait des progrès considérables :
ils sont de plus en plus compétents à conforter toutes les potentialités dont sont porteurs leurs enfants. Bien sûr, nous sommes tous d'accord pour dire que les bébés
étrusques, romains et gaulois étaient déjà « interactifs ». Mais, à l'époque, les méthodes éducatives et le repérage des communications précoces étaient moins développés.*

*Tout compte dans la reconnaissance et la répétition des signes que vous aper-
cevez chez votre bébé. Aujourd'hui, il regarde un peu plus longtemps qu'hier, il vous
sourit plus souvent et ses cris prennent pour vous une signification de plus en plus précise. En comprenant les différentes manifestations de votre enfant, vous lui donnez
plus d'avenir psychique. Pour l'histoire malheureuse des bébés en difficulté, ce constat
est encore plus important. Quelles que soient les difficultés rencontrées à la naissance,
ces bébés peuvent espérer un avenir meilleur grâce à un travail relationnel intense.*

*Toute la famille participe au développement de l'enfant. Par exemple, com-
ment ne pas tenir compte du rôle des nouveaux grands-parents et des camarades de
votre enfant s'il va à la crèche ou s'il fréquente de temps en temps une halte-garderie ?
L'influence de ces enfants sera tout aussi déterminante, un peu plus tard, dans la petite
section de maternelle.*

Les notions de développement passionnent aujourd'hui les parents. Ils savent que leur rôle est de favoriser le devenir psychologique, intellectuel, moteur et relationnel du tout petit bébé. Les notions théoriques, parfois complexes, sont venues enrichir les savoirs empiriques des parents. Tous n'ont pas lu René Spitz, Donald Winnicott et les psychanalystes de la deuxième génération, comme Anna Freud, Mélanie Klein ou Margaret Mahler. Pourtant, la psychologie a envahi les consultations médicales des pédiatres et des généralistes. Et le phénomène est général. Ainsi, le célèbre pédiatre américain, T. Berry Brazelton, auteur d'une échelle d'évaluation du développement psycho-affectif du nourrisson utilisée dans le monde entier, affirme qu'aujourd'hui, dans la consultation de suivi d'un nourrisson ordinaire, 96 % concernent son développement psychomoteur, les 4 % restants intéressent son développement physique.

Nous sommes à l'aube d'une belle histoire, celle de votre enfant. Mon rôle de pédopsychiatre (quel vilain terme pour définir un spécialiste qui s'occupe essentiellement du développement de l'enfant et de ses perturbations), dans ce livre, consiste à vous accompagner dans le repérage des communications précoces de votre enfant. Je vais aussi vous indiquer de manière précise les étapes qui marquent les réels progrès de votre enfant : le sourire, la position assise, la marche, les premiers mots, les premiers mensonges... Le médecin, le pédopsychiatre, le pédiatre ou le généraliste ne peuvent intervenir qu'en alliance et partenariat avec vous, les parents. Leur écoute est toujours bienveillante. Ainsi, au fil des pages, vous apprendrez, par exemple, à mieux supporter la séparation d'avec votre bébé, lui offrant ainsi la conquête de son autonomie. Je vous demande donc de nous permettre de vous accompagner dans la plus belle rencontre de votre vie, celle de votre enfant. Parlez-lui doucement, vos paroles sont des caresses.

Mode d'emploi

Ces textes courts mettent en valeur, sous des éclairages différents, d'autres informations ou des conseils pratiques toujours complémentaires du texte de la page de droite.

Le professeur Marcel Rufo signe un texte dans lequel il explique un aspect particulier du développement de l'enfant. Il donne son point de vue de pédopsychiatre.

Lorsque l'information sur un sujet est importante, elle occupe la totalité de **la double page**.

Le titre du texte principal.

Le texte le plus long donne l'essentiel de ce qu'il faut savoir sur tel ou tel thème du développement de l'enfant. Pour trouver des informations complémentaires, reportez-vous aux petits textes de la page de gauche.

La réglette couleur suit le développement de votre enfant et vous permet de vous repérer rapidement dans le livre. Elle signale par une couleur le mois ou l'année qui vous intéresse.

Les relations fraternelles *en savoir plus*

Des erreurs à éviter

Le bon écart d'âge

MON AVIS

Du côté des aînés

L'inévitable jalousie

Préparer la cohabitation

Rassurer l'aîné

Préserver ses acquis

Les bébés nageurs

Initiation à l'eau

Le déroulement des séances

Un programme en trois étapes

Une surveillance constante

Ce livre vous propose deux lectures différentes

• Mois après mois pour la première année, semestre après semestre jusqu'à 3 ans, puis année après année jusqu'à 6 ans, l'ouvrage traite tous les aspects du développement de l'enfant. Reportez-vous à son sommaire chronologique (p. 7).

• Thème après thème, ce sont des réponses à des questions qui vous préoccupent aux différents âges de l'enfant : le sommeil, l'autonomie, l'alimentation, le langage, etc. Suivez alors les indications du sommaire thématique (p. 12). ■

Sommaire

Les annexes

Sommaire thématique

Le nouveau-né

Le bien-être du bébé

Le développement physiologique

Le développement psychologique

La santé du bébé

L'alimentation

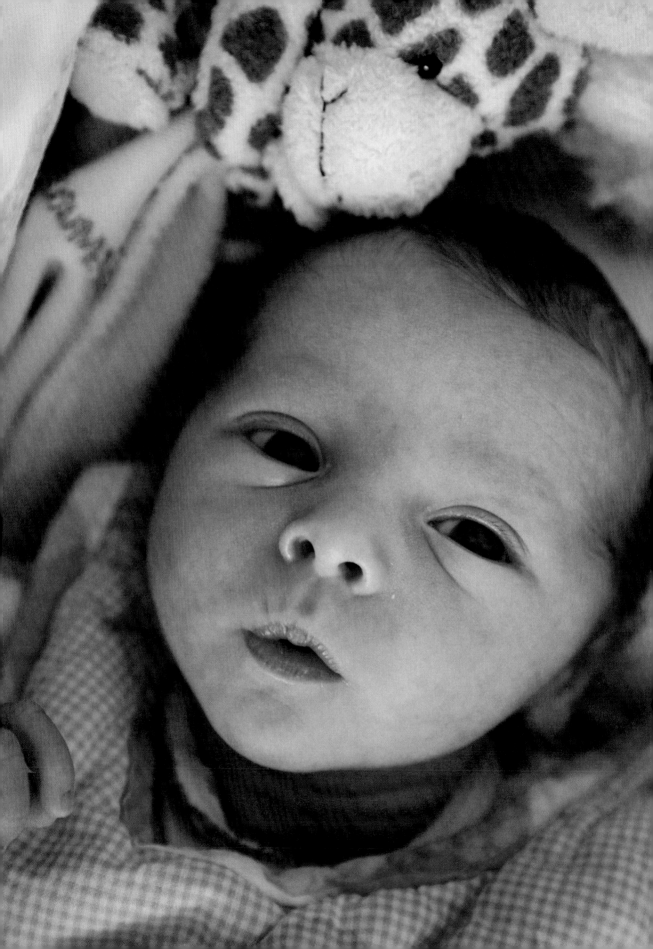

Première semaine

1RE SEMAINE

1ER MOIS

2 À 3 MOIS

4 À 5 MOIS

6 À 7 MOIS

8 À 9 MOIS

10 À 11 MOIS

1 AN

1 AN 1/2

2 ANS

2 ANS 1

3 ANS

4 ANS

5 ANS

6 ANS

ANNEXES

Première semaine

Vous

VOUS ÊTES MAINTENANT CHEZ VOUS, inquiète et anxieuse à l'idée de ne pas être à la hauteur de votre nouveau rôle de mère, seule avec votre bébé et sans le soutien du personnel spécialisé de la maternité. De plus, vous éprouvez peut-être un sentiment étrange, un malaise dépressif. C'est ce que les médecins appellent la dépression du post-partum ou le baby blues. Ne vous croyez pas exceptionnelle, cette affection est fréquente chez beaucoup de jeunes mamans. Celles-ci souffrent d'avoir perdu ce qu'elles possédaient in utero et qui mobilisait toute leur attention, toute leur affection. Le voici brusquement à l'extérieur, séparé d'elles.*

Vous allez trouver tout à côté de vous un soutien inattendu, celui de votre enfant. Regardez comme il accroche votre regard, comme il adapte la position de son corps à votre façon de le prendre ou presse son dos contre votre avant-bras lorsque vous le portez.

Ces manifestations de dialogue tonique du corps sont communes à tous les bébés en bonne santé. Mais votre bébé s'exprime de manière de plus en plus intelligible, ses cris se différencient. Il cherche constamment à entrer en contact avec vous.

Votre enfant

- À la naissance, son poids moyen est de 3,2 kg pour 50 cm environ.

- Il est sensible aux caresses, il aime la douceur et la chaleur.

- Il est capable de reconnaître l'odeur de sa mère. Il aime le sucré et déteste ce qui est amer. Il fait des mimiques de plaisir et de déplaisir.

- Il entend bien et préfère à tous les sons celui de la voix de sa mère. Il peut diriger son regard vers un point précis et réagit à l'approche d'un objet mais, incapable d'une bonne convergence oculaire, il ne voit net que ce qui est placé à 30 cm de ses yeux.

- Il possède un certain nombre de réflexes archaïques qui prouvent son parfait état neurologique et sa capacité à se développer. D'autres tests permettent d'évaluer ses aptitudes à entrer en relation avec les autres.

- Son alimentation quotidienne : 100 à 400 ml de lait maternel ou 1er âge, 6 à 7 fois par jour.

1RE SEMAINE

1ER MOIS

2 À 3 MOIS

4 À 5 MOIS

6 À 7 MOIS

8 À 9 MOIS

10 À 11 MOIS

1 AN

1 AN 1/2

2 ANS

2 ANS 1/2

3 ANS

4 ANS

5 ANS

6 ANS

ANNEXES

Son développement *en savoir plus*

Une drôle de tête !

Pour toutes les mamans, leur bébé est le plus beau du monde et ce malgré quelques petites disgrâces esthétiques. En effet, pour naître, le bébé a dû forcer bien des passages. Sa tête porte souvent les traces de cet effort : c'est la bosse séro-sanguine (p. 76). Sa peau peut être couverte de petits grains blanchâtres sur le nez, les joues, le front et le menton : ce sont les grains de milium. Ses yeux sont parfois rouges en raison d'une petite hémorragie de la conjonctive. Rassurez-vous, tous ces petits problèmes disparaîtront en quelques jours et sans que votre bébé ait besoin de soins particuliers.

La peau du visage du bébé est souvent bleutée au niveau des oreilles, du menton et du front. Il peut être poilu sur le dos, les cuisses et les épaules, et couvert de duvet sur les joues et le front : c'est le lanugo, un duvet qui couvre tout le fœtus. ■

Ses premiers instants

Le passage de la filière pelvienne n'est sans doute pas un moment facile pour le bébé. Son thorax y est fortement comprimé. C'est ce qui explique qu'il expulse le liquide pulmonaire qui remplissait jusqu'alors ses poumons. La première inspiration se produit dans les 20 secondes qui suivent la sortie de l'enfant. Mais le bébé n'est pas au bout de ses surprises ; il se trouve plongé dans une atmosphère qu'il vit comme plutôt fraîche alors qu'il est complètement mouillé. Il semble d'ailleurs que la différence de température entre l'utérus maternel et l'atmosphère de la salle d'accouchement ait une influence sur le réflexe du premier cri. L'évaporation du liquide amniotique, si l'enfant n'est pas essuyé et recouvert d'un drap, provoque une déperdition calorique importante.

En un quart d'heure, la température du nouveau-né peut passer de 37 °C à 33 °C alors qu'il est né dans une pièce proche de 22 °C. Afin qu'il ne perde qu'un minimum de température, il est enveloppé dans une serviette chaude et sèche.

Pendant que l'accouchement se termine – ce sont la délivrance et l'expulsion du placenta et de ses annexes – l'enfant est examiné (p. 25) puis placé sur le ventre de sa mère.

Dans les minutes qui suivent sa naissance, votre bébé va être identifié. On lui attache au poignet un petit bracelet d'identification où sont portés son nom, son prénom et votre numéro de dossier d'hospitalisation. Parfois on y ajoute son sexe et sa date de naissance. Vous devriez porter le même afin de faciliter toute identification et pour éviter cette crainte courante du bébé échangé par erreur. ■

Le cordon ombilical

Au moment de la naissance, le bébé est toujours relié au placenta par le cordon ombilical. Celui-ci est coupé une fois que l'enfant est entièrement sorti. Selon les pratiques médicales, il l'est plus ou moins rapidement après la naissance. Le cordon ombilical cesse de fonctionner à la première inspiration d'air du bébé. Sous l'effet de l'augmentation de la pression de l'oxygène, il se ferme, coupant ainsi la circulation sanguine. Il ne bat plus. Pour couper le cordon ombilical, le médecin place deux pinces distantes de 10 cm sur celui-ci dans la partie la plus proche de l'abdomen du bébé. Elles ont pour but d'éviter tout saignement des artères et de la veine ombilicale au moment de leur section. Le cordon est ensuite badigeonné avec un produit antiseptique. Au moment des soins, après la naissance, le cordon est recoupé à 1 cm du nombril, puis on pose une pince stérile qui favorisera la cicatrisation et formera un joli nombril. On vérifie la présence dans ce cordon de deux artères et d'une veine et on entoure le tout d'une gaze stérile, sèche ou mouillée d'un peu d'alcool à 90°. La cicatrisation se fait en quelques jours. ■

Le premier cri

1RE
SEMAINE

1ER MOIS

2 À 3
MOIS

4 À 5
MOIS

6 À 7
MOIS

8 À 9
MOIS

10 À 11
MOIS

1 AN

1 AN 1/2

2 ANS

2 ANS 1/2

3 ANS

4 ANS

5 ANS

6 ANS

ANNEXES

ENFIN, « IL » EST LÀ ! Vous avez souffert, votre bébé a fait de gros efforts. Poussé, comprimé dans l'espace étroit qu'est l'utérus maternel, il est enfin propulsé à l'air libre. En quelques minutes, le nouveau-né va devoir s'adapter à sa nouvelle vie. Tout commence pour lui.

Un réflexe de vie

Les premières fonctions indispensables à sa survie, la respiration et la circulation sanguine, vont s'installer dès l'expulsion. Quelques heures plus tard, ce seront celles du métabolisme, puis les fonctions urinaires et digestives.

Avec le premier cri apparaissent les fonctions respiratoire et cardiaque, indispensables aux bons échanges gazeux au niveau des poumons et à une irrigation de tous les organes par le sang. In utero, la trachée-artère, les bronches, les bronchioles et les alvéoles pulmonaires sont remplies de liquides sécrétés par les cellules des parois alvéolaires. En perpétuel renouvellement, ces liquides sont rejetés par le pharynx dans le liquide amniotique – la glotte est en permanence fermée afin que ce dernier ne pénètre pas dans l'appareil respiratoire. Au moment de la naissance, sous l'effet de la compression du thorax, lors du passage par les voies génitales, une grande partie de ce liquide est expulsée (le reste le sera par aspiration au cours des premiers soins). Au contact de l'air, la glotte s'entrouvre par un mouvement réflexe et les muscles inspiratoires se contractent violemment, provoquant une dépression à l'intérieur du thorax ; l'air s'engouffre alors dans l'arbre respiratoire. Sous son effet, les alvéoles des poumons se déplissent. La première expiration s'apparente à un réflexe et laisse un peu d'air dans les alvéoles. Ce réflexe est indispensable pour la bonne continuité des échanges gazeux vitaux et pour permettre la réouverture des alvéoles à la deuxième inspiration.

Les premiers cris sont suivis de petits grognements. Le bébé tremble un peu. Son visage qui était légèrement bleu, devient rose. Déposé sur votre ventre, vous pouvez alors faire tendrement connaissance.

Première autonomie

Dans la plupart des maternités, le cordon ombilical est coupé au bout de 4 à 5 minutes. La première inspiration et le clampage (fermeture par une pince) du cordon ombilical transforment profondément la circulation sanguine de l'enfant ; le trou de Botal (qui assurait la communication entre les deux oreillettes du cœur du fœtus) est obstrué par une membrane qui, tel un clapet, vient se plaquer contre l'orifice en raison d'une différence de pression sanguine. La plus grande pression d'oxygène dans le sang provoque encore la contraction du canal artériel qui mélangeait chez le fœtus la circulation pulmonaire à la circulation générale du reste du corps. Ainsi s'établit la double circulation indispensable à la vie aérienne. ■

« Une incroyable émotion saisit les parents dès qu'ils perçoivent ces cris chargés de sens. Des caresses et la mise au sein les apaisent. »

L'examen neurologique

Le pédiatre observe le tonus musculaire de l'enfant et un certain nombre de réflexes liés à son hypertonie naturelle. Parmi ceux-ci, il pratique « l'épreuve du foulard ». Il tire la main de l'enfant vers l'épaule opposée, le coude ne devant pas dépasser le milieu du corps. Puis il essaie d'étendre la cuisse qui est normalement en flexion sur l'abdomen et qui doit résister.

Autre particularité, le pied très fermé peut se poser facilement sur la face antérieure de la jambe. Le médecin amène le pied à la hauteur de l'oreille en fléchissant le bassin et en tendant les jambes : cette « manœuvre talon-oreille » est impossible à effectuer chez un enfant normal et à terme. ∎

Le score d'Apgar

Pour obtenir ce score, le médecin étudie le rythme cardiaque de l'enfant, sa respiration, son tonus musculaire, la coloration de sa peau, ses cris et sa « réactivité » à l'aspiration. Il note ces critères de 0 à 2 selon l'état du bébé.

Un score entre 7 et 10 est le plus fréquent, il correspond souvent à une peau légèrement bleutée en raison d'un accouchement un peu long ou à l'absence de cri spontané gêné par les muqueuses encombrant la gorge de l'enfant à la naissance. Cette « bonne note » est vérifiée 5 puis 10 minutes après la naissance. Si le score est de 3 à 7, le bébé a sans doute souffert pendant l'accouchement. On

aspire à nouveau soigneusement le fond de sa gorge, on l'aide à respirer au moyen d'un masque à oxygène. Au bout de quelques minutes de soins, le score redevient satisfaisant. Dans tous les autres cas, l'enfant doit être placé en réanimation. ∎

Contrôler sa vue et son ouïe

Le médecin propose d'abord à l'enfant de suivre du regard un objet coloré. Puis il vérifie sa sensibilité à la lumière. Face à une lumière vive, ses pupilles se rétrécissent et l'enfant ferme ses paupières. Ce sont les réflexes photomoteur et d'éblouissement. Il existe plusieurs manières de dépister la surdité. Le test le plus courant dans les maternités consiste à contrôler son audition avec de petits objets qui émettent des sons. Le médecin observe les réactions du nouveau-né, notamment s'il ferme les yeux lorsqu'il entend un bruit fort. Mais il existe un matériel plus fiable qui teste les oto-émissions acoustiques produites par les cellules ciliées de l'oreille soumises à un son. Il se présente comme un petit écouteur qui cache un microphone et un récepteur relié à une boîte de commandes. L'examen est indolore et ne dure que quelques secondes. Le médecin peut aussi utiliser un audimètre. Ses écouteurs sont placés à deux centimètres des oreilles du bébé, l'appareil émet un « bruit blanc » (mélange de toutes les fréquences sonores) et des sons modulés (fréquences basses moyennes et aiguës). Si le bébé s'étire, plisse les yeux ou tourne la tête, c'est qu'il entend. ∎

Dépister pour mieux prévenir

Dans les jours qui suivent la naissance on prélèvera quelques gouttes de sang au talon de votre bébé. Ce prélèvement permet d'effectuer le test de Guthrie qui diagnostique une maladie héréditaire du métabolisme : la phénylcétonurie, déficit sévère d'une enzyme fabriquée par le foie. Un régime alimentaire entrepris précocement permet d'éviter de graves lésions cérébrales Aujourd'hui, ce dépistage est couplé avec celui de l'hypothyroïdie, une maladie due à une insuffisance de sécrétion de la glande thyroïde, cause de retard mental qu'un traitement palliatif supprime. Ce prélèvement sert également au dépistage de la mucoviscidose par un dosage de la trypsine, une enzyme déficiente dans cette maladie. ∎

Premier bilan de santé

1RE
SEMAIN

1ER MOIS

2 À 3
MOIS

4 À 5
MOIS

6 À 7
MOIS

8 À 9
MOIS

10 À 11
MOIS

1 AN

1 AN 1/2

2 ANS

2 ANS 1/

3 ANS

4 ANS

5 ANS

6 ANS

ANNEXES

LES FONCTIONS VITALES DU BÉBÉ SONT EXAMINÉES le plus souvent dans les minutes qui suivent la naissance, parfois quelques heures après. Il est presque toujours fait dans la salle d'accouchement, sur une table de réanimation.

Un protocole bien défini

Selon la taille de la maternité et les circonstances de la naissance, cet examen est pratiqué par une sage-femme, une puéricultrice ou un pédiatre. Dans la première minute qui suit la naissance, il (ou elle) procède à l'évaluation du score d'Apgar. Ce score a été mis au point en 1952 par une anesthésiste américaine, le docteur Virginia Apgar. Il figure sur le carnet de santé de votre enfant, qui vous est remis à sa sortie de la maternité. C'est la somme d'un certain nombre de chiffres estimant la vitalité de l'enfant (p. 24).

L'examen se poursuit par la désobstruction de la bouche, de la gorge et des fosses nasales à l'aide d'une sonde aspirante (matériel jetable et à usage unique). C'est alors que les bébés qui n'ont pas crié à la naissance s'expriment. Si l'enfant semble avoir quelques difficultés respiratoires, il reçoit un peu d'oxygène. Puis le praticien prend sa température pour vérifier qu'il n'est pas en hypothermie. Il pratique le test de Guthrie. Il recoupe le cordon et pose une pince. Dans certaines maternités, l'enfant reçoit par la bouche, ou en injection, de la vitamine K1 pour prévenir toute perturbation dans la coagulation du sang. On procède ensuite à l'instillation de 1 ou 2 gouttes de collyre antibiotique dans chaque œil pour prévenir tout risque d'ophtalmie purulente.

S'assurer que tout va bien

Le médecin, ou la sage-femme, fait un examen général du corps pour dépister une malformation, il insiste notamment sur le bon positionnement des os des deux fémurs dans les cavités osseuses des hanches (p. 37). Il examine le cou pour diagnostiquer un hématome, les clavicules (en cas d'accouchement difficile, elles peuvent être fracturées) et les organes génitaux. Il passe encore une sonde dans les narines pour provoquer le réflexe de toussotement, puis dans l'estomac afin de dépister une atrésie de l'œsophage (interruption de cet organe). L'anus est examiné pour s'assurer de sa perméabilité. Il contrôle l'état du palais et de la bouche, vérifiant par là même l'existence du réflexe de succion. Puis l'enfant est pesé et mesuré : taille, périmètres crânien et thoracique.

Premiers dépistages

À la naissance ou dans les jours qui suivent, un prélèvement de quelques gouttes de sang permet le dépistage de maladies qui peuvent ainsi être immédiatement traitées. Il s'agit de la drépanocytose, maladie de l'hémoglobine, de l'hyperplasie congénitale des surrénales, de l'hypothyroïdie congénitale de la phénylcétonurie et, tout récemment, de la mucoviscidose par un dosage de la trypsine, une enzyme déficiente qui caractérise cette maladie. ■

" Ces investigations cliniques et biologiques sont indispensables pour donner à l'enfant toutes les chances d'un heureux développement. "

Tous ses sens en éveil

DÉJÀ, IN UTERO, LE BÉBÉ A ACQUIS tous les sens qui lui seront indispensables pour vivre et communiquer normalement. Leur formation a suivi une chronologie précise mais ils ne sont pas encore aussi performants que ceux de l'adulte. Ils doivent se parfaire et être confrontés aux expériences de la vie.

Le toucher en premier

Bien avant de naître, l'enfant est sensible aux caresses. Les cellules responsables des sensations tactiles se développent dès la 6e semaine de gestation. L'expérience de la stimulation tactile commence dans le liquide amniotique. Le futur bébé perçoit sa douce température et ses moindres déplacements lui procurent des sensations d'effleurement. C'est sans doute pourquoi le contact avec des surfaces souples, chaudes, les caresses et les bercements auront sur lui un effet apaisant, et ce pendant longtemps. On sait aussi qu'il réagit aux stimulations tactiles à travers la paroi abdominale de sa mère.

Le bébé, lorsqu'il naît, est parfaitement équipé sur le plan du toucher. Sa peau est capable de percevoir diverses sensations. Tous ces signaux sensitifs sont transmis au cerveau par des terminaisons nerveuses dont certaines indiquent le contact, alors que d'autres mesurent la pression, évaluent le chaud, le froid ou la douleur. Douceur et chaleur, associées à l'odeur, sont, sans aucun doute, les sensations préférées des bébés.

Le goût : d'abord le sucré

Les premières cellules gustatives apparaissent vers le 3e mois de la grossesse. Selon les travaux du professeur Matty Chiva, l'enfant, dès la naissance, peut reconnaître les quatre sensations gustatives élémentaires : le salé, le sucré, l'acide et l'amer. Les expériences montrent qu'il sait nettement signifier son plaisir pour le sucré et son aversion pour l'amer. La saveur sucrée du liquide amniotique expliquerait la prédilection du nouveau-né pour ce goût. Cette préférence s'observe dès qu'il respire et avant même qu'il ait été alimenté. Elle déclenche des mimiques de plaisir et de détente. Ainsi l'administration d'une solution sucrée est conseillée pour atténuer le stress du bébé, notamment dans le cas de soins douloureux.

C'est encore le goût sucré du lait qui séduit le nourrisson dès sa première tétée et qui l'encourage à se nourrir. Il est particulièrement sensible au galactose s'il s'agit de lait maternel ou au lactose s'il est nourri au lait de substitution. Le bébé est donc génétiquement programmé pour aimer le lait. Pourtant tous les bébés ne sont pas identiques. Certains perçoivent les goûts plus vite, plus intensément ou plus finement que d'autres.

Un odorat très subtil

Il est impossible de savoir si l'odorat existe avant la naissance. Ce qui est sûr, c'est que, dès les premières minutes de vie, le nourrisson réagit à la présentation d'une grande variété d'odeurs. Il sait distinguer aussi bien celles qui sont agréables ou désagréables pour l'adulte que différencier des qualités odorantes distinctes.

Ce sens est important, notamment dans la recherche du sein au moment de l'allaitement. Un chercheur danois a pu établir qu'à partir du 6e jour, les bébés possèdent un odorat assez fin pour reconnaître leur mère.

Une audition déjà fine

Le fœtus réagit aux stimulations auditives dès la 22ᵉ semaine de gestation. L'enfant à la naissance entend fort bien. Toutes les mères ont observé qu'un bruit fort le réveille ou le fait sursauter. À l'inverse, d'autres sons le calment, mais leur rythme doit être régulier pour mettre fin aux pleurs. Des recherches ont pu montrer que le nouveau-né préfère entendre la voix humaine, la voix de sa mère en particulier, plutôt que celle d'une femme inconnue. En revanche, il ne ferait pas de différence entre la voix de son père et celle d'un autre homme. Il préfère, en outre, entendre parler sa langue maternelle plutôt qu'une langue inconnue.

La vue : du plan fixe à la découverte

Le système visuel se met en place au 7ᵉ mois de la vie fœtale. L'enfant, dès qu'il vit dans la lumière, oriente ses yeux par rapport à l'espace et maintient son regard à l'horizontale quand sa tête bouge. Cependant, malgré le déplacement conjugué de ses yeux, il est encore incapable d'une bonne convergence oculaire. De plus, l'accommodation est très mauvaise : le bébé a donc d'abord une vision trouble de tout ce qui demande un changement de courbure du cristallin, c'est-à-dire tout ce qui se trouve à plus de 40 cm de ses yeux. Le bébé perçoit la lumière et parvient à en distinguer des intensités très fines. Il est encore capable, dès sa naissance, de diriger son regard vers un point précis.

Dès la 2ᵉ semaine, l'enfant réagit à l'approche d'un objet. Il a donc une première conscience de la profondeur du champ qui l'entoure. Vers la 4ᵉ semaine environ, il devient capable de fixer un objet, qu'il soit proche ou lointain, mais il ne peut guère y arrêter longtemps son regard. Ce n'est que vers 2 mois qu'il poursuit réellement un objet en déplaçant son regard, avec anticipation sur son trajet. ■

▌ MON AVIS

Il faut que vous admettiez que votre bébé a tous les talents. Lorsqu'il crie, il inaugure ainsi les débuts d'une communication : aujourd'hui, il ne vous parle pas mais, peu à peu, ses cris vont se modifier et être remplacés par toute une gamme de petits bruits qui deviendront langage. Votre bébé est compétent, non seulement pour recevoir les signaux que vous lui envoyez, mais aussi pour en émettre. Il modifiera ses manifestations en fonction de ce qu'il aura perçu. Il accroche votre regard. Il déglutit votre lait et le reconnaît. Votre odeur ne lui est pas inconnue. La douceur de votre peau le rassure et votre voix lui permet de se souvenir de mélodies utérines. Regardez-le bien ces premiers jours, car ses progrès vont s'accroître très vite. De jour en jour, ses performances et vos contacts mutuels s'enrichissent. Pour vous parents, il est passionnant de noter ses compétences, ainsi vous les reconnaîtrez mieux et, surtout, vous allez contribuer à les développer. Votre bébé est donc né doué du sens de la communication, ce qui aboutit à une relation riche et durable. C'est ce que les psychologues appellent l'« interaction ». Il s'agit de la rencontre des manifestations de votre bébé à votre égard et des vôtres vers lui. Il est parfois difficile de déterminer dans ces échanges qui regarde qui, qui répond à qui. ■

1ʳᵉ SEMAIN

1ᵉʳ MOIS

2 À 3 MOIS

4 À 5 MOIS

6 À 7 MOIS

8 À 9 MOIS

10 À 11 MOIS

1 AN

1 AN 1/2

2 ANS

2 ANS 1/

3 ANS

4 ANS

5 ANS

6 ANS

ANNEXES

Des bébés plus ou moins fragiles

Selon les conditions et le terme de la naissance, les prématurés mettent quelques mois à rattraper le retard de poids et de taille qui les sépare des enfants nés à terme ; quelques-uns devront même attendre deux ans. Certains seront plus sujets que d'autres aux infections respiratoires ou à des petits troubles d'ordre digestif ou alimentaire. Cependant, malgré les progrès de la médecine néonatale et le combat des médecins, 20 % des prématurés sont porteurs de handicaps moteurs, de difficultés de motricité fine, de problèmes cognitifs ou présentent, en grandissant, des difficultés scolaires. Lorsque l'enfant est rendu à ses parents, c'est un nourrisson comme les autres, pas plus fragile puisqu'il reste à l'hôpital le temps nécessaire à sa maturation. Son séjour varie de quelques semaines à plusieurs mois selon son état. À sa sortie, son poids doit être d'environ 2,4 kg et il doit être capable de boire au biberon. Cependant, pendant la première année, surtout s'il est né tôt, il ne faut pas que sa mère le compare à un enfant né à terme. À partir de 12 ou 15 mois, les différences s'estompent. Mais il faut toujours corriger son âge par rapport à sa date de naissance. ■

Des soins très pointus

Depuis dix ans, les soins aux prématurés ont fait des progrès considérables jusqu'à atteindre un niveau maximal de performance. Leur survie est due, d'une part aux soins apportés à leur transport de leur lieu de naissance au service spécialisé de néonatalogie en respectant la « chaîne du chaud » et, d'autre part, à plusieurs grandes découvertes, notamment : la ventilation assistée avec calcul du taux d'oxygène dans le sang, la nutrition parentérale continue avec une alimentation directe dans l'estomac, parfaitement calculée en fonction des besoins de l'enfant, et la mise au point d'un produit, le surfactant de synthèse, qui accélère la maturation pulmonaire.

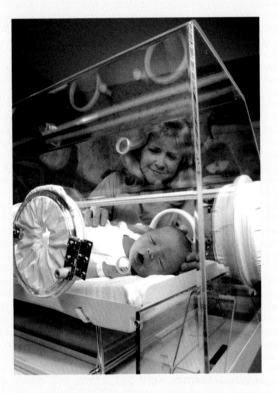

L'enfant prématuré est installé dès sa naissance dans une couveuse stérile, afin de lui garantir la chaleur nécessaire à sa survie et de le maintenir à l'abri de tout microbe. Dans certains cas, on lui couvre les yeux d'un petit masque et on le place sous une lumière bleue pour lui éviter une affection, appelée bilirubine, due à son immaturité hépatique. Il ne doit souffrir d'aucune déperdition de chaleur et porte souvent un petit bonnet de laine et des chaussons.

Si, par contre, il ne porte qu'une couche, c'est pour pouvoir mieux contrôler sa respiration et la couleur de sa peau. Une protection de Plexiglas équipe parfois l'intérieur de l'incubateur ou même un film en plastique directement posé sur son corps.

Aujourd'hui, on veille tout particulièrement à son développement psychique. On sait que les visites de ses parents ont une influence sur son envie de vivre. De même, on s'est aperçu qu'une infirmière ne devait pas être uniquement soignante et que ses paroles et ses caresses avaient des vertus calmantes. ■

Né un peu trop tôt

1RE SEMAINE

1ER MOIS

2 À 3 MOIS

4 À 5 MOIS

6 À 7 MOIS

8 À 9 MOIS

10 À 11 MOIS

1 AN

1 AN 1/2

2 ANS

2 ANS 1/2

3 ANS

4 ANS

5 ANS

6 ANS

ANNEXES

LE NOMBRE D'ENFANTS NÉS AVANT TERME RESTE DÉSESPÉRÉMENT LE MÊME, en dépit des campagnes de prévention. Ainsi, dans l'Hexagone, 7 % des enfants voient le jour à moins de 37 semaines d'aménorrhée et 13 % dans les territoires d'outre-mer. De même, la grande prématurité, à moins de 33 semaines, est en hausse, tout particulièrement lorsqu'il s'agit de premières grossesses.

Pas tout à fait prêt

On considère comme prématuré tout enfant né avant le terme normal de la grossesse. Cette naissance peut être due au déclenchement inopiné de l'accouchement à la suite d'une grossesse difficile ou à une intervention médicale soit en raison d'une souffrance fœtale mettant en danger la vie du bébé in utero, soit parce que c'est la vie de la maman qui est menacée.

Mis à part sa taille et son poids, ce bébé semble apparemment terminé mais certains de ses organes internes n'ont pas achevé leur développement. En effet, la formation des organes est génétiquement programmée le jour même de la conception et il leur faut neuf mois pour acquérir un parfait état de fonctionnement. C'est notamment le cas de l'appareil respiratoire et du cerveau. Par contre, l'appareil digestif est relativement fonctionnel précocement tout comme un certain nombre d'enzymes nécessaires à la vie.

Dans l'incubateur et avec l'aide d'une assistance médicale adaptée à ses besoins, l'enfant continue à se développer au même rythme que dans l'utérus maternel.

Mais la principale difficulté du moment est de trouver à ces enfants l'unité de néonatalogie capable de prendre soin d'eux. En effet, il y a deux ans, 65 % seulement d'entre eux ont pu être accueillis dans les maternités de niveau 3 équipées de services spécialisés.

Chaque cas est unique

Sur le plan médical, les enfants prématurés sont classés en trois catégories : les prématurés nés entre 32 et 36 semaines, les grands prématurés nés à moins de 29 semaines et dont le poids est inférieur à 1 000 g et les prématurissimes nés à moins de 28 semaines et dont le poids de naissance est inférieur à 1 000 g. Très récemment, des médecins américains ont réussi à sauver un bébé né à 26 semaines d'aménorrhée et pesant 244 g. Mais cette prouesse technique n'est pas sans risque pour l'avenir de cet enfant car plus un prématuré naît tôt, plus son poids de naissance est bas, plus son démarrage dans la vie est délicat. On sait d'après une étude anglaise menée depuis 10 ans qu'à peine un enfant sur deux survit lorsqu'il est né à 26 semaines et que 41 % d'entre eux souffrent d'un handicap cognitif sévère. Seuls 20 % montrent un développement sans problème. Par contre, 60 % des enfants nés entre 28 et 30 semaines, 75 % à 32 semaines et 95 % au-delà de 36 semaines sont sauvés. Mais la grande difficulté dans les soins tient à ce qu'aucun prématuré n'est identique à un autre de même âge et de même poids. ■

❝ Vous pouvez être tentée de poursuivre psychiquement votre grossesse. Surtout, allez voir votre bébé aussi vite que possible. **❞**

Jumeaux et triplés

DE TOUT TEMPS, CES GROSSESSES ONT ÉTONNÉ. Selon les civilisations, elles étaient la manifestation d'un don de Dieu ou de sa défiance. Aujourd'hui, la superstition a laissé place à la curiosité des chercheurs.

Relativement rares

En France, le taux de naissances gémellaires est passé de 9,4 pour 1 000 en 1970 à 10,5 pour 1 000 en 1986 et le taux de triplés a été multiplié par 3. Phénomène que l'on retrouve aux États-Unis, en Australie et au Japon. Les grossesses multiples sont une exception pour l'espèce humaine. En effet, 1 grossesse sur 80 est gémellaire, 1 naissance est triple pour 100 naissances gémellaires et 1 naissance est quadruple pour 95 naissances triples.

Des facteurs favorisants

Ils sont connus depuis longtemps. Ainsi, bon nombre de ces grossesses s'observent chez les mères entre 35 et 40 ans, notamment si elles sont de groupe sanguin AB. Elles sont fréquentes aussi lorsque la conception survient dans les mois qui suivent l'arrêt de la pilule. Bien sûr, les antécédents familiaux pèsent pour beaucoup et il existe des familles « à jumeaux ». La transmission génétique se ferait par la mère et de manière récessive. Il semble que la race ait aussi une influence. Ainsi, aux États-Unis, les couples de couleur ont 1,5 fois plus de jumeaux que les couples blancs et, dans certaines régions d'Afrique, on constate des taux de naissances gémellaires pouvant aller jusqu'à 5 %. À l'inverse, les peuples asiatiques connaissent, eux, très peu de naissances multiples. Le climat semble aussi apporter des modifications : il y a davantage de jumeaux dans le Nord de l'Europe que dans le Sud. À ces facteurs s'ajoute aujourd'hui la stimulation ovarienne par médication dans le cas de certaines stérilités. Les traite-ments hormonaux peuvent provoquer l'éclosion de deux ou plusieurs ovules qui sont fécondés ensemble. On estime que, dans ce cas, 10 à 25 % des grossesses sont gémellaires. La fécondation in vitro entraîne 20 % environ de naissances multiples. Aujourd'hui, en France, les traitements de mieux en mieux dosés évitent la production d'ovules en grand nombre à l'origine de grossesses difficiles. Pour obtenir plus de chances de réussite, il est habituel d'implanter deux embryons, rarement plus afin d'éviter la réduction embryonnaire. Ainsi, les jumeaux sont de plus en plus nombreux au détriment des triplés et des quadruplés en raison d'une meilleure maîtrise des techniques de PMA.

Les « faux » jumeaux

Les grossesses dizygotes représentent plus des deux tiers des grossesses gémellaires. Les bébés sont le résultat de la fécondation de deux ovules par deux spermatozoïdes, très souvent au cours du même rapport sexuel. Les deux embryons se développent côte à côte et chacun a ses annexes, ses membranes et son propre placenta. Il n'y a aucune communication entre eux. Ces enfants n'ont pas obligatoirement le même sexe et se ressemblent simplement comme frère et sœur. Certains scientifiques pensent parfois, devant la différence de développement in utero de deux jumeaux, qu'ils ont été conçus à quelques jours d'intervalle, d'autres pensent même qu'ils peuvent avoir un mois d'écart, la première grossesse n'ayant pas bloqué le fonction-

1ʳᵉ SEMAIN

1ᵉʳ MOIS

2 À 3 MOIS

4 À 5 MOIS

6 À 7 MOIS

8 À 9 MOIS

10 À 11 MOIS

1 AN

1 AN 1/2

2 ANS

2 ANS 1/2

3 ANS

4 ANS

5 ANS

6 ANS

ANNEXES

nement des ovaires. Aucune preuve scientifique n'a pour l'instant étayé leurs hypothèses.

Les « vrais » jumeaux

Les grossesses monozygotes sont beaucoup plus rares et représentent un tiers des cas. Les enfants sont issus de la fécondation d'un seul ovule par un unique spermatozoïde. Cet œuf va se diviser en deux sans que l'on sache pourquoi et à quel moment exactement.

Ce qui est sûr, c'est que cette division doit se faire avant le 15ᵉ jour qui suit la fécondation. Il semble que ce moment ait une importance sur l'installation de l'œuf dans la paroi utérine. Selon le cas, chaque œuf a ses propres annexes, ses propres membranes et son propre placenta. Mais il se peut aussi que les embryons ne se nourrissent que sur un seul placenta. Ils peuvent avoir chacun leur amnios ou, au contraire, se développer dans le même sac amniotique. Les annexes communes posent parfois des problèmes de circulation, l'un des jumeaux recevant plus de sang que l'autre. Le jumeau « transfusé » risque de recevoir trop de sang et de souffrir d'insuffisance cardiaque, alors que le jumeau « transfuseur » peut manquer d'apport sanguin, risquant ainsi une anémie et une hypotrophie.

Les « vrais » jumeaux sont, bien sûr, du même sexe et se ressemblent presque à l'identique puisqu'ils ont le même patrimoine génétique. Leurs empreintes digitales sont presque superposables et ils ont souvent les mêmes capacités intellectuelles, les mêmes goûts, la même prédisposition à certaines maladies et, toute leur vie, resteront profondément attachés l'un à l'autre. Mais leur comportement va dépendre, outre l'hérédité, de la façon dont vous allez les élever.

Sachez que, de manière surprenante, l'état civil institue un aîné dans les familles d'enfants multiples. C'est le premier-né qui assume ce rôle puisqu'il a vu le jour avant tous les autres. ■

" La dernière enquête périnatale française estime le nombre de naissances multiples à 15 300 environ en 2003. „

Le choix du prénom *en savoir plus*

Trouver l'inspiration

Si vraiment vous manquez d'idées sur le prénom du futur bébé, les sources d'inspiration sont nombreuses. Les saints tout d'abord. Il en existe de fort rares tels que Brieux, Floxel ou Léocardie. Sont encore possibles tous les prénoms du calendrier révolutionnaire ou de la mythologie (révisez vos classiques pour être bien certain que le héros ou l'héroïne choisi n'est pas un être abominable ou n'a pas eu un destin difficile à porter). Sont à explorer également les prénoms bibliques de l'Ancien ou du Nouveau Testament. Vous pouvez tout aussi bien vous inspirer de noms de lieux, de héros de la littérature ou du cinéma. Enfin, les prénoms inspirés des constellations et des astres sont souvent plus poétiques et se démodent bien moins vite.

Évitez les prénoms aux nombreuses variantes orthographiques, ainsi que ceux trop « exotiques », qui sont difficiles à transcrire et à prononcer. L'enfant passera sa vie à épeler son prénom ou à rectifier des erreurs de transcription. Pensez à l'harmonie visuelle et verbale des noms et pré-noms. Un prénom court convient à un nom de famille long, et inversement. Voici les prénoms les plus attribués sur les trois dernières années : côté filles, Léa, Manon, Chloé, Jade, Emma, Camille, Sarah, Laura et Mathilde. Côté garçons : Lucas, Thomas, Théo, Hugo, Maxime, Quentin, Enzo, Antoine, Nicolas, Alexandre et Alexis. Les prénoms classiques comme Jean, Louis et Marie restent toujours très prisés. ■

À la hauteur de son prénom

Même s'ils sonnent bien à l'oreille ou sont très évocateurs, certains prénoms peuvent être lourds à porter car ils transmettent une histoire qui est potentiellement embarrassante. C'est notamment le cas des prénoms empruntés à des artistes réputés ou à des héros historiques. Toute sa vie, l'enfant risque d'être soumis à la comparaison. Mieux vaut que les « Maxime » ne soient pas trop petits et que les « Matisse » soient doués en dessin. ■

▌ MON AVIS

Ce bébé qui est maintenant dans vos bras appartient à une famille par la transmission des caractères, des talents, voire des défauts. Les prénoms que vous lui donnez sont des signes d'allégeance à sa famille : ce nouveau-né est tout à la fois un retour sur votre vie et une espérance de survie. Le prénom signe toujours ses origines. Il vaut mieux en donner plusieurs afin de n'oublier personne. Mon conseil : au prénom que vous choisissez, ajoutez ceux des grands-parents du même sexe et, pourquoi pas, de l'autre sexe. Ainsi l'enfant qui vient de naître s'installe d'emblée dans l'arbre de vie de sa famille. C'est quand même plus poétique que de choisir le prénom d'un héros ou d'une héroïne de feuilleton télévisé ! Si vous venez d'avoir un deuxième enfant, trouvez-lui un prénom aussi beau que celui de votre aîné et qui n'est pas chargé d'une histoire familiale trop lourde : celui d'un grand-père mort en héros ou celui d'une petite-nièce disparue prématurément. ■

Son prénom

1RE SEMAINE

1ER MOIS

2 À 3 MOIS

4 À 5 MOIS

6 À 7 MOIS

8 À 9 MOIS

10 À 11 MOIS

1 AN

1 AN 1/2

2 ANS

2 ANS 1/2

3 ANS

4 ANS

5 ANS

6 ANS

ANNEXES

C'EST LE PLUS SOUVENT AU COURS DE LA GROSSESSE QUE SE FAIT LE CHOIX DU PRÉNOM. La révélation du sexe du futur bébé par l'échographie facilite bien les choses. Si votre décision n'est pas encore prise, il est grand temps de le faire, vous n'avez plus que trois jours après sa naissance pour vous déterminer.

Le résultat d'une projection

Pour le Pr Bertrand Cramer, psychiatre suisse spécialiste de l'étude des nourrissons et de la communication précoce mère-enfant, toutes les projections que les parents font sur leur nouveau-né viennent de leur vécu, de leur histoire familiale. Le désir est, avant tout, un besoin de retrouver ceux qui nous ont précédés, une recherche de ceux que l'on a perdus. Ce bébé arrive chargé du passé de celui qu'il a pour fonction de remplacer. Ce sont toutes ces projections qui le rendent familier et qui expliquent l'attachement qu'ils éprouvent pour lui. Cet attachement va commencer par l'attribution du prénom, une façon de transmettre aussi une partie des projets faits autour de l'enfant imaginé au cours de la grossesse.

Entre hier et aujourd'hui

Mises à part les familles dans lesquelles on se transmet les mêmes prénoms de génération en génération, l'usage veut souvent que le nouveau-né porte ceux de ses grands-parents ou de ses arrière-grands-parents. D'une génération à l'autre, les prénoms ont été transmis, exportés avec les familles, les cultures et les modes de vie. Certains ont disparu, tels Placide et Marguerite, d'autres renaissent, tels Paul, Marie et Charles. Pour les sociologues, la vogue de certains prénoms repose sur leur sonorité, les feuilletons et les films américains apportant jusque-là aussi leur influence. Mais les psychanalystes pensent différemment. Pour eux, le prénom à la mode est un moyen de banaliser, de se défendre d'un désir parental. Le prénom est, en réalité, un indice sur l'histoire d'une famille. Parfois, il cache le nom d'un ancêtre valeureux, d'un héros admiré, du premier amour du père ou de la mère. Analyser le choix du prénom est un jeu amusant… et parfois même source de scènes de ménage.

Un engagement délicat

À consulter les registres de l'état civil et les documents du tribunal, force est de constater que l'imagination est sans bornes. Quel qu'il soit, le prénom est un lien symbolique, c'est pratiquement le seul et le premier acte volontaire et obligatoire que l'on a envers son enfant. Il le caractérisera comme un être unique et irremplaçable. Les choix sont innombrables et, aujourd'hui, l'officier d'état civil doit faire de telles démarches pour s'opposer à un prénom qu'il n'exerce plus aucune censure. Prenez toutefois quelques précautions : pensez à votre bébé, obligé de porter ce prénom toute sa vie. D'une façon générale, sont à proscrire tout à la fois le prénom à la mode et la singularité à tout prix. Les modes passent très vite, les prénoms sont attribués pour la vie entière. ∎

❝ L'officier d'état civil doit enregistrer le prénom choisi par les parents ; il peut ensuite faire un recours au tribunal si celui-ci lui semble importable. ❞

Deux bébés à la fois

S'OCCUPER DE DEUX BÉBÉS À LA FOIS N'A RIEN D'ÉVIDENT, même si cela fait des mois que vous attendiez leur venue. Particulièrement entourée, choyée pendant votre grossesse par votre entourage et surtout par l'équipe médicale, votre retour à la maison, chargée de vos deux ravissants bébés, va très vite vous faire prendre conscience des contingences pratiques du quotidien.

Quand on aime on ne compte pas

Vous n'en ferez peut-être jamais le compte, mais sachez que vous allez consacrer 12 heures 30 par jour environ à leur toilette, à leurs changes et à l'entretien de leur linge !

Il faut gérer quatorze tétées par jour et autant de couches à changer, les vêtements à laver en double, sans compter les nuits découpées par des concerts à deux voix… si vos jumeaux ont les mêmes horaires de sommeil et d'alimentation, ce qui n'est sans doute pas certain. Vous avez peut-être fait le choix d'allaiter. C'est très bénéfique aux jumeaux, qui sont souvent des prématurés. Le lait maternel a beaucoup de vertus… et surtout celle de se digérer rapidement. Ne vous étonnez donc pas si vos deux bébés demandent des tétées à répétition ! Si vous vous sentez trop débordée, faites appel à votre PMI, elle peut déléguer à vos côtés une puéricultrice qui vous donnera de précieux conseils d'organisation. Si vous en avez la possibilité, n'hésitez pas non plus à faire appel à quelqu'un de votre famille pour un coup de main régulier sur quelques semaines.

Des câlins à partager

Paradoxalement, alors que vous avez maintenant deux bébés dans les bras, vous pouvez vous sentir frustrée dans votre désir de les pouponner. Il vous faut constamment passer de l'un à l'autre, avec le sentiment de ne pas en avoir fait assez. Les pauses câlins pour l'un vont fatalement être écourtées par la présence du second qui se trouve en reste et vous le fait savoir. Vous pouvez même vous sentir coupable de ne pas être complètement disponible pour chaque enfant. N'hésitez pas à vous faire aider le plus tôt possible. Ainsi épaulée, vous ne serez plus constamment sur la brèche. Ménagez des moments avec chacun d'eux, dès les premières semaines de vie, pour que chacun ait un contact privilégié avec vous. Ne tombez pas dans le piège qui consiste à donner toujours le même jumeau au papa, par exemple, et vous, à vous occuper de l'autre. Les jumeaux ont eux aussi besoin de leurs deux parents.

Un couple trop soudé

Vous l'observerez très vite, les jumeaux se suffisent à eux-mêmes. L'un comme l'autre a un compagnon de jeux et de conversations omniprésent et qui le comprend. Cela contribue à leur bonheur ! Le jumeau est donc moins sociable. Si l'on n'y prend pas garde, il se met volontiers en retrait du reste de la famille, pour ne rester qu'avec son double. Dans la vie de tous les jours, ce duo sait parfaitement s'organiser. L'un mène la danse, l'autre suit. Ils se répartissent les tâches, chacun selon ses propres compétences. On pourrait penser qu'être deux stimule les acquisitions. Erreur, cette situation a bien souvent comme conséquence chez les jumeaux de retarder les premiers apprentissages : celui de la parole (puisqu'ils se comprennent parfaitement entre eux) ou celui de la marche (il suffit que l'un fasse ses premiers pas pour que l'autre soit satisfait). Aussi vaut-il mieux les surveiller de près.

Les distinguer aussitôt

« Les jumeaux, cela n'existe pas. » Par cette phrase, René Zazzo, grand spécialiste des jumeaux, a voulu montrer que chaque individu est singulier, unique, et que l'on ne devient jumeau que par le regard d'autrui. C'est dire l'importance de l'entourage qui va faire (ou non) l'individualité de ces deux enfants. Il vaut mieux éviter de leur choisir des prénoms aux sonorités trop proches et prendre soin de ne pas les appeler « les jumeaux », même si c'est employé par votre famille. Évitez aussi de les habiller d'une manière trop identique. Choisissez des couleurs différentes de layette, ce sera plus simple pour vous au cas où vous auriez une petite hésitation et pour votre entourage qui ne sait pas encore très bien les reconnaître. Dans la mesure du possible, organisez pour vos bébés des coins bien séparés. À chacun son lit, ses affaires et ses jouets. ■

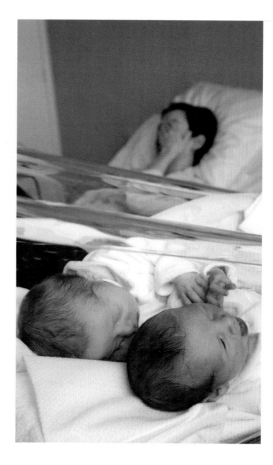

1RE SEMAINE

1ER MOIS

2 À 3 MOIS

4 À 5 MOIS

6 À 7 MOIS

8 À 9 MOIS

10 À 11 MOIS

1 AN

1 AN 1/2

2 ANS

2 ANS 1/2

3 ANS

4 ANS

5 ANS

6 ANS

ANNEXES

▌MON AVIS

Les jumeaux posent le problème du « double », celui qui est autre et en même temps soi-même. Dès la naissance, les parents vont essayer de les différencier, faisant souvent preuve de plus d'imagination que de réalisme dans leur reconnaissance de l'un et l'autre des jumeaux. Et c'est parfait, car il est essentiel de les différencier très tôt et très longtemps pour les protéger de leur gémellité. Ces enfants seront suffisamment ensemble dans leur vie familiale pour ne pas renforcer encore plus leur attitude de fusion dans leur vie sociale et relationnelle. L'idéal est de leur trouver, par exemple, des modes de garde différents : pas la même crèche, pas la même école, pas les mêmes amis, etc. Le problème est encore plus important avec des jumeaux monozygotes qui se ressemblent trait pour trait. Je conseillerais aux parents qui ont des inquiétudes sur leur position éducative de ne pas hésiter à consulter un spécialiste. Quelques petites précautions suffisent pour vérifier que, comme l'affirmait René Zazzo, « les jumeaux n'existent pas » et que chacun des enfants de ce couple voit et élabore des différences, comme il le ferait avec un autre enfant de la famille ou de son groupe à la crèche. ■

Une sortie réussie

QUATRE À CINQ JOURS APRÈS LA NAISSANCE, VOTRE BÉBÉ DOIT PASSER UN EXAMEN MÉDICAL COMPLET. Il permet de vérifier le fonctionnement de son système nerveux et de dépister un certain nombre de maladies. Le pédiatre poursuit toujours cet examen neurologique d'un examen clinique.

Le contrôle des réflexes « archaïques »

• Le réflexe de succion

Le pédiatre approche son doigt de la bouche du bébé, celui-ci tend spontanément la bouche et la langue et se met à téter vigoureusement. La qualité de ce réflexe est essentielle pour une bonne alimentation.

• Le réflexe d'agrippement ou *grasping*

Le médecin touche de sa main la plante des pieds du bébé pour vérifier que les orteils se replient vers le doigt stimulateur comme pour s'y agripper. Il fait de même avec les mains. Le nouveau-né referme automatiquement les mains sur le doigt que l'on met au contact de sa paume et l'agrippe avec tant de force qu'on peut le soulever des deux mains.

• La marche automatique

C'est généralement le réflexe qui impressionne le plus les mères. Le pédiatre tient le nourrisson sous les bras. Il le penche en avant comme pour l'obliger à marcher. Dès que les pieds de l'enfant prennent contact avec la table, il fait un pas ou deux et lorsque l'on place un objet dur contre sa jambe, il soulève son pied comme pour enjamber l'obstacle. Le bébé pose le talon avant la pointe pour marcher.

• Le réflexe de Moro

Appelé aussi réflexe du parachutiste, il s'agit d'une réaction démesurée de l'enfant à une stimulation auditive (bruit) ou à un changement brusque de position. Le bébé couché, on soulève son buste en le tenant par les mains, puis on le laisse retomber brusquement.

L'enfant retombe en levant et en écartant aussitôt bras et jambes. Il ouvre les mains comme pour se cramponner, puis ramène ses bras contre sa poitrine dans un geste d'autoprotection et se met à pleurer.

• La reptation

Le pédiatre pose l'enfant sur le ventre, celui-ci cherche tout naturellement à ramper.

• Les quatre points cardinaux

Le pédiatre effleure le visage du nouveau-né autour des lèvres, celui-ci tourne la tête et place sa bouche de manière à atteindre la stimulation.

• Le maintien de la tête

L'enfant est maintenu assis dans une position légèrement inclinée vers l'arrière, malgré cette inclinaison, il réussit à maintenir sa tête.

• Le réflexe tonique du cou

L'enfant est couché sur le dos, la tête tournée sur un côté. Son bras est tendu de ce même côté, l'autre est fléchi. Si l'on inverse sa tête de côté, le bébé modifie alors aussi la position de ses bras.

• Le réflexe d'allongement croisé

le pédiatre chatouille la plante d'un des pieds du bébé sur un côté en tenant la jambe tendue. L'autre jambe se plie pour amener le pied au contact du pied stimulé.

• Le passage du bras

le nouveau-né est à plat ventre, le visage contre la table et les bras le long du corps. Il tourne la tête de côté pour dégager son nez et ainsi mieux respirer, puis il fléchit son bras placé du même côté que son visage et porte sa main à sa bouche.

L'examen physiologique

Vérifier que l'enfant est en bonne santé passe aussi par l'examen :

• **du cœur et des artères** : le cœur doit, au repos, battre régulièrement de 120 à 170 pulsations par minute, alors que, chez l'adulte, il ne bat que de 60 à 80 pulsations par minute. D'autres battements peuvent être perçus sous les aisselles et dans le dos. Le pédiatre palpe également les grosses artères ;

• **du souffle** : l'examen au stéthoscope permet de déceler une façon anormale que le bébé pourrait avoir de respirer « par le ventre » ou l'absence de pauses respiratoires. C'est la régularité de la respiration qui est importante et il est normal que votre bébé ne respire que par le nez pour l'instant ;

• **du crâne** : son périmètre est mesuré. La palpation des fontanelles antérieure et postérieure permet la recherche d'une éventuelle tension, ou d'une bosse dure, calcifiée (que l'on appelle aussi céphalhématome) ;

• **des yeux** : le médecin regarde l'iris et vérifie que le reflet de lumière est symétrique sur les deux pupilles ;

• **des organes génitaux** : pour les garçons, le médecin observe la taille du pénis et du scrotum et vérifie la présence des deux testicules. Pour les filles, il regarde la taille de la vulve, du clitoris et des petites lèvres ;

• **de l'abdomen** : le foie, la rate et les reins sont palpés pour déceler une hernie ombilicale, sans gravité, ou inguinale (au niveau de l'aine), très ennuyeuse chez les petites filles car elle peut menacer un des ovaires ;

• **du nombril** : la cicatrisation doit être parfaite ;

• **des mains et des pieds** : au niveau des mains, le pédiatre recherche un pli palmaire médian (il pourrait évoquer une trisomie 21). Toutes les anomalies éventuelles des pieds sont notées : soudure anormale de deux ou plusieurs doigts, anomalies de posture (pieds tournés vers l'intérieur, vers l'extérieur ou encore se faisant face) ;

• **des hanches** : le pédiatre fait tourner les jambes du bébé autour de l'articulation pour vérifier qu'aucun craquement suspect ni déboîtement ne survient. En cas de doute, il prescrira une échographie des hanches qui peut être réalisée à la fin du premier mois ;

• **des clavicules** : le pédiatre s'assure qu'elles n'ont pas souffert à l'accouchement. Un bras qui pend le long du corps ou n'est pas dans une position normale de flexion traduit un étirement important lors de la naissance ;

• **de la peau** : elle doit être bien colorée (rose, noire). Des anomalies bénignes peuvent être décelées : milium (petits grains blancs sur le nez), érythème toxique (taches rouges encerclant un point blanc) ou angiomes. ■

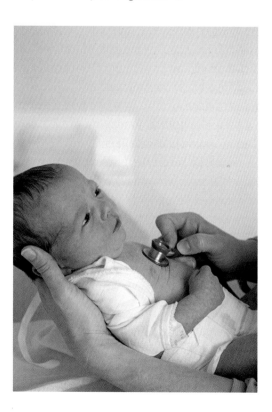

1RE SEMAINE

1ER MOIS

2 À 3 MOIS

4 À 5 MOIS

6 À 7 MOIS

8 À 9 MOIS

10 À 11 MOIS

1 AN

1 AN 1/2

2 ANS

2 ANS 1/2

3 ANS

4 ANS

5 ANS

6 ANS

ANNEXES

Accueillir l'enfant handicapé

PENDANT NEUF LONGS MOIS, VOUS AVEZ RÊVÉ, IMAGINÉ VOTRE BÉBÉ,
projetant vos désirs, vos projets sur ce petit être à venir. Le choix du prénom,
la layette, sa chambre installée comme un petit nid douillet, tout est prêt
pour l'accueillir. Votre bonheur, tout à coup, s'effondre. Ce petit qui vient
de naître est différent.

Toujours un choc

Le médecin qui vous annonce son handicap avec toute la délicatesse possible ne peut atténuer votre douleur face au choc physique et émotionnel qu'il vous a porté, au sentiment d'injustice que vous éprouvez.

Devant cette situation « de choc », il est toujours difficile de donner des conduites à suivre. Le cheminement des parents est lent et douloureux. Le processus psychologique qu'ils parcourent s'apparente à un processus de deuil, celui de l'enfant qu'ils avaient attendu et qui n'est pas au rendez-vous. Ce deuil peut même durer toute la vie. Les anomalies génétiques notamment compromettent tout autre projet d'enfant qui aurait pu jouer un rôle réparateur.

De plus, se considérer comme responsable de la transmission d'une maladie qui vous a épargné en raison des lois et des mystères de la génétique est sans aucun doute une des situations les plus compliquées à supporter.

Les parents d'enfants handicapés décrivent souvent leur vie comme un parcours de souffrance, de détresse et d'isolement. Ils parlent de blessure qu'ils ont du mal à « faire cicatriser », d'un sentiment de culpabilité dont ils ne peuvent se défaire et surtout de ce regard des autres qu'il faut bien réussir à supporter.

C'est ce regard que chacun de nous pose sur un enfant handicapé qui est fondamental pour aider tous ces parents.

Comprendre et accepter

Chaque couple réagit comme il le peut. Le choc passé, certains parents se protègent en niant l'infirmité et refuseront, tout au moins pendant les premiers mois, de la reconnaître. D'autres, au contraire, l'acceptent mais vont chercher auprès des médecins ce qu'ils ont envie d'entendre et, peut-être, le traitement ou l'opération qui va pouvoir effacer le handicap. Malheureusement, il n'existe pas d'intervention miracle.

L'expérience montre que tout se passe mieux si les parents comprennent et acceptent la vérité, et s'ils ont la volonté de se battre pour aider leur enfant. Un enfant handicapé aura besoin plus qu'un autre de l'attention et de l'amour de ses parents, grâce auxquels il pourra développer au maximum ses possibilités. Il a également besoin de compréhension. C'est certainement un déchirement quotidien de regarder cet enfant dont l'avenir est plus ou moins compromis, mais sa famille doit essayer au maximum de ne pas le lui faire sentir. Tout va dépendre de son attitude qui sera de le considérer comme un enfant comme les autres ou un enfant définitivement à part. Elle doit l'aider à vivre avec ses difficultés et lui permettre de les surmonter.

Aider son développement

Évitez de le surprotéger. Lorsque l'enfant handicapé est le premier-né, il peut sembler préférable de s'en occuper et de l'entourer de soins constants.

Bon nombre de parents ont tendance parfois à se fermer sur eux-mêmes ou sur l'enfant pour le protéger et se préserver par la même occasion. Si cette attitude est bénéfique dans un premier temps, elle ne peut être profitable à long terme. Elle risque de les enfermer dans un cycle infernal : l'emprisonnement dans une idée du devoir à accomplir coûte que coûte ; l'enfant est totalement couvé, son épanouissement risque d'être compromis. Au contraire, il faut le mettre le plus tôt possible en contact avec d'autres enfants. De cette façon, il ne souffrira pas d'être diminué ou différent de ses petits camarades. Il va s'accepter tel qu'il est : c'est un des éléments fondamentaux de son bon équilibre mental.

Lui témoigner de la pitié serait lui faire ressentir encore plus son infirmité. Par exemple, il faut éviter de lui réserver un traitement de faveur au sein de la famille, hormis pour les activités qu'il n'est pas capable de réaliser. Pour le reste, il a droit au même niveau d'exigence que les autres enfants. Il le comprendra très bien. De leur côté, les frères ou sœurs doivent accepter ce handicap, même si de temps en temps ils peuvent manifester quelque impatience. Il faut rappeler qu'ils auront tendance à calquer leur attitude sur celle de leurs parents.

Préparer les aînés

Expliquer le plus tôt possible en quoi consiste le handicap de leur frère ou sœur permet d'éviter qu'ils n'en ressentent honte ou malaise ; plus l'atmosphère est détendue et non focalisée uniquement sur le petit handicapé, plus les rapports se mettent en place naturellement. L'enfant sera alors accepté et se sentira bien à sa place, sans que la vie de famille tourne uniquement autour de cet enfant « différent ». Elle a droit, comme avant, à ses loisirs, à ses activités habituelles.

Le handicap d'un cadet transforme profondément les relations fraternelles. Les situations varient énormément selon le rang de l'enfant handicapé, le type de handicap dont il souffre et sa gravité. Ces éléments ont une influence sur les représentations que se font les enfants sains des difficultés de leur frère ou de leur sœur différent. Les rivalités et les jalousies seront d'autant plus violentes que l'enfant handicapé est souvent idéalisé par la mère qui, ainsi, réalise son rêve d'être parfaite, aimante et soignante toute à la fois. ∎

▌ MON AVIS

Les intervenants qui entourent cet enfant et sa famille doivent former une alliance : médecin spécialiste du handicap, généraliste ou pédiatre qui suit l'enfant au jour le jour, rééducateur fonctionnel, neurologue, spécialiste du développement psychologique de l'enfant, doivent s'unir en un partenariat actif. Grâce à cette prise en charge précoce, le handicap sera moins difficile à porter. Les progrès de l'enfant, plus importants, lui donneront toutes les chances de s'intégrer au plus vite dans l'environnement habituel de l'enfance. Tout cela est réalisable si les médecins ne font pas preuve de trop de pessimisme et si les parents, ne pouvant supporter la réalité, ne nient pas tout ou partie du handicap. Je voudrais mettre encore l'accent sur la situation des aînés ou de l'aîné de la famille. Très souvent, les parents leur en demandent trop. Il est normal, comme dans toute relation fraternelle, qu'il y ait des manifestations de rivalité. Il serait délicat de les mettre en situation de culpabilité simplement parce que leur sens des réalités sur le développement de leur frère ou de leur sœur handicapé est plus vif et plus engagé que celui des parents. ∎

1RE SEMAINE

1ER MOIS

2 À 3 MOIS

4 À 5 MOIS

6 À 7 MOIS

8 À 9 MOIS

10 À 11 MOIS

1 AN

1 AN 1/2

2 ANS

2 ANS 1/2

3 ANS

4 ANS

5 ANS

6 ANS

ANNEXES

La chirurgie néonatale

1 % ENVIRON D'ENFANTS NAISSENT avec une malformation. C'est un pourcentage faible mais constant. Parfois les malformations sont graves et certaines exigent une intervention rapide pour des raisons vitales. Mais un grand nombre d'entre elles sont banales. Aujourd'hui, grâce au dépistage échographique, il est parfois possible de préparer les parents à l'intervention, toujours stressante.

L'intervention chirurgicale

La découverte de la malformation est toujours vécue comme une injustice par les parents, même si celle-ci est réparée dans les mois qui suivent la naissance. Son acceptation est toujours longue et demande souvent des explications claires de la part de l'équipe médicale sur les soins et les conséquences que cela implique au niveau de la vie quotidienne.

Les interventions chirurgicales dans les jours qui suivent la naissance sont souvent délicates chez des enfants aussi jeunes et sont donc réservées à la réparation de « fonctions » essentielles pour le bon fonctionnement, voire la survie de l'enfant. Ce sont alors des gestes chirurgicaux d'urgence. D'autres handicaps ne nécessitent pas d'intervention immédiate et seront opérés au cours de la première année de la vie. Malheureusement, malgré les progrès considérables qui ont été faits en microchirurgie, tout n'est pas encore réparable.

L'intervention nécessite technicité, personnel (pas moins de six personnes) et précautions. L'opération est réalisée de préférence en hôpital de jour. Le matériel utilisé est à la taille de l'enfant : table chirurgicale adaptée, matériel miniaturisé, jusqu'au fil chirurgical. Dans la majorité des cas, le bébé est anesthésié localement. Pour cela, des substances moins fortement dosées et surtout différentes de celles pour les adultes sont utilisées, en raison de l'immaturité du foie incapable, à cet âge, d'éliminer ce type de médicaments. Avant l'intervention proprement dite, si le bébé a moins de six mois, il recevra de la vitamine K et du fer afin d'éviter toute transfusion.

Les différentes anomalies

Six mille bébés environ naissent chaque année avec des malformations cardiaques, mais la moitié seulement sont graves. Citons les cardiopathies liées à des anomalies faisant communiquer les deux circulations, aortique et pulmonaire, qui normalement sont en série. Un débit sanguin exagéré passe alors dans les poumons. L'opération est réalisée dans les premières semaines qui suivent la naissance. Il existe aussi des cardiopathies avec cyanose : l'inversion des artères qui sortent du cœur en est un exemple. L'opération est faite à cœur ouvert dans les premiers jours de la vie et consiste à remettre correctement en place les gros vaisseaux.

• **Les anomalies des voies digestives**

L'examen de l'œsophage est fait systématiquement à la naissance en passant une petite sonde jusqu'à l'estomac de l'enfant. S'il y a une obstruction dite « atrésie de l'œsophage », l'enfant est opéré. Les progrès de la chirurgie néonatale ont rendu cette intervention bénigne. De même, les anomalies ano-rectales sont diagnostiquées à la naissance et nécessitent une intervention en urgence après une recherche d'anomalies associées au niveau de la colonne vertébrale et des voies urinaires.

• Les anomalies du poumon

Il peut arriver qu'un fragment de poumon soit mal formé et n'arrive plus à vider l'air. L'opération est immédiate et consiste à enlever la partie non fonctionnelle du poumon. Heureusement, la régénération pulmonaire est telle que ces bébés, même opérés, ne deviendront jamais des insuffisants respiratoires.

• Les malformations des voies urinaires

Elles concernent plus de 10 % des nouveau-nés et sont dues à des anomalies des conduits qui transportent l'urine depuis le rein jusqu'à l'orifice d'évacuation. Après un bilan radiologique précis qui permet de situer l'obstacle, l'intervention est réalisée par voie endoscopique : on introduit dans l'urètre un appareil miniaturisé qui permet de voir et de réparer le conduit.

• La fente labiale

C'est une anomalie qui est détectée dans la majorité des cas à l'échographie. Un enfant sur mille naît avec ce handicap, les petites filles sont deux fois plus touchées que les garçons. La fente labiale est due à un défaut de collage des bourgeons de la face au début du deuxième mois de grossesse. Cette fente de la lèvre supérieure (car c'est toujours d'elle qu'il s'agit) peut siéger d'un seul ou des deux côtés. Elle peut être également isolée, et ne toucher que la lèvre, ou totale ou en continuité avec une fente de la gencive et du palais. La chirurgie réparatrice se fait en une opération dans les cas les plus simples et en deux temps s'il s'agit d'une fente bilatérale ou palatine. Tout d'abord, à la naissance, on opère la lèvre pour permettre au bébé de téter normalement et éviter tout problème psychologique au sein de la famille (seule subsistera une cicatrice), puis à la fin de la première année, on opère l'arcade dentaire et le voile du palais. Accueillir un enfant au visage déformé par un « bec-de-lièvre » est une épreuve qu'un soutien psychologique aide à sur-

monter. Il peut commencer avant même la naissance et se poursuivre ensuite. Dans les services médicaux spécialisés, dès le diagnostic in utero, on propose aux parents de rencontrer le chirurgien qui prendra en charge l'enfant et d'autres familles dont l'enfant a souffert de la même malformation et récemment opéré. C'est donc avec une certaine lucidité que le bébé est accueilli à la naissance. Ses parents, bien informés, peuvent donc mieux répondre à ses besoins particuliers de maternage. Aujourd'hui, ces malformations sont parfaitement réparées, elles nécessitent souvent une rééducation orthophonique précoce et parfois une intervention esthétique à l'adolescence.

• Les malformations génitales

Malformations de la verge, de la vulve, voire du vagin, toutes les situations peuvent se présenter et ne pas permettre de déterminer si le bébé est une fille ou un garçon. La confirmation du sexe de l'enfant doit être obtenue avant la déclaration à l'état civil. Il est donc urgent d'en faire le diagnostic afin de restaurer l'intégrité de l'appareil génital au plus tôt. Les études génétiques, physiologiques et endocriniennes aident à déterminer le sexe réel de l'enfant, mais la volonté des parents est aussi essentielle. Ces interventions demandent également un accompagnement psychologique des parents. Le sexe attribué à l'enfant doit être accepté de tous et ne doit jamais être remis en cause au cours de l'enfance.

• Le pied-bot

Le pied d'un nouveau-né est généralement tourné un peu en dedans ou en flexion dorsale. Ces attitudes cèdent généralement en quelques jours ou en quelques semaines. En revanche, le pied-bot est plus problématique : la plante du pied est en dedans et la pointe vers l'intérieur. Le traitement passe par la kinésithérapie et la pose d'attelles et il doit être commencé dès les premiers jours. Ce traitement peut, sinon éviter, du moins retarder l'opération. ■

1RE SEMAINE

1ER MOIS

2 À 3 MOIS

4 À 5 MOIS

6 À 7 MOIS

8 À 9 MOIS

10 À 11 MOIS

1 AN

1 AN 1/2

2 ANS

2 ANS 1/2

3 ANS

4 ANS

5 ANS

6 ANS

ANNEXES

Des suites un peu douloureuses

Pendant les 48 heures qui suivent l'intervention, cette partie du corps est douloureuse. La douleur est d'autant plus difficile à supporter que la jeune maman, fatiguée, voudrait en avoir fini avec toutes les misères de l'accouchement et n'avoir à se préoccuper que de son bébé.

Dans certains cas, à cette douleur se mêle celle du bassin et d'une poussée d'hémorroïdes. La douleur est forte pendant la marche, dans d'autres cas il faut installer sous les fesses de la maman un rond de caoutchouc pour éviter le frottement de la cicatrice sur le drap. Les médicaments antidouleur doivent être prescrits systématiquement. Mais dans la plupart des cas, une fois les fils enlevés, la douleur s'atténue en quelques semaines. ■

Le prolapsus

Si, aujourd'hui, les femmes souffrent moins de délabrement pelvien, c'est parce que les équipes obstétricales font très attention à prévenir la déchirure du périnée en pratiquant l'épisiotomie quand cela est nécessaire et, sans doute aussi, en raison d'une moins grande fécondité. Lorsqu'un des muscles du périnée « claque » ou se déchire, la vessie, le vagin et l'utérus ne sont plus retenus à leur place. C'est ce que l'on nomme communément « une descente d'organes ». Le prolapsus se manifeste par une béance de la vulve ou par une sensation de lourdeur dans le bas du bassin. Il faut aussi tenir compte de la longueur du vagin et de la morphologie du petit bassin. Une trop forte prise de poids au cours de la grossesse est également un facteur favorisant. Le prolapsus se répare par une intervention chirurgicale. ■

L'incontinence urinaire

Sujet longtemps tabou, l'incontinence urinaire est fréquente et représente sans doute une des principales complications de l'accouchement. On estime à environ trois millions le nombre de femmes qui, en France, souffrent de ce trouble. Ce sont pour la plupart des mères de famille ayant accouché naturellement. L'épisiotomie semble être une véritable prévention de ce handicap et doit être suivie d'une solide rééducation.

Elle peut se manifester tout de suite après l'accouchement ou quelques semaines plus tard, au moment d'un effort, d'un éternuement ou d'un éclat de rire. On estime que 30 % des femmes en souffrent après la naissance d'un enfant et que 10 % d'entre elles vivront avec ce handicap toute leur vie si elles ne sont pas rééduquées. Dans tous les cas, surveillez particulièrement la qualité de votre périnée si le poids de votre bébé dépasse 3,7 kg à la naissance, si le périmètre de son crâne est de plus de 35 cm et si vous avez déjà eu des fuites urinaires au cours du 1er ou du 2e trimestre de votre grossesse. Ne vous croyez pas protégée de l'incontinence parce qu'on vous a fait une épisiotomie. Son utilité dans sa prévention est aujourd'hui fort contestée. ■

Des difficultés sexuelles

Quelques jeunes mamans se plaignent d'une certaine sensibilité, deux mois après l'incision, voire même d'une réelle douleur au moment des rapports sexuels. Il est alors recommandé d'en parler à son conjoint et d'attendre un peu pour avoir des rapports complets. Des massages réguliers avec une pommade spéciale pour assouplir les tissus, un bain chaud avant les rapports et l'utilisation d'une pommade lubrifiante peuvent apporter un peu plus de confort. Cependant, les difficultés sexuelles sont toujours à analyser selon l'avant et non l'après-accouchement. Qu'en était-il avant ? Cela permet de comprendre les difficultés présentes. S'il le faut, consultez un spécialiste. ■

Après une épisiotomie

1RE SEMAINE

1ER MOIS

2 À 3 MOIS

4 À 5 MOIS

6 À 7 MOIS

8 À 9 MOIS

10 À 11 MOIS

1 AN

1 AN 1/2

2 ANS

2 ANS 1/2

3 ANS

4 ANS

5 ANS

6 ANS

ANNEXES

L'ÉPISIOTOMIE EST UNE INCISION VOLONTAIRE DE L'ANNEAU VULVAIRE sur le périnée, dernier obstacle que votre bébé a dû franchir. Elle est pratiquée au moment même de sa sortie lorsque l'orifice vulvaire se révèle trop étroit. Elle évite une déchirure des tissus toujours plus délicate à réparer qu'une coupure nette.

Différentes techniques

La manière dont elle a été faite, « médiane » ou « médico-latérale », a une certaine importance. La première, moins douloureuse sur le moment et plus aisée à recoudre, cicatrise souvent plus facilement mais elle peut entraîner des complications rectales importantes en cas de déchirure associée.

La seconde, plus communément réalisée dans une zone plus innervée, aura une cicatrisation un peu moins confortable mais a l'avantage de pouvoir être agrandie en cas de besoin.

Favoriser la cicatrisation

La cicatrice doit rester propre et sèche, ce qui n'est pas toujours facile en raison de sa localisation. À chaque fois que vous allez aux toilettes, à chaque changement de garniture, il faut nettoyer, essuyer et sécher la plaie avec de l'éosine non alcoolisée ou l'air chaud d'un sèche-cheveux. Sécher la plaie est essentiel car elle est souvent humide en raison de l'écoulement des lochies.

Mais n'abusez pas trop de l'air chaud, il peut dessécher la peau et durcir les muqueuses. De même, n'hésitez pas à contrôler l'état de la cicatrisation à l'aide d'une petite glace. Il vaut mieux, encore, porter des sous-vêtements de coton qui laissent parfaitement respirer la peau. Ne craignez pas, non plus, d'aller à la selle, les fils ou les agrafes maintiennent parfaitement les bords de la plaie.

Parfois des complications

Normalement, la cicatrisation d'une épisiotomie de 2 cm est obtenue en cinq à six jours. Les fils ou les agrafes sont enlevés, la cicatrice bien refermée ne demande pas de soin spécifique autre qu'une hygiène courante. Seule complication possible, l'apparition de petits abcès aux points d'ancrage des fils. Bien traités, ils doivent disparaître avant le départ de la maternité.

En cas de vraies douleurs, votre médecin peut vous soulager en vous prescrivant des anti-inflammatoires ou des analgésiques. S'il diagnostique une légère infection, il vous conseillera la prise d'antibiotiques. Malgré tout, il n'est pas rare de ressentir une petite gêne à la limite de la douleur dans les semaines qui suivent l'intervention. Vous pouvez la calmer par de légers massages avec une pommade prescrite par votre médecin.

Dans certains cas, fort rares, de cicatrices épaisses et gênantes, il est possible de les réduire chirurgicalement. L'opération se fait sous anesthésie locale et ne prend pas plus d'une demi-heure. L'incision est refaite et la cicatrisation surveillée. Cette intervention peut se programmer dans les mois qui suivent l'accouchement ou quelques années plus tard. ■

« Trop souvent systématique, l'épisiotomie ne devrait pas dépasser un taux de 30 %. »

Après une césarienne

PLUS DE 17 % DES ACCOUCHEMENTS SE DÉROULENT PAR CÉSARIENNE en France. Les progrès de la médecine en ont fait une intervention chirurgicale banale. Pratiquée sous anesthésie générale ou péridurale, elle oblige un séjour à la maternité plus long que lors d'un accouchement normal : environ huit à dix jours.

Quelques jours délicats

Les premiers jours qui suivent l'intervention sont parfois difficiles. La cicatrice cutanée est sensible pendant les premières 48 heures et il faut de 3 à 5 jours pour commencer à l'oublier. La cicatrisation peut aussi provoquer quelques démangeaisons. La prescription d'analgésiques permet de surmonter ces moments désagréables ; des protocoles antidouleur existent et sont très efficaces à la condition d'être suivis à la lettre et de prendre notamment les médicaments systématiquement avant que la douleur ne réapparaisse. La sonde urinaire, suite logique de l'opération, est retirée au bout de 12 à 24 heures. Si le chirurgien a posé un drain cutané, il sera enlevé 48 heures après l'intervention. La jeune maman est hospitalisée une semaine environ, les agrafes ou les fils sont ôtés 5 à 7 jours après l'intervention. La technique du surjet intradermique permet d'espérer une belle cicatrice. La cicatrice horizontale basse dans les poils du pubis, à la lisière ou dans un pli existant, est toujours discrète.

Les suites opératoires

Après l'opération, la position assise n'est guère agréable et les premiers pas dans la chambre sont difficiles, surtout le lendemain de l'accouchement. L'équipe médicale surveille votre rétablissement en contrôlant votre pouls, votre température, la quantité et la qualité des urines et des écoulements vaginaux. Par le palper régulier de votre ventre, elle s'assure de la remise en place de l'utérus, elle

renouvelle le pansement posé sur votre abdomen, mais elle laissera rapidement la cicatrice à l'air libre. Ne vous inquiétez pas si vous constatez pendant quelques semaines une insensibilité cutanée au-dessus et au-dessous de la cicatrice, c'est tout à fait normal. Vous remarquerez sans doute aussi un petit ballonnement cutané superficiel, il mettra deux à trois mois à disparaître.

Des exercices pour se rétablir

Même si les premiers mouvements sont douloureux, il est recommandé de bouger un peu passées les premières 24 heures. Ces petits mouvements favorisent la circulation et évitent les problèmes circulatoires. Il faut commencer par des mouvements de pieds, les jambes droites ou légèrement surélevées pour prévenir d'éventuelles complications circulatoires. Très progressivement, mettez les pieds en extension. Puis faites des petits cercles concentriques avec un ou les deux pieds. Deux à trois semaines après l'intervention, la pratique d'exercices, sans forcer bien sûr, et en suivant attentivement les conseils des spécialistes, permet d'effacer les douleurs consécutives à l'intervention. En effet, les muscles du ventre doivent travailler très tôt pour activer la cicatrisation et pour retrouver progressivement leur force.

• **Toujours allongée, jambes tendues,** chevilles croisées ou non, contractez les muscles des jambes : étendez les genoux, durcissez les muscles des cuisses, serrez les fesses ; tenez quelques secondes et relâchez.

• **Allongée dans votre lit**, fléchissez et étendez les genoux alternativement en faisant glisser le talon sur le drap vers le pied du lit, puis en le ramenant progressivement vers la cuisse.

• **Couchée sur le côté**, genoux repliés sur la poitrine, bougez doucement le bassin d'avant en arrière en utilisant les abdominaux et les fessiers.

• **À demi-couchée**, les oreillers soutenant le haut du dos : baissez le menton vers la poitrine et écrasez le bassin sur le matelas pour réduire la cambrure. Redressez-vous pour toucher les genoux avec les mains. Reposez la tête et les épaules.

• **Pour vous lever**, il faut plier les genoux et glisser un pied vers le bord du lit. Tournez les épaules du même côté en prenant appui sur le bras replié et en posant la main sur la cicatrice. Assise au bord du lit, reprenez votre souffle en balançant les pieds de bas en haut. Redressez-vous lentement en vous servant du contrepoids des jambes.

Chirurgie esthétique

Votre cicatrice mettra presque six mois à prendre son aspect définitif, une simple ligne blanche sur la peau. Elle ne doit être ni rouge ni boursouflée ; dans le cas contraire, il faut en parler à votre médecin.

Il est recommandé de ne pas exposer votre cicatrice au soleil, du moins pendant six mois. Généralement, elle est cachée par les poils pubiens. Si vous la trouvez disgracieuse, la chirurgie esthétique peut tenter de la rendre moins visible.

Contractions et allaitement

Enfin, certaines jeunes accouchées qui allaitent se plaignent aussi des contractions que provoque la mise au sein. Elles sont dues aux tranchées, c'est-à-dire aux contractions de l'utérus qui se remet en place, et sont souvent désagréables. Ces douleurs sont d'autant plus fortes qu'elles tiraillent un muscle en pleine cicatrisation.

Ce n'est pas parce que vous avez eu une césarienne que vous devez renoncer à l'allaitement maternel. La meilleure position est alors celle de l'allaitement allongé afin d'éviter quelques tiraillements sur la cicatrice. ■

1RE SEMAINE

1ER MOIS

2 À 3 MOIS

4 À 5 MOIS

6 À 7 MOIS

8 À 9 MOIS

10 À 11 MOIS

1 AN

1 AN 1/2

2 ANS

2 ANS 1/2

3 ANS

4 ANS

5 ANS

6 ANS

ANNEXES

▌ MON AVIS

Sur le plan psychologique, beaucoup de choses ont changé depuis que la césarienne est possible sous péridurale. En effet, de nombreuses femmes qui ont bénéficié d'une césarienne sous anesthésie générale se plaignent de ne pas avoir participé, conscientes, à la naissance de leur enfant. Cela n'entraîne aucune conséquence sur le développement de l'enfant, mais la rupture entre la vie utérine et la naissance est ainsi mal consommée. Aujourd'hui, ce n'est plus le cas. Pourtant, ces femmes rencontrent d'autres difficultés : dans les premiers jours, les suites de l'intervention et parfois les soins à donner au bébé ne facilitent pas leurs relations avec lui. Le rôle du père est fondamental comme relais dans l'interaction mère-bébé. Il doit pouvoir, en proximité attentive, aider et accompagner sa femme dans les premiers contacts. Il n'est pas rare aussi que les difficultés psychologiques se manifestent par des problèmes liés à l'allaitement, douleur ou difficulté lors de la mise au sein. Enfin, la dépression classique « post-partum » est accentuée chez ces jeunes mamans. Ce sont des signes d'appel qui nécessitent une consultation spécialisée. Selon sa qualité, elle peut faire office d'intervention thérapeutique et règle ces troubles en trois ou quatre rencontres. ■

La première rencontre *en savoir plus*

Premiers gestes de maternage

Après quelques minutes de tendresse, le médecin ou la sage-femme le libère du cordon ombilical (p. 23). Cet acte a souvent une grande valeur symbolique, aussi, dans certaines maternités et selon les équipes, est-il accompli par la mère ou le père. Si la jeune maman a décidé d'allaiter, la plupart des maternités préconisent aujourd'hui la mise au sein précoce. Cette première tétée a deux vertus : elle est souvent la garantie d'un bon démarrage de la lactation et elle provoque des contractions qui aident au décollement du placenta. Cette première tétée permet au bébé de bénéficier d'un aliment exceptionnel : le colostrum. ■

Le colostrum

Lors de cette première mise au sein, votre bébé se nourrira d'un liquide jaune orangé, épais et peu abondant : le colostrum. Ce liquide est très riche en protéines, en sels minéraux et en éléments immunitaires. On lui reconnaît une action majeure anti-infectieuse et des vertus laxatives, car il aide le nourrisson à évacuer le méconium, matière verdâtre qui obstrue son tube digestif durant sa vie fœtale. Au troisième jour de la lactation, le colos-

trum est remplacé par un lait de « transition », suivi du lait « nature », dont la composition se fixe au vingtième jour de l'allaitement et varie au cours d'une même journée. ■

La douceur de l'eau

Même si le bain n'a pas tout à fait le rôle de « passage » que lui ont attribué les adeptes de la naissance sans violence, il reste pour l'enfant un moment de détente et de tendresse. Il semble que la plupart des bébés apprécient la caresse de l'eau tiède sur leur peau. Pour la première fois, ils étendent largement bras et jambes ; leur visage reflète alors un bonheur certain.

Mais le bain du nouveau-né n'est pas uniquement le rappel du confort amniotique. Pour F. Leboyer, c'est l'apprentissage du mouvement avec appui : l'enfant est maintenu par l'adulte sous la nuque et les fesses. Ce rôle est souvent attribué au père. Il peut alors tout à loisir observer son bébé se détendre, bouger, le regarder lorsqu'il lui parle, les seuls mouvements étant ceux de l'eau agitée par l'enfant. Ce bain, une fois les premiers soins pratiqués, dure 5 à 8 minutes, l'enfant trempant dans l'eau, sans le laver pour lui laisser sa protection de vernix. ■

▌ MON AVIS

Votre enfant est sur votre ventre, son regard croise le vôtre, il grimpe jusqu'à votre sein. La présence de son père est alors naturellement souhaitée. Il est important que vous donniez le sein à ce bébé qui vient de naître. Outre les bienfaits du colostrum, c'est l'occasion d'un ajustement merveilleux du système interactif : le contact œil/œil est parfait, la distance regard du bébé/regard de la mère est idéale, l'odeur maternelle/le contact peau à peau aident l'enfant à explorer immédiatement ses capacités d'interaction. Il entend la voix de sa mère qui lui susurre ses premières mélodies répétitives, il perçoit les paroles de son père. Avec plaisir, il se laisse caresser par ses parents. Ne ratez surtout pas cette première rencontre avec un être tant désiré. Nul autre n'a de place, gardez pour vous l'intensité de ce tendre trio et, surtout, évitez l'indiscrète vidéo. ■

Première rencontre

1RE SEMAINE

1ER MOIS

2 À 3 MOIS

4 À 5 MOIS

6 À 7 MOIS

8 À 9 MOIS

10 À 11 MOIS

1 AN

1 AN 1/2

2 ANS

2 ANS 1/2

3 ANS

4 ANS

5 ANS

6 ANS

ANNEXES

VOTRE BÉBÉ EST PLACÉ SUR VOTRE VENTRE, tout contre vous, dans les minutes qui suivent sa naissance. Vous serez étonnée de sa vivacité et de sa capacité d'attention. Certains bébés sont tellement débrouillards qu'ils grimpent instinctivement vers le sein maternel.

Une découverte mutuelle

C'est l'instant délicieux de la première rencontre, des premiers contacts intimes et sensuels. Peau à peau, vous faites connaissance : vous allez le caresser, le blottir contre vous, le bercer, l'embrasser. Instants de communication intense. Si vous lui parlez, il va tout naturellement tourner sa tête vers vous. Il est calme et tranquille dans sa première découverte du monde. Certains bébés, par contre, paraissent agités ou tendus. Cet état nerveux est souvent la conséquence d'un accouchement qu'ils ont trouvé long et pénible. Il leur faudra quelques heures pour retrouver leur calme. Pour préserver ces moments exceptionnels de communication, le personnel médical se fait alors discret.

Comme tous les bébés lorsqu'ils naissent, il est couvert d'une substance grasse blanche, le vernix caseosa. On pense qu'il est là pour protéger la peau des éléments salés du liquide amniotique. Deux théories s'affrontent quant à l'importance de cette protection naturelle. Pour certains, l'enfant doit en être débarrassé au moment de sa toilette. Pour d'autres, il faut attendre un peu pour que la peau bénéficie de l'apport en vitamines de cette substance.

Un drôle de physique

Généralement, le nouveau-né a la peau mate. Son corps a une morphologie particulière. L'abdomen est volumineux. Le dos est droit et la colonne vertébrale bien rectiligne. Mais le thorax est étroit car l'enfant n'a pas encore fait travailler à plein ses poumons ; il ne se soulève pas régulièrement parce que la respiration d'un nouveau-né est irrégulière dans sa fréquence et son amplitude. Cette respiration est essentiellement abdominale et se fait uniquement par le nez. Petit à petit il « expérimente » la respiration aérienne et gonfle progressivement ses poumons. Il regarde le monde avec des yeux grand ouverts.

Les jambes sont incurvées, les pieds peuvent être étonnamment tournés vers l'intérieur ou l'extérieur. Cela est dû à la position peu confortable du fœtus dans les derniers mois de vie utérine. Enfin, les pieds et les mains ont souvent un aspect fripé, ses poings sont en général fermés. Ces extrémités sont régulièrement bleutées : le nouveauné se refroidit facilement en raison d'un réseau de vaisseaux sanguins encore en construction D'ailleurs, pour éviter au bébé de prendre froid, on pose sur lui un tissu tiède ou une petite couverture. Petit à petit, le bébé expérimente la respiration aérienne et gonfle ses poumons. ■

" C'est l'instant tant attendu où le bébé imaginé pendant la grossesse rencontre le bébé réel. Il n'est pas étonnant alors que l'émotion soit à son comble. **"**

Des compétences étonnantes

DE NOMBREUX TESTS SERVENT À ÉVALUER l'état neurologique du nouveau-né. Ils ont un double objectif. Ils répondent à un souci de prévention d'un certain nombre de troubles mais permettent aussi aux parents de s'adapter à leur bébé en leur fournissant des indications sur la meilleure façon de s'occuper de lui, en tenant compte de sa personnalité.

Un test de personnalité

Le test du docteur Brazelton, longtemps responsable du service de pédiatrie de l'hôpital pour enfants de Boston et chercheur à l'université de Harvard, utilise tout particulièrement les compétences précoces du nouveau-né. Il a mis au point une échelle de développement utilisée partout dans le monde et de plus en plus en France. Toutes ces données, rassemblées et cotées, fournissent des indications précises et fiables quant au type de bébé que le nourrisson promet de devenir au cours des premiers mois de sa vie. Ainsi renseignés, les parents sauront mieux comment répondre à ses besoins sur les plans physique et affectif.

Si vous avez l'occasion d'assister aux vingt-huit séquences du test de comportement néonatal, vous serez émerveillée de découvrir toutes les compétences que possède déjà votre bébé. Cette séance peut se pratiquer au cours du premier mois qui suit la naissance. Il vaut mieux choisir une heure éloignée des tétées et l'installer dans une pièce calme et faiblement éclairée.

Son aptitude à communiquer

Ce test répond aux questions suivantes : quel est le mode d'interaction du bébé au monde environnant ? Comment s'adapte-t-il ? Cherche-t-il naturellement à se protéger face à un excès de stimulations visuelles ou auditives ? Trouve-t-il spontanément la paix en cherchant son pouce ou

en tournant sa tête en direction de la voix apaisante de sa mère ? Se montre-t-il volontiers coopératif lors des diverses manipulations pratiquées au cours de ce test (on tire sur ses bras pour l'amener en position assise, on le prend dans les bras, on le maintient verticalement en position de marche) ? Sait-il se faire comprendre de ses parents quand ils le tiennent dans une position confortable ou non ? Quels moyens utilise-t-il pour montrer qu'il voit et qu'il entend et que les stimulations visuelles et auditives qu'il enregistre lui plaisent ou lui déplaisent ? Bref, ce nouveau-né est-il apte à participer pleinement aux activités que l'adulte attentif lui propose et à en tirer des enseignements ?

Tous ses sens en éveil

Après avoir vérifié que le nouveau-né voit et entend bien, on contrôle sa capacité à se protéger des perturbations de son environnement au cours de son sommeil. L'examen est pratiqué avec une petite lampe que l'on braque sur ses paupières closes. Le premier mouvement du bébé est de sursauter. Puis, devant la répétition de ce geste, il sursautera de moins en moins, s'habituera, et enfin ne bougera plus. Cette réaction d'accoutumance prouve sa bonne santé et un système nerveux parfait. Le même test sera pratiqué sur le plan auditif à l'aide d'un hochet puis d'une petite clochette, afin de vérifier sa capacité auditive. De même, le médecin répétera une dizaine de fois son geste pour contrôler sa capacité à s'abstraire du dérangement sonore.

L'art de le consoler

Autre phénomène fréquemment examiné, les pleurs et la capacité du bébé à les calmer. Quand un nouveau-né pleure, il essaie de se tourner sur le côté, d'étendre un bras, puis de le replier pour le ramener vers sa bouche. Généralement, le bébé réussit seul à prendre cette position calmante. Mais certains enfants ont besoin d'assistance. Il existe des gestes qui vont l'aider à retrouver son calme. On commencera par murmurer avec insistance des paroles apaisantes à son oreille. À leur écoute, l'enfant portera sa main à sa bouche. Si la voix n'est pas suffisante, le médecin saisira les bras du bébé qu'il maintiendra croisés sur sa poitrine pour briser le cycle pleurs-soupirs ; la pression physique accompagnée de l'exhortation vocale aura souvent raison de l'accès de pleurs. Le médecin a aussi à sa disposition une troisième manœuvre. Il prend l'enfant dans ses bras et le cajole doucement pour guider sa main vers sa bouche. La manière dont l'enfant réagit à ces tests permet d'établir une échelle de degrés d'assistance dont il aura besoin pour sortir de ses crises de pleurs. Ainsi, même si le médecin conclut que le bébé n'est pas du genre « facile », il pourra rassurer les parents en leur montrant les gestes qui viennent à bout de son inquiétude.

Tonicité et vivacité

Ce test comporte aussi vingt-huit points pour évaluer le tonus musculaire et la qualité des réponses du bébé aux stimulations physiques. Ce sont des réflexes de marche automatique, la stimulation de la voûte plantaire, l'accompagnement de la tête dans le mouvement couché-assis. On observe si l'enfant participe vigoureusement, s'il passe facilement du sommeil à l'éveil, et inversement. Enfin, il est encore important d'évaluer son rythme de fatigue. ∎

1RE SEMAINE

1ER MOIS

2 À 3 MOIS

4 À 5 MOIS

6 À 7 MOIS

8 À 9 MOIS

10 À 11 MOIS

1 AN

1 AN 1/2

2 ANS

2 ANS 1/2

3 ANS

4 ANS

5 ANS

6 ANS

ANNEXES

L'amour maternel

ON A PARLÉ D'INSTINCT MATERNEL PENDANT DES SIÈCLES, mais aujourd'hui plus personne n'y croit. En fait l'amour qui lie la mère à son enfant est le résultat d'une construction comme toutes les relations affectives humaines. La grossesse, la naissance, les premiers échanges mutuels n'en sont que des étapes.

Un long apprentissage

On ne devient pas mère d'un coup de baguette magique, c'est un long apprentissage, une maturation qui a besoin de neuf mois. Cette période est marquée par un profond retour sur soi : la future maman s'observe, écoute son enfant, elle pense à lui. Des souvenirs d'enfance resurgissent : l'amour qui, enfant, la liait à sa mère va profondément influencer ses sentiments pour le bébé. Beaucoup de jeunes femmes éprouvent alors le besoin de resserrer les liens affectifs avec leur mère, à laquelle elles s'identifient. On pense que l'amour maternel jaillit de cette gestation psychologique. Il semble que le travail psychique qui prépare à l'amour maternel se fasse en majorité dans les derniers mois de la grossesse, notamment lorsque les premiers mouvements sont perceptibles.

La magie de la rencontre

Le geste de plus en plus répandu consistant à placer l'enfant sur le ventre de sa mère quelques minutes après l'expulsion est un moment important dans la naissance du lien mère-enfant. La jeune femme peut alors tout à loisir examiner son bébé et prendre ainsi conscience de la réalité de son corps.

Spontanément, elle lui parle doucement ; affectueusement, elle le caresse du bout des doigts, puis de la main. La magie de la rencontre opère. Et le plus étonnant s'accomplit : à la séduction de la mère répond celle du bébé.

Un petit séducteur

Ce bien-être qui lui est donné le pousse à manifester à son tour son contentement : il vagit, il sourit, il la regarde droit dans les yeux et la mère fond, étreignant son enfant encore un peu plus fort. Pour les psychiatres étudiant cette première rencontre, cet amour est établi sur un malentendu. Le bébé a des gestes plus ou moins instinctifs que la mère interprète comme affectifs. L'enfant a besoin d'attachement inné.

Le choix de l'objet d'attachement, la mère dans 70 % des cas, est le fruit d'un apprentissage plus ou moins long. L'enfant ne crée pas seul cet objet d'attachement : il ne cristallisera cet amour particulier qu'après de longs échanges avec elle, mais aussi avec ceux qui les entourent. De nombreuses études montrent aussi que la mère adapte naturellement ses gestes et ses manifestations affectives à l'état de santé de son bébé, à la fréquence sonore de ses cris et à son sexe. Les filles et les garçons, par exemple, ne sont pas tenus de la même manière. Les premiers sourires notamment, toujours interprétés comme un signe de reconnaissance, sont un événement essentiel dans la naissance du lien particulier qui unit la mère et l'enfant.

Un lien familial

Il est étonnant encore de constater avec quelle rapidité les parents cherchent à intégrer l'enfant dans le groupe familial. Le jeu des ressemblances y participe activement, chacun cherchant sur

1RE SEMAINE

1ER MOIS

2 À 3
MOIS

4 À 5
MOIS

6 À 7
MOIS

8 À 9
MOIS

10 À 11
MOIS

1 AN

1 AN 1/2

2 ANS

2 ANS 1/

3 ANS

4 ANS

5 ANS

6 ANS

ANNEXES

l'enfant l'empreinte du conjoint : le nouveau venu a les yeux de sa mère, la bouche de son père et il aura sûrement le nez de sa grand-mère ! Ils définissent ainsi l'image de l'enfant réel, effaçant peu à peu celle de l'enfant imaginaire. Tous les essais pour caractériser le bébé aident les parents à mieux connaître ce petit étranger aux réactions déjà si personnelles.

Des difficultés relationnelles

Cependant, pour certaines mères, tout n'est pas aussi simple. Elles ressentent l'accouchement comme une rupture, ce qui entraîne des troubles relationnels avec leur enfant. Bien sûr, la façon dont s'est déroulé l'accouchement n'est pas sans importance, certaines femmes pardonnant difficilement à leur bébé de les avoir fait souffrir. D'autres acceptent mal la différence entre l'enfant rêvé et l'enfant réel, d'autant plus s'il naît avant terme ou avec un handicap.

La relation est aussi parfois difficile à établir entre une mère qui accouche par césarienne ou sous anesthésie générale et son enfant qu'elle n'a pas rencontré dans les minutes qui suivent l'accouchement. La rencontre tardive peut être cause d'un attachement moins facile et moins spontané. L'allaitement, surtout s'il se fait sans peine, aide à mieux entrer en contact. L'amour maternel peut mettre un peu de temps à s'installer sans que vous soyez pour autant une « mauvaise mère ».

Un amour sans limite

Même si le souvenir de la première grossesse reste à jamais gravé dans la mémoire, l'arrivée d'un autre bébé est aussi émouvante.

L'histoire d'amour qui a lié la mère à son premier enfant se renouvelle à chaque naissance. L'amour d'une mère est presque inépuisable et son cœur est assez grand pour être partagé et tous les bébés sont des séducteurs. Sans doute le deuxième enfant n'aura pas tout à fait le même caractère que le premier mais très vite sa mère saura en reconnaître les atouts et s'amusera à chercher les différences. Souvenez-vous que l'aîné a toutes les qualités tant qu'il n'est pas mis en concurrence avec un cadet. ■

L'enfant prématuré *en savoir plus*

Respecter les besoins de chacun

Au CHU de Brest, on est convaincu de l'intérêt d'une nouvelle approche des soins néonataux. La méthode baptisée NECAP consiste à adapter les soins à chaque enfant après une observation pointue par les équipes soignantes. Ainsi, on évite de réveiller le bébé lorsqu'il dort, de lui imposer lumière et bruit inutiles et on traite toute manifestation de la douleur. Neuf à douze mois plus tard, ces bébés sont moins hospitalisés et se développent mieux que les autres. ■

Les unités « kangourous »

Certaines maternités vont encore plus loin dans la recherche du confort psychique de la mère et de l'enfant. Elles ont créé des unités « kangourous », technique de maternage des petits prématurés qui nous vient de Colombie. Dès la naissance de son bébé prématuré, la mère l'installe contre sa poitrine, peau contre peau. Le nourrisson vit ainsi à 37 °C en permanence, bercé par les battements de son cœur et les bruits étouffés du monde environnant. L'enfant est ainsi porté 24 heures sur 24. C'est ce type de maternage qui a inspiré certains grands centres spécialisés dans les soins aux prématurés. Les petits prématurés sont laissés le plus possible avec leur mère, ils dorment dans leur chambre et sont régulièrement portés. Les deux premiers centres à avoir ouvert un tel service sont les hôpitaux Antoine-Béclère à Clamart et Rothschild à Paris. D'autres centres ont suivi : Marseille, Lille, Toulon et Caen. ■

Des soins psychiques

L'équipe médicale met en place toute une stratégie pour aider la mère à s'attacher à son bébé. Elle lui propose souvent de l'allaiter à distance, la jeune maman tire son lait qui est apporté à son enfant. Le lait maternel enrichi en vitamines et en fer est idéal pour sa croissance et pour lui donner les défenses immunitaires qu'il n'a pas encore. Dans certaines maternités, on a mis en place un système d'enregistrement des voix maternelle et paternelle sur cassettes.

Cette « musique » ou celle d'un enregistrement musical écouté très souvent par la mère pendant sa grossesse, déjà familière au bébé in utero, est diffusée dans sa couveuse. Cette écoute apporte à l'enfant une sensation d'apaisement. ■

▌ MON AVIS

L'importance du lien précoce mère-enfant a modifié la conception des unités d'accouchement et de néonatalogie. Les unités « kangourous » en sont la plus fameuse démonstration. Mère et enfant vivent côte à côte leur hospitalisation, en raison de la prématurité, d'une pathologie ou d'une malformation du bébé, mais aussi pour aider une mère en difficulté psychologique, la présence du nouveau-né étant alors un véritable traitement à la dépression maternelle. Parmi les nouveaux « médicaments » pour soigner les bébés, il faut évoquer aussi la voix maternelle. Par le chant, elle recrée et actualise un lien archaïque qui unit la mère et l'enfant momentanément séparés. Enfin, l'intérêt de ces pratiques est de permettre un rapprochement entre les parents et les soignants. Ces derniers retrouvent leur fonction de pédagogues de la santé et les parents un rôle prioritaire dans l'évolution de leur enfant. C'en est fini de la compétition entre soignants et parents ; vive l'alliance et le partenariat, si importants pour un meilleur devenir des bébés en difficulté. ■

Apprendre à tisser des liens

1RE
SEMAINE

1ER MOIS

2 À 3
MOIS

4 À 5
MOIS

6 À 7
MOIS

8 À 9
MOIS

10 À 11
MOIS

1 AN

1 AN 1/2

2 ANS

2 ANS 1/2

3 ANS

4 ANS

5 ANS

6 ANS

ANNEXES

LE SENTIMENT D'AVOIR UN BÉBÉ « DONNÉ » plutôt que fabriqué est connu d'un certain nombre de mères de bébés nés prématurément. Il faut parfois les aider à nouer des liens affectifs avec cet enfant qu'elles n'attendaient pas tout de suite.

Le rêve interrompu

Les difficultés relationnelles sont dues au déroulement interrompu de la grossesse : les neuf mois de la gestation sont indispensables à la préparation psychologique de la future maman, les derniers mois étant particulièrement riches en projets, en fantasmes, stimulés par le poids et les mouvements de l'enfant. Aussi, cette naissance prématurée n'est-elle pas sans provoquer quelques difficultés dans la relation mère-enfant. D'ailleurs, depuis quelques années, plusieurs équipes de médecins s'intéressent particulièrement à cette question.

Ces problèmes relationnels peuvent avoir plusieurs raisons : un accouchement difficile, dont le déroulement n'a pas été tout à fait celui que la mère avait espéré ; physiquement, le bébé n'est pas exactement à l'image de l'enfant imaginé ; la jeune maman qui, presque instinctivement, ne veut pas s'attacher à un enfant en grande difficulté vitale ; et surtout le manque de contacts peau à peau au moment de la naissance, dont on reconnaît l'importance dans l'attachement mère-enfant.

Le rôle du père

L'accouchement n'est plus l'événement heureux que ces mamans attendaient. Beaucoup de jeunes mères ne réussissent pas à associer dans le temps accouchement et naissance, car le plus souvent elles ne font qu'entrevoir leur bébé avant sa mise en couveuse. Dans la plupart des cas, l'enfant est dirigé vers une unité de néonatalogie située, au mieux, dans un autre endroit de l'hô-pital mais, le plus souvent, dans un lieu distant de plusieurs kilomètres. Le père est alors chargé d'un rôle essentiel : c'est lui qui voit l'enfant le premier, c'est lui qui informe la mère, au fur et à mesure de ses visites, de l'état de santé du bébé. Si elle se sent étrangère à cet enfant qu'elle n'a pas pu porter jusqu'au bout, le père prend le relais et tout doucement se « maternise ».

Sensible aux relations

Bien sûr, dès que la mère est capable de se déplacer, même sur un fauteuil roulant si elle a dû accoucher par césarienne, elle est invitée à venir le plus souvent possible voir son bébé, lui parler et participer aux soins.

Aujourd'hui, on veille tout particulièrement au développement psychique de ce bébé. On sait que les visites de ses parents ont une influence sur son envie de vivre. Mots tendres, caresses, bain aident à l'établissement de liens précoces. De même, on s'est aperçu qu'une infirmière uniquement soignante pouvait être cause d'angoisse pour le bébé, aussi demande-t-on à celles qui en ont la charge de lui faire des petites visites amicales pour lui parler ou le caresser. Certains services de néonatalogie reçoivent même la visite de musiciens. ■

" C'est au contact quotidien, au cours des soins, que vous apprécierez la douceur de ce bébé qui fait tout pour être aimé. „

La paternité *en savoir plus*

Les pères d'accueil

Que se passe-t-il dans les familles monoparentales, qui sont nombreuses aujourd'hui ? Et existe-t-il réellement des familles sans père ? On peut dire actuellement que les pères d'accueil suppléent de manière tout à fait convenable les pères biologiques et que les divorces précoces n'hypothèquent en rien le devenir des enfants. ■

Trouver un statut

De nos jours, le père est à la recherche d'un nouveau statut. Son identité est en pleine mutation. Devenir père, se sentir réellement investi de cette tâche est une prise de conscience qui se produit à des moments différents. Il y a ceux qui le sont dès le test de grossesse, ceux qui pleurent à la première échographie, ceux qui n'y croient qu'à l'accouchement et ceux qui le deviennent en jouant avec leur bébé. Certains hommes se sentent malhabiles dans ce nouveau rôle. Qu'ils sachent que le métier de père s'apprend par l'expérience, le tâtonnement et au prix de nombreuses erreurs. ■

❚ MON AVIS

Le nouveau père est arrivé, le cinéma et la publicité s'en sont largement emparé. Mais cette modernité puise en fait ses racines dans les origines mêmes de notre civilisation ; dans la Rome antique, l'enfant n'avait d'existence que par sa présentation à la cité par son père qui le tenait levé dans ses bras. Une habitude qui est restée active sans doute sous forme d'un inconscient collectif, puisque les pères, plus que les mères, aiment toujours soulever leur bébé. Pourtant, le changement dans le comportement des pères est tel qu'ils sont même sujets à des troubles pathologiques particuliers que les psychiatres ont étiquetés comme troubles du « père-mère ». Ces pères sont en véritable compétition de maternage avec la mère. Mais ceci est une exception. Plus couramment, l'intérêt du père pour son bébé se manifeste par sa présence aux consultations spécifiques comme les échographies, par sa participation à l'accouchement, parfois il coupe le cordon du bébé qui vient de naître et devient un messager important pour que s'installe une bonne relation entre la mère et l'enfant. L'intérêt de la présence paternelle auprès d'un enfant n'est plus à démontrer, il peut relayer une mère en difficulté ou au contraire conforter une mère et un bébé compétents. ■

Devenir papa

1RE SEMAINE

1ER MOIS

2 À 3 MOIS

4 À 5 MOIS

6 À 7 MOIS

8 À 9 MOIS

10 À 11 MOIS

1 AN

1 AN 1/2

2 ANS

2 ANS 1/2

3 ANS

4 ANS

5 ANS

6 ANS

ANNEXES

LES PÈRES, AUJOURD'HUI, VEULENT ÊTRE RECONNUS DANS LEUR RÔLE.
Lorsqu'on les interroge, ils affirment tous que, comme les mères envahies
par l'amour maternel, ils éprouvent un sentiment de paternité.

Un vrai bouleversement affectif

Et pourtant, l'amour maternel et l'amour paternel, s'ils sont de même nature, ne peuvent avoir les mêmes fondements. Notre société occidentale privilégie les relations mère-enfant dans les premiers mois. Le père, mis un peu à l'écart, a bien du mal à établir une relation précoce et profonde avec son tout petit bébé.

Bien qu'aujourd'hui de plus en plus de pères assistent aux échographies et, pour certains, aux préparations à l'accouchement, la première rencontre avec leur enfant a lieu dans la salle d'accouchement : ils présentent le bébé à la maman, le baignent, lui parlent. Les pères découvrent souvent avec admiration l'effort fourni par leur femme pour mettre un bébé au monde et ils se trouvent confrontés à des images qui les bouleversent et font naître en eux des sensations fortes et complexes.

La relation père-enfant : une vraie découverte

Si la mère a pu appuyer son imaginaire sur des changements physiologiques et physiques pendant la grossesse, le père, lui, a dû se débrouiller seul. Dans un premier temps, le sentiment paternel coïncide souvent avec le sentiment conjugal, mais la naissance bouleverse tout. L'accueil du nouveau-né, les plaisirs nouveaux apportés par les contacts et les caresses à ce petit être de chair qui sourit, pleure, s'agite, cette découverte mutuelle est le début de l'amour paternel.

À chaque parent son rôle

Père et mère ont à jouer des rôles différents auprès de l'enfant. Dès sa naissance, le bébé sait qui est l'un et qui est l'autre. Il les reconnaît par l'odeur, par le physique, par la voix. Des observations faites aux États-Unis ont montré qu'il réagissait différemment à l'approche de l'un ou de l'autre. À l'écoute de la voix paternelle, l'enfant voûte ses épaules, hausse ses sourcils, entrouvre sa bouche et ses yeux s'illuminent : il est prêt à jouer. Ces observations ont aussi établi que le père n'a pas le même comportement avec un garçon et une fille. Dans le premier cas, il aura une attitude plutôt physique, dans le second elle sera de nature protectrice.

Les relations père-enfant dépendent de l'espace que leur laissera la mère, le rôle du père étant d'atténuer l'intensité de la relation mère-enfant, afin de permettre à ce dernier d'acquérir son indépendance. Le bon équilibre passe sans doute par un partage de toutes les tâches, des plus gratifiantes aux plus matérielles. Pour les psychiatres, le rôle du père est d'accompagner la régression que connaît la femme au moment de la maternité, de l'aider et de la protéger. ∎

" Pour l'homme, devenir père est toujours l'occasion de repenser ou d'enrichir son identité. **"**

Des erreurs à éviter

• Envoyer l'aîné chez ses grands-parents au moment de la naissance du bébé. Imaginez sa réaction quand il reviendra. Il va simplement penser que le bébé a pris sa place.

• Donner la chambre de votre aîné au bébé et l'installer dans une nouvelle, aussi jolie soit-elle. Ce n'est sûrement pas le bon moment.

• Le mettre à l'école le même mois que la naissance.

• Surprotéger et donner toujours raison au petit au détriment du plus grand. Les enfants détestent l'injustice !

• S'agacer de la jalousie de l'aîné. C'est lui qui souffre, qui est malheureux, et qui a besoin de votre tendresse. ■

Le bon écart d'âge

L'expérience montre qu'avoir des enfants rapprochés a souvent des avantages, alors que des naissances espacées donnent à résoudre des problèmes totalement différents. Si l'écart d'âge entre les enfants est faible, la jalousie, bien qu'elle existe, risque de ne pas s'exprimer par des conflits ouverts. Si les enfants ont une grande différence d'âge, l'aîné se coule plus facilement dans le rôle du grand frère ou de la grande sœur et s'occupe volontiers du bébé. Les situations intermédiaires sont moins roses. En effet, lorsque les écarts sont moyens (trois ans), les tensions sont plus vives. L'aîné a profité quelques années d'une vie où il était seul avec ses parents et voit d'un mauvais œil l'intrus lui voler ce privilège. De plus, cet écart correspond à l'entrée en maternelle de l'aîné, d'où son sentiment d'être écarté. ■

▮ MON AVIS

La jalousie, sentiment parfaitement naturel, a une connotation péjorative pour les parents qui idéalisent leur famille sans se rendre compte que ce qui la fonde, ce sont les différences. L'enfant ne peut pas comprendre qu'il est aimé de la même façon, lui qui passe son temps à définir et à élaborer des différences. Il faut le prendre en charge psychologiquement en utilisant les souvenirs heureux qui fondent l'histoire de l'aîné par rapport au cadet. Ses photos de bébé l'aident à percevoir que le temps passé avec ses parents avant l'arrivée de son cadet lui appartient définitivement. La conquête et l'affirmation de son passé l'aident à supporter l'arrivée de cet intrus dont il est naturellement jaloux. ■

Du côté des aînés

1RE
SEMAINE

1ER MOIS

2 À 3
MOIS

4 À 5
MOIS

6 À 7
MOIS

8 À 9
MOIS

10 À 11
MOIS

1 AN

1 AN 1/2

2 ANS

2 ANS 1/

3 ANS

4 ANS

5 ANS

6 ANS

ANNEXES

L'ARRIVÉE D'UN PETIT FRÈRE OU D'UNE PETITE SŒUR entraîne toujours un profond bouleversement chez l'aîné. Ses sentiments sont un mélange de joie et de jalousie. Il faut veiller à ce qu'il ne souffre pas de cette jalousie.

L'inévitable jalousie

Il est recommandé de préparer la rencontre. On prétend que plus l'agressivité est manifestée tôt, moins elle s'affirme plus tard. Quoi qu'il en soit, elle est parfaitement normale et ne fait que traduire le sentiment d'angoisse qui anime votre aîné à l'idée que vous n'allez plus l'aimer. En effet, un enfant dissèque et analyse les différences d'amour. Surtout, rassurez-le. Faites-lui bien comprendre que vous l'aimez énormément, que l'arrivée d'un bébé ne modifiera rien, que l'amour d'une maman et d'un papa est immense et qu'ils peuvent aimer plusieurs enfants à la fois.

Préparer la cohabitation

Il est indispensable d'associer votre aîné à la naissance. Si le règlement de la maternité le permet, il peut venir voir le bébé et vous par la même occasion. Il a besoin de savoir où vous vous trouvez et se rassurer en voyant que tout va pour le mieux. Présentez-lui son petit frère ou sa petite sœur simplement, sans excès, et intéressez-vous à ce qu'il a fait pendant votre absence. Si les visites sont interdites, faites un Polaroïd et envoyez-le-lui. De visu ou au téléphone, dites-lui qu'il vous manque beaucoup et que vous allez rentrer dès que possible.

Rassurer l'aîné

Le retour à la maison est un moment souvent difficile. L'aîné vous voit soudain accaparée par ce nourrisson et réalise très vite qu'il n'est plus le centre d'intérêt de la famille. Il peut momen-tanément avoir envie de redevenir un bébé, puisque justement on s'occupe principalement de ce petit dernier. Ce sont les fameuses régressions : pipi au lit (alors qu'il était déjà propre), difficulté d'endormissement, problèmes alimentaires (il voudra qu'on le fasse manger et exigera de reprendre son biberon). Tous ces conflits n'ont rien d'alarmant et ne signifient qu'une seule chose : votre aîné a envie que l'on s'occupe de lui. Rassurez-le. Un petit enfant ne sait pas dire qu'il est jaloux. Tout au plus sent-il confusément que quelque chose a changé.

Préserver ses acquis

Ne le laissez pas se culpabiliser d'avoir de « mauvais » sentiments : dites-lui que c'est normal qu'il soit jaloux. Multipliez les attentions, ménagez du temps pour lui et surtout ne le privez pas aujourd'hui, faute de temps, de ce que vous lui accordiez hier. Il a toujours droit à son câlin du soir, à sa petite histoire ou à son tour de manège ! Patience, il va reprendre confiance en lui. Quand il comprendra qu'il n'est pas oublié, que vous tenez toujours à lui, il cessera de jouer au bébé pour devenir votre grand, quitte à régresser seulement de temps en temps... juste pour se faire dorloter ! ■

« C'est le jaloux qui souffre, qui est malheureux. Attention à ne pas « fixer » une jalousie normale et passagère par des attitudes éducatives trop rigides. »

Choisir entre le sein et le biberon

C'est à vous qu'incombe uniquement ce choix, ni à votre mari, ni à votre mère ou encore à votre belle-mère. Voici quelques informations pour guider votre choix.

Pour l'allaitement au sein :
• les qualités diététiques idéales de cet aliment pour votre bébé ;
• les avantages pratiques, le repas est toujours prêt et à bonne température, parfait pour les mamans « nomades » ;
• l'économie, il ne nécessite effectivement aucun investissement en matériel de puériculture, ni l'achat de lait bien sûr.

Contre l'allaitement au sein :
• Le bébé et sa mère sont quasiment inséparables.

Contre l'allaitement au biberon :
• L'investissement en temps et en argent dans la préparation des repas du bébé.

Vous avez arrêté d'allaiter et vous souhaitez reprendre ? C'est tout à fait possible après quelques jours d'interruption voire plusieurs semaines. Mais il faut que le bébé accepte de reprendre le sein. N'attendez pas qu'il ait trop faim pour le nourrir, installez-vous dans le calme et la pénombre, puis aiguisez son appétit en barbouillant votre bout de sein d'un peu de votre lait.

Le contact de votre bébé, peau à peau contre votre sein devrait déclencher une réaction hormonale propice à l'allaitement. Mettez votre bébé le plus souvent possible au sein, au moins toutes les deux heures et pour 10 à 15 minutes. S'il ne tète pas assez, tirez votre lait pour entretenir la lactation. Buvez beaucoup, surtout des tisanes à base de plantes : fenouil, cumin ou galega. ■

Ne vous laissez pas influencer

Dans certaines maternités, sous le prétexte de calmer les pleurs du nourrisson, on peut proposer aux jeunes mamans, qui ont pourtant décidé d'allaiter, de lui donner des biberons « complémentaires ». Ne vous laissez pas faire. En effet, il vous faut un peu de temps pour prendre la position idéale pour allaiter et votre bébé a lui aussi besoin d'apprendre comment prendre le sein. Souvenez-vous que c'est la succion qui forme le bout de sein et qui active la montée de lait. Plus votre bébé va téter, mieux il le fera et plus vous serez détendue. ■

▌ MON AVIS

Allaiter ou non son enfant pose aussi le problème du retour à la maison et de la reprise des relations sexuelles du couple. Combien de femmes ont demandé à leur conjoint si cela le gênait ou, au contraire, lui faisait plaisir de les voir allaiter ? La transformation mammaire peut encore modifier « l'utilisation » sexuée des seins. Une question peut traverser l'esprit des mères : cette partie de mon corps participe-t-elle à mon rôle de mère ou suis-je une femme désirable malgré ces modifications anatomiques ? Puis-je m'exhiber, montrer l'allaitement, sentir le lait, être à la disposition de ce bébé dans ma vie redevenue naturelle ? Trop peu de femmes, à mon sens, envisagent, en couple, cette problématique. Le faire permettrait sans doute que celles qui n'allaitent pas pour des raisons obscures, non dites, ne culpabilisent plus, et que celles qui ont choisi l'allaitement maternel soient tout autant renforcées dans leur féminité. ■

Sein ou biberon ?

1RE SEMAINE

1ER MOIS

2 À 3 MOIS

4 À 5 MOIS

6 À 7 MOIS

8 À 9 MOIS

10 À 11 MOIS

1 AN

1 AN 1/2

2 ANS

2 ANS 1/

3 ANS

4 ANS

5 ANS

6 ANS

ANNEXES

NOURRIR VOTRE BÉBÉ sera l'une de vos préoccupations essentielles durant les premières semaines. Une « grande affaire » qui occupera une bonne partie de ses périodes d'éveil. Aussi, c'est en toute logique que, pendant votre grossesse et sous la demande du médecin ou de la sage-femme, vous avez déterminé son mode d'alimentation.

Chaque pratique est bonne

L'essentiel est de décider du mode d'allaitement librement, et c'est un choix qui revient à la mère uniquement ; pas à sa famille ni au corps médical. Donner le sein à regret est, dans la plupart des cas, aller au-devant d'un échec. D'ailleurs, ce n'est pas la seule façon d'établir une bonne relation affective mère-enfant.

Un biberon peut également être donné avec amour, seule compte la disponibilité de la mère pour son bébé. On peut très bien établir une solide relation affective avec son bébé en le nourrissant au biberon.

Poursuivre la fusion

Aujourd'hui, plus de la moitié des mères décident de nourrir leur bébé au sein, et ce pour des raisons médicales ; rien n'est meilleur pour lui que le lait maternel. Il lui apporte tout ce dont il a besoin, il est facile à digérer et ne nécessite aucune préparation. Il est toujours disponible.

Des raisons affectives peuvent encore conduire à ce choix. Vous avez envie, vous avez besoin de sentir votre bébé contre vous, là, peau à peau ; vous souhaitez faire toujours corps avec lui. Mais l'allaitement au sein est loin d'être une obligation, il n'est pas la preuve irréfutable que l'on est une bonne mère. De plus, s'y forcer est le meilleur moyen de ne jamais y prendre plaisir. Mais attention, autant vous pouvez à tout moment et facilement arrêter l'allaitement au sein, autant une fois le lait « coupé », il n'est pas toujours évident de revenir en arrière.

Du rêve à la réalité

Ce sont souvent des raisons pratiques qui conduisent à une alimentation au biberon (elle laisse à la mère toute liberté dans ses allées et venues). Mais des motivations médicales peuvent aussi l'exiger : par exemple, une grande fatigue ou un besoin de contraception rapide après l'accouchement.

Mais il faut reconnaître aussi que nourrir son bébé au sein n'est pas toujours évident. Vous êtes la seule à pouvoir le faire, vous ne pouvez dans ce domaine compter sur l'aide du père ni sur celle d'une personne qui le garde. Une lactation suffisante ne se fait pas si facilement que cela. De plus, les seins sont souvent sensibles, voire douloureux. Enfin, nombre de femmes investissent beaucoup de leur féminité dans leur corps et elles ont du mal à imaginer leur poitrine comme pourvoyeuse d'alimentation. Elles ont peur, à tort, que les tétées successives ne l'abîment. Elles sont impressionnées par leur poitrine qui a doublé de volume et qui se couvre de grosses veines bleues. Elles n'apprécient pas non plus cette sensation d'être toujours un peu humides, collantes et de baigner dans une odeur douceâtre qui les écœure un peu. Souvent encore elles redoutent de ne pas y arriver, que le bébé tête mal ou que, comme leur mère ou leur sœur, elles renoncent avec le sentiment d'avoir fait des efforts pour rien. ■

Préparez votre poitrine

Si vous allaitez, vous pouvez entretenir votre poitrine entre les tétées en la massant à l'aide d'une crème nourrissante. Pour la préparation de l'aréole, nettoyez-la à l'eau bouillie et à l'alcool glycériné, pour ensuite la nourrir avec de l'huile d'amande douce ou de la lanoline. Pour parfaire cette préparation, n'hésitez pas à terminer votre douche par un petit jet d'eau fraîche sur la poitrine. Avant la tétée, nettoyez vos seins, et particulièrement les aréoles, avec de l'eau bouillie ou de l'eau minérale. Les bouts de seins ombiliqués (dont le téton est rentré) ne sont pas un frein à l'allaitement. Il suffit souvent de les stimuler pour les faire sortir.

Il existe aujourd'hui un petit appareil qui permet de traiter les mamelons ombiliqués. La Niplette utilise le principe de l'étirement des tissus. On place une petite coupe en forme de dé au bout du sein et, à l'aide d'une seringue, on aspire. Ainsi « aspiré », le bout du sein remonte. Enfin, ce n'est pas parce que, lors d'une première naissance, l'allaitement n'a pas été possible qu'il ne le sera pas pour le deuxième enfant. De toute façon, vous pouvez toujours essayer d'allaiter, quitte à arrêter ensuite puisque la montée de lait peut être stoppée au septième ou au quinzième jour après la naissance. ■

Sans risque esthétique réel

Allaiter n'abîme pas les seins dans la plupart des cas. Vous devez veiller à ne pas prendre trop de poids, à ne pas arrêter l'allaitement de manière trop brusque et à faire quelques mouvements de gym pour remuscler le grand peaucier du cou, ensemble de muscles qui tient les glandes mammaires. ■

Allaiter son deuxième enfant

Ce n'est pas parce que, lors d'une première naissance, l'allaitement n'a pas été possible qu'il ne le sera pas pour le deuxième enfant. De toute façon,

vous pouvez toujours essayer d'allaiter quitte à arrêter ensuite, puisque la montée de lait peut être stoppée au septième ou quinzième jour après la naissance. ■

Pas vraiment de contre-indications

Même si vous avez accouché par césarienne et qu'on vous administre un peu de morphine pour vous aider à mieux supporter la douleur, vous pouvez allaiter votre bébé. Il se peut que ce geste soit pour vous un moyen de compenser votre déception de ne pas avoir participé pleinement à votre accouchement. Si la césarienne a été pratiquée sous péridurale, votre enfant peut être mis au sein dès les instants qui suivent sa naissance. Si vous avez subi une anesthésie générale votre bébé prendra sa première tétée dès votre réveil. Il se peut par contre que votre bébé soit encore légèrement endormi et ait des difficultés à prendre le sein. Ne vous inquiétez pas, dès qu'il retrouvera toute sa conscience, il réclamera à boire. Demandez au personnel soignant de vous aider à trouver la position la plus confortable, celle qui ne tirera pas sur votre cicatrice.

De même avoir des jumeaux n'est pas un handicap pour l'allaitement, bien au contraire lorsqu'on imagine le nombre de biberons par jour à nettoyer et la quantité de lait en poudre qu'il va falloir acheter. Par contre cet allaitement demande un peu d'organisation. À vous de choisir si vous voulez les nourrir ensemble ou séparément tout le temps en alternance. Vous pouvez même de temps en temps remplacer une tétée par un biberon par exemple pour permettre au papa de participer.

Dans tous les cas il est souhaitable de commencer la mise au sein par le bébé qui tête le mieux afin qu'il déclenche une bonne éjection de lait dans le second sein. On recommande aussi de laisser toute la journée le même sein au même jumeau et d'inverser le lendemain, c'est le meilleur moyen d'éviter l'engorgement mammaire. L'entretien de la lactation se fait comme toujours en buvant beaucoup d'eau et en se reposant régulièrement. ■

Les meilleures conditions pour allaiter

1RE SEMAINE

1ER MOIS

2 À 3 MOIS

4 À 5 MOIS

6 À 7 MOIS

8 À 9 MOIS

10 À 11 MOIS

1 AN

1 AN 1/2

2 ANS

2 ANS 1/2

3 ANS

4 ANS

5 ANS

6 ANS

ANNEXES

SI, COMME 60 % DES FRANÇAISES, vous avez choisi d'allaiter, c'est dans les minutes qui suivent la naissance que vous ferez votre première expérience. La mise au sein précoce favorise la montée de lait et donne toutes les chances d'un allaitement réussi.

Une stimulation précoce

Chaque fois que le bébé tète, votre organisme sécrète de la prolactine, une hormone du lait. Plus la stimulation est précoce, plus les quantités de lait vont être abondantes. Dès que le bébé lâche le bout du sein, une autre hormone est libérée, l'ocytocine, dont le rôle dans la lactation est de déclencher l'éjection du lait hors du mamelon. Le « premier lait » que tète votre bébé est un liquide bien particulier. C'est le colostrum. Il joue un rôle essentiel dans la protection immunitaire de l'enfant car c'est un véritable concentré d'anticorps qui tapissent en quelques jours toutes les muqueuses de la bouche et du tube digestif. Le lait des jours suivants a tout autant d'importance ; le sucre qu'il contient, le gynolactose, est important dans le développement de la flore microbienne de fermentation qui s'oppose à la prolifération de la flore putréfaction due à la digestion.

Sans restriction ni de temps ni de fréquence

C'est entre le 3e et le 6e jour après l'accouchement que la lactation se met définitivement en place. Les seins se tendent et vous pouvez ressentir les signes d'un premier engorgement. L'efficacité de la succion de votre bébé aide à mieux supporter cette sensation. Il faut que l'enfant tète à « pleine bouche » : l'aréole du sein, la partie brune du mamelon, doit être entièrement dans sa bouche.

Son visage doit être bien en face du sein. Certaines femmes craignent de ne pouvoir allaiter car elles estiment que leur poitrine est trop menue. Or la lactation n'a rien à voir avec le tour de poitrine. C'est la capacité de la glande mammaire qui importe, l'épaisseur du tissu adipeux ne jouant aucun rôle. Autre vieille croyance : penser que son lait est trop clair. Le lait maternel définitif est produit vingt jours environ après le début de la lactation. Le premier lait est clair, légèrement bleuté, et sa saveur à peine sucrée est parfaitement adaptée aux besoins de l'enfant.

Aucune obligation

Cependant, certains problèmes d'allaitement sont dus au psychisme de la mère. Ainsi, certaines refusent l'allaitement, considérant leurs seins comme un symbole de leur sexualité. Elles ont peur que les tétées successives n'abîment leur poitrine. Pour d'autres, c'est l'acceptation de l'enfant qui est difficile. Elles ont l'impression d'être dévorées. Entrent également en compte les réactions de l'entourage, et en premier lieu celles du mari. De toute façon, il n'y a aucune raison de se forcer à allaiter. ■

" Même pour quelques semaines, le lait maternel est intéressant sur le plan immunitaire et digestif. "

Pour ou contre la stérilisation des biberons

Faut-il ou non stériliser les biberons d'un bébé ? C'est un vrai débat depuis que le Pr Dominique Turck, pédiatre et enseignant au CHU Jeanne-de-Flandres à Lille a déclarer que l'on n'avait jamais démontré que cela servait à quelque chose lors de la commission d'hygiène et de conservation des biberons pour l'Agence française de sécurité sanitaire des aliments (Afsa). Mais attention, si la stérilisation, qui est d'ailleurs une pasteurisation, n'est pas indispensable, une hygiène rigoureuse s'impose. Après chaque tétée, vider et rincer immédiatement le biberon, le mettre dans le lave-vaisselle pour un nettoyage complet à 65 °C au minimum et un séchage. Il est préférable de ne pas y mettre les tétines car ce lavage les rend poreuses. Lavez-les à l'eau et au liquide vaisselle, rincez-les abondamment et laissez-les sécher à l'abri de la poussière. Pour les mamans qui n'ont pas de lave-vaisselle, lavez les biberons comme les tétines, laissez-les sécher tête en bas et n'utilisez jamais de torchon.

Mais si cela vous rassure vous pouvez continuer à pasteuriser les biberons de votre bébé. À chaud ou à froid. Les deux stérilisations se valent. ■

Du bon usage des biberons

Pour le premier âge (six premiers mois), votre équipement se compose de 6 biberons en verre, d'un chauffe-biberon, et éventuellement d'un appareil pour la stérilisation à chaud ou d'un bac pour stériliser à froid et de 6 tétines. Les tétines et les biberons doivent être immergés complètement, la tête en bas, dans le stérilisateur (la manipulation se fait ensuite avec une pince et des mains très propres). Elle peut se réaliser à chaud par ébullition ou à froid à l'aide de produits désinfectants. Il peut arriver que cette stérilisation à froid laisse une odeur. Cependant, elle ne semble pas déranger les bébés et n'affecte en rien le goût du lait. Pour l'éliminer, il suffit de rincer le biberon et la tétine juste avant l'emploi avec un peu d'eau potable ou, mieux, d'eau minérale, celle justement qui va servir à préparer le biberon. Pensez encore à vous équiper d'un chauffe-biberon. Il vous assure de la bonne température du lait, de manière plus sûre que le micro-ondes, lequel est quotidiennement cause de brûlures. Certains chauffe-biberons sont même équipés d'une régulation électronique qui calcule automatiquement le temps de chauffe en fonction de la quantité de liquide. Souvenez-vous toujours qu'un bébé peut boire froid ou tiède mais, qu'à l'inverse, l'absorption de liquide trop chaud est la cause d'un grand nombre d'hospitalisations. Vérifiez la température de chaque biberon en versant quelques gouttes de lait sur le dessus de votre main : il doit être à 35 °C environ. C'est souvent le personnel de la maternité ou le pédiatre qui vous prescrira le lait 1er âge avec lequel vous commencerez l'allaitement. Il en existe de fort nombreux. Ils doivent tous respecter des normes réglementaires très précises. Laits maternisés, laits hypoallergéniques, laits adaptés 1er âge : autant de formules qui tiennent compte des besoins spécifiques du nourrisson. ■

▍MON AVIS

Quitte à être maladroit, je ne peux résister à donner le choix du « psy » : le sein est idéalement placé anatomiquement pour favoriser l'interaction mère-enfant et pour repérer les compétences du bébé. Mais rassurez-vous, vous pouvez parfaitement cultiver l'interaction en nourrissant votre bébé au biberon. Cela permet au père d'être alors à égalité avec la mère dans les contacts au moment de l'alimentation. ■

Biberons et tétines

1RE
SEMAINE

1ER MOIS

2 À 3
MOIS

4 À 5
MOIS

6 À 7
MOIS

8 À 9
MOIS

10 À 11
MOIS

1 AN

1 AN 1/2

2 ANS

2 ANS 1/

3 ANS

4 ANS

5 ANS

6 ANS

ANNEXES

LA GAMME DE CES ACCESSOIRES EST VASTE et tous ces produits paraissent tellement pratiques et si jolis que vous vous sentez un peu perdue au moment du choix. Une certitude : ils sont le résultat des nouvelles techniques et d'une meilleure étude des besoins des jeunes mamans.

Des tétines
de toutes les formes

Ainsi, les tétines en caoutchouc ont subi de grandes transformations. Aujourd'hui, elles sont pratiquement toutes en élastomère silicone, transparentes et lisses, pour éviter que les particules de poussière n'adhèrent à leur surface. Supportant toutes les stérilisations, elles sont imperméables à la salive, inodores et parfaitement hygiéniques.

Ces tétines, dites physiologiques, sont destinées à dynamiser la succion de l'enfant. Leur forme et leur ouverture projetant le lait contre le palais freinent légèrement le débit et rendent la tétée plus active.

De plus ces tétines sont souvent équipées d'une valve anti-retour : lorsque le bébé tète, la valve s'ouvre et le lait remplit la tétine ; lorsqu'il s'arrête, la valve se referme. La tétine restant pleine, le bébé peut recommencer à téter sans effort. Cette valve reproduit ainsi la fonction d'allaitement au sein maternel, limitant l'ingestion de l'air, source de coliques gazeuses et de hoquets. Elles sont percées de façon de plus en plus sophistiquée : au laser, de manière excentrée et à débit variable.

Sur le plan pratique, il faut savoir que le caoutchouc a tendance à ramollir et à noircir à l'usage, alors que le silicone reste impeccable. Par contre, il a le désavantage de durcir sous l'effet des stérilisations à chaud. Côté saveur, ce dernier est le seul à être totalement neutre.

Des biberons
de toutes les tailles

En verre, en plastique ou en polycarbonate, sobres ou avec un décor fantaisie, tous les biberons se stérilisent à chaud comme à froid et supportent le micro-ondes, qu'il vaut mieux utiliser avec certaines précautions.

La contenance normale d'un biberon est de 240 à 250 ml. Il en existe de plus petits, qui sont souvent réservés aux jus de fruits ou à l'eau minérale, et de plus grands destinés aux « grands bébés ». Avoir un minibiberon pour les jus de fruits est pratique, mais pas indispensable. Côté décors et formes, la plus grande fantaisie vous est autorisée. Le plus grand progrès a été fait en revanche sur le plan de l'hygiène. Certains biberons ont été dessinés pour n'avoir aucun rétrécissement au niveau du col, afin d'éviter les dépôts de lait qui favorisent les bactéries. D'autres ont été étudiés avec une large ouverture afin de se remplir plus facilement. Enfin, parmi les derniers-nés, mentionnons le modèle qui se « charge » de sachets en plastique contenant le lait, ou celui qui est équipé d'une bague dont les cristaux liquides, en changeant de couleur, indiquent si le lait est à bonne température. ■

" La nature du lait qui nourrit l'enfant est importante, mais ce qui est essentiel, c'est l'amour qui accompagne les repas. "

De plus en plus court

Depuis quelques années une tendance se confirme : le séjour à la maternité est de plus en plus court : 7 % des jeunes mamans y restent moins de 3 jours pour un accouchement naturel et moins de 5 jours si elles ont eu une césarienne. De même dans les maternités de niveau 3, celles qui prennent en charge les grossesses difficiles, 20 % des mamans qui ont accouché normalement et 13 % par césarienne sortent entre le 2e et le 3e jour.

Malgré les raisons évidentes d'économie et de restructuration des maternités (les petites unités sont progressivement fermées pour être regroupées dans des centres hospitaliers plus importants), on ne peut nier certains avantages à cette pratique. Mais ce retour précoce ne se fait pas dans n'importe quelles conditions, il est impératif que la mère et l'enfant se portent bien. La jeune maman a été informée de cette possibilité, soit au cours de ses visites prénatales à la maternité, soit à son arrivée pour l'accouchement. ■

Des soins appropriés

Le temps passé à la maternité est indispensable à un suivi médical normal. En effet, l'accouchement est une réelle épreuve physique et psychique pour le corps humain qui a besoin un tant soit peu de récupérer. L'état de santé de la jeune maman est contrôlé quotidiennement : prise de la tension, de la température et contrôle du pouls. Le médecin vérifie également si la jeune accouchée n'a pas de problèmes circulatoires en examinant régulièrement ses jambes.

Ce séjour est encore l'occasion de faire connaissance tranquillement avec son bébé et d'apprendre les gestes indispensables du maternage. Les puéricultrices sont là pour guider les jeunes mamans inexpertes. Dans la plupart des maternités, les premiers soins sont faits par les puéricultrices dans la chambre même de la maman, pour lui permettre une initiation facile et de visu. Certaines maternités sont équipées de petites salles de soins vitrées entre deux chambres. D'autres,

encore, ont installé des vidéos sur ces soins. Très récemment, ont été mis au point des programmes pour apprendre aux mères à communiquer avec leur enfant. Une jeune maman qui éprouve des difficultés pratiques peut faire appel au personnel soignant pour quelques leçons particulières. En cas de problèmes relationnels entre elle et son bébé, elle peut avoir, sur place, la visite d'un(e) psychothérapeute. ■

Faites connaissance

Même si, à la maternité, les journées vous paraissent longues, faites en sorte que les visites ne soient pas trop nombreuses. Profitez des instants d'intimité avec votre bébé pour faire connaissance avec lui.

Le retour à la maison est toujours un moment de grande agitation, où les tâches matérielles prennent parfois le pas sur les relations mère-bébé. ■

Sortie précoce de la maternité

1RE SEMAINE

1ER MOIS

2 À 3 MOIS

4 À 5 MOIS

6 À 7 MOIS

8 À 9 MOIS

10 À 11 MOIS

1 AN

1 AN 1/2

2 ANS

2 ANS 1/

3 ANS

4 ANS

5 ANS

6 ANS

ANNEXES

POUR DES RAISONS D'ÉCONOMIE ET DE MODE DE VIE, le séjour à la maternité est de plus en plus court. En moyenne, il dure entre trois et cinq jours, s'il n'y a eu aucune complication pour la mère et pour l'enfant et si l'accouchement s'est fait par les voies naturelles. En réalité, il n'y a aucune norme médicale.

De plus en plus tôt

Un certain nombre de maternités proposent même aujourd'hui aux mères de rentrer chez elles deux ou trois jours après l'accouchement. La jeune maman a été informée de cette possibilité soit au cours de ses visites prénatales à la maternité, soit à son arrivée pour l'accouchement. Mais ce retour précoce ne se fait évidemment pas dans n'importe quelles conditions.

Un relais à domicile

Le jour du retour à la maison de la mère et de l'enfant, il est prévu une visite d'accueil à domicile faite par une infirmière, une sage-femme ou une puéricultrice qui reviendra les jours suivants. Si cela s'avère nécessaire, elle prolongera de quelques jours ces visites à domicile.

La maternité propose ce service d'hospitalisation à domicile comme alternative à l'hospitalisation. La mairie du domicile de la maman peut mettre à la disposition de la mère une aide ménagère (à raison de 1 heure 30 par jour) ou participe au financement d'une travailleuse familiale.

Les deux ou trois jours de séjour à la maternité sont bien remplis : mise en route de l'allaitement, apprentissage des soins de puériculture, soins gynécologiques pour la mère et surveillance médicale pour le nourrisson.

Quels avantages ?

Il semble que ces séjours de courte durée, réservés à des mères qui le désirent et qui sont en parfaite santé, ainsi que leur bébé, aient un effet bénéfique sur l'allaitement : elles sont davantage à allaiter et n'éprouvent, pour la plupart, aucune difficulté.

De plus, on a constaté que les bébés trouvent plus facilement un rythme équilibré de veille et de sommeil. Toutes les mères ayant fait cette expérience ont particulièrement apprécié de ne pas être séparées trop longtemps de leur enfant, notamment les jeunes mamans psychologiquement fragiles. En outre, les pères et les aînés ne se sont pas sentis exclus de l'événement et, au contraire, se sont plus investis dans les soins à donner au bébé. C'est sans doute le meilleur moment pour le père pour prendre son congé de paternité.

Ces deux semaines de disponibilité peuvent être l'occasion pour le couple de s'installer doucement dans sa nouvelle vie à trois ou à quatre s'il y a un autre enfant. C'est aussi l'occasion pour le père de tisser avec son bébé des liens d'attachement précoces, importants pour leur relation future. ■

" Pour un premier enfant, il faut du temps pour que la mère se sente suffisamment en sécurité pour sortir. Le séjour à la maternité doit donc s'adapter à chaque cas. "

Un peu de spleen

Certaines jeunes mamans, de retour chez elles, connaissent un état dépressif, qui serait la suite de difficultés psychiques rencontrées au cours de la grossesse, la période la plus sensible se situant vers le 8ᵉ mois. Pour elles, la grossesse est cause de détresse, notamment lorsque leurs souvenirs d'enfant, jusqu'alors refoulés, leur révèlent des conflits anciens ou des carences affectives précoces. Généralement, la naissance de l'enfant ne suffit pas à calmer leur crainte, seul un accompagnement psychique peut les aider. ▪

Vos journées rythmées par votre bébé

À la maternité, votre bébé dormait et tétait à heures quasiment régulières. Changé d'environnement, il peut modifier totalement ses horaires, dormir cinq heures d'affilée le matin, puis se réveiller toutes les deux heures l'après-midi, et hurler le soir. Ne cherchez pas trop à le régler dans les premiers temps. Certains bébés vont téter vigoureusement, d'autres auront besoin d'être stimulés. Essayez plutôt de comprendre son rythme, en considérant, toutefois, deux impératifs : s'il ne faut pas réveiller un bébé qui dort, il faut cependant être attentif à ce qu'il prenne les quantités nécessaires, soit au moins cinq repas par jour. Pour les gourmands, respectez un intervalle de deux heures entre chaque tétée.

Outre l'alimentation, le change et la toilette sont d'autres moments privilégiés pour faire connaissance avec votre bébé. Pour ne rien oublier des petits soins à donner, affichez une liste au-dessus de la table à langer. Le bain demande toutefois une petite organisation. Si vous pouvez vous faire aider la première fois, c'est préférable. Une fois changé et nourri, votre bébé appréciera sans nul doute de faire un petit somme. Là encore, le sommeil peut être capricieux. S'il crie alors que vous venez de le recoucher, peut-être a-t-il besoin de faire un petit rot supplémentaire (p. 92), ou a-t-il simplement trop chaud. De plus, à cet âge, les régurgitations sont fréquentes (p. 92) : placez sous la tête de votre bébé une serviette de toilette douce que vous changerez fréquemment. Et surtout couchez-le bien toujours sur le dos (p. 85). ▪

▮ MON AVIS

La sortie de la maternité est un temps tout aussi important que celui de la naissance. La mère passe du statut de « reine des abeilles » où elle est entourée, choyée par le personnel médical et sa famille, pour retrouver celui d' « ouvrière » chargée de la gestion du foyer. Sur le plan épidémiologique, 15 % des femmes sont alors touchées par la dépression en réaction à l'accouchement, ce qui pour moi pose un véritable problème de santé publique. Il faut donc que cette sortie soit entourée par les alliés habituels, le père, les grands-parents et quelques amis. Il est encore important que ce changement soit aussi réussi pour le bébé : il vient à peine d'avoir investi l'espace que représente la chambre de la maternité qu'il doit s'habituer à un autre. De bonnes conditions d'accueil à la maison limitent les troubles du sommeil. Enfin, l'inconscient est très lié à la maison : souvenirs de chambre, rideaux, poussières dans la lumière... Tous les souvenirs de notre enfance qui nous étreignent aujourd'hui ont commencé à se structurer dès notre retour au domicile de nos parents. ▪

Enfin chez vous !

1ʳᵉ SEMAINE

1ᵉʳ MOIS

2 À 3 MOIS

4 À 5 MOIS

6 À 7 MOIS

8 À 9 MOIS

10 À 11 MOIS

1 AN

1 AN 1/2

2 ANS

2 ANS 1/2

3 ANS

4 ANS

5 ANS

6 ANS

ANNEXES

VOUS VOILÀ PRÊTE À RENTRER CHEZ VOUS, les formalités de sortie dûment accomplies. Pour vous éviter de patienter dans un hall, encombrée de bagages et avec un nouveau-né dans les bras, prévoyez votre départ avec la personne qui viendra vous chercher.

Ne surestimez pas vos forces

Même si vous vous sentez en forme, souvenez-vous que l'accouchement est une épreuve fatigante. Aussi prenez la précaution de préciser à la personne qui vient vous chercher à la maternité où et quand vous attendre, afin de ne pas avoir à patienter ou à marcher trop longtemps.

Il est encore un peu tôt pour entreprendre une grande promenade ! Dernière consigne : demandez que l'on installe un lit-auto dans la voiture, pour pouvoir y déposer le bébé pendant tout le trajet, et de quoi le couvrir. Vous n'êtes pas obligé d'en faire l'acquisition immédiatement. Renseignez-vous, certaines maternités prêtent ce type de matériel et il existe dans les grandes villes des sociétés de location de matériels de puériculture. N'entreprenez pas de faire la tournée des amis ou de la famille, les forces risquent de vous manquer. Rentrez tranquillement chez vous pour vous reposer... si votre mari a profité de votre absence pour tout organiser (ravitaillement, ménage, chambre du bébé aménagée). S'il ne l'a pas fait, n'hésitez pas à faire appel aux bonnes volontés et il n'en manque pas : mère, belle-mère, amis ne demandent qu'à vous aider !

Organisez votre retour

Pour éviter tout désagrément à votre retour, organisez-vous avant votre départ pour la maternité. Achetez à l'avance les produits nécessaires pour votre bébé (produits de toilette, couches en quantité suffisante, lait en poudre, biberons) et pour vous-même (serviettes hygiéniques, slips jetables, soutien-gorge et coussinets d'allaitement, etc.). Et n'oubliez pas de remplir le réfrigérateur de produits surgelés. Mais si le temps vous a manqué, vous pouvez toujours passer commande de votre lit. Un coup de téléphone au supermarché le plus proche de votre domicile ou à l'épicier de votre quartier et vous pouvez être livrée dans les plus brefs délais. Faites réceptionner l'ensemble des courses par votre mari la veille de votre retour. De la même façon, quelques jours avant de quitter la maternité, confiez à un proche l'ordonnance du pédiatre avec les médicaments indispensables pour votre nouveau-né.

Ménagez-vous... et votre bébé aussi

Votre famille, vos amis ne manqueront pas de vous proposer une petite visite dès votre retour à la maison. Ne vous lancez pas dans des invitations à dîner le soir même. Offrez plutôt un goûter ou un apéritif, plus facilement réalisables.

Ne réveillez pas votre petit ange sous prétexte qu'un invité ne l'a pas encore vu, cela vous évitera bien des soucis et surtout une soirée agitée. Vous serez bien évidemment assaillie par les coups de téléphone. Pour préserver votre repos, filtrez un peu les appels en branchant le répondeur. Cela vous évitera d'interrompre votre bébé au milieu d'une tétée. Même le téléphone portable est à utiliser avec modération. Préservez vos moments d'intimité. ■

Sachez vous reposer

Dans la journée, pendant que votre bébé dort, installez-vous pour une petite sieste bien méritée. Vous récupérerez d'autant mieux, et surtout vous serez plus en forme pour affronter ses réveils de nuit. Essayez d'organiser vos journées pour ne pas accumuler de fatigue inutile : faites-vous aider au maximum ; enfin, évitez de faire coïncider les repas de famille avec ceux du bébé, cela créerait des tensions inutiles. Dans la journée, isolez-le suffisamment pour qu'il puisse dormir et ne pas vous déranger plus que nécessaire. Tant que votre bébé réclame à boire la nuit, il vous semblera judicieux de le garder dans votre chambre. Vous vous apercevrez peut-être qu'il n'est pas toujours facile de dormir avec un nouveau-né qui s'agite et qui respire fort. Si vous décidez de le mettre dans une chambre isolée, installez une écoute sur votre table de chevet, vous serez plus rassurée.

Ne brûlez pas les étapes, adaptez-vous à son rythme. Il est, a priori, plein de bonne volonté. Adressez-vous à un médecin avec qui vous vous sentez en confiance, il vous soutiendra au moindre problème. Mais si vous avez à vous plaindre de ce bébé, c'est peut-être lui qui, à travers ses petits malaises, essaie de vous dire que quelque chose ne va pas.

Un bébé sait par de multiples façons que sa maman n'est pas au mieux de sa forme.

Enfin si vous êtes fatiguée, débordée, déprimée, faites appel au service social de votre mairie ou à votre Caisse d'allocations familiales. L'un comme l'autre peuvent mettre à votre disposition une aide-ménagère. ■

Laissez-vous aider

N'hésitez pas à partager les tâches, il suffit souvent de demander au papa un peu d'aide pour qu'il y pense. C'est le début des « bonnes habitudes » et l'occasion pour lui de s'occuper de son bébé. Pendant ce temps, occupez-vous de vous : gym, remise en forme, visite à une amie, les idées ne manquent pas. Laissez-les seul à seul, c'est beaucoup mieux. ■

Le retour à la maison

1RE
SEMAINE

1ER MOIS

2 À 3
MOIS

4 À 5
MOIS

6 À 7
MOIS

8 À 9
MOIS

10 À 11
MOIS

1 AN

1 AN 1/2

2 ANS

2 ANS 1/2

3 ANS

4 ANS

5 ANS

6 ANS

ANNEXES

UN SENTIMENT ÉTRANGE VOUS SAISIT EN FRANCHISSANT LE SEUIL DE VOTRE DOMICILE. Vous êtes heureuse, mais quelque peu inquiète. Vous allez devoir seule avec votre compagnon assumer pleinement votre nouveau statut de parents.

Éviter trop de fatigue

À la maternité, vous avez été entourée, choyée. Le personnel médical était à portée de main pour prévenir tout problème, aider au maternage, à l'allaitement, à la toilette, au soin du cordon, etc. Maintenant, vous devez faire vos premières expériences de maternage en solitaire. Même si parfois vous vous sentez démunie voire débordée, rassurez-vous pratiquement toutes les jeunes mamans apprennent très vite les gestes quotidiens de maternage.

Dans ce retour au bercail, le plus délicat est de caler votre rythme de vie sur celui de votre bébé. Les pleurs et le biberon de nuit raccourcissent considérablement le repos. Le jour, le bébé dort beaucoup mais demande pourtant une vraie disponibilité, toutes les trois heures environ, pour ses repas. Tétées, changes, petits câlins, la journée passe vite et la fatigue s'installe avec, à la clé, sautes d'humeur et mal de dos (pp. 111 et 114).

Petits conseils d'intendance

• Tout d'abord, pour récupérer de la fatigue, faites comme votre bébé, couchez-vous de bonne heure et faites la sieste.

• **Au sein ou au biberon, nourrissez votre enfant à la demande.** Il se régulera sans problème et vous, vous échapperez aux longs moments épuisants à attendre qu'il tète.

• **Si vous nourrissez votre bébé au biberon**, stérilisez flacons de verre et tétines en une seule fois et gardez-les ensuite au réfrigérateur.

• **Vous pouvez encore faire quantité de cho-**ses, votre bébé contre vous dans un porte-bébé ventral. L'enfant éprouve ainsi un parfait sentiment de sécurité, il sent votre odeur, votre chaleur, il est bien, et vous, vous avez les mains libres.

• **Simplifiez les tâches ménagères au maximum.** Vous les ferez après et il sera toujours temps, dans quelques semaines, de programmer une journée de ménage à fond.

• **Pensez encore à vous faire livrer vos courses :** certaines grandes surfaces le proposent et même votre commerçant de quartier sera sensible à votre fidélité.

• **Réfléchissez aux appareils ménagers** qui vous font gagner du temps, l'investissement consenti aujourd'hui n'est pas perdu pour les années à venir.

• **Faites des listes**, c'est le plus sûr moyen de ne rien oublier et de se libérer l'esprit de bien des soucis qui, en réalité, sont sans grande importance.

• **Organisez encore**, si ce n'est fait, le coin toilette et change du bébé : il vous faut tout sous la main, pas trop éloigné d'un point d'eau.

La vie à trois

Votre enfant ne doit pas accaparer tous vos instants. Essayez de préserver avec votre conjoint des moments rien que pour vous deux : faites du sport ensemble ou programmez des sorties. Votre bébé, pendant ce temps-là, dormira paisiblement dans son berceau sous la responsabilité d'une ou d'un baby-sitter. Si vous allaitez, avant de partir, tirez un peu de votre lait et conservez-le dans un biberon au réfrigérateur. Ainsi le repas de votre bébé est disponible à tout moment. ■

Le gynécologue-obstétricien

Si tout se passe bien, vous ne le verrez probablement pas et seule une sage-femme vous assistera. Cela dit, l'idéal serait que votre gynécologue soit présent à l'accouchement. Dans les petites maternités qui ne disposent pas d'un médecin de garde sur place, un obstétricien d'astreinte reste joignable à tout moment, prêt à intervenir à la demande de la sage-femme. Après la naissance, vous rencontrerez le gynécologue pour une visite de contrôle. C'est avec lui, par exemple, que vous envisagerez la reprise d'une contraception. ■

Naître
en toute sécurité

Pour des raisons de sécurité, le ministère de la Santé met en place une nouvelle organisation des maternités qui permet à toute naissance d'être prise en charge par des équipes médicales spécialisées, avec notamment des anesthésistes, des réanimateurs et des pédiatres spécialistes de la prématurité, dans des lieux parfaitement équipés. De grands centres hospitaliers spécialisés dans les soins aux mères et aux enfants sont créés sur le modèle de l'hôpital Jeanne-de-Flandres à Lille. Ils seront destinés à accueillir toutes les grossesses à risque d'un secteur.

Les naissances sans problème continueront à se faire dans des maternités moins spécialisées mais médicalement sûres, en liaison avec la maternité du CHU. Ainsi, l'hôpital lillois a signé une convention avec sept maternités de la région qui accueillent, dès le début de leur grossesse, les futures mamans bien portantes. Si un problème survient, un système de vidéoconférence relie les équipes médicales à celle du CHU. En région parisienne, à l'initiative du Pr René Frydman, s'est créé le premier SAMU pour grossesses à risque. Il dirige 24 heures sur 24 et 7 jours sur 7 les patientes à risque vers une maternité équipée pour une naissance en toute sécurité. Cette expérience doit se généraliser à toute la France. ■

Nouveau label
pour les maternités

Le label « Hôpital ami des bébés », décerné par l'OMS (Organisation mondiale de la Santé) et l'UNICEF, indique que l'établissement hospitalier met ses moyens et son personnel au service de l'allaitement maternel. Dans ces établissements, les mamans sont particulièrement accompagnées afin de les aider à surmonter les toutes premières difficultés qui peuvent être considérées comme décourageantes. ■

▌ MON AVIS

C'est surtout au niveau des soins aux prématurés que les pratiques se sont profondément modifiées depuis quelques années. Les puéricultrices sont en alternance observantes du travail de leurs collègues et intervenantes et, surtout, on a institué une puéricultrice référante pour chaque enfant afin de fonder des interactions précoces de qualité avec ces petits prématurés dont on découvre régulièrement les capacités. On sait aujourd'hui que ces bébés ont besoin essentiellement de leurs parents, c'est pourquoi les services de néonatalogie se sont ouverts à eux, leur permettant de toucher leur bébé et de lui parler. L'enfant qui naît trop tôt a les mêmes chances que l'enfant né à terme, simplement son accompagnement et celui de sa famille doivent être plus précis et présents dans les semaines qui suivent son retour chez lui. ■

Votre environnement médical

1RE
SEMAINE

1ER MOIS

2 À 3
MOIS

4 À 5
MOIS

6 À 7
MOIS

8 À 9
MOIS

10 À 11
MOIS

1 AN

1 AN 1/2

2 ANS

2 ANS 1/2

3 ANS

4 ANS

5 ANS

6 ANS

ANNEXES

UN SERVICE DE MATERNITÉ EST UN SERVICE MÉDICAL à part entière. Tout autour de vous gravite un certain nombre de personnes, lesquelles ont toutes un rôle bien défini pour veiller sur votre santé et celle de votre bébé, pour vous offrir confort et, si besoin, réconfort.

Une équipe solide et dévouée

Selon la taille de la maternité, certains professionnels de santé sont là en permanence ou assurent des vacations. Bien sûr, si la maternité fait partie d'un Centre hospitalier universitaire (CHU) ou d'un Centre hospitalier régional (CHR), vous pouvez compter, si besoin, sur les équipes médicales de tous les services. La responsabilité de la maternité est assurée par le professeur, chef de service. Il est secondé par un ou deux adjoints agrégés. Les chefs de clinique, médecins spécialistes (gynécologues, anesthésistes, etc.) ont la responsabilité d'une partie du service. À leurs côtés travaillent les médecins attachés qui viennent une à deux fois par semaine dispenser certains soins particuliers, en gynécologie obstétricienne, en pédiatrie, ou dispenser un soutien psychique, par exemple. Les internes assurent généralement le service de garde. Le personnel médical est formé des médecins, des surveillantes, des sages-femmes, de l'assistante sociale attachée à l'établissement, des puéricultrices et des auxiliaires de puériculture, des infirmières assistées des aides-soignantes. Enfin, les agents hospitaliers composent le personnel de service et administratif. Toutes ces personnes sont plus ou moins présentes à votre chevet.

À chacun son rôle

• **La sage-femme.** C'est sans doute pour vous la personne la plus importante. Elle est le maître d'œuvre de la mise au monde : elle peut tout faire.

Mais elle se doit d'appeler le médecin accoucheur en cas de difficultés. Après la naissance, elle s'occupe essentiellement de vous, elle pratique les soins à la suite d'une épisiotomie et vous aide à la mise au sein avec les puéricultrices.

• **La puéricultrice.** Elle surveille le développement du nourrisson dont elle se charge de constituer le dossier médical. Elle veille à l'établissement de son régime, à ses vaccinations et au bon allaitement maternel. Elle surveille les enfants mis en réanimation, en couveuse, ou hospitalisés pour un problème quelconque.

• **L'auxiliaire puéricultrice.** Elle est l'assistante de l'infirmière puéricultrice et s'occupe davantage des soins quotidiens à donner aux enfants : repas, toilette, changes, etc.

• **L'aide-soignante.** Elle seconde l'infirmière pour le nursing et les soins d'hygiène. Elle a aussi la charge des tâches ménagères.

• **Le pédiatre.** C'est lui qui examine votre bébé à la naissance et qui le reverra au moment de la sortie de la maternité (p. 36).

• **Le médecin de famille.** Depuis peu, une expérience menée dans bon nombre d'hôpitaux consiste à permettre aux médecins de famille de participer aux soins avec les médecins hospitaliers, ceci afin d'assurer une continuité sanitaire. Cette disposition renforce le lien entre le médecin traitant et le malade, lequel devrait être aussi beaucoup plus étroit qu'autrefois grâce aux nouvelles conventions qui favorisent la fidélisation d'un patient à son généraliste. ■

Premier mois

1RE SEMAINE

1ER MOIS

2 À 3 MOIS

4 À 5 MOIS

6 À 7 MOIS

8 À 9 MOIS

10 À 11 MOIS

1 AN

1 AN 1/2

2 ANS

2 ANS 1/

3 ANS

4 ANS

5 ANS

6 ANS

ANNEXES

Premier mois

Vous

DEPUIS UN MOIS, vous observez en permanence votre bébé. Vous êtes persuadée qu'il vous regarde de plus en plus longtemps au fil des jours et qu'il tient votre doigt mieux et plus fort quand il tète. Tout va bien! Vous traversez avec succès votre phase de « préoccupation maternelle primaire ». C'est ainsi qu'est définie, en psychologie, cette période exceptionnelle dans la vie d'une maman et qui la rend particulièrement compétente dans l'observation de son bébé. Nul autre que vous n'a, vis-à-vis de lui, cette capacité d'attention à ses moindres réactions, à son bon développement et à ses préformes de communication.

Au début, quelles que soient ses compétences et la qualité de ses interactions, le bébé existe essentiellement dans le regard de sa mère. C'est encouragé par l'intérêt que vous lui portez qu'il progresse et enrichit son pouvoir de communication.

Tous les spécialistes du développement de l'enfant s'accordent sur l'importance de ces liens précoces et craignent tout ce qui pourrait les distendre.

L'attachement mère-enfant et enfant-mère est le résultat d'une construction qui s'améliore et se concrétise tout au long de leur vie commune.

Votre enfant

- Il pèse 4 kg en moyenne pour 52 cm.

- Votre bébé soulève la tête de temps en temps. Placé sur le ventre, il fait de la reptation, il tient en position assise lorsqu'il est maintenu. Il réagit au bruit et suit des yeux un objet de couleur vive.

- Il émet de petits sons gutturaux et fixe du regard le visage de ses parents. Il cesse de pleurer à leur approche ou au son de leur voix. Par ses pleurs, il exprime presque tout, mais il n'a pas de larmes. Il fait ses premiers sourires.

- Il est sensible au froid comme à la chaleur.

- Il boit exclusivement du lait, celui de sa mère ou un lait 1er âge: de 550 à 650 ml, 6 fois par jour.

1RE SEMAINE

1ER MOIS

2 À 3 MOIS

4 À 5 MOIS

6 À 7 MOIS

8 À 9 MOIS

10 À 11 MOIS

1 AN

1 AN 1/2

2 ANS

2 ANS 1/2

3 ANS

4 ANS

5 ANS

6 ANS

ANNEXES

Ce qui peut vous étonner

VOUS NE VOUS LASSEZ PAS D'OBSERVER votre bébé. Son physique et ses réactions parfois vous étonnent, quelquefois vous inquiètent. Voici une petite liste qui, sans être exhaustive, vous aidera à ne pas vous précipiter chez le pédiatre au premier éternuement venu.

• **Le crâne déformé** : à la suite de l'accouchement, la tête du bébé peut présenter une déformation du crâne (en pain de sucre) ou même parfois une bosse (dite séro-sanguine). Tout doit rentrer dans l'ordre au bout de quelques jours.

• **Une tache au bas du dos** : les enfants de couleur ou d'origine méditerranéenne présentent souvent une tache de naissance bien particulière, la tache mongoloïde. Elle est gris bleuté, installée en bas du dos ou sur la fesse. Elle s'atténuera au cours des années.

• **Les premières selles foncées** : elles sont en fait le résultat de son dernier repas utérin. Petit à petit, les selles deviennent jaune clair avec l'alimentation lactée. Le rythme normal des selles est de 4 à 5 par jour. Le bébé nourri au sein a un transit intestinal plus rapide.

• **Les pleurs sans larmes** : rien n'est plus normal puisque dans les trois premiers jours de la vie les canaux lacrymaux ne sont pas encore ouverts. Si cela persiste, consultez un spécialiste.

• **Les éternuements** : les bébés éternuent beaucoup mais ils ne sont pas enrhumés. C'est pour eux le moyen de se moucher et d'expulser les croûtes de mucus solidifiées qui obstruent leurs narines.

• **Une respiration bruyante** : lavez plusieurs fois par jour les narines avec du sérum physiologique et mettez votre bébé dans une position demi-assise (à l'aide de coussins dans le dos) et tout rentrera dans l'ordre. Pensez également à humidifier suffisamment l'atmosphère de sa chambre.

• **Le hoquet** : il est provoqué par l'air que le bébé avale lors de la tétée. Pour le faire passer s'il se prolonge, couchez-le bien à plat sur le ventre. Même s'il persiste, vous pouvez sans problème le recoucher. Un proverbe dit que le bébé qui a le hoquet profite. C'est loin d'être faux. En effet, ce hoquet ne fait que traduire l'excitation transitoire du nerf phrénique par un estomac bien rempli. Ce phénomène n'a rien d'anormal et disparaîtra progressivement.

• **Les lèvres cloquées** : certains nourrissons ont des ampoules sur les lèvres inférieure et supérieure. Ce sont des cloques de succion. Elles ne gênent pas vraiment l'enfant et ne doivent pas être percées.

• **Une transpiration excessive** : à la fin d'une tétée ou d'un biberon, votre bébé a le visage mouillé de transpiration. Rien n'est plus normal, la succion représentant un réel effort physique et musculaire. De plus, l'absorption d'un liquide chaud provoque une montée momentanée de la température interne. La transpiration est alors un moyen normal de lutter contre la chaleur.

• **Des tremblements et des mouvements saccadés** : la tétée, le bain, le change provoquent parfois chez le bébé de légers tremblements du menton ou des membres. Ce sont simplement des manifestations liées à l'immaturité du système nerveux.

• **La langue toujours blanche** : la production de salive est encore limitée, ce qui ne permet pas un nettoyage normal de la cavité buccale. Les glandes salivaires ne fonctionnent vraiment qu'à partir de 3 mois. Attention : ne pas confondre avec le muguet, maladie des muqueuses due à un champignon (p 142).

• **La poitrine gonflée :** la glande mammaire est légèrement gonflée et peut même produire du lait. Ce phénomène s'explique par la transmission des hormones maternelles au bébé. Il est recommandé de ne pas presser les seins pour en extraire le lait. Cette manifestation étonnante doit disparaître au bout de dix à quinze jours. Mais toute inflammation doit être signalée au méde-

cin. Chez les petites filles, on constate parfois des sécrétions vaginales blanchâtres dues à ces hormones maternelles.

• **Une couleur indéfinissable de ses yeux :** ils sont d'un drôle de bleu un peu gris. La couleur des yeux est déterminée génétiquement et leur nuance évolue avec la pigmentation de l'iris qui est progressive. D'ailleurs la couleur des yeux varie tout au long de l'enfance pour devenir définitive à l'adolescence. On croit trop souvent que tous les bébés naissent avec les yeux bleus, certains bébés ont les yeux marron voire d'un noir profond. ▪

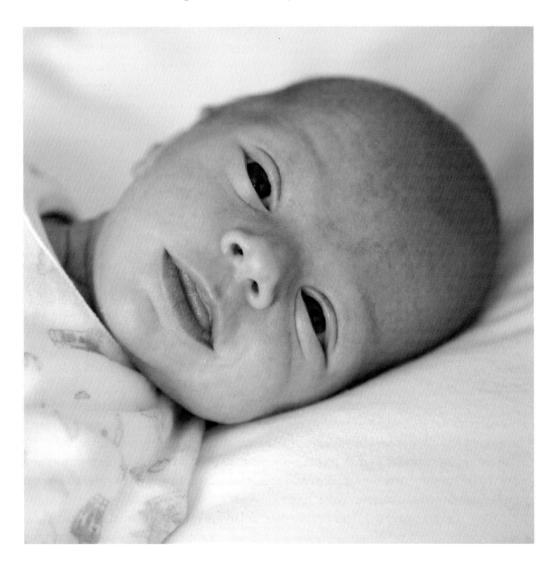

1RE SEMAINE

1ER MOIS

2 À 3 MOIS

4 À 5 MOIS

6 À 7 MOIS

8 À 9 MOIS

10 À 11 MOIS

1 AN

1 AN 1/2

2 ANS

2 ANS 1/2

3 ANS

4 ANS

5 ANS

6 ANS

ANNEXES

Ses pleurs *en savoir plus*

Pourquoi un bébé pleure-t-il ?

Il a toujours une bonne raison, banale la plupart du temps. Pour le consoler, mieux vaut rapidement en trouver la cause.

• **Il est mouillé :** certains bébés détestent rester dans des couches sales. Seule solution, les changer. Si votre bébé se remet à pleurer après avoir été changé puis couché, peut-être a-t-il besoin de faire un autre petit rot.

• **Il a trop chaud :** une mauvaise appréciation de la température de sa chambre peut troubler son sommeil ; 18 à 20 °C suffisent. Surtout, ne le couvrez pas trop au début de la nuit, car il transpire beaucoup les premières heures de son sommeil.

• **Il est 5 heures ou 6 heures du soir :** la tombée de la nuit rend certains bébés mélancoliques. Un jour, sans doute, les médecins découvriront que ce sont des raisons biologiques qui en sont à l'origine.

• **Si votre bébé pleure et se réveille en pleine nuit,** c'est certainement parce qu'il est affamé. Ce besoin est physiologique et naturel. Ne pensez surtout pas qu'il va se calmer tout seul. Tant qu'il n'aura pas été rassasié, les pleurs continueront.

• **Il a soif :** s'il crie, s'il pleure sans raison entre deux repas, un peu d'eau le calmera sans doute. Utilisez de l'eau minérale plate. Il est inutile que vous y ajoutiez du sucre.

• **Ses repères sont bousculés :** n'écoutez pas trop ceux qui prétendent qu'un bébé s'adapte à tout et qu'il peut manger ou dormir à heures irrégulières. Votre bébé a son mot à dire et le manifestera par des pleurs de rage ou de colère. ∎

Dominez votre angoisse

Un bébé qui pleure beaucoup provoque souvent chez les parents une montée d'angoisse et de colère. Attention, dominez-vous, il ne faut jamais secouer un nourrisson. Ces gestes brusques peuvent être à l'origine de graves dommages cérébraux. C'est ce que, médicalement, on appelle le syndrome du bébé secoué (SBS). Cette maltraitance, le plus souvent par ignorance, a des conséquences neurologiques extrêmement graves en raison des particularités anatomiques du bébé. En effet, cet enfant a une tête très lourde pour des muscles du cou trop faibles pour bien la maintenir. Ainsi, lorsque le bébé est secoué, c'est essentiellement sa tête qui ballotte, le cerveau venant s'écraser contre les parois de la boîte crânienne. Les vaisseaux sanguins éclatent, provoquant des hémorragies, les tissus souffrent de lésions importantes et la masse cérébrale gonfle. La gravité du syndrome est accrue par le fait que chez l'enfant de moins d'un an, plus chez les garçons que chez les filles, l'espace situé entre le cerveau et les méninges est élargi et que les veines cérébrales sont donc plus exposées aux cisaillements. Plus l'enfant est petit, plus les secousses sont appuyées, plus les lésions peuvent être graves : à des degrés variables, hémiplégies, retards mentaux, cécité et épilepsie. On estime que dans 10 % des cas, la vie du bébé est en danger. Attention, sont toutes aussi dangereuses les secousses occasionnées par des jeux comme les lancés en l'air, les tournoiements ou la course avec un enfant sur les épaules. ∎

▌ MON AVIS

Le bébé parle en criant et en pleurant et toute la famille joue au jeu de l'interprétation. Mais surtout, les parents adoptent naturellement des comportements magiques, ce sont souvent des corps à corps qui apaisent l'enfant. La sérénité des parents qui approchent l'enfant en pleurs est tout aussi « magique » : aussitôt il se calme. En étant le plus serein et le plus calme possible, en expliquant au bébé que vous ne comprenez pas très bien ce qui l'agite mais que vous allez l'aider, que vous êtes là pour vous occuper de lui, vous lui permettrez de ne pas entrer dans le cycle infernal des pleurs. ∎

Les cris pour tout dire

TRÈS SOUVENT, VOTRE BÉBÉ EST SECOUÉ DE PLEURS et vous vous sentez impuissante voire inquiète. Petit à petit, vous allez vous apercevoir que ses cris ne sont pas tous les mêmes dans leur intensité et dans leur tonalité. Apprendre à les décoder, c'est mieux les supporter et bien sûr mieux y répondre.

Premiers décryptages

Le docteur Alain Lazartigues, pédopsychiatre et chercheur au CNRS, a mis en évidence cinq types de cris : celui de la faim, celui de la colère, celui de la douleur, celui de la frustration et enfin celui du plaisir. À ces cris s'ajoutent, vers l'âge de 3 semaines, des sons destinés à attirer l'attention. Le cri de la faim se caractérise par un son strident suivi d'une inspiration ; il est accompagné d'un court sifflet puis d'une période de silence. Dans leurs cris de colère, certains bébés ont plusieurs timbres. Tout dépend de la force avec laquelle l'air passe entre les cordes vocales. On les reconnaît toujours : très aigus, ils sont difficiles à supporter sur le plan acoustique.

Le cri de douleur est souvent distingué par la mère. Il se compose d'un premier cri suivi d'un silence puis d'une inspiration inaugurant une série de cris expiratoires.

Le cri de frustration est une variante de celui de la douleur. Il se manifeste par un cri suivi d'un long sifflement inspiratoire et se répète. Il est provoqué, par exemple, par le retrait du biberon. S'ajoute enfin le cri de plaisir, assez fort, sorte de cri de joie. Le bébé va utiliser ces bruits de manière volontaire, à chaque fois qu'il aura envie que l'on s'occupe de lui.

Une réponse adaptée

Il existe également ce qu'on appelle le spleen du bébé : la tombée du soir rend certains nourrissons mélancoliques. Ils pleurent, attristés de quitter la journée, et peut-être ont-ils peur de ce voile noir qui les enveloppe peu à peu.

Pour certains, les cris ressemblent à une mélopée douce. Ces bébés n'ont pas besoin d'être pris et câlinés ; la simple présence de leur maman les rassure. D'autres connaissent de véritables crises de larmes qui les laissent inconsolables. Elles sont l'expression d'une angoisse incontrôlée. Cependant, rassurez-vous, vers trois ou quatre mois, votre bébé perdra cette habitude.

Il est indispensable que vous répondiez toujours aux cris de votre bébé. Si vous les ignorez, il pourrait croire que ses plaintes sont vaines et qu'il ne peut rien attendre de vous. Peut-être se sent-il tout seul et a-t-il envie de participer à la vie qui l'entoure. Quoi de plus normal ? N'hésitez pas alors à lui parler, caressez-le, tenez ses mains ou posez fermement une main sur son ventre. Si cela ne suffit pas, prenez-le dans vos bras et bercez-le, appuyé contre votre épaule, sa tête nichée dans votre cou.

Enfin, prendre un bébé dans son berceau commence toujours par une prise de contact verbale. Quelques mots vont lui permettre de ne pas être surpris. Bien sûr, tous les mouvements s'effectuent aussi sans brusquerie. ■

" Parlez-lui doucement, racontez-lui que vous l'aimez, qu'il va bientôt retrouver son calme et que sa douleur va disparaître. "

1RE SEMAINE

1ER MOIS

2 À 3 MOIS

4 À 5 MOIS

6 À 7 MOIS

8 À 9 MOIS

10 À 11 MOIS

1 AN

1 AN 1/2

2 ANS

2 ANS 1/2

3 ANS

4 ANS

5 ANS

6 ANS

ANNEXES

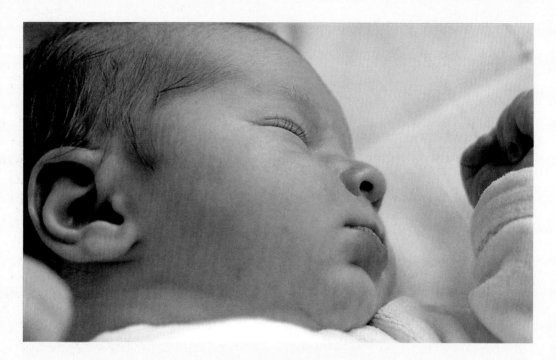

Les troubles du sommeil

En réalité, à cet âge, la plupart des troubles sont à mettre sur le compte d'une mauvaise interprétation du comportement du nourrisson. Se réveiller et pleurer en pleine nuit est une activité tout à fait courante pour un tout-petit ; il n'y a rien d'anormal, ni de grave, il a faim. Une tétée supplémentaire ou un biberon de lait tiède suffira à lui redonner un sommeil paisible (p. 95). Soyez rassurée, ce repas en plus n'entraîne aucune suralimentation.

Les nuits agitées ne vont heureusement pas durer. Généralement, le biberon de la nuit n'est plus systématique au cours de la 4ᵉ semaine et disparaît tout naturellement vers 2 mois. Tout d'abord, votre bébé va espacer lentement ses repas de nuit et réclamer un peu moins souvent, là où, auparavant, il réclamait encore toutes les trois heures.

Le deuxième indice est plus difficile à supporter : il s'agit des pleurs du soir que l'on met le plus souvent à tort sur le compte de la faim ou de désordres digestifs. De l'avis des spécialistes, le bébé a littéralement « emballé » son système d'éveil et ne sait plus l'arrêter. Une seule solution : ne pas chercher à le consoler à tout prix ou lui proposer à manger et encore moins un biberon d'eau sucrée, mais l'endormir au plus vite. Le seul moyen efficace serait de le laisser seul, encore faut-il pouvoir supporter ses cris de protestation... ∎

Bercement et berceuse

Le bercement a des vertus calmantes manifestes, car tous les bébés aiment retrouver le doux balancement, déjà connu dans le ventre de leur mère. Toutes les mamans connaissent les paroles apaisantes « dodo, l'enfant do, l'enfant dormira bientôt ».

« Techniquement », le phénomène est simple : l'enfant règle sa respiration et son rythme cardiaque sur ce mouvement de va-et-vient, qui doit être plutôt lent et bien marqué. Souvent, il s'accompagne d'une berceuse. Partout dans le monde, ces chansonnettes du 1ᵉʳ âge ont la même construction... et le même effet. Ce sont des mélodies lentes et répétitives sur lesquelles glissent des paroles douces. Elles apaisent simplement parce qu'à leur écoute le rythme cardiaque de l'enfant se ralentit ∎

Bien dormir pour bien grandir

LE NOUVEAU-NÉ DORT EN MOYENNE DIX-NEUF HEURES PAR JOUR les premières semaines. Il passe presque sans s'en apercevoir de l'état de veille à celui de sommeil. Mais pourquoi ce bébé dort-il autant ?

Trouver le bon rythme

Si votre bébé a tellement besoin de sommeil, c'est tout simplement pour parfaire sa maturation cérébrale et développer son corps. En effet, on s'est aperçu que c'est au cours du sommeil que l'organisme produit en quantité maximale la fameuse hormone de croissance indispensable à son bon développement.

Si votre bébé dort tout le temps, c'est aussi qu'il ignore encore la différence entre le jour et la nuit. Il ne commencera à la faire qu'au bout de quelques semaines. En attendant, ses temps de sommeil diurne et nocturne sont aussi nombreux et ses réveils sont question de hasard. C'est généralement vers 3 ou 4 semaines qu'il se règle sur le rythme circadien de 24 heures. À la fin du premier mois, il dort encore 70 % de son temps. Il ne dort pas constamment de la même façon : ses jours et ses nuits se décomposent en sommeil profond et en sommeil léger. Dans le premier, ses yeux sont bien fermés, il respire très régulièrement, seuls ses doigts et ses lèvres peuvent bouger de manière perceptible.

Par contre, le sommeil léger, lui, se caractérise par de nombreux mouvements oculaires sous les paupières, des grimaces, des mouvements des bras et des jambes, voire même du corps. Enfin, il existe un état intermédiaire entre veille et sommeil : l'enfant somnole, il peut même avoir les yeux largement ouverts.

Ce petit dormeur déteste, en général, être dérangé. Un réveil intempestif déclenche presque à chaque fois des pleurs.

Et si vous cassez son rythme de sommeil, votre bébé risque de vous gratifier de nuits entrecoupées de cris. Il va se réveiller toutes les deux heures, toutes les nuits ou presque tout simplement parce que son cerveau aura enregistré qu'une période de rêve se finit toujours par un réveil. Alors laissez-le dormir !

À chacun sa personnalité

Dès les premiers jours, on peut nettement distinguer les gros dormeurs des petits nerveux qu'un rien réveille. Très rapidement, chaque enfant acquiert sa personnalité de dormeur. Il est indispensable de laisser un nouveau-né trouver son propre rythme et ajuster lui-même les moments où il a faim et ceux où il préfère dormir. Conclusion : on ne réveille pas un nourrisson qui dort, ni pour le changer, ni pour voir si tout va bien, ni pour lui donner son biberon. Sachez également que pendant ces premières semaines de vie, le tout-petit passe par des phases de sommeil agité, tout à fait normales. Vous pouvez penser qu'il est éveillé, qu'il souffre d'un petit malaise, vous vous précipitez pour le prendre dans vos bras... Surtout pas, vous allez interrompre son rêve. ■

> " C'est au cours du sommeil que l'organisme secrète le plus d'hormones de croissance. „

1RE SEMAINE

1ER MOIS

2 À 3 MOIS

4 À 5 MOIS

6 À 7 MOIS

8 À 9 MOIS

10 À 11 MOIS

1 AN

1 AN 1/2

2 ANS

2 ANS 1/2

3 ANS

4 ANS

5 ANS

6 ANS

ANNEXES

Il préfère le visage humain

La nature est bien faite : savez-vous que lorsqu'il est dans vos bras, la distance qui sépare son visage du vôtre est exactement celle qui lui permet de voir nettement ? L'intensité d'un sourire est déterminée par la direction du regard, l'importance des mouvements de la bouche et des lèvres, la durée du sourire et le plissement plus ou moins prononcé des paupières.

De nombreuses expériences ont mis en évidence l'attirance des bébés pour le visage humain. Cette préférence à toute autre image s'explique par la fascination qu'exercent sur eux les courbes et les rondeurs, l'ombre des sourcils, l'éclat du regard. Votre bébé vous fixe intensément dans les yeux, ce qui lui donne des contrastes parfaits : l'iris de vos yeux qui se détache clairement sur le blanc de l'œil ; votre bouche qui bouge lorsque vous lui adressez des mots tendres ; votre sourire répond au sien... A contrario, si vous êtes indifférente ou si vous le regardez d'un œil triste, il s'en aperçoit. Son étonnement se changera en pleurs si vous gardez cette attitude lointaine envers lui. Ce qui prouve, si besoin est, que dès le berceau, les bébés perçoivent les sentiments qui animent leur mère. ■

▮ MON AVIS

Nous avons longtemps cru que le sourire n'apparaissait que vers le premier mois, mais des travaux récents montrent qu'il existe au tout début de la vie : c'est alors une réaction neurologique, l'enfant sourit quand il dort au moment du sommeil paradoxal. Ce sourire « grimace » est interprété par les parents comme un sourire relationnel. Au fil des jours, il va devenir un signal puis une manifestation affective. En fait, le sourire, qui est un signe propre à l'homme, va fonder une relation très précoce entre l'enfant et ses parents. Cette remarque est fort intéressante et importante dans la relation de l'enfant prématuré et de ses parents. En effet, le prématuré sourit plus que les bébés nés à terme, simplement parce que le sommeil paradoxal occupe beaucoup de son temps. Ses parents l'interprètent comme une manifestation en leur direction. Sur le socle neurologique, l'imagination va fonder la relation future. On naît de son enfance comme on naît de son sourire. ■

Son premier sourire

1RE SEMAINE

1ER MOIS

2 À 3 MOIS

4 À 5 MOIS

6 À 7 MOIS

8 À 9 MOIS

10 À 11 MOIS

1 AN

1 AN 1/2

2 ANS

2 ANS 1/2

3 ANS

4 ANS

5 ANS

6 ANS

ANNEXES

LES MOYENS DE COMMUNICATION D'UN NOURRISSON avec le monde sont limités. Mis à part les cris, l'un des plus précoces est le sourire. Un moyen irrésistible de faire fondre sa maman et son papa de bonheur.

Il vous aime

Dès les premiers jours, dès les premières semaines, votre bébé sourit : il ferme les yeux et ses lèvres s'étirent d'une manière plus ou moins crispée. C'est le plus souvent lorsqu'il dort profondément qu'il sourit. Votre bébé semble exprimer un état de bien-être si parfait qu'il vous comble de bonheur. Vous voilà rassurée, vous êtes une « bonne mère », que votre enfant aime et reconnaît déjà. Tout naturellement, vous vous penchez vers lui, vous lui parlez tendrement, vous déposez un baiser sur son front. Votre bébé est alors comblé, il sent votre odeur, perçoit votre voix et la douceur de votre caresse. Ce sourire « réflexe » est transformé par le pouvoir de l'imagination de sa mère, en sourire communication.

Il aime la vie

En deux à trois semaines, l'enfant s'aperçoit que son sourire provoque chez son interlocuteur de la joie et un sourire en retour, suivi presque toujours de manifestations de tendresse. Il comprend donc très vite son intérêt à le renouveler. Le sourire devient social.

C'est sans doute un des signaux les plus puissants du langage muet. Très souvent après une tétée, lorsqu'il est bien repu, il vous regarde les yeux grands ouverts, le sourire aux lèvres. Il pousse de petits gloussements et agite de manière saccadée les bras et les jambes.

S'il est couché dans son berceau, vous êtes certaine qu'il vous dit : « Prends-moi dans tes bras. » Aussitôt dit, aussitôt fait, et maintenant vous vous regardez mutuellement dans les yeux... L'instant est bref mais si intense ! Quand un bébé regarde sa mère, il la regarde en train de le regarder. Il se produit alors un jeu de miroir infini. Ce n'est que le début de l'idylle. Le bébé va commencer à gazouiller et tenter de sourire. C'est à votre visage et tout particulièrement en regardant vos yeux que votre enfant sourit, à condition qu'il soit suffisamment près de vous.

Une mimique qui évolue

Les tout premiers jours, le sourire du bébé est parfois difficile à observer car les lèvres sont à peine tirées. Vers 5 semaines apparaît le sourire dit « en croissant ». Il devient évident vers 4 mois : les coins de la bouche, très légèrement relevés, se rétractent, les lèvres s'entrouvrent. Ce type de sourire signifie « bonjour » ou « je voudrais jouer ». Vers 6 mois, l'enfant en apprendra un autre : le « sourire simple ». C'est celui que nous utilisons. Il se manifeste par le relèvement des coins de la bouche et aussi par les yeux qui « rient ». Il exprime, comme chez l'adulte, la joie et le plaisir.

Il apparaît également quand il se passe des choses inattendues mais agréables ou encore quand l'enfant joue seul avec beaucoup d'intérêt.

Suivant la durée de ce type de sourire, la signification est différente : court, juste ébauché, il indique l'incertitude ; large et intense, l'attente de quelque chose d'agréable et la confiance en soi. Quelle que soit son intensité, le mouvement des lèvres est identique ; seuls les coins se relèvent plus ou moins. ∎

Sa sécurité *en savoir plus*

Le berceau idéal

Qu'il soit acheté ou confectionné maison, le berceau doit obéir à certaines règles : stabilité grâce à des piétements solides et bien écartés, profondeur suffisante pour éviter au bébé un peu turbulent de passer par-dessus bord. Pensez aussi aux problèmes d'entretien : pour la garniture, il est préférable de choisir des tissus lavables.

Le matelas sera plutôt dur, en crin végétal, en mousse ou à ressorts. L'enfant ne doit pas s'y enfoncer et il doit être parfaitement adapté à la taille du sommier. Pour plus de commodité, vous choisirez des draps de forme housse pour le dessous ; réservez toutes les fantaisies pour celui de dessus, en optant cependant toujours pour un tissu qui peut bouillir. On peut aujourd'hui confectionner sans difficulté des draps-housses grâce à des systèmes « automatiques » vendus en mercerie. Ainsi, quel que soit le matelas, ce confort est à votre portée. Inutile d'acheter un oreiller, les bébés, aujourd'hui, se couchent bien à plat pour ne pas déformer leur colonne vertébrale. Côté couvertures, bannissez les édredons et les couettes, en effet, l'enfant peut les tirer sur son visage et se trouver ainsi en très mauvaise position. De plus, garnis de plumes, ils peuvent être à l'origine de troubles allergiques. Les couvertures seront choisies en laine extrêmement légère, plutôt courte-pointes et tricotées main. Évitez l'angora et le mohair, deux matières qui peuvent entraîner des troubles respiratoires. ∎

Le co-sleeping

Comme l'a été la bonne position pour dormir le co-sleeping, c'est-à-dire le choix de dormir avec son bébé, est un débat qui oppose les spécialistes. Les « pour » disent que cette pratique favorise l'attachement mère-bébé et qu'elle est même un facteur de sécurité. Les « contre » rappellent que de nombreuses études mettent en garde les parents contre le risque accru de mort subite du nourrisson et les troubles du sommeil du bébé qui dort de manière morcelée. Sur le plan psychologique, les avis divergent aussi entre ceux qui pensent que parents et enfants doivent avoir chacun leur territoire et ceux qui estiment que la proximité, voire la peau à peau règle bien des troubles de l'anxiété chez l'enfant. ∎

Le coucher en toute sécurité

1RE SEMAINE

1ER MOIS

2 À 3 MOIS

4 À 5 MOIS

6 À 7 MOIS

8 À 9 MOIS

10 À 11 MOIS

1 AN

1 AN 1/2

2 ANS

2 ANS 1/2

3 ANS

4 ANS

5 ANS

6 ANS

ANNEXES

DORMIR SUR LE DOS EST INDISPENSABLE POUR LA SÉCURITÉ de votre bébé. Toutes les études médicales montrent que ce couchage est la meilleure prévention contre la mort subite du nourrisson.

Impérativement sur le dos

La mort subite du nourrisson, pratiquement imprévisible, est à l'origine de plus de la moitié des décès dans la première année de l'enfance. Bien qu'elle ne soit pas totalement élucidée et qu'elle soit sans doute liée à un problème de maturation cérébrale, on sait que la manière de coucher l'enfant est une prévention efficace. Depuis que les médecins recommandent de coucher les bébés sur le dos, les décès ont chuté de plus de 70 %. De nombreuses informations sur ce thème sont largement diffusées dans les maternités. De nombreuses études françaises et étrangères montrent que le couchage ventral multiplie les risques de 5 à 9, selon les cas. Il semble que coucher un enfant de moins de 5 mois sur le dos, alors qu'il n'est pas toujours capable de se retourner, est un des premiers gestes de sécurité à adopter. Les médecins sont formels, il ne faut pas craindre le moindre risque d'étouffement par régurgitation.

Dans un confort défini

D'autres consignes doivent être respectées. Ainsi il est recommandé de faire dormir les nourrissons sur un matelas dur, sans oreiller ni couette. Le lit doit avoir un sommier et des montants, l'entourage du lit ne doit pas être trop épais. La bonne température de la chambre est de 19 °C. Au-delà, il est indispensable d'humidifier l'air de la pièce. Il est encore conseillé de ne pas installer le lit du bébé près d'une source de chaleur, radiateur ou fenêtre exposée au sud. Pour dormir, la tenue idéale d'un nourrisson est le surpyjama ou la turbulette. Vous pouvez éventuellement ajouter une couverture légère que l'enfant pourra repousser s'il a trop chaud. Vous pouvez aussi installer un matériel de sécurité maximale. Par exemple, un matelas équipé d'une têtière aérée qui assure au bébé une parfaite respiration, quelle que soit sa position pour dormir, ou encore un système de petits coussins de forme triangulaire pour le caler dans la bonne position.

Lorsqu'il dort

Dans les premières semaines, votre bébé va dormir entre 15 et 20 heures par jour. Au fil des semaines et des mois, il va dormir de moins en moins, mais il aura encore un besoin énorme de repos pendant de nombreux mois.

Soyez surtout tranquille et sereine quand votre bébé dort. Pensez simplement à vérifier qu'il est bien à plat sur le dos, qu'il respire parfaitement et que vous ne l'avez pas trop couvert. Si votre inquiétude vous réveille en pleine nuit, allez le regarder dormir « de loin » et retournez ensuite vous coucher, car son père vous attend. Pour les médecins en néonatalogie, ces chiffres pourraient être encore améliorés si les parents renforçaient leur vigilance, mais aussi si les fabricants de matériel de puériculture éliminaient de leur gamme tous les produits potentiellement dangereux pour les nourrissons. À toutes ces recommandations, il faut ajouter celles de ne pas allaiter un bébé au lit, de ne pas fumer près de lui et surtout de ne pas le secouer brusquement tant par jeu que par énervement. ■

Les soins dermatologiques*en savoir plus*

Du bon usage des laits de toilette

Comme celle de l'adulte, la peau d'un bébé a besoin d'être régulièrement nettoyée. Au niveau du siège bien sûr, mais aussi sur tout le reste du corps. En effet, la peau est un organisme vivant. Les couches de tissus qui la composent se renouvellent constamment, les couches les plus profondes chassant les couches superficielles qui desquament et sont détruites par un phénomène microbien naturel. Se laver sert à éliminer ces résidus.

Les laits de toilette, tout particulièrement ceux destinés aux bébés, sont aujourd'hui le résultat de recherches en cosmétologie. Ceux conçus pour les bébés sont tous hypoallergéniques. Cela signifie que tous leurs composants ont été testés pour ne provoquer ni allergie ni intolérance.

Pour prévenir les irritations, ils sont équilibrés en pH neutre, c'est-à-dire que leur acidité est la même que celle de la peau. Ce sont des produits non toxiques qui, s'ils sont ingérés accidentellement, ne sont pas dangereux. Pour la plupart, leur pouvoir lavant est dû à des agents tensio-actifs qui doivent être éliminés après usage par un bon rinçage au risque, sinon, de provoquer des irritations. Un inconvénient que les fabricants essaient de supprimer en mettant sur le marché des laits qui ne nécessitent plus de rinçage. Les laits de toilette s'utilisent essentiellement au moment du change ou pour une petite toilette du visage. Ils peuvent servir également de produit adoucissant pour de petits massages câlins (p. 146), voire même pour aider le passage d'un suppositoire ou du thermomètre. Ils s'utilisent avec succès sur le crâne du nourrisson pour détacher les croûtes de lait. Sur des petits morceaux de coton, vous versez une petite quantité de lait et vous frottez doucement jusqu'à élimination, en changeant le coton chaque fois qu'il est sale. Si le produit se rince, il ne faut pas oublier de sécher la peau du bébé, particulièrement les petits plis où il ne doit rester aucune trace d'humidité. Il est préférable encore de choisir des laits conditionnés dans des flacons à pompe ou à capsule de service, afin d'éviter de souiller tout le contenant du flacon par un seul geste malheureux au moment d'un change.

Dans certains cas, le lait de toilette ne doit pas être utilisé, notamment sur un érythème fessier, sur des boutons de varicelle ou de scarlatine, sur l'acné du nouveau-né, sur des irritations ou des problèmes dermatologiques dus à des champignons... L'apport d'un corps gras sur les lésions est fortement déconseillé.

La plupart des lingettes utilisées aujourd'hui par les jeunes mamans sont imbibées de lait de toilette. Les restrictions dans leur utilisation sont les mêmes que pour le lait classique. À noter qu'il existe des lingettes antibactériennes bien utiles en cas de déplacement pour nettoyer rapidement une tétine tombée à terre ou un jouet malencontreusement sali. ■

Le choix de son savon

Les propriétés dermatologiques particulières du nouveau-né n'autorisent pas l'usage de n'importe quel produit de lavage. Il vous est recommandé d'utiliser des savons simples, sans parfum et ne contenant pas de colorant, afin d'éviter que votre bébé n'ait des réactions allergiques. Un simple savon de Marseille suffit souvent.

Mais celui-ci peut abaisser le pH de la peau, ce qui provoque chez certains enfants un dessèchement cutané. Dans ce cas, vous pouvez le remplacer par un produit sans savon, au pH neutre, c'est-à-dire un savon surgras. Ce dernier, enrichi en corps gras, a alors pour effet de neutraliser les effets desséchants du savon. Vous pouvez encore utiliser un savon au lait d'avoine, qui existe sous forme solide ou liquide. ■

Les soins dermatologiques

D'UNE INCOMPARABLE DOUCEUR, FINE ET FACILEMENT IRRITABLE, la peau d'un bébé né à terme est définitivement structurée. Cependant, on ne peut pas la comparer à celle d'un adulte, elle est par exemple extrêmement perméable aux agents extérieurs notamment jusqu'à l'âge de 4 ans.

Une peau sensible et délicate

Tout d'abord, elle manque de moyens naturels de défense : toute lésion, si elle n'est pas traitée, peut conduire à une infection. Ensuite, les glandes sudoripares ne sont pas encore prêtes à fonctionner « normalement » : un nouveau-né souffre naturellement de ce que l'on appelle un déficit en sueur, c'est-à-dire une difficulté à éliminer les déchets, les toxines et à réguler la température de son corps. Moins lubrifiée par cette sueur, sa peau aura davantage tendance à se dessécher.

Une physiologie particulière

À l'inverse, les glandes sébacées, stimulées durant la grossesse par les hormones maternelles, sont excessivement développées à la naissance : les croûtes de lait, par exemple, sont liées à un excès de sébum. Au fil des mois, la nature de la peau change, elle devient sèche, très sèche... jusqu'à la puberté. Vous constaterez ainsi que la peau de votre bébé est particulièrement sensible aux agressions tels que le vent, la chaleur (p. 88), le frottement des couches et des vêtements. Cette fragilité est due à un film hydrolipidique mince et peu résistant.

Autre particularité : les cellules de la pigmentation, les mélanocytes, contiennent peu de mélanosomes, cellules chargées de donner à la peau sa couleur. Cela explique que la plupart des enfants à la naissance ont le teint très clair même si ce n'est pas le cas de leurs parents. De même,

la peau d'un bébé est pauvre en mélanine, substance protectrice contre les rayons ultraviolets. Ce déficit rend l'enfant extrêmement sensible à l'agression du soleil (p. 363). Quant à la couche cornée de la peau, elle est fine et perméable. Le derme, lui, est moins épais que chez l'adulte : il est constitué de fibres élastiques très fines et de faisceaux de collagène très minces.

Une perméabilité extrême

La peau d'un enfant ne deviendra une barrière quasi imperméable qu'à partir de 4 ans. Jusque-là, elle s'irrite très facilement et constitue une voie d'accès facile pour les agents chimiques. C'est pourquoi il est indispensable de ne pas appliquer n'importe quoi sur la peau d'un nourrisson, surtout qu'à ce phénomène de perméabilité s'ajoute l'effet du rapport surface cutanée/poids.

Chez le nourrisson, la surface cutanée est élevée par rapport à son poids. Ainsi, l'application d'un produit sur une partie du corps dépasse très rapidement 20 à 30 % de la surface de son corps, provoquant des effets de surdosage et augmentant la toxicité des produits.

On estime qu'à la surface de la peau d'un bébé, il existe entre 50 et 60 millions de bactéries par cm^2, qui constituent la flore cutanée. Certains germes – les saprophytes – sont nécessaires au bon équilibre de la peau et la défendent contre une infection externe ; d'autres – les germes pathogènes – sont responsables des infections. ■

1RE SEMAINE

1ER MOIS

2 À 3 MOIS

4 À 5 MOIS

6 À 7 MOIS

8 À 9 MOIS

10 À 11 MOIS

1 AN

1 AN 1/2

2 ANS

2 ANS 1/2

3 ANS

4 ANS

5 ANS

6 ANS

ANNEXES

Sa régulation thermique *en savoir plus*

Très sensible au froid et à la chaleur

Un bébé de quelques semaines craint le froid pour différentes raisons. Tout d'abord, le rapport entre sa surface corporelle et son poids est disproportionné, de l'ordre de trois fois plus que chez un adulte. Il est donc trois fois plus exposé au froid. De surcroît, il ne dispose pas encore d'un système de régulation thermique mature qui permet, quel que soit l'environnement, de maintenir une température interne constante. Il faudra attendre 2 mois pour que le corps du bébé ne suive plus les variations de la température extérieure.

Dans les tout premiers mois, votre bébé est très sensible aux écarts de température en raison d'une physiologie très particulière. En effet, son système de thermorégulation est encore immature. Ainsi sa température, plus élevée que celle de sa mère à la naissance, se règle d'abord sur celle de la salle d'accouchement (environ 22 °C), pour ensuite approcher la normale, vers 37 °C, dans les huit jours qui suivent. Cette thermorégulation demande dans les premières semaines un léger surplus de chaleur externe. Ayez toujours à l'esprit qu'un bébé est mal armé contre les excès de froid ou de chaud. Il ne sait pas encore exprimer ses désirs et seul son comportement vous guidera. Ses mains sont glacées ? Visiblement, il a besoin d'être réchauffé, mais s'il transpire et respire bruyamment, il est grand temps de le mettre à l'ombre ou de le découvrir ! Un tout petit bébé est en effet encore plus vulnérable à la chaleur. Le système de régulation interne du corps se fait en grande partie par la transpiration. Chez le nourrisson de quelques semaines, ce mécanisme n'est pas encore bien établi. Aussi vaut-il mieux l'habiller légèrement dès qu'il fait très chaud. Un bébé a toutefois un moyen de défense : sa respiration. Il va l'accélérer, un peu à la manière d'un animal qui halète, ce qui augmente les échanges gazeux au niveau des poumons et abaisse sa température interne. En été, habillez votre bébé de vêtements de coton, cette matière étant un meilleur régulateur d'air que les tissus synthétiques et beaucoup plus agréable en cas de transpiration. Par forte chaleur, bébé peut parfaitement vivre tout nu à condition qu'il ne soit pas dans les courants d'air. ■

Nuit douillette

Utilisez de préférence un surpyjama ou une turbulette qui, tout en lui tenant chaud, le laisse libre de ses mouvements.

Cet équipement est tout à fait suffisant pour dormir dans les maisons ou les appartements, qui sont chauffés. En période de fortes chaleurs, laissez votre bébé dormir simplement en body et couche. Vous pouvez éventuellement le recouvrir d'un drap léger si les nuits vous semblent un peu fraîches.

Quand vous couchez votre bébé, ne le couvrez pas immédiatement car, au début de son sommeil, il transpire beaucoup. En effet, il traverse alors une phase de sommeil profond au cours de laquelle la température de son corps augmente. Vous pouvez le vérifier par vous-même : votre bébé a souvent la tête trempée de sueur. Commencez par le couvrir légèrement dans un premier temps, par exemple en ne lui enfilant que les jambes de son surpyjama, puis finissez de l'habiller quand vous allez vous coucher. ■

La température à la maison

Résistez à l'envie de trop chauffer. Pour un sommeil de qualité, mieux vaut une température modérée de l'ordre de 19 °C, comme le recommande le corps médical. Si vous ne pouvez pas régler la température, couvrez moins votre bébé. Luttez également contre une atmosphère trop sèche. Posez sur les radiateurs un saturateur, un humidificateur ou un récipient d'eau que vous changerez très souvent. ■

Promener bébé
par tous les temps ?

NE VOUS LANCEZ PAS DANS DE GRANDES PROMENADES dans les jours qui suivent sa naissance. Laissez-lui le temps de s'adapter et ensuite choisissez les moments de la journée et les lieux où l'air est moins pollué.

1RE
SEMAINE

1ER MOIS

2 À 3
MOIS

4 À 5
MOIS

6 À 7
MOIS

8 À 9
MOIS

10 À 11
MOIS

1 AN

1 AN 1/2

2 ANS

2 ANS 1/

3 ANS

4 ANS

5 ANS

6 ANS

ANNEXES

Se prémunir du froid

Pour le sortir, lorsqu'il est tout petit, préférez le porte-bébé. Il bénéficiera de votre chaleur et se pelotonnera avec bonheur tout contre vous. Vers 2 mois, vous pouvez tout à fait l'installer dans un landau, capote relevée, surtout s'il y a du vent. En période de froid, habillez-le d'un pyjama, d'une petite brassière en laine et d'une combinaison. Les vêtements doivent être assez larges pour créer une succession de couches d'air qui renforcent l'isolation au froid. Il est bon aussi d'ajouter une couverture. Bref, faites-lui un petit lit bien douillet. N'oubliez jamais qu'il est immobile dans son landau comme dans son porte-bébé et qu'il n'a pas l'apport énergétique dû à l'effort physique pour se réchauffer.

Les bonnes conditions météo

Seule contre-indication aux promenades en hiver, évitez de sortir un bébé par temps de brouillard, surtout s'il est givrant.

Au contraire, le froid, s'il est bien couvert, peut lui être bénéfique. C'est ce qu'ont pu constater un certain nombre de crèches qui ont institué la sieste en plein air quelle que soit la température. Certaines conditions doivent pourtant être impérativement respectées : les enfants dorment sous des abris qui les protègent de la pluie et du vent. Ils sont emmitouflés dans des sacs de couchage, un bonnet sur la tête. Les responsables des crèches et les médecins ont constaté que ces enfants sont moins souvent malades au cours de l'hiver, s'endorment plus vite et ont une bonne qualité de sommeil et de réveil. Ces résultats seraient dus à une meilleure régulation thermique en atmosphère fraîche et au peu de bruit en comparaison de l'ambiance sonore habituelle d'une salle de crèche.

Enfin sachez que, comme vous, votre bébé affronte mieux le froid s'il a absorbé auparavant un petit en-cas de lait chaud. Le promener après ses repas est donc tout à fait judicieux. Restez toutefois vigilante et vérifiez régulièrement si ses mains et sa tête ne sont pas trop froides. Par contre, on déconseille de sortir un bébé par trop grosse chaleur, en raison des risques de déshydratation provoqués par une trop grande sudation. Mieux vaut qu'il profite de la fraîcheur d'une maison bien aérée que de l'ombre souvent étouffante du jardin.

Bonnet, casquette et oreillettes

En hiver et par mauvais temps, il est indispensable de couvrir les oreilles et la tête d'un bébé, et ce jusqu'à 7 ou 8 mois (et même plus tard si le froid est très intense). En effet, nous perdons la plus grande part de notre chaleur interne par le sommet du crâne. Mieux vaut encore mettre un bonnet aux enfants de moins de 3 mois au printemps et en automne ; en revanche, en plein été, ce n'est absolument pas nécessaire sauf si c'est un chapeau de toile ou de paille pour les protéger du soleil par grosse chaleur. ■

Le carnet de santé *en savoir plus*

En prendre soin

Le carnet de santé est censé accompagner votre enfant pendant de longues années. Aussi, prenez-en soin. Faites noter par le médecin ses maladies, les petites interventions ainsi que les dates des vaccinations. C'est important car on vous le demandera lorsque vous inscrirez votre enfant à la crèche ou à l'école maternelle.

De la même façon, demandez à votre médecin de reporter (ou faites-le vous-même) tous les chiffres concernant la taille, le poids, ou la corpulence de votre bébé. Ces chiffres permettront d'apprécier sa bonne croissance. Les parents peuvent y porter des indications ponctuelles telles que les traitements en cas de rhino-pharyngites ou les dates de survenue des maladies infantiles.

Bien sûr, tout traitement un peu long doit figurer sur ce document.

Ce carnet est confidentiel et ne doit pas circuler entre toutes les mains. Mais si vous devez confier votre bébé à une nourrice ou à un proche, par exemple pour quelques jours de vacances, n'oubliez pas de le donner, c'est une aide précieuse en cas d'urgence ; en effet, il permet au médecin consulté de se faire rapidement une idée de l'état de santé générale de son petit patient. ■

L'étude de la corpulence

L'obésité est un problème de santé publique et la prévention de cette maladie doit se faire dès les premiers mois. C'est pourquoi le carnet de santé de votre bébé contient un graphique bien utile. Il s'agit de la courbe d'évolution de la corpulence au cours de la croissance, associée dorénavant à la courbe de poids et de taille. Elle permet d'apprécier l'état nutritionnel de votre bébé et d'évaluer les risques éventuels d'obésité.

Cette courbe est à établir tous les mois, à chaque visite chez le médecin (ou pédiatre). Normalement, elle doit souligner une augmentation de l'adiposité pendant la première année, puis une diminution entre 1 et 6 ans. Si ce n'est pas le cas de votre enfant, celui-ci sera sans doute orienté vers un spécialiste de la nutrition qui lui prescrira un régime. ■

▌ MON AVIS

Ce livret vous permet de participer au suivi médical de votre enfant, pas seulement en ce qui concerne ses maladies, mais également son développement psychomoteur, ses progrès et d'éventuelles interventions, soins ou examens qu'il subira dans sa vie d'enfant. Il est extrêmement important qu'il soit bien rempli : tendez-le systématiquement à votre médecin. Quand l'enfant est souffrant, marquez ses maladies, c'est le seul moyen de savoir objectivement s'il est sujet aux otites ou aux angines à répétition. Ce carnet renseigne aussi sur l'origine de la famille : l'âge des parents, leur profession, les éventuelles maladies familiales. C'est un document précieux pour le médecin de PMI ou scolaire au moment des examens pour l'entrée à l'école maternelle et au CP. Il contient des temps forts dont, notamment, le développement psychomoteur, celui du langage, de la propreté, de la motricité. Il est évident qu'un des points majeurs est la surveillance des courbes de taille et de poids. Elle permet de constater une éventuelle cassure dont l'origine peut être médicale et psychologique. Enfin, ce carnet sera un merveilleux cadeau pour les 18 ans de votre enfant : il sera ému de découvrir ses mensurations à sa naissance. ■

Le carnet de santé

1RE SEMAINE

1ER MOIS

2 À 3 MOIS

4 À 5 MOIS

6 À 7 MOIS

8 À 9 MOIS

10 À 11 MOIS

1 AN

1 AN 1/2

2 ANS

2 ANS 1/

3 ANS

4 ANS

5 ANS

6 ANS

ANNEXES

C'EST UN « INSTRUMENT DE CONTRÔLE » de la bonne santé du bébé.
Remis aux parents dès la naissance, le carnet de santé accompagne l'enfant
au cours de toutes les visites médicales, tant pour le suivi de la croissance que
pour les consultations relatives à une maladie ou à un trouble.

Un document précieux

Le médecin y consigne ses petites maladies, ses vaccinations et rend compte de son bon développement. Le carnet de santé fait une large part aux conseils aux parents. Pour qu'ils soient bien mis en valeur, ces conseils ont été imprimés sur des pages de couleur rose, placées au milieu des pages d'examens et d'observations. Les grands sujets de prévention y sont largement traités.

• **Le rythme de vie du bébé**

Il est rappelé combien l'enfant a besoin de stabilité, que ce soit dans ses horaires de repas ou de sommeil, et que chaque changement d'habitude ne doit pas se faire à la légère.

• **La santé**

Certains signes doivent vous inciter à appeler, voire à consulter votre médecin : une gêne respiratoire, des régurgitations à distance des repas, des pleurs inhabituels, une température supérieure à 38 °C ou inférieure à 36 °C. Il est expressément recommandé de ne jamais donner de médicament à votre bébé sans avis médical. Une information spécifique est consacrée aux troubles de la croissance avec une mise en valeur particulière de la courbe de croissance. De même, le carnet de santé insiste sur le dépistage précoce des troubles neurologiques et psychologiques.

• **La sécurité**

Un certain nombre d'évidences sont rappelées : ne jamais laisser un bébé seul à la maison, dans une voiture, sur une table à langer ou dans son bain. D'autres conseils sont plus axés sur la prévention de la mort subite du nourrisson (MSN) : le maintien de la température de la chambre à 19 °C maximum, le choix d'un matelas ferme pour que l'enfant ne s'enfonce pas dedans et ne risque pas de s'étouffer, le choix d'un surpyjama ou d'une turbulette plutôt que des couverture ou couette, trop chaudes et trop dangereuses, et surtout la position dorsale pour le coucher. Toutes ces mesures ont permis de faire chuter de 70 % les cas de mort subite !

• **La prévention médicale**

Une double page est consacrée à la bonne santé dentaire, tributaire à la fois de l'alimentation et de l'hygiène buccale. L'attention est également attirée sur la nécessité de dépister très tôt les troubles sensoriels. On rappelle dans ce carnet qu'ils doivent être traités le plus tôt possible, tout comme les troubles auditifs. En effet, vision et audition sont en effet indispensables au bon développement de votre bébé.

• **Les accidents domestiques**

Ils sont largement mentionnés tant à la maison qu'à l'extérieur : les chutes représentent cependant l'essentiel des accidents des moins de 1 an ; brûlures, intoxications, noyades, morsures sont plutôt l'apanage des 1-5 ans. Les idées fausses sur les soins d'urgence sont à apprendre par cœur !

• **Les vaccinations**

Vous saurez tout sur les vaccinations obligatoires et recommandées comme l'hépatite ou le ROR. On vous explique leur bien-fondé et vous disposez d'un calendrier vaccinal complet. ■

Les formidables anticorps

Le lait maternel possède une fonction immunitaire reconnue. Ce système de protection est dû aux éléments qu'il contient. D'abord des protéines : l'une d'entre elles, la lactotransferrine, fixe le fer sur des sites spécifiques, ce qui empêche la croissance et la multiplication des bactéries ; des composants cellulaires ensuite : les macrophages et les lymphocytes, également doués de propriétés anti-infectieuses ; des immunoglobulines (ou anticorps) enfin : leur concentration atteint le premier jour des chiffres élevés (50 mg/ml), puis diminue rapidement les jours suivants pour se stabiliser à environ 0,3 mg/ml après deux ou trois semaines. L'augmentation de la sécrétion lactée compense en partie cette diminution, si bien que la quantité d'anticorps reste élevée et constante tout au long de l'allaitement.

Le lait des premiers jours joue dans la protection immunitaire un rôle essentiel, car c'est un véritable concentré d'anticorps qui tapissent en quelques jours toutes les muqueuses de la bouche et du tube digestif. Le lait des jours suivants a tout autant d'importance. En effet, le sucre qu'il contient, le gyno-lactose, est essentiel dans le développement de la flore microbienne de fermentation qui s'oppose à la prolifération de la flore en putréfaction due à la digestion. On en comprend toute l'importance.

Le lait maternel a une vertu immunitaire qu'aucun autre lait ne pourra jamais avoir. C'est un véritable bouclier contre les microbes. En effet, ce système de protection s'appuie sur des cellules spécifiques qui fonctionnent avec certaines protéines. Leur coordination est si bien faite qu'elle peut augmenter le taux des anticorps (les soldats de l'organisme) pour lutter contre l'apparition des maladies contagieuses. Certains chercheurs affirment même que ce taux est prémonitoire et qu'il augmente avant le déclenchement de la maladie.

Le professeur écossais Peter Howie a particulièrement étudié le rôle de l'allaitement maternel dans la prévention des infections. Ses conclusions sont claires : le lait de la mère est un excellent protecteur contre les infections gastro-intestinales au cours de la première année, si les bébés sont nourris au moins pendant treize semaines. S'ils ne bénéficient pas de cette durée, ils ne sont protégés qu'au cours de la période d'allaitement.

En revanche, le lait maternel semble beaucoup moins efficace contre les infections respiratoires qui ne seraient qu'en légère diminution chez les enfants nourris au sein. ∎

Rot et régurgitation

Roter après le biberon n'a rien d'obligatoire. Mais prenez la précaution de ne pas coucher votre bébé aussitôt après son repas. La régurgitation est plus fréquente chez l'enfant nourri au biberon. Souvent, il boit trop vite parce que la tétine est trop largement percée. Certains bébés sont plus sensibles que d'autres, leur estomac régurgitant le trop-plein. Le renvoi se produit en général au moment du rot. Il peut être abondant et a toujours une désagréable odeur de lait caillé, car la digestion commence dès que le lait est dans l'estomac. ∎

Lait de maman, lait idéal

1PE SEMAINE

1ER MOIS

2 À 3 MOIS

4 À 5 MOIS

6 À 7 MOIS

8 À 9 MOIS

10 À 11 MOIS

1 AN

1 AN 1/2

2 ANS

2 ANS 1/2

3 ANS

4 ANS

5 ANS

6 ANS

ANNEXES

IRREMPLAÇABLE POUR LE TOUT-PETIT, le lait maternel le protège contre la plupart des infections intestinales, le prévient de certaines allergies... et s'assimile complètement. La composition du lait maternel est non seulement idéale mais elle s'adapte aussi aux besoins essentiels du nouveau-né.

Incroyablement parfait

La composition du lait maternel varie au gré des jours, d'heure en heure, et même au cours d'une même tétée pour correspondre parfaitement aux besoins du bébé. Ainsi le taux de lipides (graisses) peut être multiplié de 1 à 4 pendant un seul repas. Le lait est alors plus gras, plus riche pour d'abord rassasier le bébé, puis le déshydrater ensuite. Le lait en fin de tétée n'a pas toujours la même composition, de plus, il s'appauvrit la nuit. C'est le matin, entre 6 h et 10 h, que la concentration en graisses est maximale.

Au cours des premiers jours s'installe le lait primitif, pauvre en graisses et en lactose malgré son épaisseur apparente. Mais il contient d'autres sucs essentiels plus facilement assimilables, beaucoup de protéines et les fameuses immunoglobulines qui assurent une protection contre les agents infectieux.

Ce n'est qu'à partir de deux semaines que le lait maternel trouve sa maturité et sa composition définitive. Avec les mois, il va changer d'aspect. Vous constaterez qu'au début votre lait ressemble au lait de vache : même couleur, même fluidité. Cela est dû aux traces de colostrum qui subsistent pendant la première semaine. D'ici un mois ou deux, votre lait, bien que plus riche, sera pâle, opalescent, avec parfois des reflets bleutés.

Il y a des laits qui coulent plus ou moins vite et des bébés qui tètent avec plus ou moins d'énergie, mais 90 % des besoins sont satisfaits dans les cinq premières minutes de tétée.

Une composition subtile

Sa composition est constituée de 85 % d'eau, d'acides gras très solubles, parfaitement assimilables par les sucs de l'enfant, de protéines et de sels minéraux en quantités nécessaires pour être traités par le foie et les reins immatures du nouveau-né, enfin, d'un sucre, le galactose, qui favorise la constitution du tissu cérébral. S'y ajoutent des vitamines A, B, C, D, E en quantités variables selon l'alimentation de la maman, mais au moins deux fois plus importantes que dans le lait de vache, tout comme les acides aminés libres dont le taux augmente à la fin du 1er mois pour satisfaire les besoins de l'enfant. Enfin, le lait maternel contiendrait des tranquillisants naturels. Cela justifierait l'endormissement béat des bébés après une bonne tétée. Bref, un mélange nutritionnel idéal pour la croissance. Ainsi, on pense que la nature de certains acides aminés a une importance sur le développement. La taurine, abondante dans le lait humain, serait un facteur essentiel dans ce processus.

Le lait de l'affection

Sur le plan psychologique, on considère que l'allaitement maternel est le prolongement de la grossesse. La mère ne nourrit plus son enfant de son sang, mais de son lait. Comme le liquide amniotique, il se parfume des aliments ingérés par la mère. Nombre de jeunes mamans témoignent d'ailleurs d'un lien fusionnel avec leur bébé au moment des tétées. ■

L'allaitement *en savoir plus*

L'allaitement mixte

Après deux mois, l'enfant peut de temps en temps être nourri au biberon. C'est ce que l'on appelle l'allaitement mixte. Pour ne pas tarir la montée de lait, gardez un maximum de tétées au sein dans la journée. Par exemple, sur sept repas, donnez-en deux au biberon et cinq au sein. Ce n'est pas parce que vous allaitez que vous ne pouvez plus sortir de chez vous. Sachez que vous pouvez tirer par avance un biberon de lait maternel et le conserver au réfrigérateur. Il est encore possible de donner à votre bébé, exceptionnellement, un biberon de lait 1er âge. Une solution à adopter si, fatiguée, vous demandez à votre conjoint de prendre en charge de temps en temps le biberon de nuit.

Sachez encore que le lait maternel se congèle parfaitement. Dans ce cas, il est indispensable de respecter les notions d'hygiène habituelles dans la confection des biberons. Ces petites astuces permettent aux jeunes mamans de se libérer un peu de temps ou même de pouvoir reprendre un travail à mi-temps. ■

La bonne dose

Le bébé nourri au sein est libre de prendre la quantité de lait qu'il souhaite ce qui inquiète parfois sa mère. En effet, comment savoir s'il s'alimente suffisamment ? Autrefois, on demandait aux mamans de peser leur bébé avant et après la mise au sein. On s'est aperçu que cette mesure n'avait aucune signification puisque d'une tété à une autre, le bébé boit selon son appétit. Elle avait encore la fâcheuse conséquence d'angoisser les mères. Aujourd'hui, on estime qu'un bébé tête correctement si ses selles sont nombreuses les premières semaines, une à chaque tété puis une par jour, s'il mouille souvent ses couches, 5 à 6 fois par jour et si sa courbe de croissance est régulière. Il est possible encore d'avoir une bonne idée de ce qu'il absorbe en le regardant têter. Si sa succion fait bouger ses joues, ses tempes et même ses oreilles, s'il déglutit régulièrement. Au début de la tétée son rythme de succion est rapide puis devient plus lent et plus régulier. Après la mise au sein, s'il s'endort calmement, c'est qu'il est repu. ■

À la demande

1RE SEMAINE

1ER MOIS

2 À 3 MOIS

4 À 5 MOIS

6 À 7 MOIS

8 À 9 MOIS

10 À 11 MOIS

1 AN

1 AN 1/2

2 ANS

2 ANS 1/2

3 ANS

4 ANS

5 ANS

6 ANS

ANNEXES

AU SEIN, C'EST VOTRE BÉBÉ QUI VOUS INDIQUE qu'il a faim, n'en déplaise à tous ceux qui voudraient le voir déjà manger à heures fixes. Aujourd'hui, la plupart des pédiatres conseillent un allaitement à la demande.

Une souplesse contrôlée

La faim de votre bébé va se régulariser peu à peu. On s'aperçoit d'ailleurs que ces demandes, après quelques jours de fantaisie, s'installent à intervalles relativement réguliers. Sans doute, le bébé maîtrise-t-il de mieux en mieux sa sensation de faim, mais la composition différente du lait maternel d'un moment à l'autre joue aussi un rôle. En effet, le lait change légèrement de nature au cours de la journée : il est plus riche en milieu de matinée (donc votre bébé sera plus satisfait) qu'en fin d'après-midi (votre bébé risque de réclamer et de pleurer). Mais patience, votre enfant va se régler. Seules règles à observer : un minimum de deux heures entre les tétées et un repas en 1/4 d'heure, tout au plus !

Le repas de nuit

L'allaitement à la demande a l'avantage de prévenir les risques d'engorgement et de crevasses. En effet, si les tétées sont trop espacées, vos seins peuvent être très tendus. De surcroît, un bébé qui a trop attendu risque de « se jeter » goulûment sur votre mamelon et de l'abîmer.

Faut-il de la même façon accéder aux demandes du bébé pendant la nuit ? Aujourd'hui, donner un biberon de nuit n'est plus considéré, jusqu'à l'âge de 3 mois, comme un signe de faiblesse face à un bébé capricieux. C'est au contraire nécessaire au développement de l'enfant, qui adapte ses demandes aux besoins de son organisme. Les psychologues pensent qu'il est dommageable pour l'enfant, et en conséquence pour ses parents, de laisser pleurer la nuit sans le réconfort d'un adulte. Un bébé de quelques mois ne s'arrête jamais de crier même s'il a compris qu'il n'aura pas satisfaction. Quand il se rendort, c'est après une colère telle qu'elle le met au bord de l'épuisement, et l'on peut craindre que, tenaillé par la faim, il ne se réveille durant la première phase du sommeil, encore très léger.

Penser à l'avenir

Si l'on n'y prend pas garde, l'angoisse liée à la non-satisfaction de sa faim risque alors d'être associée, peu à peu, à l'obscurité qui l'entoure, promettant, ainsi, de bien mauvaises nuits aux parents dans les mois à venir. Malheureusement, il faut l'avouer, toutes les manœuvres destinées à éviter le biberon (ou la tétée) de nuit sont peu efficaces. Il est toujours plus simple de lui offrir une ration supplémentaire que de l'entendre pleurer ! Attendez toutefois qu'il se réveille pour lui donner à boire. Si vous allaitez, c'est bien sûr plus facile sur le plan de l'organisation. Si votre bébé est au biberon, gardez près de vous le chauffe-biberon, afin que le petit en-cas soit prêt. ■

❝ L'allaitement par la mère est une pratique récente. Il y a encore un siècle, beaucoup de bébés étaient confiés à des nourrices. **❞**

Les petits problèmes quotidiens

LA MISE AU SEIN NE NÉCESSITE AUCUN SOIN PARTICULIER autre que ceux d'une hygiène normale. Il faut surtout éviter que le mamelon ne soit trop humide et il faut le sécher au moyen d'une compresse propre. Toutefois, des petits problèmes pendant l'allaitement peuvent inquiéter.

Les crevasses

C'est l'humidité qui provoque les crevasses. Le meilleur moyen de les prévenir est de ne pas prolonger les tétées pendant les premiers jours. Il faut attendre que les mamelons se tannent. Là encore, l'enfant va aider sa mère. Quand elle lui donne toute l'aréole du sein, le bébé excite les glandes sébacées, les tubercules de Morgan, qui sécrètent un liquide lubrifiant empêchant la formation des crevasses. Si, malgré tout, elles apparaissent, il faut alors les traiter immédiatement pour éviter qu'elles ne s'ouvrent. L'application de pommades riches en vitamines A et E est recommandée : très efficaces, elles ne présentent aucun danger pour l'enfant.

L'abcès au sein

C'est l'un des rares cas où le médecin demande à la mère de ne plus allaiter : son lait contient alors des germes pathogènes dangereux pour l'enfant, tout au moins celui qui est produit par le sein malade, l'autre sein pouvant suffire à nourrir le bébé. Si la mère peut et souhaite reprendre l'allaitement après la guérison, elle doit tirer son lait chaque jour jusqu'à résorption de l'abcès pour entretenir le mécanisme de la lactation.

Les mamelons mal formés

Ils ne signifient pas que la mère ne pourra pas allaiter. Pour bien boire, l'enfant doit avoir toute l'aréole dans sa bouche. C'est lui qui va former les mamelons en les aidant à s'épanouir par la succion. Mais ce sont les hormones qui ont le plus d'influence, puisqu'elles développent la poitrine pour favoriser l'allaitement. Cependant, des malformations existent, comme le mamelon ombiliqué : en pressant l'aréole du sein, le mamelon se creuse. Dans tous les autres cas, il faut parler de mamelons peu saillants ou rétractifs. Si la mère a du mal à allaiter, elle peut recourir à la téterelle, sorte de mamelon de verre ou de plastique.

Le bon soutien-gorge

Porter un soutien-gorge pendant toute la période d'allaitement est indispensable. Sans soutien, le poids inhabituel de la glande mammaire casserait les fibres élastiques de la peau, provoquant des vergetures et, plus tard, une ptôse de la poitrine. Des seins très lourds doivent même être soutenus jour et nuit. Les modèles de soutien-gorge spécial allaitement les plus commodes s'ouvrent devant par une fermeture à glissière. On peut aussi choisir un soutien-gorge spécial sport : son dos élastique et ses bretelles permettent de le faire glisser vers le haut ou sur le côté pour l'allaitement. On en trouve encore dont les attaches sont situées entre les deux bonnets. Mieux vaut choisir des modèles en coton, faciles d'entretien.

Trop de lait

Certaines mères sont surprises de constater, au moment de la mise au sein, un écoulement important de lait par l'autre sein. Cette réaction est due à une lactation excessive. La quantité de lait produite par une jeune maman est variable d'une femme à l'autre et d'un moment à l'autre ; elle est également liée à la capacité de la glande mammaire. Il faut penser, dans ce cas, à protéger le sein qui n'allaite pas par une compresse. Ces mamans doivent veiller tout spécialement à ne pas souffrir d'engorgement. Elles peuvent exprimer leur lait sous une douche tiède ou l'offrir à un lactarium. Cet organisme leur donnera toutes les indications pour leur permettre de le recueillir facilement et dans les conditions d'hygiène idéales. En effet, le lait maternel est indispensable à la survie de certains bébés, notamment les grands prématurés.

Allaiter confortablement

Pour votre confort et celui de votre bébé, vous pouvez utiliser un coussin d'allaitement. Il met le bébé à la hauteur du sein maternel et permet à la mère de garder la position idéale tout au long de la tétée. Il a aussi l'avantage de soulager la fatigue de la jeune maman. Enfin il se transforme en un siège douillet d'enfant idéal pour une digestion confortable. Ces coussins sont réalisés dans des matières facilement lavables donc ils garantissent une parfaite hygiène.

Lorsque le bébé boit, il doit être à son aise pour pouvoir téter à la demande. Très vite, mère et enfant trouveront chacun la position idéale : le visage face au sein, le bébé a la bouche à la hauteur du mamelon ; son corps est parallèle à celui de la mère, assis si elle est assise et couché si elle est étendue. En position assise, mieux vaut s'installer dans un siège assez droit pourvu d'accoudoirs. Les pieds sont légèrement surélevés sur un petit banc ou sur de gros livres. Le bout du sein est maintenu entre l'index et le majeur de manière à bien dégager le nez du bébé pendant qu'il tète. Une légère pression peut favoriser la venue du lait. Dans tous les cas, l'idéal pour donner le sein est de trouver un endroit relativement calme dans la maison.

L'engorgement mammaire

Le mamelon, largement innervé, est très sensible, et le bébé y exerce une forte pression qui le rendra particulièrement douloureux, surtout pendant 3 ou 4 jours. C'est seulement au bout d'une certaine période que le mamelon se fait ; les tétées deviennent alors moins désagréables. Attention, cette hypersensibilité peut être cause d'engorgement : la mise au sein étant pénible, la mère fait téter son enfant moins longtemps et moins souvent. C'est d'ailleurs souvent pour elle source d'angoisse, ce qui a pour conséquence de diminuer l'ocytocine, l'hormone responsable de l'excrétion du lait. Tout est donc en place pour favoriser un engorgement.

Il est encore recommandé, tant que la lactation n'est pas bien installée, d'allaiter avec les deux seins à chaque tétée, particulièrement les femmes qui ont beaucoup de lait, de façon à prévenir tout engorgement. La technique consiste à laisser l'enfant vider un sein avant de lui donner un peu de l'autre. À la tétée suivante, le bébé commencera par ce dernier. Souvent, bien des engorgements mammaires sont dus à une contrariété ou à une angoisse. Détendez-vous le plus possible dans la position suivante : couchée sur le côté, la tête légèrement surélevée par un oreiller, une jambe pliée servant d'appui, l'autre étendue.

Comment le reconnaître

La mère qui allaite doit savoir reconnaître les premiers signes d'engorgement : les seins se tendent, durcissent et deviennent douloureux. La meilleure prévention est encore la tétée complète et fréquente durant les premiers jours. Si l'enfant ne vide pas complètement les seins à chaque tétée, il faut le faire manuellement en appuyant doucement sur le sein les deux mains bien à plat, en effectuant une pression du thorax vers le mamelon. Si ce massage ne suffit pas à extraire le lait, il faut le répéter sous une douche chaude. ■

1RE SEMAINE

1ER MOIS

2 À 3 MOIS

4 À 5 MOIS

6 À 7 MOIS

8 À 9 MOIS

10 À 11 MOIS

1 AN

1 AN 1/2

2 ANS

2 ANS 1/

3 ANS

4 ANS

5 ANS

6 ANS

ANNEXES

L'allaitement *en savoir plus*

Arrêter d'allaiter

Sauf en cas de maladie grave de la mère, il est recommandé de passer du sein au biberon en douceur. La technique pour stopper l'allaitement est la même quel que soit le moment choisi, par exemple vers le 4e mois, qui est en principe le moment habituel du sevrage. Le passage du lait maternel au lait premier âge se fait progressivement sur 10 à 15 jours.

Pour un nourrisson qui est à 5 tétées par jour :
• les 3 premiers jours : 4 tétées et 1 biberon ;
• les 3 jours suivants : 3 tétées et 2 biberons ;
• les 3 jours suivants : 2 tétées et 3 biberons ;
• les 3 jours suivants : 1 tétée et 4 biberons ;
• les jours suivants : 5 biberons.

Le sevrage de la lactation par l'absorption de médicaments à base d'œstrogènes de synthèse n'est pas sans risque. Il faut craindre des perturbations telles que phlébites, nausées ou vertiges.

L'allaitement mixte, au sein et au biberon en alternance, est encore possible. Les mères qui reprennent le travail après leur congé de maternité ont souvent recours à cette solution pour se garder le plaisir de donner le sein matin et soir au moins. Mais la lactation étant stimulée par la succion, il n'est pas rare que le lait se tarisse petit à petit. Aussi faut-il rester très vigilant pour que l'enfant ne soit pas perturbé et conserve un bon équilibre nutritionnel. ■

Les seins, tout un symbole

Les seins ont un rôle important dans la sexualité et, pour la jeune maman qui allaite, ce n'est pas toujours simple. Ainsi une poitrine lourde et très volumineuse, la montée de lait et les seins tendus à en être douloureux peuvent perturber la relation amoureuse. Certaines femmes peuvent être étonnées lorsque, au cours de rapports sexuels, leurs seins laissent échapper du lait de manière intempestive. En revanche, pour certaines mères, l'allaitement est plutôt source de plaisir, et peut, au moment de la mise au sein du bébé, leur procurer des sensations proches de l'orgasme. ■

Un fragile équilibre hormonal

LA FABRICATION DU LAIT ET SA MONTÉE dans les glandes mammaires furent longtemps un mystère. Au XXe siècle, la découverte des hormones et de leurs propriétés a permis d'expliquer le phénomène de la lactation.

Le rôle des glandes mammaires

L'hormone est une substance sécrétée par une glande endocrine, véhiculée par le sang et qui a le devoir d'exciter le fonctionnement d'un organe. En l'occurrence, l'hormone de la lactation, la prolactine, est sécrétée par le lobe antérieur de l'hypophyse. C'est elle qui va stimuler la production de la glande mammaire qui renferme les grappes d'acini glandulaires. L'action de la prolactine est conjuguée avec celle d'autres hormones sécrétées par le placenta, les ovaires et les glandes surrénales.

C'est ce cocktail qui va produire le lait maternel. Dans le même temps, le lobe postérieur de l'hypophyse produit l'ocytocine, l'hormone partenaire de la prolactine. Elle va déclencher les contractions des muscles et favoriser ainsi la migration du lait des acini vers les canaux galactophores. Ces derniers se multiplient jusqu'aux pores galactophores, situés au bout du sein.

On le sait, la lactation est entretenue par l'enfant qui tète. Sa succion exerce une pression sur le mamelon, vidant les alvéoles pleines de lait qui se remplissent alors à nouveau. Parallèlement, l'excitation nerveuse du mamelon est transmise au cerveau, puis à l'hypophyse, laquelle, en réponse, produit plus ou moins de prolactine et d'ocytocine.

Stimuler la lactation

Certes, ce mécanisme paraît simple. Mais les dosages hormonaux sont si complexes qu'il suffit parfois de bien peu de choses pour en perturber l'équilibre : la fatigue, l'émotion, voire le stress, font baisser la lactation. Cela se produit souvent au moment du retour à la maison. La jeune maman est parfois inquiète, voire dépressive, face aux problèmes matériels et à la nouvelle responsabilité qu'elle doit assumer (p. 111). Un seul remède pour reprendre un rythme normal : mettre l'enfant au sein le plus souvent possible afin de stimuler la glande mammaire. Ne pas hésiter non plus à vider régulièrement ses seins, naturellement en pressant les mamelons (voir technique p. 97) ou à l'aide d'un tire-lait. Le surplus peut être donné à un lactarium pour les bébés qui en ont impérativement besoin.

Boire beaucoup et se reposer au maximum sont les meilleurs stimulants pour la lactation.

Il existe pourtant une panoplie de médicaments pour la favoriser. Le plus répandu, non toxique, est le Galactogyl®. C'est le produit de l'association de trois plantes (la galega, le cumin et le fenouil) et d'une substance chimique, le dipliosphate tricalcique.

L'homéopathie pallie également l'insuffisance de la montée de lait. La prise de granules Ricinus communis 4CH (posologie selon l'avis du spécialiste) permettra de passer ce cap. Les massages stimulent également la lactation et sont utiles en cas d'engorgement (p. 97) : la main bien à plat, effleurez le sein circulairement, puis, en épousant bien sa forme, effectuez progressivement un massage plus ferme qui redeviendra léger en fin de séance. Vos seins vont ainsi se vider progressivement et la lactation s'arrêter. ■

1RE SEMAINE

1ER MOIS

2 À 3 MOIS

4 À 5 MOIS

6 À 7 MOIS

8 À 9 MOIS

10 À 11 MOIS

1 AN

1 AN 1/2

2 ANS

2 ANS 1/

3 ANS

4 ANS

5 ANS

6 ANS

ANNEXES

Alcool et tabac interdits

Un certain nombre de substances toxiques ou médicamenteuses passent dans le lait et peuvent constituer des contre-indications à l'allaitement maternel. Un verre de vin, de bière ou de champagne de temps en temps est toléré, mais la consommation régulière de boissons alcoolisées est interdite. En effet, l'alcool passe dans le lait et entraîne des retards de croissance, voire des traumatismes chez l'enfant. Même interdiction pour le tabac, la nicotine se retrouvant également dans le lait. Ainsi, une femme qui fume 10 à 20 cigarettes par jour produit un lait qui contient environ 0,4 mg de nicotine par litre. Demandez à vote conjoint, si nécessaire, de s'abstenir en votre présence et celle de votre bébé. Le tabagisme passif est aussi dangereux que fumer.

Bien entendu, toutes les drogues et l'abus de médicaments sont à éviter à tout prix. ■

Carences en fer et en vitamines

Un certain nombre d'anémies ainsi que de spasmophilies peuvent être mises au compte de la grossesse. Elles sont dues à une fatigue persistante, surtout si la jeune mère n'a pas pris assez de temps pour se reposer après l'accouchement. L'anémie en fer est la plus courante ; elle provoque une asthénie (diminution des forces physiques) et une mauvaise résistance aux infections. Des recherches médicales affirment qu'il faut plusieurs mois à une jeune mère pour récupérer toutes les pertes en fer occasionnées par la grossesse. Pour rétablir cet équilibre, on associe aux prescriptions de fer et d'acide folique (vitamine que l'on trouve dans la plupart des végétaux et dans le foie) de la vitamine C qui favorise l'assimilation du fer contenu dans l'alimentation. Environ 66 % des femmes se disent fatiguées après l'accouchement et un tiers d'entre elles le sont davantage qu'elles ne l'avaient prévu (d'après une enquête réalisée par un laboratoire pharmaceutique auprès de 200 jeunes femmes qui ont accouché dans un grand hôpital parisien). Cette fatigue qui a sans doute des raisons psychologiques (« baby-blues » p. 111) a aussi des causes physiologiques. Ce déséquilibre peut être compensé par un apport de micronutriments, sous forme d'un cocktail de fer, acide folique, calcium, sélénium, magnésium, zinc, cuivre, plus vitamines B1 et B2, à prendre au cours de la grossesse et dans les 3 mois qui suivent la naissance. ■

Une image trop idéale

Aujourd'hui, les mamans qui allaitent sont parfois déçues de ne pas ressembler aux femmes qu'elles voient dans les publicités. Leur silhouette est encore un peu lourde, leurs seins sont volumineux, marqués de grosses veines bleues. Elles se sentent toujours un peu collantes en raison du lait qui s'échappe de leurs seins. Bref, leur moral peut en prendre un léger coup mais ce n'est pas pour cela qu'elles choisissent de renoncer. ■

Le stress

Certaines situations de fatigue ou de stress peuvent être à l'origine d'une baisse de la lactation. Mais, le plus souvent, c'est entre la mère et le bébé que naît la tension. La jeune maman craint de ne pas faire les gestes adéquats, elle pense qu'elle n'a pas assez de lait ou qu'il n'est pas suffisamment bon... Son bébé ressent son malaise et tète mal. Si c'est votre cas, essayez de vous relaxer avant les tétées et, si besoin, contactez une association de promotion de l'allaitement. ■

Régime pour allaiter

AUCUN ALIMENT N'EST DÉFENDU PENDANT L'ALLAITEMENT. Il faut simplement savoir que certains d'entre eux peuvent donner un goût au lait. Mais le bébé, en principe, ne s'en formalise pas, et l'on pense même que c'est ainsi qu'il s'habitue aux goûts qui sont ceux de l'alimentation familiale.

Des protéines et des laitages

La femme qui allaite n'a donc pas à s'inquiéter sur le choix de ses menus. Son régime doit être un peu plus riche qu'à l'ordinaire. Lait, yaourts et fromages contiennent beaucoup de protéines et de calcium, indispensables à la fabrication du lait maternel. L'idéal est de consommer 75 cl à 1 l par jour de lait écrémé. L'apport en protéines se fait grâce aux œufs, à la viande et au poisson. Les viandes maigres insaturées (qui ne sont pas riches à l'excès en matières grasses) sont indispensables. Le sont également les huiles et les margarines d'origine végétale, à base de tournesol, de maïs, de colza ou d'olive, qui ne sont pas saturées de lipides comme les huiles ou les margarines animales. Elles apportent au lait des acides gras essentiels dans la constitution du système nerveux du nouveau-né. Pendant tout l'allaitement, on conseille à la mère de boire de 1,5 l à 2 l d'eau par 24 heures. Cette quantité prend bien sûr en compte toutes les boissons. L'eau est à préférer plate pour des raisons de digestibilité, mais aussi d'apport en sodium ; certaines eaux gazeuses sont particulièrement salées. À l'eau, vous pouvez ajouter des jus de fruits (attention, le jus d'orange peut être à l'origine de légères diarrhées chez le nourrisson), de la bière sans alcool, du lait, des infusions, des potages ou des bouillons.

Une alimentation renforcée

Une femme qui veut garder son équilibre a besoin de 2 000 calories par jour. Dans tous les cas, son régime ne doit pas lui apporter moins de 1 500 calories par jour. Au-dessous, elle risquerait d'avoir du mal à poursuivre normalement l'allaitement de son bébé.

Généralement, la ration alimentaire d'une jeune maman qui allaite doit avoisiner les 2 500 calories. Voici quelles sont les rations quotidiennes et moyennes que pourront contenir ses menus, si elle n'a pas de problème de poids :

• 250 g de viande grillée ou 300 g de poisson grillé ou deux œufs ; 400 g de légumes verts frais ;
• 50 g de fromage ;
• 400 g de fruits et 1/3 de litre de lait.

Allaitement et régime

Même si vous vous trouvez un peu trop ronde, ce n'est pas encore le moment de vous mettre au régime. Essayez dans un premier temps d'éviter les excès de sucre et de graisses et de manger équilibré, c'est-à-dire de choisir une alimentation riche en protéines et en calcium. Le stockage des calories est un phénomène physiologique lié à l'allaitement vous ne pouvez donc pas le contrarier. Mieux vaut attendre un peu pour perdre les 2 ou 3 kg que vous avez en trop. ■

" Vous aurez sans doute peu d'occasions d'allaiter dans votre vie, c'est peut-être une expérience à ne pas manquer. ,,

1RE SEMAINE

1ER MOIS

2 À 3 MOIS

4 À 5 MOIS

6 À 7 MOIS

8 À 9 MOIS

10 À 11 MOIS

1 AN

1 AN 1/2

2 ANS

2 ANS 1/2

3 ANS

4 ANS

5 ANS

6 ANS

ANNEXES

Les intolérances

Il n'existe que deux cas de complète intolérance au lait en poudre. Certains bébés sont allergiques à la protéine du lait de vache. Dès la naissance (ou quinze jours à un mois après), ils manifestent des troubles. Les plus courants sont d'ordre digestif, avec diarrhées, accompagnées parfois de saignement et associées à des vomissements. D'autres enfants développent des réactions plus importantes avec urticaire, troubles respiratoires, œdème pouvant entraîner la perte de connaissance et demandant donc une hospitalisation d'urgence. Pour ces enfants, le médecin prévoit soit un lait hypoallergénique, soit encore le lait de soja. D'autres bébés ne supportent pas le saccharose habituellement ajouté aux laits en poudre. Il suffit alors de donner à l'enfant un lait sucré au lactose ou à base de dextrine pour que tout rentre dans l'ordre.

Des laits de substitution destinés aux enfants allergiques aux protéines du lait de vache, et souffrant notamment d'eczéma atopique, sont désormais remboursés par la Sécurité sociale après prescription médicale. Cela concerne les hydrolysats très poussés en caséine, les hydrolysats de collagène de porc et de soja, les hydrolysats poussés au lactosérum, les substituts essentiellement constitués d'acides aminés. ■

Des laits adaptés

Depuis quelques années, les industriels ont mis au point une grande variété de lait pour répondre aux particularités de certains bébés.

• Le lait maternisé se rapproche le plus possible du lait maternel, avec un taux de protéines faible, adapté au travail des reins et du foie du bébé. Les sels minéraux sont également présents en petite quantité. Le seul sucre est le lactose ; les graisses étant composées pour 40 % de graisses lactiques et pour le reste de graisses végétales ; la teneur de l'acide linoléique à la teneur très augmentée. Certains de ces laits sont enrichis en taurine qui aide à l'absorption des graisses.

Contre les allergies. Deux types de laits sont prescrits par le médecin :

• Pour les enfants allergiques aux protéines du lait de vache : un lait 1er âge hypoallergénique dit « hydrate de protéines ». Sa phase protidique est exclusivement constituée de protéines solubles hydrolysées et son hypoallergénicité est soigneusement contrôlée. Il assure au nourrisson un juste équilibre nutritionnel. Le lait hypoallergénique est de plus en plus recommandé en suite d'allaitement.

• Pour les enfants issus de parents présentant tous deux des réactions allergiques : un lait hypoallergénique dit HA, prescrit le plus souvent pour remplacer occasionnellement une tétée d'un bébé nourri au sein.

• En cas de troubles digestifs. Il existe différentes préparations. Les laits tout-en-un, tels Confort ou Premium, sont des laits épaissis par de l'amidon de maïs et enrichis en bifidobactéries facilitant le transit intestinal. Pour des troubles plus importants que des gargouillements intestinaux ou des petits crachouillis, il y a des laits plus spécifiques « anti-reflux » ou des formules lactées « transit » sans lactose.

• Les laits de soja : ils ont été beaucoup conseillés pour les bébés souffrant d'une intolérance vraie au lait de vache. Ils sont à base de protéines végétales, de lactose en faible quantité et de graisses modifiées. Mais les médecins se sont aperçus qu'il existait dans 30 % des cas des allergies croisées comme celles aux protéines du lait de vache et celles aux protéines du soja. Attention, les laits de soja non spécifiques à l'alimentation du nourrisson n'ont pas les qualités nutritionnelles indispensables.

• Les laits sans lactose : ils sont destinés aux nourrissons qui souffrent d'une intolérance au lactose ou d'une diarrhée aiguë. Dans ce cas, on leur donne ce lait pendant quinze jours, voire trois semaines, jusqu'à la disparition des symptômes. ■

Biberon et lait 1er âge

VOUS POUVEZ HEUREUSEMENT NOURRIR VOTRE BÉBÉ au biberon, lorsque l'allaitement est impossible ou non désiré. L'important est la façon de donner qui compte autant que ce qui est donné. Le bébé qui vient de naître est alimenté au lait 1er âge.

1RE SEMAINE

1ER MOIS

2 À 3 MOIS

4 À 5 MOIS

6 À 7 MOIS

8 À 9 MOIS

10 À 11 MOIS

1 AN

1 AN 1/2

2 ANS

2 ANS 1/

3 ANS

4 ANS

5 ANS

6 ANS

ANNEXES

Selon les besoins

Ce lait apporte au bébé de moins de 5 mois tout ce dont il a besoin pour sa croissance et sa maturation. Protides, glucides et lipides ont été particulièrement étudiés pour assurer l'apport énergétique au bébé tout en respectant ses capacités digestives. C'est le pédiatre qui prescrit le premier lait du bébé et la quantité à donner. Celle-ci n'est pas liée à l'âge de l'enfant, mais à son poids. Généralement, le rythme des tétées est de 6 toutes les 3 heures sur 24 heures. Mais il est des jours où l'enfant a très faim et boit tout ce qu'on lui donne, d'autres où il laisse systématiquement du lait au fond de ses biberons. Seule une réelle perte de poids sur plusieurs jours justifie une inquiétude. La quantité est fonction, bien sûr, de l'âge de l'enfant mais pas uniquement. Il est évident qu'un bébé dont le poids de naissance est de 2,5 kg n'a pas les mêmes besoins qu'un bébé avec un poids de naissance de 3,5 kg. On a pu constater encore que des enfants de même âge et de même poids ont des apports énergétiques, donc des besoins, qui varient chez eux du simple au double.

Respecter la mesure

Si vous n'utilisez pas un lait liquide prêt à l'emploi, vous devrez être très attentive dans la reconstitution du lait en poudre. Elle se fait dans la proportion d'une mesurette rase de lait en poudre pour 30 ml d'eau. Pour obtenir 120 ml de lait, il faut donc quatre mesurettes de lait et 120 ml d'eau. Versez chaque mesurette l'une après l'autre et secouez toujours bien le biberon pour éviter les grumeaux. Le respect des doses doit être rigoureux. Le désir de stimuler la prise de poids peut conduire certaines mères à des erreurs de surdosage qui entraînent diarrhée, vomissements et perte d'appétit.

Si la quantité de lait prescrite par le pédiatre n'est pas un multiple exact de 30 (exemple : 75 ml), il est préférable de préparer une quantité supérieure de lait (90 ml d'eau et trois mesurettes exactes de poudre), plutôt que d'utiliser des demi-mesurettes. Votre bébé boira ce qu'il désire.

L'eau du biberon

Pour reconstituer le lait, il est préférable d'utiliser de l'eau minérale pure, faiblement minéralisée et d'un pH neutre. Les bouteilles doivent être conservées au frais et dans un endroit sec. Elles seront refermées après usage et utilisées sous 48 heures. En dépannage, on peut utiliser l'eau du robinet.

À chacun son dosage

Pour connaître les besoins de votre bébé et lui donner la quantité adaptée de lait par biberon, appliquez la méthode utilisée par les pédiatres. Prenez le poids de votre enfant en grammes (les trois premiers chiffres) et ajoutez 250 ; divisez la somme de ces deux chiffres par le nombre de biberons dans la journée. Le résultat donne la quantité de lait par biberon. ■

L'allaitement, moyen contraceptif ?

La trêve de l'ovulation est d'environ 5 ou 6 semaines pour la femme qui allaite après l'accouchement. Aussi, l'allaitement n'est pas réellement un bon moyen contraceptif. Il est impossible de déterminer la date de la première ovulation après l'accouchement, puisqu'elle précède le retour de couches. Il faut donc attendre les premières règles pour remettre à jour le calendrier menstruel. Longtemps, les femmes ont cru que l'allaitement les protégeait d'une seconde grossesse. Il n'en est rien. Des études mettent en lumière le rôle de la fréquence des tétées ; celles-ci favorisent la sécrétion de prolactine (l'hormone de la lactation) dans le sang. C'est cette hormone qui bloque l'ovulation. Plus le nombre de tétées est important, plus le taux de prolactine est élevé. Cela explique la reprise de l'ovulation au moment où l'on commence à changer l'alimentation de l'enfant en réduisant, notamment, l'apport de lait maternel. ■

La pilule autorisée

Les contraceptifs oraux effraient beaucoup de jeunes mamans qui craignent que les hormones absorbées avec la pilule ne passent dans le lait et n'aient une influence néfaste sur le développement de l'enfant. Or, toutes les études menées à ce jour aboutissent à la même conclusion : le taux d'hormones passant dans le lait d'une mère qui allaite et qui prend la pilule n'excède jamais 1 %, soit beaucoup moins que celui que reçoit le fœtus à travers le placenta.

En revanche, ces hormones (les œstroprogestatifs) auraient une action sur la richesse du lait en protéines, en lactose, en graisses, en calcium et en phosphore.

Si l'on en croit certaines études scientifiques récentes, il est préférable de conseiller l'utilisation de micropilules, c'est-à-dire de progestatifs faiblement dosés en continu. Elles présentent toutefois un inconvénient : elles demandent une certaine discipline dans leur prise, voire même une régularité à l'heure près, chaque 24 heures. ■

Étonnantes allergies

Certains nourrissons sont allergiques au lait de leur mère. Ce phénomène est rare, mais il mérite d'être signalé. On pense qu'il est dû à l'absorption trop forte par la mère de lait ou de ses dérivés comme les crèmes, yaourts ou fromages. Les protéines de ces laitages passent dans le lait maternel via le sang. Mais certains médecins estiment aussi que compte tenu des causes psychiques en relation avec les allergies, ces troubles peuvent aussi témoigner d'une difficulté relationnelle profonde. ■

Bactéries et conservation

En théorie, un biberon ne se prépare jamais à l'avance. Si vous ne pouvez pas faire autrement, il doit être mis au réfrigérateur à proximité du bac à glaçons, la tétine bien protégée par son cache. Pour les voyages, il est préférable de transporter dans le récipient isotherme l'eau seule, et d'opérer le mélange avec la poudre de lait au dernier moment.

Quant aux briques de lait, elles doivent être conservées au réfrigérateur et le lait consommé dans les 24 heures. Avant de les ouvrir, nettoyez le haut du pack et utilisez une paire de ciseaux propre. Ne rajoutez jamais d'eau ni de sucre dans le lait et surtout ne le réchauffez jamais au four à micro-ondes. ■

Médicaments et pollution

LA NOCIVITÉ DES SUBSTANCES ABSORBÉES dépend de différents facteurs liés au type de produit, à sa qualité et au moment où il est ingéré. Si certaines peuvent être éliminée facilement d'autres sont cachées et ont des effets sournois.

Les médicaments, avec discernement

La prise de médicaments pendant l'allaitement doit être sévèrement contrôlée car plus la posologie est importante, plus le risque de contamination est élevé pour l'enfant. Les médicaments (ou les toxiques) présents dans le sang maternel sont décelables dans le lait à des concentrations plus ou moins variables. Le produit passe plus vite dans le lait maternel s'il a été administré par voie buccale.

Certains médicaments sont formellement interdits pendant l'allaitement : beaucoup d'antibiotiques, les sulfamides, les laxatifs chimiques et tous les produits contenant de l'iode.

D'autres, pris en continu, peuvent se révéler dangereux à la longue. Certains traitements ou même des doses massives de vitamines (B6 notamment) diminuent la lactation. Dans tous les cas mieux vaut demander conseil à son médecin ou à son pharmacien.

La nocivité des insecticides et des pesticides

Le lait maternel n'est pas à l'abri des polluants qui vont être transmis à l'enfant. Il faut se méfier particulièrement des insecticides et des pesticides ; le DDT et l'hexachlorophène peuvent se révéler très dangereux.

Des études ont montré que les résidus des pesticides étaient au moins cinq fois plus élevés dans le lait de femme que dans le lait de vache.

Le lait du premier mois de lactation est plus sensible encore aux polluants que dans les mois suivants, comme si une sorte de résistance s'organisait ensuite contre les agressions extérieures. L'organisme humain stocke ces produits puis les concentre dans les graisses et les tissus avant de les rejeter dans le lait. Ainsi, on peut retrouver des traces d'insecticides provenant tout simplement des aérosols et plaquettes utilisés dans la maison.

Pollution et alimentation

Mais on sait maintenant que le lait des mères les plus jeunes est moins pollué que celui des multipares plus âgées. Alors l'immunité est-elle une affaire de jeunesse? Oui pour la résistance aux polluants ; cependant, toutes les femmes y sont spécialement vulnérables au cours des premiers mois de lactation.

On a découvert en outre qu'une certaine relation peut exister entre le degré de pollution et le type d'alimentation de la mère. Ainsi, le lait des mères Inuits qui vivent au nord du Canada est un des plus pollués du monde en raison de leur régime à base de viande de phoque et de narval. Il contient cinq fois plus de biphényle polychlorure, résidu de l'industrie se concentrant dans la chair des poissons, que celui des autres mères québécoises.

Le même phénomène se produit avec les poissons exposés au mercure. Ainsi, l'Afsa (Agence française de sécurité sanitaire des aliments) recommande de ne pas consommer plus d'une fois par semaine de gros poisson sauvage (thon, bar, etc.). ∎

1RE SEMAIN

1ER MOIS

2 À 3 MOIS

4 À 5 MOIS

6 À 7 MOIS

8 À 9 MOIS

10 À 11 MOIS

1 AN

1 AN 1/2

2 ANS

2 ANS 1

3 ANS

4 ANS

5 ANS

6 ANS

ANNEXES

Pour eux aussi

La pilule pour hommes est théoriquement au point. La pilule au masculin est administrée pour l'instant par injection et bientôt par voie orale. Son principe : l'administration d'hormones qui entraînent une diminution de la spermatogenèse et donc du nombre de spermatozoïdes dans le sperme. Son inconvénient : un délai assez long avant d'être efficace – 2 à 4 mois de traitement. Le même délai est nécessaire, après arrêt de la contraception, pour que l'homme retrouve toute sa fertilité. Aujourd'hui cette pilule n'étant pas encore totalement commercialisée, le préservatif reste le contraceptif au masculin. C'est une méthode très sûre si le préservatif est mis en place au bon moment, c'est-à-dire lors de l'érection et non juste avant le rapport et s'il est utilisé chaque fois. Attention, le préservatif peut parfois craquer. Reste alors la seule solution si le rapport a lieu à un moment proche de l'ovulation : la pilule du lendemain. Elle est vendue en pharmacie, sans ordonnance. ■

Le retour de couches

L'appareil génital reprend une activité normale bien avant le retour de couches. L'allaitement aide à la remise en forme de l'organisme de la mère : lors des tétées, les muscles de l'utérus travaillent. Cette période de l'involution utérine est marquée par un écoulement vaginal, qui est fait de lochies, sang non coagulé. Vers le 12e jour, cet écoulement peut être un peu plus important. C'est le petit retour de couches qui n'a rien à voir avec le retour des règles. En cas d'allaitement, la date du retour de couches est difficile à déterminer, on sait qu'il le retarde mais pas indéfiniment. En moyenne, une mère qui allaite retrouve un cycle régulier quatre mois après l'accouchement. À cette date, la sécrétion de prolactine diminue de moitié, ce qui la ramène à des proportions comparables à celles d'une femme qui n'allaite pas, mais qui suffit à entretenir la lactation. Il est faux de croire que le lait maternel est alors moins bon ou de penser qu'il y a obligatoirement reprise de l'ovulation. L'apparition des règles ne la signifie pas toujours. ■

Reprendre une contraception

1RE SEMAINE

1ER MOIS

2 À 3 MOIS

4 À 5 MOIS

6 À 7 MOIS

8 À 9 MOIS

10 À 11 MOIS

1 AN

1 AN 1/2

2 ANS

2 ANS 1/

3 ANS

4 ANS

5 ANS

6 ANS

ANNEXES

CERTAINES PILULES CONTRACEPTIVES PEUVENT ÊTRE PRESCRITES TRÈS TÔT, avant même le retour de couches. Par contre certains contraceptifs sont à éviter dans la période du post-partum, notamment le stérilet. La majorité des médecins conseille l'utilisation de méthodes locales.

Méthodes orales

La pilule classique est parfois prescrite 21 jours après l'accouchement. Dans ce cas, c'est une pilule œstroprogestative minidosée. Sa prescription nécessite un bilan préalable afin d'éviter toute complication. La pilule déclenche les saignements dès qu'on arrête sa prise. Elle peut augmenter les risques de phlébite. Par contre, les pilules micro-dosées (en progestérone seulement) sont sans conséquence sur la qualité et la quantité du lait maternel. Leur prescription est préférée à ce moment-là, d'autant plus qu'on peut les utiliser très tôt, à savoir seulement 10 jours après l'accouchement.

Méthodes locales

Avant le retour de couches, le médecin conseille généralement une contraception locale. La jeune mère n'a à sa disposition que des ovules, des crèmes, des gels ou des éponges spermicides. À moins qu'elle ne demande à son partenaire d'utiliser des préservatifs.

Quel contraceptif choisir ?

Dès le retour de couches, tous les modes de contraception sont possibles sauf le diaphragme.

• Les pilules

Il n'existe pas de pilule parfaite, mais différentes pilules plus ou moins dosées selon les cas. Leur fonctionnement est toujours le même et leur taux de réussite contraceptive est de 100 %. La pilule œstroprogestative modifie le fonctionnement de l'hypophyse, la glande régulatrice du système hormonal. Les spermatozoïdes sont neutralisés au niveau du col et le tissu utérin devient impropre à l'implantation de l'œuf fécondé. Double garantie qui explique son succès, si on ne l'oublie pas.

• Les stérilets classique ou à la progestérone

Mieux vaut attendre environ un mois que l'utérus ait repris sa taille normale, afin d'éviter qu'il tombe ou qu'il se déplace, provoquant le risque d'une perforation utérine. Enfin, le contact entre le vagin et la cavité utérine, par l'intermédiaire du fil du stérilet, peut provoquer l'inflammation de l'endomètre (muqueuse utérine).

Ils empêchent la nidation et, pour ceux à la progestérone, agissent sur la glaire cervicale. Leur durée d'utilisation varie de 2 à 4 ans suivant leur type. Il est préférable d'attendre 6 semaines après l'accouchement pour le mettre en place.

• L'implant contraceptif

Récent, ce contraceptif se glisse, pour une durée de trois ans, sous la peau du bras, libérant un progestatif, l'étonorgestrel. Il est efficace le lendemain de sa pose. Il est déconseillé aux femmes ne supportant pas bien les contraceptifs à la progestérone. Le patch contraceptif se colle sur l'épaule et diffuse le contraceptif sur une durée de 7 jours.

L'anneau contraceptif se place dans le vagin tel un tampon et doit être changé toutes les semaines.

Aujourd'hui, la palette de plus en plus diversifiée des moyens contraceptifs permet à chaque femme un choix selon ses besoins. ■

Vous et votre partenaire

Si votre sexualité traverse quelques passages difficiles, sachez que votre conjoint peut aussi éprouver quelques difficultés et sa libido peut être mise à rude épreuve. Si sa femme ou sa compagne repousse trop souvent ses avances, il peut se sentir exclu de cette nouvelle famille et remis en cause dans le couple. Ce malaise le conduit parfois à s'éloigner. L'important, là encore, est de parler pour éviter qu'un malentendu ne s'installe. Le couple doit prendre le temps d'analyser les changements de vie et d'affectivité, de trouver au besoin un nouvel équilibre. Pour certains, cette recherche passe par une relation à deux, loin du bébé. Il n'y a rien d'anormal à confier l'enfant nouveau-né quelques jours à l'une de ses grands-mères pour retrouver un peu de l'insouciance d'avant. D'autres couples, au contraire, voient leur affectivité et leurs relations sexuelles renforcées par l'arrivée d'un bébé. ■

▌ MON AVIS

La sexualité n'est jamais facile après une naissance, pour des raisons organiques et psychologiques. Il se produit un changement dans le désir tant chez la femme que chez l'homme. Pour le père, il s'agit maintenant d'aimer la mère de son enfant et la mère doit se faire aimer par le père de son fils ou de sa fille. On comprend bien que cela renvoie les jeunes parents à la problématique œdipienne de la crainte et du tabou de l'inceste concernant leurs propres parents. Les troubles de la sexualité après une maternité ne sont que des prétextes, l'écran sur lequel se projettent des difficultés antérieures. Au contraire, certains couples peuvent trouver dans cette situation nouvelle une complétude sexuelle. Lorsque le bébé arrive dans un couple, il faut bien séparer les lieux de vie et de sommeil. Comment vous rapprocher sexuellement de l'autre si votre bébé est toujours présent ? Défendez votre chambre comme lieu d'intimité de vos retrouvailles amoureuses. ■

Sexualité après bébé

LE DÉSIR SEXUEL APRÈS UNE MATERNITÉ EST VARIABLE d'un couple à l'autre. Généralement, les couples qui n'ont rien changé à leurs relations au cours de la grossesse n'éprouvent aucune difficulté après l'accouchement. La question se pose seulement chez ceux pour qui la grossesse a signifié des changements de comportement.

Presque comme avant

Sur le plan strictement médical, il est tout à fait possible de reprendre une activité sexuelle dans les jours qui suivent votre accouchement. Mais la plupart des médecins conseillent d'attendre au moins deux à trois semaines pour une reprise normale et régulière des rapports. S'il y a eu intervention chirurgicale – épisiotomie ou césarienne (pp. 43 et 44) –, ce délai peut être allongé de huit à quinze jours. Dans tous les cas, il faut attendre qu'il n'y ait plus de saignements, que la sensibilité utérine s'atténue et que le muscle périnéal ait repris un peu de son tonus : il ne le récupérera complètement qu'après quelques semaines. Alors seulement, vous retrouverez, vous et votre conjoint, un plaisir proche de celui que vous connaissiez avant la maternité. Mais attention, une ovulation peut se produire trois semaines après l'accouchement. Il est donc important de penser aussi à la contraception (p. 107).

Un problème fonctionnel

Nombre de femmes souffrent de dyspareunie (douleur éprouvée lors des rapports) dans les semaines qui suivent leur accouchement. L'utilisation d'un produit lubrifiant, sous forme de gel ou de gélules, peut atténuer ce problème. De plus, la tonicité du vagin a changé ; il peut rester entrouvert, ses parois sont élargies et la vulve, surtout après plusieurs grossesses, peut être molle. L'épisiotomie est également souvent mise en cause

dans l'origine des douleurs. Elle laisse parfois une cicatrice qui se rétracte et forme un tissu fibreux. Quant aux épisiotomies mal recousues, elles peuvent faire souffrir plusieurs semaines après l'accouchement. Aussi toute épisiotomie sensible doit être traitée, voire reprise chirurgicalement.

Une difficulté psychologique

Pour certains couples, les difficultés sont d'ordre psychologique. Il existe des maris qui ont du mal à accepter le nouveau statut de leur épouse : de séductrice, elle est devenue mère. De leur côté, certaines femmes sont perturbées par cette transformation. Elles ne savent plus vraiment qui elles désirent être et manifestent souvent leur malaise par une attitude agressive. Bien des femmes, en réalité, éprouvent une certaine crainte au moment de la reprise d'une activité sexuelle, elles se sentent endolories, fatiguées, mal dans leur peau, des sentiments qui ne sont pas favorables à un réel épanouissement.

Il faut savoir que plus vous retardez la reprise de ces relations, plus vous aurez des difficultés par la suite. Par contre, l'absence de désir n'a rien d'exceptionnel et ne doit pas vous culpabiliser. ∎

« Retrouver une relation amoureuse passe par un dialogue avec votre conjoint. Vous échangerez vos craintes, vous confierez votre inconfort. »

1RE SEMAINE

1ER MOIS

2 À 3 MOIS

4 À 5 MOIS

6 À 7 MOIS

8 À 9 MOIS

10 À 11 MOIS

1 AN

1 AN 1/2

2 ANS

2 ANS 1/2

3 ANS

4 ANS

5 ANS

6 ANS

ANNEXES

Le baby-blues *en savoir plus*

Les signes avant-coureurs

Le docteur M. Sokolowski et Élisabeth Giammarchi, psychiatre, ont étudié tout particulièrement la dépression du post-partum. Elle touche 1 mère sur 10 et une fois sur trois elle est grave. Elle atteint des femmes ayant déjà un terrain dépressif, des mères très jeunes ou ayant des difficultés relationnelles avec leur famille ou leur conjoint, mais aussi des mères sans antécédents psychologiques de fragilité.

Les symptômes apparaissent une dizaine de jours après l'accouchement : insomnies, crises d'angoisse et trouble de l'appétit. Une indifférence ou une inquiétude démesurée de la mère pour son enfant peuvent être des signes avant-coureurs et permettent à l'équipe médicale d'établir un traitement préventif. ■

Les conséquences sur le bébé

Comme sa mère se réfugie dans des gestes machinaux, dépourvus de tendresse, voire agressifs, le bébé se détourne d'elle. Il y a difficulté d'attachement entre eux. Il manifeste des troubles du sommeil et de l'alimentation qui peuvent le conduire à une véritable dépression. Beaucoup d'hôpitaux comptent parmi leur équipe soignante une équipe médico-psychologique pouvant intervenir auprès de mamans fragiles.

Si l'état dépressif de la mère persiste, il faut avoir recours à une consultation spécialisée afin que l'effet défavorable de cet état sur l'interaction mère-enfant soit évité. Un traitement précoce permet de s'en débarrasser au plus vite. ■

▌ MON AVIS

Il est évident que certaines femmes ont des antécédents de fragilité ; des conditions sociales défavorisées, une grossesse perturbée peuvent aussi accentuer le trouble dépressif. Mais comment l'expliquer chez des femmes sans « problèmes » ? L'enfant imaginé et l'enfant réel sont toujours différents : l'idéal de la grossesse ne correspond pas au vécu de la rencontre avec ce tout petit bébé. La mère se culpabilise, ne se sentant pas assez bonne. Elle retourne sur elle les mauvais sentiments qu'elle refoule, notamment son incompétence, relative, à s'occuper de son enfant. Elle peut revivre des situations difficiles de sa propre enfance. Enfin la maternité, véritable étape dans la vie, peut faire craindre l'avenir, le temps de l'avant-maternité étant fortement idéalisé. Le père a alors un rôle déterminant pour aider son épouse ou sa compagne à surmonter ce moment. ■

Le baby-blues

1RE SEMAINE

1ER MOIS

2 À 3 MOIS

4 À 5 MOIS

6 À 7 MOIS

8 À 9 MOIS

10 À 11 MOIS

1 AN

1 AN 1/2

2 ANS

2 ANS 1/2

3 ANS

4 ANS

5 ANS

6 ANS

ANNEXES

PRATIQUEMENT TOUTES LES MÈRES ÉPROUVENT UN CERTAIN VAGUE À L'ÂME après leur accouchement. C'est un phénomène aujourd'hui largement reconnu et qui retient l'attention des médecins. Ne cachez pas cette difficulté, vous en paieriez peut-être le prix plus tard. Laissez-vous aller.

Ses manifestations

Vous ne comprenez pas ce qui vous arrive, vous êtes inquiète pour un rien, au bord des larmes pour pas grand-chose. La dépression du post-partum, comme on la nomme en terme médical, peut se manifester dans les tout premiers jours qui suivent l'accouchement ou quelquefois une à deux semaines après le retour à la maison. Généralement elle n'est pas grave et ne nécessite aucun soin particulier, juste un peu d'attention de la part de votre entourage.

Quelles en sont les raisons ?

Le baby-blues est sans doute dû à la conjonction de plusieurs phénomènes. L'accouchement est une épreuve physique qui nécessite un repos réparateur et indispensable. Mais il n'est pas toujours possible de prendre le temps de « souffler », de penser un peu à soi alors que le bébé retient toute votre attention. La fatigue est donc naturelle. Elle s'ajoute à la chute des progestatifs, hormones de la grossesse. Il faut encore compter avec les bouleversements, dans la vie quotidienne, sur le plan affectif et pratique. L'arrivée d'un nouveau-né entraîne bien des changements.

Sur le plan psychologique, la jeune femme perd à jamais son statut d'enfant en devenant mère. Inconsciemment ou non, cela provoque chez elle une période, plus ou moins agréable, d'introspection : elle se souvient de son enfance. Une certaine nostalgie peut alors l'envahir, teintée parfois d'anxiété ou même d'angoisse face à sa nouvelle responsabilité parentale. Elle éprouve aussi une certaine inquiétude sur le nouvel équilibre qu'elle va devoir trouver dans sa vie conjugale et familiale.

Faire face aux petits soucis

À tous ces problèmes psychologiques s'ajoutent souvent les difficultés matérielles. Si la maman travaille, elle doit rechercher un mode de garde, ce qui n'est pas toujours évident. De plus, elle se sent tiraillée entre sa volonté de garder une activité professionnelle et l'obligation de penser maintenant à se séparer d'un enfant qu'elle a longtemps attendu et dont elle a à peine fait connaissance. Quelques larmes la soulagent souvent et tout rentre dans l'ordre deux ou trois jours plus tard avec la joie d'être mère.

Rassurez-vous, la dépression post-partum n'a aucune raison de durer. Il peut cependant arriver qu'elle excède quelques jours, voire quelques semaines dans le pire des cas. Aussi faut-il en rechercher les causes profondes. Elles peuvent être d'ordre physique (manque d'oligo-éléments, de calcium et de magnésium, qui provoque une certaine fatigue) ou physiologique, comme un mauvais équilibre hormonal de l'après-maternité. Dans tous les cas, il faut se confier à son médecin traitant et consulter s'il y a lieu un psychologue. ■

" Il suffit souvent de deux à trois entretiens avec un spécialiste pour que tout rentre dans l'ordre. "

La rééducation périnéale

*C'EST DEVENU UN GRAND CLASSIQUE DE LA REMISE EN FORME
après l'accouchement. Mais c'est une véritable nécessité. La mauvaise tonicité
de ce muscle a été pendant des années cause d'incontinence plus ou moins
marquée après la naissance. De plus, le bon état du périnée est important
dans la qualité des relations sexuelles.*

Prévenir l'incontinence

Pour mesurer la qualité des contractions des muscles périnéaux, on utilise une sonde vaginale reliée à un appareil enregistreur qui évalue la puissance de la contraction. Dans tous les cas, vous devez surveiller particulièrement la qualité de votre périnée si le poids de votre bébé dépasse 3,7 kg à la naissance, si le périmètre de son crâne est de plus de 35 cm ou si vous avez déjà eu des fuites urinaires pendant votre grossesse. On estime que 30 % des femmes en souffrent après la naissance d'un enfant et que 10 % d'entre elles vivront avec ce handicap toute leur vie si elles ne sont pas rééduquées.

Premiers exercices

Dès les premiers jours qui suivent votre accouchement, vous pouvez pratiquer des exercices simples comme la contraction des muscles fessiers ou l'arrêt du jet urinaire, notamment au cours de la première miction de la journée en l'associant à une expiration.

La véritable rééducation du périnée ne commence que six semaines après l'accouchement. Vous pouvez participer à des cours collectifs ou préférer l'accompagnement particulier d'un kinésithérapeute ou d'une sage-femme. Ces quelques cours sont remboursés par la Sécurité sociale après prescription du médecin et doivent être pris comme le début d'un entraînement que vous poursuivrez régulièrement chez vous. Un conseil, associez l'expiration à tout effort, ainsi les viscères et les organes suspendus remonteront. Si les exercices musculaires sont insuffisants, vous pourrez avoir recours à l'électrostimulation musculaire (le bio-feedback). Elle se pratique dans le cabinet d'un médecin gynécologue, d'une sage-femme ou d'un kinésithérapeute spécialisé.

Avec une aide technique

Le docteur Pierre Velay a mis au point une technique très simple. En position gynécologique (allongée sur le dos, jambes écartées), la femme contracte ses muscles. Des tubes en Pyrex stériles et de taille variable sont introduits dans la cavité vaginale ; on leur imprime alors des mouvements de va-et-vient très doux. La rééducation du périnée doit se faire progressivement, de l'arrière vers l'avant, c'est-à-dire de la partie moyenne de la cavité vaginale (au niveau des muscles élévateurs) vers la région périnéale. Au début, les tubes ont un diamètre de 3 ou 4 cm selon l'état du périnée et du vagin. À la fin d'une bonne rééducation, leur diamètre va diminuer jusqu'à 1 cm. Lorsqu'un bon niveau de récupération est atteint, l'exercice peut se dérouler debout.

Toute dernière technique, celle du « power-plate » ; cet appareil de stimulation permet une rééducation rapide et intensive à raison de 10 à 40 séances d'un quart d'heure sous la surveillance d'un coach, un kinésithérapeute ou un professeur de gymnastique. ■

Couchée sur le dos, les jambes relevées sur une chaise.
Relâchez les jambes l'une après l'autre, en faisant
tourner le genou vers l'extérieur, le pied doit rester fixe.
Pratiquez cet exercice complètement décontractée
et en expirant. Puis redressez la jambe
en contractant le périnée.

Assise, genoux légèrement écartés, pieds joints.
Posez vos mains sur la face interne de chacun
de vos genoux. Contractez le périnée et,
en même temps, essayez de joindre vos genoux
alors que vos mains les écartent.
Pratiquez cet exercice en expirant. Relâchez.
Dans la même position, mais les mains placées
à l'extérieur des genoux, essayez d'écarter
vos genoux alors que vos mains les retiennent.

Debout, vos deux mains enserrent
le bas-ventre ; le corps est souple
et bien droit. Contractez
et décontractez le périnée
et les muscles fessiers.

Mettez-vous à quatre pattes,
la tête appuyée sur les avant-bras,
les genoux et les pieds rapprochés.
Détendez complètement le périnée.

1RE
SEMAINE

1ER MOIS

2 À 3
MOIS

4 À 5
MOIS

6 À 7
MOIS

8 À 9
MOIS

10 À 11
MOIS

1 AN

1 AN 1/2

2 ANS

2 ANS 1/2

3 ANS

4 ANS

5 ANS

6 ANS

ANNEXES

Soulager son dos

LA GROSSESSE EST UNE ÉPREUVE PHYSIQUE FATIGANTE. Ce sont les maux de dos les plus fréquents. Comme les sportifs, vous avez besoin d'une remise en forme musculaire faite de massages et d'exercices de gymnastique douce.

Se remuscler

La Sécurité sociale rembourse certains soins de remise en forme après la naissance. Dans la plupart des cas, ce traitement postnatal consiste en 10 séances chez un kinésithérapeute qui aide la jeune mère à remuscler son ventre par des exercices de gymnastique. Il associe à ces soins deux types de massages, les uns pour soulager les muscles du dos mis à rude épreuve pendant la grossesse, les autres pour améliorer la circulation dans les jambes. Certains médecins proposent même aujourd'hui des minicures de balnéothérapie, avec bains bouillonnants, douches au jet et mas-

sages. Enfin, la plupart des centres de thalassothérapie organisent des cures postmaternité de 8 à 10 jours. Ces traitements peuvent également être pris en charge mais jamais l'hôtellerie.

Quelques exercices

Pendant votre grossesse, le poids du bébé a modifié la morphologie de votre colonne vertébrale. Cette charge a augmenté la courbure lombaire et a entraîné une cambrure anormale appelée lordose. C'est pourquoi vous souffrez du dos. Quelques bonnes positions et certains exercices peuvent vous soulager efficacement. ■

Installez-vous le plus droit possible contre les oreillers, jambes légèrement fléchies, votre coude pouvant s'appuyer sur le haut de la cuisse. Ce dessin dit tout sur un allaitement réussi : la bonne distance, l'accrochage œil-œil, le contact de la peau, la caresse du nourrisson sur le sein de sa mère, le saisi de la main droite qui soutient le bébé, l'aspect détendu, souriant de la mère.

Jambes tendues, poussez avec les hanches.
Le corps reste droit, des épaules à la plante
des pieds. Puis revenez à la position
de départ, en basculant le bassin.

Debout, les pieds stables, la tête droite,
joignez les mains à hauteur de la poitrine,
inspirez puis levez les bras au-dessus de la tête.
Expirez en les ouvrant largement.

Jambes tendues, un peu écartées,
le long du mur, basculez le bassin
en contractant fesses et abdomen.
Recommencez plusieurs fois.

Assise, le dos droit, les bras tendus en avant.
Repliez les jambes vers la poitrine en expirant.

1RE
SEMAINE

1ER MOIS

2 À 3
MOIS

4 À 5
MOIS

6 À 7
MOIS

8 À 9
MOIS

10 À 11
MOIS

1 AN

1 AN 1/2

2 ANS

2 ANS 1/

3 ANS

4 ANS

5 ANS

6 ANS

ANNEXES

L'attachement *en savoir plus*

Une vieille histoire

Pour Françoise Dolto, l'attachement mère-bébé est presque, à la naissance, une vieille histoire. Dans le ventre de sa mère, l'enfant est déjà en parfaite communication avec elle par les échanges qui se produisent au niveau du cordon ombilical et du liquide amniotique, mais aussi parce qu'il entend et sent le monde extérieur au travers de la paroi utérine. Pour le Pr Bertrand Cramer, c'est un processus qui prend du temps, s'étalant depuis l'avènement du désir d'enfant jusque tard dans l'enfance. Il n'est pas constant, passe par des hauts et des bas, voire même parfois un rejet.

L'attachement entre parents et enfant n'est donc pas instantané, ni acquis d'emblée. Il est le résultat d'une convergence de forces où se rencontrent les désirs des parents, leurs capacités relationnelles, leur histoire ainsi que l'inné du bébé et le développement de ses propres capacités relationnelles. ■

La perfection des échanges

Pour René Zazzo, psychologue français, c'est l'harmonie des échanges mère-enfant qui permet un bon ajustement de leurs relations. La relation d'amour est construite sur l'échange, donc sur le bien-être. C'est lui qui pousse le nouveau-né à s'at-tacher au corps maternel. La mère répond par l'étreinte qu'elle perfectionne de jour en jour. Le bébé à son tour influence le comportement de sa mère et leurs réactions-échanges sont de plus en plus fréquents et profonds. ■

▌MON AVIS

Le bébé va donner à la mère le moyen de fonder avec lui un attachement de plus en plus vif et intense et l'amour envahit très rapidement la relation mère-bébé. Pourtant, cet attachement réciproque a besoin d'être soutenu par la présence affective et tendre du père, du groupe familial et par la qualité des soignants. Certains bébés sont peu interactifs, certaines mères peu réceptives, souvent en raison de difficultés antérieures à la naissance. Toutes les équipes des maternités devraient connaître l'importance et les conditions d'un attachement précoce mère-enfant. L'avenir est indiscutablement aux unités parents-enfant, ce sont de véritables « vaccins ». ■

Les fondements de l'attachement

L'ENFANT A UN BESOIN INNÉ D'ATTACHEMENT. Le choix de l'objet d'attachement, la mère dans 70 % des cas, est le fruit d'un apprentissage. L'enfant ne crée pas seul cet objet d'attachement : il ne cristallisera cet amour particulier qu'après de longs échanges avec elle, mais aussi avec ceux qui les entourent.

Un lien pour la vie

De ce lien unique que vous allez créer avec votre bébé vont dépendre les relations à venir et la qualité de son développement affectif. La relation mère-enfant est unique et privilégiée. Amour total ou contrat pour un développement parfait ? Les réponses des spécialistes (psychologues, psychiatres ou ethnologues) divergent selon leur discipline. Mais ils sont tous d'accord pour reconnaître la puissance du lien mère-enfant, indispensable pour le développement du bébé et l'épanouissement de la mère. La clé du mythe de l'attachement réciproque est définie par Sigmund Freud, le père de la psychanalyse, comme une force intérieure qui pousse l'enfant à satisfaire d'abord sa libido en tétant le sein de sa mère. En quelque sorte : « Je t'aime parce que tu me nourris. »

Une affection spécifique

John Bowlby, pédiatre et psychanalyste, donne une tout autre approche de « l'attachement » de l'enfant à sa mère. Il élabore l'hypothèse que le développement de l'enfant humain est en continuité avec celui des autres mammifères et il établit l'existence du concept d'empreinte chez l'homme. L'attachement mère-enfant n'est pas soumis aux exigences d'une situation. C'est un lien d'affection spécifique d'un individu avec un autre qui met en œuvre des comportements spécifiques de la part du bébé humain. En fait, la race dominante est très handicapée à sa naissance comparée aux animaux. Le nouveau-né Homo sapiens est incapable de se déplacer. Ses gestes sont incontrôlés. À la naissance, le bébé possède des comportements instinctifs comme l'agrippement, la poursuite du regard (p. 83) ou les cris (p. 79) lui permettant d'attirer l'attention de ses parents et, parallèlement, de répondre à leurs sollicitations. En quelques jours, le bébé s'attache à la voix, à l'odeur et au visage de la personne qui est le plus souvent à ses côtés, sa mère. Son attachement est d'autant plus marqué que les interactions sociales avec elles sont importantes. Très vite alors, une distinction s'établit entre les visages familiers et les figures étrangères. Les visages familiers deviennent alors des références apportant réconfort, sécurité et confiance. Ils ne sont pas interchangeables. John Bowlby a le premier défini l'attachement comme un besoin fondamental de relation sociale, bien avant le besoin alimentaire et de satisfaction orale qui a servi à Freud pour définir la relation particulière qui lie la mère et son enfant. ∎

> « Retrouver sur le visage de son bébé une ressemblance avec ceux que l'on aime renforce toujours l'attachement. »

1RE SEMAINE

1ER MOIS

2 À 3 MOIS

4 À 5 MOIS

6 À 7 MOIS

8 À 9 MOIS

10 À 11 MOIS

1 AN

1 AN 1/2

2 ANS

2 ANS 1/2

3 ANS

4 ANS

5 ANS

6 ANS

ANNEXES

Mère célibataire *en savoir plus*

Mère et adolescente

Parmi les mères célibataires, certaines sont encore des adolescentes. Leur maternité est parfois le résultat d'une contraception mal comprise, l'oubli d'une pilule minidosée par exemple ; mais elle peut aussi être un moyen d'émancipation : en devenant adultes, elles confirment leur statut de femme. Il y a alors confusion entre féminité et maternité. Plus que pour toute autre mère célibataire, l'enfant marque un processus de réparation qui vient d'un manque d'affectivité. Cette maternité est bien souvent menée en opposition avec le milieu familial. En France, 10 000 adolescentes sont enceintes chaque année, 4 000 choisissent d'être mères. ■

Un allié, le pédiatre

Il semble que ces mères fréquentent plus souvent le cabinet du pédiatre. N'ayant pas de compagnon pour les rassurer ou répondre à leurs interrogations, elles sont seules à affronter une situation qui les inquiète, elles ne peuvent trouver auprès de l'autre un début de réponse à leurs questions. Le pédiatre ajoute donc souvent à son rôle de soignant celui de confident. Ses conseils d'ordre psycho-logique peuvent aider à rendre la symbiose mère-enfant moins pressante et « autoriseront » la mère à laisser sans remords son nourrisson manifester ses besoins d'indépendance, indispensables à son développement. ■

Des risques accrus de précarité

Puis viennent les problèmes pratiques, parfois accentués par des difficultés financières. Bien que prioritaires dans les modes de garde institution-nalisés ces mères ne sont pas à l'abri du manque de places en crèches. Situation d'autant plus angoissante qu'elles doivent impérativement reprendre leur emploi car elles sont seules à sup-porter les charges familiales. Pour certaines, dont les horaires d'activité professionnelle ne sont pas compatibles avec ceux de la crèche, il leur faudra organiser un mode de garde complémentaire et souvent onéreux. Ce qui explique que l'on trouve le plus de situations précaires parmi les mères célibataires. Certaines sont contraintes de confier l'enfant à leur famille, bien souvent à leur mère, ce qui n'est pas sans poser quelques problèmes de rivalité affective et éducative. ■

▌ MON AVIS

S'il est faux de dire que cette situation est banale, il est illusoire de penser qu'elle est nuisible. L'évolution des enfants élevés seuls avec leur mère est identique à celle des enfants qui vivent au sein d'un couple. Mais il faut différencier les enfants qui vont vivre en permanence avec leur mère de ceux qui auront ultérieurement un père d'accueil et des frères et sœurs issus d'une autre union. Pour les premiers, le danger est essentiel-lement dans la symbiose, fusion le plus souvent induite par la mère. Celle-ci risque de vivre le moment de la séparation, lorsque l'enfant sera grand, comme un véritable aban-don. De plus, la fusion dans le désarroi économique et culturel entraîne des troubles de l'investissement cognitif et intellectuel chez l'enfant. Mais les haltes-garderies, les crè-ches et ensuite l'école maternelle permettent une vie sociale d'appoint. ■

Seule avec son bébé

1RE SEMAINE

1ER MOIS

2 À 3 MOIS

4 À 5 MOIS

6 À 7 MOIS

8 À 9 MOIS

10 À 11 MOIS

1 AN

1 AN 1/2

2 ANS

2 ANS 1/2

3 ANS

4 ANS

5 ANS

6 ANS

ANNEXES

SI LA MATERNITÉ DES MÈRES CÉLIBATAIRES ne semble pas poser de problème particulier, l'après-maternité est sans doute un moment plus délicat. Il semble que la dépression que toute femme éprouve après son accouchement soit plus longue et plus difficile à surmonter.

Un moment difficile

Le désir de maternité a souvent été vécu de manière impulsive, de façon très charnelle. L'instinct maternel est d'une autre nature, c'est un mélange de tendresse et de sens des responsabilités. Les mères célibataires semblent avoir besoin d'une période d'adaptation un peu plus longue. Seules, elles vont devoir bâtir une famille et assumer la lourde tâche de s'occuper d'un enfant. Bien que prioritaires, les mères célibataires ne sont pas à l'abri du manque de places en crèches.

Dans le couple, l'enfant est un aboutissement ; là, malgré la volonté de la mère, cet enfant rappelle souvent l'échec d'une relation ou tout au moins le souvenir d'une relation forte mais qui n'a pas duré.

Des difficultés à surmonter

La vie sociale, tout au moins dans les premières années de l'enfant, est aussi limitée. Pour être libre, il faut avoir financièrement la possibilité de faire garder son enfant par une personne rémunérée ou trouver de l'aide dans l'entourage. Enfin, sur le plan éducatif, elles doivent assurer les deux rôles, celui du père et celui de la mère. Curieusement d'ailleurs, les psychologues constatent qu'elles ont tendance à mieux jouer celui du père, sans doute par crainte que celui-ci ne manque trop à leur enfant. De plus, au fil des mois, la jeune maman va constater qu'elle devra attendre encore longtemps avant que cet enfant devienne une compagnie capable de la sortir de la solitude. Elle a d'ailleurs confondu la compagnie d'un enfant et celle d'un adulte autonome et responsable. Plus que les autres, les mères célibataires peuvent se sentir submergées par les soins qu'impose un bébé. Pourtant, toutes ces difficultés ne leur font généralement pas regretter leur décision ; les chiffres montrent qu'elles sont de plus en plus nombreuses à décider, malgré tout, d'avoir un deuxième enfant.

Le choix du père

Généralement, les femmes célibataires qui font le choix d'une maternité volontaire en avertissent leur partenaire. Même si celui-ci ne coopère pas volontairement, elles ont besoin de satisfaire leur désir d'enfant avec une personne « aimée », un homme qui représente un certain idéal, une personnalité assez forte pour être compatible avec l'image paternelle qu'elles ont. C'est souvent quelqu'un avec qui elles ont tissé une relation amoureuse relativement durable. La plupart des hommes ainsi « choisis » refusent mais ne concrétisent pas leur opposition par une rupture. La femme interprète toujours cette présence comme un certain consentement. ◾

"Une maman célibataire doit pouvoir compter sur un accompagnement familial solide. **"**

Les relations avec votre propre mère

LA MÈRE DE LA JEUNE MAMAN EST SOUVENT LA DEUXIÈME PERSONNE À ÊTRE INFORMÉE DE L'ARRIVÉE DU BÉBÉ DANS LA FAMILLE. Elle endosse le statut de grand-mère avec plus ou moins de plaisir et sans qu'elle n'ait eu son mot à dire. Cette naissance bouleverse les rapports « mère-fille » et réveille de bons ou de mauvais souvenirs.

La suite d'une première histoire d'amour

Si les liens qui unissent la fille à sa mère ont une grande importance dans la maternité, c'est parce qu'ils cachent le pouvoir de transmettre la vie. Il semble donc normal qu'avant de donner la vie et ensuite au moment où l'événement se concrétise la future maman, puis la jeune mère, se tourne vers celle qui la lui a donnée. Il naît souvent alors une nouvelle complicité entre ces deux mères. Elle s'installe dès l'annonce de la grossesse si la future grand-mère est prête psychiquement à changer de statut : elle n'est plus celle qui transmet la vie. Sa réaction est extrêmement révélatrice de la qualité de la relation mère-fille qui s'est construite depuis la petite enfance. Dans certains cas, cette nouvelle peut aussi cristalliser les difficultés non dites ou faire resurgir d'anciens conflits. Quoi qu'il en soit, l'annonce de cette vie à venir pose l'hypothèse de la mort pour les plus âgés de la famille.

Tout au long de la grossesse, la jeune femme a cherché à partager ses sensations, ses inquiétudes mais aussi ses plaisirs avec sa mère, cela lui semble naturel puisque c'est elle qui lui a donné la vie. La jeune femme est toujours demandeuse même si l'entente avec sa mère n'a pas été parfaite par le passé. C'est la qualité de la réponse de celle-ci qui crée une vraie proximité ou qui avive les tensions. Une future grand-mère trop intrusive ou à l'inverse trop indifférente peut tout gâcher.

À la recherche d'un modèle

Dans ce moment de passage et de bouleversements, la jeune femme cherche un modèle d'identification. Sa propre mère va l'aider à trouver celle qu'elle veut devenir. Il semble que l'on est d'autant plus apte à donner de l'amour maternel que soi-même on en a fait l'expérience et que la grossesse a été affectivement très entourée. Attendre et prendre soin d'un enfant renvoie à celui que l'on a été. C'est d'ailleurs ce qui explique ce besoin commun à presque toutes les jeunes mamans de se faire raconter leur enfance et de ressortir des tiroirs les photos de famille du temps où elles étaient petites.

Devenir mère, c'est grandir en quelques mois comme jamais auparavant, « de fille de... » on devient « maman de... », tout en gardant vivace ses sentiments de filiation.

Autrefois les mères étaient souvent présentes à l'accouchement de leur fille, elles ont été remplacées par les pères, mais restent les premières à se pencher sur le berceau du nouveau-né. Leurs premières réflexions et attitudes sont attendues mais parfois redoutées par la jeune maman alors particulièrement sensible. Selon la relation qui s'est

établie au cours de la grossesse, les mots et les gestes sont interprétés comme tendres, drôles ou violents. La jeune maman peut modérer ses sentiments en prenant conscience que ce n'est jamais facile de devenir grand-mère même si ce statut a été désiré ou accepté. Être grand-mère est relativement compliqué. Il s'agit de remonter dans le temps pour revivre à travers sa fille les relations vécues avec sa propre mère, de se transformer en mère d'une mère qui reste cependant une fille plus ou moins encore sous son autorité et de s'attacher à un enfant à la fois proche et lointain puisqu'il n'est pas directement le sien.

Des conseils sûrs

Les tout premiers pas d'une maman sont toujours hésitants et bien des questions se posent sur le bon geste, le bon comportement et sur ce qui est normal ou ne l'est pas. Qui mieux que celle qui vous a élevée est plus à même d'apporter les réponses ? Elle a l'expérience, elle connaît tout de la jeune maman, ses qualités comme ses faiblesses. La confiance est totale. L'arrivée d'un bébé fait donc évoluer la relation mère-fille vers un lien plus égalitaire, la plus âgée épaulant la plus jeune et l'autorisant à prendre sa place.

La jeune maman attend de sa mère la transmission d'un certain nombre de savoir-faire surtout s'il s'agit d'un premier enfant. Ce passage de relais demande diplomatie et compréhension de part et d'autre. En effet, la jeune maman, bien qu'inexpérimentée, n'est pas toujours prête à accepter les leçons de sa mère sans les discuter. Elle peut même souhaiter s'en démarquer. Dans ce cas, elle devra justifier cette rupture tout en préservant la continuité des usages familiaux. De son côté, la grand-mère doit conseiller sans empiéter sur le territoire de sa fille et accepter de transmettre malgré les critiques.

Une mère de substitution

Si, dans la majorité des cas, la naissance d'un enfant rapproche les mères et les filles et favorise même les réconciliations, parfois cet événement n'est pas suffisant. C'est souvent l'attitude des grands-mères qui est alors en cause : trop protectrices, elles ont tendance à vouloir remplacer leur fille ; trop autoritaires, elles ont un avis tranché qui ne permet aucune liberté ; trop occupées à leur propre narcissisme, ce sont des grands-mères de façade sur lesquelles on ne peut pas compter. La jeune maman souffre alors d'un manque de modèle et se tourne souvent vers une autre femme d'expérience, parfois sa grand-mère si elle est encore vive d'esprit, une grande sœur qui a déjà eu des enfants ou une amie un peu plus âgée qu'elle. Une image maternelle positive est indispensable pour construire son identité de mère, car l'instinct maternel n'existe pas, l'amour maternel est une construction, un apprentissage. ■

1RE SEMAINE

1ER MOIS

2 À 3 MOIS

4 À 5 MOIS

6 À 7 MOIS

8 À 9 MOIS

10 À 11 MOIS

1 AN

1 AN 1/2

2 ANS

2 ANS 1/2

3 ANS

4 ANS

5 ANS

6 ANS

ANNEXES

La toilette*en savoir plus*

Petite leçon d'hygiène

La prévention la plus simple et la plus efficace tient à l'habitude de se laver les mains : avant de nourrir votre enfant et avant et après chaque change. Pensez aussi à laver souvent les mains de votre bébé dès qu'il est capable de tout attraper.

Côté vêtements, simplifiez-vous la vie et lavez tout le linge de votre bébé à la machine, à l'exclusion des vêtements de laine qui se lavent à la main et à l'eau froide. Dans les deux premiers mois, il est conseillé de séparer le linge du bébé de celui des autres membres de la famille, après tout le monde peut faire lessive commune. Utilisez une lessive douce sans phosphate et sans assouplissant. Le linge de corps se change quotidiennement. Par contre, les pyjamas et les grenouillères, s'ils ne sont pas souillés de crachouillis ou de pipi, peuvent être portés deux jours. Les draps se changent toutes les semaines. Il est recommandé de vérifier l'état de propreté du tour de lit, des barreaux et du matelas.

Pensez encore à nettoyer régulièrement les jouets de votre bébé. Le plastique et le bois se lavent à l'eau légèrement javellisée et doivent être bien rincés. Les jouets souples en peluche ou en tissu se choisissent de préférence lavables en machine, seul moyen d'être sûr de l'élimination des microbes et des agents allergènes.

Toutes ces précautions assurent une protection de votre bébé contre les attaques virales et bactériennes responsables de la transmission de la majorité des maladies. ∎

Le choix des changes

Achetez des couches parfaitement adaptées au poids de votre enfant, ni trop petites ni trop grandes. Pour éviter les fuites, rentrez la ceinture du change à l'intérieur et veillez à ce que la brassière ou la chemise de votre bébé passe bien au-dessus. Différentes marques proposent des modèles fille ou garçon. La différence tient au positionnement du coussinet de ouate renfermant le produit absorbant : il est situé plus haut que le milieu de la couche pour le garçon, et au centre pour la petite fille. À la moindre rougeur, outre les soins locaux qu'il convient de faire, préférez pour un temps les couches en coton aux changes en cellulose. Elles seront plus douces pour les petites fesses de votre bébé. Les Françaises, qui utilisent dans leur quasi-totalité des changes jetables, ont complètement délaissé les changes en tissu. Vis-à-vis des progrès technologiques qui leur sont proposés, elles se placent, avec les Japonaises, dans le peloton de tête de la modernité et de l'exigence.

Au Japon, sans nul doute, les femmes méritent une palme pour l'attention qu'elles portent à leurs enfants. Une maman japonaise change son bébé en moyenne toutes les deux heures. Ces habitudes sont liées à l'importance accordée à l'hygiène et au confort des bébés. Aux USA, les mères utilisent encore assez souvent les couches en tissu. Sans doute parce qu'elles ont à leur disposition des services de location de couches en coton qui sont relevées à domicile chaque semaine puis livrées propres la semaine suivante. ∎

Bébé doux et parfumé

Les laits pour bébés peuvent être utilisés sur tout le corps, à l'exclusion des fesses où ils peuvent laisser un film gras, souvent responsable de l'érythème fessier. Si l'eau et le savon ne vous semblent pas assez « sophistiqués », utilisez des serviettes nettoyantes qui sont prêtes à l'emploi, pratiques et sans danger.

Les eaux de toilette sont à la mode. Il est vrai que c'est toujours agréable d'avoir un bébé qui sent bon ! Choisissez les eaux de toilette sans alcool afin de respecter le pH de la peau du bébé. Pensez à utiliser le talc avec une certaine parcimonie, ne l'appliquez jamais sur les fesses, et prenez soin de bien l'étaler pour adoucir les plis de la peau. ∎

Tout propre !

1RE SEMAINE

1ER MOIS

2 À 3 MOIS

4 À 5 MOIS

6 À 7 MOIS

8 À 9 MOIS

10 À 11 MOIS

1 AN

1 AN 1/2

2 ANS

2 ANS 1/2

3 ANS

4 ANS

5 ANS

6 ANS

ANNEXES

DÈS QUE VOUS VOUS SENTIREZ À L'AISE DANS VOS GESTES DE MATERNAGE, utilisez la toilette comme un temps riche d'échanges, de plaisir et de tendresse partagés. Vous constaterez que votre bébé choisit ce moment pour faire ses plus belles vocalises. L'idéal est que père et mère partagent les moments du change. Mais si le père ne souhaite pas le faire, respectez son choix.

• **Le nez**

Tant que l'enfant ne sait pas se moucher (c'est-à-dire jusqu'à 2 ans-2 ans1/2), il faut vérifier la propreté de ses narines. Introduisez doucement un petit coton roulé et humidifié de sérum physiologique (pas de Coton-Tige). En éternuant, l'enfant se mouche.

• **Les oreilles**

Procédez toujours avec un petit coton roulé à sec sans l'enfoncer trop loin dans le conduit auditif, une à deux fois par semaine. N'oubliez pas l'arrière du pavillon. N'utilisez jamais de bâtonnets, vous risqueriez de repousser le cérumen et de favoriser la formation d'un bouchon, ou de blesser le fond de son oreille.

• **Les yeux**

Pour chaque œil, utilisez un coton hydrophile légèrement mouillé de sérum physiologique que vous passez du coin interne de l'œil vers l'extérieur.

• **Les ongles**

Mieux vaut ne pas trop y toucher le premier mois car cela risque de traumatiser la matrice de l'ongle. Pour arrondir les ongles pointus qui peuvent blesser votre bébé lorsqu'il touche son visage, coupez-les délicatement et pas trop court.

• **La peau**

Utilisez un savon naturel, type savon de Marseille ou surgras, qui se rince à l'eau. Changez de gant de toilette et de serviette de toilette propre quotidiennement. L'usage répété des laits de toilette nuit, à la longue, à son équilibre.

• **Les organes génitaux**

Ils se nettoient avec une compresse mouillée simplement d'eau.

Pour les petites filles, écartez les petites lèvres et lavez dans le sens du méat vers l'anus. Pour les garçons, ne décalottez pas le prépuce avant 4 mois au moins ! Et ce n'est pas obligatoire. Une bonne hygiène suffit à éviter toute infection. Un décalottage précoce est douloureux et inutile. Il est préférable d'attendre que cela se fasse naturellement.

Les médecins pensent que la couverture du gland par le prépuce protégerait des infections dues à l'urine pendant la période où l'enfant n'est pas propre. Ils conseillent d'enlever le smego, sécrétion séborrhéique qui pourrait être un foyer d'infection, mais pas avant 6 mois.

• **Les soins du cordon**

En général, la chute du cordon ombilical survient entre le 8e et le 10e jour. S'il n'est pas tombé à votre sortie de maternité ou si la cicatrisation n'est pas terminée, il faut le nettoyer avec une compresse imbibée d'alcool à 60°, puis faire un petit pansement avec une compresse stérile maintenue par une bande, un filet ombilical ou plus simplement par un sparadrap hypoallergénique. Après la chute du cordon, vérifiez l'état de la plaie et nettoyez-la. Appliquez ensuite de l'éosine avec un Coton-Tige (cela vous évitera d'avoir les mains rouges). Laissez un pansement tant que la plaie n'est pas cicatrisée. ▪

La douceur du bain

POUR UN BÉBÉ, LE BAIN EST QUOTIDIEN. Cette hygiène est absolument nécessaire pour sa peau encore fragile. C'est un moment particulier où vous ne devez être dérangée par personne et surtout pas par le téléphone. Les risques d'accidents sont trop importants !

Matin ou soir

Deux écoles s'affrontent pour savoir quand doit avoir lieu le premier bain. Pour certains médecins, on peut le donner dès les premiers jours. Pour d'autres, mieux vaut attendre la cicatrisation complète de l'ombilic. En revanche, aucune consigne médicale ne recommande plus particulièrement le bain le matin ou le soir. Tout est question de convenance personnelle, le bain du soir ayant toutefois des vertus calmantes. Le bain quotidien est indispensable pour préserver la peau du bébé qui a une particularité : son pannicule adipeux (couche de tissu cellulaire placée sous la peau et où s'accumule la graisse) est mince et son pouvoir absorbant important. De plus, sa circulation sanguine est très superficielle et la peau d'un bébé respire deux fois plus que celle de l'adulte. Il est donc essentiel de nettoyer régulièrement cette peau fragile.

Seule précaution à prendre : il faut baigner votre bébé avant les repas. Après, cela peut gêner une bonne digestion.

Dans de bonnes conditions

L'eau est à 37 °C, la salle de bain à 22 °C minimum. Préparez tout ce dont vous avez besoin : matelas à langer, change, serviette, savon (à préférer aux bains moussants qui dessèchent la peau), gant de toilette, shampooing pour bébé, peignoir. Jusqu'à 3 ou 4 mois, profitez-en pour lui savonner la tête. Votre bébé transpire beaucoup (pp. 76 et 87) et son cuir chevelu a tendance à être gras. Ne vous affolez pas si vous passez sur la fontanelle, elle est plus robuste que vous ne le pensez. Ne maintenez pas systématiquement sa tête hors de l'eau, mais habituez-le progressivement à tremper l'arrière de sa nuque. Attention toutefois à ne pas mouiller son visage, car il risque de ne pas apprécier.

Cinq minutes de plaisir

Le bain d'un nourrisson n'excède pas 5 minutes et il ne doit jamais être donné sans surveillance. Décrochez votre téléphone ou branchez votre répondeur, vous n'aurez pas la tentation de répondre. Le bain est aussi un moment important de communication mère-enfant ou père-enfant : le bébé regarde l'adulte penché sur lui droit dans les yeux et c'est souvent à cette occasion qu'il s'essaie à ses premières vocalises.

Trouvez un moment idéal pour vous comme pour votre bébé. Et si l'humeur n'y est pas, remettez le bain au lendemain, il n'en sera que meilleur !

Faux amis

Les sièges pour le bain sont à la mode, mais ils sont toujours à utiliser avec précaution. On leur attribue de nombreux accidents car ils donnent à la mère ou au père un faux sentiment de sécurité. Ils soutiennent l'enfant, mais ne l'empêche pas de chavirer ou de glisser dans l'eau. Leur utilisation requiert une attention constante de la part de l'adulte. ■

Lavez-vous les mains minutieusement. Déshabillez l'enfant et nettoyez-lui soigneusement le siège, d'abord avec le bord de la couche puis avec un coton mouillé. N'oubliez pas les petits plis qui retiennent les saletés. Si c'est une petite fille, veillez bien à nettoyer d'avant en arrière pour éviter la transmission des germes de l'anus vers la vulve.

Votre main gauche sous la nuque,
votre main droite sous les fesses
(si vous êtes gauchère, inversez la position),
glissez-le dans l'eau.

Lorsqu'il commence à s'habituer au bain,
libérez doucement la main
qui soutenait les fesses
et laissez-le gigoter librement.
Si vous êtes décontractée,
il le sera aussi.

Savonnez tout le corps, doucement,
avec vos mains ; commencez
par le cou, sans oublier les replis,
puis lavez les bras, le thorax,
le ventre, les fesses et les jambes.
Rincez ensuite tout le corps.

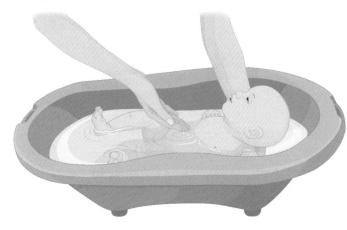

1RE SEMAINE

1ER MOIS

2 À 3 MOIS

4 À 5 MOIS

6 À 7 MOIS

8 À 9 MOIS

10 À 11 MOIS

1 AN

1 AN 1/2

2 ANS

2 ANS 1/2

3 ANS

4 ANS

5 ANS

6 ANS

ANNEXES

Les bons gestes pour l'habiller

VOUS VOUS SENTIREZ PEUT-ÊTRE UN PEU MALHABILE LES PREMIÈRES SEMAINES, mais rapidement, vos gestes deviendront une habitude. Voici quelques trucs pour apprendre encore plus vite.

Un moment d'échange

Quand vous habillez votre bébé, placez-le toujours face à vous, allongé sur le dos. Profitez-en pour accrocher son regard et pour lui nommer les parties de son corps.

Petit à petit, il apprendra qu'il a une tête, des bras et des jambes ; vous l'aiderez de cette façon à établir son schéma corporel. Ces moments d'échange sont importants dans la relation mère-enfant. ■

Comment passer la tête ?

Placez le devant du body face à vous.
Roulez-le autour de l'encolure de manière à l'élargir au maximum.
Passez rapidement la tête du bébé dans ce large trou.
Soulevez légèrement l'enfant pour faire descendre le tissu sur les épaules.

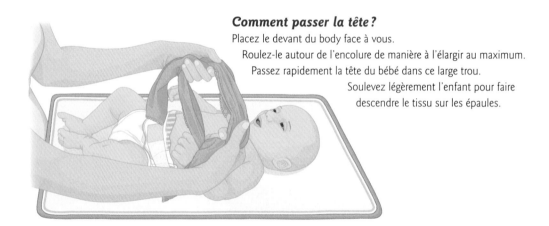

Comment passer les bras ?

Glissez une main dans la manche, roulez et écartez le tissu jusqu'à l'épaule de l'enfant. Saisissez sa main et passez-la dans le trou ainsi formé. Faites descendre la manche le long du bras.

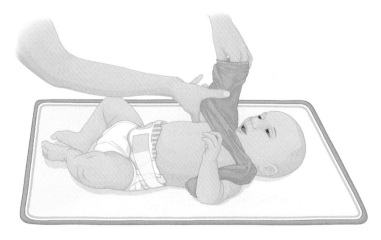

Passez la deuxième manche
de la même manière.

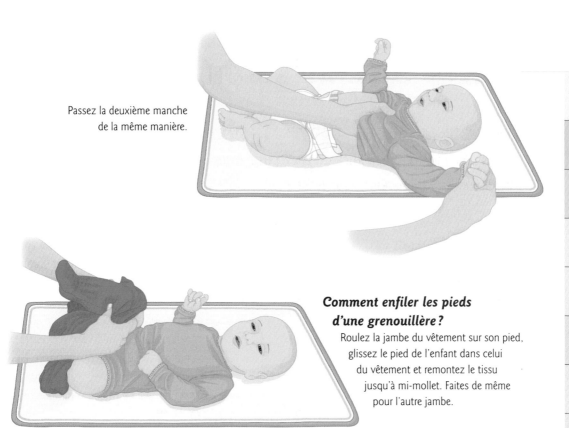

Comment enfiler les pieds
d'une grenouillère ?

Roulez la jambe du vêtement sur son pied,
glissez le pied de l'enfant dans celui
du vêtement et remontez le tissu
jusqu'à mi-mollet. Faites de même
pour l'autre jambe.

Remontez la grenouillère
sur le ventre et le tronc de l'enfant.
Pour passer les manches,
procédez comme pour le body.

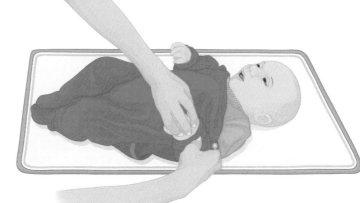

Faites rouler votre bébé doucement
sur le ventre pour attacher les boutons-
pressions placés sur le dos du vêtement.

1RE
SEMAINE

1ER MOIS

2 À 3
MOIS

4 À 5
MOIS

6 À 7
MOIS

8 À 9
MOIS

10 À 11
MOIS

1 AN

1 AN 1/2

2 ANS

2 ANS 1/2

3 ANS

4 ANS

5 ANS

6 ANS

ANNEXES

Sa chambre idéale

UN BÉBÉ, MÊME TOUT PETIT, DOIT AVOIR SA CHAMBRE. C'est ce que pensent la plupart des pédiatres et des psychologues. Pour votre confort, pour celui de votre conjoint et même pour votre bébé, faire chambre à part est idéal.

Un coin à lui

Si c'est impossible, en raison de l'exiguïté de l'appartement, essayez au moins de lui aménager un coin à lui. Pour permettre une bonne surveillance de l'enfant, la chambre idéale se trouve à proximité de celle des parents, mais assez éloignée des pièces bruyantes de la maison, aérée et ensoleillée. Ne bousculez pas trop souvent son décor et méfiez-vous du syndrome de la tornade blanche. Pour s'habituer à sa chambre, votre enfant a besoin de repères : les odeurs et un désordre attractif pour qu'il gère librement son espace. Avec l'âge, il décidera petit à petit de son environnement.

Confort et décor

Les revêtements des murs et du sol de la chambre de bébé seront lavables. Pour le décor, c'est une affaire de goût : vous pouvez utiliser uniquement le blanc ou un pastel très clair sur les murs afin de favoriser la luminosité de cette pièce. Mieux vaut ne pas multiplier les motifs tant sur les murs que sur les tissus, trop de sollicitations fatiguent. Pour le reste, le seul « vrai « conseil est de choisir du coton ou du coton mélangé pour tous les tissus, notamment ceux qui vont garnir le couffin ou le lit de votre bébé. Ainsi vous pourrez les laver sans difficulté.

Cette chambre doit être absolument sans danger. Elle comporte peu de meubles : un lit, bien sûr, ou un couffin, une commode pour ranger la layette et sur laquelle on peut disposer un matelas à langer pour le change rapide, un fauteuil où vous pourrez vous installer pour nourrir votre bébé, un simple panier pour les premiers jouets et un petit transat pour les moments d'éveil.

Il est préférable d'installer la table à langer dans la salle de bains pour une toilette parfaite si l'on choisit un modèle qui fait baignoire. Dans tous les cas, les objets choisis doivent répondre aux critères d'hygiène et de sécurité indispensables. Préférez du matériel lavable, solide et parfaitement rationnel. En ce qui concerne la table à langer, sachez que c'est un meuble relativement dangereux, qui est la cause de nombreuses chutes : choisissez-la large et stable. Elle doit aussi être estampillée NF ou son étiquette doit obligatoirement mentionner « conforme aux exigences de sécurité ».

La bonne température

Côté chauffage, pensez qu'il doit être suffisant, uniforme et régulier pour maintenir une température constante de 18 °C-19 °C pendant le sommeil, de 21 °C au moment où le bébé est hors du lit. Il ne faut pas oublier d'humidifier l'air ambiant ; il respirera bien mieux. Posez simplement un bol d'eau sur le radiateur ou installez un humidificateur. Vérifiez souvent son niveau et changez l'eau pour des raisons d'hygiène ; il peut s'y développer des moisissures et des champignons à l'origine de troubles allergiques.

Chaque fois que vous en avez l'occasion, renouvelez l'air par une bonne aération fenêtre ouverte. L'orientation de la pièce est aussi à considérer, car il est beaucoup plus facile de chauffer une pièce que de la rafraîchir. L'exposition sud-est est la meilleure. La position du lit dans la pièce a aussi son importance : on constate qu'un enfant dort mieux la tête tournée vers le nord (sans doute pour des raisons magnétiques). De même, on observe qu'il s'endort plus facilement s'il fixe quelque chose, et à plus forte raison si son regard est dirigé vers le haut : d'où l'intérêt et le succès des mobiles.

Un nid douillet

Quant au berceau, certaines règles sont à observer, et le matelas, plutôt dur, sera en crin végétal, en mousse ou à ressorts. Certains matelas sont maintenant équipés de housses anti-acariens qui permettent aussi une régulation hiver-été. Pour une bonne hygiène, pensez à protéger le matelas d'une alèse imperméable. Rares sont les bébés qui ne régurgitent jamais ou dont la couche ne fuit pas. Il faut au moins trois changes. Inutile d'acheter un oreiller, les bébés, aujourd'hui, se couchent bien à plat sur le dos.

Côté couvertures, préférez plutôt celles de laine légère. Les bébés turbulents, ceux qui sont constamment découverts, dormiront dans des sacs de couchage ou des pyjamas-couvertures. Vous pouvez décider d'installer le bébé dès sa naissance dans un lit-parc. Choisissez un modèle réglable en hauteur dont un des côtés descend pour pouvoir prendre votre bébé plus facilement. Attention, il existe pour ce type de lit des normes de sécurité, aussi choisissez un modèle étiqueté NF. Mais pour que l'enfant s'y sente bien, il est indispensable d'en réduire l'espace par un boudin qui fait le tour des barreaux (cette protection aura encore l'avantage d'éviter à l'enfant de se heurter aux barreaux en dormant ou de se coincer un bras ou une jambe). En effet, les nourrissons ont l'habitude, pour limiter leur espace et satisfaire ainsi leur besoin de sécurité, de s'installer dans un coin de leur lit pour dormir. Ne soyez pas étonnée de retrouver votre bébé tassé dans un coin, la tête contre les barreaux. Non, cette attitude n'est pas un signe de détresse, c'est une position qui le sécurise.

Les garnitures obstruant complètement les barreaux sont déconseillées : l'enfant a besoin, même tout petit, de découvrir le monde dès qu'il se réveille. ■

1RE SEMAINE

1ER MOIS

2 À 3 MOIS

4 À 5 MOIS

6 À 7 MOIS

8 À 9 MOIS

10 À 11 MOIS

1 AN

1 AN 1/2

2 ANS

2 ANS 1/2

3 ANS

4 ANS

5 ANS

6 ANS

ANNEXES

Le changer en toute sécurité

AYEZ CONFIANCE EN VOUS ET SURTOUT REDOUBLEZ D'ATTENTION, même tout petit un bébé est capable de se retourner et de glisser de la table à langer en un quart de seconde. Si rien n'est plus naturel que de faire la toilette d'un nouveau-né, les premières expériences sont quelques fois pleines d'appréhension.

Le bon moment

L'idéal est de procéder au change avant ou après le repas du bébé. Le mieux est de le faire avant pour ne pas trop perturber un enfant qui vient de boire. Mais s'il est affamé, ce n'est pas commode. De plus, chez le nourrisson, il existe un réflexe dit gastro-colique qui provoque une défécation juste au moment du repas. C'est particulièrement vrai pour l'enfant nourri au sein. Dans ce cas, il est conseillé de le changer après, afin de lui assurer un bon sommeil au cours de sa digestion.

La bonne technique

Lavez votre bébé à l'eau et au savon. Séchez bien sa peau que vous pouvez protéger avec une pommade hydrofuge vendue en pharmacie (p. 143). Ces précautions préviennent l'érythème fessier dû à la fragilité de la peau de l'enfant. Il est essentiel de changer un bébé six à sept fois par jour environ. La couche ou le change doit être mis directement sur la peau, leur voile en non-tissé assure le maintien au sec du siège et du sexe de l'enfant.

Les tables à langer

Elles ont mauvaise réputation. Elles sont, en effet, cause de nombreuses chutes. À 1 mois, un bébé est déjà très mobile et, en quelques secondes, il peut se retourner, ramper et glisser. Bien que certaines tables soient équipées d'un système dit de sécurité, un nourrisson doit être en perma-nence tenu au moment du change et de la toilette. Un projet est en cours de réalisation pour imposer quelques normes à ce matériel. Les ceintures de maintien qui équipent certains modèles devront être réglables et, en particulier, avoir une largeur égale ou supérieure à 25 mm. L'ensemble du dispositif de pliage des tables sera testé mille fois avant d'être mis en vente.

Les baignoires adaptables sur les tables à langer seront à même de résister aux cycles eau chaude, eau froide et aux chocs. Une mise en garde attirant l'attention sur le danger de laisser un enfant sans surveillance sur une table à langer devra être apposée de façon visible.

En attendant, choisissez une table à langer dont les rebords ont au moins une quinzaine de centimètres de hauteur et un matelas à langer équipé d'une ceinture qui permet de maintenir bébé en place si vous devez le lâcher. La ceinture est elle-même fixée au matelas par une planchette intérieure. La surface antidérapante est placée sur l'envers, afin que le matelas ne bouge ni ne glisse quand le bébé donne des coups de reins. Le support de sécurité pour matelas à langer empêche l'enfant de rouler grâce à ses deux côtés rigides Il est équipé d'un matelas en mousse et peut se fixer sur un meuble à langer ou sur une table, le polystyrène dont il est constitué se collant et se perçant sans difficulté (Mobita). Citons encore le matelas à langer gonflable en PVC double épaisseur, avec rebords surélevés. Testé dans les hôpitaux, son matériau est lisse pour faciliter le net-

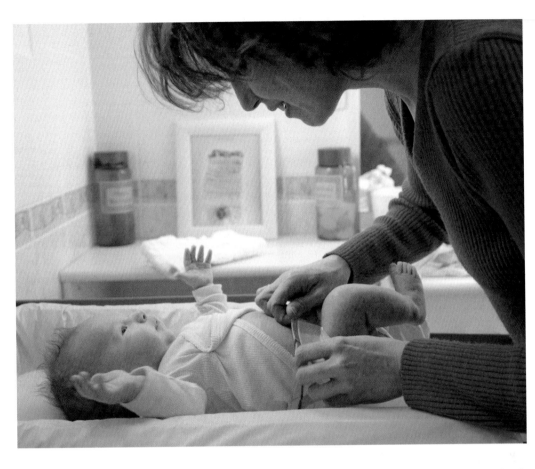

1RE SEMAINE

1ER MOIS

2 À 3 MOIS

4 À 5 MOIS

6 À 7 MOIS

8 À 9 MOIS

10 À 11 MOIS

1 AN

1 AN 1/2

2 ANS

2 ANS 1/2

3 ANS

4 ANS

5 ANS

6 ANS

ANNEXES

toyage et il est muni d'une valve de sécurité pour retenir l'air au cas où le bouchon serait ouvert accidentellement (Tubby de WS-sécurité).

Toujours sous contrôle

Pour la sécurité de votre enfant, ne le laissez jamais seul sur la table à langer, même quelques secondes, le temps de prendre une couche ou un vêtement propre et encore moins pour répondre au téléphone. Un moment d'inattention et il peut rouler, tomber et se faire très mal. Prévoyez donc tout ce qu'il vous faut à portée de main.

Si, d'aventure, le téléphone sonne, prenez votre bébé dans les bras ou posez-le à même le sol, c'est plus prudent. Pour ne pas être dérangée, vous avez toujours la possibilité de brancher votre répondeur. Veillez particulièrement aux circonstances d'un change en urgence ou dans un lieu qui ne vous est pas familier. Méfiez-vous des changes hâtifs sur une table de fortune ou sur le coin d'un fauteuil. N'hésitez pas, si cela est possible, à vous installer par terre. Dans les stations-service, pensez à nettoyer les matelas à langer mis à votre disposition. Utilisez une lingette ou un coton mouillé d'eau et de savon.

Un moment d'éducation

Pour prévenir l'énurésie des aînés, faites-les participer au bain comme au change du bébé. La plupart refuseront de le changer, trouvant cela dégoûtant. Ils maintiendront ainsi leur propreté si chèrement acquise. C'est aussi l'occasion de montrer à votre aîné la dépendance de ce bébé vis-à-vis des autres. Lui qui a si soif d'autonomie fera preuve au moins quelque temps d'un peu moins de jalousie. ■

Le choix du médecin*en savoir plus*

Un acteur toujours important

Pour les mamans qui préfèrent s'adresser à un pédiatre, leur choix se fait en fonction des compétences particulières qu'elles jugent nécessaires pour bien s'occuper d'un bébé. Seul le pédiatre avec sa spécialisation, sa pratique hospitalière, leur paraît le plus apte. Les autres, quant à elles, préfèrent souvent le généraliste par tradition familiale. Les enquêtes montrent que le suivi médical est plutôt assuré par le pédiatre. Ainsi, les examens réalisés aux âges clés du développement (8 jours, 9 mois, 2 ans, 3-4 ans, etc.) font partie des actes fondamentaux de la pédiatrie de ville.

En revanche, la pathologie aiguë ne représente que la moitié de son activité, qu'il partage largement avec le généraliste. Dans le domaine de la pathologie chronique, ce sont les pédiatres hospitaliers qui prennent plus volontiers en charge les enfants. Côté chiffres, le déséquilibre est flagrant : 3 600 pédiatres exercent une activité libérale à temps plein ou partiel, contre 100 000 généralistes libéraux. Les facultés de médecine forment de moins en moins de pédiatres et ces derniers sont inquiets car ils constatent actuellement une augmentation des pathologies infantiles.

Le pédiatre, médecin de l'enfant, est-il le seul apte à le soigner et à suivre son développement ? Il est sans doute préférable, durant les tout premiers mois qui suivent la naissance, de consulter effectivement un spécialiste qui saura répondre à toutes vos interrogations telles que l'allaitement, la fréquence et le contenu des biberons ou encore les problèmes d'endormissement. En revanche, au bout de quelque temps, et pour tous les petits ennuis quotidiens (comme les multiples et inévitables rhinopharyngites, otites, etc.), un généraliste consulté régulièrement et faisant office de médecin de famille pourra prendre le relais.

Il est aussi possible de faire suivre votre bébé dans un centre de protection maternelle et infantile (PMI), mais celui-ci ne prend en charge que la surveillance de l'enfant en bonne santé.

Sachez également que certains pédiatres donnent volontiers des mini-consultations par téléphone. ■

▌ MON AVIS

Le pédiatre, le généraliste et pourquoi pas le psychiatre d'enfant ! Je justifierai cette boutade en vous confiant un rêve, celui d'une spécialité médicale de l'enfant qui s'intéresserait à son développement et à ses troubles. Elle unirait la gynécologie, la pédiatrie, la psychiatrie de l'enfant, intégrerait les généralistes. Les clés du choix du médecin qui va s'occuper de votre enfant, c'est la qualité de sa formation, son goût pour l'étude du développement, sa capacité et son analyse à repérer les signes précoces de communication du bébé. Le bon médecin est celui que votre bébé intéresse, celui qui est passionné par vos observations et qui vous explique et vous aide à résoudre vos difficultés. Le pédiatre et le généraliste ont des qualités et des avantages différents. Le généraliste connaît l'histoire de votre famille, il a la chance de repérer les caractères et les situations à répétition. Il intervient à domicile et voit donc les conditions de vie de l'enfant. Le pédiatre a une formation spécifique sur les maladies de l'enfant. Le médecin de PMI est à la fois pédiatre et généraliste, il a une spécialité qui le pousse à s'intéresser au développement de l'enfant, tout en prévoyant son intégration à la crèche, à la halte-garderie et plus tard à l'école. ■

Choisir son médecin

TROUVER « LA PERLE RARE » qui saura l'écouter, la rassurer et surtout soigner son bébé n'est pas toujours facile pour une jeune maman. Il est essentiel qu'entre les parents et le médecin s'établisse un bon climat de confiance.

Pédiatre ou généraliste

Vous pouvez faire le choix du pédiatre attaché à la maternité dans laquelle vous avez accouché, à condition que son cabinet ne soit pas trop éloigné de votre domicile. Dans tous les cas, avant de choisir un médecin pour votre bébé, renseignez-vous sur lui auprès du personnel de l'établissement où vous avez accouché. N'hésitez pas à interroger d'autres parents qui recourent à ses services pour savoir comment il se comporte avec les enfants. Essayez de savoir si sa thérapeutique est classique ou s'il est ouvert à d'autres disciplines. C'est important si vous avez une sensibilité « homéo-naturo-oligo sympathique » !

Renseignez-vous également sur sa disponibilité : Est-il toujours débordé ? L'attente n'est-elle pas trop longue ? Peut-on venir le jour même en cas d'urgence, etc. ?

Faites le test de la salle d'attente : observez la salle d'attente de votre médecin car elle est souvent typique du praticien. Si vous vous reconnaissez dans les patients qui sont là, c'est que vous avez fait le bon choix, sinon, attendez la consultation pour vous faire votre opinion.

Une enquête s'impose

Si toutes ces conditions essentielles à vos yeux ne sont pas réunies, autant chercher un autre pédiatre. Une possibilité : s'en remettre au spécialiste unanimement plébiscité par les mamans de votre quartier. Un autre moyen consiste à choisir le pédiatre situé le plus près possible de votre domicile : c'est toujours appréciable lorsque votre bébé est malade et que le médecin ne se déplace pas. Enfin, vous pouvez toujours vous informer auprès de la directrice de crèche de votre enfant ou de l'assistante maternelle, afin de connaître les coordonnées de quelques pédiatres jugés compétents.

Surtout, n'hésitez jamais à changer de médecin s'il ne vous convient pas : il est important que le contact que vous établissez avec lui soit de qualité et harmonieux. Si vous vous sentez en confiance, votre bébé le sera également et abordera tous les petits désagréments de la vie (maladies, vaccinations) avec plus de sérénité.

Une disponibilité relative

Mais quel que soit votre choix, ne vous faites pas trop d'illusions. Rares sont les pédiatres qui sont disponibles à toute heure du jour et de la nuit. Dans la journée, ils sont souvent débordés, leur salle d'attente est pleine de petits patients de tous âges et il est pour eux hors de question de se déplacer en cas d'urgence. Nombre de cabinets sont fermés vers 19 heures et branchés sur répondeur. Toutefois, certains médecins – pédiatres ou généralistes – organisent entre eux des gardes de nuit.

Vous pouvez également vous tourner vers les services d'urgence des hôpitaux pour enfants ou de l'hôpital de votre ville, à moins que vous vous résolviez à appeler un service comme SOS Médecin. Dans les deux cas, vous n'aurez peut-être pas affaire à un pédiatre mais sans doute à un généraliste. ■

1RE SEMAINE

1ER MOIS

2 À 3 MOIS

4 À 5 MOIS

6 À 7 MOIS

8 À 9 MOIS

10 À 11 MOIS

1 AN

1 AN 1/2

2 ANS

2 ANS 1/2

3 ANS

4 ANS

5 ANS

6 ANS

ANNEXES

De deux
à trois mois

1RE SEMAINE

1ER MOIS

2 À 3 MOIS

4 À 5 MOIS

6 À 7 MOIS

8 À 9 MOIS

10 À 11 MOIS

1 AN

1 AN 1/2

2 ANS

2 ANS 1/2

3 ANS

4 ANS

5 ANS

6 ANS

ANNEXES

De deux à trois mois

Vous

« *DEPUIS QUE TU ES NÉ, MON BÉBÉ, il me semble que ta mère tisse une barrière affective tout autour de toi. Il semble qu'elle n'ait pas confiance en mes talents de père! Mais qu'est-ce qu'elle croit? Pourquoi un papa serait-il moins compétent qu'une maman? Moi aussi, je te souris et te fais des papouilles. D'ailleurs, tu me reconnais tout autant qu'elle et j'espère bien devenir, pour toi, aussi important qu'elle. Dès qu'elle a le dos tourné, je m'approche de toi et je te parle. Mais elle est féroce! Elle veut bien que je l'aide mais se garde des priorités. Tous les deux, vous avez l'air de si bien vous entendre que je reste souvent à l'écart.*

Il est temps que les papas aient les mêmes droits que les mamans pour élever leurs bébés. Je ne vois pas pourquoi, nous aussi, nous n'aurions pas trois mois d'arrêt de travail afin de nous permettre d'être en compétition amoureuse et relationnelle avec les mamans. J'ai découvert que les mères souffraient de "PMP, Préoccupation Maternelle Primaire" dans les premiers mois après la naissance de leur bébé, moi je revendique d'être atteint de "PPP, Préoccupation Paternelle Primaire". »

Votre enfant

1RE SEMAINE

1ER MOIS

2 À 3 MOIS

4 À 5 MOIS

6 À 7 MOIS

8 À 9 MOIS

10 À 11 MOIS

1 AN

1 AN 1/2

2 ANS

2 ANS 1/2

3 ANS

4 ANS

5 ANS

6 ANS

ANNEXES

- *Il pèse 5 kg en moyenne pour 60 cm.*

- *Il maintient de mieux en mieux sa tête droite. Sur le ventre, il soulève la tête et les épaules, il s'appuie sur ses avant-bras. Il se retourne de côté sur le dos.*

- *Il agrippe son drap et le tire vers lui. Il tient les objets légers et les agite de mouvements involontaires. Il joue avec ses mains et tourne la tête pour suivre un objet.*

- *Il jase et s'anime à la vue de son biberon.*

- *Il quitte son berceau pour un lit-parc et découvre les vraies joies du bain. Il adore les caresses et les massages. Sur le plan visuel, son accommodation est parfaite.*

- *Il quitte sa maman dans la journée pour aller à la crèche ou chez une assistante maternelle.*

- *Son alimentation quotidienne : 700 à 800 ml de lait maternel ou 1er âge, 5 ou 6 fois par jour.*

Le toucher *en savoir plus*

Des relations privilégiées

Monique Robin, chargée de recherche en psychologie au CNRS a étudié les postures maternelles et les différentes façons dont la mère « touche » son bébé. Elle a constaté des comportements différents selon le sexe de l'enfant. Les nouveau-nés filles semblent bénéficier de davantage de contacts tactiles et d'une posture plus « enveloppante » de la part de leur mère que les petits garçons. Elles sont en outre plus souvent tenues avec le visage tourné vers l'extérieur ou selon un plan perpendiculaire au visage maternel.

Monique Robin a aussi pu remarquer que les premiers contacts sont plutôt des effleurements effectués du bout des doigts que de véritables caresses et qu'ils n'intéressent que les extrémités du corps de l'enfant. Ces effleurements timides sont peut-être le reflet de ce sentiment d'étrangeté que l'on éprouve face à un être si petit, à qui l'on a donné la vie, et dont la dépendance absolue fascine. ∎

▌ MON AVIS

Depuis la naissance, la peau est l'organe principal qui renseigne le bébé sur son environnement immédiat. Ce système sensitif est si performant que le « moi-peau » de contact joue un rôle important de médiateur avec l'extérieur. C'est par le toucher que s'établit un véritable dialogue tonique et, très vite, le bébé reconnaît qui le tient dans les bras, son père, sa mère ou quelqu'un d'autre. Son dos est la partie de son corps la plus réceptive, il faut dire qu'il offre une grande surface aux caresses. Sous leur effet, l'enfant manifeste de tout son corps le plaisir qu'il éprouve à être ainsi frôlé, touché, attrapé. Il ressent nettement la différence entre la prise globale et le porter très haut (« Tiens, c'est papa puisqu'il me met si haut. ») et la caresse douce sur sa peau. Sa reconnaissance est d'autant plus nette que les caresses sont souvent placées aux mêmes endroits, dans les mêmes conditions et aux mêmes heures. Étudiez et réfléchissez à la façon dont vous caressez votre enfant. Vous verrez qu'il s'agit là d'une véritable carte de la tendresse qui perdure tout au long de la vie. Essayez de vous souvenir de vos propres caresses d'enfant : vous retrouverez la douceur de votre mère, la pudeur de votre père, l'affection de vos grands-parents. Ce sont des caresses archaïques que vous avez tant aimées. Ces massages familiaux peuvent aider les enfants en difficulté neurologique, car la sensation de plaisir s'ajoute à la rééducation et permet une meilleure acceptation par les parents : toucher le membre lésé le rend moins singulier. ∎

Bienfaits et plaisirs de la caresse

1RE
SEMAINE

1ER MOIS

**2 à 3
MOIS**

4 à 5
MOIS

6 à 7
MOIS

8 à 9
MOIS

10 à 11
MOIS

1 AN

1 AN 1/2

2 ANS

2 ANS 1/2

3 ANS

4 ANS

5 ANS

6 ANS

ANNEXES

L'ENFANT EST SENSIBLE AUX CARESSES BIEN AVANT DE NAÎTRE, dans le ventre de sa mère. Le toucher est un des premiers sens qui s'installent et il semble prêt à fonctionner dès le 6e mois de vie fœtale. Au début, le fœtus ressent des choses confuses ; au fil des semaines, l'expérience aidant, ses sensations se précisent. Il réagit aux stimulations tactiles au travers de la paroi abdominale de sa mère.

La douceur de la main

Le bébé, lorsqu'il naît, est parfaitement pourvu sur le plan du toucher. Sa peau est capable de percevoir diverses sensations. Elles sont acheminées par le réseau nerveux jusqu'au cerveau qui en analyse la nature. La caresse est-elle douce ou ferme, chaude ou froide, agréable ou non ? La main humaine possède plus de deux cents terminaisons nerveuses au centimètre carré, la pulpe des doigts et les phalanges terminales étant, comme la langue et les lèvres, deux fois plus sensibles que les autres parties du corps. Cette organisation neurologique va permettre au bébé d'expérimenter des « touchers » différents : le frottement du drap sur sa joue ou contre ses mains, l'effleurement léger d'un baiser sur son front ou encore le contact du bout du sein de sa mère sur ses lèvres.

À ses sensations tactiles s'associent les informations apportées par ses autres sens, pour lui donner une information globale et « primaire » résumée par deux adjectifs : agréable ou désagréable. Cette sensation offerte par la caresse, associée à une douce chaleur et à une odeur connue, est recherchée tout au long de l'enfance. Regardez le bébé qui grimpe le long du corps de sa mère, dans les minutes qui suivent sa naissance, pour se blottir sur son sein.

La caresse joue bien sûr un rôle important dans les échanges parents-enfant. Le père ou la mère en prend l'initiative mais l'enfant la sollicite. Il frétille sous la caresse, offrant son corps au contact. Ce geste affectueux le rassure, le sécurise, lui apporte la preuve d'être aimé et ce sentiment de bien-être l'aide à se développer physiquement et psychiquement.

Une sensation apaisante

Les bébés aiment être caressés. Observez comme les plus gros chagrins se calment instantanément lorsque l'enfant enfouit sa tête dans le cou chaud et doux de sa maman. Sensation qu'il recherchera bientôt dans l'objet en peluche ou avec le morceau de tissu qu'il frottera contre son nez en suçant son pouce quand il sentira venir le sommeil.

Pour bien s'endormir, un bébé doit percevoir son corps comme lui appartenant en propre, bien séparé de celui de sa mère. Les caresses lui permettent de prendre conscience de la tendresse de sa mère. Les mains modèlent le corps, le limitent en le contenant dans un univers rassurant : le bébé est bien dans sa peau. Pour endormir un enfant anxieux, qui pleure, rien ne vaut donc quelques caresses. ∎

> **" La peau d'un bébé est particulièrement sensible et il ressent avec intensité tout ce qui le touche et, bien sûr, le caresse. "**

Un système oculaire encore immature

INCONTESTABLEMENT VOTRE BÉBÉ VOIT. Ses grands yeux écarquillés fixent les vôtres quand vous le tenez dans vos bras. Seulement, sa vision ne correspond pas à la vôtre. Les connexions nerveuses nécessaires à une bonne vue ne sont pas encore toutes en place.

Une vision approximative

Bien que complètement abouti sur le plan physiologique, son système oculaire n'est pas encore totalement mature. Il distingue parfaitement l'ombre de la lumière (il est d'ailleurs capable de distinguer des intensités très fines). Ensuite, il peut fixer du regard à condition que quelque chose attire son attention ; si la sollicitation est forte, il peut même la suivre des yeux en tournant la tête, mais en gardant le regard à l'horizontale.

Deux conditions à ce premier « exploit » : que l'objet ou la personne soit placé suffisamment près de son regard et que ce qu'on lui donne à voir soit assez complexe. En effet, les ophtalmologistes ont constaté que, malgré le déplacement conjugué des yeux, un bébé est incapable d'une bonne convergence oculaire. De plus, l'accommodation est très mauvaise. Le système est pratiquement bloqué et ne permettrait une vue nette que pour ce qui serait placé entre 15 et 30 cm de l'œil. Le cristallin est souple, mais les communications nerveuses ne sont pas mûres.

Explorer avant tout

La curiosité des bébés envers ce qui est compliqué et les visages humains est insatiable et correspond à leur besoin inné d'exploration. Ainsi, on s'est aperçu qu'ils préféraient regarder les surfaces rayées à celles unies. À 2 semaines, un bébé fixe l'objet qui se rapproche de son visage, preuve qu'il perçoit la profondeur de l'espace qui l'entoure. À 4 semaines, son regard est capable de fixer quelques secondes un objet attractif, que celui-ci soit proche ou éloigné.

Ses progrès vont aller très vite, son attention à regarder dépendant de la complexité de ce qu'il fixe. La poursuite oculaire s'accompagne presque tout de suite d'un déplacement de la tête. En fait, on a pu démontrer que cette poursuite visuelle, dans les six premières semaines, était plutôt constituée d'une suite de réflexes de fixation. Il faut attendre qu'il ait 2 mois pour constater qu'il est capable de poursuivre du regard un objet qui se déplace, anticipant même son mouvement. Il voit alors très nettement son environnement et connaît tous les avantages de la vision binoculaire.

Accommoder peu à peu

Le bébé commence à disposer d'un espace visuel en trois dimensions et tente de saisir un objet compte tenu de sa taille réelle et de son éloignement, sans doute grâce à une « composition » inscrite dans son système nerveux. Il distingue maintenant avec netteté toutes les parties d'un objet, y compris les rugosités des surfaces. Cette connaissance s'affirme dès qu'il peut saisir les objets. Plus l'enfant grandit, plus l'accommodation s'améliore, atteignant son efficacité maximale à 3 mois 1/2 ; elle est alors supérieure à celle de l'adulte et lui permet de voir des objets situés à 5 cm de ses yeux! Ce n'est pourtant que vers 5 mois que l'enfant visualisera, et il ne percevra l'éloignement que vers 6 mois.

Coordination main-œil

Deux scientifiques français ont découvert que, dès sa naissance, le bébé aurait la capacité de mettre en relation une information tactile et une information visuelle. Leur conclusion s'appuie sur le fait qu'un bébé, lorsqu'il a eu assez longtemps dans les mains un objet, sait le reconnaître ensuite visuellement au milieu d'autres objets. C'est sans doute la base de ce qui va devenir la coordination main-œil. En grandissant, l'enfant commence à coordonner la main et l'œil pour prendre les objets. Puis il acquiert la maîtrise de la main pour saisir l'objet sous la direction de l'œil. La coordination main-œil est une étape fondamentale. Elle est importante dans le développement de l'intelligence. L'intérêt qu'il porte aux choses minuscules est une phase caractéristique de l'enfant de 5 mois 1/2 à 8 mois. Il est capable de suivre avec passion l'évolution de billes de 6 mm de diamètre. Le bébé per-

çoit la différence entre les teintes : on a pu mettre en évidence sa sensibilité en déplaçant devant lui une tache lumineuse colorée sur un fond d'une autre couleur, mais d'une même brillance. Il est d'abord sensible aux couleurs fortes, il différencie celles de base : le bleu, le rouge, le jaune. On peut affirmer que, dès 4 mois, il les reconnaît aussi nettement que l'adulte. ∎

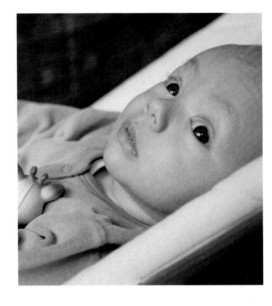

∎ MON AVIS

Depuis les premiers échanges entre vous et lui, ses progrès sont considérables. L'enfant peut maintenant poursuivre et capter les objets. Vers 2 mois, cette poursuite va être parfaitement acquise et va lui permettre de les conquérir. On comprend bien que c'est par la vue que débute la perception de l'espace. À celle-ci s'associent les performances motrices, et notamment la relation main-œil. Le bébé a une attirance particulière pour les objets placés le plus près possible, puis de plus en plus loin. Il commence bien sûr par explorer la proximité : ce qu'il regarde avec le plus de plaisir, c'est le visage de sa mère. Il est à l'affût de toutes les modifications de ses traits et refait ses grimaces. Il arrive même que le bébé nous imite sans que nous nous en apercevions : bon nombre de mimiques particulières sont le reflet pur et simple d'une expression de sa mère ou de son père. Votre imitateur prodige vous a saisis, captés et reproduits à votre insu. Pour jouer avec la capacité visuelle de votre bébé, maintenez-lui la tête bien en face de vous, parlez-lui, souriez-lui et refaites ses mimiques : ainsi vous constaterez jour après jour son don d'imitation, d'identification et de reproduction. ∎

1RE SEMAINE

1ER MOIS

2 À 3 MOIS

4 À 5 MOIS

6 À 7 MOIS

8 À 9 MOIS

10 À 11 MOIS

1 AN

1 AN 1/2

2 ANS

2 ANS 1/

3 ANS

4 ANS

5 ANS

6 ANS

ANNEXES

Problèmes dermatologiques *en savoir plus*

Le muguet

Il est fréquent chez le nourrisson et se manifeste par des petites taches blanchâtres sur la langue et surtout à l'intérieur des joues (facilement confondues avec des dépôts de lait). Le muguet buccal est dû à un champignon, le Candida albicans. Cette infection peut gêner votre bébé lors de la succion : il tète mal, semble avoir mal à la déglutition. Quelques soins locaux permettent de l'enrayer : avant chaque repas, badigeonnez la bouche de votre bébé d'une compresse imbibée d'eau bicarbonatée, voire d'une solution antifongique si nécessaire. Il est prudent de poursuivre le traitement une quinzaine de jours pour éviter toute récidive. Attention : le muguet peut contaminer l'ensemble du tube digestif, provoquant alors des diarrhées et des vomissements. Des rougeurs peuvent apparaître autour de l'anus, des organes génitaux et de l'aine. Le muguet est heureusement très sensible au traitement, à condition qu'il soit mené de façon rigoureuse : lavez votre enfant deux fois par jour avec un liquide désinfectant, rincez bien, tamponnez ensuite avec de l'éosine, puis mettez une pommade à base d'antibiotique antifongique, enfin posez des compresses stériles aux endroits susceptibles de macérer. Si les lésions sont étendues, le médecin prescrira à votre enfant un traitement antibiotique antifongique par voie orale. La prévention est facile : nettoyez consciencieusement les biberons et lavez bien vos mains à chaque change. ■

Les complications de l'érythème

Un érythème fessier persistant et intense peut se transformer en maladie de Leiner-Moussous. La rougeur s'étend sur tout le siège et se propage vers le dos. Puis elle touche les plis sous les bras, dans le cou et derrière les oreilles. Des croûtes graisseuses épaisses apparaissent progressivement sur les sourcils et le cuir chevelu. Malgré un aspect fort disgracieux, l'enfant conserve un bon état général. Si elle est prise au début et correctement traitée, cette dermatose peut rester limitée au siège ; en revanche, non soignée, elle peut gagner progressivement l'ensemble du corps et durer de 8 à 10 semaines, évoluant par poussées. Première mesure : adoptez une hygiène rigoureuse. Changez souvent le bébé et, si possible, laissez-le fréquemment les fesses à l'air. Si ce n'est pas toujours pratique, c'est encore le remède le plus efficace, car cela évite le contact de la peau avec la couche souillée. N'utilisez que des vêtements en coton. La lessive doit être effectuée avec des produits sans additifs. Pour le traitement, le médecin vous prescrira des bains au permanganate de potassium dilué à 1 pour 10 000 (soit un sachet dosé à 0,5 g pour 5 l d'eau), suivis de l'application d'une pommade à l'oxyde de zinc. À ce traitement local, il jugera parfois nécessaire d'adjoindre des antibiotiques par voie orale. ■

L'eczéma

Cette maladie inflammatoire aux origines multiples touche de plus en plus de bébés, notamment dans les familles dont le niveau de vie est élevé. Médicalement, on parle de dermite atopique. Elle se localise le plus souvent dans les plis des mains, des poignets, des coudes, des genoux et des chevilles. Elle envahit aussi parfois les joues et l'arrière des oreilles. La peau de l'enfant est très sèche associée à des démangeaisons dès l'âge de 3 mois et à des troubles du sommeil. C'est une affection qui disparaît vers 2 ans mais qui peut, dans certains cas, perdurer jusqu'à l'adolescence. Il n'est pas rare que les bébés atteints d'eczéma atopique souffrent en grandissant d'allergies respiratoires et alimentaires. Le traitement se fait généralement par application de pommade à base de corticoïdes prescrite par le médecin pour 4 à 8 jours au moment des poussées aiguës. Une toilette douce avec un produit lavant sans savon hypoallergénique et sans parfum est recommandée. Les parents dont le bébé souffre d'eczéma atopique ont parfois besoin d'un soutien psychologique. En effet, ils doivent être soutenus pour qu'une bonne relation s'établisse avec cet enfant qui n'est pas le bébé à la peau tendre et rose attendu. ■

L'érythème fessier

80 % DES ENFANTS DÉVELOPPENT AU MOINS UNE FOIS UNE DERMITE DU SIÈGE pendant la période où ils portent des couches, c'est ce que révèle une étude faite auprès des pédiatres. Les enfants entre 9 et 12 mois sont les plus touchés.

1RE SEMAINE

1ER MOIS

2 À 3 MOIS

4 À 5 MOIS

6 À 7 MOIS

8 À 9 MOIS

10 À 11 MOIS

1 AN

1 AN 1/2

2 ANS

2 ANS 1/

3 ANS

4 ANS

5 ANS

6 ANS

ANNEXES

Des causes multiples

Ces irritations de la peau peuvent être dues à des poussées dentaires, à des diarrhées, à une application de poudre ou un nettoyage avec un lait gras (qui favorise la prolifération des bactéries normalement présentes dans les selles), à des soins avec des antibiotiques et surtout au manque d'hygiène. En effet, lorsque l'enfant n'est pas changé assez souvent, deux phénomènes se conjuguent pour provoquer l'irritation de la peau du bébé, particulièrement fine : la macération dans l'humidité des urines et des selles d'abord, puis une modification du pH à la surface de la peau sous l'effet du mélange des urines et des selles.

Deux formes de dermite

Il existe deux formes cliniques d'érythème fessier : la dermite des convexités et la dermite des plis. La première, dite en W, est la plus courante : la rougeur attaque les surfaces convexes de la peau, les fesses, le haut des cuisses, l'abdomen et les organes génitaux. Un W s'inscrit ainsi sur toute la partie basse du corps. Pour la deuxième forme de dermite, les lésions s'installent au niveau des organes génitaux ou du sillon entre les fesses, la peau au pli des cuisses devient très vite rouge. Au fil des heures, elle apparaît fissurée et suintante. Faute de soins rapides et efficaces, se développent des infections dues à un champignon, le Candida albicans, ou à des staphylocoques et des streptocoques.

Heureusement, il semble que la mise au point et l'utilisation de couches avec capteurs d'humidité aident les bébés à souffrir moins souvent de tous ces désagréments. Certains pédiatres recommandent l'utilisation systématique d'une pâte à eau, le soir, pour lutter contre la macération prolongée de la nuit.

Le changer souvent

Sans aucun doute, la meilleure prévention contre l'érythème fessier reste les changes fréquents et une toilette parfaite du siège à l'eau et au savon de Marseille, suivie d'un séchage minutieux de la peau et notamment de tous les plis. Et si, malgré ces précautions, l'érythème apparaît, le meilleur traitement reste de laisser votre bébé le plus souvent possible les fesses à l'air ou simplement protégées par une couche en tissu, enroulée très lâche afin que l'air puisse sécher l'érythème. Enfin, sachez que certaines irritations peuvent être dues à une allergie aux couches, notamment à la ceinture, ou à la ouate de cellulose des matelas absorbants. Ces allergies sont rares et se reconnaissent bien, puisque l'irritation couvre généralement la surface de la peau en contact avec le change. Les pommades cicatrisantes sont loin d'avoir les pouvoirs qu'on leur attribue. Les moins nocives sont celles qui contiennent de l'oxyde de zinc, celles qui sont à base d'amidon sont à proscrire, elles favorisent le développement de champignons dont le redoutable Candida albicans. ■

" Cette irritation met cinq à six jours en moyenne à se calmer. „

143

Les bons gestes pour calmer ses pleurs

Lorsqu'un bébé pleure, il est préférable de ne pas le laisser seul avec sa douleur ou son angoisse. Voici les premiers gestes d'apaisement que vous pouvez lui prodiguer. Essayez tout d'abord la technique du massage. Tout en lui parlant, caressez-lui les mains, les pieds, le visage, posez-lui la main sur le ventre, en le massant légèrement. Si ces caresses ne le calment pas, essayez la technique du docteur Brazelton : couchez l'enfant et croisez ses bras sur sa poitrine. Cette légère compression, accompagnée de paroles douces, se révèle souvent efficace (p. 48). Vous pouvez aussi le coucher sur votre épaule, le ventre appuyé sur l'arrondi, le bas du dos bien maintenu ; ou l'installer à cheval sur votre avant-bras, sa tête appuyée au creux de votre coude, votre main entre ses jambes.

Dans cette position, balancez-le légèrement et promenez-le dans la maison. Vous pouvez enfin l'asseoir sur vos genoux, le dos contre vous ; tout en maintenant son dos d'une main, glissez l'autre sous ses avant-bras. Mais, surtout, parlez-lui doucement, racontez-lui que vous l'aimez, qu'il va bientôt retrouver son calme et que sa douleur va disparaître. Un bain peut aussi être efficace. ■

▌ MON AVIS

Les coliques font partie des désordres psychosomatiques du nourrisson : l'enfant manifeste ainsi son déplaisir et son anxiété avec son corps. Ce bébé met tout le monde à l'épreuve en hurlant chaque jour à heure fixe, comme si une douleur le tenaillait. Après un examen médical qui élimine les causes organiques, il faut considérer que c'est une manifestation psychosomatique. On considère que le bébé souffre d'une colique lorsqu'il pleure plus de trois heures et plus de trois jours par semaine. Il s'agit de retrouver l'« accordage » et l'harmonie dans le duo mère-enfant. Le repérage de certains avatars dans la relation et une simple discussion peuvent faire disparaître tous les signes. Le bébé assistant à l'entretien, il est toujours étonnant de constater son attention lorsque l'on parle de ses maux de ventre. Si les signes persistent malgré tout, il faut envisager une prise en charge spécialisée afin que ce symptôme n'entrave pas le bon développement ultérieur de l'enfant. ■

Des coliques douloureuses

1RE SEMAINE

1ER MOIS

2 À 3 MOIS

4 À 5 MOIS

6 À 7 MOIS

8 À 9 MOIS

10 À 11 MOIS

1 AN

1 AN 1/2

2 ANS

2 ANS 1/2

3 ANS

4 ANS

5 ANS

6 ANS

ANNEXES

VOTRE BÉBÉ SE MET BRUSQUEMENT ET RÉGULIÈREMENT À POUSSER DES CRIS. Impressionnantes et douloureuses, ces crises inquiètent la plupart des parents, qui se sentent impuissants devant la souffrance de leur bébé. Inutile de vous alarmer, ces coliques qui le font hurler ne durent pas.

Presque inconsolables

Considérées comme un grand « classique » des troubles de l'enfant de moins de 3 mois, elles surviennent, le plus souvent, en fin de journée. Le nourrisson se met à pleurer de façon stridente, son visage devient très rouge et grimaçant, son abdomen est parfois ballonné et il émet des gaz. Il se tortille, ramène ses jambes contre son ventre : il peut ainsi pleurer plusieurs heures, laissant ses parents totalement désemparés, voire extrêmement inquiets.

Des interprétations diverses

L'interprétation de ces coliques a donné lieu à des discussions entre pédiatres.

On a d'abord pensé à des problèmes intestinaux. Aujourd'hui, la thèse « à la mode » est celle d'un trouble psychologique. Là aussi, les théories s'affrontent. Pour les uns, le bébé exprimerait une difficulté de relation avec son entourage : maladresse de maternage, manque de câlins ou encore vie trop agitée. Pour les autres, les coliques seraient la manifestation différée d'une souffrance maternelle au cours de la grossesse. L'enfant exprimerait de cette manière le trouble psychique de sa mère. Pour quelques-uns encore, il apparaîtrait que ce sont les bébés nourris au sein qui en souffriraient le plus. Le lait maternel, riche en lactose favoriserait ces coliques surtout au début de chaque tétée, car il n'est pas toujours intégralement absorbé par l'intestin et provoquerait ainsi des fermentations.

La tendresse pour traitement

Cependant, il ne faut pas confondre colique et diarrhée. La colique provoque une violente douleur abdominale et n'a rien à voir avec des troubles intestinaux.

Le bébé qui souffre de coliques peut présenter des selles tout à fait normales. Pour le calmer, vous n'avez que l'embarras du choix : la bouillotte tiède sur le ventre, une tisane calmante ou un remède homéopathique prescrit par votre médecin, un massage doux (p. 146), et surtout beaucoup de tendresse et de disponibilité. D'ailleurs, vous constaterez vite que certaines positions, certains gestes de votre part le calment. Le traitement est avant tout relationnel. À vous de trouver ce qui lui convient le mieux, le confort de vos bras étant le plus souvent le meilleur remède à ses pleurs intempestifs.

Quelle que soit la cause réelle de ce trouble, on constate qu'il disparaît, comme par enchantement, à la fin du 3e mois. ■

❝ Ne vous laissez pas piéger par un bébé qui a compris comment convaincre ses parents de le prendre dans leurs bras et qui tire ainsi des bénéfices d'une manifestation de douleur. ❞

145

Le plaisir du massage

C'EST UN MOMENT PRIVILÉGIÉ ENTRE LA MÈRE ET SON ENFANT. Pratiqué depuis des siècles par les mères indiennes, il est arrivé en France grâce au docteur Frédéric Leboyer, précurseur de l'accouchement dit « sans violence ».

De nombreuses vertus

Le massage a de multiples intérêts. Il satisfait le besoin inné de l'enfant, qui vient d'être séparé de sa mère par la naissance, pour le contact « corps à corps ». Il l'aide aussi à prendre conscience qu'il existe en dehors de sa mère et favorise au fil des mois l'élaboration de son schéma corporel : le bébé apprend ainsi petit à petit la notion des limites de son corps.

Le massage peut aider un bébé à surmonter une épreuve difficile, tel un acte médical douloureux. Il console un bébé qui semble souffrir de coliques ou qui pleure beaucoup en fin de journée.

Les conditions idéales

Pour masser votre bébé, choisissez un moment où l'enfant semble disponible ; il ne doit avoir ni sommeil ni faim, par exemple au moment du change ou après son bain.

Le massage se pratique dans une atmosphère détendue et dans une pièce à 20 °C au moins. Vous pouvez utiliser de l'huile d'amande douce ou un lait pour le corps. Déshabillez entièrement votre enfant et placez-le face à vous. Couchez-le sur un petit matelas au sol et mettez-vous à genoux devant lui. Chaque mouvement se fait posément et en douceur, 4 ou 5 fois de suite. ■

Faites glisser vos mains de part et d'autre du cou en massant lentement les épaules et le haut des bras.

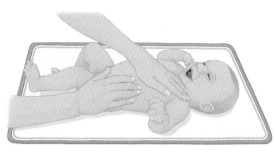

Faites glisser la main de l'épaule droite vers la hanche gauche et de l'épaule gauche vers la hanche droite en mouvement alterné et croisé.

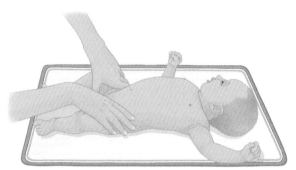

Massez doucement les petits plis de l'aine, votre bébé va se détendre et s'étirer, et massez son ventre en effectuant doucement des cercles à fleur de peau.

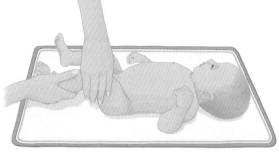

Faites glisser doucement la main de l'attache du genou vers l'extrémité du pied, puis inversez doucement le mouvement en faisant glisser la peau sous vos doigts.

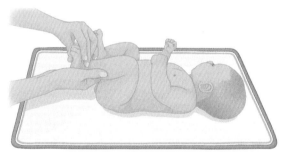

Décrivez des cercles sur chaque plante de pied et massez doucement la cheville en un mouvement de va-et-vient.

Avec le pouce, massez la paume de la main, puis les doigts, doucement, un par un.

Placez votre bébé à plat ventre, vos mains glissent de ses épaules aux fesses, la paume des mains bien à plat, elles enveloppent l'enfant de part et d'autre.

1RE SEMAINE

1ER MOIS

2 À 3 MOIS

4 À 5 MOIS

6 À 7 MOIS

8 À 9 MOIS

10 À 11 MOIS

1 AN

1 AN 1/2

2 ANS

2 ANS 1/

3 ANS

4 ANS

5 ANS

6 ANS

ANNEXES

La vaccination *en savoir plus*

Les réactions vaccinales

Le BCG est aujourd'hui effectué par injection intra-dermique. Les autres vaccinations se font par voie sous-cutanée ou intramusculaire. Que dire des réactions ? Le BCG n'entraîne normalement aucun trouble particulier.

Les vaccinations antidiphtérique, antitétanique et antipoliomyélitique, comme celle contre la méningite, sont plutôt bien supportées.

En revanche, ce n'est pas le cas pour la coqueluche, ce qui pose problème lors de vaccins associés. D'où la nécessité d'administrer à l'enfant un médicament contre la fièvre dès la vaccination et les jours qui suivent si nécessaire.

Quant au ROR, il est bien toléré, même s'il peut donner une poussée de fièvre transitoire (à partir du cinquième jour après la vaccination). Mieux vaut procéder à une vaccination à un moment où l'enfant est en bonne santé. S'il est enrhumé, reportez le rendez-vous, mais ne le différez pas trop afin de ne pas perturber le calendrier des vaccinations. ■

Vaccination mode d'emploi

En cas de retard très important dans le calendrier vaccinal, il suffit de reprendre le programme de vaccination au moment où il a été interrompu et de réaliser les injections manquantes. Il faut alors un délai minimal de quatre semaines entre chaque injection. Sachez que le risque de réaction a lieu surtout au début de l'infection et beaucoup moins après.

Mais attention, l'efficacité d'un vaccin n'existe que s'il est suivi de rappels programmés, ceux du nourrisson mais aussi ceux de son entourage, notamment ses frères et sœurs aînés. Si l'on prend le cas de la coqueluche, il faut attendre 2 mois après la vaccination pour qu'un nourrisson soit immunisé, il peut donc, entre-temps, être contaminé par un autre enfant de la famille. ■

Le cas de l'hépatite B

Cette vaccination a soulevé quelques inquiétudes depuis qu'elle n'est plus pratiquée chez les collégiens, en raison de l'apparition de quelques cas de sclérose en plaques. Pourtant, cette hépatite est dangereuse, elle doit donc être prévenue et les petits enfants peuvent être vaccinés sans risque, puisque la sclérose en plaques n'existe pas chez eux. Une première injection se fait à 2 mois, une deuxième un mois après et la troisième entre 12 et 18 mois.

De plus, toutes les enquêtes scientifiques n'ont pas permis de faire un lien entre cette vaccination et la sclérose en plaques. Mais comme tout vaccin stimule la fabrication de différents anticorps et peut accélérer l'apparition d'une maladie latente, il semble prudent de ne pas vacciner les enfants issus de familles à risque. ■

Les vaccins d'aujourd'hui et de demain

Depuis peu de temps, le vaccin contre la méningite due aux pneumocoques existe, associé aux autres vaccins des premiers mois sous le nom de Prévenar. Aujourd'hui, il est recommandé à tous les moins de 2 ans et non plus réservé aux enfants présentant des facteurs de risque. Un vaccin contre la varicelle est maintenant disponible en pharmacie. Bientôt les enfants pourront être protégés en une seule injection pour la rougeole, les oreillons, la rubéole et la varicelle.

D'autres recherches consistent à manipuler génétiquement des plantes pour qu'elles produisent des protéines vaccinales. Ainsi demain, les enfants seront vaccinés contre plusieurs maladies en mangeant une seule banane. Ce fruit a quantité d'avantages : il pousse dans beaucoup de pays en voie de développement, se mange cru et entre très vite dans le menu des enfants qui l'adorent. C'en serait terminé des problèmes de conservation et de transport des produits vaccinaux. Les vaccins associés ne sont pas choisis au hasard et correspondent toujours aux maladies les plus dangereuses. ■

Les premiers vaccins

1RE SEMAINE

1ER MOIS

2 À 3 MOIS

4 À 5 MOIS

6 À 7 MOIS

8 À 9 MOIS

10 À 11 MOIS

1 AN

1 AN 1/2

2 ANS

2 ANS 1/2

3 ANS

4 ANS

5 ANS

6 ANS

ANNEXES

LES VACCINS VONT RYTHMER LE SUIVI MÉDICAL DE VOTRE ENFANT.
Certains sont obligatoires, d'autres sont simplement recommandés.
L'obligation n'a pas pour but de limiter votre liberté mais elle doit, en protégeant
votre enfant, sauvegarder la santé des autres.

Passeport pour le futur

L'injection du vaccin provoque une « mini-maladie » inapparente ou bénigne, qui apporte les anticorps indispensables lorsque la maladie se déclare. Il permet donc, non seulement une excellente immunité contre celle-ci, mais évite aussi de graves complications. Néanmoins, les réticences envers cet acte médical sont toujours d'actualité, notamment la crainte de réactions trop importantes, l'idée que les maladies de l'enfance sont souvent bénignes, le fait de croire que l'enfant est mieux protégé lorsqu'il fait sa maladie tout seul. En réalité, tous ces arguments sont sans fondement scientifique.

Trois types de vaccins

Le vaccin est préparé à partir de micro-organismes tués ou inactifs ou de micro-organismes vivants mais rendus inoffensifs, ou encore d'une partie protectrice mais inoffensive d'un micro-organisme. Leur efficacité est variable : certains vaccins « marchent bien », c'est le cas du vaccin contre le tétanos et contre la méningite, qui assurent 100 % de protection. Le vaccin ROR (rougeole, oreillons, rubéole), lui, est un peu moins performant. À cela s'ajoute la sensibilité propre de chaque enfant, qui peut réagir plus ou moins bien. On estime que 3 à 5 % des tout-petits ne fabriquent pas d'anticorps et ne seront donc pas protégés.

La durée de l'immunité, là encore, est variable selon les vaccins et s'atténue avec le temps. De surcroît, les maladies infantiles disparaissant peu à peu, les rappels naturels qui se produisaient au contact de la maladie en circulation se font plus rares, d'où la double nécessité de faire des rappels selon un calendrier précis. Cette « revaccination » a pour but de redonner de la mémoire aux anticorps. Il s'agit du BCG (antituberculeux), du vaccin associé antidiphtérique, antitétanique et antipoliomyélitique. L'intérêt de l'association de plusieurs vaccins est qu'elle apporte à chacun une efficacité qui se trouve renforcée.

Les vaccins obligatoires

Le BCG est généralement le premier vaccin injecté, à la naissance ou lors du premier mois, surtout pour les enfants à risque et ceux qui seront confiés à une crèche. Le BCG est toujours recommandé mais ni les revaccinations ni les tests tuberculiniques de contrôle ne sont maintenant exigés. À partir du 2e mois a lieu la première injection de Pentavalent (R) qui protège le bébé de la diphtérie, du tétanos, de la coqueluche, de la poliomyélite, des infections invasives à l'hémophilus influençable B. Cette vaccination associée se fait en trois injections, à un mois d'intervalle. L'immunisation contre l'hépatite B peut être associée à la première injection. ■

« La vaccination associée a pour avantages de simplifier le calendrier vaccinal et d'éviter le traumatisme de la piqûre chez l'enfant. »

La fièvre *en savoir plus*

L'action des médicaments

Le médicament est actif parce qu'il passe dans le sang. Ce processus d'absorption se fait à travers une membrane biologique : la paroi de l'intestin, la peau, etc.

Le médicament est alors envoyé dans le corps et notamment dans les tissus, mais ceux de l'enfant contenant plus d'eau que ceux de l'adulte et étant plus pauvres en graisses, son efficacité s'en trouve modifiée. Puis le produit est éliminé par le foie. Là encore, cet organe est incapable de fonctionner comme celui de l'adulte. Ainsi, l'élimination de l'aspirine prend deux à quatre fois plus de temps que chez l'adulte – le produit s'accumule alors dans l'organisme et peut devenir toxique. Le pédiatre prescrit donc des doses suffisantes pour provoquer l'effet recherché, mais pas trop importantes afin de produire le minimum d'effets secondaires, dont la fréquence et la gravité sont plus grandes chez un enfant. ■

En attendant le médecin

Le premier geste est, bien sûr, de prendre la température de l'enfant, car ce sera la première préoccupation du médecin. Si le thermomètre indique une température en dessous de 38,5 °C, mieux vaut ne pas essayer de faire baisser la fièvre. Par contre si elle est supérieure, votre bébé a bien de la tempé-

rature. Ne chauffez pas sa chambre à plus de 20 °C. Découvrez-le, même s'il frissonne, et donnez-lui souvent à boire, par petites quantités, s'il transpire et surtout s'il a tendance à vomir. En cas de forte transpiration, pensez à changer ses vêtements et ses draps s'ils sont humides. Il est aujourd'hui déconseillé de baigner l'enfant. Trouver la bonne température de l'eau qui fera baisser la fièvre est fort compliqué : trop chaude, elle la fait monter, trop fraîche aussi, l'eau froide provoque la contraction des vaisseaux sanguins et ralentit les échanges de chaleur, entraînant une poussée de fièvre.

Avant l'arrivée du médecin, ne donnez aucun médicament à l'enfant sur la seule base de votre expérience. Le traitement prescrit à un enfant du même âge et pour les mêmes symptômes n'est pas forcément efficace sur un autre enfant ni sur le même enfant dans d'autres circonstances. Encore plus vrai que chez l'adulte, l'automédication peut être dangereuse : elle peut entraîner des troubles graves dus à une mauvaise posologie, à une association malheureuse alimentation-médicament ou de médicaments entre eux, si l'enfant suit déjà un autre traitement. Enfin, c'est négliger l'effet psychologique et bénéfique de la rencontre malade-médecin.

De moins en moins de médecins se déplacent au chevet des enfants malades. Le pédiatre ou le généraliste vous demandera sans doute d'amener votre enfant à sa consultation. Rassurez-vous, même très fiévreux et en plein hiver, un enfant peut bien souvent sortir sans risque. ■

Les effets de la fièvre

Les enfants ne réagissent pas tous de la même manière face à la fièvre : certains sont abattus, d'autres ont un comportement normal. Il arrive que des nourrissons aient des déséquilibres thermiques pendant plusieurs semaines à la suite d'un petit rhume passé inaperçu, mais le microbe ou le virus est bel et bien présent dans l'organisme et persiste tant que le bébé n'a pas de défenses suffisantes. Chez les enfants plus grands, les poussées dentaires s'accompagnent souvent de fièvre. Reste la fièvre qui survient sans symptôme associé : vous le constaterez, souvent un enfant est fébrile à la veille des vacances ou d'une séparation. Cela signifie simplement qu'il est anxieux, inquiet devant les événements qui se préparent. Quoi qu'il en soit, il faut toujours traiter la fièvre, car elle présente, nous l'avons vu, des risques non négligeables. ■

La fièvre :
un symptôme avant tout

LA FIÈVRE VOUS INQUIÈTE À JUSTE TITRE, car elle peut être spectaculaire chez le tout-petit. On considère qu'un enfant a de la température à partir de 37,5 °C le matin et de 37,8 °C le soir. La fièvre n'est pas une maladie, mais un symptôme. Elle correspond à une réaction du corps contre une agression, le plus souvent de nature virale ou microbienne.

En chercher la cause

Il faut d'abord la distinguer de l'hyperthermie, laquelle est liée à l'environnement. C'est, par exemple, ce qui peut se produire lorsqu'un nourrisson a trop chaud, parce qu'il est trop couvert, parce qu'il se trouve dans un endroit surchauffé ou parce qu'il n'a pas assez bu. Chez l'enfant, la rapidité et la soudaineté de la fièvre sont étonnantes. Pourtant, ne vous inquiétez pas trop, il n'y a pas de relation directe entre son degré d'élévation et la gravité de l'affection qui la provoque. Seul l'examen du médecin, appelé dans tous les cas où la température est supérieure à 38 °C, pourra en déterminer la cause et la gravité. La fièvre, lorsqu'elle avoisine les 40 °C, peut être à l'origine de complications telles qu'une déshydratation sévère ou des convulsions (3 à 5 % des enfants en sont victimes).

Choisir le bon médicament

Les médicaments pour faire tomber la fièvre sont appelés antipyrétiques. Ils sont connus depuis longtemps et leur efficacité est prouvée. La plupart des pédiatres préfèrent toutefois le paracétamol à l'aspirine, car il entraîne moins d'effets secondaires : il ne modifie pas la coagulation sanguine, n'irrite pas l'estomac et provoque peu d'allergies. Récemment, ses doses ont donc été revues à la hausse car on lui reprochait d'être moins performant que l'aspirine. Dorénavant, la posologie recommandée est de 15 mg par kilo de poids et par jour, à fractionner en quatre prises espacées de six heures. Dans les fièvres intenses et les douleurs, l'aspirine trouve encore une place de choix. Grâce à son action anti-inflammatoire, elle peut être particulièrement utile pour calmer une fièvre liée à une maladie ORL.

Respecter les doses

Dans les deux cas, mieux vaut vous en tenir aux doses prescrites, le surdosage pouvant provoquer des effets secondaires (toxicité pour le foie, irritation digestive, maux de tête). Utilisez un seul médicament, aspirine ou paracétamol (et non les deux) et dans la forme qui correspond bien à l'âge et au poids de votre bébé. Tous se présentent en sachets de poudre à diluer dans un peu d'eau, de lait ou de jus de fruits, ou en suppositoire. L'usage de ce dernier est indispensable chaque fois que la fièvre s'accompagne de vomissements. Si la fièvre dépasse 38,5 °C, il est conseillé d'ajouter un calmant (type Valium®) pour prévenir les risques de convulsions. ∎

" Gardez votre calme, votre bébé malade perçoit votre anxiété ou votre affolement. "

1RE SEMAINE

1ER MOIS

2 À 3 MOIS

4 À 5 MOIS

6 À 7 MOIS

8 À 9 MOIS

10 À 11 MOIS

1 AN

1 AN 1/2

2 ANS

2 ANS 1/2

3 ANS

4 ANS

5 ANS

6 ANS

ANNEXES

Tout contre vous

POUR LE NOURRIR, POUR LE PROMENER ET AUSSI POUR LE PLAISIR,
vous serrez votre bébé tout contre vous. Le contact le plus apprécié des parents
est sans doute celui qui consiste à le tenir dans leurs bras ; être porté est très
certainement la situation la plus sécurisante pour un bébé.

Bien le prendre

Quelques jeunes parents semblent préoccupés par le portage : leur bébé leur paraît si fragile, sa tête « ne tient pas », ballottant d'avant en arrière. Des gestes simples dans la façon de le prendre apaiseront vite d'éventuelles appréhensions. Voici comment vous y prendre. Commencez par une prise de contact verbale, quelques mots vont lui permettre de ne pas être surpris. Puis passez une main sous sa tête, juste à la naissance de la nuque, l'autre main se glissant en bas des fesses. Doucement, vous soulevez l'enfant et le redressez sans geste brusque pour le caler dans vos bras ou l'appuyer contre votre épaule.

L'art du portage

Si vous devez vous déplacer, dehors ou même dans la maison, adoptez le porte-bébé. Cet objet est si pratique que chaque continent a imaginé le sien : pagne, hotte ou simple tissu noué. Les parents d'aujourd'hui retrouvent les gestes de ceux d'hier et redécouvrent toute l'affectivité qui se cache dans le portage. L'enfant, posé sur la poitrine ou sur le dos de l'adulte, entend ses battements de cœur, sa respiration, le son de sa voix, un peu comme lorsqu'il était dans le ventre de sa mère. C'est d'ailleurs pour cela que le portage est reconnu aujourd'hui comme une aide au développement des enfants prématurés. Mais il découvre d'autres sensations : l'odeur de la peau, des cheveux, la chaleur, le toucher, le balancement si l'adulte marche. Il se sent en sécurité et

aimé. Tout naturellement, il appuie sa tête contre l'adulte pour s'endormir. Les bébés africains profitent depuis longtemps de ce confort.

Le bon porte-bébé

Il doit garantir un bon maintien de la tête (pas forcément assuré par un appuie-tête, il est préférable que l'enfant soit bien tenu aux épaules pour que la tête ne ballotte pas). Il est important que le nouveau-né puisse retrouver sa position fœtale. Pour l'enfant plus grand, un bon maintien au niveau des hanches est indispensable, ainsi qu'une certaine liberté de mouvements à l'intérieur du sac. Les porte-bébés à armature n'offrent pas les mêmes qualités que les porte-bébés souples ; la relation parent-enfant est moins tendre. Ils doivent être équipés d'une ceinture de sécurité. L'enfant est assis, les jambes non pendantes, plutôt fléchies en « grenouille ». Un bon porte-bébé respecte l'arrondi physiologique du dos du nouveau-né. La répartition du poids, sur le dos comme sur le ventre de sa mère, se fait sur la surface la plus large possible, afin d'éviter les lombalgies. L'enfant doit être porté très haut, devant ou derrière soi, afin que le dos n'ait pas tendance à se cambrer ni à se courber.

Être porté, pour le petit enfant, est à la fois agréable et instructif. Aussi petit qu'il soit, il apprend en regardant autour de lui. Accroché à l'adulte, il profite du spectacle environnant, d'autant plus intéressant lorsque, vers 6 ou 9 mois, il est porté dans le dos. ∎

1RE SEMAINE

1ER MOIS

2 À 3 MOIS

4 À 5 MOIS

6 À 7 MOIS

8 À 9 MOIS

10 À 11 MOIS

1 AN

1 AN 1/2

2 ANS

2 ANS 1/

3 ANS

4 ANS

5 ANS

6 ANS

ANNEXES

▌ MON AVIS

Porter son bébé, ce n'est pas uniquement se déplacer facilement en sa compagnie. Il s'agit aussi, notamment en été, de cultiver les bienfaits du contact peau à peau. Le portage va vous permettre d'observer le « dialogue tonique » de votre bébé. Tout son corps réagit chaque fois que vous le prenez et selon qui le porte. Il reconnaît son « porteur » et ajuste sa position et ses mouvements : il bouge les jambes, les bras, la tête, se cambre plus ou moins. Par ses attitudes, il manifeste son plaisir d'être porté par des personnes différentes. Il est donc pour lui enrichissant que ce soit fait par sa mère, son père, voire ses frères et sœurs. Selon son sexe, le portage est encore différent : amusez-vous à imaginer comment vous porteriez votre petite fille si c'était un garçon, et inversement. ▪

Les perturbations du cycle

Après la grossesse et l'accouchement, votre organisme doit retrouver progressivement équilibre et tonus. Les muscles de votre ventre ont fondu sous l'effet de la progestérone et des œstrogènes, et les articulations de votre bassin sont légèrement distendues par le passage du bébé. Bref, une remise en forme est nécessaire et les exercices de gymnastique sont particulièrement recommandés.

Mais ce sont surtout vos organes génitaux qui reprennent leur place et leur fonctionnement antérieurs, l'utérus notamment, et c'est pour cela que vous ressentez encore des contractions après votre accouchement. Ces « tranchées utérines » peuvent être très douloureuses, surtout lors d'une seconde grossesse. Dans ce cas vos muscles utérins ont un peu plus de difficultés à aider l'utérus à reprendre sa taille. Ces douleurs durent généralement trois à quatre jours.

Aux tranchées utérines sont associées des pertes vaginales, les lochies. Elles s'écoulent sur vingt et un jours en moyenne, mais ce temps varie beaucoup d'une femme à une autre. C'est la manifestation de la cicatrisation de l'implantation du placenta dans la cavité utérine. Leur aspect change au fil des jours. D'abord rouge vif et abondantes, elles deviennent plus foncées et plus rares. Enfin, elles se terminent par un écoulement jaune clair ou incolore. Elles ont, quelle que soit la période, une odeur de sang frais. Toute mauvaise odeur ou reprise d'un saignement doit être signalée au médecin. Cela peut être les signes d'une infection ou d'une complication de cicatrisation. De même, afin d'éviter tout risque d'infection, il est recommandé aux jeunes mamans d'utiliser uniquement des serviettes hygiéniques et non pas des tampons. ■

Utérus et périnée

Le col de l'utérus, qui s'est considérablement étiré au moment de l'accouchement, reprend sa forme et sa tonicité en une semaine environ. Le vagin, mou et lâche, va aussi se remettre en place. Vous pouvez l'aider en pratiquant des contractions du plancher pelvien, une méthode qui ne pourra que renforcer votre périnée.

Au cours de cette visite postnatale, le médecin fera sans doute avec vous aussi le point sur votre tonicité périnéale et prescrira si besoin une rééducation appropriée. Si vous avez besoin d'une remise en forme musculaire, notamment au niveau de l'abdomen ou du dos, il vous prescrira quelques séances avec un kinésithérapeute. Mais attention, la rééducation périnéale doit toujours précéder la rééducation de la paroi abdominale. La Sécurité sociale, après un accord de prise en charge, rembourse normalement dix séances de kinésithérapie post-maternité. ■

Un deuxième bébé ?

Dans tous les cas, pour des raisons de fatigue et d'anémie, il est préférable d'attendre un an avant de se lancer dans une nouvelle grossesse. Mais si vous souhaitez avoir assez rapidement un autre enfant, c'est le moment d'en parler avec votre médecin. Il vous conseillera, selon votre état général, sur le déroulement de votre grossesse et de votre accouchement.

Si vous avez eu quelques difficultés, il vous prescrira des examens médicaux complémentaires, comme des radiographies qui n'avaient pas pu être faites au cours des cinq premiers mois de la grossesse. Il pourra également programmer certaines vaccinations, notamment contre la rubéole si vous n'êtes pas immunisée naturellement.

Les femmes qui ont eu une grossesse et un accouchement réussis ont tout de suite envie d'un autre bébé. Mais observez d'abord tout ce que votre enfant demande comme attention et dialogue. Pensez aussi que, dans quelques mois, il va s'opposer, dire « non » à tout et au pot. Une réflexion profonde est donc nécessaire avant d'envisager un second enfant. ■

Les visites postnatales

1RE
SEMAINE

1ER MOIS

2 À 3
MOIS

4 À 5
MOIS

6 À 7
MOIS

8 À 9
MOIS

10 À 11
MOIS

1 AN

1 AN 1/2

2 ANS

2 ANS 1/2

3 ANS

4 ANS

5 ANS

6 ANS

ANNEXES

UNE SECONDE VISITE CHEZ UN GYNÉCOLOGUE est programmée dès que le retour de couches a eu lieu, environ 6 à 8 semaines après l'accouchement. Cette visite est obligatoire pour percevoir les allocations liées à la maternité.

Le retour de couches

Il signifie le retour des règles. Il se produit géné-ralement six à huit semaines après l'accouchement si la jeune maman n'allaite pas ou, dans le cas contraire, deux à six semaines après l'arrêt de l'al-laitement. L'utérus diminue de volume. Il se place dans le petit bassin et retrouve sa taille nor-male au bout de deux ou trois mois. Les tissus, devenus mous pour aider le passage de l'enfant, retrouvent leur tonus, notamment ceux du vagin et de la vulve au bout de quelques jours. En revan-che, l'endomètre, muqueuse qui tapisse l'intérieur de la cavité utérine, ne se régénère qu'au bout de 20 à 45 jours.

Bilan gynécologique

L'examen gynécologique se fait au spéculum afin d'observer l'intérieur du vagin et le col de l'uté-rus. Le praticien appréciera ainsi la qualité des muqueuses et leur coloration.

Il est également indispensable qu'il procède à un toucher vaginal associé à un palper du ventre. Il contrôle ainsi l'antéversion de l'utérus, sa forme, sa sensibilité et l'état général des autres organes génitaux et les ovaires. Il examine, s'il y a lieu, la cicatrice de l'épisiotomie ou de la césarienne. Il effectuera peut-être un frottis vaginal en prélevant des cellules desquamées au niveau du col de l'uté-rus ou du vagin.

Que vous allaitiez ou non, il procédera également à un examen de la poitrine. C'est le moment de lui confier vos difficultés, celles par exemple liées à votre sexualité ou à l'allaitement.

Examens complémentaires

Ces contrôles simples peuvent s'accompagner de toute une panoplie d'examens permettant d'au-tres investigations, telles que l'échographie, pour examiner les ovaires et l'utérus et, notamment, rechercher s'il n'existe pas de rétention placen-taire. Le médecin fera sans doute avec vous aussi le point sur votre tonicité périnéale et prescrira au besoin une rééducation appropriée.

Préparer l'avenir

Outre l'examen gynécologique, ce rendez-vous postnatal est souvent l'occasion d'aborder avec votre médecin de manière complète les problè-mes liés à la contraception, ceux en relation avec la reprise d'une sexualité normale et les pertur-bations du cycle mensuel. En effet, un accouche-ment, accompagné d'une hémorragie importante, peut perturber le système hormonal et troubler tout le cycle ovarien. Les règles peuvent même dispa-raître momentanément. Mais le cycle menstruel peut également être troublé par l'absorption de tranquillisants ou d'antidépresseurs qui ont pu être prescrits après l'accouchement (p. 111). Quant aux aménorrhées secondaires, elles sont généra-lement d'ordre psychique et traduisent souvent des difficultés d'ordre relationnel. ■

" On peut considérer ce rendez-vous médical comme la conclusion des examens qui ont ponctué votre gros-sesse. "

Retravailler et allaiter

La reprise du travail n'implique pas l'arrêt total de l'allaitement : vous pouvez conserver une tétée le matin au réveil et le soir avant de vous coucher. Votre bébé peut avoir quelques difficultés à passer du sein au biberon et montrera peut-être quelques réticences à accepter le contact de la tétine dans la bouche. Par contre, l'enfant ne fait pratiquement jamais de différence, au niveau du goût, entre le lait de sa mère et le lait reconstitué.

Évitez, si vous le pouvez, notamment le week-end, d'être à la fois celle qui le nourrit au sein et au biberon : confiez les repas au biberon à son père pour un certain temps. ■

Horaires souples mais chargés

Vous pouvez choisir de travailler à temps partiel mais, dans ce cas, vous devrez vous conformer à un certain nombre de formalités (p. 730). Votre employeur peut, pour une raison objective, refuser cet aménagement du temps de travail. S'il n'y voit pas d'inconvénient, il devra vous établir un nouveau contrat de travail. Un Français sur six travaille à temps partiel, 80 % sont des femmes dont presque une sur deux à fait ce choix pour s'occuper de ses enfants. ■

Une vie propre

L'autre acquisition précoce due au fait que la maman travaille est celle du partage des émotions. L'enfant, confié à d'autres bras, mène sa propre vie affective, il éprouve des joies et des peines. Il apprendra que ces émotions peuvent être partagées, peuvent être racontées.

De son côté la psychologue clinicienne Nathalie Loutre-Du Pasquiert s'est interrogée sur la difficulté de concilier activité professionnelle et maternité. Quand une femme salariée attend un enfant, elle doit se représenter la séparation bien avant la naissance. Or elle n'y est pas du tout préparée psychologiquement. Aussi, beaucoup de femmes reculent cet instant le plus longtemps possible. Ce chercheur propose donc qu'elles disposent d'une période de réflexion suffisamment longue après la naissance pour ne pas avoir à prendre une décision rapide quant à la reprise de leur travail. ■

Des bébés heureux et épanouis

Une mère qui décide de reprendre son travail après la maternité le fait aujourd'hui le plus souvent pour sa satisfaction personnelle. Elle en sera donc heureuse, même si elle éprouve toujours une certaine culpabilité, et son bébé à son tour en bénéficiera. En effet, pour le professeur Cramer, célèbre pédopsychiatre suisse, ce sont les projections des désirs de la mère sur son bébé qui le rendent si familier et qui permettent à la mère de s'attacher à un enfant qu'elle ne connaît pas et qui est parfois cause de beaucoup d'inconfort. Son attachement est donc fondé sur le plaisir et non sur la frustration, l'amour ne naît jamais de la frustration, le bébé doit être porteur de gratification. De son côté, Daniel Stern, un autre pédopsychiatre réputé, est persuadé que le travail de la mère influence la vie des bébés, notamment sur le plan de l'éveil. La mère moins disponible se comporte différemment, elle intensifie ses interactions et agit souvent en « dents de scie ». Face à ce comportement, l'enfant « s'autorégule », il apprend à négocier avec sa mère qui manque souvent de temps et parfois de patience. Cette connaissance de l'acquiescement et du refus marquera ses relations avec autrui pour toute la vie. ■

Choisir de retravailler

1RE
SEMAINE

1ER MOIS

2 À 3
MOIS

4 À 5
MOIS

6 À 7
MOIS

8 À 9
MOIS

10 À 11
MOIS

1 AN

1 AN 1/2

2 ANS

2 ANS 1/2

3 ANS

4 ANS

5 ANS

6 ANS

ANNEXES

APRÈS VOS CONGÉS DE MATERNITÉ, vous avez décidé de retravailler.
Ce choix, que 75 % des mamans françaises font à la naissance de leur premier
enfant, va vous imposer un rythme de vie plus soutenu et l'obligation de trouver
une personne pour s'occuper de votre bébé.

Être une mère active

Peut-être pouvez-vous commencer par étudier toutes les possibilités d'aménagement de vos horaires de travail : mi-temps, travail à la carte, travail à domicile, sans oublier la possibilité d'opter pour le congé parental d'éducation. Quelle que soit la solution choisie, il est préférable, sans pour l'instant changer de statut, d'en avertir votre employeur. Mais il faut savoir qu'avoir un enfant limite bien souvent les ambitions professionnelles des mères. Mis à part le fait que certains employeurs ne favorisent pas leur avancement, estimant bien souvent qu'un enfant en bas âge est cause de beaucoup d'absentéisme, sur le plan psychologique, les jeunes mamans, tout au moins pendant un an ou deux, investissent un peu moins dans leur activité professionnelle. Réussir leur rôle de mère semble souvent plus important que faire carrière.

Un nouveau rythme de vie

Il est certain que, pendant les toutes premières années du bébé, la vie ne sera pas facile tous les jours. Mais le choix de reprendre votre activité ne doit en rien vous culpabiliser. De nombreuses études l'attestent, tous les modes de garde sont bons. Il faut seulement que le mode de garde soit accepté par la mère et qu'elle s'efforce de ne pas en changer au cours de la petite enfance. L'équilibre du bébé demande une certaine stabilité. Un bon mode de garde se choisit en fonction de la situation de famille, des horaires professionnels, des revenus familiaux, du lieu d'habitation, des options éducatives choisies (éveil par la collectivité ou relation avec un adulte), de l'état de santé de l'enfant (fragile ou non, handicapé) et des possibilités locales. Enfin d'autres études montrent que les enfants dont les mères travaillent, qu'ils soient gardés à domicile ou à l'extérieur, ne souffrent pas de l'absence maternelle si, au moment des retrouvailles, elles sont disponibles. Quelques minutes de profonde communication et d'échanges riches sont bien plus profitables pour le développement affectif de l'enfant qu'une présence constante et relativement indifférente.

Allonger vos congés

Pourtant, certaines d'entre vous vont vivre le congé postnatal difficilement. Les plus actives sont celles qui, généralement, sont les plus pressées de reprendre une activité. Ce sont elles aussi qui souvent culpabilisent, tiraillées entre l'image de la « bonne mère » et celle de la femme responsable et autonome. Quoi qu'il en soit, si vous estimez que ce congé est trop court, que vous n'avez pas pleinement profité des instants de bonheur que vous donne votre bébé, vous avez toujours la possibilité de prolonger ce repos de deux à quatre semaines en utilisant ce que la loi appelle « les congés supplémentaires pour suites de couches pathologiques ». Vous pouvez même puiser dans votre réserve de congés payés pour allonger encore ce repos. ■

Inégalité

L'engagement professionnel des mères n'est pas comparable à celui des pères. Selon la dernière étude de l'INED, Institut National d'Études Démographiques, les hommes, lorsqu'ils deviennent papas, réduisent 20 fois moins leurs activités que les mères. Ce sont les hommes les plus âgés qui s'impliquent davantage et qui prennent plus facilement un peu de distance par rapport à leurs activités professionnelles. Six pour cent des pères disent changer leurs habitudes professionnelles dans l'année qui suit la naissance de leur enfant. Par contre, 40 % des femmes modifient leur temps de travail et parmi elles un peu plus de la moitié abandonne leur métier. Mais ce n'est pas de manière définitive puisque, 2 ans plus tard, une femme sur deux reprend une activité et 5 ans plus tard, deux tiers des femmes ont retrouvé un travail. Les jeunes mamans dont les mères ont travaillé connaissent moins souvent une baisse d'activité professionnelle. L'étude remarque l'impact de la politique familiale puisque l'élargissement du droit à l'allocation parentale d'éducation au second enfant a provoqué un retrait significatif des femmes du marché du travail.

Dans les situations de chômage, hommes et femmes ne réagissent pas de façon identique. Dès qu'ils connaissent la paternité, 58 % des hommes sans emploi s'investissent plus dans la recherche d'un emploi contre 25 % des femmes.

Plus elles ont d'enfants moins elles changent d'emploi ou aménagent leurs horaires de travail, elles s'interrompent plus fréquemment et ont davantage recours au congé parental à plein-temps.

Les pères de deux enfants consacrent 71 % de leur temps à leur travail contre 29 % à leur famille, alors que les mères actives, qu'elles aient un ou deux enfants, se partagent quotidiennement entre leurs deux vies, ne voulant sacrifier ni leur travail ni leurs enfants. Les femmes sont 75 % à conserver une activité professionnelle lorsqu'elles ont un enfant, 65 % avec deux enfants et 35 % seulement quand elles en ont trois. ∎

Le partage des tâches

Mais la parité n'existe pas non plus à la maison. Si les jeunes papas collaborent aux soins du bébé au cours des 11 jours de leur congé de paternité, ils s'essoufflent assez vite.

La dernière enquête du ministère de l'Emploi et de la Solidarité assure que quatre à six mois après la naissance, ils ne sont plus que 6 % à prendre en charge seul un soin, 18 % confirment qu'ils ne s'occupent ni des changes, ni des biberons ni de toute autre activité de « maternage ».

Quant aux tâches domestiques, elles ne les passionnent pas non plus, ils disent y consacrer une heure par jour alors que les mères y passent deux heures et demie. On est loin de la parité, à la maison comme au bureau mais il ne faut pas désespérer puisqu'en un siècle, les pères ont multiplié par quatre le temps passé avec leur enfant. ∎

Maman à plein-temps

Le cumul des tâches pousse certaines femmes à faire le choix d'abandonner leur activité professionnelle. Selon une enquête de la direction des recherches du ministère de l'Emploi, 8 femmes au foyer sur 10 disent avoir choisi cette situation pour s'occuper de leurs enfants.

Aujourd'hui, 2,5 millions de femmes restent à la maison, et parmi elles 25 % sont des mères de famille dont bon nombre ont à leur charge plusieurs enfants. Elles ont fait ce choix volontairement, l'allocation parentale d'éducation ayant joué un grand rôle dans cette décision. Il n'en reste pas moins que 75 % des femmes subissent souvent cette situation.

Pourtant, depuis quelque temps, on rencontre aussi des hommes au foyer. Dix mille hommes environ ont fait le choix de s'occuper à plein-temps de leur bébé. ∎

La première séparation

1ʳᵉ SEMAINE

1ᵉʳ MOIS

2 À 3 MOIS

4 À 5 MOIS

6 À 7 MOIS

8 À 9 MOIS

10 À 11 MOIS

1 AN

1 AN 1/2

2 ANS

2 ANS 1/2

3 ANS

4 ANS

5 ANS

6 ANS

ANNEXES

VOUS AVEZ CERTAINEMENT PRÉVU LE MODE DE GARDE DE VOTRE ENFANT depuis quelques mois. Il est temps maintenant de confirmer très vite son inscription à la crèche ou de prendre contact avec l'assistante maternelle qui va s'occuper de lui. La séparation est un moment délicat, mère et enfant ont tissé des liens affectifs profonds.

Avant tout, se préparer

Cette première séparation, en fait, est surtout difficile pour la mère. Toutes les mamans se demandent si leur bébé ne va pas en être perturbé. Bien des mamans ressentent alors de profonds sentiments de culpabilité. Ils sont bien sûr accentués lorsque, en raison d'une pénurie locale, le mode de garde trouvé ne semble pas totalement satisfaisant. Elles sont confrontées plus que d'autres au choix délicat d'être une mère à plein-temps et une femme moyennement épanouie ou une mère active qui ne participera pas complètement à l'éveil de son enfant. Seule solution pour résoudre ce conflit interne, assumer ses choix et savoir que la perfection notamment dans la fonction de parents est impossible. Évidemment la culpabilité de se séparer de son bébé pour aller travailler est toujours diminuée lorsque l'enfant est laissé dans les bras d'une personne de confiance.

L'adaptation

Pour ne pas trop souffrir, lui comme vous, de cette première séparation, préparez-la en douceur. Avant de s'installer pour une journée entière chez sa nourrice ou à la crèche, votre bébé fera quelques visites de « prise de contact ». L'idéal est que ces premières rencontres se déroulent en votre compagnie, puis seul, le temps d'une demi-journée, et enfin pour une journée complète. Pratiquement toutes les crèches collectives sont organisées de cette manière. Cette méthode peut tout à fait s'adapter aux crèches parentales ou aux nourrices à domicile.

Une relation de confiance

La mère, le bébé et la personne qui va le garder vont ensuite faire connaissance. Pour vous, c'est le moment de parler de votre enfant (de ses jouets, de ses habitudes) et des principes éducatifs que vous avez choisi d'appliquer. N'ayez pas peur de poser toutes les questions et de confier toutes vos craintes. Votre interlocutrice vous expliquera l'organisation de sa journée, ses gestes de maternage, qui sont rarement les mêmes d'une femme à une autre et, bien sûr, les contraintes à respecter pour que chacune se sente au mieux dans son rôle. Votre bébé, quant à lui, découvrira un environnement différent, de nouveaux adultes, et surtout, s'il va à la crèche, le monde des enfants de son âge. Tout cela va l'enrichir et ne doit pas le perturber. Bien au contraire, très vite, il va nouer des amitiés et apprendre à communiquer.

Accepter le partage

Il est rare qu'un enfant ne s'adapte pas au mode de garde choisi par sa mère. C'est le plus souvent elle qui ne supporte pas la séparation, transmettant ainsi sa tension au bébé. Il se peut même qu'elle éprouve une certaine jalousie envers cette femme qui va partager les mêmes émotions qu'elle et à laquelle son bébé va s'attacher. De longs câlins le soir effaceront ce dépit amoureux. ■

L'environnement familial *en savoir plus*

Qui fait quoi ?

Les capacités d'un enfant sont-elles le résultat de l'apport génétique de ses parents ou de l'influence de l'environnement qu'ils offrent à ce bébé en plein développement ? C'est un vieux débat dans lequel deux chercheurs du CNRS ont apporté un début de clarification. Ils ont étudié des enfants adoptés et ont comparé leur QI avec celui de leurs parents biologiques et adoptifs :

• Le QI des enfants adoptés par des parents d'un milieu socio-économique élevé est, en moyenne, supérieur de douze points à celui des enfants qui ont été adoptés dans un milieu socio-économique bas, indépendamment du niveau socio-économique de leurs parents biologiques.

• Le QI des enfants nés de parents biologiques de niveau socio-économique élevé est, en moyenne, supérieur de quinze points à celui des enfants issus de parents biologiques de niveau socio-économique bas, indépendamment du niveau socio-économique des parents adoptifs.

Ces chercheurs ont donc mis en évidence l'effet de l'environnement postnatal, celui-ci pouvant augmenter ou diminuer le QI de ces enfants.

De même, ils ont démontré l'influence du niveau socio-économique des parents biologiques, mais l'interprétation de cette influence est toutefois loin d'être simple.

En effet, est-ce qu'il s'agit d'un problème génétique ? Est-ce lié à l'importance (aujourd'hui reconnue) des conditions de la grossesse ? Ou est-ce les deux ensembles ? ■

Le début du langage

Le rêve de tous les parents est que leur bébé parle très tôt. Mais à la naissance aucun des organes indispensables à la parole n'est fonctionnel. Il faudra quelques mois pour qu'ils acquièrent une certaine maturité et que l'appareil servant à la production vocale s'organise. La première forme de langage du bébé est ses pleurs qui lui permettent d'exprimer tout ce qu'il ressent. Ces cris angoissent parfois les nouveaux parents. Pourtant des parents sereins, expliquant à leur bébé qu'ils ne comprennent pas très bien ce qui l'agite mais qu'ils sont là pour s'occuper de lui et le réconforter, permettent à l'enfant de ne pas s'enfoncer dans le cycle infernal des pleurs. Le bébé est compétent non seulement pour recevoir les signaux que vous lui envoyez mais aussi pour en émettre. Il est parfois difficile de déterminer qui répond à qui. Cette interaction est fondamentale pour son langage et son devenir. Ce qui est essentiel, c'est que vous lui répondiez dès qu'apparaissent ses premiers sons, dès qu'il commence à babiller. Parlez à votre bébé, cela donnera des mots plus tard. ■

■ MON AVIS

Le quotient intellectuel n'est pas comme un groupe sanguin, comme la couleur des cheveux ou de la peau : le QI varie et est variable, il peut s'améliorer ou s'affaisser. Les études statistiques montrent que les enfants issus de milieux socioculturels élevés ont des QI plus élevés que les enfants en difficulté, mais cela ne prouve rien ! En réalité, c'est la part du quotient verbal très dépendant de l'environnement qui influence le résultat final et non le quotient de performance qui est l'intelligence. Il ne faut pas nier la génétique mais il faut insister sur l'environnement dans le sens plus large que celui de la famille ; la crèche, la halte-garderie, l'école. Toutes ces institutions égalisent les chances au niveau du développement du langage. Le bébé doué de communication va y puiser les mots, les signes et toutes les possibilités de développement que ne lui offre pas son milieu. ■

L'amour filial

1RE SEMAINE

1ER MOIS

2 À 3 MOIS

4 À 5 MOIS

6 À 7 MOIS

8 À 9 MOIS

10 À 11 MOIS

1 AN

1 AN 1/2

2 ANS

2 ANS 1/2

3 ANS

4 ANS

5 ANS

6 ANS

ANNEXES

LE NOUVEAU-NÉ EST DOTÉ d'une immense sensibilité. Il apprend de ses parents et s'adapte à son environnement très rapidement. Tout cela est possible grâce à un certain nombre de compétences mais surtout à une incroyable capacité de séduction. Il va faire beaucoup pour se donner une vie affective très riche.

Premiers regards

Lorsqu'il naît, le petit de l'homme semble terriblement démuni ; pour survivre il a entièrement besoin de son entourage et en premier lieu de sa mère. Mais il possède une caractéristique essentielle qu'il va remarquablement exploiter pour s'assurer de toute son attention et de son amour. Il est passionné par le visage humain. Dès ses premières heures de vie, il le recherche, accrochant son regard à celui de l'adulte pour entamer le début d'un dialogue amoureux. Des recherches ont montré qu'il préfère le dessin du visage humain à tout autre. Et si l'on met celui-ci en concurrence avec le visage de sa mère, c'est alors vers ce dernier qu'il se tourne. De manière encore plus étonnante, si on lui présente deux visages stylisés, l'un joyeux et l'autre triste, le bébé sourit au visage gai et pleure face à l'image triste. Mais il y a mieux encore, si sa mère le regarde de façon inexpressive, l'œil vague, le visage froid, le bébé se tortille, pleure et cherche à attirer son attention.

Recherche de contact

L'enfant va chercher le contact avec ses parents par tous les moyens dont il dispose : les regards, le toucher, les sons. Il sait même reconnaître certaines voix qu'il a perçues in utero. Il différencie par exemple sans difficulté celle de sa mère de celle d'une autre femme. On constate encore, qu'au fil des jours, il identifie qui le tient dans ses bras. Son père, sa mère, sa grand-mère n'ont pas le même tonus musculaire, ni la même manière de poser leurs mains sur lui. Ses différences lui permettent de répondre aux sollicitations de façon originale. Dès les premiers jours, le bébé reconnaît donc qui est sa mère et qui est son père. Il met en œuvre des comportements qui vont entretenir de puissants liens affectifs.

Début des échanges

La mère réagit physiquement aux cris de son bébé. Ainsi, ses seins se gonflent, augmentent de température et, chez certaines femmes, le lait se met à couler avant même qu'elles aient pris leur bébé. Entre mère et bébé se tissent ainsi des liens physiologiques qui ouvrent la voie aux liens psychologiques.

À partir de 2 mois, le nourrisson produit davantage de sons et de bruits en présence de l'adulte qui s'occupe de lui qu'en son absence. Il a donc appris à reconnaître son interlocuteur. Vers 3 ou 4 mois, le bébé commence à babiller. Ses premiers gloussements sont des signes d'appel auxquels sa mère répond de manière très caractéristique. Ses mots et leur intonation sont empreints de sollicitude et de tendresse. Elle cherche par tous les moyens à s'adapter aux capacités de perception et d'attention de son bébé. « Le parler bébé » est essentiel dans la communication : elle dit ainsi au nourrisson qu'elle aime ces moments d'échange. L'enfant comprend donc très vite que sa mère cherche à l'aimer et, en retour, il va chercher à se faire aimer d'elle. Après tout, cette complicité a commencé neuf mois avant la naissance. ■

Le parrain et la marraine

À l'origine, les parents choisissaient un parrain pour un garçon et une marraine pour une fille. Puis la coutume de donner à chaque enfant un parrain et une marraine s'est installée. Autrefois choisis dans le cercle familial, les parrains et marraines sont aujourd'hui issus, pour beaucoup, de la communauté des amis proches des parents. Cette pratique a l'avantage de permettre à l'enfant devenu grand de trouver des confidents moins impliqués dans l'histoire de la famille. Selon la religion catholique, parrain et marraine doivent être baptisés, avoir fait leur première communion et avoir reçu leur confirmation. En principe les personnes divorcées ne peuvent remplir cette fonction mais c'est au prêtre officiant d'en décider.

Les parrain et marraine sont parfois désignés dans ce rôle alors qu'aucune cérémonie religieuse ne les en a investis. Ils sont chargés de transmettre des valeurs ou de devenir médiateur si les relations parents-enfant se détériorent. Ils prennent parfois la fonction de parents de secours si, en raison d'une difficulté grave ou de leur disparition, les parents étaient dans l'incapacité de poursuivre leur tâche d'éducateurs. Toutefois, il vaut mieux confier cette « mission » à quelqu'un qui se sent prêt à l'assumer. Vérifiez alors auprès des parrains que leurs principes religieux et éducatifs sont proches des vôtres et qu'ils se sentent réellement impliqués dans cet engagement moral. Cela dit, les parrain et marraine n'ont aucun droit juridique, que le baptême soit religieux ou civil. ∎

Entrer dans la communauté

Le baptême catholique a lieu à l'église. Les parents présentent l'enfant à la communauté, ils proclament leur foi et leur engagement avant les parrain et marraine. Le baptême protestant est similaire, la cérémonie se pratiquant au temple. Quant au baptême orthodoxe, il se fait en présence du pope quatre jours après la naissance.

La religion juive ne prévoit une cérémonie que pour les garçons puisqu'il s'agit de la circoncision. Celle-ci se pratique à la synagogue le huitième jour après la naissance. C'est le parrain qui tient dans ses bras le nouveau-né. La religion musulmane, elle, ne prévoit aucune cérémonie. Les grands-parents se chargent de l'éducation religieuse de l'enfant.

Enfin, depuis la Révolution, il existe un baptême civil, où parrain et marraine s'engagent devant le maire à prêter assistance à leur filleul dans le cas où ses parents disparaîtraient. Les mairies n'ont aucune obligation de l'organiser. Le baptême républicain n'a aucune valeur juridique. ∎

Transmettre sa foi

1RE
SEMAINE

1ER MOIS

2 À 3
MOIS

4 À 5
MOIS

6 À 7
MOIS

8 À 9
MOIS

10 À 11
MOIS

1 AN

1 AN 1/2

2 ANS

2 ANS 1/2

3 ANS

4 ANS

5 ANS

6 ANS

ANNEXES

QUAND ON DEVIENT PARENT, ON ASPIRE À TRANSMETTRE le meilleur à son enfant : amour, éducation et, pour certains, religion. Dans ce dernier domaine, le choix reste difficile : faut-il donner très tôt une éducation religieuse à son enfant ou bien au contraire le laisser libre de choisir plus tard ?

Pour ses valeurs morales

Un sondage Sofres a montré que 58 % des parents (dont 53 % de chrétiens et 5 % appartenant à d'autres religions) pensent que c'est à eux de donner une éducation religieuse à leurs enfants. Derrière cette aspiration, les parents voient d'abord la nécessité de leur inculquer des valeurs morales en s'appuyant essentiellement sur les textes de la Bible. Ils connaissent aussi d'autres motivations : l'envie de leur transmettre la foi, enfin le désir de donner des racines, des repères culturels. Des préoccupations que l'on trouve aussi dans les religions juive et musulmane.

Le baptême

Pour ceux qui appartiennent à des familles de tradition chrétienne, l'enfant est habituellement baptisé dans les premières semaines ou les premiers mois de sa vie.

Aujourd'hui, on estime que 50 à 60 % des enfants qui naissent en France sont baptisés selon le rite catholique. Depuis les débuts de la chrétienté, le baptême est un rituel de purification, un sacrement qui fait entrer le nouveau-né dans l'Église. Par l'eau, l'enfant est lavé du péché originel, l'eau pure le rend innocent. Le baptême est une fête importante qui fait du tout petit bébé un véritable chrétien.

Cependant, certains parents catholiques expriment leurs hésitations, leurs doutes. Ce sacrement est pour eux l'occasion de réfléchir aux fondements de leur foi d'adultes. Quand celle-ci ne va pas de soi, le baptême n'est pas désiré spontanément. Ces pères et mères préfèrent ne pas prendre la responsabilité d'un engagement au nom de leur enfant. Ils choisissent alors de respecter sa liberté et de le laisser s'engager personnellement plus tard, s'il le désire. La tendance aujourd'hui est d'attendre que l'enfant ait atteint l'âge de 3 ans pour le faire baptiser, parce qu'à cet âge il est conscient, il peut comprendre et se faire comprendre.

Une initiation dès le plus jeune âge

Beaucoup de parents, quelle que soit leur religion, parlent régulièrement de Dieu à leurs enfants. C'est souvent lorsque l'enfant commence à marcher et utilise de mieux en mieux un langage oral que débute son éveil religieux. On conduit le petit enfant à l'église, au temple, à la mosquée ou à la synagogue ; on lui apprend quelques prières simples et, bien sûr, il est associé à tous les événements de la famille où les rites religieux jouent un rôle important (mariage, baptêmes d'autres enfants, communions…).

Dans quatre foyers sur dix, les parents s'estiment capables de transmettre leurs connaissances religieuses à leurs enfants. Pour cette tâche délicate, ils n'hésitent pas à solliciter également les grands-parents. Les autres préfèrent faire appel à la catéchèse pour mener à bien cette instruction, l'école étant pour eux une institution capable de réaliser un éveil à la foi. ■

Les modes de garde *en savoir plus*

Gérer la pénurie

Bien que les places en crèche collective, en halte-garderie, au jardin d'enfants et en crèche familiale aient augmenté de 2 % en un an, il manquerait toujours environ 500 000 places de crèche. Un déficit que ne comblera pas le Plan « petite enfance » 2006 qui promet 362 000 places pour 2012 à raison de 12 000 nouvelles places par an.

Aujourd'hui, seuls 17 % des enfants seraient accueillis en crèche et 46 % d'entre eux habiteraient en région parisienne. Deux difficultés freinent le développement de ce type de mode de garde : le financement nécessaire au fonctionnement des crèches freine les investissements municipaux et il existe une pénurie de personnel qualifié. La moitié des enfants de moins de 3 ans est gardée au foyer par un de leurs parents, très souvent la mère. On estime qu'un quart des enfants est gardé par des personnes non agréées, c'est-à-dire qui ne sont pas encadrées. Le dernier Plan « petite enfance » prévoit encore la création de micro-crèches de 3 à 9 enfants dans les zones rurales et le développement des crèches d'entreprise financées à 75 % par la collectivité grâce aux aides et aux réductions fiscales. ■

Une année sabbatique ?

Pour le célèbre pédiatre américain, Terry Brazelton, le mode de garde d'un enfant se module en fonction de son âge. Ainsi, dans la première année, la meilleure solution est de le garder à la maison, qu'il le soit par la mère ou par une personne employée. Mais la venue de cette nouvelle personne dans l'univers de l'enfant doit se faire en douceur.

Mais certains parents font le choix d'un congé parental d'éducation souvent pour plusieurs années. Dans 83 % des cas, cette décision est celle du couple, pour 69 % des mères. L'argument avancé est celui d'être plus proche de leur bébé. Vingt pour cent font le choix d'un congé à temps partiel. Parfois ce sont les pères qui arrêtent de travailler. Les 3/4 le font pour des raisons financières, le salaire de leur épouse étant supérieur au leur. Quatre-vingts pour cent sont ouvriers ou employés, ils occupent pour la plupart des emplois dits « féminins » dans le commerce, l'éducation, la santé ou l'action sociale. ■

Horaires souples pour mamans actives

En France, pour l'instant, peu d'entreprises semblent s'en soucier. Parmi les pionniers, il faut citer les laboratoires Boiron, dont 80 % des 1800 salariés sont des femmes. Cette société a proposé à celles qui sont chargées de famille de travailler à temps partiel, avec la possibilité de retrouver progressivement un plein-temps quand leurs enfants demanderont moins de disponibilité de leur part. D'autres expériences ont été tentées. Les caissières des magasins Carrefour peuvent profiter d'horaires à la carte. Chaque mois, elles ont le choix entre différents plannings établis par la direction. Les mères de famille peuvent ainsi décider, par exemple, de libérer leur mercredi.

À l'Aéroport de Paris, les employées ont pu organiser l'installation d'un réseau d'employées de maison et d'assistantes familiales acceptant les horaires décalés. L'hôpital Brousse à Villejuif a trouvé une solution pour accueillir les enfants des infirmières qui commencent leur service dès l'aurore. Une « halte d'accueil » est ouverte dès 6 h 30. Après le petit déjeuner, les enfants sont emmenés dans leurs écoles respectives en bus mis à leur disposition par l'administration hospitalière. Enfin, à l'initiative de certaines entreprises qui obligent leurs salariés à des horaires décalés, on voit s'installer dans certaines grandes villes des crèches qui accueillent les enfants de 5-6 h à 22-23 h. Ainsi, les professions libérales, les employés des services publics ou les salariés aux horaires décalés trouvent un mode de garde correspondant à leur emploi du temps. La durée maximale de garde ne peut excéder 8 heures. De plus en plus de crèches aménagent leurs horaires pour mieux satisfaire les besoins des mamans actives. ■

Quitter maman

1RE SEMAINE

1ER MOIS

2 À 3 MOIS

4 À 5 MOIS

6 À 7 MOIS

8 À 9 MOIS

10 À 11 MOIS

1 AN

1 AN 1/2

2 ANS

2 ANS 1/2

3 ANS

4 ANS

5 ANS

6 ANS

ANNEXES

QUAND CONFIER VOTRE BÉBÉ À UNE CRÈCHE OU UNE NOURRICE ?
Pour la mère salariée qui ne veut pas quitter son emploi, la question ne se pose
pas. Elle confie son bébé à la fin du congé de maternité, c'est-à-dire lorsqu'il
est âgé de 2 mois 1/2.

Une intégration en douceur

L'enfant qui trouve une place dans une crèche bénéficie presque toujours d'un temps d'adaptation à ce mode de garde. En effet, pour un tout-petit, s'intégrer à un groupe, se retrouver au milieu d'enfants, découvrir un autre environnement, d'autres bruits, d'autres odeurs demandent un peu de douceur, de précautions, surtout lorsque sa mère, point de repère et de sécurisation majeur, s'éloigne.

Pour faciliter l'intégration de l'enfant, le personnel de la crèche demande à la maman de venir avec lui passer quelques heures d'abord, puis une demi-journée et enfin une journée entière dans l'établissement. Un programme qui s'étale sur une semaine environ et qui permet aussi à la maman de mieux connaître les personnes et le lieu où va vivre son enfant. Pour l'enfant gardé par une assistante maternelle, une telle préparation est aussi nécessaire, même si le lieu de garde est presque identique à son univers. Mais quitter sa maman est toujours un événement important dans la toute nouvelle vie d'un bébé.

Périodes critiques

Si, pour une raison particulière, l'intégration à un mode de garde ne peut être faite dans les trois mois qui suivent la naissance, il faudra attendre une autre période favorable. En effet, le développement psychoaffectif du bébé lui fait traverser « des périodes critiques » – que l'on situe à 4, 8 et 12 mois – où toute séparation avec la mère est vécue comme un drame. Ainsi, à chacune de ces étapes, l'enfant prend davantage conscience de l'existence des « étrangers ». Il est alors tendu, attentif aux perceptions et aux émotions que lui suscite son nouvel environnement. Parallèlement, il est conscient de son autonomie grandissante. Il en est fier, mais inquiet. Il a besoin d'être rassuré par la stabilité de son mode de vie.

Une indispensable maturité affective

Souvent, les parents – et notamment la mère – sont tiraillés entre le besoin de confier leur enfant et les frustrations affectives que cela implique. Ils supporteront mieux ces bouleversements si leur image de parents est bien établie et si l'enfant les reconnaît comme tels. De son côté, ce dernier doit avoir pris conscience qu'il vit, qu'il existe sans sa mère. Ce sentiment n'est possible que s'il se sait aimé de ses parents, s'il a fait l'expérience de leur rôle consolateur et si ceux-ci ont su lui transmettre le sentiment narcissique que c'est un beau et bon bébé. Enfin, le lien mère-enfant doit avoir atteint une vraie maturité pour envisager une bonne séparation. C'est pourquoi il est en réalité difficile de donner un bon âge pour confier un bébé à un mode de garde. ■

" Une maman dépense 300 euros par mois pour faire garder son enfant en province, le double à Paris. "

Les modes de garde *en savoir plus*

Créer sa crèche parentale

Ouvrir une crèche parentale n'est pas une mince affaire. Les parents doivent s'organiser en association 1901 et retirer un formulaire à la préfecture du département de résidence. L'autorisation d'ouverture est dispensée par le président du conseil général sur avis des services de PMI. Le dossier doit comporter une étude des besoins, les statuts de l'établissement, le nombre de places destinées à accueillir les enfants régulièrement et occasionnellement, le projet pédagogique, le plan des locaux avec la superficie et la destination des pièces et les qualifications du responsable technique. Afin d'aider les parents courageux, certaines municipalités ont le projet d'éditer un guide donnant la marche à suivre et des conseils. ■

Le bon âge

Il est des âges où se séparer de sa mère est plus difficile qu'à d'autres. Les psychologues déconseillent de mettre un bébé à la crèche à 4 mois 1/2, car il commence à avoir une conscience aiguë de son environnement et des personnes qui lui sont familières. Changer ses habitudes perturberait son sentiment de sécurité. Et c'est souvent le début du sevrage, moment perturbateur qu'il est bon de ne pas accentuer. À 8 mois, l'enfant a peur de tout ce qui lui est étranger, il vaut donc mieux le laisser avec une personne qu'il connaît bien. Enfin, à 1 an, il est tout à l'apprentissage de la marche. S'adapter à un nouveau milieu et marcher sont deux activités trop absorbantes pour être faites en même temps. ■

Pour quelques heures de liberté

La halte-garderie est une crèche à temps partiel. C'est un établissement municipal ou privé. Elle est placée sous la responsabilité d'une puéricultrice, d'une infirmière ou d'une sage-femme, et offre une garde temporaire pour les enfants âgés de 2 mois à 6 ans et dont les mères sont au foyer. Il existe certaines possibilités d'accords spécifiques pour les mères qui travaillent, à l'heure ou pour une demi-journée. Les repas doivent être fournis. Les avantages sont quelques heures de liberté pour la mère au foyer, pour l'enfant unique des contacts avec d'autres enfants, un personnel qualifié dans les soins des tout-petits. Mais attention : il faut réserver sa place au moins 48 heures à l'avance. ■

Les crèches d'entreprise

Encore peu nombreuses aujourd'hui, un peu plus de 250, elles sont en plein développement grâce aux nouvelles aides des caisses d'allocations familiales qui devraient inciter les entreprises autres que les hôpitaux ou les grands groupes industriels à se lancer dans l'aventure. En effet, les subventions peuvent atteindre 80 % des coûts d'installation et l'aide aux frais d'entretien peut être soutenue à la hauteur de 75 % sous forme de crédit d'impôt. Ces aides permettent par exemple de faire passer le coût annuel d'un enfant pour l'entreprise de 5 000 euros à 1 500. Ces crèches sont toujours appréciées des parents car elles diminuent le stress du matin et du soir. En effet, leurs horaires sont adaptés à ceux des salariés de l'entreprise notamment lorsqu'ils commencent tôt le matin ou finissent tard le soir. Les enfants s'y adaptent bien à deux conditions : qu'ils n'y restent pas plus de 8 heures par jour et que le temps de trajet entre la maison et la crèche soit raisonnable. Il existe aujourd'hui des sociétés qui se sont spécialisées dans l'installation de telles crèches « clés en main ». ■

Crèches : des formules à la carte

1RE SEMAINE

1ER MOIS

2 À 3 MOIS

4 À 5 MOIS

6 À 7 MOIS

8 À 9 MOIS

10 À 11 MOIS

1 AN

1 AN 1/2

2 ANS

2 ANS 1/2

3 ANS

4 ANS

5 ANS

6 ANS

ANNEXES

VOUS N'AVEZ PAS PU OBTENIR UNE PLACE POUR VOTRE BÉBÉ en crèche collective et cependant vous tenez absolument à ce qu'il grandisse au milieu d'enfants de son âge, encadré par des adultes professionnels de la petite enfance. Deux solutions s'offrent à vous : la crèche familiale et la crèche parentale.

La crèche familiale

C'est, en fait, le regroupement d'un certain nombre d'assistantes maternelles sous la responsabilité d'une directrice-puéricultrice. Celle-ci visite, généralement une fois par semaine, les assistantes maternelles à leur domicile et les réunit, de temps en temps, avec « leurs enfants » pour aider à la socialisation des petits, en leur permettant de rencontrer d'autres bébés de leur âge. La directrice doit surveiller les conditions de vie et l'hygiène des bébés, leur alimentation et leur développement psychoaffectif. Une directrice « contrôle » quarante assistantes maternelles. Ces dernières doivent avoir une formation, assurée par des organismes spécialisés. Elles conviennent avec les parents des horaires de garde. Le paiement s'effectue à la crèche familiale qui rémunère l'assistante maternelle. Le tarif, établi selon les revenus de la famille, est identique à celui de la crèche collective.

La crèche parentale

Elle regroupe un certain nombre de parents organisés pour faire face à la pénurie de garderies et regroupés en association de loi 1901. La crèche ne peut fonctionner sans l'accord de la DASES qui assure le contrôle sanitaire des lieux, et sa direction doit être assurée à plein-temps par une personne diplômée (puéricultrice ou éducatrice de jeunes enfants). La crèche parentale assure la garde des enfants toute la journée, mais les parents doivent, à tour de rôle, participer à la surveillance des enfants, à la gestion et à l'aménagement des locaux. Généralement, ces crèches regroupent une vingtaine d'enfants qui y vivent dans des conditions très familiales. Les expériences d'éveil y sont nombreuses et originales. Leurs exigences : elles demandent aux parents une certaine disponibilité dans leur emploi du temps, elles résistent mal au temps, la grande difficulté étant le renouvellement des parents lorsque les enfants sont en âge d'entrer à l'école maternelle. Pour connaître les adresses des crèches parentales proches de chez vous, contactez l'association des crèches parentales.

La mini-crèche

Face à la pénurie, les parents s'organisent. Et imaginent des solutions. Ainsi, voici venu le temps des crèches d'appartement. Créées par des associations de parents, leur principe consiste dans l'équation : 7 enfants pour 70 m². Les enfants sont sous la responsabilité d'auxiliaires de puériculture et d'éducateurs de jeunes enfants. Six crèches en appartement fonctionnent actuellement à Paris, d'autres devraient voir le jour très rapidement. ■

" Les crèches font faire des progrès aux enfants grâce à la formation du personnel très attentif à leur développement psychologique et psychomoteur. "

La crèche collective

CE MODE DE GARDE A LA FAVEUR de la majorité des parents qui travaillent, mais les crèches collectives ne peuvent cependant accueillir qu'une infime partie des enfants en âge d'être gardés, particulièrement dans les grandes villes.

Les critères d'acceptation

Les parents qui veulent inscrire leur enfant doivent suivre un véritable parcours du combattant tant les places sont rares et les critères d'acceptation restreints.

Les crèches collectives sont en principe réservées aux enfants dont les deux parents travaillent. Si l'agrément de l'inscription dépend du jugement de la directrice de la crèche, le gestionnaire de l'établissement – le plus souvent municipal, parfois privé, géré par une association ou une entreprise (ce sont les plus rares) – donne la priorité aux familles en difficulté. Les mères célibataires sont prioritaires.

Généralement, les frais de garde sont payés mensuellement et calculés en fonction des revenus du foyer. Mais il existe une grande disparité d'une ville à l'autre.

L'inscription

Alors, un conseil pour avoir une place en crèche : il ne faut pas hésiter à multiplier vos visites. Attention, inscription ne signifie pas admission. L'admission étant décidée par une commission municipale, faites-vous connaître des élus. La première démarche est à effectuer auprès de la crèche collective.

Pour votre premier rendez-vous avec la directrice, munissez-vous de votre carnet de maternité, de vos fiches de salaire et de celles de votre mari, et d'un justificatif de domicile. Dans les grandes villes, les crèches étant plus nombreuses, pensez à vous inscrire dans plusieurs à la fois.

Le personnel

La crèche collective est sous la responsabilité d'une puéricultrice diplômée d'État ; c'est une professionnelle qui doit avoir cinq ans d'expérience en milieu hospitalier pédiatrique ou en tant que directrice adjointe d'une crèche. Elle est secondée par des auxiliaires de puériculture titulaires d'un BEP (brevet d'enseignement professionnel). C'est un établissement réglementé, sous le contrôle de la Direction de l'action sociale, de l'enfance et de la santé (DASES) de la préfecture où il est établi. La crèche collective doit se soumettre à des normes : l'encadrement est constitué d'une auxiliaire de puériculture pour cinq enfants, d'une jardinière d'enfants pour huit enfants qui marchent, d'une diététicienne, d'une cuisinière et d'employés de ménage.

Et, suivant la taille de la crèche, d'un pédiatre et d'un psychologue vacataire. Les locaux doivent avoir été conçus pour accueillir de jeunes enfants et, notamment, permettre une surveillance parfaite. La crèche collective offre une garde permanente des enfants âgés de 2 mois à 3 ans, du lundi au vendredi, de 7 heures à 19 heures, mais ces horaires peuvent être modifiés par la directrice. Les enfants malades sont de plus en plus souvent acceptés, à condition de ne pas être contagieux.

Le fonctionnement

Avant d'être inscrit à la crèche, votre bébé devra passer une visite médicale effectuée par le médecin de l'établissement en présence d'un des parents. Il aura été préalablement vacciné par le BCG (p. 149) et doit être bien suivi médicalement. De plus en plus souvent, les crèches ouvrent leurs portes aux enfants handicapés.

L'enfant, une fois intégré, est nourri, parfois habillé et blanchi. Son linge de toilette lui est toujours personnel. Les recommandations de la DASES donnent comme âge idéal pour entrer à la crèche la fin des congés de maternité.

Le plus mauvais moment pour mettre un enfant en crèche se situe entre 6 et 18 mois, l'enfant ayant alors besoin, sur le plan psychologique et affectif, d'une grande stabilité. L'enfant qui entre en crèche à 2 mois 1/2 a de fortes chances d'y rester jusqu'à l'entrée à l'école maternelle, sauf déménagement ou changement de situation des parents. Suivant les établissements, les enfants sont répartis en sections selon l'âge : les nourrissons, les enfants qui ne marchent pas et les grands qui marchent, ou regroupés en « familles » où tous les âges sont mélangés.

Lieux d'éveil et de socialisation

Aujourd'hui, les crèches sont considérées comme tels. On peut même affirmer, études à l'appui, que les enfants ayant fréquenté la crèche se scolarisent plus facilement que les autres. Mais leur inconvénient reconnu est la multiplication des petites infections, telles que les rhinopharyngites et les maladies infantiles contagieuses. Généralement, ces soucis se situent la première année, touchent en majorité toujours les mêmes enfants et semblent être en relation avec des problèmes psychosomatiques, la mère éprouvant une vraie difficulté à confier son bébé à un établissement collectif. Dans ce cas, un changement de mode de garde est souvent le traitement radical. Depuis quelques années, les parents sont un peu plus intégrés aux activités de la crèche. Ils peuvent, notamment, prendre le temps de quitter calmement leurs bébés le matin et de les retrouver doucement le soir. Certaines crèches ont même institué des carnets de correspondance. ■

1RE SEMAINE

1ER MOIS

2 À 3 MOIS

4 À 5 MOIS

6 À 7 MOIS

8 À 9 MOIS

10 À 11 MOIS

1 AN

1 AN 1/2

2 ANS

2 ANS 1/2

3 ANS

4 ANS

5 ANS

6 ANS

ANNEXES

L'assistante maternelle

VOUS AVEZ CHOISI CE MODE DE GARDE comme le plus grand nombre de parents d'enfants de moins de 3 ans. Aujourd'hui ce sont 500 000 enfants qui sont accueillis par environ 300 000 assistantes maternelles.

Une garde souple

Ce n'est pas un hasard puisque ce mode de garde permet beaucoup de souplesse dans les horaires des parents qui travaillent et offre une relation personnalisée avec l'enfant qui est élevé dans un cadre familial et accueilli même malade. Le choix de cette personne est essentiel pour vous permettre de réussir à conjuguer vie familiale et vie professionnelle.

En effet, l'assistante maternelle, comme son nom l'indique, a un rôle complémentaire à celui des parents. C'est une personne qualifiée qui reçoit une formation avant de recevoir tout enfant et qui bénéficie d'une formation continue tout au long de sa carrière.

Une vraie professionnelle

C'est une femme (plus rarement un homme) âgée de 21 ans minimum et agréée pour cinq ans par le Conseil général, qui garde les enfants à son domicile. Pour obtenir cet agrément, elle doit présenter les garanties nécessaires pour accueillir des nourrissons dans des conditions propres à assurer leur développement physique, intellectuel et affectif. Elle doit aussi passer un examen médical et disposer d'un logement dont l'état, les dimensions et l'environnement sont propices à l'accueil d'un jeune enfant. Pour confirmer ces impératifs, une enquête est menée chez la candidate et dans son environnement immédiat par divers travailleurs sociaux. L'agrément est accordé pour un nombre défini d'enfants, jamais plus de trois de moins de 3 ans. Normalement, l'assistante maternelle agréée doit recevoir une formation de base de quelques jours où elle apprend les règles élémentaires d'hygiène infantile, de diététique et de psychologie. Elle a normalement droit à 60 heures de formation sur deux ans.

Un statut de salariée

Son travail est contrôlé par une assistante sociale dépendant de la DASES (Direction de l'action sociale, de l'enfance et de la santé) qui se rend à son domicile. Elle est aidée et conseillée par les services de la PMI (protection maternelle et infantile). Son activité est soumise au droit du travail, les parents doivent lui signer un contrat de travail précisant ses horaires, son salaire mensuel et ses jours de repos. Elle dispose quotidiennement de onze heures consécutives de repos et de 2,5 jours de congés par mois qu'elle pourra prendre quand elle le désire. Elle ne pourra pas être employée plus de 48 heures par semaine sauf avec son accord. Elle doit être assurée et les parents doivent la déclarer à l'Urssaf, lui faire des fiches de salaire et lui donner des indemnités de licenciement en cas de rupture du contrat. Enfin, les absences imprévues de l'enfant sont rémunérées. Son salaire est au minimum de 2,25 fois le SMIC horaire pour une journée de 8 heures plus une indemnité forfaitaire pour les repas. Les parents peuvent utiliser des chèques emploi-service pour la rémunérer. Ils bénéficient aussi d'avantages fiscaux. Son recrutement peut se faire par l'intermédiaire des services sociaux communaux ou par petites annonces.

Un premier contact

Après avoir déterminé les horaires et les conditions qui vous conviennent, proposez-lui une entrevue à son domicile pour une véritable interview. Demandez-lui combien d'enfants elle a déjà gardés, combien sont actuellement sous sa responsabilité, si vous devez fournir tous les repas, où elle compte installer votre bébé, s'il y a un square pas très loin pour le sortir, si elle-même a des enfants et de quel âge, la profession de son mari. Demandez-lui de vous montrer l'endroit où votre enfant dormira. A-t-elle déjà du matériel de puériculture et de quelle nature ? Regardez autour de vous. Son appartement est-il lumineux, chaleureux, ni trop en désordre, ni trop bien rangé ? La télévision marche-t-elle en permanence ? Ses enfants ont-ils l'air épanouis et heureux ? Faites-lui préciser dès maintenant le tarif qu'elle applique et si vous devez lui fournir les changes et le lait en poudre. Fixez aussi les horaires que vous souhaitez, précisez également dès maintenant si vous risquez de reprendre votre bébé tard. Vous pouvez encore prétexter un renseignement supplémentaire pour lui faire une visite à l'improviste dans les semaines qui suivent votre première rencontre, de manière à voir comment elle vit habituellement.

Un temps d'adaptation

Si ce premier contact est bon, avant de prendre votre décision, vous devez revenir avec votre bébé. Là, vous verrez si l'enfant se plaît dans ses bras, si elle lui parle, bref si elle semble affectueuse. C'est au cours de cette visite que vous et elle échangerez vos principes éducatifs : repas à la demande, sommeil dans le noir ou non, bain chez elle ou chez vous, etc. Normalement, c'est elle qui doit poser plus de questions que vous.

Tout comme l'adaptation à la crèche, l'installation dans une autre maison, dans le creux d'autres bras que ceux de ses parents, se fait en douceur, une ou deux heures le premier jour, un peu

plus le deuxième, etc. Dans tous les cas, le soir en reprenant l'enfant, interrogez-la sur le programme de la journée, posez beaucoup de questions... quitte à passer pour une bavarde. La santé et l'éveil de votre bébé sont les garanties d'une bonne adaptation à sa nouvelle vie.

Respectez les règles

Attention aux assistantes maternelles « au noir ». Elles ne présentent aucune des garanties exigées par les services sociaux sur les soins et le développement de votre enfant. De plus, c'est un travail « illégal » dont vous seriez complice. Tout cela peut être lourd de conséquences en cas d'accident. Elle peut encore, à tout moment, augmenter ses tarifs ou refuser du jour au lendemain d'accueillir votre bébé. Sachez enfin qu'une tante ou une grand-mère peut faire la demande d'agrément et ainsi garder en toute légalité ses neveux ou ses petits-enfants contre une rémunération. ∎

1RE SEMAINE

1ER MOIS

2 À 3 MOIS

4 À 5 MOIS

6 À 7 MOIS

8 À 9 MOIS

10 À 11 MOIS

1 AN

1 AN 1/2

2 ANS

2 ANS 1/

3 ANS

4 ANS

5 ANS

6 ANS

ANNEXES

La garde à domicile *en savoir plus*

Formation continue

Les parents qui emploient une garde d'enfant à domicile cotisent pour la formation profession- nelle. Ils peuvent donc inscrire leur salariée à un stage de formation adapté à cette responsabilité. À leur disposition deux options, soit une formation continue de 40 heures par an soit une validation des acquis afin d'obtenir le titre de « garde d'en- fants à domicile » si cette personne a effectué un travail de 106 heures par an. C'est en moyenne 15 000 salariés par an qui suivent cette formation. Elle ne coûte rien à l'employeur. ■

La garde partagée

Il était une fois deux mamans qui cherchaient une nounou pour s'occuper de leurs enfants presque du même âge… L'une comme l'autre n'avaient réussi à les inscrire dans les modes de garde clas- sique. Face à la difficulté de trouver une employée familiale et à son coût financier, elles décident d'unir leur besoin. C'est ainsi que naît une garde partagée. Une même personne embauchée par les deux familles garde tous les enfants tantôt chez l'une tantôt chez l'autre. Chaque famille signe un contrat de travail avec cette personne qui bénéfi- cie alors d'un statut normal de salariée. Les allo- cations et les déductions fiscales sont adaptées à la situation de chaque famille. ■

Comment recruter

Sachez d'abord qu'il est préférable de répondre à une petite annonce plutôt que d'en passer une. En effet, la personne qui passe une annonce montre une certaine motivation. Si vous devez recruter vous-même, soyez la plus précise possible dans votre demande, indiquez notamment les horaires, le salaire, les compétences demandées et l'âge des enfants à garder. Sur www.institut.fepem.fr, le site de l'Institut Fepem de l'emploi familial vous pou- vez déposer gratuitement une offre d'emploi. Cet organisme a l'avantage d'être ouvert uniquement aux personnes munies d'un « passeport forma- tion », c'est-à-dire qu'elles ont donc reçu une for- mation dans leur domaine d'activité.

Reste ensuite les annonces dans votre quartier, notamment si vous souhaitez organiser une garde partagée. Les boulangeries sont souvent les com- merces les plus performants, il y passe beaucoup de monde et notamment des mamans.

Si vous avez trouvé la perle rare, avant d'établir son contrat de travail, vérifiez que cette personne est bien en règle, notamment, si elle est étrangère, qu'elle a bien un permis de séjour. Si elle n'a pas encore de numéro de Sécurité sociale, vous devez l'inscrire à la Caisse Primaire d'Assurance Maladie. Vous pourrez payer votre nounou avec des chèques emploi-service universels (P) ou lui faire une fiche de salaire : le site web de l'Urssaf vous simplifie grandement la tâche. Toute dépense engagée pour la rémunération d'une aide à domicile « en règle » ouvre droit à une réduction d'impôt égale à 50 % des dépenses dans la limite d'un plafond variable selon les situations familiales. ■

Faire le bon choix

Le plus délicat est de trouver la bonne personne. Voici le test de sélection que propose le célè- bre pédiatre américain, le docteur Brazelton, qui conseille un petit test d'observation : lorsque cette personne prend l'enfant dans ses bras, est-elle capable de capter son regard, d'établir avec lui une communication ? Si oui, on peut alors être persuadé que, pour elle, l'enfant sera plus important que tout le reste. ■

La garde à domicile

1RE
SEMAINE

1ER MOIS

2 À 3
MOIS

4 À 5
MOIS

6 À 7
MOIS

8 À 9
MOIS

10 À 11
MOIS

1 AN

1 AN 1/2

2 ANS

2 ANS 1/

3 ANS

4 ANS

5 ANS

6 ANS

ANNEXES

CE MODE DE GARDE INDIVIDUALISÉ est sans doute la solution la plus confortable puisqu'elle laisse beaucoup de liberté à la mère. Le paiement grâce au chèque emploi-service ainsi que les déductions fiscales accordées pour frais de garde sont plutôt incitatives.

L'employée de maison

C'est le mode de garde le plus confortable, mais il reste le plus onéreux. Pour l'épanouissement de l'enfant, cette solution n'est pas forcément idéale puisqu'il reste dans son milieu familial. Vous devez, bien sûr, déclarer cette personne à l'Urssaf et son salaire ne peut être inférieur au SMIC. Ayez à l'esprit que bien s'occuper d'un bébé prend du temps et que vous ne devez pas être trop exigeante sur le plan du ménage. Quel âge doit avoir la candidate ? Une jeune fille risque d'être inexpérimentée, mais sera plus gaie et plus dynamique qu'une personne âgée qui, mieux organisée, sera sans doute moins résistante à la tyrannie d'un nourrisson.

Pour éviter les problèmes entre vous et cette personne, mieux vaut que vous définissiez noir sur blanc les tâches que vous voulez lui confier avant même la démarche d'embauche. Pourquoi d'ailleurs ne pas classer ces tâches par ordre de priorité ? Il est encore utile de définir clairement, la disponibilité que vous demandez à cette personne et le degré d'autonomie que vous souhaitez lui laisser. Ce point sur vos attentes vous permettra de faire un portrait relativement précis de la personne qu'il vous faut et au moment de l'embaucher, de bien définir avec elle ce que seront ses responsabilités. Lorsque vous aurez fait votre choix, laissez à votre employée le temps de prendre ses marques et indiquez-lui clairement les règles éducatives auxquelles vous tenez particulièrement. Vous pouvez d'ailleurs instituer un temps de mise en route d'une semaine sur le modèle de l'intégration en crèche : l'enfant comme sa nounou ont besoin de faire doucement connaissance. Ensuite, prenez régulièrement un peu de temps pour discuter avec elle. Il est souvent plus facile de dire immédiatement si quelque chose ne va pas plutôt que d'attendre qu'un climat de tension s'installe. Apprenez à vos enfants à respecter cette personne en commençant par la respecter vous-même, notamment lorsqu'elle n'est pas là. Évitez de manifester des reproches sur son travail devant vos enfants. Enfin si vous exigez d'elle des horaires précis, faites de même tout particulièrement en fin de journée : elle aussi a une vie privée. Par contre, rien ne vous empêche de rentrer de temps en temps à l'improviste pour vérifier que tout se passe bien.

Les jeunes gens au pair

Ils viennent en France pour une durée limitée à celle de leurs études. Ils doivent être logés, nourris, blanchis et toucher une légère rémunération pour leur temps de travail (cinq heures par jour pendant six jours et deux soirées de baby-sitting par semaine). Ils s'occupent des enfants, de leur linge à la surveillance de leurs devoirs. Il est prudent de recruter une personne au pair par l'intermédiaire d'une association spécialisée. Toutes les démarches administratives sont ainsi simplifiées. L'adaptation à la vie dans une famille et à une culture différente n'est pas toujours facile pour ces jeunes gens. ■

De quatre
à cinq mois

1RE
SEMAINE

1ER MOIS

2 À 3
MOIS

4 À 5
MOIS

6 À 7
MOIS

8 À 9
MOIS

10 À 11
MOIS

1 AN

1 AN 1/2

2 ANS

2 ANS 1/2

3 ANS

4 ANS

5 ANS

6 ANS

ANNEXES

De quatre à cinq mois

Vous

VOICI VENU LE GRAND MOMENT DES SÉPARATIONS. La première, le sevrage, est indispensable à sa croissance. Pour votre bébé, c'est le moment d'enrichir sa palette gustative. Au goût archaïque du lait de sa mère s'ajoutent ceux, fort différents, des fruits et des légumes. De jour en jour, votre bébé affirme ses préférences gustatives souvent très proches des vôtres et de celles de son père.

Si vous arrêtez alors totalement d'allaiter, ne vous culpabilisez pas. Au contraire, cette séparation de votre sein marque un énorme progrès, celui que, dans le vocabulaire psychologique, on appelle « individuation-séparation ». En abandonnant ce corps à corps, votre enfant apprend qu'il ne fait plus partie de vous, qu'il est autonome, individuel, capable de se séparer de celle qui l'a porté et mis au monde.

Autre expérience de séparation, celle induite par la reprise de votre activité professionnelle. Pour votre bébé, quitter vos bras quelques heures est paradoxalement bénéfique. Il va tirer un grand profit de ses rencontres avec les autres bébés. De votre côté, vos nouvelles occupations diminuent la pression affective de votre « préoccupation maternelle ».

Votre enfant

- Il pèse 6,5 kg en moyenne pour 65 cm.

- Il tient assis avec un léger soutien. Sur le ventre, il a les jambes en extension, sur le dos, il soulève sa tête et ses épaules. Il cherche à prendre l'objet qu'on lui présente en tendant la main. Il ramasse le hochet qui est à sa portée et le secoue vigoureusement en le regardant.

- Il répond à la voix par des vocalises. Il rit aux éclats et tourne la tête lorsqu'on l'appelle. Il sourit au miroir. Il n'aime pas être seul longtemps.

- Il différencie les couleurs presque aussi nettement qu'un adulte.

- Il fait connaissance avec le lait 2e âge à raison de 850 ml, 4 à 5 fois par jour, et avec les céréales infantiles sans gluten, les légumes verts et les fruits, à raison de 2 à 3 cuillerées au repas de midi.

1RE SEMAINE

1ER MOIS

2 À 3 MOIS

4 À 5 MOIS

6 À 7 MOIS

8 À 9 MOIS

10 À 11 MOIS

1 AN

1 AN 1/2

2 ANS

2 ANS 1/2

3 ANS

4 ANS

5 ANS

6 ANS

ANNEXES

Naissance du goût *en savoir plus*

Du réflexe à l'apprentissage

Il semble que, dès la vie fœtale, l'enfant aime le goût sucré et qu'il est sensible aux saveurs de la cuisine locale qui sera la sienne plus tard. Ainsi, dès le 4e mois de la vie fœtale, les papilles gustatives de l'enfant sont déjà sensibles aux goûts. En effet, l'injection d'un peu de glucose dans le liquide amniotique, dont le fœtus se nourrit, déclenche chez le bébé un réflexe de succion énergique.

C'est un physiologiste et psychologue israélien, le Pr Jacob Steiner, qui a mis en évidence le côté inné de ce réflexe gusto-facial après en avoir fait l'expérience sur des milliers d'enfants. Il permet de juger si un bébé aime ou non ce qu'on lui propose. Si on pose sur la langue du bébé l'une des quatre saveurs de base (le sucré, le salé, l'acide ou l'amer) on observe chez lui une mimique qui diffère selon la nature de la stimulation.

Cette réaction, identique chez tous les enfants pour une même stimulation, est donc un réflexe. Cette mimique évolue avec l'âge. De la naissance à 6 mois, la réponse gusto-faciale est nette. Entre 6 et 14 mois, l'enfant essaie de la contrôler en fonction de son environnement. En fait, le nourrisson possède plus de papilles gustatives que l'adulte. Elles sont situées sur le palais, dans l'arrière-gorge, sur les amygdales, à certains endroits à l'intérieur des joues et bien sûr sur la langue.

En fait, c'est essentiellement avec la langue que l'enfant goûte, grâce à ses 9 000 papilles gustatives inégalement réparties sur sa surface. Celles-ci transmettent l'information « saveur » aux nerfs qui en informent, à leur tour, le cerveau. Le sens du goût s'affine avec l'habitude et l'âge.

Le goût est toujours source d'émotions qui peuvent être intenses. Avant même de goûter, l'appétit est stimulé par la vue et la texture des aliments. N'oubliez pas que l'odeur, la consistance et la couleur d'un plat ont aussi leur importance, tout comme les circonstances dans lesquelles celui-ci est présenté. ■

Le rôle des odeurs

Des expériences faites à partir du liquide amniotique ont mis en évidence le rôle de l'olfaction dans la perception du goût. À la naissance, l'enfant fait la différence, à l'odeur, entre de l'eau et le liquide amniotique dans lequel il a baigné. Quatre jours plus tard, il préfère l'odeur du lait maternel à celle du liquide amniotique s'il est nourri au sein. À deux semaines, il est davantage attiré par l'odeur d'une femme qui allaite, même si ce n'est pas sa mère, que par celle du lait artificiel. Des chercheurs pensent même que, comme le goût, l'olfaction serait plus fine chez le nourrisson que chez l'enfant plus grand, voire même l'adulte. ■

Du sucre… mais pas trop

La chanson le dit : « Un p'tit morceau de sucre rend la vie moins amère. » Sans en abuser, il rend d'incomparables services quand on souhaite faire absorber à l'enfant un médicament au goût un peu amer, voire franchement acide. Un peu de sucre en poudre dans le remède fait passer son mauvais goût. De même, pour lutter contre la constipation de votre bébé, un peu de miel toutes fleurs, aux vertus légèrement laxatives, fait merveille dans les préparations à sucrer. On sait encore que l'absorption d'un peu d'eau sucrée avant un soin douloureux aide l'enfant à mieux le supporter.

Mais toutes ces vertus ne sont pas une raison pour en abuser. En effet, des études récentes montrent que les enfants à qui l'on a ajouté du sucre (saccharose) dans leurs biberons au cours des trois premiers mois de leur vie en consomment ensuite dans leur enfance de 5 à 10 % plus que les autres enfants, ce qui n'est pas sans conséquence sur leur poids. Il est donc néfaste de sucrer les biberons de lait et de jus de fruits contenant déjà des sucres naturels, le lactose et le fructose, largement suffisants pour satisfaire le goût de votre bébé. Un bébé assoiffé a surtout besoin d'eau, bien plus désaltérante quand elle est nature. Le biberon d'eau sucrée n'a donc pas lieu d'être et risque même de lui couper l'appétit. ■

Une préférence
pour les goûts sucrés

EN OFFRANT À VOTRE BÉBÉ D'AUTRES ALIMENTS que le lait, vous constaterez qu'il est déjà capable d'exprimer sa préférence pour certains goûts alimentaires. Tous les nouveau-nés ont une inclination naturelle pour le sucré, une saveur qu'ils trouvent notamment dans le lait de leur mère ou dans les laits industriels.

1RE SEMAINE

1ER MOIS

2 À 3 MOIS

4 À 5 MOIS

6 À 7 MOIS

8 À 9 MOIS

10 À 11 MOIS

1 AN

1 AN 1/2

2 ANS

2 ANS 1/

3 ANS

4 ANS

5 ANS

6 ANS

ANNEXES

Une perception innée

Le nourrisson, génétiquement prêt pour accepter le lait, est particulièrement sensible au galactose présent dans le lait maternel et au lactose que l'on trouve dans le lait de vache. Ce sont des substances sucrées. Il semble même que ce goût stimule sa succion, lui garantissant ainsi sa survie. Pour vous en convaincre, offrez à votre bébé votre doigt trempé dans un liquide sucré ; mettez ensuite sur ce doigt qu'il a tété quelques grains de sel. Autant il a accepté et tété avec avidité votre doigt sucré, autant il va le repousser de la langue dès qu'il aura décrypté l'information apportée par ses papilles gustatives, à savoir ce goût salé qu'il n'aime pas. Aucun réflexe de succion n'apparaît alors. Mais là encore, les bébés ne sont pas tous identiques. Certains perçoivent plus vite, plus fort et plus finement certains goûts que d'autres.

Initiation en douceur

Vers 6 mois, en général, les goûts alimentaires sont établis précisément, alors que l'enfant est pourtant loin d'avoir fait l'expérience de toutes les saveurs. Il semble que les différents goûts du lait maternel, changeant au gré des habitudes alimentaires de la mère, influencent les préférences de l'enfant et expliquent un attachement particulier aux cuisines traditionnelles. Celles qui font appel aux épices ou aux herbes laissent une saveur très odorante dans le lait. Mais le goût d'un

aliment a aussi une signification affective, agréable ou détestable. C'est ainsi que s'expliquent certaines aversions pratiquement définitives qu'il est inutile, voire mauvais, de combattre.

Une éducation progressive du goût a, en revanche, toute chance de réussir. Les aliments nouveaux sont alors introduits petit à petit dans l'alimentation de l'enfant, un mets à la fois et en petite quantité. Ainsi il s'habituera à une variété de goûts sans réellement s'en apercevoir.

Devant un refus, n'insistez pas et tentez l'expérience à un autre moment. Malgré tout, certains enfants sont plus difficiles que d'autres. Peut-être ont-ils une sensibilité perceptible plus grande.

Le goût comme l'odeur ou les chansonnettes fondent les origines familiales. Très tôt, le bébé reconnaît les bons et les mauvais goûts, avec une préférence pour le sucré. Mais ce n'est pas la seule chose qu'il va discerner : il apprécie les herbes odorantes et les différentes huiles. ■

" Dans les premiers mois, goût et odorat sont extrêmement liés et votre bébé va d'abord sentir l'odeur des plats familiaux que vous allez plus tard lui proposer de déguster. **,,**

179

Méfiez-vous de vos souvenirs

Si vous avez de mauvais souvenirs, qui sont liés à des angoisses nocturnes que vous avez connues quand vous étiez enfant, vous risquez de penser que votre enfant a besoin de vous à tout moment de la nuit. Retenez vos impulsions, les cauchemars et les terreurs nocturnes sont pour plus tard. À ce stade de son développement, votre enfant doit surtout apprendre à dormir. ■

Le coucher et le réveiller en douceur

Avant de s'exprimer avec des mots, c'est avec son corps que votre enfant vous dit qu'il a sommeil. Il s'arrête dans ses activités, s'accroupit, se tasse dans son siège, bâille et rebâille, geint plus qu'il ne pleure. C'est le moment idéal pour le coucher dans son lit. À l'inverse, s'il est surexcité, crie, s'énerve, hurle... il a paradoxalement tout aussi envie de dormir mais il préfère lutter ! Vous aurez certainement plus de difficultés à le coucher. Il souffre à l'évidence d'un trop-plein d'énergie qu'il n'a pas su satisfaire. Pensez-y pour le lendemain et mettez une promenade ou des jeux de plein air au programme. Pour l'aider à se calmer, donnez-lui un bon bain, une ambiance musicale douce et de gros câlins. Le voici profondément endormi, calé dans un coin de son lit pour dormir. Dans cette position, il recherche ainsi un espace plus restreint, rassurant et lui rappelant le ventre de sa mère. Il n'est donc pas nécessaire de le remettre systématiquement au milieu de son lit. Assurez-lui un peu plus de confort en recouvrant la partie basse des barreaux.

De même, pour le réveil, essayez de trouver à quelle heure il faut le coucher pour qu'il s'éveille au bon moment, prêt aux activités de la journée, les siennes et celles de toute la famille. Là aussi, vous pouvez créer une ambiance favorable. La musique joue, à nouveau, un rôle intéressant. Évidemment, choisissez quelque chose d'un peu plus tonique que la veille au soir. Jouez encore avec la lumière. Le soleil, la lumière du jour ou électrique, entrera dans la chambre, peu à peu, pour atteindre sa pleine intensité au bout de quelques minutes. Marquez bien que la nuit est finie et que le jour reprend ses droits. À la belle saison, ouvrez les fenêtres et aérez la pièce, ce qui tonifiera votre petit dormeur.

Certains enfants s'éveillent bien avant leurs parents. Les coucher plus tard ne sert à rien. Ils sont réglés par leur horloge interne. Il suffit de transformer cris et pleurs en gaieté en mettant dans son lit ses jouets favoris, il patientera peut-être pour réclamer son petit déjeuner. ■

■ MON AVIS

On parle sans doute abusivement de troubles du sommeil chez l'enfant. Je pense qu'il s'agit plutôt de troubles du réveil. Nous, les adultes, nous souffrons essentiellement d'insomnie, d'une impossibilité à nous endormir. Par contre, les bébés, eux, sont particulièrement doués pour se réveiller, en raison de leur organisation neuropsychologique. La majorité des bébés se réveillent et se rendorment tranquillement sans que leurs parents s'en aperçoivent. Mais certains nourrissons appellent, manifestant par des cris leur besoin de contacts. Ce sont ceux que l'on rencontre le plus souvent dans le lit de leurs parents. Au contact de leurs odeurs, de leurs bruits cardiaque et respiratoire, ils s'endorment. Mais dès que leurs parents essaient de les remettre dans leur lit, ils se réveillent et crient. Un conseil : si vous êtes parents de tels bébés, gardez bien votre territoire, car ces bébés doués de réveil risquent d'interdire vos nuits. ■

Apprendre à bien dormir

IL EXISTE DE GROS ET DE PETITS DORMEURS, tout comme chez l'adulte. Il semble que les enfants maigres et de petit poids dorment moins que ceux qui sont plus gros. De même, les enfants au développement précoce ont un sommeil moins long que les autres, tout comme les anxieux.

Il fait ses nuits

Depuis ses premières semaines, la répartition sur 24 heures du sommeil de votre bébé a totalement changé. Le bébé de plus de 4 mois dort la nuit 8 à 9 heures consécutives. Sa matinée et son après-midi sont entrecoupés de trois parenthèses « sommeil ». Ces petits sommes durent en général une à deux heures. Il ne se réveille plus pour un biberon de nuit, tout au plus lui arrive-t-il d'avoir besoin d'un peu d'eau. En revanche, le passage de l'état de veille à celui de sommeil se fait toujours un peu plus difficilement.

Son réveil, qui est toujours assez matinal, n'est plus dû uniquement à une sensation de faim. Le matin, pour l'aider à patienter avant son premier biberon, mieux vaut mettre à sa disposition quelques jouets, il saura les apprécier.

Sachez que toute tension familiale peut perturber son sommeil, même aussi petit. Il devient alors de plus en plus dépendant des manifestations de son environnement. Il est sensible à la luminosité du jour naissant, au rythme des temps de repos, de jeux et de sorties.

Pour lui donner un bon sommeil

Voici quelques conseils pour parfaire son éducation au sommeil :

• Aidez-le à distinguer le jour et la nuit. Pour cela, laissez votre bébé dormir à la lumière naturelle dans la journée et fermez les volets quand il fait nuit.

• Respectez le sommeil de votre bébé. Évitez de le réveiller sous quelque prétexte que ce soit, s'il dort plus qu'à l'accoutumée ou s'il dépasse l'heure du biberon. Rien ne justifie de l'interrompre dans ses rêves, c'est son équilibre qui est en jeu et vos nuits futures !

Entretenir un rituel

Dans le sommeil, le bébé ne voit que la séparation d'avec ses parents. Établissez une routine dont il connaîtra bien toutes les étapes : le déshabillage, le bain, le pyjama, le dîner. À l'heure prévue, proposez-lui son doudou ou l'objet qu'il aime le plus (p. 316), puis emmenez-le se coucher en douceur. N'hésitez pas à sacrifier au rituel (chanson ou musique). Cela demande du temps, mais c'est un des meilleurs moyens pour amener votre bébé à s'endormir en paix. Quand vous quittez la chambre, dites-vous bien que vous ne devez plus céder à ses appels. S'il pleure, parlez-lui sans vous déplacer. Ne vous impliquez pas trop. Sachez que votre manque de fermeté ne peut que rendre la séparation encore plus difficile pour lui. Cependant, certains bébés continuent à se réveiller en pleine nuit. Dans presque tous les cas, ce sont des enfants qui n'ont pas encore bien appris à se rendormir seuls entre deux phases de sommeil. ■

> " C'est votre calme et votre confiance qui donnent au bébé le sentiment de sécurité propice à son endormissement. "

1RE SEMAINE

1ER MOIS

2 À 3 MOIS

4 À 5 MOIS

6 À 7 MOIS

8 À 9 MOIS

10 À 11 MOIS

1 AN

1 AN 1/2

2 ANS

2 ANS 1/2

3 ANS

4 ANS

5 ANS

6 ANS

ANNEXES

Les sirops pour dormir

À 3 mois, 7 nourrissons sur 100 ont déjà reçu des tranquillisants ou des somnifères ; au 9e mois, 16 % ont consommé plus ou moins régulièrement des calmants. Et, selon les médecins qui ont fait cette enquête, ces données sous-estiment la réalité française. Nous sommes malheureusement en tête, en Europe, de la prescription de tranquillisants, voire de neuroleptiques pour les bébés. Les antitussifs aux propriétés somnifères et calmantes sont les plus prescrits et les plus donnés par automédication aux enfants. Les sirops calmants ne sont pas utilisés aujourd'hui avec précaution. Pour le Pr Jean Duché, qui a particulièrement étudié cela, la consommation de produits calmants atteint le niveau d'un phénomène de société. Tout comme les adultes qui font une consommation courante de somnifères, les plus petits absorbent presque sans raison ces médicaments. Pourtant, leur emploi doit être strictement limité. Il ne peut être anodin d'utiliser des modificateurs puissants du système nerveux central à une phase fondamentale du développement de l'intelligence et de la personnalité. Le médicament ne doit intervenir que dans les rares cas où l'on ne peut pas agir autrement pour rompre le cercle vicieux de l'insomnie. De plus, les sirops calmants le plongent dans un sommeil profond et lourd, où les rêves n'existent pas. Or, le rêve est nécessaire pour grandir. Il per-met de faire la différence entre l'imaginaire et le réel. Les peurs de la nuit aident à mieux supporter celles du jour.

On peut donc se demander si l'abus de ces produits n'a pas d'effets néfastes sur la construction psychique future de l'enfant. ■

Si vous craquez...

Si vous avez décidé de ne pas intervenir quand votre enfant pleure la nuit, il est essentiel que vous et votre conjoint soyez convaincus de l'efficacité de cette méthode et qu'il n'y ait pas de tension entre vous. Si vraiment, au bout de quelques nuits de pleurs, vous êtes trop angoissée, n'entrez pas dans sa chambre mais parlez-lui doucement derrière sa porte. Dites-lui qu'il doit se rendormir, qu'il n'est pas seul et que vous aussi vous devez dormir. Si c'est insuffisant, entrez dans sa chambre, approchez-vous de son berceau mais ne le prenez pas dans vos bras, caressez doucement son front ou ses mains. Il saura ainsi qu'il n'est pas seul et vous pourrez vérifier par la même occasion qu'il n'a pas trop chaud.

Si vous vivez en appartement, pensez à prévenir vos voisins de cette période d'éducation du sommeil, en leur expliquant que vous « apprenez » à votre enfant à bien dormir. Ainsi, vous ne craindrez pas qu'ils vous qualifient de « mauvaise mère ». ■

▌ MON AVIS

Vous ne comprendrez peut-être pas pourquoi votre bébé qui dormait si bien se réveille maintenant la nuit. C'est que vous avez pris l'habitude des nuits calmes ! Une certaine anxiété perturbe souvent les bébés à cet âge. Ne cédez pas aux médicaments, ne le prenez pas dans votre chambre et surtout pas dans votre lit. Vous vous engageriez alors dans des troubles perdurant jusqu'à l'âge de 6 ou 7 ans. Seule solution, le laisser dans son lit et garder votre calme. Vous devez être persuadés de réussir cette éducation du sommeil. Le calme des parents rassure l'enfant. Vous ne courez aucun risque à essayer ! Sachez bien que vous allez réussir certaines nuits et pas d'autres. Tenez bon et ne vous intéressez qu'à celles qui sont réussies. ■

Un cri dans la nuit...

LA NUIT EST FAITE POUR DORMIR. Certains enfants mettent du temps à le comprendre. Ils s'endorment plutôt facilement mais se réveillent en pleine nuit et sont incapables de retrouver seuls le sommeil. Plusieurs raisons peuvent être à l'origine d'un tel comportement toujours épuisant pour leurs parents.

1RE SEMAINE

1ER MOIS

2 À 3 MOIS

4 À 5 MOIS

6 À 7 MOIS

8 À 9 MOIS

10 À 11 MOIS

1 AN

1 AN 1/2

2 ANS

2 ANS 1/2

3 ANS

4 ANS

5 ANS

6 ANS

ANNEXES

Il croit avoir faim

À 4 mois, votre bébé n'a plus besoin d'un repas au milieu de la nuit, mais il a pu garder cette habitude. Il se réveille alors, on pourrait dire en général après deux phases de sommeil, et ne peut se rendormir qu'après avoir bu un biberon. Il n'a pas faim, mais « croit » que pour replonger dans le sommeil, il a besoin de ce palliatif. De plus, ce repas supplémentaire provoque sur le plan digestif une sensation d'inconfort qui ne va pas contribuer à le calmer. Petit à petit, il ne fait plus la différence entre les sensations de faim et de sommeil. De même, peut-être a-t-il pris l'habitude de s'endormir systématiquement en tétant une sucette. S'il la perd au milieu de la nuit et ne réussit pas à la retrouver, il perd aussi sa capacité de se rendormir. Avec son pouce, il n'a pas ce problème !

Un environnement stressant

Mais des « agents » extérieurs peuvent encore influencer la qualité de son sommeil. Ce sont les bruits inhabituels. Les circonstances du premier endormissement ont beaucoup d'importance. Ainsi, le bébé qui ne s'endort que dans les bras de sa mère ou bercé par le bruit de fond de la télévision est complètement désorienté lorsqu'il s'éveille au milieu de la nuit : il ne retrouve plus ses repères et les réclame naturellement.

L'enfant peut encore être sous l'influence d'excitants. Il subit le tabagisme passif de ses proches, s'il est encore nourri au sein et que sa mère fume ou boit du café ou du thé, voire des boissons alcoolisées : il absorbe nicotine, caféine, théine et alcool dans des proportions qui ne lui conviennent pas. Il en est de même pour certains médicaments aussi banals que l'aspirine.

Trop de sollicitations

Certains enfants peuvent souffrir de troubles du sommeil parce qu'ils sont fatigués d'avoir été trop sollicités, soit par leurs parents incapables de les laisser « souffler », soit par un environnement trop excitant. Il y a encore ceux dont on ne respecte pas le rythme normal du sommeil et que l'on réveille au milieu d'un cycle de sommeil pour aller à la crèche ou chez leur gardienne, travail des parents oblige. Enfin, des enfants sont réveillés par leurs parents ! Au moindre cri, au premier grognement, ils se précipitent dans leur chambre. Toutes ces situations montrent qu'un enfant doit « apprendre » à dormir seul dans sa chambre, dans le silence de la nuit et qu'il ne doit en éprouver aucune angoisse.

Laissez-le pleurer

Que faire si, pour une ou plusieurs de ces raisons, votre enfant ne « fait pas ses nuits » ? La réponse est simple, bien que pas forcément agréable. Après avoir donné à votre enfant toutes les conditions d'un bon sommeil, vous vous abstiendrez de toute intervention. Il va pleurer une nuit, peut-être deux ou trois, et apprendre à se rendormir seul. L'essentiel est de tenir. Si autre chose le dérange et qu'il « souffre », vous percevrez d'autres cris. ■

Petit problème d'hygiène

La tétine « consolatrice » a le même entretien que la cuillère avec laquelle votre bébé prend ses repas : elle se lave aussi à l'eau très chaude et supporte très bien le lave-vaisselle, comme tous les bibe-rons. Pensez aussi à laver régulièrement les mains de votre bébé tout comme les jouets qu'il porte goulûment à sa bouche. ■

Un palliatif, le pouce

Depuis qu'il mange à la cuillère, votre enfant suce beaucoup plus son pouce. De fait, cette façon de manger réduit le temps consacré à la succion et le plaisir qu'elle procure. L'enfant cherche donc son pouce pour retrouver ces moments de plaisir. Il continuera quelque temps à téter le bout de la cuil-lère, venue remplacer le sein ou la tétine. ■

Le réflexe de succion

Les premiers mouvements de succion se voient vers la 10e semaine grâce à l'échographie. Dès le premier mois, le futur bébé commence à relever sa tête, et au cours du deuxième mois, sa langue glisse de la fosse nasale dans la cavité buccale, la conjonction de ces deux événement va permettre la fermeture postérieure du palais. Vers 13 semai-nes, la langue se dirige vers l'ouverture de la bou-che. Les premiers mouvements de déglutition peu-vent être identifiés vers 15 semaines. On constate à la fin du premier trimestre de gestation qu'il tète sa main, ses pieds voire son cordon ombilical. À la naissance, le futur bébé est neurologiquement prêt à boire et il ingurgite un volume de liquide amnio-tique un peu plus important que la quantité de lait qu'il tétera dans ses premiers jours de vie aérienne. C'est d'ailleurs elle qui donnera au bébé toute la capacité à se nourrir grâce à un dernier réflexe qui lui assure une bonne coordination entre succion, déglutition et respiration. ■

■ MON AVIS

La conquête du monde passe par la bouche. L'enfant va passer de la déglutition au sucer puis au mâcher. Il met tout à sa bouche, il mordille sa girafe, le hochet que vous venez de lui tendre, il mâchouille la tétine du biberon. Toutes les informations qu'il obtient grâce à sa bouche lui donnent des notions d'espace, de dureté, de douceur, de chaleur, de dimension, de goût et d'odeur. Tout en étant prudent sur la taille des objets qu'il porte à la bouche, ne soyez pas trop soucieuse de l'hygiène, laissez-le explorer. Sucer lui per-met encore de lutter contre une anxiété naissante. Le pouce a notamment cette fonction. Il est souvent donné par les mères pour calmer les cris et les pleurs. On ne peut pas pro-poser le pouce à un enfant pour ensuite lui reprocher de le sucer ! D'ailleurs, sucer son pouce jusqu'au cours préparatoire n'est pas psychiquement grave, à partir du moment où cela l'aide à surmonter son anxiété. Cette pratique auto-érotique peut laisser l'enfant comme absent : il se recentre sur lui-même et pratique ainsi une préforme de rêverie. Le pouce permet de s'isoler, de s'enfouir un peu en soi, de devenir un peu plus homo-gène par rapport à l'extérieur et par rapport à sa mère. Avec le temps, le pouce va très vite être concurrencé par l'alimentation et le langage. La bouche s'utilise alors pour par-ler, pour chanter et pour goûter. ■

Pouce ou tétine

1RE
SEMAINE

1ER MOIS

2 À 3
MOIS

4 À 5
MOIS

6 À 7
MOIS

8 À 9
MOIS

10 À 11
MOIS

1 AN

1 AN 1/2

2 ANS

2 ANS 1/2

3 ANS

4 ANS

5 ANS

6 ANS

ANNEXES

TÉTER EST UN BESOIN PHYSIOLOGIQUE pour le tout petit enfant. Grâce à lui, il peut se nourrir et retrouver le calme après un stress ou une colère. Les échographies révèlent souvent un fœtus suçant son pouce, habitude qui perdure puisque environ 80 % des enfants de moins de 2 ans tètent encore un de leurs doigts.

Pour le plaisir

Sucer son pouce est une manifestation de bien-être et de plaisir ; c'est aussi l'expression la plus marquante du stade oral (p. 282) que traverse l'enfant de cet âge.

Au cours des trois premiers mois, à chaque repas, le bébé tète le sein de sa mère ou la tétine souple de son biberon. Mais, avec le temps, cela se fera moins fréquemment, surtout s'il est nourri rapidement à la cuillère et même s'il garde, comme c'est souvent le cas, un biberon pour son petit déjeuner et un pour son repas du soir. Aussi, pour retrouver ce plaisir, beaucoup d'enfants tètent un ou plusieurs doigts ou suçotent une tétine. Les enfants qui sont encore mis au sein pour une ou deux tétées par jour ont, semble-t-il, moins besoin de cette compensation.

Pour se rassurer

Lorsque l'enfant grandit, la succion est souvent associée à un objet : c'est une peluche, un chiffon, le rebord du drap ou de la couverture, objet transitionnel par excellence (p. 316), qui aide à supporter les peines et la tristesse lorsque la mère s'éloigne. Il apporte, par sa texture et son odeur familière, réconfort et sécurité. Il est tout à fait logique, alors, que votre bébé découvre la magie de sa main, ainsi que la joie et le plaisir de sucer son pouce. Il tétera plus particulièrement au moment de s'endormir, lorsqu'il s'ennuie ou qu'il cherche à se consoler. Parfois, ce sera encore pour patienter en attendant son repas.

Un choix compliqué

C'est un vieux débat qui, quel que soit le choix, oppose partisans et détracteurs. Savoir si le pouce est « mieux » que la tétine, et inversement, est bien délicat à définir. Il est vrai que le pouce gêne la bonne implantation des dents, mais il est rare que l'enfant le suce en permanence.

La tétine, elle, pour tenir dans la bouche, doit en revanche être aspirée sans relâche. Ses détracteurs lui reprochent encore d'être souvent souillée parce qu'elle traîne un peu partout et, surtout, d'être un recours un peu trop facile pour rendre les enfants sages. D'autres parents et certains spécialistes estiment, au contraire, que cet objet aide le bébé à retrouver son calme et qu'il relaxe les bébés énervés qui, notamment, ne réussissent pas à s'endormir. La tétine peut aussi permettre un passage en douceur d'un attachement à un autre au moment du sevrage. Elle satisfait le besoin et le plaisir de téter. Il n'en reste pas moins que si les bases physiologiques de l'effet calmant de la succion sont mal connues, elles sont, dans la pratique, fort utiles aux parents.

Les bébés du monde

Ce phénomène de succion du pouce est surtout courant dans les pays industrialisés, où les enfants sont fréquemment séparés de leur mère. En Asie, en Afrique, l'enfant ne semble pas avoir besoin de ce réconfort. En effet, il vit ses premiers mois au contact de sa mère, il est très souvent porté par elle et est nourri au sein. ■

Quand la digestion
ne va pas de soi

REJETS, VOMISSEMENTS, DIARRHÉE, maux de ventre, constipation : ces petits troubles digestifs appartiennent très tôt au quotidien des enfants. Généralement, ils sont sans gravité et se traitent par un simple changement de régime alimentaire. S'ils persistent, consultez votre médecin.

Les petits renvois

Les petits renvois sont tout à fait normaux, ne pensez pas immédiatement à une infection ou à une lésion. Un bébé régurgite tout autant qu'il avale, c'est un simple mécanisme physiologique. Ils sont parfois dus à un phénomène de « trop-plein ». L'estomac ne parvient plus à contenir le lait ou le potage que vous venez de donner à votre bébé. Conséquence : il déborde ! Mais, très souvent, les gaz gastriques produits par la digestion en sont la cause, expulsés par des rots qui entraînent un peu du contenu de l'estomac. Parfois, le rejet intervient entre chaque repas, en particulier chez des enfants qui bougent beaucoup. Unique ou répété, il peut rester fréquent tant que votre bébé a une alimentation essentiellement liquide. Il sera accentué si l'enfant boit trop vite. Il faut donc respecter le débit des tétines, ne pas en élargir le trou et éviter de laisser boire votre bébé seul, car il est incapable de faire des petites pauses respiratoires qui permettent de ne pas emplir l'estomac trop vite. Mais rassurez-vous, si votre bébé est du genre « recracheur », sa nouvelle alimentation à base de purées, compotes et autres aliments solides doit tout faire rentrer dans l'ordre.

Les vomissements

Contrairement au renvoi, le vomissement est actif et survient lors d'un effort. Isolé ou se produisant de façon irrégulière, il n'y a pas lieu de vous tourmenter. Il s'agit sûrement d'un petit trouble digestif passager. En effet, certains vomissements apparaissent sous l'effet d'une forte poussée dentaire, d'une otite, d'un rhume (en raison des mucosités encombrant sa gorge) ou encore sous l'effet d'une forte toux. Pour les éviter, donnez de petites quantités d'eau fraîche. Par contre, des vomissements après une chute, associés à de la fièvre ou à de forts maux de ventre ou de tête, avec notamment une douleur due à la lumière, réclament la consultation d'un médecin.

Le reflux gastro-œsophagien

Ce trouble, toujours à prendre au sérieux, touche un bébé sur cinq. Il est associé à des régurgitations, des vomissements, des pleurs au moment des repas, des troubles du sommeil ou des otites. Le reflux gastro-œsophagien a plusieurs causes : immaturité du cardia (partie située entre l'œsophage et l'estomac), erreurs diététiques ou réactions psychosomatiques ; plus rarement, il s'agit d'une malformation intestinale. Le traitement consiste à épaissir systématiquement tous les biberons avec une préparation spéciale prescrite par votre médecin, à donner des laits spécifiques et à coucher l'enfant en position inclinée (30-40°) sur un matelas antireflux. En outre, deux types de médicaments peuvent être prescrits : les uns pour favoriser la fermeture de l'estomac, les autres pour neutraliser l'acidité des flux gastriques.

1RE SEMAINE

1ER MOIS

2 À 3 MOIS

4 À 5 MOIS

6 À 7 MOIS

8 À 9 MOIS

10 À 11 MOIS

1 AN

1 AN 1/2

2 ANS

2 ANS 1/2

3 ANS

4 ANS

5 ANS

6 ANS

ANNEXES

La constipation

Tout d'abord, voici une précision souvent ignorée : un bébé qui émet une seule selle tous les jours, voire tous les deux jours, n'est pas constipé ! On ne peut parler de constipation que si les selles sont rares, soit moins de trois par semaine, dures, sèches (en billes) et émises avec difficulté. Dans ce cas, pas de panique : assurez-vous que votre bébé a suffisamment à boire (surtout s'il fait chaud) et que son biberon est parfaitement reconstitué. En aucun cas n'ayez recours de votre propre initiative à un laxatif. Commencez par augmenter la quantité de jus de fruits, du jus d'orange de préférence, que vous donnez habituellement à votre enfant. Donnez-lui des aliments riches en fibres (légumes verts, fruits). Si cela ne suffit pas, proposez-lui à boire de l'eau de Vittel ou de l'Hépar.

La diarrhée

C'est l'émission de selles liquides, en jet, ne contenant pas d'éléments solides. Elle est très différente d'une selle un peu molle ou un peu plus fréquente que d'habitude, qui ne nécessite qu'une simple surveillance. En effet, 90 % des diarrhées chez le jeune enfant sont bénignes et dues à un problème alimentaire : trop de protéines, de fibres, de sucre, de jus de fruits. Ne vous inquiétez pas, un régime alimentaire approprié va rétablir un transit intestinal normal en quelques jours. Supprimez le lait, au profit du jus de carottes dilué et mettez l'enfant au régime : purée de carottes, pomme, banane écrasée et fruits cuits. Mais, surtout, faites-le boire pour éviter toute déshydratation.

La gastro-entérite

Elle associe diarrhée, vomissements et fièvre parfois. Comme pour la diarrhée, le traitement passe par un régime. Supprimez le lait. Il existe des laits de régime permettant de faire la transition avec le lait habituel ; proscrivez les laitages, les légumes verts, les jus de fruits et les fruits crus (à l'exception de la banane). Faites boire votre enfant suffisamment pour prévenir toute déshydratation. Traitez la fièvre s'il y en a avec du paracétamol et appelez le médecin si l'enfant ne se rétablit pas dans les 24 heures. ■

Les difficultés respiratoires

QUELLES QUE SOIENT LES PRÉCAUTIONS QUE PRENNENT LES PARENTS,
ces infections touchent pratiquement tous les enfants. Selon les circonstances,
les enfants et l'environnement, elles ont des formes et des gravités différentes.

La rhinopharyngite

Les statistiques sont cruelles avec les bébés : on estime qu'entre la naissance et 6 ans, un enfant connaît en moyenne 50 à 60 épisodes rhinopharyngés. La forme de leur cavité nasale les prédispose à ces désagréments. Chez le nourrisson, cette cavité a la forme d'un tube long et étroit qui peut être très rapidement bouché par une sécrétion un peu plus abondante que la normale. Les gouttes nasales, instillées pendant quelques jours de suite, sont efficaces, mais si le traitement se poursuit trop longtemps, elles peuvent provoquer un épaississement de la muqueuse et renforcer l'obstruction nasale. Seul le sérum physiologique n'expose à aucun risque. De même, il est préférable d'éviter les antibiotiques. Face à cette maladie, il faut être patient. Elle disparaît spontanément en trois ou six jours. Le médecin prescrit un antipyrétique, pour faire baisser la fièvre, et un nettoyage régulier du nez. Si la température persiste et si l'écoulement nasal s'épaissit, une deuxième consultation sera nécessaire pour éviter que l'infection ne se transforme en surinfection touchant les oreilles, la gorge et les bronches.

Il est possible, dans une certaine mesure, de prévenir ces atteintes rhinopharyngées en nettoyant quotidiennement les fosses nasales de l'enfant avec une préparation à base d'eau de mer (vendue en pharmacie). Si besoin, on complète ce soin par l'utilisation d'un mouche-bébé pour désobstruer les voies respiratoires. Il est recommandé encore de ne pas faire vivre un bébé dans une atmosphère surchauffée et sèche. Enfin, pour les bébés trop souvent récidivistes, il est possible de leur administrer des immunomodulateurs pour stimuler leurs défenses immunitaires. Mais il faut aussi envisager un terrain allergique ou les effets d'un tabagisme passif.

L'angine

Elle peut être d'origine virale ou bactérienne. Chez un bébé de quelques mois, le diagnostic est souvent difficile à établir, car la gêne peut être légère. Le refus de la nourriture, provoqué par la douleur ressentie lorsqu'il déglutit, est cependant une indication non négligeable. Les autres symptômes tels que vomissements, fièvre, ganglions, etc., varient selon la forme de l'infection. Chez un enfant petit, une simple angine mérite une attention particulière, surtout si elle est due à un streptocoque, car elle peut être à l'origine de maladies plus graves telles que le rhumatisme articulaire aigu.

La laryngite

Elle se manifeste par une toux rauque et sèche. La laryngite se signale par la difficulté qu'a l'enfant à respirer. Très spectaculaire, elle peut cependant être rapidement améliorée – voire prévenue en cas de signes annonciateurs, comme une voix cassée – par l'humidification de la chambre de l'enfant avec des récipients d'eau bouillante et des saturateurs d'eau additionnée d'essence d'eucalyptus. En attendant le médecin, faites couler de l'eau chaude dans la baignoire : la vapeur ainsi dégagée permettra à votre enfant de respirer un peu mieux. La prescription de corticoïdes et d'antibiotiques est systématique.

La bronchite

Elle consiste en une inflammation de l'appareil respiratoire, plus particulièrement des bronches. La bronchite est souvent la complication d'une rhinopharyngite. Les symptômes se caractérisent par une fièvre plus ou moins forte et une toux répétée plus ou moins grasse. Très souvent, l'enfant n'a pas d'appétit.

Le médecin prescrira des antibiotiques et quelques séances de kinésithérapie respiratoire qui viendront à bout du virus, cause de tous les maux. Si besoin est, il prescrira une radiographie des poumons afin de s'assurer qu'il n'existe pas chez l'enfant de foyer infectieux pulmonaire ou qu'une bronche n'est pas bouchée.

La bronchiolite

C'est une infection d'origine virale, due au « virus respiratoire syncytial », qui se caractérise par une inflammation aiguë des bronchioles et qui peut évoluer vers une détresse respiratoire. Terriblement contagieux, ce virus attaque les muqueuses, provoquant une surinfection microbienne. La bronchiolite touche surtout les enfants de moins de 2 ans et est à surveiller de très près chez les bébés de quelques mois. Elle débute généralement par un gros rhume ou une rhinopharyngite ; deux à trois jours plus tard, l'enfant tousse et a du mal à respirer.

Le traitement consiste à donner un médicament bronchodilatateur et, selon le cas, des antibiotiques ou des corticoïdes dans les formes graves ou récidivantes. Une kinésithérapie respiratoire permet souvent de soulager rapidement l'enfant. Il est recommandé de faire boire abondamment un enfant atteint de bronchiolite, car les régurgitations fréquentes peuvent être à l'origine de déshydratation. La bronchiolite est toujours impressionnante pour les parents mais elle ne nécessite l'hospitalisation de l'enfant que dans les cas les plus graves. ■

1RE SEMAINE

1ER MOIS

2 À 3 MOIS

4 À 5 MOIS

6 À 7 MOIS

8 À 9 MOIS

10 À 11 MOIS

1 AN

1 AN 1/2

2 ANS

2 ANS 1/2

3 ANS

4 ANS

5 ANS

6 ANS

ANNEXES

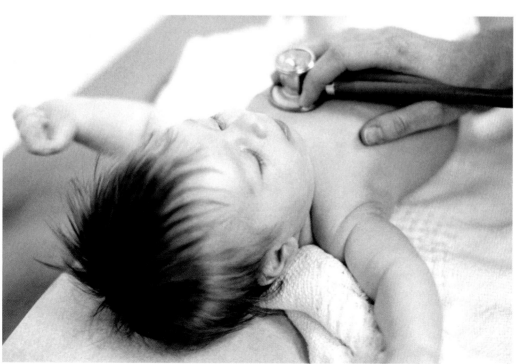

À la recherche de l'air pur

LES PETITS CITADINS DOIVENT S'ADAPTER À LA POLLUTION ATMOSPHÉRIQUE, ils n'ont pas le choix. Aujourd'hui, la plupart des grandes villes sont surveillées et publient des bulletins d'alerte, précieux pour les mamans et les nounous qui projettent une promenade ou une sortie au square.

Les bébés sont les plus menacés

En raison de leur taille et du moyen de transport choisi pour les promener, dans la majorité des cas la poussette, les bébés se retrouvent souvent le nez dans les pots d'échappement. On estime qu'ainsi placés, ils respirent 30 % de polluants de plus que les adultes. Pourtant, ils ont besoin d'un air de qualité, particulièrement à un moment de leur vie où leur appareil respiratoire est en plein développement. Ainsi, à la naissance, les poumons d'un bébé comptent de 25 à 50 millions d'alvéoles pulmonaires (cavités où s'effectuent les échanges respiratoires). À 3 ans, ils en possèdent 300 à 600 millions, soit 6 à 10 fois plus ! Cette multiplication ne peut se réaliser que si l'environnement est de qualité. Une fois constitué, ce « capital respiration » est immuable et ne peut plus être renouvelé. Vous pouvez penser que, de toute façon, votre bébé va forcément s'adapter à cet air vicié. Une notion contre laquelle les spécialistes s'érigent en faux. Ce n'est pas parce que votre enfant ne manifeste aucune réaction à son environnement qu'il n'en souffre pas. C'est aussi minimiser l'augmentation des maladies allergiques (dont l'asthme) constatée par les services hospitaliers, et celle-ci montre bien qu'il n'y a pas d'adaptation, bien au contraire.

Bébé des villes...

Devant ce phénomène, que pouvez-vous faire ? Bien sûr, vous avez la solution d'éviter de sortir, notamment les jours de pics de pollution. Pour les autres, à vous de juger en fonction d'un certain nombre de caractéristiques. Choisissez de préférence les jours où il fait beau, mais pas trop. C'est paradoxal, mais c'est ainsi : ce sont les jours les plus ensoleillés et les moins venteux qui sont les plus dangereux. En effet, le soleil accélère la transformation chimique de certains polluants, les rendant plus agressifs. Le phénomène est amplifié, hélas, par « l'heure d'été » : les activités industrielles et la circulation automobile commençant plus tôt, la quantité de polluants primaires qui se transforment sous l'effet du soleil en polluants secondaires (les plus nocifs) est plus importante. Méfiez-vous également des jours de brouillard car il concentre les polluants dans ses gouttelettes. Pour sortir, préférez un temps sec, pas trop chaud, guettez également la moindre éclaircie après la pluie ou un moment qui suit une tempête car elles dissipent la pollution. Depuis peu, une nouvelle loi sur la qualité de l'air oblige les villes de plus de 100 000 habitants à s'équiper d'un réseau de surveillance chargé d'avertir les préfets qui, à leur tour, devront prendre les mesures les mieux adaptées. Ces dernières consistent généralement à limiter la circulation automobile, responsable à elle seule de 70 % des rejets d'oxyde d'azote, de 12 % de ceux d'oxyde de soufre et de plus de 30 % d'ozone polluant l'atmosphère.

... et bébé des champs

Reste que, pour que votre bébé respire un bon air, il n'y a qu'une seule solution : fuir la ville le plus souvent possible. Mais sachez qu'il faut s'en éloigner d'au moins 50 km pour espérer respirer convenablement. Évitez simplement les embouteillages du retour, sinon le bénéfice de l'escapade risque d'être assez pauvre ! Et si vous partez en vacances, préférez la mer dont le climat est bénéfique pour les petits, car l'air marin chasse les polluants. Alternez avec des séjours à la montagne, où l'air est pur, à une altitude raisonnable de 1 000 m, pour que votre bébé puisse en tirer le meilleur profit.

Que faire en cas de forte pollution ?

Dans la mesure du possible, restez à l'abri et remettez la promenade de votre bébé au lendemain. Si la sortie est inévitable, remisez la poussette, car elle place votre bébé à la hauteur des pots d'échappement, et préférez le porte-bébé. Promenez-vous plutôt en début de matinée, lorsque la température est encore fraîche.

Quand votre enfant sera plus grand, vous limiterez ses efforts, cela lui évitera de respirer trop de polluants. La recommandation est encore plus valable pour un enfant asthmatique, qui devra rester bien tranquille ! Enfin, si vous devez vous déplacer en voiture, évitez si possible les heures de pointe. La concentration de polluants y est particulièrement intense, et encore plus importante si vous êtes enfermée dans une voiture.

Allergie et pollution

Votre enfant peut réagir à toutes ces agressions : rhinite, toux, irritation des yeux et conjonctivite sont fréquentes, dans des délais variables... quelquefois même avant l'annonce du pic de pollution ou, à l'inverse, plusieurs jours après. La pollution ne provoque pas directement des allergies. Par contre, elle peut rendre les allergènes plus agressifs et augmenter toutes les manifestations allergiques. Votre tout-petit peut très bien déclencher une allergie (alors qu'il n'avait aucun antécédent) simplement parce qu'il est fragilisé par la pollution.

Si votre enfant souffre d'asthme, il a toutes les chances de faire une crise beaucoup plus sévère les jours de forte pollution. ■

1RE SEMAINE

1ER MOIS

2 À 3 MOIS

4 À 5 MOIS

6 À 7 MOIS

8 À 9 MOIS

10 À 11 MOIS

1 AN

1 AN 1/2

2 ANS

2 ANS 1/2

3 ANS

4 ANS

5 ANS

6 ANS

ANNEXES

Maman et infirmière

*VOUS VOILÀ ENFIN COMBLÉE depuis le temps que vous vouliez être infirmière !
Tous les gestes de soin à votre bébé s'accompagnent de douceur et de tendresse
et peuvent même se transformer en jeux.*

Par voie buccale

Heureusement, aujourd'hui, la plupart des sirops et autres granulés pour enfants sont aromatisés à la fraise, à la framboise ou à l'abricot et se prennent donc sans trop de difficultés. Sachez pourtant qu'un sirop conservé au réfrigérateur aura moins de goût. Si vous souhaitez masquer la saveur d'un remède dans une boisson, choisissez un parfum prononcé et inhabituel pour l'enfant : le jus de prune fait, paraît-il, des merveilles. Pour les comprimés, le plus simple est de les écraser avec le plat de la lame d'un couteau et de mélanger la poudre ainsi obtenue dans une petite cuillère de yaourt sucré ou de compote au goût bien marqué, par exemple fruits rouges ou mangue. Là encore, choisissez une compote à laquelle l'enfant est peu habitué. Procédez de même avec les gélules après les avoir ouvertes. Vous pouvez aussi simplement diluer la poudre dans une toute petite quantité d'eau minérale et donnez-lui de préférence juste avant son repas. Un conseil : ne mélangez jamais le médicament à un biberon de lait. Certains remèdes donnent une saveur désagréable et vous prenez le risque de ne pas soigner votre enfant si, par manque d'appétit, il ne finit pas son biberon.

Par voie rectale

Les suppositoires ne posent pas vraiment de problème, sauf peut-être celui de provoquer parfois une selle. Dans ce cas, vous n'aurez plus qu'à recommencer. Pendant le traitement, gardez les suppositoires dans le réfrigérateur.

Les collyres, les gouttes nasales et auriculaires

Pratiquement tous les petits détestent qu'on leur mette des gouttes dans les oreilles, surtout si elles ont été prescrites après une otite douloureuse. Vous devrez malheureusement vous montrer ferme et rapide. Avant de les instiller, faites chauffer le flacon quelques minutes dans vos mains, le liquide sera moins froid et n'agressera pas les oreilles de votre chérubin.

Attention, la plupart des collyres ne se conservent qu'une quinzaine de jours. ■

Pour administrer les suppositoires

Enduisez-les de lait de toilette pour qu'ils glissent plus facilement. Couchez l'enfant sur le dos, relevez-lui bien haut les jambes, tenez ses chevilles d'une main, et de l'autre introduisez le suppositoire. Cette position détend le muscle anal et facilite le passage du suppositoire. Maintenez quelques secondes l'enfant en position allongée, serrez-lui les fesses pour éviter toute expulsion inopportune. Quelques chatouilles et papouilles sur son ventre nu rendront ce geste plus drôle que traumatisant.

Pour lui donner un médicament à la cuillère

Installez-le au creux de votre bras ou couchez-le sur le dos. Entrouvrez sa bouche en lui abaissant le menton, posez la cuillère sur sa lèvre inférieure et laissez couler le liquide. Il existe une cuillère-doseur qui facilite toutes les manipulations de ce genre. Certains laboratoires en proposent même avec leurs flacons. Vous trouverez encore des mini-biberons, des sucettes pour médicaments et même des seringues-tétines dont il suffit de glisser l'embout sur la langue de l'enfant.

Les collyres

Ils s'administrent dans des yeux propres. Prenez une compresse stérile imbibée d'un peu de sérum physiologique et passez-la en allant du bord externe de l'œil vers le nez. Changez de compresse pour l'autre œil. Posez fermement une main sur le front de l'enfant à hauteur des arcades sourcilières. Avec le pouce et l'index ouvrez largement l'œil et déposez les gouttes de collyre dans son angle interne.

Les gouttes nasales

Elles se mettent dans un nez propre. Préparez deux petites mèches de coton, roulottées et imbibées de sérum physiologique. Maintenez la tête de l'enfant fermement d'une main et nettoyez ses narines en tournant légèrement les mèches. Ne lâchez pas sa tête et instillez les gouttes.

Pour mettre des gouttes dans les oreilles

Allongez l'enfant sur une surface dure, une simple serviette de toilette sous sa tête. Posez une main au sommet de sa tête et faites-la pivoter sur le côté. Injectez quelques gouttes dans le conduit auditif et maintenez sa tête dans cette position encore quelques secondes.

1RE SEMAINE

1ER MOIS

2 À 3 MOIS

4 À 5 MOIS

6 À 7 MOIS

8 À 9 MOIS

10 À 11 MOIS

1 AN

1 AN 1/2

2 ANS

2 ANS 1/2

3 ANS

4 ANS

5 ANS

6 ANS

ANNEXES

L'adoption *en savoir plus*

Une adaptation difficile

Vous réussirez d'autant plus l'intégration d'un enfant étranger dans votre famille qu'il y aura eu, entre vous et lui, une ou deux rencontres avant l'adoption définitive.

Le mieux pour les parents adoptifs est, si possible, de se rendre dans le pays d'origine de l'enfant. Ils pourront ainsi s'informer sur ses conditions de vie et son état de santé et mieux interpréter certains comportements déroutants. Le comportement d'un enfant adopté est parfois le reflet de son passé.

Dans tous les cas, les psychologues conseillent aux parents d'observer d'abord avant d'éduquer. Ces enfants sont parfois sujets à des troubles pouvant être pris pour des caprices. Certains sont incapables de dormir seuls dans une chambre ou dans un lit. Pensez que jusqu'alors ils dormaient par terre sur une natte, et souvent dans une pièce commune à toute la famille. D'autres se cachent au moindre bruit ou ne peuvent pas se séparer de leur nouvelle maman sans hurler.

Les traumatismes peuvent être plus graves : retard dans le langage ou la propreté, voire troubles importants du schéma corporel. Les causes les plus courantes sont l'absence d'affection, le manque de contacts corps à corps, les changements trop fréquents dans les attaches. Amour et patience sont les seuls remèdes. ■

Une agence spécialisée

Depuis mai 2006, il existe en France une agence française de l'adoption. Son rôle est de simplifier et d'harmoniser les procédures selon les départements. On espère ainsi faciliter l'adoption au point d'en doubler les chiffres. Elle sert aussi d'intermédiaire entre les parents et les différents pays d'origine des enfants. Mais pour l'instant les espoirs des familles semblent déçus. Les documents complémentaires au dossier d'adoption, la lettre de motivation des adoptants et la fiche de renseignements retardent de 6 mois environ toutes les démarches. Selon l'agence c'est le temps nécessaire pour faire correspondre les projets de parents et les exigences des pays proposant des enfants à

l'adoption. Celles-ci ont d'ailleurs tendance à devenir de plus en plus restrictives. Aujourd'hui 25 000 familles bénéficient en France d'un agrément. Sur 5 000 enfants adoptés chaque année, 1 000 viennent de France et 4 000 de 70 pays différents. Les deux tiers des familles qui adoptent ces enfants font seules les démarches dans le pays d'origine. Afin d'éviter qu'elles ne soient exploitées, les représentations françaises dans les pays étrangers doivent maintenant les accompagner dans leurs démarches en leur offrant accueil et écoute. Les enfants adoptés en France sont originaires de Russie, d'Ukraine, d'Éthiopie, d'Haïti, de Madagascar, de Colombie, de Chine et du Népal. ■

Rencontrer l'enfant

Comment s'appeler entre parents et enfants ? Un enfant petit appellera naturellement ses parents adoptifs « papa » et « maman », mais un enfant plus grand peut marquer quelques réticences. Dans ce cas, les nouveaux parents peuvent lui suggérer de les nommer simplement par leurs prénoms. Si c'est un enfant d'origine étrangère, renseignez-vous sur la manière dont on dit « papa » et « maman » dans son pays d'origine, histoire de ne pas interpréter sa difficulté à l'exprimer comme un refus. Les barrières de la langue sont quelquefois source de malentendus.

De votre côté, comment envisagez-vous d'appeler votre bébé venu du bout du monde ? Par son prénom ? Les avis sont partagés. Pour bon nombre de psychiatres, c'est sans aucun doute l'idéal car, pour le bien de l'enfant, il ne peut être question pour lui de changer. Il représente souvent la seule trace de son identité. D'autres considèrent que le fait de lui donner un nouveau prénom signifie que ses parents adoptifs le reconnaissent comme leur propre enfant. Certains pères et mères résolvent le problème en associant le prénom d'origine à celui qu'ils auraient choisi. Si l'enfant a un prénom étranger difficile à prononcer, il est peut-être judicieux d'en changer ou de l'abréger, afin d'éviter tout problème d'insertion, notamment lorsque l'enfant fréquente l'école. ■

Adopter un enfant

1RE SEMAINE

1ER MOIS

2 À 3 MOIS

4 À 5 MOIS

6 À 7 MOIS

8 À 9 MOIS

10 À 11 MOIS

1 AN

1 AN 1/2

2 ANS

2 ANS 1/2

3 ANS

4 ANS

5 ANS

6 ANS

ANNEXES

ADOPTER UN ENFANT DE MOINS DE 1 AN est le rêve de la grande majorité des parents, mais seulement la moitié parviennent à le réaliser à condition qu'ils soient prêts à accueillir un enfant de nationalité étrangère.

Patience et persévérance

Adopter est un acte d'amour et un processus psychologique. C'est souvent l'aboutissement d'une douloureuse et trop longue aventure. Plus que tous les autres, les parents adoptifs ont désiré leur enfant.

Toutes les familles adoptives l'avouent, la première fois que l'on accueille un bébé dans son foyer, on se sent désemparé. En réalité, il vous est confié presque à l'improviste. Pratiquement et psychologiquement, peu de parents sont prêts. De plus, son passé l'a beaucoup marqué. Au mieux, il n'a que quelques mois et a vécu dans une institution. S'il est plus âgé, ses souvenirs de petite enfance l'ont déjà marqué. Enfants rejetés par leur famille naturelle, ou nés dans des régions du globe où règnent la famine et parfois la guerre, ils peuvent paraître physiquement disgracieux ou souffrir de troubles psychiques. L'enfant adopté demande donc toujours disponibilité, patience, persévérance et beaucoup d'affection. Il doit parfois encore séduire ses nouveaux parents. Il ne correspond pas forcément à l'image rêvée au cours de leur longue attente. De plus, ses difficultés d'adaptation peuvent perturber l'équilibre du couple. Une adoption, tout comme une greffe, a besoin d'un tissu compatible pour « prendre ».

Se reconstruire peu à peu

Quels que soient les premiers instants, qu'il y ait coup de foudre ou lente adaptation, on constate dans la plupart des cas un phénomène de régression chez l'enfant, neuf mois après l'arrivée dans la nouvelle famille. Les psychologues parlent de véritable « renaissance ». Il semble que les enfants vivent ainsi une seconde gestation, psychologique cette fois, pour « naître » enfin dans leur famille d'adoption. Pour sa « reconstruction », l'enfant a besoin du soutien actif et de la compréhension de ses parents adoptifs. Dans un premier temps, il peut chercher à « posséder » sa mère. Il va réclamer bras et biberon et s'exprimer comme un bébé. Même si ses demandes peuvent paraître déconcertantes, satisfaites-les. C'est sa façon à lui de vous tester, de vérifier que vous l'aimez. Il peut également faire pipi au lit, refuser de manger ou, à l'inverse, avoir de véritables crises de boulimie. Patientez. Ces petits troubles s'estomperont quand il sera familiarisé avec son entourage. Un enfant adopté ne peut se structurer seul. Il a besoin des autres, de vous, surtout pour découvrir ses propres limites. Usez de patience, il va s'adapter. ■

" Les enfants adoptés vivent très difficilement le divorce de leurs parents adoptifs. Pour eux, cette séparation est vécue comme un deuxième abandon. „

195

L'adoption *en savoir plus*

Ne rien lui cacher

Pour réussir une adoption, il est important que l'enfant sache la vérité. Mais cela doit se passer naturellement. Dès ses premiers mois, ne lui cachez rien et parlez librement devant lui. Un peu plus tard, l'album photos de son arrivée au foyer sera encore un bon support d'informations. Avec l'âge, naîtront les questions fondamentales concernant ses origines. Des réponses claires et précises permettront à l'enfant de se sentir parfaitement intégré à sa famille adoptive. Il est nécessaire de lui faire comprendre qu'il n'a pas été rejeté par sa famille naturelle et que ce sont des circonstances matérielles et l'amour qu'elle portait à l'enfant qui l'ont conduite à le confier à une autre famille. ■

L'adoption plénière

Six mois après le placement de l'enfant, les parents pourront faire les démarches en vue d'une adoption plénière. Seul le tribunal de grande instance est habilité à changer la filiation d'un enfant pour une autre. L'enfant adopté acquiert alors tous les droits d'un enfant naturel. ■

▌ MON AVIS

Dans la majorité des cas, les enfants adoptés se développent comme les autres. Il faut juste tenir compte du fait qu'ils ont été particulièrement souhaités et que leurs parents peuvent alors être de trop bons parents, trop attentifs, trop proches, ne laissant pas assez d'espace et de dimension au hasard dans le développement. Le seul vrai problème est celui de l'origine. Il faut attendre que l'enfant ait accès au langage, qu'il comprenne bien ce qu'on lui dit pour en parler avec lui. Les adoptions d'enfants typés favorisent souvent le langage de vérité. Les enfants vivent l'adoption de manière très naturelle. Dans un premier temps, ils vont poser des questions sur leurs origines, puis ils vont se taire jusqu'à la période œdipienne. Là, toute une série d'interrogations naissent : « Je n'étais pas dans ton ventre ? Tu m'as eu à quel âge ? Qui était ma maman ? » À cette période, les mensonges sont dévastateurs. Il ne faut surtout pas leur répondre : « Tes parents sont morts » ou : « Je ne sais pas où ils sont. » Si les réponses ont été claires, l'enfant va être serein par rapport à ses origines. Tout au plus, il s'intéressera particulièrement au pays d'où il vient. C'est à l'adolescence que surgiront le plus souvent les problèmes. ■

Accueillir un bébé
du bout du monde

ACCUEILLIR UN ENFANT DIFFÉRENT DE VOUS, dont vous connaissez mal les origines, apporte toujours des questions. Elles ont toutes la même préoccupation : quel avenir pour ce bébé ? Même si l'amour gomme bien des inquiétudes.

Le poids de l'hérédité

L'origine sociale, souvent modeste, des enfants adoptés amène parfois les parents adoptants à se poser la question de l'hérédité. Si le groupe sanguin, la couleur des cheveux ou des yeux sont déterminés par elle, le caractère, la personnalité, l'intelligence restent, semble-t-il, intimement liés au milieu (p. 160).

On est souvent surpris de constater que ces enfants ressemblent à leurs parents adoptifs. En effet, c'est à leur écoute qu'ils ont appris à s'exprimer, reprenant à leur compte les intonations familiales, les expressions du groupe dont ils font désormais partie. Il en est de même pour les gestes. Peut-être aussi est-ce pour eux le plus sûr moyen de s'intégrer dans leur nouvelle famille.

L'influence du milieu familial

En fait, l'être humain se construit d'expériences plus que d'hérédité. La plupart des activités caractéristiques de l'homme sont des acquisitions sociales nées d'apprentissages, de sollicitations mais aussi d'amour.

De nombreuses études scientifiques s'accordent à montrer que le niveau intellectuel des enfants adoptés est davantage lié au niveau culturel de la famille d'accueil, notamment dans les domaines de l'acquisition du langage (par la richesse du vocabulaire et des constructions grammaticales) et des mécanismes de la réflexion, sollicitée précocement par les jeux et les diverses activités faisant appel à la déduction et à la stratégie.

Les facteurs héréditaires sont donc toujours largement infléchis par l'influence du milieu dans lequel grandit l'enfant. Tout cela est d'autant plus vrai que l'enfant sera adopté précocement. Dans la mesure du possible, des psychologues sont chargés d'attribuer un enfant à une famille adoptive en fonction de ce qu'ils savent du caractère et de la personnalité de chacun. Les nombreuses rencontres nécessaires du fait de la longueur des formalités administratives aident ainsi les travailleurs sociaux à définir l'âge, le sexe, le caractère, la santé de l'enfant « idéal » pour un couple donné.

La découverte
de sa nouvelle famille

Profitez de votre congé d'adoption pour faire connaissance. Votre bébé a besoin de toute votre affection pour réparer un démarrage dans la vie un peu compliqué.

S'il s'agit d'un enfant plus grand, il risque d'être tout aussi perturbé. Opérez alors avec douceur. Prévenez votre entourage, cela lui évitera d'être harcelé de questions sur son passé qu'il ignore peut-être lui-même. Observez ses habitudes, d'abord pour mieux les respecter, ensuite pour l'aider à s'adapter à sa nouvelle vie. Prévoyez un cadeau de bienvenue, un repas de fête pour lui signifier combien vous êtes heureux de l'accueillir. Au quotidien, armez-vous de patience ; il a besoin de temps pour se familiariser avec une maison et une famille nouvelles. ■

1RE SEMAINE

1ER MOIS

2 À 3 MOIS

4 À 5 MOIS

6 À 7 MOIS

8 À 9 MOIS

10 À 11 MOIS

1 AN

1 AN 1/2

2 ANS

2 ANS 1/2

3 ANS

4 ANS

5 ANS

6 ANS

ANNEXES

La paternité *en savoir plus*

Forcer le destin

Devenir père est une véritable épreuve. Mais ils sont peu à s'en donner les moyens. Une étude réalisée par le CNRS auprès de 1 000 personnes montre que les mères consacrent deux fois plus de temps à leurs enfants que les pères. Elles assument aussi 80 % des tâches domestiques. En un peu plus de 10 ans, les hommes consacrent 10 minutes de plus par jour aux tâches familiales. L'arrivée d'un bébé dans un couple est sans doute le bon moment pour répartir les tâches qui seront dévolues à l'un ou à l'autre. C'est dès les premiers jours, dès les premiers mois qu'il doit s'imposer lorsque la mère hésite dans les gestes de maternage. Il s'apercevra alors que, même s'il ne prend pas son bébé d'une manière identique, il est capable du même résultat : le bien-être et la sécurisation de son enfant. C'est en osant qu'il va apprendre. ■

La confusion des genres

Classiquement, on dit en psychologie que l'enfant a besoin d'une troisième personne pour établir une relation normale avec sa mère. Bien qu'il semble qu'il y ait de la part du nourrisson des systèmes de reconnaissance très précoces qui lui permettent de différencier sa mère et son père, les psychologues s'interrogent sur les conséquences d'une trop grande superposition des deux rôles. L'enfant, pour qu'il puisse intégrer son père dans son système relationnel, a besoin d'établir d'abord avec lui une certaine distance, pour ensuite mieux lui donner valeur et importance. Ce qui n'est pas très difficile pour le nourrisson qui a pour chacun des membres de la famille des mimiques et des gestes différents. Mais le plus extraordinaire est que, selon son sexe, garçon ou fille, il « s'exprime » différemment, c'est-à-dire qu'il communique de façon spécifique avec l'adulte qui est en face de lui. ■

■ MON AVIS

Père et mère doivent garder leur originalité. Il ne s'agit pas de transformer le père en maman et la maman en père. Aujourd'hui, il semble que les pères aient une plus grande capacité d'approche de leur enfant, comme si cela leur était moins interdit ou qu'ils se l'autorisaient plus. Le père peut participer aux changes et au biberon, mais son efficacité est exceptionnelle dans les troubles du sommeil. L'idéal est un partage des charges, ainsi le père peut représenter le temps par ses apparitions et disparitions et la mère l'espace par le portage, l'enveloppement, tout ce qui touche au corporel. La bipolarité peut aussi apporter des notions d'espace et de temps par les allées et venues du père par rapport à la présence permanente et active de la mère. Lorsque le père est au foyer et que la mère travaille, on est étonné de s'apercevoir que le bébé est capable de différencier ce qui appartient à la masculinité de son père et à son rôle de mère suppléante. Père et mère ont des comportements spécifiques, notamment en matière de portage : l'enfant reconnaît immédiatement qui le tient et répond par le fameux dialogue tonique de son corps. Essayez en couple de vous observer mutuellement. Comment prenez-vous votre bébé dans vos bras ? Devenez alternativement observateur et intervenant. Puis observez votre bébé, vous verrez rapidement qu'il met en place tout un système de ritualisation et d'habitudes. ■

Le dur métier de père

1RE SEMAINE

1ER MOIS

2 À 3 MOIS

4 À 5 MOIS

6 À 7 MOIS

8 À 9 MOIS

10 À 11 MOIS

1 AN

1 AN 1/2

2 ANS

2 ANS 1/2

3 ANS

4 ANS

5 ANS

6 ANS

ANNEXES

DEVENIR PÈRE EST AUSSI UNE AVENTURE. Chacun dans le couple a imaginé, rêvé un enfant qui n'est pas forcément le même. Chacun des partenaires doit se trouver un nouveau statut. Le père a souvent plus de difficultés que son épouse. Car c'est elle qui décidera de l'espace qu'elle lui laissera.

Apprendre sur le tas

Le nouveau père se trouve confronté à des tâches qui ne le concernaient pas jusqu'alors. Il peut en éprouver des sensations nouvelles ou, en les accomplissant, faire resurgir des émotions oubliées qui remontent à son enfance. Pour les psychiatres, le rôle du « père » dans le couple est fondamental. Il doit accompagner la régression qui aide la femme à devenir mère. Il est chargé d'aider, de protéger son épouse qui sombre dans la « folie maternelle », un soutien qu'il doit assurer tout en étant quelque peu laissé à l'écart de ce que vivent sa femme et son enfant. Elle peut renoncer momentanément à beaucoup de ce qui faisait sa séduction. Elle a pourtant besoin de se savoir reconnue, aimée en ce moment délicat. Elle doit aussi avoir la certitude que son conjoint l'approuve dans son nouveau rôle de mère et qu'il accepte cette nouvelle femme qui ne ressemble plus à celle qu'il a connue.

Se choisir un rôle

Sera-t-il un père lointain, maternant, distant, éducateur ? Plusieurs solutions s'offrent à lui. Alors, comme la mère cherche son statut dans son histoire avec sa propre mère, le père se tourne vers son père, son grand-père. Cette confrontation est souvent bénéfique, parfois au contraire semée de pièges. Il découvrira peut-être mieux qui était son père et quel type de relations ils avaient noué ensemble. Pour l'homme, devenir père est toujours l'occasion de mettre en cause ou d'enrichir son identité. Mais doit-il ou peut-il pour autant devenir interchangeable avec la mère ? Pas vraiment. En effet, l'homme ne porte pas l'enfant et n'allaite pas. Il ne pourra jamais connaître la relation totalement fusionnelle qui s'instaure entre la mère et son bébé.

Une différenciation immédiate

Leurs comportements sont également très différents : un père ne tient pas un enfant de la même façon qu'une mère. Le premier le met contre son cou alors que la deuxième le garde pelotonné contre elle. De même, leur façon de le bercer n'est pas identique : l'homme le berce plutôt verticalement alors que la femme le fait généralement à l'horizontale. Le père incite plus volontiers son bébé à se mettre debout, joue souvent avec lui, alors que la mère privilégie le dialogue et les caresses. Il reconnaît ses parents dès les premières semaines de vie et, vers 6 mois, il sait manifester un comportement différent selon la personne qui s'approche de lui. En présence de sa mère, il se calme, avec son père, il est prêt à jouer. Autant de différences significatives qui, loin de constituer un handicap, sont une véritable richesse pour le bébé.

Un père qui s'occupe beaucoup de son enfant ne met aucunement en danger son équilibre psychique. Ce qu'il faut plutôt craindre, ce sont les manifestations de jalousie de la mère. Le nourrisson, lui, ne confond jamais les rôles. D'ailleurs, il reconnaît ses parents dès les premières semaines de vie. ■

De la carotte au céleri

Il est possible d'initier bébé à de nouveaux goûts, notamment ceux des légumes en remplaçant l'eau du biberon par un peu de bouillon de cuisson et en ajoutant le lait. Pour un biberon de 150 g :
• 1er et 2e jours, 150 g de bouillon et 5 mesures de lait ;
• 3e et 4e jours, 30 g de soupe, 120 g d'eau et 4 mesures de lait ;
• 5e et 6e jours, 60 g de soupe, 90 g d'eau et 3 mesures de lait.
Pratiquement tous les légumes peuvent lui être donnés. Ils apportent 80 % d'eau et beaucoup de cellulose. Ils sont sources de glucides, de sels minéraux, de vitamines, notamment la vitamine C. Mais les bébés ont des préférences, et tous les légumes n'ont pas les mêmes vertus. Les « favoris » sont les carottes, les courgettes et les haricots verts. Toujours faciles à digérer, ils ne sont pas forts en goût. En revanche, attendez encore un peu pour la pomme de terre, les épinards et le céleri. Pour lui permettre de s'habituer, mieux vaut

introduire progressivement des goûts nouveaux dans son alimentation et attendre qu'il ait bien apprécié une saveur pour lui en proposer une autre. Les quantités recommandées à cet âge : 160 g par jour. ■

À chacun son appétit

Un bébé de 5 mois fait 5 repas par jour, soit 3 biberons (dont 1 à 2 de bouillies fluides) + 2 repas semi-diversifiés, qui se répartissent ainsi :
• à 7 heures : un biberon épaissi (eau + lait 2e âge + farine instantanée ou à cuire) ;
• à 10 heures : un biberon, eau + lait 2e âge ;
• à 13 heures : un repas semi-diversifié comportant des légumes homogénéisés (petit pot) ou cuits maison et mixés, un dessert, des fruits homogénéisés (petit pot) ou une compote et un petit biberon de lait 2e âge ;
• à 16 h 30 : un biberon, eau + lait 2e âge ;
• à 19 h 30 : un repas semi-diversifié comportant un bouillon de légumes + lait 2e âge + légumes cuits (homogénéisés ou mixés). Vous pouvez, si vous souhaitez déjà éduquer votre bébé aux goûts nouveaux, donner les légumes séparément du biberon de lait.
Mais s'il ne finit pas ses biberons ne vous inquiétez pas, chaque enfant a son appétit. Il y a les petits et les gros mangeurs. Un manque d'appétit occasionnel n'a pas beaucoup d'importance. Le plus sage est d'attendre le repas suivant. Si le refus se renouvelle souvent, proposez-lui des petits repas, des petites quantités et laissez-le choisir sa portion. Veillez simplement à ce qu'il boive suffisamment. ■

Le lait 2ᵉ âge

1ᴿᴱ SEMAINE

1ᴱᴿ MOIS

2 À 3 MOIS

4 À 5 MOIS

6 À 7 MOIS

8 À 9 MOIS

10 À 11 MOIS

1 AN

1 AN 1/2

2 ANS

2 ANS 1/2

3 ANS

4 ANS

5 ANS

6 ANS

ANNEXES

S'IL N'ÉTAIT PAS NOURRI AU SEIN, votre bébé prenait des repas de lait 1ᵉʳ âge jusqu'à présent. Ce lait, dont la teneur en calcium est limitée pour permettre une bonne assimilation des graisses, devient insuffisant dès que l'alimentation se diversifie et que la consommation du lait se réduit.

Des laits parfaitement adaptés...

Le lait de vache, plus riche en calcium, ne peut cependant couvrir les besoins en acide linoléique et en fer, ces derniers, notamment, étant nettement accrus. Les nutritionnistes les estiment à 1 mg par jour pour un enfant de 5 mois. Or, à cet âge, seulement 10 % du fer ingéré est assimilé. L'enfant doit donc en consommer 10 mg par jour pour couvrir ses besoins !

Mais les sources alimentaires en fer sont restreintes : 1/2 l de lait frais ou UHT n'apporte pas plus de 0,3 mg de fer. Les autres aliments (viandes, céréales, légumes) en apportent tout au plus 5 à 6 mg par jour, ce qui couvre à peine plus de la moitié des besoins réels du nourrisson de 5 mois. Il est donc nécessaire d'apporter le complément par un lait spécifique 2ᵉ âge à raison de 1/2 l par jour. Avec une teneur en calcium adaptée, il couvre à lui seul 90 % des besoins. Les laits 2ᵉ âge sont parfaitement adaptés : leur teneur en protides (3,5 à 5 g/100 kcal) est abaissée par rapport au lait de vache, et leur teneur en sucre est limitée (12 g/100 kcal avec limitation du saccharose à 20 % et une teneur en lactose d'au moins 50 %). Les graisses sont enrichies en acide linoléique. La teneur en sodium est aussi limitée à 80 g/100 kcal et le fer doit être au moins à 0,75 mg/kcal. Quelle que soit la marque, la composition de tous ces laits est similaire. Elle est sévèrement réglementée et tous les stades de fabrication sont régulièrement contrôlés.

... mais souvent trop vite abandonnés

Malheureusement, une enquête nationale sur l'alimentation des nourrissons français a mis en évidence un abandon très rapide du lait 2ᵉ âge, dont la part s'abaisse brutalement à l'âge de 6 ou 7 mois pour ne plus représenter que 18 % de la ration énergétique quotidienne. Cette régression se fait au profit du lait et des laitages courants. Cet abandon trop précoce a pour conséquence, selon les médecins, des apports excessifs en protides et en lipides et des insuffisances en fer et en acide linoléique. Le lait devrait nourrir l'enfant jusqu'à 1 an, car ses besoins nutritionnels sont spécifiques et doivent tenir compte de sa croissance, rapide au cours de la première année, et de l'immaturité de certaines fonctions, notamment digestives. Si vous désirez encore allaiter votre enfant, vous pouvez le faire, votre bébé ne souffrira d'aucune carence. Et si vous décidez de le sevrer dans quelques semaines, vous remplacerez simplement et progressivement votre lait par un biberon de « lait de suite ». ■

❝ Le lait 2ᵉ âge comme plus tard le lait de croissance sont appelés lait de suite et représentent le complément liquide d'une alimentation diversifiée. ❞

Essayez la cuillère

Certains enfants restent attachés plus longtemps que d'autres au biberon. N'en faites pas un drame : votre enfant acceptera un jour ou l'autre la cuillère comme un grand !

Peu de bébés refusent d'emblée la cuillère. En général, ils en tètent le bord et finissent par comprendre qu'elle peut pénétrer dans la bouche. Ce sont les bébés « gourmands » qui, impatients, manifestent parfois leur déplaisir. Pour commencer, préférez plutôt un aliment un peu « épais » ; les jus de fruits à la petite cuillère atteignent rarement leur but, à moins que vous n'utilisiez une cuillère spéciale dont une partie est protégée par un demi-couvercle. Ne vous étonnez pas pourtant s'il refuse du jour au lendemain de manger ainsi, alors qu'il le faisait sans difficulté jusqu'à présent. Dans certaines circonstances, comme une poussée dentaire ou simplement un peu de fatigue, il préfère retrouver la douce sécurité du biberon. ■

Ses refus

Votre bébé refuse avec colère tout autre mode d'alimentation que le lait au sein ou au biberon. Attendez quelques jours pour recommencer l'expérience. À cet âge, rien ne presse et peut-être a-t-il besoin, avant tout, du contact peau à peau que lui procure l'allaitement.

Si vous souhaitez l'initier aux douceurs d'un fruit ou lui donner un joli teint avec un peu de purée de carottes, il vaut mieux commencer par lui proposer une tétée et ensuite ces nouveaux aliments, de façon à ce qu'il ne les associe pas à la privation du sein. Rappelez-vous que l'appréciation des goûts est affaire d'apprentissage. Parfois, au contraire, c'est le bébé qui est prêt à se sevrer, il refuse le sein, détourne la tête, alors que la mère a encore du lait. Il est « en avance » par rapport à elle ! Pour être bien sûr qu'il s'agit du début du sevrage, il est préférable de lui proposer encore le sein à la tétée suivante. ■

Fruits et légumes

L'alimentation diversifiée à base de fruits et de légumes consiste à amener progressivement l'enfant à accepter, puis à apprécier, les différents mets. Commencez par des fruits et des légumes doux et légèrement sucrés, tels que pomme ou carotte. Les fruits sont les premiers à être introduits dans les menus du bébé, sous forme de jus frais ou de purées de fruits cuits. Cette réduction en compote fine et homogène est indispensable si l'on ne veut pas irriter l'intestin délicat du bébé. Mieux vaut choisir les préparations en petits pots dont la consistance est parfaite. Puis viennent les légumes, sous forme de poudres diluées dans les biberons, de potages parfaitement liquides plus ou moins coupés de lait, ou encore en petits pots. Les purées de légumes s'épaissiront peu à peu. Les saveurs et les goûts nouveaux viendront exciter les sens du goût et de l'odorat, jusqu'ici peu sollicités. Pas étonnant alors qu'il y ait de la part du nourrisson quelques réticences, voire même quelques protestations ! ■

Premières découvertes gustatives

1RE SEMAINE

1ER MOIS

2 À 3 MOIS

4 À 5 MOIS

6 À 7 MOIS

8 À 9 MOIS

10 À 11 MOIS

1 AN

1 AN 1/2

2 ANS

2 ANS 1/2

3 ANS

4 ANS

5 ANS

6 ANS

ANNEXES

EN INTRODUISANT AUTRE CHOSE QUE DU LAIT DANS SON ALIMENTATION, vous développez les sens de votre bébé. Les goûts, les consistances, les odeurs, les couleurs des aliments vont s'associer pour donner au repas un air de fête.

La diversification alimentaire

Un sevrage bien fait est réalisé sans précipitation, avec délicatesse, souplesse et amour. Le moment auquel le bébé sera totalement sevré est une affaire d'accord entre sa mère et lui. La période du sevrage est aussi une étape délicate pour la mère, surtout si elle nourrit son enfant au sein. On n'oublie pas du jour au lendemain une relation aussi forte avec son bébé. De toute façon, au début du sevrage, le sein reste nécessaire à l'enfant pour entretenir son intimité avec sa mère. Vers 3 mois, le lait devient insuffisant pour nourrir votre bébé. Il lui faut d'autres aliments. Tout cela se fait progressivement, son tube digestif et ses fonctions d'assimilation devant s'habituer à cette nouvelle nourriture. Mais l'enfant a aussi besoin de s'adapter psychologiquement.

Une alimentation de transition

Réussir une bonne diversification alimentaire se fait en deux temps. Il faut commencer par une alimentation de transition, avec des carottes ou des farines et des bouillies à base de lait, pour ne pas trop désorienter l'enfant. Les céréales sont, pour la plupart, sans gluten ; ce sont des farines de riz, de maïs, de blé, d'orge, d'avoine. Ces céréales sont riches en amidon, sucre d'absorption lente : elles coupent mieux la faim, en rassasiant, et permettent d'espacer les repas. Pour bon nombre d'enfants, ces farines représentent le premier aliment « différent ». Les farines infantiles sont composées principalement de mélanges de céréales pures. Elles contiennent des sels minéraux, des protéines végétales, des vitamines du groupe B et aussi de l'amidon. Celui-ci se digère grâce à une enzyme appelée « amylase ». Peu active dans l'appareil digestif du nourrisson, elle ne le deviendra que vers le 6e mois. C'est pourquoi les farines « 1er âge » sont diastasées. Leur amidon a donc été traité pour le rendre plus digeste.

Certaines céréales telles que l'orge, le blé, le seigle contiennent du gluten qui n'est pas toléré par tous les enfants. Par prudence, toujours avant 6 mois, il est recommandé, à des fins préventives, d'utiliser des farines sans gluten. Les farines sont utilisées pour épaissir le biberon et donc mieux rassasier l'enfant affamé. Elles sont à cet âge employées uniquement « en dilution », soit quelques grammes mélangés au lait. Pour obtenir une préparation bien homogène, il est indispensable de faire le mélange avec du lait chaud. On trouve, dès le 1er âge, quantité de variétés de farines : des farines simples avec une seule céréale, des farines composées de plusieurs céréales et des farines enrichies avec des légumes. Les farines au cacao ne peuvent être utilisées qu'à partir de 12 mois. ■

« Vous vous imaginez que votre bébé a votre goût... observez bien ses résistances, il commence déjà à avoir le sien propre. »

Le spasme du sanglot

Il se manifeste par des pleurs incontrôlés, accompagnés de violents hoquets. Au paroxysme de la crise, l'enfant devient bleu, ses yeux se révulsent, il perd sa respiration et peut aller jusqu'à un évanouissement très bref. Quand il reprend conscience, les spasmes respiratoires sont terminés. Les principales causes du spasme du sanglot sont l'angoisse, la frustration et la douleur. Il a toujours pour « cible » une personne à laquelle l'enfant est très attaché, dans la plupart des cas sa mère. Cette manifestation est impressionnante mais sans conséquence sur le plan médical. Par contre, si les spasmes du sanglot se renouvellent souvent, demandez-vous dans quelles circonstances ils se sont produits et, si cela vous inquiète, n'hésitez pas à en parler à votre médecin (p. 391). ■

Apprendre la solitude

Votre bébé dort de moins en moins, il aura donc davantage de moments d'éveil. Il doit apprendre à être seul dans son lit ou son siège relax, mais il n'éprouve pas réellement de solitude puisqu'il sait, puisqu'il sent votre présence toute proche. Pour bien vivre ces instants, il ne doit pas se sentir seul. C'est même une condition importante dans l'acquisition de sa future autonomie : il renonce progressivement à la présence physique de ceux qu'il aime pour construire un lien fort, en dépit de l'absence, grâce aux souvenirs et à la rêverie. Cette acquisition lui donnera plus tard, vers 2 ans 1/2, la capacité de rester seul au milieu des autres, malgré leur présence, c'est-à-dire la capacité de s'isoler avec ses jeux et ses rêves. ■

Faire appel à une baby-sitter

C'est généralement un(e) étudiant(e) qui cherche ainsi à se faire un peu d'argent de poche. Pour remplir ce rôle, elle doit avoir au minimum 16 ans. Mais pour des questions de maturité et de responsabilités, il est préférable, surtout en cas de garde régulière, de choisir une personne de plus de 18 ans. Pour des questions pratiques, mieux vaut qu'elle soit couverte par la « Sécurité sociale étudiant ». Son rôle : vous dépanner pour quelques heures, épisodiquement ou régulièrement. Elle peut se charger du bain et des repas de l'enfant, de la surveillance des « leçons » pour les plus grands. Vos obligations : lui prévoir un dîner si elle vient aux heures de repas ; lui laisser libre accès à la télévision, laisser des coordonnées téléphoniques ou celles du médecin des enfants ; la raccompagner ou lui offrir un taxi après 23 h.

Vos consignes : vous lui indiquerez les habitudes de votre bébé, s'il aime avoir un peu d'eau quand il se réveille, si vous le prenez dans vos bras ou au contraire le consolez dans son lit, s'il a un doudou. Si vous partez avant son dîner, laissez bien en évidence le repas et expliquez là encore les habitudes de votre enfant. Présentez-lui sa baby-sitter et, avant de partir, allez dire au revoir à votre bébé en précisant que vous revenez bientôt. Si vous en avez la possibilité, essayez de prendre toujours la même personne, ce sera plus facile pour vous et plus sécurisant pour votre enfant. ■

Jamais seul à la maison

1RE SEMAINE

1ER MOIS

2 À 3 MOIS

4 À 5 MOIS

6 À 7 MOIS

8 À 9 MOIS

10 À 11 MOIS

1 AN

1 AN 1/2

2 ANS

2 ANS 1/2

3 ANS

4 ANS

5 ANS

6 ANS

ANNEXES

VOTRE BÉBÉ S'EST ENDORMI. Vous pensez avoir un peu de temps devant vous et vous décidez d'aller faire des courses au coin de la rue. Tous les parents sont un jour confrontés à cette situation qui n'exige qu'une solution, ne surtout pas céder à cette tentation.

Un sommeil fragile

Peut-on laisser un enfant endormi dans son berceau ? Comment faire confiance au sommeil d'un nourrisson ? Un embarras gastrique, une petite fringale, un bruit dans la rue et votre bébé peut se réveiller. En effet, le sommeil d'un nourrisson n'est pas d'une intensité continue. Il se fait par tranches de 40 minutes, puis, plus tard, de 2 heures avec la possibilité d'éveil au début de chaque phase de sommeil.

Une surveillance constante

Suivant son âge et son tempérament, l'enfant réagira au réveil de façon différente. Couché dans son lit, le nourrisson va pleurer. S'il n'est pas trop réveillé, il se rendormira assez vite. Mais si la raison de son appel est grave (faim, fesses mouillées, coliques, douleurs quelles qu'elles soient), ses cris deviendront d'autant plus forts et angoissés qu'ils resteront sans réponse. Car son cri est un appel à ses parents. Il va s'énerver, aura de plus en plus chaud et sera rapidement complètement en sueur. Aux cris et à l'agitation de tous ses membres correspondent une accélération de son cœur et une dilatation de ses vaisseaux. Les dépenses de son organisme sont intenses. Ses spasmes vont devenir de plus en plus nombreux. Le nouveau-né connaît alors une profonde angoisse à laquelle s'ajoute un risque grave de déshydratation ! Et qu'imaginer en cas de sortie plus longue ?
Des solutions existent pourtant : emmener l'enfant, tout petit. Il se rendormira dans son landau ou contre vous si vous l'installez dans un porte-bébé. Pour les sorties nocturnes chez des amis, n'hésitez pas, l'enfant de 4 mois est aimable et adore rencontrer d'autres visages. Il aimera donc sortir. S'il n'est pas idéal de le promener dans les endroits où il y a trop de monde, il pourra vous accompagner le soir chez des amis, à condition d'emporter quelques-uns de ses objets familiers pour qu'il retrouve un peu son cadre habituel.

S'organiser entre parents

Si vraiment c'est impossible, faites appel à une baby-sitter. Pour vos absences dans la journée, déposez votre bébé à la halte-garderie (la plus proche) ; faites des « échanges » de gardes d'enfants avec une famille ayant des problèmes identiques. Vous pouvez encore appliquer la technique de ces parents qui ont institué avec leurs voisins un réseau de surveillance. La chambre de chaque bébé est équipée d'un appareil pour capter les bruits, relié à un émetteur branché dans l'appartement voisin. Au moindre réveil du petit dormeur, les voisins « de garde » interviennent. Une bonne façon d'organiser un réseau de solidarité entre parents. ■

« Un bébé a toujours besoin d'avoir une réponse à ses cris, faute de quoi il est emporté par une incroyable détresse. »

Des premiers sons à la musique

Avant même de naître, il est sensible aux sons, donc à la musique. Il peut déjà manifester son plaisir ou son mécontentement à l'écoute d'un son par le changement de son rythme cardiaque. Il est donc normal que, plus tard, les musiques violentes aient tendance à provoquer son excitation. Il est certain que les mélomanes naissent dès l'enfance. Les familles de musiciens ne sont pas dues à un « gène » particulier, mais sans doute à une expérience riche et variée dès l'enfance. Pour l'éveiller à la musique, offrez-lui des jouets musicaux ; dès qu'il se tiendra mieux assis, faites-lui découvrir les premiers instruments à percussion. Dans certaines crèches, on propose aux bébés de 6 mois de jouer avec des castagnettes, des tambourins et des tam-tams. Apportez-lui également un environnement musical, mais jamais agressif ni cacophonique. Sachez aussi que le simple hochet agrémenté d'un grelot est une occasion rêvée de découvrir la relation de cause à effet : le mouvement du bras ou du poignet fait naître un bruit, plus ou moins rythmé selon la vivacité du mouvement. De même, il sera particulièrement séduit si le déplacement de son mobile s'accompagne d'une petite musique qui l'aidera très vite à rythmer ses journées, et si vous prenez l'habitude de l'actionner, par exemple chaque fois que vous le couchez. ∎

Les tapis d'éveil

Le tapis de jeux pour le sol est le jouet d'éveil à la mode. L'enfant y découvre à plat ventre quantité de petits objets. Très coloré et réalisé dans divers tissus, il stimule l'éveil et le plaisir. Les derniers-nés offrent à l'enfant des sollicitations visuelles et sonores et offrent de vrais parcours de jeux. Il en existe de très beaux dans le commerce, mais c'est un jouet assez cher.

Vous pouvez aussi réaliser un tapis d'éveil vous-même ; il suffit de coudre entre eux des bouts de tissus différents tels que soie, velours, jersey, tissu brodé, laine, fausse fourrure, etc. Ces patchworks de multiples textures stimuleront les sensations tactiles de votre bébé et l'étendue des coloris accrochera son regard. Les contrastes de couleur sont, à cet égard, très importants. Prévoyez des empiècements assez larges pour que bébé puisse s'y promener en toute liberté. ∎

▌ MON AVIS

Il existe des jouets que l'on peut qualifier de permanents, des jouets qui, depuis l'histoire du monde, accompagnent les bébés dans leur développement psychomoteur, affectif et relationnel. Savez-vous, par exemple, que les enfants de l'Égypte ancienne avaient de petits crocodiles articulés au-dessus de leur berceau ? Par leur bruit, leur couleur et leurs dimensions, ils captaient le regard des bébés. Savez-vous aussi qu'il existait un commerce important de chevaux de bois à bascule dans toute l'Europe à l'époque de la Grèce antique ? Le premier jouet permanent est mou pour être facile à mordre. Puis il devient doux, c'est la peluche ou la petite poupée. Grâce à lui, l'enfant va pouvoir faire ses gammes précoces d'individuation/séparation : « Je ne vois plus maman, mais j'ai mon jouet qui me prouve la permanence de l'objet affectif. » Le jouet fait donc la transition entre la disparition et l'apparition de la mère. Ce jouet préfigure le jeu de cache-cache qui montrera que l'enfant devient sujet dans les relations familiales. Le jouet est un outil qui aide l'enfant à devenir différent des autres et de son environnement : un être unique dans le monde. ∎

Ses premiers jouets

LES BÉBÉS ONT DÉJÀ LEURS JOUETS très souvent bien avant de naître. Offerts par la famille, achetés sur un coup de cœur par les parents, tous ces objets symbolisent l'enfance mais en réalité leur valeur est d'une autre nature.

L'éveil au programme

Pour les petits bénéficiaires, les jouets-cadeaux sont des « outils » qui vont leur permettre d'acquérir un peu d'habileté et leur apprendre le premier principe du raisonnement intellectuel, celui de la cause à effet. Jouer, c'est sérieux. Voici pourquoi un jouet, pour bien remplir sa fonction, doit être adapté aux capacités d'un enfant. Les premiers jouets doivent correspondre aux nouvelles activités motrices et intellectuelles d'un enfant de quelques mois. Ses mains sont de plus en plus habiles et il réussit à les joindre pour tenir plus fermement les objets. Tout naturellement, ses nouvelles possibilités le conduisent à chercher à toucher, manipuler, saisir pour mieux lâcher, etc. Son tout premier jeu consiste à se découvrir. Il aime jouer avec ses mains qu'il entremêle, qu'il agite devant ses yeux, il cherche à attraper ses pieds et plus encore il joue avec sa voix en vocalises sans fin.

Sons, mouvements et couleurs

Il sait se servir d'un hochet, à condition qu'il ne soit pas trop lourd. Il en apprécie les couleurs et la musique, mais il est incapable de le rattraper s'il lui échappe des mains. C'est le premier jouet qu'il tient. À cet âge, il peut le saisir volontairement, le garder en main quelques secondes et tenter de l'approcher de sa bouche. C'est généralement à ce moment-là qu'il lui échappe. Choisissez-en un coloré faisant un agréable bruit de grelot, tous ses sens seront alors sollicités. Les mobiles le fascinent et il arrive, qu'excité par leur mouvement, il les interpelle. En tournant dans l'air au-dessus de ses yeux, ces formes de couleur qui bougent ou dont l'éclat change suivant leurs positions dans la lumière, attirent son regard. Il aime aussi jouer avec des animaux musicaux en caoutchouc. Parmi ses jouets favoris figure sans doute la girafe : grâce à son long cou, elle se saisit très facilement et il mordille avec délectation la tête ou les pattes. Puis, les premières peluches entrent dans son univers. Cependant, quel que soit l'élu de son cœur, vous avez une mission : conserver ce premier jouet. Ce sera une possibilité ultérieure d'émotion pour toute sa vie. ■

1RE SEMAINE

1ER MOIS

2 À 3 MOIS

4 À 5 MOIS

6 À 7 MOIS

8 À 9 MOIS

10 À 11 MOIS

1 AN

1 AN 1/2

2 ANS

2 ANS 1/2

3 ANS

4 ANS

5 ANS

6 ANS

ANNEXES

Gymnastique premier âge

IL ADORE ÊTRE DEBOUT, il pédale avec énergie dans son bain et sait tendre tout son corps pour être plus facilement pris dans vos bras, bref, c'est déjà un sportif qui ne demande pas mieux que de passer à un entraînement et de dépenser sa toute nouvelle énergie.

Une tonicité étonnante

Lorsqu'il est sur vos genoux, il n'a qu'une envie : se redresser. Il tient fermement sur ses jambes et refuse de s'asseoir. Il saisit toute occasion pour se hisser... N'ayez aucune inquiétude, son développement moteur et son tonus le lui permettent. Par ses efforts quotidiens, il a acquis plus rapidement que d'autres ses réactions d'équilibre et un bon développement musculaire. Soutenez-le fermement pour qu'il ne se fatigue pas. Cette prédilection pour la position debout n'est d'ailleurs pas pour autant annonciatrice de marche précoce.

Gym pour nourrisson et maman

Quelques exercices pratiqués en douceur vont préparer les muscles de votre bébé à l'acquisition de la station assise puis de la marche. C'est aussi l'occasion merveilleuse de jeux et d'échanges entre vous. Mais si vous préférez les cours d'un professionnel, vous avez la possibilité de faire de la gymnastique en salle avec votre bébé. Dans les premiers mois, cet exercice à deux s'apparente plus à un jeu de corps à corps, de peau à peau.
La performance physique n'est pas le but de ces séances qui font plutôt penser à de la gymnastique douce ; une occasion pour la jeune maman d'une remise en forme, d'une reconnaissance avec son corps. L'enfant n'est pas passif, il multiplie les sensations tactiles ; il découvre son corps... et les prémices de son autonomie future.

Par ailleurs, Janine Lévy, spécialiste du développement psychomoteur, a créé une méthode d'éveil par le jeu, pratiquée en crèche depuis plusieurs années. À partir de l'observation de tout-petits en pleine activité, elle a codifié et mis au point des mouvements d'équilibre et de sollicitation des sens.
Ce travail lui a également permis de définir des exercices psychomoteurs adaptés au développement des enfants handicapés.

Des clubs de gym pour bébés

Depuis quelque temps, on a vu s'ouvrir un peu partout des clubs de « gym » pour bébés.
Les exercices sont toujours conçus comme des jeux auxquels les parents sont étroitement associés, une séance dure 45 minutes et réunit entre dix et quinze enfants.
À leur disposition, des ballons géants pour se balancer, des tapis de couleur pour tourner et tournebouler, des tunnels pour crapahuter à loisir, des petits trampolines pour apprendre l'équilibre et des mini-balançoires pour se bercer. Ici les bébés « travaillent » l'équilibre et la coordination des mouvements.
Tout comme les « bébés nageurs » (p. 244), les exercices que l'on y pratique sont destinés à apporter aux nourrissons le plaisir de bouger leur corps : ils acquièrent ainsi plus de souplesse, plus d'habileté et un grand épanouissement, à condition de ne pas espérer ainsi en faire de futurs athlètes et de respecter leur rythme et leur fatigue. ∎

Solidement soutenu par les aisselles, votre bébé pousse sur ses jambes en pliant les genoux, ainsi il tonifie ses muscles.

Votre bébé est couché sur son matelas à langer, prenez ses mains en le tenant bien par les poignets, soulevez doucement son buste en soutenant sa nuque de votre autre main. Amenez-le en position assise, les fesses doivent rester en contact avec le matelas. Approchez votre visage, regardez-le dans les yeux, accrochez son regard quelques secondes et redescendez-le tout doucement en position allongée.

Pédaler en avant et en arrière constitue un vrai plaisir et c'est facile à exécuter. Ainsi les muscles se tonifient.

Ses petites mains dans les vôtres, faites-lui faire doucement des exercices pour plier et étendre les bras. Pour transformer l'exercice en jeu, chantez-lui une petite chanson rythmée par ses mouvements.

Votre bébé est couché sur le ventre, passez vos mains sous ses aisselles, soulevez-le doucement jusqu'au moment où ses genoux prennent appui sur le tapis, un petit baiser dans le cou et vous le redescendez lentement.

1RE SEMAINE

1ER MOIS

2 À 3 MOIS

4 À 5 MOIS

6 À 7 MOIS

8 À 9 MOIS

10 À 11 MOIS

1 AN

1 AN 1/2

2 ANS

2 ANS 1/2

3 ANS

4 ANS

5 ANS

6 ANS

ANNEXES

De six
à sept mois

1RE SEMAINE

1ER MOIS

2 À 3 MOIS

4 À 5 MOIS

6 À 7 MOIS

8 À 9 MOIS

10 À 11 MOIS

1 AN

1 AN 1/2

2 ANS

2 ANS 1/2

3 ANS

4 ANS

5 ANS

6 ANS

ANNEXES

De six à sept mois

Vous

GRANDE NOUVEAUTÉ, IL OBSERVE LE MONDE en position verticale et horizontale, regarde sur les côtés, devant ou derrière. Son développement est intense et rapide. Ne vous inquiétez pas s'il vous semble en avance sur certains points et en retard sur d'autres. En quinze jours, tout peut changer.

Sa main se délie. Il saisit les objets entre le pouce et l'index. Ces progrès neurologiques lui permettent une représentation précoce de l'espace. Votre bébé est au stade de tout découvrir avec sa bouche. Il faut commencer par mordre le monde pour être capable de le découvrir et de l'intérioriser. La bouche est véritablement une frontière intermédiaire entre le dedans et le dehors. Pour que le dehors soit bien perçu, il est indispensable qu'il soit incorporé par le dedans.

Vous serez encore étonnée de son babillage incessant. Votre bébé est avide de tous les nouveaux sons, il vous écoute et boit vos paroles. Pour l'aider dans ses progrès, surtout ne lui parlez pas sur un mode « bébé » mais exprimez-vous naturellement avec des mots simples. Il essaiera alors de les répéter.

Mais le plus incroyable sans doute, c'est que cet enfant sait déjà qu'il a un certain pouvoir sur ceux qui l'entourent. Vos relations se sont donc fortement enrichies puisqu'elles connaissent maintenant un certain rapport de force. Gardez votre calme et souriez face à ses provocations permanentes.

Votre enfant

- *Il pèse 8 kg en moyenne pour 70 cm.*

- *Il est capable de supporter son poids sur ses jambes ; si on le tient debout, il tend ses jambes bien raides. Il reste assis quelques instants.*

- *Il tient fermement dans sa main ses premiers jouets. Pour les objets plus gros, il utilise ses deux mains et les porte à sa bouche pour les dévorer. Il porte ses pieds à sa bouche.*

- *Il gazouille avec délectation en faisant rouler les « r » au fond de sa gorge. Il fait claquer sa langue, répondant ainsi sans se lasser aux sollicitations de ses parents. Il reconnaît son nom et dit plusieurs syllabes. Il est curieux de tout et observe avec passion tout ce qui est minuscule.*

- *Il adore les aliments sucrés et son sourire montre une première dent.*

- *Son alimentation quotidienne : 10 g de viande ou de poisson, 10 g de légumes.*

1RE SEMAINE

1ER MOIS

2 À 3 MOIS

4 À 5 MOIS

6 À 7 MOIS

8 À 9 MOIS

10 À 11 MOIS

1 AN

1 AN 1/2

2 ANS

2 ANS 1/2

3 ANS

4 ANS

5 ANS

6 ANS

ANNEXES

Du bon usage de la courbe de croissance

La meilleure surveillance du bon développement de votre enfant est sa courbe de taille (elle se trouve dans son carnet médical). Elle a toute sa valeur si la mesure de l'enfant est faite régulièrement : tous les trois mois jusqu'à ce que l'enfant ait 3 ans, tous les six mois et aux dates anniversaires ensuite. Si vous constatez une anomalie, reprenez le rythme des contrôles trimestriels pour vérifier vos doutes. Si un plateau s'installe sur la courbe, consultez un médecin. Aujourd'hui, il existe des méthodes de diagnostic efficaces pour repérer tout retard de croissance. Le suivi classique de la taille est déjà une très bonne indication. Une simple radiographie de la main permet de connaître, grâce au relevé des différents points d'ossification, l'âge osseux de l'enfant, soit le degré de sa maturation osseuse, résultat d'un calcul fait en comparant la taille et la forme de chaque os avec un atlas de références où le médecin trouve la reproduction de radiographies de mains de garçons et de filles à différents âges. Parfois, cet examen est suivi d'un dosage hormonal.

Enfin, sachez que plus la poussée de croissance débute tôt, plus l'arrêt de la croissance est précoce. Chaque enfant grandit selon son propre rythme et les filles sont en général plus petites que les garçons. ■

Les retards de croissance

Tout commence in utero. Contrôler le bon développement d'un bébé est un des points essentiels de la surveillance de la grossesse. Toute grossesse difficile peut entraîner un retard de croissance, tout comme certaines maladies, une mauvaise nutrition ou l'abus de tabac ou d'alcool. La malnutrition est la plus grande cause du retard du développement physique chez l'enfant.

D'autres facteurs peuvent être en cause : la maladie ou un mauvais environnement psychique. Les maladies aiguës n'ont pas d'importance, ce sont les maladies chroniques ou prolongées qui ralentissent la courbe de croissance. On sait maintenant aussi que la douleur est un facteur de trouble de la croissance. Par contre, 8 enfants petits à la naissance sur 10 rattrapent une taille normale en quelques mois. Les autres devront bien souvent être pris en charge médicalement. ■

▌ MON AVIS

La grande acquisition du moment est la position assise. Pour cet enfant, tout va changer : il voit arriver les autres près de lui, il observe de manière circulaire tout autour de lui, il regarde sa mère ouvrir la fenêtre et sent l'air frais sur son visage. Il peut même regarder en dehors de sa chambre, lorsqu'il entend un bruit : il tourne la tête pour voir d'où vient ce bruit. Sans arrêt, il se cramponne pour rester assis comme si son désir de regarder toujours plus loin le poussait à tant d'efforts. Il est passé ainsi du stade de l'accrochage œil-œil, mère-enfant, à la conquête par le regard de sa chambre, voire même au-delà. Lorsqu'un membre de sa famille franchit la porte, il tend les bras en serrant les poings. Il peut vous sembler fatigué, mais ce n'est qu'une impression, laissez-le faire, il a besoin d'un gros entraînement pour se muscler et conforter sa position assise. Dites-vous qu'il est en train de gagner la médaille d'or des Jeux olympiques qui va le mener à la station debout. ■

Vingt-cinq centimètres
en un an

*VOTRE ENFANT GRANDIT DE 25 CM EN MOYENNE au cours de sa première
année. Ce sont les trois premiers mois qu'il grandit le plus vite, 3 à 4 cm.
Jusqu'à 1 an, le rythme est de 2 cm par mois. Petit rappel, la taille moyenne
d'un nouveau-né est de 50 cm, avec une variante de 3 cm selon les enfants,
12 mois plus tard il fera presque 75 cm.*

Le phénomène de la croissance

Ce sont les facteurs génétiques qui déterminent
essentiellement sa taille future, auxquels s'ajoutent l'influence de l'environnement et les sécrétions hormonales. La croissance se fait notamment par l'allongement des os des membres ou
« os longs ». C'est un phénomène très complexe.
Tant que l'enfant grandit, il persiste aux deux
extrémités de chaque os une bande de cartilage
dit « de conjugaison ou de croissance ». C'est
le cartilage qui fabrique de l'os, c'est donc par
lui que l'os grandit en longueur. Mais il grandit
aussi en largeur grâce à la prolifération des cellules osseuses situées à sa périphérie. Lorsque
ce cartilage a terminé sa « maturation », il disparaît en devenant à son tour de l'os et en sou-
dant entre elles toutes les pièces osseuses qui
doivent l'être dans le squelette. De plus, à la naissance, l'enfant a une musculature qui n'est pas
encore très développée. Celle-ci se fortifiera sous
l'effet de certaines hormones, des exercices physiques et de l'alimentation. Il n'y aura pas essentiellement de différence sur ce plan entre les garçons et les filles avant l'adolescence.

Les facteurs environnementaux

Le bon fonctionnement de la maturation osseuse
dépend de facteurs très nombreux : génétiques,
familiaux, personnels, ethniques. Puis interviennent les facteurs liés à l'environnement : qualité
et quantité de l'alimentation, niveau socio-économique des parents ainsi que qualité des relations affectives (p. 214). Mais le squelette a également besoin, pour se développer, de vitamine D
en suffisance : elle augmente l'absorption intestinale du calcium et favorise en conséquence sa
fixation par l'os. Les enfants d'aujourd'hui grandissent davantage et plus vite qu'avant. Ils ont
pris en moyenne 4 cm entre 1960 et 2000 alors
que leur taille de naissance n'a pas changé.

Le rôle des hormones

À cela, il faut ajouter le rôle de l'hormone de croissance sécrétée par l'hypophyse. Elle agit sur la
croissance du cartilage par l'intermédiaire d'un
autre facteur hormonal. La GH (*Growth Hormone*)
est le résultat de la transformation par l'hypophyse d'une substance, GRH, fabriquée par
l'hypothalamus. Sa principale source est le foie.
L'hormone de croissance est produite pendant
certaines phases du sommeil, d'où l'importance
d'une durée suffisante de repos. Ce sont encore
les données héréditaires qui programment la
rapidité de la croissance. Certains enfants ont
atteint leur taille adulte à 13 ans, d'autres devront
attendre jusqu'à 20 ans. L'arrêt de la croissance
est sous l'influence des hormones sexuelles
sécrétées dès la puberté. ■

1RE SEMAINE

1ER MOIS

2 À 3 MOIS

4 À 5 MOIS

6 À 7 MOIS

8 À 9 MOIS

10 À 11 MOIS

1 AN

1 AN 1/2

2 ANS

2 ANS 1/2

3 ANS

4 ANS

5 ANS

6 ANS

ANNEXES

De la rhinopharyngite à l'otite

Trois raisons expliquent la fréquence des otites chez les enfants de moins de 5 ans. Une fragilité aggravée chez les moins de 18 mois en raison d'une absence de défenses immunitaires contre les germes responsables de cette infection. Les enfants petits ont encore deux particularités anatomiques favorisant les otites. Leur trompe d'Eustache, plus large et plus courte que chez l'adulte, est proche des voies nasales où pullulent les microbes en cas de rhinopharyngite. Enfin, les végétations adénoïdes qui tapissent la zone située à l'arrière du nez augmentent considérablement de volume dès qu'elles doivent faire barrage à une infection pharyngée et, en grossissant, elles obstruent la trompe d'Eustache.

Lorsque le bébé est enrhumé, les bactéries qui ont provoqué la rhinopharyngite pénètrent dans la cavité de l'oreille par le canal de la trompe d'Eustache, conduit reliant le pharynx et l'oreille. Elles s'installent derrière le tympan et développent une infection : l'otite aiguë. Elle est donc toujours provoquée par des bactéries, dans 85 % des cas, le pneumocoque et l'Hæmophilus influenzae.

Cette infection fait mal, très mal, et demande l'intervention du médecin qui examine l'enfant à l'aide d'un appareil, l'otoscope. Introduit dans le conduit auditif, il lui permet de voir l'état de la membrane du tympan. En effet, l'otite aiguë peut évoluer vers différents stades. Si le tympan est rouge, sombre et rétracté, elle est dite congestive ; si le tympan est bombé, cela signifie qu'il y a du pus dans la caisse du tympan, c'est une otite purulente. L'otite aiguë nécessite la prise d'antibiotiques. L'otite purulente impose également la prescription d'antibiotiques et, de moins en moins souvent, une paracentèse. ∎

Des gestes de prévention

• L'allaitement maternel fournit largement des anticorps.
• Les promenades au grand air qui décongestionnent tous les organes, nez, gorge, oreilles permettant une bonne circulation des sécrétions.
• En cas de rhinopharyngite, un nettoyage des voies respiratoires par un mouchage fréquent si besoin pour les tout-petits avec un mouche-bébé et des lavages au sérum physiologique.
• Évitez les carences en fer en adoptant une alimentation très diversifiée et traitez les reflux gastro-œsophagiens s'ils existent. ∎

Comment reconnaître l'otite ?

Chez le tout-petit qui n'a pas encore le langage pour dire sa souffrance, l'otite n'est pas toujours facile à reconnaître. L'enfant est grognon et pleure beaucoup, notamment la nuit lorsqu'il est totalement allongé. Fièvre, vomissements et diarrhées sont presque toujours associés. L'enfant plus grand se plaint de douleurs sévères et brutales, il a aussi de la fièvre.

Par contre, l'otite séreuse se manifeste par une baisse d'audition, l'enfant fait répéter ce qu'on lui dit, monte le son de la télévision mais peut aussi s'enfermer dans un certain mutisme.

Depuis plus de dix ans, les médecins constatent un accroissement du nombre des otites sévères chroniques et des bronchiolites du nourrisson (p. 219). De plus, une étude américaine récente montre que les enfants dont les mères fument de 1 à 19 cigarettes par jour ont 14 % de chances de récidives d'otites moyennes. Lorsque la consommation de tabac dépasse les 20 cigarettes quotidiennes, ce taux passe à 28 %.

Dans la moitié des cas, les otites s'enchaînent. Lorsqu'elles atteignent six à sept par an, on parle « d'otites à répétition » dont la cause est une hypertrophie des végétations ou une fragilité des muqueuses en raison d'un reflux gastro-œsophagien. ∎

L'otite, fréquente et douloureuse

1RE SEMAINE

1ER MOIS

2 À 3 MOIS

4 À 5 MOIS

6 À 7 MOIS

8 À 9 MOIS

10 À 11 MOIS

1 AN

1 AN 1/2

2 ANS

2 ANS 1/2

3 ANS

4 ANS

5 ANS

6 ANS

ANNEXES

RARES SONT LES ENFANTS qui échappent à l'otite. En effet, cette affection est le deuxième motif de consultation pédiatrique et 75 % des enfants de moins de 3 ans ont à en souffrir. Entre 6 mois et 1 an, un enfant sur trois fait au moins une otite et un enfant sur deux avant ses 2 ans.

Otite aiguë

Complication très fréquente d'un phénomène infectieux (rhinopharyngite, angine ou bronchite, p. 188), l'otite aiguë correspond à une inflammation de l'oreille moyenne due à une infection bactérienne ; elle est considérée, à juste titre, comme l'une des affections les plus douloureuses de la petite enfance. Les virus et les bactéries pénètrent dans l'oreille moyenne, située derrière le tympan, et provoquent ainsi une inflammation du tympan et de la muqueuse : c'est l'otite congestive. Cela peut évoluer vers le stade de l'otite purulente : un abcès se forme sous le tympan ; bombé, il est prêt à éclater. Le traitement est fonction de la nature même de l'otite. Il va de la prescription d'antibiotiques, associés à un antipyrétique (en cas de fièvre), à un antidouleur et des gouttes nasales. Si votre enfant souffre beaucoup, on peut lui prescrire des gouttes auriculaires. Dans le cas d'une otite purulente, qui provoque une douleur intense, une paracentèse sera pratiquée, mais cette intervention est devenue exceptionnelle, les médecins préférant laisser faire la nature, avec l'aide des antibiotiques et sous leur étroite surveillance. Le médecin incise le tympan pour laisser s'écouler le pus qui s'est logé derrière. Aussitôt, la pression à l'intérieur de la caisse du tympan, provoquant la douleur, est supprimée. Cependant, lorsqu'un enfant est petit, il ne peut pas préciser où il a mal. Le fait de porter la main à son oreille n'est pas toujours significatif. Certains signes peuvent vous guider : il est enrhumé, pleure souvent, manque d'appétit, a des troubles digestifs et de la fièvre ; une consultation médicale s'impose alors. Seul l'examen des tympans permet de faire le diagnostic avec certitude.

Otite séreuse

À la différence de l'otite aiguë, l'otite séreuse – dite otite subaiguë – peut passer inaperçue ou n'être découverte qu'à l'occasion d'une affection ORL ou d'un examen systématique. Surtout, ne la négligez pas. Si elle n'est pas dépistée à temps, elle peut entraîner une gêne auditive importante, avec les conséquences que l'on devine sur l'acquisition du langage (p. 226). Il semble encore que les enfants sont plus sensibles aux maladies ORL lorsque les parents ou l'entourage proche (famille, nourrice) fument. Enfin, pensez à faire vacciner votre enfant contre l'hémophilus. Si ce virus est la première cause des méningites chez le tout-petit, il est également responsable de bon nombre d'otites !

Vacciner les enfants fragiles

Il existe désormais un vaccin contre les infections ORL, particulièrement destiné aux enfants faisant des otites à répétition et vivant en collectivité. Il est surtout efficace contre le pneumocoque, responsable de la méningite, et accessoirement élimine quelques otites. Le vaccin antigrippal diminue de 30 % environ le nombre d'otites chez l'enfant. Dans certains pays, cette vaccination est systématique dès les premiers mois du bébé. ■

Des mesures de prévention

Elles sont relativement simples, elles consistent à éviter le contact avec les personnes enrhumées ou grippées, à se laver les mains à l'eau et au savon, et à bien les essuyer avant de prendre son bébé dans les bras. Il ne faut pas non plus échanger les tétines, les sucettes, les doudous et les couverts. Les baisers des petits comme des grands doivent être proscrit tout le temps de l'épidémie. Si votre bébé est particulièrement fragile, s'il a moins de six mois et que vous êtes enrhumée, adoptez la mode japonaise et portez devant le nez et la bouche, un masque de papier (vendus en pharmacie). Mieux vaut encore, avec un tout-petit, éviter de le promener dans des lieux surpeuplés, les transports en commun, les supermarchés et les grands magasins ne sont pas pour lui lorsque le virus sévit. Enfin, bien sûr, supprimez le tabac de son environnement, aérez largement votre appartement et sa chambre notamment, ne surchauffez pas, 19 °C est bien suffisant. ■

La kinésithérapie respiratoire

Elle se pratique généralement au cabinet d'un kinésithérapeute spécialisé à raison si possible de rendez-vous quotidien sur quatre à six jours. La séance commence presque toujours par « le mouchage » du nez de l'enfant pour désobstruer les voies respiratoires aériennes puis il procède au désencombrement des bronches. Le kinésithérapeute pose sa main droite fermement sur l'abdomen, il fait contre-appui avec l'autre main à la hauteur des côtes, en accompagnant les mouvements respiratoires du bébé, il lui fait cracher les glaires qui encombrent ses bronches et ses bronchioles. Lorsque ces glaires sont dans l'arrière-gorge, le praticien contracte le nez et la bouche de l'enfant et va chercher les mucosités à l'aide d'un mouchoir en papier. Peu de bébés apprécient ces manœuvres, beaucoup de parents sont impressionnés mais, en quelques minutes, le résultat est spectaculaire, l'enfant va mieux. Généralement le kinési-thérapeute profite de cette séance pour initier le parent présent à la douche du nez et à l'utilisation des médicaments broncho-dilatateurs s'ils ont été prescrits. ■

Parfois, c'est une urgence

Le premier risque de la bronchiolite est la déshydratation. L'enfant ne parvenant plus à se nourrir ne boit plus non plus. Premier signe d'alerte : lorsque le bébé boit moins de la moitié de son biberon trois fois de suite, il est préférable de joindre le médecin. S'il est injoignable, faites le 15. Dans les cas les plus graves, le bébé doit être hospitalisé. Autre signe d'urgence : l'enfant souffre d'une gêne respiratoire importante, il respire vite en sifflant ou en ronflant bruyamment, les ailes de son nés battent, son thorax est enfoncé ou distendu entre les côtes, il soulève son ventre à chaque inspiration, il est en sueur et il pleure.

Les bébés de moins de trois mois, surtout s'ils sont nés prématurés, qui ont de telles manifestations doivent être immédiatement hospitalisés tout comme les enfants qui souffrent de problèmes cardiaques ou neuromusculaires. ■

La bronchiolite

LA BRONCHIOLITE SÉVIT AVEC PLUS OU MOINS DE GRAVITÉ tous les hivers.
Peut-on la prévenir ? Cette maladie respiratoire touche l'enfant de moins de deux
ans. Elle débute généralement comme un rhume et peut évoluer vers une bronchite
avec gêne respiratoire. Malgré la mauvaise réputation de cette maladie, elle
ne nécessite l'hospitalisation que dans 1 % des cas.

Très contagieuse

C'est une maladie particulièrement contagieuse qui se transmet d'enfant à enfant entre camarades de crèche ou entre frères et sœurs. Sa transmission se fait directement par la projection de salive ou indirectement par les mains ou les objets, linge, jouets, tétines, ayant été souillés par la salive du porteur. Ce virus est tellement résistant qu'il peut vivre sur l'objet contaminé presque sept heures. Vous pouvez diminuer les risques de contagion en vous lavant les mains avant de vous occuper de votre bébé et en demandant aux personnes enrhumées, enfants et adultes, de ne pas l'embrasser sur le visage.

Des symptômes précis

La bronchiolite se reconnaît par quelques symptômes : l'enfant a d'abord une toux sèche, il tousse et a un léger rhume, puis il fait du bruit en respirant. Il respire plus vite que d'habitude, parfois sa respiration est sifflante, il a du mal à finir ses biberons, il pleure, il s'agite et il dort mal. Des vomissements, des diarrhées et une fièvre modérée peuvent apparaître. Mais attention, chez certains nourrissons la maladie est silencieuse. Seule manifestation : l'enfant ne finit pas ses biberons. Au moindre doute, il est préférable de consulter son médecin.

Dans 90 % des cas, la bronchiolite est sans gravité et se soigne en huit ou dix jours. Au programme, repos, mouchages et lavages des voies respiratoires et vie dans une atmosphère bien hydratée. De plus en plus souvent, le médecin prescrit également de la kinésithérapie respiratoire qui aide l'enfant à retrouver toute sa capacité respiratoire.

Sur une base allergique

La bronchiolite est due à un virus respiratoire, syncytium. Il est très agressif chez l'enfant et attaque particulièrement l'appareil respiratoire au niveau des bronches. Une enquête réalisée auprès de 600 médecins et sur plus de 1 000 données a permis de dessiner le portrait-robot de l'enfant récidiviste.

C'est généralement un garçon nourri au biberon, mis très tôt en crèche et dont les parents souffrent couramment d'allergie. Les antécédents médicaux constatés sont les vomissements à répétition, au moins une paracentèse à la suite d'une otite ou une bronchite asthmatiforme.

Si la fragilité des garçons par rapport aux filles reste inexpliquée, l'influence des antécédents allergiques des parents est bien connue. D'autres facteurs de risque interviennent aussi, comme le manque d'hygiène, un poids de naissance inférieur à 3,5 kg, des antécédents familiaux de problèmes respiratoires et la saison. On sait aujourd'hui qu'un bébé qui fait trois épisodes de bronchiolite au cours d'un même hiver voit ses risques d'être un enfant de moins de 12 ans asthmatique multipliés par trois. ■

1RE SEMAINE

1ER MOIS

2 À 3 MOIS

4 À 5 MOIS

6 À 7 MOIS

8 À 9 MOIS

10 À 11 MOIS

1 AN

1 AN 1/2

2 ANS

2 ANS 1/2

3 ANS

4 ANS

5 ANS

6 ANS

ANNEXES

Les premières dents *en savoir plus*

La carie

On a pu observer des dents abîmées dès 18 mois. L'usage néfaste d'une tétine trempée dans le miel ou le sucre pour aider l'enfant à s'endormir en est souvent la cause. Chez l'enfant, comme chez l'adulte, l'ennemi des dents est le sucre. Veillez, surtout le soir, à ne pas habituer votre enfant à un biberon de lait ou d'eau sucrée, pratiques à l'origine du « syndrome du biberon » : les dents se carient les unes après les autres. Il faut alors les arracher et appareiller l'enfant. Sa croissance oblige au changement régulier de cet appareil dentaire jusqu'à la poussée des dents définitives. Dernière précaution, si vous devez donner à votre enfant un sirop antitussif, pensez à lui nettoyer les dents avant qu'il ne s'endorme. Toute carie doit être soignée, même sur une dent de lait. Le fluor augmente la résistance de l'émail et agit sur la plaque dentaire en éliminant les bactéries. Parlez-en avec votre pédiatre, il vous indiquera le dosage et la forme. ■

Les poussées dentaires

Il n'y a aucune raison de ne pas soulager l'enfant qui en souffre. L'alternance d'aspirine et de paracétamol en dosage nourrisson est d'une réelle efficacité. Un simple traitement local permet aussi au bébé de passer ce cap délicat. Les armes les plus performantes sont l'anneau de dentition réfrigérant qui se place au réfrigérateur et permet une analgésie locale par le froid. On peut y associer un vieux remède antiseptique et anesthésique local : le sirop Delabarre®. Pour lui donner toute son efficacité, les gencives de l'enfant seront massées tout simplement, quatre fois par jour, avec un doigt enduit de ce sirop. Le massage ayant par lui-même des vertus calmantes, vous pouvez le pratiquer autant que nécessaire. L'homéopathie et la phytothérapie ont aussi leur efficacité. On peut appliquer sur les gencives du bébé un peu d'huiles essentielles de thym, d'origan et de sarriette mélangées à de l'huile d'amande douce. Le gel de calendula, à demander en préparation pharmaceutique, possède également un pouvoir calmant. Le médecin homéopathe, lui, pourra prescrire des granules de Chamonilla, camomille allemande. La quantité et le CH sont variables d'un enfant à un autre. ■

Les premiers gestes d'hygiène

La toilette des dents de bébé se fait soit à l'aide d'un peu de coton hydrophile mouillé d'eau, soit avec un morceau de tissu enroulé autour de votre index. Si vous le souhaitez, vous pouvez déposer une infime trace de dentifrice spécial enfant, ils sont notamment conçus pour être avalés sans problème. Comment s'y prendre ? L'enfant sur vos genoux, son dos contre votre poitrine, vous lui ouvrez délicatement la bouche et frottez sa ou ses dents ainsi que ses gencives. Normalement, vous devez faire ce geste après le biberon du petit déjeuner et le soir avant le coucher. C'est un moment qui doit s'apparenter à un jeu plus qu'à une contrainte. ■

▮ MON AVIS

Les parents interprètent les cris et les pleurs de leur enfant comme une manifestation de douleur. Pourtant aucune preuve scientifique n'a pu être donnée sur son existence et son intensité. Il faut plutôt voir derrière cette interprétation la signification fantasmagorique des dents : elles mordent et dévorent, des thèmes que reprennent avec délectation les contes dont les ogres sont les héros. Nous sommes tous des cannibales. ■

Sa première dent

1RE SEMAINE

1ER MOIS

2 À 3 MOIS

4 À 5 MOIS

6 À 7 MOIS

8 À 9 MOIS

10 À 11 MOIS

1 AN

1 AN 1/2

2 ANS

2 ANS 1/2

3 ANS

4 ANS

5 ANS

6 ANS

ANNEXES

C'EST VERS 6 MOIS QUE VOTRE ENFANT VA PERCER SES PREMIÈRES DENTS : les incisives centrales de la mâchoire inférieure. La formation des dents de lait commence au cours de la 7e semaine de vie intra-utérine et au cours du 4e mois pour les dents définitives. Ensuite, leur développement est parfaitement programmé.

Petites, blanches et serrées

Les 20 dents de lait vont percer entre le 6e mois et 2 ans 1/2 avec une programmation identique pour tous les enfants, mais variable dans le temps de plusieurs mois. La première dent est une incisive centrale inférieure gauche, parfois l'incisive centrale inférieure droite. Toutes les autres se classent, par ordre d'apparition, en 8 incisives, 4 canines, 4 prémolaires et molaires. La dent se construit dans les maxillaires, de la couronne vers la racine, et les cellules qui l'élaborent de l'extérieur vers l'intérieur.

Les dents de lait ont un aspect bien particulier : très blanches en raison de leur tissu moins minéralisé que pour les dents permanentes, de petite taille (1,5 cm à 1,8 cm) et surtout curieusement serrées. La croissance des maxillaires donnera de la place aux dents définitives. Ce sont des dents fragiles car leurs racines ne sont pas complètement calcifiées et il faudra attendre que l'enfant ait 18 mois environ pour cela. Des dents de lait de mauvaise qualité n'impliquent pas de mauvaises dents plus tard, sauf si ces dernières ne sont pas soignées.

Une poussée souvent douloureuse

Pour percer, la dent doit forcer d'abord le sac de chair qui l'entoure, puis la muqueuse de la gencive. Celle-ci est très résistante et provoque une inflammation stérile. Cette poussée est souvent associée à des troubles sans gravité. L'enfant bave, a les joues en feu et pleure, notamment lorsqu'on le couche. Cette réaction est due à la pression sanguine plus forte en position couchée qui rend l'inflammation encore plus douloureuse : en soulevant légèrement la tête de l'enfant, la douleur sera moins vive. La poussée s'accompagne parfois d'un petit rhume ou d'une légère diarrhée qui provoque un érythème fessier. En fait, ces troubles sont liés au processus inflammatoire qui accompagne la poussée dentaire. Le bourgeon dentaire enflamme la gencive et prédispose à l'attaque de microbes pathogènes. Avec le temps, l'enfant résistera mieux. ■

La douleur *en savoir plus*

Quelques progrès dans les soins

Deux pédiatres anglais, les docteurs Anand et Hickley, affirment que le fœtus aussi est capable de ressentir la douleur. Les fœtus, à différents âges de leur vie fœtale, répondraient au stimulus « douloureux » par des modifications hormonales et par des réactions cardio-pulmonaires. Ils ont aussi révélé que les bébés n'étaient le plus souvent pas anesthésiés lors des opérations chirurgicales. À la suite de leurs travaux, ils ont publié une véritable « charte » demandant que l'on observe systématiquement des considérations plus humaines dans les soins douloureux ou stressants apportés aux bébés n'ayant pas encore acquis la parole.

Parallèlement, l'équipe de réanimation néonatale de l'hôpital Antoine-Béclère à Clamart a mis au point une charte d'observation de la douleur chez les prématurés, permettant des gestes de soins mieux adaptés. L'hôpital Armand-Trousseau à Paris dispose d'une Unité fonctionnelle d'analgésie pédiatrique qui fonctionne à plein-temps et intervient dans tous les services où des enfants sont susceptibles de souffrir. Mais la prise en charge de la douleur chez l'enfant est loin d'être systématique. Lors d'un récent congrès, les médecins reconnaissaient que 70 % des douleurs pouvaient être soulagées, mais qu'en réalité seules 5 % le sont réellement. ■

Ses mécanismes

Une équipe de chercheurs français vient d'identifier une molécule sensorielle impliquée dans la perception de la douleur, que l'on appelle le « nocicepteur ». C'est cette molécule qui reçoit en premier le message qui sera transmis ensuite au cerveau par l'intermédiaire des nerfs sensitifs vers la moelle épinière, pour ensuite atteindre le tronc cérébral et le thalamus. Il semble donc que la douleur provienne de la stimulation d'éléments sensoriels au même titre que la vision, l'audition ou le goût. Ces éléments, répartis dans tout le corps, sont de simples terminaisons nerveuses qui répondent aux agressions en tout genre. Enfin, ces chercheurs ont découvert que la molécule qui perçoit le goût acide est la même que celle qui perçoit la douleur.

Pour démonstration, il suffit de se rappeler l'effet douloureux « disproportionné » d'une goutte de citron sur une minuscule coupure. Les chercheurs français connaissent également le gène qui gouverne les nocicepteurs et le mécanisme de ce gène. ■

■ MON AVIS

L'intérêt porté par les médecins et les soignants a permis, depuis quelques années, la reconnaissance de la douleur et de la souffrance chez l'enfant. Aujourd'hui, on sait bien en repérer les signes. L'élaboration de tableaux d'évaluation a permis de mettre en place des traitements analgésiques. Traiter la douleur chez l'enfant est d'autant plus important qu'elle a des retentissements graves sur son développement psychologique et cognitif. L'enfant est sidéré par la douleur et risque ensuite de rester dans cet état. Ce que l'on décrivait autrefois dans les services de pédiatrie comme l'hospitalisme était le résultat de la souffrance répétitive, notamment au moment des soins. Le monde environnant n'étant que source de douleur, il fallait donc s'en méfier et s'en extraire. L'enfant adoptait alors la position fœtale, se centrant et se repliant sur lui-même. Un comportement qui entraînait des troubles psychiques secondaires. ■

Ils connaissent la douleur

1RE SEMAINE

1ER MOIS

2 À 3 MOIS

4 À 5 MOIS

6 À 7 MOIS

8 À 9 MOIS

10 À 11 MOIS

1 AN

1 AN 1/2

2 ANS

2 ANS 1/2

3 ANS

4 ANS

5 ANS

6 ANS

ANNEXES

ON A LONGTEMPS PRÉTENDU À TORT que l'enfant souffrait moins que l'adulte, et même que l'immaturité de son système nerveux ne permettait pas la transmission normale d'une sensation et donc son interprétation correcte par le cerveau.

Une prise en compte médicale

Des travaux récents montrent que l'information « douleur » est correctement transmise et interprétée. Il se pourrait même qu'elle soit d'autant plus « insupportable » que, justement, le système nerveux a une certaine immaturité. Cependant il est difficile d'évaluer la douleur, car l'enfant n'a pas encore tous les moyens pour s'exprimer par les mots.

Or, si la douleur se prolonge, l'enfant se met dans une situation de repli : il ne crie plus, ne bouge plus ; plus rien ne l'intéresse, il est prostré, et, dans les cas extrêmes, une altération de la conscience se produit. C'est ce que les médecins nomment « l'atonie psychomotrice ». Heureusement, une importante campagne d'information auprès des médecins et des soignants a permis que la douleur soit maintenant prise en compte dans les actes médicaux. Dans les cas de forte souffrance, les médecins ont recours à la morphine ; mais il existe des analgésiques pour calmer tous les stades de la douleur, notamment depuis peu un sirop antidouleur à base de codéine. Les médecins et les infirmières utilisent de plus en plus, avant certains prélèvements ou piqûres, une pommade qui anesthésie localement pour quelques minutes. À cela, les médecins ajoutent parfois l'inhalation d'un mélange d'oxygène et de protoxyde d'azote qui provoque un effet de détente et gomme la douleur. Malgré tout, des progrès considérables restent à faire et, depuis 1998, le ministère de la Santé mène campagne auprès des équipes médicales pour que soit systématiquement évaluée, reconnue et traitée la douleur de l'enfant. Surtout, n'hésitez pas, si votre enfant souffre ou doit subir un examen douloureux, à demander au médecin ce qu'il prévoit pour le soulager.

Savoir la reconnaître

Supporter la douleur de son enfant est d'une très grande difficulté pour les parents. La mère, notamment, peut en souffrir physiquement, lorsqu'elle constate son impuissance à le soulager. Elle se sent ainsi mise en échec dans son rôle de protectrice. À cela s'ajoute parfois l'énervement de l'enfant, car les parents, dans leur affolement, ont souvent des gestes qu'ils croient consolateurs et qui ne sont nullement appropriés. L'enfant devient alors agressif, se débat dans les bras de sa mère, ou la bat ; il lui attribue alors la cause de sa souffrance. La relation mère-enfant peut donc être momentanément perturbée. C'est aux autres membres de la famille de prendre le relais. Un bébé qui souffre a besoin de chaleur et de tendresse, cela demande souvent compréhension et patience. Faute de mots, l'enfant va s'exprimer par l'émotion : les pleurs, la sueur, le visage très rouge, les mouvements désordonnés des membres sont les manifestations extérieures de la douleur. S'il est épuisé, c'est son corps qui parle. L'enfant prend alors une attitude caractéristique : il se place d'abord de manière à protéger l'endroit où il a mal, il évite les contacts avec les draps, les étirements, les frottements. Il peut prendre une position tout à fait anormale, lui demandant beaucoup d'énergie pour la maintenir. ∎

Les différents troubles visuels

• **Amblyopie** : le terme désigne la prédominance visuelle d'un œil, ce qui induit une acuité limitée. Cachez de temps en temps un œil de votre bébé puis l'autre et observez. S'il paraît très gêné, consultez un spécialiste

• **Hypermétropie** : pratiquement tous les bébés naissent hypermétropes (p. 26). Ce retard de maturité oculaire, qui entraîne une mauvaise vision de près mais une bonne vision à distance normale, se corrige naturellement en grandissant. Observez toutefois votre bébé quand il regarde et manipule des objets.

• **Myopie** : l'enfant voit bien de près et mal de loin. Des signes qui peuvent vous mettre sur la voie : il cligne des yeux pour regarder à distance et a tendance à rapprocher ses jouets très près de ses yeux.

• **Astigmatisme** : il est la conséquence d'une mauvaise conformation de la cornée. Un indice significatif : des conjonctivites à répétition.

• **Strabisme** : convergent ou divergent, c'est la déviation de l'axe d'un œil par rapport à l'autre. Il est souvent associé à un trouble visuel. Le strabisme est héréditaire. Aussi, si vous avez un cas dans votre famille, il vaut mieux montrer votre bébé à un ophtalmologiste.

Quand faut-il consulter ?

• **Lorsqu'il existe dans votre famille un problème de vision** : transmettre un trouble de la vue à leur enfant est une grande crainte des parents. C'est notamment le cas de parents myopes ou hypermétropes.

• **Si vous souffrez de troubles visuels,** essayez de les repérer le plus tôt possible chez votre enfant. Leur évolution n'en sera que meilleure.

• **Si votre bébé de plus de 3 mois ne sourit pas** aux visages qui lui sont familiers.

• **Si votre bébé de quelques semaines ne dirige pas son regard vers la lumière** ou si elle semble le gêner.

• **Si votre bébé, déjà un peu plus grand, ne saisit pas les objets** ou ne les met pas à la bouche.

• **Si, lorsqu'il commence à bien marcher,** il se cogne souvent aux meubles. ∎

Au fil des mois, sa vue se construit

À la naissance, le bébé voit mais de façon imparfaite. Son champ visuel est limité mais il est capable de fixer ou de suivre des yeux un objet que vous déplacez devant lui. Cette vision, si imparfaite soit-elle, lui suffit pour reconnaître votre visage. Bien sûr, il ne perçoit pas la couleur de vos cheveux ou celle de vos yeux, mais davantage un assemblage de zones claires et foncées qu'il associera comme une image familière. En quelques mois, la vision de votre bébé va faire des progrès considérables. Il suit maintenant parfaitement des yeux, réussit de mieux en mieux à accommoder et apprécie le relief. En voici les étapes :

• **À la naissance,** il est encore incapable d'accommoder, c'est-à-dire de faire le point sur un objet ou sur un visage. Son acuité visuelle, c'est-à-dire sa capacité à distinguer les détails, est inférieure à 1/10e. Durant les premières semaines, il peut avoir des mouvements un peu désordonnés des yeux. Ne vous inquiétez pas outre mesure, car les muscles qui commandent les mouvements oculaires n'acquièrent leur tonus définitif que vers 6 mois.

• **À 3 mois,** il lui arrive de loucher, il regarde indifféremment avec un œil ou bien avec l'autre.

• **À 4 mois,** sa vision s'affine car elle est de plus en plus sollicitée. Il réussit de mieux en mieux à accommoder.
Révolution de taille : l'œil droit et l'œil gauche ne travaillent plus séparément. La vision binoculaire s'installe, ce qui signifie que le cerveau est enfin capable de superposer les images vues par chacun des deux yeux.

• **À 1 an,** l'acuité visuelle de votre bébé est de 4/10e.

• **À 18 mois,** il est capable de percevoir des choses minuscules, mais il faudra attendre l'âge de 4-5 ans pour que ses capacités visuelles soient identiques à celles de l'adulte. ∎

Votre enfant voit-il bien ?

LA PLUPART DES ANOMALIES DE LA VUE peuvent être dépistées vers l'âge de 4 à 9 mois... à condition d'être vigilants ! À la maternité, votre bébé subit un examen des yeux qui consiste à diriger une source lumineuse vers son visage (s'il cligne des yeux, il voit) et à vérifier s'il est capable de suivre des yeux un objet contrasté (noir et blanc).

Des tests complémentaires

Ces deux tests simples peuvent mettre en évidence un défaut de vision ou dépister une maladie, comme la cataracte congénitale, par exemple. Deux autres examens de la vue sont prévus à 9 mois et à 2 ans. C'est totalement insuffisant et malheureusement tardif si votre enfant a un défaut de la vue qui n'a pas été détecté avant. Aussi est-il judicieux de faire pratiquer un test ophtalmologique à 4 mois puis, au minimum, une fois par an jusqu'à l'âge de 6 ans, surtout s'il existe un problème de vision dans votre famille ou si votre bébé, par son comportement, vous indique qu'il voit mal : il ne suit pas du regard, ne saisit pas ses jouets, louche de façon appuyée à 6 mois, etc. Autant de signes qui doivent vous pousser à consulter un ophtalmologiste.

Ce dernier va pratiquer des tests de vision « préférentielle », fondés sur la tendance naturelle qu'a un bébé à porter son regard sur des surfaces contrastées plutôt qu'uniformes. Ils consistent à montrer à l'enfant un certain nombre de disques différents, tout en observant la direction de ses yeux. Au terme de ce rapide examen (5 minutes pour chaque œil), le spécialiste peut déterminer si votre enfant voit ou non correctement. Des tests complémentaires fondés sur la présentation d'objets animés et sonores permettent d'apprécier si votre enfant suit des yeux et est capable de fixer son regard. À la moindre anomalie, il sera appareillé avec des petites lunettes correctrices. Ne vous inquiétez pas outre mesure, un bébé supporte plutôt bien cette contrainte, et souvent mieux qu'un enfant plus âgé.

Détecter un strabisme

Si le strabisme est quasi normal chez un bébé de 3 mois, dont le cerveau ne sait pas encore superposer les images des deux yeux, il doit faire l'objet d'une consultation au-delà de cet âge. Outre le problème esthétique, c'est l'incidence sur la vision qu'il ne faut pas négliger. L'œil strabique voit moins bien. Si une correction n'est pas apportée au plus tôt, cela risque de s'aggraver. Parallèlement, la vision binoculaire est modifiée, ce qui peut perturber votre bébé dans l'appréciation des reliefs. D'où l'intérêt de le prendre en charge le plus rapidement possible. Beaucoup trop d'enfants souffrent encore de troubles de la vue qui ont été détectés trop tardivement et qui sont donc beaucoup plus longs à corriger. Avant 2 ans, le traitement du strabisme permet de le faire disparaître dans 90 % des cas. Le strabisme et l'hypermétropie sont souvent associés. Dans ce cas, le bébé doit être équipé de lunettes pour lui permettre de s'éveiller sans fatigue. ∎

« Il voit maintenant très bien les couleurs franches et les contours des formes sont de plus en plus nets. »

1RE SEMAINE

1ER MOIS

2 À 3 MOIS

4 À 5 MOIS

6 À 7 MOIS

8 À 9 MOIS

10 À 11 MOIS

1 AN

1 AN 1/2

2 ANS

2 ANS 1/2

3 ANS

4 ANS

5 ANS

6 ANS

ANNEXES

Son audition

SEULS LES BÉBÉS « À RISQUE » SONT EXAMINÉS sur le plan de l'audition dans les heures qui suivent leur naissance. Sont considérés comme tels ceux qui ont subi une atteinte virale au cours de leur vie fœtale, ceux qui ont souffert d'un traumatisme à la naissance, ceux nés prématurément et ceux ayant des antécédents familiaux de surdité.

De l'observation à la surveillance

Les autres enfants seront examinés de façon approximative au cours des visites médicales du 9e mois et du 24e mois. Ces tests consistent à observer les réactions de l'enfant à des stimulations sonores, afin de repérer des déficiences profondes. Cependant, le peu de fiabilité de ces examens explique que l'on rencontre, dans les services d'orthophonie des hôpitaux ou dans les consultations des spécialistes ORL, des enfants dont la surdité n'a pas été diagnostiquée dans la petite enfance et qui ont réussi à tromper la vigilance de leurs parents et de leur entourage pendant des mois, voire parfois des années. Des situations étonnantes et souvent dommageables. En effet, il faut savoir que plus la surdité est dépistée précocement, plus l'enfant est appareillé et rééduqué tôt, mieux il dominera son handicap, mieux il apprendra à communiquer avec les autres et donc s'intégrera parfaitement dans la société.

Entend-il bien

Seule l'observation de l'enfant dans son développement et dans sa vie quotidienne conduit les parents à s'interroger sur l'intégrité de l'audition de leur enfant. En cas de doute, la consultation d'un spécialiste infirmera ou déterminera l'ampleur exacte de la surdité. Cette observation par les parents ne peut pas commencer avant l'âge de 8 mois et ne doit pas se transformer en tests, au risque de compliquer les éventuels dépistages médicaux ultérieurs. Voici ce que conseillent généralement les orthophonistes pour une bonne observation d'un nourrisson âgé de 8-9 mois. Bien sûr, chez l'enfant très petit, les parents peuvent s'inquiéter devant son manque de réaction aux bruits forts, mais a contrario, le constat qu'il se retourne sur une porte qui claque n'apporte pas la preuve d'une bonne audition. En réalité, le premier conseil est d'écouter ce que « dit » l'enfant. À la naissance, les parents entendent le bébé gazouiller, faire des bruits de gorge et des roucoulements. Avec les mois, son répertoire s'enrichit, il passe alors au stade du babil constitué de suites de syllabes. L'enfant qui souffre de troubles auditifs n'accède pas à ce stade et le babillage peut même ne pas s'installer du tout. Un bébé de 8-9 mois qui ne joue pas avec les syllabes et qui utilise peu d'intonations a peut-être des problèmes d'audition. À 1 an, un enfant connaît bien son prénom et sait répondre à un appel ou à un ordre simple, comme « Viens ! ». Ses parents doivent s'interroger s'il ne réagit pas de manière systématique à un appel. Parfois, il répond normalement et d'autres fois, dans les mêmes conditions, il ne le fait pas. Ils peuvent alors tester ses réactions en fonction de l'intensité de leurs appels : l'enfant « entend-il » mieux lorsqu'on lui parle d'une voix faible ou d'une voix forte ? Normalement, un enfant qui entend bien se retourne quelle qu'en soit l'intensité. Une petite phrase comme : « Veux-tu un petit morceau de chocolat ? » chuchotée dans le dos d'un enfant doit le faire réagir, même s'il est complètement absorbé par une activité essentiellement visuelle, comme un jeu ou un dessin animé à la télévision. L'enfant qui ne répond pas à l'appel de ses parents est trop souvent qualifié de coquin, de têtu, d'inattentif ou de trop absorbé par une activité. Et pourtant, la vigilance s'impose. Les orthophonistes constatent encore que beaucoup de surdités sont mises sur le compte du bilinguisme familial ou de troubles du caractère.

Des enfants à surveiller

Certains enfants doivent être plus qu'observés, ils demandent une réelle surveillance médicale. Ils peuvent souffrir de surdités définitives de degré variable. Ainsi doivent être signalés au médecin les enfants nés dans une famille où il existe déjà des sourds (20 à 40 % des surdités de perception sont génétiques), ou les enfants nés prématurément et dont l'appareil auditif n'a pas eu le temps de se finaliser complètement. Elles peuvent encore apparaître à la suite d'une méningite ou d'un traumatisme crânien. Mais il en existe aussi de bénignes. C'est le cas de surdités passagères dues aux otites séreuses (p. 217) : un excès de « glu », liquide plus ou moins épais, obstrue alors la trompe d'Eustache qui relie le pharynx à la caisse du tympan et perturbe l'effet de résonance. Elles affectent les fréquences sonores graves et sont à surveiller, surtout chez les petits enfants victimes d'otites à répétition (p. 217). Elles peuvent en effet perturber l'acquisition du langage.

Quand la consultation s'impose

Évitez de tester votre enfant en permanence, il risque de se lasser et de ne plus répondre à vos sollicitations. Consultez un médecin ORL spécialisé dans la petite enfance. Un examen, l' « OEP », ou « oto-émissions provoquées », lui donnera un diagnostic précis et immédiat de la surdité. Cet examen, qui mesure les vibrations des cellules de l'oreille interne, sera suivi d'une évaluation plus fine de l'audition. Si l'enfant est sourd, il sera appareillé et rééduqué pour lui permettre une vie sociale future la plus normale possible. Un soutien psychologique précoce est souvent nécessaire à une bonne intégration sociale de l'enfant sourd. ∎

1RE SEMAINE

1ER MOIS

2 À 3 MOIS

4 À 5 MOIS

6 À 7 MOIS

8 À 9 MOIS

10 À 11 MOIS

1 AN

1 AN 1/2

2 ANS

2 ANS 1/2

3 ANS

4 ANS

5 ANS

6 ANS

ANNEXES

Son alimentation *en savoir plus*

Sucer et mâcher

La faculté de mastiquer n'apparaît qu'entre 7 et 9 mois. Dans les premiers mois, le bébé ne se sert, pour se nourrir, que des réflexes de succion et de déglutition : il enchaîne des mouvements coordonnés des lèvres, des joues, de la langue et du pharynx. Dès que l'on introduit dans sa bouche un aliment solide, le bébé le repousse vers l'avant, c'est le réflexe d'extrusion. Ce réflexe ne disparaît que vers 4 mois, permettant à l'enfant de prendre à la cuillère des aliments semi-liquides et pâteux. ■

Prévention de l'obésité

En 20 ans, le pourcentage d'enfants en surpoids est passé de 5 à 16 %. Les pédiatres constatent que très souvent les courbes de corpulence ne sont pas remplies dans les carnets de santé. Ce qui aurait pu assez simplement permettre de contrôler si l'enfant bascule ou non dans le surpoids, alors que son physique ne révèle encore rien. L'indice de masse corporelle s'obtient en divisant le poids par la taille au carré. L'obésité de l'enfant a pour origine des changements d'habitudes alimentaires. Les enfants consomment de plus en plus de produits industriels, bourrés de sucres rapides et de graisses saturées. Ils bougent aussi de moins en moins, passent très tôt de longs moments devant la télévision, sont conduits en poussette à la crèche puis en voiture à l'école.

L'obésité infantile est reconnue comme un enjeu majeur de santé. Des mesures ont été prises dans les modes de garde et à l'école.

Plusieurs brochures donnent quantité de conseils aux parents : « La santé vient en mangeant et en bougeant ». Enfin, il existe maintenant une journée de dépistage à l'instigation de l'Association française de pédiatrie ambulatoire, et 77 villes proposent des consultations et des conseils gratuits (site : www.afpa.org ; tel 08 11 90 21 21). ■

Ne le forcez pas

Toutes les mères vivent mal le refus d'un biberon ou d'un repas, et il leur est parfois très difficile de ne pas insister. Mais d'expérience, vous vous apercevrez qu'il est impossible de faire manger un bébé de force. Généralement, cette baisse d'appétit a une raison, petite maladie en incubation ou changement d'habitude dans sa vie de tous les jours. Avant de vous inquiéter et de consulter votre médecin, demandez-vous ce qui peut perturber votre bébé. L'enfant qui refuse de se nourrir, sauf s'il est malade, exprime ainsi sa mauvaise humeur ou sa déception affective. Lui qui prend généralement un tel plaisir à se nourrir, attire votre attention, s'oppose à vous pour imposer ses premières volontés. L'enfant ressent la tension qu'il entretient, de même qu'il est sensible à celle qui perturbe sa mère comme une dépression légère ou sévère. ■

■ MON AVIS

Un refus alimentaire isolé peut être interprété comme une manifestation d'opposition précoce. Mais s'il est associé à d'autres troubles, comme des difficultés de sommeil ou une impression de désintérêt pour ce qui l'entoure, il faut consulter un spécialiste. Nous disposons actuellement de bons outils d'évaluation du développement de l'enfant de 6 mois. L'évaluation ne prête pas à conséquence, ce qui l'est, c'est le retard de diagnostic devant une difficulté psychologique, car il permet à un trouble de s'installer durablement. Le diagnostic est indispensable devant un refus alimentaire répétitif ou permanent. ■

Il mange de tout, mais un peu

1RE SEMAINE

1ER MOIS

2 À 3 MOIS

4 À 5 MOIS

6 À 7 MOIS

8 À 9 MOIS

10 À 11 MOIS

1 AN

1 AN 1/2

2 ANS

2 ANS 1/2

3 ANS

4 ANS

5 ANS

6 ANS

ANNEXES

LE RÉGIME D'UN ENFANT EST SIMPLE JUSQU'À 2 ANS. Il mange essentiellement des purées composées de légumes avec de la viande et du poisson mixés. Tout est une question d'équilibre.

Viandes et poissons

L'un comme l'autre se donne une fois par jour, dès 6 mois à raison de 10 à 15 g ; à 7-9 mois : 15 à 20 g ; à 10-12 mois : 20 à 25 g ; de 12 à 24 mois : 25 à 30 g et de 24 à 36 mois : 30 à 50 g. Les poissons sont cuits à la vapeur ou à l'eau. Les viandes, elles, se cuisent sans matières grasses dans une poêle antiadhésive

La viande blanche est conseillée pour des raisons nutritionnelles : le poulet, le veau, la dinde sont peu gras, donc faciles à digérer. Le jambon est la seule charcuterie au menu de votre bébé. Il est possible de lui proposer de l'agneau, mais son goût plus prononcé peut être à l'origine d'un refus. Quant aux poissons, ils se choisissent maigres et avec peu d'arêtes : tous les filets de colin, de lotte, de sole, de limande, etc.

Légumes et fruits

• **Tous les légumes frais**, cuits à la vapeur ou à l'eau, sont au menu du bébé selon les quantités suivantes : de 5 à 6 mois, 50 à 100 g à un seul repas ; de 6 à 12 mois, 150 à 250 g aux repas de midi et du soir. Dès 6 mois, votre bébé peut goûter à sa première purée de pommes de terre. Ce n'est qu'à 18 mois que vous pourrez introduire les légumes secs dans ses repas.

• **Les fruits peuvent être introduits** dans le régime de l'enfant dès 5-6 mois, sous forme de compotes plus ou moins mixées selon son âge : 1/2 pomme moyenne ou 1/2 petite banane. Entre 6 et 8 mois, son dessert sera, selon la saison : 1 petit abricot, 1 prune, 1/2 pêche ou 1/2 kiwi.

Les fruits se choisissent toujours à bonne maturité. De 9 à 12 mois, certains fruits peuvent être consommés en entier à condition d'être de taille moyenne ; par exemple : 1 pomme, 1 pêche, 1 kiwi, 8 fraises. À 24 mois, tous les fruits sont à volonté. Pensez, en hiver, aux fruits exotiques, notamment à la mangue, riche en vitamine C.

• **Vous pouvez varier les desserts,** en donnant à votre bébé un dessert lacté au déjeuner (yaourt, petit-suisse, fromage blanc ou petit pot de crème tout prêt sans graisse ni sucre).

• **Dans l'ensemble, la diversification des aliments** est effectuée de façon progressive, mais on note une tendance à l'introduction des farines, des légumes et des viandes, au détriment du lait 2e âge. ∎

Le sel, le sucre et les matières grasses

L'adjonction de sel aux préparations maison est affaire à débat. Certains médecins ne la conseillent pas avant 1 an et d'autres encore plus tard vers 2 ans. Certains pensent que l'on peut saler l'eau des légumes et du poisson dès la diversification, pour d'autres, il faut attendre le plus longtemps possible. Le sel dans les petits pots est clairement réglementé : 200 mg de chlorure de sodium pour 100 g d'aliment selon l'Agence française de sécurité sanitaire de l'alimentation.

Il est néfaste encore d'ajouter du sucre en poudre sur les fruits frais, surgelés ou en conserve. Vous pouvez mettre une larme de miel sur le fromage blanc ou dans le yaourt. Quant aux matières grasses, elles s'ajoutent avec parcimonie et toujours crues. Vous pouvez utiliser du beurre, de la crème ou de l'huile (de préférence d'olive). ∎

Conserves et surgelés

À partir de 7 mois, les surgelés et les conserves au naturel utilisés pour toute la famille peuvent être introduits dans l'alimentation du bébé. Ce sont les pointes d'asperges, les carottes, les épinards en branches, les cœurs de laitues, les fonds d'artichauts, les haricots verts, les blancs de poireaux mélangés aux purées, les petits pois extrafins, la macédoine ou jardinière de légumes (sans flageolets), les tomates entières pelées et épépinées. Les conserves de poissons peuvent également être introduites : colin au naturel, thon au naturel et sardines à l'huile. N'oubliez pas de rincer les aliments à l'eau froide avant leur cuisson. Au dessert, vous pouvez lui donner des conserves de fruits ou des fruits surgelés : compote de pommes, d'abricots ou de pêches ; les fruits au sirop : pêches, abricots ou poires sont autorisés. Vous trouverez des petits plats surgelés tout prêts pour bébé dans les boutiques spécialisées. ∎

Améliorer l'ordinaire

Les petits pots de légumes ou de fruits peuvent servir de base pour confectionner des plats plus élaborés. Ainsi, avec les épinards et un œuf vous pouvez confectionner un petit flan ; une compote de fruits se transforme en coulis sur un peu de fromage blanc. Vous pouvez encore utiliser un petit pot de légumes et prélever une petite tranche de rôti de votre déjeuner pour que votre bébé participe déjà un peu aux plaisirs de la table familiale. Si possible, ne lui donnez pas systématiquement des petits pots où viande ou poisson sont mélangés aux légumes, essayez de lui faire apprécier le goût des aliments les uns après les autres. Jouez avec les couleurs des différents légumes : comme l'adulte, l'enfant est sensible aux couleurs de son assiette. À 6 mois, la majorité des bébés savent mastiquer même s'ils n'ont pas encore de dents. Ils se servent de leur langue pour positionner convenablement les aliments dans la bouche. Avec l'introduction de la viande et du poisson, ils expérimentent une consistance plus solide. Les petits pots « bio » ont fait une entrée remarquée et en nombre dans les rayons diététiques. ∎

Le micro-ondes : attention aux brûlures

Cet appareil ménager permet de réchauffer le repas du bébé en quelques secondes. Mais il est à l'origine de bon nombre de brûlures. En effet, son principe est de chauffer les aliments en laissant le contenant froid ou tiède, ce qui signifie qu'un plat peut parfaitement faire 100 °C sans que vous vous en rendiez compte. Par sécurité, remuez toujours la préparation avant de la donner à votre bébé ou, mieux encore, versez-la dans une assiette pour la faire baisser de quelques degrés. N'hésitez pas à goûter s'il le faut. ∎

Les petits pots

1RE
SEMAINE

1ER MOIS

2 À 3
MOIS

4 À 5
MOIS

6 À 7
MOIS

8 À 9
MOIS

10 À 11
MOIS

1 AN

1 AN 1/2

2 ANS

2 ANS 1/2

3 ANS

4 ANS

5 ANS

6 ANS

ANNEXES

DÉPANNAGE OU HABITUDE ? Les « petits pots » sont devenus pratiquement les incontournables dans l'alimentation des bébés. Ils font gagner beaucoup de temps aux mamans d'aujourd'hui et permettent aussi de varier les menus en toute saison.

Une fabrication très contrôlée

Pour mériter son statut de « produit diététique », l'aliment en pot doit être fabriqué à partir de denrées d'une qualité irréprochable et d'une grande fraîcheur. Les usines de fabrication sont donc installées dans les régions de production agricole. Les poissons sont acheminés sous forme surgelée, leur congélation se faisant à bord des bateaux. Tous les produits d'élevage sont placés sous le contrôle de vétérinaires. Afin de garantir la qualité dans l'approvisionnement, les agriculteurs sont liés par contrat avec leurs employeurs.

La préparation culinaire est presque entièrement automatisée ou avec un minimum de manipulations. À tous les stades de fabrication du produit, des prélèvements sont effectués et examinés en laboratoire. D'ailleurs, ces contrôles commencent à l'approvisionnement avec examens organoleptiques et analyses physico-chimiques. Ensuite, chaque étape de fabrication est surveillée avec vérification de la bonne conformité avec la recette « déposée » tant sur le plan quantitatif que qualitatif. La conservation sous vide est aussi soumise à ce « régime ».

De même, les modes de cuisson utilisés garantissent la teneur maximum en vitamines. Certaines préparations en sont même enrichies.

D'une manière générale, les performances diététiques de ces produits sont souvent supérieures aux préparations maison, et leur composition assure un parfait équilibre nutritionnel. Ils ne contiennent aucun conservateur et se conservent par simple stérilisation. Signalons qu'une réglementation très stricte limite l'apport de sel dans les aliments diététiques.

De la purée aux morceaux

Adaptés au mieux aux besoins des mâchoires des petits consommateurs, les « petits pots » premier âge sont homogénéisés. Vers 6 ou 7 mois, bébé découvre les petits morceaux. Les quantités sont étudiées en fonction des âges. Un « petit pot » ouvert se consomme sous 48 heures, comme toute préparation maison, et comporte une date de péremption. Avant de les acheter, vérifiez qu'ils sont bien fermés en appuyant au centre de la capsule, elle doit être dure. À l'ouverture, le couvercle doit émettre un petit « pop » ; cela signifie que les aliments sont restés à l'abri de l'air, protégés par la stérilisation.

La cuillère devient nécessaire. Dans tous les cas, il est préférable de la choisir totalement en plastique ou d'un modèle « spécial bébé », la partie creuse recouverte d'une matière douce et souple. Les bébés n'aiment pas toujours le contact du métal dans la bouche. Pour être sûr que votre bébé ne recrache pas aussitôt ce que vous venez de lui donner, placez les aliments bien au milieu de sa bouche. ■

" Les préparations en petits pots sont prêtes à l'emploi, il ne faut y ajouter ni sel, ni sucre, ni graisse. „

Premiers apprentissages*en savoir plus*

Du physique au mental

L'acquisition de la position assise change la vie d'un bébé. Il voit alors parfaitement à l'horizontale et, en tournant la tête, son champ visuel atteint les 180°. Sur le plan de la préhension, il peut beaucoup plus facilement saisir et jeter. Ce bébé nous montre qu'il sait déjà quantité de choses et qu'il est disponible pour en apprendre d'autres. Le monde est à lui. ∎

L'habituation

Pour savoir ce que pensent les bébés à 6 ou 7 mois, les chercheurs utilisent généralement un phénomène neurobiologique appelé « habituation ». Il repose sur le fait qu'un enfant, quel que soit son âge, regarde plus longtemps ce qu'il ne connaît pas et avec une prédilection pour ce qui est compliqué. Dans la pratique, on propose plusieurs fois à l'enfant une situation qui sollicite un de ses sens et l'on considère qu'il y est habitué quand il détourne son regard. On lui présente alors une nouvelle sollicitation. Un bébé est « habitué » quand la durée moyenne des trois derniers essais est inférieure à la moitié de la durée moyenne des trois premiers. ∎

∎ MON AVIS

Vous avez déjà constaté que votre bébé a son caractère et possède un certain nombre de performances. Vous allez maintenant observer tout un système d'exploration, de répétition de ses actes et d'habituation. Il vous semble que son intérêt se porte avant tout sur la maîtrise de situations nouvelles. Il part à la chasse de tout ce qu'il ne connaît pas et explore le monde qui l'entoure. La position assise et la préhension palmaire lui ouvrent de nouveaux horizons. Les comptines, les mots et les propos que vous lui répétez depuis plusieurs mois vont être à l'origine d'une préforme du langage. C'est à cet âge qu'apparaît le pointé du doigt vers la personne ou vers l'objet qui l'intéresse. Malgré ces manifestations, l'enfant ne se différencie pas totalement de sa mère ou du monde qui l'entoure (objets et personnes), il est en phase intermédiaire mixte entre sujet et objet. Au fil des jours, il deviendra de plus en plus autonome. Des études prouvent que l'enfant, dès 4 mois, peut avoir des relations avec d'autres bébés, à condition qu'il soit totalement aidé sur le plan moteur. Les bébés sont peut-être plus tôt sujets qu'on ne le croit. ∎

Susciter son intérêt

L'ENFANT EST PRÊT À APPRENDRE. Son intelligence ne demande qu'à être cultivée. Il est débordant d'énergie pour observer, emmagasiner des informations, les mémoriser. C'est bien sûr par le jeu qu'il développe ses premiers apprentissages.

Profiter de tous les instants

Il est capable d'un début de raisonnement puisqu'il sait classer un objet dans sa catégorie et le reconnaître quel que soit l'angle sous lequel on le lui présente. Éveiller un enfant au monde qui l'entoure ne demande pas de matériel compliqué ni de professeur dûment agréé. C'est beaucoup plus un état d'esprit, une attention quotidienne, un partage maximal des expériences et des rencontres.

Au cours d'une promenade, il suffit de lui montrer un arbre dont les feuilles tremblent, de lui faire respirer le parfum d'une fleur ou de la boîte à épices de la cuisine. Il aimera écouter le bruit des objets quotidiens, le tintement des verres en cristal ou le bruit métallique de deux cuillères qui s'entrechoquent, etc. L'imagination est au pouvoir.

Saisir le bon moment

Les moments où l'enfant ne dort pas étant tous propices à son éveil, il serait ridicule de lui proposer des temps de « vocabulaire » ou des « initiations à la position assise ». Il faut, au contraire, saisir tous les instants où votre enfant est disponible et où l'apprentissage devient plaisir. L'heure du bain, par exemple, est le moment idéal pour « apprendre » les parties du corps. En revanche, l'après-midi, après la sieste, est une bonne période pour des activités plus intellectuelles. Jeux éducatifs, gym douce ou massage peuvent trouver leur place à tout moment de la journée. Il convient, bien sûr, de laisser à sa disposition des jouets appropriés avec lesquels il apprendra « seul ». L'enfant a besoin de stimulations brèves pour ne pas se lasser. Elles doivent être inlassablement répétées pour être bien assimilées. Un impératif : dès que votre bébé semble s'ennuyer, il faut solliciter son intérêt par une autre activité. C'est alors qu'il faut faire preuve d'imagination, car les temps d'attention d'un enfant de cet âge pour une même chose sont très courts.

Mieux vaut ne pas insister s'il refuse de collaborer ; en effet, on n'apprend jamais rien correctement par la contrainte.

D'étape en étape

À certains moments, votre bébé est fatigué ou ne manifeste aucun intérêt pour quoi que ce soit. Chaque enfant traverse des périodes de développement qui le rendent plus ou moins disponible pour certaines activités d'éveil.

Généralement, il ne peut acquérir plusieurs nouvelles connaissances à la fois. Les grandes étapes de développement physique sont souvent marquées par des paliers de développement intellectuel : avant d'atteindre un stade, il semble avoir besoin de comprendre, pour oublier, puis comprendre à nouveau, etc. ■

"Des recherches montrent qu'à partir de 7 mois, les bébés imitent les mimiques émotionnelles qu'ils observent sur le visage de leurs parents. "

1RE SEMAINE

1ER MOIS

2 À 3 MOIS

4 À 5 MOIS

6 À 7 MOIS

8 À 9 MOIS

10 À 11 MOIS

1 AN

1 AN 1/2

2 ANS

2 ANS 1/2

3 ANS

4 ANS

5 ANS

6 ANS

ANNEXES

Le tableau de découvertes

Dès que l'enfant a acquis une position assise solide et une bonne préhension des objets, un autre territoire de jeux s'ouvre à lui. Il peut maintenant bien saisir ses jouets, essayer de les empiler, mais surtout il adore frapper. C'est le moment idéal pour lui offrir un tableau de découvertes : l'enfant a, à sa disposition, toute une batterie de boutons à tourner, pousser, tirer, chaque action déclenchant une réaction différente, un bruit, l'apparition d'un personnage ou d'un animal, un tourbillon de couleurs qui se mélangent, etc. ∎

Une curiosité insatiable

L'enfant est naturellement curieux. Il suffit de l'observer : éveillé, il ne « rate » ni un son, ni un changement de luminosité, ni un mouvement autour de lui. Il est capable de diriger son regard là où il y a quelque chose à voir et notamment si on le sollicite avec un jouet... Et plus il regarde quelque chose de compliqué, plus il le fera avec intensité et longtemps. Très tôt, avant même qu'il ne se tienne assis seul, installez-le dans un siège-relax dans la pièce où vous vous trouvez. Il pourra ainsi participer, à sa façon, à vos diverses activités et suivre vos mouvements. De temps en temps, changez son axe de vision (devant une fenêtre où se trouvent des arbres

feuillus, par exemple...). S'il n'est pas dans une chaise, variez ses positions (assis, couché sur le ventre, le dos, etc.). Pour bien grandir, l'enfant doit se sentir en sécurité dans son environnement, et il est donc important pour lui de bien connaître tout ce qui l'entoure. ∎

▌ MON AVIS

Les progrès de votre enfant vous imposent de jouer avec lui. Certains parents sont de bons joueurs, d'autres moins, cela n'a pas d'importance. Au niveau du couple parental, chacun doit être performant dans sa spécificité : le plus « chatouilleur », le plus « baigneur », le plus « parleur ». On peut jouer avec le corps, avec les mots ou avec ce que l'on observe chez l'enfant. Celui-ci est extrêmement compétent et compétitif face à beaucoup de propositions. Il est même capable de jouer à vous imiter et cela à votre insu. Un des jeux favoris de cet âge est le « coucou-caché ». Par cet échange avec ses parents, « présent/non présent », « pareil/pas pareil », l'enfant découvre le monde et s'entraîne aux sériations. Le jeu est le moteur primordial de la liberté, c'est grâce à lui que l'enfant deviendra libre à son tour de vous imposer des jeux. Il faudra alors lui faire comprendre que vous ne vous soumettez pas à toutes ses volontés, que le jeu est un partage de plaisir. ∎

Partager ses jeux

1RE SEMAINE

1ER MOIS

2 À 3 MOIS

4 À 5 MOIS

6 À 7 MOIS

8 À 9 MOIS

10 À 11 MOIS

1 AN

1 AN 1/2

2 ANS

2 ANS 1/2

3 ANS

4 ANS

5 ANS

6 ANS

ANNEXES

C'EST L'ÂGE OÙ JOUER AVEC SES PARENTS devient le plus beau des amusements. Jeux de grimaces, jeux de « coucou » ou du visage caché déclenchent le rire, tout comme les chatouilles ou les grands balancements dans les bras de ses parents.

Agir sur les objets

L'enfant découvre avec un plaisir certain que les objets ou les situations familiers peuvent changer et subir des modifications. Cette transformation est une caractéristique des jeux qui l'amusent. C'est l'âge où jeter un jouet pour que l'adulte le ramasse le divertit énormément. La cuillère comme le hochet ou la balle en mousse peuvent indéfiniment tomber et, aussitôt redonnés, basculer de nouveau. À ce jeu, c'est toujours l'adulte qui se lasse le plus vite. Pourquoi? L'enfant, lui, cherche des réponses à des questions d'importance : Quel pouvoir a-t-il sur son environnement? Les choses qu'il éloigne peuvent-elles revenir? Peut-il se débarrasser facilement de quelque chose d'ennuyeux? L'adulte, en restituant l'objet, répond à toutes ces questions, accepte le jeu d'échange proposé par l'enfant et l'aide à comprendre qu'il y a lui et l'autre, deux identités qui sont différentes.

Interagir avec l'autre

L'intérêt du jeu du « coucou » – le visage de l'adulte disparaît derrière un morceau de tissu pour surgir éclairé d'un large sourire – est différent. Il révèle à l'enfant que la disparition du joueur n'est pas définitive ; plus l'expérience se renouvelle, plus l'enfant est réconforté, et plus il comprend que c'est un appel à une certaine réciprocité. Il entre alors naturellement dans le jeu et découvre la présence de l'autre et donc aussi de lui-même.
Il savoure le plaisir de communiquer. Cette interaction est très forte, les rires et les gloussements en sont le témoignage. Mais ces jeux apprennent encore à l'enfant que même s'il perd de vue un être cher, l'interruption du contact visuel ne signifie pas l'arrêt de la relation émotionnelle.

Jouer avec son corps

Autres sources de satisfaction : les chatouilles légères, le visage de son père ou de sa mère qui se presse contre le sien ou sur son ventre, le large balancement dans les bras d'un de ses parents, la découverte de sensations comme l'équilibre et la force de la pesanteur. Ces échanges physiques et ludiques ont une grande importance pour le développement psychique. Ils enseignent à l'enfant l'intégrité et l'importance de son corps dans les relations avec les autres. Vers 6/7 mois, l'enfant aime rencontrer d'autres bébés, ils s'explorent réciproquement du regard et du geste. Tous les visages le fascinent, même le sien dans la glace : les jeux de cache-cache sont alors sans fin. Au fil des jours, à force de se regarder, l'enfant se rend compte que son image forme un tout, que ce double qu'il voit ressemble beaucoup à ce « moi » qu'il touche. Il ne va pas tarder à se reconnaître. ■

" Le visage de sa mère est un merveilleux terrain de découverte, ses yeux, sa bouche, ses cheveux, tout est occasion de toucher et d'observer. "

Le langage *en savoir plus*

Comment lui parler

En réalité, le vocabulaire n'a pas dans un premier temps beaucoup d'importance : les bébés sont sensibles à la tonalité des mots, à leur musique et aux expressions du visage les accompagnant. Partout dans le monde, les adultes prennent un ton particulier pour s'adresser à un bébé, avec un déplacement de la voix vers les aigus, auquel s'ajoutent une certaine lenteur dans le discours et le besoin instinctif des répétitions. L'intonation est marquée, la tête et le visage très mobiles. Une étude faite par Béatrice de Boysson-Bardies montre que les mères françaises ont tendance à utiliser en priorité les mots commençant par des consonnes labiales telles que le M, le B, le F et le V. On retrouve cette habitude chez les mères anglo-saxonnes. Ces phénomènes d'adaptation qui permettent au bébé de percevoir de façon optimale et de reproduire au mieux, en fonction de ses possibilités mécaniques d'articulation.

Le Laboratoire des sciences cognitives et psychologiques a étudié la réaction des bébés à cette forme de langage : ils adorent et sont capables de percevoir parfaitement les syllabes avec même une sensibilité certaine à l'ordre des phonèmes. Ils préfèrent les syllabes ayant au moins une voyelle à celles n'ayant que des consonnes et ils différencient les mots de deux syllabes de ceux de trois. Mais, pour éveiller leur intérêt, les sons doivent être séparés pour bien les distinguer. ■

Conversations précoces

Il est évident que les premiers mots adressés aux bébés sont puisés dans un vocabulaire simple d'une ou de deux syllabes. Les questions sont déjà fort nombreuses, bien que l'enfant soit incapable d'y répondre. Elles doivent être interprétées comme une incitation au dialogue et à faire un choix, des considérations purement occidentales. Lorsque l'enfant commence à parler, il est intéressant d'enrichir son vocabulaire au fur et à mesure de ses progrès, mais en lui proposant des mots concrets qui soient, si possible, en référence avec des choses présentes dans son quotidien. ■

Dialogues d'un pays à l'autre

Qu'elles soient françaises, américaines, japonaises ou suédoises, les mères ne racontent pas les mêmes choses à leur bébé. Une constatation née de l'observation faite toujours par Béatrice de Boysson-Bardies. Les Américaines entraînent leurs enfants à nommer les objets, avec pour objectif l'acquisition d'un solide vocabulaire. Ils parlent donc de manière plutôt précoce mais ils prononcent mal ce qu'ils disent, ils utilisent peu de verbes mais enchaînent les mots pour désigner les proches, les héros de l'enfance, les animaux et les objets courants. Ils connaissent aussi beaucoup de mots de bienvenue. Au Japon, ce sont les notions de beauté, d'esthétique et de relation avec les autres qui sont d'abord apprises. Les premières phrases sont tardives mais longues et variées. Des notions en rapport avec une vision poétique de la nature sont fréquemment présentes à travers la pluie, les nuages, le soleil, la lune, les feuilles, tout comme des termes de politesse et des locutions toutes faites. Les petits Suédois sont très vite encouragés à l'action, aussi savent-ils dire très tôt « sauter, se balancer » ou « danser ». Les bébés français ont très rapidement un art de vivre. Des mots comme « lire, manger, boire, c'est beau » appartiennent à leur premier vocabulaire. Ils emploient les articles très tôt, possèdent moins de vocabulaire que les petits Américains mais forment des phrases avant eux. Leur vocabulaire a un rapport certain avec la nourriture et les vêtements. Ils connaissent très tôt le mot « encore ». ■

Des sons aux mots

1RE SEMAINE

1ER MOIS

2 À 3 MOIS

4 À 5 MOIS

6 À 7 MOIS

8 À 9 MOIS

10 À 11 MOIS

1 AN

1 AN 1/2

2 ANS

2 ANS 1/2

3 ANS

4 ANS

5 ANS

6 ANS

ANNEXES

PEUT-ÊTRE A-T-IL DÉJÀ DIT « MAMAN », ou ne va-t-il pas tarder à le dire ?
Mais ne vous en déplaise, ce n'est encore qu'un son dénué de sens. En fait, l'enfant
va mettre plus de trois ans à apprendre le langage tel que nous le pratiquons.

De « areuh » à « Ma-man »

En sept mois, ses progrès dans le domaine de l'expression orale sont déjà considérables. Le nouveau-né pousse de petits vagissements aux sons pas toujours très harmonieux. Puis vient le gazouillis, l'enfant prend plaisir à jouer avec sa voix et avec les vibrations de sa gorge. Vers 4 mois, le préverbiage apparaît, les modulations de sa voix se rapprochent de celles de sa langue maternelle. Il répète et enchaîne à l'infini des syllabes : « ba ba, da da, pa pa, ma ma ».

Il commence à comprendre certains mots. Il répète les sons qu'il vient d'entendre. Il tâtonne, essayant de se guider sur sa mémoire auditive et en faisant des efforts pour imiter le mouvement des lèvres des adultes. Il produit des sons de plus en plus proches de ceux de sa langue maternelle. Petit à petit, il abandonne les sons « gratuits », c'est-à-dire ceux émis dans les mois précédents et comparables à des vocalises, mais qui ne lui plaisaient que par le bruit qu'ils généraient. Maintenant, il tente de reproduire plus spécifiquement les sons qu'il perçoit (notamment celui qu'il entend le plus souvent : maman), et en retour, l'adulte, souvent sa mère, s'efforce de donner une signification à ces vocalises. Il interprète, donne une intention, trouve « le mot » le plus proche qu'il répète à loisir et que l'enfant va chercher à dire aussi.

Le début du dialogue

Ces exercices répétés d'imitation, évidemment avec beaucoup d'approximation dans les premiers temps, conduiront l'enfant à prononcer plus tard de véritables mots, début du dialogue. L'adulte, en parlant à l'enfant, insiste d'instinct sur la césure entre les mots et sur les syllabes, unités de base caractéristiques de la langue. Tout cela facilite l'apprentissage. C'est le moment encore où l'enfant apprend les voyelles et les consonnes. Il sait aussi associer le son d'une voix au visage d'une personne qui lui est familière. Il reconnaît la voix de sa mère et sait attendre son tour pour parler et pour écouter. Le toucher va permettre à l'enfant de faire connaissance avec sa bouche et les mouvements de sa mâchoire. La vue lui révèle les mouvements des lèvres des adultes en association avec les sons qu'il entend. Car, bien sûr, une bonne audition est indispensable. On sait parfaitement que toute fonction linguistique passe par l'oreille et que bon nombre de retards du langage sont dus à des troubles de l'ouïe. Certains enfants semblent plus déterminés à communiquer que d'autres. Aux vocalises, ils associent un langage corporel, ils insistent, ils relancent l'intérêt de leurs interlocuteurs. ■

" Les enfants sont capables d'émettre des sons inconnus dans leur langue maternelle, ils appartiennent à un fond commun partagé par toutes les langues du monde. "

L'emmener aux sports d'hiver

En montagne, rien ne vaut une promenade, votre bébé confortablement encapuchonné dans sa poussette. Il existe même de petits patins en forme de miniskis (que l'on place sur les roues de la poussette) pour parcourir les routes et les chemins enneigés, ou encore des luges équipées d'un siège pour bébé. Attention aux promenades en porte-bébé, accroché dans le dos d'un adulte. L'enfant ne peut faire aucun mouvement et, même s'il est bien couvert, ses membres inférieurs se refroidissent très vite. Les promenades en ski de fond sont particulièrement redoutables car l'adulte « porteur », en raison de l'exercice physique important, ne mesure plus la température ambiante réelle. Les médecins ont ainsi constaté de nombreux accidents dus au froid, entraînant notamment des gelures importantes aux pieds. Pour protéger la peau du bébé, particulièrement agressée par le froid en hiver, un peu de crème hydratante est idéal : la vôtre, si elle est hypoallergénique, est parfaite. ■

Méfiez-vous du froid

Les appartements surchauffés et le manque de sorties quotidiennes sont, selon certains médecins, responsables du manque de résistance au froid des petits citadins. Les bébés campagnards et montagnards, habitués aux températures rigoureuses, semblent beaucoup plus résistants. Mais, en général, les jeunes enfants sont sensibles au froid pour des raisons physiologiques. Lorsque les récepteurs cutanés enregistrent une température basse, le débit sanguin diminue aux extrémités pour assurer une meilleure circulation dans les organes vitaux. Les enfants sont, à la naissance, dépourvus de capillaires et ce n'est que vers 12 ans que leur nombre et leur morphologie s'approchent de ceux des adultes. Aussi, couvrez bien leurs extrémités ; protégez leurs pieds de chaussettes, collants et chaussures fourrées, pas trop serrées, et leurs mains de gants ou de moufles. Vérifiez aussi de temps en temps leur température. ■

Quelques conseils de sécurité

• Vérifiez systématiquement que l'enfant est bien attaché et changez le harnais de maintien s'il vous semble usé.
• Pour rouler en toute sécurité sur les pavés ou les sols difficiles, bloquez les roues en position fixe.
• N'accrochez pas de charges trop lourdes sur le guidon ou bien sur les poignées de la poussette au risque de la faire basculer.
• Un bébé ne doit jamais rester seul dans sa poussette ne serait-ce même que quelques minutes, le temps par exemple de prendre du pain à la boulangerie.
• Ne laissez votre aîné conduire la poussette que sur terrain sûr et sous votre surveillance.
• Ne laissez pas votre bébé dans sa poussette dans les transports en commun, il pourrait être bousculé par les autres passagers et renversé lors d'un freinage brusque. ■

Les poussettes

IL Y AVAIT LE LANDAU ET LA POUSSETTE autrefois. Aujourd'hui, il y a le cadre, appelé aussi châssis, sur lequel s'adapte le hamac-poussette ou la nacelle de landau. Ce cadre a presque toujours de multiples usages.

Accessoire de découverte

Maintenant que votre bébé se tient solidement assis, la poussette devient idéale. Les meilleures sont équipées d'une sangle de sécurité avec un dossier réglable sur des positions différentes.

Le siège tourné vers la mère favorise un meilleur contact avec l'adulte ; tourné vers la rue, il expose l'enfant au vent et à la poussière, mais lui permet une découverte maximale de son environnement.

Amortisseurs et freins

La qualité d'une poussette s'apprécie à ses amortisseurs. Ils suspendent la nacelle au cadre des roues et doivent être souples pour bien amortir les chocs dus à des chemins défoncés ou descentes de trottoirs. Il en existe de deux sortes : « à l'anglaise » avec des lanières de cuir tendues entre des boucles réglables ; « à la française » avec des ressorts souples placés entre le cadre et la nacelle.

Haute, la poussette isole un peu mieux l'enfant de la pollution de la rue (p. 190) ; basse, elle lui permet dès qu'il marche d'y accéder seul. Tous les systèmes de pliage sont équipés de verrouillages évitant le pliage intempestif du cadre. Certaines poussettes ont jusqu'à deux freins indépendants sur les roues, toujours facilement manœuvrables du pied. Bien sûr, comme pour la plupart des objets de puériculture, il existe des normes de sécurité. Choisissez toujours un matériel étiqueté « Conforme aux exigences de sécurité ».

Tout terrain

De grands progrès ont été faits dans le domaine du pliage à plat (pour les châssis cadres), pliage carré, pliage parapluie (pour les châssis cannes). Tous les systèmes de pliage des cadres permettent un encombrement minimal et un rangement facile dans le coffre d'une voiture. Aujourd'hui, la mode du tout-terrain a aussi gagné les poussettes et pratiquement toutes sont équipées de grosses roues pivotantes capables d'affronter les trottoirs bitumés comme les petits chemins creux cailouteux. Ensuite, à vous de déterminer les accessoires qui vous semblent indispensables : parasol, cape couvrante anti-pluie ou panier shopping.

Attention tout particulièrement aux poussettes-cannes : leur côté pratique incite parfois les mères à les utiliser trop tôt. Elles ne sont pas faites pour les enfants de 6 mois, en raison d'une suspension très rudimentaire ; elles peuvent simplement être utilisées en dépannage et pour de courtes distances. Certains fabricants ont pensé aux familles de jumeaux ou de triplés, et il existe même un modèle permettant de transporter aussi l'aîné. ■

" Privilégiez le face à face en poussette et le poitrine/dos pour le portage dans les bras. Le dos est la partie du corps qui offre la plus grande surface pour un contact corps à corps. **"**

1RE SEMAINE

1ER MOIS

2 À 3 MOIS

4 À 5 MOIS

6 À 7 MOIS

8 À 9 MOIS

10 À 11 MOIS

1 AN

1 AN 1/2

2 ANS

2 ANS 1/2

3 ANS

4 ANS

5 ANS

6 ANS

ANNEXES

Améliorer son confort

Le bébé, à la recherche de sécurité et de limites dans l'espace, se place souvent dans un angle de son lit-parc, tout contre les barreaux. Pour lui permettre de ne pas se cogner, confectionnez un polochon de lit. Mesurez le périmètre du lit, fabriquez dans une toile très solide un grand polochon de la longueur totale et de 20 cm de diamètre. Remplissez-le de mousse et faites, à chaque extrémité, une double couture à la machine pour le fermer. Il doit être absolument résistant aux petites mains de l'enfant. Attachez ce « boudin » par de petits liens courts aux barreaux, tout autour du lit. Les garnitures obstruant complètement les barreaux sont déconseillées, car l'enfant ne doit pas avoir l'impression d'être enfermé. ■

Les lits de voyage

Grâce à eux, l'enfant peut suivre ses parents partout. Ces lits pliables et légers doivent cependant répondre à des critères de sécurité. Les accidents à éviter : les chutes, les pincements et les blessures dus aux angles vifs, au système de pliage, aux sangles. La norme NF demande une stabilité totale si l'enfant se penche ou saute sur un bord. Lorsque le lit est ouvert, équipé de son matelas, le système de pliage ne doit être accessible ni à l'enfant ni à quelqu'un à l'extérieur du lit, à moins que ce pliage n'exige deux manœuvres séparées. La fiabilité du matériel doit être prouvée par une résistance à 500 manœuvres de pliage et dépliage. Au moment du départ en vacances, s'il faut faire le choix entre le parc et le lit du bébé, pensez que le premier est utile et se transforme en lit de fortune avec, sur le sol, une couverture épaisse. Mais n'oubliez pas d'emporter ses jouets préférés, véritables compagnons de sommeil.

Il existe quantité de modèles de parcs pliants, mais le plus pratique à transporter, et celui qui fera le plus d'usage, reste le parc à barreaux de bois. Quel que soit votre choix, sachez que, là encore, il existe une norme NF garantissant stabilité, résistance, non-toxicité des vernis, des peintures et comportant des charnières de sécurité. Méfiez-vous du matériel de puériculture de deuxième main, il n'a pas toujours été fabriqué en tenant compte des normes de sécurité.

Si vous devez improviser le couchage de votre bébé, n'hésitez pas à le coucher par terre sur une couverture, en délimitant son espace par des coussins ou des polochons. Ainsi vous éviterez les dangers d'un couchage inadapté tels que chute ou étouffement. De plus, son dos supportera sans difficulté ce couchage à la dure. ■

Le lit-parc

1RE SEMAINE

1ER MOIS

2 À 3 MOIS

4 À 5 MOIS

6 À 7 MOIS

8 À 9 MOIS

10 À 11 MOIS

1 AN

1 AN 1/2

2 ANS

2 ANS 1/2

3 ANS

4 ANS

5 ANS

6 ANS

ANNEXES

SON BERCEAU EST DEVENU TROP ÉTROIT. Votre bébé a besoin de place pour étendre ses bras et ses jambes, pour ramper, gigoter à l'aise et bientôt se redresser. La meilleure solution est le lit-parc ou lit anglais.

Accessoire de sécurité

Il offre une sécurité absolue, car ce n'est pas avant 2 ans que votre enfant pourra en franchir les barreaux. Il lui permet aussi de regarder ce qui se passe autour de lui sans se pencher. Certains bébés ont l'habitude de dormir calés dans un coin de leur lit, la tête contre les barreaux. Si c'est le cas de votre bébé et s'il lui arrive même de porter la marque d'un barreau sur le front, confectionnez-lui un petit boudin de protection. Vous le supprimerez dès qu'il sera plus grand et dormira au milieu de son matelas. Par contre, évitez les tours de lit, même s'ils sont joliment décorés. Ils limitent l'espace d'exploration de l'enfant qui a besoin, lorsqu'il ne dort pas, de regarder autour de lui pour découvrir les objets de sa chambre ou le jeu de la lumière sur le sol ou les murs. C'est d'ailleurs ainsi qu'il s'habituera à rester sagement dans son lit en attendant votre venue, un plaisir renforcé par la présence d'une peluche, d'un jouet premier âge ou de son doudou.

Conforme aux normes

Pratiquement toutes les marques de meubles pour enfants proposent le lit-parc, qui peut varier en profondeur, en hauteur à partir du sol, en largeur, en couleur, ou être fait de divers matériaux. Vous ferez votre choix en fonction de vos goûts. Préférez cependant les lits équipés de montants mobiles, ils évitent d'avoir à trop se pencher pour prendre l'enfant. La fiabilité du modèle est liée à ses normes de construction. L'estampille NF définit la profondeur de la nacelle (58 cm entre la barre du sommier et le haut de la barrière pour que l'enfant ne puisse pas passer au-dessus). Elle garantit la qualité des vernis et peintures non toxiques, toutes les attaches vissées inaccessibles à l'enfant, enfin un écartement des barreaux compris entre 60 et 75 mm, pour que l'enfant ne puisse s'y coincer ni la tête ni une jambe. À cela, il faut ajouter des systèmes de sécurité pour les modèles à barreaux coulissants et des freins pour les lits à roulettes.

Les matelas et sommier

Pour le matelas, choisissez un couchage assez dur. Quel que soit le modèle choisi, un seul impératif pour des raisons de sécurité : il doit occuper entièrement l'espace du sommier. Ce dernier est généralement fait de lattes dont l'écartement, là encore, est normalisé. La plupart de ces sommiers ont deux positions, une haute et une basse, toujours pour des raisons de sécurité, dès que l'enfant se tient assis. Il est préférable de privilégier la position basse. Même petit, un enfant est toujours susceptible de passer par-dessus bord si on lui en donne la possibilité. ■

" N'utilisez pas le petit lit de bois ou de fer forgé qui berça votre grand-mère ou votre père. Malgré l'attachement affectif qu'il représente, c'est un couchage dangereux, cause de nombreuses chutes. **"**

Les règles élémentaires de sécurité

En France, il est obligatoire que les enfants de moins de 12 ans voyagent en voiture dans un siège adapté à leur poids. Un bébé simplement assis, à l'avant comme à l'arrière d'une voiture, même dans les bras d'un adulte, est dans l'illégalité et, surtout, en danger. Si un choc se produit, si minime soit-il, l'enfant risque d'être projeté au travers du pare-brise ; les expériences de la Sécurité routière ont démontré avec certitude que la personne qui le tient dans ses bras ne peut, au moment de l'accident, réussir à le maintenir contre elle. Une autre règle à respecter est de s'abstenir de donner un biberon alors que la voiture est en marche : un choc ou même un simple coup de frein et l'enfant risque d'avaler de travers, voire même de s'étouffer. ■

À chaque âge son siège

Tant que votre bébé pèse moins de 10 kg, il voyage en nacelle attachée en travers de la banquette arrière ou à l'avant dans un siège, dos à la route. Entre 10 et 36 kg, l'enfant est installé à l'arrière dans un siège auto, de préférence au milieu si la voiture est équipée d'une ceinture trois points ou sur la droite du conducteur pour que celui-ci puisse le voir facilement. Installez le siège en appliquant scrupuleusement les conseils de la notice de montage, tendez la ceinture de sécurité du véhicule au maximum de manière à bien plaquer le siège contre la banquette. Vérifiez régulièrement la ten-

sion. De même, il est indispensable que vous régliez correctement la hauteur des bretelles du harnais et la longueur de la patte d'entrejambe. La boucle se place à hauteur du bassin et non sur le ventre de l'enfant. ■

Des sièges réglementés

L'UTAC (Union technique de l'automobile et du cycle) a mis en évidence par de nombreux tests les conséquences d'un coup de frein brutal ou d'un choc, pour les enfants passagers d'un véhicule automobile. Sous l'impulsion de la vitesse de la voiture, et du fait du poids relativement élevé de la tête de l'enfant par rapport au corps, l'enfant se transforme en un projectile qui heurtera le pare-brise ou sera éjecté hors du véhicule. Aussi l'UTAC a défini des catégories de sièges pour enfants élaborés en fonction de leur poids. Le siège A est un lit muni d'un filet anti-éjection. Il est destiné aux enfants de moins de 9 kg. Les sièges B, sièges où l'enfant est assis, doivent être conçus pour des enfants pesant entre 9 et 18 kg. Pour être très efficaces, ils doivent être, en plus, enveloppants pour protéger le petit passager des chocs latéraux. C'est encore mieux si cette coque protectrice est à la fois indéformable et souple. Un galbe ergonomique pour le confort, ainsi qu'une housse suffisamment matelassée, sont des détails très utiles au confort de bébé. Et, puisque les enfants s'endorment souvent facilement en voiture, mieux vaut choisir un siège multipositions. ■

Dos ou face à la route

Le siège auto du bébé sur le siège avant du passager, dans le sens inverse de la marche, évite, en cas de choc frontal et latéral, la projection et le choc de la tête en avant et elle permet au conducteur une meilleure surveillance de l'enfant. Mais elle est interdite si votre véhicule est équipé d'airbags en raison des risques d'étouffement. Seule exception si votre voiture est équipée d'un détecteur relié au siège bébé qui neutralise l'airbag en cas d'accident ou qui l'empêche de s'ouvrir dès que le siège passager affiche un poids de moins de 12 kg. ■

Le choix du siège auto

1RE SEMAINE

1ER MOIS

2 À 3 MOIS

4 À 5 MOIS

6 À 7 MOIS

8 À 9 MOIS

10 À 11 MOIS

1 AN

1 AN 1/2

2 ANS

2 ANS 1/2

3 ANS

4 ANS

5 ANS

6 ANS

ANNEXES

VOTRE BÉBÉ DOIT VOYAGER INSTALLÉ DANS UN SIÈGE SPÉCIALEMENT ADAPTÉ.
Le « bon siège » se choisit selon trois critères : le confort, la sécurité en cas de choc
et la facilité d'installation, car un siège mal accroché ne garantit ni l'un ni l'autre.

Des normes obligatoires

Depuis de nombreuses années, les fabricants doivent se conformer à des règles qui ont été élaborées par le ministère des Transports, des mesures renforcées par des normes européennes. Tout siège conforme porte un numéro d'homologation qui est gravé dans sa coque. Ceux qui répondent aux normes européennes portent la mention suivante : « Conforme au règlement ECE 44/03 ».

Bien sangler

La notion de confort pour l'enfant est laissée à l'appréciation des parents. Il voyagera mieux calé dans un siège assez creux, bien maintenu par un harnais réglé à sa corpulence. Celui-ci doit être « cinq points ». Deux sangles doivent être fixées au niveau des épaules de l'enfant sans être trop lâches, leur écartement ne doit pas gêner le cou de l'enfant. Elles se clippent sur une boucle ventrale d'où partent deux sangles sous-abdominales. Enfin, une courroie doit obligatoirement maintenir l'enfant entre les jambes afin d'empêcher toute glissade en cas de freinage violent. Le déverrouillage de toutes ces sangles doit être rapide mais impossible pour l'enfant. Les fabricants ont mis au point une boucle sur laquelle il faut exercer une forte pression hors des capacités d'un petit enfant. Les matériaux utilisés pour la coque et son rembourrage sont spécialement étudiés pour offrir un maximum d'absorption d'énergie en cas de choc. La tête bien maintenue par un appuie-tête et les pieds sur un repose-pied, votre enfant regardera le paysage par la vitre à condition qu'il

soit installé assez haut. Le bercement des mouvements de la voiture, le ronronnement du moteur favorisent particulièrement le sommeil.
Un siège bien enveloppant aide à renforcer l'indispensable sentiment de sécurité, un petit repose-tête en mousse ou gonflable peut améliorer le confort du petit dormeur. Certains sièges ajoutent le confort d'une position inclinable.

Simplifier l'accrochage

Malheureusement, l'installation de ces sièges est toujours un problème. Pour assurer une parfaite sécurité en cas de choc, ils doivent être attachés aux points d'ancrage des ceintures de sécurité. Il faut même, sur certains modèles de voitures, démonter la banquette arrière et, dans tous les cas, démonter aussi la ceinture arrière.
Un fabricant a eu la bonne idée, pour faciliter l'installation des sièges de sa marque, de mettre sur la coque et ses montants des repères de couleur. Sachez qu'on ne doit jamais réutiliser un siège accidenté. Il est encore recommandé de ne pas prolonger hors de la voiture l'utilisation des sièges autos de type coquille qui pourraient entraîner des problèmes de dos chez le bébé. ∎

" Les meilleurs moyens de transport sont ceux qui vous laissent en communication avec votre bébé. Un simple accrochage visuel suffit, même si vous êtes loin de lui. **"**

Les bébés nageurs

DE NOMBREUX BÉBÉS PARTAGENT AVEC LEURS PARENTS les leçons d'éveil des « bébés nageurs ». Ce sont des recherches faites en 1930 qui ont révélé que les bébés de quelques semaines étaient capables de « nager » à condition d'être mis dans l'eau dans une position qui leur convenait.

Initiation à l'eau

Placés sur le ventre et petit à petit immergés, les bébés sont détendus, la respiration bloquée, les yeux grands ouverts sous l'eau et ils exécutent même des mouvements réflexes de nage, réguliers et bien synchronisés. Ce réflexe disparaît, et à 4 mois, les bébés placés dans cette position ventrale perdent leur contrôle et sont en danger. Vers 6 mois, votre bébé peut commencer son initiation aux « bébés nageurs ». Cette pratique, qui fut à ses débuts considérée avec scepticisme, regardée avec curiosité, taxée parfois de fantaisiste est aujourd'hui largement répandue et rares sont les villes qui n'ont pas leur « club ». Il n'est pas question d'apprendre à nager à ces bébés mais plutôt d'entretenir leur intérêt naturel pour l'eau. Autre avantage de cette pratique, elle favorise la proximité corporelle. Elle oblige aussi les parents à une observation de leur enfant dans un milieu précis, attentifs à ses compétences et à ses performances.

Le déroulement des séances

Parfaitement mises au point et bien contrôlées par des professionnels spécialement formés, les séances se déroulent selon un plan très précis afin de permettre à l'enfant d'en tirer un maximum de profit. Lorsqu'un enfant de 6 mois est immergé dans l'eau pour la première fois, il adopte aussitôt une « position groupée », semblable à celle du fœtus dans le ventre de sa mère. Le milieu aquatique ne l'étonne pas et la peur de l'eau n'existe pas chez le nourrisson. Une occasion rêvée pour aider l'enfant à se sentir en totale sécurité dans l'eau quel que soit son âge. L'idéal pour que l'enfant se sente en totale confiance est de le faire entrer dans l'eau avec sa maman. C'est elle qui, sur les conseils d'un spécialiste, va pratiquer les immersions progressives de son enfant.

Un programme en trois étapes

Elle commence d'abord par la prise de contact avec l'eau : dans les bras de sa mère, bébé va suivre des mouvements latéraux, puis verticaux, jusqu'à hauteur de sa bouche. La maman joue avec son enfant. Elle lui fait partager sa joie et doit éviter toute appréhension, tout geste maladroit. Lorsque bébé commence à apprécier ce jeu, sa mère peut alors le coucher sur le dos, tout en continuant à l'encourager d'un sourire et de quelques mots. Ces tangages et roulis successifs étant parfaitement acceptés par l'enfant, elle peut alors procéder à la deuxième opération : l'immersion. C'est la manœuvre la plus délicate, qui consiste à plonger verticalement l'enfant dans l'eau, sans lâcher prise. Elle sera assez rapide au début, puis plus lente. Automatiquement, le bébé fermera la bouche et reprendra sa respiration hors de l'eau.

Là aussi, il faut beaucoup de délicatesse dans les gestes et ne pas hésiter à prodiguer des encouragements. Cette étape conditionne la véritable réussite de l'expérience. Dès qu'il est parfaitement à l'aise, sa mère peut le lâcher. Petit à petit, elle

1RE SEMAINE

1ER MOIS

2 À 3 MOIS

4 À 5 MOIS

6 À 7 MOIS

8 À 9 MOIS

10 À 11 MOIS

1 AN

1 AN 1/2

2 ANS

2 ANS 1/2

3 ANS

4 ANS

5 ANS

6 ANS

ANNEXES

s'éloignera de lui, l'aidera à plonger de plus en plus loin et… à regagner la rive. Chaque leçon dure 6 à 10 minutes et atteint le quart d'heure pour les enfants de 15 mois, pratiquants assidus.

Une surveillance constante

À partir de ce moment, le bébé nageur peut se débrouiller seul, mais toujours sous surveillance. Dans ce nouveau milieu, il découvre des sensations différentes. Il apprend à connaître son corps autrement : pesanteur, contact avec la peau, appréciation nouvelle des températures, bruits différents, vision excitante de l'eau qui scintille, des gouttes qui ruissellent sur son corps, etc. Pour que l'expérience soit totalement réussie, des conditions matérielles exceptionnelles sont nécessaires : température des « locaux » avoisinant les 25 °C, température de l'eau proche de 32 °C, une surveillance sanitaire des lieux, comme de l'eau, à toute épreuve. Le rythme des séances doit être d'au moins une fois par semaine et le bain du tout-petit ne doit pas excéder 20 à 25 minutes. Pour les enfants sujets aux rhino-pharyngites et aux otites, mieux vaut attendre les beaux jours pour éviter les brusques changements de température. Des études menées aux États-Unis tendent à démontrer que les bébés nageurs ont un comportement social, intellectuel et physique bien supérieur à la moyenne. Ce sont des informations toutefois difficiles à vérifier… Toujours est-il que les bébés nageurs sont plus que les autres à l'abri des risques de noyade. ■

De huit
à neuf mois

1ʳᵉ
SEMAINE

1ᵉʳ MOIS

2 À 3
MOIS

4 À 5
MOIS

6 À 7
MOIS

8 À 9
MOIS

10 À 11
MOIS

1 AN

1 AN 1/2

2 ANS

2 ANS 1/2

3 ANS

4 ANS

5 ANS

6 ANS

ANNEXES

De huit à neuf mois

Vous

VOUS AVEZ CERTAINEMENT DÉJÀ EXPÉRIMENTÉ les prémices de son caractère, ses dons d'imitation, ses accès de colère et ses manœuvres provocatrices.

Son premier mot est « papa ». Pourquoi? Tout simplement parce qu'il se prononce plus facilement que « maman ». Il enrichit son vocabulaire de mots nouveaux qui sont toujours directement liés à ses actions. Décrivez toujours ce que vous faites en sa compagnie. Votre bébé parlera plus rapidement si ce que vous lui dites est en relation avec ses actions ou ses jeux.

Son ours en peluche prend de plus en plus d'importance. Cet objet transitionnel est un véritable médiateur rassurant, il lui permet de se séparer de vous tout en gardant un peu de votre présence.

Mais surtout, vous voici la maman d'un enfant craintif. Il éprouve une certaine anxiété lorsqu'un étranger s'approche de lui. Avoir peur est preuve de progrès: il exprime ainsi qu'il est un sujet différent d'un autre et qu'il se sent très autonome. Ce sentiment de crainte prouve que votre bébé est désormais une personne. Il se sait unique et indépendant. Aujourd'hui, il est sujet « soi » et demain il dira « moi ».

Votre enfant

- *Il pèse 9 kg en moyenne pour 72 cm.*

- *Il se soulève pour s'asseoir et tient bien assis. Il se tient debout avec appui et fait des mouvements de marche si on le soutient.*

- *Il saisit les objets avec l'aide du pouce et passe facilement un objet d'une main à l'autre. Il adore taper et faire du bruit. Il rit beaucoup au jeu du « coucou ». Il cherche un jouet perdu et adore jeter. Il tire un jouet par une ficelle et agite un grelot.*

- *Il associe les syllabes et dit ses premiers mots de deux syllabes. Il connaît un certain nombre de gestes répétitifs. Il mord souvent.*

- *Il mange de tout, les aliments coupés en petits morceaux, en petite quantité, et surtout avec ses doigts.*

- *Son alimentation quotidienne : 15 à 20 g de viande ou de poisson, 15 à 20 g de légumes.*

1RE SEMAINE

1ER MOIS

2 À 3 MOIS

4 À 5 MOIS

6 À 7 MOIS

8 À 9 MOIS

10 À 11 MOIS

1 AN

1 AN 1/2

2 ANS

2 ANS 1/2

3 ANS

4 ANS

5 ANS

6 ANS

ANNEXES

« Crapahuter » à l'aise

Pour le « crapahutage », garçons et filles sont plus à l'aise en pantalon. Salopette et combinaison évitent qu'ils n'aient trop souvent le ventre à l'air, et les couleurs foncées que vous n'ayez à le changer plusieurs fois par jour. En hiver, préférez les pulls fins superposés. Évitez les pieds nus et, à plus forte raison, les genoux dénudés. L'enfant n'a pas conscience qu'il peut se blesser. De plus, les chaussures peuvent l'aider à un meilleur appui pour se déplacer.

À l'âge du « quatre pattes », les bébés commencent à se salir beaucoup. Ils sont plutôt immunisés contre les microbes « classiques », ce qui ne doit pas vous empêcher d'être vigilante sur la propreté alentour. ■

La main :
un merveilleux outil

Des recherches récentes ont montré que le cortex cérébral commande directement les muscles des doigts et qu'il existe des cellules nerveuses spécialisées dans le geste, certaines s'intéressant à la position de la main, d'autres à la manipulation très fine. Les connexions entre cellules nerveuses seraient renforcées par les stimulations sensorimotrices. Les gestes sont, pour la plupart, appris par imitation de l'adulte ou d'autres enfants, lesquels leur donnent également leur signification. Bien avant de savoir faire un geste, l'enfant le comprend, tout comme il semble que certains d'entre eux sont très tôt signifiants. Parmi les tout premiers, la tête penchée sur l'épaule ou le doigt pointé. La dextérité manuelle peut se travailler. On « délie » les mains de bébé par des petits mouvements de massage.

Un bébé de 9 mois tient les objets entre le pouce et l'index. Il saisit « en pince » et attrape ainsi plus facilement ses jouets. Il est capable de tenir un objet dans chaque main. Toutes ces nouvelles capacités sont le résultat d'une maturation musculaire et neurologique. À 8 semaines environ, le réflexe de grasping évolue vers la préhension volontaire. Le bébé commence à prendre un objet volontairement. S'il est assez petit, il le porte à sa bouche en le tenant à deux mains. À 4 mois, la préhension est dite « palmaire » : l'enfant saisit l'objet convoité entre le pouce et l'auriculaire, l'annulaire et le médius le tiennent contre sa paume. Il passe alors de longs moments à le faire passer d'une main à l'autre. Vers 7 mois, le pouce vient se placer en avant, il s'oppose à la paume et aux autres doigts, assurant une meilleure prise. La préhension est dite en « pince inférieure ». L'enfant sait aussi ramener à lui ses jouets en plaçant ses doigts à la manière d'un petit râteau, geste qu'il faisait auparavant mais avec la paume de la main. Parallèlement, il apprend à jeter et à lancer. Quelques mois plus tard, il prend les objets entre le bord latéral du pouce et les dernières phalanges de l'index. Entre 9 et 10 mois, la saisie en pince est parfaitement acquise. Autre acquisition : ses muscles sont libérés du réflexe tonique des fléchisseurs, sa main n'est plus obligatoirement fermée, il peut l'ouvrir et la fermer par sa simple volonté, ce qui lui permet de ramasser les toutes petites choses qui ont pour lui le plus grand attrait. ■

À quatre pattes

SON TONUS MUSCULAIRE S'EST CONSIDÉRABLEMENT DÉVELOPPÉ EN QUELQUES MOIS. Ses progrès sont fantastiques. Il tient bien assis, se déplace déjà à quatre pattes ou le fera bientôt. Il rêve de marche et de découvertes.

De plus en plus autonome

Dans les premières semaines, votre bébé garde la même position que celle qu'il avait dans votre utérus. Son dos est arrondi et sa tête branlante sous l'effet de ses muscles atones. Il a pourtant assez de force pour pouvoir bouger en roulant et agiter ses bras et ses jambes. Grâce à ces mouvements, il tonifie ses muscles. Mais il faut attendre la fin des réflexes archaïques pour que votre enfant puisse faire de vrais progrès.

À 1 mois environ, votre bébé relève la tête quelques secondes en prenant appui sur ses avant-bras lorsqu'il est couché à plat ventre. Il devra attendre l'âge de 3 mois pour que le tonus de ses muscles de la nuque et du cou s'organise en fonction des positions prises par l'axe de son corps. Si vous le mettez assis, il est capable de tenir sa tête.

À 4 mois, toujours placé sur le ventre, il relève la tête et le buste. Les muscles de son dos lui permettent de tenir la pose. Tous ses efforts, dignes d'un grand sportif, permettent à sa colonne vertébrale de prendre la cambrure adéquate pour la position verticale. Au fil des mois, ces changements physiologiques lui donnent la possibilité de s'asseoir, dans un premier temps calé dans un siège ou sur des coussins.

À 6 mois, grâce à la maturation de son système vestibulaire qui gouverne l'équilibre, il peut se tenir assis tout seul et se sent prêt à passer de la position couchée à la position assise en s'aidant de ses bras et en mobilisant une volonté et une énergie incroyables.

Droit comme un i

La position assise et toute la gymnastique que votre bébé fait pour s'y mettre vont contribuer à la musculation de la ceinture scapulaire. Quand vous le mettez debout sur ses pieds, il manifeste sa joie puis s'accroupit et détend ses jambes pour rebondir. Mais très vite, il va découvrir qu'en basculant sur le côté et en s'aidant de ses bras, il peut se déplacer en rampant. Il pousse avec les jambes, tire sur ses bras, mais ne décolle pas toujours le ventre du sol. Les bébés commencent souvent par un « ramping » arrière pour acquérir ensuite le « ramping » avant.

Dans peu de temps, il marchera à quatre pattes ou se traînera une jambe repliée sous les fesses. C'est le début des grandes découvertes de l'environnement, la soif de tout toucher, de tout explorer, attention danger !

Ces mouvements renforcent sa ceinture pelvienne et l'enfant apprend à mieux coordonner ceux qui lui permettent d'atteindre le but qu'il s'est fixé. Ces acquis lui donneront envie de se mettre debout, mais en se tenant fermement à un meuble. Marcher de manière autonome à 9-10 mois est exceptionnel. La plupart des bébés attendent encore deux à trois mois. ∎

« Se déplacer ainsi est une conquête fantastique pour l'enfant, mais attention, c'est aussi l'accès à quantité de risques. »

1RE SEMAINE

1ER MOIS

2 À 3 MOIS

4 À 5 MOIS

6 À 7 MOIS

8 À 9 MOIS

10 À 11 MOIS

1 AN

1 AN 1/2

2 ANS

2 ANS 1/2

3 ANS

4 ANS

5 ANS

6 ANS

ANNEXES

Des copains de son âge

On a longtemps pensé que l'enfant ne commençait à s'intéresser à ses compagnons du même âge que très tardivement. Or des recherches faites aux États-Unis révèlent qu'il est beaucoup plus précoce. L'étude, conduite par le professeur Fogel, a été menée en observant des bébés de 2 ou 3 mois face à leur mère, puis face à un bébé. Le Pr Fogel s'est aperçu que les enfants avaient des moyens de communication différents selon les interlocuteurs. Les bébés ont des visages plus tendus face à leur mère, les mouvements sont plus intenses et plus saccadés et le regard reste fixé sur l'autre beaucoup plus longtemps. D'autres études, réalisées avec des bébés de 10 mois, révèlent leur capacité d'échanges sociaux. On s'aperçoit que vers 8-10 mois, l'absence de jouets favorise la communication entre enfants et que, vers 1 an, le jouet devient outil d'interactions. Les chercheurs Vandell et Wilson vont plus loin : ils se sont aperçus que le bébé, bien avant 1 an, a des comportements différents selon qu'il s'agit d'enfants « étrangers » ou de ses frères et sœurs. Il semble certain que dès 6-8 mois, à la crèche, un bébé peut déjà avoir un « copain » de son âge, choisi dans le groupe (p. 396). Le professeur Mueller a cherché, quant à lui, à savoir si l'aptitude à une socialisation précoce pouvait être rapprochée du comportement des parents. Il semble, en effet, que plus une mère est sociable, plus son bébé est ouvert aux autres enfants, multipliant volontiers les « offrandes ». ■

Comment réagir face à ses angoisses

Rien ne sert de se fâcher ni d'être autoritaire face à un bébé qui ne comprend pas réellement pourquoi il éprouve de telles bouffées d'angoisse. Au moment des séparations, prenez au sérieux ses larmes et expliquez-lui pourquoi vous vous éloignez, qui va s'occuper de lui en votre absence, ce qu'il va faire de passionnant sans vous. Insistez bien sur le fait que vous allez revenir.

Surtout ne vous esquivez pas « en douce » en pensant qu'il ne s'en apercevra pas. Même si votre bébé ne comprend pas les mots, votre ton proche et rassurant l'aidera à surmonter sa tristesse. Peut-être serez-vous surprise à votre retour du peu de cas qu'il fait de vous, peut-être même qu'il refusera que vous le preniez dans vos bras. Il vous fait savoir à sa manière qu'il n'a pas apprécié votre départ. Là encore, n'hésitez pas à expliquer à nouveau pourquoi il vous faut de temps en temps partir sans lui. Après viendra le temps des réconciliations avec abondance de câlins et de baisers. Prenez un instant pour jouer avec lui, bien vite il va se dérider et manifester son trop-plein d'amour pour vous. ■

■ MON AVIS

Cette fameuse « crise » des 8 mois est en réalité la manifestation d'un progrès. À ce stade, l'enfant repère parfaitement que lui et sa mère sont des êtres différents. C'est par l'anxiété de l'autre qui s'approche que l'enfant devient sujet, il dit ainsi au monde qu'il est unique et irremplaçable. Si votre enfant est angoissé à 8 mois, c'est qu'il se développe normalement. Cette période est fondamentale car elle marque aussi l'apparition des premiers mots ou, tout au moins, des premiers phonèmes « pa papa, attends attends », du début de la préhension entre le pouce et l'index et des premières tentatives de la position debout, voire des premiers pas. Cela prouve que l'enfant a bientôt terminé le développement neurologique qui va lui permettre la position axiale et donc la marche. ■

La « crise » des 8 mois

TOUS LES ENFANTS PASSENT PAR CE STADE : vers 8 ou 9 mois, ils ne supportent pas que leur mère disparaisse de leur vue, ils ont peur de toute personne qui ne fait pas, habituellement, partie de leur environnement. Cela déchaîne une véritable crise de sanglots.

L'angoisse de la séparation

Les psychologues parlent de la « crise » des 8-9 mois. Au cours de ses premières semaines de vie, l'enfant vit en symbiose avec sa mère. Elle et lui ne font qu'un. Il va lui falloir huit mois de lente maturation pour qu'il apprenne, par leurs échanges et les informations que lui donne l'environnement, que sa maman et lui sont deux personnes distinctes. Il acquiert petit à petit son autonomie tout en restant « terriblement accroché » à ses proches. Cette première indépendance le plonge dans l'angoisse. Et si, tout à coup, il se retrouvait tout seul ? À cela, il faut ajouter qu'il est encore incapable d'imaginer que sa mère est ailleurs, lorsqu'elle sort de son champ de vision et d'audition. Il ne peut pas comprendre qu'elle va réapparaître. La notion de temps lui échappe. L'angoisse est donc là, terrible. Si un étranger remplace alors sa mère auprès de lui, il « projette » toute sa peur sur cette personne, au point d'en faire une véritable phobie. La mère n'est pas la seule personne avec laquelle il vit cet attachement extrême ; père, frères et sœurs, grands-parents, « nounou » sont pour lui des êtres sécurisants qu'il n'aime pas perdre de vue.

Aménager vos absences

Évitez les départs et les retours brusques et fréquents. Vous pouvez prévenir l'enfant, il comprend souvent beaucoup plus qu'on ne le pense. Pensez aussi que c'est le plus mauvais moment pour une séparation de quelques semaines. Il faut alors tout faire pour entretenir l'enfant dans ses souvenirs par des affaires personnelles vous appartenant, à vous ou à son entourage familial. De même, le téléphone est un allié précieux qui lui permettra d'entendre la voix de la personne qui s'est absentée. Si c'est vous, son père aura un rôle important : il sera le « médiateur » et le précieux consolateur. Enfin, vous pouvez « éduquer » votre bébé en lui montrant qu'un objet ne disparaît pas lorsqu'on le cache. ▪

1RE SEMAINE

1ER MOIS

2 À 3 MOIS

4 À 5 MOIS

6 À 7 MOIS

8 À 9 MOIS

10 À 11 MOIS

1 AN

1 AN 1/2

2 ANS

2 ANS 1/2

3 ANS

4 ANS

5 ANS

6 ANS

ANNEXES

Vivre avec des jumeaux

LES PROBLÈMES PSYCHOLOGIQUES ET ÉDUCATIFS SONT IDENTIQUES,
qu'ils soient de vrais ou de faux jumeaux : les parents sont face à un couple
d'enfants qu'une connivence totale réunit. Une situation qu'ils vont devoir
apprendre à gérer pendant de longues années.

Deux individus qui n'en font qu'un

Généralement, les jumeaux ont beaucoup de mal à se différencier, l'un répond au prénom de l'autre et inversement. L'un parle de l'autre en croyant que c'est de lui qu'il s'agit. Ils se vouvoient non par politesse, mais simplement parce qu'ils ont toujours entendu qu'on s'adressait à eux à la deuxième personne du pluriel ! La difficulté qu'ils ont à se situer l'un vis-à-vis de l'autre est à mettre très souvent sur le compte de l'attitude des adultes. Les parents, la famille les appellent couramment par le terme générique de « jumeaux » plutôt que par leurs prénoms. Et même si ce n'est pas le cas, il arrive encore qu'ils croient n'avoir qu'un prénom fait des deux accolés.

Le langage des gestes

Entre jumeaux, le langage des gestes est aussi tout à fait remarquable. En se touchant, en se caressant l'un l'autre, ils apprennent à connaître leur propre corps, éveillant des plaisirs très partagés. À ce sujet, on a parlé d'une véritable émotion dans la relation physique. Cette non-différenciation va durer assez longtemps. Des expériences montrent qu'à 5 ans, un jumeau se regardant dans un miroir croit voir son double. Très longtemps encore, dans leurs jeux, ils collaborent étonnamment, s'échangeant leurs jouets, se complétant dans les gestes, imaginant des bêtises à rebondissements, inversant les rôles, partageant les punitions données individuellement.

C'est sans doute à l'apparition du langage que la différence entre un enfant unique et des jumeaux est la plus visible. En effet, beaucoup d'entre eux n'éprouvent aucune urgence à dialoguer avec d'autres personnes que leur semblable. Ils s'inventent un langage, un jargon qui leur est propre et qui varie d'un couple de jumeaux à un autre. Cette caractéristique due à leur gémellité n'est pas unique. Heureusement, elle ne dure pas et, un jour, ils décident de rencontrer les autres.

Toutes ces caractéristiques sont d'autant plus marquées lorsque ce sont de vrais jumeaux, nés d'un même œuf qui s'est scindé après la fécondation. Certains pensent même que les jumeaux se connaissent déjà bien avant de naître. Les frôlements, les caresses qu'ils ont pu échanger dans l'utérus maternel ont, sans doute, une importance sur leur personnalité particulière. Dans le cas de jumeaux de sexe différent, il semble que la fille a toujours un rôle dominant.

Le rôle des parents

Il est important pour effectuer la séparation indispensable à un bon développement. Chacun des jumeaux doit avoir une relation affective individuelle avec ses deux parents. Il vaut mieux éviter, même si vous trouvez cela amusant, de les habiller de façon identique, ils ne doivent pas avoir l'impression en se regardant d'avoir un double parfait. Dans l'absolu, l'idéal serait qu'ils aient chacun leur garde-robe personnelle. Il est encore nécessaire que chacun ait son lit : même s'ils aiment se retrouver, ils doivent avoir un endroit bien à eux. Enfin, les vacances peuvent être une occasion de séparation, afin que chacun développe, à part, sa propre personnalité. Car en réalité, chaque enfant a un caractère différent qu'il revient aux parents de mettre en valeur. Il n'est pas rare d'ailleurs que chaque bébé ait avec l'un des deux une relation plus privilégiée qu'avec l'autre. Le plus délicat est de traiter chaque enfant de la même manière tout en respectant les différents tempéraments, en s'efforçant d'offrir à chacun des soins personnalisés afin que l'un et l'autre se reconnaissent comme individu unique.

Pas d'égalité pour les jumeaux

Malgré tout, sachez que de récentes études menées au Canada et aux États-Unis mettent en évidence une nette préférence de la mère et, souvent, des parents pour l'un des jumeaux. Dans plus de 80 % des cas, c'est l'enfant le plus beau, celui qui semble en meilleure santé qui est le « chouchou », et cela dès les premières semaines après la naissance. Un chercheur américain a fait une grande partie de son travail à partir de photos de famille montrant des jumeaux ensemble. On remarque alors très vite celui qui a toutes les préférences. Il est mieux habillé, plus à son avantage sur la photo, souvent au premier plan par rapport à son frère ou sa sœur. Cette préférence aurait tendance à s'estomper au fur et à mesure que les enfants grandissent. ■

■ MON AVIS

Vous allez les trouver différents même s'ils ne le sont pas, mais pour vous, dès les premiers jours, ils ont un petit quelque chose qui fait que vous les reconnaissez parfaitement. D'ailleurs, il y a de fortes chances pour que vous ayez un jumeau préféré, chaque parent ayant souvent le sien. Ne vous en défendez pas, c'est bien. Par contre, faites attention à ne pas confondre leur prénom ou à ne pas les appeler sous le terme commun de jumeaux. Si possible, donnez-leur des modes de garde différents, mais, à la maison, laissez-les jouer ensemble : de toute façon, vous ne pourrez pas éviter qu'ils établissent entre eux des codes. Les parents de jumeaux sont souvent plus anxieux que ceux de triplés, complètement dépassés par les problèmes d'intendance. Sans doute, les jumeaux nous renvoient-ils à la crainte profonde du double. Nous nous sentons tous uniques et nous ne supportons pas bien l'idée d'un autre comme nous. ■

1RE SEMAINE

1ER MOIS

2 À 3 MOIS

4 À 5 MOIS

6 À 7 MOIS

8 À 9 MOIS

10 À 11 MOIS

1 AN

1 AN 1/2

2 ANS

2 ANS 1/2

3 ANS

4 ANS

5 ANS

6 ANS

ANNEXES

« Tout est langage »

C'EST LE LANGAGE QUI ENTRETIENT LA RELATION PARENTS-ENFANTS.
Langage des mots, mais aussi des gestes, du corps, de la musique. « Tout est
langage », a écrit Françoise Dolto, psychanalyste qui tout au long de sa vie
développa cette affirmation.

Une intelligence sensible et intuitive

L'enfant met tous ses sens au service de la communication : il observe, il écoute et établit ainsi entre le langage et le monde qui l'entoure un lien, un sens. Les mots lui sont indispensables pour intellectualiser les situations, les mémoriser afin d'être plus tard capable de réagir à toutes les situations. En effet, ce bébé, ce nourrisson encore bien

incapable de s'exprimer par des mots, par des paroles, entend et reçoit les « sons-mots ». Il est impossible pour lui de leur donner une signification exacte, mais son intuition lui en apprend beaucoup sur la relation affective que l'adulte entretient avec lui. L'enfant, dès le début de sa vie, pense en termes de langage et la compréhension ne se fait que par l'instinct. Petit à petit, il retient les mots accompagnés de gestes ou de mimiques, de caresses ou de « gros yeux ». Aux sensations de désagréable ou d'agréable, il accroche des mots. Avec l'âge, et si la communication mère-enfant et père-enfant s'est déroulée naturellement avec les vraies informations, il comprendra tout. Pour Françoise Dolto, rien ne doit lui être dissimulé, tout peut lui être expliqué. Ce sont les mots qui permettront à l'adulte de lui faire comprendre ce qu'est la réalité, ce sont eux encore qui lui apporteront le sens du présent, du passé, du futur. Les mots, au moment de la séparation indispensable à l'autonomie, deviennent alors des « objets auditifs » transitionnels, qui l'aident à supporter l'absence de ceux auxquels il est le plus attaché.

Il communique avec son corps

L'enfant, dès le début de sa vie, répond à sa manière. Il sait par ses cris, par ses mouvements, manifester son plaisir, son approbation, tout comme son déplaisir ou son opposition. Il agite frénétiquement les bras et les jambes pour dire « Prends-moi », il glousse pour attirer le regard de l'adulte. À l'inverse, il est capable, très jeune, de se détourner, de fuir un regard, s'il se sent mal compris. Les études contemporaines mettent en évidence l'importance des contacts corporels dans le renforcement de l'attachement de l'enfant à ses parents, bien avant la nourriture, comme le pensait Freud. Entre la mère et l'enfant s'établit un échange tonique par lequel passent toutes les émotions. Cette communication avec autrui est primordiale dans les premiers mois au fur et à mesure que l'enfant grandit. Plus ses sens de l'ouïe et de la vue se développeront, plus il s'en servira pour rencontrer l'autre.

Lui parler pour l'éduquer

Dans ses livres et ses conférences, Françoise Dolto a toujours conseillé aux parents d'expliquer à l'enfant avec des mots simples, mais justes, le pourquoi des choses et des événements :

« Éduquer, dit-elle, c'est l'informer par anticipation de ce que son expérience va lui prouver. » Elle conseille d'appliquer ce principe pour des choses courantes telles que la prévention des dangers ou l'éducation à la propreté ; mais aussi pour les événements profondément chargés d'émotion comme le deuil, un divorce, des problèmes finan-

ciers, des brouilles familiales. Respecter l'enfant, c'est ne l'exclure d'aucun événement familial. De même, l'autorité, la discipline ne peuvent s'exprimer autrement que par des mots : « On punit, on frappe parfois, au moment où la conversation serait d'une valeur inégalable. »

Une socialisation précoce

Les enfants sont à l'affût de la communication, on l'observe lorsqu'ils sont en groupe. Même à l'âge de la crèche et du « quatre pattes », les échanges sont permanents (p. 258). Les enfants se touchent entre eux, se parlent. On peut même observer un phénomène curieux : l'adulte qui cherche à intervenir dans leurs jeux provoque un silence immédiat. On s'aperçoit encore que les enfants les plus demandeurs de relations avec ceux de leur âge sont bien souvent des enfants qui ne peuvent pas « dire » à leur mère tout ce qu'ils voudraient, celle-ci cherchant à leur imposer un modèle de pensée. Dans ce cas, un besoin de communication se fait sentir chez l'enfant. Aussi, c'est tout naturellement vers ceux avec qui il sera sur un plan d'égalité qu'il va se tourner, compensant ainsi son désir d'échanges. ■

(p. 258)

▌ MON AVIS

Le langage ne va pas apparaître d'un coup sans une préparation et sans l'observation d'une préforme de langage. Il faut honorer le travail de Françoise Dolto qui nous a imposé de parler aux bébés pour les mettre dès la naissance dans un bain de langage. Les enfants repèrent très vite la particularité du langage de leurs parents, ils reconnaissent la voix de leur mère et de leur père. C'est par l'habituation au langage que les mots vont pouvoir exister. Un enfant ne comprend pas le sens des mots, mais il en saisira l'intentionnalité et la prosodie car nous chantons nos mots quand nous lui parlons. Avant de parler, l'enfant parle avec son corps. D'ailleurs, tout le cortège des somatisations n'est que la manifestation de l'anxiété de l'enfant. C'est par le repérage spatial du corps que l'enfant va pouvoir conquérir des notions comme le haut, le bas, devant, derrière. Tous ces concepts s'appuyant ensuite sur des mots. Enfin, un bon développement du langage passe aussi par la rencontre précoce avec d'autres enfants, les plus doués « tirant » vers l'expression verbale ceux qui ont quelques difficultés. ■

1RE SEMAINE

1ER MOIS

2 À 3 MOIS

4 À 5 MOIS

6 À 7 MOIS

8 À 9 MOIS

10 À 11 MOIS

1 AN

1 AN 1/2

2 ANS

2 ANS 1/2

3 ANS

4 ANS

5 ANS

6 ANS

ANNEXES

Les relations entre enfants

LES BÉBÉS DE QUELQUES MOIS SONT CAPABLES DE COMMUNIQUER ENTRE EUX.
Le personnel des crèches en fait l'expérience quotidiennement. Il est même étonnant
de constater que des couples de copains se forment pour une durée de vie variable.

Des comportements signifiants

Cette communication précoce a fait l'objet d'une recherche menée par une unité de l'Institut de la santé et de la recherche médicale (Inserm) dirigée par le Pr Hubert Montagner. Elle consistait à analyser toute une série d'images vidéo tournées alors que deux enfants étaient placés face à face dans des sièges confortables et en parfaite condition de sécurité affective. La première surprise a été de constater que des enfants de 4 mois étaient capables de se regarder mutuellement pendant plus de 15 minutes sans détourner leur attention et sans se mettre à pleurer en recherchant leur mère. Leur regard pendant ce laps de temps était intense et fixait essentiellement le visage, notamment les yeux, et les mains. Hubert Montagner a mis aussi en évidence l'importance du doigt pointé dans la communication entre enfants, qui serait une des toutes premières formes du langage.

S'imiter par plaisir

Mais leur communication n'en reste pas là. Le plus « éveillé » des deux tente généralement un geste vers l'autre qui, à son tour, l'imite en exécutant exactement le même. L'étude attentive de ces gestes montre qu'ils sont « volontaires » malgré leur allure désordonnée. Les chercheurs ont même pu constater que les mouvements des pieds et des bras sont l'ébauche des gestes que feront les bébés vers 1 an pour donner ou pour réclamer un objet. Jamais ils ne sont agressifs. En fait les enregistrements montrent que les deux enfants s'imitent en reproduisant immédiatement les gestes de l'autre ou avec un léger temps de décalage. Avant toute imitation, les bébés se regardent et manifestent un réel contentement à ces échanges. Il est donc certain que les bébés aiment s'imiter les uns les autres et plus particulièrement lorsqu'ils balancent de manière rythmée leurs pieds et leurs mains ou lorsqu'ils se mettent dans la bouche un petit jouet. Au bout de 10 minutes de face à face, les deux bébés se regardent fixement, se « parlent » et font même des mouvements pour se rapprocher, essayant par exemple de se toucher du bout des pieds. Toutefois, ces recherches ont montré que cette communication précoce ne pouvait s'instaurer que si les deux enfants étaient mis exactement l'un en face de l'autre.

Un désir fort de communiquer

Dans leur vie quotidienne, les enfants ne manifestent pas forcément de telles compétences : ils sont distraits par leur environnement et surtout ils doivent faire des efforts physiques considérables pour entrer en contact avec les autres. Ces efforts mobilisent beaucoup de leur attention au détriment de leur concentration intellectuelle. Il semble encore que ces capacités ne s'expriment que dans un climat de parfaite sécurité, notamment lorsque les mères restent à portée de vue.
L'équipe du Pr Montagner s'est encore aperçue que lors de la première rencontre, les enfants manifestent leur propre personnalité et que, dès la deuxième, ils adaptent leur comportement et leurs réactions à l'autre. Ainsi, c'est généralement au cours de celle-ci que les enfants se touchent réel-

lement. L'étude a encore démontré qu'au fur et à mesure des rendez-vous, les expressions les plus fréquentes deviennent les plus nombreuses. Les comportements ont donc tendance à s'unifier. Il semble aussi que les jeunes enfants soient animés d'une véritable « soif » de l'autre, d'une force interne et puissante à communiquer. Ainsi, si l'un des protagonistes tourne son regard vers sa mère, l'autre attire son attention par un geste de la main en direction de sa main ou de son bras. La rencontre avec d'autres bébés est donc source d'apprentissages et d'échanges. En fait, l'enfant combine et emmagasine des informations qu'il apprend de lui-même et de l'autre. Le bénéfice d'une socialisation précoce est donc incontestable.

Une solidarité d'âge

Avec l'âge, la communication entre enfants va se parfaire, à 8 mois les enfants ont déjà des savoir-faire rudimentaires mais incontestables pour entrer mutuellement en contact. Une étude menée aux États-Unis par les docteurs Lewis et Brooks a montré que les enfants de 7 ou 8 mois, alors qu'ils ont peur des adultes qui leur sont étrangers, n'ont aucune réaction de crainte devant les enfants qu'ils ne connaissent pas.

Plus étonnant encore, ils peuvent identifier un bébé d'un adulte sur une photo et préfèrent nettement les bébés du même sexe qu'eux. Pour reconnaître les autres, le nourrisson ferait donc référence à ce qu'il sait de lui. ■

1RE SEMAINE

1ER MOIS

2 À 3 MOIS

4 À 5 MOIS

6 À 7 MOIS

8 À 9 MOIS

10 À 11 MOIS

1 AN

1 AN 1/2

2 ANS

2 ANS 1/

3 ANS

4 ANS

5 ANS

6 ANS

ANNEXES

Les accidents domestiques

Il s'étouffe : les gestes d'urgence

Les petits objets qu'un bébé peut avaler sont nombreux dans une maison, de la cacahuète dérobée sur la table basse du salon à la bille que votre aîné n'a pas rangée, en passant par les graviers du jardin. Il est à un âge où tout se mange... et où l'étouffement est un danger fréquent. Voici comment réagir face à un enfant de moins de 1 an qui perd sa respiration : placez le bébé à califourchon sur vos genoux, son ventre contre vos cuisses, maintenez sa tête penchée vers le sol, du plat de la main tapez entre ses omoplates jusqu'à ce qu'il crache l'objet avalé. Cette manœuvre, dite de « Mofenson », a pour effet de faire sortir l'air des poumons le plus violemment possible, ce qui entraîne l'expulsion du corps étranger. ■

Une maison parfaitement sûre

Pour prévenir ces accidents, le Comité national de l'enfance a établi dix commandements :

• Ne pas le laisser seul. Défenestration et incendie sont les accidents les plus fréquents.

• Ne jamais le laisser seul dans la baignoire, il peut se noyer dans quelques centimètres d'eau.

• Ne pas lui donner de fruits secs, et notamment des cacahuètes, avant 4 ans pour cause d'étouffements et de réactions allergiques violentes.

• Ne pas manipuler un produit ménager devant lui. Une minute d'inattention et il s'empare du flacon.

• Débrancher les rallonges électriques après utilisation, l'enfant à quatre pattes porte tout à sa bouche.

• Protéger fenêtres et escaliers ; à quatre pattes, il se déplace très vite

• Pas de récipients alimentaires pour des produits toxiques, les confusions sont fréquentes.

• Placer tous les médicaments sous clé, mêmes ceux des traitements en cours. Informer aussi les grands-parents.

• Préparer son déménagement sans lui, les placards et les tiroirs livrent trop de tentations.

• Attention à la cuisine, tout est danger : la porte du four, la plaque électrique ou le gaz, les poignées des casseroles et les produits ménagers dangereux accessibles sous l'évier.

Les accidents domestiques

CES ACCIDENTS SONT DE VÉRITABLES FLÉAUX POUR NOTRE SOCIÉTÉ.
Seule la mobilisation des parents, soutenue par des campagnes de prévention,
permettra de faire diminuer les accidents domestiques, première cause de décès
des enfants entre 1 et 4 ans notamment.

Trop de tentations

À 9 mois, votre enfant a des capacités psycho-motrices et un besoin de découvertes qui vont le conduire à faire des expériences « dangereuses ». Avec la marche à quatre pattes s'ouvre l'univers de la maison et de ses dangers (c'est, par exemple, la prise de courant dans laquelle il peut introduire ses doigts). Plus redoutable encore est la rallonge électrique laissée branchée : l'enfant risque de graves brûlures s'il lui vient à l'idée de sucer la prise mâle, ce qui est probable pour un bébé qui apprend la vie avant tout par la bouche.

Pas un instant d'inattention

Autre danger, les escaliers. À cet âge, l'enfant peut se déplacer très vite et échapper à la surveillance des adultes. La chute est inévitable sauf si l'accès aux marches est interdit par une barrière. En outre, à ce stade de développement, l'enfant est capable d'utiliser sa main en « pince ». Il est donc possible qu'il ramasse des objets sur le sol... qui ne devraient pas s'y trouver : boutons, épingles, produits toxiques contre les insectes ou rongeurs, éléments de jouets qui ne sont pas destinés à son âge. Il est capable de tirer une nappe, déversant sur lui quantité d'objets et de liquides. Il aimera cueillir les feuilles des plantes vertes : attention, certaines sont dangereuses. À surveiller encore, les placards restés ouverts, notamment ceux qui renferment les produits domestiques. L'enfant risque de renverser sur lui un liquide caustique ou de goûter le contenu du baril de lessive. Gardez à l'esprit qu'un enfant, même petit et peu actif, est capable de se déplacer beaucoup plus vite que vous ne le pensez, qu'il porte automatiquement tout à sa bouche et que le goût innommable de certains produits ne semble pas le déranger. L'éduquer au danger ne sert à rien pour l'instant, il faut d'abord l'en soustraire.

Quelques précautions

Les endroits les plus dangereux de la maison sont la cuisine et la salle de bains, les heures les plus critiques se situent entre 10 et 12 h et après 17 h, aux moments où beaucoup de mères sont occupées à la préparation des repas. Il existe quantité d'accessoires pour lui interdire les fenêtres, les portes des placards et les pièces dangereuses, pour le protéger des brûlures du four ou des plaques de cuisson comme des prises de courant.

Avoir le numéro du centre antipoison le plus proche à portée de main est indispensable. Des équipes de médecins spécialisés sont là 24 h/24 et mettent à disposition une impressionnante documentation sur les médicaments et les produits ménagers. Leur diagnostic s'appuie sur un descriptif très précis des symptômes. En effet, bien souvent, le « produit » ingéré n'est pas vraiment connu et le diagnostic ne se fait que grâce à eux (p. 674). ■

" La cuisine est le lieu de tous les dangers. „

1RE SEMAINE

1ER MOIS

2 À 3 MOIS

4 À 5 MOIS

6 À 7 MOIS

8 À 9 MOIS

10 À 11 MOIS

1 AN

1 AN 1/2

2 ANS

2 ANS 1/2

3 ANS

4 ANS

5 ANS

6 ANS

ANNEXES

La visite du 9ᵉ mois

C'EST UN VÉRITABLE BILAN DE SANTÉ sur le plan sensoriel et psychomoteur. Cet examen est obligatoire et fait l'objet d'un certificat médical qui, envoyé aux Caisses d'allocations familiales, détermine l'envoi de la deuxième partie des allocations postnatales.

Un rendez-vous précis

Cette date a été choisie parce que l'enfant est alors capable d'un certain nombre de performances. De plus, si des handicaps sont décelés, beaucoup sont alors relativement faciles à traiter. Cet examen peut être pratiqué par un pédiatre, un médecin généraliste ou dans un centre de protection maternelle et infantile (PMI). Si vous optez pour ce dernier, il est important que votre médecin habituel puisse en prendre connaissance. En effet, si les médecins de PMI effectuent des bilans de santé, en revanche, ils ne donnent aucun traitement.

Sa vie sociale et quotidienne

Le médecin, pédiatre ou généraliste, vérifie le calendrier des vaccinations, dialogue avec les parents et pratique un examen systématique de l'enfant sur le plan de son développement. Quantité de questions vont être abordées. Comment se sont déroulés la grossesse et l'accouchement ? Quelles sont ses conditions de vie (mode de garde, profession des parents, etc.) ? À quel âge le bébé a-t-il souri, tenu sa tête ? Aime-t-il jouer ? A-t-il bon appétit ? Quels sont les menus qui lui sont proposés ? Toutes ces questions permettent au médecin de juger si l'enfant a une vie normale et les réactions qui correspondent à celles de son âge. C'est sans doute le moment où parents et médecin peuvent parler de l'alimentation, des jouets, du mode de garde, du sommeil, l'enfant n'étant pas là dans l'urgence d'une consultation pour maladie. L'échange doit être riche d'enseignements. Il est important de déceler tout mauvais fonctionnement dans l'interaction parents-enfant et d'en parler. Plus généralement, le médecin peut être amené à donner des conseils d'éducation pour redresser des situations difficiles. Cette collaboration étroite entre parents et médecin permet d'assurer des soins précoces et un traitement, dans la plupart des cas, rapide et efficace.

Les parents et le médecin devraient collaborer pour établir un bilan sur le développement psychique et psychomoteur de l'enfant : relation d'objet, préforme du langage, position assise, pointé du doigt, tous ces signes méritent d'être analysés. Un enfant qui prendrait du retard à ce stade peut avoir accès à des soins précoces dont les parents sont des acteurs importants. Les évaluations ne sont jamais graves et, dans la plupart des cas, on constate simplement un petit décalage sur une échelle de références.

Son bilan médical

L'autre volet de l'examen du 9ᵉ mois est beaucoup plus médical. Le pédiatre va observer attentivement l'enfant assis, la position de sa tête, la courbure de son dos. Il lui offrira un objet, puis un second. Sa réaction déterminera un stade de développement psychomoteur. Il pratiquera un test de l'audition (p. 226), soit à l'aide de « boîtes » dont chacune reproduit le cri d'un animal avec une fréquence différente, soit en expérimentant la réaction de l'enfant à des bruits comme le tintement de clefs, le chuchotement de la voix. Tous ces bruits seront orientés différemment afin d'observer si l'enfant est capable d'en chercher l'origine. Le médecin sera particulièrement vigilant avec un bébé qui ne gazouille pas beaucoup ou qui a déjà eu plusieurs otites séreuses (p. 217). En effet, s'il n'est pas traité, il peut souffrir à terme d'une baisse sérieuse de l'audition. À cette perte d'audition s'ajoutent parfois des troubles de l'humeur (sommeil perturbé) et également une acquisition difficile de la parole. L'examen de la vue est plus sommaire. Le médecin regarde si l'enfant a un certain strabisme (p. 225), il masque un œil puis l'autre pour déterminer la bonne vision de chacun.

L'examen clinique comprend une prise de la mesure du périmètre crânien et thoracique, une auscultation du cœur et des poumons, un palper du ventre, des reins et des organes génitaux externes. Le praticien examine les dents, la gorge, les oreilles et la couleur de la peau, et il évalue ses réserves de graisse en pinçant largement la peau du dos de l'enfant. Un dernier examen, fait pour évaluer ses réactions à la perte d'équilibre, donne une idée de l'état neurologique du bébé. Toutes ces observations, sous forme abrégée, doivent figurer dans le carnet de santé (p. 91).

Contrôle du développement psychomoteur

L'évolution des caractéristiques du développement psychomoteur sera bien sûr observée :

• **La capacité motrice d'un bébé de cet âge est variable d'un enfant à l'autre.** L'un sera vif, tonique, marchant déjà en se tenant ; l'autre sera plus flegmatique et refusera obstinément de se camper sur ses deux pieds. Tous ces stades sont normaux et ne présagent en rien de l'avenir de l'enfant.

• **9 mois est l'âge moyen où le bébé se tient assis seul, le dos droit, mais il n'est pas toujours capable de s'asseoir de lui-même.** Certains savent même se mettre debout avant de s'asseoir.

• **Il est capable de manipuler parfaitement les objets.** Outre l'habileté, c'est la symétrie, ou éventuellement la dissymétrie, qui est appréciée.

• **La crise du 8e mois.** À cet âge, le bébé entre dans une période caractéristique de son développement au cours de laquelle tout étranger à son environnement habituel lui fait redouter d'être éloigné de sa mère (p. 253). Lors de l'examen, il est sur ses gardes et crie volontiers. Mais s'il est normal qu'il pleure, il doit être également capable de se calmer assez vite dès qu'on ne l'importune plus. S'il continue à hurler de plus belle, le médecin attirera peut-être votre attention sur un attachement un peu excessif !

• **La capacité de relation avec l'enfant :** pendant l'examen, le médecin apprécie la qualité de son regard, s'il réagit à l'appel de son prénom, s'il parle ou non. À 9 mois, un bébé dit des séries de syllabes et les répète volontiers. Ce sont les fameux « papa-maman » (p. 237). ■

1RE SEMAINE

1ER MOIS

2 À 3 MOIS

4 À 5 MOIS

6 À 7 MOIS

8 À 9 MOIS

10 À 11 MOIS

1 AN

1 AN 1/2

2 ANS

2 ANS 1/2

3 ANS

4 ANS

5 ANS

6 ANS

ANNEXES

Filles et garçons : déjà des différences de comportement

On note que les filles se tiennent souvent assises avant les garçons et qu'elles saisissent plus facilement les objets entre le pouce et l'index. La fille observe et mesure ses gestes. Le garçon semble plus puissant et maladroit. Ces demoiselles marchent et sont propres plus tôt. Des études scientifiques montrent que les filles coordonnent mieux leurs gestes par rapport à ce qu'elles voient et enchaînent mieux leurs mouvements. Il semble, enfin, que cette précocité puisse être attribuée à un développement différent du cerveau droit et du cerveau gauche selon les sexes, en raison de certaines hormones. Des chercheurs américains ont mis en évidence une différence d'organisation entre l'hémisphère droit des filles et des garçons, notamment dans les régions qui régissent le langage. ■

Un caractère certain

Le Pr Ajuriaguerra, psychiatre, a cherché à savoir si les bébés avaient des traits de caractère spécifiques avant même de s'être « frottés » à leurs parents. Il les a observés face à trois sortes de stimulations et a comparé leurs réactions à des informations recueillies lors d'un examen neurologique. Ainsi, il a déterminé quatre caractères innés : l'enfant actif, vif et souriant ; l'enfant actif lent, souriant mais plus tendu ; l'enfant excité, hypertonique, coléreux puis l'enfant passif, peu communicatif. ■

■ MON AVIS

Tous les parents souhaitent que leurs enfants leur ressemblent, non seulement par leurs qualités mais aussi, de manière plus étonnante, par leurs défauts. Le diabétique qui a un enfant diabétique peut voir dans la transmission de la maladie une forme de filiation sur le registre morbide. Les parents transmettent bien la couleur des yeux ou la forme de leur nez pourquoi alors semblerait-il impossible qu'ils donnent aussi leurs pathologies ? Mais c'est peut-être la filiation par le caractère qui intéresse le plus les parents. Comment ne pas apprécier ce petit garçon volontaire et déterminé comme vous ? Comment ne pas admirer la douceur du regard de cette petite fille aimable et séductrice ? Vous vous sentez plein d'orgueil devant cette « réussite ». Il y a deux types de ressemblances, les physiques comme la couleur des yeux, des cheveux ou la forme des mains, la taille future et le son de la voix, mais aussi les psychologiques, plus mystérieuses, plus intimes et sans doute plus recherchées par les parents. Vous vous demandez alors s'il pense comme vous, s'il apprécie les mêmes choses que vous, s'il partage votre sens esthétique dans les moindres détails. Et plus tard, aura-t-il les mêmes choix politiques que vous ? Il semble que la plupart des parents soient préoccupés par une proximité dans les choix esthétiques et philosophiques. Dans les ressemblances, il faut faire la part de l'environnement dans la transmission de l'hérédité : vous avez transmis à votre enfant, chromosomiquement, vos caractères. Mais ce qui se joue le plus intensément entre lui et vous est de l'ordre de l'identification : il vous ressemble aussi parce que vous lui plaisez. ■

Les ressemblances familiales

1RE SEMAINE

1ER MOIS

2 À 3 MOIS

4 À 5 MOIS

6 À 7 MOIS

8 À 9 MOIS

10 À 11 MOIS

1 AN

1 AN 1/2

2 ANS

2 ANS 1/2

3 ANS

4 ANS

5 ANS

6 ANS

ANNEXES

À QUI VA RESSEMBLER CE BÉBÉ ? A-t-il les yeux de sa mère et la bouche de son père ou inversement ? Comment se décide l'apport des uns et des autres ? Les progrès de la génétique ne permettent pas encore de savoir vraiment comment fonctionne le mécanisme de la ressemblance familiale.

Les lois de l'hérédité

Toute l'hérédité est portée par les chromosomes et par eux seuls. Chaque fois qu'une cellule se reproduit, tous ses chromosomes se reproduisent aussi. Chaque chromosome contient un brin d'ADN (acide désoxyribonucléique) où sont « accrochés » de nombreux gènes. Un gène peut alors se transformer. S'il est récessif, il sera éliminé ; s'il est dominant, il restera latent sans que l'on puisse s'apercevoir de sa présence. En revanche, ce gène pourra apparaître après plusieurs générations provoquant souvent une maladie héréditaire.

De l'influence de l'environnement

Mais à partir de là, il est bien difficile de s'y retrouver. En effet, le bébé reçoit de sa mère vingt-trois chromosomes chargés de son hérédité et de toute celle de sa famille, et tout autant de son père avec le même passé... Les possibilités étant de l'ordre de 69 000 milliards de combinaisons, autant dire que les choses sont complexes. Les chercheurs émettent de nombreux doutes sur ce que l'on croyait auparavant. Par exemple, il est faux de croire que le gène impliquant la couleur brune des yeux est dominant. De même pour celui attribuant les cheveux roux ou les cheveux frisés. Dans ce cas, plusieurs gènes sont, sans doute, en cause.

Par contre, les recherches actuelles ont mis en évidence des ressemblances dépendant certai-nement d'un seul gène. C'est le cas du menton en avant, de la lèvre inférieure épaisse, peut-être aussi de la forme du nez et des lèvres ainsi que des dimensions du pavillon de l'oreille. Sont encore de l'ordre de l'hérédité la programmation des acquisitions motrices et les différentes « pulsions » qui vont conduire l'organisme vers un but. Ainsi, on reconnaît que dans certaines familles les enfants marchent de bonne heure ou sont propres assez tôt, alors que pour les autres étapes de développement, ils sont dans la moyenne. Par contre, les études faites par John Bowlby, pédiatre et psychanalyste anglais, montrent qu'un attachement affectif précoce est indispensable à la plupart des acquisitions de base. Enfin, les « ressemblances » sont sujettes à des modifications dues à l'environnement.

On sait aujourd'hui que les enfants ont toutes les chances d'être plus grands que leurs parents en raison d'une alimentation différente. Mais la ressemblance repose aussi sur les mimiques, les gestes appris au contact de l'adulte. Et puis, viendront avec le langage d'autres proximités, les intonations, l'accent qui marque l'appartenance à une région, voire à un pays, et enfin le choix des mots et des expressions tirés d'un vocabulaire familial. On comprend toute l'importance de ces autres ressemblances lorsque l'on constate la « parenté » des enfants adoptés avec leurs parents adoptifs (pp. 195 et 197). Il serait faux d'opposer dans ce domaine l'inné et l'acquis : l'enfant subit l'influence des deux. ■

Tous différents

Chaque enfant est un être unique, constitué d'un assemblage particulier de gènes, provenant pour moitié de chacun de ses parents. Certains, bien que présents, ne se manifestent pas, on les appelle des gènes récessifs. À l'inverse, les gènes qui s'expriment sont appelés gènes dominants. Il arrive (mais rarement) qu'un gène ne domine qu'en partie. Il en résulte alors un mélange des genres, par exemple des cheveux bouclés associés à des cheveux raides peuvent très bien donner des cheveux ondulés ! La combinaison des gènes varie d'un ovule à l'autre et d'un spermatozoïde à l'autre. Chaque cellule reproductrice est unique et l'union de deux d'entre elles aboutit à une combinaison chaque fois différente. Ce sont des combinaisons innombrables qui peuvent se produire. De quoi se demander comment des enfants d'une même famille peuvent encore se ressembler ! L'explication : il y aurait sans doute suffisamment de gènes similaires pour que des ressemblances puissent exister entre eux. ■

L'influence du milieu

Elle a pu être démontrée en observant notamment les enfants adoptés (pp. 195 et 197). En réalité, l'influence du milieu se manifeste très précocement dans la vie du bébé, dès la fécondation lorsqu'il n'est encore qu'un tout petit embryon baignant dans le milieu utérin. Il peut déjà être soumis à une multitude de facteurs plus ou moins bénéfiques pour lui. Pendant neuf mois, l'enfant va évoluer dans un univers bien à lui, qui ne sera pas forcément identique à celui de son frère ou de sa sœur. Cela permet en partie d'expliquer les différences au sein d'une même famille, alors que tous les enfants sont dotés pour moitié de gènes identiques et d'une éducation similaire. Après la naissance, les différences s'accentuent encore parce qu'un enfant ne ressemble jamais à un autre, a ses propres caractéristiques, sa propre façon de s'exprimer. Si vous vous adressez à deux enfants d'une même famille, vous n'aurez jamais le même comportement en réponse. Chacun développera son propre code relationnel. Il faut accepter cette différence pour que chaque enfant puisse s'épanouir pleinement. Il peut arriver qu'un enfant ait parfois envie de ressembler à un autre. En principe, il choisit toujours un modèle enviable mais relativement accessible. C'est ainsi que le cadet trouve avantageux de reproduire les attitudes de l'aîné – celui qui a des capacités supérieures à ses yeux. À l'inverse, il peut choisir d'imiter le petit dernier qui bénéfice d'un statut en or : c'est celui que l'on chouchoute, que l'on câline. La nature est faite de différences que les enfants qui vivent en communauté savent parfaitement bien exploiter. Les décalages entre eux deviennent alors des avantages par le jeu des imitations. Chaque enfant a envie de faire comme l'autre, mieux que l'autre et avant l'autre. C'est ça l'émulation. ■

■ MON AVIS

Est-ce que votre enfant vous paraît intelligent ? Est-ce qu'il comprend bien les choses ? L'enfant a la capacité extraordinaire de bien se développer intellectuellement quel que soit le milieu dans lequel il vit, pourvu que l'on soit attentif à lui. L'enfant se nourrit de son milieu, tirant de chaque situation une information qu'il va intégrer au plus vite. Avec lui, soyez vous-même avec le plus de réalité, de véracité et de naturel possible. Livrez-vous dans votre caractère, vos passions et vos attitudes. Le bébé fera le tri et en tirera davantage de bénéfices que d'une maman parfaite, adéquate et conforme qu'il trouverait vite banale. ■

À chacun son rythme

TAILLE, POIDS, SOMMEIL, APPÉTIT, âge de la marche ou de l'acquisition de la propreté, tout est différent d'un enfant à un autre, même s'ils sont issus d'une même famille. Et pourtant, vous ne pouvez vous empêcher de les comparer, de les « mesurer » aux échelles de développement de tout genre.

Côté repas

Dans le domaine de l'alimentation, c'est un fait, il y a des petits et des gros mangeurs, il y a ceux qui réclament leurs repas à heures fixes et ceux capables d'en sauter un. En réalité, l'existence d'un rythme alimentaire imposé physiologiquement n'est pas prouvée et les scientifiques prétendent même qu'aucun des quatre repas quotidiens n'est indispensable. Si on laisse les enfants s'alimenter comme ils en ont envie, on s'aperçoit qu'ils consomment spontanément la même quantité de calories à chaque repas. Il ne servirait donc à rien de les forcer à manger.

Côté sommeil

Là encore, tous les membres d'une même famille ne dorment pas au même rythme ni en quantité identique. Se dessinent rapidement les lève-tôt et les couche-tard, ceux pour qui la sieste est indispensable et les autres. Ce qui est important, c'est la quantité de sommeil sur une journée pour le nourrisson et sur la semaine pour l'enfant en bas âge. Les individualités peuvent être très fortes : certains enfants de 6 mois connaissent sept à huit épisodes de sommeil par 24 heures, alors que d'autres sont déjà calés sur un rythme de quatre ou cinq. Quand on totalise les durées, on constate que certains dorment ainsi 17 à 18 heures, alors que d'autres se contentent de 12 à 13 heures. Généralement, ces écarts observés au cours de la première année se retrouvent plus tard et cer-tains enfants de 3 ans ont un sommeil très proche de celui de l'adulte.

Il en est de même pour la sieste ; toujours à cet âge, il existe des enfants qui dorment 2 heures et d'autres 1/4 d'heure.

Côté motricité

Quant aux prouesses motrices, c'est sans doute dans ce domaine qu'il existe le plus de disparités. Certains bébés marchent très à l'aise à 9 mois, d'autres attendront d'avoir 13 mois ; certains ne marcheront jamais à quatre pattes et passeront de la station assise directement à la station verticale. De même, certains enfants sont plus adroits que d'autres ou plus téméraires ce qui les conduit à des performances motrices différentes.

Sous le regard des parents

Deux chercheurs ont eu l'idée de projeter à deux groupes de parents un petit film montrant un bébé de 9 mois assis en train de jouer. Au premier groupe, ils ont demandé d'évaluer le comportement de ce bébé « fille » et au second celui de ce bébé « garçon ». Face à ce même enfant, ils se sont aperçus que les évaluations étaient différentes selon le sexe attribué. Le garçon était observé comme plus actif, plus colérique, plus joyeux de jouer et moins peureux que la petite fille. Conclusion : aux différences individuelles réelles s'ajoutent toujours les stéréotypes classiques liés aux sexes. ∎

1RE SEMAINE

1ER MOIS

2 À 3 MOIS

4 À 5 MOIS

6 À 7 MOIS

8 À 9 MOIS

10 À 11 MOIS

1 AN

1 AN 1/2

2 ANS

2 ANS 1/2

3 ANS

4 ANS

5 ANS

6 ANS

ANNEXES

Avec sa grand-mère *en savoir plus*

Pourquoi ils s'aiment ?

Grand-mère et petit-enfant sont attirés l'un vers l'autre parce qu'ils se rendent compte qu'ils sont aux deux extrémités de la vie. Il lui permet de revivre sa jeunesse et de se sentir de nouveau utile. Elle a le plaisir de s'occuper de lui sans les responsabilités. Les études le montrent : la baby-sitter la plus plébiscitée reste la grand-mère de moins de 65 ans et retraitée. Elle a le temps et une patience que n'ont pas les parents. ■

Une présence indispensable dans les familles recomposées

La grand-mère joue un rôle essentiel lorsque les parents se séparent et se remarient. Ballotté dans sa nouvelle vie, c'est chez ses grands-parents que l'enfant retrouve une vie calme, sereine, éloignée des turbulences sentimentales de ses parents. Grand-mère et grand-père donnent à l'enfant un amour inconditionnel et désintéressé, s'emploient à apaiser les conflits et à le tenir éloigné de toute cette agitation.

Ce lien qui se crée est indestructible et va résister aux années. Ainsi, les adolescents des familles recomposées gardent presque tous en mémoire l'image d'un grand-parent sans lequel ils n'auraient pas tenu le coup. Mais dans ces situations, force est de reconnaître que c'est souvent à la grand-mère maternelle qu'échoit ce rôle maternant et protecteur. C'est la grand-mère paternelle qui souvent pâtit de ces séparations, ne voyant ses petits-enfants qu'au rythme des visites qu'ils font à leur père. Cela se complique si la belle-fille se remarie, le nouveau compagnon n'acceptant pas forcément qu'elle continue à voir ses petits-enfants. Cependant, avec délicatesse, amour et persévérance, tout finit par s'arranger.

Enfin, imaginez que le père et la mère de l'enfant se remarient, c'est avec quatre grands-mères qu'il faudra composer ! ■

▌ MON AVIS

Ce que l'on a inventé de mieux pour les enfants, ce sont les grands-parents. Ils n'ont pas pour mission d'organiser le devenir des petits-enfants mais d'être les garants d'un présent agréable et du passé : ils entretiennent l'arbre de vie. Ils disent d'où l'on vient, quelle était la vie des anciens de la famille, les métiers, les noms de ceux qui ont précédé. Toutes ces révélations fondent la connaissance scientifique chez l'enfant et lui donnent le sentiment du passé. Les grands-parents sont les représentants d'un passé vivant que l'enfant peut questionner en leur demandant, par exemple de manière tout à fait intéressée, comment étaient papa ou maman quand ils étaient petits. Enfin ils ont un rôle majeur dans les situations de deuil ou de séparation : ils demeurent la famille d'origine, alors que la famille parentale se disloque. En effet, lorsque survient un divorce dans la famille, les enfants vont certes perdre leur famille, ils vont peut-être en retrouver une autre, mais ils gardent intacte la famille des grands-parents. Elle affirme l'origine de la famille de leur père et de leur mère. Aux grands-parents de respecter la neutralité du divorce pour être auprès de leurs petits-enfants des soutiens efficaces et être capables de leur offrir des solutions de repli. ■

Profession grand-mère

*EN GARDE RÉGULIÈRE PENDANT L'ANNÉE OU PENDANT LES VACANCES,
nombre d'enfants sont aujourd'hui gardés par leurs grand-mères. Certaines
« supermamies » voient là une façon de retrouver un véritable statut social,
au moment où elles cessent toute activité professionnelle.*

Expérience et stabilité

Cependant, il y a celles qui, sans le vouloir, se retrouvent une seconde fois parent si leur fille est mère célibataire (pp. 119 et 536) ou divorcée très jeune. Elles deviennent alors l'élément stable dans un contexte familial difficile. C'est également un appui de taille lorsque les familles se recomposent. En règle générale, la grand-mère est plus sereine, plus disponible que lorsqu'elle était elle-même mère, et ce d'autant plus que sa responsabilité directe n'est plus engagée. À cela s'ajoutent son expérience de l'enfance et sa patience sans limites qui font d'elle une baby-sitter hors pair. Outre ses qualités exceptionnelles, la grand-mère est un chaînon capital de l'histoire familiale. C'est elle qui peut témoigner à tout moment du passé et des origines de son petit-fils ou de sa petite-fille. C'est elle qui pourra raconter comment était leur maman petite fille, adolescente ; comment elle a connu son mari ou encore relater l'histoire de leur naissance, les premiers mois de leur vie. Pour l'enfant, la grand-mère est le repère hautement sécurisant du temps qui passe. De son côté, la « super-mamie » voit dans son petit-enfant la continuité de sa propre vie et en est profondément rassurée. Autant dire que ce couple-là fonctionne généralement à merveille !

Les excès à éviter

Forte de cette expérience et de cette place privilégiée, la grand-mère peut avoir tendance à vouloir prendre la situation en main, reléguant au second plan sa fille ou sa belle-fille. Des problèmes peuvent alors survenir : elle s'accapare un rôle prédominant dans l'éducation de son petit-enfant.

Interventionniste, culpabilisante ou angoissante à l'excès, elle crée de véritables tensions dans le milieu familial. C'est le cas lorsqu'elle amplifie les problèmes de l'enfant (il ne mange pas bien, il dort mal) qui ne font que culpabiliser la mère, la renvoyant à son incompétence. La grand-mère étant celle qui sait tout, connaît tout, la fille ou la belle-fille n'étant qu'une pauvre mère sans expérience qu'il faut informer. Certaines vont jusqu'à réquisitionner l'affection de leurs petits-enfants. On imagine le climat !

Il ne faut pas hésiter à répéter à ces grands-mères envahissantes qui ne veulent pas reconnaître leurs limites qu'elles ne sont en aucun cas dépositaires de l'éducation de leurs petits-enfants.

À elles la joie d'une sortie du mercredi, la tendre complicité nouée au cours des vacances. La grand-mère doit être une partenaire privilégiée et non une rivale au quotidien. ◼

> **❝ Déliées de toute contrainte éducative directe, les grands-mères peuvent laisser libre court à bien des complicités. ❞**

1RE SEMAINE

1ER MOIS

2 À 3 MOIS

4 À 5 MOIS

6 À 7 MOIS

8 À 9 MOIS

10 À 11 MOIS

1 AN

1 AN 1/2

2 ANS

2 ANS 1/2

3 ANS

4 ANS

5 ANS

6 ANS

ANNEXES

La pomme

C'est le fruit des petits enfants par excellence. Elle se consomme crue ou cuite. Sa pulpe est friable et moelleuse, donc facile à entamer et à mastiquer avec leurs gencives qui se sont durcies par la poussée des futures dents de lait. Sa peau est particulièrement riche en vitamine C, sa chair contient du calcium, du potassium et un peu de sodium. La pomme a un rôle important dans la digestion : riche en fibres et en cellulose, elle favorise le transit intestinal. Ce fruit est aussi utilisé pour combattre la diarrhée : les acides qu'il contient agissent sur les bactéries intestinales ; le tanin et la pectine, sur les parois de l'intestin irrité. ■

Des repas agités

C'est au cours des repas que se règlent bien des conflits relationnels. Le moment est trop chargé d'émotions pour qu'il ne soit pas, consciemment ou non, exploité par l'enfant ou la mère. Ainsi s'affrontent la mère, imprégnée de son rôle nourricier, et l'enfant, récepteur incomparable de toutes les tensions, très vite conscient de son pouvoir sur l'adulte. Le moment de la préparation des repas est toujours un moment de tension. L'enfant a faim, il s'impatiente... Pourquoi ne pas lui réserver pour cet instant un jouet qui le distraira un petit moment ? ■

Juste une pincée de sel

Maintenant que les reins de votre bébé ont achevé leur maturation, il est possible de mettre régulièrement du sel dans ses aliments, mais en quantité très modérée et toujours beaucoup moins que pour un adulte. Le premier avantage du sel est qu'il relève le goût des aliments et qu'il contient du sodium, bien sûr, sel minéral aux multiples qualités, mais aussi de l'iode et du fluor indispensables à sa croissance. Jusqu'à présent, votre bébé n'avait consommé que le sel contenu naturellement dans les aliments tels que le lait et les légumes. Vous pouvez choisir pour votre bébé un sel enrichi en fluor mais, dans ce cas, il faut supprimer son petit comprimé quotidien (p. 322).

Le sel de mer a des qualités supérieures au sel gemme. Il est très riche en oligoéléments, iode, zinc, cuivre et lithium. Les quantités recommandées sont de 40 à 50 microgrammes par jour pour les enfants de moins de un an et passent ensuite de 70 microgrammes à 120 microgrammes à la préadolescence. Attention, habituer un enfant à manger trop salé, c'est entamer son futur capital santé. Vous pouvez sans crainte utiliser les herbes aromatiques pour assaisonner ses plats : thym, cerfeuil, basilic, cumin, coriandre, persil, estragon ou ciboulette. Dans les cuissons en papillote, idéales à cet âge, elles font merveille. ■

■ MON AVIS

Manger des morceaux est un stade important dans son développement : cela montre d'abord qu'il a acquis une bonne compétence au niveau de la déglutition et que vous ne craignez plus qu'il s'étouffe en mangeant. Maintenant, il discrimine parfaitement ce qui lui vient de l'extérieur et qu'il peut mâcher, croquer, avaler et sucer. Il explore par sa bouche les apports extérieurs et il les incorpore, faisant ainsi des gammes multiples sur le thème du passage du dehors au dedans, concept qu'il devra avoir acquis au moment de la mise sur le pot pour l'acquisition de la propreté. ■

Manger avec ses doigts

EXPLORER TOUT CE QUI EST À SA PORTÉE est la principale activité de votre enfant. La nourriture n'échappe donc pas à sa curiosité. Vers 8 mois, il va chercher à manger avec ses doigts et ce n'est qu'un début. Il mettra plusieurs années à savoir se servir de ses couverts et encore plus longtemps pour se tenir correctement à table.

Facilitez-lui les choses

Laissez-le faire, proposez-lui une alimentation en tout petits morceaux qu'il pourra saisir grâce à la nouvelle habileté de ses doigts (p. 250). Il aime toucher à tout, alors pourquoi pas à sa nourriture ? C'est l'âge où il aime se donner en spectacle et quoi de mieux alors que de jeter le contenu de son assiette par terre. Une idée toute simple, pour éviter qu'il ne renverse son assiette : la fixer à la tablette de sa chaise haute ou de son fauteuil « relax » par un morceau d'adhésif double face. Manger des aliments en morceaux ne pose plus de problème à cet âge. Généralement, avant d'être introduits dans la bouche, votre enfant les aura copieusement malaxés et attendris dans ses mains.

De plus, votre bébé est capable de mâcher et sait se servir de ses toutes nouvelles dents. Par contre, il risque de refuser des aliments qu'il semblait apprécier, du simple fait que leur nouvelle texture en change un peu le goût. Heureusement, certains enfants sont plus conciliants, ils acceptent d'avaler les cuillerées que leur propose leur mère, à condition d'en avoir une autre dans la main pour faire comme s'ils mangeaient tout seuls.

Il mange à sa faim

Beaucoup de mères craignent alors que leur enfant ne fasse pas un vrai repas, surtout que manger seul le lasse vite et qu'au bout d'un quart d'heure il demande à sortir de sa chaise haute.

Soyez rassurée, un enfant qui a faim mange et s'il abrège un repas, il se rattrapera au suivant. Mais si vous voulez qu'il mange à heures régulières, évitez de lui donner des aliments à grignoter à tout moment. Si sa ration journalière vous semble légère, compensez par un peu plus de lait, un yaourt ou un œuf battu dans du lait. Mais attention, ne le suralimentez pas. Enfin, si vous craignez qu'il ne se tienne jamais bien à table, rassurez-vous, ce défaut passe avec l'utilisation de la cuillère. Une autre aventure !

Cette recherche d'autonomie s'exprime aussi dans sa volonté de boire seul. Timbale et verre le rendent beaucoup trop maladroit ; c'est donc l'âge idéal pour l'initier au verre à bec. Il est léger, coloré et souvent à deux anses, donc parfait pour les premières tentatives. Les bébés l'aiment beaucoup ; ils vont s'en servir longtemps et le promener un peu partout.

Boire de l'eau en priorité

Au moment des repas, un bébé boit de l'eau minérale faiblement minéralisée, celle que vous utilisiez il y a quelques mois pour lui préparer ses biberons. Souvenez-vous que le lait est pour lui un aliment à part entière : un verre de lait augmente beaucoup trop sa ration alimentaire. Le jus de fruits est plein de sucre et de vitamines qui en font le complément parfait du goûter et du petit déjeuner. Dans la journée, rien ne vaut un peu d'eau pour le désaltérer. ■

1RE SEMAINE

1ER MOIS

2 À 3 MOIS

4 À 5 MOIS

6 À 7 MOIS

8 À 9 MOIS

10 À 11 MOIS

1 AN

1 AN 1/2

2 ANS

2 ANS 1/2

3 ANS

4 ANS

5 ANS

6 ANS

ANNEXES

Sautoir et balancelle

Se balancer ou sauter dans l'ouverture d'une porte, une excitation sans mesure. Sautoir et balancelle offrent de joyeuses sensations. Le premier est en réalité une culotte suspendue à une structure à ressorts qui s'installe dans l'encadrement d'une porte. L'enfant, pieds au sol, y joue une quinzaine de minutes par jour, se familiarisant avec la station debout. La balancelle est la balançoire des petits. Ils aiment s'y reposer en retrouvant le mouvement de va-et-vient qu'ils aimaient tant quand ils n'étaient âgés que de quelques semaines. ■

Le parc

L'enfant appréciera particulièrement le parc au moment où il commencera à marcher, celui-ci lui servant de guide et d'appui. Il faut donc qu'il ait une certaine stabilité. Pour vous, le parc est un allié précieux, indispensable dès les premières reptations, lors de la préparation des repas et chaque fois que vous ne pouvez avoir votre bébé sous les yeux. N'abusez pourtant pas trop de cette « facilité » : une demi-heure à une heure suffit. N'y abandonnez pas votre bébé ; restez à proximité pour lui parler, suggérez un jeu, etc. N'en faites jamais un lieu de punition. ■

Le trotteur

Marcher à quatre pattes, c'est bien. Se déplacer debout sans effort, c'est peut-être encore mieux ! Ses détracteurs prétendent que l'enfant est trop soutenu dans sa nacelle et que, dès qu'il la quitte, il ne peut tenir en équilibre et tombe aussitôt. Ses défenseurs, au contraire, estiment que l'enfant prend l'habitude de se sentir en sécurité debout, qu'il tonifie les muscles de ses jambes en poussant pour se déplacer. Un débat qui n'est toujours pas tranché. Comme tout matériel de puériculture, il existe bien sûr une norme NF. Seules recommandations : ne laissez pas votre bébé dans son trotteur sans surveillance et ne l'utilisez pas plus d'une heure par jour. ■

Nouvelles normes

NF EN 14988-1 & 2 telle est la norme européenne qui s'applique maintenant aux chaises hautes. Elle garantit une rigueur encore plus grande sur les points sensibles de ce type de matériel destiné aux enfants de 6 à 36 mois : mécanisme de verrouillage, système de retenue, stabilité, solidité des matériaux et risques de pincements sont examinés à la loupe. ■

▌ MON AVIS

Avez-vous retrouvé, au hasard d'un rangement dans un grenier ou au fond d'une cave, votre chaise haute d'enfant ? Avouez que cette découverte a entraîné chez vous une certaine émotion. Et votre parc peuplé de vos jouets préférés, n'êtes-vous pas en train de le reproduire pour votre enfant ? De même, comment ne pas se souvenir du « poussé » de votre père lorsqu'il vous apprenait à faire du vélo au printemps ? Et peut-être vous souvenez-vous de ce « sacré » trotteur qui vous empêchait de marcher seul, préférant ce moyen de transport précoce, anticipation du vélomoteur que vous avez tant désiré adolescent. Tous ces meubles d'enfant créent l'environnement proche de votre bébé, il faut les conserver, ils sont aussi précieux que son carnet de santé. ■

La chaise haute

LA CHAISE HAUTE PERMET À L'ENFANT de participer au repas familial et aux repas de fête. Il y trouvera un grand plaisir à condition que sa présence soit de courte durée et non imposée. Grâce à un astucieux système d'assise réglable, certaines chaises hautes le mettent exactement à la hauteur de la table familiale.

À la table des grands

Pour l'éveil de l'enfant, c'est un élément de mobilier fantastique et qui marque son entrée dans le monde des adultes. Il en existe de nombreux modèles qui se fondent dans le décor familial. Pourtant l'esthétique ne peut primer sur la sécurité. Choisissez impérativement la norme NF pour les chaises hautes destinées aux enfants de 6 mois à 3 ans.

Les règles « constructeur »

Premier principe : la chaise haute doit être construite de façon à éviter tout risque de pincement, de coupure ou de blessure. Si certaines pièces de montage risquent de blesser l'enfant, elles doivent être protégées. Toute arête non « habillée » doit être arrondie ou limée. La réglementation s'intéresse aussi à l'équilibre de la chaise et au confort de l'enfant assis. L'entrejambe est obligatoire ainsi que des points d'ancrage pour un harnais ou une ceinture. Sont également étudiées les hauteurs de protection dorsale.

Si vous avez décidé d'en acheter une pour votre bébé, n'oubliez pas de jeter un coup d'œil sur l'étiquette. Elle doit porter lisiblement une référence d'identification du produit, la norme NF, le nom et la marque du fabricant ou de l'importateur. Si la mention « Conforme aux exigences de sécurité » ne figure pas directement sur le produit, elle doit être impérativement inscrite sur l'emballage. Préférez enfin un modèle avec verrouillage de sécurité sur les parties qui se plient et s'assemblent.

Les règles « utilisateur »

Utilisez systématiquement l'entrejambe pour installer bébé afin qu'il ne glisse pas sous la tablette et veillez à ce qu'elle soit assez large pour ne pas marquer la peau de ses cuisses ; attachez votre enfant correctement dans le harnais, vérifiez la bonne fermeture des boucles, afin qu'il ne puisse pas monter sur le siège ; veillez également à ce que l'enfant ne puisse pas pousser sur ses jambes en prenant appui sur un meuble proche. Installez la chaise haute sur un sol stable non glissant et ne le laissez jamais sans surveillance quand il y est installé. Les chaises hautes sont conçues, pour la plupart, pour accompagner votre bébé jusqu'à 2 ans. Si vous en achetez une d'occasion, assurez-vous qu'elle répond aux critères élémentaires de sécurité.

Aujourd'hui, faute de place, certaines jeunes mères se dirigent volontiers vers les chaises pliantes. Elles doivent alors être équipées d'un système de sécurité qui bloque la chaise en position ouverte. Il existe encore des modèles de chaises qui s'accrochent au bord de la table. Leur stabilité est généralement assurée par de solides points d'ancrage. On peut également trouver des « hausse-bébés », qui s'installent sur une chaise pour adulte. ■

" Les chaises hautes et les landaus sont souvent mis en cause dans les traumatismes crâniens de l'enfant. "

1RE SEMAINE

1ER MOIS

2 À 3 MOIS

4 À 5 MOIS

6 À 7 MOIS

8 À 9 MOIS

10 À 11 MOIS

1 AN

1 AN 1/2

2 ANS

2 ANS 1/2

3 ANS

4 ANS

5 ANS

6 ANS

ANNEXES

De dix
à onze mois

1PE
SEMAINE

1ER MOIS

2 À 3
MOIS

4 À 5
MOIS

6 À 7
MOIS

8 À 9
MOIS

10 À 11
MOIS

1 AN

1 AN 1/2

2 ANS

2 ANS 1/2

3 ANS

4 ANS

5 ANS

6 ANS

ANNEXES

De dix à onze mois

Vous

VOTRE ENFANT EST MAINTENANT CAPABLE DE CHERCHER un objet là où il a disparu quelques heures auparavant. Cela prouve ses fantastiques progrès cognitifs. Sur le plan physique, il se débrouille aussi très bien. C'est un brillant coureur à quatre pattes, parfois trop téméraire. Souvent, d'ailleurs, sa vélocité et ses compétences dans ce mode de déplacement retardent un peu l'acquisition de la marche.

Sur le plan psychique, il est entré dans la phase dite « sadique orale ». Il mord le monde à pleines dents, il le casse aussi pour mieux le dominer et l'explorer. Il comprend parfaitement le mot « non ». Sa personnalité se construit et il a une grande capacité à imiter vos expressions et vos gestes. Il est capable de manifester son opposition par des signes clairs. Ses cris et ses colères sont de véritables formes de prélangage. C'est encore le moment extraordinaire où certains symptômes cèdent sous les effets de la psychothérapie car le bébé exprime sa propre anxiété, ou celle qu'il a perçue par son corps. La somatisation est une forme primitive de communication. Le langage du corps précède toujours la parole.

Votre enfant

- *Il pèse 10 kg en moyenne pour 74 cm.*

- *Il se promène à quatre pattes et se met debout en s'aidant d'un support. Il tient avec appui et lève un pied.*

- *Il reconnaît les objets qui l'entourent et a les gestes nécessaires à leur manipulation. Il est en pleine possession de tous ses sens et est prêt à assimiler un certain nombre de connaissances. Chaque objet apporte son lot de découvertes.*

- *Il répète un son. Il imite les expressions et les gestes. Il comprend « non ». Il communique avec les autres enfants en les mordant.*

- *Il a tendance à être capricieux, il teste surtout ses parents au moment des repas et du coucher. Il a besoin que ses parents lui donnent des limites.*

- *Il apprend à mâcher.*

- *Son alimentation quotidienne : 20 g à 25 g de viande ou de poisson, 20 à 25 g de légumes.*

1RE SEMAINE

1ER MOIS

2 À 3 MOIS

4 À 5 MOIS

6 À 7 MOIS

8 À 9 MOIS

10 À 11 MOIS

1 AN

1 AN 1/2

2 ANS

2 ANS 1/2

3 ANS

4 ANS

5 ANS

6 ANS

ANNEXES

À chacun son style

Se déplacer à quatre pattes dans un style parfait n'est pas donné à tout le monde et bon nombre d'enfants expérimentent des variantes. Mais tous arborent généralement un sourire de fierté car l'essentiel est de se déplacer en parfaite autonomie.

Il y a ceux qui se traînent assis sur leur derrière ; ceux qui se déplacent assis sur un genou ; ceux qui marchent en crabe, sur le côté, incapables d'aller droit, ceux qui raidissent leurs jambes et marchent sur les mains et sur la pointe des pieds, fesses en haut ; ceux qui marchent d'un côté jambe tendue et de l'autre sur leur genou, en déséquilibre parfait ; il y a les « fonceurs tête baissée » qui prennent appui non sur les mains mais sur les coudes.

Enfin, certains passent d'emblée de la position assise à la position debout, se déplaçant le long des meubles. Ils avancent à petits pas de côté faisant glisser leurs mains le long d'un appui. Quelques semaines plus tard, ils lâcheront un bras qu'ils agiteront dans le vide comme le balancier de l'équilibriste. D'autres continuent à marcher à quatre pattes, parfois de plus en plus rapidement ; les parents craignent toujours que ce mode de déplacement prolongé cache un retard à l'aptitude de marcher. Qu'ils se rassurent, il n'en est rien, chaque enfant prend le temps qui lui est nécessaire pour se dresser verticalement et un style original dans les déplacements n'est jamais le signe d'une perturbation grave dans l'acquisition de la marche. ∎

Les jouets qui incitent à marcher

Avant même de marcher, l'enfant aimera jouer avec un porteur. C'est ainsi que l'on nomme les véhicules à quatre roues (camions, tracteurs...) sur lesquels l'enfant s'assoit. Ainsi installé, il se sert de ses pieds pour se déplacer. Certains de ces jouets sont équipés à l'arrière d'une barre pour l'aider dans ses premiers pas. Dès qu'il marche seul, évitez de lui donner trop souvent ce jouet, il peut être à l'origine de mauvaises positions des pieds.

Balles et boules vont aussi l'inciter à se déplacer. Il préférera, entre toutes, les balles transparentes à l'intérieur desquelles se balance un objet. Le plastique doit être de bonne qualité afin d'éviter de trop nombreuses rayures ; le jouet perd alors tout son intérêt. Les balles gonflables, elles, grâce à leur souplesse, suscitent bien souvent les premiers exploits sportifs.

Trotteur, porteur, objets à traîner ou à pousser apportent l'envie et le plaisir de réussir ce véritable exploit. Les jouets sensori-moteurs, à tirer, à pousser, à traîner permettent aussi au tout-petit de maîtriser et de coordonner ses gestes, l'entraînent à garder l'équilibre et à travailler son habileté manuelle. Presque au même moment, il se passionne pour les jouets qui offrent des surprises visuelles ou auditives. L'enfant est capable de pousser un bouton pour ouvrir des portes derrière lesquelles se cachent des animaux ou des personnages. Il adore faire dégringoler à grand bruit des petits culbutos le long de toboggans.

Le mouvement volontaire est maintenant parfaitement acquis et tous les jeux de chute permettent de mieux accepter celles, inévitables, de l'apprenti marcheur. Il s'initie encore aux premières constructions, aux empilements simples et aux emboîtages rudimentaires. Et si tous ces échafaudages s'effondrent bruyamment, c'est encore mieux. Il expérimente par le jeu la notion essentielle de « cause à effet ». C'est la période « sensori-motrice » selon Piaget (p. 298), celle où l'enfant organise progressivement ses conduites signifiantes et intentionnelles. C'est aussi à partir de l'expérience motrice que se construit chez l'enfant une représentation mentale de l'objet. ∎

La peur du vide

Des expériences faites avec des enfants révèlent que la peur du vide semble innée chez l'homme. En effet, si on leur propose de marcher debout ou à quatre pattes sur une plaque transparente, aucun enfant placé dans ces conditions n'accepte le « jeu ». On retrouve également ce comportement chez les animaux. ∎

Promenades à quatre pattes

1RE SEMAINE

1ER MOIS

2 À 3 MOIS

4 À 5 MOIS

6 À 7 MOIS

8 À 9 MOIS

1 AN

1 AN 1/2

2 ANS

2 ANS 1/2

3 ANS

4 ANS

5 ANS

6 ANS

ANNEXES

LA MARCHE À QUATRE PATTES EST UNE ÉTAPE IMPORTANTE dans la vie du bébé et de ses parents ; l'enfant prend alors possession de son environnement. Il se déplace en appui sur les mains et les genoux, alternant le mouvement des bras et des jambes.

Une indépendance toute nouvelle

Certains bébés préfèrent avancer assis sur leur derrière, s'aidant de leurs mains et de leurs jambes, à moins qu'ils ne choisissent la « marche de l'ours », à quatre pattes et fesses en l'air. Toutes ces façons de « marcher » prouvent que votre enfant a déjà fait des acquisitions importantes. Il a une bonne tonicité des membres supérieurs puisque l'essentiel de son poids quand il se déplace est soutenu par ses bras. Il maîtrise parfaitement les possibilités que lui donne l'articulation entre sa hanche et son bassin. Les muscles de son dos et de son cou sont à la fois toniques et souples, ce qui lui permet de tourner parfaitement la tête pour regarder où il va et ce qui se passe à ras du sol. La bonne coordination des quatre membres, indispensable à tout déplacement, signifie qu'il a pris conscience des différentes parties de son corps et des muscles à contracter pour le faire bouger. Son cerveau a atteint la maturation nécessaire à une bonne orchestration de l'ensemble des parties de son corps. La marche à quatre pattes lui apporte une autonomie nouvelle très excitante. Il va en profiter pour exercer son indépendance et tester les sentiments que lui porte son entourage. Ainsi, il s'amuse à s'enfuir dès que vous cherchez à l'attraper ou se cache quand vous l'appelez. Mais ses escapades ne durent jamais longtemps, il a besoin de vérifier que vous êtes bien là pour se sentir parfaitement rassuré.

Se préparer à la verticalité

Pourtant, à ce stade, beaucoup de bébés aiment se promener debout, tenus par un adulte. Ils sont encore loin de marcher seuls mais apprécient cette nouvelle verticalité. C'est maintenant l'âge du trotteur (p. 272). Son effet sur la stimulation de la marche est contestable, mais il donne aux enfants beaucoup d'autonomie dont ils profitent souvent largement. Certains enfants connaissent alors les joies de la vitesse. D'autres, au contraire, se sentent frustrés dans leurs efforts et s'assoient dans le siège, incapables d'avancer.

Vers 9 mois, les enfants tiennent debout avec appui et certains n'hésitent pas à faire leurs premiers pas. Pour marcher seul, l'enfant va devoir maîtriser le déséquilibre naturel qu'il éprouve lorsqu'il est sur un pied alors que l'autre n'a pas encore touché le sol, c'est-à-dire 80 % de la durée d'un pas chez l'adulte. Son coffre à jouets s'enrichit de tous les jeux qui favorisent l'acquisition de la marche.

Un geste affectif

Mais les premiers pas et l'apprentissage de la marche ne sont pas uniquement le fait d'un développement psychomoteur, c'est aussi un geste affectif. L'enfant commence à marcher généralement pour atteindre la personne qui est en face de lui et qui le sollicite (p. 313). Appréciez ce délicieux moment dans la relation parents-enfant : votre bébé s'effondre dans vos bras après avoir réussi l'exploit de faire quelques pas. ■

La frustration indispensable

La mère est souvent la première victime de l'agressivité de l'enfant. Elle est dans la plupart des cas la personne qui lui inspire les sentiments les plus violents et les plus extrêmes. C'est tout à fait « normal » dans l'esprit du petit. Pour lui, il y a une « bonne mère » au moment où il est satisfait dans ses désirs et une « mauvaise mère » lorsque celle-ci refuse de le contenter. Progressivement, les deux images se superposeront en une seule personne et il apprendra que les plaisirs, les « récompenses » offrent une compensation aux frustrations qui deviennent, ainsi, plus supportables. La frustration est indispensable pour permettre à l'enfant d'atteindre l'autonomie et lui procurer davantage de plaisir lorsque ses désirs seront exaucés. ∎

Le nounours confident

L'enfant agressif, mal dans sa peau, trouvera un grand réconfort dans sa peluche et tout particulièrement l'ours. La peluche dénote un besoin fondamental... de contact ; autant par la douceur du toucher que par les odeurs familières et familiales qu'elle transporte. C'est pour cela qu'elle a un rôle rassurant et consolateur. Mais elle est meilleure « confidente » que l'animal domestique qui n'est pas toujours disponible. L'ours, le chien, le lapin en peluche sont capables de tout entendre et de tout supporter (p. 316). Ils servent assez souvent d'exutoire aux débordements d'agressivité. Mais un enfant qui détruit systématiquement ses peluches exprime des difficultés psychiques qui demandent à être prises en charge. La peluche-ours idéale, pour bien tenir son rôle, doit mesurer entre 18 et 24 cm, pour un enfant de moins de 1 an. Enfin, il faut le savoir, une peluche, et un ours encore plus, ne se prête sous aucun prétexte. ∎

▮ MON AVIS

Certains enfants deviennent « agressifs ». C'est, en fait, l'interprétation que donnent les adultes à leur tendance à mordre parents ou enfants. En réalité, ils manifestent ainsi leur avidité de communication et témoignent de leur amour. D'ailleurs, vous-même ne le mordillez-vous pas dans le cou ou sur le ventre en lui affirmant « Je vais te manger » ? Cette agressivité ne s'installe pas si les parents s'occupent encore plus d'eux et, surtout, s'ils ne la sanctionnent pas. En effet, la punition les amène à croire que ces comportements sont des moyens de communication actifs et durables avec leurs proches. Mon conseil : surtout ne jamais mordre l'enfant en retour. Ce geste ne lui apprend rien, mais fixe le comportement. ∎

Les enfants « mordeurs »

MORDU OU MORDEUR, C'EST UN STATUT QUE VOTRE ENFANT a toutes les chances de connaître s'il fréquente une crèche. C'est un phénomène très courant en collectivité : l'enfant est encore au stade oral, c'est-à-dire qu'il appréhende le monde par sa bouche et toute la région de peau qui l'entoure.

Un besoin inné

Après 6 mois, l'enfant entre dans une phase définie comme « le stade oral sadique », qui se caractérise par une envie de mordre. Certains se contentent de mordre les objets, d'autres se servent de leur bouche pour agresser les autres. La première victime est souvent la mère, l'enfant transformant le baiser en morsure, testant ses nouvelles dents et les réactions de l'adulte. Un conseil : si cela vous arrive, ne vous laissez pas faire. Il doit savoir que son geste fait mal.

Gronder et expliquer

En collectivité, il est souvent impossible de prévoir ces agressions tant elles sont soudaines. Lorsqu'on observe les petits de cet âge, assis ou étendus sur le tapis de jeux, tout semble se passer normalement. Et puis, tout à coup, c'est le drame et la morsure. Les raisons de ce geste sont sans doute à mettre sur le compte de la jalousie, de l'envie d'être dominant dans le groupe. Curieusement, on s'aperçoit que si ce sont toujours les mêmes qui mordent, ce sont aussi ceux qui ne peuvent s'exprimer par la parole : ils sont encore incapables de comprendre que cela peut être aussi agressif. Là encore la morsure ne doit pas être passée sous silence. En effet, le petit « mordeur » n'a sans doute pas compris que son geste fait mal ; d'ailleurs, il regarde avec indifférence, voire avec étonnement, son camarade en larmes. L'enfant sera grondé, isolé momentanément du groupe. Il est indispensable de lui faire comprendre que vous n'acceptez pas ce comportement. Montrez-lui les conséquences de son geste et restez ferme.

Le « mordeur » et le « mordu »

Les directrices de crèches se sont aperçues que le phénomène se produit plutôt par périodes et que ce sont pratiquement toujours les mêmes qui sont dans le rôle du « mordeur » et du « mordu ». On constate assez souvent que le premier traverse un moment affectivement difficile et que le second est un enfant timide, facilement dominé. La plupart des mères détestent récupérer le soir, après une journée de crèche, leur bébé marqué à coups de dents. Elles accusent alors à tort le personnel de non-surveillance. Pourtant, ce type d'agression est souvent imprévisible et fait partie des accidents de la crèche. Pour l'expliquer, bon nombre d'établissements organisent des réunions entre les parents, le personnel et la psychologue attachée à l'établissement. Il est aussi très fréquent que les enfants mordent leurs plus jeunes frères et sœurs pour exprimer une demande accrue d'affection. C'est alors une manifestation précoce de jalousie. ∎

" La morsure est plus souvent l'expression d'une envie de domination plus que de réelle agressivité, le mordeur ignore qu'il fait mal. "

1RE SEMAINE

1ER MOIS

2 À 3 MOIS

4 À 5 MOIS

6 À 7 MOIS

8 À 9 MOIS

10 À 11 MOIS

1 AN

1 AN 1/2

2 ANS

2 ANS 1/2

3 ANS

4 ANS

5 ANS

6 ANS

ANNEXES

La sexualité infantile *en savoir plus*

Frustration et autonomie

Le bébé est un être exigeant qui souhaite voir satisfaits ses besoins dans l'instant. Le contentement et la satisfaction étant aussi chez lui de courte durée, seul le souvenir du moment agréable reste, le poussant à réclamer son renouvellement. Mais la réalité s'oppose parfois à ses envies, c'est alors que naît la frustration. Celle-ci joue un rôle important dans la construction de la personnalité de l'enfant. Ainsi, il apprend que ses désirs ne sont pas la réalité et, dans l'espoir de les concrétiser, il développe des aptitudes et des conduites qui vont le rendre plus autonome. Plaisir et frustration l'aident à grandir.

Un monde fait uniquement de satisfactions empêcherait tout développement de l'intelligence et toute recherche de moyens d'adaptation. ■

Stades oral, anal et phallique

Le premier stade est dit oral et se situe de la naissance à 12 mois. Tous les plaisirs sont apportés essentiellement par la bouche et la succion auxquels s'ajoutent, petit à petit, d'autres plaisirs sensoriels (toucher, vue, audition) tournés vers la mère. La bouche, et notamment les lèvres, sont alors de fantastiques zones érogènes, la succion et la satisfaction de la faim lui apportant le maximum de plaisir. L'objet original du désir est le sein maternel. Entre 8 et 10 mois, l'enfant manifeste une certaine agressivité qui s'exprime toujours par la bouche. Un psychanalyste, Karl Abraham, a distingué dans le stade oral deux périodes : le stade oral primitif, de 0 à 6 mois, où tout plaisir est succion ; puis le stade sadique oral au cours du deuxième trimestre, avec la poussée dentaire et l'envie de mordre. L'enfant mord pour mieux explorer et contenir le monde qu'il est en train de découvrir. Il cherche à détruire l'objet de son désir.

Au stade oral, succède le stade anal de 18 mois à 2 ans. Les zones érogènes changent, ce sont la muqueuse anorectale et l'intérieur du corps. L'enfant considère ses excréments comme une partie de lui-même qu'il offre ou refuse à sa mère. Il nourrit alors une certaine agressivité vis-à-vis de son entourage qui veut le séparer d'un bien qui lui est propre et auquel il tient.

De 2 à 4 ans, l'enfant entre dans le stade phallique : pour la première fois, il exerce son intérêt et ses pulsions sur son appareil génital, il aime alors à se masturber. ■

▌ MON AVIS

Le stade oral dure environ toute la première année. Les lèvres, la cavité buccale, la langue mais aussi le tube digestif et les organes de phonation appartiennent à la zone buccolabiale, première zone érogène que l'enfant utilise pour découvrir le monde. En portant tout à sa bouche, l'enfant cherche à faire entrer dedans tout ce qui est dehors et comprend ainsi qu'il existe un dehors différent de lui. Ainsi il se distingue des objets et des autres. Pour Freud, le premier objet pulsionnel est le sein ou le biberon qui, en dehors de l'apport alimentaire, procure une excitation de la région bucco-linguale source de plaisir. Une sensation que l'enfant cherche à prolonger en suçant son pouce. Le stade oral se décompose en trois phases : le stade oral primitif, les six premiers mois, le stade oral tardif et le stade sadique oral où succion et morsure s'associent. Le stade oral permet à l'enfant d'accéder à la « relation objectale » : l'enfant doit d'abord acquérir la notion d'objet pour devenir à son tour sujet. ■

Il apprend le plaisir

1RE SEMAINE

1ER MOIS

2 À 3 MOIS

4 À 5 MOIS

6 À 7 MOIS

8 À 9 MOIS

10 À 11 MOIS

1 AN

1 AN 1/2

2 ANS

2 ANS 1/2

3 ANS

4 ANS

5 ANS

6 ANS

ANNEXES

C'EST D'ABORD PAR LA SATISFACTION DE SES BESOINS FONDAMENTAUX que l'enfant découvre le plaisir. La succion du sein maternel ou du biberon va lui apporter le contentement de sentir son estomac plein, mais lui donner aussi l'occasion d'apprécier la douceur et la saveur du lait tiède dans sa bouche, et de retrouver l'odeur et la douceur de la peau maternelle contre sa joue.

Premier bonheur

Le bébé apprécie tellement le contact peau à peau avec sa mère qu'il n'est pas rare que, rassasié, il continue à suçoter le bout du sein de sa mère ou la tétine. La succion et la proximité de sa mère lui apportent le bonheur total. Pour prolonger ce plaisir, il va tout porter à sa bouche, ses doigts, ses jouets, le rebord de son drap. Ces palliatifs ont le pouvoir de lui procurer un profond sentiment de sécurité et lui apprennent que les stimulations de ses lèvres et de sa bouche sont à l'origine de petits frissons bien agréables. Il est en plein stade oral.

À la découverte de son corps...

Au fil des mois, ses mouvements et ses gestes sont mieux coordonnés et de plus en plus volontaires : par jeu et par curiosité, il explore son corps. Là encore, il a appris par les soins faits lors de sa toilette et des changes que les caresses de son corps lui apportent plaisir et sentiment de réconfort. Des sensations qu'il connaîtra d'autant mieux si sa mère le masse de temps en temps (pp. 139 et 146) ou joue à le chatouiller et à le couvrir de baisers. Un climat affectif épanouissant dans la petite enfance favorise l'élaboration d'une bonne sexualité infantile, indispensable à un développement psychique normal.

Vers 6 mois, les mains de l'enfant caressent ses joues, ses bras, ses jambes et son sexe quand on lui enlève sa couche. Le petit garçon découvre son pénis souvent en érection, il tire dessus, le manipule activement. La petite fille chatouille les lèvres de son sexe et le petit bouton de son clitoris. Tous deux éprouvent un profond sentiment de détente et de satisfaction. Ces premiers jeux à caractère sexuel prennent moins d'importance dans la vie de l'enfant dès que son activité motrice occupe toute son énergie et tout son temps.

... et de ses capacités physiologiques

Vers 18 mois, il marche et fait la découverte d'autres sensations corporelles. À ce stade de développement, il devient capable de contrôler de mieux en mieux ses sphincters, il découvre la sensation agréable de l'évacuation de ses selles. Un plaisir d'autant plus fort que ces manifestations d'un début de propreté satisfont sa mère et sont chaleureusement félicitées. Garder, lâcher, se retenir ou offrir, tout un jeu s'installe entre lui et sa mère (pp. 346 à 349). C'est le début du stade anal. Mais l'enfant ne fait pas, à cet âge, la différence entre ses organes destinés à l'élimination et ses organes génitaux. ∎

" La sexualité infantile est définie comme la recherche du plaisir et non comme une activité sexuelle. "

L'homéopathie *en savoir plus*

Mode d'emploi

Globules ou granules sont les deux présentations les plus courantes du médicament homéopathique. Les premiers se donnent dès la naissance, dilués dans un peu d'eau. Chez l'enfant plus grand, on peut les placer sous la langue, en une ou deux fois. Les globules sont vendus en dose de 200 et se présentent comme de petites sphères de saccharose-lactose imprégnées de substance médicamenteuse. Ils se prennent en une seule fois. Pour les granules, il faut attendre qu'il puisse les sucer. La posologie habituelle est de 3 granules trois à quatre fois par jour. Le bouchon du tube sert généralement de doseur et évite que l'on touche les granules avec les doigts, ce qui n'est pas recommandé. Il est aussi déconseillé de dissoudre les granules comme les globules dans le lait. En effet, les principes actifs du médicament peuvent rester collés aux parois du biberon, prisonniers des résidus de lait.

• Administrez les granules ou globules de préférence avant les repas.

• Les basses dilutions (4, 5 ou 7 CH) sont utilisées pour les affections aiguës, les hautes dilutions (15 ou 30 CH) sont réservées aux troubles chroniques.

• Les remèdes homéopathiques ne sont pas toxiques et l'enfant peut sans risque en avaler plusieurs. Ce n'est toutefois pas une raison pour les assimiler à des bonbons, car ce sont des médicaments à part entière.

• N'entreprenez aucun traitement de fond sans avis médical et, dans le cas d'une maladie aiguë, demandez conseil pour donner le remède adéquat.

• Parfois, en début de traitement, on observe une aggravation des symptômes. Cela signifie que l'organisme de votre enfant réagit bien et que le médicament employé est le bon. ■

Les principes thérapeutiques

L'homéopathie consiste à donner au malade la substance pouvant créer chez un individu sain des symptômes comparables à ceux qu'il présente. Le principe général est la « loi de similitude » qui repose sur trois principes :

• connaître les symptômes expérimentalement provoqués chez l'individu sain par différentes substances végétales, animales ou minérales ayant un pouvoir toxique ou pharmacologique ;

• connaître les signes de la maladie mais aussi les signes particuliers de l'enfant dans sa maladie ;

• donner les remèdes à des doses faibles ou infinitésimales, afin de stimuler les défenses de l'organisme sans aggraver les symptômes.

La consultation d'un médecin homéopathe commence toujours par l'établissement d'un « profil » qui lui permet de prescrire un traitement. Chaque enfant appartenant au même profil est censé avoir la même réaction face à une maladie déterminée. Il est donc impossible sans consultation préalable de donner à un enfant ce qui a été efficace sur un autre. Dans la plupart des cas, l'association homéopathie et allopathie est tout à fait possible. ■

▌ MON AVIS

J'ai pu constater que les psychiatres et les psychologues d'enfants ont des contacts plus faciles avec les parents et les enfants qui fréquentent habituellement un médecin homéopathe. Les techniques d'approche et l'interrogatoire sont en effet très proches, que l'on examine l'enfant en tant qu'homéopathe ou pédopsychiatre. Le symptôme n'est pas essentiel, il faut en comprendre le sens et l'interpréter pour le supprimer. Les relations entre homéopathes et psychothérapeutes sont fréquentes et sources de réassurance dans la relation soignants-parents et enfants. ■

Le soigner par l'homéopathie

1RE SEMAINE

1ER MOIS

2 À 3 MOIS

4 À 5 MOIS

6 À 7 MOIS

8 À 9 MOIS

10 À 11 MOIS

1 AN

1 AN 1/2

2 ANS

2 ANS 1/2

3 ANS

4 ANS

5 ANS

6 ANS

ANNEXES

PARENTS ET MÉDECINS, DANS BIEN DES CAS, FONT LE CHOIX DE L'HOMÉOPATHIE pour des affections récidivantes qui ne disparaîtraient qu'avec des traitements allopathiques lourds. Ces affections révèlent des « terrains fragiles » que l'allopathie ne réussit pas à modifier.

Ses indications

Le remède homéopathique n'agit que sur un terrain malade et plus précisément sur ce qui fait sa vulnérabilité. Il le stimule et l'équilibre en lui donnant les possibilités de se défendre contre les agressions. L'homéopathie est d'autant plus efficace chez l'enfant que ce terrain est vierge et qu'il possède déjà un système de défenses solide contre les affections traumatiques, infectieuses ou psychiques.

En pédiatrie, elle concerne les maladies infectieuses (rougeole, rubéole, coqueluche, varicelle, oreillons, grippe, hépatites aiguës), la pathologie ORL qui représente 50 % des problèmes en pédiatrie (rhinopharyngites, otites aiguës, angines, laryngites, sinusites), et encore, en pathologie respiratoire, des affections telles que l'asthme, les bronchites asthmatiformes, les pneumopathies virales. Les pathologies digestives sont également de son ressort (troubles de la première dentition, diarrhées et gastroentérites, vomissements acétonémiques), tout comme les pathologies cutanées (urticaires aigus, érythèmes, piqûres d'insectes, brûlures, impétigo). Elle est encore indiquée pour les infections récidivantes des voies respiratoires, les affections allergiques, les infections urinaires à répétition, les troubles courants du comportement.

Une consultation particulière

La première consultation homéopathique peut durer de 3/4 d'heure à 1 heure. Elle peut vous surprendre de prime abord, car elle prend l'allure d'un véritable questionnaire, sur votre grossesse tout d'abord, sur la façon dont s'est déroulé votre accouchement, sur le comportement de votre bébé les premières semaines. Tout est passé au crible : ses rythmes, ses goûts alimentaires. S'il est plus âgé, l'homéopathe vous interrogera sur son comportement en collectivité, ses petites manies, son appétit, ses peurs... Vos réponses vont permettre au médecin de dresser le profil homéopathique de votre enfant. Ce questionnaire se conjugue à un examen clinique général dans un premier temps, puis plus particulier, en relation avec la maladie pour laquelle vous êtes venue le consulter : sa localisation, les sensations qu'elle entraîne, les signes qui l'accompagnent, les facteurs qui l'améliorent ou l'aggravent. C'est ainsi que l'homéopathe pourra prescrire un ou plusieurs médicaments en association : médicament de terrain, médicament de sensibilité ou de cause, il n'a que l'embarras du choix !

Un traitement sans risque

Un traitement homéopathique est généralement facile à faire accepter à l'enfant. En effet, les granules ont un goût sucré et ressemblent à des petits bonbons. De plus, il n'est jamais toxique ni dangereux car les dilutions utilisées préservent de tout accident, et l'absorption d'un tube entier de granules, par exemple, n'est absolument pas dangereuse pour l'enfant. ■

Se séparer *en savoir plus*

Les séparations difficiles

Malgré une préparation à l'adaptation à la crèche, certains enfants éprouvent encore des difficultés à quitter les bras de leurs parents. C'est un moment d'autant plus chargé d'émotion que les relations avec eux sont passionnelles. L'initiation à la séparation n'empêche pas la souffrance de voir s'éloigner l'être que l'on aime par-dessus tout. L'enfant perçoit parfaitement la détresse de l'adulte qui vient s'ajouter à la sienne. Très souvent, les pleurs s'installent et se répètent lorsque les parents vivent mal cette situation et notamment si la mère n'a pas réussi à accepter que « son bébé » est une personne autonome.

Ces difficultés sont souvent liées au vécu de la grossesse ou encore aux souvenirs personnels de séparations mal supportées dans la petite enfance. Le père doit alors jouer son rôle avec encore plus de vigilance, il doit mettre un terme à la symbiose excessive entre la mère et son enfant. À cet âge, la « mise en mots » de la séparation aide l'enfant à garder en mémoire qu'elle est momentanée. C'est par les paroles que les parents pourront accepter l'éloignement. ∎

Pour se quitter en douceur

Il est formellement déconseillé de s'esquiver subrepticement : une bonne séparation se prépare afin que l'enfant acquière un profond sentiment de sécurité.

Instituez toute une série de rituels qui commencent avant même que vous ayez quitté la maison. Par les gestes, par les manifestations affectives et par les paroles, l'enfant s'institue des repères, se prépare à une journée loin de sa mère. N'hésitez pas à lui raconter pourquoi vous le laissez à la crèche, ce que vous allez faire et surtout que vous le retrouverez ce soir. Les mots, même s'ils ne sont pas compris, rassurent par leur musique.

Si vous devez vous séparer de votre bébé quelques jours pour des raisons professionnelles ou pour prendre un peu de repos, demandez plutôt à la personne qui va s'occuper de lui de venir s'installer chez vous et de le mettre à la crèche ou chez sa nourrice comme si vous étiez là. Ainsi votre bébé gardera ses habitudes, ses repères et son rythme de vie. La crèche devient alors un ancrage fort et stabilisateur. Il sera heureux d'y retrouver des visages familiers. ∎

Parents-enfant : des personnalités différentes

C'est sans doute aux moments des retrouvailles que les malentendus nés des tempéraments différents, voire contradictoire, entre les parents et les enfants sont les plus flagrants. Les démonstrations respectives ne sont pas forcément en adéquation. Les parents placides auront quelques difficultés à maîtriser un enfant turbulent qui peut prendre leur flegme pour de l'indifférence. Inversement des parents dynamiques s'adapteront relativement mal à un enfant réservé et les spontanés devront faire des efforts de compréhension devant un enfant calme et réfléchi.

Les psychologues pensent que le comportement général de la mère a une grande importance dans l'élaboration de la personnalité de l'enfant. Le docteur Shaffer, en Grande-Bretagne, a même établi une liste des attitudes parentales qui aident l'enfant à construire sa personnalité : une attention constante à son caractère, des marques d'intérêt et d'approbation, des réponses en fonction de sa sensibilité. Mais il serait inexact de penser que la relation ne s'effectue que dans un sens. En effet, l'enfant influence sa mère et réciproquement. ∎

Se séparer et se retrouver

VOUS CONFIEZ VOTRE BÉBÉ À UNE NOURRICE OU À UNE CRÈCHE chaque matin, toujours avec un pincement au cœur. Et le soir, c'est avec joie et impatience que vous allez le retrouver. Seulement voilà, dès que votre bébé vous aperçoit, il se détourne de vous, s'accroche aux bras de sa nourrice et pousse parfois des cris déchirants, ne voulant pas la quitter.

Un moment de flottement

Ce comportement vous met au désespoir, vous vous sentez rejetée, vous culpabilisez d'avoir choisi de travailler. Rassurez-vous, votre bébé n'est pas le seul à adopter ce comportement. À la crèche, l'enfant sait qu'il appartient à un groupe, il n'a pas conscience de son individualité, il ne connaît pas encore bien son prénom et se sent le plus souvent comme un être anonyme. Les différentes personnes présentes ne lui permettent souvent pas une « accroche solide ». Heureusement, les responsables organisent de plus en plus des groupes d'enfants pour que chacun soit en contact le plus longtemps possible avec la même personne. Sinon, il se sent toujours un peu perdu et, lorsque sa mère arrive, il ne sait plus très bien qui elle est. Il sait qu'il la connaît, mais ne peut, dans l'instant, s'y retrouver. Et si, dans son enthousiasme, elle se précipite pour l'embrasser, il ne comprend plus ce qui lui arrive.

Trop d'émotion

En fait, à cet âge c'est encore par l'odeur et par la voix qu'il reconnaît ses parents. Pour Françoise Dolto, certaines mères se comportent même comme des êtres dévorants... dévorant la sérénité de leur enfant. Ils sont alors pris dans un faisceau de stress : celui de la douloureuse séparation du matin et celui des retrouvailles du soir. Les enfants les plus émotifs peuvent en être très perturbés.

Au moment de retrouver leur mère, ils sont envahis par un flot d'émotions, il leur faudra quelques minutes pour les maîtriser et enfin se détendre.

Prendre le temps

Pour bien apprécier ensemble ces retrouvailles, l'enfant a besoin qu'on lui laisse le temps de se séparer de ses camarades de jeu, de ses jouets. Il lui faut encore se « réapproprier » sa mère en douceur. Ce sera l'occasion pour vous, parents, de discuter avec ceux qui se sont occupés de lui toute la journée. Puis retrouvez-le par quelques paroles, habillez-le et rentrez à la maison. Lorsqu'il vous aura « reconnus », vous et son environnement, vous pourrez laisser libre cours à votre affection.

Au bout de quelques semaines, ces manifestations d'émotion s'estompent mais il se peut qu'elles soient remplacées par l'expression plus nette d'un certain mécontentement. L'enfant joue alors ouvertement avec les sentiments de sa mère : en fuyant son regard ou ses bras, il lui dit : « Aime-moi encore plus. » N'hésitez pas à lui parler de cette séparation. Le souvenir de ces quelques mots le rassure et lui confirme que celle-ci n'est que momentanée. Par contre, au moment des retrouvailles, évitez de le rendre anxieux par des phrases du genre « Tu m'as tellement manqué » ou « Comment ai-je pu vivre cette journée sans toi ? ». ∎

1RE SEMAINE

1ER MOIS

2 À 3 MOIS

4 À 5 MOIS

6 À 7 MOIS

8 À 9 MOIS

10 À 11 MOIS

1 AN

1 AN 1/2

2 ANS

2 ANS 1/2

3 ANS

4 ANS

5 ANS

6 ANS

ANNEXES

Des besoins tyranniques de tendresse

Le bébé est un être essentiellement égocentrique. Sa mère lui appartient, aussi est-ce tout à fait normal qu'il considère qu'il n'a pas assez de câlins et de caresses, qu'il en réclame à grands cris, quitte à devenir un véritable tyran. Certains enfants semblent plus difficiles à satisfaire que d'autres. Il ne faut voir là aucune attitude pathologique, tout au contraire. Plus on a besoin de sa maman ou d'un proche, mieux on s'en séparera plus tard. Un supplément d'amour, de contact physique ne signifie pas forcément qu'on le gâte trop.

D'autres enfants à cet âge sont au contraire « exaspérés » par l'attitude de leurs parents. Particulièrement ceux qui apprécient moyennement de jouer avec les adultes parce que ceux-ci ont trop souvent tendance à transformer le jeu en leçon. ▪

Lui donner des limites

Pour se construire une personnalité, l'enfant a besoin de limites et donc de discipline. Faute d'interdits naissent l'instabilité, l'agitation et le manque de motivation, voire dans certains cas des troubles beaucoup plus graves de la personnalité.

Les interdits permettent une intégration à la vie en société. Mais les parents qui font garder leur enfant toute la journée ont parfois du mal à ne pas céder quand ils le retrouvent. Méfiance, alors, car l'enfant a tendance à tester à la maison les interdits de la crèche ou de la nourrice. Il cherche à déterminer ses limites et celles de l'adulte. Lui répondre fermement et aussitôt, sans cris, lui expliquer calmement le pourquoi de l'interdit est sans doute le plus sûr moyen d'éviter les pleurs.

Cependant, bien des « bêtises » sont des appels à l'affection et à l'attention. Aussi, le soir, de retour à la maison, il vaut mieux que vous vous efforciez de simplifier la vie domestique pour avoir une vie affective riche, et permettre à l'enfant d'avoir son comptant d'écoute et de câlins. ▪

Être ferme avec son bébé

L'autorité est la base des relations parents-enfant, mais pour être efficace, elle se doit d'être douce et persuasive. Elle éduque aux dangers, elle institue le respect des parents. La vie en société impose l'établissement de limites pour lutter contre l'égoïsme naturel de l'enfant. Avec un enfant, on est autoritaire par les intentions et par des attitudes ; on lui impose des décisions qu'il serait bien incapable de prendre, voire même d'imaginer.

Ainsi, par exemple, le sevrage peut être considéré comme un des tout premiers gestes d'autorité, tout comme coucher votre bébé à heure fixe ou le laisser à la crèche alors qu'il pleure bruyamment. ▪

Non à la fessée

Punir un enfant par une tape ou une fessée ne sert qu'à calmer les nerfs des parents. Angoissé par les risques pris, l'enfant ne comprend pas cette réaction sauf s'il a imaginé le « pire ». Mieux vaut dans ce cas, au moment de la désobéissance, affirmer son désaccord d'un « non » appuyé. Le ton suffit, surtout appuyé d'un froncement de sourcil, même si cet enfant est en pleine période d'opposition (p. 364).

Si vous vous êtes laissé aller à la violence, retrouvez d'abord votre calme. Laissez l'enfant « digérer » votre geste, mais ne négligez pas de lui expliquer pourquoi vous avez réagi de cette façon et les raisons du danger qu'il vient d'encourir. Frapper un enfant est le résultat d'un échec éducatif et personnel mais c'est aussi une atteinte au respect du corps de l'enfant. La plupart des pays nordiques ont interdit la fessée. Cette décision ne doit pas être jugée comme farfelue car bon nombre d'actes de maltraitance ne sont, aux dires des parents, que des fessées méritées. C'est d'ailleurs pourquoi la loi française oblige maintenant les professionnels de l'enfance et les médecins à signaler à la justice toute suspicion de maltraitance révélée au cours d'un examen médical ou induit par un comportement anormal. ▪

Faire preuve d'autorité

1RE SEMAINE

1ER MOIS

2 À 3 MOIS

4 À 5 MOIS

6 À 7 MOIS

8 À 9 MOIS

10 À 11 MOIS

1 AN

1 AN 1/2

2 ANS

2 ANS 1/2

3 ANS

4 ANS

5 ANS

6 ANS

ANNEXES

S'IL VIT DANS UN CLIMAT SÉCURISANT, l'enfant n'a aucune raison d'être difficile à vivre avec des parents qui ne sont pas particulièrement anxieux. Il est pourtant des moments où la patience des mères s'émousse devant des pleurs nocturnes, l'obstination à tout jeter par terre, ou encore le refus de manger.

Réagir à bon escient

Tous ces comportements ne méritent pas le même traitement. Les pleurs au milieu de la nuit à plus de 5 mois, et qui n'ont pas pour raison évidente la soif ou un malaise quelconque, ne demandent pas d'intervention immédiate. Lorsque vous aurez constaté que tout va bien, l'enfant retrouvera son lit, son ours contre la joue, son pouce ou sa tétine dans la bouche. Si malgré tout il pleure à nouveau, il est sans doute préférable de ne plus intervenir immédiatement : 10 minutes d'attente suffiront à déterminer si c'est sérieux ou du domaine du caprice. De plus, la nature des cris vous indiquera si vous devez lui apporter un réconfort (p. 79).

L'obstination à jeter ses jouets, sa cuillère ou tout autre objet par terre, tout comme l'irrésistible envie de courir partout à quatre pattes (p. 279) font partie des étapes indispensables du bon développement de l'enfant.

En jetant les objets, il apprend qu'ils ont le pouvoir d'apparaître et de disparaître et donc même s'ils ne sont pas dans son champ de vision, qu'ils existent. En se déplaçant par tous les moyens, il développe son fantastique besoin de mobilité. Refuser d'accepter ces comportements serait dans ces deux cas une aberration ; mieux vaut alors jouer l'indifférence et proposer à l'enfant un dérivatif, une autre occupation qu'il abordera avec enthousiasme, oubliant immédiatement le geste précédent qu'il avait pourtant trouvé très amusant.

Le rôle de l'environnement éducatif

La grande majorité des psychologues pensent que les enfants capricieux sont des enfants qui ont reçu une éducation incohérente. Il n'existe pas d'enfants qui naissent insupportables.

Les comportements sont soit liés à des étapes clairement définies de développement, soit le mélange d'un « capital caractère » sur lequel viennent agir des principes éducatifs laxistes ou rigides. De même, par l'éducation, les parents accompagnent ou freinent les dispositions naturelles et les tendances qui naissent tout au long du développement pour façonner le caractère de leur enfant. Un enfant acquiert un esprit d'indépendance ou de timidité en fonction des « libertés » que lui aura laissées le milieu. Il suffit, pour s'en persuader, d'observer comment certains enfants changent de comportement en fonction de la personne qui s'occupe d'eux. Très souvent encore, les parents projettent sur leur bébé des désirs et des rêves qui induisent des comportements qu'ils jugent valorisants. La situation se complique lorsque l'enfant n'est pas à la hauteur de leurs projets. Si vous perdez votre calme, confiez votre enfant à quelqu'un de votre famille pour quelques jours, et n'hésitez pas à pousser la porte d'un psychologue. ■

" Punir par une tape ou une fessée ne sert qu'à calmer les nerfs des parents. "

Les liens père-enfant

PÈRE ET MÈRE ASSUMENT DIFFÉREMMENT LEUR RÔLE AUPRÈS DE LEUR ENFANT qui sait dès sa naissance faire la distinction entre eux : d'abord par l'odeur, puis la voix, ensuite par les comportements et les gestes qu'ils adoptent en sa présence.

Tout partager

Les enfants eux-mêmes accentuent cette différence en grandissant : le garçon imite son père, la petite fille se fait séductrice, ce qui n'empêche pas les enfants de s'identifier également au parent du sexe opposé. Les relations père-enfant sont étroitement dépendantes de l'espace que leur laissera la mère. Cette situation est d'autant plus délicate que les deux parents se trouvent pratiquement toujours en rivalité vis-à-vis de l'enfant et que le père a pour rôle d'atténuer la relation mère-enfant afin de permettre à ce dernier d'acquérir son indépendance. Le bon équilibre passe sans doute par un partage de toutes les tâches, des plus enrichissantes aux plus matérielles.

Le « paternage »

Certains pères se sentent malhabiles dans ce nouveau rôle. Qu'ils sachent que le métier de père, comme celui de mère, s'apprend par l'expérience, le tâtonnement, et au prix de nombreuses erreurs. Le plus difficile pour eux est sans doute de faire la part entre leurs occupations professionnelles et leurs obligations de père. Cette question se pose beaucoup plus rarement pour la mère car, surtout dans la petite enfance, elle fait ce partage très facilement. On voit cependant aujourd'hui apparaître des pères très « maternants », qui font des câlins et qui, dans le quotidien, semblent plus proches de l'enfant que la mère. L'essentiel dans ce cas, pour ne pas perturber l'enfant, est que leurs rôles respectifs, dans les soins apportés, soient bien distincts. Il doit faire naturellement la différenciation sexuelle. Heureusement, le bébé ne confond pratiquement jamais son père et sa mère. Un geste caractérise notamment le maternage des pères : ils adorent tenir leur bébé en l'air, suspendu au bout de leurs bras ou sur leurs épaules.

Un lien enrichissant

Durant la première enfance, le sentiment paternel se traduit par une sorte de neutralité bienveillante, sous-tendue par un intérêt positif pour les différents besoins de l'enfant. Le sentiment paternel se détache progressivement de son caractère narcissique initial pour s'orienter, par la force des choses, vers un sentiment plus altruiste, dans lequel le père se sent prêt à satisfaire les besoins de son enfant au détriment des siens propres. Les transformations rapides que subit le nourrisson pour devenir un petit enfant enrichissent le contexte des moyens de communication avec le père. Chaque progrès psychomoteur constitue un fil supplémentaire dans cette trame de communication qui se tisse jour après jour entre eux deux. Un chercheur français a étudié l'influence du « paternage » sur le développement de l'enfant. Il a constaté que les enfants dont les pères étaient très présents au quotidien avaient un meilleur quotient de coordination vision-préhension, utilisaient mieux leurs jambes et leurs bras pour résoudre des problèmes concrets, et semblaient avoir une meilleure capacité à imiter les actes simples. Autre constatation : au niveau du développement social, l'enfant « paterné » pourra nouer

1RE SEMAINE

1ER MOIS

2 À 3 MOIS

4 À 5 MOIS

6 À 7 MOIS

8 À 9 MOIS

10 À 11 MOIS

1 AN

1 AN 1/2

2 ANS

2 ANS 1/2

3 ANS

4 ANS

5 ANS

6 ANS

ANNEXES

avec autrui des relations équilibrées, donc présenter des « conduites d'attachement » plus élaborées. Des études américaines montrent en effet que les enfants ayant été élevés avec des stimulations variées et différentes s'adaptent mieux aux changements. Enfin, il semble qu'ils aient une maturation sociale précoce, remarquable, notamment dans l'intégration à la crèche ou à l'école.

Le papa du XXIe siècle

Exit le *pater familias* et le papa-poule, bienvenue aujourd'hui à un papa « moderne » plus proche de ses enfants. Autrefois, les pères trouvaient dévalorisant d'empiéter sur le territoire féminin. Aujourd'hui, ils en sont fiers : non seulement l'image de la virilité n'exclut plus la paternité, mais au contraire elle l'accroît. Le père du XXIe siècle s'investit plus qu'avant dans les soins, les jeux, l'éducation de son enfant. Ni absent, ni laxiste, il impose des règles, installe des interdictions. Impliqué, le nouveau père reste toutefois différencié. Il ne se perçoit pas (et n'est pas non plus perçu comme tel par sa compagne ni par ses enfants) comme une « deuxième » mère. C'est un parent, c'est un homme à part entière. Il s'agit là d'un véritable changement culturel. On assiste à une transformation récente des rôles parentaux : le père est désormais plus présent aux côtés des jeunes enfants.

L'image du papa joueur

Pour tenter de cerner ce nouveau papa des temps modernes, le célèbre sociologue François de Singly a étudié les livres pour enfants. Il a ainsi remarqué que l'image qui revient le plus souvent est celle d'un père allongé sur le tapis qui joue, son enfant assis à cheval sur lui, d'où l'expression « papa-cheval ». Il y voit là toute l'évolution des rapports père-enfant : une plus grande proximité, une complicité dans les jeux. On est loin des images du début du siècle où le père, dans un geste d'autorité, tenait son enfant au-dessus de sa tête. Dans l'image du papa-cheval, poursuit le sociologue, c'est le père qui se met à la hauteur de son enfant pour développer le potentiel qui est en lui, l'aider à devenir grand. ■

Chaque enfant est unique

La jalousie est naturelle, voire constructive ; l'agressivité va participer à la structuration de la personnalité, elle aide la maturation qui conduira l'aîné à accepter et à aimer son petit frère ou sa petite sœur. Il saura que ses parents l'aiment comme il est... lui, dans sa différence, surtout s'ils le lui disent.

Pour beaucoup de psychologues, quel que soit son rang de naissance, chaque enfant est un enfant unique face à ses parents. Aucun des frères et sœurs d'une famille n'a les mêmes père et mère, car ceux-ci évoluent d'une naissance à l'autre. Alors comment faire pour nouer avec chaque enfant les relations qu'il espère, qu'il attend ?

Pour Françoise Dolto, il est indispensable que les parents réalisent que chacun de leurs enfants est unique, par son âge, par ses besoins, par son caractère. À cela, Freud ajoutait que le rang dans la fratrie importe moins que le rapport affectif avec les parents. ■

L'aîné et son cadet

Rien n'est plus stimulant pour un bébé que d'avoir des aînés. Il va chercher à les imiter, à entrer en compétition avec eux. Les enfants, lorsqu'ils sont entre eux, sont capables de jouer longuement et de manière répétitive, ce qui est idéal pour stimuler un nourrisson. Enfin, il semble que les bébés soient fascinés par les autres enfants. L'idolâtrie d'un cadet pour son aîné est courante et il arrive bien souvent qu'un enfant de 4 ou 5 ans arrive à « occuper » un bébé de 11 ou 12 mois, tout simplement par sa présence et son comportement. Peut-être ont-ils des modes de communication gestuels plus importants que ceux qui existent entre adultes et enfants ?

Il reste pourtant une décision délicate, celle de faire partager à l'aîné sa chambre avec le cadet. Mais si vous prenez la précaution de préserver au maximum l'environnement de l'aîné (ce n'est pas le moment de tout chambouler), il acceptera certainement de l'accueillir dans son domaine. ■

▌ MON AVIS

Le sentiment de jalousie de l'aîné envers son cadet est normal et naturel. Je propose aux parents de puiser dans leurs souvenirs, n'ont-ils jamais éprouvé ou n'éprouvent-ils pas encore une jalousie familiale intense ou n'ont-ils pas parfois une jalousie latente envers un ami ? Cette autocritique devrait leur permettre de comprendre et de mieux supporter ce moment difficile pour tous. Il est important de ne pas fixer le petit jaloux dans une situation qui va perdurer. J'attire notamment l'attention des parents qui ont conçu leur second enfant dans l'espoir de raccommoder leur couple en difficulté. L'aîné, qui a été souvent témoin de leurs disputes, constate que ce nouveau bébé calme les tensions. Il croit, en toute logique, qu'il était la cause de la mésentente de ses parents et se culpabilise. La jalousie s'exprime soit par l'agressivité, signe que l'aîné idéalise le bébé, soit par la régression, notamment dans l'acquisition de la propreté. Mettez-vous à la place de l'aîné : comment comprendre que les parents s'extasient devant les couches sales du nouveau bébé alors qu'ils ne portent aucune attention sur les efforts considérables qu'il fait, lui, pour aller aux toilettes, même lorsqu'il faut affronter le noir qui lui fait si peur. Soutenez votre aîné dans l'épreuve, laissez-le exprimer ses sentiments en paroles et surveillez du coin de l'œil ses gestes même ceux de tendresse, ils peuvent être parfois un peu étouffants. ■

La jalousie de l'aîné

SI LA JALOUSIE DE VOTRE AÎNÉ s'est assez peu manifestée au cours de votre seconde grossesse, s'il semble avoir accepté l'arrivée du nouveau venu, il y a fort à parier que c'est au moment où celui-ci va commencer à se déplacer seul, à gagner son autonomie, que l'aîné va réagir.

En rivalité directe

En effet, jusqu'alors le frère ou la sœur était un « bébé » qui dormait, qui avait une vie un peu à part... Presque du jour au lendemain le voilà qui s'installe dans l'univers des grands comme lui. Selon l'âge de l'aîné, la jalousie aura un fondement différent. L'enfant de moins de 6 ans a encore besoin d'une grande individualisation, donc de toute l'attention de sa mère et de la sécurité qu'elle lui apporte. L'enfant de plus de 6 ans, lui, a surtout besoin d'indépendance et de place. Dans tous les cas, le nouveau venu est encombrant, d'autant qu'il semble souvent avoir plus de droits que l'aîné parce que, lui dit-on : « Il ne comprend pas ! » On le dit beau aussi, on le câline, on va le voir dès qu'il pleure... C'est beaucoup de choses à supporter pour un enfant.

Une agressivité normale

Cela engendre naturellement l'agressivité : paroles violentes (ô combien !) accompagnées de menaces, pincements, griffures, etc. N'y attachez pas trop d'importance, ce sont avant tout des paroles qui lui permettent d'exprimer ouvertement ce qu'il a sur le cœur. Toutes ces « choses horribles » qu'il dit ne l'empêchent pas d'aimer son cadet. Au contraire, surveillez un enfant qui ne dit rien, qui se met à l'écart plus observateur qu'acteur, et surtout qui n'a aucun geste affectif vis-à-vis du bébé.

Cette violence verbale s'accompagne souvent d'une régression (p. 57) : l'aîné suce son pouce de plus en plus souvent, réclame aussi un biberon, n'est plus propre. Tout cela est du domaine du normal, un enfant est incapable d'avoir des sentiments nuancés, ce sont les passions qui l'animent. Il n'imagine pas un instant que ses parents puissent partager leur amour. S'ils aiment un autre enfant, c'est qu'ils ne l'aiment plus, lui.

La bonne réaction

La réprimande n'est pas la solution. Bien au contraire, valorisation, attention toute particulière peuvent l'aider à retrouver son calme. Il sera, par exemple, flatté d'avoir sa chambre à lui, avec ses jouets à lui, que le cadet ne pourra posséder. Il ne refusera jamais de participer aux soins du bébé, ou d'avoir des responsabilités valorisantes. Il aimera se conduire en « grand » et prendra d'autant plus facilement son cadet sous sa protection. Ce sera sans doute encore pour les parents le bon moment pour entreprendre avec l'aîné une activité spécifique que le plus petit ne viendra jamais perturber : musique, lecture, peinture, sortie, tout est possible pour rétablir une complicité que l'aîné avait cru oubliée lors de l'arrivée du bébé. Montrez-lui que son statut de « grand » lui permet quantité d'activités qui sont impossibles à un bébé dans son berceau. Cherchez à cultiver les différences plutôt que d'essayer de constituer une grande famille d'enfants sur le même modèle. La famille doit permettre et favoriser l'épanouissement de toutes les personnalités pour l'enrichissement de tous. ■

1RE SEMAINE

1ER MOIS

2 À 3 MOIS

4 À 5 MOIS

6 À 7 MOIS

8 À 9 MOIS

10 À 11 MOIS

1 AN

1 AN 1/2

2 ANS

2 ANS 1/2

3 ANS

4 ANS

5 ANS

6 ANS

ANNEXES

Des yaourts pour tous les goûts

Pour porter le nom de yaourt, le produit doit correspondre à une définition très précise définie par l'OMS (Organisation Mondiale de la Santé). Il doit être fait avec du lait coagulé sous l'effet d'une fermentation lactique acide à partir uniquement de deux bactéries issues du lait.

Outre ses qualités diététiques, son principal intérêt est dans la transition de l'alimentation liquide à l'alimentation solide. Citons :

• **Le yaourt nature et entier :** lait et ferments mis en pot sans ajout de sucre. Les ferments utilisés par enserrement sont le *Lactobacillus bulgaricus* et le *Streptococcus thermophilius*. Sa valeur nutritionnelle est équivalente à celle du lait demi-écrémé. Il contient au moins 3 % de matières grasses.

• **Le yaourt brassé :** comme son nom l'indique, après coagulation, il est brassé en cuve, ce qui le rend beaucoup plus onctueux.

• **Le yaourt à boire :** après avoir été brassé, ce type de yaourt est battu jusqu'à devenir liquide.

• **Le yaourt aromatisé ou aux fruits :** on y ajoute des extraits d'arômes naturels ou des fruits, avec miel ou confiture dans la limite de 30 % du poids du produit fini. Il se diversifie parfois avec des céréales.

• **Les bifidus :** BA, Activia, Ofilus, Zen. Le lait est fermenté avec des *Bifido bacterium*, un groupe de bactéries qui abrite à lui seul 25 espèces, dont 9 sont d'origine humaine et 16 d'origine animale.

Attention, ne confondez pas yaourt et dessert lacté tel que mousse, flan, crème, glace et petit-suisse aux fruits. Ils ont toujours beaucoup de succès auprès des enfants mais contiennent malheureusement trop de sucre, l'équivalent souvent de 5 à 6 morceaux par portion. Quant aux laits fermentés pasteurisés (UHT), ils sont portés à haute température, ce qui a pour effet de détruire tous les micro-organismes vivants et de permettre une conservation sur plusieurs mois. Le goût demeure, mais les vertus s'envolent. ■

Le fromage

C'est un aliment important dans l'alimentation du bébé. Il apporte des protéines de type lacté, qui jouent un grand rôle dans la croissance des tissus, notamment de nature osseuse. Le fromage est encore riche en acides aminés (une vingtaine) et en sels minéraux tels que le calcium et le phosphore, dont le taux a aussi un rôle dans le développement de l'ossature. Il contient quantité de vitamines, notamment la viramine D, antirachitique.

Pour des problèmes de goût, les fromages peu fermentés, à pâte pressée ou à pâte cuite, sont mieux adaptés aux enfants. Le gruyère est souvent le fromage par excellence des petits ; c'est un des plus caloriques et il peut remplacer viande ou poisson. Il est aussi beaucoup utilisé râpé sur les pâtes, les purées et dans les soupes.

Certains bébés marquent pourtant très tôt leur prédilection pour des fromages au goût marqué comme le camembert ou même le roquefort. D'autres resteront attachés à la saveur du fromage blanc accompagné d'un peu de sucre ou de confiture. À partir de 8 mois, la ration de fromage blanc pour un bébé est de 50 g et celle de fromage à pâte sèche ou cuite de 20 g. Le yaourt peut se donner à raison de deux par jour. ■

Comment se digère le lait

Il se digère grâce à une enzyme intestinale particulière : la lactase. Il arrive qu'au cours de l'enfance sa production se ralentisse, rendant plus difficile la digestion du lactose contenu dans le lait. La fermentation du yaourt transforme une partie du lactose en galactose et en glucose, beaucoup plus digestes, et accélère la digestion du lactose restant grâce aux bactéries vivantes. Les ferments lactiques ont une action antiseptique et antibiotique, ils fournissent une flore bactérienne à même de défendre l'appareil digestif des micro-organismes nuisibles. ■

Les bienfaits du yaourt

POUR DÉGUSTER CE LAITAGE il faut une certaine maturité hépatique, c'est pourquoi l'Organisation Mondiale de la Santé recommande de ne pas donner de yaourt à un enfant de moins de 6 kg. Après, bien au contraire, il devient un de ses aliments privilégiés, grâce à ses précieux éléments nutritifs et à ses ferments lactiques vivants qui assurent une bonne digestion.

Un aliment de choix

Sur le plan nutritionnel, le yaourt a sensiblement la même valeur qu'un verre de lait et parfois même plus, puisque la plupart sont faits à partir de lait enrichi. Il apporte des protéines, du calcium, des vitamines et des sels minéraux. Avec un pot de 125 g, vous donnez à votre enfant 4 à 5,6 g de protéines, soit l'équivalent de 8 à 10 % de ses besoins, 180 à 200 mg de calcium, soit 15 à 25 % de l'apport quotidien recommandé. Les vitamines sont nombreuses et en quantité variable selon que le yaourt est fait à partir de lait entier ou demi-écrémé : vitamines A, D, C ainsi que celles du groupe B. C'est l'aliment idéal pour faire absorber du lait aux enfants qui ne l'aiment pas ou qui ne le supportent pas (p. 102).

Mais au-delà de ses propriétés diététiques, le yaourt semble avoir aussi des vertus thérapeutiques. Ainsi (à l'exclusion des produits UHT longue conservation), selon une étude de l'Inserm, il est utile lorsqu'un enfant suit des traitements à base d'antibiotiques. En effet, il favorise la prolifération des bactéries constituant la flore lactique mise à rude épreuve par les médicaments.

De même, son apport après une diarrhée chez l'enfant ou le nourrisson permet de reprendre en douceur une alimentation lactée. Il semblerait, également, que le yaourt renforce les défenses de l'organisme contre les virus par la multiplication du nombre des anticorps.

Le bifidus

Autre aliment lacté aujourd'hui très courant, le bifidus. Ses bactéries existent à l'état naturel dans le tube digestif du nouveau-né nourri au sein. Il n'y a pas un, mais des bifidus. En fonction de l'âge et même des cieux sous lesquels on vit, la variété est différente, voire absente. Il est vrai que le nourrisson et l'enfant possèdent du *Bifido-bacterium longum* qui tapisse naturellement leur tube digestif, voisinant avec cent mille milliards d'autres bactéries.

Toutes les expériences menées sur les produits lactés à base de bifidus d'origine humaine montrent une efficacité remarquable sur la régulation intestinale. Ils sont à la fois bons pour la diarrhée du nourrisson et la constipation.

Une étude clinique entreprise à l'hôpital de Cambrai a démontré que son apport dans l'alimentation des nourrissons était très efficace. Chez ces bébés, hospitalisés pour diarrhée aiguë à rotavirus ou gastroentérite, on a constaté une réduction du nombre de selles dès la 72e heure ainsi qu'une reprise de poids et une réhydratation plus rapides qu'avec le traitement médicamenteux habituel. ■

" Seuls les enfants allergiques à la protéine du lait de vache en sont privés. "

Les problèmes de cuisson

Les poissons et légumes frais ou surgelés peuvent se cuisiner à la vapeur. Ils gardent ainsi toutes leurs propriétés gustatives et qualitatives. Les viandes se cuisent sans matières grasses dans une poêle antiadhésive.

En revanche, il est préférable de laisser à la viande surgelée le temps de décongeler au froid, à l'exception du steak haché qui, trop fragile sur le plan bactéricide, sera cuisiné directement à sa sortie du congélateur. ■

Lui apprendre à mâcher

C'est indispensable pour que votre enfant ait ensuite une déglutition normale. Vers 8 mois, il aimait mâchouiller du pain ou un biscuit, maintenant, il « goûte » de fines tranches de fruits bien mûrs, poire ou pêche. Vous lui ferez d'ailleurs accepter plus facilement les consistances grumeleuses à partir des saveurs sucrées comme celles des fruits, mais aussi des pâtes, du riz, de la semoule ou du tapioca (bien cuits) qui remplaceront de temps en temps les pommes de terre. ■

La diversification de l'alimentation

• **La viande et le poisson.** Ils entrent dans les menus du bébé de 8 mois à 1 an. D'abord en petite quantité, puis progressivement : on lui donne une à trois cuillerées à soupe de viande ou de poisson hachés.

• **L'œuf.** La partie la plus intéressante est le jaune, riche en lipides ; le blanc serait responsable d'allergies. C'est pourquoi les diététiciens recommandent d'attendre que l'enfant ait 9 mois pour l'introduire en entier dans son alimentation. Il sera cuit à la coque ou poché. Sa consommation doit cependant rester limitée à un par semaine jusqu'à 14 mois, en raison de son fort taux de cholestérol. La consommation peut passer à trois par semaine en comptant tous ceux utilisés dans les préparations culinaires.

• **Les fruits.** Dès 6-7 mois, votre bébé mange ses premiers fruits crus : poire, pomme, banane (pas encore les fruits rouges). Ils seront choisis en pleine maturité et soigneusement épluchés puis écrasés à la fourchette ou encore râpés pour les fruits à chair ferme comme la pomme. Ils sont excellents pour lutter contre la constipation. Certains fruits rouges comme les fraises, les framboises ou les cerises peuvent être donnés à partir de 10 mois, mais ne seront vraiment introduits dans son alimentation que vers 1 an. Ils sont riches en sucre et souvent lourds à digérer.

• **Les légumes.** Ils restent la base de son alimentation et lui apportent glucides, cellulose, vitamines et sels minéraux. Certains, peu digestes, sont à éviter avant 1 an : le chou-fleur, le chou de Bruxelles. Les légumes surgelés, pour garder toutes leurs vitamines très bien conservées par le froid, doivent être cuits à la vapeur sans décongélation préalable. La pomme de terre est un liant fantastique pour lui faire découvrir quantité de goûts nouveaux.

Voici quelques idées de mélanges de légumes (toujours au naturel) pour varier agréablement ses menus :

– carottes et petits pois : réchauffez doucement, puis mixez très finement, ajoutez un peu de lait pour rendre la purée plus fluide ;

– épinards en branches : réchauffez doucement, mixez très finement, ajoutez une petite pomme de terre cuite écrasée et un peu de lait ;

– haricots verts, fonds d'artichauts : réchauffez doucement, mixez très finement et ajoutez au dernier moment une petite noisette de beurre bien frais ;

– champignons de Paris : mixez finement, réchauffez et servez avec une noisette de beurre.

• **Les conserves.** À partir de 10 mois, vous pouvez introduire les conserves, notamment les champignons de Paris pour les légumes et la crème de marron en dessert.

Les préparations de légumes maison se gardent 48 heures au réfrigérateur. En revanche, rien ne s'oppose à leur congélation et à leur utilisation en temps voulu. ■

Indispensables protéines

LES PROTÉINES SE TROUVENT DANS LA VIANDE, LES ŒUFS, LES POISSONS, LES LAITAGES, mais elles existent aussi dans les légumes secs. Les protéines sont constituées d'acides aminés qui, en s'associant, aident à la reconstruction de la cellule, base de l'organisme humain.

Bâtisseurs de l'organisme

Les protéines sont les constituants essentiels de toutes les cellules vivantes, elles assurent leur croissance comme leur fonctionnement. Elles sont par exemple indispensables à la constitution de la matière cérébrale et jouent un rôle important dans celle de la peau comme dans la lutte contre les infections. Bref, elles interviennent dans l'élaboration de tous les tissus et dans leur renouvellement. Les enfants qui sont en pleine croissance ont donc besoin d'un apport en protéines important.

Toutes possèdent de grandes qualités nutritives et apportent du fer et des oligo-éléments. Les plus connues sont celles apportées par la viande, mais celle-ci est souvent trop riche en graisse et très pauvre en calcium. Il faut savoir pourtant que, quelle que soit leur nature, les protéines d'origine animale ont toutes les mêmes équivalences : 50 g de viande apportent à l'organisme autant de protéines que 50 g de poisson ou un œuf.

L'œuf, un modèle

La protéine de l'œuf contient exactement les acides aminés dont l'organisme a besoin. C'est pourquoi il fait partie des premiers aliments introduits dans la diversification alimentaire de l'enfant. Il est riche en vitamines, notamment en vitamine D (qui lui donne l'équivalent de l'huile de foie de morue de nos grands-mères) et en vitamine A, en phosphore et en fer. Un seul œuf fournit 50 % de la ration journalière recommandée

à un enfant. Les protéines d'origine animale apportent aussi des graisses. On introduit donc la viande ou le poisson en petite quantité dans l'alimentation : 10 g d'abord, 15, puis 20, jusqu'à 50 g à 3 ans.

Les protéines animales

Pour limiter l'apport de graisse dû aux viandes, notamment de bœuf, choisissez plutôt des viandes blanches, les volailles devant être débarrassées de leur peau où se concentre un maximum de gras. Enfin vous pouvez donner à votre enfant des steaks hachés surgelés « dégraissés », mais toujours dans les quantités recommandées par le médecin, et en les cuisant sans apport de matières grasses. Le porc et l'agneau peuvent être mis au menu de votre bébé vers 10 mois.

En revanche, le poisson est, lui, tout à fait recommandé plusieurs fois par semaine. En effet, même ceux dits gras ne contiennent jamais autant de graisse que les viandes dites maigres. Là encore, les surgelés permettent d'en varier facilement les goûts et en assurent la parfaite fraîcheur. Pour les tout-petits, attendez quelques mois pour utiliser les poissons panés qui, malgré tout, sont encore un peu trop gras.

Attention, il ne faut pas non plus abuser des protéines. Un régime hyperprotéiné peut être cause de troubles urinaires et d'une montée anormale du taux d'urée dans le sang. Les protéines ont d'autant plus de valeur qu'elles entrent dans un régime équilibré. ■

1RE SEMAINE

1ER MOIS

2 À 3 MOIS

4 À 5 MOIS

6 À 7 MOIS

8 À 9 MOIS

10 À 11 MOIS

1 AN

1 AN 1/2

2 ANS

2 ANS 1/2

3 ANS

4 ANS

5 ANS

6 ANS

ANNEXES

L'intelligence selon Piaget

Le psychologue suisse Jean Piaget a défini les stades de développement de l'intelligence à partir de l'étude de la permanence des objets :

• **au stade 1, de 0 à 2 mois,** la disparition d'un objet ne crée aucune réaction chez l'enfant ;

• **au stade 2, de 2 à 4 mois,** il exprime un certain désappointement ;

• **au stade 3, de 4 à 5 mois,** le bébé cherche l'objet si celui-ci reste en partie visible ;

• **au stade 4, entre 7 et 10 mois,** il cherche l'objet là où il l'a vu apparaître, non pas à l'endroit où il a disparu ;

• **au stade 5, entre 10 et 18 mois,** l'enfant cherche l'objet où il a disparu la dernière fois ;

• **au stade 6, à partir de 15/18 mois,** l'enfant cherche l'objet jusqu'à ce qu'il l'ait trouvé. Il a acquis « la permanence de l'objet » ;

• **de 18 mois à 2 ans,** il est capable de représentations mentales ;

• **de 2 à 4 ans,** naissance du jeu symbolique ;

• **à partir de 7 ans,** apparaissent chez l'enfant l'intuition et la réversibilité des actions. ■

Qu'est-ce qu'apprendre ?

Pour un bébé comme pour un adulte, c'est une action très complexe qui permet d'acquérir ou de modifier un comportement de manière durable à partir d'expériences antérieures. Certains de ces apprentissages, comme la marche, deviennent inconscients. Parmi les premiers apprentissages, il faut placer ce que les psychologues appellent « la réaction d'habituation » : elle est essentielle puisqu'elle permet à l'enfant de faire le tri parmi toutes les informations qu'il reçoit de celles qui lui sont indispensables à retenir. Puis vient l'apprentissage de type associatif, telle action entraîne telle autre, tel objet ressemble à tel autre. Mais pour apprendre encore faut-il savoir traduire une sensation en une perception. La perception signifie que la sensation a été analysée par le cerveau. Puis l'enfant apprend des schémas sensori-moteurs et des schémas cognitifs qui vont aboutir à la mise en place de circuits qui seront utilisés au cours de toute la vie. Enfin, la mémoire (p. 375) est bien sûr essentielle dans tout apprentissage. L'ensemble du système nerveux est impliqué dans les apprentissages et différentes régions du cerveau sont plus ou moins sollicitées selon le type d'apprentissage mis en jeu. Les cellules nerveuses qui forment un maillage extraordinaire, toutes connectées entre elles, conduisent les messages d'abord sous une forme électrique puis sous une forme chimique, substance dite « neuromédiateur ». Celle-ci se diffuse au niveau des synapses (zones situées entre deux neurones et assurant la transmission des informations) et se fixe sur une molécule de la cellule cible. ■

▌ MON AVIS

Mis au point par deux chercheurs français, Irène Lézine et Odette Brunet, le test de Brunet-Lézine permet une évaluation de l'intelligence très précoce. Il s'appuie sur l'observation des performances phoniques, des capacités de reproduction de certains gestes témoignant d'un intérêt pour la communication avec autrui et sur la compréhension de l'interdit et du don. À cet âge, tout est pratiquement prêt pour que se mettent en place le langage, la marche, l'acquisition de la propreté et la capacité de s'asseoir. On constate à ce stade que l'enfant est encore capable de chercher un objet qui a disparu, preuve qu'il le différencie bien de lui. Pour passer d'un stade de développement à un autre, l'enfant a besoin de s'entraîner. Pour être acquise, une performance doit être répétitive et permanente, elle est toujours précédée d'une phase de réussite fortuite et aléatoire. ■

Développement
de son intelligence

DANS SA VIE QUOTIDIENNE, votre bébé doit résoudre un certain nombre de problèmes. C'est un jouet qu'il veut atteindre, c'est l'attention de sa mère qu'il veut solliciter. Ces problèmes sont essentiellement « pratiques » et leur satisfaction lui procure immédiatement une sensation de bien-être.

1RE SEMAINE

1ER MOIS

2 À 3 MOIS

4 À 5 MOIS

6 À 7 MOIS

8 À 9 MOIS

10 À 11 MOIS

1 AN

1 AN 1/2

2 ANS

2 ANS 1/2

3 ANS

4 ANS

5 ANS

6 ANS

ANNEXES

Vers la connaissance

Le mécanisme pour résoudre ces difficultés est sensiblement le même que celui utilisé plus tard pour trouver la solution à des problèmes purement intellectuels. Entre 10 et 18 mois, l'enfant va d'abord reconnaître les objets qui l'entourent et les gestes nécessaires à leur manipulation. Ses sens vont lui permettre d'assimiler un certain nombre de connaissances. Chaque objet sucé, tripoté, frappé... apportera son lot de découvertes. Plus il sera mis en contact avec des objets de natures différentes, plus on le laissera faire d'expériences, plus il assimilera d'informations. Il sera alors capable d'identifier les objets et d'adapter ses gestes à leur manipulation.

En passant par l'expérience

Le bébé est capable, selon Jean Piaget, d' « accommodations ». Son appréhension de l'environnement va lui donner la possibilité d'essayer toujours plus de choses. À la fin de la première année, l'enfant sait faire un geste pour obtenir un résultat. Le hasard guidera ses premières tentatives puis l'expérience, largement renouvelée, remplacera le tâtonnement.

Les premières découvertes provoquent généralement l'élargissement vers d'autres acquisitions. C'est la base même de la connaissance. L'enfant sera alors à la recherche de nouveaux moyens pour atteindre son but, et ces moyens, une fois maî- trisés, l'entraîneront à chercher de nouveaux objectifs. Parallèlement, l'enfant va découvrir que ses gestes sont à l'origine de sa réussite. C'est la ficelle qui fait danser le pantin, le bouton qu'il presse sur son tableau d'activités qui déclenche une sonnerie, etc. La « causalité » ouvre les portes de toutes les compréhensions. Un peu plus tard, vers 14 ou 15 mois, apparaîtra ce que l'on appelle le raisonnement sensori-moteur. Une véritable réflexion intérieure lui fera suite. Face à un problème, il n'agira plus « dans le désordre » jusqu'à la réussite, il réfléchira aux moyens et agira ensuite.

Des capacités en interconnexion

Le développement d'un enfant est un tout : celui de son appareil moteur, celui de ses capacités cognitives et sociales sont en parfaite interconnexion. Il semble aujourd'hui qu'un certain nombre de recherches du psychologue Jean Piaget soient remises en question. Ainsi l'enfant serait capable d'analyses et de raisonnements très précocement. Mais il ne faut pas prendre pour acquises des performances précoces ou fortuites qu'il confirmera plus tard.

Chaque stade de développement donne à l'enfant des moyens différents de l'étape précédente et lui permet de se fixer d'autres objectifs. Ceux-ci sont établis en fonction de ce qui lui semble le plus important à ce moment précis. ■

Musique, dessin et lecture

Faire des crèches et de tous les lieux d'accueil de véritables centres culturels, c'est le pari d'un certain nombre d'associations. Tout commence par la formation artistique du personnel. Pour l'éveil artistique des enfants, il suffit souvent simplement de leur laisser le moyen de s'exprimer. Pour cela, il faut d'abord développer leur curiosité, les faire chanter, et leur permettre de manipuler livres, crayons et instruments de musique. Tourner les pages est un fantastique jeu de cache-cache. Lire des histoires comme lui chanter comptines et fabulettes forgeront ses souvenirs d'enfance. À lui de choisir sa manière de « consommer » le livre : sagement assis avec les autres, en le croquant à belles dents ou en le serrant dans ses bras au moment de la sieste. Le moment de l'histoire est un temps fort à la crèche. On observe très souvent que les enfants cherchent à s'emparer du livre qui vient d'être lu pour s'asseoir dans un coin, s'essayant à leur tour à la lecture dans un jargon imitant le ton du lecteur adulte. De plus en plus de bibliothèques ont choisi d'ouvrir un secteur réservé à la jeunesse et aux tout-petits. L'enfant y trouvera des livres et rencontrera des enfants de son âge. La bibliothèque ne vous dispense pas de lui acheter des livres, car il aime posséder les siens et les relire lorsqu'il en a envie. ■

L'imagination des éditeurs

Les livres destinés au premier âge sont caractéristiques par leur format souvent carré, leurs angles plus ou moins arrondis, et par la solidité de leurs pages. Le livre idéal offre une histoire à rebondissements, avec des références au quotidien de l'enfant sans qu'il en soit la copie, et dans lequel celui-ci retrouve des émotions qu'il connaît bien et qui lui permet une vie affective fantasmatique. C'est aussi celui dont l'illustration est claire et compréhensible sans être forcément réaliste. ■

Ses premières lectures

DÈS 8-9 MOIS, VOTRE ENFANT AIME LES LIVRES. Ce sont des objets nouveaux, une sollicitation à de multiples découvertes. Le livre est aussi l'occasion de nombreux jeux interactifs entre parents et enfants, comme ceux d'apparitions, de disparitions et surtout des jeux de langage. Le verbe se développe par le livre.

Tous les sens sollicités

Il les appréhende par le toucher, la vue, l'odeur et parfois même par le son lorsque, entre ses pages, sont dissimulés des petits sifflets ou même des puces électroniques. Le goût a aussi un rôle à jouer, puisque le petit enfant est un « dévoreur » de livres au sens propre du terme. Livre de tissu, livre de plastique, livre coussin-câlin, livre de bois, livre de carton... ils se tâtent tous du bout des doigts, sont vivement colorés, avec des contrastes, des contours, des formes qui attirent l'œil, encourageant les apprentissages. Même l'odorat est sollicité : il fait connaissance avec l'odeur particulière du papier, de la colle et parfois des encres.

Des apprentis lecteurs

Offrir un livre à un bébé, c'est l'autoriser à accéder à un univers différent de celui qui l'entoure, l'élargir vers l'imaginaire ou le réel. L'écrit constitue toujours une prise de distance avec les situations vécues. Mais le donner à un enfant si petit signifie aussi que l'on veut entamer avec lui une relation affective. Pour qu'il l'aime, il faut le feuilleter avec lui, lui lire les images, lui déchiffrer les textes ou broder sur les illustrations. Le livre est important dans le développement de son intelligence parce qu'il symbolise le passage du langage parlé au langage écrit et les enfants qui, plus tard, aiment les livres sont ceux qui ont pris contact avec cet objet si particulier alors qu'ils commençaient à prononcer leurs premiers mots.

Les enfants sont sensibles au rythme du récit qui leur est lu. Il se déroule en séquences courtes ou prolongées qui s'enchaînent. L'écrit stimule l'imaginaire, bien plus captivant pour l'enfant que la réalité aux histoires plates et sans surprises. Les héros des histoires deviennent rapidement des amis qu'il aime retrouver en peluche ou en décor au fond de son assiette. Ils appartiennent à un environnement sécurisant.

Un spectacle en images

Tout est important, le récit comme les illustrations, car un livre c'est aussi un spectacle : le nombre de pages, la page en elle-même avec un espace bien défini où tout est essentiel, la place des textes et des images, la variété des cadrages, les volumes des différentes illustrations. L'enfant joue avec ces pages, s'arrête sur l'une d'elles, revient en arrière, va directement à la dernière. Il survole mais attend pourtant de son lecteur le respect du déroulement de l'histoire. Très vite, il sait que les signes écrits sur les pages sont porteurs de sens. Même si les mots ou les tournures de phrases paraissent parfois difficiles, il est important de les délivrer tels quels pour lui donner le goût de la musique des mots, pour enrichir son vocabulaire et le familiariser avec des formes grammaticales. ■

" Très vite, l'enfant s'attache aux héros de ses livres sans doute parce qu'ils lui ressemblent beaucoup. "

1RE SEMAINE

1ER MOIS

2 À 3 MOIS

4 À 5 MOIS

6 À 7 MOIS

8 À 9 MOIS

10 À 11 MOIS

1 AN

1 AN 1/2

2 ANS

2 ANS 1/2

3 ANS

4 ANS

5 ANS

6 ANS

ANNEXES

Marcher pieds nus

Rien n'est meilleur pour muscler la voûte plantaire que de marcher pieds nus. N'hésitez pas à laisser votre bébé ainsi sur la moquette, le parquet ou sur le sable de la plage. Seules précautions, le sol ne doit pas être glissant et dangereux. Attention encore en hiver au carrelage froid. La plante du pied est une zone très sensible qui peut être sollicitée par différents touchers. Pourquoi ne pas fabriquer dans votre jardin ou sur votre balcon un parcours pédestre tactile ? Cela consiste en une succession de petits espaces remplis de sable, de cailloux de différentes tailles, de carrelage, de pierres et de gazon. Finissez par un petit bac empli d'eau pour parfaire ses différentes sensations et pour retrouver des pieds propres. ■

Chaussettes et chaussons

Les chaussettes participent au confort de la marche, elles doivent être exactement à la taille du pied. Trop petites, elles serrent, trop grandes, elles forment des plis et incommodent. En hiver, elles peuvent être en pure laine ou en laine mélangée à une fibre synthétique pour être lavées sans risque à la machine. En été, le tout coton est le seul moyen de lutter contre la transpiration. Attention, marcher en chaussettes est très dangereux, à moins qu'elles ne soient équipées de petits picots antidérapants. Quant aux chaussons, ils doivent laisser les pieds bien à l'aise : choisissez une coupe bien ronde et une fermeture élastique autour de la cheville pour un bon maintien et un enfilage facile. Une semelle antidérapante s'impose. ■

Drôles de pieds

La crainte la plus communément partagée est celle du pied plat. Avant trois ans, pratiquement tous les enfants ont les pieds qui paraissent plats en raison d'un coussinet plantaire volumineux. Pourtant un certain nombre d'enfants souffrent de cette déformation que l'on reconnaît à leur démarche. Ils marchent en écrasant leur voûte plantaire, le talon tourné en dehors et l'avant du pied écrasé sur le sol. Cette affection est relativement fréquente et se guérit toute seule dans plus de 90 % des cas sous le simple effet de la croissance. ■

Couper les ongles des pieds

L'opération ne sera peut-être pas facile. Installez votre bébé sur sa table à langer ou sur une surface dure, calez-le, son dos contre votre poitrine, et placez son talon dans le creux de votre main droite (ou gauche), vos doigts écartent légèrement les orteils. Coupez ses ongles bien au carré et toujours à l'aide de petits ciseaux à bouts ronds. Évitez de dégager les coins pour ne pas risquer la formation d'ongles incarnés. ■

Le choix de bonnes chaussures

1RE SEMAINE

1ER MOIS

2 À 3 MOIS

4 À 5 MOIS

6 À 7 MOIS

8 À 9 MOIS

10 À 11 MOIS

1 AN

1 AN 1/2

2 ANS

2 ANS 1/2

3 ANS

4 ANS

5 ANS

6 ANS

ANNEXES

LE PIED, COMPOSÉ DE 26 PETITS OS, 33 articulations, 19 muscles, une centaine de tendons et de ligaments, n'est pas un « outil fragile ». Toute la vie il supporte le poids du corps, le double du poids quand le corps est en appui sur un pied. Les chaussures ne sont pas indispensables sauf pour se protéger du froid. En fait, il s'agit plutôt d'une convention et d'une sécurité.

Un accessoire de marche

La première paire de chaussures doit aider à la stabilité des pas du bébé. Elle sera donc large et souple. Sa longueur et sa largeur étant bien adaptées aux pieds de l'enfant, elle n'entravera pas la circulation sanguine, très riche dans cette partie du corps, ni le mouvement de la cheville et des orteils, indispensable pour bien marcher.

Certaines marques pour enfants offrent des demi-pointures et différentes largeurs pour chacune. En théorie, ces chaussures idéales, sans avoir un talon de plus de 1 à 2 cm, ne sont jamais complètement plates. À l'arrière, le contrefort est rigide jusqu'au talon et souple pour la tige. Un lacet, assez haut pour ne pas contraindre les orteils, maintient la chaussure bien au pied. Tout le dessus du pied est souple, l'empeigne étant bien emboîtante. Un cambrion rigide évite au pied, au moment de la marche, de se tordre latéralement. Ces chaussures seront plus confortables si vous les choisissez en cuir pour le dessus et doublées cuir pour permettre aux pieds de respirer. La semelle sera en élastomère ou en crêpe, totalement ou en partie, pour prévenir toute glissade. Les chaussures montantes ne sont pas obligatoires, sauf en cas de problème particulier aux chevilles. Au contraire, toute cheville normale doit avoir une liberté totale de mouvement. Les pieds grandissent vite : on estime qu'il est nécessaire de changer de pointure tous les trois mois tant que l'enfant n'a pas atteint 2 ans.

Le confort avant tout

Il est déconseillé de chausser les cadets des chaussures de leurs aînés. Aucun pied n'est identique et la déformation de la chaussure est personnelle à chacun. Pour bien acheter des chaussures, il faut les essayer l'après-midi lorsque les pieds sont déjà un peu gonflés, en se basant sur le pied le plus fort. Demandez au vendeur de prendre la pointure des deux pieds : il se peut que le gauche et le droit n'aient pas grandi au même rythme. Il convient de ne jamais les choisir trop grandes pour plus d'usage. Les bottes en caoutchouc sont drôles pour sauter dans les flaques mais ne peuvent être portées trop souvent : elles ne maintiennent pas bien les chevilles et font transpirer. Pour l'été, choisissez des sandales couvertes, elles protègent efficacement les orteils d'un marcheur débutant. En hiver, optez pour des chaussures montantes, si besoin dans une pointure supérieure afin de caser une bonne chaussette. Avoir les pieds serrés dans ses chaussures est le plus sûr moyen de souffrir de l'onglée.

Une grande marque de chaussures a eu l'idée d'étudier les chaussures usées de ses petits clients. Ainsi, elle a constaté les ravages faits par les jouets de type porteur sur le bout des chaussures et imaginé un modèle muni de cinq picots de caoutchouc de couleur placés juste à la pointe des orteils, d'une pastille de protection sur le côté, à l'emplacement de la malléole, et d'un cambrion antitorsion incorporé dans la semelle. ■

303

Le shampooing : méthode et douceur

Moment important du bain, le shampooing n'est pas toujours bien supporté par l'enfant, et ce d'autant plus qu'il avance en âge. Quand il est tout petit, il reste malléable et confiant, mais plus tard, il risque, lors d'un shampooing un peu précipité, de se braquer et de ressentir une crainte qui n'est parfois pas loin de la peur panique. C'est pourquoi il est indispensable que, très tôt, l'enfant considère ce moment comme un jeu. De plus, il apprend ainsi à mettre petit à petit la tête, ou plutôt l'arrière de la tête et les oreilles, dans l'eau, ce qui lui permettra de ne pas avoir peur lorsque vous le baignerez pour la première fois dans une piscine ou dans la mer. La douche est d'ailleurs parfois très impressionnante pour les bébés, car le jet est souvent difficilement réglable. Vous pourrez utiliser une bouteille d'eau claire dont vous ferez couler un filet plus doux que celui de la douche pour lui rincer la tête. Pour ceux qui semblent désespérément effrayés par les shampooings, il existe dans le commerce des bonnets spéciaux qui se présentent sous la forme de disques plats, troués en leur milieu et que l'on place sur la tête de l'enfant. L'eau ne peut ainsi s'infiltrer ni dans les oreilles ni dans les yeux du bébé.

Utilisés en moyenne deux fois par semaine, les shampooings doivent être adaptés aux tout-petits et surtout ne pas piquer les yeux. La plupart des shampooings pour enfants sont doux pour les yeux et pour la peau des bébés, malgré tout pour éviter que ses yeux ne soient irrités par le savon, maintenez-lui un gant sur le visage afin de le protéger d'éventuelles éclaboussures. L'enfant appréciera encore un conditionnement amusant, par exemple en forme de clown ou d'animal, qu'il utilisera ensuite vide pour jouer dans son bain. ■

Des vertus

L'eau chaude favorise la détente musculaire. Les jeux dans l'eau sont relativement calmes et demandent peu d'attention de la part de l'enfant.

De plus, se sentir propre après une journée d'activité le met généralement dans un état de bien-être. Sur le plan psychologique, le bain est une préparation au coucher. L'enfant se déshabille, mais il sait très bien qu'il n'est pas encore l'heure d'aller au lit. Il enfile son pyjama confortable et met ses pieds dans des chaussons douillets. C'est une véritable mise en condition.

Pour que la détente liée au bain soit encore plus efficace, on peut associer les effets de l'eau chaude à ceux des plantes. Ainsi les bains de tilleul sont un grand classique. Pour un bain complet, faire infuser 500 g de tilleul, branches et feuilles, dans 2 l d'eau bouillante pendant 15 min. Ce bain, pour être efficace, durera 10 à 15 min.

Autre formule : 50 g de coquelicot, 150 g de passiflore, 150 g d'aspérule odorante. Laissez infuser 20 min dans de l'eau bouillante, filtrez et versez dans l'eau du bain. ■

Les bienfaits du bain

À L'ÂGE DU QUATRE PATTES ET DE LA MARCHE, il est sans doute préférable de donner le bain quotidien le soir. Idéal sur le plan de l'hygiène, il est encore parfait pour retrouver son calme après une journée toujours très mouvementée.

Plaisir de l'eau, plaisir du jeu

Le bain est d'abord pour votre enfant une source de perceptions agréables. Maintenant qu'il tient bien assis dans l'eau, il en profite au maximum. L'eau du bain, c'est encore une douce sensation de chaleur, la découverte d'une certaine pesanteur : les mouvements qui demandent habituellement des efforts deviennent faciles. L'eau lui permet de prendre la mesure des limites de son corps et participe au sentiment d'individualisation. Elle glisse le long des cuisses et des bras, elle clapote contre lui, fait un bruit clair. Et lorsque votre bébé, à grands coups de pieds ou de mains, éclabousse tout autour de lui, il découvre avec ravissement mille gouttes d'eau qui scintillent dans la lumière.

Vous remarquerez que c'est aussi un moment intense de communication, votre bébé s'exprime par de petits gloussements de plaisir et exerce ses premières capacités de langage. Il aime que vous lui répondiez, que vous lui racontiez les plaisirs de l'eau. À tout cela, s'ajoute le plaisir du jeu : le canard qui flotte à sa rencontre, la bouteille qui se remplit en glougloutant et qui se vide en cascade...

Aujourd'hui, pratiquement tous les fabricants de jouets proposent dans leur gamme des jeux de bain : des bateaux et animaux flotteurs, des balles flottantes multicolores, des objets mécaniques et même un dérivé du tableau d'activités qui s'installe sur le rebord de la baignoire. Il existe aussi des livres flottant dont les héros sont le plus souvent en relation étroite avec l'élément liquide.

Prenez votre temps, surtout si vous êtes une maman qui travaille, le bain est un épisode fort dans le temps des retrouvailles. Soyez totalement disponible. Plus rien n'existe, et surtout pas le téléphone.

Confort et sécurité

Mais pour qu'il soit source de plaisir, il est indispensable que l'eau soit chaude, à 36-37 °C et la salle de bain à 21-22 °C. Vous pouvez maintenant installer votre enfant dans quelques centimètres d'eau au fond de la baignoire familiale. Il est préférable de poser sur le revêtement un tapis antidérapant ou un petit siège spécial de sécurité, ce qui ne vous dispense en aucun cas de rester à ses côtés pendant qu'il barbote. Pour lui laisser profiter au maximum de l'eau, savonnez-le avant qu'il entre dans le bain. Remplissez la baignoire avant de l'installer et n'ajoutez jamais d'eau chaude en cours de bain. Une mauvaise manœuvre et ce serait l'accident.

Le savon sans colorant ni parfum reste le meilleur produit de toilette adapté à la peau de votre enfant ; vous pouvez aussi utiliser des produits moussants pour bébé qu'il est préférable de choisir anallergiques. ■

" Le déshabillage et la mise en pyjama ne doivent pas être effectués dans la précipitation car ils favorisent la détente par le jeu et les caresses. „

1RE SEMAINE

1ER MOIS

2 À 3 MOIS

4 À 5 MOIS

6 À 7 MOIS

8 À 9 MOIS

10 À 11 MOIS

1 AN

1 AN 1/2

2 ANS

2 ANS 1/2

3 ANS

4 ANS

5 ANS

6 ANS

ANNEXES

1 an

1RE SEMAINE

1ER MOIS

2 À 3 MOIS

4 À 5 MOIS

6 À 7 MOIS

8 À 9 MOIS

10 À 11 MOIS

1 AN

1 AN 1/2

2 ANS

2 ANS 1/2

3 ANS

4 ANS

5 ANS

6 ANS

ANNEXES

1 an

Vous

CET ENFANT, PAS PLUS HAUT QUE TROIS POMMES, est déjà un grand comédien : il imite parfaitement, répète les mots, répond immédiatement aux questions simples et éclate de rire facilement. Tous les jours, son vocabulaire s'enrichit de mots qu'il associe pour atteindre le stade du mot-phrase qui se transformera en quelques semaines en une vraie phrase.

Il comprend aussi de mieux en mieux des notions comme « le dehors » et « le dedans ». Des acquisitions qui l'aideront à marcher, à ne plus téter mais à avaler et, plus tard, à être propre. L'acquisition de ses frontières corporelles est fondamentale : plus son corps lui est connu, mieux il perçoit l'extérieur.

Il se salit beaucoup. Il adore la saleté, surtout qu'elle semble interdite. Ne vous montrez pas trop obnubilée par elle, il ne peut comprendre votre échelle de valeur.

Enfin, vous allez vivre en famille le moment magique de ses premiers pas. Il tombe ? Ne bougez pas ! Ce bébé, loin d'être bête, se relève encore et encore comme s'il avait compris de manière mystérieuse que ses parents l'autorisent à marcher. Le temps est venu pour lui de quitter vos bras pour vous donner alors la main.

Votre enfant

- Il pèse 9,5 kg en moyenne pour 76 cm.

- Il se déplace à quatre pattes, parfois il tient debout en se tenant aux meubles et, un jour, il se lâche.

- Il dit quelques mots et comprend les questions simples et les notions de « dedans, dehors, ici, là ». Il adore imiter les animaux.

- Il exprime ses sentiments, notamment son affection et sa jalousie. Il teste de temps en temps son pouvoir sur les autres par des ordres et des bêtises intentionnelles.

- Il mange 30 g de viande ou de poisson, 30 g de féculents, du fromage blanc et des yaourts, des fruits frais.

1RE SEMAINE

1ER MOIS

2 À 3 MOIS

4 À 5 MOIS

6 À 7 MOIS

8 À 9 MOIS

10 À 11 MOIS

1 AN

1 AN 1/2

2 ANS

2 ANS 1/2

3 ANS

4 ANS

5 ANS

6 ANS

ANNEXES

L'heure de la sieste en crèche

Vers 1 an, les enfants ont souvent du mal à faire la sieste en crèche. Jeannette Bouton, spécialiste du sommeil, a mis au point une technique simple. L'enfant est couché sur un matelas au ras du sol et enveloppé d'un grand drap. Il s'y blottit comme dans un terrier et de manière à ce que son regard puisse apercevoir la lumière. Lorsqu'il est endormi, les puéricultrices dégagent légèrement le drap au-dessus de sa tête. ■

Quelques complications

La qualité du sommeil dépend pour beaucoup de ce que l'enfant a vécu au cours de ses moments de veille. Et peut-être de ce qu'il a pu ressentir de manière encore plus profonde, car chez lui tout est sensation. Des parents tendus, anxieux, vont le rendre nerveux, d'autant plus qu'ils vont sans doute multiplier les « maladresses ». À la tension risque alors de se mêler un certain inconfort.

Certains enfants ont encore du mal à entrer dans le sommeil du soir parce qu'ils ont trop dormi dans la journée. Il s'agit par exemple des enfants qui prolongent leur sieste au-delà de 16 heures ou ceux qui dorment en fin d'après-midi. Mais curieusement, les siestes trop courtes produisent les mêmes conséquences. En fait, tous ces enfants ont des difficultés à installer le rythme de longues périodes d'éveil suivies de longues périodes de sommeil. ■

Pour le réveiller

L'idéal est de calculer le moment du réveil en fonction de celui de l'endormissement, afin d'interrompre le sommeil à la fin du cycle de 60 minutes. Parlez à mi-voix, caressez-lui la joue, découvrez-le progressivement. Il ne quittera son lit douillet que lorsqu'il aura pris conscience de ce que vous voulez. Pour savoir s'il est prêt au réveil, caressez-lui les mains ; s'il supporte bien ce contact, le moment de l'éveil est proche. ■

Quand les parents travaillent

Séparés toute la journée, la plupart des enfants de cet âge, de retour à la maison, ont besoin, sur le plan affectif, d'un certain temps pour se retrouver dans l'atmosphère familiale. Un laps de temps de deux heures, dédié au bain, au repas, aux jeux et aux histoires, est un minimum. Essayez de consacrer à votre enfant presque exclusivement ces moments-là. La préparation du repas des grands peut toujours être simplifiée ou repoussée à plus tard afin de laisser le maximum de place à l'affectivité. De même, un bébé qui a attendu le parent qui rentre le dernier ne pourra pas aller se coucher et s'endormir « sans faire d'histoire » tout de suite après son retour. Là encore, il est nécessaire de lui laisser le temps d'apprécier les siens. ■

■ MON AVIS

Je me souviens du cas d'un enfant hospitalisé dans un service de grands brûlés et qui manifestait d'importants troubles du sommeil que son état de santé ne pouvait pas expliquer. Sa mère témoignait que jusqu'alors il avait toujours parfaitement dormi, et que tous les soirs il s'endormait sans difficulté en suçant sa petite couverture chérie. Le traitement parut à tous évident : il fallait faire fi des problèmes d'asepsie et donner à cet enfant son doudou. Depuis, dans ce service, tous les enfants qui dorment avec des doudous sont hospitalisés avec leur ours, leur pantin ou leur chiffon. Cet enfant a montré que, même en situation difficile, cet objet garde tout son intérêt. ■

Dormir à 1 an

1RE SEMAINE

1ER MOIS

2 À 3 MOIS

4 À 5 MOIS

6 À 7 MOIS

8 À 9 MOIS

10 À 11 MOIS

1 AN

1 AN 1/2

2 ANS

2 ANS 1/2

3 ANS

4 ANS

5 ANS

6 ANS

ANNEXES

LES BESOINS DE SOMMEIL D'UN ENFANT DE 1 AN varient de 13 à 15 heures par jour selon les tempéraments. La sieste reste importante, 4 heures en moyenne, par contre il perd progressivement l'habitude de s'endormir en fin de journée.

Presque le sommeil d'un grand

La nature de son sommeil change ; il s'endort en sommeil lent léger, le sommeil calme prend 50 minutes d'un cycle de 55 à 75 minutes et le sommeil paradoxal s'installe plutôt sur la fin de la nuit. Au-delà de 1 an, les cycles de sommeil sont voisins de ceux de l'adulte, soit 90 minutes.

Un endormissement plus difficile

La plupart des enfants font encore facilement la sieste et certains « piquent du nez » bien involontairement en fin de journée. Une habitude qu'ils garderont parfois jusqu'au seuil de leurs 2 ans. D'autres, par contre, sont tellement excités par leurs nouvelles capacités motrices qu'ils passent ce temps de repos à se lever et à s'asseoir dans leur lit. Il est alors conseillé de les laisser faire mais en les maintenant dans leur lit. Cependant, à cet âge, un bébé a du mal à trouver le sommeil le soir : il lui faut 30 à 40 minutes pour y parvenir. C'est dû à sa nouvelle vie. Les relations sociales prennent de plus en plus d'importance pour lui. Il aime être avec les autres. Trop d'énervement, de mouvements et de cris avant de le mettre au lit peuvent provoquer des perturbations au moment du coucher. Votre bébé entrera mieux dans le sommeil après un doux échange de caresses et de baisers qu'après un chahut ponctué de chatouilles. L'idéal est d'instituer un rituel de coucher, mise en pyjama, jeux calmes, lumière douce, histoires partagées aident l'enfant à quitter le monde agité de l'éveil. Plus il appréciera ce moment de passage, plus se glisser dans ses draps lui semblera agréable. Il est important encore de ne pas rater les premières manifestations de fatigue même si l'enfant n'a pas tout à fait terminé son dîner ou son jeu. S'il bâille, s'il se frotte les yeux, s'il chipote dans son assiette, c'est qu'il est prêt à être mis au lit.

Un dormeur agité

L'activité motrice a aussi une certaine importance sur la qualité de son sommeil. Ses temps d'éveil sont essentiellement occupés par la préparation à la marche. Quelle dépense d'énergie ! Il n'est pas étonnant alors qu'à cet âge dominer ses gestes au moment de l'endormissement ne soit pas évident. Des observations faites pendant cette période révèlent une agitation importante. Les moments où l'enfant bouge le plus se situent au milieu de la nuit et peuvent parfois aboutir au réveil. Mieux vaut ne pas intervenir et le laisser se rendormir, à 1 an il peut le faire tout seul. Vous devez faire preuve d'une certaine patience quand il se met à pleurer en pleine nuit et même parfois d'un peu de fermeté. Pour ces enfants « mauvais dormeur », le Pr Brazelton, célèbre pédiatre américain, conseille aux parents de réveiller l'enfant vers 22-23 heures pour jouer un peu, pour lui témoigner un peu d'affection, puis de le recoucher en lui disant qu'ils seront près de lui à son réveil. Il paraît que cette pratique limite les risques de cris à 2 heures du matin de manière considérable. ∎

Trousse d'urgence pour petits marcheurs

Les premiers pas sont souvent accompagnés des premières chutes et des premiers petits accidents de la vie quotidienne. C'est vraiment le moment où il vous faut une trousse pour les petites urgences (p. 676).

Parmi les blessures les plus fréquentes à cet âge, celles faites aux pieds sont les plus nombreuses. Les apprentis marcheurs aiment se déplacer pieds nus et se blessent avec des petits éclats de verre ou des échardes de vieux planchers. Les éclats de verre plus ou moins pointus et longs peuvent s'enfoncer profondément dans la plante du pied ou le talon et devenir ainsi pratiquement invisibles à l'œil nu. Le médecin ne pourra les localiser que par une radiographie et procédera à une intervention pour les extraire. Les échardes, si elles sont grosses et se sont fichées parallèlement à la peau, peuvent être extraites par les parents avec une pince à épiler et... un peu de patience. La plus grande difficulté est de ne pas la casser en la retirant. Si l'écharde ne peut être saisie avec une pince, il est souvent nécessaire de soulever la peau puis l'écharde à l'aide d'une aiguille à coudre préalablement désinfectée à l'alcool et de presser légèrement de part et d'autre de la blessure pour qu'elle sorte. Dans tous les cas, il est indispensable d'appliquer ensuite un antiseptique liquide ou en pommade. Si, dans les jours qui suivent, une zone rouge et chaude se dessine sur la blessure, il est conseillé de consulter un médecin. Les autres accidents courants de la marche sont les chutes et leur lot de bosses, d'égratignures, de coupures et de doigts pincés.

Sur les coups et les pincements, les applications de pommade ou de compresse à l'arnica font merveille. Sur les blessures ouvertes, vous commencerez par désinfecter la peau avec un peu d'alcool ou de savon liquide, puis vous appliquerez, selon le type de blessure, un pansement adhésif ou une compresse stérile maintenue par un sparadrap. Tous ces soins ne sont pas toujours faciles à prodiguer dans le stress et la douleur. N'hésitez pas à utiliser un analgésique et attendez que l'enfant se soit remis de sa peur. Si sa crainte des soins est vraiment très forte, jouez à soigner l'ours ou la poupée avant l'enfant, vous constaterez que les soins deviennent alors plus faciles. ■

Guider ses premiers pas

Guider ses premiers pas, en marchant derrière lui et en le tenant à bout de bras, est très inconfortable pour l'enfant qui trouve difficilement son équilibre. Il est sans doute préférable de l'aider à marcher en se plaçant face à lui et à sa hauteur. Cette position n'étant pas toujours aisée pour l'adulte, les psychomotriciens conseillent d'aider l'enfant en lui donnant pour appui deux bâtons que l'adulte déplace pas à pas, à la manière d'échasses. Au début, l'enfant marchera en appui des deux côtés, puis un seul côté lui suffira jusqu'au moment des premiers pas. ■

▮ MON AVIS

Mes nombreuses rencontres avec les nourrissons m'ont amené à une constatation : je me suis aperçu avec surprise que la plupart d'entre eux marchaient à l'âge précis de leur premier anniversaire. Je suis persuadé que certains sont capables de marcher déjà à 10 mois et qu'ils attendent. Mais quoi ? Je pense qu'ils perçoivent alors l'autorisation psychologique et inconsciente des parents. Dès lors, ils peuvent se lâcher et enchaîner leurs premiers pas. ■

Un pas... puis deux

DANS BEAUCOUP DE CAS, LES PREMIERS PAS SONT FAITS PAR INADVERTANCE.
Poussé par l'envie d'atteindre quelque chose, ou quelqu'un, le petit enfant lâche
son point d'appui, fait quelques pas, se rend compte alors de sa témérité... et se
laisse tomber lourdement sur les fesses.

1ʳᵉ SEMAINE

1ᵉʳ MOIS

2 À 3 MOIS

4 À 5 MOIS

6 À 7 MOIS

8 À 9 MOIS

10 À 11 MOIS

1 AN

1 AN 1/2

2 ANS

2 ANS 1/2

3 ANS

4 ANS

5 ANS

6 ANS

ANNEXES

Un entraînement musculaire

Pour marcher, l'enfant doit d'abord atteindre un stade précis de maturation cérébrale. Cette évolution, programmée depuis sa conception, est chargée d'hérédité : celle de la race humaine qui implique la station verticale. À cette maturation cérébrale, s'ajoute l'effet de l' « entraînement » musculaire.

À 12 semaines, un bébé tient sa tête. À 20 semaines, il commence à se reposer sur ses jambes. À 24 semaines, il s'y appuie bien. À 30 semaines, debout, il tend ses jambes par jeu. À 36 semaines, il tient debout en appui contre un meuble ou tenu par les mains. La marche à quatre pattes l'entraîne à la coordination entre membres inférieurs et membres supérieurs. À 40 semaines, il se lève en s'aidant d'un support. Huit semaines plus tard, il marche le long des meubles en déplaçant latéralement ses pieds. À 1 an, il avance tenu par une main et pourra mettre de longues semaines avant de se lâcher. Le bébé qui ne va pas tarder à marcher se reconnaît à la « danse des pieds » : lorsqu'il est debout et qu'il cherche son équilibre en avant, il se met sur la pointe des pieds ; en arrière, il se stabilise sur les talons en relevant l'avant du pied. Bientôt il essayera d'avancer un pied, puis l'autre.

Un équilibre précaire

L'enfant à la recherche de son équilibre lève les pieds beaucoup plus haut qu'il n'est nécessaire. Il avance, coudes fléchis et bras en abduction.

Il mettra entre 10 et 15 jours à trouver le juste équilibre. Mais il lui faudra encore un peu de patience pour tourner dans les portes sans tomber ou pour tenir en équilibre sur un pied. Ses fesses, souvent encore chargées de couche, l'entraîneront... il se retrouvera assis, un peu étonné, prêt à repartir à l'aventure, sans mesurer l'importance des obstacles. Seules l'expérience et les mises en garde répétées vont l'aider à mieux se situer dans l'espace. Mais attention : une mauvaise chute peut retarder l'acquisition de la marche ; l'enfant craintif reste alors parfois des semaines sans oser une nouvelle aventure. C'est normal. Aidez-le, encouragez-le, accompagnez-le sans le forcer. Faites-lui faire quelques pas entre deux adultes. Petit à petit, rassuré, heureux, il reprendra confiance. Bien sûr, il lui arrivera de tomber à nouveau. Proposez-lui de repartir aussitôt sans oublier de le féliciter pour ce nouveau départ. Car c'est un enfant au caractère fragile qui oscille en permanence entre la volonté de marcher pour élargir son champ d'action et la crainte de trop s'éloigner des siens. Il déteste d'ailleurs que l'on s'écarte de lui et pleure de frustration. C'est souvent sous son emprise qu'il se dresse, prêt à tout abandonner pour se mettre debout et tenter ses premiers pas. ■

" Les chutes sont fréquentes mais ces échecs apparents cachent en fait un énorme succès : c'est le résultat d'efforts considérables. "

Les précoces et les retardataires

La plupart des enfants marchent entre 10 et 16 mois. Certains, très précoces, prennent leur autonomie à 9 mois. Mais l'enfant qui ne marche pas à 20 mois cache, sans doute, un problème. La marche est aussi le résultat d'une évolution psychologique. Cette acquisition signifie autonomie, indépendance, découverte. Tout cela pousse l'enfant à faire le premier pas, qui est franchi lorsqu'il a, avec ceux qui l'entourent, une relation assez solide pour pouvoir s'en séparer... en sachant qu'au bout du chemin il va les retrouver (p. 313). ■

Les déformations du pied

Voici les déformations courantes dans la position des pieds :

• **Le pied avec métatarsus varus :** l'avant-pied est enroulé vers l'intérieur de la jambe. Le traitement se fait par de la kinésithérapie en effectuant des mouvements inverses à la déformation. Dans les cas les plus sérieux, l'enfant dormira avec de petites attelles ou portera un plâtre. À l'âge de la marche, si cette déformation est toujours présente, il portera des chaussures spéciales.

• **Le pied talus :** le pied forme un angle aigu avec l'axe de la jambe. Très impressionnant, il se corrige très facilement et spontanément dans 99 % des cas. Le traitement par un kinésithérapeute, relayé par les parents, consiste à assouplir l'articulation.

• **Le pied talus valgus :** le pied est fléchi sur la jambe et tourné vers l'extérieur. Le traitement rééducatif s'impose ainsi que le port d'attelles.

• **Le tibia varum :** le pied est fléchi en dedans. Souvent d'origine familiale, cette déformation est parfois le résultat d'un rachitisme infantile. Ce défaut se corrige très bien par la pratique du porteur puis, plus tard, de la bicyclette. Il arrive aussi que la hanche soit en cause. Les enfants souffrant de cette déformation se reconnaissent à leur manière de s'asseoir, les fesses entre les jambes.

• **Le pied varus équin :** c'est une véritable malformation in utero et non le résultat d'une mauvaise position utérine. C'est ce que communément on nomme « pied bot ». Le pied est bloqué en hyperextension, dans une position qui impose l'appui sur sa pointe et jamais sur le talon. Cette malformation doit être soignée par des traitements orthopédiques dès la naissance. Selon les cas, l'enfant portera des attelles ou un plâtre, voire même devra subir une intervention chirurgicale et, bien sûr, suivra une rééducation kinésithérapique. Dans tous les autres cas, les manipulations sont exclusivement du ressort du kinésithérapeute. Six semaines à deux mois de traitement sont généralement suffisants pour venir à bout d'une malposition mineure. Le pied est redressé, assoupli. Plus on commence tôt le traitement, meilleur est le résultat. ■

Une drôle de démarche

LA MANIÈRE DONT UN ENFANT MARCHE est une des grandes préoccupations des parents. Ils trouvent que ses jambes sont arquées comme celle des cavaliers, ils observent que ses pieds ont tendance à tourner. Dans la majorité des cas, ces petites déformations n'ont rien d'anormal et s'arrangent avec le temps.

Des anomalies courantes

Le pied du bébé à la naissance est essentiellement fait de graisse et de cartilage. Il mettra vingt et un ans à s'ossifier complètement.

Il est tout à fait naturel que l'enfant naisse avec les tibias incurvés. Quant aux pieds, leur voûte plantaire est masquée par un coussin graisseux, c'est ce qui les fait sembler plats. Cette anomalie est réelle pour seulement 10 % des enfants. Si la rééducation n'est pas suivie d'effets, elle devra être réparée par la chirurgie entre 4 et 8 ans. On constate que 85 % des anomalies de la position du pied par rapport à la jambe sont dues à une mauvaise position des membres inférieurs dans l'utérus maternel.

En effet, les contraintes intra-utérines entraînent et entretiennent des déviations du pied. Lorsque l'un des pieds ou les deux tournent en dedans, on préconise d'agir dès la naissance. Cette déformation banale chez le nouveau-né se corrige avec des manipulations par un kinésithérapeute et une stimulation du bord externe du pied avec une brosse à dents voire par le port de petites attelles. La plupart des « métatarsus varus » disparaissent avant la marche.

En dedans, en dehors

Certains sont plus rebelles et l'enfant marche en appuyant correctement l'arrière de son pied mais place l'avant en dedans. Le pied, le tibia ou la hanche peuvent en être la cause. S'il s'agit d'une difficulté au niveau du pied, le traitement consiste alors à faire marcher l'enfant avec des chaussures sans voûte plantaire et « à l'envers » (pied gauche pour pied droit et vice versa). En cas d'échec, le médecin orthopédiste prescrira des soins chez un kinésithérapeute ou la pose d'un plâtre.

Il est préférable de coucher les enfants souffrant de cette légère anomalie sur le côté, tantôt l'un, tantôt l'autre, la position ventrale ayant tendance à accentuer les pieds « métatarsus varus ». Dans d'autres cas, ce n'est pas le tibia qui est « varum ». La pratique d'un sport, notamment du vélo, est souvent la meilleure rééducation. Parfois le médecin prescrit le port d'attelle pour dormir. Enfin, la hanche peut être souvent à l'origine de cette démarche, il s'agit alors d'une antéversion du col fémoral qui nécessite une rééducation et beaucoup plus rarement une intervention chirurgicale.

L'observation de l'usure des chaussures de votre enfant permet de savoir s'il souffre d'une déformation au niveau des pieds ou des genoux. Des semelles usées sur le devant, notamment sur les pointes intérieures, signifient qu'il marche les pieds « en dedans ». Si ce sont ses talons sur les bords extérieurs, ses pieds et les genoux sont alors « varus », tournés en dedans. Si l'usure n'est pas symétrique, seul un des pieds part de travers.

Par contre, la marche avec les pieds tournés en dehors est caractéristique de l'enfant qui commence à marcher. C'est un moyen de s'assurer d'une meilleure stabilité. Tout rentrera dans l'ordre avec un peu de pratique. ■

1RE SEMAINE

1ER MOIS

2 À 3 MOIS

4 À 5 MOIS

6 À 7 MOIS

8 À 9 MOIS

10 À 11 MOIS

1 AN

1 AN 1/2

2 ANS

2 ANS 1/2

3 ANS

4 ANS

5 ANS

6 ANS

ANNEXES

Le doudou, le chiffon, la couche

VOTRE ENFANT APPARTIENT PEUT-ÊTRE À LA GRANDE FAMILLE DES POSSESSEURS D'UN DOUDOU, nannan, fonfon et autre nono. Et comme beaucoup d'enfants, il ne peut se séparer de sa « couche ». Les enfants appellent souvent ce morceau de tissu d'un nom bizarre, chacun inventant un mot personnel. Ce chiffon a un rôle et un mode d'emploi bien précis.

Le choix de l'objet transitionnel

Ce chiffon se tète fréquemment avec le pouce. Il traîne partout et disparaît toujours au moment où il ne le faudrait pas. L'enfant y tient par-dessus tout et cela peut durer des années. Tout ce qui est doux peut faire l'affaire, c'est une question de sensation sur la peau.

La plupart du temps, cette étoffe est en relation avec le lit. C'est la couche en tétra que l'on a glissée sur le drap de dessous, à la hauteur de la tête, pour protéger le matelas en cas de régurgitation. C'est un morceau de coton très fin qui rappelle le tissu du drap de dessus que l'enfant tripote. C'est encore un morceau de lainage, de même texture que sa brassière douillette ou que sa couverture de laine, qu'il fait boulocher entre ses doigts. Dans certains cas, c'est une peluche toute douce et souple, celle qui berce ses premiers rêves.

Mais il arrive parfois que l'objet de prédilection soit un biberon, même vide, si vous avez habitué l'enfant à s'endormir en buvant un peu de lait tiède ou un peu d'eau sucrée, ce qui n'est pas recommandé pour ses dents. L'utilisation du chiffon varie d'un enfant à l'autre : serré dans la main, le plus près possible du nez, sur la figure, autour du bras.

Certains enfants aiment les chiffons propres ; c'est en fait l'odeur de la lessive utilisée pour les nettoyer qui leur plaît.

Un peu de soi, beaucoup de tous

Mais une grande majorité d'entre eux n'apprécient qu'un chiffon qu'ils ont traîné derrière eux pendant plusieurs jours. Tout son charme réside dans l'amalgame des odeurs familiales : un peu de parfum de maman, un peu de tabac de papa, et pourquoi pas un peu de l'odeur du chien. Lorsque l'enfant respire le tissu, toutes ces senteurs le rassurent et lui donnent vraiment l'impression d'être aimé. C'est d'ailleurs la raison de son existence. Les psychologues ont donné à ce chiffon le nom très sérieux d'objet transitionnel, le premier à en faire un élément indispensable dans la vie de l'enfant fut Donald Winnicott, célèbre pédiatre et psychanalyste anglais.

Jusqu'à l'âge de 6 mois, le bébé ne fait pas bien la différence entre lui et sa mère : il est en symbiose totale avec elle. Peu à peu, il va prendre conscience que sa mère peut être présente et tout à coup disparaître. Il n'aime pas qu'elle s'en aille, mais ne peut rien y faire. Il sera rassurant pour lui d'avoir constamment à ses côtés un objet familier, sur lequel il aura toute puissance. Il servira à exprimer quantité de sentiments. Cet objet deviendra, petit à petit, presque aussi important que sa mère. Il la remplacera assez bien quand elle s'éloignera ou lorsqu'il y aura quelques différends entre eux. Enfin, lors d'un moment de fatigue ou de contrariété, il l'aidera à « récupérer ».

Certains enfants, passée « la crise des 8 mois » (p. 253), ne se servent plus de leur doudou que le soir pour s'endormir, d'autres y restent attachés de jour comme de nuit jusqu'à l'âge de 3-4 ans. C'est généralement vers 6-7 ans que les plus « accros » le lâchent.

Petits problèmes d'entretien

Mais la vie de famille avec un doudou n'est pas toujours simple. En effet, ce ne sont jamais les parents qui le choisissent et ainsi vous pouvez « hériter » d'un doudou encombrant qu'il faudra prendre en compte lors de tous vos déplacements ou d'un doudou minuscule qu'il faudra chercher sans arrêt. Mais ce que supportent généralement difficilement les parents, c'est son état de saleté. Rassurez-vous, aucun doudou n'a pu être mis en cause dans la transmission de virus ou de maladies contagieuses.

La raison en est simple, même dans une communauté d'enfants très amis, un doudou est un objet qui ne se prête jamais.

Pour laver un doudou sans drame, le plus facile est de le posséder en double exemplaire et d'échanger un sale contre un propre. Votre enfant s'en apercevra sans doute, mais ne pourra pas réellement comprendre pourquoi son objet fétiche change de temps en temps aussi brusquement d'odeur. Si votre enfant garde cette habitude tardivement, vers 2 ans, vous pouvez lui proposer de le laver lui-même, généralement les enfants acceptent, tant jouer avec l'eau les passionne. Le doudou est aujourd'hui accepté dans les crèches, mais il faut le plus souvent que l'enfant s'en sépare pour entrer à l'école maternelle.

Il est indispensable de le glisser dans la valise d'un bébé qui part en voyage surtout si, à cette occasion, il quitte sa maman. ∎

1RE SEMAINE

1ER MOIS

2 À 3 MOIS

4 À 5 MOIS

6 À 7 MOIS

8 À 9 MOIS

10 À 11 MOIS

1 AN

1 AN 1/2

2 ANS

2 ANS 1/2

3 ANS

4 ANS

5 ANS

6 ANS

ANNEXES

La force du geste

TRÈS TÔT, VOTRE ENFANT UTILISE SON CORPS POUR S'EXPRIMER. La diversité de ses signaux dépend d'abord de ses capacités cérébrales. Avec l'expérience, l'enfant apprend le résultat de la plupart de ses gestes et en fait un moyen de communication qui appuiera plus tard ses paroles.

Un répertoire commun

C'est ainsi que se mettent rapidement en place, par exemple, des mimiques de dégoût ou de satisfaction face à des propositions d'odeur et de saveur. Elles seront clairement comprises des parents et deviendront « langage ». De même, le geste de toucher amènera celui de saisir, qui deviendra, en fonction des mouvements du corps, du visage et du bras, une demande polie : « donne », ou une exigence de droit : « je veux ». Un des spécialistes de ce langage des gestes est un Français, le Pr Hubert Montagner. Il a étudié, entre autres, le comportement des enfants d'une crèche mis en différentes situations.

Il a d'abord observé que certains enfants ont un pouvoir attractif sur les autres et peuvent même les entraîner. Ce sont eux qui prennent l'initiative des activités. Chaque fois qu'ils se tournent vers les autres enfants, ils s'expriment par une succession de mimiques particulières, de gestes et de vocalises. Les interlocuteurs répondent avec sourires, inclinaisons latérales de la tête, balancement des bras et du haut du corps. Ces comportements se retrouvent toujours chez les enfants qui nouent facilement des contacts et sont rarement agressés.

Mais ceux qui réagissent par la violence à certaines situations sont le plus souvent isolés du groupe, tout comme les enfants agressés. L'agression se manifeste par des gestes clairs : ouverture soudaine et large de la bouche avec vocalisation aiguë, saisie des objets sans solli-

citation avec, au contraire, bousculade pouvant entraîner la chute.

La puissance de l'offrande

Hubert Montagner a aussi étudié la manière dont les enfants nouent des relations entre eux ou avec un adulte. Il a constaté dans ce cas l'importance de l'offrande, du don d'un objet réel ou même uniquement du geste de donner pour faire semblant. Le don a d'ailleurs un effet apaisant sur les enfants qui pleurent, même si l'offrande est faite par celui qui est à l'origine des larmes. Ce geste d'offrande est plus fréquent chez les enfants attractifs. L'offrande a une telle puissance signifiante que dans 65 % des cas elle brise un comportement agressif. Si les coups sont portés, ils le sont de façon amortie ou détournée. C'est d'ailleurs souvent de cette manière que l'enfant dominé évite les coups de l'enfant agressif. L'offrande existe aussi chez les enfants âgés de 20 mois, et ce sont eux qui offrent le plus. C'est un moyen efficace de se faire admettre des plus grands.

Le rôle des parents

Les observations faites en crèche montrent que les enfants bien dans leur peau, actifs sans être agressifs, sont ceux qui, au moment des retrouvailles le soir, ont une relation affectueuse avec leurs parents. Notamment, ces parents s'accroupissent pour se mettre à la hauteur de leur enfant afin qu'ils puissent se regarder droit dans les yeux.

1RE SEMAINE

1ER MOIS

2 À 3 MOIS

4 À 5 MOIS

6 À 7 MOIS

8 À 9 MOIS

10 À 11 MOIS

1 AN

1 AN 1/2

2 ANS

2 ANS 1/2

3 ANS

4 ANS

5 ANS

6 ANS

ANNEXES

On constate encore que, bien souvent, les enfants agressifs sont ceux qui ont une vie de famille difficile : séparation des parents, disputes dans le couple, ou plus simplement qui vivent dans une ambiance de stress (p. 485). Les mères de ces enfants ont, lors de la reprise de contact après une journée à la crèche, des comportements de nature « répressive » : elles regardent la propreté de leurs mains et de leur visage, elles observent les attitudes défendues pour aussitôt les réprimer, elles sont impatientes et pressées. Leurs paroles et leurs gestes sont mena-çants. L'étude du Pr Montagner met aussi en évidence une certaine modification des comportements des enfants en fonction de l'influence du père, particulièrement au cours des week-ends. Un père autoritaire déclenche des réactions d'agressivité le lundi à la crèche. Entre 1 et 3 ans, il semble donc que le comportement de l'enfant en société soit un reflet étonnant de ce qu'il vit dans ses relations familiales.

Après, l'influence du milieu est moins forte, mais l'enfant garde souvent le comportement qu'il a acquis précédemment. ■

Les accessoires pour l'endormir

Le confort du lit joue un rôle dans la qualité du sommeil. À cet âge, beaucoup d'enfants se découvrent en dormant et se réveillent. Pour eux, la turbulette ou le surpyjama sont idéals. Tous deux s'enfilent telle une seconde peau sur la grenouillère. Pour le surpyjama, il faut simplement le choisir avec des pieds aux semelles antidérapantes pour éviter les chutes. Autre accessoire ayant fait ses preuves pour l'endormissement : la luciole, figurine en caoutchouc qui diffuse une lumière légère, et qui s'éteint au fur et à mesure que l'enfant réduit son étreinte. Le coussin ou la poupée, à l'intérieur duquel est dissimulé un petit appareil restituant les battements du cœur maternel, met en sécurité l'enfant qui s'endort plus facilement. Un truc utilisé dans les crèches pour isoler les enfants au sommeil délicat : on tend un simple tissu au-dessus de la tête du bébé, en travers du lit. Ainsi, il se sent protégé, comme dans un nid, et s'endort plus facilement (p. 310). ■

Respecter ses rythmes

Comme chez l'adulte, les rythmes biologiques règlent toute la « machine corps » de l'enfant. Une pendule interne dirige en harmonie les milliards de cellules, les organes et les glandes qui les composent. Dès la conception de l'enfant, cette horloge interne a commencé à fonctionner. Elle régit, bien sûr, veille et sommeil, mais aussi la sécrétion glandulaire, le rythme cardiaque, la digestion, la respiration, l'assimilation, l'expulsion. Tout la concerne. C'est dire à quel point les conséquences peuvent être graves si ce rythme se trouve bousculé ! Chez l'enfant, la plupart des raisons qui perturbent ses rythmes biologiques sont dues aux parents. Leur vie professionnelle oblige l'enfant à se lever très tôt, pour aller à la crèche par exemple, ou encore il participe tardivement aux sorties des adultes. Imposer à un enfant le rythme de l'adulte, c'est lui apporter une fatigue supplémentaire, qui est souvent concrétisée par des troubles du sommeil, de l'appétit ou par de nombreuses colères. ■

Un examen objectif

Certains spécialistes du sommeil de l'enfant utilisent un agenda qui les aident à mettre en évidence les difficultés de leurs petits patients. Il se présente comme une grille de 12 colonnes verticales, chacune ayant une valeur de 2 heures, coupées de 10 lignes horizontales délimitant des espaces identiques. La grille ainsi tracée permet une observation du sommeil sur 10 jours. Les parents doivent y noter l'heure du coucher et du lever de l'enfant en précisant s'ils ont été spontanés ou imposés, les temps de sieste et leur heure ainsi que tous les événements qui surviennent au cours de la nuit. Cet agenda permet une analyse objective des difficultés et de mettre en place le traitement le plus approprié. ■

Les bienfaits du bercement

Ce geste apporte au bébé un sentiment intense de sécurité. Non seulement il s'appuie sur ce soutien des bras pour prendre conscience de son corps, mais ce doux balancement l'apaise à merveille. La tête maintenue par le bras gauche de sa mère, tout son petit être est appuyé contre sa poitrine et fonctionne à l'unisson avec elle. Cette façon de tenir le bébé est universelle, que la mère soit droitière ou gauchère. Elle a une signification tant symbolique que physiologique. C'est en effet du côté gauche que se trouve le cœur et c'est placé ainsi que le bébé entend le mieux les battements du cœur maternel. On a pu démontrer qu'à leur écoute, le rythme cardiaque du bébé décélère, signe de calme et de sérénité. ■

S'endormir en douceur

1RE SEMAINE

1ER MOIS

2 À 3 MOIS

4 À 5 MOIS

6 À 7 MOIS

8 À 9 MOIS

10 À 11 MOIS

1 AN

1 AN 1/2

2 ANS

2 ANS 1/2

3 ANS

4 ANS

5 ANS

6 ANS

ANNEXES

POURQUOI NE PAS ENVISAGER LES MÉTHODES DOUCES POUR QUE VOTRE ENFANT S'ENDORME ? Pourquoi ne pas imiter les mères africaines qui portent leur bébé dans leur dos, à toute heure du jour ? Grâce au porte-bébé, l'enfant est en communication étroite avec l'adulte et s'endort très naturellement.

Un massage apaisant

Autre moyen pour endormir les enfants âgés de 3 mois à 4-5 ans : le massage (p. 146). La durée de la séance varie en fonction de l'âge : de 5 à 10 minutes pour un nouveau-né à 1/2 heure pour un enfant de 6 mois. Voici un petit exercice pour lui masser le dos, cela lui fera le plus grand bien. Installez-vous sur le sol, les jambes tendues. Placez le bébé sur le ventre, en travers de vos jambes. Utilisez de l'huile d'amande douce, cela sera encore plus agréable. Commencez par masser son dos à hauteur des épaules, en effectuant des petits mouvements circulaires dans le sens de la largeur, puis descendez doucement jusqu'à ses fesses. Recommencez... jusqu'à ce qu'il s'endorme !

L'effet des plantes

Homéopathie et phytothérapie ont aussi une action sur les troubles du sommeil. Elles sont d'autant plus probantes que l'insomnie à soigner est récente et non habituelle. En ce qui concerne l'homéopathie, le médecin prescrira Gelsemium (le jasmin) s'il s'agit d'une simple contrariété ; Ignatia (la fève de saint Ignace) si votre chérubin se fatigue intellectuellement à l'école ; Zincum metallicum s'il ressent comme des fourmis dans les jambes ; Coffea (café) s'il s'excite à la suite d'une bonne nouvelle (si c'est à la suite d'une mauvaise nouvelle, ce sera plutôt Gelsemium) ; Belladona (la belladone) s'il fait des cauchemars ; Theridion (une araignée de l'île de Curaçao) s'il se réveille au moindre bruit ; Rhus tox (le sumac vénéneux, infiniment dilué, bien sûr) s'il a peur du noir ; Chamomilla (camomille) si l'insomnie est d'origine dentaire.

Le phytothérapeute soigne par les plantes. C'est après un interrogatoire très poussé que le médecin prescrira le traitement. Citons, par exemple, la valériane, la passiflore, le mélilot, l'eschscholtzia ou pavot de Californie, le houblon, la lavande, la mélisse, etc. Comment les utilise-t-on ? En tisane ou en gélules, inévitablement sous une forme associée. Si les troubles persistent, n'hésitez pas à consulter un pédopsychiatre. Quelques consultations parents-enfant peuvent suffire à redonner à tous un bon sommeil.

En musique

Le Centre français de musicothérapie propose une cassette pour endormir les enfants. Elle débute par un air de guitare, puis de harpe dont le tempo s'allonge. La harpe devient une voix fredonnant une berceuse. Le tempo s'allonge de plus en plus et le niveau sonore baisse progressivement. Cette cassette de 30 minutes est à utiliser 10 minutes avant le coucher ; l'enfant peut atteindre le sommeil au cours de l'audition ou 1/4 d'heure après. ∎

" Dans les pays où le portage est habituel, les petits souffrent peu de troubles du sommeil. "

Le fluor : ni trop ni trop peu

Les recommandations sur la prescription de fluor aux enfants de moins de 2 ans ont changé. Il semble acquis que l'on ne prescrira plus de fluor avant l'apparition des premières dents, vers 6 mois. La supplémentation en fluor sous forme de comprimés ou de gouttes est alors utile mais à des doses adaptées au poids de l'enfant, les parents devant vérifier que l'eau bue par les enfants n'a pas une forte teneur en fluor. L'apport en fluor est particulièrement recommandé lorsque la famille souffre de problèmes de caries particulièrement importants. Après 2 ans, le médecin doit faire un bilan personnalisé de l'apport en fluor dans l'alimentation et dans les boissons pour établir une prescription adaptée. On estime aujourd'hui que l'apport en fluor sous forme médicamenteuse ne touche que 20 à 30 % des enfants.

Le fluor intervient de deux manières dans la prévention des caries dentaires : très attiré par tous les trous osseux, il s'incorpore facilement à l'émail qu'il rend plus résistant à l'attaque des acides organiques. Il agit aussi sur la plaque dentaire en éliminant les bactéries.

Pour un enfant de moins de six ans, l'usage d'un dentifrice fluoré n'a pas beaucoup d'intérêt. Son brossage des dents est presque toujours rapide et de plus, ne sachant pas cracher, il avale plus de 50 % du produit. Il ralentit le développement bactérien de la carie et inhibe la formation des acides qui agressent l'émail. Le fluor se trouve naturellement dans la plupart de nos aliments. Certains en sont plus riches, comme le thé, les épinards, les maquereaux, les sardines et les salades. Mais la principale source est constituée par l'eau de boisson. Certaines eaux minérales en apportent des quantités importantes. Les eaux distribuées au robinet en contiennent aussi, mais insuffisamment. La fluorisation systématique de l'eau n'étant pas toujours la solution, on peut utiliser aussi le sel de table fluoré. Il contient 250 mg de fluor par kilo. Étant donné la consommation moyenne de sel, ce dosage a été estimé le plus propre à garantir un apport suffisant en fluor à tous les membres de la famille. ∎

Du fer, pour lutter contre l'anémie

Il joue un rôle essentiel dans le transport par le sang de l'oxygène aux tissus. Le bébé vient au monde avec des réserves en fer dans lesquelles il va puiser pendant quatre mois. Au-delà, ses besoins sont estimés à 1 mg par kilo et par jour jusqu'à 3 ans. Sachant que le coefficient d'absorption du fer est de 10 % environ, il faudrait donner environ 10 à 15 mg de fer par jour à un enfant pour qu'il ait une dose suffisante. Mais il arrive que les réserves, comme les apports, soient insuffisants. Dans ce cas, votre enfant risque à terme d'en manquer. On estime qu'à l'âge de 10 mois, 18 % des enfants seraient déjà carencés en fer, et à 2 ans, presque la moitié.

Comment le savoir ? Contrairement aux idées reçues, le teint pâle ne signe pas forcément une carence. C'est en regardant la coloration des muqueuses (lèvres, langue, extrémité des doigts, contour des yeux) que vous pouvez définir un manque en fer. Si elles sont pâles, votre enfant est certainement anémié. Au cours de la deuxième année, l'anémie (si elle n'est pas traitée) peut se traduire par des troubles du développement psychomoteur. Pour confirmer vos doutes, le mieux est de consulter votre médecin. Celui-ci prescrira une analyse de sang pour vérifier le taux d'hémoglobine et la quantité de ferritine sérique, deux indicateurs du statut en fer de votre enfant. S'ils sont à la baisse, on lui donnera une préparation à base de fer, sous forme de poudre chocolatée, et pour une durée de deux à trois mois, voire plus. Sachez que ce sont les légumes à feuilles vert foncé qui sont les plus riches en fer ainsi que les légumes secs, les bananes et les pommes de terre.

La teneur exceptionnelle des épinards en fer est une légende. En fait ils contiennent de l'acide oxalique qui gêne la bonne absorption du calcium et du fer par l'organisme. Par contre, le fer des viandes et des poissons est assimilé à 25 % par l'organisme. ∎

Des vitamines en plus ?

VOUS TROUVEZ VOTRE ENFANT UN PEU PÂLE et vous vous demandez si quelques vitamines ne lui feraient pas le plus grand bien. En général, elles sont apportées en quantité suffisante par une alimentation équilibrée et seul un peu de vitamines C et D peut parfois manquer. Il faut alors les apporter à l'organisme de l'enfant sous forme médicamenteuse.

Vitamines et santé

La vitamine D, qui prévient le rachitisme est donnée systématiquement aux nourrissons, qu'ils soient au sein ou au biberon. Un apport tous les six mois est nécessaire, jusqu'à 3 ou 4 ans au moins. L'administration de la vitamine D doit toujours être contrôlée médicalement car le surdosage est nocif.

Mais qu'en est-il des autres vitamines, de la vitamine C, par exemple, bien connue pour augmenter la résistance aux infections ? Dans les premiers mois de la vie, le lait de la mère ou les laits artificiels en contiennent suffisamment. Par la suite, si votre enfant est sujet aux rhinopharyngites, otites ou bronchites, le médecin peut prescrire un apport en vitamine C pendant l'hiver. Tout dépend de l'état général du petit patient. Il est important de savoir que le stockage des vitamines dans l'organisme est très faible et que l'essentiel s'élimine dans les urines. Aussi est-il inutile de vouloir à tout prix en faire avaler à vos enfants.

Une alimentation variée

C'est plutôt la variété de l'alimentation qui constitue l'assurance d'un apport vitaminique correct. Privilégiez les protéines végétales, les sucres complexes au détriment des sucres rapides, ajoutez-y des bonnes graisses et vous constaterez combien votre enfant est en forme. De surcroît, un teint pâle ne signe pas forcément un manque de vitamines.

C'est peut-être tout simplement de sommeil dont il a besoin !

Qu'on se le dise, ce sont les fruits et les légumes frais qui contiennent la plus grosse quantité de vitamines. Voici les affirmations les plus courantes concernant les vitamines et certains aliments :

• Les carottes râpées sont une excellente source de vitamines. Elles contiennent du carotène, de la vitamine C. En les préparant trop longtemps à l'avance, elles perdent leurs qualités vitaminiques.

• Les lentilles sont des légumineuses qui possèdent de nombreuses vitamines, notamment celles du groupe B.

• Les épinards sont riches en vitamine C et en fer. Mais le stockage prolongé au frais les appauvrit beaucoup.

• Le pain blanc contient des vitamines, mais beaucoup moins que le pain complet.

• La banane possède plus de vitamine C que de nombreux autres fruits.

• Le foie est une bonne source de vitamines A et B et en oligo-éléments, fer, chrome, zinc, cuivre, etc. Quel que soit l'animal, le foie a des valeurs nutritives identiques ; seul leur goût change.

Les vitamines sont indispensables à la vie. Elles ne sont pas produites par l'organisme humain et doivent être apportées. Elles agissent même en petite quantité mais sont fragiles. Elles résistent mal à la conservation et à certaines cuissons. ■

1RE SEMAINE

1ER MOIS

2 À 3 MOIS

4 À 5 MOIS

6 À 7 MOIS

8 À 9 MOIS

10 À 11 MOIS

1 AN

1 AN 1/2

2 ANS

2 ANS 1/2

3 ANS

4 ANS

5 ANS

6 ANS

ANNEXES

L'haptonomie, science ou magie ?

Les parents qui ont pratiqué l'haptonomie pendant la grossesse poursuivent généralement cette relation tout à fait privilégiée avec leur bébé après la naissance. Définir l'haptonomie n'est pas chose facile. Cette technique qui se veut un merveilleux mode de communication parent-enfant, fait appel, entre autres, à la science du toucher et est étroitement liée à la découverte des sensations tactiles. Le grand maître de l'haptonomie est Frans Veldman, médecin néerlandais. Pour lui, les parents portent généralement leur bébé de manière trop protectrice, au point d'entraver leur développement naturel.

Le principe premier de l'haptonomie est de ne jamais gêner les bras ni les jambes du bébé, ni de soutenir la tête, ce qui génère toujours, pour l'adulte comme pour l'enfant, une attitude de dépendance. Pour appuyer sa théorie, Frans Veldman assoit les bébés, dès 6 mois, dans le creux de ses mains. Il passe une main entre leurs jambes et de l'autre leur maintient le bas du dos. Les enfants se tiennent alors bien droits, prêts à découvrir le monde.

L'haptonomie pour les bébés se pratique de la naissance à l'âge de la marche ; elle demande, bien sûr, la présence et la collaboration des parents. Généralement, les séances se déroulent par petits groupes et durent environ 1 heure, les bébés passant à tour de rôle dans les mains de l'haptonomiste. Tous les mouvements du spécialiste sont avant tout des invitations ; c'est à l'enfant de participer, pour découvrir lui-même ses capacités. Tout est douceur, paroles et regards. Ces exercices doivent être fréquents mais de courte durée pour éviter de lasser l'enfant. Les séances au cabinet du spécialiste sont suivies de « leçons » à la maison, en fonction de la disponibilité des parents. Mais attention, le forcing est totalement prohibé ; il est aux antipodes de la philosophie de l'haptonomie. Depuis plus de quinze ans, le docteur Veldman et ses élèves ont ainsi suivi de nombreux nourrissons. Pour eux, il est incontestable que ces enfants sont précoces, sur le plan de la motricité mais aussi sur le plan intellectuel, tant il est vrai que les deux sont intimement liés. On constate, en effet, que les bébés qui ont bénéficié de ces pratiques sont calmes, autonomes, capables de résoudre seuls beaucoup de difficultés courantes. Ils sont aussi très sociables. Malgré cela, l'haptonomie des bébés est encore rare. Elle ne serait pratiquée que par moins d'une dizaine de spécialistes et uniquement en région parisienne. En revanche, elle est beaucoup utilisée au moment de la grossesse. ■

■ MON AVIS

L'ostéopathie utilise comme moyen thérapeutique les manipulations des différentes parties du corps du bébé. Le langage de l'enfant à cet âge étant essentiellement corporel, on comprend l'intérêt de cette technique. On peut imaginer que la diffusion de cette méthode, dès la maternité et dans les premiers mois du bébé, auprès des pédiatres, des centres de PMI et des généralistes, se fondra dans une nouvelle science du développement de l'enfant. Celle-ci permettra un repère des performances du nourrisson, notamment sur le plan de sa motricité, alors qu'aujourd'hui on se base uniquement sur l'état neurologique. Les médecines douces, l'haptonomie, l'ostéopathie ou les bébés nageurs, font appel aux compétences et au talent du nouveau-né et de ses parents, ont un effet bénéfique sur la relation parents-enfant. La seule critique que l'on peut faire serait de laisser croire parfois que ce sont des thérapies qu'il faudrait pratiquer aux dépens des autres. ■

L'ostéopathie

DE PLUS EN PLUS PRATIQUÉE SUR LES BÉBÉS ET LES ENFANTS, cette façon de soigner « différemment » donne des résultats étonnants. Aujourd'hui reconnue par la médecine, l'ostéopathie est une médecine manuelle fondée sur la capacité du corps à s'autoguérir.

Une médecine de terrain

C'est avant tout une médecine de terrain, qui ne soigne pas l'enfant en crise aiguë mais qui traite l'aspect chronique d'une maladie. L'ostéopathie est une méthode thérapeutique manuelle qui s'emploie à déterminer et à traiter les restrictions de mobilité appelées « blocage », les malpositions et déformations qui peuvent affecter une partie ou l'ensemble des structures du corps. Aussi, cette pratique se révèle-t-elle une aide précieuse pour les troubles digestifs (comme le reflux gastro-œsophagien), les pleurs, les troubles du sommeil, les rhinopharyngites, les problèmes de dos. Au cours de la première consultation, l'ostéopathe vous questionnera sur les antécédents médicaux de votre enfant et sur les circonstances d'apparition de la maladie pour laquelle vous venez le consulter. À cela s'ajoutera un examen clinique détaillé où l'ostéopathe passera en revue le crâne et son modelé, le dos, le ventre, bref la moindre articulation sera auscultée ! L'examen de la tête est riche d'enseignements, notamment sur la bonne santé de l'enfant. Car aussi étonnant que cela puisse paraître, le crâne respire. Si cette respiration est libre, régulière, cela signifie que tout va bien. À l'inverse, si le crâne est dur, a un mouvement rigide, des tensions sont à présager. Seul un ostéopathe expérimenté peut percevoir ce mouvement crânien et le restaurer si nécessaire. Pour ce médecin aux mains nues, le problème est simple : si un enfant présente un trouble quelconque, c'est qu'à la base un organe ou une structure (il suffit de trouver laquelle) est déréglé. Il va par exemple jouer sur une articulation du front, en relation directe avec la cavité nasale, et la décongestionner pour arrêter les rhinopharyngites à répétition. Il peut aussi s'attarder sur le sacrum pour vérifier que le mouvement de cette structure est en parfaite concordance avec celui du crâne. Une telle manipulation a pour intérêt, outre, là encore, la prévention des rhumes, d'assurer un bon équilibre de la colonne vertébrale. Si l'enfant a un problème de dos, c'est un traitement simultané du crâne et du sacrum qui peut être envisagé. Malgré les idées reçues, l'ostéopathe ne fait pas appel à des manipulations forcenées. Il ne s'agit que de légères et douces pressions des doigts destinées à agir sur la tension tissulaire. La séance d'ostéopathie s'achève par un moment de relaxation.

Le traumatisme de la naissance

L'ostéopathe ne prétend pas guérir tous les troubles, mais soulager ceux qui proviennent d'un défaut de fonctionnement dû aux énormes pressions subies à la naissance. Beaucoup de bébés gardent ainsi des séquelles infimes de l'accouchement et vont développer plus tard, l'un des troubles du sommeil, l'autre des infections à répétition. Certes, ce sont là des petits problèmes, mais par le biais d'un traitement ostéopathique bien conduit, ils peuvent céder en quelques séances. D'où l'intérêt de consulter tôt ! Certaines mutuelles remboursent les soins ostéopatiques. ■

1RE SEMAINE

1ER MOIS

2 À 3 MOIS

4 À 5 MOIS

6 À 7 MOIS

8 À 9 MOIS

10 À 11 MOIS

1 AN

1 AN 1/2

2 ANS

2 ANS 1/2

3 ANS

4 ANS

5 ANS

6 ANS

ANNEXES

Des grands-parents d'adoption

« Grand-mère cherche petits-enfants à aimer », « Petits-enfants cherchent grands-parents gâteaux » : des appels que relaient parfois les journaux, des besoins relationnels et affectifs que quelques associations favorisent. Depuis déjà de nombreuses années, un peu partout en France, les associations « Des grands-mères occasionnelles » proposent un service de garde ponctuelle pour dépanner les mamans qui travaillent et dont l'enfant malade ne peut être accueilli par son mode de garde habituel. Une autre association « Grands-parrains et petits-filleuls » propose à ses adhérents de donner un peu de temps et d'affection aux enfants qui n'ont plus de grands-parents ou peu de relations avec eux. Selon le cas, ils viennent au domicile des parents ou reçoivent les enfants quelques heures le temps d'un week-end. De son côté, l'association « L'école des grands-parents européens » organise des actions permettant de partager des moments de découverte intergénérationnels. Enfin, les expériences d'échanges entre les crè-ches ou les écoles maternelles et les maisons de retraite se multiplient. Environ une fois par semaine, les grands-mères et grands-pères rencontrent les enfants. Ils apportent leur culture et leurs souvenirs, démontrant aux enfants que l'âge n'est pas un frein aux relations affectives.

Souvenirs heureux

Même disparus, les grands-parents restent toujours vivants dans la mémoire des enfants. Ceux qui ont eu la chance de partager avec eux une grande affection et une intimité profonde ne les oublient jamais. Ils leur attribuent alors une forme d'immortalité « vivante » : leurs grands-parents restent des héros de l'aventure familiale et ils pensent à eux comme à des personnes présentes. L'intensité de ce sentiment est bien sûr liée à l'âge de l'enfant, au temps qu'il a passé avec ses grands-parents et à la puissance du lien affectif qu'ils ont su tisser ensemble. Mais quoi qu'il en soit, pour l'enfant, le souvenir, même très ténu, reste marqué d'une sensation de bonheur, de sécurité et de réconfort. ■

■ MON AVIS

Il est important que son premier anniversaire s'inscrive dans l'arbre de vie, il a un rôle transgénérationnel et intergénérationnel à jouer. Pour cette étape de sa vie, il est essentiel qu'il soit entouré par ses ascendants. Les photos réalisées à cette occasion témoigneront de l'importance de ce moment tout au long de sa vie. Elles pourront être accompagnées de petits mots écrits par vos proches et vos amis. Faites participer à la fête les autres enfants de la famille ou du voisinage. N'hésitez pas à garder sa première bougie et la recette de son premier gâteau. En récoltant et conservant ces souvenirs, vous construisez le passé de votre enfant, base essentielle pour son avenir. Le premier anniversaire est un moment essentiel dans le développement de l'enfant et dans l'élaboration de vos futurs souvenirs. Votre enfant marche tenu par une main, il saisit un troisième cube en gardant les deux premiers, il imite les bruits, il gribouille avec un stylo qu'il vous a emprunté et il a un jouet préféré. S'il ne dit que quelques mots, il en comprend beaucoup et il est particulièrement sensible à l'humour. ■

Le rôle des grands-parents

LE PREMIER ANNIVERSAIRE DE VOTRE ENFANT sera sans aucun doute l'occasion de se retrouver avec la famille au grand complet. Tous les membres d'une même famille jouent un rôle auprès de l'enfant. Après les parents et les frères et sœurs, les grands-parents ont une tâche éducative importante.

Une autorité plus douce

Pour bien remplir cette tâche et pour le bonheur de tous, il est sans doute important qu'ils fassent mutuellement connaissance très tôt. Les grands-parents sont souvent, sur le plan affectif, plus libres que les parents, plus patients aussi. Ils n'ont pas à se poser en éducateurs et l'autorité qu'ils manifestent envers leurs petits-enfants n'a pas la même valeur : elle est généralement mieux acceptée.

Les grands-parents sont aussi beaucoup plus laxistes, ce qui n'est pas toujours du goût des parents. Si ces derniers assument leur rôle, cela n'a guère d'importance, assurent les psychanalystes. En effet, l'enfant comprendra très rapidement qu'il y a une loi chez ses parents et une autre chez ses grands-parents.

Mieux vaut toutefois que les enfants ne sentent pas d'agressivité entre les uns et les autres, et que vos rapports familiaux soient les plus harmonieux possible. Et même si votre enfant en profite largement chez son papi et sa mamie, s'il fait chez eux ce qu'il ne ferait pas chez vous, est-ce vraiment grave ? Il comprendra parfaitement cette différence si vous la lui expliquez simplement.

Disponibles et tendres

Les grands-parents laissent plus facilement libre cours à leurs sentiments et semblent avoir un don particulier de communication avec les enfants. Ils proposent aux petits un rythme de vie différent, plus calme, avec des horaires mieux respectés, et ont plus de disponibilité pour les loisirs. Enfin, ils transmettent sur le monde d'autres informations que celles qui leur sont données par les parents, et ont souvent leurs propres passions que, très vite, ils feront partager à l'enfant plus grand. Comme ils sont plus disponibles que les parents, c'est souvent en leur compagnie que l'enfant fait l'expérience des premiers puzzles, des premiers essais de cuisine ou de travaux d'aiguilles, à moins qu'ils n'entament une initiation au bricolage ou au jardinage.

Un devoir de mémoire

Les grands-parents sont bien sûr une référence au passé, importante pour l'enfant qui vit dans le présent. Ils ont toujours beaucoup de choses à raconter, notamment les souvenirs liés à l'enfance des parents, ce qui permet au petit de comprendre peu à peu le mécanisme de la filiation. Assimiler l'idée que ses parents ont été des enfants est toujours difficile, tout comme la notion d'âge, du vieillissement et du temps qui passe. L'intérêt des relations intergénérationnelles est maintenant bien connu et même entretenu. Ainsi, de nombreuses crèches ont instauré des liens privilégiés avec des maisons de retraite géographiquement proches pour permettre aux jeunes enfants qui ne vivent pas toujours à proximité de leurs grands-parents de bénéficier du plaisir de partager une comptine, une histoire ou même un gâteau d'anniversaire. Les pensionnaires apprécient beaucoup également ! ■

1RE SEMAINE

1ER MOIS

2 À 3 MOIS

4 À 5 MOIS

6 À 7 MOIS

8 À 9 MOIS

10 À 11 MOIS

1 AN

1 AN 1/2

2 ANS

2 ANS 1/2

3 ANS

4 ANS

5 ANS

6 ANS

ANNEXES

Son alimentation *en savoir plus*

Quelques principes pour manger sain

• **Les besoins en calcium** chez l'enfant de 1 à 3 ans sont de 600 mg par jour. Les produits lactés couvrent en moyenne 80 % des besoins. Le gruyère en contient 925 mg pour 100 g, la mozzarella et le roquefort 777 mg pour 100 g. 300 mg de calcium = 2 yaourts ou 30 g de gruyère.

• **Les besoins en magnésium** sont de 100 mg par jour chez l'enfant de 1 à 3 ans. C'est le fromage qui en apporte le plus : 40 mg pour 100 g de camembert.

• **Les besoins en fer** sont de 10 mg chez l'enfant de 1 à 12 ans.

• **Les besoins en zinc** sont de 10 mg chez l'enfant de 1 à 10 ans.

• **L'eau de cuisson de la viande et des légumes** se récupère pour « allonger » les purées. Elle contient vitamines et sels minéraux.

• **Varier les jus de fruits est assez simple.** Il existe aujourd'hui diverses possibilités : en ampoules de 10 ml ou en mini-biberons (le jus est alors mélangé à la pulpe). Il existe aussi des mélanges lait et pulpe de fruits.

• **Le jus de fruits ne perturbera pas la digestion du lait** s'il est donné au moins une bonne demi-heure avant le repas.

• **Enfin sachez que les enfants qui n'ont pas beaucoup d'appétit ou dont les goûts sont difficiles** préfèrent ne pas devoir affronter des assiettes trop remplies. Trop de nourriture les décourage. Ils seront alors encouragés par des assiettes d'aliments variés et colorés et par un joli décor de table. ■

Les surgelés

Purée d'épinards au blanc de poulet, courgettes en julienne au cabillaud, voici deux plats parmi d'autres proposés, sous la forme de surgelés, aux enfants, et spécialement préparés pour eux ! Les avantages de ces plats sur les petits pots ? Des goûts et des saveurs beaucoup plus fins, une conservation plus longue dans le congélateur et une préparation encore plus rapide grâce au micro-ondes. Spécial bébé ou non, les surgelés entrent très tôt, si vous le souhaitez, dans l'alimentation de l'enfant. Seule règle : respecter les consignes d'utilisation. Les aliments nature, légumes entiers ou en purée, fruits, viandes, poissons entiers ou en filets, ont rigoureusement la même valeur nutritive que lorsqu'ils sont frais. Il est parfois préférable d'attendre pour mettre aux menus des plats préparés. Ils sont souvent assez gras, trop assaisonnés pour le goût des enfants. Les surgelés permettent de diversifier très facilement les menus et de mettre dans l'assiette de votre bébé des légumes verts au beau milieu de l'hiver. On peut lui faire facilement goûter des mélanges de légumes en julienne, si longs à préparer à partir de légumes frais. L'utilisation des surgelés demande cependant quelques précautions. ■

Banane, kiwi et fruits exotiques

Une « bonne » banane, digeste, est une banane mûre, à la peau tachetée de brun, à la chair souple. Lorsque le fruit n'est pas mûr, il est préférable de le cuire dans sa peau, au four.

Le kiwi est intéressant pour son apport en vitamine C (70 mg pour 100 g). Il est aussi riche en phosphate et en potassium. Les enfants trouvent très drôle de le manger à la petite cuillère comme un œuf à la coque.

Les fruits exotiques, tels que la mangue et la goyave, sont plus riches en vitamine C que la pomme ou l'abricot. ■

Assiette de crudités pour enfant

• Quelques feuilles de cresson, 3 à 4 feuilles tendres de laitue ou un peu de chou blanc râpé très fin ;
• 1 cuillerée à soupe de carottes râpées ;
• 1 petit morceau de tomate ;
• 1 cuillerée à dessert de haricots verts cuits ;
• 1 cuillerée à dessert de pommes de terre cuites en fines rondelles ;
• 1 cuillerée à dessert de gruyère râpé ;
• Assaisonnement : 1 cuillerée à dessert de crème fleurette avec un petit jus de citron. ■

Fruits et légumes à son menu

1RE SEMAINE

1ER MOIS

2 À 3 MOIS

4 À 5 MOIS

6 À 7 MOIS

8 À 9 MOIS

10 À 11 MOIS

1 AN

1 AN 1/2

2 ANS

2 ANS 1/2

3 ANS

4 ANS

5 ANS

6 ANS

ANNEXES

ESSENTIELS SUR LE PLAN DIÉTÉTIQUE, les fruits et les légumes le sont également sur celui de l'éveil et permettent à l'enfant toute une série de découvertes. Sentir, toucher, porter à la bouche l'incitent sans doute à apprécier plus aisément ces nouveaux aliments qui apportent des couleurs à son repas.

Des apports incomparables

Les fruits et les légumes ont une place prépondérante dans l'alimentation de votre enfant. Les fruits, comme les légumes, apportent quantité de vitamines, de sels minéraux et de glucides ainsi que des fibres, indispensables au transit intestinal. Généralement, l'enfant accepte facilement les fruits en raison de leur goût sucré. Les légumes peuvent poser un peu plus de difficultés, mais sachez que c'est avant tout une question d'habitudes alimentaires familiales. Si l'enfant constate que tout le monde à la maison mange des haricots et des courgettes, il y a de fortes chances pour qu'il en mange aussi.

À partir de 10-11 mois, tous les légumes sont permis à l'exclusion des légumes secs. Les légumes favoris des enfants sont la pomme de terre et la carotte. Dès 6 mois, la pomme de terre est appréciée en purée et, vers 1 an, tous « craquent » pour les frites. Elles doivent être alors préparées avec un minimum de graisse et il est préférable de ne pas en servir trop souvent. La meilleure façon de cuire une pomme de terre reste dans sa peau, à l'eau ou au four. Elle apporte de l'amidon et, quand elle est nouvelle, de la vitamine C. La carotte cuite est un des aliments les plus digestes, appréciée pour son onctuosité et son goût naturellement sucré : elle contient 7,8 g de glucides pour 100 g, soit autant qu'un fruit. Elle est raisonnable sur le plan calorique, riche en calcium, en phosphore et surtout en carotène qui se transforme dans l'organisme en vitamine A. Pour apporter le maximum de vertus, elle doit être ferme, cassante, bien orange et brillante.

Des assiettes de toutes les couleurs

Pour inciter votre enfant à aimer les légumes, variez ses menus et composez des assiettes « multicolores » : courgettes/pommes de terre alterneront avec carottes/chou-fleur puis haricots verts/tomates, etc. Lui faire goûter de tout, un peu, lui permettra de devenir un petit gastronome. Apprécier un légume cuit ou cru, c'est un plaisir qui s'apprend.

Les premières crudités peuvent maintenant entrer dans la composition des repas. La toute première expérience est celle de la carotte râpée, légèrement assaisonnée au citron et à l'huile ; vient ensuite celle de la salade verte finement découpée en lanières. Avant tout usage, ces légumes doivent être soigneusement lavés. À cet age, il peut goûter à tous les fruits à l'exclusion des fruits secs. ■

" Les fruits et les légumes permettent à l'enfant quantité de découvertes par la saveur, l'odeur et le toucher. Cet environnement naturel et écologique lui permet de progresser en connaissance et en talent. "

Apprendre par les sens

Construire l'intelligence d'un bébé (p. 299), c'est lui montrer un maximum de choses concrètes, c'est lui offrir quantité d'expériences par l'intermédiaire de tous ses sens. Tout est à sa portée si l'on sait choisir le moment où l'enfant est disponible. Forcer, contraindre ne sert à rien. À la maison, chaque fois que vous introduisez une nouveauté, faites-la-lui découvrir : l'odeur des fleurs ou des fruits que vous apportez du marché, la douceur de la peau d'une pêche, l'odeur de la feuille de basilic ou de cerfeuil écrasée entre les doigts. Faites-lui comparer le froid et le chaud : le chaud du radiateur, le froid du glaçon au creux de sa main. ■

L'inné et l'acquis

Une étude menée par le CNRS confirme sans aucun doute que l'acquis prédomine sur l'inné. Cette étude s'est intéressée à des enfants adoptés entre 4 et 6 ans par des familles de milieu socio-économique bien supérieur à celui de leurs origines. Cinq à dix ans plus tard, leur quotient intellectuel s'était nettement élevé, malgré des retards d'acquisition du langage plus difficiles à compenser. Tout ne se joue donc pas dans la petite enfance. Ce ne sont pas les gènes qui expliquent les familles d'artistes ou de managers, mais l'ambiance familiale qui donne très tôt le goût pour un art ou celui de l'effort. ■

Vedettes au berceau

Régulièrement, les bébés sont les vedettes des journaux : on nous les montre souriant, faisant des mathématiques ou les yeux grands ouverts explorant les profondeurs d'une piscine. Il y a peu encore, ces mêmes bébés dormaient paisiblement blottis dans leur couffin, attendant l'heure du biberon. Ils grandissaient en silence, presque en secret, loin des regards indiscrets des chercheurs. En effet, si les bébés d'aujourd'hui nous semblent plus malins que ceux d'hier, plus précoces que tout parent n'aurait pu l'imaginer, c'est bel et bien la faute de la curiosité de quelques chercheurs en sciences cognitives sur la piste des origines de la pensée. Depuis vingt ans, en se penchant sur les berceaux, ils ont découvert, d'expériences en tests, que le petit de l'homme était bien plus intelligent qu'ils le pensaient. Autre constatation, ce ne sont pas les bébés qui changent, mais les sollicitations dues à l'environnement qui sont différentes. Les bébés capables de jouer avec un ordinateur à 2 ans ou de zapper devant un poste de télévision doivent leurs performances tout simplement à l'électronique. ■

▌ MON AVIS

La méthode Doman prouve que les bonnes intentions ne suffisent pas en matière de petite enfance et qu'elles peuvent conduire à des pratiques discutables, notamment dans son application sur des enfants handicapés. Elle utilise la blessure naturelle et parfaitement compréhensible de parents dont l'enfant ne se développe pas harmonieusement. Elle risque de les installer dans la dénégation du handicap, alors que c'est dans son respect et dans la conscience des difficultés de développement de leur enfant blessé que celui-ci pourra compenser toutes ses faiblesses organiques et neurologiques acquises en périodes anté- et néonatale. Chaque fois que j'ai rencontré des familles appliquant cette méthode sur des enfants handicapés, j'ai été étonné et ému par l'attitude de ces parents sacrifiant tout dans la seule croyance qu'ils allaient ainsi éliminer leur propre souffrance, celle de ne pas avoir eu l'enfant imaginaire dont ils avaient rêvé. ■

Les enfants surdoués

1RE
SEMAINE

1ER MOIS

2 À 3
MOIS

4 À 5
MOIS

6 À 7
MOIS

8 À 9
MOIS

10 À 11
MOIS

1 AN

1 AN 1/2

2 ANS

2 ANS 1/2

3 ANS

4 ANS

5 ANS

6 ANS

ANNEXES

ILS SONT, POURRAIT-ON DIRE, NÉS AUX ÉTATS-UNIS et leur papa se nomme Glenn Doman. Ce spécialiste de l'enfance a même créé à Philadelphie un institut qui forme les parents chargés de transformer leurs bébés en génies.

Une méthode stricte

La théorie de Glenn Doman veut qu'il n'est jamais trop tôt pour apprendre et c'est à la naissance qu'il faut commencer. Plus tôt on remplit le cerveau humain, plus il est capable d'apprendre. Et c'est ainsi que, selon ce principe, un bébé sait lire à 12 mois, tout comme il comprend plusieurs langues et aborde gaillardement les mathématiques modernes. Les semaines des « bébés Doman » sont très réglementées : le premier jour est celui des mathématiques, le deuxième celui des langues, le troisième des mathématiques à nouveau, le quatrième de la musique, le cinquième de l'éducation physique. Les deux autres jours sont laissés « libres ». L'éducation des enfants se fait à partir d'un matériel de panneaux écrits et dessinés et se fonde sur l'assimilation par la répétition...
Glenn Doman est également à l'origine d'une méthode de soins toute particulière pour enfants handicapés profonds, fondée notamment sur une stimulation permanente. Là encore, ses pratiques sont largement contestées.

Rien sans affection

Bien des spécialistes s'opposent à ce « forcing ». On trouve en effet parmi ces petits génies beaucoup d'enfants dépressifs. De plus, il semble qu'ils aient de grosses difficultés à se socialiser : élevés dans un milieu différent, capables de performances autres que les enfants de leur âge, ils ne peuvent s'adapter au monde de leurs congénères.

Il est sans doute important pour le développement d'un enfant d'être stimulé, mais jamais au détriment des manifestations affectives qui semblent tout aussi indispensables à l'équilibre du futur adulte. En effet, toutes les recherches montrent que le développement cognitif ne peut être dissocié du développement affectif. Depuis quelque temps, on voit naître ou renaître des méthodes d'apprentissage précoce. Toutes défendent l'idée que, plus on apprend tôt à lire, à compter ou à parler une langue étrangère, meilleure sera l'insertion dans la société.

Éveiller la curiosité

En réalité, bien des pédiatres sont inquiets de ces pratiques qui peuvent conduire l'enfant à devenir réfractaire à tout apprentissage. En fait, le rôle des parents n'est pas de devenir des « professeurs ». Il leur incombe d'éveiller leur enfant sur le plan culturel, ils sont les seuls à pouvoir lui transmettre la curiosité, la joie de vivre ; c'est aussi par l'entourage, personnes et objets, que les enfants acquerront les bases indispensables à tous les apprentissages futurs. Les occasions de stimuler sont nombreuses et variées, tout est question d'imagination pour l'adulte et de disponibilité pour l'enfant. ∎

" Ces méthodes n'ont jamais fait leurs preuves, seule la stimulation de l'intérêt que l'enfant peut porter à son environnement est efficace. "

Son langage *en savoir plus*

Bilingue à la crèche

Les bébés sont doués pour les langues... et tout à fait capables de les comprendre, voire d'être bilingues, très tôt (p. 557). L'important est que chacun des parents parle naturellement à l'enfant dans sa langue maternelle, et uniquement dans cette langue, car l'enfant a besoin de repères fixes. Ainsi, l'enfant parlera (parfois un peu plus tard que les autres enfants) les deux langues de ses parents, sans confusion, après les avoir indifféremment gazouillées. Pourtant, les études qui ont été menées aux États-Unis par le Pr Mackey tendent à montrer que les individus véritablement bilingues, c'est-à-dire ceux qui possèdent parfaitement les deux langues, n'existent pas réellement, l'une ou l'autre des langues étant toujours dominante. Malgré tout, le meilleur âge pour apprendre une ou deux langues reste la première année, en raison des exceptionnelles capacités de perception et d'imitation de l'enfant. Il s'est ouvert à Lyon une crèche franco-anglaise et, à Paris, une crèche franco-allemande, des initiatives qui pourraient donner des idées. On peut se demander toutefois s'il est judicieux d'imposer le bilinguisme à son enfant lorsqu'aucun des parents n'est impliqué, surtout quand on sait que les bons résultats de cet apprentissage précoce sont liés à la qualité des réponses de la mère au babillage de son bébé et à leurs relations affectives. De plus, s'il ne pose aucun problème chez un enfant qui a un bon développement, il n'est pas recommandé chez un enfant qui a des troubles du langage, de spatialité, d'organisation et de relation avec autrui. ■

Première leçon de vocabulaire

Rien ne vaut un imagier pour apprendre à nommer les objets de la vie quotidienne. L'enfant aime en regarder les images, celles des choses et des animaux qui l'entourent. Il sait d'abord les reconnaître lorsqu'on les lui nomme et il commencera à répéter leur nom après l'adulte. Un catalogue d'achats par correspondance est idéal.

Il aimera, là encore, qu'on lui nomme les objets qu'il connaît déjà, mais surtout il adorera froisser, déchirer, sollicitant ainsi son sens du toucher et de l'ouïe. Pensez encore lorsque vous l'habillez ou que vous lui faites sa toilette à nommer les parties du corps et les vêtements qui vont les recouvrir. Ainsi, il enrichira son vocabulaire et construira petit à petit son schéma corporel. ■

Bien entendre avant tout

C'est en entendant les autres parler que l'enfant construit spontanément son langage. Pour apprendre à parler, il est important de bien entendre. Diagnostiquer un trouble de l'audition et appareiller un enfant précocement, c'est lui donner toutes les chances de communiquer parfaitement avec les autres. L'enfant qui entend mal « apprend » le langage en prenant repère sur les mouvements de la bouche, sur les mimiques du visage et sur les gestes, c'est un apprentissage dur et long.

Ce n'est pas parce qu'un enfant sursaute aux bruits forts qu'il a une bonne audition. Ces bruits se caractérisent aussi par des déplacements d'air ou une vibration du sol, des phénomènes que l'enfant sourd perçoit souvent particulièrement bien, lui permettant ainsi de faire illusion. Très fréquemment aussi, l'enfant sourd se constitue des repères visuels presque imperceptibles des adultes : une ombre sur un mur ou sur le parquet, une brillance particulière dans une vitre ou sur le carrelage lui permettent de savoir qu'il se passe quelque chose dans son dos, il se retourne alors qu'il n'a rien entendu venir. À partir de 1 an, le réflexe d'orientation conditionné, qui se manifeste chez l'enfant par l'orientation de la tête vers une image attractive alors qu'il n'en perçoit pas le son, permet de dépister des surdités qui n'ont pas été révélées jusqu'alors. À cela s'associent des tests plus complexes (p. 226).

Attention à ne pas vous focaliser sur un trouble auditif qui, en réalité, peut tout à fait cacher un trouble psychologique grave qu'il faut traiter précocement. ■

Son langage

1RE SEMAINE

1ER MOIS

2 À 3 MOIS

4 À 5 MOIS

6 À 7 MOIS

8 À 9 MOIS

10 À 11 MOIS

1 AN

1 AN 1/2

2 ANS

2 ANS 1/2

3 ANS

4 ANS

5 ANS

6 ANS

ANNEXES

APRÈS 1 AN, L'ACQUISITION DU LANGAGE ENTRE DANS SA PÉRIODE LOCUTRICE, celle où l'enfant va apprendre des mots, puis des « mots phrases » suivis de mots juxtaposés. L'adulte encourage alors l'enfant à l'imiter en lui proposant de répéter deux, puis trois phonèmes. L'enfant est d'autant plus coopérant que ceux qu'on lui propose d'apprendre font partie de son univers.

Des mots bien à lui

Les mots ne jaillissent pas du jour au lendemain, l'enfant passe par une phase de tâtonnements. Il utilise souvent des proto-mots ou des groupes de syllabes, très proche du mot qu'il veut dire. Il ne constitue pas son vocabulaire en répétant ce que lui dit l'adulte ; tel un perroquet, il imite, en prenant le temps d'analyser les sons et en réfléchissant à la manière dont il va les prononcer. Petit à petit, il construit son système de prononciation, simplifiant les termes qu'il ne réussit pas encore à dire correctement pour des raisons mécaniques. D'ailleurs, les premiers termes sont souvent choisis pour leur facilité de prononciation. C'est encore le moment où l'enfant « invente » des vocables qui lui servent à désigner des objets familiers ; seuls ses proches sont alors capables de les traduire. Certains mots servent encore à désigner plusieurs choses ; les psychologues les appellent les mots valises. Le préverbiage est essentiellement lié à la vie quotidienne, notamment à tout ce qui touche les repas, le sommeil, bref, à tout ce qui est très proche de l'enfant. La richesse et la nature de ce tout premier vocabulaire concernent essentiellement le milieu familial. La naissance et l'enrichissement de la parole sont affaire d'interaction entre l'adulte et l'enfant.

Voici, par exemple, comment il acquiert le verbe « boire ». Votre bébé a faim, il crie. Sa mère lui apporte son biberon, tout en lui parlant d'une voix douce pour le consoler et l'aider à patienter. Il est heureux, le plaisir l'envahit. Peu à peu, il va relier le son du mot « lait » ou « biberon » à l'objet même et, bientôt, il fera la relation entre ces mots et l'action de « boire ». L'acquisition intelligente des symbolisations se fait par étapes, elle aide à la mise en place du langage en permettant à l'enfant de relier l'objet vu aux sons qui le désignent. Cette symbolisation sera d'autant plus rapide que l'enfant ressent une utilité, un plaisir à la maîtriser. Durant la deuxième année, l'enfant accroît sa compréhension du langage, son vocabulaire étant encore approximatif.

Prêt à apprendre

Maria Montessori définit la période 12-18 mois comme une « période sensible ». L'enfant est prêt à tout apprendre, et avec beaucoup de facilité. C'est particulièrement vrai pour sa langue maternelle. Sollicitation et encouragement rencontreront alors tous les succès. Cependant, si l'enfant semble parfois stagner dans l'acquisition de nouveaux mots de vocabulaire, rassurez-vous, il comprend souvent beaucoup plus qu'il ne dit. Apprendre à parler requiert une activité cérébrale où l'intelligence a une grande place : l'enfant doit faire correspondre un objet, une personne, un acte et plus tard une pensée, à une forme sonore. Du mot, il devra ensuite passer à la phrase et à l'utilisation du verbe. ■

Son anniversaire*en savoir plus*

Un gâteau bien à lui

Pas d'anniversaire sans gâteau. Le choix du gâteau ne se fera pas à la légère, si l'on veut que l'enfant y goûte. Son âge ne lui permettant pas beaucoup de fantaisies culinaires, offrez-lui de déguster une génoise, ce biscuit est tout à fait adapté à ses besoins. Voici les ingrédients pour un moule de 22 cm de diamètre (6 personnes environ) : 125 g de farine, 125 g de sucre semoule, 60 g de beurre, 4 œufs moyens, 1 cuillerée à café de sucre vanillé. Faites fondre le beurre doucement. Beurrez le moule. Mélangez les œufs et le sucre dans un récipient que vous maintenez légèrement au chaud par un bain-marie. Fouettez le mélange en le soulevant pour le gonfler d'air. Ajoutez le sucre vanillé, mélangez. Puis tamisez la farine petit à petit au-dessus du mélange sucre-œufs. Versez le beurre fondu, travaillez un minimum la pâte pour le faire pénétrer. Mettez dans le moule et placez 1/2 heure au four à température modérée. Vous donnerez ensuite à votre gâteau un petit air de fête en le glaçant à la confiture ou avec un peu de chocolat et en le décorant de quelques vermicelles de sucre de toutes les couleurs. (Évitez les bonbons pour des questions de sécurité.)

Surtout n'omettez pas la bougie, elle va le passionner. Plus le spectacle durera, plus il sera content, mais il est encore incapable de souffler la bougie lui-même. Par exemple, achetez une bougie qui se rallume toute seule ou, pour encore plus de féerie, les fantaisies lumineuses qui crachent des gerbes d'étincelles. Le succès est d'autant plus garanti que la fête se déroule dans la pénombre. ■

Minijournal

Pour garder des souvenirs, pourquoi ne pas créer un journal de la famille. Il suffit pour cela que vous réunissiez photos et documents. Inspirez-vous des magazines. Faites écrire les articles par différents membres de la famille. Datez, signez, disposez les textes en « colonnes ». Puis vous établirez un sommaire avec carnet mondain, courrier, etc. Les photographies de la famille feront le gros de l'illustration à laquelle vous pouvez ajouter des matériaux divers comme des fleurs séchées, des billets de spectacle... Si vous avez besoin d'un peu d'aide choisissez un album à remplir comme *Le livre de mon bébé* (éditions Hachette Pratique). ■

Son premier anniversaire

C'EST PRESQUE UN « GRAND ». Il est capable de se déplacer seul, généralement à quatre pattes ou, s'il est précoce, debout entièrement seul ou en se tenant aux meubles, s'il n'est pas téméraire. Qu'il marche ou non, il aime également grimper et escalader les escaliers ou le canapé mais il ne lui est pas encore possible de s'asseoir volontairement à un endroit précis.

Une certaine autonomie

Mais l'enfant est capable d'autres prouesses. Il sait tenir seul sa tasse de lait, mais des deux mains, ramasser les miettes de son repas et tracer à pleines mains ses premiers gribouillis. Il commence à comprendre qu'un objet posé sur un support peut être récupéré en agissant sur ce support, il sait qu'un tirant sur la ficelle de son jouet, il va le rapprocher de lui. Ces acquisitions sont le résultat de multiples tâtonnements. Il enrichit son vocabulaire de six à huit mots empruntés à ses activités favorites : manger, sortir, jouer, embrasser. Il sait ce que « non » veut dire, et reconnaît son prénom. C'est un enfant volontaire, facilement irritable et qui ne va pas tarder à s'opposer.

Une volonté déjà affirmée

Il exprime ses sentiments, d'amour souvent, de jalousie parfois, testant de temps à autre son pouvoir sur ses proches en les faisant enrager. Il accorde beaucoup d'importance à son indépendance et s'inquiète de devoir être souvent encore sous la dépendance de ses parents. Son caractère est très changeant. Il refuse qu'on le tienne dans les bras et repousse les démonstrations d'affection trop envahissantes. Il aime toujours autant ses parents mais ne veut pas être dominé. Une situation que vous ne vivrez peut-être pas aussi sereinement que le voudrait la raison : à cet âge, il vous faut être à l'écoute des désirs de votre enfant et ne pas vouloir lui imposer vos envies.

Sa mémoire est encore imparfaite, ce qui l'entraîne à renouveler des expériences qu'il devrait pourtant savoir vouées à l'échec.

Une vie régulière

La répétition des gestes quotidiens, la stabilité de l'environnement, l'immuabilité relative du rythme de la journée aident l'enfant à organiser progressivement sa propre perception du monde. La régularité le rassure, le réconforte dans l'idée qu'il est aimé. Il se sent ainsi compris et assuré que l'on est à son écoute. Lui aussi s'adapte au monde des adultes. Si des changements doivent se produire, n'hésitez pas à lui en parler, vos paroles le mettent en confiance et le sécurisent.

Une petite flamme magique

Son premier anniversaire est, bien sûr, un moment important. L'enfant est souvent trop petit pour en profiter réellement. Par contre, il sera sûrement sensible à la fête. Il est tout à fait capable de sentir que tout le monde est réuni pour lui et il en sera très flatté. Pour qu'il en jouisse pleinement, mieux vaut organiser cette petite réunion à un moment où il est parfaitement disponible. L'après-midi, après la sieste, est l'idéal.

Cette fête marque souvent la fin d'une période calme. En franchissant ce cap, vous abordez une période beaucoup plus « mouvementée ». ∎

1RE SEMAINE

1ER MOIS

2 À 3 MOIS

4 À 5 MOIS

6 À 7 MOIS

8 À 9 MOIS

10 À 11 MOIS

1 AN

1 AN 1/2

2 ANS

2 ANS 1/2

3 ANS

4 ANS

5 ANS

6 ANS

ANNEXES

Les maladies et les allergies

L'animal domestique peut transmettre certaines maladies dites zoonoses, tout particulièrement les teignes tondantes. Elles sont dues à un champignon, le Microsporum canis qui est essentiellement, malgré son nom, un parasite du chat. Elles se traduisent souvent chez l'enfant par des pelades, mais peuvent avoir d'autres manifestations. Attention, un animal peut être porteur sans être atteint par cette maladie. La gale est aussi transmise par l'animal et particulièrement le chien. Celui-ci peut encore être porteur de toxoplasmose. Ce virus est souvent transmis par l'intermédiaire du sable.

Enfin, beaucoup plus embêtante, il y a la maladie « des griffes du chat » ou « lymphoréticulose » bénigne d'inoculation. D'autre part, l'animal est souvent accusé d'être à l'origine d'allergies. Mais souvent, il n'en est pas la cause. Dès sa naissance, l'enfant est entouré de nombreux allergènes (substances qui provoquent la « réaction allergique »). Leur nature est très variable : végétale, alimentaire, de contact, animale (poils ou plumes). ■

■ MON AVIS

Il existe pour l'enfant trois types d'animaux. L'animal « animal » (le chien, le chat), qui l'a précédé ou est arrivé presque en même temps que lui. L'enfant le voit comme un autre « lui » ou comme un intermédiaire entre lui et ses parents. Il va lui prêter des pensées, des souffrances. Dès qu'il sait parler, il lui confie ses plus grands secrets. Lorsque l'animal est malade ou vieillit, il va lui permettre de réfléchir à la mort et à la temporalité. L'enfant assistera avec volupté aux ébats sexuels de son chien ou de son chat. Il existe encore l'animal « imaginaire », tels les animaux préhistoriques ou les monstres, les ogres et les loups. Ils peuplent le psychisme de l'enfant et deviennent vers 3 ans le support de ses phobies. Enfin l'animal « sauvage-furtif », rapide et qui n'accepte pas les règles. Il a pour fonction le fondement de la pensée scientifique, le goût de la découverte écologique. Il explique les concepts comme celui de la puissance, de la liberté. Les animaux sauvages montrent à l'enfant qu'il existe une autre vie que celle bien organisée et policée de sa famille. ■

Un compagnon à poils

1RE SEMAINE

1ER MOIS

2 À 3 MOIS

4 À 5 MOIS

6 À 7 MOIS

8 À 9 MOIS

10 À 11 MOIS

1 AN

1 AN 1/2

2 ANS

2 ANS 1/2

3 ANS

4 ANS

5 ANS

6 ANS

ANNEXES

LA COHABITATION ENTRE L'ENFANT ET L'ANIMAL DOMESTIQUE ne va pas forcément de soi notamment lorsque le bébé arrive dans une maison où vivent déjà un chien ou un chat, voire les deux. Il n'y a aucune raison d'éviter la rencontre.

Apprendre à se connaître

Si l'animal était là avant l'enfant, il est indispensable que tous deux fassent connaissance. En votre compagnie, laissez l'animal sentir l'enfant, le découvrir, le reconnaître. Vous éviterez toute jalousie de la part de l'animal en lui consacrant ainsi quelques instants. Mais attention : ne laissez jamais un petit enfant seul avec un chien ou un chat, même s'ils se connaissent bien. Certains gestes « affectueux » peuvent être mal compris par l'animal et provoquer des accidents.

Entre chiens et chats

Le chat et le chien demandent des attentions différentes. Le premier est un animal indépendant qui aura tendance à fuir les cris et les mouvements brusques de l'enfant petit. De ce fait, son moyen de défense, la griffure, est un risque pour le bébé. Cela dit, le chat pose des problèmes de propreté. Il devra être particulièrement soigné : brossage régulier, hygiène de ses aliments et de son bac qui doivent être mis hors de portée. Enfin, il doit être exclu de la chambre de l'enfant, toujours pour des raisons d'hygiène, et systématiquement chassé du berceau douillet et chaud.

Pour le chien, la plus grande difficulté tient au problème de la jalousie. Il ne comprend pas toujours les réactions de l'enfant : quand le chien le lèche affectueusement, l'enfant pleure ; quand l'animal le mordille pour lui signifier son agacement, il ne change pas d'attitude. Le chien a encore beaucoup de mal à identifier l'enfant à un « homme » : il ne s'exprime que par des cris

et a une odeur fort différente. Souvent le bébé est considéré par le chien comme un être dérangeant. L'adulte doit contenir ses craintes premières pour n'intervenir qu'à bon escient. L'animal cherchera sans doute à lécher le bébé tendre et sucré, laissez faire si ce sont ses pieds ou ses mains ; s'il devient trop « collant », il est préférable de détourner son attention plutôt que de le réprimander brutalement. Il ne faut pas croire qu'un petit chien est moins dangereux qu'un gros, c'est parfois l'inverse, notamment s'il a été particulièrement choyé avant l'arrivée de l'enfant. Il peut considérer que le bébé vient prendre sa place. La race n'a pas réellement d'importance, par contre une chienne est toujours moins agressive. Pour le Pr Montagner, éthologue, qui a étudié particulièrement la relation entre l'enfant et le chien, la psychologie de cet animal montre qu'il doit d'abord avoir bien établi son domaine pour accepter facilement de le partager. Moralité : il vaut donc mieux adopter un chien avant de programmer la naissance d'un bébé.

Le respect de l'animal

Attention, certaines situations sont dangereuses, particulièrement lorsque l'animal mange ou mâchouille un os. Veillez encore à ne pas rendre l'animal jaloux inutilement, évitez de changer de comportement avec lui, notamment de l'attacher ou de l'isoler alors qu'il vivait à vos côtés ; ne l'excluez pas de l'environnement de l'enfant. Enfin, pensez que l'animal a aussi besoin de calme, et que l'on respecte son territoire. ■

Faire attention à tout

UN APPARTEMENT, UNE MAISON AVEC UN JARDIN, des escaliers et des recoins pour se cacher : c'est un paradis qui réserve pourtant des surprises. Sachez que le pavillon est plus dangereux que l'appartement et que la cuisine provoque, à elle seule, 25 % des accidents domestiques.

La notion de danger

La pédagogie du risque est à introduire dès un an comme moyen de connaissance. Le froid, le chaud, la chute, la hauteur de l'escalier, la notion du vide et, bien sûr, tous les dangers dus à l'introduction de nouveaux appareils ou d'objets dans l'environnement de l'enfant, sont les supports de cet apprentissage du risque. L'enfant va d'ailleurs passer par le temps du faire semblant qui va l'aider à comprendre le danger.

La cuisine

Les plus gros risques dans cette pièce sont essentiellement les brûlures : une casserole laissée sur une cuisinière, l'eau de vidange de la machine à laver qui s'évacue dans l'évier ou encore le contact avec la porte du four en fonctionnement. Il convient donc de prévoir des barrières de cuisinière, une installation fixe pour les tuyaux de vidange et le placement du four en hauteur. À savoir : il existe des fours équipés de porte froide (p. 385). Vérifiez bien que toutes les installations électriques possèdent une prise de terre, et rangez les produits ménagers en hauteur. Pensez aussi aux systèmes de sécurité pour tiroirs et placards, qui les rendent inviolables. Toute introduction d'un nouvel appareil apporte un nouveau danger.

Le séjour

Là, les risques les plus fréquents sont les chutes, dues notamment aux tapis. Les chutes sur les coins de tables sont douloureuses, voire graves : il existe des coins de protection très faciles à poser. À l'heure de l'apéritif, éloignez noix et cacahuètes, que l'enfant risque d'avaler de travers. L'escalier est aussi cause de nombreuses chutes : si vous en faites installer un, optez pour un modèle à contremarches, équipé d'une rampe munie de barreaux (la distance entre les barreaux fait l'objet d'une réglementation). L'enfant pourra s'y agripper. D'une manière générale, équipez l'escalier d'une barrière pour éviter toute velléité d'escalade.

La chambre

La chambre d'enfant n'est pas non plus forcément un lieu sûr. Les risques sont l'électrocution, les chocs, les pincements. La pose de prises à éclipses se généralise de plus en plus en France. De toute façon, vérifiez que toutes les prises électriques possèdent des fiches protégées. En ce qui concerne la porte de la chambre, choisissez-la non vitrée et de préférence munie d'un modèle de poignées rondes. Si vous installez des rideaux, prévoyez des cordons avec retour vissé dans le mur.

La salle de bains

C'est un autre lieu à haut risque, et l'accident le plus fréquent est la brûlure par eau chaude (certaines installations collectives délivrent de l'eau à 65 °C). La solution : installez un robinet thermostatique sur la baignoire. Il se prérègle à la tem-

1RE SEMAINE

1ER MOIS

2 À 3 MOIS

4 À 5 MOIS

6 À 7 MOIS

8 À 9 MOIS

10 À 11 MOIS

1 AN

1 AN 1/2

2 ANS

2 ANS 1/2

3 ANS

4 ANS

5 ANS

6 ANS

ANNEXES

pérature souhaitée et deux gestes simultanés sont nécessaires pour l'augmenter, une manœuvre difficile à effectuer par un petit enfant. Inconvénient : le coût du dispositif est encore très élevé. Prudence encore si vous utilisez des appareils électriques.

C'est aussi la pièce où l'on range la pharmacie familiale. Il est préférable de la placer en hauteur et de la choisir avec une fermeture à clef.

Le garage

Les portes basculantes actionnées par cellule photoélectrique sont la cause de nombreux accidents. Les enfants jouent à s'y accrocher et se trouvent alors prisonniers entre la porte et le plafond.

Les accessoires de sécurité

Les fenêtres présentent aussi des risques. La solution ? Les loquets de sécurité. Attention, aucun système n'est inviolable. Si vous faites construire votre maison, profitez-en pour installer des vitrages incassables. Pensez au matériel de sécurité : crochets bloquant les portes ; mousse pour garnir les coins de table ; cache-prises ; grilles de pro-

tection pour plaques de cuisson et portes de four ; barrière pour l'escalier ; bourrelet antipincement pour les portes, ou de protection pour les robinets, etc.

Les jeux interdits

Les jouets en mousse, particulièrement ceux conçus pour le bain, sont à bannir. Les enfants risquent d'en avaler de petits morceaux et de s'étouffer. Il n'existe aujourd'hui aucun test de résistance pour ces objets. Contrôlez les piles de ses jouets. Elles ne sont pas toujours bien isolées dans un compartiment indépendant, non accessible aux petits bricoleurs. Les risques sont du type « brûlures », soit de contact, avec des piles en surchauffe, soit, si elles coulent, par le produit chimique qu'elles contiennent. Attention encore aux sacs en plastique récupérés au moment des courses. Les enfants trouvent souvent très amusant de les mettre sur leur tête pour se faire des chapeaux. C'est un véritable piège : l'enfant n'y respire pas bien, panique, cherche longuement de l'air et est incapable alors de le retirer de son visage sur lequel il se colle. ∎

Ses jouets
sous haute surveillance

*COMME TOUT OBJET DE CONSOMMATION, LE JOUET EST SOUMIS
À DES NORMES. Peut-être avez-vous remarqué que beaucoup de jouets portent
la mention sur leur emballage : « Ne convient pas à un enfant de moins
de 36 mois. » Que cachent ces quelques lignes ?*

Des normes obligatoires

La recommandation « ne convient pas à un enfant de moins de 36 mois » ne dit pas que votre enfant n'est pas assez « intelligent » pour jouer avec telle poupée ou telle petite voiture, elle signifie que ce jouet ne correspond pas aux normes de sécurité qu'impose la loi pour cette tranche d'âge. La fonction d'un jouet est de distraire, d'éveiller et surtout de ne jamais blesser, c'est pourquoi les fabricants et les importateurs de jouets sont obligés d'appliquer des règles très précises dans la conception et le choix des matériaux des objets qu'ils vendent. Toutes ces normes sont contrôlées par les techniciens du Laboratoire national d'essai. Les nouveaux jouets, eux, sont soumis à une déclaration de conformité aux normes, celle-ci doit être indiquée sur le produit ou sur son emballage. Voici les règles de base d'un jouet sûr.

Les jouets en tissu

Le premier danger des tissus est qu'ils prennent feu. Aussi la norme de sécurité impose l'ininflammabilité de ces matériaux ou, tout au moins, une combustion très lente et sans flamme. Ainsi l'enfant a le temps de jeter l'objet, ou d'en sortir avant tout dommage, si c'est un vêtement ou une tente. Les colorants utilisés pour les textiles sont impérativement non toxiques et ne doivent pas déteindre à la salive. Par contre, les peluches à poils longs, bien qu'autorisées, sont à proscrire.

L'enfant a une force de préhension suffisante pour arracher quelques éléments de leur toison. S'il les avale, il risque parfois l'étouffement et plus sûrement de sérieux haut-le-cœur suivis de « crachouillis ». Attention encore à certaines fibres qui sont allergisantes.

Les jouets rembourrés

Les normes portent d'abord sur leur garniture intérieure, elle doit être neuve ou désinfectée et ne contenir aucun déchet. Si le volume est donné grâce à des billes de polyester dont le diamètre est inférieur à 3 mm, l'enveloppe de tissu qui les contient doit être double et les coutures prévues pour résister à un étirement de 7 kg. Quant aux yeux, au nez ou à tout élément propre à donner de l'expression au visage, ils doivent être brodés ou imprimés et, s'ils sont en relief, être solidement attachés pour tenir à une traction de 9 kg. Ils doivent se laver impérativement en machine et sécher rapidement.

Les jouets en bois et plastique

Leurs formes doivent être légèrement arrondies, ils doivent ne présenter aucun côté coupant et les surfaces de bois être bien lisses. Si, pour des raisons d'esthétique ou de conception, ils ont besoin d'être vernis et peints, peintures et vernis doivent être impérativement non toxiques, tout comme les colles d'assemblage. Les plastiques utilisés sont extrêmement résistants. Ainsi

Les vis, ficelles et cordons

Si ces jouets sont le résultat d'un montage, sachez que les pointes et les vis doivent être inaccessibles aux enfants et parfaitement protégées. Toutes les ficelles et cordons des « jouets de parc » sont soumis à une longueur minimale : moins de 30 cm pour prévenir toute strangulation. Quant aux jouets à traîner, leurs liens doivent avoir une épaisseur supérieure à 15 mm.

Les premiers véhicules

La sécurité du petit conducteur tient essentiellement dans la stabilité de son engin. Celui-ci ne doit pas basculer même placé sur un plan incliné à 10°. De plus, les porteurs sont soumis à des tests d'endurance : 50 km à une vitesse de 4,5 km/h et 71 000 chocs successifs.

De la norme à l'usage

Mais les normes ne suffisent pas ; il faut savoir encore qu'un jouet sûr est un jouet adapté à l'âge de l'enfant. De même, il est souhaitable de ne pas laisser un enfant jouer sans surveillance. Même un jouet bardé de normes, entre des mains habiles et sous l'influence d'un esprit particulièrement inventif, peut devenir un objet dangereux. Dès qu'un jouet est cassé ou abîmé, jetez-le ! De même, un bébé n'est pas autorisé à emprunter les jouets de ses aînés. Une perle ou un élément minuscule d'un jeu de construction est si vite avalé. ■

les hochets sont soumis à des tests de chutes et de chocs. S'il s'agit de jeux de construction, les pièces doivent avoir un diamètre supérieur à 3,7 cm afin de ne pas pouvoir être avalées par un bébé inexpérimenté. Les dînettes, marchandes et accessoires de poupée sont soumis au même traitement. Certains fabricants utilisent même pour leurs dînettes des plastiques alimentaires afin que les enfants puissent réellement y manger.

▌ MON AVIS

Il y a de nombreuses années, j'ai initié l'idée de proposer aux médecins hospitaliers de jouer à soigner les objets familiers de l'enfant, notamment les peluches, avant de procéder aux soins. Cette pratique facilite beaucoup toutes les interventions. Elle peut se faire aussi de manière préventive pour traiter sans cris ni larmes les petits bobos quotidiens. Cette méthode n'est pas sans risque. Je me souviens d'un petit garçon qui venait pour la deuxième fois à l'hôpital et qui m'a mis en garde : « Toi, je te connais ! Ne touche pas à mon ours, il n'est pas malade. » ■

1RE SEMAINE

1ER MOIS

2 À 3 MOIS

4 À 5 MOIS

6 À 7 MOIS

8 À 9 MOIS

10 À 11 MOIS

1 AN

1 AN 1/2

2 ANS

2 ANS 1/2

3 ANS

4 ANS

5 ANS

6 ANS

ANNEXES

1 an et demi

1RE SEMAINE

1ER MOIS

2 À 3 MOIS

4 À 5 MOIS

6 À 7 MOIS

8 À 9 MOIS

10 À 11 MOIS

1 AN

1 AN 1/2

2 ANS

2 ANS 1/2

3 ANS

4 ANS

5 ANS

6 ANS

ANNEXES

1 an et demi

Vous

QUE DE PROGRÈS EN SIX MOIS ! Il est capable maintenant de courir, de marcher à reculons et de taper dans un ballon. Lorsque vous lui racontez une histoire, il tourne les pages du livre. Ce qui l'intéresse plus que tout dans le récit, c'est qu'il puisse être répété et qu'il fasse très peur. Les histoires du soir ont aussi une valeur pédagogique dans le développement de son langage. Pourtant, il n'en a pas encore l'usage syntaxique : il associe les mots, mot à mot, avec parfois beaucoup de charme.

Il devient capable, à partir d'un objet, d'élaborer une pensée. Ce début de la pensée symbolique lui donne encore le pouvoir de transformer ses jouets et de commencer à leur donner le comportement et la pensée de l'homme.

L'événement très important de cette période est la conquête et l'acquisition de son sexe psychologique. C'est vers 18 mois que les petits garçons savent qu'ils sont petits garçons et, inversement, que les petites filles savent qu'elles sont petites filles. Cette découverte justifie ainsi le prénom que vous leur avez choisi, la manière dont ils sont habillés, le décor de leur chambre et le choix de leurs jouets.

Votre enfant

- *Il pèse 12 kg en moyenne pour 80 cm.*

- *Il marche bien et adore se promener tenu par la main.*

- *Il monte les escaliers à quatre pattes et debout s'il est tenu.*

- *Il tape du pied dans un ballon et boit à la tasse. Il est fasciné par toutes les fermetures.*

- *Il connaît les parties de son corps et sait désigner les objets quotidiens ou les animaux qu'on lui nomme. Il est capable d'exécuter des ordres simples qui font appel à l'évaluation et à la mémoire.*

- *Il mange un peu de matière grasse à raison de 15 g de beurre ou de 2 cuillerées à café de crème.*

1RE SEMAINE

1ER MOIS

2 À 3 MOIS

4 À 5 MOIS

6 À 7 MOIS

8 À 9 MOIS

10 À 11 MOIS

1 AN

1 AN 1/2

2 ANS

2 ANS 1/2

3 ANS

4 ANS

5 ANS

6 ANS

ANNEXES

Être prêt à la propreté

NOTRE CULTURE OCCIDENTALE EST LA SEULE À SE PRÉOCCUPER aussi tôt de l'acquisition de la propreté. Dans la plupart des autres pays du monde, elle est naturellement obtenue vers 3 ans. Tout au contraire, chez nous, la propreté est, en général, l'aboutissement d'un long apprentissage.

Le bon moment

La propreté n'est possible que si la maturation du système nerveux qui commande le contrôle des sphincters est acquise. Au fil des mois, l'enfant prend conscience de ses mictions et des fonctions de ses sphincters, il s'amuse même à les contracter et à les décontracter. Bientôt les connexions nerveuses indispensables pour savoir se retenir ou se relâcher seront en place. Aux conditions physiologiques s'ajoutent des conditions psychologiques : l'enfant doit avoir envie de devenir grand et la relation mère-enfant doit être sereine et de qualité. C'est vers l'âge de 15 mois que l'enfant est prêt à être propre, mais il lui faudra souvent de longs mois encore pour y parvenir réellement.

Ne pas le forcer

Dans ce domaine, comme dans beaucoup d'autres, toute contrainte est à proscrire : elle entraîne souvent une réaction inverse à celle souhaitée. Quel superbe moyen de pression, en effet, pour un enfant ! Mais à la maturation neuromusculaire doit être associée une maturation intellectuelle qui va lui donner la possibilité de comprendre et de s'exprimer. La relation affective fait le reste : l'enfant sait qu'être « propre » fait plaisir à sa mère.

Aujourd'hui, tous les pédiatres s'accordent pour dire que l'éducation à la propreté sera d'autant plus efficace que l'enfant aura envie d'aller seul sur le pot. Et s'il y a quelques « accidents », et

il y en aura de toute façon, ils doivent passer inaperçus. Toute réussite donnera lieu, en revanche, à des félicitations. Cette éducation est d'autant plus délicate que l'enfant ne voit aucune raison particulière de faire dans son pot. Ses excréments sont une partie de lui-même à laquelle il tient comme aux autres. Le pot est avant tout perçu comme un jouet fantastique.

La méthode Brazelton

Vers 18 mois, l'enfant entre dans le stade psychologique dit anal (p. 282). Il est conscient de ses organes, peut se retenir et éprouve un certain plaisir à uriner ou à déféquer : il est donc fier de ses excréments et ne trouve pas normal de les voir jetés, même si, parallèlement, il trouve désagréable le contact de la couche humide. Il est à un âge où il traverse une période calme, il aime l'ordre et la propreté : c'est alors le moment idéal pour évoquer la sienne. Il sait assez bien parler (le mot « pot » étant pour lui facile à dire) et peut donc exprimer le souhait d'y aller.

Voici comment le docteur Brazelton, célèbre pédiatre américain, conseille de procéder. Choisissez un moment calme et installez votre enfant sur son pot, dans les toilettes. Asseyez-vous sur la cuvette pour lui montrer que c'est une position naturelle. Puis lisez-lui une histoire, mais ne l'obligez pas à rester assis s'il ne le veut pas. Si besoin est, lors des toutes premières expériences, laissez-lui sa couche. Ainsi, il ne res-

1RE SEMAINE

1ER MOIS

2 À 3 MOIS

4 À 5 MOIS

6 À 7 MOIS

8 À 9 MOIS

10 À 11 MOIS

1 AN

1 AN 1/2

2 ANS

2 ANS 1/2

3 ANS

4 ANS

5 ANS

6 ANS

ANNEXES

sentira pas la désagréable froideur du rebord en plastique sur ses fesses. Poursuivez cette initiation une huitaine de jours, tout en lui expliquant que bientôt il sera assez grand pour aller seul sur son pot. Lorsque l'enfant fait dans ses couches, mettez leur contenu dedans et indiquez-lui que normalement les excréments se « mettent » à cet endroit. Lorsqu'il semble en avoir compris l'usage, vous pouvez passer à l'étape suivante : les couches sont enlevées et le pot peut être laissé à sa disposition dans sa chambre, là où il joue. Il suffit simplement de lui rappeler de temps en temps sa fonction. Cet « entraînement » est limité à quelques heures dans la journée. Et dès que l'enfant fait dans son pot, montrez-lui votre satisfaction, sans pour autant aller jusqu'à le récompenser. Pour les enfants qui fréquentent une crèche, on s'aperçoit que c'est souvent là qu'ils sont d'abord propres, par imitation de leurs camarades. ∎

La propreté *en savoir plus*

Quelques repaires

• **La propreté de nuit est souvent beaucoup plus longue à acquérir,** trois mois environ après la continence de jour. Le réflexe de se lever pour aller aux toilettes n'existe pas avant 3 ou 4 ans. À l'inverse de l'éducation diurne, laissez-lui ses couches plutôt qu'il ne mouille son lit. Gêné d'avoir souillé ses draps, il risque de se décourager. Bien sûr, vous pouvez le réveiller pour lui proposer d'aller aux toilettes, mais il doit être consentant. Contraint, une fois sur deux l'enfant n'urine pas. On peut parler d'énurésie à partir de 5-6 ans (p. 494).

• **Les filles semblent plus précoces que les garçons dans l'acquisition de la propreté.** Bien des interprétations sont données. Pour certains, cela est dû à la plus grande sensibilité du garçon aux contraintes parentales. Pour Françoise Dolto, c'est lié à la sexualité, les petits garçons faisant une relation entre le plaisir de satisfaire le besoin d'uriner et le plaisir des pulsions sexuelles.

• **L'éducation des sphincters vésicaux est plus difficile que celle des sphincters anaux.** De plus, il n'y a pratiquement jamais de propreté nocturne avant la diurne. Il faut même plusieurs mois de patience entre les deux.

• **La moyenne d'âge d'acquisition de la propreté est de 28 mois pour la propreté diurne et 3 ans pour la nocturne,** selon une étude menée par le Pr Brazelton sur 1 170 enfants auxquels les parents avaient laissé toute liberté dans ce domaine.

• **Bien des troubles tels que l'énurésie ou la constipation chronique** sont à mettre sur le compte d'un apprentissage trop précoce.

• **Un vieil adage** dit qu'un enfant va être propre quand il sait monter et descendre un escalier. Mais ce n'est pas aussi simple. Pour qu'un enfant devienne propre, il faut qu'il ait acquis une certaine maturité affective et une bonne motivation, des capacités qui n'ont rien à voir avec les performances physiques requises pour franchir un escalier. Pourtant, cette acquisition montre que l'enfant sait pousser pour monter les marches et se retenir pour descendre, des fonctions qui sont nécessaires pour maîtriser ses sphincters et donc devenir propre. ▪

Une propreté occasionnelle

L'enfant qui serait propre avant 1 an n'existe pas. Cette propreté est fortuite à moins qu'il ne soit mis sur le pot de nombreuses fois dans la journée (ce qui n'est pas recommandé). Certaines mimiques peuvent indiquer un besoin pressant. Il est encore possible, chez certains enfants dont les rythmes biologiques sont très réguliers, de proposer le pot « au bon moment ». Mais ce n'est pas le résultat d'une éducation à la propreté. ▪

▌ MON AVIS

On peut apprendre à un enfant à être propre à trois conditions : il doit marcher, il doit savoir dire pipi et caca, il est préférable de commencer à la belle saison pour ne pas vivre les fuites comme un drame. C'est un moment très important pour toute la famille et qu'il faut traverser le plus sereinement possible. Vous serez peut-être étonnés de constater que votre enfant adore jouer avec ses selles dès les premières mises sur le pot. Il n'y a là rien d'anormal. En effet, il a compris qu'il est sujet par rapport aux objets. Il fait la différence entre le dedans et le dehors, aussi ce qui vient de son propre dedans le passionne. La maîtrise des sphincters lui permet de vous maîtriser : il observe la tête de ses parents quand il fait dans ses couches et leur regard de fierté lorsqu'il va sur le pot. D'ailleurs, celui-ci sera un enjeu dans la phase d'opposition qu'il traverse alors. À noter que la propreté diurne précède la propreté nocturne. ▪

Des couches au pot

BIEN QUE LES COUCHES POUR BÉBÉS SOIENT DE PLUS EN PLUS
« PERFORMANTES » tant sur le confort que sur la capacité d'absorption,
les enfants en grandissant commencent à ne pas toujours trouver agréable
d'être en permanence dans l'humidité. De plus, relativement épaisses pour être
efficaces, elles gênent à la longue les prouesses du petit marcheur.

Des sensations désagréables

Il n'est pas rare de voir les enfants tirer sur leur couche ou même, pour les plus débrouillards, venir demander qu'on la leur change. Profitez de son inconfort. En été, laissez-lui les fesses à l'air : ainsi, il appréciera le plaisir d'être libre de ses mouvements et, par la suite, trouvera désagréable la sensation des couches souillées contre sa peau. En hiver, efforcez-vous de le changer dès que sa couche est sale et de lui faire sentir, là encore, le plaisir de porter simplement une petite culotte de coton, puis remettez-lui une couche une bonne heure après. Poursuivez cette « éducation » plusieurs jours. Quand il aura bien compris quelles sont les sensations qui précèdent une miction, il sera prêt à faire dans son pot (p. 347). Aujourd'hui, on trouve dans le commerce des « changes complets » qui se baissent comme une culotte, ils ont l'avantage de permettre les petites fuites sans que cela se remarque et donnent à l'enfant une totale autonomie.

Le choix du pot

Le pot doit être avant tout stable et confortable. L'enfant doit pouvoir s'y asseoir facilement. Évitez de le choisir incorporé à une chaise relax ou ressemblant à un jouet.
Il doit avoir pour l'enfant une fonction précise. Il se range plutôt dans les toilettes, à côté des W.-C., pour permettre au petit de faire l'association avec la fonction de cet endroit réservé aux adultes. Enfin, il doit lui être donné comme un bien propre, comme son lit, sa chambre, ses jouets. Il est inutile de prolonger les séances « pot » ; si l'enfant n'a rien fait au bout de quelques minutes, c'est qu'il n'a rien à faire ou pas encore bien compris l'usage de ce récipient.

Un peu de soi

Tous les enfants sont intéressés par ce qu'ils laissent au fond de leur pot. Ils veulent connaître ce qu'ils viennent d'expulser de leur corps. Il est même fréquent qu'ils souhaitent y toucher. Expliquez-leur simplement que ce n'est pas dans les habitudes humaines. Mais, attention, imposer une volonté à un enfant incapable de comprendre, c'est aller droit à l'échec. En revanche, rien ne vous empêche de lui expliquer très tôt que certaines situations ne sont pas de votre goût. Mieux vaut alors adopter un ton ferme, sans crier ni faire appel à son affectivité ; l'interdit, le « non » s'apprendront de la même manière que le « oui ».

Devenir aîné

Souvent l'enfant propre se remet à faire pipi au lit à la naissance du second. Cette régression passagère n'appelle aucune réprimande, ni aucune réflexion désobligeante. C'est une manifestation normale de jalousie, l'envie de redevenir un bébé comme ce cadet qui occupe tant ses parents. Une mise en valeur de l'aîné doit suffire à tout faire rentrer dans l'ordre. ■

1RE SEMAINE

1ER MOIS

2 À 3 MOIS

4 À 5 MOIS

6 À 7 MOIS

8 À 9 MOIS

10 À 11 MOIS

1 AN

1 AN 1/2

2 ANS

2 ANS 1/2

3 ANS

4 ANS

5 ANS

6 ANS

ANNEXES

Les défauts de la vision

À 1 AN, L'ACUITÉ VISUELLE DE L'ENFANT EST DE 4/10ᵉ. Il est capable de voir des choses ténues tel un cheveu sur une surface blanche ; il perçoit les couleurs dans des conditions précises : le bleu, le jaune, le rouge et le vert ; plus ces couleurs sont franches et intenses, mieux il les distingue. Son champ visuel est pratiquement celui de l'adulte.

Le strabisme

Si votre enfant louchait il y a quelques mois, cela a dû s'arranger. Lorsqu'il était bébé, ce strabisme s'expliquait par l'immaturité des muscles oculaires. Si à 1 an il louche toujours, c'est la manifestation d'un trouble réel. En raison du strabisme, lorsque l'enfant fixe une image, il voit double. Pour lutter contre cet inconfort visuel, il supprime une des deux images et ne se sert plus que d'un seul œil : c'est l'amblyopie qui touche 15 000 enfants par an. Si votre enfant a plus de 1 an et moins de 3 ans, son strabisme doit être corrigé. Pour le dépister, l'ophtalmologiste utilise différents tests : celui du « reflet cornéen » permet de vérifier que lorsqu'on éclaire chaque pupille, le reflet de la lumière est bien au centre ; le test de « l'écran » consiste à cacher un œil puis l'autre pour vérifier que l'œil découvert reste bien fixe. Le traitement consiste à faire travailler l'œil déficient en masquant l'œil performant. L'enfant portera des lunettes et un pansement obturateur 24 heures sur 24. Ce type de traitement peut se pratiquer dès 14 mois, et plus il est entrepris précocement, plus il a de chances de réussite. De 2 ans à 2 ans 1/2, cette rééducation simple peut amener la disparition de l'amblyopie en quelques jours. Vers 3 ou 4 ans, il faut compter plusieurs semaines ; après 5 ans, plusieurs mois. Entre 6 et 12 ans, le traitement est long et complexe. Le résultat n'est pas garanti après 12 ans : on ne peut guère obtenir qu'une guérison esthétique.

Traiter le strabisme précocement est essentiel pour le développement de l'enfant. Mis à part que ce défaut est assez disgracieux, il a des conséquences sur les informations que reçoit le cerveau : celui-ci recueille des images qu'il a du mal à interpréter et ignore souvent celles de l'œil déficient. Comme la fonction crée l'organe, à plus ou moins long terme, l'œil qui louche va perdre sa capacité à voir. L'amblyopie, conséquence d'un strabisme, se guérit à 90 % si elle est traitée avant les 2 ans de l'enfant !

L'hypermétropie, la myopie et l'astigmatisme

D'autres troubles de la vue peuvent se déceler grâce au comportement des enfants. Le petit hypermétrope est souvent exagérément penché sur ce qu'il fait et se plaint de maux de tête ; il a parfois des rides de contraction au front. Dans l'hypermétropie, l'image de l'objet observé se fait derrière la rétine et il faut des verres convexes de puissance croissante pour ramener l'image sur la rétine. Les enfants hypermétropes font en permanence un effort d'accommodation. De ce fait, ils ont tendance à souffrir de strabisme convergent. Quand l'hypermétropie est importante, les verres doivent être portés continuellement et demandent un contrôle régulier du médecin.

L'enfant myope regarde de trop près la télévision et cligne fréquemment des yeux en les plissant.

Des études ont montré que l'éclairage total de la chambre d'un bébé endormi, pendant ses deux premières années, pouvait fortement favoriser plus tard l'installation d'une myopie. L'œil myope est « trop long » (l'image de l'objet se forme en avant de la rétine), la myopie aboutit fréquemment à un strabisme divergent. Elle se traite avec des verres convergents. Malheureusement, elle a souvent tendance à s'aggraver avec l'âge et il est donc indispensable de faire suivre l'enfant pour la corriger au fur et à mesure de son évolution.

L'enfant astigmate n'a pas une vision nette des contours. Il voit mal de loin et de près. Il se plaint souvent de douleurs oculaires, de maux de tête et d'une inflammation du bord des paupières. La correction de ce trouble, souvent associé à la myopie ou à l'hypermétropie, est faite par des verres cylindriques qui corrigent le défaut de courbure de la cornée.

Les premières lunettes

Le port de lunettes ne pose pas de problèmes particuliers chez le petit enfant. Il est même fier de cet accessoire. Ces dernières années, on a mis au point des lunettes « sécurité » pour enfants, équipées d'un verre incassable, le Corlon. Les montures sont devenues souples, légères, de couleurs gaies et parfaitement adaptées au petit nez de l'enfant grâce à de petits coussinets en silicone qui leur évitent de glisser.

Un dépistage conseillé

Consulter un ophtalmologiste semble indispensable s'il y a des antécédents dans la famille. En cas de strabisme, si c'est toujours le même œil qui semble tourner, notamment après un grand moment d'éveil, des petits tests peuvent être faits à la maison. Jouez à cacher de votre main un œil, puis l'autre, en attirant le regard du bébé sur un objet qui lui est cher. S'il se met à pleurer après quelques exercices d'alternance, c'est qu'il y a de fortes chances qu'il voie mal de l'œil que vous venez de découvrir. Vous pouvez aussi jouer à l'aide d'un objet « bruyant », clefs, hochet, grelot, puis solliciter le déplacement de son regard de haut en bas, de gauche à droite ; ses yeux doivent suivre régulièrement les déplacements de l'objet. Attention, l'œil se développe essentiellement dans les dix-huit premiers mois de la vie. Si votre bébé semble avoir des difficultés, sachez qu'en complément des tests de vision préférentielle, les médecins ont à leur disposition une autre méthode de dépistage, appelée « Bébé vision », qui a l'avantage d'être pluridisciplinaire et permet de mesurer l'acuité visuelle de l'enfant. D'autres méthodes faisant appel à l'image vidéo et à l'ordinateur devraient rendre les examens encore plus faciles et plus performants. ▪

1RE SEMAINE

1ER MOIS

2 À 3 MOIS

4 À 5 MOIS

6 À 7 MOIS

8 À 9 MOIS

10 À 11 MOIS

1 AN

1 AN 1/2

2 ANS

2 ANS 1/2

3 ANS

4 ANS

5 ANS

6 ANS

ANNEXES

Il ne veut pas dormir

LA DIFFICULTÉ À S'ENDORMIR est, pour la plupart des parents, le principal trouble du sommeil de l'enfant. Viennent ensuite les réveils intempestifs en pleine nuit. Les enfants ne connaissent aucun trouble du sommeil avant l'âge de 2 ans.

Tout à fait classique

Les troubles de l'endormissement sont très fréquents et banals. Tous, un jour ou l'autre, ont réveillé leurs parents pour cause de poussées dentaires, de vilains rhumes ou de douloureuses otites. Mais, à partir de 9 mois et jusqu'à 3 ans, le sommeil change (p. 311), l'endormissement devient plus long. L'enfant attend entre 1/4 d'heure et 1 heure avant de trouver le sommeil. Son tonus musculaire se relâche plus lentement, la température de son corps s'abaisse moins rapidement, le cours de ses pensées s'apaise moins vite. Pour occuper ce temps, pour grignoter quelques minutes, il impose des rites : verre d'eau, histoire, câlins, musique... Plus il grandit, plus il a conscience que le sommeil prend un sens nouveau : il faut se séparer de ses parents.

Le préparer à entrer dans le sommeil

L'heure qui précède le coucher a une grande importance. Si elle a été agitée physiquement ou psychiquement, le sommeil risque de ne pas venir aisément et la nuit peut aussi être mouvementée, voire de mauvaise qualité. En revanche, si la fin de la journée a été calme, sereine, tendre, le sommeil s'imposera comme une suite logique à la détente. L'entrée dans le sommeil se prépare par le bain. Depuis toujours, l'eau est reconnue comme le meilleur élément pour aider le corps à retrouver une vraie sensation de bien-être, peut-être héritée des souvenirs intra-utérins. La plupart des enfants dînent après leur bain.

Là encore, il est conseillé de privilégier le calme. L'enfant de moins de 2 ans trouve plus de sérénité à dîner seul à seul avec un de ses parents entièrement disponible qu'à la table familiale toujours bruyante et agitée. Puis, vient le moment de la vraie détente. Une ambiance calme, une atmosphère feutrée, une légère pénombre favorisent aussi le repli sur soi et l'envie de câlins. Le respect de ces principes peut conduire à un véritable apprentissage du bien dormir.

Malgré cette préparation, l'enfant peut se réveiller en pleine nuit pour des raisons diverses : une journée très agitée ou fatigante, un bruit perçu juste entre deux cycles de sommeil, etc. Si rien ne le dérange réellement, les pleurs seront de courte durée et mieux vaut alors ne pas intervenir. Il doit aussi apprendre à se rendormir. Les pleurs d'un enfant dans la nuit paraissent souvent plus longs qu'ils ne le sont en réalité. Pour le vérifier, calculez-en la durée, vous constaterez alors qu'ils dépassent rarement quelques minutes. En intervenant alors qu'il n'a pas réellement besoin de vous, vous risquez de le réveiller complètement et de devoir attendre un cycle de sommeil pour qu'il se rendorme naturellement.

Se balancer en dormant

Un autre trouble est assez fréquent à cet âge : votre enfant dort très bien, mais il se balance en permanence pendant son sommeil, tapant parfois même violemment sa tête contre les parois de son lit, sans pour autant se réveiller. Les médecins reconnaissent aujourd'hui que ces balancements n'ont pas de signification grave, s'ils ne sont pas anormalement violents et durables.

Ce phénomène est à mettre au compte des exutoires tensionnels ; l'enfant, au cours de la journée, accumule un certain nombre de tensions dont il doit ensuite se décharger. Certains enfants sucent leur pouce, se frottent le nez avec un tissu, d'autres se balancent d'arrière en avant (p. 634). Si ces balancements persistent et s'ils s'associent à d'autres troubles, l'enfant peut souffrir soit d'un manque affectif, soit de ce que médicalement on nomme l'hyperactivité (p. 453).

Les insomnies vraies

Certaines insomnies peuvent provenir d'une pathologie de l'enfant, mais elles sont toujours, dans ce cas, associées à des troubles de la communication, une légère dépression. Le seul vrai trouble inquiétant qui peut apparaître à cet âge est « l'insomnie joyeuse du jeune enfant », heureusement exceptionnelle. Cette insomnie a été ainsi baptisée en raison du climat dans lequel elle se déroule. L'enfant est éveillé mais n'éprouve apparemment aucune angoisse, il joue, il semble parfaitement détendu. Mais ce n'est pas une raison pour ne pas prendre l'insomnie au sérieux. En effet, elle s'observe en trois circonstances : chez l'enfant anxieux ; chez l'enfant privé de bonnes relations affectives et chez l'enfant autiste.

Ces insomnies se déroulent toujours de la même façon. L'enfant s'endort facilement, ou tout au moins ne fait pas de difficultés pour se coucher. Il se réveille dans la seconde moitié de la nuit. Il est alors saisi d'une véritable frénésie motrice et/ou orale. L'insomnie dure deux à trois heures en moyenne. Ce trouble peut persister quelques semaines, plusieurs mois, voire même des années. L'enfant peut mettre en place un ensemble de mécanismes de défense contre son angoisse dépressive qui lui fait craindre d'avoir détruit ou endommagé l'objet de son amour, sa mère, qu'il n'arrive pas à investir et à identifier.

Un réveil en douceur

Il est important pour l'enfant de bien se réveiller. Un réveil joyeux contribue à lui donner une idée agréable du sommeil. Réveiller un tout-petit entre deux phases de sommeil profond, c'est s'assurer d'une journée grincheuse, tendue et difficile. ∎

1ʳᵉ SEMAINE

1ᵉʳ MOIS

2 À 3 MOIS

4 À 5 MOIS

6 À 7 MOIS

8 À 9 MOIS

10 À 11 MOIS

1 AN

1 AN 1/2

2 ANS

2 ANS 1/2

3 ANS

4 ANS

5 ANS

6 ANS

ANNEXES

Son sommeil et ses rêves

LES STRUCTURES CÉRÉBRALES NÉCESSAIRES À L'ACTIVITÉ ONIRIQUE sont prêtes bien avant de naître ; il semble même que le fœtus rêve. À plus forte raison le rêve existera-t-il plus tard. C'est au cours du sommeil paradoxal que surviennent la plupart des rêves qui puisent leur inspiration dans les contraintes quotidiennes.

En sommeil paradoxal

Lorsqu'un enfant est endormi, il passe 50 % de ce repos en sommeil paradoxal, 40 % en sommeil lent et 10 % en sommeil indifférencié. Tout petit, il doit supporter, déjà, les contraintes de son environnement : bruits, odeurs, séparations, conditionnements, adaptations diverses et variées. Le rêve ne peut s'organiser sans expériences préalables ayant laissé des traces dans la mémoire. Ces éléments mémorisés sont réactivés lors du rêve. Chez le petit enfant, il semble que ce sont surtout les informations sensori-motrices qui sont mémorisées. Ainsi, ses rêves naissent des souvenirs récents de satisfactions perçues et de sensations internes liées aux zones érogènes.

Le Pr Michel Jouvet, éminent spécialiste du sommeil, attribue au rêve un rôle fondamental dans la programmation du patrimoine héréditaire. Les docteurs Marie-Josèphe Challamel et Marie Thirion s'appuient sur leurs travaux pour affirmer que le sommeil paradoxal du tout-petit assure certaines fonctions qui seront plus tard celles de l'éveil. Ainsi en filmant le visage de nouveau-nés endormis en sommeil paradoxal, elles ont observé l'expression de six mimiques émotionnelles fondamentales : la joie, la tristesse, la surprise, la colère, le dégoût et la peur. Elles constatent que ces mimiques servent aux humains pour communiquer et que, plus l'enfant les utilise ainsi, moins il les exprime dans son sommeil.

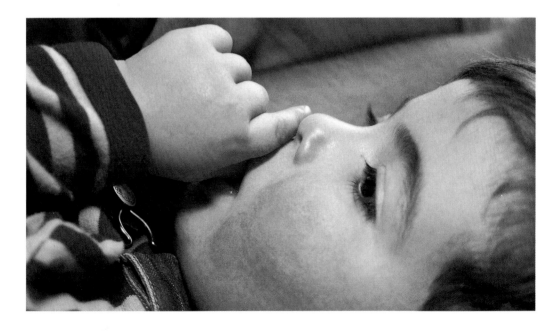

Au pays des chimères

Le nouveau-né bouge beaucoup dans son sommeil et tout particulièrement son visage. Dormant beaucoup plus que l'enfant plus grand ou que l'adulte, il est donc probable qu'il rêve beaucoup plus. On estime, sur ses 16 heures moyennes de sommeil, qu'il rêve environ 10 heures. Les premiers rêves d'images apparaissent vers 15 ou 18 mois. À cet âge, l'enfant est capable de reconnaître leur symbolisme. Certains peuvent parfois commencer à raconter leurs rêves à leur façon, mais ces récits sont généralement fort confus. Rien n'est plus personnel que le rêve, prisonnier du vécu quotidien, de l'environnement affectif. Pourtant, tout comme chez l'adulte et sans doute encore plus clairement, les rêves d'enfants sont peuplés des désirs, assouvis ou non, de la vie diurne.

Il semble que deux grands thèmes peuplent leurs nuits : les problèmes alimentaires et la peur de l'abandon. Les rêves « gourmands » sont presque toujours liés à une privation. Les rêves d'abandon sont souvent la conséquence du vécu affectif de la journée écoulée. Ils sont plutôt, à l'inverse des précédents, de nature angoissante ; ils manifestent à leur manière l'ambiguïté de l'attitude de l'enfant, partagé entre la recherche de l'autonomie et de l'indépendance, et la crainte d'être seul à affronter certains dangers. Autre thème à caractère assez angoissant pour l'enfant de cet âge, la perte en rêve d'un objet chéri : la couche qu'il tète pour s'endormir, ou son jouet préféré. Ce type de rêve est analysé comme évoquant la crainte de perdre sa mère ou l'autonomie que l'enfant a, si chèrement, acquise.

Parler de ses rêves

Dès 2 ans, les enfants peuvent parler d'un rêve ou inventer un scénario, lequel exprime souvent un désir frustré : « J'ai rêvé que je jouais avec le camion porteur » (celui-là même qui lui a été confisqué). Comme l'explique le Pr Serge Lebovici, un des maîtres de la pédopsychiatrie française, quand les enfants sont plus grands, les rêves obéissent à un scénario plus compliqué et correspondent à un désir inconscient, caché derrière un événement qui s'est passé la veille, à l'image des rêves d'adulte. Ce n'est que vers 4 ans que les rêves deviennent beaucoup plus riches. Par le rêve, les frontières du réel explosent, il offre un espace où, contrairement au quotidien diurne, tout est permis, sans logique ni contrainte. ■

■ MON AVIS

L'inventeur de la science des rêves, Sigmund Freud, a dit que les rêves protégeaient le dormeur. Mais avant cela, le rêve organise le vécu futur de l'enfant. C'est au cours du sommeil paradoxal qu'il se produit, alors que le cerveau est en pleine activité électrique, preuve aussi d'une activité psychologique. Le rêve existe bien avant la naissance. On sait que le fœtus rêve en même temps que sa mère et certains ont émis l'hypothèse que c'est ainsi que se transmettaient les goûts et les émotions. En grandissant, l'enfant traverse toujours une période où le rêve devient angoissant. La peur d'un objet, d'un individu, la peur d'être abandonné, la peur d'un bruit peuvent être supports de rêves. À cet âge, ce type de rêves prépare l'organisation de ce qui sera plus tard physiologique : les phobies. Peur du noir, peur de la forêt, peur du vide seront petit à petit normalement maîtrisées. Les premiers rêves de votre enfant vous démontrent qu'il a une vie psychique en dehors de vous, le rêve est une autonomie psychologique. ■

1RE SEMAINE

1ER MOIS

2 À 3 MOIS

4 À 5 MOIS

6 À 7 MOIS

8 À 9 MOIS

10 À 11 MOIS

1 AN

1 AN 1/2

2 ANS

2 ANS 1/2

3 ANS

4 ANS

5 ANS

6 ANS

ANNEXES

Les jeux qui font rire

Pour être sûr de votre succès, essayez donc l'un des amusements suivants, ils sont infaillibles : vous vous cachez, puis vous réapparaissez (il va adorer) ; vous le poursuivez à quatre pattes ; vous lui faites les marionnettes ; vous l'embrassez sur le ventre ou dans le cou ; vous le chatouillez.

À cheval sur mon bidet... La petite bête qui monte... Polichinelle monte à l'échelle... autant de petites chansons, de petites histoires qui rythment depuis fort longtemps les jeux entre enfants et adultes, déclenchant sourires, rires et gloussements. En fait, l'étude de ces textes et de leur gestuelle montre que derrière les rimes légères se cache une véritable fonction. Elles donnent un alibi à un réel corps à corps adulte-enfant où la caresse est de nature sensible. Mais avec des limites fixées par des règles d'interprétation. Le « guili-guili » donne à l'enfant conscience de sa peau et de ses sensibilités les plus secrètes, le balancement, les chutes surprises et retenues apportent d'autres plaisirs sensuels. Les mots qui désignent ces jeux sont souvent composés de la lettre « i » favorisant ainsi le sourire et le rire, et de bilabiales bien connues des enfants dans les mots chéris de papa et maman. Ces comptines sont si essentielles dans l'élaboration du schéma corporel de l'enfant et dans son psychisme qu'elles existent pratiquement dans toutes les langues et sous toutes les latitudes. ■

Soigner par le rire

Un enfant gai est un enfant en bonne santé. Le rire apporte la détente, la sérénité, enlève le stress et peut transformer une situation conflictuelle, tendue, en un moment de partage et de bonheur absolu. Les médecins constatent souvent que le début d'une maladie grave se signale par la disparition du sourire et du rire, ainsi que du jeu. À l'inverse, dès que l'enfant va mieux, il retrouve sa bonne humeur.

L'importance du rire en milieu hospitalier n'est plus à prouver. L'association « Le rire médecin » en a fait sa raison d'être : régulièrement, le Dr Girafe et le Dr Chou-Fleur visitent les enfants malades pour les entraîner à participer à leurs facéties et à rire de leurs pitreries. Une manière pour les petits patients d'oublier quelques instants leurs souffrances. ■

■ MON AVIS

Déjà dans le ventre maternel, le fœtus sourit, c'est un sourire neurologique qui naît au cours du sommeil. Dans les premiers mois de sa naissance, le bébé continue de sourire et plus ses parents le remarquent, plus il sourit, passant du sourire neurologique au sourire signal ou au sourire émotion. Le sourire social est le fondement de l'humanité. Très vite, le sourire est associé au rire. Lorsqu'un bébé rit, ses parents pensent à juste raison qu'il est en bonne santé psychologique et organique. D'ailleurs faire rire leur bébé est une des plus importantes priorités des parents. Instinctivement, ils savent que c'est la surprise et l'anticipation des situations originales qui le font éclater de rire. Chaque parent élabore sa stratégie du rire, les pères étant souvent les plus doués, sans doute pour compenser leur plus grande absence. Plus tard, à l'école maternelle, ce sont les mots qui feront rire, comme le fameux « caca-boudin ». ■

Du sourire au rire

1RE SEMAINE

1ER MOIS

2 À 3 MOIS

4 À 5 MOIS

6 À 7 MOIS

8 À 9 MOIS

10 À 11 MOIS

1 AN

1 AN 1/2

2 ANS

2 ANS 1/2

3 ANS

4 ANS

5 ANS

6 ANS

ANNEXES

AU-DELÀ DE 18 MOIS, L'ENFANT EXPÉRIMENTE LES DIFFÉRENTES NUANCES DU SOURIRE. Le sourire supérieur (qui découvre les dents supérieures) signifie : « Je suis heureux de vous rencontrer et je désire devenir votre ami. »

Un rictus utile

Plus la personne à qui le sourire s'adresse a des liens d'amitié profonde avec l'enfant, plus il est prononcé. Il est aussi utilisé pour les photos, quand on demande à l'enfant de poser : il est alors figé. Le mouvement des minuscules muscles oculaires est beaucoup plus révélateur de sa signification que celui des lèvres. En effet, ils n'obéissent pas à notre volonté. Un vrai sourire s'accompagne toujours du plissement, plus ou moins accentué, de ces muscles.

Toute une gamme de sourires

Le sourire supérieur est souvent associé à un mouvement de sourcils. Il peut aussi avoir une signification de doute ironique ou d'étonnement amusé : l'enfant retrousse la lèvre supérieure, ouvre un peu la bouche, mais, dans ce cas, les muscles autour des yeux ne bougent pas. Le sourire inférieur est moins ambigu. De cette façon, l'enfant reproduit l'expression agressive des grands. Il menace. Il ne cherche pas à mordre mais veut imposer sa volonté. Il s'accompagne d'un regard profond et fixe. Ce sourire est celui d'un enfant qui a une très grande confiance en lui. Il est très utilisé dans les jeux, bien sûr, pour impressionner les copains. Certains cèdent, d'autres se rebiffent, et d'un sourire peut naître une bagarre.

Au sommet de la gamme se trouve le sourire large : les dents du haut et du bas sont découvertes. Il est toujours franc et apparaît quand l'enfant est détendu. C'est le sourire communicatif par excellence. Des études menées par deux psychologues américains nous donnent un peu plus de précisions. Les enfants sourient plus facilement de cette façon quand ils sont en groupe que seuls.

Une manifestation sociale

Pour le Dr Daniel Stern, pédopsychiatre et psychanalyste américain, le rire déclenché par la stimulation des sens apparaît très précocement entre le 4e et le 8e mois. Il commence à être sensible aux chatouilles et adore la surprise attendue du jeu de cache-cache. Mais ce n'est que plus tard, à partir de 10-12 mois, qu'il devient social et se déclenche en réponse à toutes sortes d'images insolites telles qu'un animal au zoo, des grimaces, une chute spectaculaire. Avec le temps, il apparaît dans des contextes de plus en plus précis. Le rire est bien sûr une émotion, mais c'est aussi une manifestation physique de tout le corps. Il permet à l'enfant d'explorer tout un registre d'intonations vocales, et de s'essayer aux vocalises les plus fantaisistes.

Il semble que les pères suscitent plus souvent le rire en jouant avec les enfants, alors que câlins et sourires sont plutôt destinés aux mères. Les garçons rient autant avec des filles qu'avec des garçons. Les filles, elles, le font davantage en compagnie des garçons.

L'enfant rit plus ou moins intensément selon son âge, mais pas toujours des mêmes choses. Plus il grandit, plus les occasions de s'amuser sont nombreuses. ▪

Les jouets ont un sexe

Des observations faites en ludothèque montrent que jusqu'à 18 mois environ, les garçons et les filles choisissent les mêmes jouets. Le Pr Reddé de l'université de Bordeaux a quantifié ces choix : vers 18 mois, 27 % des garçons vont spontanément vers les camions et les personnages tels que les cowboys ou les Indiens, alors que les filles choisissent les dînettes et les landaus. Plus l'enfant grandit, plus son choix est typé, transformant si besoin des jouets asexués en jouets sexués de façon à satisfaire les besoins de son imaginaire.

De son côté, Boris Cyrulnick, éthologue et psychiatre, a filmé un certain nombre de mères jouant à la poupée avec leurs enfants, garçons et filles, âgés de quelques semaines. Il a alors pu constater l'importance et la différence des gestes selon le sexe de l'enfant. Ainsi, les mères tendent à leur fille la poupée en souriant, en leur parlant tendrement ; elles approchent le visage de la poupée vers celui de l'enfant. Avec les garçons, elles font preuve de beaucoup moins de tendresse, elles sont moins souriantes avec eux et la poupée, qu'elles tiennent avec une certaine maladresse, leur tombe parfois des mains. ■

Le cerveau des filles et celui des garçons

Il semble que l'un et l'autre n'utilisent pas de manière identique les deux hémisphères de leur cerveau. L'homme aurait tendance à bien différencier la fonction de chaque hémisphère, alors que la femme ferait travailler ses deux hémisphères. Différentes études tendent à démontrer que, grâce à cela, les garçons ont une vision plus synthétique, alors que les filles analysent et décortiquent les informations. ■

L'éducation des petits garçons

Sociologues et ethnologues étudient les rapports de force entre les différents membres d'une famille et les soins donnés aux enfants. Voici les observations du sociologue américain Scott Coltrane. Lorsque les femmes ont une position sociale supérieure, le père participe aux soins du bébé. Elles sont partie prenante dans les décisions familiales et collectives. Les petits garçons ainsi élevés par leurs deux parents ne seraient donc maintenant plus obligés, pour rompre avec une identification précoce et profonde à la mère, de s'identifier fortement à leur père par des conduites machistes. ■

■ MON AVIS

Garçon et fille induisent chez leurs parents des comportements différents. Les pères, notamment, ont des jeux plus intenses et plus physiques avec leur garçon qu'avec leur fille, les mères quant à elles ont des attitudes différentes au moment des repas : elles incitent facilement les filles de manière autoritaire à finir leur repas, alors qu'elles entretiennent une relation plus tendre avec les garçons. Ainsi, c'est dans le comportement des adultes que les enfants repèrent très précocement leur sexe. Le sexe psychologique apparaît au cours de la deuxième année. Le choix des jouets offerts à l'enfant est alors déterminant. Les garçons jouent très tôt avec des jeux de garçons et les filles avec des jeux de filles. Les garçons comme les filles font leurs choix propres. À l'exclusion du jouet objet transitionnel qui est asexué, il est important de donner aux enfants des jouets qui correspondent à leur sexe. Mais certains petits garçons vont jouer tôt comme des filles et, réciproquement, des filles comme des garçons. ■

Les différences entre les garçons et les filles

C'EST LA MORPHOLOGIE QUI DIFFÉRENCIE ESSENTIELLEMENT LES NOURRISSONS filles des garçons, ces derniers étant plus lourds qu'elles à la naissance. Un écart qui s'estompe au fil des mois puisqu'on constate qu'elles ont ensuite un âge osseux en avance de pratiquement un mois par rapport à celui des garçons.

Problèmes de précocité

En ce qui concerne le développement psycho-moteur, on note là aussi des différences : les garçons sont, dans leur majorité, plus toniques que les filles, ce qui leur permet de se mettre souvent debout avant elles et de marcher plus précocement. Par contre, dès leur naissance, elles semblent avoir un potentiel sensoriel plus élaboré : elles manifestent un goût précoce et certain pour la voix humaine, elles sont particulièrement sensibles aux odeurs et sont capables de fixer beaucoup plus longtemps le visage de leur mère que les garçons. Plus tard on s'aperçoit encore qu'elles saisissent mieux les objets en raison d'une meilleure préhension fine.

Des caractères différents

Le caractère les sépare aussi, les petits garçons sont souvent craintifs, ils pleurent facilement et se consolent un peu plus difficilement. À l'inverse, les petites filles sont plus sociables, elles ont à leur disposition une gamme riche de mimiques expressives, sourient volontiers et parlent souvent précocement et correctement, ce qui leur permet, dès 18 mois, d'entrer en contact avec d'autres enfants du même sexe : elles adorent se toucher, se caresser. Au même âge, il semble que les garçons ont entre eux des jeux plus brutaux et que, mêlés à un groupe de filles, ils sèment la bagarre. Les garçons sont inattentifs, s'éparpillent dans leurs activités, sont en perpétuel mouvement, adorent jeter les objets en l'air, taper dans les ballons alors qu'ils tiennent à peine debout et se constituent déjà en bandes où règne un début de hiérarchie. Les filles, elles, sont plus appliquées et attendent d'avoir terminé une activité pour en commencer une autre.

Des comportements à part

On a longtemps cru que les filles et les garçons se différenciaient vraiment vers 2 ans, âge bien marqué généralement par la diversité des vêtements. Or, il semble que la distinction se fasse beaucoup plus tôt. Il existerait une « féminité » primaire au berceau, acquise par les mots et les gestes maternels. Le bébé fille, en raison de la ressemblance des sexes, est porteur pour la mère d'encore plus d'espoir que le bébé garçon, elle lui donne de manière inconsciente des indications sur le type de femme qu'elle aimerait qu'elle soit plus tard. Des aspirations qui se transmettent par diverses attitudes : par la manière de parler aux petites filles, par le vocabulaire employé et, bien sûr, par les habitudes vestimentaires. ■

" C'est aussi le regard des parents qui crée des différences ; avec le temps elles s'accentueront sous l'effet des normes sociales. "

1ʳᵉ SEMAINE

1ᵉʳ MOIS

2 À 3 MOIS

4 À 5 MOIS

6 À 7 MOIS

8 À 9 MOIS

10 À 11 MOIS

1 AN

1 AN 1/2

2 ANS

2 ANS 1/2

3 ANS

4 ANS

5 ANS

6 ANS

ANNEXES

La chirurgie esthétique

Elle se pratique chez l'enfant de moins de 3 ans dans des cas bien précis : ainsi la chirurgie cranio-faciale est indispensable dans le cas de sutures crâniennes trop précoces, ou encore lorsque le crâne de l'enfant a une forme par trop inesthétique. Un certain nombre d'angiomes sont opérés très tôt. Selon leur nature, il y a ablation ou injection de produits sclérosants ou « embolisation » : on bouche les vaisseaux. Enfin, dans le cas d'angiomes superficiels, on emploie le laser. On traite aussi par la chirurgie les nævi géants, taches brunes couvertes de duvet. Dès 6 mois, il est possible de réparer une main mal formée, par exemple une déviation des doigts, une flexion permanente d'un doigt, un doigt surnuméraire ou la séparation de deux doigts accolés. Les pieds-bots sont aussi opérés, souvent après des essais de rééducation. ■

Opération, mode d'emploi

L'opération d'un petit requiert la même technicité, le même personnel (pas moins de 6 personnes) et les mêmes précautions que pour un adulte. Si votre bébé a moins de 6 mois, il recevra de la vitamine K avant l'opération, afin d'éviter toute transfusion.

• Le matériel est prévu à la taille de l'enfant : petite table chirurgicale, instruments à son échelle... jusqu'au fil chirurgical qui est adapté et aussi fin qu'un cheveu.

• Actuellement, toutes les opérations sont réalisées avec une loupe ou un microscope. Dans la mesure du possible, elles se réalisent en hôpital de jour, ce qui permet à l'enfant de repartir le soir même à son domicile.

• Très souvent, l'anesthésie est locale et utilise des drogues moins fortement dosées que pour les adultes. Selon les cas, on peut l'anesthésier légèrement pour l'empêcher de bouger. ■

■ MON AVIS

Les hôpitaux français pour enfants ont fait d'extraordinaires progrès, suivant en cela les hôpitaux américains et ceux de l'Europe du Nord. Le jeu est entré à l'hôpital, faisant la liaison entre la vie quotidienne de l'enfant, son opération et surtout sa sortie. De nombreux soins culturels se sont développés, notamment la musique. Aujourd'hui, dans certains hôpitaux, on accompagne les enfants jusqu'au bloc opératoire en leur jouant de la guitare et en leur chantant des chansons. Ils retrouvent cette ambiance musicale au réveil. Mais ce qui a le plus changé, c'est sans doute la place que l'on fait pratiquement partout aux parents et, bientôt, on n'hospitalisera plus les enfants sans un de ses parents. Des maisons des parents au sein même de l'hôpital se sont créées dans tous les établissements spécialisés dans l'accueil des petits. Avoir ses parents à son chevet est d'un réconfort extraordinaire pour le petit malade.

Les jouets ont aussi envahi ce lieu, un peu partout des ludothèques sont intégrées aux unités de soins et les enfants hospitalisés peuvent emporter leurs objets familiers. Ainsi, ils peuvent panser, soigner, plâtrer, piquer ou prendre la tension de leur peluche ou poupée. Je connais même un chirurgien qui opère les ours en peluche, prouvant ainsi qu'il sait jouer comme un enfant. L'enfant à l'hôpital doit aussi rester en relation avec ses amis, avec ses frères et sœurs, avec ses grands-parents. Tout doit être mis en œuvre pour que ce séjour devienne un épisode accessoire de sa vie, qu'il l'oublie au plus vite et qu'il n'ait aucune conséquence sur son développement. ■

Le séjour à l'hôpital

UNE HOSPITALISATION NE SE FAIT PAS TOUJOURS EN URGENCE. Dans ce cas, l'enfant sera moins anxieux au moment de la séparation s'il a été préparé à l'événement. C'est, encore une fois, le dialogue parents-enfant qui a de l'importance.

Donner une explication

L'hospitalisation est une véritable épreuve pour un petit enfant. Autant la dédramatiser le plus possible. Quel que soit son âge, il est essentiel de dire la vérité avec des mots simples. Racontez-lui l'histoire d'un enfant à qui pareille aventure est arrivée, ou faites un dessin pour lui expliquer. Dites-lui que quelque chose ne marche plus dans son corps, que des gens très gentils vont le lui réparer et qu'après il pourra rentrer à la maison. S'il est bon de le mettre au courant, attendez toutefois la dernière semaine avant son hospitalisation. Il est inutile de l'inquiéter trop longtemps à l'avance.

Préparez le petit malade

Il sera moins perdu si vous lui avez décrit les lieux, les autres petits malades, le rôle des médecins et du personnel soignant. Si l'enfant doit subir des examens ou des soins douloureux, il est préférable de l'en avertir, tout en le rassurant sur le pourquoi de ces gestes et le peu de temps que va durer la douleur. Il sera d'autant plus confiant qu'il vous sentira détendus et que vous l'assurerez de rester le plus longtemps possible à ses côtés. Les enfants récupèrent mieux après une opération et ont moins de troubles psychosomatiques tels qu'incontinence ou cauchemars lorsqu'ils ont été préparés à l'avance. Si votre bébé a moins de 18 mois, restez le plus possible auprès de lui.

Il est recommandé de se faire héberger dans sa chambre ; en effet cette tranche d'âge est très sensible aux perturbations de la vie quotidienne. Ne vous inquiétez pas si, après son retour à la maison, il est encore un peu perturbé et refuse obstinément de se séparer de vous. Laissez-lui le temps de « digérer » son expérience !

Penser aussi aux parents

Aujourd'hui, beaucoup d'hôpitaux hébergent les parents. Dans le cas d'une hospitalisation longue, il est indispensable qu'ils se reposent aussi, et l'enfant doit être préparé à ces absences. Il supportera mieux les départs s'il sait à quel moment ses parents reviennent et si ces derniers sont ponctuels. Un certain nombre de grands centres hospitaliers, spécialistes en pédiatrie, ont réfléchi à l'accueil des parents. Ce sont des « hôtels » au sein de l'hôpital. Très souvent leur construction ou leur aménagement au sein de l'hôpital est le fait d'associations privées qui en assurent le financement. La présence des parents facilite le séjour à l'hôpital et les douloureuses séparations quotidiennes. Par ailleurs, on remarque souvent de petites difficultés relationnelles lors du retour à la maison. L'enfant se sentira soulagé s'il peut raconter ce qu'il a vécu. Si votre enfant est malade, gardez bien à l'esprit que vous êtes toujours ses parents. C'est ce qui compte, votre enfant ne peut avoir le sentiment que vous l'abandonnez parce qu'il est malade. ■

« La maladie, grave ou bénigne, ne doit rien changer à votre proximité et à votre affection. »

1RE SEMAINE

1ER MOIS

2 À 3 MOIS

4 À 5 MOIS

6 À 7 MOIS

8 À 9 MOIS

10 À 11 MOIS

1 AN

1 AN 1/2

2 ANS

2 ANS 1/2

3 ANS

4 ANS

5 ANS

6 ANS

ANNEXES

Les dangers du soleil*en savoir plus*

Soleil et rachitisme

Pour lutter contre le rachitisme, le soleil est indispensable. Jusqu'à l'âge de 3 ou 4 ans, l'apport en vitamine D ou en provitamine D dans la nourriture quotidienne est insuffisant pour les besoins de l'organisme.

Il semblerait que les provitamines D liposolubles soient présentes dans l'épiderme. Sous l'action des ultraviolets, il se produit une transformation moléculaire permettant la synthèse de la vitamine D qui passe dans le sang.

La quantité de vitamine D est donc directement proportionnelle à la quantité d'ultraviolets que reçoit l'épiderme.

Différentes études médicales ont montré qu'une exposition de 10 à 15 minutes, entre 11 et 14 heures pendant l'été, trois fois par semaine, suffisait pour assurer une synthèse correcte de la vitamine D par l'organisme de l'enfant. D'autre part, ces recherches ont démontré que les enfants sont exposés au soleil trois fois plus que les adultes.

À l'inverse de ceux-ci, qui se mettent au soleil uniquement pour bronzer, c'est une « exposition active » qui est moins nocive. ■

Bien protégé

Pour éviter chez l'enfant tout accident dû au soleil, il faut veiller à trois choses : à la couleur de la peau, au type de soleil, à la fréquence et à la durée des expositions. Tous les temps d'exposition normaux des adultes doivent être divisés par deux pour les enfants. Pour les sujets sensibles (les roux et les blonds), évitez les expositions entre 11 heures et 14 heures.

Sur les bords de la Méditerranée, le temps d'exposition ne doit jamais entraîner plus qu'une simple rougeur passagère. L'enfant doit être notamment protégé par des filtres solaires, et il ne doit être découvert que pour des « expositions contrôlées ». C'est d'ailleurs l'occasion de lui faire comprendre que le soleil peut être dangereux et qu'il convient de ne pas en abuser. ■

Les dangers du soleil

1RE SEMAINE

1ER MOIS

2 À 3 MOIS

4 À 5 MOIS

6 À 7 MOIS

8 À 9 MOIS

10 À 11 MOIS

1 AN

1 AN 1/2

2 ANS

2 ANS 1/2

3 ANS

4 ANS

5 ANS

6 ANS

ANNEXES

LA PEAU DE L'ENFANT EST PLUS SENSIBLE QUE CELLE DE L'ADULTE parce qu'il naît avec un système mélanocytaire qui n'a jamais été stimulé. On observe seulement une pigmentation naturelle de base.

Une fragilité naturelle

La pigmentation est assurée par les mélanocytes et par les kératinocytes qui entrent dans la composition des couches supérieures de l'épiderme. Leur fonction est de fabriquer un pigment, la mélanine, et de le transmettre aux cellules. La peau est très fragile, il faut du temps pour que le système mélanocytaire se mette en route. Chez un enfant normal, qui ne présente pas de pathologie particulière, les réactions de la peau au soleil sont bonnes à condition que certaines règles soient respectées.

Le coup de soleil

Le coup de soleil est une véritable brûlure de l'épiderme et des vaisseaux superficiels. L'agression par les rayons ultraviolets entraîne la déperdition en sérum des vaisseaux et une inflammation avec rougeur et douleur, qui n'apparaissent qu'au bout de 3 à 10 heures selon l'intensité de l'exposition et persisteront de 48 heures à 3 jours. Assez vite, entre en jeu un mécanisme de réparation et de protection : tout d'abord, les mélanocytes eux-mêmes, excités par les ultraviolets, vont fabriquer de nouvelles mélanines, en grande quantité ; ensuite, les cellules de la couche basale qui ont reçu cette irradiation réagissent en se multipliant et l'épiderme s'épaissit. Les quinze couches cellulaires dont il est constitué peuvent doubler.

Pour éviter à l'enfant les désagréments, voire la douleur des coups de soleil, il est préférable de protéger sa peau par une crème spéciale et même parfois par un vêtement de coton clair. Attention : les vêtements foncés absorbent les infrarouges qui provoquent une élévation de la température au niveau de la peau, donc du corps. Quant aux vêtements mouillés, quelle que soit leur couleur, ils laissent passer les UV et ne sont plus alors d'aucune protection.

L'insolation

Les coups de soleil peuvent donner un peu de fièvre et sont parfois associés à des symptômes d'insolation qui demandent alors la consultation immédiate d'un médecin. Voici comment les reconnaître : l'enfant a été exposé un certain temps au soleil sans chapeau, il devient pâle et moite, il se plaint de maux de tête et de nausées, sa température dépasse les 38 °C. Il est impératif d'allonger l'enfant au frais, de le déshabiller et de lui donner à boire de l'eau légèrement salée.

Mais sans aller jusqu'à ce stade, une trop grande exposition au soleil ou à la chaleur (dans une voiture ou sous une verrière) peut provoquer une déshydratation, d'autant plus que l'enfant ne sait pas encore réclamer à boire.

Des lunettes à verres filtrants

Les yeux des enfants sont aussi particulièrement sensibles à la lumière forte et à la réverbération. Faites-leur porter de vraies lunettes à verres filtrants achetées chez un opticien.

Il semble que la dégénérescence de la maculât de l'adulte puisse être le résultat d'une mauvaise protection oculaire au cours de l'enfance. ■

Il dit « non » sur tous les tons

VOTRE ENFANT SAIT CE QUE VEUT DIRE « NON », ses parents utilisant tellement souvent ce mot. Aujourd'hui, ses nouvelles capacités de langage lui permettent de l'intégrer à son vocabulaire. Il adore le dire car c'est par l'opposition que l'enfant s'autonomise et devient différent des grands qui l'entourent.

Une soif de pouvoir

Il traverse une phase d'opposition qui est pourtant à nuancer. S'opposer pour lui n'est pas forcément nouveau, il le faisait déjà à l'âge de quelques mois avec plus ou moins d'intensité, en détournant la tête, en poussant des cris ou par des manifestations physiques telles que diarrhée ou régurgitation. Le langage lui donne maintenant la possibilité de dire ce qu'il essayait d'exprimer par son corps. Mais sa première difficulté va être de comprendre pourquoi ses parents disent « non » à certaines de ses propositions ou situations alors qu'ils se les permettent : il y a donc derrière ce petit mot une assurance, un pouvoir que l'enfant souhaite acquérir.

Un « non » qui veut dire « oui »

C'est pourquoi l'enfant va dire « non » à pratiquement tout pour le simple plaisir de pouvoir le prononcer. Il ne faut donc pas le prendre au pied de la lettre, il ne signifie pas une opposition systématique, c'est une expression du plaisir de la langue qu'il s'offre sur tous les tons et à tout propos. Le laisser faire, c'est lui donner le temps d'évaluer toutes les facettes de ce mot magique. Il suffit de renouveler la demande une ou deux fois pour constater que ce « non » peut vouloir exprimer un « oui ». L'enfant ne manque pas de logique, il se pose simplement en être autonome capable de disposer de lui, ce qui ne veut pas dire qu'il n'est pas d'accord avec ce que ses parents lui proposent. Il cherche le dialogue.

Puis avec le temps et l'expérience, les interdictions des parents seront de plus en plus insupportables pour lui qui veut être actif dans la vie.

Dialoguer autour du « non »

Les sentiments de l'enfant sont alors partagés entre l'amour pour celui qui interdit et l'agression que cela représente sur son autonomie. Pour sortir de cette situation angoissante, il décide de choisir l'agressivité et dit « non » à son tour, pris dans un phénomène d'identification. L'attitude des parents a alors beaucoup d'importance : si l'adulte s'oppose à l'enfant par la force des mots ou du geste, le conflit est inévitable et le dialogue se termine par des cris, des pleurs et une colère. L'éducation à ce stade de développement est affaire de compromis. Pour persuader l'enfant, par exemple, de quitter ses jeux pour passer à table ou de rentrer à la maison après une promenade au square, il faut l'avertir, le prévenir qu'il devra changer d'activité. Cela ne l'empêchera pas de dire « non », mais avec moins de vigueur puisqu'il aura eu un peu de temps pour intégrer le changement qu'on lui impose. Ayant un peu l'impression de participer à la décision, il obéira plus facilement. Vers 2 ans, les « contraintes » lui deviendront plus acceptables, il est alors capable de discerner ses désirs propres, il sait ce que veut dire « plus tard » et comprend que ce qu'il souhaite peut être différé.

Ce qui ne l'empêche pas de s'opposer et par là même de tester son interlocuteur et de s'inter-

1RE SEMAINE

1ER MOIS

2 À 3 MOIS

4 À 5 MOIS

6 À 7 MOIS

8 À 9 MOIS

10 À 11 MOIS

1 AN

1 AN 1/2

2 ANS

2 ANS 1/2

3 ANS

4 ANS

5 ANS

6 ANS

ANNEXES

roger sur sa légitimité. Celui-ci est bien souvent amené à s'expliquer, perdant un peu de sa toute-puissance. Par la parole, chacun sort d'une position stérile de repli sur soi et engage le compromis, base d'une vie sociale normale. L'enfant, en refusant ce que l'adulte estime nécessaire, fait connaître sa volonté sans nuance, mais il attend aussi une réponse qui ne soit ni esquive ni silence. Il a besoin d'entendre les différences entre ce qui n'est pas souhaitable, ce qui n'est pas possible et ce qui est totalement interdit.

Les registres du « non »

Souhaiter est du domaine du désir et sujet à modification d'un moment à un autre, d'une situation à une autre, d'une famille à une autre. Il s'exprime par « non, je ne veux pas ». Ce qui n'est pas possible enseigne la patience et ouvre le rêve qui rend tout accessible, « non, tu ne peux pas », « non, tu es trop petit » sont les formes les plus courantes de cette opposition. Enfin « non, tu ne dois pas » exprime un interdit pour tous et sans discussion possible. En grandissant, l'enfant apprendra à se servir de tous ces registres.

« Non » pour maman

Le « non » se dit donc dans la bouche des enfants comme des adultes sur tous les tons. Il semble que les mères aient plus de mal à le supporter que les pères, y voyant une manifestation de caprice difficilement acceptable. Les psychologues font remarquer que la plupart des mères sont partagées entre le souhait de rendre l'enfant plus autonome et la réalité de le laisser de jour en jour leur échapper. L'autonomie se conquiert parfois plus souvent qu'elle ne s'acquiert. De plus, elle se gagne davantage contre la personne qui s'occupe le plus de l'enfant : dans 99 % des cas, la mère. Trouver en sa mère – la personne que l'on chérit plus que tout et qui vous sécurise comme nulle autre – un obstacle inquiète et à la fois rassure. ■

Sa chambre, son territoire privé

Vers 18 mois, sa chambre est son territoire, là où il fait ses premiers pas, là où il doit vivre pleinement sa toute nouvelle autonomie. Libérez-lui au maximum l'espace, repoussez les meubles vers les angles des pièces, installez-lui au milieu un grand tapis de jeux et, si vous ne l'avez encore fait, investissez dans un coffre à jouets, véritable malle aux trésors. Pour l'éclairage, suspendez une lampe ou un lampion au milieu de la pièce, seul moyen de bien voir le soir et en toute sécurité. Pour les murs, préférez un revêtement clair et lavable, il ne va pas tarder à y tracer ses premiers chefs-d'œuvre. À cet âge, il a déjà des goûts bien affirmés, presque comme un adolescent, aussi n'hésitez pas à lui demander son avis. ■

Produits ménagers

Certains fabricants de produits ménagers ont mis au point, sur leurs produits dangereux, des bouchons de sécurité nécessitant la coordination de deux gestes : visser et pousser.

D'autres industriels ont choisi des conditionnements ne permettant pas à l'enfant d'accéder au produit. Par exemple, certaines poudres à laver, notamment réservées au lave-vaisselle et terriblement corrosives, sont conditionnées dans des flacons équipés d'un distributeur et d'un bouchon de fermeture, qui sont bien trop gros pour être ouverts par des mains d'enfant, ou qui ont la forme de très gros comprimés qu'un enfant est incapable d'avaler. Préférez les conditionnements en tablettes, souvent individuellement emballées, elles obligent à des manipulations compliquées pour un enfant. Enfin, n'hésitez pas à mettre des systèmes anti-infraction à vos portes de placards, notamment à celles qui sont situées en partie basse. ■

La punition

La fessée est plus souvent l'expression de la panique qu'un acte d'autorité efficace. Même si la fessée l'a emporté sur le dialogue, il est bon que ce dernier s'instaure, une fois le calme revenu. Les psychologues sont loin d'être d'accord sur la notion d'autorité. Le Dr F. Dodson est favorable à la précocité des punitions : « Trop de mères ont peur de donner une fessée à leurs enfants, elles ont tendance à crier beaucoup et à négocier, ce qui minimise l'autorité parentale. » Pour T. Brazelton, une bonne autorité tient en l'élaboration de limites précises et raisonnables à expliquer dès la toute petite enfance. La punition ne doit pas humilier l'enfant. Avertir mais ne rien interdire : Bruno Bettelheim qualifie la punition de dégradante et traumatisante car elle ébranle la confiance que l'enfant a en ses parents. ■

▌ MON AVIS

Il ne faut jamais lui infliger des punitions corporelles : la fessée et tous les coups risquent de faire entrer parents et enfant dans un cercle vicieux, l'enfant souhaitant les coups et les recevant de plus en plus souvent. Cela peut le conduire à l'hôpital, notamment si ses parents traversent une période dépressive. Il est impératif que vous supprimiez la fessée de votre panoplie éducative, d'autant qu'elle ne fait qu'affermir l'attitude d'opposition de l'enfant. Le danger est aussi de le fixer dans une attitude masochiste : plus ses parents le battent, plus ils l'aiment et plus il fait de bêtises. Il va croire que les coups sont la preuve de leur amour. Si vous vous sentez incapable de faire face à un enfant qui vous semble trop turbulent, si vous sentez que vous n'êtes plus en état de maîtriser la relation avec votre bébé, n'hésitez pas à consulter un spécialiste. ■

Ses premières bêtises

1RE SEMAINE

1ER MOIS

2 À 3 MOIS

4 À 5 MOIS

6 À 7 MOIS

8 À 9 MOIS

10 À 11 MOIS

1 AN

1 AN 1/2

2 ANS

2 ANS 1/2

3 ANS

4 ANS

5 ANS

6 ANS

ANNEXES

IL A LA RÉPUTATION D'ÊTRE UN « TOUCHE-À-TOUT »... Et la réaction classique de l'adulte consiste à interdire ; l'expression « ne touche pas » ponctue souvent tous ses déplacements. Et pourtant, toucher, pour lui, c'est apprendre. Appréhender avec les mains est aussi important pour le développement de votre enfant qu'avec les autres sens.

Tout explorer

À l'âge de l'autonomie, ou presque, manipuler du regard ne saurait lui suffire. Il lui faut tout explorer, tripoter, démonter... Il est d'ailleurs injuste de dire de lui qu'il touche à tout ; seules attirent son attention les choses qu'il connaît déjà un peu : les objets familiers de son environnement, les objets qu'il a vus entre les mains de ses parents et, bien sûr, ceux qui lui sont en permanence interdits. Ces derniers sont chargés d'encore plus de mystère. Mais, le plus souvent, c'est l'imitation de l'adulte qui le guide.

Pour Françoise Dolto, si l'enfant fait des « bêtises », c'est qu'il agit sur l'exemple de l'adulte. Éduquer un enfant, pour elle, c'est l'informer sur les conséquences anticipées de son acte.

L'attrait du neuf

Pourquoi l'adulte interdit-il ? Par crainte du danger : d'abord pour l'enfant lui-même, puis pour les précieux objets auxquels il est attaché. Il en est qui, en aucun cas, ne peuvent être laissés à la portée de l'enfant ; aux parents de prendre leurs responsabilités. Pour les autres, le petit enfant a besoin d'être accompagné dans sa découverte. À vous de le surveiller pour limiter les gestes maladroits sans jamais laisser apparaître de tension. L'enfant la percevrait tout aussitôt et deviendrait encore plus maladroit.

Explications, démonstrations l'aideront à mieux saisir, tenir, maintenir. Les objets bien connus perdront alors l'attrait du neuf. Ceux qui sont « dangereux » peuvent aussi lui être montrés ; même un enfant aussi petit est capable de comprendre qu'ils peuvent faire mal. Dans ce cas, bien sûr, mieux vaut prendre les devants de l'expérimentation.

Les interdits

Trop d'interdits apportent souvent l'effet inverse de celui espéré. De plus, l'enfant qui n'a aucune conscience des dangers est incapable de comprendre le pourquoi de ces interdits. Par contre, il adore la provocation. Face aux bêtises, mieux vaut souvent la ruse et l'explication que la contrainte. L'enfant comprend parfaitement le « non » et ce qu'il signifie ; lui qui est en pleine crise d'opposition en apprécie la fonction. Un enfant discipliné est celui qui a compris le pourquoi des règles qu'on lui demande de respecter. Les menaces telles que « Si tu n'es pas sage, je te laisse ici, tout seul », ou, plus grave, « Je ne t'aime plus », créent chez l'enfant, qui les prend toujours à la lettre, une véritable angoisse, bien souvent la cause, ensuite, d'agressivité et de craintes excessives. ■

❝ La justification par des mots simples de vos interdits est le plus sûr moyen qu'ils les retiennent. Énoncez-les donc toujours clairement. ❞

Il manque d'appétit

On constate souvent que l'enfant mange moins qu'auparavant au moment des premiers pas. Rien n'est plus normal : les plaisirs de la table passent alors au second plan, derrière ceux de la marche. Qui plus est, refuser la nourriture est aussi une façon de s'opposer. Quelques semaines plus tard, l'enfant retrouvera l'envie de manger. La patience aidera à dépasser ce moment de tension entre parents et enfant. Plus que tout autre, l'enfant malade ne doit pas être forcé. La plupart du temps, son organisme règle lui-même ses besoins. Si l'enfant a un appétit normal, essayez plutôt de lui donner des aliments variés et faciles à digérer. Les études montrent que les enfants acceptent relativement bien les nouveaux aliments. Par contre, tout se gâte vers 2 ans. À cet âge, seul un enfant sur quatre aborde alors les nouveaux aliments sans aversion et même, ceux qui étaient jusqu'alors acceptés, peuvent être recrachés avec dégoût. C'est notamment le cas des légumes. En fait, les enfants refusent de plus en plus une alimentation variée. ∎

Un petit goûter souvent apprécié

Le goûter est un mini-repas composé de pain, de fromage ou de tout autre produit laitier et de fruits. Il constitue en tout 15 % environ de la ration alimentaire quotidienne. Comme tout autre repas, il sera plus agréable s'il est pris à table dans une atmosphère détendue. Les gâteaux secs sont davantage des solutions de dépannage. Ces aliments apportent beaucoup trop de sucre pour la ration alimentaire qu'ils représentent en réalité. ∎

Un environnement favorable

Votre enfant mangera toujours mieux à heures fixes, avec un certain rituel et dans une atmosphère calme. Évitez les repas devant la télévision, mettez-lui un couvert comme pour un grand et installez-le confortablement dans sa chaise haute. Certains préféreront manger seul, d'autres au contraire mangeront mieux à table avec leurs parents ou avec leurs aînés. Même si vous souhaitez à toute force le faire manger, ne cédez pas à la tentation de courir derrière lui la cuillère à la main. ∎

Des repas mouvementés

1RE
SEMAINE

1ER MOIS

2 À 3
MOIS

4 À 5
MOIS

6 À 7
MOIS

8 À 9
MOIS

10 À 11
MOIS

1 AN

1 AN 1/2

2 ANS

2 ANS 1/2

3 ANS

4 ANS

5 ANS

6 ANS

ANNEXES

UNE BOUCHÉE POUR MAMAN, UNE BOUCHÉE POUR PAPA et pourquoi pas pour le chat, pour le poisson rouge, etc. Une litanie fort courante, qui cache pourtant une pression certaine. Tous les enfants, un jour où l'autre, ont une baisse d'appétit, n'en faites pas un drame.

Marquer son autonomie

Ils chipotent dans leur assiette et leurs parents s'énervent, les mères tout particulièrement qui sentent leur traditionnel rôle « nourricier » remis en cause. La tension monte, l'enfant en pleine crise d'opposition en profite pour exercer son pouvoir. C'est une situation qu'il est préférable de ne pas laisser s'installer. À l'époque fusionnelle, l'enfant cherche à satisfaire tous les désirs de sa mère. Lorsque vient le moment de l'autonomie, par le refus, il marque son indépendance. C'est souvent au moment des repas qu'il choisit de le faire. Très vite, la mère a envie de forcer, de se fâcher. Et pourtant, plus elle est anxieuse, plus l'enfant le ressent et son simple manque d'appétit se transforme en malaise. Passer à une autre activité est sans doute la bonne solution. L'anorexie ne se développe pas en sautant un repas !

Un sujet de conflit

De multiples causes peuvent être à l'origine d'une baisse d'appétit. La plus courante est la consommation de bonbons, gâteaux, boissons sucrées en dehors des repas. Entre aussi en jeu la composition des menus, la monotonie comme trop de nouveautés pouvant rebuter l'enfant. Parfois même, il se met en tête de changer l'ordre des plats, voulant aller du sucré au salé. Il teste la résistance de l'adulte. Si ce dernier le force à manger, il peut aller jusqu'au vomissement. L'émotion est alors à son comble. L'attitude de la mère est par ailleurs très liée à son vécu d'enfant. Elle sera d'autant plus touchée, d'autant plus autoritaire qu'elle-même aura eu des tendances anorexiques dans son adolescence ou qu'elle aura imaginé sa propre mère comme une éducatrice parfaite, à qui, bien sûr, il n'aurait pu arriver de telles difficultés.

Tout en douceur

Pour éviter des situations dramatiques, il convient surtout de ne pas s'obstiner, en tenant compte avant tout de la courbe de poids de l'enfant, et de supprimer les plats qui posent problème, sans les remplacer bien sûr. L'enfant ne sera en rien contraint, il fera son choix et le conflit sera, dans la plupart des cas, désamorcé. Tout peut, d'ailleurs, très vite rentrer dans l'ordre si le père de l'enfant prend les choses en main au moment où apparaît la difficulté. Souvent, l'enfant qui mange mal a un bon poids, il s'agit donc d'un conflit relationnel entre parents et enfant. Mais il faut tenir compte aussi du fait que tous les enfants n'ont pas la même sensibilité au goût. C'est une donnée génétique plus ou moins renforcée par les premières expériences gustatives. Des expériences faites en crèches par le spécialiste Matty Chiva montrent que certains enfants sont plus « difficiles » que d'autres et que leurs réactions sont liées à leur seuil de perceptibilité plus élevé. Ceux qui ont une sensibilité relativement faible mangent de tout. Au contraire, ceux qui, devant leur assiette, ont tous leurs sens en éveil, sont plus délicats. ■

369

Du bon usage de l'eau du robinet...

Régulièrement, la presse fait état de pollutions touchant l'eau du robinet, souillée par des rejets chimiques, notamment les nitrates, dus au traitement des terres agricoles. Ceci n'a rien d'exceptionnel puisque la moitié des terres seraient classées comme vulnérables. Les nitrates qui se transforment en nitrites sont particulièrement dangereux pour les petits enfants, chez qui ils peuvent provoquer de graves intoxications.

Pour être certaine de sa qualité, téléphonez à votre mairie ou au centre de protection sanitaire de votre département. Ne servez pas une eau qui a attendu plus d'une demi-journée avant d'être bue, même si elle est restée au réfrigérateur. Sachez que l'eau qui provient de votre chauffe-eau n'est peut-être pas potable. Après une absence de quelques jours, faites-la couler abondamment avant de la boire. Si vous vous servez d'une carafe pour servir l'eau à table, n'oubliez pas de la nettoyer régulièrement. Enfin, en vacances, ne donnez pas à votre bébé de l'eau du robinet provenant d'une source, d'un puits ou d'une citerne sans que la qualité en ait été très récemment contrôlée. ■

... et des bouteilles d'eau minérale

C'est une eau qui se remarque par sa pureté originelle, par une teneur intéressante sur le plan de la santé en sels minéraux et en oligo-éléments, par la constance de ses propriétés.

Elle est reconnue par l'Académie de médecine et sa composition est obligatoirement indiquée sur l'étiquette des bouteilles. On recommande de donner aux enfants petits des eaux à faible taux de minéralisation, moins de 500 mg/l, et de nitrates. Vers 3-4 ans, vous pouvez donner aux enfants des eaux riches en calcium. Évitez impérativement celles qui ont la réputation d'être diurétiques. S'hydrater régulièrement est une habitude qu'il est bon d'apprendre tôt.

Veillez au moment de l'achat à ce qu'elles soient bien fermées. Dans certains pays, il est préférable de choisir une eau en bouteille de verre et bien capsulée. Une bouteille ouverte ne se garde pas plus de 48 heures et une bouteille qui a été bue au goulot à peine 24 heures. Si vous les achetez en pack ou en carton, sachez qu'elles se gardent mieux dans un endroit sombre et frais. ■

Il a toujours soif

LA CAPACITÉ DE BOIRE DES ENFANTS EST ASSEZ ÉTONNANTE. Elle semble même parfois complètement déraisonnable. En fait, pourquoi priver un enfant de ce plaisir ? La soif est pour lui un signal d'alarme : il a besoin de reconstituer ses réserves.

Boire est indispensable

Les besoins quotidiens en liquide sont égaux aux quantités nécessaires à la reconstitution du stock d'eau contenu dans l'organisme : 60 % environ du poids d'un adulte, 75 % chez le petit enfant. Enfin, en raison de l'immaturité de ses mécanismes régulateurs, l'enfant est beaucoup plus sensible que l'adulte à la soif. Les échanges d'eau chez l'enfant sont trois à quatre fois plus importants que chez l'adulte.

Se dépensant beaucoup, il peut avoir chaud et transpirer ou souffrir de l'air un peu sec des appartements chauffés. Boire est donc indispensable pour lui. Il est notamment recommandé de le faire boire régulièrement lors des déplacements en voiture ou en train et dans toute atmosphère confinée. De plus, pour lutter contre la chaleur, un enfant transpire trois fois plus qu'un adulte, en raison de la faible surface de peau que représente son corps par rapport à la température interne de celui-ci. Pour produire autant de sueur, il lui faut beaucoup de liquide. En somme, un enfant ne boit jamais trop. Il est préférable de faire boire l'enfant entre les repas : la gorgée d'eau derrière chaque bouchée est un incomparable coupe-faim.

Lait et jus de fruits

L'eau reste la meilleure boisson. Elle sera plus désaltérante si vous y ajoutez un peu de jus de fruits frais (orange, pamplemousse, cassis), mais toujours sans sucre.

Au moment des repas, donnez-lui simplement de l'eau du robinet, et si elle n'a pas un goût très agréable, ou si vous n'êtes pas sûre de sa qualité, préférez une eau minérale plate. En dehors des repas, le lait peut rester la boisson la plus importante. Les boissons sucrées doivent être limitées car elles désaltèrent moins que l'eau et contiennent beaucoup trop de sucre, surtout si on tient compte de tous les desserts, biscuits et autres bonbons. Les boissons gazeuses sont aussi à donner en petite quantité, et toujours en dehors des repas car elles gênent la digestion. Attention à celles qui contiennent de la quinine et de la caféine, ce sont des excitants qui peuvent être très actifs sur les enfants déjà nerveux. Ne lui donnez pas, sous prétexte qu'il fait très chaud, une eau glacée car cela risque de lui occasionner des désagréments intestinaux. De même, évitez de le faire boire quand il vient d'absorber certains fruits tels que les prunes ou le melon. L'idéal en été est de laisser à sa portée un mini-biberon d'eau (il en existe qui sont prêts à l'usage) ou une tasse à bec verseur dont vous renouvellerez souvent le contenu. Vous pouvez aussi lui acheter des mini-bouteilles que vous réserverez à son usage personnel. Il adorera cette attention : c'est une bouteille rien que pour lui ; il est ainsi persuadé d'être aimé et il boit l'amour de ses parents. ■

> « L'eau permet un apport en oligo-éléments intéressant et les jus de fruits regorgent de vitamines surtout lorsqu'ils sont faits maison. »

1RE SEMAINE

1ER MOIS

2 À 3 MOIS

4 À 5 MOIS

6 À 7 MOIS

8 À 9 MOIS

10 À 11 MOIS

1 AN

1 AN 1/2

2 ANS

2 ANS 1/2

3 ANS

4 ANS

5 ANS

6 ANS

ANNEXES

Développement du cerveau *en savoir plus*

Une solide volonté d'indépendance

Les bébés de 18 mois font très souvent preuve d'un caractère indépendant. Ainsi, par exemple, ils n'aiment pas être tenus. Leur nouvelle autonomie les amène à refuser toute contrainte. C'est notamment au moment de s'habiller qu'ils manifestent leur plus grand besoin de liberté : s'ils en ont l'occasion, ils se sauvent alors à l'autre bout de la pièce ou de l'appartement en riant aux éclats, et ils ne cèdent que si l'on distrait leur attention. On peut aussi faire l'expérience de les laisser s'habiller seuls... au prix d'une bonne dose de patience. Vouloir contraindre un enfant qui refuse de s'habiller est aller le plus sûrement au-devant du drame : il se raidit, crie, se débat. Il est impossible de le raisonner, car il est alors incapable de comprendre pourquoi il faut s'habiller. La seule solution pour les parents : rester fermes en essayant de le faire participer à cette activité que l'on présentera comme un jeu.

Ces enfants ont aussi besoin de repères, ils sont sensibles à l'ordre des choses. C'est une façon de maîtriser le monde et le signe entre autres qu'ils sont prêts à devenir propres. Ils aiment aussi les rites qui rythment la vie quotidienne ; ils lui permettent d'appréhender le temps dans l'action. C'est ainsi que l'enfant comprend que se lever signifie « le matin » et se coucher « le soir ». Il est d'autant plus sensible au rendez-vous fixe qu'il vit en collectivité où les activités sont bien programmées. ■

Naissance et évolution du cerveau

À la naissance, le cerveau est parfaitement constitué, il représente 1/10e du poids total de l'enfant. Mais le système nerveux est loin d'être entièrement achevé ; toutes les cellules nerveuses sont là, mais elles ne possèdent pas toutes leurs fonctions et la myélinisation des fibres nerveuses n'est pas encore achevée. Il faudra attendre deux ans pour que le cerveau soit totalement « fini », ce qui ne l'empêche pas déjà de fonctionner et d'être un acteur essentiel dans les apprentissages. Les neurobiologistes, spécialistes du cerveau, notamment le Pr Pierre Changeux, disent que l'apprentissage, quel qu'il soit, ne crée pas de nouveaux neurones, mais en élimine certains pour mettre de l'ordre dans le système nerveux. Le cortex humain contient 30 milliards de neurones et plus de 100 000 milliards de synapses. 60 % d'entre elles s'éliminent au cours de l'enfance, quelles que soient l'expérience et les sollicitations apportées. L'adulte le plus intelligent ne fonctionne en réalité qu'avec 40 % de son potentiel cérébral d'origine. Le développement du cerveau est génétiquement programmé. L'accroissement des capacités cérébrales suit un processus automatique et indépendant des conditions d'existence de l'enfant. Il est pourtant possible de développer certaines habiletés plus que d'autres par stimulations. ■

▌ MON AVIS

Plus on s'intéresse aux capacités de l'enfant, plus elles se révèlent et plus elles sont déterminantes pour son avenir. Il est possible que notre intérêt pour les bébés amène les futures générations à être nettement plus en avance que celles d'aujourd'hui. L'interaction avec les adultes et le monde y sera pour beaucoup. Elle doit s'installer dès les premiers mois. Il est évident que tous les bébés n'ont pas les mêmes compétences. Certains ont plus de capacités dès le début de leur vie, ce qui prouve donc l'importance de l'inné. Celui-ci représente 80 % du potentiel du bébé, mais c'est par les 20 % d'acquis que sont les communications et les actions précoces avec l'environnement, l'entourage et les parents, que se constituent les différences. Rien n'est possible sans l'acquis. ■

Le développement du cerveau

1RE SEMAINE

1ER MOIS

2 À 3 MOIS

4 À 5 MOIS

6 À 7 MOIS

8 À 9 MOIS

10 À 11 MOIS

1 AN

1 AN 1/2

2 ANS

2 ANS 1/2

3 ANS

4 ANS

5 ANS

6 ANS

ANNEXES

Avant la fin de sa deuxième année, le cerveau de l'enfant est complètement construit. Il suffit d'avoir suivi l'évolution des mensurations de son crâne pour s'apercevoir de cette fantastique transformation. À la naissance, le périmètre crânien est de 35 cm environ, de 46 à 48 cm à 1 an et de 50 cm à 2 ans (55 cm chez l'adulte).

Des facultés précoces d'apprentissage

Au développement des cellules cérébrales s'ajoute bien sûr la mise en mémoire d'acquis fondamentaux (marche, langage, propreté, gestes), et aussi l'imprégnation des toutes premières expériences de vie en société.

À la vitesse de croissance s'associe chez l'enfant une fantastique capacité de réparation et de compensation. On constate, par exemple, avec quelle puissance certaines cellules nerveuses peuvent pallier le non-fonctionnement d'autres cellules lésées par une souffrance fœtale ou une anomalie neurologique. Il serait faux d'en déduire qu'un enfant a tout acquis en quelques années. Mais plus on commence tôt à lui apprendre le monde, mieux il sait. L'enfant petit se fatigue vite. Pour bien apprendre, il a avant tout besoin de récupérer par le sommeil.

À cela s'ajoute l'immaturité. L'enfant perçoit comme l'adulte, mais il n'a pas les mêmes capacités pour interpréter toutes les informations qu'il reçoit. Il faut surtout, pour son bon développement, une chronologie dans les acquisitions. Il rampe avant de marcher et de courir, babille avant de parler. Certains sont plus précoces que d'autres dans des domaines différents. L'un marche de bonne heure, l'autre parle déjà comme un grand, etc.

De plus, il semble qu'il y ait, pour l'enfant, des périodes plus propices à certaines acquisitions.

Par exemple, le bon moment pour apprendre à téter se situe dans les toutes premières heures après la naissance.

Toutes sortes de stimulations

Jouer avec l'eau, le sable, ou même des pâtes ou du riz, est un facteur important de l'éveil à l'intelligence. En manipulant ainsi des récipients divers, l'enfant apprend notamment les formes et les volumes : le plein, le vide, le dessus, le dessous, le dedans, le à côté... Autant de notions essentielles qui aident à une meilleure connaissance du corps par l'élaboration du schéma corporel.

C'est au Pr Philippe Evard que l'on doit les toutes nouvelles recherches sur le développement du cerveau. Il a constaté que le cerveau de l'enfant ne se développe normalement que s'il reçoit de façon très précoce, dans les premiers jours de sa vie, des stimulations variées et nombreuses, à condition bien sur qu'il soit exempt de toute lésion. Tout stimulus parcourt 30 milliards de neurones pour parvenir au cortex et devenir « performant » tant sur le plan psychomoteur que neurosensoriel. Une carence en sollicitations affectives entraîne autant de déficits dans le développement du système nerveux qu'une mauvaise nutrition. Autre constatation faite par le Pr Evard : plus le bébé est stimulé, plus les synapses des neurones se développent, lui donnant toutes les chances d'être éveillé et intelligent. ■

La mémoire *en savoir plus*

Un outil neuf

La mémoire chez l'enfant est un phénomène fort curieux. En effet, il ne peut absolument pas apprendre et progresser sans mémoire. Les informations données par les sens sont codées et transmises au cerveau soit sous une impulsion de type électrique, soit sous forme de synthèse d'une molécule. Il n'existe pas réellement de centre de la mémoire. Ce qui est « appris » est mis en boîte dans plusieurs structures neurologiques du cerveau.

Il y aurait de constants va-et-vient pour accéder à des fonctions comme la comparaison et la vérification. La mémoire de l'enfant est d'autant plus performante que son appareil neuronal est « neuf ». Son temps de sommeil, beaucoup plus long que celui de l'adulte, lui offre une parfaite consolidation des informations mémorisées. La mémoire d'un bébé est liée essentiellement aux fonctions cérébrales, à l'intelligence et à l'affectivité. ▪

Stocker ses souvenirs

Il n'y a pas de zone de stockage de la mémoire dans le cerveau. Certaines parties du cerveau jouent pourtant un rôle clé dans la mémorisation des informations. Les éléments constituant les souvenirs sont distribués dans l'ensemble du cortex, l'hypothalamus jouant un rôle essentiel dans la mémorisation.

Ce processus est le résultat d'une activité cérébrale très complexe avec de multiples codages qui se mettent en place très progressivement.

Il semblerait qu'il n'y ait pas de « souvenirs » d'enfance conscients avant l'âge de 2 ans. Freud a souligné l'importance des sentiments dans la production des souvenirs, mais ces souvenirs sont des constructions a posteriori. Nous ne cessons donc de réinventer le passé, de créer des souvenirs, grâce à des opérations mentales qui s'appuient sur des catégories et des analogies. ▪

▌ MON AVIS

Observez bien et écoutez bien votre enfant, notez même dans un carnet ce que vous constatez. Vous serez surpris par ses capacités de mémorisation. Il se souvient de choses qui se sont passées il y a quelques mois. Comment est-ce possible ? À 1 an l/2, il se souvient d'une situation qu'il a vécue, d'un visage ou d'un lieu qu'il a vu alors qu'il n'avait qu'1 an. Les souvenirs sont très vifs à cette époque de la vie, peut-être en raison de la nouveauté des circuits de mémoire. Il lui faudra d'ailleurs tout oublier de ce moment pour pouvoir développer ultérieurement une pensée ne faisant pas toujours référence au passé. Ce qu'on appelle « l'amnésie infantile » est essentiel dans son développement. Par ce phénomène, il perd la capacité brillante de se souvenir de ses premiers mois pour imaginer et romancer ses souvenirs. C'est par l'oubli que l'enfant acquiert un avenir dans le développement de sa mémoire. Toute sa vie, l'enfant cherchera le passé de ses 18 mois. Ces souvenirs seront tellement reconstruits et refabriqués que leur mémoire se présente en réalité comme un véritable millefeuille fait des souvenirs de différentes périodes. À cet âge, il est capable de sérier les situations et de les sélectionner. Ses progrès dans le langage feront de lui un véritable partenaire. L'enfant est passé de l'interaction initiale à une pensée individuelle avec des choix, avec une personnalité et une capacité à avoir des souvenirs personnels différents des vôtres. Tenez-en compte et modifiez votre attitude à partir de vos constatations. ▪

Une mémoire sélective

1RE SEMAINE

1ER MOIS

2 À 3 MOIS

4 À 5 MOIS

6 À 7 MOIS

8 À 9 MOIS

10 À 11 MOIS

1 AN

1 AN 1/2

2 ANS

2 ANS 1/2

3 ANS

4 ANS

5 ANS

6 ANS

ANNEXES

VOTRE ENFANT A TANT À APPRENDRE ! À la longue, son cerveau ne sera-t-il pas encombré par tant de souvenirs qu'il arrivera à saturation ? Non. L'enfant, de sa naissance à l'âge adulte, ne met pas tout en mémoire ou tout au moins ne semble pas se souvenir de tout ce qui a fait sa vie. Il existe ce que l'on appelle une certaine amnésie infantile.

Choisir ce qui est encore utile

L'amnésie infantile a donné lieu à différentes suppositions. L'enfant ne mémoriserait que ce qui lui est directement utile pour vivre, faisant instinctivement une sélection entre ce qui est important et ce qui ne l'est pas. Ainsi, parmi les premières mémorisations se placeraient le besoin de s'alimenter et un certain « instinct de survie », comme l'aversion pour les goûts amers. Au fur et à mesure qu'il grandit, l'enfant mettrait en mémoire ce qui lui est indispensable pour progresser et se dépêcherait d'oublier ces différentes étapes pour ne garder que celles qui vont lui permettre d'apprendre encore et encore. Le refoulement des souvenirs est indispensable pour que l'enfant ne soit pas débordé par ses émotions et ses pulsions. Il semblerait donc que la mémoire de l'enfant et celle de l'adulte ne fonctionnent pas de la même manière.

Le rôle de l'inconscient

D'une manière générale, tout le monde possède au départ le même potentiel de mémoire. Après, tout serait question d'entraînement et de sollicitations. Le phénomène de la mémoire a suscité bien des théories.
Pour Platon, notre cerveau s'emplirait d'informations tout au long de l'existence. Freud, lui, à partir de la constatation qu'il a pu faire que jamais deux personnes n'évoquent pareillement le même souvenir, a émis l'idée que nous nous souvenons avant tout de la manière dont nous avons réagi face à une image, à un événement, et que nous « oublierions » ce qui est contraire à nos intérêts. Les souvenirs désagréables ou tout au moins ceux qui nous dévalorisent seraient refoulés dans l'inconscient. Ils ne resurgiraient que dans certaines circonstances.

Un système de reconnaissance

Pour Gérard Edelman, prix Nobel américain, notre mémoire repose sur les catégories que crée le cerveau. Ainsi, le nouveau-né perçoit d'abord le langage globalement et mémorise des séquences vocales sans en comprendre le sens. Puis, peu à peu, il distingue les mots et enfin en apprend la signification. L'enfant agit ainsi avec toutes les innombrables informations que lui procurent ses sens lorsqu'il est en état de veille. C'est ainsi qu'il établit un système de reconnaissance à partir d'informations codées et stockées dans des unités cérébrales spécifiques. ∎

" Retrouvez les comptines de votre enfance, elles représentent un formidable entraînement à la mémorisation et à l'initiation aux notions d'espace et de temps. "

Les bons outils de l'artiste

Les petits enfants préfèrent de beaucoup les feutres aux crayons de couleur. Le trait est plus facile et bien mieux colorié. Mais attention, les petits artistes ont besoin d'outils adaptés. Ils aiment la couleur, mais aussi la solidité du matériel. Pour leur permettre une expression totale, voici les outils qui conviennent :

• **Les feutres à l'eau lavables.** L'encre qui aura taché les mains, sali les vêtements ou les murs doit partir facilement à l'eau et au savon ou en machine. Les nouveaux modèles offrent des pointes coniques pour mieux résister à l'écrasement. Plongées dans l'eau tiède, les pointes « se revitalisent ». Enfin, ils ont une capacité d'écriture de plus de 1,5 km. Vous choisirez de préférence des feutres de gros calibre, faciles à saisir.

• **Le crayon à la cire.** Choisissez des modèles gros et courts que l'on peut tailler, car les enfants appuient souvent très fort sur la pointe et la cassent.

• **La peinture avec les doigts.** Vendue en boîte de six pots de couleurs primaires et complémentaires, cette peinture offre toute sécurité au cas où elle serait avalée. Pour éviter qu'elle ne soit gâchée en une seule séance, vous verserez un peu du contenu de chaque pot dans des assiettes en carton. Bien qu'elle soit entièrement lavable à l'eau, il est souvent préférable d'installer l'artiste directement dans la baignoire.

• **Le papier.** C'est la surface qui compte ! À cet âge, l'enfant ne sait pas dessiner verticalement : pupitre et tableau sont pour plus tard. Son plaisir sera total s'il est couché ou accroupi par terre. ■

Peindre à la crèche

Aucun enseignement artistique précoce n'est donné : peindre est avant tout l'occasion de jouer avec les couleurs, de découvrir au toucher une nouvelle matière, de regarder la trace laissée par son pied ou sa main, de pouvoir barbouiller, déborder, mélanger, éclabousser en toute liberté.

Très vite, et instinctivement, naît le besoin d'occuper au maximum l'espace blanc. Les mains dansent en rond, les pieds entrecroisent leurs chemins.

C'est ainsi que l'artiste entrevoit ses premières notions de l'espace.

Après les pieds et les mains, c'est tout leur corps que les enfants peignent. Un merveilleux moyen pour eux d'en découvrir toutes les parties et de parfaire leur schéma corporel si important dans le bon développement de leur psychomotricité.

Pour l'enfant, souvent surpris lors des premiers ateliers, c'est aussi avoir le droit de s'exprimer avec son corps. Le moment le plus délicat est généralement l'instant où le pied ou la main disparaissent dans la cuvette emplie de peinture : la température, la matière, la consistance l'étonnent. La surprise est encore totale lorsqu'il découvre les traces qu'il laisse sur le papier : cette empreinte qui le représente sans lui appartenir est une notion peu évidente à cet âge. ■

Ses premiers dessins

TOUS LES ENFANTS DESSINENT ainsi ils prennent conscience de la trace de leur main sur les surfaces planes. Avant de pouvoir tenir un crayon pour tracer le premier gribouillage, l'enfant dessine d'un doigt dans sa purée ou en écrasant du pain sur la table.

De superbes gribouillages

Des expériences menées en crèche montrent qu'un bébé, dès qu'il sait s'asseoir, est capable en tenant son crayon à pleine main de tracer des traits sur une feuille blanche. Il aime aussi jouer avec la peinture et trempe avec plaisir ses mains dans des gobelets de couleurs différentes pour réaliser une fantastique œuvre abstraite. Tous les enfants ne sont pas également adroits, mais il existe des constantes dans leurs dessins. Leurs œuvres sont de vrais messages. Elles nous donnent d'importantes indications sur le développement de leur intelligence et sur leurs préoccupations les plus profondes.

La première trace

Les dessins des enfants se font dans un ordre bien défini. À chaque âge correspondent des techniques et des thèmes. Le tout premier « gribouillage » a une signification. L'enfant bien dans sa peau tracera un trait fort, décidé, puissant, qui couvrira toute la page. L'enfant à problèmes fera des traits interrompus et serrés dans un coin de la feuille. On dit qu'à ce stade, il n'y a aucun facteur intellectuel. Tacher et gribouiller sont, pour le petit, un pur plaisir. Curieusement, il saisit le crayon à pleine main alors qu'il est capable, pour saisir d'autres objets, d'utiliser la pince pouce-index. La trace que laisse le crayon sur la feuille blanche le réjouit profondément. Il avait d'ailleurs fait l'expérience fortuite de l'objet qui laisse une trace au sol ou sur le mur. Ainsi « équipé », il griffonnera à l'aide de gestes impulsifs, faisant travailler l'ensemble de son bras.

Le plaisir du mouvement

L'enfant utilise aussi bien la main gauche que la main droite, sa latéralité n'est pas encore définie. Avec la main droite, il balaie sa feuille de gauche à droite et inversement avec la main gauche. De même, la main droite enroule les boucles dans le sens des aiguilles d'une montre et dans le sens contraire pour la main gauche. Et le plus extraordinaire est que tous les enfants de la terre, quelle que soit leur culture, ont ces mêmes gestes. Les premiers « gribouillis » ne sont pas des représentations, il n'y a pas d'intention, seulement le plaisir du mouvement de la main, du bras et de son résultat. En quelques semaines, souvent aussi pour répondre à l'interrogation des parents, les gribouillis et les volutes prennent une signification, portraits de famille ou animaux domestiques. Entre 2 et 3 ans, les dessins sont d'abord faits de cercles et de ronds qui se recoupent, puis l'enfant dessine une forme isolée, un cercle, signe qu'il prend conscience de son « moi » qu'il va aussi exprimer en disant « je ». ∎

« À cet âge, tous les dessins sont des chefs-d'œuvre qui méritent des compliments. Accrochez-les, l'enfant sera fier de cette reconnaissance. »

1RE SEMAINE

1ER MOIS

2 À 3 MOIS

4 À 5 MOIS

6 À 7 MOIS

8 À 9 MOIS

10 À 11 MOIS

1 AN

1 AN 1/2

2 ANS

2 ANS 1/2

3 ANS

4 ANS

5 ANS

6 ANS

ANNEXES

Le bac à sable *en savoir plus*

Construire et entretenir un bac à sable

Il peut se faire en creux ou en volume. Pour la première formule, creusez une fosse de 2 m x 2 m, de 30 cm de profondeur, habillez le pourtour d'une planche de 50 cm et remplissez de sable au niveau du sol. Pour le bac en volume, construisez une caisse de 2 m x 2 m, d'une hauteur de 30 cm, en surélevant les planches du fond de 1/2 cm afin de permettre à l'eau de pluie de s'écouler. Le bac à sable peut aussi s'acheter tout fait. Dans votre jardin, fermer le bac à sable quand il n'est pas utilisé par l'enfant est indispensable, afin d'éviter qu'il ne soit sali par les animaux du voisinage ou simplement par les feuillages qui peuvent y pourrir. D'une manière générale, le bac à sable demande un peu d'entretien. À chaque printemps, avant « réouverture », mieux vaut changer le sable. Une ou deux fois au moins, au cours de l'été, il est bon de le tamiser. Manger un peu de sable n'est pas dangereux en soi. Plus ennuyeuses sont les bactéries qui peuvent s'y installer. Elles provoquent des problèmes dermatologiques qu'une bonne hygiène peut facilement éviter. Au square, les bacs à sable ne sont pas tous d'une propreté irréprochable, bien que de plus en plus de communes interdisent l'accès des jardins aux chiens. Mieux vaut tout de même en vérifier de visu l'état de propreté. Cependant le sable peut être porteur d'impuretés plus « sournoises », il véhicule notamment des champignons dermatologiques ou encore, lorsqu'il est avalé, il peut être à l'origine de toxoplasmose : attention alors aux fatigues « injustifiées » et aux fièvres légères. ■

Un pouvoir irritant

Le sable est une matière agréable pour jouer. Mais il n'est pas sans inconvénient. Le premier contact n'est pas toujours évident, certains enfants étant surpris par cette sensation nouvelle sous leurs pieds. Il est recommandé, pour éviter toute irritation, de mettre un petit maillot aux enfants. Autre incident fréquent, le sable dans les yeux. Ne laissez pas l'enfant se les frotter, il ne ferait que s'irriter. Rincez abondamment l'œil à l'eau douce et maintenez l'enfant à l'ombre jusqu'à ce que la douleur se soit calmée. ■

Le plaisir de malaxer, patouiller

1RE SEMAINE

1ER MOIS

2 À 3 MOIS

4 À 5 MOIS

6 À 7 MOIS

8 À 9 MOIS

10 À 11 MOIS

1 AN

1 AN 1/2

2 ANS

2 ANS 1/2

3 ANS

4 ANS

5 ANS

6 ANS

ANNEXES

LE BAC À SABLE EST UN ENDROIT MAGIQUE. Jouer avec le sable, c'est avant tout « toucher ». Le toucher est un des tout premiers sens que possède bien l'enfant. La main est le premier outil mis à sa disposition pour aller à la recherche du monde.

Découvrir par le toucher

Le petit, assis au milieu du bac à sable, va tout d'abord « pétrir » cette nouvelle matière, y enfoncer les mains, gratter sa surface, la laisser glisser entre ses doigts. Il compare ses différentes sensations et apprend à distinguer le mou, le dur, le lisse et le rugueux. Il prend connaissance de ce nouveau milieu. Et s'il est pieds nus, c'est avec encore plus de sensations nouvelles qu'il fera ses premiers pas.

Un peu plus tard, l'enfant réclamera des « objets » pour jouer dans le sable. Faire des pâtés n'est pas encore sa préoccupation. Il va avant tout remplir et vider les récipients mis à sa disposition, de la même manière que dans son bain. Derrière cette activité, qu'elle soit réalisée avec l'eau ou le sable, se cachent les mêmes apprentissages. Le plein et le vide d'abord, puis le temps et son déroulement, des notions difficiles à apprendre qui lui demanderont de multiples répétitions (p. 559). À ces gestes s'associeront, bien sûr, ceux de transvasement ou de transport.

Exercer son habileté manuelle

En grandissant, le petit enfant va encore trouver un nouvel intérêt au sable. Il va vouloir le mélanger à l'eau pour faire de la « boue », au grand dam de sa mère. Cependant, bien que salissante, cette activité est fort enrichissante.

En tripotant ainsi cette matière molle, l'enfant exerce son habileté manuelle, la finesse de sa préhension et la coordination de ses gestes. Il va être confronté à la matière, il devra lutter contre ses propriétés physiques pour enfin la dominer. C'est en passant par le malaxage de la boue qu'il apprend à réaliser de véritables chefs-d'œuvre de sable : châteaux, animaux, etc.

Rendez-vous au bac à sable

Le bac à sable du square lui permet de rencontrer d'autres enfants, de commencer à jouer avec eux, même si, bien souvent à cet âge, ces rencontres se transforment en pugilats pour une pelle ou un râteau malencontreusement empruntés ou convoités. Fréquemment, et à juste raison, décriés pour leur peu d'hygiène, les bacs à sable publics sont normalement soumis à des règles strictes : ratissage quotidien sur 10 cm d'épaisseur, labourage en profondeur tous les trimestres et remplacement du sable une fois par an ou traitement régulier antiparasites.

C'est sale !

Si vous passez votre temps à lui dire que ce qu'il touche est sale, demandez-vous d'abord si vous n'êtes pas trop phobique vis-à-vis de la propreté. De même, vous pouvez être stupéfaite de le voir goûter tout ce qui lui tombe sous la main : il suce avec délectation les cailloux du jardin tout comme il lèche les vitres de la voiture, etc. Ces gestes qui vous paraissent « sales » sont pour lui un autre moyen de toucher et de connaître. Seule la terre souillée d'excréments est vraiment sale ; certains spécialistes disent même que si elle est propre, elle peut apporter des oligo-éléments. Mais il vaut mieux contrôler ses expériences. ■

Chez le coiffeur

Un certain nombre de salons de coiffure, dans les grandes villes, se spécialisent dans la clientèle enfantine avec décor adapté et projection de dessins animés. Cependant, pour faciliter la séance, il est préférable de laver les cheveux de votre enfant à la maison pour lui éviter l'épreuve du bac à shampooing. La coupe, aux ciseaux exclusivement, prendra environ 1/4 d'heure, le temps de patience que l'on peut demander à un petit. Il est sans doute souhaitable, si c'est sa mère qui l'accompagne, qu'elle s'éloigne un peu et laisse faire le coiffeur. Attention, certains enfants peuvent éprouver une réelle panique à voir leurs cheveux coupés. Ils ont l'impression qu'ils perdent un peu d'eux-mêmes. Tout rentre dans l'ordre si l'on sait leur montrer le côté positif de l'expérience et, notamment, mettre en valeur leur nouvelle séduction. ■

Le shopping avec un bébé

Sachez-le, faire du shopping avec un bébé n'est pas toujours une partie de plaisir. Au début, votre bébé est content de découvrir le monde de sa poussette. Mais très vite, il se lasse des chauds et froids, de la foule et du bruit qui l'entourent. Il pleurniche, réclame les bras, essaie de sortir de sa poussette. Au point que vous voilà forcée de le tenir avec un bras et de pousser la poussette de l'autre. Difficile dans ces conditions de se livrer au moindre achat, au moindre essayage. Il vaut mieux rentrer. Alors un conseil, au lieu de vous énerver, la prochaine fois, sacrifiez quelques euros au profit d'une baby-sitter. Vous serez plus détendue pour vos emplettes. ■

À l'hôtel et au restaurant

Pour attirer la clientèle familiale, un certain nombre d'hôtels font de réels efforts. Ils proposent un « menu enfants » dans leur restaurant et offrent un berceau ou un lit supplémentaire dans la chambre des parents. Certains d'entre eux ajoutent à ce cadeau la gratuité du petit déjeuner.

D'autres, trop rares, proposent des services de baby-sitting. Enfin, de plus en plus d'hôtels offrent des formules « week-end » où les enfants sont accueillis gratuitement. Il reste beaucoup à faire pour l'accueil des enfants au restaurant. Les « menus enfants » se généralisent, les chaises hautes sont encore rares. Depuis peu, il existe pourtant un logo officiel annonçant : « Ici, bienvenue aux enfants ». Il sous-entend, en principe, que le restaurant, prêt à accueillir les enfants, est doté d'un équipement minimal : table à langer, chauffe-biberon, chaise haute, menus juniors.

Certains restaurants, plutôt situés sur les grands axes routiers, ont fait des efforts appréciables. Ils offrent des aires de jeux, distribuent des coloriages, fêtent l'anniversaire des enfants de passage. On peut cependant déplorer, dans la plupart des cas, un menu simple et monotone. Le fameux « jambon purée » ou « steak frites » y demeure le plat de référence. Pourtant, une association de restaurants régionaux vient de prendre l'initiative d'accueillir les enfants pour leur faire goûter leurs spécialités. ■

Ses sorties

1RE
SEMAINE

1ER MOIS

2 À 3
MOIS

4 À 5
MOIS

6 À 7
MOIS

8 À 9
MOIS

10 À 11
MOIS

1 AN

1 AN 1/2

2 ANS

2 ANS 1/2

3 ANS

4 ANS

5 ANS

6 ANS

ANNEXES

BÉBÉ DANS LE MÉTRO, BÉBÉ DANS LE TRAIN, BÉBÉ AU MARCHÉ, bébé au restaurant... Notre époque est celle où les bébés ont des vies d'adultes, ou presque. Mais pouvez-vous réellement emmener votre enfant partout sans l'incommoder et sans vous rendre la vie impossible ?

Partout avec vous

Ne vous laissez pas abuser par ses prouesses physiques. Ce n'est pas parce qu'il marche, qu'il dort moins, qu'il parle et commence à s'intéresser à quantité de choses qu'il est prêt pour les grandes promenades en forêt ou un après-midi de shopping. Il n'a pas les capacités d'endurance d'un adulte, se fatigue vite et puis, ce qui l'intéresse, c'est jouer. D'une manière générale, même si vous êtes heureux de tout partager avec vos enfants, les emmener partout n'est pas une solution aisée. Un enfant facile à vivre, qui s'adapte bien à toutes les circonstances, cela existe, mais vouloir qu'il se fasse oublier, c'est impossible. Avant tout déplacement, mieux vaut évaluer les agréments pour les uns et pour les autres. Ainsi, votre enfant aura beaucoup plus de plaisir à jouer à la halte-garderie que d'aller dans les grands magasins en votre compagnie. Il jouera en toute tranquillité et vous ferez vos courses paisiblement.

Des lieux de vacances accessibles

C'est sans doute au moment des vacances que votre choix est le plus délicat. Si vous êtes adeptes du camping, ce n'est sans doute pas l'idéal pour votre bébé : dans les régions chaudes, il craint les grosses chaleurs sous la tente et l'humidité de celles trop tempérées. De plus, il lui faut encore des soins d'hygiène réguliers dans des endroits dont la propreté est sûre. De même, les promenades en bateau ou en pédalo ne sont pas encore pour lui du plus grand agrément. Confiez plutôt votre bébé à la garde d'une personne de la famille ou d'une baby-sitter, ainsi vous profiterez pleinement de vos moments de loisir. Quant aux voyages lointains, les bébés n'aiment pas beaucoup les vols longs-courriers : mieux vaut les premières années programmer des vacances dans des lieux facilement accessibles. Les magazines montrent parfois des bébés accompagnant leurs parents dans des endroits extravagants, mais omettent bien souvent de raconter aussi les mauvais moments.

Rencontre fructueuse

Au-delà de 11-12 mois, l'enfant devient plus autonome, les relations avec les autres l'intéressent beaucoup, il supporte mieux l'absence de ses parents. Mais il est essentiel, même si l'enfant ne parle pas, de lui dire que vous serez absents. S'il est capable de le comprendre, donnez-lui des repères pour mesurer cette absence.
Confiez-le de préférence à quelqu'un qu'il connaît et qui lui parlera souvent de vous et téléphonez-lui : entendre le son de votre voix sera pour lui un véritable réconfort. En fait, toute séparation après 18 mois sera stimulante. ■

" Certains lieux sont interdits par la loi aux petits. Ce sont notamment les cinémas et les salles de spectacle. "

Les parents à la crèche

Le règlement des crèches prévoit la participation des parents dans l'organisation de la vie quotidienne des enfants. La plupart des crèches ont institué, une fois par trimestre, des rencontres parents-personnel. Tout peut y être abordé : les problèmes pratiques et psychologiques, et, bien sûr, les conflits latents. Ces rencontres permettent aux parents d'exprimer leurs angoisses et ainsi d'échanger leurs expériences. Certaines crèches ont même créé des associations de « parents d'élèves » qui s'impliquent dans un grand nombre d'activités d'éveil et servent de relais en cas de difficultés entre certains parents et le personnel. Beaucoup de crèches ont également mis en place des cahiers de correspondance où les parents peuvent confier à l'auxiliaire de puériculture, qui s'occupe de leur enfant, si celui-ci a passé une mauvaise nuit, s'il a vomi ou s'il couve un petit rhume. De son côté, l'auxiliaire pourra leur communiquer ses observations sur le comportement de l'enfant au cours de la journée. ■

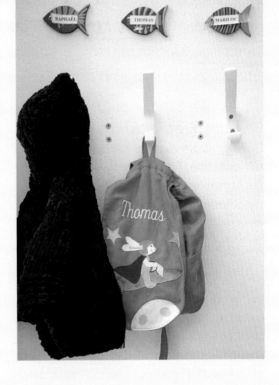

La Maison Verte

Réalisé sur une idée de Françoise Dolto, ce lieu tout à fait original n'est ni une crèche ni une garderie. C'est un endroit où parents, nounous ou grands-parents et enfants peuvent se rencontrer pour jouer, parler. La communication se fait à de multiples niveaux, enfants-parents, mais aussi parents entre eux et enfants entre eux. On y vient quand on veut et aussi longtemps qu'on le désire. Pour les enfants, c'est l'occasion de se rencontrer. Les parents peuvent se confier aux psychologues toujours présents en observateurs, non en thérapeutes. C'est l'occasion de partager tous les petits problèmes, de sommeil, de repas, de propreté, de séparation pour entrer à la crèche. Cette maison est essentielle pour les enfants gardés à domicile, pour ceux qui ont déjà vécu des moments difficiles tels qu'une hospitalisation ou le divorce des parents. La première Maison Verte est née il y a quinze ans à Paris et d'autres ont ouvert leurs portes un peu partout en banlieue et en province. Parallèlement, d'autres lieux, inspirés de la même conception, sont nés telle La Passerelle à Aix-en-Provence. ■

De la crèche à la maison

De nouveaux jouets destinés à l'éducation du jeune enfant sont devenus de réels auxiliaires pour les éducatrices de crèches ou les enseignantes d'écoles maternelles. Ces accessoires, qui pour l'instant sont réservés aux collectivités, font une timide apparition dans l'univers des chambres familiales. Il y a fort à parier qu'ils s'y installeront définitivement dans les années à venir.

On peut, dès aujourd'hui, équiper la chambre des enfants d'une mini-cage à écureuil, d'un toboggan miniature. La nouveauté est le mur d'escalade pour tout-petit. Il est préférable toutefois de compléter l'achat de ces équipements par celui de tapis de mousse, qui sont destinés à amortir les chutes des enfants. ■

S'éveiller en collectivité

SI VOTRE ENFANT N'A PAS ENCORE FAIT CONNAISSANCE AVEC UN MODE DE GARDE, c'est entre 18 mois et 2 ans qu'il est le mieux armé pour cette séparation. Il maîtrise la marche, son « négativisme » s'atténue et il n'a plus peur des adultes et des autres enfants. Il se sent fort et sûr de lui.

Une première socialisation

À cet âge, la présence des autres, qu'il imite avec enthousiasme, l'aidera à progresser et à mieux communiquer. Mais l'intégration à cette collectivité d'enfants demande des aménagements, tout comme l'entrée à la crèche. Il est conseillé aux parents de rester présents lors des premières visites puis, lorsqu'ils sentiront leur enfant en confiance, lorsqu'il aura envie de partager les jeux des autres enfants, ils pourront s'éloigner.

Il est peut-être un peu tard pour l'inscrire dans une crèche. La halte-garderie est une très bonne solution de socialisation précoce. Ce sera pour lui l'occasion d'échanges amicaux avec d'autres enfants, mais aussi de rencontre avec d'autres adultes. Enfin, bien sûr, la découverte de lieux différents, de jouets nouveaux constituera un intérêt véritablement enrichissant.

Découvertes au programme

Les crèches et les haltes-garderies ont fait des progrès spectaculaires dans leur aménagement des espaces de jeux. Les études faites sur le développement psychomoteur de l'enfant ont permis de découper l'espace en lieux de jeux collectifs et lieux de jeux solitaires. Le mobilier permet souvent de créer des niches, des alvéoles.

Les couleurs, les formes et les matériaux respectent la douceur et la taille de l'enfant. Les designers spécialisés ont créé des structures modulaires d'espace de vie, véritables kits mobiliers, destinées à favoriser les échanges entre enfants, à satisfaire leurs besoins d'expériences sensorielles et motrices. Dans ces structures, il peut se cacher, grimper, ramper, sauter... Les matériaux utilisés permettent d'amortir les chutes (in)volontaires et d'éviter les accidents.

Terrains d'expériences

Certaines crèches ont des conceptions architecturales originales, incluant des jardins en terrasse, des pistes cyclables ou des pataugeoires pour jeux d'eau collectifs. D'autres ont des activités d'éveil originales. L'imagination des responsables et des personnels est débordante. Ainsi, pratiquement toutes les crèches et les haltes-garderies ont des ateliers de peinture où les enfants s'initient aux joies de la couleur et de la matière, exprimant ainsi leurs premiers talents. D'autres crèches développent de vrais projets pédagogiques. Là les enfants apprennent à connaître les fruits et les légumes : le secret de leur culture, leurs odeurs respectives, leurs couleurs et, bien sûr, leurs saveurs comparatives sous leur forme crue ou cuite. Ici les éducatrices initient les enfants à l'anglais, au trapèze ou organisent des concerts. Quantité d'exemples montrent que ces lieux d'accueil pour les enfants ne peuvent pas être considérés comme des simples garderies. ∎

" La rencontre d'enfants du même âge est une source de plaisir et de sollicitations. **"**

1RE SEMAINE

1ER MOIS

2 À 3 MOIS

4 À 5 MOIS

6 À 7 MOIS

8 À 9 MOIS

10 À 11 MOIS

1 AN

1 AN 1/2

2 ANS

2 ANS 1/2

3 ANS

4 ANS

5 ANS

6 ANS

ANNEXES

Les brûlures

Il faut savoir qu'elles sont la troisième cause d'accidents domestiques chez l'enfant de moins de 15 ans, et 75 % de ces enfants ont moins de 5 ans. Viennent d'abord les liquides chauds : eau, café, thé que l'enfant renverse sur la table du petit déjeuner ou qu'il reçoit en s'accrochant à la poignée d'une casserole sur le feu ; ensuite, les portes de four, les plaques de cuisson, les fers à repasser et les appareils de chauffage. En été, on dénombre beaucoup de brûlures dues au barbecue, mode de cuisson terriblement dangereux. ■

Les pièges à éviter

• **La cuisine est un lieu dangereux** (p. 338) et, tout particulièrement, les cuisinières. Les normes de sécurité fixent à 60 °C la température autorisée pour la porte d'un four. Cependant, certaines peuvent atteindre plus de 200 °C... Depuis deux ans, un certain nombre de fabricants ont mis au point des portes de four froides : l'enfant peut donc les toucher sans risque de brûlures. Elles sont réalisées en tôle métallique et remplies d'un matelas isolant en laine de roche entouré d'une feuille d'aluminium. Ces portes de sécurité garantissent une chaleur maximale de 40 °C. Les appareils n'ayant pas ce perfectionnement peuvent être équipés d'une grille de protection en kit, adaptable à tous les modèles neufs ou anciens.

• **Rien n'est plus traître, pour un bébé qui fait ses premiers pas, qu'un tapis.** Il glisse, roule sous ses pieds et c'est la chute. Il peut se fixer parfaitement au sol à l'aide d'un adhésif double face « spécial tapis ». Il faut l'installer sur tout le périmètre pour éviter que les petits pieds ne se glissent dessous.

• **Une fausse marche entre deux pièces :** s'il la monte sans tomber (il lève bien les pieds), il la descendra en catastrophe, complètement déséquilibré par la dénivellation. S'il est capable de monter les escaliers en se tenant à la rampe, il est incapable de les descendre debout. À tout moment, il peut se laisser partir en arrière. Montrez-lui comment placer ses pieds et ses mains et n'hésitez pas à valoriser la descente à quatre pattes. ■

• **Les chaussons dont les semelles sont glissantes :** pour lui donner de la stabilité, il a besoin de semelles caoutchoutées et antidérapantes.
Pour que les enfants n'arrivent pas à ouvrir les portes des placards, placez à l'intérieur des aimants d'une force de dix à onze kilos. Plus de risques, l'esthétique est conservée et le prix de cet équipement est dérisoire. ■

Le saturnisme

Attention aux peintures dans les vieux immeubles. Une enquête récente avance que 3 000 enfants sont atteints de saturnisme tous les ans en Île-de-France et que 70 000 autres seraient en danger. Aujourd'hui, toutes les peintures doivent être sans plomb. Mais jusqu'en 1950, des peintures au plomb ou à la céruse ont été utilisées. Très dangereuses, notamment pour les petits enfants, ces peintures s'écaillent et les bambins peuvent manger ces paillettes de couleur avec d'autant plus de plaisir qu'elles sont sucrées. Elles provoquent une intoxication grave qui altère le développement psychomoteur de manière définitive. ■

Interdire pour sa sécurité

LA NOTION DE DANGER S'ÉLABORE AU FUR ET À MESURE DU DÉVELOPPEMENT. Lorsque l'enfant prend de l'autonomie, il se trouve rapidement confronté aux dangers domestiques. L'autorité des parents aura beaucoup d'importance.

1RE SEMAINE

1ER MOIS

2 À 3 MOIS

4 À 5 MOIS

6 À 7 MOIS

8 À 9 MOIS

10 À 11 MOIS

1 AN

1 AN 1/2

2 ANS

2 ANS 1/2

3 ANS

4 ANS

5 ANS

6 ANS

ANNEXES

Comprendre les interdits

L'enfant doit apprendre progressivement que le « non » catégorique, qu'il est interdit de transgresser pour des raisons vitales, est différent de celui motivé par les normes sociales. Enfin, il est intéressant sur le plan éducatif et psychologique de pratiquer l'échange : « Non, tu n'as pas l'autorisation de faire ceci, par contre tu peux faire cela. » Généralement, les enfants admettent facilement ce dialogue, surtout s'il est assorti d'explications. Ce dialogue n'exclut pas la prévention. Cache-prise, système de blocage pour tiroirs, fenêtres ou portes, barrière de sécurité, protège-robinet pour baignoire, tout ce matériel de sécurité pour la maison se trouve facilement dans les catalogues de vente par correspondance.

Apprendre le risque

Petit à petit, l'enfant fera l'apprentissage de la maîtrise des risques. Avant d'interdire, il est bon de se demander : « Jusqu'où puis-je le laisser faire ? » et d'aider l'enfant, chaque fois que cela semble raisonnable, à faire seul, même les choses difficiles. L'important est de faire passer la notion de cause à effet. Toute la difficulté, dans cette éducation au risque, est de savoir doser son rôle de protection. Seules les capacités motrices et intellectuelles de l'enfant doivent être prises en compte, et non l'âge théorique. Il existe des corrélations certaines entre l'âge et les types d'accidents. Les chutes de la table à langer se produisent essentiellement entre 5 mois et 1 an. L'enfant veut et peut se retourner. L'enfant de 18 mois à 2 ans tombe et se brûle plus souvent parce qu'il veut connaître et découvrir, et qu'il peut déjà courir et grimper. L'enfant n'appréciant pas bien le risque, l'accident ne manque pas de se produire si l'adulte n'est pas là pour intervenir. Les intoxications et les chutes à la maison, spécialement entre 1 et 4 ans, sont plus fréquentes vers 2 ans, chez les garçons. Il y a, pour la plupart des accidents, des âges vulnérables, que l'on peut expliquer par les particularités du développement de l'enfant à cet instant. Il s'est fait mal ? Le consoler est, bien sûr, indispensable, mais une bonne éducation au danger consiste aussi à lui expliquer pourquoi il s'est blessé. Il apprendra la relation de cause à effet et, dans une situation proche et imprévue, on peut espérer qu'il aura le bon réflexe.

L'enfant doit savoir que le risque qu'il court face à un danger est le même pour lui et pour ses parents : l'adulte qui renverse une casserole d'eau chaude s'ébouillante aussi et s'il est maladroit avec un couteau, il se coupe, etc. Il saura ainsi que « l'interdit » s'adresse à tous, sans exclusion, et que l'accident n'est pas une punition. ∎

" En voiture, certains enfants ne veulent pas rester attachés à leur siège. Refusez tout compromis, la loi comme la sécurité imposent cette contrainte. "

2 ans

1RE SEMAINE

1ER MOIS

2 À 3 MOIS

4 À 5 MOIS

6 À 7 MOIS

8 À 9 MOIS

10 À 11 MOIS

1 AN

1 AN 1/2

2 ANS

2 ANS 1/2

3 ANS

4 ANS

5 ANS

6 ANS

ANNEXES

2 ans

Vous

QUELLE MERVEILLEUSE PÉRIODE! Elle marque les premières manifestations du caractère de votre enfant, l'expression affirmée de sa personnalité et votre désir de plus en plus prononcé qu'il entre à la maternelle.

Il court, elle danse et ils demandent le pot. Pour permettre à un enfant l'acquisition de la propreté sphinctérienne, il faut qu'il sache dire « pipi » et « caca » et qu'il marche correctement.

Il dit non sur tous les tons, ce qui témoigne de la puissance de sa pensée. Il apprend en s'opposant et il adore qu'on lui dise « non » plutôt que « oui ». Il supporte donc très bien les frustrations nécessaires à son éducation. Cet enfant possède déjà la notion du bien et du mal et il sait parfaitement quand il fait des bêtises. Le « non » marque simplement son autonomie de pensée. En vous opposant à lui, de manière bienveillante et ferme, vous lui ferez comprendre le « oui ».

Il garde la peur tenace de vous perdre, mais cette crainte de séparation change. Vos relations sont moins fusionnelles. Pour lui, vous existez en tant que personne garante du temps vécu. La présence de ses parents à ses côtés organise le début de la perception et de la reconnaissance de sa propre histoire.

Votre enfant

- Il pèse 12 kg en moyenne pour 85 cm.

- Il court, monte et descend les escaliers marche après marche. Il tourne les boutons de portes et ouvre les couvercles des boîtes.

- Il commence à dessiner en tenant son crayon à pleine main. Il utilise aussi bien sa main droite que sa main gauche. Avec la première, il trace des traits vers la droite et gribouille dans le sens des aiguilles d'une montre, il dessine dans le sens inverse avec la main gauche.

- Il possède entre 150 et 1 500 mots. Il connaît les pronoms possessifs, son prénom et la négation. Il est capable de décrire les objets les plus familiers.

- Il s'oppose avec vigueur et satisfaction.

- Il peut manger des légumes crus mais en toute petite quantité.

1RE SEMAINE

1ER MOIS

2 À 3 MOIS

4 À 5 MOIS

6 À 7 MOIS

8 À 9 MOIS

10 À 11 MOIS

1 AN

1 AN 1/2

2 ANS

2 ANS 1/2

3 ANS

4 ANS

5 ANS

6 ANS

ANNEXES

Après l'orage

Dès que l'enfant commence à reprendre son calme et que l'énergie de la colère retombe, vous devez l'aider à s'apaiser totalement en faisant le premier pas. À cet âge où tout est affectif, il n'est pas possible que vos relations restent sur un conflit. Invitez-le à venir dans vos bras, embrassez-le tendrement et dites-lui que c'est un mauvais souvenir. Si dans sa rage, il a éparpillé un jeu, proposez-lui de le ramasser ensemble, s'il s'en est pris à un autre enfant ou à un animal, encouragez-le à s'excuser. Il doit comprendre qu'il a le droit de s'emporter mais pas celui de casser ou de faire mal aux autres. ■

Il s'obstine

De la frustration de l'échec naît l'énergie de recommencer. Et de l'effort surgit la conscience de sa juste capacité. L'échec donne ensuite à la réussite toute sa valeur. L'enfant, à partir d'expériences difficiles, acquiert les gestes et le raisonnement qui sont nécessaires à la réussite.

Exécuter à sa place n'est pas l'aider à progresser. En revanche, le féliciter, l'encourager est important : à ses yeux, l'opinion de ses parents est essentielle. Il est indispensable de lui confier des tâches à sa mesure et d'être disponible pour donner le coup de pouce qui le conduira à se débrouiller tout seul. ■

Les raisons de la colère

La colère est toujours l'expression d'une émotion et, chez l'enfant, le registre expressif est limité. Pleurs, mimiques, mouvements du corps sont pour lui les seuls moyens de faire comprendre son désarroi. Attention, à famille colérique, enfants coléreux. Il utilisera d'autant plus facilement et spontanément ce mode d'expression qu'il s'agit d'une habitude familiale.

Différentes expériences ont montré que la colère est immédiatement reconnue par les enfants, même si elle est exprimée dans une langue inconnue, et qu'ils adoptent aussitôt les mimiques appropriées à ce sentiment. Parmi les émotions très facilement identifiées, il faut citer aussi la tristesse et la peur. De plus, des études menées aux États-Unis prouvent que les émotions aussi fortes que la colère ont des expressions faciales identiques chez tous les peuples. ■

De l'usage de la récompense

Promettre à un enfant une récompense en toutes circonstances n'est pas un bon moyen éducatif. Même un petit enfant peut saisir le chantage. C'est alors lui accorder plus de puissance qu'il n'espérait. Une communication directe et franche est bien le meilleur moyen de lui apprendre le comportement adéquat.

Avant d'entrer en conflit avec l'enfant, présentez-lui le problème et essayez de convenir d'une solution qui vous satisfera, vous et lui. Lui demander assistance, même si elle est tout à fait fictive, pour des tâches quotidiennes telles que ranger les jouets, aller au supermarché, faire le ménage, institue un climat de confiance et de jeu. ■

La colère

VOTRE ENFANT, JUSQUE-LÀ TRÈS GENTIL, refuse soudainement de marcher, ou décide de dormir tout habillé, à moins que du jour au lendemain il ne veuille plus embrasser sa grand-mère. Et sa détermination est telle qu'entre vous et lui c'est la guerre. La colère est une manifestation tout à fait courante et normale chez le bébé.

Souvent impressionnante

À peine âgé de quelques semaines, le nourrisson pique déjà de petites rages. Il y a bien sûr des enfants plus ou moins enclins à cette forme de contestation. Dans certains cas, il est difficile d'en déterminer la cause. Ce qui est certain, c'est qu'à 2 ans l'enfant traverse une période d'agressivité où un rien l'énerve et où il provoque ses parents pour mesurer les degrés de leur résistance. Se rouler par terre, rouge de colère, est pour lui une banalité. Dans certains cas, sa rage est telle qu'elle peut le conduire à un arrêt respiratoire de quelques minutes, c'est ce qu'on appelle « le spasme du sanglot ». L'enfant est inconsolable, il hoquette violemment, ses yeux peuvent se révulser et parfois il arrive qu'il s'évanouisse quelques secondes. Rassurez-vous, c'est impressionnant mais sans gravité.

Chargée de sens

Entre 1 et 3 ans, l'enfant prend conscience de sa personnalité et veut imposer sa volonté. Souvent, il n'ose pas passer sa fureur directement sur l'adulte : il frappe alors ses jouets, les meubles, ses frères et sœurs ou encore lui-même. Une colère de temps en temps n'est pas très grave. En revanche, l'enfant qui s'emporte quotidiennement ou plusieurs fois par jour souffre probablement de quelque chose : trouble physique ou psychique, manque d'exercice ou trop de fatigue... Très souvent la raison qui a déclenché autant de cris reste obscure aux parents.

En effet, aux causes matérielles peuvent s'ajouter des raisons psychiques, frustration face à une impossibilité physique, peur, angoisse d'abandon, besoin de respect ou révolte contre un événement qu'il ressent comme injuste.

Patience et fermeté

Face à une colère « normale », gardez votre calme. Ce n'est pas toujours évident, mais souvent payant. Patience et fermeté, sans cris ni tapes, désarment les plus acharnés. Expliquez aussi à l'enfant que vous comprenez très bien le pourquoi de son comportement, mais que malheureusement, il n'est pas question que vous cédiez. Tout cela, bien sûr, dans la plus grande tranquillité. Certains enfants se calment vite quand ils voient que leurs scènes n'ont aucun impact sur leurs parents, d'autres persistent des heures durant. Pour les calmer, il suffit souvent d'un geste amical et d'un gros câlin.

Souvenez-vous enfin que bien des colères sont à l'origine de difficultés de communication parents-enfants, et que mieux vaut, souvent, ne pas se battre pour des principes. Il veut se coucher avec ses chaussures ? En le laissant faire, on le désarme et il apprendra à ses dépens que c'est une solution assez inconfortable. Vous pouvez encore essayer de négocier mais en posant des limites qui seront alors incontournables. Par contre, évitez de lui mettre sur le dos l'étiquette de coléreux, cela l'installerait dans un statut dont il aurait beaucoup de mal à s'échapper ensuite. ∎

1RE SEMAINE

1ER MOIS

2 À 3 MOIS

4 À 5 MOIS

6 À 7 MOIS

8 À 9 MOIS

10 À 11 MOIS

1 AN

1 AN 1/2

2 ANS

2 ANS 1/2

3 ANS

4 ANS

5 ANS

6 ANS

ANNEXES

La multiplicité de ses peurs

LES PEURS D'ENFANT APPARTIENNENT TOUJOURS AUX SOUVENIRS LES PLUS DÉSAGRÉABLES. Quoi que l'on fasse, ces sentiments sont inévitables et fantastiques. Ils témoignent que l'enfant grandit.

La peur de la séparation

Ils ont peut-être aussi leur utilité : pour l'homme, comme pour l'animal, la peur est une manifestation de l'instinct de survie, elle permet de déceler les dangers et d'y faire face. Adulte et enfant ont les mêmes réactions physiologiques : les battements du cœur s'accélèrent, la pression sanguine augmente, tout comme les sécrétions d'adrénaline. Tout l'organisme est en alerte.

Bien sûr, les angoisses des petits et des grands ne sont pas les mêmes et elles évoluent curieusement au cours du développement de l'enfant. À l'heure de l'autonomie, des premiers pas, des premières escalades, les peurs de l'enfant sont liées à ses nouvelles expériences physiques. Il compte entièrement sur l'adulte pour assurer sa sécurité et tout naturellement craint d'en être séparé. La peur de la séparation est une des craintes les plus intenses et tenaces de l'enfance. Tous les visages nouveaux peuvent déclencher de véritables frayeurs, même si ce sont ceux d'amis ou de parents. L'enfant se blottira alors dans les jambes de ceux qu'il aime et rien ne le convaincra d'en sortir, ne serait-ce que pour dire bonjour. Il faudra parfois quelques heures pour que cela s'estompe. Un peu plus tard, naîtra la peur de se perdre ou celle d'être abandonné, loin de l'affection de ceux qu'il aime et dont il se sait aimé.

La peur de disparaître

À l'heure de l'acquisition de la propreté, l'enfant connaît une autre crainte : celle de disparaître. Il est toujours très inquiet de voir disparaître ses excréments, qu'il considère comme une partie de lui-même. Les toilettes sont souvent interprétées comme un trou sans fond où la moindre maladresse peut vous faire tomber dans le bruit fracassant de la chasse d'eau. De la même manière, certains enfants craignent de disparaître par la bonde de la baignoire, emportés avec l'eau de leur bain, d'autres sont effrayés par les vide-ordures... voire même par les aspirateurs.

La peur du noir

À tout cela s'ajoute la peur de la nuit ; elle est classique et tenace. À la frayeur de l'obscurité s'ajoutent tous les dangers que l'on imagine. C'est dans les ténèbres que naissent les brigands, les sorcières, les animaux dévoreurs. La nuit, c'est encore la peur de la solitude, celle qui pousse les enfants à retarder par tous les moyens l'heure du coucher (p. 395).

Ces angoisses nocturnes sont à l'origine des cauchemars, prolongements déformés de la vie diurne. L'enfant est alors d'autant plus effrayé qu'il est encore bien incapable de faire la différence entre ce qui est du domaine du « vrai » et de l'imaginaire.

Savoir le rassurer

Quelques précautions peuvent aider votre enfant à dominer sa peur du noir. Vous pouvez, par exemple, lui laisser une veilleuse, ou tout simplement ouvrir la porte sur le palier allumé. N'ayez aucune crainte qu'une mauvaise habitude ne s'installe, car ce besoin passe tout naturellement avec l'âge. Montrez-lui que les plus grands dorment aussi dans l'obscurité. Alors pourquoi pas lui, dont le rêve est d'être « un grand » ? Il est indispensable aussi qu'il fasse connaissance avec son environnement nocturne, car dans l'obscurité l'enfant se trouve dans un monde inconnu. Pourquoi ne pas lui proposer une promenade dans la maison endormie et lui demander, sous forme de jeu, de reconnaître les objets de sa chambre, en les touchant ? Passez de pièce en pièce, en lui signalant les choses et les êtres familiers. Montrez-lui aussi par la fenêtre les autres maisons endormies, sans lumière. Attention, cela sera bénéfique si l'enfant n'est pas anxieux. Proposez simplement, s'il refuse, ne le forcez pas. Vous renouvellerez votre demande plus tard.

Disponible pour écouter

Les enfants cherchent toujours à exprimer leurs craintes, mais leurs capacités d'expression ne leur permettent pas toujours d'être compréhensibles. L'important est qu'ils arrivent à le faire et qu'ils trouvent une oreille attentive pour les écouter. Bien des frayeurs peuvent aussi céder aux explications simples : le chien noir qui fait si peur, par exemple, n'est après tout qu'un petit chien fantasque qui a grandi. Se sentir aimé est encore le plus sûr moyen de ne plus avoir peur. L'enfant

doit être certain du soutien de l'adulte et c'est en sa compagnie qu'il prendra du courage, visitera les lieux qui l'inquiètent, tendra la main vers l'animal ou l'objet qui le perturbent. Les félicitations qui couronnent ses succès l'aideront à se dominer et à vaincre d'autres peurs, différentes ou plus tenaces. ■

■ MON AVIS

Les peurs font partie du développement normal d'un enfant, et j'ajouterai qu'il doit passer par toute une gamme de peurs : peur de l'orage, peur du noir, peur d'être abandonné, peur d'être séparé des siens, peur d'être dévoré, peur des gros animaux et plus tard des petits, etc. C'est le moment de jouer avec la peur et de la raconter. Lisez-lui avec complaisance les contes de fées les plus horribles et répétez-les indéfiniment. Observez votre enfant lorsqu'il les écoute, il jubile et il demandera à frissonner encore plus. C'est ainsi qu'il maîtrise ses peurs. Les contes de fées le protègent des phobies, ces peurs irraisonnées et difficilement maîtrisables, en raison des thèmes terribles qu'ils développent. Il aura sans doute un conte favori, celui qui le suivra toute son enfance et que, plus tard, il racontera à son tour à ses propres enfants. ■

1RE SEMAINE

1ER MOIS

2 À 3 MOIS

4 À 5 MOIS

6 À 7 MOIS

8 À 9 MOIS

10 À 11 MOIS

1 AN

1 AN 1/2

2 ANS

2 ANS 1/2

3 ANS

4 ANS

5 ANS

6 ANS

ANNEXES

Sucer son pouce

Sucer son pouce au-delà de 2 ans n'a rien d'exceptionnel. Beaucoup d'enfants, lorsqu'ils sont fatigués ou attentifs à un spectacle, placent tout naturellement leur doigt dans la bouche. Le rythme de la succion est pour eux le moyen de s'apaiser, de se débarrasser de leurs tensions pour retrouver une grande paix intérieure.

Les enfants timides et émotifs ont peut-être plus souvent recours à la succion du pouce que les autres. Il paraîtrait en outre que les petites filles le font plus que les garçons. Le pouce peut encore marquer une certaine régression momentanée (naissance d'un autre enfant ou séparation prolongée d'avec les parents).

Un seul cas est préoccupant : celui de l'enfant qui suce son pouce toute la journée, à l'écart des autres, qui ne joue pas, ne participe à rien et semble rêver tout éveillé. Toutefois, dans la plupart des cas, ce geste de réconfort disparaîtra instantanément, mais parfois très tard, à l'approche de l'adolescence. Alors patience ! ■

Les mauvais rêves

Les cauchemars agitent ses nuits et les craintes irraisonnées perturbent ses jours. C'est l'âge de la peur (p. 392) ! Pour la dominer, l'enfant a besoin de son objet favori (p. 316), associé à la succion du pouce ou d'un autre doigt et parfois à un balancement de la tête ou du tronc (p. 634). Cette peur explique aussi le besoin de repousser le moment de l'endormissement en établissant des règles « immuables » dont justement la régularité le rassure. Certains enfants peuvent ainsi aller jusqu'au refus de se coucher : même fatigués, ils se mettent en colère dès qu'il en est question, ne veulent pas rester dans leur lit ou luttent pour ne pas fermer les yeux. Leur donner un produit hypnotique n'est absolument pas conseillé : ils voient dans ce geste une véritable provocation. Seule une fermeté affectueuse peut venir à bout de leur résistance. ■

La vie rêvée

Les recherches qui ont été faites sur l'apparition du rêve indiquent que c'est au cours de la deuxième année que cette activité cérébrale s'installe chez l'enfant. Cette période est marquée chez celui-ci par une grande activité physique – l'enfant marche, court, grimpe et prend un plaisir fou à bouger son corps – et par une nouvelle acquisition en pleine élaboration qui est celle du langage.

Toutes ces « occupations » sont à la fois pour l'enfant source de plaisir et de son revers, l'angoisse, cette dernière s'exprimant essentiellement au cours du sommeil. ■

Le sommeil séparation

1RE SEMAINE

1ER MOIS

2 À 3 MOIS

4 À 5 MOIS

6 À 7 MOIS

8 À 9 MOIS

10 À 11 MOIS

1 AN

1 AN 1/2

2 ANS

2 ANS 1/2

3 ANS

4 ANS

5 ANS

6 ANS

ANNEXES

AU COURS DE LA DEUXIÈME ANNÉE, LE SOMMEIL DE L'ENFANT CHANGE ENCORE. C'est l'époque où il élabore avec force sa personnalité. Aller au lit signifie alors se séparer des adultes et des amis. Qui n'en serait pas mécontent ?

Les rites du coucher

En refusant d'aller se coucher, l'enfant de 2 ans exprime haut et fort son opposition aux règles établies. Ainsi, il s'affirme en tant qu'individu doté de caractère et de personnalité. Pratiquement, l'enfant utilise tout ce qui lui passe par la tête pour retarder le moment d'aller se coucher : demandes farfelues, qu'il est facile de reconnaître comme des manœuvres, se mêlant à des appels concernant des besoins qui peuvent être réels – il a soif, il veut aller aux toilettes, son pyjama le gêne, etc. Ne pas céder est la seule solution. Coupez-lui aussi l'herbe sous le pied en lui permettant de satisfaire un certain nombre de besoins avant même qu'il ne soit installé dans son lit. En grandissant, ses exigences vont devenir plus gênantes.

Vers 2 ans 1/2, s'établit un véritable cérémonial qui peut commencer fort longtemps avant le coucher. Tous les soirs, quelles que soient les circonstances, il devra dire bonsoir à tout le monde, gens et bêtes, ranger ses jouets, écouter telle histoire, regarder tel dessin animé à la télévision… Et malheur aux parents si cet ordre n'est pas respecté. Il faudra peut-être tout reprendre à zéro. Ce rituel le protège de la peur.

C'est en fixant quotidiennement ces attitudes que l'enfant domine les peurs très archaïques. Un conseil : pour ne pas vous retrouver dans une situation inextricable, ne laissez pas votre enfant établir trop de rites et lorsque vous considérez que son manège suffit, dites-le lui fermement et ne répondez plus à ses appels.

Réceptif aux difficultés

Heureusement, ayant satisfait toutes ses « lubies », normalement l'enfant s'endort, généralement pour 10 à 11 heures d'affilée, d'un sommeil calme. Sauf si quelque chose vient troubler son rythme de vie : déménagement, entrée à l'école, divorce de ses parents. Il est avec l'âge de plus en plus conscient des petits et grands drames familiaux, il sent les tensions, remarque les conversations tristes ou houleuses. S'il peut se lever seul de son lit, il lui arrivera de venir contrôler que vous êtes toujours bien là.

Si vous devez sortir, n'oubliez pas de lui dire qu'il sera gardé par quelqu'un d'autre de la famille ou par une baby-sitter. Dans ce cas, si possible, faites-lui faire connaissance avec la personne qui va le garder avant qu'il ne soit couché. Si vous le confiez souvent à une baby-sitter, essayez de garder toujours la même personne, ainsi ils pourront tisser des liens d'amitié. Votre départ sera plus facile et son endormissement apaisé. Il aime la vérité et appréciera que vous lui racontiez vos projets. Cette sincérité le rassure et vous constaterez qu'il supporte sans drame que vous vous absentiez régulièrement. ■

" C'est la qualité de ses activités du jour qui fait celle de ses nuits. Un rythme de vie stable donne les bases d'un bon sommeil. "

Les premiers copains

LES ÉCHANGES RÉCIPROQUES DANS LA COMMUNICATION ENTRE ENFANTS DU MÊME ÂGE commencent réellement vers 2 ans. Jusqu'à présent ils jouaient côte à côte, en parallèle. La diversification des conduites sociales permet le jeu avec réciprocité et la naissance des premières amitiés.

Définir les relations amicales entre enfants

L'observation et l'étude des enfants en crèche menée par Odile Spinoza, chercheur en science du comportement, nous en disent beaucoup sur l'existence de ces relations précoces, sur la façon dont ils tissent des réseaux d'amis et dans quels délais.

Ce chercheur a constaté, en les regardant jouer librement, que les conduites sociales sont déjà nombreuses chez ces enfants qui, à peine intégrés en crèche, forment un groupe. Ils recherchent la proximité des autres, le contact physique : les gestes d'offrande, mains ouvertes en avant, sont nombreux, tout comme les manifestations d'aide et de consolation. Cependant, il existe aussi, chez certains petits, des comportements sociaux neutres, telle une simple attention visuelle qui ne dure pas ; pour d'autres, la relation avec autrui est négative : ces enfants pleurent souvent, évitent de regarder les autres, manifestent des agressions symboliques ou réelles avec, notamment, la prise de possession brutale d'objets et parfois leur destruction. Odile Spinoza définit alors ce qui constitue une relation amicale entre deux enfants. Un couple d'amis est authentifié si la fréquence de leurs relations sociales positives et réciproques est supérieure à celle des autres enfants du groupe auquel ils appartiennent, si le temps passé ensemble en interaction est supérieur à la moyenne et s'il y a symétrie entre les manifestations des deux partenaires. Ainsi, elle a remarqué que sur un groupe de 82 enfants de 13 mois et plus, 12 ont des affinités amicales, alors que chez les plus grands, sur 52 enfants de 19 mois 1/2 d'âge moyen, 10 ont déjà des amis. Ceux qui se sont fait des amis en ont généralement plus d'un dans le groupe et certains semblent particulièrement doués puisqu'ils en ont à eux seuls trois.

Quand on aime, on ne compte pas

Avec le temps, les petits amis passent de plus en plus de temps ensemble et donc de moins en moins avec les autres. Ils développent et améliorent sans cesse leur attachement et le constat de leur amitié est évident, même pour un œil non expérimenté. Leurs relations sont idylliques alors que la communication avec les autres enfants a tendance à se dégrader.

Bien sûr, les jeux à leur âge sont essentiellement moteurs : poursuites, bousculades, sautillements et cache-cache. Mais à 2 ans, les enfants diversifient leur mode de relations : ils manifestent leur amitié par des gestes, des mimiques et surtout par la collaboration à un même jeu. Ils mettent tout en œuvre pour rendre la communication amicale la plus efficace possible : ce sont des émetteurs actifs et des récepteurs attentifs. Pourtant, les disputes éclatent parfois mais toujours avec le souci de préserver leur amitié future. Ainsi, les comportements sont beaucoup moins agressifs si le différend a lieu entre amis, leur désaccord

1RE SEMAINE

1ER MOIS

2 À 3 MOIS

4 À 5 MOIS

6 À 7 MOIS

8 À 9 MOIS

10 À 11 MOIS

1 AN

1 AN 1/2

2 ANS

2 ANS 1/2

3 ANS

4 ANS

5 ANS

6 ANS

ANNEXES

étant alors plus symbolique que physique puisqu'ils trouvent souvent des solutions de conciliation assez égalitaires. À l'inverse, les conflits entre enfants sans liens amicaux se terminent presque toujours par la domination d'un des partenaires.

Cette étude démontre que les groupes d'amis s'établissent très tôt et que l'amitié est le résultat étroit entre la relation affective et le comportement. Elle prouve encore que le réseau d'amitié grandit avec l'âge grâce au développement des compétences sociales qui s'installent au cours de la deuxième année. Les mécanismes sur lesquels repose l'amitié sont différents selon les âges : les petits cherchent les échanges et les plus grands sont attirés par des partenaires actifs et repoussent les enfants agressifs.

Amis à part entière

À 2 ans, les enfants manifestent leur amitié de manière très semblable à l'adulte. Bien qu'ils n'expriment rien verbalement, ils recherchent l'intimité, ils montrent leur plaisir à être ensemble et prolongent des échanges riches et animés. Il semble encore que la symbolisation des agressions et la résolution pacifique des conflits soient d'abord expérimentées entre amis pour être plus tard, une fois acquises, utilisées avec les enfants « non amis ». Un comportement qui, au fil des années, devient simple politesse.

La séparation est souvent mal vécue. Ainsi, à la crèche, par exemple lors du passage de l'un des enfants dans une autre section, celui qui reste dans la sienne ralentit ses activités et ses expressions sociales positives. De même un déménagement et l'abandon de ses amis proches sont vécus avec beaucoup de tristesse. Il lui faudra un peu de temps pour renouer de nouvelles amitiés. Pour les chercheurs en comportement, il semble que l'amitié procure aux enfants une sécurité immédiate face à une situation inhabituelle, voire légèrement inquiétante. Elle aide à une meilleure adaptation au groupe et leur donne un statut social valorisant. ∎

L'animal domestique*en savoir plus*

Le compagnon idéal

Le chien est sans doute l'animal de compagnie par excellence. Il sera de préférence de taille moyenne, pour que l'équilibre physique soit respecté ; de couleur claire car les robes foncées effraient certains enfants ; de poil ras ou mi-long (les chiens à poil long souffrant souvent de l'affection débordante de leurs petits maîtres) ; d'âge adulte, pour être sûr de sa patience et de sa compréhension ; et enfin d'une race qui ne soit pas réputée pour son agressivité, son égoïsme ou son mauvais caractère.

Les psychiatres américains ont reconnu, dans ce portrait-robot, le labrador gold, mais il peut correspondre aussi à certains chiens de montagne de taille modeste ou aux chiens de chasse, type épagneul, ou aux « bâtards ». La présence d'un chien dans la vie d'un enfant hyperactif ou timide et craintif est particulièrement bénéfique. Pour les premiers, il leur apprend à observer, à prendre le temps d'établir une communication affective. Pour les seconds, l'animal les sécurise et leur donne la force d'oser.

Le chien adapte son comportement à celui de l'enfant. Ses points de repère sont les gestes, les cris, les intonations de la voix mais aussi les odeurs.

Le flair très performant du chien lui permet sans doute d'évaluer les émotions de l'enfant (et de l'adulte) simplement par l'odeur corporelle qu'il développe dans certaines circonstances. L'animal flaire le cou, le visage, le haut du corps de celui qui lui est familier et le fond de la culotte de l'enfant inconnu. Il s'éloigne souvent ensuite.

Il arrive que les chats établissent avec les enfants des relations profondes et durables, mais généralement ce sont des animaux indépendants et moins patients que les chiens. Souris blanches, cochons d'Inde ou poissons et oiseaux ne permettent pas à l'enfant petit un réel « compagnonnage ». ■

À l'hôpital aussi

Pour aider les enfants à supporter l'hospitalisation, certains services pédiatriques américains autorisent que leur compagnon à poil ou à plume vienne leur rendre visite. Une association, « Pet Partner », met à la disposition des enfants des animaux « visiteurs ». Cette présence animale redonne à ces enfants joie et confiance et les encourage à faire des mouvements qu'ils ont du mal à exécuter, ou à mieux supporter des soins qui peuvent être fort douloureux. ■

Un ami à quatre pattes

1RE
SEMAINE

1ER MOIS

2 À 3
MOIS

4 À 5
MOIS

6 À 7
MOIS

8 À 9
MOIS

10 À 11
MOIS

1 AN

1 AN 1/2

2 ANS

2 ANS 1/2

3 ANS

4 ANS

5 ANS

6 ANS

ANNEXES

L'ATTIRANCE POUR LES ANIMAUX est un sentiment assez communément partagé par les enfants. Le vôtre n'échappe sans doute pas à cette passion, pour les chiens le plus souvent. Celle-ci s'explique d'ailleurs fort bien.

Fait pour s'entendre

L'étude de la communication gestuelle de l'enfant a permis de s'apercevoir qu'animal et enfant avaient des comportements communs et que l'un et l'autre, sans parole, étaient capables d'échanges profonds et clairs. À ces gestes vient s'ajouter tout un système de communication à base d'odeurs et de contacts. Il semble que le chien, en raison de son attachement bien particulier pour l'homme, soit le compagnon idéal. Instinctivement, il a un sens aigu du comportement humain.

Un doux réconfort

La proximité de l'animal est enrichissante. Cette boule de poils douce à caresser, avec sa langue toujours prête à réconforter, sera le grand consolateur du petit enfant qui affronte les premières interdictions. Le fait de caresser un animal a pour effet de diminuer la tension artérielle, de ralentir le rythme cardiaque et de réduire l'anxiété. L'animal permettra encore à l'enfant d'expérimenter sa toute naissante autorité, largement inspirée de celle de ses propres éducateurs.

Par contre, ce n'est pas avant 10 ans qu'un enfant peut prendre la responsabilité de son « ami », tout au plus pourra-t-il participer à la préparation de son repas et vers 4-5 ans aider à son toilettage. L'entretien courant de l'animal reste à la charge des parents. Ce sont eux aussi qui assurent l'éducation de l'animal. Un animal doux, docile, mûr, est alors le bienvenu. Il sera sans doute un peu le souffre-douleur de son petit maître, mais avec complaisance. On pense que cette docilité est déjà acquise par le chiot qui, auprès de sa mère, passe constamment d'instants de soins intenses à l'indifférence, voire à une certaine brutalité.

Un confident muet

L'enfant va observer ce compagnon, il va s'apercevoir que tout comme lui il dort, mange, boit, joue... vit. Petit à petit, il cherchera à prendre la responsabilité, avec encore beaucoup de maladresse, de son bien-être. Grâce à l'animal, l'enfant apprendra « qu'il faut aimer pour être aimé ». Il semble même que les enfants qui vivent avec un animal soient plus sociables, plus autonomes et participent plus que les autres aux tâches ménagères. Ces enfants auraient aussi plus de facilité à exprimer leurs émotions, l'animal étant souvent le premier confident. Enfin, l'animal apprend le respect d'autrui : maltraité il s'éloigne, ne fait plus de démonstrations affectives et l'enfant comprend parfaitement pourquoi.

Mais pour avoir toutes ces qualités, il doit être accepté par tous et ne pas avoir été choisi pour résoudre un problème de communication entre l'enfant et ses parents. ■

" La plupart des chiens sont parfaitement capables de faire la différence entre un enfant calme, disponible et un enfant anxieux et agressif. "

Des problèmes mécaniques

Des malformations congénitales, qui entraînent une mauvaise position des dents, de la langue, des lèvres, du palais ou encore des cloisons nasales, peuvent être à l'origine de troubles graves du langage. Dans certains cas, ces malformations nécessitent une intervention chirurgicale. Aujourd'hui, plus aucun enfant ne devrait grandir avec une fente labiale (appelée couramment bec-de-lièvre). La chirurgie réparatrice à la naissance puis au cours de la première année sera suivie d'une rééducation par un orthophoniste. ■

La timidité

Elle naît devant une situation inconnue ou face à un adulte étranger. C'est la peur, évidente ou refoulée, de décevoir un juge, bien souvent un des parents, celui auquel il est le plus attaché. Due à une dévalorisation, l'enfant va se sentir incapable de faire face, due à une survalorisation, il va avoir peur de ne pas être à la hauteur de ce qu'on lui demande. La timidité peut devenir « handicapante » quand elle conduit l'enfant à éviter de poser des questions ou de rencontrer les autres.

La timidité n'est pas héréditaire, elle ne doit pas se transmettre de parents à enfants ; il est normal qu'un enfant se développe mieux que ses parents. Certains troubles du langage sont aussi à mettre au compte d'une timidité anormale. Le problème se « soigne » en fait par une certaine indifférence de la part des parents. ■

Le zozotement

Le zozotement se construit au fur et à mesure que l'enfant construit son système phonétique. Il est souvent gêné par une langue un peu volumineuse par rapport à sa bouche, il déglutit encore comme un bébé, il suce son pouce, une tétine ou un doudou. Téter trop longtemps est la raison principale d'un zozotement persistant. Il veut peut-être rester encore un peu le « bébé de sa maman ». Bref, il a des tas de raisons de ne pas prononcer les sifflantes correctement. Mieux vaut ne pas intervenir. Ce trouble, qui disparaît naturellement vers 3-4 ans, a toute chance de persister si l'entourage exerce trop de pression : en exigeant qu'il répète correctement le mot mal prononcé, on provoque de sa part une crispation de la langue et des lèvres et la production de sons hypertoniques. Le zozotement risque alors de s'intensifier et de développer un vrai trouble qui devra être rééduqué. ■

❚ MON AVIS

Dans l'expression orale des enfants de cet âge, il faut distinguer la compréhension et l'expression. Certains enfants développent un retard de langage à l'insu de leurs parents qu'ils ont leurrés en affichant une bonne capacité de compréhension alors que leur expression était défaillante. Les parents disent de ces enfants qu'ils comprennent tout alors qu'ils ne parlent que par signes, montrant du doigt ce qu'ils veulent. Mais il faut savoir que cette façon de s'exprimer interdit le parler oral. Expression et compréhension se métissent toujours pour faire naître un bon langage. Il faut aussi se méfier des enfants qui refusent de parler et qui « utilisent » un frère ou une sœur comme traducteur, celui-ci comprenant de manière anticipée les besoins de son cadet. Demandez à l'aîné de ne plus comprendre et dites au petit que vous ne saisissez pas pourquoi il ne s'exprime pas. Vous verrez, ce dernier va se mettre à parler. ■

Des difficultés de prononciation

JAMAIS, À UN AUTRE MOMENT DE SA VIE, l'enfant ne retrouvera une telle compétence pour le langage. C'est avec les mots qu'il s'approprie le monde. Ses défauts de prononciation sont tout à fait naturels et ont des causes aussi bien physiologiques que psychologiques. Le plus classique est le zozotement.

Bien placer sa langue

L'incapacité à prononcer les « s » correctement est due à un défaut de déglutition associé à un mauvais positionnement de la langue. C'est un « souvenir » de l'époque où le bébé était encore au sein ou au biberon. Pour téter, l'enfant interpose sa langue entre ses gencives. Normalement, après l'apparition des dents de lait, la langue reste à l'intérieur de l'arcade dentaire. L'usage prolongé de la tétine peut accentuer ce défaut.

Rares sont encore les enfants qui prononcent correctement les « r », quelle que soit sa place dans le mot. En fait, le son de cette lettre n'appartient pas à leur système phonétique. L'enfant l'apprend en percevant la sensation de sa langue sur l'arrière de sa gorge. Deux orthophonistes, Mazy Varraud et Valérie Alis, conseillent aux parents un petit jeu, que les enfants vont adorer : il consiste à faire le tigre.

Les autres défauts de prononciation sont dus très souvent au fait que l'enfant n'a pas découvert naturellement la position de la langue et de la bouche pour bien dire la lettre, à moins qu'il n'ait pas bien fait la différence phonétique entre certaines lettres.

Pour aller au plus simple

Certains enfants de cet âge n'utilisent et ne connaissent qu'un vocabulaire très courant : « papa, maman, lit, pain », etc. et se refusent même à faire des phrases. Bon nombre d'entre eux s'expriment ainsi parce qu'ils ne voient pas l'intérêt de se compliquer la vie puisque leur entourage les comprend très bien. Quelques-uns de ces troubles se rencontrent aussi chez les enfants prématurés. On oublie toujours qu'ils sont moins mûrs que les enfants du même âge. Pour bien évaluer leur retard de langage, il faut « corriger » leur âge.

Des défauts non des troubles

Il peut aussi arriver que l'enfant bégaie. Rassurez-vous, cela n'a rien à voir avec un véritable trouble du langage. En fait, sa pensée va plus vite que ses paroles et il lui faut encore souvent chercher ses mots. L'émotion, la nervosité, la fatigue ne l'aident pas. Il double aussi fréquemment certaines syllabes… mais il peut le faire par jeu.

Pour d'autres enfants, c'est leur quasi-silence qui inquiète les parents. Là encore, n'ayez aucune crainte, ce n'est pas parce qu'il « dit » très peu de mots qu'il est en retard. Bon nombre d'enfants écoutent d'abord avec beaucoup d'attention pendant de longues semaines avant de se lancer dans une conversation. Ils se mettront à parler tout à fait correctement d'un seul coup, essentiellement quand ils ne pourront plus faire autrement pour se faire comprendre. Pourtant, certaines difficultés sont dues à l'environnement et à des parents qui ne parlent pas assez à leur enfant, ou trop. Dans ce cas, surstimulé, il s'inhibe pour résister à la pression. À cela s'ajoutent parfois des problèmes affectifs. Les troubles « graves » du langage sont rarement isolés. ■

1RE SEMAINE

1ER MOIS

2 À 3 MOIS

4 À 5 MOIS

6 À 7 MOIS

8 À 9 MOIS

10 À 11 MOIS

1 AN

1 AN 1/2

2 ANS

2 ANS 1/2

3 ANS

4 ANS

5 ANS

6 ANS

ANNEXES

Les taches de rousseur

Les éphélides ou taches de rousseur sont d'origine génétique. Elles se situent le plus souvent sur le visage, les avant-bras et la poitrine, et elles vont en augmentant avec l'âge.

Généralement, les taches de rousseur disparaissent en hiver et font leur réapparition en été. Elles sont provoquées par des mélanocytes roux et fragiles qui se transforment sous l'action des UV. L'organisme fabrique une mélanine brune qui va essayer de protéger l'épiderme.

Il existe d'autres taches provoquées par le soleil, comme le lentigo solaire. Ces taches, qui sont plus foncées que les taches de rousseur, apparaissent sur tout le corps et persistent en hiver. Elles sont dues non seulement à une adaptation des cellules qui fabriquent une mélanine brune ou rouge, mais aussi à une multiplication du nombre des mélanocytes. ■

Les grains de beauté

C'est un problème assez spécifique chez l'enfant. On estime que certains cancers cutanés surviennent pour un tiers d'entre eux sur des grains de beauté préexistants. Exposés depuis l'âge de 2 ou 3 ans, ils vont subir les mêmes effets que les autres mélanocytes mais d'une manière concentrée. Il n'est donc pas bon d'exposer les grands grains de beauté de l'enfant au soleil. Il semble même souhaitable de les protéger sous un petit pansement durant les expositions au soleil.

De même ces nævi (grains de beauté) peuvent apparaître après de grandes expositions solaires. Vers 3 ans, une première poussée peut se manifester, suivie d'une seconde pendant la période prépubertaire. D'une manière générale, il convient d'être particulièrement vigilant avec les enfants qui présentent une grande quantité de grains de beauté, surtout si l'un d'entre eux change d'aspect. Dans ce cas, la consultation d'un dermatologue s'impose. ■

Les taches dites de naissance

Elles inquiètent souvent les parents mais la plupart disparaissent au bout d'un ou deux ans.

• **L'aigrette** s'installe de la racine du nez à la paupière voire au front. Sa couleur rose saumonée est due à des vaisseaux sanguins dilatés. Elle s'estompe généralement au cours de la première année.

• **Les taches de vin** constituent un réseau de vaisseaux sanguins en relief sur la surface de la peau. Selon leur aspect, ces angiomes sont dits plans ou caverneux. Ils peuvent s'élargir au fil des mois et se situer sur toutes les parties du corps. La plupart du temps, ces angiomes plans ne nécessitent aucun traitement et disparaissent vers 6-7 ans. Malheureusement, si elles subsistent et sont esthétiquement gênantes il faudra les enlever par une intervention au laser lorsque l'enfant sera plus grand. Seuls certains angiomes caverneux nécessitent obligatoirement une intervention chirurgicale.

• **La fraise ou l'angiome tubéreux** est une tache rouge et en relief. Elle apparaît dans les jours qui suivent la naissance, se développe au cours des premiers mois puis se stabilise pour disparaître pour la majorité vers l'âge de 4 ans.

• **La tache bleue des Mongols** ne se retrouve que chez les bébés qui ont la peau mate et foncée comme les bébés méditerranéens. Elle est toujours située en bas du dos. C'est le résultat d'un excès de cellules pigmentaires. Elle disparaît d'elle-même dans les deux premières années de l'enfant.

• **Les taches café au lait** se reconnaissent à leur couleur sépia, elles sont planes. Beaucoup d'enfants en portent une ou deux généralement situées sur le tronc ou à la racine des membres. Elles ne présentent aucune gravité. Par contre, si elles dépassent le nombre de six, si leur surface est de plus de 2 cm et si leur nombre augmente au fil du temps, il peut s'agir de la maladie de Recklinghausen. Cette maladie est génétique et elle est souvent associée à des maladies osseuses. ■

Le bilan des 2 ans

LE TROISIÈME EXAMEN OBLIGATOIRE DE VOTRE ENFANT se situe à l'âge de 2 ans. Plus exactement entre le 23ᵉ et le 25ᵉ mois. Comme au cours des examens précédents, votre enfant est mesuré et pesé. La taille et le poids moyens d'un enfant de 2 ans sont de 86 cm et 12 kg.

Évaluer sa forme et ses capacités

Ces informations permettent au médecin de contrôler sa croissance et d'évaluer sa corpulence afin de s'assurer qu'il ne souffre pas d'un début d'obésité. Normalement, en raison de ses activités motrices, sa courbe de corpulence doit être à la baisse. Il en sera ainsi jusqu'à 6 ans, l'enfant grandit plus qu'il ne grossit. Le praticien vérifiera avec soin que les courbes de corpulences du carnet de santé ont été bien remplies. Cet indice IMC qui s'obtient en divisant le poids par la taille au carré est aujourd'hui le meilleur indicateur dont disposent les médecins pour diagnostiquer un risque d'obésité.

Puis le médecin vous interrogera sur ses capacités motrices. Il apprécie ainsi sa tonicité et son habileté. La consultation se poursuit par l'examen de la vue et de l'ouïe.

Depuis peu de temps, le médecin doit apprécier le quotient émotionnel de l'enfant : par exemple, est-il capable de s'approcher du médecin en tournant le dos à sa mère ? Il lui propose encore d'exécuter des ordres simples, de reconnaître des images ou d'encastrer des formes afin d'apprécier ses toutes premières capacités intellectuelles. Toutes ces activités seront aussi l'occasion d'évaluer son langage. Bien sûr, l'enfant ne quittera pas le cabinet médical sans un contrôle de ses vaccinations obligatoires et, si besoin, le médecin fera le triple vaccin contre la rubéole, les oreillons et la rougeole (le ROR). Il peut aussi pratiquer une « épreuve tuberculinique » afin de contrôler son immunité contre la tuberculose. Cette visite doit être l'occasion pour vous de poser toutes les questions qui vous tracassent tant sur le plan de sa santé que de son développement, voire même de son éventuelle entrée à l'école maternelle. Un conseil, avant la visite, notez ces questions sur une feuille car, dans le feu de l'action, il n'est pas rare d'oublier ce qui justement vous semblait essentiel.

Des examens approfondis

Si votre enfant vous semble fragile, sachez qu'à cet âge vous pouvez demander à votre centre de Sécurité sociale de lui faire passer un bilan de santé. L'investigation va se dérouler sur une demi-journée. Tout commence par une discussion avec le ou les parents : histoire de la grossesse, conditions de vie de l'enfant, ses antécédents médicaux et ceux de sa famille. Le bilan se poursuit par des analyses de sang et des urines, puis par un contrôle de l'audition et de la vue.

Si besoin, le médecin programmera une radio pulmonaire, un examen stomatologique et un électrocardiogramme. Enfin, les spécialistes établissent un bilan psychologique sous forme de tests. Un pédiatre est chargé de la synthèse des données ainsi réunies et demande, s'il le juge utile, des examens complémentaires. Trois semaines plus tard, les parents reçoivent un compte rendu de cette visite. Les résultats sont reportés dans le carnet de santé. ▪

1ᴿᴱ SEMAINE

1ᴱᴿ MOIS

2 À 3 MOIS

4 À 5 MOIS

6 À 7 MOIS

8 À 9 MOIS

10 À 11 MOIS

1 AN

1 AN 1/2

2 ANS

2 ANS 1/2

3 ANS

4 ANS

5 ANS

6 ANS

ANNEXES

À consommer modérément

• **Les charcuteries à l'exclusion du jambon.** Quelques rondelles de saucisson ou un petit morceau de pâté peuvent être donnés, mais de façon exceptionnelle.

• **Les crustacés et les coquillages.** Ils sont en principe autorisés, mais posent souvent des problèmes de conservation. Par prudence, limitez-vous aux crevettes.

• **Les fruits secs.** Ils peuvent être donnés de temps en temps, mais aucun fruit oléagineux tel que noix, noisettes ou cacahuètes. Ils sont responsables de réactions allergiques graves (sans parler des risques d'étouffement).

• **Les aliments crus.** Attendez avant de proposer de la viande ou du poisson crus que votre enfant ait plus de 2 ans. Les légumes crus, comme le chou-fleur, les salades et toutes les autres crudités, peuvent être proposés en petites quantités, une à deux cuillerées à café au début du repas en remplacement d'un fruit. S'il aime croquer, proposez-lui des radis, du céleri ou des carottes en bâtonnets qu'il trempera dans un peu de fromage blanc légèrement salé.

• **Café et thé.** Ces deux boissons ont des vertus excitantes bien connues. Elles peuvent toutefois, à raison d'une larme, être utilisées pour parfumer un grand bol de lait. ■

Surveiller la qualité de la viande

Tous les parents d'aujourd'hui sont inquiets sur la qualité des viandes que consomment leurs enfants. Depuis l'apparition de la maladie de la vache folle et de la tremblante du mouton, les services vétérinaires en charge du contrôle des viandes appliquent des consignes strictes. Pour une sécurité optimale, il est recommandé d'acheter des viandes dont l'origine est connue, de race bovine identifiée et au besoin labellisée.

La viande hachée, en particulier de bœuf, revient fréquemment au menu du bébé. Voici quelques conseils pour être assuré de sa fraîcheur. Chez le boucher, elle doit être hachée devant vous à partir de morceaux entiers conservés au réfrigérateur (et non prédécoupés). Elle se consomme le jour même de l'achat. La viande hachée réfrigérée est garantie par les services vétérinaires. Elle peut être consommée dans les trois jours après sa fabrication. Quant à la viande hachée surgelée, elle doit être conservée à – 18 °C et consommée dans les 9 mois suivant sa fabrication. Pour plus de sécurité, elle sera cuite surgelée. ■

Pour apprécier le poisson

• **Petites croquettes de la mer**
Ingrédients pour 6 personnes : 500 g de filets de merlan, 100 g de beurre, 2 œufs, 12 biscottes, 50 g de farine, 3 échalotes, sel, poivre, quatre-épices, persil, citron. Pour la sauce : 50 g de farine, 60 g de beurre, 3/4 de litre de lait écrémé, 50 g de crème fraîche, sel, poivre.

Passez la chair du poisson débarrassée de sa peau et des arêtes au mixeur (ou à la moulinette) ; incorporez 8 biscottes finement écrasées, les 2 œufs entiers battus, les échalotes et le persil hachés, le zeste du citron râpé, le sel, le poivre, une pointe de quatre-épices. Formez des boulettes avec les mains légèrement farinées et roulez-les dans le reste des biscottes pilées. Dorez les croquettes dans une poêle et posez-les, au fur et à mesure, sur un papier absorbant.

Pour la sauce, faites fondre le beurre dans une casserole, incorporez la farine, mélangez sur feu doux sans laisser brunir. Versez le lait froid en une seule fois. Laissez épaissir en tournant au fouet pendant 10 minutes. Salez et poivrez, incorporez la crème et le jus d'un demi-citron. Servez chaud.

• **Le roulé-boulé de truite aux trois purées**
Ingrédients pour une part : 1 filet de truite (tout prêt), 1 cuillerée à soupe de purée de carottes, 1 de purée d'épinards, 1 de purée de pommes de terre.

Pochez le filet de truite et présentez-le entouré de ses trois purées colorées.

Chaque bouchée de poisson sera consommée après une cuillerée d'une purée de couleur différente. ■

Des menus variés

1RE SEMAINE

1ER MOIS

2 À 3 MOIS

4 À 5 MOIS

6 À 7 MOIS

8 À 9 MOIS

10 À 11 MOIS

1 AN

1 AN 1/2

2 ANS

2 ANS 1/2

3 ANS

4 ANS

5 ANS

6 ANS

ANNEXES

SON RÉGIME SE DIVERSIFIE LARGEMENT, il est capable de manger pratiquement de tout. Le problème le plus souvent rencontré par les pédiatres tient surtout à la surconsommation de protéines animales, le plus souvent sous forme de viande.

Le bon équilibre

50 g de viande ou de poisson ou 1 œuf par jour sont suffisants et encore, ces protéines ne sont pas obligatoires quotidiennement si elles sont remplacées par des protéines d'origine végétale. Semoule, riz et pâtes peuvent être consommés à un des principaux repas. Le repas du soir devrait, dans l'idéal, se composer d'une soupe épaisse de légumes avec une noix de beurre ou un peu de gruyère et d'un dessert. La soupe de légumes est intéressante pour ses apports en fibres et en vitamine C. Si votre enfant va la crèche ou chez une nourrice, la composition du dîner tiendra compte de ce qu'il a mangé au déjeuner, ceci afin d'éviter monotonie et déséquilibre. Dans la plupart des crèches, le menu de la semaine est affiché. S'il est chez une nourrice, pensez à lui demander ce qu'il a mangé le midi.

Un peu de matières grasses

Vous pouvez maintenant mélanger à ses aliments tous les corps gras, mais en petite quantité : 15 g de beurre ou 2 cuillerées à café de crème fraîche ou 1 cuillerée à soupe d'huile (plutôt d'olive). La viande ou le poisson de l'enfant peuvent être prélevés sur le plat familial, à condition simplement d'être cuits dans peu de matières grasses. Pour le poulet, il est préférable d'enlever la peau qui est toujours plus grasse que la chair. Enfin, il est préférable de ne pas céder à la tentation des plats cuisinés préparés. Pour séduire un maximum de consommateurs, ils ont souvent une forte teneur en matières grasses. De plus, ils sont parfois élaborés avec des produits qui ont atteint les limites de fraîcheur.

Privilégiez le poisson

Le poisson est un aliment particulièrement facile et rapide à digérer en raison de la nature des fibres qui le composent. Il a aussi l'avantage d'être plus riche en acides gras essentiels, en calcium, en phosphore, en vitamines A et D que la viande. De plus il contient de l'iode. Évitez seulement les poissons gras tels que le maquereau, la sardine fraîche, le thon, le hareng : ils sont plus difficiles à digérer. Par contre, vous pouvez lui proposer du thon, du maquereau ou des sardines en conserve. Pour ces dernières, choisissez les préparations au jus de citron et n'en servez pas plus d'une par repas.

La seule difficulté réelle est que certains enfants ont du mal à apprécier le poisson. Dans ce cas, préférez ceux au goût subtil, filet de lieu, julienne ou cabillaud, à ceux plus forts comme la morue ou la limande. Pensez encore à varier et à agrémenter la préparation de ces plats. Le filet cuit à l'eau peut se transformer agréablement en un gratin. Le poisson cuit et émietté se mélange à merveille avec des pommes de terre et des sauces. ■

" La surconsommation de protéines animales peut être à l'origine de mauvaises habitudes alimentaires et favoriser l'obésité. "

Les apports en calcium

Voici quelques repères qui feront de vous une parfaite diététicienne !

Il y a 200 mg de calcium dans un yaourt, 50 à 80 mg dans deux cuillères à soupe de fromage blanc, 56 mg dans 60 g de petit-suisse, 255 mg dans 20 g d'emmental et 80 mg dans 20 g de camembert. ■

Les petits-suisses

Des générations de bébés ont dégusté ce dessert, qu'il leur soit présenté nature ou sucré avec un peu de sucre cristallisé. Il adoucit avec bonheur la fin des repas. Décorés de quelques fruits rouges, les petits-suisses se transforment alors en véritables desserts de fête.

Vous pouvez aussi les aromatiser avec des fruits de saison pour que votre bébé goûte en douceur à des fruits comme l'ananas, la pêche, la framboise ou encore la cerise, etc.

Ils existent aussi en version cocktail de fruits et céréales, idéals pour le petit déjeuner et le goûter. Mais attention, certains diététiciens leur reprochent d'être un peu trop sucrés, comme les yaourts aromatisés aux fruits qui peuvent contenir jusqu'à trois à quatre morceaux de sucre.

Les petits-suisses font aussi des entrées originales. Vous pouvez les présenter à l'italienne avec quelques tomates cerise, ou à la mode lyonnaise parsemés de ciboulette finement ciselée et à peine salés. ■

Des goûts nouveaux

Normalement, un enfant qui, dès son sevrage, a été habitué à des saveurs différentes doit manger de « tout », mis à part certaines aversions qui durent souvent toute la vie. Un conseil : surtout ne forcez pas l'enfant à avaler un aliment qu'il refuse, vous risquez de l'en dégoûter à tout jamais. Pour faciliter l'apprentissage de goûts nouveaux, il est pourtant parfois utile que vous rusiez. L'aliment inconnu s'essaie plus facilement à la table familiale, sans circonstances particulières, avec une jolie présentation dans l'assiette, ou alors tout simplement en picorant dans l'assiette de papa ou maman. L'enfant s'habituera ainsi à être curieux devant les plats nouveaux qu'on lui présente et affirmera son envie d'y goûter.

Vous pouvez maintenant l'installer à votre table mais ne lui demandez pas d'y rester dès qu'il a terminé son assiette. Vous pourrez petit à petit l'habituer à attendre les autres convives en lui donnant quelques jouets pour s'occuper. ■

Recettes pour aimer les laitages

• **Purée verte :** quelques feuilles de cresson et de laitue, 1 petite pomme de terre. Faites cuire chaque légume séparément à l'eau. Hachez et mélangez puis ajoutez 1 cuillerée à café de crème. Parsemez d'un peu de gruyère râpé.

• **Crème de persil :** 1 pomme de terre, quelques feuilles de persil. Mettez à cuire la pomme de terre coupée en morceaux et le persil dans de l'eau additionnée de lait pour obtenir une soupe. Ajoutez 1 cuillerée à café de crème fraîche.

• **Flan de légumes :** il peut se préparer avec carottes, poireaux ou céleri. Faites cuire à l'eau le légume choisi (2 carottes, 1/4 d'un petit céleri, 2 poireaux moyens). Égouttez, passez au mixeur. Mélangez à 80 g de fromage blanc, ajoutez 1 œuf entier. Faites cuire 20 minutes au bain-marie.

• **Potage au lait :** 400 g de pommes de terre, 1 blanc de poireau, 20 g de beurre, 1 petite branche de céleri, 1 bol de lait écrémé ou demi-écrémé, un peu de muscade. Mettez à cuire à l'eau tous les légumes. Mixez le tout avec l'eau de cuisson. Ajoutez le lait et la muscade. Remettez sur le feu 5 minutes. Versez dans une soupière avec le beurre.

• **Salade indienne :** 4 yaourts nature, 1 petit concombre, 3 tomates, 2 oignons, un peu de cumin, 1 cuillère à soupe de menthe fraîche. Faites dégorger le concombre au sel. Coupez les tomates, battez les yaourts avec le cumin et la menthe. Versez ce mélange sur les légumes. Mettez ensuite la salade au frais 2 heures. ■

Les laitages

LE LAIT RESTE UN ÉLÉMENT ESSENTIEL DANS L'ALIMENTATION DE L'ENFANT en raison de ses besoins en calcium et en fer. On considère qu'il doit en boire au moins un demi-litre par jour jusqu'à 3 ans. Aujourd'hui, les industriels de l'alimentation infantile proposent, pour les enfants de 1 à 3 ans, des laits dits « de croissance ».

Beaucoup de calcium

Les laits de croissance apportent tout ce que l'on ne peut trouver dans le lait de vache « ordinaire » puisqu'ils sont enrichis en fer, en vitamines, en acide folique et en acides gras essentiels. C'est leur apport en fer qui est le plus significatif : 20 à 30 fois plus, selon les marques, que le lait classique. Un « surdosage » important quand on sait qu'un enfant sur deux est carencé en fer après 1 an en raison du peu de légumes verts mis à ses menus et de l'abandon du lait 2e âge. Ces laits de croissance sont notamment recommandés aux enfants qui souffrent de rhino-pharyngites ou d'otites à répétition et à ceux qui ont une carence en fer d'origine physiologique. Le lait reste l'aliment de base du petit déjeuner, mais à partir de 2 ans il ne saurait suffire seul.

Yaourts et compagnie

L'enfant peut goûter selon son plaisir à quelques céréales ou à une tartine de beurre et de confiture. C'est le meilleur moyen de lui donner l'habitude de démarrer sa journée avec le plein d'énergie. Toutefois, certains enfants n'aiment pas ou n'aiment plus le lait. Dans ce cas, il faut leur apporter du calcium sous une autre forme. Ainsi, les céréales, le riz, le maïs, accompagnés de laitages, peuvent remplacer de temps en temps la viande, notamment pour le dîner, où il est préférable de ne pas absorber trop de protéines animales.

Le calcium peut être apporté par les yaourts dont la teneur en calcium est particulièrement élevée, de 180 à 200 mg par pot, couvrant 15 à 25 % de l'apport quotidien. Le yaourt est encore riche en vitamines A, B, C, D. Il peut se donner nature ou sucré et permet aussi la préparation de desserts mélangés à des fruits frais, ou se transforme en glace minute agrémenté d'un jus de fruits et mis dans le bac à glaçons du réfrigérateur. Sachez encore qu'il peut se mélanger à un potage de légumes froid et servir de liant à une sauce vinaigrette légère pour accompagner un peu de poulet froid, par exemple.

La diversité des fromages

Enfin, à cet âge, l'enfant peut consommer la plupart des fromages. Là aussi, en appréciant différentes saveurs, il cultive ses goûts. Vous pouvez commencer par des fromages blancs de textures différentes et servis plutôt salés, aromatisés ou non de ciboulette, de cerfeuil ou d'aneth, puis lui proposer des fromages frais de chèvre ou de brebis, continuer en lui offrant des pâtes pressées ou cuites comme le cantal, différents gruyères, et poursuivre par de petites tartines de camembert, de roquefort ou de bleu. Rares sont les enfants qui n'ont pas une préférence parmi tous ces fromages. Après 1 an, il est souhaitable de consommer un produit laitier à chaque repas, une habitude que l'enfant conservera tant qu'il n'aura pas terminé sa croissance. ■

1RE SEMAINE

1ER MOIS

2 À 3 MOIS

4 À 5 MOIS

6 À 7 MOIS

8 À 9 MOIS

10 À 11 MOIS

1 AN

1 AN 1/2

2 ANS

2 ANS 1/2

3 ANS

4 ANS

5 ANS

6 ANS

ANNEXES

Des vêtements adaptés

Les institutrices d'école maternelle préfèrent que les enfants portent des pantalons (plutôt que des salopettes) sans bretelles. La taille des enfants n'étant pas bien marquée, il est préférable d'opter pour des pantalons à ceinture élastique. Il y a quelques années, un fabricant de vêtements pour enfants a même créé un pantalon « spécial maternelle ». Les meilleurs tissus sont le jean ou le velours, le jersey de laine étant à déconseiller : à cet âge, ils se déplacent encore souvent facilement à genoux et ils se traînent par terre sans penser à leurs vêtements. Des chaussures faciles à mettre et qui permettent à l'enfant de se débrouiller seul le plus vite possible sont très utiles. Les lacets sont peu appréciés et les mocassins sont très vite déformés. Une bonne solution : les attaches auto-agrippantes. N'oubliez pas un tablier où seront marqués ses nom et prénom pour le reconnaître dès les premiers jours et le rassurer. Surtout pas de cartable, à cet âge il ne sert à rien. ■

Comment juger s'il est prêt

• Il supporte sans problème de se séparer de sa mère et il fréquente depuis presque deux ans déjà la crèche collective sans difficulté.
• Il n'a pas peur de se retrouver au milieu d'un groupe d'enfants et il y serait même un leader.
• Il a une relative autonomie : il va faire pipi tout seul, il mange seul et commence à savoir s'habiller.
• Il connaît bien son prénom et son nom de famille.
• Il s'ennuie chez sa « nounou » et il recherche en permanence la compagnie des autres enfants.
• Il demande à aller à l'école.
• Il a été reçu à l'examen de santé d'entrée à l'école. ■

▌ MON AVIS

Aller à l'école à 2 ans, pourquoi pas ? Mais à condition que la classe ait des effectifs légers, 10 à 15 enfants pour deux adultes, qu'elle propose le mi-temps, qu'elle prenne en considération que l'enfant n'est pas toujours propre, qu'il a besoin de s'isoler et que son langage peut être encore celui d'un bébé. Tant que l'école maternelle ne s'est pas dotée de moyens spécifiques pour accueillir ces tout-petits, les solutions de la mère, de la nourrice ou de la crèche restent les meilleures. Cette première classe devrait être pensée comme une « prépa » à l'école maternelle. L'école dès 2 ans peut être utile pour l'enfant qui a des difficultés de développement, mais à condition que l'institutrice soit secondée par un personnel supplémentaire. ■

Déjà à l'école ?

SELON LES TEXTES, L'ÉCOLE MATERNELLE PEUT ACCUEILLIR LES ENFANTS DÈS 2 ANS. Selon les institutrices, selon les écoles, la propreté acquise est plus ou moins prise en compte. Pour les parents, faire entrer, dès cet âge, leur enfant dans le système éducatif, surtout s'il est laïc, représente une économie importante.

Pas plus haut que trois pommes

Plus de crèche ni de nourrice à payer, c'est sans doute pour ces raisons que le nombre d'enfants de 2 ans admis en maternelle a triplé depuis dix ans. Et pourtant, même si l'enfant a été à la crèche, l'entrée à l'école n'est pas forcément évidente. Jusqu'alors, il avait, pour s'occuper de lui, une auxiliaire puéricultrice très disponible puisqu'elle n'avait la charge que de trois ou quatre enfants. Du jour au lendemain, le petit écolier se retrouve au milieu de 30 à 35 enfants de son âge, avec une institutrice pour tous et, dans le meilleur des cas, une assistante maternelle. L'école maternelle telle qu'elle est organisée n'est pas faite pour les « tout-petits » manquant d'autonomie. Certains enfants s'en débrouillent, mais d'autres sont déçus de leur nouvelle aventure.

Adapter l'école

Le développement psychique de l'enfant de 2 ans ne lui permet pas une bonne scolarisation. En effet, qui dit scolarisation dit aussi socialisation, mais, à cet âge, on ne joue pas encore vraiment « avec » les autres, on joue « à côté » des autres. L'enfant peut être encore en pleine phase d'opposition (p. 364), il a du mal à dépasser le stade du « moi je » et du « moi d'abord », surtout s'il a vécu jusqu'à présent en enfant unique à la maison. On sait, en outre, que toute acquisition à cet âge passe par une relation individuelle avec un adulte, que ce soit pour le langage ou l'autonomie corporelle. Et puis, surtout, l'école n'a pas les horaires de la crèche. Avant le début et après la classe, certaines municipalités organisent des garderies. Elles sont pratiques pour les mères qui travaillent, mais accentuent le désarroi de l'enfant au cours d'une même journée : une première épreuve, celle de la garderie le matin, puis « la maîtresse » de 8 h 30 jusqu'à 11 h 30, la dame de la cantine, puis à nouveau l'institutrice, et enfin une seconde animatrice pour la garderie de la soirée. Cela fait généralement beaucoup trop de visages pour un enfant qui a encore besoin d'une grande stabilité affective. La solution n'est sans doute pas d'exclure ces enfants de l'école, elle est plutôt d'adapter l'école à ces enfants en les accueillant quand ils sont prêts et dans des conditions différentes de l'école habituelle ; 40 % des écoles maternelles accueillent les « petits » en cours d'année, parfois même ils font leur rentrée au dernier trimestre.

Une formule intermédiaire

Régulièrement les pédagogues, les pédiatres et les politiques évoquent une alternative à cette scolarisation précoce. Il s'agit de jardins d'enfants éducatifs accueillant une quinzaine d'enfants trop âgés pour la crèche et un peu jeunes pour l'école. Ces jardins d'enfants éducatifs, passerelle entre les modes de garde traditionnels et l'école, sont sous la responsabilité d'une éducatrice assistée d'un autre adulte. Cette formule, associant l'apprentissage précoce d'une langue, est expérimentée par quelques rares établissements privés. ■

1RE SEMAINE

1ER MOIS

2 À 3 MOIS

4 À 5 MOIS

6 À 7 MOIS

8 À 9 MOIS

10 À 11 MOIS

1 AN

1 AN 1/2

2 ANS

2 ANS 1/2

3 ANS

4 ANS

5 ANS

6 ANS

ANNEXES

L'éveil par le bavardage

Pour apprendre à parler, rien ne vaut la conversation. Pour la soutenir, le livre est idéal, et notamment l'imagier pour le tout-petit. Il représente généralement des objets usuels qui peuvent donner lieu à de nombreux commentaires et jeux. Il en existe chez de nombreux éditeurs. Cet exercice peut aussi très bien se réaliser à partir d'un simple catalogue de vente par correspondance ou de magazines féminins. Pourquoi ne pas profiter des voyages en voiture pour jouer avec les mots et enrichir son vocabulaire ? Ainsi, on peut proposer aux enfants de nommer tout ce qu'ils voient à travers les vitres. Il est encore possible de jouer avec les synonymes ou les contraires. Mais un véritable échange est fait de questions et de réponses. Interrogez-le sur ce qu'il fait, sur ce qu'il voit ou pense. Pour être utile, la question doit être ouverte et sa réponse accessible pour un enfant de cet âge : vous devez susciter sa curiosité et non mesurer ses connaissances. Enfin, il se peut qu'il réponde systématiquement toujours la même chose à vos questions, c'est sa façon à lui de vous dire poliment qu'il a ses secrets et qu'il ne tient pas à vous les faire partager. ■

L'évolution de sa pensée

Il comprend tout ce qui est concret, tout ce qui se rapporte à sa vie quotidienne. Il aime qu'on lui explique le pourquoi des gestes simples. Il commence à poser des questions et attend des réponses. Il se reconnaît dans le miroir, ses gestes et ses grimaces le prouvent. Face au miroir, tantôt il touche son corps à l'endroit qu'il vient de regarder dans son reflet, tantôt il fait l'inverse. Il commence par observer les réactions de son corps et de ses membres puis quelques semaines plus tard son visage et sa tête. Mais la question de savoir comment se produit le phénomène de son reflet le conduit encore à retourner le miroir. Après 2 ans, cet objet sera l'occasion de nombreux jeux : l'enfant se tortille, sautille, se touche les cheveux, tire sur ses vêtements. Il joue avec son image. Certains enfants peuvent se nommer en se regardant ou dire « moi ». Si on lui fait une tache sur le front, il sait la localiser immédiatement dès qu'il l'aperçoit dans la glace. Par contre, il faudra attendre encore un peu pour qu'il se reconnaisse parfaitement sur une photo, mais il identifie sans difficulté ses parents. C'est l'observation des visages qui le guide, il ne s'intéresse ni aux vêtements ni à tout autre accessoire présent sur l'image. ■

■ MON AVIS

Cette année est la plus extraordinaire sur le plan du développement de son langage. Son vocabulaire passe de 160 mots à 2 000, il va des mots « valises » aux phrases et, à 3 ans, il dira « je » avec fierté. C'est encore un parfait imitateur, sur le plan du langage mais aussi des jeux. Il utilise ce que les psychologues appellent « l'imitation différée » : il refait les gestes qu'il a vu faire, il s'en souvient donc. Il exprime ses sentiments et met des mots sur ses pensées. Il se fait poète en les utilisant pour leur symbolisme et leur représentation psychique. Il fait la différence entre l'utilité du monde et sa conquête. Le temps apparaît dans ses souvenirs, il les organise dans le présent, le passé et le futur. ■

Jouer avec les mots

C'EST L'ANNÉE DES JEUX AVEC LES MOTS et de la découverte de nouveaux mots. La parole est de plus en plus libre et l'enfant s'essaie à exprimer ses besoins et ses désirs. Son vocabulaire va croître de manière spectaculaire, devenant plus précis.

1RE SEMAINE

1ER MOIS

2 À 3 MOIS

4 À 5 MOIS

6 À 7 MOIS

8 À 9 MOIS

10 À 11 MOIS

1 AN

1 AN 1/2

2 ANS

2 ANS 1/2

3 ANS

4 ANS

5 ANS

6 ANS

ANNEXES

Il adore parler

Son vocabulaire cohabite de manière étonnante avec celui de l'adulte ; l'enfant sait d'ailleurs très bien que tous deux appartiennent à des registres différents et les nouvelles acquisitions sont toujours puisées dans le registre adulte. Les mots gagnent aussi en sens. Il existe toujours des mots « génériques », mais peu à peu l'enfant fait des distinctions et il apprend quotidiennement que chaque chose est désignée par un mot différent. Il aime que ses parents lui apprennent ces mots, parfois il les demande et s'amuse toujours à les répéter pour être sûr, le moment venu, de les retrouver. L'imagier et les livres des contraires restent des outils indispensables et appréciés pour ces nouveaux apprentissages, car l'enfant commence aussi à être intéressé par les comparaisons. La lecture est toujours l'occasion d'une grande communication enfant-adulte. Devant les images, l'adulte stimule l'attention de l'enfant, explique, apporte des mots nouveaux et introduit les notions essentielles de temps et d'espace.

Un vocabulaire enrichi

Une analyse fine de ce que les enfants disent alors fait apparaître un vocabulaire de 175 mots à 21 mois, de 700 à 800 mots à 2 ans 1/2 et de 1 000 mots au moins à 3 ans. On estime qu'entre 24 et 36 mois un enfant acquiert un mot par heure ! Son vocabulaire est composé en majorité de noms désignant des choses concrètes, objets, animaux et personnages connus (il a déjà ses héros échappés de ses albums). Dans quelques mois, il va dire « oui » (enfin !). Il déforme encore souvent les mots qu'il prononce (p. 400), mais ne vous amusez pas à parler comme lui : il déteste. Il est tout à fait capable de s'apercevoir qu'il y a une différence entre ce qu'il dit et ce que vous formulez, ses difficultés le mettent en rage.

Du mot à la phrase

Les premières phrases suivent naturellement les « holophrases », ces mots qui représentent en fait une phrase contractée et naissent souvent quelques mois après l'utilisation des « mots phrases » faits de la juxtaposition de deux mots. Elles sont d'abord composées de verbes employés à l'infinitif. Ce sont des groupes de deux à trois mots sans pronom ni article. L'enfant adore parler et éprouve une grande joie à constater que ses parents le comprennent. Leur attention est primordiale pour lui donner envie de communiquer et de s'entraîner à en dire toujours plus et mieux. L'enfant qui apprend à parler fait des hypothèses sur le sens des mots et la construction des phrases qu'il prononce, ce qu'il dit est donc profondément révélateur de ce qu'il pense.

Le développement du langage des mots produit des changements dans le langage des gestes. Certains signaux corporels disparaissent et d'autres se renforcent. Le mot appuie le geste et il vient souvent compléter une demande gestuelle incomprise. L'enfant commence aussi à imiter des gestes qu'il observe chez ses proches, par exemple il met les mains sur ses hanches ou tient sa tête quand il regarde un livre. ◾

Vive les singeries

Le zoo est toujours une sortie appréciée. L'enfant y retrouve les héros de ses livres favoris, ses animaux préférés : singes, ours, pingouins... tous ceux qui bougent, qui mangent ce qu'on leur donne ou ont une vie sociale développée. Il peut, enfin, les voir « en vrai » ! Mais attention, ne soyez pas étonnée si, sur le chemin du retour ou à la maison, il se prend pour une guenon ou un pingouin, il vous montre ainsi toutes ses capacités d'observation ! ■

Taquinerie et provocation

S'il fallait définir la taquinerie chez un enfant de cet âge, on pourrait dire qu'il s'agit d'une provocation ou d'une opposition que l'enfant sait exprimer avec humour.

Il sait très bien que ce qu'il tente est défendu, il esquisse un geste pour mesurer votre taux de résistance, pour affirmer une volonté et pour faire passer un message que l'on pourrait traduire ainsi : « Je voudrais être le calife à la place du calife. » L'enfant a parfaitement conscience de son impuissance et essaie d'obtenir par la séduction, et un semblant de jeu, ce qu'il veut et ainsi se prouver que lui aussi peut décider.

Ne vous laissez pas piéger, répondez à ses taquineries, dès la première tentative, par le renouvellement des interdits et des mises en garde. Expliquez-lui, sans vous emporter, pour quelles raisons vous avez établi certaines règles. ■

Il a le sens de l'humour

Il adore faire le clown. Il aime faire des grimaces, plisser les yeux, faire la moue. Il ne « rate rien » et singe malicieusement les adultes. Mais il est aussi capable d'imiter les objets en mouvement, en tournant et se balançant. C'est un moment où les enfants ont le sens de l'humour et sont adorables. Généralement, c'est vers 1 an qu'un bébé est capable d'humour. Il a besoin pour exister du regard des parents. Il tente des expressions et des attitudes et

sait à votre rire que ce qu'il fait est drôle. Il reproduira alors la situation pour s'en assurer et la mettra à son répertoire de facéties et pitreries. La plupart de ses « gimmicks » sont le reflet grossi d'une attitude ou d'un trait forcé du caractère d'un de ses proches. Tout cela est possible parce qu'il fait maintenant la différence entre le monde réel et le monde imaginaire. Mais cet humoriste en herbe est aussi un petit malin : il va mettre son humour à contribution pour essayer de contourner les interdictions et les obligations que lui imposent ses parents. Ainsi il sait qu'en étant particulièrement drôle au moment du coucher, il se donne plus de chances de profiter davantage de la vie familiale. Il a compris aussi que l'humour permettait parfois de trouver un compromis entre ses désirs et la volonté de ses parents ou de détendre une situation qui aurait dû se terminer par une réprimande. Cette capacité à trouver des solutions astucieuses et inattendues est le signe d'un bon équilibre psychique. C'est aux parents de ne pas toujours tomber dans le piège s'ils veulent garder leur rôle d'éducateurs. ■

Il aime faire des grimaces

LES GRIMACES SONT UN VÉRITABLE MODE D'EXPRESSION pour votre enfant. Elles sont d'autant plus diverses et nombreuses qu'il n'est pas encore capable de tout exprimer par des mots. Venues naturellement sur le visage de l'enfant, c'est l'interprétation des parents qui leur donne toute leur valeur. Certaines d'entre elles deviennent ainsi positives, d'autres négatives.

Un mode d'expression à décoder

Il n'est pas toujours facile de s'y reconnaître : agression ou amusement, la même grimace peut vouloir dire mille choses contradictoires. Mais il faudra bien que les petits réussissent à établir, entre eux et les autres, un véritable code implicite pour éviter impairs et méprises, ce qu'ils vont faire très vite.

Dans les crèches, et dans toutes les sections, les grimaces, aussi variées que multiples, fleurissent comme autant de messages adressés à l'autre, chaque groupe d'enfants possédant ses propres mimiques : ici le clin d'œil, là la bouche tordue ou les doigts dans le nez. Aux nouveaux venus de comprendre les conventions des habitués et d'essayer sur eux leurs propres messages.

Chez certains enfants, la grimace langage prend tellement d'importance que le bon usage de la parole peut s'en trouver retardé. On peut tout lire sur leur visage, pourquoi se fatigueraient-ils à user de mots ?

Tout un art

Plus tard, lorsque la parole est bien en place, la grimace va prendre un sens nouveau. Les enfants ont maintenant compris qu'il s'agissait là d'un langage régressif : aussi vont-ils l'utiliser « pour jouer au bébé », soit pour faire le clown, soit pour se moquer ou pour provoquer l'adulte. La grimace ressemble à s'y méprendre au gros mot qu'elle accompagne assez volontiers dès que l'enfant est en position de maîtriser le fameux « caca boudin » assassin (p. 531). De nombreuses observations ont mis en évidence que ce sont les enfants les moins bavards qui en usent le plus, et avec un répertoire très étendu.

Le dialogue par les mimiques comme par les mots s'apprend avec l'usage. L'enfant sait très vite différencier une « bonne grimace » d'une « mauvaise » en observant les réactions de l'adulte face à elle. C'est encore cette observation qui lui indiquera dans quelles circonstances la même grimace est drôle ou devient impolie. Tout un art fait de subtilité. Comment désamorcer un langage grimacier insolent et explosif ? En utilisant la dérision.

L'enfant est toujours étonné de voir un adulte lui répondre aussi par une grimace. Un concours de grimaces, s'il reste dans les limites de l'acceptable, peut avoir des vertus éducatives et permettre de réinstaller un climat de confiance qui se serait émoussé.

Grimages et maquillage sont souvent intimement mêlés. Si on laisse un enfant se maquiller seul (avec des produits adaptés), on constate qu'il dessine essentiellement des taches de couleur sur sa figure. C'est sans doute parce que les taches invitent à la mobilité du visage, et le maquillage bouge sous l'effet des grimaces. Tout cela est possible car l'enfant sait maintenant, face au miroir, que l'image réfléchie est la sienne (p. 411). ■

1RE SEMAINE

1ER MOIS

2 À 3 MOIS

4 À 5 MOIS

6 À 7 MOIS

8 À 9 MOIS

10 À 11 MOIS

1 AN

1 AN 1/2

2 ANS

2 ANS 1/2

3 ANS

4 ANS

5 ANS

6 ANS

ANNEXES

La pensée préopératoire

L'enfant peut désormais créer des images mentales, mais ses idées sont encore très égocentriques, c'est-à-dire que lui et le monde extérieur sont confondus. Il croit à tout ce qu'il voit ou pense voir. Il ne peut encore faire qu'une seule chose à la fois et n'a aucune notion de quantité, de durée, ni de volume. Pour lui, les objets inanimés sont doués d'une volonté. Sa capacité à imaginer suscite ce que l'on appelle la pensée dite symbolique que l'on voit se matérialiser dans les jeux de « faire semblant ».

Jouer à la poupée, à la voiture, au téléphone, c'est étudier le rôle des grands dans la société et faire l'apprentissage de sa propre identité. L'enfant observe ses parents dans les multiples situations quotidiennes, et particulièrement lorsqu'il est lui aussi acteur. Le jeu de « faire semblant » permet de restituer ce qu'il a « appris » mais aussi ce qu'il aurait souhaité être dans sa vie familiale et sociale. Il joue le rôle de son père qui se fâche, de sa mère qui le gronde, de la maîtresse qui punit, il transforme s'il le veut sa mère en sorcière et sa petite sœur en bébé infernal qu'il faut corriger, etc. ■

Téléphone, mode d'emploi

• Le téléphone n'est pas un jouet et il ne doit pas s'en servir sans votre autorisation.

• Laissez-le s'exprimer lorsqu'il le demande, mais limitez son temps de conversation, elle n'a souvent qu'un intérêt limité pour votre interlocuteur.

• Apprenez-lui à ne pas vous interrompre lorsque vous êtes en communication. Vous le constaterez très vite, votre enfant déteste que vous soyez au téléphone : il vous sent absorbée, lointaine et va employer toutes les ruses pour vous rappeler à vos chers devoirs. Ces réactions sont normales. Armez-vous de patience et de fermeté, vous arriverez sinon à les raisonner, du moins à les limiter dans leurs effets.

• Empêchez-le de raccrocher systématiquement, apprenez-lui plutôt quelques expressions fréquemment utilisées comme : « Ne quittez pas, je vais la chercher » ou bien encore : « Elle n'est pas là mais je peux prendre un message », et dites-lui bien de ne pas oublier de se nommer dès qu'il décroche ! ■

■ MON AVIS

Les enfants ont investi le téléphone, sa sonnerie répétitive fait partie du monde sonore du bébé dans son berceau. À 2 ans, il devient un outil essentiel de liaison entre l'enfant et ses grands-parents ou entre le parent dont il est séparé en cas de divorce. La relation est alors très forte car l'enfant peut s'imaginer et faire comme si le parent était avec lui. Tous adorent être les standardistes de la famille : ils montrent ainsi qu'ils ont une place bien à eux, qu'ils sont rapides, à hauteur du téléphone et qu'ils connaissent la règle du jeu. D'ailleurs, les fabricants de jouets ne s'y sont pas trompés, ils ont inventé de nombreux jouets téléphone et l'un d'entre eux a remporté un grand succès, le téléphone à traîner, aux yeux qui louchent, et qui parle lorsque l'enfant le promène derrière lui. ■

Le téléphone,
un jouet particulier

AU ROYAUME DES JOUETS, LE TÉLÉPHONE EST ROI. Cet outil de travail, cet objet, symbole de communication, est devenu l'un des premiers jouets favorisant le langage et le fameux jeu du « faire semblant ».

Un objet familier

À 1 an, il décroche le combiné pour dire « allô ». À 18 mois, si la sonnerie retentit, il va décrocher et manifester un grand plaisir si l'interlocuteur fictif lui parle alors que lui-même n'est pas encore capable d'articuler un mot.

À 2 ans, il peut faire fonctionner le cadran. Puis, il joue au téléphone et s'invente un correspondant. Le jeune enfant fait très vite la relation entre cet appareil qui sonne et la communication avec d'autres. Et lorsqu'on sait que le petit de l'homme construit une bonne part de sa vie au contact de l'autre, on comprend mieux la « magie » du téléphone pour lui.

Les adultes pour modèles

Sur le plan éducatif, ce jouet est une incitation à l'expression orale et à l'imitation de l'adulte, importante dans le développement de l'enfant. D'ailleurs, lorsque les enfants téléphonent, ils reprennent toutes les expressions et les manies de leurs parents. Au bout d'un certain temps, ils savent même ménager des pauses dans leur conversation, comme s'ils avaient réellement un interlocuteur au bout du fil.

Mais très vite les enfants passent du jeu à la réalité. Ils adorent qu'on leur téléphone. À 2 ans, ils reconnaissent la personne en ligne et peuvent lui dire quelques mots dans un langage bien à eux. Ils apprennent ainsi à s'exprimer, à raconter. Parfois même, ils entreprennent de longs monologues avec leur papy, leur mamie ou un de leurs petits camarades. Plus l'enfant grandit, plus il est capable de répondre correctement à ce qu'on lui demande : « Oui, maman est là » ; « Non, elle n'est pas encore rentrée. »

Il peut aussi décliner son nom, son âge, etc. Et, en cas de séparation, qu'elle soit longue ou momentanée, il appréciera toujours les coups de fil et saura les interpréter comme des gestes d'affection.

Exprimer ses angoisses

Des expériences faites en milieu scolaire montrent encore que, par le biais du téléphone, l'enfant peut exprimer ses angoisses et ses craintes. L'enfant raconte à son correspondant imaginaire les inquiétudes de sa vie quotidienne et les événements qui l'ont marqué, parfois à l'insu des parents. Les enfants qui ont des problèmes affectifs s'en servent comme « confident » et lui racontent alors leurs peines. Les enfants « sans problème » se servent du téléphone pour passer des commandes, pour discuter avec leurs copains, pour raconter leur vie de tous les jours. C'est souvent l'occasion de reprendre à leur compte les préoccupations de leurs parents. ■

❝ Il existe de nombreux modèles, portable ou simple copie du combiné des plus grand. Suivant l'âge, l'enfant l'utilise de manière différente. ❞

1RE SEMAINE

1ER MOIS

2 À 3 MOIS

4 À 5 MOIS

6 À 7 MOIS

8 À 9 MOIS

10 À 11 MOIS

1 AN

1 AN 1/2

2 ANS

2 ANS 1/2

3 ANS

4 ANS

5 ANS

6 ANS

ANNEXES

Inventer des histoires

Pourquoi ne pas faire fonctionner votre imagination ? Différentes « techniques » existent : celle du héros bien connu que l'on retrouve tous les soirs comme dans un feuilleton ou celle consistant à interpréter librement les histoires traditionnelles. L'histoire plaît à partir du moment où l'enfant la redemande. Mais attention, il ne faut oublier aucun détail ! Voici quelques conseils pour devenir conteur. Si vous commencez par : « Il était une fois » ou « Il y a bien longtemps » ou encore « Dans un pays lointain », vous pouvez vous permettre toutes les magies, les animaux qui parlent, les héros aux pouvoirs extraordinaires et les événements totalement irréels. Puis choisissez un personnage principal à votre histoire, quelqu'un de sympathique auquel l'enfant aura envie de s'identifier, digne d'intérêt affectif et doté d'un caractère bien trempé. Mais ce n'est surtout pas un être parfait et votre histoire, pas trop moralisatrice, doit indiquer clairement ce que vous considérez comme le bien et le mal. Vous êtes autorisé à un peu d'humour, par contre ne multipliez pas trop les détails : l'enfant aurait du mal à suivre le fil du récit et se verrait frustré dans son imaginaire. Plantez le décor dès le début avec pas plus de trois ou quatre personnages en plus du héros. Puis trouvez la raison de l'action qui poussera vos personnages à vivre une aventure commune en se frottant les uns aux autres. Pensez à ce qui attire en ce moment votre enfant. Toute bonne histoire fait frémir et contient un peu de suspens, un des personnages doit éprouver une difficulté ou être sous l'emprise d'une menace. Rien n'est réellement effrayant si le personnage a une solution pour se sortir de ce mauvais pas. Le conte est d'autant plus riche pour l'enfant que cette solution tient plus au caractère du personnage qu'au hasard. À vous de décider si cette « aventure » est une étape ou si c'en est la fin. Elle sera obligatoirement heureuse, les bons triomphent des méchants et le savoir vainc l'obscurantisme. ■

Contes et traditions

Les histoires traditionnellement racontées aux petits enfants, telles que *Le Petit Poucet* ou *Blanche-Neige*, sont toujours d'actualité. Elles font comprendre aux petits lecteurs que, par l'effort, le courage, on réussit à surmonter les épreuves. C'est d'autant plus instructif que l'histoire permet à l'enfant de s'identifier aux héros. Le célèbre psychanalyste Bruno Bettelheim a analysé le contenu des contes traditionnels et le rôle « éducatif » de leurs héros. Une étude passionnante que tout parent devrait connaître avant de commencer un récit. Pour qu'une histoire ou un scénario de dessin animé ait une valeur, il est important qu'il y ait un héros qui permette l'identification immédiate du lecteur ou de l'auditeur, du suspens et une fin heureuse où les « bons » et les « courageux » triomphent. ■

■ MON AVIS

Il faut raconter des histoires à ses enfants mais faire aussi intervenir d'autres conteurs. Ainsi, les grands-parents peuvent raconter leur enfance, véritables contes de fées pour les enfants d'aujourd'hui. Ils font ainsi le lien entre le réel et l'imaginaire des contes. Pour être intéressant, le conte doit avoir un héros auquel l'enfant s'identifie entièrement. Il vit le danger avec lui et, bien sûr, le surmonte. Il sera tellement ravi de son exploit qu'il demandera sans cesse à le renouveler et à son conteur de recommencer. Ainsi il dominera ses peurs. La répétition n'est pas passive mais active. Les contes de fées guérissent des peurs de l'enfance en mettant en scène des peurs fantastiques. Ce sont les contes les plus effrayants qui deviennent les meilleurs protecteurs du sommeil. ■

Raconter des histoires

1RE
SEMAINE

1ER MOIS

2 À 3
MOIS

4 À 5
MOIS

6 À 7
MOIS

8 À 9
MOIS

10 À 11
MOIS

1 AN

1 AN 1/2

2 ANS

2 ANS 1/2

3 ANS

4 ANS

5 ANS

6 ANS

ANNEXES

« DIS MAMAN, TU ME RACONTES UNE HISTOIRE ? » Une tradition bien établie avant de s'endormir. Il existe des habitudes familiales, c'est l'enfant qui choisit ce qu'il a envie d'entendre ou bien ce sont les parents. Il est tout d'abord indispensable d'adapter l'histoire à la personnalité et à l'âge de l'enfant.

Il était une fois...

Le jeune enfant aime le héros aux aventures innombrables surmontant les pires difficultés par son courage, son intelligence et aussi un certain nombre de tours de passe-passe extravagants. La longueur du récit est aussi liée à la capacité d'attention de l'enfant. Dès le moindre signe d'ennui, mieux vaut conclure au plus vite. En revanche, si vous lisez un texte, n'adaptez pas systématiquement le vocabulaire. Simplement, si certains termes vous semblent difficiles pour l'auditeur, vérifiez qu'il les comprend et expliquez-les-lui, si besoin. Il est intéressant que cette histoire soit aussi l'occasion d'enrichir son vocabulaire. Il n'est pas rare qu'il reprenne seul la lecture de ces livres favoris, livre ouvert à l'endroit ou à l'envers, En tournant les pages, il se raconte un résumé où dominent les détails qui l'ont frappé mais avec le respect du déroulé de l'histoire.

Un moment de complicité

Mais il faut aussi être un peu acteur pour être bon conteur. Il faut aimer l'histoire que l'on raconte, bref, il faut y croire ! Tout le secret tient dans une certaine complicité avec l'auditoire : un clin d'œil, une allusion très personnelle, les enfants adorent. À travers l'histoire, les parents peuvent faire comprendre à l'enfant qu'eux aussi ont été petits et qu'ils aimaient les histoires. D'ailleurs, une histoire bien racontée provoque souvent des confidences. L'enfant va dire ce qui le préoccupe,

l'adulte sera là pour trouver une réponse. Qui n'a pas le souvenir d'une ou de plusieurs histoires ? Il y a toutes celles qui font partie de la culture familiale, celles que l'on vous a racontées quand vous étiez enfant. Ainsi certains héros semblent attachés à une famille, souvent inventés par une arrière-grand-mère, ils traversent les années sans prendre une ride, un peu à la manière des contes populaires. Mais, il y a aussi celles que vous avez « engrangées » à l'âge adulte, au cours de lectures, ou encore celles vécues que vous transformez pour leur donner mystère et rebondissements.

L'attachement aux héros

Ne soyez pas déçus si, malgré votre imagination, il demande toujours le même récit. Pour lui, retrouver des héros connus et un déroulement sans inattendu le rassure : c'est important au moment de l'endormissement. Longtemps, il restera attaché à ses héros, se sentant sans doute très proche d'eux. De même, il peut paraître totalement inattentif à ce que vous lui lisez ; détrompez-vous : changez un événement, sautez une anecdote et il exigera que vous vous conformiez à l'ordre de l'histoire. ■

❝ Si vous éprouvez le besoin d'édulcorer les contes de fées, c'est que vous n'avez pas encore maîtrisé vos propres peurs. ❞

417

Les bêtes à Bon Dieu

Ne transmettez pas la peur des insectes à votre enfant, cette aversion qui est si courante chez les adultes. Au contraire, faites-lui observer ces habitants du jardin. Montrez-lui l'araignée et l'architecture étonnante de sa toile, les fourmis et leur activité incessante, le scarabée et sa carapace dorée, les escargots qui balancent leur maison le long des feuilles, les papillons aux ailes multicolores et bien sûr les coccinelles. Tous ces petits insectes sont les héros de comptines que votre petit jardinier adorera que vous lui fassiez écouter. ■

Piscine et bac à sable

Il est préférable d'éloigner piscine et bac à sable si vous ne voulez pas les retrouver remplis de boue car, à cet âge, un enfant aime transvaser et mélanger l'eau au sable pour faire une « boue » à malaxer à plaisir (p.379). Il peut faire des pâtés avec des petits moules, remplir son seau et y tasser le sable, mais pour le retourner il a besoin de votre aide. Il aime creuser des trous à l'aide d'une petite pelle et les remplir d'eau avec son arrosoir. La piscine de jardin est pour lui un véritable délice, il peut y faire encore plus de vagues et d'éclaboussures que lorsqu'il est dans sa baignoire. Là aussi, son jeu préféré consiste à plonger toutes sortes de récipients dans l'eau pour ensuite les vider à l'extérieur de la piscine. Attention, toute baignade exige votre surveillance, il suffit de quelques centimètres d'eau pour se noyer. ■

La cabane du jardin

C'est un jouet de jardin très apprécié. Elle lui permet de jouer à faire semblant, bien sûr, mais aussi de s'isoler du regard des parents. Dans les jardins citadins, elle se transforme en petite tente colorée et entièrement pliante. Le soir, elle peut abriter les jouets de plein air et, en hiver, elle s'installe dans sa chambre. ■

▌ MON AVIS

La cabane est un lieu magique où l'enfant se cache et s'enfouit. Tous les enfants sont de merveilleux architectes : ils dessinent des maisons idéales et la cabane est la représentation de ce qu'ils souhaitent. Il y a les cabanes au sol et celles qui sont perchées. Les petits citadins la construisent sur leur lieu de vacances et chaque été ils recherchent les traces de celle qu'ils ont construite la saison passée. Ils peuvent aussi édifier une cabane dans leur chambre, simplement en tendant des tissus entre les meubles. Ils s'y retirent pour penser. En réalité, nos maisons d'aujourd'hui sont les cabanes de notre enfance. ■

Cultiver son jardin

JARDINER EST UN ÉMERVEILLEMENT POUR UN ENFANT. Il regarde avec émotion la graine qui germe, il déguste avec délice les premiers légumes qu'il a lui-même récoltés. En jardinant, il acquiert quantité de notions fondamentales.

Apprendre par la pratique

En cultivant ses légumes et ses fleurs, votre petit enfant découvre la vie, les saisons, les éléments naturels, les couleurs, les goûts, les formes, les outils, des gestes nouveaux. Il compte, mesure, pèse, a envie de connaître le nom des plantes. Jardiner, c'est apprendre la vie, donc la respecter. Mais c'est aussi observer. C'est apprendre qu'un geste doit être suivi d'un autre bien précis. Bref, c'est acquérir l'ordre et la rigueur. Une initiation qu'il ne peut faire qu'en compagnie d'un adulte dévoué et si possible un peu expérimenté et doté d'une « main verte ».

De la plantation à la récolte

Certaines conditions sont indispensables pour que votre enfant réussisse son « jardin ». Avant tout, il a besoin d'un matériel adapté à sa taille : bêche, râteau, arrosoir... Il lui faut aussi un espace à lui (I m² environ), qu'il quadrillera de plates-bandes. Voici quelques exemples de légumes choisis parce que les enfants les apprécient, qu'ils poussent rapidement ou spectaculairement et qu'ils permettent de faire vivre le jardin du printemps à l'automne. À semer : radis, carottes, cresson alénois, citrouille (une), petits pois. À planter : pommes de terre (I pied), fraisiers, salades, tomates, tomates cerise. Pour les fleurs, pensez aux gueules-de-loup, toujours impressionnantes, un grand tournesol, un rosier, des impatiens, des reines-marguerites, sans oublier l'étrange monnaie-du-pape. Plantez les bordures de « corbeilles d'or ou d'argent ». La récolte de légumes sera pour lui l'occasion de sensations gustatives nouvelles, en favorisant plutôt le cru que le cuit. Il sera fier d'offrir sa cueillette des fleurs à quelqu'un de la famille ou d'admirer son bouquet au milieu de la table familiale. À défaut de jardin, l'enfant peut réaliser quelques plantations sur son balcon ou sa fenêtre. Il trouvera plus drôle alors de faire pousser des légumes que des fleurs. Par exemple, un plan de tomates cerise ou une jardinière de cresson alénois sont des expériences fantastiques puisqu'il peut passer directement de la cueillette à la dégustation.

Leçons de senteurs

Les fleurs et les plantes sont aussi l'occasion de fantastiques leçons d'odeurs. Les enfants adorent respirer le parfum des fleurs et le vôtre saura très facilement faire la différence entre la rose et la lavande. Montrez-lui encore que les feuilles sont odorantes, faites-lui respirer le thym ou le romarin et écrasez entre vos doigts quelques feuilles de basilic, de verveine, de menthe ou simplement de persil. Il en appréciera d'autant plus le goût sur ses aliments qu'il les aura senties. Vous pouvez encore jouer avec lui au jeu des senteurs : cueillez quelques feuilles de ces plantes et demandez-lui de les retrouver dans le jardin ou parmi les pots du balcon. ◼

❝ Le jardinage est aussi l'occasion d'une première initiation à l'écologie et aux sciences de la vie. ❞

1RE SEMAINE

1ER MOIS

2 À 3 MOIS

4 À 5 MOIS

6 À 7 MOIS

8 À 9 MOIS

10 À 11 MOIS

1 AN

1 AN 1/2

2 ANS

2 ANS 1/2

3 ANS

4 ANS

5 ANS

6 ANS

ANNEXES

Premiers instruments et lecteur CD

Les parents peuvent très tôt offrir à leurs enfants des instruments de musique, mais de « vrais » instruments, les jouets musicaux étant pour la plupart fragiles et rarement de qualité. Les instruments à percussion sont vraiment les premiers qu'il peut facilement utiliser. Dès 2 ans-2ans1/2, vous pouvez lui offrir un harmonica. L'enfant saura vite souffler et inspirer dans cet instrument. Si ce qu'il en sort n'est pas très harmonieux, cela constitue tout au moins un excellent exercice respiratoire. Pour satisfaire un musicien en herbe, il vaut mieux lui offrir un bon xylophone sur lequel un do est un do et où, simplement à partir de la gamme,

il peut jouer des mélodies intéressantes. Les flûtes, flûtes à bec et flûtes traversières sont aussi de bons cadeaux. Tous ces instruments se trouvent dans les boutiques spécialisées et sont quelquefois vendus par correspondance.

À ces premiers instruments, il est presque indispensable d'ajouter un lecteur de cassettes ou de CD « junior ». C'est un des cadeaux qu'il appréciera beaucoup d'autant plus qu'il lui permettra de promener partout « sa musique » et de chanter et danser quand il le souhaite. Sa manipulation très simple lui laissera l'autonomie de ses choix. Choisissez un modèle plutôt solide car il sera mis à dure épreuve. ■

Éduquer son oreille par la musique

• Faites-lui écouter une cassette que vous aurez enregistrée, avec des bruits de tambours, de trompettes ou de cloches. Commencez par monter le son pour le diminuer lentement. Vous pouvez également utiliser de vrais instruments, en lui montrant que l'on peut jouer à toute volée comme tout doucement. Il va découvrir ainsi la notion d'intensité, de tonalité, de timbre.

• Faites-lui écouter deux musiques, l'une plaisante, l'autre moins. Puis passez de l'une à l'autre, en guettant ses réactions. Cela va lui donner la possibilité de comparer des sonorités mais également de dire sa préférence. Quand il sera un peu plus grand, faites-lui écouter un air qu'il aime bien et essayez de lui faire découvrir les instruments utilisés. Montrez-lui d'abord les photos de tous les instruments qu'il connaît et aidez-le à reconnaître ceux qui sont intervenus. Variez l'expérience en lui faisant écouter des bruits d'animaux familiers et en lui demandant de la même façon d'associer le cri d'une bête avec sa photo. Après quelques séances de ce type, votre enfant va devenir un véritable expert. Vous pouvez alors corser le jeu en lui faisant entendre des cris d'animaux nouveaux, comme des sons d'instruments de musique encore inconnus ou bien des bruits de la vie quotidienne. ■

L'éveil à la musique

POURQUOI NE PAS PROPOSER UN ÉVEIL MUSICAL À VOTRE ENFANT, puisque celui-ci est très sensible aux sons ? Il l'était déjà avant même de naître. Cette idée est à l'origine de la création de nombreux ateliers de musique pour les moins de 3 ans.

Mélomane et musicien

Sous la responsabilité de musiciens professionnels ou de puéricultrices spécialement formées, les bébés sont invités à participer à des jardins musicaux. Ils sont soit indépendants sous forme d'ateliers du mercredi soit appartiennent à une crèche, à une halte-garderie ou encore à un centre social. L'initiation passe d'abord par le côté affectif des berceuses, des comptines, des chansons traditionnelles de l'enfance, le chant et la voix constituant les moyens simples de vivre la mélodie et le rythme.

Ces ateliers donnent aux enfants l'occasion de vivre la musique à travers leur corps. La musique l'entraîne à danser et, lorsqu'il chante, c'est toujours en se dandinant. Musique et mouvements sont toujours liés spontanément. Tous les enfants, sous toutes les latitudes, sont des danseurs. Voilà pourquoi ils semblent si précocement sensibles aux talents des vedettes du show-business.

La découverte des instruments

Ils leur sont présentés par leur sonorité et par leur nom. Un instrument est choisi en fonction de la préhension et de la motricité de l'enfant, et le choix deviendra de plus en plus varié au fur et à mesure de sa maturité. L'exploration de cet objet nouveau est d'abord libre, l'enfant prend contact avec la forme et le son qu'il produit. De cet émerveillement va naître le désir de le reproduire, mieux, plus fort, plus vite. Cet usage lui donnera conscience que l'homme peut exprimer ses sentiments par le son.

Bien sûr, vous pouvez offrir à votre enfant un instrument de musique simple du style appeau, crécelle et percussions. L'essentiel est qu'il soit solide pour des questions de sécurité et d'une bonne qualité sonore, déterminée par sa matière, sa résonance et sa richesse harmonique. Enfin, plus l'instrument permettra à l'enfant d'expérimenter des manières de jouer non traditionnelles et de produire des sons variés, plus il éveillera son imaginaire et son goût pour la musique.

Un mini-conservatoire chez soi

Si vous possédez un piano et que votre enfant vous semble prêt à prendre des cours de musique, vous avez la possibilité de créer un mini-conservatoire chez vous. Le principe en est simple et peu onéreux : il suffit de réunir une dizaine d'enfants de 0 à 6 ans et un professeur qui vient 1 heure 1/2 par semaine. La maman qui reçoit n'a rien à payer pour son enfant, pour les autres, il en coûte une petite somme à chaque séance. La meilleure façon d'éveiller votre enfant à la musique, c'est encore de lui créer tout un environnement musical : acheter des disques, les écouter ensemble, chanter et l'emmener au concert. L'écoute par exemple de *Pierre et le loup* de Prokofiev est un moment magique qui donne à l'enfant une idée du monde l'imaginaire de la musique. Sachez que les Jeunesses musicales de France organisent le mercredi des concerts spécialement composés pour les enfants. ■

1RE SEMAINE

1ER MOIS

2 À 3 MOIS

4 À 5 MOIS

6 À 7 MOIS

8 À 9 MOIS

10 À 11 MOIS

1 AN

1 AN 1/2

2 ANS

2 ANS 1/2

3 ANS

4 ANS

5 ANS

6 ANS

ANNEXES

Mer ou montagne, quel climat choisir ?

• **Au-delà de 1 500 m d'altitude,** la montagne présente quelques inconvénients. L'oxygène se fait plus rare. Aussi, pour compenser cette perte, la pression du sang dans les artères augmente, le rythme cardiaque s'accélère, le corps fabrique davantage de globules rouges. Les enfants seront plus énervés, plus affamés, plus assoiffés.

• **Le climat marin** est vivifiant et tonifiant. Il est même particulièrement recommandé aux enfants qui souffrent d'eczéma (p. 142) ou de psoriasis. Les enfants nerveux doivent l'éviter.

• **Le climat tropical,** lui, soumet l'organisme à l'épreuve de la chaleur et à l'éventualité de maladies parasitaires. L'enfant européen n'y vivra jamais à l'aise. ■

Entrer dans l'eau pour la première fois

Barboter dans sa baignoire ou dans sa piscine n'a rien à voir avec le fait de se baigner dans la mer : la fraîcheur, le mouvement de l'eau et son goût surprennent en général les enfants. Vers 2 ans, certains éprouvent une certaine réticence à entrer dans la grande bleue. Ils commencent à prendre conscience que leur environnement peut être dangereux. Ne forcez pas les choses. Montrez-lui que vous appréciez de nager. Quand il acceptera de vous accompagner, et que vous le sentirez rassuré, accroupissez-vous, puis asseyez-vous ensemble dans l'eau. Au bout de deux ou trois fois, demandez-lui s'il se sent prêt à entrer dans l'eau tout seul en vous tenant par la main. L'eau ne dépassera pas le haut de ses cuisses.

Attendez quelques jours avant de lui proposer d'aller avec vous un peu plus loin et de faire ses premières expériences de bébé flotteur. Quand il sera totalement familiarisé avec l'eau, il aimera y jouer seul mais toujours sous votre proche surveillance. C'est aussi le moment de l'équiper d'un maillot à bouée incorporée qui permet de flotter « debout » dans l'eau. ■

L'otite des montagnes

Les pédiatres qui exercent à la montagne connaissent bien « l'otite barométrique ». Elle est due à un trop brusque changement d'altitude et se déclenche surtout si l'enfant souffre déjà d'une rhinopharyngite, même légère. Pour la prévenir, il est prudent de faire effectuer, avant le départ, une vérification de ses tympans. Sur place, il convient de respecter des paliers au cours de la montée, de ne pas hésiter à donner à boire au nouveau-né ou de l'allaiter pour l'aider à déglutir. L'otite, chez le nourrisson, peut se manifester par des pleurs mais aussi par le refus de s'alimenter, par des troubles gastriques (vomissements, diarrhées) ou encore par des insomnies (p. 217). ■

▌ MON AVIS

Pour l'enfant, les vacances d'été sont le moyen inespéré de s'intégrer à l'histoire de sa famille. Il découvre, en compagnie de ceux qu'il aime, d'autres odeurs, d'autres couleurs, d'autres habitudes et surtout d'autres prononciations des mots familiers. Tout cela va réellement l'enchâsser dans ses origines. Apprenant le langage par imitation, il sera particulièrement sensible aux accents locaux. Ainsi de jour en jour, il collectionnera des mots particuliers qui deviendront ceux de ses vacances et qu'il réintroduira en hiver dans ses discours en souvenir de son bel été. ■

Le départ en vacances

1RE
SEMAINE

1ER MOIS

2 À 3
MOIS

4 À 5
MOIS

6 À 7
MOIS

8 À 9
MOIS

10 À 11
MOIS

1 AN

1 AN 1/2

2 ANS

2 ANS 1/2

3 ANS

4 ANS

5 ANS

6 ANS

ANNEXES

IL Y A UNE GRANDE DIFFÉRENCE ENTRE CE QUE RESSENTENT UN ENFANT PETIT et un adulte lorsque vient le temps des vacances. Pour lui, cela signifie changement d'habitudes, de cadre de vie et remue-ménage inhabituel autour de lui. Ces perturbations se traduisent par une certaine angoisse.

Le préparer au changement

Il manifeste son désarroi par des crises de larmes, un caractère grognon et bougon et il pourra même en perdre l'appétit. L'informer, lui raconter ce qui va se passer, où il va, avec qui, c'est déjà l'aider. Même s'il est petit, il est capable de comprendre des explications simples et d'apprécier le ton rassurant de ces confidences, dont la précision et le développement varieront selon son âge et son caractère. La participation aux préparatifs lui permet aussi de mieux accepter les changements. Très tôt, par exemple, le choix des vêtements à emporter peut se faire avec sa collaboration, de même que celui des jouets. Il est indispensable, pour qu'il se sente bien, qu'il retrouve un peu de son trésor personnel, et tout particulièrement le chiffon ou l'ours qui lui sont indispensables pour s'endormir. Il appréciera encore, au moment du départ, de dire au revoir à ceux qu'il quitte, humains, bêtes et objets !

Pendant le voyage

La plupart des enfants connaissent parfaitement la voiture, le plus difficile est de rester assis attaché pendant des heures. En revanche, le train comme l'avion peuvent leur être totalement inconnus. Les bruits, les tunnels, la foule peuvent inquiéter votre enfant. Jeux, conversations apaisantes, échange de chansons douces, assistance rassurante du doudou ou d'un petit gâteau particulièrement apprécié l'aideront à retrouver son calme. Si vous avez prévu une halte à l'hôtel, une visite des lieux s'impose, notamment la chambre. Ouvrez les placards et faites-lui découvrir la salle de bains. Une règle élémentaire : ne pas le laisser seul dans cette chambre inconnue sous prétexte qu'il dort. Il peut se réveiller et connaître une angoisse difficilement surmontable.

Investir les lieux

Arrivés sur le lieu de vacances, vous lui présenterez les choses et les gens. Il aimera, si des membres de la famille qu'il ne voit pas habituellement sont présents, qu'on lui explique les liens de parenté. Cela fascine toujours les enfants.
Rien n'est plus angoissant pour un enfant qu'une porte dont il ignore ce qu'il y a derrière : ouvrez-la, qu'elle révèle une autre pièce ou donne sur un placard. Il doit tout connaître de sa nouvelle maison, de la cave ou grenier. L'enfant a besoin d'établir des repères. Pour cela, il lui faut parfaitement connaître sa chambre et son lit. Il aimera assister au rangement des bagages et, pourquoi pas, décider de l'endroit où il mettra ses affaires et ses jouets. Enfin, les premières nuits, il serait très étonnant qu'il s'endorme sans difficulté. Il aura besoin d'une veilleuse et de la présence rassurante de ses parents. ■

" Glissez dans sa valise ses jouets favoris et pourquoi pas son assiette et son gobelet habituels, histoire qu'il se retrouve un peu chez lui. "

Guide pour parents globe-trotters

• **Respecter les vaccinations demandées.** La vaccination contre la fièvre jaune, nécessaire dans certaines régions du globe, peut perturber l'enfant pendant 48 heures.

• **Faire suivre à l'enfant un traitement antipaludéen,** en Afrique tout particulièrement. Il existe un sirop parfaitement adapté aux enfants. À prendre quotidiennement depuis le jour du départ et durant deux mois après le retour.

• **Avoir en permanence dans son sac une bouteille d'eau minérale** dont vous aurez vérifié à l'achat que la capsule ou le bouchon est intact.

• **Ne pas accepter de glaçons dans les boissons.** Ceux-ci ne sont pas toujours fabriqués avec de l'eau potable.

• **Ne jamais le baigner dans de l'eau douce d'une rivière ou d'un étang.**

• **Lui faire porter des chaussures fermées et des chaussettes** afin d'éviter toute blessure ou morsure.

• **Emporter un lit pliant et une moustiquaire** – vérifier la literie tous les soirs avant de coucher l'enfant.

• **Vérifier aussi tous ses vêtements** avant de les lui enfiler.

• **Pensez à lui laver les dents uniquement à l'eau minérale.**

• **Habillez-le uniquement de vêtements en coton.** Repassez-les des deux côtés, cela tue les petites bêtes.

• **Les bébés peuvent être baignés** dans n'importe quelle baignoire, mais à la condition qu'ils n'avalent pas l'eau du bain.

• **Pensez également à désinfecter toutes les petites plaies** avant et après chaque passage dans l'eau.

• **Tout accès fébrile inexpliqué,** ou toute convulsion assortie de fièvre à partir du septième jour après votre retour, doit vous faire penser au paludisme. Allez consulter immédiatement un médecin.

• **Côté alimentaire,** il vaut mieux éviter les salades, les crudités et les fruits qui ne sont pas soigneusement lavés. De toute façon, il est conseillé de présenter aux enfants des fruits épluchés. D'autre part, ne mangez que de la viande très cuite. ∎

Les vaccinations

Outre les vaccinations obligatoires (p. 149), il est indispensable que votre enfant soit vacciné contre les méningocoques A et C (pour des séjours en Afrique et au Moyen-Orient), contre l'hépatite B et l'Haemophilus influenzae (responsable de la méningite). Les vaccins contre la typhoïde et le choléra ne sont pas d'un grand intérêt, sauf s'il existe un risque d'épidémie. Mieux vaut donner au bébé des désinfectants intestinaux. Voici le calendrier que l'on vous proposera généralement :
• vaccination tétracoq et BCG avant 6 mois,
• hépatite virale à 7-8 mois, conjugué avec le vaccin contre le méningocoque,
• rougeole à 9 mois (avec un rappel vers 15 mois). ∎

Les piqûres d'animaux

Les piqûres les plus à redouter sont celles d'abeilles, de guêpes, de frelons ou de taons. Désinfectez la piqûre à l'alcool et appliquez une pommade antihistaminique. Les piqûres localisées à la gorge et aux lèvres nécessitent la consultation en urgence. Vous préviendrez en partie ces accidents en faisant boire votre enfant avec une paille. Sachez encore que les vêtements clairs ou vifs attirent particulièrement les insectes volants. Autres animaux « piqueurs » : la fourmi rouge qui provoque de douloureuses brûlures, le moustique, certaines chenilles, également les araignées et les aoûtats qui marquent leur passage de petits points rouges et sensibles. L'alcool et une pommade calmante suffisent généralement à stopper la douleur.

Sur la plage, les piqûres de méduse, de vive ou d'oursin sont à redouter. Elles se signalent par une douleur violente et une intense sensation de cuisson. Les piquants d'oursin s'enlèvent facilement si vous trempez le pied atteint (c'est lui dans la plupart des cas) dans un bain d'huile. Mais la douleur ne cessera que lorsque vous aurez éliminé à la pince à épiler toutes les aiguilles cassées dans la peau. Les méduses provoquent des brûlures qu'il faut soigner comme telles. Dans tous les cas, désinfectez à l'alcool et consultez un médecin. ∎

Les vacances lointaines

1RE SEMAINE

1ER MOIS

2 À 3 MOIS

4 À 5 MOIS

6 À 7 MOIS

8 À 9 MOIS

10 À 11 MOIS

1 AN

1 AN 1/2

2 ANS

2 ANS 1/2

3 ANS

4 ANS

5 ANS

6 ANS

ANNEXES

DES VACANCES À L'ÉTRANGER POUR TOUTE LA FAMILLE, pourquoi pas ! Mais selon votre destination, ce séjour nécessite plus ou moins de précautions et souvent un minimum d'organisation, faute de quoi vos vacances risquent d'être gâchées.

Partir loin

Que vous partiez pour un pays développé comme les États-Unis ou un pays pauvre d'Afrique, avant votre départ, vérifiez la bonne santé de votre enfant, consultez son médecin traitant ou son pédiatre. Les vaccinations contre le tétanos et la poliomyélite sont indispensables pour toutes les destinations. Certains pays exigent le vaccin contre la fièvre jaune : cette vaccination n'est possible que chez un enfant âgé de plus de 1 an. Dans tous les cas, assurez-vous de la validité des vaccinations obligatoires en France et à l'étranger et de leurs rappels.

Emporter sa pharmacie

Préparez une trousse contenant les médicaments de base, établissez la liste de ce qu'il vous faut, si nécessaire, avec votre pédiatre. À emporter en priorité : des produits contre la fièvre, la toux, le rhume et la diarrhée ainsi qu'un produit pour calmer les piqûres de moustiques et autres bestioles. N'oubliez pas des produits solaires haute protection que votre destination soit la mer ou la montagne. Si votre enfant est en cours de traitement, prévoyez un stock suffisant des médicaments prescrits. Les équivalents ne sont pas conseillés car une allergie à un médicament inconnu est possible.

Pour un plus petit, prévoyez une réserve de petits pots et de lait infantile habituel, car on n'en trouve pas toujours dans tous les pays. Pour éviter de vous charger, renseignez-vous auprès de l'ambassade du pays concerné. Avant votre départ, contractez une assurance vous couvrant le temps de votre séjour. Vous pouvez la souscrire auprès d'une agence de voyages, d'une banque ou de votre assureur habituel. Ainsi, si votre enfant tombe malade, les frais d'hospitalisation sur place et, si nécessaire, le rapatriement seront pris en charge. Cette décision est sous la responsabilité des médecins de la compagnie d'assistance médicale. Sachez que certaines ambassades ou consulats peuvent vous fournir une liste de médecins francophones.

Voyager en sécurité

Pour voyager agréablement en voiture avec un enfant, il est préférable de renoncer aux heures les plus chaudes. Un jeune enfant supporte mal la chaleur et il est indispensable de le faire boire très régulièrement. Accordez-vous des haltes, tous les 200 km environ. En train, il est préférable de voyager de nuit. Les enfants supportent mieux les longs trajets lorsqu'ils dorment. Renseignez-vous pour savoir si votre train est équipé d'un coin jeux réservés aux enfants. En avion, pensez à emporter quelques petits jouets et des biberons d'eau pour les plus petits (l'atmosphère pressurisée entraîne une légère déshydratation). Contre le « mal d'oreilles », proposez-leur une tétine, elle fera office de palliatif et jouera le même rôle que le chewing-gum pour les plus grands. Enfin, pensez à emporter son carnet de santé. Il peut permettre à un médecin étranger de trouver l'équivalent des médicaments qui lui sont prescrits habituellement. ∎

Les bons réflexes

• Pensez aux barrières de protection que vous installerez entre les deux sièges avant.

• Bloquez les serrures des portes arrière tout comme les fenêtres. Attention, les enfants adorent jouer avec les boutons électriques qui en commandent la fermeture sur certains modèles.

• Dégagez la plage arrière de tout objet lourd et encombrant. Si vous devez installer des bagages à l'intérieur du véhicule, amarrez-les bien.

• Si vous voyagez sous un grand soleil, équipez vos vitres arrière de pare-soleil. Ceux-ci tiennent simplement par des ventouses et vous pouvez facilement les ranger lorsqu'il y a des nuages et qu'ils ne vous sont alors pas utiles. Ils ne sont pas opaques et ne gênent donc pas la visibilité du conducteur.

• Ne donnez surtout pas de biberon à votre enfant alors que la voiture roule, il risquerait d'avaler de travers en cas de choc ou de coup de frein. ■

Transports scolaires et sécurité

Vous pouvez être obligé de confier votre enfant à un service de « ramassage scolaire ». Il peut s'agir aussi d'un déplacement dans le cadre d'une sortie organisée par l'école ou le centre de loisirs. Les risques d'accidents sont statistiquement liés aux facteurs suivants.

• **La longueur du trajet :** il est prouvé qu'au-delà de 1 h 30 de trajet quotidien (aller et retour, y compris les attentes), le comportement des enfants à l'intérieur du véhicule peut devenir dangereux.

• **Le manque d'encadrement :** la présence d'un accompagnateur (en plus du chauffeur) n'est obligatoire que dans les cars mis en service après le 1er octobre 1986 et ne disposant pas de système de verrouillage automatique des portières... autrement dit très peu.

• **Le surpeuplement :** une règle « d'équivalence » permet de transporter trois enfants de moins de 12 ans côte à côte sur deux sièges contigus normalement réservés aux adultes. En cas de choc, on imagine aisément les risques de projection.

• **Les moments critiques :** ce sont ceux de la montée et de la descente des enfants. Là encore, la présence d'accompagnateurs serait indispensable. L'aménagement systématique d'aires de stationnement « sécurité » limiterait en outre sensiblement les risques d'accident.

Depuis le mois d'octobre 1999, les ceintures de sécurité ont été rendues obligatoires dans les cars. Cette réglementation constitue sans doute un progrès ; toutefois c'est une réglementation qui ne tient pas compte de l'âge des enfants transportés. ■

Le cœur au bord des lèvres

Les enfants sont souvent malades en voiture vers l'âge de 2 ans alors qu'ils ne l'étaient pas avant. Ils ont chaud, ils s'ennuient et surtout leur oreille moyenne est hypersensible aux mouvements du véhicule. En effet, avant cet âge, le système de canaux semi-circulaires emplis de liquide dont la fonction est d'informer le cerveau sur les mouvements de la tête n'est pas mature et lui envoie des informations contradictoires. Les centres nerveux n'apprécient pas et déclenchent ainsi la sensation de malaise.

Pour lutter contre ce petit désagrément, commencez par habiller votre enfant de vêtements légers et amples, par exemple un jogging. Installez-le assez haut dans son siège, fermement maintenu. Si son siège ne permet pas un bon maintien de la tête, bloquez-la dans un repose-tête gonflable. Il voyagera mieux s'il voit la route et s'il ne s'ennuie pas. Avant de partir, aérez bien votre véhicule, abstenez-vous de fumer et prenez la route aux heures « creuses ».

Ne mettez pas l'enfant à la diète, l'estomac vide est plus sensible aux vomissements et les nausées sont encore plus désagréables : donnez-lui un repas léger et préparez une collation pour le voyage. Il vous reste encore la possibilité de rouler la nuit, la position allongée et le sommeil diminuent les nausées. ■

Voyager en voiture

1RE SEMAINE

1ER MOIS

2 À 3 MOIS

4 À 5 MOIS

6 À 7 MOIS

8 À 9 MOIS

10 À 11 MOIS

1 AN

1 AN 1/2

2 ANS

2 ANS 1/2

3 ANS

4 ANS

5 ANS

6 ANS

ANNEXES

PAS DE TRAJET EN VOITURE AVEC UN ENFANT NON ATTACHÉ, pas de voyage même bref sans que l'enfant ne soit assis dans un siège auto adapté à son âge, notamment à son poids. Petit rappel : 65 % des accidents se produisent à moins de 15 kilomètres du domicile.

Conforme au poids

Les sièges auto étant classés en différents groupes selon le poids de l'enfant, le voyageur de deux ans peut s'asseoir dans les sièges de groupe 1, jusqu'à 18 kg, 2 de 15 à 25 kg, ou 3, de 15 à 36 kg. Les sièges du groupe 1 sont encore des sièges baquets équipés de harnais qui peuvent se révéler parfois étroits en hiver, lorsque les enfants sont très habillés. Les sièges 2 et 3 appartiennent à la catégorie des rehausseurs avec ou non repose-tête. Ils utilisent la ceinture de sécurité du véhicule. Enfin il existe des sièges dits « combinés » qui ont l'avantage de durer plus longtemps puisqu'ils évoluent avec l'enfant : le dosseret s'allonge, la largeur s'agrandit en fonction de la taille de l'enfant.

Tous les sièges auto vendus en France doivent être homologués, preuve qu'ils sont sortis indemnes d'un certain nombre de tests de sécurité. Par contre, ce label n'apporte aucune garantie sur la facilité d'installation. Les spécialistes de la prévention routière estiment que seuls 30 % des enfants sont correctement attachés. Alors avant d'acheter, n'hésitez pas à demander une démonstration et souvenez-vous que plus un système d'attache est complexe, plus il y a de risque que le siège soit mal attaché et donc que l'enfant soit en danger. Le système Isofix permet de fixer le siège directement sur la banquette grâce à trois ancrages métalliques qui rendent l'un et l'autre parfaitement solidaires. Depuis 2006, toute nouvelle voiture doit être équipée de ce système.

Arrêt pipi

Il est préférable de prévoir pour lui des étapes où il pourra courir et jouer. Un arrêt toutes les deux heures est recommandé. Des aires de jeux sont aménagées de balançoires ou de « cages à écureuil » qui permettent de défouler son trop-plein d'énergie et d'ennui. Le plus délicat est souvent de le convaincre de reprendre la route. Évitez, si possible, de voyager aux heures les plus chaudes de la journée (entre 11 h 30 et 15 heures) à moins que votre véhicule ne soit climatisé. Dans la voiture, les adultes doivent souvent faire preuve d'imagination pour maintenir le calme. Histoires, jeux, cassettes seront toujours appréciés.

Adopter de simples précautions

Si possible, ne partez pas seule avec un enfant petit. En cas de panne, vous devrez gagner une borne d'appel en marchant sur la bande d'arrêt d'urgence ou, mieux, derrière les barrières métalliques, une épreuve qu'il n'est déjà pas toujours facile d'effectuer seule et donc, a fortiori, avec un enfant dans les bras (il est bien sûr totalement impensable de le laisser, même endormi, dans la voiture).

Emportez avec vous une ou deux bouteilles d'eau minérale. Afin d'éviter des problèmes d'identification en cas d'accident de voiture, collez sur le siège de votre bébé une étiquette portant son identité, ainsi que les coordonnées de la personne à prévenir. ∎

L'indispensable poupée

La poupée a toujours été le jouet par excellence. On constate sa présence, dans toutes les civilisations. Victor Hugo observait que, comme l'oiseau habille son nid avec n'importe quoi, les enfants font des poupées de tout. Tout enfant qui tient une poupée ou son simulacre retrouve le besoin tout à fait primitif de donner une vie aux objets. Il établit avec ce jouet tout un réseau de relations très personnelles. Il s'y attache, à tel point que, même adulte, il en garde un souvenir attendri. L'aspect de la poupée n'a, dans cet attachement, aucune importance. C'est souvent la plus laide que l'on aime le mieux, celle que l'on a transformée en lui mettant des vêtements de fortune, celle à qui l'on a coupé les cheveux... Jouer à la poupée favorise le développement affectif et psychologique. Bien des conflits, notamment avec la mère, se trouvent extériorisés grâce à la poupée. Et cela, autant chez les garçons que chez les filles. Quand l'enfant est tout petit, ses poupées sont molles, il les aime pour leur douceur et leur maniabilité. C'est le début des jeux d'imitation. Mais la poupée, c'est aussi et surtout un objet offert par maman et qui sert à consoler lors de son absence.

Les poupées ne devraient pas être réservées aux filles. Tous les petits garçons devraient jouer à la poupée, à partir du moment où ils ne font pas que ça. Les gestes de refus sont souvent dus à la pression des parents, mais cet état de choses évolue. ■

Les jouets « faits main »

Bien qu'ils soient souvent beaucoup moins élaborés donc moins riches sur le plan des jeux, bien que l'on puisse parfois leur reprocher d'être très éloignés des normes de sécurité, ce sont des objets immédiatement investis par les enfants parce qu'ils ont essentiellement une valeur affective. L'enfant y sera encore plus attaché s'il a participé à leur fabrication. Alors n'hésitez pas à lui construire des maisons de poupées en carton, des véhicules caisses à savon, à faire tricoter des ours et des animaux de laine par les grands-mères. ■

À chaque jeu sa fonction

Les jouets dits « d'éveil » comprennent les jouets « affectifs » et les jouets d'imitation. Les premiers aident à exprimer les sentiments de l'enfant, à résoudre ses conflits, à maîtriser ses angoisses. Les seconds donnent l'occasion de s'affirmer, de se situer, de mieux comprendre le monde des adultes. Les jouets de création permettent à l'enfant de laisser libre cours à son imagination. Les jouets sportifs développent sa motricité. Les jouets sensori-moteurs sont des jouets à tirer, à pousser, à traîner ; ils permettent de maîtriser, de coordonner les gestes et d'acquérir équilibre et habileté manuelle. Un peu plus tard, l'enfant joue avec des jeux de construction qui demandent des capacités d'analyse et de synthèse. L'esprit d'abstraction apparaîtra ainsi progressivement. Puis les jeux de société entraîneront sa mémoire et sa réflexion. ■

Ses jouets

1RE SEMAINE

1ER MOIS

2 À 3 MOIS

4 À 5 MOIS

6 À 7 MOIS

8 À 9 MOIS

10 À 11 MOIS

1 AN

1 AN 1/2

2 ANS

2 ANS 1/2

3 ANS

4 ANS

5 ANS

6 ANS

ANNEXES

LE JOUET PREND UNE IMPORTANCE CONSIDÉRABLE dans la vie de l'enfant entre 2 et 5 ans. Il doit être à la fois éducatif et distrayant. Les jouets se classent en bien des catégories selon les capacités de l'enfant qu'ils sollicitent. Quelques règles peuvent vous guider dans votre choix.

Adapté à l'âge

Sélectionnez-le en rapport avec l'âge de l'enfant. Généralement, vous trouvez sur les emballages des indications d'âge, prenez-les plutôt comme une indication que comme une réelle information : les fabricants pour des raisons de marketing ont toujours tendance à élargir au maximum la tranche d'âge à laquelle ils destinent leur production. Les jouets offrant diverses possibilités d'utilisation sont plus intéressants, plus créatifs. Préférez ceux que l'enfant pourra utiliser seul et avec d'autres enfants. Le jouet peut être un moyen d'échanges entre frères et sœurs et de contacts enrichissants entre enfants.

Accélérateur de rêves

Un jouet doit, lors de son utilisation, laisser libre cours à la fantaisie et à la création de l'enfant. Méfiez-vous des jouets-robots qui font tout et sont essentiellement source de passivité. Le contenu du jeu doit être accessible à l'enfant, c'est-à-dire correspondre à son expérience du monde. La taille est également importante. Le petit enfant n'aime pas nécessairement les petits jouets, le grand enfant n'aime pas forcément les gros jouets. La matière est un élément important dans la relation qu'a l'enfant avec le jeu et la sécurité qu'il doit offrir. La forme et la couleur ont une influence considérable, souvent négligée. Pour le petit enfant, il faut toujours retenir des formes simples, non dangereuses et sécurisantes. De même, il n'est pas nécessaire que la couleur soit conforme à l'original, la locomotive sera plus attirante rouge que noire. Il faut aussi préférer pour les petits enfants les couleurs élémentaires.

Respectueux du genre

N'ayez pas peur d'être sexiste dans vos choix : si les petites filles adorent les poussettes et les poupées, si les petits garçons aiment tout ce qui évoque le bricolage, c'est simplement parce que ces jouets les encouragent à imiter le parent dont, par le sexe, ils se sentent le plus proche.

Robuste et intelligent

Le jouet, qui offre de multiples possibilités d'utilisation ou une relation affective, doit être d'une solidité à toute épreuve. Ce n'est qu'avec le temps que l'enfant établit avec lui une relation personnelle. La construction et le mécanisme doivent être de préférence compréhensibles pour l'enfant, de façon à ce qu'il puisse, en percevant le mystère, élargir son expérience du monde. Réussir par soi-même un montage ou trouver toutes les manières de jouer est bien plus satisfaisant que d'être initié par un de ses parents. Le bon jouet pose des questions à son propriétaire et tout l'intérêt tient à trouver seul la solution. Réussir, c'est prendre confiance en soi et se sentir capable de poursuivre son développement. ■

" À 2 ans, même les jeux qu'ils préfèrent ne mobilisent leur attention que fort peu de temps. "

2 ans
et demi

1RE
SEMAINE

1ER MOIS

2 À 3
MOIS

4 À 5
MOIS

6 À 7
MOIS

8 À 9
MOIS

10 À 11
MOIS

1 AN

1 AN 1/2

2 ANS

2 ANS 1/2

3 ANS

4 ANS

5 ANS

6 ANS

ANNEXES

2 ans et demi

Vous

CET ENFANT S'AMUSE À COURIR sur la pointe des pieds et fait ses premiers exploits en vélo, car il sait pédaler ! Il construit des tours de huit cubes et différencie les couleurs. Mais surtout, il trace sur le papier ses premiers ronds, prémices du dessin du fameux bonhomme têtard. Le premier dessin marque la représentation symbolique de l'espace.

Votre « bébé » commence à penser à des choses terribles et à des animaux ou des personnes agressives, raisons de ses appels nocturnes. Ces peurs s'associent à des rituels d'endormissement que vous devez accepter. Considérez que ces peurs prouvent son bon développement, respectez-les en essayant de ne pas trop y associer les vôtres.

L'être humain naît « avec l'instinct d'acquérir l'art de parler ». Votre bébé a des aptitudes inscrites dans son code génétique pour comprendre le sens de vos paroles. Après avoir été sensible, d'abord à la musique des mots et à leur prosodie, votre enfant va les répéter et part à la conquête de leur sens.

Son langage prouve la richesse de sa pensée et montre un inconscient structuré. Les premières productions verbales associent poésie et humour.

Votre enfant

- Il pèse 15 kg en moyenne pour 90 cm.

- Il aime la compagnie des autres enfants, mais ne joue pas encore vraiment avec eux. Il peut se laisser aller parfois à une certaine agressivité. Il aime l'ordre et aide à ranger ses affaires.

- Il est capable de se séparer de temps en temps de ses parents. Il fait beaucoup de bêtises et reste assez égocentrique.

- Il mange un œuf par semaine, 100 g de féculents et 100 g de légumes verts par jour avec un peu de beurre. Il a aussi droit à du saucisson, du gruyère, des viandes en sauce, du poisson pané et des gratins de légumes.

1RE SEMAINE

1ER MOIS

2 À 3 MOIS

4 À 5 MOIS

6 À 7 MOIS

8 À 9 MOIS

10 À 11 MOIS

1 AN

1 AN 1/2

2 ANS

2 ANS 1/2

3 ANS

4 ANS

5 ANS

6 ANS

ANNEXES

S'identifier

L'identification de l'enfant à un modèle est indispensable à la formation de sa personnalité. À partir de 2 ans, l'enfant va commencer par imiter avec zèle les activités de ses parents. Il reproduit leurs gestes simples. À 3 ans, il va tenter véritablement de s'identifier à eux. Le garçon pressent qu'il va devenir un homme et la petite fille une maman. Chacun observe le parent du même sexe, ses gestes, ce qui lui fait plaisir ou lui déplaît, ses attitudes vis-à-vis du travail et de l'autre membre du couple...

Cette observation, ils la mettent en pratique par le jeu, conduisant la voiture comme papa, cuisinant ou s'occupant du bébé comme maman. La plupart des jeux de cet âge ont pour fondement cette imitation. Mais l'identification est plus qu'un jeu. Grâce à elle, l'enfant forge son caractère en fonction de ce qu'il voit et apprend de ses parents. ■

Prévoir sa taille adulte

La vitesse de croissance sera régulière jusqu'à 7 ans, soit 6 à 8 cm par an, les garçons ayant tendance à « pousser » plus vite que les filles. Le poids, lui, augmente d'environ 2 kg par an. La surveillance d'une bonne croissance se fait tous les trois mois en comparant avec la courbe moyenne. On peut dès lors avoir une idée de la taille adulte en multipliant par 2 la taille de l'enfant à 2 ans ; pour les garçons, ajoutez 5 cm, pour les filles, retranchez 5 cm.

Le résultat obtenu n'est valable que si la puberté intervient vers 13 ans chez le garçon et vers 11 ans chez la fille. Mais un autre facteur est aussi à prendre en compte ; c'est celui de la maturité osseuse (l'âge osseux) qui doit bien être en rapport avec l'âge réel si l'on veut avoir une estimation à peu près fiable. La vitesse de cette maturation osseuse est également importante. ■

■ MON AVIS

Une croyance, voire un credo, des parents consiste à dire que tous les enfants sont également aimés et bénéficient, tous et toutes, du même apport familial. Et pourtant, rien n'est plus inexact. On sait bien que les enfants d'une même famille viennent au monde dans des moments particuliers de la vie des parents et dans des circonstances chaque fois différentes. Mais surtout, chaque enfant est unique malgré les ressemblances et les identifications. En respectant les différences ou même en les recherchant systématiquement, comme dans le cas des jumeaux, on donne à chaque enfant une chance de se construire, de se singulariser et de réussir l'aménagement de sa propre personnalité. Il faut oser accepter, en tant que parents, d'aider à la réalisation d'un être différent de soi. Quelle mère ou quel père aimerait fabriquer son double ? Et pourtant, les filles comme les garçons font tout pour atteindre un modèle idéal qui combine à la fois la mère et le père. Mission impossible ! En captant ce qui les séduit et les intéresse le plus, ils deviennent à leur tour un nouveau modèle pour les générations à venir. Ainsi, une attitude d'un grand-oncle ou d'une arrière-grand-mère survit tout autant grâce aux chromosomes qu'à l'effort fait par l'enfant pour ressembler le plus possible à ses parents. ■

Ils sont incomparables

IL EST BIEN UTOPIQUE DE VOULOIR COMPARER DEUX ENFANTS DU MÊME ÂGE, car ils ont tous, dès la naissance, leurs particularités propres. Sur le plan de la personnalité, les différences sont déjà très évidentes : chacun a son caractère.

Quelques portraits types

Il y a les actifs qui ne tiennent jamais en place, ceux qui s'adaptent facilement à toutes les situations, les émotifs, les craintifs, les têtus, les coléreux, etc.

On peut dégager ainsi, très schématiquement, des portraits types : les « plutôt minces », hypertoniques et décidés, qui se tiennent debout très tôt (ce qui ne signifie pas forcément qu'ils marcheront avant les autres), les « plutôt ronds », plus placides et accommodants (ce qui ne veut pas dire sans volonté). Il est tout aussi délicat d'établir des normes sur le plan de la croissance. L'alimentation joue, bien sûr, un rôle incontestable, mais il n'est pas forcément prépondérant. Il y a des familles de petits ou de grands, de gens bien bâtis, d'autres plus chétifs. Il existe enfin des différences entre garçons et filles tant sur le plan de la personnalité que de la taille et du poids.

Des facteurs qui comptent

Le développement staturo-pondéral d'un enfant est directement lié aux soins affectifs qu'il reçoit. René Spitz, célèbre psychologue, pose ainsi comme postulat que la privation affective est tout aussi dangereuse pour le développement de l'enfant que la privation alimentaire. On a d'ailleurs constaté que tout enfant privé d'affection et de tendresse ne connaissait pas un bon développement physique.

Sur le plan du développement intellectuel, également, tous les enfants suivent une évolution propre : qu'ils soient du même âge et de la même famille n'y change rien. En effet, si chacun naît avec un potentiel de développement physique, il en est de même pour ses capacités intellectuelles. Mais, là encore, la considérable influence du milieu est déterminante et c'est l'exploitation de ce potentiel qui, finalement, fait la différence.

Les mêmes parents mais pas les mêmes enfants

La richesse de l'environnement est évidemment très variable d'une famille à l'autre. Mais l'on sait maintenant qu'au sein d'une même famille, le contexte d'éducation sera presque toujours différent d'un enfant à l'autre. Le sexe de l'enfant, son rang dans la fratrie, la différence d'âge plus ou moins importante qu'il peut avoir avec ses aînés, etc., sont autant de facteurs qui modifient les systèmes d'éducation. Sans oublier, bien sûr, l'évolution d'année en année des parents eux-mêmes. On constate souvent par exemple que les principes éducatifs des parents évoluent avec le temps, il est rare qu'ils élèvent leur petit dernier comme l'aîné tout particulièrement lorsqu'une dizaine d'années séparent leurs enfants. Selon le cas, certains parents se font plus laxistes avec le temps alors que d'autres campent plus fermement sur leurs principes. ▪

" C'est une chance pour les parents d'avoir des enfants différents dans leurs capacités et dans leur caractère. "

1RE SEMAINE

1ER MOIS

2 À 3 MOIS

4 À 5 MOIS

6 À 7 MOIS

8 À 9 MOIS

10 À 11 MOIS

1 AN

1 AN 1/2

2 ANS

2 ANS 1/2

3 ANS

4 ANS

5 ANS

6 ANS

ANNEXES

La double latéralité

Lorsque l'enfant est plus grand, et notamment lorsqu'il est capable de dessiner, on peut faire toute une série d'examens qui déterminent sa latéralité neurologique. Mais à celle-ci s'ajoutent des phénomènes d'environnement. Ainsi, certains enfants sont gauchers parce qu'ils admirent quelqu'un de leur famille qui l'est. Mais cela peut provenir aussi des données génétiques : 50 % des enfants gauchers ont leurs deux parents qui le sont et 20 % ont au moins un de leurs parents.

En fait, les médecins s'accordent à reconnaître qu'il existe aujourd'hui deux latéralités. Celle d'utilisation qui est en concordance avec les extrémités des membres, et celle d'une gestualité spontanée qui correspond à l'organisation tonique de l'axe du corps. C'est ainsi que l'on constate, parmi les enfants examinés dans des services spécialisés, que 30 % de ceux qui, en théorie, auraient dû être droitiers, se comportaient, en fait, spontanément comme des gauchers. De plus, ce n'est pas uniquement l'usage de la main qui détermine la latéralisation, mais aussi les yeux et les pieds.

L'apparition de la bonne et définitive latéralisation peut se faire très tard. Pour l'enfant qui se sert sans différence de l'une ou de l'autre de ses mains, il est souhaitable de ne pas intervenir avant les premiers apprentissages de l'écriture. Il est alors souvent préférable de développer le travail de la main droite, car malheureusement notre monde est conçu pour les droitiers.

Certaines maladresses du petit gaucher sont d'ailleurs à mettre sur le compte d'un comportement inadéquat de l'adulte : à l'heure des repas tout particulièrement, la cuillère ou le verre sont souvent placés d'office dans la main droite. Seuls les gauchers pensent vraiment aux gauchers !

Si votre enfant est scolarisé, demandez conseil à son enseignant, notamment si c'est une personne d'expérience. Il vous indiquera par exemple pourquoi les petits gauchers ont du mal à écrire certaines lettres ou certains chiffres quand le modèle est tracé par un droitier ou tout simplement comment placer la feuille de papier sur laquelle il tracera ses premiers graphismes. ■

Comment savoir s'il est gaucher ?

Observez votre enfant dans ses gestes quotidiens. Avec quelle main pousse-t-il les portes ? Avec quel pied frappe-t-il dans un ballon ? Quelle main met-il aussitôt en avant quand il rattrape une balle qu'on lui lance ? Avec quel pied monte-t-il la première marche d'un escalier ? Sur quel pied saute-t-il à cloche-pied ? Avec quelle main tient-il les billes, si vous lui demandez de les mettre dans une bouteille ? Rares sont les enfants de cet âge qui utilisent sans conteste toujours la même main. Confirmez vos doutes quelques mois plus tard. Il a jusqu'à 5 ans pour déterminer s'il sera gaucher ou droitier.

On estime qu'il y a dans les civilisations occidentales 85 % de « droitiers francs » et 10 % de « gauchers francs » pour lesquels toute reconversion est dommageable ; les 5 % restants sont des sujets mal latéralisés, qui ont souvent des difficultés pour acquérir une écriture lisible et propre et qui sont particulièrement malhabiles. Ces enfants peuvent être aidés avantageusement par une rééducation psychomotrice. Enfin, certains peuvent souffrir d'une anomalie de la motricité fine des doigts entraînant une maladresse quasi pathologique qui, là encore, nécessite l'intervention d'un spécialiste en psychomotricité.

Si, au moment de l'apprentissage, votre petit gaucher ne réussit pas à écrire sans masquer les lettres qu'il trace, n'attendez pas qu'il soit en situation de difficulté scolaire. Un psychomotricien lui montrera comment tenir son crayon ou son stylo en quelques séances de travail.

Certains enfants souffrent d'une discordance latérale des différentes parties de leur corps : ils écrivent de la main droite et shootent du pied gauche ou inversement. Généralement, on constate des troubles associés, tels qu'anomalie du graphisme, écriture en miroir, inversions des lettres et des chiffres. Vous pouvez envisager une rééducation pour inverser l'écriture sur la main dominante mais elle est très délicate. ■

Le petit gaucher

1RE SEMAINE

1ER MOIS

2 À 3 MOIS

4 À 5 MOIS

6 À 7 MOIS

8 À 9 MOIS

10 À 11 MOIS

1 AN

1 AN 1/2

2 ANS

2 ANS 1/2

3 ANS

4 ANS

5 ANS

6 ANS

ANNEXES

LE GAUCHER EST UN ENFANT QUI SE SERT DU CÔTÉ GAUCHE DE SON CORPS : œil gauche, main gauche, bras gauche, jambe gauche, pied gauche pour accomplir les gestes que les autres enfants font avec le côté droit. Cela est dû à une particularité anatomique sans gravité.

La main et tout le corps

Chez le droitier, les gestes essentiels et la parole sont commandés par la partie gauche (hémisphère gauche) du cerveau. Chez le gaucher, c'est la partie droite du cerveau qui joue ce rôle ! Il est donc impossible de transformer un gaucher en droitier ! Le cerveau est constitué de deux hémisphères ayant chacun leur spécificité. L'hémisphère gauche est celui du langage, de la logique et de l'analyse. L'hémisphère droit est celui de l'intuition et des émotions. La corrélation entre la répartition des tâches et l'utilisation de la main droite ou de la main gauche est encore inconnue.

C'est au terme de sa maturité que le cerveau présente une asymétrie fonctionnelle, au moins pour les droitiers. Pour les gauchers, c'est plus compliqué : les trois quarts des gauchers ont une organisation cérébrale de droitier. Pour eux, le partage des tâches entre les deux hémisphères est moins net que chez le droitier. Les performances de certains sportifs gauchers tiendraient au fait que ceux-ci analysent la situation à laquelle ils doivent répondre avec l'hémisphère droit, commandent aussi leur geste avec le même hémisphère ; le circuit cérébral étant très court, ils auraient des « réflexes » plus rapides.

Quand est-ce définitif ?

On peut théoriquement, en observant bien un bébé de 7 mois environ, constater s'il se sert plus souvent de sa main gauche pour accomplir des gestes spontanés. Mais c'est vraiment vers 18 mois que l'on remarque mieux le côté dominant, notamment en le regardant marcher. Le premier pas est parfaitement spontané ; comme son premier geste, il nous donne de bonnes indications. Ensuite, c'est à l'âge où se développe le langage, vers 2 ans, qu'il est bon d'observer l'utilisation la plus marquée d'une main sur l'autre. Mais entre 2 et 3 ans, la latéralisation est encore changeante. À cet âge, on ne sait pas si l'enfant est un vrai ou un faux gaucher. C'est à l'école, en particulier au moment de l'apprentissage de l'écriture, que le choix de la main dominante s'opère définitivement. Généralement, les parents s'inquiètent alors du bien-fondé du choix et des difficultés que cela pourrait entraîner. Vouloir à tout prix qu'un enfant écrive et se serve de la main droite n'en fera pas nécessairement un droitier. Ce n'est que vers 6 ans qu'un enfant sait où sont sa main gauche et sa main droite. D'une manière générale, il ne maîtrise bien sa latéralité que lorsqu'il prend conscience de son schéma corporel, c'est-à-dire lorsqu'il sait se situer dans l'espace et par rapport aux objets qui l'entourent. L'affirmation chez l'enfant d'une dominance latérale ainsi que la discrimination entre la droite et la gauche sont indispensables à une bonne acquisition de la lecture et de l'écriture. ■

" L'enfant gaucher ne doit pas se sentir déprécié. "

La découverte de son corps

IL EST CURIEUX DE TOUT ET PLUS PARTICULIÈREMENT DE SON CORPS. La rencontre d'autres enfants à la plage, à la crèche ou à l'école lui montre que tous ne sont pas faits de la même façon. Cette découverte suscite bien des questions.

Fier de son sexe

Les petits garçons notamment commenceraient à craindre que leur sexe ne tombe (puisque les petites filles « n'en ont plus »). Une pensée qui les angoisse particulièrement car ils en sont très fiers. C'est l'âge où ils adorent se promener tout nus en tirant sur leur sexe, où ils aiment faire pipi dans les caniveaux ou contre les murs le plus loin possible. Les petites filles, elles, sont persuadées que leur sexe va pousser.

Bien des questions

L'enfant de cet âge aime emprunter les attributs des deux sexes. Tout comme il observe ses camarades, il « étudie » ses parents. Le bain, les câlins dans le lit de ses parents seront autant d'occasions d'apprendre qu'homme et femme ne sont pas identiques. Il posera des questions auxquelles il est indispensable que vous lui apportiez des réponses. Ce que vous lui direz alors forgera sa sexualité. Toute réponse est teintée des relations que l'adulte a eues avec ses parents.

Peu à peu, l'enfant se reconnaît dans son rôle de petit garçon ou de petite fille. Son prénom, le comportement de ses parents, les valeurs qu'on lui apprend vont l'aider à trouver la position qui lui convient. Parallèlement, il veut ressembler au parent dont il a le sexe et se sent, encore plus qu'auparavant, complémentaire de celui qui a un sexe opposé au sien. Pourtant, il lui arrive encore de temps en temps de rêver d'être un autre. C'est particulièrement vrai pour les petits garçons qui s'identifient, par amour, très forte-ment encore à leur mère. Ils aiment se maquiller, se déguiser en filles et jouer à la poupée.

Découverte de certaines sensations

À l'occasion du bain ou de chahuts-câlins, l'enfant s'est aperçu que certaines caresses lui procurent des sensations de plaisir. Il observe ses parents et cherche tout naturellement à reproduire des situations qu'il connaît, occasions encore pour lui de mieux découvrir son corps et celui du sexe opposé. Il joue au papa et à la maman, il joue au docteur. Tous ces jeux sont extrêmement sérieux et importants pour le développement de sa sexualité future. On a constaté que la plupart de ces jeux érotiques se font en silence et que les enfants n'en reparlent jamais entre eux. Question de pudeur, sans doute. Ces jeux peuvent naître entre enfants du même sexe mais sont souvent préférés avec des partenaires de sexe opposé, simple curiosité, simple attirance pour ce qui est différent de soi. Pour les psychologues, l'érotisme de l'enfant naît d'une notion fondamentale dans la vie de l'homme, celle d'attachement : besoin de toucher, d'agripper, d'embrasser, recherche du contact peau à peau. Il semble bien, comme Freud le pensait, que la peau soit la principale zone érogène de l'homme.

La masturbation

C'est la découverte du plaisir de l'orgasme. L'observation des enfants montre qu'elle augmente nettement à partir de la troisième année.

La petite fille semble ne pas seulement éprouver une excitation clitoridienne, elle éprouve aussi un certain plaisir vaginal.

Aujourd'hui, la sexualité infantile est reconnue, aucun parent ne devrait s'en offusquer et encore moins l'interdire. Si cette pratique les gêne, ils peuvent simplement demander à l'enfant de s'isoler. D'ailleurs, dans la plupart des cas, il préfère pour cela une certaine intimité. Culpabiliser l'enfant, se moquer de lui peut alors aboutir à une frustration dommageable dans le développement de sa personnalité et bien sûr dans son épanouissement sexuel futur.

La masturbation est un plaisir comme un autre pour un enfant. C'est un jeu auquel, bien sûr, il n'attribue aucune valeur morale. C'est la réaction de l'adulte qui lui confère de l'intérêt. Pourtant, si la masturbation est trop fréquente, elle manifeste un trouble affectif qui devrait être facilement traité par des parents attentifs. ∎

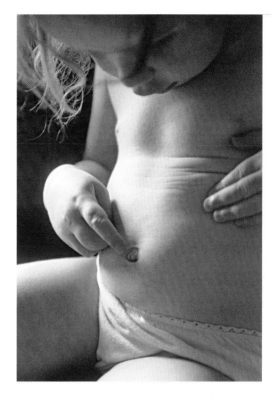

▌ MON AVIS

L'enfant entre maintenant dans la phase œdipienne si bien décrite par Freud. Sa thèse du complexe d'Œdipe est fondée sur le thème de la castration dans la sexualité infantile et sur la différenciation des sexes. Le thème de la castration apparaît chez la petite fille dès qu'elle pense que son sexe est incomplet. Parallèlement, les petits garçons sont très fiers de leur sexe et ont des comportements exhibitionnistes. De nombreux spécialistes critiquent cette notion de castration : il est possible que Freud ait été trop masculin dans sa théorie et que les petites filles ne souffrent pas de l'absence de pénis. Par contre, l'enfant des deux sexes éprouve des sensations sexuelles et explore son corps par la masturbation : elle est physiologique et naturelle mais ne doit pas être publique. L'enfant a besoin de se cacher pour se centrer sur ses découvertes corporelles. Ne vous offusquez pas et surtout ne le culpabilisez pas. La masturbation est un « secret » que l'enfant oubliera vers 6 ans et retrouvera à l'adolescence. Le fondement de sa future sexualité s'établit sur la relation pudique entre parents et enfants. En ignorant la sexualité de ses parents, l'enfant protège sa propre sexualité. Rapidement, après une période d'intérêt pour le sexe de ses parents, l'enfant tourne vers lui ses préoccupations. Et la masturbation devient pudique. Il faut respecter la pudeur de l'enfant et accepter qu'un jour il refuse de continuer à se baigner avec vous. Cette pudeur nouvelle est la preuve qu'il a acquis son autonomie corporelle. ∎

1RE SEMAINE

1ER MOIS

2 À 3 MOIS

4 À 5 MOIS

6 À 7 MOIS

8 À 9 MOIS

10 À 11 MOIS

1 AN

1 AN 1/2

2 ANS

2 ANS 1/2

3 ANS

4 ANS

5 ANS

6 ANS

ANNEXES

Une âme de propriétaire

MON VÉLO, MON CRAYON, MON CAHIER, MA PÂTE À MODELER, mon jardin, ma maison, mon chien, mon coffre à jouets, ma cuillère, mon père, ma mère, ma maman à moi... Que d'expressions quotidiennes marquées par un emploi déterminé et intensif de l'adjectif possessif. Pourquoi ?

Pour se rassurer

Dire « C'est à moi », c'est exprimer le besoin de se protéger, qui correspond à la peur d'être oublié dans la masse, d'où la nécessité de marquer son identité. À moins que ce ne soit pour se la rappeler. Car ce n'est qu'une fois rassuré sur lui-même et sur son identité qu'un enfant peut aborder le prêt, le partage, et découvrir ainsi un mode d'échange avec les autres.

Ne rien jeter

La manie de garder et d'accumuler les objets est une autre manifestation du besoin de se rassurer. Ensuite, quand l'enfant se sent assez « construit », quand ce que l'on pourrait appeler « l'objet interne » s'est assez solidifié pour qu'il n'ait plus sans arrêt besoin de se tranquilliser, alors il peut commencer à s'apercevoir que le don, l'échange, le prêt sont des moyens de communiquer. Ce sens excessif de la propriété est une phase inhérente à la construction de sa personnalité. Le sentiment de propriété est aussi présent, qui consiste à dire : « Je ne veux plus de cet objet mais je ne veux pas le donner. » L'objet n'est plus simplement investi pour se rassurer mais utilisé pour exprimer la rivalité et marquer son territoire. Pourtant, la question qui se pose est bien la peur de manquer. Car la crainte que l'autre n'en possède davantage ne repose-t-elle pas sur la peur de ne pas en avoir assez soi-même ? Dans tous les cas, le partage entre enfants n'est jamais facile. La solution est peut-être de laisser les enfants se débrouiller entre eux. Au pire, ils ne jouent pas vraiment ensemble, mais en parallèle et au moins sans drame. Si les esprits s'échauffent, l'apaisement passera d'abord par la parole. Chaque enfant explique sa position à l'adulte : les mots dédramatisent bien la situation. L'adulte, en intervenant, change la nature des rapports entre les enfants, il les oriente vers un rapport adulte-enfant, et la chance d'apprendre de l'autre s'en trouvera altérée. Pourtant, il est évident que certains enfants ne pourront jamais s'entendre. Après quelques expériences, mieux vaut les inciter à trouver un autre ami.

Les amis imaginaires

C'est encore l'âge où beaucoup d'enfants s'inventent des amis imaginaires. Les parents s'en inquiètent souvent, se demandant si leur enfant fait vraiment la différence entre le réel et l'imaginaire, si ces amis fictifs ne vont pas l'entraîner sur la voie du mensonge, s'il ne va pas s'isoler et ne plus jouer avec ses « vrais amis ». L'ami imaginaire est une étape normale dans le développement de l'enfant. C'est la preuve qu'il est déjà capable d'une réflexion complexe, qu'à cet âge il peut élaborer une pensée moins concrète que celle qui l'occupe habituellement. De plus, les relations de cet enfant avec ses amis imaginaires vont lui permettre de régler un certain nombre de pulsions qu'il sait rejeter dans sa vie sociale et familiale. Il peut exprimer sans se référer à quelqu'un de son entourage sa haine, son agressivité, son égoïsme. L'ami imaginaire l'aide encore à se connaître, à trouver son identité. Grâce à lui, il peut s'identifier à différents personnages, essayer dans quelle « peau » il se sent le mieux. Il n'y a aucune inquiétude à avoir d'un tel comportement si l'enfant a, par ailleurs, une vie sociale et familiale normale et surtout s'il ne s'isole pas du monde.

Les gestes de communication

La troisième année est celle de la ritualisation. La moindre mimique, la moindre grimace fonctionne comme un signal. Tout comportement exprime quelque chose alors que les combinaisons de comportements s'amenuisent. Le Pr Hubert Montagner, éthologue, étudie depuis longtemps ces comportements. Ainsi, il a constaté qu'à partir de cet âge les comportements d'offrande (main tendue, tête penchée sur le côté) ou les comportements d'agression étaient choisis en fonction du modèle parental. Les parents hyperprotecteurs ont tendance à déterminer chez leur enfant un comportement craintif et timoré. Les enfants qui expriment plutôt offrande et sollicitation vivent auprès de parents communicatifs, verbalement et corporellement, ni trop agressifs vis-à-vis de leur enfant, ni surprotecteurs. Chaque fois qu'un enfant alterne agression et isolement, c'est qu'il est en relation avec une famille très agressive et répressive. L'alternance de phases d'agressivité et de repli sur soi est géné-

ralement la conséquence du comportement hyperagressif d'une mère bousculée : ayant un rythme de travail important et stressant (ouvrière, médecin, secrétaire de direction, etc.), elle exprime plus fréquemment que les autres ce comportement agressif. ■

1RE SEMAINE

1ER MOIS

2 À 3 MOIS

4 À 5 MOIS

6 À 7 MOIS

8 À 9 MOIS

10 À 11 MOIS

1 AN

1 AN 1/2

2 ANS

2 ANS 1/2

3 ANS

4 ANS

5 ANS

6 ANS

ANNEXES

■ MON AVIS

Vous êtes peut-être étonnée, voire agacée de constater que votre enfant est très attaché à des objets qui, pour vous, n'ont plus d'utilité. Sachez que tout leur intérêt tient à ce qu'ils appartiennent à son passé immédiat. Alors que vous pensez « utilité », lui pense « souvenirs ». L'enfant souffre particulièrement des rangements intempestifs, notamment à l'heure de la rentrée, lorsque les mamans jettent tout ce qui a marqué l'année passée. Et pourtant, tous ces objets usés ou cassés sont ses trésors. À cet âge du possessif, « moi, ma maman, mon papa », l'enfant ne supporte pas qu'il puisse exister un autre plus aimé que lui. Rassurez-le sur la relation affective qui vous lie, c'est un bon moyen de prévenir l'agressivité et la violence. ■

Filles et garçons, bien des différences

Les garçons pleurent plus que les filles et dorment davantage. À 4 ans, les filles parlent mieux que les garçons. Ces demoiselles sont plus vite autonomes, elles savent très tôt s'habiller et manger seules. Les filles sont plus intellectuelles et intègrent plus vite les notions de calcul. Les garçons ont davantage d'assurance et développent plus vite leur agilité et la coordination de leurs mouvements. Ce sont encore (paraît-il) les plus affectueux.

Un père est à la fois un rival et un modèle pour les petits garçons. Le garçon réalise toujours sa masculinité avec l'aide de ses parents. Ils lui apprennent à déplacer son désir pour sa mère sur d'autres femmes et à attendre la maturité nécessaire aux relations amoureuses. Enfin, le père doit servir non seulement de rival mais aussi de modèle d'identification masculine. ■

Qui suis-je ?

Pour Robert Stoller, psychiatre et psychanalyste américain, tout individu se définit par une identité de genre qui implique un comportement variable entre le masculin et le féminin et où le père joue un rôle fondamental. « L'identité de genre » de R. Stoller se définit par la combinaison de l'anatomie, de la physiologie des organes génitaux, de l'attitude des parents, des frères et sœurs, des autres enfants et d'une force biologique de nature endocrinienne qui peut modifier l'action de l'environnement. Les petites filles, dans sa démonstration, n'ont aucune difficulté à prendre conscience de leur genre. Les origines biologiques s'accordant généralement parfaitement avec les conduites parentales. Par contre, les petits garçons éprouveraient beaucoup plus de difficultés. Ils doivent très tôt se séparer de leur mère pour pouvoir affirmer leur virilité.

Pour R. Stoller, « plus la symbiose mère-bébé est longue, intime et source de plaisir, plus est grande la probabilité que le garçon devienne féminin ». Cette tendance va persister si le père du petit gar-çon n'interrompt pas cette fusion mère-fils. Enfin, pour que la masculinité se développe, le garçon bébé doit « ériger des barrières intrapsychiques qui évitent qu'il n'entretienne le sentiment merveilleux de faire un avec la mère ». En se développant, le garçon acquiert de puissants soutiens pour l'aider à lutter contre sa « proto-féminité, ses propres pulsions à fusionner avec la mère ». Ces soutiens sont la combinaison des fonctions biologiques en pleine évolution et de nouvelles compétences psychiques.

Dans cette théorie, Robert Stoller dénonce tous ces pères d'enfants homosexuels et transsexuels qu'il a pu rencontrer. ■

Être bien dans sa peau

Le psychologue français René Zazzo situe vers 3 ans la prise de conscience sexuelle. Il a interrogé 100 garçons et 100 filles sur leur genre. Un garçon sur 100 aurait préféré être une fille, alors que 15 petites filles sur 100 auraient préféré être un garçon. Normalement, ces sentiments ne sont que transitoires et disparaissent dès que l'enfant prend conscience des avantages liés à son sexe. Certaines situations peuvent cependant bouleverser cette normalité : par exemple, la naissance dans la famille d'un enfant de sexe différent et que l'aîné croit plus aimé que lui de ses parents, à moins que ce ne soit son statut d'aîné qui impressionne le cadet au point de lui faire regretter de ne pas être du même sexe. C'est encore, dans une famille de garçons ou de filles, le petit dernier qui sent ou même sait que ses parents auraient préféré qu'il soit d'un sexe différent. Il peut alors avoir tendance à vouloir satisfaire le souhait de ses parents et ainsi être le plus chéri de la famille. Être bien dans sa peau, être bien dans son sexe passe par le fait de se sentir aimé et reconnu pour les qualités inhérentes à celui-ci.

Enfin, quelques rares parents, déçus de ne pas avoir l'enfant du sexe dont ils rêvaient, adoptent des comportements ambigus, notamment dans la manière de le vêtir ou de le coiffer. Ces enfants portent souvent des prénoms mixtes. ■

L'éducation est-elle sexuée ?

PEUT-ON ÉLEVER UN GARÇON COMME UNE FILLE, doit-on encourager dès la petite enfance l'égalité sexuelle ? Des questions auxquelles le courant féministe répondrait « oui » sans hésitation mais que l'on sait aujourd'hui beaucoup plus compliquées.

Forger son identité sexuelle

Il semble que, quoi que l'on fasse, les petites filles sont attirées par les poupées et les garçons par les camions et les robots défenseurs de l'espace. Certaines recherches tendent même à prouver que les différences entre les sexes sont pour une partie d'origine biologique. Bref de quoi enflammer bien des débats.

Mais loin des échanges passionnels, les psychologues et les sexologues insistent sur l'importance des stéréotypes. Ils aident l'enfant à se déterminer dans la certitude qu'il appartient à l'un ou l'autre sexe. Plus les stéréotypes sont marqués, plus l'identité sexuelle sera solide. C'est vers 3-4 ans, alors que l'enfant se cherche, qu'il en a le plus besoin. Tout concourt alors à renforcer ces stéréotypes. Les grands-parents offrent des dînettes aux filles, les oncles des voitures aux garçons. La télévision, les livres, l'école accentuent les différences entre les sexes et il semble que ce soit pour le bien des enfants.

Le rôle de la mère

Et pourtant, il semble que la plus grande influence soit à attribuer au comportement maternel. Un chercheur américain, Caroline Zahn-Waxler, s'est aperçu en observant de nombreux couples mère/enfant que les mères, notamment lorsqu'il était question de punir, ne le faisaient pas de la même manière selon qu'il s'agit d'un garçon ou d'une fille. Le comportement avec cette dernière est celui de la douceur et de l'explication, alors qu'avec le garçon la répression est plus radicale.

Les filles sont toujours encouragées à faire attention aux autres et on favorise avant tout chez elles le côté émotionnel. Le Dr Jean Berko Gleason a observé, en étudiant l'acquisition du langage chez l'enfant, que les parents utilisaient plus de mots en rapport avec les émotions et les sentiments pour leur fille que pour leur garçon. Les pères, quant à eux, adoptent un langage plus direct, fait souvent d'impératifs lorsqu'ils demandent quelque chose à leur fils. Des comportements que l'on retrouve lorsque les enfants sont entre eux. Les stéréotypes sexuels existent donc bien dans la société. Par contre, ils ne doivent pas être accentués si l'on ne veut pas retrouver des comportements machistes mettant les petites filles, et plus tard les femmes, dans un état d'infériorité. Aussi, l'étude faite par le Dr Tony Lainé, psychiatre, sur le rôle des héros offerts aux enfants dans les livres et la presse amène à se poser quelques questions. Il a constaté que les héros proposés aux enfants sont majoritairement des garçons et, lorsque ce sont des filles, elles ont tous les attributs que leur confère le conformisme social : elles sont douces, patientes, altruistes, alors que les héros mâles sont essentiellement combatifs, voire agressifs. ■

> " Les stéréotypes sexuels existent dans la société mais l'éducation ne doit pas les accentuer. "

1RE SEMAINE

1ER MOIS

2 À 3 MOIS

4 À 5 MOIS

6 À 7 MOIS

8 À 9 MOIS

10 À 11 MOIS

1 AN

1 AN 1/2

2 ANS

2 ANS 1/2

3 ANS

4 ANS

5 ANS

6 ANS

ANNEXES

Déçus d'eux-mêmes

Certains enfants se mettent en colère contre eux-mêmes lorsqu'ils ne réussissent pas à faire ce qu'ils avaient dans la tête. Ils crient, jettent les objets de rage. Seule solution pour les aider, leur montrer, leur expliquer et les encourager à recommencer. Le tout avec beaucoup de patience. N'ajoutez pas à sa colère en renforçant l'idée qu'il n'est pas capable de tel geste ou de tel comportement, félicitez-le au contraire d'avoir essayé. Si l'enfant crie et se met en colère, c'est aussi parce qu'il ne trouve pas les mots pour exprimer son désarroi (p. 391). ■

Quels parents êtes-vous ?

On peut classer les parents en plusieurs catégories. « Les décidés », les solides qui savent refuser catégoriquement un certain nombre de choses et de comportements avec cependant une certaine place à la liberté et à la fantaisie : ils rencontrent rarement des difficultés avec leur enfant parce qu'ils ont défini clairement des bornes et s'y tiennent. Il y a ceux qui interdisent tout : autant dire qu'au début l'enfant se pliera à leur discipline de fer mais, avec l'âge, l'esprit de rébellion trouvera là un terrain idéal pour croître et embellir et les bêtises vont se multiplier (à moins que l'enfant trop inhibé ne développe des troubles psychiques). Il y a encore les parents qui ne sont pas toujours du même avis et face auxquels l'enfant a bien du mal à trouver ses repères : les bêtises et les colères seront alors fréquentes. Enfin, il y a les « tendres » ceux qui disent « non » de la tête et pensent « oui » : dans ce cas, mieux vaut céder tout de suite pour ne pas perdre la face. Ce sont eux d'ailleurs qui pratiquent le plus les compromis avec des « pas tout de suite, à la maison, demain », misant ainsi sur la versatilité de leur enfant. ■

Que faire ?

L'éducation vient par l'exemple. Il est difficile d'imposer à un enfant une loi qu'il voit transgressée en permanence par ses parents. Avant d'imposer, avant d'interdire et de se fâcher, commençons par nous observer. La réprimande doit être immédiate, en relation avec la bêtise et suivie de l'explication simple de l'interdit : expliquer à l'enfant la conséquence de ses actes, c'est lui apprendre la vie. Évitez les réprimandes « affectives » du genre : « Tu es méchant, je ne t'aime plus. » Elles vous dirigent tout droit dans le domaine du chantage affectif. Votre rôle reste encore de prévenir. Les capacités de votre enfant vous permettent d'évaluer tout ce qu'il peut faire ou imaginer. L'éducation d'un enfant passe sans doute par un certain nombre de frustrations, mais elles ne doivent pas exister à tout propos. ■

▌ MON AVIS

C'est l'âge où l'enfant commence à mentir et c'est bon signe ! Par le mensonge, il se prouve qu'il a une pensée bien à lui, totalement libre et différente de celle de ses parents. C'est ce qui le pousse à dire « non » devant l'évidence des faits. Il commet des quantités de bêtises pour vérifier son autonomie et sa liberté de raisonnement. Les parents ont tout intérêt à supporter avec humour et flegme les mensonges afin de ne pas devoir les affronter de manière encore plus exacerbée au moment de l'adolescence. De plus, les attitudes éducatives rigides, empreintes de morale dans le discours ne sont pas utiles chez l'enfant de cet âge. Le mensonge et le non font partie de son développement. Acceptez, avec lui, de romancer ses discours et de jouer avec ses extravagances. ■

Les bêtises, un mode d'expression

AVANT 2 ANS, LA NOTION DE BIEN ET DE MAL N'EXISTE PAS pour l'enfant et autant dire que l'idée de bêtise est un concept d'adulte. Le monde, pour lui, se divise entre les objets et les êtres qu'il peut atteindre, les actes qu'il peut faire ou non pour des raisons physiques ou intellectuelles.

Le bien et le mal

Progresser, c'est essayer de surmonter toutes ces difficultés. Le mot « non » est sans doute celui qu'il entend le plus. Cependant, la notion de bêtise ne peut s'installer que lorsque l'enfant commence à être capable d'imaginer que ce qu'il fait est mal et qu'une catastrophe plus ou moins importante va en être la conséquence, c'est-à-dire lorsqu'il peut évaluer les conséquences de ses actes. À partir de 2 ans, grâce à l'éducation de ses parents, il différencie de mieux en mieux les notions de bien et de mal, il sait lorsqu'il est « gentil » ou « méchant » ; il comprend l'interdit d'autant plus facilement qu'on lui en aura expliqué la cause. Mais toutes ces notions sont liées essentiellement à des actes, et non à la morale.

Comprendre les interdits

Seulement voilà, il ne comprend pas encore l'utilité de ces interdictions. Oui, c'est défendu de dessiner sur le mur de sa chambre, mais pourquoi puisque c'est beaucoup plus drôle et intéressant que sur une feuille de papier. De même, il lui faudra attendre son troisième anniversaire pour comprendre par exemple que si un objet est cassé c'est parce qu'il y a touché. La notion de bêtise apparaît lorsque l'enfant « sait » qu'il en fait une et qu'il est capable d'anticiper les conséquences de ses actes. De plus, l'importance de la bêtise lui échappe totalement, le monde des adultes est plein de contradictions. Et encore ce n'est que bien plus tard, vers 9 ans, qu'il acquiert la « causalité morale ». Ce qui est bien fait plaisir, ce qui est mal fait de la peine. Toutefois, il ne faut pas confondre les bêtises qui sont dues à l'inexpérience, à la maladresse, à la curiosité et celles provoquées délibérément pour attirer l'attention. C'est souvent le cas lorsque l'enfant vit dans un monde d'interdits quand il est avec ses parents ou dans une totale liberté quand il est seul. Pour un petit, rien n'est pire que l'indifférence : il cherchera coûte que coûte à la briser. Ce sont alors des bêtises d'appel : « Je t'aime et j'ai besoin que tu m'aimes. » ■

1RE SEMAINE

1ER MOIS

2 À 3 MOIS

4 À 5 MOIS

6 À 7 MOIS

8 À 9 MOIS

10 À 11 MOIS

1 AN

1 AN 1/2

2 ANS

2 ANS 1/2

3 ANS

4 ANS

5 ANS

6 ANS

ANNEXES

Le bruit est polluant !

Comme pour l'adulte, le bruit est stressant pour l'enfant. On sait même qu'un seuil sonore qui dépasse 60 à 80 décibels peut entraîner chez lui des troubles de l'attention, des symptômes d'hyper-excitabilité et une nervosité certaine. Soixante décibels correspondent à une conversation animée, au son d'un poste de radio ou de télévision à volume moyen. Le bourdonnement d'un appareil ménager, de l'aspirateur au mixeur en passant par le lave-vaisselle, est un bruit « polluant ». Une enquête menée auprès de tout petits enfants a montré que ceux-ci étaient d'ailleurs très sensibles au bruit. Les bruits le plus souvent cités sont ceux des automobiles, des motos et de la télévision. Quant au silence, il semble que, pour les petits citadins, il n'existe pas. L'enfant, pour bien se développer et se porter, a aussi besoin de silence. Une atmosphère sonore en continu le fatigue. ■

Les bienfaits de la sieste

Il ne veut pas faire la sieste ? Même s'il est fatigué, il vous soutiendra que non, tout simplement parce qu'il veut être grand et qu'il constate autour de lui que les grands ne font pas la sieste. Il considère ce temps de repos comme une mise à l'écart. Pourquoi ne pas lui expliquer que vous êtes fatigués, et lui faire comprendre, sans drame, qu'il est temps d'aller au lit ? Le petit qui n'a pas envie de dormir peut jouer dans son lit. Mieux vaut éviter de le laisser s'attarder sur le canapé du salon et, pire, la télévision allumée. Si sa chambre est assez grande, aménagez-lui un coin repos avec un petit matelas à même le sol ou un monceau de coussins moelleux. Là, confortablement calé et dans une lumière atténuée, il regardera quelques livres ou entreprendra un jeu calme. ■

▮ MON AVIS

Bien des parents pensent qu'une fois l'enfant dans sa chambre, ils peuvent discuter fort, voire se disputer ou écouter la télévision ou de la musique sans baisser le son. Pourtant, il est important que l'enfant parte à la conquête du silence afin qu'il perçoive mieux ses pensées. Par contre, certains mauvais dormeurs ne le seraient jamais devenus si on leur avait accordé d'attendre un peu le retour de leur père ou de leur mère ou si on les avait laissés, de temps en temps, participer à la veillée. L'idéal est sans doute la veillée d'autrefois, où le feu crépitait dans la cheminée, où la pièce changeait de couleur sous l'effet des flammes. Mais aujourd'hui, on peut aussi se laisser bercer devant le téléviseur. Les enfants sont comme nous, pour bien dormir ils ont besoin de rêver. ■

Une sieste réparatrice

LE DÉBUT DE L'APRÈS-MIDI EST PROPICE À LA SOMNOLENCE. Sur le plan chronobiologique, cette période se révèle être le moment le moins favorable à une bonne activité cérébrale. Ce creux intellectuel des 13-14 heures favorise l'endormissement à tout âge.

Un peu de calme

Les rythmes fondamentaux se découpent, à l'évidence, entre deux périodes de sommeil, la plus importante se situant la nuit, et une seconde, de type « réparateur », en milieu de journée. La sieste est indispensable à l'équilibre du tout petit enfant. Mais jusqu'à quel âge ?

On serait tenté de répondre : tant que le besoin s'en fait sentir. En effet, si certains enfants n'en ont plus réellement envie vers 3-4 ans, d'autres la réclament encore à 7 ans. Pourtant, c'est environ vers 2 ans 1/2 que les enfants ne s'endorment plus spontanément à ce moment de la journée. À vous de ne pas rater le moment, peut-être bref, où votre enfant va bâiller, cligner des yeux, piquer légèrement du nez. Même s'il refuse obstinément de se laisser aller au sommeil, il semble important, de toute façon, qu'une plage de calme s'installe alors et que l'enfant, même s'il ne dort pas, joue tranquillement dans son lit ou dans un endroit confortable où, à tout moment, il pourra s'étendre. Il est souvent conseillé de faire déjeuner l'enfant assez tôt, car cette période de baisse de vigilance s'installe communément chez les enfants entre 12 et 14 heures. En lui servant son repas vers 11 h 30 environ, dès le retour de l'école, vous lui laissez le temps de manger tranquillement et même de jouer un petit quart d'heure avant de se coucher.

Bien sûr, il s'endormira d'autant plus facilement que sa chambre est légèrement dans la pénombre et qu'il n'y a pas de bruit.

Un minimum de temps

Combien de temps doit durer cette sieste ? Il est intéressant de constater qu'adultes comme enfants dorment spontanément 2 heures au début de l'après-midi. Tous les spécialistes s'accordent pour conseiller ce temps minimal aux enfants de moins de 4 ans. Par la suite, la sieste peut être écourtée d'une demi-heure et, pour les enfants plus grands qui en ont encore besoin, se matérialiser par 20 minutes de sommeil, soit juste le temps nécessaire à une certaine récupération : l'idéal étant, bien sûr, pour les petits comme pour les grands, de dormir jusqu'au réveil spontané. Dormir en début d'après-midi n'empêche pas de dormir la nuit, bien au contraire. Le manque de sommeil chez l'enfant se manifeste en fin de journée par une fatigue nerveuse : l'enfant devient irritable et grognon, et il aura bien des difficultés à retrouver le calme propice à l'endormissement. Une seule chose est à éviter : réveiller l'enfant une heure après son endormissement, juste au moment où il entre dans une phase de sommeil paradoxal. Cette pratique, si courante à l'école maternelle pour respecter « l'horaire », met alors l'enfant dans un état d'angoisse qui se révèle bien inutile. ■

❝ Le lit n'est pas un lieu de punition. Cette menace donne à l'enfant une image négative du sommeil et rend tout coucher désagréable. **❞**

1RE SEMAINE

1ER MOIS

2 À 3 MOIS

4 À 5 MOIS

6 À 7 MOIS

8 À 9 MOIS

10 À 11 MOIS

1 AN

1 AN 1/2

2 ANS

2 ANS 1/2

3 ANS

4 ANS

5 ANS

6 ANS

ANNEXES

L'obésité *en savoir plus*

Non au régime

Un régime chez un enfant obèse, surtout s'il a moins de 6 ans, consiste à ramener l'apport calorique à la normale. Les régimes restrictifs sont incompatibles avec une bonne croissance. Le régime doit être personnalisé, tenant compte des goûts et des habitudes alimentaires de la famille. Il est du ressort d'un médecin spécialisé. Généralement, le simple rééquilibrage des repas suffit à lui faire perdre du poids. Petit rappel : près de 80 % des enfants obèses sautent le petit déjeuner, 75 à 80 % grignotent le matin pour tenir jusqu'au déjeuner, déjeunent mal parce que le grignotage leur a coupé l'appétit, grignotent l'après-midi jusqu'au dîner. Un petit déjeuner copieux et un vrai goûter sont les meilleurs moyens de lutter contre le grignotage. ■

Prévenir le surpoids

La prévention passe par une bonne surveillance de la courbe de poids de l'enfant. La courbe de chaque enfant se trace au milieu de deux traits qui marquent le plancher et le plafond d'une prise de poids normale. Un petit écart vers le haut n'est pas très grave mais si la courbe s'installe résolument deux carreaux au-dessus de la norme, il est préférable d'en parler au médecin. L'indice de corpulence, surtout entre 3 et 4 ans, est également à surveiller car c'est le moment où s'installe l'obésité. Enfin à table, laissez l'enfant se servir « tout seul », c'est le meilleur moyen pour qu'il mange selon son appétit, ne le pressez pas et n'utilisez pas la nourriture comme récompense, comme punition ou comme calmant. Cette suralimentation aurait moins de conséquences sur la santé des enfants s'ils la brûlaient en énergie. Or aujourd'hui, les enfants bougent moins : ils vont à la crèche ou à l'école en poussette ou en voiture, en ville ils ne jouent pratiquement jamais dehors et passent une bonne partie de leurs loisirs assis devant la télévision ou à jouer calmement.

Au cours de sa deuxième année, la prise moyenne de poids d'un enfant va se situer entre 30 et 60 g par semaine. Il prendra tout au plus 2,5 kg au cours de sa troisième année, et ensuite pas plus de 2 kg par an jusqu'à 5 ans. Il grandira de 9 cm au cours de sa troisième année et seulement de 6,5 cm par an jusqu'à 5 ans. ■

Quoi ? quand ? comment ?

La méthode du Dr Rolland Cachera, chercheur à l'Inserm, s'appuie sur ces trois questions. La réponse à la question « Quoi ? » réside dans une alimentation variée et des menus équilibrés, en tenant compte des repas pris à l'extérieur. Il faut apporter à l'enfant tout ce dont il a besoin, ne pas l'obliger à manger de tout mais l'amener à goûter pour qu'il puisse se forger ses propres références. « Quand ? » : aux heures des repas et en évitant le grignotage.

« Comment ? » : par des repas pris tous ensemble à table, sans qu'il y ait la télévision en bruit de fond et sans disputes, les repas n'étant pas les meilleurs moments choisis pour régler les problèmes éducatifs. ■

De plus en plus grand

Bien des études l'ont prouvé, l'espèce humaine grandit. Alors que le poids et la taille des enfants à la naissance ne semblent pas se modifier, chaque génération gagne quelques centimètres sur la précédente. Une étude récente de l'Inserm précise que l'augmentation de la taille se fait par l'allongement des jambes. Ainsi, en 30 ans, la longueur des jambes aurait augmenté en moyenne de 2 à 3 cm. Les raisons sont liées aux changements dans l'alimentation et au manque d'exercice physique dès le plus jeune âge. ■

L'enfant trop gros

1RE
SEMAINE

1ER MOIS

2 À 3
MOIS

4 À 5
MOIS

6 À 7
MOIS

8 À 9
MOIS

10 À 11
MOIS

1 AN

1 AN 1/2

2 ANS

2 ANS 1/2

3 ANS

4 ANS

5 ANS

6 ANS

ANNEXES

L'OBÉSITÉ DE L'ENFANT TEND À DEVENIR UNE VÉRITABLE PRÉOCCUPATION DE SANTÉ PUBLIQUE. En effet, il semble que 10 % des petits Français souffrent de surpoids alors qu'ils viennent d'atteindre leur sixième année, c'est peu au regard des petits Américains mais trop pour leur santé.

Un mauvais équilibre alimentaire

En France, on considère que ce risque d'obésité a augmenté de 28 % en dix ans. Les enfants de parents obèses sont les premiers à courir ce risque : ainsi il suffit qu'un des parents soit « fort » pour que l'enfant ait 40 % de risque, taux qui double si ce sont les deux parents.

Les raisons sont sans doute génétiques, renforcées par de mauvaises habitudes alimentaires. 40 % des enfants obèses ont un parent en surpoids, et 80 % leurs deux parents.

L'obésité, pour le Dr Rolland Cachera, chercheur à l'Inserm, est presque toujours le résultat de ce qui s'est passé dans la petite enfance. Les nouveaux modes d'alimentation en seraient principalement la cause. Ses recherches sur les pratiques alimentaires montrent que certains nutriments sont nettement supérieurs ou, au contraire, inférieurs aux apports conseillés. C'est le cas des apports énergétiques, très élevés entre 10 mois et 2 ans, de la ration journalière en protéines, essentiellement d'origine animale, de l'apport en glucides qui augmente de 90 g entre 10 mois et 8 ans, le saccharose doublant en sept ans, alors que les sucres lents sont insuffisants. Plus de la moitié des enfants ont un apport en sucre ajouté supérieur à celui généralement conseillé. Même chose pour les lipides : à 4 ans, la ration journalière de l'enfant est proche de celle de l'adulte. Bien sûr, l'équilibre entre les différents nutriments en souffre considérablement.

Le dîner surinvesti

Les nouveaux modes alimentaires sont la raison de ce déséquilibre : la consommation d'allégés sans distinction d'âge, les plats préparés, les pizzas et autres « fast food ». Mais les habitudes de vie ont aussi leur importance. Dans de plus en plus de familles, le repas important en quantité et en convivialité est celui du soir, ce qui perturbe totalement l'alimentation d'un enfant qui déjeune à la crèche ou à la cantine. Le soir, il a déjà bien entamé sa ration journalière, et comme sa mère veut faire plaisir à toute la famille en proposant un repas riche et copieux, il mange beaucoup trop.

Pour pallier ces désagréments, le Dr Rolland Cachera recommande aux parents d'appliquer une méthode nutritionnelle, celle du « Quoi ? quand ? comment ? en oubliant le combien ». En effet, l'enfant doit apprendre lui-même à connaître ses besoins et à régler son appétit.

Un enfant est considéré médicalement comme obèse si, pour sa taille, son poids dépasse la moyenne de 20 %. Son poids idéal dépend de sa structure, de la forme et du poids de son squelette. ■

" Il faut oublier le vieux principe qui veut que l'on finisse son assiette même si l'on n'a plus faim. "

449

L'enfant malade

L'ENFANT EST UN GROS CONSOMMATEUR DE MÉDICAMENTS. Il est au deuxième rang derrière les personnes âgées. Depuis très peu de temps, l'Union européenne a pris la décision de demander aux laboratoires pharmaceutiques d'inclure les enfants dans les essais thérapeutiques des nouveaux médicaments.

Des médicaments rien que pour eux

Les médicaments qui lui sont destinés sont en fait ceux de l'adulte, dosés pour son organisme et présentés sous des formes, si possible, plus faciles à absorber.

La mise au point de ces médicaments est délicate ; en effet, leurs dosages doivent être suffisants pour être efficaces, mais pas trop importants pour limiter les effets secondaires dont on sait que la fréquence et la gravité sont plus grandes chez l'enfant. Pour éviter toute erreur de manipulation, 40 % environ des médicaments pour enfants sont vendus avec des instruments de mesure : ce sont les comprimés sécables, les cuillères doses, les compte-gouttes automatiques. Pour le goût, de réels progrès ont aussi été réalisés, et les préférences des enfants ont souvent été respectées. Les comprimés et les sirops aromatisés à l'orange ou à la framboise sont nombreux. Leur goût agréable n'est d'ailleurs pas sans conséquences néfastes : les enfants volent ces médicaments comme des « bonbons ».

Bien observer la prescription

L'heure à laquelle est administré un médicament a son importance. Lorsque la prescription indique « matin, midi et soir », c'est plus souvent pour que la prise soit faite en trois fois échelonnées dans la journée que pour indiquer que le médicament doit être pris à telle ou telle heure. En effet, dans bien des cas, il faut veiller à une interaction médicaments-aliments ; généralement, les médicaments sont mieux absorbés dans un estomac vide ; c'est le cas, par exemple, des antibiotiques. En revanche, les médicaments irritants pour l'estomac ou ceux à dissolution lente sont mieux absorbés pris au cours du repas. Il semble que l'organisme métabolise différemment les médicaments selon les heures de la journée. Il est donc important de respecter les horaires des prescriptions.

Enfin, il est indispensable d'aller jusqu'au bout d'un traitement même s'il semble très long – un antibiotique arrêté avant la fin de sa prescription n'évitera pas une rechute. À l'inverse, un traitement prolongé sans avis médical est dangereux, tout comme l'automédication : les mêmes médicaments ne soignent pas toujours le même enfant au même moment et ne traitent pas a fortiori un autre enfant à un autre moment.

Un climat de confiance entre enfant et médecin

L'enfant malade est souvent abattu, mal dans sa peau, plus ou moins effrayé selon l'anxiété ambiante. Il se sentira soulagé à la vue du médecin si tous deux ont su tisser des liens d'affection et s'il n'existe pas un contentieux de soins douloureux. Un enfant est moins inquiet s'il sait ce que va faire le médecin et pourquoi. Le Dr Brazelton, célèbre pédiatre américain, conseille de donner à l'enfant le sentiment qu'il est acteur dans les soins et que sa guérison est le fruit de ses efforts, de ceux de ses parents et du médecin.

Quand les enfants atteignent 2 ans, le médecin demande aux parents de passer de temps en temps à son cabinet pour une petite visite amicale, ce qui est un bon moyen de dédramatiser la visite médicale devenue indispensable. La plupart de ses patients réussissent à vaincre ainsi leur appréhension.

Quelques conseils de prudence

• Avant 3 ans, un enfant ne peut pas comprendre le danger des médicaments. Il est indispensable qu'il ne puisse pas les atteindre seul.

• Le médicament doit être perçu comme un produit « sérieux » : il n'est pas conseillé de lui laisser les emballages pour jouer.

• Les médicaments périmés s'éliminent régulièrement. Ils doivent être détruits. Attention aux accidents de « poubelle ».

• Ne conservez pas d'antibiotiques ni de collyres oculaires d'un précédent traitement. Ils sont à utiliser sur stricte prescription médicale.

• N'utilisez pas le compte-gouttes du produit X pour le produit Y. Le sérum physiologique utilisé en compte-gouttes nécessite un parfait nettoyage entre chaque utilisation. Il est préférable que vous utilisiez des minidoses. ■

■ MON AVIS

Les petites maladies sont pour lui importantes. Qui ne se souvient d'une grippe ou d'une rougeole qui lui a valu de ne pas aller à l'école et d'être aux petits soins de sa maman ? Vous avez alors totalement oublié le désagrément provoqué par les soins. Pourtant, derrière les petites maladies, surtout si elles sont à répétition, peut se cacher la psychosomatisation. L'enfant convertit ainsi son anxiété sur le plan somatique : une jalousie entraîne chez lui un rhume, un mensonge provoque un mal de ventre, une mauvaise pensée vis-à-vis de sa grand-mère se traduit par une boiterie... L'enfant exprime par son corps une anxiété qui n'a pas pu s'exprimer sur le plan psychologique. Il est important de bien connaître les conversions somatiques de chaque enfant, car leur répétition révèle une anxiété préoccupante qui justifie une consultation. C'est le seul moyen pour lui d'éviter un parcours difficile car il ne peut faire l'économie d'une bonne organisation psychologique. C'est surtout vrai pour les rhumes et les maux de ventre. Il faut alors que le médecin voie seul l'enfant et vérifie qu'il supporte bien la séparation. Plus tard, il pourra lui proposer un petit carnet où l'enfant inscrira ses secrets. Le médecin de la famille doit devenir le plus tôt possible aussi le médecin de l'enfant. ■

1RE SEMAINE

1ER MOIS

2 À 3 MOIS

4 À 5 MOIS

6 À 7 MOIS

8 À 9 MOIS

10 À 11 MOIS

1 AN

1 AN 1/2

2 ANS

2 ANS 1/2

3 ANS

4 ANS

5 ANS

6 ANS

ANNEXES

L'hyperactivité *en savoir plus*

Les traitements médicaux

Le traitement des enfants hyperactifs par des médicaments à base d'amphétamine, fort utilisés aux États-Unis, est très contesté en France. Les spécialistes s'accordent pour dire qu'avant l'âge de 4 ans, on ne peut pas poser un diagnostic d'instabilité psychomotrice. De plus, ces médicaments ne traitent que le symptôme et non la cause. D'autres sont encore plus alarmants et pensent que l'usage de tels médicaments est pure folie puisqu'ils agissent sur les cellules nerveuses d'une structure cérébrale encore immature.

Seul un traitement psychothérapique peut donner des résultats durables. En compagnie de ses parents, l'enfant est évalué sur le plan de l'intelligence, du langage et du développement psychomoteur. Une psychothérapie comportementale où parents et enfant apprennent à vivre ensemble est proposée, parfois associée à une rééducation psychomotrice et orthophonique. Ce traitement se met en place dès le diagnostic posé. En effet, l'hyperactivité a tendance à s'accentuer avec l'âge, et la scolarisation de l'enfant devient souvent délicate. ∎

Une éducation adaptée

Que faire ? Lui proposer des activités. Demandez à votre enfant de participer aux activités de la maison en les choisissant faciles, donc réalisables et valorisantes. Les activités motrices et sportives donneront à ces enfants l'occasion d'expulser leur trop-plein d'énergie et, comme ils y seront excellents, elles faciliteront un certain retour au calme. Tout comportement adéquat sera félicité et la persévérance encouragée. Il est possible encore de lui faire faire un peu de relaxation et de lui apprendre à s'en servir chaque fois qu'il a besoin de retrouver son calme ou qu'il devra traverser un moment difficile. Avec le temps, un système de sanctions légères pourra se mettre en place lorsque l'enfant dépasse le seuil de tolérance. Prenez de temps en temps un peu de recul. Vous pouvez le confier à ses grands-parents, à des amis ou l'inscrire dans un atelier halte-garderie quelques heures ou, mieux, une journée, le temps de souffler et de reprendre votre calme. L'hyperactivité demande une prise en charge par un médecin spécialisé. Il existe un peu partout en France des centres regroupant des psychiatres et des psychologues. ∎

■ MON AVIS

Cette « maladie » est à la mode, elle cache pourtant la façon dont nous considérons l'enfant et son développement. Les raisons de l'hyperactivité divisent les chercheurs, certains affirment qu'elle serait due à des lésions cérébrales minimes que l'on ne pourrait pas mettre en évidence. Ils traitent ce trouble par des amphétamines pour redonner le calme et la concentration à ces enfants agités. En France, ce traitement n'est autorisé que pour des enfants de plus de 6 ans et à condition qu'ils soient suivis par un médecin hospitalier et qu'un bilan neuro-psychologique ait été fait. Cette instabilité recouvre parfois des troubles de la personnalité, elle n'est alors qu'un signe parmi d'autres et s'associe à des troubles du langage. L'enfant est, par exemple, incapable de nommer les objets qu'il côtoie, passant de l'un à l'autre sans arrêter son attention sur rien. Ces enfants doivent bénéficier d'une rééducation psychomotrice en groupe, à laquelle on associe du théâtre, du sport, si possible en famille. Ils doivent aussi bénéficier de l'attention particulière de leurs instituteurs. Tous les adultes qui les encadrent aident à un retour à la normale et transforment l'hyperactif en un actif contrôlé. ∎

L'hyperactivité

CERTAINS ENFANTS ÉTONNENT PAR LEUR DYNAMISME PEU CONSTRUCTIF.
Ils courent dans tous les sens en se cognant aux meubles, ils commencent un jeu,
sont incapables d'aller au bout et en entament un autre... Leur activité est
débordante, leur caractère anxieux et coléreux. Ce sont des enfants dits hyperactifs.

Une excitation permanente

Bien que, dans quelques cas, ce comportement soit d'origine organique, dû à des troubles du système nerveux, la plupart de ces enfants souffrent de problèmes de caractère. Différencier un enfant hyperactif d'un enfant turbulent n'est pas toujours facile si l'on se fonde uniquement sur le récit des parents à bout de nerfs. Aussi, depuis quelque temps, les médecins ont établi certains critères permettant de poser un diagnostic. Est considéré comme hyperactif l'enfant qui souffre d'une hyperkinésie (il est sans cesse en train de remuer), qui ne réussit pas à se concentrer, dont la majorité des actes se font de manière impulsive, qui passe avec une facilité déconcertante du rire aux larmes, c'est la « labilité émotionnelle ». Ce sont souvent encore des enfants agressifs (p. 483). On estime que 3 à 10 % d'enfants en France sont sujets à ces perturbations, les garçons plus que les filles.

Les causes de l'hyperactivité sont mal connues, certains médecins ont accusé, dans quelques cas, le sucre et les colorants alimentaires. D'autres estiment qu'elle est le résultat d'un mauvais attachement mère-enfant dans les tout premiers jours après la naissance, notamment lorsque la mère a souffert d'une dépression postnatale importante. D'autres encore pensent qu'il s'agirait d'un problème de maturité cérébrale, le cerveau n'étant pas capable de gérer correctement les angoisses naturelles de l'enfance.

La seule manière de vivre avec un enfant hyper-actif est d'être patient, d'établir des règles peu nombreuses et claires afin qu'elles n'entraînent aucune ambiguïté de compréhension. Il faut lui apprendre à se réconcilier avec lui-même. La punition n'a guère d'efficacité. En effet, il en déduit qu'il est en permanence « méchant » et ne change rien à sa manière d'être.

L'importance du rythme familial

Les parents aideront beaucoup ces enfants en leur imposant un rythme de vie avec des horaires précis pour les repas et pour le coucher. Ils leur permettront de retrouver leur calme en leur consacrant du temps pour lire ou jouer avec eux. Et comme tout changement dans leurs habitudes les perturbe, on les y préparera en essayant de ne pas les cumuler. Notamment, avant les « fêtes », les parents leur détailleront le programme pour qu'il y ait le moins d'imprévus possible. Chaque réussite dans leurs efforts pour se concentrer, pour se stabiliser, fera l'objet de félicitations et pourquoi pas d'une récompense. Ces gratifications peuvent les aider à retrouver un peu de motivation à ce qu'ils font et les encourager à faire des progrès. Du côté des parents, l'idéal est qu'ils évitent de se livrer à plusieurs activités se déroulant simultanément autour de l'enfant. ■

> « L'enfant turbulent est en souffrance, c'est d'une prise en charge globale et pluridisciplinaire dont il a besoin. »

1RE SEMAINE

1ER MOIS

2 À 3 MOIS

4 À 5 MOIS

6 À 7 MOIS

8 À 9 MOIS

10 À 11 MOIS

1 AN

1 AN 1/2

2 ANS

2 ANS 1/2

3 ANS

4 ANS

5 ANS

6 ANS

ANNEXES

Partager l'affection de ses parents

Une bonne préparation à l'arrivée du bébé peut aider l'enfant à amortir le choc du partage de l'affection des parents. Rien ne doit être négligé : on peut lui montrer les bébés dans la rue, dans les magazines, l'encourager à toucher le ventre de sa mère pour qu'il y sente le bébé bouger. Pourquoi ne pas lui demander également son avis sur le choix du prénom ou sur la couleur de la layette ? Plus il sera impliqué dans ce nouvel événement familial, mieux il aimera son cadet. Attention, ce n'est pas parce que tout se passe bien pendant les premières semaines, voire les premiers mois, qu'il n'y aura pas plus tard déclenchement d'une profonde crise de jalousie.

Il est alors important que l'on réserve à l'aîné des moments bien à lui, qu'il retrouve l'affection de ses parents comme avant. Jamais il ne doit se sentir exclu ou abandonné.

Le partage de l'amour des parents est d'autant plus difficile à cet âge que l'enfant entre dans la période dite œdipienne, ce moment si particulier où se mêlent des sentiments d'amour et de haine. L'enfant s'interroge. Ce bébé qui n'est pas encore là occupe déjà beaucoup de place dans la vie de ses parents et qu'en sera-t-il lorsqu'il sera né ?

Beaucoup d'enfants de cet âge n'ont pas encore franchi l'étape psychique dite de « l'individuation-séparation ». Cette évolution est par exemple indispensable pour supporter la scolarisation, une idée qui séduit bien des parents lorsqu'ils doivent organiser la garde d'un second bébé. ■

▌ MON AVIS

La jalousie est naturelle et normale. Comment un aîné ne redouterait-il pas l'arrivée d'un petit frère ou d'une petite sœur ? Il perd alors son statut d'enfant préféré, il va devoir partager. Il ne comprend pas que ses parents s'extasient devant un bébé qui ne sait pas marcher, qui ne s'exprime qu'en vagissant et qui dort si mal. Lui qui ne répond même pas quand on lui parle, à croire qu'il ne comprend rien ! Le meilleur moyen d'atténuer ces réactions naturelles de jalousie est de responsabiliser le plus possible l'aîné, en lui demandant de participer aux soins du bébé. Il sera particulièrement fier de réussir là où vous faites semblant d'échouer. C'est en acceptant sa jalousie que vous limitez les réactions agressives de l'aîné. D'ailleurs, rapidement, celui-ci devient un véritable tuteur pour son cadet. Le partage des jeux atténuera les conflits entre eux. Mais attention, c'est à vouloir nier la jalousie qu'on la fixe. ■

L'arrivée d'un autre enfant

C'EST DUR, TRÈS DUR, D'AVOIR UN PETIT FRÈRE OU UNE PETITE SŒUR.
Le partage affectif est sans doute l'expérience la plus difficile que l'on puisse imposer
à un enfant. Mieux vaut le préparer plutôt que le mettre devant le fait accompli.

Valoriser l'aîné

Très tôt, ses parents peuvent lui expliquer l'arrivée d'un nouveau bébé, en précisant tout de suite l'espace qu'il prendra dans la maison : l'aîné aimera savoir ce qu'il gardera bien à lui (ses jouets, sa chambre, etc.) et ce qu'il devra partager.

La lecture avec ses parents de livres sur la maternité va lui permettre de comprendre pourquoi sa mère grossit, pourquoi elle est fatiguée et pourquoi un jour elle va s'absenter. Dès lors, son rôle d'aîné sera extrêmement valorisé : les bébés tout d'un coup deviennent des personnes insupportables et bourrées de défauts ! Il en sera ravi.

À la naissance de son petit frère ou de sa petite sœur, il sera heureux, grâce à quelques photos prises à la maternité, de faire sa connaissance. Les choses risquent pourtant de se compliquer dès le retour à la maison. Bon nombre d'aînés régressent, jouent au bébé, ne veulent plus manger qu'au biberon (p. 293). Mais, très vite, l'aîné s'aperçoit que ce rôle n'est pas pour lui, surtout si ses parents n'y font pas très attention. Le moment du repas du nouveau-né sera toujours mal vécu par l'aîné. Il en profitera sans doute pour imaginer une bêtise.

L'arrivée d'un deuxième bébé peut être encore l'occasion d'aborder avec votre enfant les premières notions de sexualité. Certains psychologues insistent pour que l'enfant ne confonde pas les voies génitales et les voies anales. Des dessins, des livres d'enfants ont été spécialement conçus pour cette éducation et sont souvent d'un bon secours pour les parents.

Toujours jaloux

L'amour entre frère et sœur naîtra de gestes quotidiens et en fonction de l'espace que laisseront les parents à l'expression de la jalousie de l'aîné – celle-ci doit être expliquée comme un sentiment naturel, elle doit être acceptée. Les moments les plus délicats pour lui seront les visites des uns et des autres membres de la famille, venus admirer le nouveau venu. La jalousie s'exprime par des gestes déplacés, voire violents, mais aussi par des comportements régressifs : l'enfant recommence à sucer son pouce, n'est plus propre, parle comme un bébé. Enfin, certaines attitudes peuvent être encore mises au compte de la jalousie. L'enfant devient coléreux, capricieux, querelleur. Des comportements qu'il ne faut pas laisser s'installer car ils pourraient agir sur le caractère et la personnalité future de l'enfant qui, adulte, se montrerait soit comme un égoïste notoire, soit comme un jaloux patenté, bref un être souffrant en permanence d'un complexe d'infériorité. Bien avant de combattre la jalousie, il faut la prévenir en prenant soin du petit jaloux, en l'aimant, en le valorisant et en désamorçant toutes les situations qui vont entretenir ce sentiment. La jalousie est un phénomène normal qu'il faut enrayer par la compréhension et l'amour. ■

" L'arrivée d'un "petit" oblige l'enfant à se penser comme "grand". Ce statut est parfois difficile à accepter d'autant plus qu'il est imposé. "

1RE SEMAINE

1ER MOIS

2 À 3 MOIS

4 À 5 MOIS

6 À 7 MOIS

8 À 9 MOIS

10 À 11 MOIS

1 AN

1 AN 1/2

2 ANS

2 ANS 1/2

3 ANS

4 ANS

5 ANS

6 ANS

ANNEXES

Le petit déjeuner

Le petit déjeuner doit rester le moment essentiel de l'apport en lait. Si l'enfant boit encore son petit déjeuner au biberon, lui donner une bonne quantité de lait n'est pas un problème. S'il boit comme un grand au bol, il appréciera le lait mélangé aux céréales : corn flakes, müesli ou flocons d'avoine. Il existe des emballages individuels qui permettent toutes les fantaisies d'un jour à l'autre. Le lait UHT est parfait pour cet âge. Vous pouvez le choisir enrichi en vitamines. Au bol de céréales s'ajoutent, selon l'appétit, une ou deux tartines beurrées agrémentées d'une noix de confiture ou de miel. Certains enfants préféreront avec leur pain un peu de fromage. Pour des raisons de digestion, les fromages cuits ou style Carré frais sont mieux adaptés que les fromages fermentés. Pour ceux qui vont déjà en classe, ce petit déjeuner se complète d'un petit verre de jus d'orange, de pamplemousse, de pomme ou d'ananas, ou encore de carotte. Ceux qui restent à la maison l'apprécieront à 10 heures. ∎

Ses rites à lui

À cet âge, votre enfant est beaucoup plus adroit et mange plus proprement, mais c'est, bien sûr, loin d'être parfait. Quoiqu'il sache désormais manger seul, il est capable, lorsqu'il n'est pas en forme, de régresser et de vous demander de lui donner la becquée ; au bout de quelques bouchées, il reprendra lui-même sa cuillère. En revanche, il veut toujours boire seul. Il aime que les repas se déroulent toujours de la même façon et que l'on respecte certains rites. Il apprécie de retrouver son verre, sa place, ainsi que sa cuillère et sa chaise. Il sera encore très fier si vous lui mettez un « vrai couvert » avec un petit couteau à beurre à côté de sa fourchette. Il sera sensible au décor de son assiette : les jours où vous disposez d'un peu de temps, transformez en fleurs ou en papillons fruits, tomates et champignons. Ne lui mélangez pas tous ses aliments en une seule purée, laissez-le goûter les différentes saveurs qui composent son assiette. ∎

Les jus de fruits

Les enfants boivent de plus en plus de jus de fruits. Une récente enquête américaine révèle que les enfants âgés de 2 à 5 ans en consomment en moyenne de 150 ml à 200 ml par jour. Mais qu'un enfant sur dix en absorberait le double. Autre tendance, le jus d'orange, recommandé aux enfants pour son apport en vitamine C, est remplacé de plus en plus par des jus de pomme ou des nectars de fruits. Le problème de cette substitution tient à ce que la qualité et la quantité des sucres que contiennent ces différents jus ne sont pas identiques. Cette surconsommation provoque ou aggrave certains troubles comme les problèmes digestifs, les caries dentaires, l'obésité et la carence en calcium, car ces boissons remplacent souvent le lait. Le meilleur jus de fruits reste le jus d'orange, mais en petite quantité, et la boisson courante d'un enfant est, assurément, toujours l'eau. ∎

Ses menus

1RE SEMAINE
1ER MOIS
2 À 3 MOIS
4 À 5 MOIS
6 À 7 MOIS
8 À 9 MOIS
10 À 11 MOIS
1 AN
1 AN 1/2
2 ANS
2 ANS 1/2
3 ANS
4 ANS
5 ANS
6 ANS
ANNEXES

UN SOLIDE PETIT DÉJEUNER, DEUX REPAS BIEN ÉQUILIBRÉS et un goûter essentiellement lacté, voici ce qui devrait lui permettre une croissance harmonieuse et lui donner une belle énergie pour affronter la journée.

Le déjeuner

Le déjeuner se compose d'un plat et d'un dessert. Toutes les viandes peuvent lui être données (deux à trois fois par semaine), à l'exception de celles trop grasses comme le mouton et certains morceaux de porc. Les abats sont plus difficiles à digérer. Il est préférable de les cuire sans matières grasses : en papillote au four, dans une poêle antiadhésive, dans l'eau des légumes.

Toutes les viandes doivent être bien cuites. Pour éviter les surcharges alimentaires en protéines, le jour où vous avez prévu un dessert lacté à base d'œufs (crème anglaise ou flan), diminuez la part de viande.

Les poissons (deux à trois fois par semaine) seront cuits au court-bouillon ou en papillote. Les œufs n'entreront dans la composition des menus qu'une à deux fois par semaine.

Les légumes les mieux acceptés sont les fonds d'artichaut, les carottes, la salade cuite, les épinards, les haricots verts, les courgettes, les tomates (sans peau). Il est préférable d'éviter les navets, les choux-fleurs, les fenouils, c'est-à-dire les légumes ayant un goût fort et trop fibreux. La plupart des enfants apprécient les mélanges légumes verts/pommes de terre à quantité égale. Les pommes de terre peuvent être remplacées par de la semoule (blé ou maïs), du tapioca, de la Maïzena ou des flocons d'avoine. À cette purée, ajoutez un peu de matière grasse animale crue telle qu'une noisette de beurre. Ne salez pas trop. Les desserts seront à base de fruits, soit mixés avec un filet de citron pour éviter qu'ils ne noircissent et auxquels vous pouvez ajouter un peu de miel, soit ajoutés à un yaourt.

Le goûter

Au goûter, une tasse de lait sucrée et un ou deux petits biscuits feront l'affaire. Pour les enfants qui aiment peu le lait, remplacez-le par un dessert lacté, toujours accompagné d'un biscuit ou d'une tartine de pain (évitez de donner trop de biscuits sucrés). Le lait est indispensable au goûter, quelle que soit la forme sous laquelle il est donné.

Le dîner

Le dîner reste essentiellement composé d'un potage de légumes, avec environ 100 g de légumes verts et 100 g de féculents. Variez sa composition par rapport au déjeuner, avec bien sûr un souci d'équilibre. Le potage peut être remplacé par des légumes accompagnés d'une fausse béchamel : lait + Maïzena pour éviter les matières grasses cuites. Pour finir, proposez à l'enfant un peu de fromage et un dessert. Alternez un jour sur deux dessert lacté et fruits frais en équilibrant avec les aliments proposés aux autres repas. ∎

" À éviter au maximum : les graisses cuites, les viandes grasses et le gibier, les pâtisseries grasses, les légumes et certains fruits secs notamment les cacahuètes. ,,

mais l'enfant aura toujours une difficulté à discerner le devant du derrière. Ces vêtements sont plus faciles à mettre lorsqu'ils ont une taille élastique.
• **Se déshabiller** : à près de 3 ans, les enfants arrivent à retirer des vêtements qui ne se passent pas par la tête (manteau, gilet, pantalon), mais le bouton et la bretelle sont encore des obstacles. Équipez-le de gilets à bouton-pression et de manteaux à fermetures à glissière. ∎

Jouer à laver

Les jeux avec l'eau vont devenir sensiblement différents. Alors que jusque-là, l'enfant aimait l'eau pour le plaisir de barboter, de transvaser le liquide d'un contenant dans un autre…, il va maintenant vouloir donner une finalité à cette activité. Laver ses mains, ses vêtements de poupée, la vaisselle de sa dînette, mais aussi la vôtre. Son plus grand plaisir est de s'exercer à tous ces gestes quotidiens sur l'évier de la cuisine ou dans le lavabo de la salle de bains, debout sur une chaise, un grand tablier protecteur autour de la taille. Bien sûr, toutes ces activités se dérouleront en votre présence. ∎

S'habiller seul

À cet âge, et selon son humeur – parfois imprévisible –, l'enfant sera plutôt porté à se laisser habiller comme un bébé ou, au contraire, manifestera son désir de se vêtir seul. Cependant, il peut commencer à faire seul plusieurs actes… comme un grand :
• **Mettre son manteau :** le plus simple est de suivre la méthode enseignée à la crèche, puis à la maternelle. L'enfant pose son manteau par terre, doublure vers lui. Il se met à genou ou accroupi du côté du col, enfile ainsi les manches et, d'un geste large des bras, fait passer le manteau au-dessus de sa tête… telle la cape de Zorro en pleine action.
• **Mettre ses chaussettes.**
• **Enfiler un pantalon.** Les vêtements « du bas » sont pour lui les plus faciles à enfiler : culotte, pantalon, voire collants seront mis tant bien que mal,

Mettre ses chaussures

Si lacer ses chaussures est pour lui encore totalement irréalisable, il peut arriver à enfiler lui-même des chaussons souples, ou fermer des chaussures de sport qui se fixent par un « Velcro ». La plupart du temps, il se trompera d'ailleurs de pied. Une grande marque de chaussures pour enfants a eu l'idée de marquer la semelle du pied droit et celle du pied gauche de deux pastilles de couleur différente. Ceci est un bon moyen pour l'enfant de se chausser correctement et d'apprendre par l'expérience la gauche et la droite de son corps. Vous pouvez aussi lui donner facilement un repère en indiquant d'un point de couleur le côté intérieur de chaque chaussure. Il lui suffira alors de mettre les points côte à côte pour enfiler la bonne chaussure au bon pied. Attendez pour lui apprendre à les lacer, il ne sera capable de faire un nœud que vers 5-6 ans. ∎

Participer comme un grand

DÈS QU'IL MARCHE, DÈS QU'IL EST UN PEU PLUS HABILE DANS SES GESTES, l'enfant peut participer aux activités quotidiennes. Il en est très fier et cela lui donne de bonnes habitudes pour plus tard. Vous n'aurez peut-être qu'à vous en féliciter.

Une initiation familiale

Il peut tout d'abord s'occuper de lui : si vous lui montrez, il sera capable de faire sa toilette seul. Sous la douche, il frottera lui-même son corps ; il se lavera les dents et aimera se passer seul le gant de toilette sur le visage. Vous l'aiderez considérablement en lui offrant des vêtements à larges encolure et emmanchures, en attachant des rubans solides à l'anneau de ses fermetures à glissière, en lui préparant ses vêtements dans l'ordre où il doit les enfiler, en brodant des points de repère au dos de ses vêtements, en lui donnant, pour jouer avec son ours ou sa poupée, de vrais vêtements qui l'aideront à mieux délier ses mains et en lui laissant le temps de faire toutes ces expériences.

Il aime l'eau, il aime laver. À genoux sur une chaise, il fera sa première vaisselle, les couverts d'abord, puis tout ce qui ne risque pas trop de se casser. Il brossera avec délectation les casseroles, plus elles sont grosses plus elles l'intéressent. Au moment de la lessive, confiez-lui le rinçage des vêtements délicats que vous lavez à la main et pour lui faire encore plus plaisir donnez-lui à laver ses chaussettes. Armé d'une brosse et d'un savon, il remplira sa tâche avec ardeur. Autre nettoyage facile, celui de la baignoire ou du lavabo. Il peut aussi ranger. Ranger sa chambre est peut-être ce qu'il y a de plus difficile à faire. En revanche, il videra sans problème les corbeilles à papier ou rangera les ingrédients du petit déjeuner dans le placard, ramassera le linge sec pour le mettre dans la corbeille à repasser, etc.

Le plaisir de faire

Au moment où l'on met la table, il se sentira d'une importance extrême si on lui confie les assiettes et les verres. Après le repas, il n'y a aucune raison pour qu'il ne participe pas au rangement. Tous ces va-et-vient sont encore plus excitants aux commandes d'une table roulante. L'épluchage sans couteau est encore à sa portée : il saura éplucher les haricots verts ou écosser les petits pois. Il adorera encore arroser les plantes, faire activement la poussière ou s'essayer au balayage. Enfin, le maniement des appareils ménagers le fascine. Il sera toujours prêt à passer l'aspirateur notamment les petits aspirateurs d'appoint. Il peut aussi faire un peu de cuisine, mélanger des ingrédients souples, découper à l'emporte-pièce les petits gâteaux dans la pâte. Dans ce rôle d'apprenti pâtissier, il excelle. Il adore aussi que vous lui prépariez un plat bien à lui prélevé sur la part familiale. Mais attention, à cet âge, l'enfant ne peut que s'initier aux travaux ménagers. Il y aura de la « casse » à accepter, des maladresses à excuser et à réparer. Pour que cette participation aux tâches quotidiennes soit enrichissante, et faite avec plaisir, il faudra que celles-ci ne soient pas répétitives et que l'adulte laisse place à son initiative. ■

" Ce n'est pas parce qu'il aime vous aider dans les tâches ménagères qu'il acceptera de ranger sa chambre. C'est faire comme vous qui l'intéresse. ,,

1RE SEMAINE

1ER MOIS

2 À 3 MOIS

4 À 5 MOIS

6 À 7 MOIS

8 À 9 MOIS

10 À 11 MOIS

1 AN

1 AN 1/2

2 ANS

2 ANS 1/

3 ANS

4 ANS

5 ANS

6 ANS

ANNEXES

Les règles du jeu

Pour bien jouer avec un enfant, il faut d'abord lui laisser l'initiative du jeu et de la règle qu'il veut appliquer. L'enfant, en jouant, cherche des solutions à ses inquiétudes, à ses questions. S'il joue comme il veut, il y a de fortes chances qu'il trouve ce qu'il cherche. Si l'adulte intervient dans le choix et dans la manière, il n'aura plus aucune chance d'y parvenir. Il impose ses propres raisons qui ne sont jamais celles de l'enfant. Il arrive même que les parents s'inquiètent de voir l'enfant jouer toujours à la même chose et, leur semble-t-il, de la même façon. Il n'en est rien, une observation fine montre que généralement les gestes ne sont jamais identiques, qu'une multitude de détails diffèrent et qu'en fait l'enfant cherche toujours la solution à son problème. Mais il ne faudrait pas en déduire qu'il vaut mieux laisser jouer les enfants seuls. Invité par l'enfant, l'adulte partagera un des plaisirs les plus parfaits. Pour l'enfant, le jeu est l'occasion d'échanges, de rires, de confiance. Pour Bruno Bettelheim, psychanalyste américain, qui a particulièrement étudié le jeu chez l'enfant : « Les parents qui s'investissent positivement dans les jeux de l'enfant lui donnent le sentiment rassurant que, plus tard, quand il sera grand, il sera capable d'affronter avec succès les tâches de la vie d'adulte. » ∎

Jouer avec lui

Si bien souvent il joue seul, il est des moments et des jeux qui demandent encore la collaboration de l'adulte. Dans les jeux du faire semblant, comme la dînette, le papa et la maman ou l'école, l'adulte est souvent sollicité pour faire le bébé, juste revanche car il va devoir obéir ou jouer un rôle mineur ! Dans les premiers jeux de société ou d'habileté, toute la difficulté tient à ne pas s'imposer. Souvent l'adulte, poussé par l'impatience, fait le jeu à la place de l'enfant, usurpant sa place. Jouer avec un enfant, c'est l'initier sans le décourager, l'aider momentanément en sachant que, petit à petit, il faudra se faire oublier. Autre « défaut » classique chez les parents, la fâcheuse tendance à transformer toute activité ludique en leçon et à demander à l'enfant des apprentissages qui n'étaient pas prévus dans le jeu. ∎

∎ MON AVIS

Le jeu est le signe d'une bonne santé mentale, mais pour qu'un enfant joue bien, il faut jouer avec lui. Être parent, c'est essentiellement jouer avec son enfant. Il ne faut pas forcer le jeu, simplement le laisser se dérouler spontanément. Mais il est préférable de ne pas entrer dans tous les jeux, il faut être à la disposition du joueur dans une attitude démocratique et tolérante. Lorsqu'un enfant joue mal ou présente une difficulté, voire un handicap, il faut savoir ne pas trop bien jouer, le jeu étant aussi retardé que son développement. Par contre, il faut savoir jouer un peu plus difficilement dès lors que vous sentez cet enfant progresser dans le jeu. Les éducateurs spécialisés qui s'occupent d'enfants handicapés ne font pas autrement : ils jouent mal en apparence, permettant l'acquisition de progrès. Ses jeux préférés ? Ceux qui sont le reflet de sa vie quotidienne, la cuisine et la conduite automobile. Le « faire semblant » doit devenir ultérieurement le « faire ». S'il joue au papa et à la maman, observez bien ses attitudes, ce sont les vôtres, traduites de manière outrée. ∎

Apprendre en jouant

1RE
SEMAINE

1ER MOIS

2 À 3
MOIS

4 À 5
MOIS

6 À 7
MOIS

8 À 9
MOIS

10 À 11
MOIS

1 AN

1 AN 1/2

2 ANS

2 ANS 1/

3 ANS

4 ANS

5 ANS

6 ANS

ANNEXES

C'EST AU PSYCHOLOGUE SUISSE JEAN PIAGET que l'on doit une classification des jeux en quatre groupes selon leur fonction dans le développement de l'enfant : les jeux d'exercices, les jeux de symboles, de règle et de construction.

Des acquisitions multiples

• **Dans les jeux d'exercices**, l'enfant teste le pouvoir de son corps et de son intelligence. Il explore la réalité. Pour l'enfant entre 3 ans et 6 ans, ce sont les jeux moteurs : courir, pédaler, lancer, mais aussi construire une tour avec des cubes, pousser ou tirer une brouette ou une petite auto. Tout ce qui roule le fascine, il adore tracer des routes, creuser des tunnels et construire des avions. Ce sont encore des jeux que les adultes disent « idiots », comme regarder le soleil en face le plus longtemps possible ou arrêter de respirer. On les qualifie de jeux d'ascétisme. Ils aident l'enfant à trouver des réponses à toutes les questions qu'il se pose sur ce qui l'entoure. Ces expériences et exercices développent son intelligence encore très intuitive et pragmatique, et forgent en lui l'idée qu'il devient fort, grand, capable de surmonter certaines difficultés. De jeu en jeu, il prend chaque jour un peu plus confiance en lui.

• **Les jeux symboliques** sont plus couramment appelés jeux du « faire semblant ». Ils marquent un grand progrès dans le développement psychique de l'enfant. Il sort du réel et de l'immédiat pour imaginer des situations fictives avec des êtres ou des objets qu'il ne voit pas. Ainsi, explique Piaget, il « assimile le monde extérieur au moi ». Par ces jeux, l'enfant ne joue pas un rôle précis mais s'exerce à la fonction du rôle. Il joue la réalité pour la comprendre.

• **Les jeux réglés** sont ceux pour lesquels l'enfant imagine des règles qui lui sont propres. Les plus classiques consistent à marcher sur une ligne dessinée sur le carrelage de la cuisine, à sauter d'un carreau à un autre, à monter les marches deux par deux ou encore à compter jusqu'à trois avant de sauter dans le caniveau. En cherchant à se plier à des règles de jeu, il se prépare aux jeux collectifs et aux jeux de société. C'est un pas de plus vers la socialisation et la morale qui impliquent le respect de la loi et le jugement des autres selon certaines règles.

• **Les jeux de construction** sont bien sûr tous ceux qui demandent d'empiler, d'emboîter des formes pour bâtir des édifices, mais c'est aussi l'art de la pâte à modeler. Ces jeux sont de véritables expériences physiques. L'enfant apprend la nature des objets, leur forme, leur couleur, leur poids, leurs propriétés particulières. Parallèlement, il développe une motricité fine des mains mais aussi de tous les gestes. Tous ces jeux réunis lui donnent des notions de temps, d'espace, la connaissance des relations de cause à effet. Il appréhende l'horizontalité, la verticalité et commence à prendre la mesure des distances, des quantités et du poids.

un outil de soin

Pour Freud, par le jeu, les enfants expriment leurs pensées et leurs sentiments : « Le jeu est la voie royale qui donne accès au monde intérieur conscient et inconscient de l'enfant. » C'est pourquoi bien des psychothérapies destinées aux enfants passent par le jeu et que les activités ludiques prennent de plus en plus d'importance dans les hôpitaux pédiatriques. ■

Emprunts aux parents

Lorsque votre petite fille vous vole vos chaussures à talons ou se barbouille de rouge à lèvres, elle ne se déguise pas. Lorsque votre petit garçon enfile la veste de son père ou met dans sa bouche une cigarette, il ne fait pas le clown. Tous deux entrent dans la peau du personnage qu'ils rêvent d'être. Mais cela peut signifier aussi que les enfants considèrent que ce qui appartient à leurs parents leur est inaccessible, et ils « protestent » alors contre leur statut de petits en reprenant à leur compte les mimiques des grands. ■

Bonjour carnaval !

Les enfants se déguiseront à la crèche ou à l'école. Ils trouveront aussi très amusant de voir toute la famille grimée pour partager une fête entre amis ou un carnaval dans la rue. Leur plaisir oscillera parfois entre la crainte et le rire. À cet âge, ils apprécient beaucoup plus les déguisements bricolés que les panoplies, qui sont figées et particulièrement fragiles. Pour se transformer le temps d'un jeu, certains accessoires suffisent : Zorro, c'est un loup noir ; le cow-boy, c'est un pistolet ; la fée, c'est un chapeau pointu et une baguette magique ; le gendarme, c'est une casquette, etc. En fait, pour réussir un déguisement, il suffit de trouver le « détail » fondamental, auquel on ajoute quelques vêtements créés à partir de tissus souvent récupérés, ou tout simplement de vêtements d'adultes adaptés à la circonstance et agrémentés de quelques accessoires, comme nœuds papillons, bretelles, boucles d'oreilles. Le rêve s'accomplit alors en quelques instants. Mais attention aux déguisements que vous proposez, tous ne sont pas appréciés et votre enfant peut refuser tout net de se transformer. Pour l'enfant petit, le déguisement est presque toujours un moyen de se valoriser et de se transformer en ce qu'il rêverait d'être. Vous comprendrez mieux alors pourquoi il refuse de devenir un fantôme ou un vilain sorcier.

À 3 ans, votre enfant n'a pas encore assez dominé sa peur naturelle des êtres étranges. Pour se transformer, il doit être persuadé que son identité profonde n'est pas menacée. En fait, votre petit garçon a peur de ne pas se reconnaître et de se perdre psychiquement. Cela ne durera pas. ■

Se déguiser

C'EST UN VRAI PLAISIR DE SE DÉGUISER. Ainsi, votre tout-petit devient un grand puis il s'attribue des pouvoirs extraordinaires. Il ne lui faut pas quantité d'accessoires pour se transformer, seule la coiffure a réellement de l'importance.

Devenir plus fort

Jamais les enfants ne se déguisent en bébé. Le héros qu'ils incarnent, quelques instants, peut avoir des pouvoirs inaccessibles : c'est Zorro, c'est la fée, c'est Superman ou tout autre héros de dessins animés. Ils peuvent aussi, avec l'assentiment des adultes, braver les interdits : c'est le clown qui fait des pitreries, l'acrobate qui monte sur les chaises, la princesse qui charme tous les papas.

Jouer au réel

En se travestissant, l'enfant change de peau. Soit il devient papa ou maman, tout simplement en enfilant les chaussures, les gants, en coiffant le chapeau ou en empruntant le maquillage des grands. Il reproduit alors leurs gestes, projette ses sentiments, ses envies par rapport au monde adulte. Soit l'enfant choisit de devenir un « héros » légendaire et les limites qu'il connaît habituellement sont, un instant, balayées : il entre dans le monde du rêve et de l'inaccessible. Se déguiser, c'est encore être plus à même de jouer à faire semblant, et ainsi exprimer les difficultés de tous les jours : l'enfant maîtrisera son angoisse en mettant en scène ce qui est caché au plus profond de lui-même.

Se maquiller en adulte

Aux transformations vestimentaires s'ajoute parfois le maquillage, à condition qu'il soit léger. En effet, le maquillage n'est pas toujours bien accepté des tout-petits s'il transforme trop leur visage. Eux qui viennent à peine de prendre conscience que l'image reflétée dans le miroir est la leur, ne se reconnaissent plus dans la glace, ce qui les plonge dans un trouble profond. Il n'a sans doute pas encore acquis une solide « image de lui » et il est toujours en pleine élaboration de son identité. Ce qu'ils aiment le plus, surtout les petites filles, ce sont les maquillages qui les rapprochent de l'image de l'adulte. Utilisez, de préférence, des maquillages spéciaux, pour des questions de sécurité et d'allergie. Certains produits cosmétiques sont dangereux à ingérer ou agressifs pour la peau de l'enfant. De plus, les crayons et les pâtes de fard se nettoient très facilement à l'eau et au savon ou bien encore tout simplement à la vaseline.

Masque et panoplie

Le masque ne peut pas remplacer le maquillage Les enfants les réclament mais les portent peu. Dessous, ils respirent mal et ont très vite chaud : le masque devient alors souvent casquette. De plus, les enfants ne se voient pas masqués : seuls les autres profitent de ce changement, ce qui n'offre aucun intérêt pour celui qui porte le masque. Vous serez peut-être tenté de lui acheter une panoplie, voici six conseils pour vous aider dans cet achat. Contrôlez la taille des vêtements, certains fabricants ont mis au point deux tailles. Pour permettre à l'enfant de jouer seul, il doit savoir enfiler seul ses vêtements. Portez une attention particulière aux accessoires, ils ont en réalité plus d'importance que le costume. Laissez l'enfant choisir le héros qu'il souhaite incarner. Enfin le déguisement doit être lavable et porter la mention NF (p. 341). ■

1RE SEMAINE

1ER MOIS

2 À 3 MOIS

4 À 5 MOIS

6 À 7 MOIS

8 À 9 MOIS

10 À 11 MOIS

1 AN

1 AN 1/2

2 ANS

2 ANS 1/2

3 ANS

4 ANS

5 ANS

6 ANS

ANNEXES

Qu'est-ce qu'un bon livre ?

C'est un mélange idéal de texte et d'images où l'un complète l'autre. L'image doit être assez travaillée pour combler le besoin d'attention et la recherche de rêves. Elle doit être lisible immédiatement, si possible pleine de petits détails à découvrir à chaque lecture. Elle racontera des choses différentes du texte et laissera même la possibilité de développer une histoire parallèle à celle-ci. Le récit se doit de posséder une tension dramatique, comportant action et humour. L'histoire doit s'éloigner du quotidien de l'enfant, tout en restant dans son domaine de compréhension. Elle provoque alors l'émotion. ■

« Je lis »

L'enfant aime prendre son livre et annoncer à la cantonade : « Je lis. » Il utilisera alors le livre de diverses manières. Tout d'abord, comme un document lui offrant la possibilité de vérifier ses connaissances. Il nommera les objets et les personnages qu'il voit sur l'illustration. Puis, comme un retour en arrière, il se racontera lui-même l'histoire que l'adulte vient de lui lire. Enfin, comme un roman, support d'une imagination débordante : à partir des images, il va créer une autre histoire où se mêlent héros et aventures personnelles. ■

Son premier magazine

Pour l'enfant de cet âge, le magazine a une autre fonction que le livre. Il est éphémère et l'enfant peut dessiner sur ses pages ou les découper. Le magazine, c'est encore la diversité : à ce qu'il écoute (ce sont les parents qui le lisent) s'associent les jeux et les bricolages. Il se feuillette en outre dans l'ordre souhaité, l'enfant y retrouve des héros qui lui ressemblent et qui vivent généralement des aventures très quotidiennes. Ainsi une connivence se crée entre lui et les héros du magazine, et une fidélité s'établit. Le magazine a un rôle complémentaire de celui du livre. Tout comme lui, il constitue un premier contact avec l'écrit ; il apprend à l'enfant que l'on peut lire pour rêver, et aussi pour créer ou pour jouer. ■

Les livres

PEUPLÉS D'OURS, DE LAPINS, DE SOURIS OU DE BÉBÉS, les livres racontent des histoires simples qui cachent bien des subtilités. Posé sur les genoux de l'enfant, le livre ouvre l'horizon d'un monde qui n'existe qu'en images. On ne manipule pas les objets, on recrée mentalement leur fonction.

Agitateurs d'imaginaire

Le livre révèle une histoire qui semble souvent banale à l'adulte et pourtant, pour l'enfant, quelle découverte ! Le petit lecteur s'identifie complètement au héros, qu'il soit petit lapin ou bébé. Le livre a alors fonction de miroir, aidant à prendre conscience de soi et de ce que l'on vit tous les jours. Et lorsque l'histoire devient triste, en abordant par exemple des thèmes comme la maladie, la peur des monstres ou l'arrivée d'un petit frère, le livre dédramatise les divers soucis quotidiens avec une facilité presque déconcertante. Le récit imaginaire permet une prise de distance avec la situation vécue comme angoissante grâce à l'attente des rebondissements et au dénouement heureux. Les images colorées remplacent les images tristes qui occupaient ses pensées. Le livre cultive l'imaginaire des enfants et il n'est pas rare qu'ils se servent des mots, des expressions des livres pour animer leurs jeux. Pour le psychiatre René Diatkine, l'enfant ne peut apprendre à connaître qu'après avoir eu le plaisir d'imaginer. Au fil des pages, pour les petits comme pour les grands, le livre est connaissance des choses, des gens, des animaux et des situations. Grâce à lui, l'enfant apprend à réfléchir, à accéder à une pensée logique.

Stimuler l'échange

La lecture est encore l'occasion d'une communication enfant-adulte intense. Face aux images, l'adulte stimule l'attention, explique, et le petit se concentre à la recherche du moindre détail, prompt aux commentaires et aux questions. Le lecteur a pour mission d'entrer dans le livre en tenant l'enfant par la main. L'histoire se pose telle une pièce de théâtre, avec des arrêts sur image pour prendre le temps de regarder et de parler. L'enfant est sensible aux couleurs, aux contours et même à la typographie. Il sait quand les personnages crient, il sent par la différence de grosseur des lettres qu'il se passe quelque chose dans le récit. Certains livres lui proposent même d'agir sur l'image, avec des volets qui cachent des personnages, des languettes que l'on tire, ou tout simplement des trous pour passer les doigts.

Enfin, le livre regardé et lu en compagnie d'un adulte permet l'élaboration d'une relation à la fois proche et distante : les pensées du petit lecteur lui sont personnelles, tout comme ses émotions. Le livre aide l'enfant à acquérir la capacité psychique à être seul. Petit à petit, il aimera feuilleter seul ses livres, assis calmement dans sa chambre. Sa lecture évoluera, passant du parcours rapide des pages à un regard plus attentif des images, pour enfin bientôt, se raconter l'histoire à sa façon. ∎

> " Le plaisir de la lecture passe aussi par l'identification. C'est en voyant leurs parents lire que les enfants aiment lire. ,,

1RE SEMAINE

1ER MOIS

2 À 3 MOIS

4 À 5 MOIS

6 À 7 MOIS

8 À 9 MOIS

10 À 11 MOIS

1 AN

1 AN 1/2

2 ANS

2 ANS 1/2

3 ANS

4 ANS

5 ANS

6 ANS

ANNEXES

Aller au spectacle

L'enfant de moins de 3 ans est incapable de rester longtemps à la même place. Il est donc difficile pour lui de supporter des spectacles trop longs tels une séance de cinéma ou un spectacle théâtral. Par contre, il peut apprécier un après-midi au cirque avec une visite de la ménagerie et, bien sûr, une séance de marionnettes. Il aura l'impression de retrouver ses poupées et entrera sans difficultés dans l'histoire, manifestant bruyamment toutes ses émotions. Enfin, le lecteur de DVD lui donnera l'occasion de savourer en famille ou entre amis ses tout premiers dessins animés. ■

Rien que pour eux

Les enfants dont les parents sont abonnés au Câble ou à un bouquet satellites disposent de plusieurs chaînes spécialisées, notamment en dessins animés : Canal J, Télétoon, Discovery Channel, Disney Channel, Cartoon Network ou encore Fox Kids ou Gulli. Les chaînes généralistes consacrent peu de temps aux enfants, un peu le mercredi après-midi pour France 3 et plus souvent le matin à l'heure du petit déjeuner. ■

Un outil d'épanouissement

C'est vers 2 ans 1/2-3 ans que la télévision peut devenir un moyen de culture si elle est expliquée, commentée par l'adulte. D'ailleurs, aux États-Unis notamment, il existe des programmes éducatifs destinés aux enfants qui ne fréquentent pas l'école maternelle (la télévision permet d'apprendre des mots nouveaux, de reconnaître des sons, de chanter et de danser presque comme avec d'autres enfants).

La télévision regardée en famille est encore un support fantastique de discussions, et très tôt elle ouvre aussi, pourquoi pas, sur l'univers du livre. Les émissions sur les animaux peuvent conduire à une visite au zoo, les dessins animés Babar, Trotro ou Mimi Cracra mènent tout naturellement au livre. Enfin, la télévision est un support de jeux avec ses pairs. Les cours de récréation sont remplies de Batman et de Tortues Ninja en puissance, créant entre les enfants une véritable connivence, un réel mode de reconnaissance. Les rares enfants qui ne connaissent pas ces figures cathodiques se sentent exclus et généralement insistent auprès de leurs parents pour être « informés » comme les autres ou passent de longs moments chez leurs amis à regarder les images qui sont « interdites » à la maison. ■

La télévision

LE PETIT ÉCRAN FAIT AUJOURD'HUI PARTIE DU MOBILIER FAMILIAL :
98 % des familles avec enfants possèdent un poste de télévision et 33 % en ont
deux, le deuxième étant souvent réservé aux enfants.

Une boîte magique

Dès leur plus jeune âge, les enfants sont fascinés par cette boîte magique qui propose des images qui bougent et des musiques qui se retiennent facilement. La télévision a sur eux une emprise considérable. Elle leur ouvre des horizons étonnants, les mène à la rencontre des animaux d'Afrique, les conduit jusqu'au firmament des étoiles, les plonge dans le passé et les propulse vers l'avenir. Elle modèle leur sensibilité, développe leur intérêt. La télévision, tout comme les parents, les proches et l'école, construit leur personnalité. Une action d'autant plus importante qu'entre 2 et 6 ans, celle-ci se forge par imitation. À cet âge, l'enfant copie les adultes qu'il rencontre autour de lui mais aussi sur l'écran cathodique. Son vocabulaire, son langage, ses gestes, ses idées ne sont que des emprunts à des héros de chaîne ou d'images.

Des images mises bout à bout

Avant 6 ans, le spectacle favori et idéal est le dessin animé, mieux adapté à ses facultés intellectuelles. L'enfant perçoit d'emblée qu'il est dans un monde de fiction. Il suit les intrigues mais ne les intègre pas. Ainsi, lorsqu'on l'interroge sur ce qu'il a vu à la télévision, il est incapable de raconter l'enchaînement des images. Le scénario se découpe en images mises bout à bout. Seuls les héros connus sont identifiés, les personnages secondaires ne sont généralement pas nommés. Et si on lui demande d'inventer une histoire, il est curieux de constater qu'il imagine une histoire sur des bases courantes, sans aucun rapport avec celle du petit écran. Elle est bâtie sur des repères « classiques » où les bons triomphent des méchants et où le héros doit surmonter bien des épreuves pour vaincre.

En bonne compagnie

Trop souvent, la télévision est utilisée par les parents ou les personnes chargées de garder les enfants comme un moyen facile de les occuper et de se débarrasser de leur surveillance. Elle s'apparente alors à une baby-sitter. Mais seul devant le poste de télévision, l'enfant s'isole, s'exclut du réel, vit intensément l'image au point qu'il ne supporte pas d'être dérangé. Sa concentration est telle qu'elle monopolise toutes ses capacités et que son rythme cardiaque s'accélère. Il profite au maximum du spectacle ; c'est dire l'importance de la qualité de ce qu'il regarde. On a pu constater que trop d'émotions provoquent alors une montée du stress capable d'annihiler toute faculté de concentration et de créativité.

Psychologues, éducateurs, pédiatres reconnaissent à la télévision un rôle éducatif, à condition qu'elle soit bien dosée et pratiquée en famille. Grâce à elle, et de plus en plus tôt, l'enfant accède à des connaissances que ses aînés apprenaient beaucoup plus tard, de l'intelligence des dauphins à la magie des lettres qui apparaissent pour former des mots. Pour éviter d'avoir un enfant rivé en permanence devant le poste de télévision, il est préférable d'instituer des règles d'écoute tant sur les horaires que sur la durée. ■

1RE SEMAINE

1ER MOIS

2 À 3 MOIS

4 À 5 MOIS

6 À 7 MOIS

8 À 9 MOIS

10 À 11 MOIS

1 AN

1 AN 1/2

2 ANS

2 ANS 1/

3 ANS

4 ANS

5 ANS

6 ANS

ANNEXES

Télévision et violence *en savoir plus*

La violence en direct

À l'heure du journal télévisé, la violence s'invite très souvent à la table familiale, attentat, massacres guerre en tout genre, arrestation musclée, rien n'échappe aux enfants. Si des instances telles que le CSA (Comité de surveillance de l'audiovisuel) ont leur mot à dire sur les émissions enfantines et se chargent d'émettre des recommandations d'âge sur les images de fiction, elles sont bien impuissantes sur l'actualité du monde. Rien ne prouve que la violence engendre la violence, mais il est sûr que son spectacle quotidien la banalise. Manifester son opposition ou sa colère par la force semble alors tout à fait normal à la maison ou à l'école. Les solutions pour lutter contre ce phénomène ne sont pas nombreuses. Sans doute, dans un premier temps, est-il préférable d'éviter le spectacle du 20 heures aux petits enfants et si, malgré ces précautions, ils voient des images difficiles l'intervention indignée des adultes permettra que l'horreur ne devienne pas un phénomène banal. Si l'enfant semble choqué ou angoissé, il est souhaitable de le laisser exprimer ouvertement ses peurs et d'en parler avec lui. ▪

Du réel à l'imaginaire

Cette distinction est d'autant plus difficile à faire que l'enfant est jeune. Il n'a aucun doute face aux dessins animés, même si certains veulent transmettre une information scientifique. Dans ce cas, d'ailleurs, on observe que l'image est du domaine de la fiction et que le dialogue est du domaine de l'information. Il semble que les enfants de milieu socio-éducatif favorisé fassent très vite la différence entre le vrai et le faux. Les parents, dans ce cas, étant là pour informer. Le jeune enfant a besoin de cette aide car il ne peut identifier comme réel que ce qu'il connaît déjà, faisant appel à des connaissances acquises par son expérience personnelle. Dans tous les autres cas, il doit s'appuyer sur la parole de l'adulte ou sur la répétition d'images identiques ne lui permettant plus de douter. Si, par hasard, le petit enfant est spectateur d'un film de violence, le traumatisme n'est pas obligatoire. Il est, dès maintenant, capable d'établir une certaine différence entre le réel et la fiction. ▪

La qualité des images

Longtemps, on a reproché aux dessins animés japonais leur violence. Ils le sont moins, en raison de l'attention rigoureuse que leur portent les instances de contrôle de la télévision. Par contre, ils restent souvent de médiocre qualité graphique : peu de recherche dans les décors qui se déroulent souvent en boucle, un minimum d'animation des personnages, un stéréotype des visages de tous les héros. À cela s'ajoute le manque de qualité des scénarios : histoire douceâtre voire larmoyante. Par contre, il faut vanter la qualité des animations à la française, avec Kirikou notamment. ▪

▪ MON AVIS

C'en est fini de la diabolisation de la télévision. Elle accompagne l'enfant dès les premiers jours de sa vie et celui-ci apprend très vite à s'en servir, elle et ses accessoires comme le magnétoscope ou le lecteur DVD. L'enfant, grâce à ce dernier, visualise les contes de fées et peut arrêter l'image là où il a le plus peur. Dans la cour de récréation, il va aussi jouer avec ses amis à ce qu'il a vu sur le petit écran. Bref, la télévision est pour lui un objet de culture et d'informations, mais à condition qu'il n'y ait pas, de la part des parents, abandon cathodique. L'enfant ne peut être seul devant l'écran, il doit parler avec ses parents de ce qu'il voit, de ce qu'il a vu et de ce qu'il verra. ▪

La violence en direct

LA VIOLENCE À LA TÉLÉVISION, un débat qui agite beaucoup le monde des psychologues et celui de la communication. Certains pensent même, sans preuve réelle, qu'elle est la cause des violences sociales de notre époque.

Violence à l'écran

Pour les uns, les images violentes des séries policières, des films et, bien sûr, des dessins animés ont des conséquences dramatiques sur les jeunes enfants qui s'en imprègnent sans discernement. Pour les autres, les enfants sont tout à fait capables, dès leur plus jeune âge, de faire la différence entre la réalité et la fiction. De plus, ajoutent certains, les enfants ne regardent pas la télévision comme l'adulte. Pour eux, c'est souvent un simple fond visuel et sonore.

Un schéma corporel bousculé

Mais ce qui apparaît comme le plus redoutable, notamment à la pédopsychiatre Marcelle Sanquer, c'est que très souvent les scènes de violence montrent le morcellement et la parcellisation du corps humain, bras ou jambes arrachés, mains menaçantes envahissant l'écran ou taches de sang noyant de rouge le petit écran sans que l'on sache réellement s'il provient d'une blessure. Toutes ces images sont traumatisantes pour l'enfant petit. Elles lui font croire que le corps humain peut être découpé facilement en morceaux, sans souffrance, et que le sang peut couler sans raison. Elle ébranle le schéma corporel que l'enfant a mis des mois à bâtir, puzzle patiemment recomposé à partir de la connaissance parcellaire de chacune des parties de son corps. L'intégration de l'image et de l'idée d'un corps uni et unique à cet âge est encore fragile et l'enfant peut être terrorisé à l'idée de perdre une partie de son corps. C'est souvent ce qu'il exprime lorsque, dans un lieu inconnu, il refuse d'enlever son bonnet ou ses moufles. C'est courir le risque de perdre sa tête ou ses mains.

Des craintes archaïques

Si les dessins animés violents fascinent les 3-5 ans, c'est sans doute parce qu'ils correspondent à des craintes archaïques et encore très présentes à cet âge. Il est d'ailleurs fréquent qu'un enfant, très excité par le spectacle, ait des difficultés d'endormissement.

Les contes d'autrefois eux aussi montraient des enfants coupés en morceaux ou qui risquaient d'être dévorés mais ils se terminaient bien. Les petits enfants mis au saloir dans la légende de saint Nicolas retrouvaient toute leur entité à la fin de l'histoire. Le Petit Chaperon rouge renaît du ventre du loup et le Petit Poucet ne sera jamais mangé par l'ogre. En fait, les dessins animés violents pèchent par défaut de fin heureuse.

Comme dans la réalité, les héros ne ressuscitent jamais. Une dimension importante manque dans l'histoire, celle qui permet de dominer l'angoisse. Certains de ces dessins animés semblent même ne pas avoir de fil conducteur à leur histoire. N'ayant ni début ni fin, ils ne sont que suite de scènes plus ou moins effrayantes et angoissantes. De plus, l'histoire traditionnelle était contée par l'adulte à la présence rassurante, alors que les dessins animés sont, dans la plupart des cas, regardés en solitaire ou, au mieux, entre « amis » qui ont tous plus peur les uns que les autres. ■

1RE SEMAINE

1ER MOIS

2 À 3 MOIS

4 À 5 MOIS

6 À 7 MOIS

8 À 9 MOIS

10 À 11 MOIS

1 AN

1 AN 1/2

2 ANS

2 ANS 1/

3 ANS

4 ANS

5 ANS

6 ANS

ANNEXES

3 ans

1RE SEMAINE

1ER MOIS

2 À 3 MOIS

4 À 5 MOIS

6 À 7 MOIS

8 À 9 MOIS

10 À 11 MOIS

1 AN

1 AN 1/2

2 ANS

2 ANS 1/2

3 ANS

4 ANS

5 ANS

6 ANS

ANNEXES

3 ans

Vous

L'UTILISATION DU « JE » marque le passage d'une étape importante tant pour vous que pour lui. Affirmer le pronominal montre que votre enfant est maintenant inscrit dans le monde en tant que personne unique, individuelle et différente de vous pour toujours.

Il a franchi bien des obstacles : la propreté, la marche, le langage dont il possède maintenant une forme plus élaborée, la capacité à symboliser, le pouvoir de se souvenir et d'avoir des sentiments de rivalité et de jalousie. Il entre dans l'histoire d'amour qui vous lie comme votre égal affectif, alors que longtemps il a été votre bébé.

L'été de ses 3 ans sera celui de sa préparation à l'entrée à l'école maternelle. Rassurez-vous, il ne court aucun risque à s'éloigner un peu de vous et, de toute façon, il est important qu'il aille à l'école maternelle. De votre côté, êtes-vous prête à affronter une rivale importante, son institutrice ?

Profitez bien de votre dernier été de liberté préscolaire. Le reste de votre vie sera bientôt scandé par la scolarité de votre petit écolier. Vous devrez vous plier aux vacances scolaires et, plus tard, aux rythmes des contrôles et des carnets de notes.

Votre enfant

- *Il pèse 14 kg en moyenne pour 94 cm.*

- *Il saute à pieds joints, marche sur la pointe des pieds et tient en équilibre sur un pied. Il sait pédaler.*

- *Il enfile des perles, construit une tour de huit cubes et différencie les objets qu'il est capable de classer selon leur forme et leur couleur.*

- *Ses dessins deviennent plus figuratifs, il ferme les boucles qui lui servent à imaginer ses premiers personnages. Il dessine son premier bonhomme têtard. Cette ébauche du cercle correspond justement à l'âge où il prend conscience de son « moi ».*

- *Il a souvent peur du noir et des situations inconnues.*

- *Il parle beaucoup, notamment tout seul, et son vocabulaire s'enrichit de plus en plus, il adore d'ailleurs les termes nouveaux. Son vocabulaire compte au moins 1 000 mots. Il fait ses premières phrases et commence à chanter.*

- *Il mange 40 g de viande ou de poisson par jour.*

1RE SEMAINE

1ER MOIS

2 À 3 MOIS

4 À 5 MOIS

6 À 7 MOIS

8 À 9 MOIS

10 À 11 MOIS

1 AN

1 AN 1/2

2 ANS

2 ANS 1/

3 ANS

4 ANS

5 ANS

6 ANS

ANNEXES

Reconnaître l'« Œdipe »

La phase œdipienne se manifeste :
• Clairement, par des phrases « assassines ».
• Par un soudain surcroît de tendresse pour le parent de sexe opposé et un refus de l'autre.
• Par la volonté de prendre physiquement dans le cercle familial la place de celui ou celle que l'enfant veut évincer.
• Par des bavardages incessants qui empêchent les parents de communiquer entre eux.
• Par une passion affective et jalouse vis-à-vis de l'un des parents.
Le plus délicat consiste sans doute à reconnaître ces manifestations afin d'y donner une réponse des plus claires. Bien des troubles psychiques de l'adolescence et de l'âge adulte peuvent être mis au compte d'un complexe d'Œdipe qui a été mal résolu dans l'enfance. ■

Mais qui était Œdipe ?

Héros de la mythologie grecque, il tua sans le savoir son père et épousa sa mère. Découvrant ses crimes, il se creva les yeux et sa mère se suicida. Le plus célèbre des contes mettant en scène le drame d'Œdipe est *Peau d'âne*. Cette princesse, orpheline de mère, séduira son père au point que, retrouvant en elle son épouse défunte, il voudra l'épouser. ■

Répondre aux manifestations œdipiennes

Ne laissez jamais l'enfant espérer qu'il pourra un jour prendre la place dont il rêve. Affirmez, haut et fort, l'amour porté au conjoint tout en évoquant avec l'enfant son avenir : lui aussi trouvera une âme sœur, lui aussi aura des enfants. Par cette attitude, vous lui refusez alors une certaine forme de sexualité tout en lui laissant espérer des amours futures et une sexualité à part entière. Ainsi, l'union de ses parents sera pour lui un obstacle infranchissable. De même, l'autorité du père ne doit jamais être mise en doute : la petite fille doit comprendre que son père ne cédera pas à ses avances ; le petit garçon doit être convaincu qu'il ne réussira jamais à prendre la place de son père.
La position de l'enfant dans la famille, avec son père et sa mère, lui est ainsi réaffirmée clairement. Quant aux expressions verbales de l'Œdipe, il vaut mieux que vous n'y prêtiez pas attention, même si les désirs de mort ou de disparition du rival sont violents chez l'enfant. Tout au plus, vous pouvez lui demander de dire pourquoi il tient de tels propos. Dans la plupart des cas, il sera bien incapable d'en dire davantage.
Dans la dénomination de complexe d'Œdipe, il faut comprendre le mot complexe non comme une pathologie psychique mais dans son sens premier de complexité, de difficulté à expliquer et à vivre. ■

La découverte de la sexualité infantile

Sigmund Freud fut le premier psychanalyste à parler de sexualité infantile. Il fit d'ailleurs scandale en 1912, l'enfant étant jusqu'alors considéré comme pur et innocent. Pour Freud, la sexualité de l'enfant s'organise autour de zones érogènes, parties du corps sources de plaisir : la bouche dans les premiers mois, ensuite l'anus au moment de l'acquisition de la propreté, puis le phallus et le clitoris vers 3 ans et jusqu'à l'âge de 7 ans. C'est en psychanalysant des hommes que Freud a défini son fameux complexe d'Œdipe. ■

Le complexe d'Œdipe

1RE
SEMAINE

1ER MOIS

2 À 3
MOIS

4 À 5
MOIS

6 À 7
MOIS

8 À 9
MOIS

10 À 11
MOIS

1 AN

1 AN 1/2

2 ANS

2 ANS 1/2

3 ANS

4 ANS

5 ANS

6 ANS

ANNEXES

PEU D'ÉTAPES DANS LE DÉVELOPPEMENT DE L'ENFANT SONT AUSSI FAMILIÈRES À TOUS. Le complexe d'Œdipe est un stade parfaitement normal et naturel et s'exprime toujours, même s'il n'est pas éminemment reconnaissable. Il est essentiel pour la construction psychique humaine.

Entre amour et haine

Les petits garçons comme les petites filles font une projection amoureuse sur le parent de sexe opposé au leur et rejettent l'autre. Ainsi, le petit garçon rêve de devenir le mari de sa mère et la petite fille de prendre la place de sa mère auprès de son père. Ces sentiments peuvent s'exprimer clairement : « Quand je serai grand, je serai le papa », disent classiquement les petits garçons ; « Plus tard je me marierai avec papa », renchérissent les filles. Cependant, très souvent, les enfants ne réussissent pas à mettre des mots sur ce qu'ils éprouvent. Ils vivent cette période à l'état de refoulement et la manifestent par des cauchemars et des colères.

Un vrai dilemme

Il faut dire que, malgré cette ambivalence affective, l'enfant reste profondément attaché à son (sa) rival(e). C'est toujours pour lui un être sécurisant, un être digne d'identification. Comment se passer de son papa, fort et protecteur ? Comment se passer de sa maman, alors qu'elle se dévoue entièrement à vous avec une foison de câlins et de baisers ?
On comprend qu'à 3 ans ce mélange de haine et d'amour soit difficilement supportable dans le calme. Qui plus est, cet amour n'a aucune expression physique : jamais l'enfant n'imagine avoir de rapports sexuels avec son père ou sa mère. Il semble que la petite fille ait plus de mal à vivre ce moment que le petit garçon. Comment l'idée de détester sa mère peut-elle être acceptable alors que celle-ci représente tout pour elle ? Ce dilemme quasi permanent explique souvent les nombreuses manifestations d'angoisse qui surviennent à cet âge-là.

La voie de la ressemblance

Il faudra plusieurs années, de l'âge de 3 ans à 7 ans environ, pour que l'enfant réalise que ses désirs ne peuvent s'accomplir, que jamais il ne remplacera son père, que jamais elle n'évincera sa mère. Dans son imagination, il se voit repoussé par l'un et craint les « représailles » de l'autre, beaucoup plus fort et puissant que lui. Alors il fait un autre choix. Il trouve la voie de la ressemblance et renforce son identification au parent de même sexe. C'est vers 5-6 ans que tous les petits garçons éprouvent un plaisir immense à ressembler à leur père et que les filles veulent tout faire comme maman. Ainsi, en étant à l'image de son père, le garçon aura le sentiment d'être aimé de sa mère et, en ressemblant à sa mère, la fille restera très proche de son père. ∎

" Cette période se caractérise par une identification aux deux sexes. Ce qui est important dans la construction de l'identité sexuelle, c'est la triangulation œdipienne. „

475

Son développement psychoaffectif

LE PETIT GARÇON S'INTÉRESSE BEAUCOUP À SON PÉNIS, il en est très fier.
La petite fille ne connaît comme unique organe génital que son clitoris.
Comparé au phallus des garçons, il leur semble un peu court. De là à développer
un complexe d'infériorité, il n'y a qu'un pas.

L'angoisse de la castration

Le petit garçon touche son pénis, le montre et aime le comparer avec celui de son entourage. Il découvre ainsi que tout le monde n'en est pas pourvu. Il en conclut avec angoisse que le pénis des petites filles a d'abord été présent puis a été enlevé. Pourquoi l'ont-elles perdu, voilà une question qui va l'inquiéter de longs mois.

Les petites filles se consolent de cette absence d'organe génital visible en imaginant que plus tard elles auront un pénis aussi grand que celui des garçons.

Comme ces derniers, elles pensent à leur tour que si elles n'ont pas de pénis, c'est le résultat d'une castration. Ces phénomènes d'angoisse jouent un rôle essentiel dans la résolution du complexe d'Œdipe.

Il apparaît aujourd'hui que la peur de la castration du petit garçon par le père, en représailles du désir de ses amours incestueuses envers sa mère, était d'autant plus plausible à l'époque où la masturbation et tout autre attouchement étaient sévèrement punis, notamment par la menace de couper l'organe sexuel ou la main.

La petite fille renonce au désir d'avoir un pénis pour celui d'avoir un enfant et, dans ce but, tente de séduire son père.

Il y a donc une grande différence entre la manière dont le garçon et la fille résolvent leur complexe d'Œdipe respectif.

La théorie freudienne

Selon Freud, ces comportements expliquent les différences entre masculinité et féminité. L'homme se caractériserait par un désir d'affirmation et de domination, une vision réaliste des événements et une grande capacité de résister aux changements. La femme aurait une tendance à l'incertitude, à la soumission, au contrôle fragile des émotions et à un sentiment permanent d'infériorité. Toute cette partie de la théorie freudienne de la sexualité infantile a été au cours du temps très discutée. D'ailleurs, Freud lui-même n'était pas satisfait de ses conclusions concernant la sexualité féminine.

Toute la théorie de l'angoisse de castration repose encore sur l'information de visu des enfants sur l'anatomie sexuelle des autres, adultes et enfants. Ce qui, à l'époque de Freud, n'était certainement pas habituel. Pour établir sa théorie, Freud définit la thèse des fantasmes « originaires » transmis génétiquement. Il imagine le mythe de la horde sauvage. Pour se protéger de sa descendance, un chef d'une horde primitive aurait castré une partie de ses fils. Cette violence des premiers hommes serait inscrite dans la mémoire de l'espèce.

Ses détracteurs

Ces théories ne pouvaient provoquer que débats et remises en question. C'est ainsi qu'Otto Rank, psychanalyste autrichien et disciple de Freud, voit dans cette période l'immense désir de l'enfant d'unir aussi bien que de séparer ses parents pour satisfaire tous ses besoins, dont le plus important est de retrouver le bonheur intra-utérin, fuyant de cette façon l'idée de la mort.

Pour Alfred Adler, médecin et psychologue autrichien, élève de Freud, le complexe d'Œdipe ne peut être généralisé. L'enfant éprouve le même intérêt pour ses deux parents, ce sont les circonstances de la vie qui le poussent à se rapprocher de l'un ou de l'autre. Ce n'est pas le plaisir sexuel qui concerne l'enfant, mais celui de l'enfant gâté qui exprime sa volonté de puissance. Quant au complexe d'infériorité des filles, A. Adler l'attribue avant tout aux attitudes de la société vis-à-vis des femmes.

Pour Carl Jung, psychiatre suisse également contemporain de Freud, le complexe d'Œdipe repose sur l'idée que l'enfant voit en son père un gêneur qui pourrait le priver de toutes les attentions de sa mère. Si une composante érotique apparaît dans cette attitude, elle est davantage orientée vers le souhait naturel de revenir à ses sources, à sa mère, pour se reposer à ses côtés et, peut-être, renaître une seconde fois.

Mais les détracteurs les plus sévères des théories freudiennes ont été les féministes. Entre autres, Simone de Beauvoir, écrivain français, Betty Friedman et Kate Millett, essayistes américaines, Maud Mannoni, psychanalyste française. Pour ces femmes, l'envie de pénis des petites filles, l'angoisse de la castration du petit garçon ne

peuvent être des données universelles. Ces notions doivent être combattues afin de ne pas perpétuer une situation aliénante, notamment pour le sexe féminin. Pour Simone de Beauvoir, l'enfant mâle comme l'enfant femelle est soumis, dès ses premiers mois, à des pressions sociales, familiales et culturelles qu'il devra combattre pour retrouver sa liberté. De nombreux auteurs la suivront, en mettant en évidence l'attitude des parents, et notamment celle de la mère, qui font de la petite fille l'image du stéréotype féminin. ■

▮ MON AVIS

Rappelons d'abord que la masturbation est physiologique et naturelle chez l'enfant depuis le congrès de psychanalyse de Vienne en 1912 ! L'angoisse de castration ressentie par les filles selon Freud a fait l'objet de multiples discussions au sein même des sociétés psychanalytiques. Ces théories de Freud ont souvent été jugées simples et réductrices. Les filles commencent par constater un manque, pour ensuite établir l'espace virtuel de la cavité utérine, alors que le petit garçon voit directement ses attributs sexuels. ■

1RE SEMAINE

1ER MOIS

2 À 3 MOIS

4 À 5 MOIS

6 À 7 MOIS

8 À 9 MOIS

10 À 11 MOIS

1 AN

1 AN 1/2

2 ANS

2 ANS 1/2

3 ANS

4 ANS

5 ANS

6 ANS

ANNEXES

Révélateurs de sa personnalité

Les tout premiers dessins d'un enfant sont déjà de réels modes d'expression qui peuvent être interprétés. Ils permettent de connaître son caractère : petit dessin, pression légère et maniement aisé du crayon révèlent un enfant qui a besoin de peu d'activités. Au contraire, le dessin largement installé dans l'espace, très appuyé, aux traits rapides et gros, indique un enfant qui en a un grand besoin. Mais le plus étonnant est peut-être la signification donnée par l'auteur lui-même. Un trait peut être, par exemple, une maison ou un de ses parents. Et les interprétations peuvent varier avec le temps. Le dessin est une expression de l'inconscient par sa forme et par les commentaires qu'en fait son auteur. Pour la psychanalyse, il a une valeur de symptôme révélateur des angoisses et des conflits. ▪

La maison de verre

Le dessin de « la maison » révèle la façon de penser d'un enfant. Elle a d'abord la forme d'une « motte », selon le terme de Françoise Dolto, puis elle s'agrémente d'un toit à double pente, d'une porte, de fenêtres et presque toujours d'une cheminée. Souvent un large chemin en boucle y conduit. Elle est vue de l'intérieur, les murs sont de simples traits et la façade est entièrement transparente. Cette vision va se prolonger très tard,

jusqu'à 7-8 ans. Elle permet aussi d'évaluer son sens aigu de l'observation. Ces maisons transparentes sont très bien équipées : on y trouve du mobilier, des lampes, des gadgets, des appareils ménagers, des personnages et des animaux. Le souci du détail est particulièrement soigné. Les psychologues pensent qu'en montrant l'intérieur des choses, les enfants veulent démystifier ce qu'ils dessinent, en percer tous les secrets. ▪

▮ MON AVIS

Le dessin du bonhomme permet une évaluation du développement de l'enfant. Avec l'âge, il s'élabore et se complique de plus en plus. Il est curieux aussi de constater, alors que pratiquement plus personne n'en porte, la présence d'un chapeau sur sa tête. C'est un symbole fort d'autorité. Le dessin de la maison est aussi très révélateur de ce que vit l'enfant, de sa manière d'appréhender l'espace et de l'état d'avancement de l'élaboration de son schéma corporel. On pourrait dire : « Montre-moi ce que tu dessines, je te dirai ce que tu penses. » Gardez les dessins de vos enfants, ce temps de spontanéité et de liberté passe si vite ! ▪

Ses dessins

1RE
SEMAINE

1ER MOIS

2 À 3
MOIS

4 À 5
MOIS

6 À 7
MOIS

8 À 9
MOIS

10 À 11
MOIS

1 AN

1 AN 1/2

2 ANS

2 ANS 1/2

3 ANS

4 ANS

5 ANS

6 ANS

ANNEXES

TOUS LES ENFANTS N'ONT PAS LA MÊME HABILETÉ, la même adresse pour dessiner, ce qui explique des « talents » différents dans cet art. Pourtant, il existe des constantes dans leurs œuvres, révélatrices de leur capacité intellectuelle et de leur mécanisme de pensée.

Le bonhomme têtard

Les dessins des enfants suivent un ordre bien défini et à chaque âge correspondent des techniques et des thèmes favoris. Mis à part le griffonnage qui, à cet âge, s'améliore avec, notamment, l'utilisation des boucles fermées, imitation volontaire de l'écriture de l'adulte, c'est à 3 ans qu'apparaît vraiment ce qui peut être qualifié de dessin, c'est-à-dire la représentation de quelque chose que l'enfant sait nommer.

À cet âge, le dessin de l'enfant est toujours réaliste, sans aucune perspective. Tout est placé sur le même plan et les rapports de taille entre les différents objets sont ignorés. L'enfant représente uniquement son monde personnel et non pas ce qu'il voit.

Son premier dessin est un homme. Sa forme l'a fait baptiser « bonhomme têtard ». Le rond, pièce principale de l'œuvre, est à la fois le tronc et le visage. Deux traits bâtons figurent les jambes, deux autres, qui n'existent pas sur tous les dessins, sont les bras. Ce bonhomme est toujours dessiné de face. Au fur et à mesure que les possibilités intellectuelles de l'enfant se développent, le bonhomme s'agrémente de points ou de petits ronds figurant les yeux, la bouche, le nombril (détails fascinants pour l'enfant) et parfois d'un sexe. Un peu plus tard, l'enfant dessine le corps humain en superposant deux ronds : un pour le visage, l'autre pour le corps. Les bras et les jambes sont parfois placés à des endroits fantaisistes. Les cheveux apparaissent aussi. Au fur et

à mesure des années, le bonhomme devient de plus en plus réaliste. À 5 ans, il a une tête, un tronc, des bras et des jambes. À 6 ans, il est habillé différemment selon son sexe et l'enfant le dessine en mouvement, preuve qu'il a compris le rôle des articulations.

Une perception du corps

L'étude de l'évolution de ce bonhomme donne une bonne idée du schéma corporel de l'enfant et tout particulièrement de la perception qu'il a de son corps. Car l'enfant ne peut le représenter que lorsqu'il en a pris conscience, ainsi que de sa position dans l'espace. Il apprend tout cela à mesure que ses expériences s'accumulent. La forme du corps va évoluer.

Elle va devenir ovale ou rectangulaire. Souvent encore, l'enfant dessine les jambes vues en transparence de l'étoffe du pantalon. Ce bonhomme symbolise d'abord l'image de sa mère ou de son père et, quelques semaines plus tard, de lui-même. Vers 3 ans, d'autres représentations apparaissent, notamment celles de la maison et de tout son environnement : arbres, fleurs, animaux. ∎

> **"**C'est un grand progrès de pouvoir dessiner le bonhomme têtard. L'enfant symbolise l'être humain sur du papier, preuve qu'il l'a reconnu. C'est un signe majeur d'évolution. **"**

Futur « petit monstre » ?

La frustration n'est pas une punition, tout au contraire elle aide à grandir si bien sûr elle est justifiée. C'est dès maintenant que se posent les contraintes éducatives, faute de quoi dans quelques mois ou quelques années votre enfant deviendra insupportable. Voici comment reconnaître celui qui est sur la mauvaise pente.

• Il a toujours été livré à lui-même et il a pris des habitudes d'adulte refusant toute autorité.

• Il sait toujours tout !

• Il a eu une maladie ou un accident. Ses parents continuent à le considérer comme fragile.

• Il est particulièrement complice d'un de ses parents qui se sert de lui pour s'opposer à l'autre parent, lui conférant un statut prématuré d'adulte.

• Il ne cesse de clamer que personne ne l'aime et qu'il est en permanence victime d'« infanticide ». Pour le rassurer, il lui faut un cadeau.

• Il vit dans une tension excessive face aux disputes de ses parents. Il se réfugie dans un monde très matérialiste.

Attention, certaines situations familiales peuvent amener les parents à trop gâter leur enfant. L'enfant unique a été longtemps le modèle de l'enfant gâté, parfois il le reste. Autre contexte favorable, le divorce. L'enfant qui ne voit que son père ou sa mère en week-end peut être submergé de cadeaux, une manière de se faire pardonner son absence. ■

Pour qu'il ne devienne pas un enfant gâté

Voici dix commandements pour que vous ne fassiez pas de votre enfant un enfant gâté :

• Réservez les cadeaux aux anniversaires et aux fêtes.

• Discutez de ses « envies » : elles sont souvent plus importantes que l'objet convoité.

• Laissez-le faire ses expériences et donnez-lui l'autonomie qui correspond à son âge.

• Ne culpabilisez pas si vous êtes une mère qui travaille ou si vous êtes un papa du dimanche.

• Établissez certaines règles de discipline et tenez-vous à ces règles.

• Discutez, expliquez ces règles.

• Évitez la formation de couples enfant-adulte face à l'autre parent.

• Exigez un minimum de politesse.

• Faites-vous respecter en paroles et en actes.

• Persuadez-vous que les cadeaux ne sont pas les seules preuves d'amour. ■

Il a mauvais caractère

1RE SEMAINE

1ER MOIS

2 À 3 MOIS

4 À 5 MOIS

6 À 7 MOIS

8 À 9 MOIS

10 À 11 MOIS

1 AN

1 AN 1/2

2 ANS

2 ANS 1/2

3 ANS

4 ANS

5 ANS

6 ANS

ANNEXES

VERS 3 ANS, L'ENFANT DEVIENT SOUVENT AUTORITAIRE. Il utilise avec volupté « je » et « vouloir » pour affirmer qu'il a bien organisé sa représentation du monde autour de sa personne. « Je veux = j'existe = je domine le monde. »

Changer de statut

Il entre dans une phase d'opposition où ses colères sont nombreuses. Il ne supporte pas, notamment, qu'on l'oblige à quitter ses occupations pour lui demander de partir ou d'aller se coucher. Sa frénésie de consommation n'a pas de limite, les courses en sa compagnie sont souvent éprouvantes tant il réclame, des bonbons, un jouet voire un objet qui lui est totalement inutile. À vous de poser les limites, il doit apprendre que tous ces désirs ne peuvent être satisfaits. Mais par contre, ne soyez ni catégorique dans vos refus, ni trop rigide, c'est souvent en donnant trop d'importance à des désirs plutôt banals que se créent les vraies difficultés. Sans doute est-ce le moment de dialoguer avec lui, de lui donner le statut d'individu à part entière avec ses devoirs et ses besoins ?

Les frustrations sont nécessaires. L'enfant ne peut supporter d'entendre toujours « oui » et le « non » l'intéresse plus que le « oui ». C'est parce que vous lui dites « non » qu'il pourra ultérieurement dire « oui ».

De la constance dans les interdits

Les interdits seront alors mieux acceptés et compris s'ils sont clairs et stables. C'est à vous, parents, de veiller à la constance de leurs prescriptions, seul moyen de donner à votre enfant des points de repère grâce auxquels il se sent en sécurité affective, celle qu'il éprouve naturellement, sans avoir à y penser.

Autorité, autoritarisme, des degrés qui dépendent de l'éducation que vous avez déjà donnée à votre enfant, mais aussi de son caractère. Certains enfants, quel que soit leur âge, seront plus souples que d'autres. Ce sont les mystères de la génétique auxquels s'ajoutent les modèles parentaux. Les enfants ont des modes de pensée différents de ceux des adultes. Ils vont affirmer leur personnalité au jour le jour et sur des détails qui paraissent mineurs à leurs parents mais qui sont pour eux essentiels. S'opposer, c'est, pour lui, montrer qu'il existe, qu'il a des désirs différents de ceux de ses parents.

Savoir résister

L'opposition, même « insupportable », est le signe d'un développement normal à cet âge. Par contre, tout prolongement de cette phase, notamment après 5 ans, révèle que l'enfant n'est pas encore sûr de lui ni de son entourage. Le plus difficile pour vous est de lui résister et d'imposer votre volonté sans culpabilité. Attention, il sait très bien jouer avec la vôtre : ne cédez pas et n'essayez pas de compenser par un petit cadeau ou par un marchandage quelconque qui ne vous satisfait pas. Cependant, ne lui collez pas l'étiquette de « mauvais coucheur » ou de « caractère impossible », ces qualificatifs vont influencer son comportement : il ressent l'angoisse que cela provoque en vous, il supporte plus ou moins bien l'interprétation que vous faites de ses opinions et de ses actes et se conduira selon l'étiquette que vous lui donnez. ∎

Des hormones « favorisantes »

Des recherches, menées en écoles maternelles, montrent que les gestes violents des enfants se situent généralement entre 9 heures et 14 heures ; les enfants dits « agressifs » le sont particulièrement plus entre 10 et 11 heures, ils s'attaquent alors aux plus faibles et s'isolent. Les chercheurs expliquent ce phénomène par une concentration plus forte, dans le corps, d'hormones produites par les glandes surrénales, elles-mêmes stimulées par une montée du stress dû à l'énervement, aux bruits et à l'élévation de la température ambiante. Le lundi serait aussi un jour difficile pour les enfants agressifs soumis au stress pendant le week-end. ■

Circonstances atténuantes

Certaines situations, certains événements provoquent chez l'enfant des montées d'agressivité, tels que l'arrivée d'un autre enfant dans la famille, les scènes de ménage violentes, le divorce des parents, la disparition d'un proche, une séparation angoissante, une hospitalisation, un déménagement ou bien encore une scolarisation mal préparée. Surveillez encore ce que vous lui dites, certaines paroles font plus de mal que des coups et comme il ne peut vous répondre par des mots, il manifestera sa colère par des gestes brutaux. Pour l'aider à dominer ses pulsions agressives, trouvez-lui une activité dans laquelle il puisse se distinguer telle que musique, arts plastiques, sport. Il sera respecté pour son talent, non pour sa force. ■

▌ MON AVIS

Chez les garçons de cet âge, les jeux de contact sont fréquents et révèlent souvent une tendance à l'agressivité. C'est le résultat d'une certaine pression sociale dans l'art et la manière d'élever un garçon, mais sans doute y a-t-il aussi une explication d'ordre génétique. Les filles ont rarement ce comportement. L'agressivité, bien que normale, doit être contrôlée afin qu'elle ne se développe pas vis-à-vis des autres enfants, souvent envers les plus petits. Lorsqu'elle explose, elle se porte aussi sur les animaux de la maison et parfois sur les personnes âgées ou handicapées. L'agressivité se canalise généralement par le jeu : elle doit être jouée pour être symbolisée. Si elle est constamment vérifiée par des actes, si elle s'associe à une certaine instabilité, voire à un retard de langage, elle devient pathologique et nécessite une consultation médicale. Mais l'agressivité peut être aussi le résultat d'une certaine identification. Lorsque vous accompagnez votre enfant à la crèche ou à la halte-garderie, n'êtes-vous pas souvent agressif avec les automobilistes qui vous entourent ? Ne vous exprimez-vous pas de manière agressive en famille ? N'êtes-vous pas fier de l'agressivité de votre enfant, et supporteriez-vous d'être le parent d'un enfant qui ne se défend pas ? Il est intéressant de constater que les parents conduisent en consultation plus souvent les enfants qui ne répondent pas à l'agressivité des autres que les agressifs. Mais en réalité, ce sont les « battants » qui souffrent d'un trouble grave de la communication et de la relation avec les autres. La violence est toujours le résultat d'une histoire et elle commence souvent à s'exprimer dès la section des petits en maternelle. Souvenez-vous de ces difficultés, elles pourront vous donner des pistes pour mieux comprendre vos enfants lorsqu'ils seront adolescents. La violence fait souvent son nid dans l'enfance. ■

L'agressivité

L'AGRESSIVITÉ DE L'ENFANT EST NATURELLE, elle a même besoin d'être exprimée. Bousculades, agrippements, pincements des joues, du nez et des bras, coups de pied, de poing, cheveux tirés sont les manifestations communes à tous. Cependant, elles ne sont jamais « gratuites ».

Les poings en avant

Dans la majorité des cas, les conflits éclatent pour la possession d'objets ou pour être le premier à passer une porte ou à glisser sur le toboggan. L'agressivité peut aussi se manifester lorsque l'enfant a essuyé un refus, n'a pas obtenu de réponse à une demande ou lorsqu'il est dérangé dans un isolement volontaire ou forcé, par exemple après une punition. Ce comportement révèle toujours un désarroi devant la frustration ; c'est également la manifestation d'une opposition aux interdits. Ces réactions sont d'autant plus fréquentes que l'enfant souffre, à tort ou à raison, d'un manque d'affection ou qu'il traverse une situation familiale angoissante.

Parler de son malaise

Tous les enfants se battent, mais certains en font un mode d'expression privilégié. Ils traduisent ainsi un profond malaise. Incapables d'une autre forme de relations, leur comportement les conduit à l'exclusion. Cet isolement leur est insupportable et les rend encore plus agressifs. Certains parents ont du mal à accepter ou à voir cette conduite violente. Affecter l'indifférence est la pire des solutions, car ces enfants ont besoin, au contraire, d'être reconnus, d'être entendus.

Comment l'aider

Quant à répondre par les mêmes excès de gestes ou de mots, cela ne peut qu'aggraver la situation et installer une relation parents-enfant dans l'opposition et le conflit. En effet, un enfant a besoin d'être protégé de sa propre violence. Elle doit être contrôlée par une attitude ferme de son entourage qui doit lui imposer des limites pour favoriser son adaptation au monde réel.

Heureusement, ces comportements vont, dans la plupart des cas, devenir plus rares et moins virulents au fur et à mesure que l'enfant grandit. La maîtrise du langage aide presque toujours à calmer ces excès. L'enfant pourra négocier ses différends plutôt que les régler par la force. L'école et les règles de vie en société qu'elle impose vont aussi l'aider à une certaine maîtrise. Pourtant, l'agressivité doit toujours pouvoir s'exprimer car rien n'est plus dommageable que des sentiments refoulés. Simplement, l'enfant doit apprendre à la formuler d'une manière acceptable et à en comprendre l'origine.

Comme souvent, c'est par la parole que se soigne l'agressivité. Il est important de lui expliquer que griffer ou tirer les cheveux fait mal et que c'est pour cela que c'est interdit, de lui dire que tout agresseur peut un jour se retrouver attaqué et, surtout, de l'aider à exprimer ce qui l'a poussé à se battre. ∎

> **Il est essentiel de lui dire qu'il est aimé mais que son comportement est inacceptable, que vous ferez tout pour que cela ne se renouvelle pas.**

1RE SEMAINE

1ER MOIS

2 À 3 MOIS

4 À 5 MOIS

6 À 7 MOIS

8 À 9 MOIS

10 À 11 MOIS

1 AN

1 AN 1/2

2 ANS

2 ANS 1/2

3 ANS

4 ANS

5 ANS

6 ANS

ANNEXES

La peur du loup

Pourquoi les enfants continuent-ils encore à frémir lorsqu'on leur raconte des histoires de loups ? Sont-ils victimes de leur imagination ? Dans l'image qu'ils en ont, on retrouve tous les symboles de ce qui effraie : le noir du pelage, le gîte dans les forêts obscures, les grandes dents, les yeux brillants et la férocité ; tout cela suffit à installer l'animal dans la légende.

De plus, comme on attribue au loup le pouvoir de s'attaquer aux hommes, il met en danger la sécurité du foyer. En fait, le loup est l'étrange inconnu, celui qui stigmatise la séparation, l'enlèvement, la perte de ceux qui vous sont chers. ■

Les parents mentent aussi

Le « mensonge » favori des parents : le Père Noël. Si l'enfant émet des doutes, il n'est pas nécessaire d'entretenir ce mensonge. Révéler le mythe du Père Noël ne signifie pas que Noël n'existe plus. L'enfant doit être rassuré, il aura des cadeaux et s'émerveillera comme auparavant devant le sapin. Pour Claude Levi-Strauss, anthropologue, ethnologue et philosophe : « Ce n'est pas seulement pour duper nos enfants que nous les entretenons dans la croyance du Père Noël. Leur ferveur nous réchauffe, nous aide à nous tromper nous-mêmes et à croire, puisqu'ils croient qu'un monde de générosité sans contrepartie n'est pas absolument incompatible avec la réalité. » ■

Pourquoi aiment-ils les monstres ?

Poilus, ventrus, aux mâchoires impressionnantes, les monstres hantent les livres pour enfants et se transforment même parfois en peluches qu'on sert fort dans ses bras au moment de s'endormir. Mais ces créatures physiquement si repoussantes cachent la plupart du temps un grand cœur et ont l'habitude de ressembler, dans leur comportement, aux enfants de cet âge : coléreux, gourmands, intrépides, peureux, il y en a pour tous les goûts et chacun s'y reconnaît. Ces monstres peuvent cependant devenir des super-héros qui s'affrontent en combat singulier sur la moquette du salon et, comme toujours, les bons terrassent les méchants : que tout cela est rassurant !

Dans la psychologie de l'enfant, tous ces personnages hideux symbolisent les combats quotidiens : ceux contre les cauchemars, contre les fantasmes et qui font si peur. Ces monstres n'existent que pour être combattus et vaincus par l'enfant. Avoir peur, c'est délicieux quand on sait qu'au fond on ne risque rien. La vie quotidienne est tout autre. Les monstres aident à matérialiser des angoisses diffuses puis à les surmonter lorsqu'elles sont identifiées. Enfin, ils peuvent aussi être des personnages merveilleux : un copain, un allié qui aidera à terrasser d'autres ogres et autres croque-mitaines ou tout ennemi déclaré. À cela, il faut ajouter que les enfants aiment généralement ceux qui sont drôles et les font rire. ■

■ MON AVIS

Parlons un peu du Père Noël. Il est encore très présent dans l'imaginaire des enfants de cet âge et pourtant c'est un énorme mensonge. Tout le monde ment avec plaisir à son sujet, entièrement satisfait de la perméabilité entre l'imaginaire et la réalité. Mentir pour l'enfant est un signe de bon développement, c'est en mentant que l'enfant sait qu'il a une pensée personnelle. Toute connotation morale n'existe pas pour lui, il n'a ni le sens du mal ni celui du péché. D'ailleurs sa pensée est variable et évolutive : il ment, il dit la vérité, oublie et recommence. ■

L'imaginaire et le mensonge

POUR L'ENFANT PETIT, IL N'EST PAS ÉVIDENT DE FAIRE LA DIFFÉRENCE ENTRE LE VRAI ET LE FAUX, entre le monde imaginaire et le monde réel. Affirmer une chose c'est la faire exister, c'est la rendre « vraie ». À l'inverse, la nier c'est la faire disparaître.

Il ne dit pas la vérité

L'enfant vit dans un monde « magique », celui des contes où les animaux parlent et où les jouets partent en balade le soir venu. Alors pourquoi ne pas soutenir, droit dans les yeux, que cette grosse bêtise est celle de la poupée ou de l'ours ? L'enfant va mettre un certain temps à avoir une idée claire entre ce qui est vrai et ce qui est fictif. Longtemps il va prendre ses désirs pour la réalité, pensant qu'en y croyant « dur comme fer » ils se réaliseront. L'attitude des parents face à ces « petits mensonges » a, bien sûr, de l'importance : ils doivent entrer dans le jeu tout en rétablissant la vérité. Si l'adulte ne lui donne pas alors de bons repères, l'enfant imaginera que ce qu'il raconte est vrai puisque ses parents ne disent pas le contraire. Bien sûr, avec l'expérience, il s'apercevra que mentir peut servir, le mensonge devenant alors utilitaire. Ce sont d'ailleurs souvent ses parents qui seront les premiers initiateurs de ce type de mensonge car ils s'en servent souvent pour se justifier ou s'excuser.

Mentir pour fuir

Le qualifier de « menteur », se moquer de lui, le culpabiliser risque de l'entraîner davantage dans le mensonge. Il ment pour obtenir une récompense, un avantage ou échapper à une réprimande, voire à une punition. Mais cela peut encore signifier : « N'entrez pas dans mon intimité, je veux garder mes secrets. » Il peut aussi être employé en « règlement de comptes », comme cette petite fille qui, déjeunant à la cantine de l'école, dit manger pendant des semaines des carottes. En tenant ces propos, elle indique à ses parents que puisqu'ils ont décidé de la mettre dans cet endroit, ils n'ont pas à savoir ce qu'il s'y passe. Les mensonges ont toujours une signification. Besoin d'être aimé, d'être admiré. Bien sûr, ils doivent rester modestes et peu fréquents. Dans le cas contraire, ils révéleraient alors un enfant en souffrance vis-à-vis de son image.

Le mensonge fabulation

Et si les enfants mentaient parce qu'on le leur apprend ? Trop souvent, pour éviter des explications compliquées ou plus simplement par manque de disponibilité, les adultes mentent aux enfants. L'enfant construit sa personnalité en imitant. Comment alors ne pas s'étonner qu'il mente à son tour ? Les psychologues estiment qu'il n'existe pas de mensonge avant 7 ans. L'enfant aime fabuler et cette fonction est essentielle dans son développement psychique. Pour Maria Montessori, médecin et pédagogue italienne, certains mensonges sont réellement des créations artistiques. L'enfant est alors un acteur qui se met dans la peau d'un personnage. Le mensonge peut aussi servir à minimiser une action que l'enfant sait « mauvaise » tout en ne voulant pas en endosser la responsabilité. Sa pensée reste longtemps de type « magique ». Le mensonge réel n'apparaît qu'avec le développement du jugement et du sens moral. ■

1RE SEMAINE

1ER MOIS

2 À 3 MOIS

4 À 5 MOIS

6 À 7 MOIS

8 À 9 MOIS

10 À 11 MOIS

1 AN

1 AN 1/2

2 ANS

2 ANS 1/2

3 ANS

4 ANS

5 ANS

6 ANS

ANNEXES

Ses peurs

C'EST ENTRE 2 ET 5 ANS QU'APPARAISSENT LES PREMIÈRES MANIFESTATIONS DE PEUR. Elles sont de toutes origines et parfaitement normales. Elles matérialisent, expriment et évacuent en grande partie une anxiété rencontrée au cours d'une situation, face à un objet ou à une personne.

Il a peur, donc il pense

Le début de la pensée entraîne des doutes, des tensions et des difficultés que la peur diminue. Certains enfants y semblent plus sujets que d'autres, en raison d'un climat familial favorisant : les parents anxieux reportent ce sentiment sur leur enfant qui, à son tour, s'arrange pour les rendre plus inquiets. Un phénomène qui s'accentue si les parents perdent l'image rassurante qu'ils doivent apporter à leur enfant. Cependant, c'est en maîtrisant ses angoisses qu'un enfant devient capable de relever de nouveaux défis. Ainsi, c'est la peur de tomber qui le force à descendre les escaliers ; c'est la crainte d'être malade qui lui donne le courage de supporter les piqûres.

Chaque peur surmontée est une victoire qui lui apprend à en affronter une autre, différente. En fait, craintes et peurs sont essentiellement des manifestations de l'équilibre psychique de l'enfant. Les maîtriser est un signe de maturité. Les angoisses les plus profondes correspondent aux phases de progrès les plus rapides. De plus en plus conscient de son environnement, l'enfant est de plus en plus réceptif aux changements dans lesquels il va devoir trouver sa place. En manifestant ses émotions, il sollicite de ses parents l'aide nécessaire à l'identification des limites de sa nouvelle situation. Les peurs naissent, tout naturellement, vers 3 ans parce qu'elles accompagnent l'éclosion des sentiments agressifs qui envahissent tous les enfants de cet âge. De plus en plus autonomes, ils testent leurs pouvoirs.

La peur du noir et de l'obscurité

C'est sans doute la frayeur la plus banale de l'enfant. Il ne craint pas seulement le noir, mais tous les dangers supposés s'y cacher. C'est une peur qui durera longtemps même s'il est capable d'allumer la lumière. Son imagination crée un monde inconnu et angoissant : c'est le bruit du parquet ou de l'armoire qui travaillent, bruit qui, dans le silence de la nuit, prend une ampleur démesurée ; ce sont les objets, même les plus familiers, qui se transforment en ombres menaçantes. La nuit, l'enfant se retrouve seul. Alors resurgissent toutes les angoisses. La plus courante est celle de la séparation, à laquelle s'associe une profonde impuissance puisque personne n'est là pour le protéger.

L'enfant traverse aussi une période où il se pose de grandes questions existentielles, notamment celles liées à la sexualité. Ses désirs, ses pulsions étant, il le sait, socialement inacceptables, se transforment en appréhension de multiples dangers imaginaires. Des dispositions simples l'aideront à les surmonter : une veilleuse, la porte entrouverte sur le couloir allumé et un bon ours douillet et protecteur suffisent en général. Vous pouvez lui apprendre à regarder la nuit, à reconnaître ce qui l'entoure, l'emmener main dans la main faire une promenade nocturne à travers la maison, si besoin avec une lampe de poche. Ses craintes ne disparaîtront pas du jour au lendemain, mais très progressivement au fil des mois.

1RE SEMAINE

1ER MOIS

2 À 3 MOIS

4 À 5 MOIS

6 À 7 MOIS

8 À 9 MOIS

10 À 11 MOIS

1 AN

1 AN 1/2

2 ANS

2 ANS 1/2

3 ANS

4 ANS

5 ANS

6 ANS

ANNEXES

La peur des animaux et de leurs morsures

Elle est parfaitement naturelle et prend naissance dans les sentiments agressifs de l'enfant qui, lorsqu'il est inquiet ou contrarié, a envie de mordre et de griffer. Tout cela est étayé par le fait qu'enfant et animal se sentent très proches et que, pour l'enfant, l'animal a des sentiments identiques aux siens. Il peut s'agir encore d'une mauvaise expérience avec un animal. Celui-ci sert encore d'exutoire à son agressivité, c'est le chien dont il tire la queue, le chat qu'il poursuit, etc. L'enfant a tout naturellement peur qu'il lui rende la pareille, sentiment accentué par une certaine culpabilité.

La peur du sommeil

Elle est souvent liée à la peur de ne plus pouvoir se réveiller. Le coucher est, de toute façon, vécu comme un moment important de séparation où la solitude dans le noir devient vite insupportable. Le sommeil est aussi redouté pour ses rêves et ses cauchemars. L'enfant de cet âge est incapable de faire la différence entre le rêve et la réalité ; les monstres, les objets dangereux, les chiens, les gens méchants de ses rêves lui apportent des craintes.

La peur de la mort

Elle peut naître de la disparition d'un être cher, ou d'une émission ou un film à la télévision. L'enfant de cet âge a encore une notion réversible de la mort et peut dire : « Il est mort mais il revient quand ? » Il lui faudra un certain temps, vers 5-6 ans, pour admettre que la mort est une fatalité à laquelle personne n'échappe, qu'il devra se séparer de ses proches. Lui expliquer ce qu'est le corps humain, le cycle de la vie, en lui affirmant que la mort n'est pas forcément une disparition totale, peut aider l'enfant à la comprendre. À chacun de trouver les mots qui correspondent à sa croyance.

Cette peur peut être aussi liée à la crise œdipienne. En effet, l'enfant peut souhaiter la mort d'un de ses parents pour avoir l'autre pour lui seul. Ces violents désirs l'inquiètent d'autant qu'il ne fait pas la différence entre souhait et réalité. ■

Ses relations sociales

LES COPAINS VONT PRENDRE DE PLUS EN PLUS D'IMPORTANCE dans la vie de votre enfant avec l'entrée à l'école maternelle. Tout comme les parents et les autres membres de la famille, ils offrent l'opportunité de références qui vont lui permettre de développer sa personnalité.

Surtout ressembler aux autres

Ils vont élargir sa vision du monde. Il découvrira d'autres habitudes de vie, d'autres comportements. Les enfants du même âge sont d'emblée sur un pied d'égalité et peuvent donc apprendre les règles de la réciprocité, c'est-à-dire les moments où l'on tient tête à l'autre et ceux où on lui cède. L'enfant apprend ainsi les codes qui régissent l'expression des sentiments. Tout cela l'aide à sortir de son égocentrisme naturel et normal.

Tout à l'identique...

La fréquentation des autres enfants va lui permettre un échange d'expériences : c'est en les regardant agir qu'il apprend à construire une forme, à tracer ses premières lettres et à faire du vélo. Ils vont encore l'aider à forger son image. Sans leur reconnaissance et leur approbation, il lui est impossible d'apprendre à s'apprécier. Les copains jouent l'effet de miroir. L'intégration au groupe se fait toujours avec excès. L'enfant doit s'y fondre pour ressembler en tout point à l'autre. Ce besoin d'identification extrême apporte naturellement un lot de conflits avec les parents. Il veut tout à l'identique de ses camarades : vêtements, jouets, rythme de vie. « S'il le fait, pourquoi pas moi ? » est la grande revendication du moment.

... mais en restant unique

Ces expériences sont parfois difficiles à adapter aux contraintes familiales. La plupart des psychologues pensent qu'il faut alors négocier et expliquer. Dites que vous approuvez son besoin de faire aussi bien que les autres mais que vos moyens financiers ou vos règles de vie sont en contradiction avec ses exigences. Ceci sera d'autant plus indispensable si, sous l'influence de quelques-uns de ses camarades, l'enfant gentil et agréable se transforme en véritable « petit monstre ».

Aborder la question de la ressemblance ou de la différence avec les autres est l'occasion de faire sentir à l'enfant qu'il est un être unique avec ses qualités et ses défauts, qu'il devra toute sa vie être fidèle à lui-même. C'est aussi lui enseigner que garder sa personnalité, c'est être sûr d'être apprécié et respecté des autres.

Les enfants exclus

Un enfant qui ne participe pas aux jeux ou qui est mis à l'écart, à l'école, est un enfant qui transmet à ses camarades de classe des messages d'anxiété, d'insécurité ou d'émotivité que les adultes ne perçoivent pas toujours. Par contre, s'il est perturbé – voire déprimé –, il reçoit leur sympathie. Mais pour que le groupe puisse exprimer envers lui cette attitude chaleureuse, encore faut-il que l'enfant possède la capacité de garder ses amis. Ce que les enfants rejettent chez leurs semblables, ce sont les problèmes graves qui les empêchent d'établir des relations. Le portrait type d'un enfant exclu souligne une personnalité qui s'intéresse à des choses bizarres (pour les autres), qui a un vocabulaire plus élaboré que celui du groupe. C'est encore un enfant pleurnicheur, qui pose beaucoup de questions, est anxieux et très dépendant des adultes.

Populaire dès la maternelle

Certains enfants sont, dès leur plus jeune âge, pourvus d'un certain charisme. Lorsqu'on demande à l'ensemble d'une même classe de désigner le camarade préféré, mis à part le partenaire favori, un certain nombre de noms se détachent. Concrètement, il apparaît clairement que ce sont toujours les mêmes qui sont choisis et, malheureusement, toujours les mêmes qui sont rejetés. À quoi est due cette popularité ? Le croisement de multiples « sondages » a permis de dresser le portrait du « héros ». Il est un peu plus intelligent que la moyenne (mais pas trop) et en bonne santé. Mais ce qui lui donne toute son aura, c'est sa gaieté, son bon caractère, sa sensibilité aux besoins des autres. ▪

▌ MON AVIS

Aujourd'hui, il n'y a plus de doute, la sociabilité précoce de l'enfant est source d'enrichissement. Dès 3-4 mois, à la crèche ou à la halte-garderie, il bénéficie déjà des apports des autres enfants. Mais le moment le plus important de l'enfance est sans aucun doute l'entrée à l'école maternelle. Cette institution est le luxe des pays développés. À l'école, le développement de l'enfant décolle : il joue avec d'autres, deux ou trois, il imagine de petites saynètes où ses camarades prennent place. Son imaginaire, jusqu'alors centré sur lui-même ou sur ses parents, s'enrichit d'un imaginaire social et sociologique. C'est le début de l'intégration dans la cité. L'école est aussi l'occasion de révéler des difficultés. Certains enfants ont des décalages dans leur développement vis-à-vis des autres. Grâce à l'école, les parents se rendent compte si leur enfant a un retard sur le plan psychomoteur, psychologique, langagier ou graphique. Si besoin, ils verront un spécialiste. Il y a aussi un autre phénomène important à cet âge, l'enfant peut garder en mémoire l'image de ses parents tout au long de la journée de classe, se préparant avec bonheur à « l'heure des mamans », ce moment comptant d'ailleurs plus pour lui que l'école. Il surveillera la pendule et les allées et venues de la maîtresse, prêt à se jeter dans les bras du parent venu le chercher. C'est par la séparation-individuation que l'enfant devient autonome, et l'affection s'accroît avec la distance. ▪

1RE SEMAINE

1ER MOIS

2 À 3 MOIS

4 À 5 MOIS

6 À 7 MOIS

8 À 9 MOIS

10 À 11 MOIS

1 AN

1 AN 1/2

2 ANS

2 ANS 1/2

3 ANS

4 ANS

5 ANS

6 ANS

ANNEXES

Partout, sauf dans son lit !

Laura est une enfant vive et émotive et toutes les nuits, ou presque, elle se lève et rejoint la chambre de ses parents. Elle sait qu'elle ne pourra pas s'installer dans le lit parental, aussi emmène-t-elle dans sa promenade nocturne son oreiller et son sac de couchage et c'est sur la descente de lit qu'elle s'installe, demandant simplement à sa mère de lui tenir la main. Au bout de quelques semaines, il arrive à Laura de faire le chemin inverse pour retrouver son lit. Enfin, quelques mois plus tard, elle est assez « grande » pour dormir seule dans sa chambre.

Un enfant ne doit pas se lover dans le lit de ses parents, leur interdisant un projet amoureux ou assistant, bien qu'endormi, à leurs relations sexuelles. C'est par la pudeur que l'enfant aura ultérieurement une sexualité épanouie.

Certains enfants, pour éviter de se retrouver seul dans leur chambre, demandent à s'endormir sur le canapé de la salle de séjour ou sur le lit des parents pour être portés, une fois assoupis, dans leur lit. Ce n'est pas la bonne solution au coucher difficile. L'enfant doit accepter la séparation et s'habituer à trouver le sommeil dans sa chambre. Mieux vaut ne pas céder, même une fois, pour ne pas créer une détestable habitude qui le conduit générale-ment à s'endormir après avoir lutté contre le som-meil. Mais s'il préfère s'installer sur le tapis de sa chambre, pourquoi pas ? Refuser, c'est l'affronter bien inutilement. Ce confort précaire lui sera vite insupportable et il regagnera, au bout de quelques jours, son lit douillet. Il est en âge, d'ailleurs, de quitter son lit à barreaux et il peut dormir dans un lit d'une personne. Pour éviter les chutes dues à un sommeil parfois agité, vous pouvez équiper son lit de barrières amovibles. ∎

Petits problèmes pratiques

Si votre enfant ne vous a pas vus de la journée, ne lui imposez pas de vous quitter pour le mettre au lit dès vos retrouvailles. Ne soyez pas trop rigou-reux sur l'heure du coucher, racontez-lui tendre-ment une histoire pour qu'il tire un bénéfice de votre présence, il acceptera mieux alors la sépa-ration. Puis, accompagnez votre enfant dans sa chambre, donnez-lui son jouet favori pour qu'il puisse s'endormir avec lui. ∎

De l'inquiétude à l'insomnie

L'enfant de 3 ans est parfois un peu excité, parfois aussi un peu inquiet. Son sommeil s'en trouve faci-lement perturbé, surtout s'il n'y a aucune régula-rité dans ses heures de coucher, s'il ne fait pas régulièrement la sieste, s'il est dans une atmos-phère bruyante ou agitée, ou encore s'il partage la chambre des parents.

D'autres problèmes, comme des stimulations excessives dans le domaine du langage ou de la propreté, peuvent accentuer ces troubles du som-meil. Une éducation sphinctérienne mal conduite, par exemple, est souvent cause de troubles du sommeil ; trop rigoureuse, l'enfant a peur de « ne pas être propre » pendant son sommeil et il lut-tera pour ne pas s'endormir. À cela peut s'ajouter l'angoisse de « morcellement » : la défécation pour l'enfant de cet âge est assimilée à la perte d'un morceau de lui-même (pp. 346 à 349).

Une première séparation mère-enfant pour des raisons familiales, voire à l'occasion de vacances chez les grands-parents, peut également le per-turber. L'insomnie peut, selon l'enfant, être acci-dentelle, qu'elle soit liée à un fait particulier ou non, mais elle peut devenir durable, surtout si se gref-fent à la perturbation déjà en cause des difficultés dues à une mauvaise relation mère-enfant.

Un conflit entre l'enfant et sa mère, une dispute, une punition, peuvent aussi venir perturber le moment du coucher. Une réprimande un peu appuyée juste avant d'aller le coucher, un trop rapide « bonsoir » à son goût pour cause de sur-menage maternel, il n'en faut pas plus pour trou-bler son sommeil. En signant la paix, vous favori-sez le passage du marchand de sable. ∎

Des nuits agitées

1RE SEMAINE

1ER MOIS

2 À 3 MOIS

4 À 5 MOIS

6 À 7 MOIS

8 À 9 MOIS

10 À 11 MOIS

1 AN

1 AN 1/2

2 ANS

2 ANS 1/2

3 ANS

4 ANS

5 ANS

6 ANS

ANNEXES

LE COUCHER DEVIENT PLUS FACILE : les rites tendent à disparaître, même si le câlin du soir, le pouce, la couche à sucer, la peluche ou le biberon sont toujours indispensables, et pour un certain temps encore. En revanche, certains enfants se réveillent facilement en pleine nuit et se promènent avec plaisir dans la maison.

Promenade nocturne

Un cauchemar, un bruit dans la rue ou dans l'appartement des voisins peuvent réveiller le petit dormeur. Les enfants émotifs sont particulièrement fragiles. Les cauchemars les stressent et les bruits sont d'autant plus effrayants que ces enfants sont incapables d'en reconnaître l'origine, comme d'en évaluer la proximité ou l'éloignement. L'enfant n'est pas toujours capable de distinguer ce qui réel et rêvé et ce qui est dedans de ce qui est dehors. L'enfant éveillé se lève et parcourt la maison.

Généralement, le but de leur voyage est la chambre des parents où ils viennent demander asile. Ils ont l'habitude de venir poursuivre leur nuit dans le lit de leurs parents. Est-ce bien, est-ce mal ? Si ce comportement n'est pas systématique, si l'enfant à la suite d'un cauchemar particulièrement angoissant vient tout simplement se réconforter au contact de ses parents, il n'y a sans doute là rien d'inquiétant. Mais si cela devient une habitude, il est important de comprendre l'origine du trouble.

Se glisser dans le lit des parents

Dans la plupart des cas, il s'agit d'une manifestation du complexe d'Œdipe (pp. 474 à 477). L'enfant cherche à s'installer entre ses parents. Lorsqu'il vient dans leur lit, il s'y glisse dans le but d'évincer son « rival ». Si les parents sont trop laxistes, l'enfant risque de passer du fantasme au réel. Cette situation est d'autant plus « compliquée » que l'enfant devient parfois l'alibi d'une mauvaise relation du couple. Il est essentiel pour son équilibre que l'interdit de l'inceste soit clairement perçu.

Longtemps, la plupart des psychologues ont conseillé aux parents de raccompagner systématiquement l'enfant dans son lit. Aujourd'hui, les positions se sont assouplies et certains pensent que si cette attitude ne devient pas une véritable habitude, si les parents n'en souffrent pas dans leur harmonie de couple, ils peuvent accueillir de temps en temps l'enfant dans le lit conjugal. Mais ce n'est pas une raison pour ne pas l'aider à accéder à l'indépendance suprême : dormir seul dans son lit. Normalement, ce désir devrait se manifester vers 3 ans 1/2.

Quel que soit le comportement choisi, l'essentiel est que vous comme votre conjoint soyez d'accord et que vous décidiez ensemble des étapes qui conduiront votre enfant à dormir dans son lit. Si vous ne voulez pas l'accueillir dans le vôtre, raccompagnez-le dans sa chambre en lui expliquant que si ses parents dorment ensemble, c'est qu'ils sont mariés et qu'il peut constater que ni son père ni vous ne dormez avec vos propres parents. ■

❝ Remettez-le dans son lit et tenez bon ! S'il pleure, sachez que vous anticipez sur son avenir anxieux en refusant de céder. ❞

L'énurésie

LA PLUPART DES ENFANTS CONTRÔLENT LEUR VESSIE VERS 2 ANS 1/2,
mais pour certains cela demande un peu plus de temps, surtout pour acquérir
la propreté de nuit. On ne peut parler d'énurésie que si l'enfant mouille
son lit tout à fait régulièrement.

Primaire ou secondaire

L'énurésie est dite primaire si l'enfant a toujours eu ce problème. Elle est dite secondaire si l'énurésie survient après une période de propreté nocturne. Les causes sont souvent multiples et intimement liées. Sans doute aux problèmes physiologiques et neurologiques de maturité, qui permettent à l'enfant de contrôler sa vessie, s'ajoutent des problèmes psychologiques (souvent) et des erreurs d'éducation (parfois). L'énurésie secondaire est avant tout une manifestation d'anxiété chez l'enfant quand, sur le plan médical, rien ne révèle une anomalie de l'appareil urinaire.

Des causes multiples

Mis à part des raisons très particulières et vite reconnues – une naissance dans la famille, le divorce des parents, etc. –, où faire pipi au lit est alors un moyen de protester face à une situation que l'enfant ne peut dominer, l'énurésie touche des enfants qui ont un sommeil particulièrement profond. Ceux qui ont un sommeil normal se réveillent lors des phases de sommeil léger s'ils ont besoin d'uriner.
On connaît aujourd'hui les bases physiologiques « d'oubli » nocturne. Chez le petit énurétique, le rythme chronobiologique jour-nuit de l'hormone antidiurétique n'est pas encore acquis ; plus simplement, s'il n'y a pas d'augmentation de cette hormone pendant la nuit, le débit urinaire est supérieur à la capacité de la vessie de l'enfant.

Résultat : elle déborde ! Il semble aussi que l'on puisse incriminer une immaturité de la vessie, elle se contracte de manière anarchique et intense même lorsqu'elle n'est pas pleine. Cette caractéristique oblige l'enfant à se lever plusieurs fois dans une même nuit et bien sûr multiplie les risques de fuite. L'énurésie est largement plus fréquente chez les garçons que chez les filles. On estime qu'en France 400 000 à 500 000 enfants en souffrent.

D'abord éduquer...

Cependant, une certaine « éducation » peut aider un enfant à être propre la nuit. Tout d'abord, il faut l'obliger à faire pipi au moment de son coucher. Certains parents réveillent leur enfant lorsqu'ils vont dormir et lui proposent d'aller aux toilettes. Cette méthode n'est pas d'une efficacité garantie car, dans la plupart des cas, il somnole et ne se rend pas compte qu'il urine. Ensuite, si l'enfant se réveille en pleine nuit, la disponibilité des parents est essentielle pour l'aider à être propre. Pour lui faciliter ses levers nocturnes, vous pouvez placer un pot dans sa chambre. Vous pouvez même y accrocher une plaque fluorescente pour le rendre plus facilement repérable. Protégez également le matelas avec une alèse pour limiter les débordements et, s'ils se produisent, n'en faites pas un drame ; expliquez-lui que cela peut arriver et proposez-lui, s'il l'accepte, de remettre une couche pour quelques nuits. Généralement, au bout de quelques mois de « petit besoin » nocturne, il est capable de passer toute une nuit au sec. Pour l'enfant, un bon apprentissage passe par la liberté de se dominer sans contrainte tout en se sentant aidé par ses parents. Il lui faut aussi, bien sûr, la volonté d'être propre.

... puis traiter

L'énurésie n'est reconnue vraiment comme maladie que chez les enfants de plus de 5 ans. En effet, c'est à partir de cet âge qu'il convient de la traiter. Tout commence par un diagnostic qui repose avant tout sur un interrogatoire pointu. L'enfant fait-il pipi au lit uniquement la nuit ? Est-il conscient ou non lors de cette émission d'urine ?

Si le diagnostic confirme le trouble, un traitement est mis en œuvre. Le médecin commence par rassurer l'enfant – faire pipi au lit n'est pas un drame – puis il l'implique dans son traitement. Un calendrier mictionnel va l'aider à se prendre en charge : l'enfant note les nuits mouillées en coloriant un parapluie et les nuits sèches en faisant un soleil. Il juge ainsi lui-même de ses progrès. En cas d'immaturité de la vessie, le traitement repose sur des anticholinergiques et est immédiatement efficace. Dans tous les autres cas, le traitement repose sur l'utilisation d'une molécule appelée Desmopressine, analogue à celle de l'hormone antidiurétique. Présenté sous forme de spray nasal, le traitement consiste en deux pulvérisations à 1/2 heure d'intervalle et 1 heure avant le coucher. Il est facile d'emploi, bien toléré et sans effets secondaires. La durée préconisée est de trois mois renouvelables en cas de résultats incomplets ou de reprise de l'énurésie. Il peut être entrepris en hôpital de jour ou associé à une cure thermale. Les petits accidents dans la journée appartiennent encore au déroulement normal de cette acquisition. ∎

▌ MON AVIS

L'énurésie est un des motifs fréquents de consultation. Dans la majorité des cas, il s'agit d'énurésie nocturne : l'enfant perd ses urines de manière involontaire et inconsciemment alors qu'il est profondément endormi. D'ailleurs, les parents sont persuadés que s'il est énurétique, c'est parce qu'il dort très profondément. Ils essaient alors de le réveiller régulièrement au cours de la nuit : une méthode qui réveille toute la famille, sauf le petit dormeur. Seul le traitement de type comportemental a des chances de réussite. Je crois notamment au traitement qui demande à l'enfant la gestion d'un petit carnet où il note les jours où il a été propre et les autres. En vérifiant ses notes, vous constaterez qu'il est plus souvent « au sec » chez ses grands-parents, en classe de neige ou en vacances chez un de ses petits amis. C'est souvent loin de sa famille que l'enfant domine son énurésie. Non, celle-ci n'est pas héréditaire, simplement, les parents qui en ont souffert en parlent très souvent, transmettant la responsabilité de cette caractéristique du parent en cause à l'enfant. Si votre enfant est énurétique, vous pouvez essayer différentes méthodes, comportementales ou médicales, mais l'une après l'autre. Il faut s'inquiéter d'une énurésie qui dure au-delà de la quatrième année, tout en se souvenant que 10 à 15 % des enfants en guérissent spontanément à partir de l'âge de 5 ans. Si l'énurésie s'installe, l'enfant devient passif et honteux, il est alors indispensable de l'impliquer dans sa guérison en le rendant garant et responsable d'elle. ∎

1RE SEMAINE

1ER MOIS

2 À 3 MOIS

4 À 5 MOIS

6 À 7 MOIS

8 À 9 MOIS

10 À 11 MOIS

1 AN

1 AN 1/2

2 ANS

2 ANS 1/2

3 ANS

4 ANS

5 ANS

6 ANS

ANNEXES

Avoir un peu d'autorité

ÉLEVER UN ENFANT NE SIGNIFIE PAS LUI FAIRE PLAISIR EN PERMANENCE :
le rôle des parents est d'instaurer des règles et de fixer des limites. L'enfant a besoin
de savoir qu'elles existent pour se sentir protégé.

Savoir dire « non »

Aux règles indispensables de sécurité s'ajoutent celles qui régissent la vie en famille et en société. L'éducation consiste à donner à votre enfant des habitudes de vie et à lui apprendre les comportements de respect d'autrui.

Expliquer pour imposer

Mais votre enfant grandit et il devient de plus en plus difficile de lui imposer quoi que ce soit sans justification ni explication. Pour que les relations enfant-parents ne finissent pas en conflits permanents, mieux vaut ne pas utiliser la force ou la contrainte, seule la puissance de persuasion est efficace. Pourtant, celle-ci devra être cohérente : ne changez pas d'attitude d'un jour à l'autre, efforcez-vous de vous mettre d'accord avec votre mari sur des consignes communes. Pour apprendre, l'enfant a besoin de stabilité dans les comportements.

Vers 3 ans, vous pouvez commencer à expliquer les raisons de vos décisions pour l'amener à être en accord avec vous. Dans la famille, la personne qui impose le plus est souvent la mère, tout simplement parce que c'est elle qui est chargée d'enseigner les comportements quotidiens et qu'elle est généralement la plus présente. Demandant beaucoup, c'est aussi elle qui a le plus de mal à se faire obéir. Un rôle ingrat que de nombreuses mères souffrent d'avoir à jouer. L'autorité du père est plus événementielle, plus surprenante pour l'enfant, donc souvent plus entendue. D'ailleurs, il saura très vite jouer sur cette rivalité, même si elle n'est pas clairement exprimée. L'idéal est que, ensemble, vous mettiez au point une stratégie commune sur les principes éducatifs que vous souhaitez transmettre à l'enfant.

Une frustration enrichissante

L'autorité est d'autant mieux acceptée qu'elle est appliquée avec affection et compréhension. L'enfant doit sentir que ses parents respectent ses désirs et ses émotions même si supporter ses colères ou ses petites manies est parfois difficile. L'enfant se construit à la fois parce qu'on lui donne et parce qu'on lui refuse. Les limites posées dans l'enfance apprennent le sentiment de frustration, constructeur de l'intelligence, moteur des apprentissages, stimulant de l'imagination.

Tout permettre, tout accorder à un tout-petit, c'est le tromper sur la vie, la réalité quotidienne se chargera alors de faire tomber ses illusions. Les enfants élevés ainsi sont souvent instables et souffrent parfois de troubles de la personnalité.

Punition corporelle interdite

Les interdits ne sont bien compris d'un enfant que s'ils sont exprimés clairement et avec conviction. Il ne doit pas douter de la parole de ses parents et il doit être persuadé qu'une transgression entraînera une sanction. Il respectera alors l'interdit. La punition est indissociable du respect de l'autorité, elle n'est comprise et utile que si l'interdiction a été clairement exprimée. La punition ne doit ni être injuste ni pouvoir être interprêtée comme telle. Elle peut même être choisie par l'enfant, qui devient ainsi acteur de son éducation et reconnaît comme sienne la loi édictée par ses parents.

Toutes les punitions de nature corporelle sont à bannir : la fessée ou la gifle doivent être considérées comme une atteinte au corps de l'enfant, comme une humiliation. En le battant, vous le dépossédez de son corps et en disposez avec brutalité. Vous appliquez la loi du plus fort, la pire des injustices. En général, la « bonne punition » correspond à une privation de télévision ou de sortie chez un ami, à une mise à l'écart dans sa chambre et à l'obligation d'exécuter une corvée, comme ranger ses jouets, par exemple. Elle se doit, bien sûr, d'être proportionnelle à la faute. Elle sanctionne et soulage : d'abord l'enfant sait ainsi qu'il sort du conflit et que ses parents vont de nouveau l'aimer ; ensuite elle laisse aux parents le temps de reprendre leur calme. ■

▌ MON AVIS

Ça y est, il est grand ! Il se passe de vous, il fréquente l'école maternelle et la cantine, il va seul aux anniversaires de ses amis, il raconte les moments vécus en dehors des temps partagés. Vous allez maintenant avoir une idée de sa personnalité, de son caractère, de ses goûts et peut-être de son devenir. Votre rôle est alors de l'aider dans ce qu'il affronte de difficile plutôt que de le forcer dans les choses faciles. Vous devez l'évaluer : il parle beaucoup mais a-t-il des capacités d'attention suffisantes ? Réfléchit-il beaucoup tout en s'exprimant peu ? De plus, il est tout à fait capable de se séparer de vous mais manifeste toujours une vive anxiété à votre départ. Cette période de la vie est typique du concept psychologique d' « individuation-séparation ». C'est en se séparant de vous que votre enfant acquiert le sentiment de liberté, d'autonomie et de plaisir de la découverte. Il exprime alors ses rivalités, ses désarrois et ses craintes. Surveillez qu'il ne souffre pas de troubles de l'estime de soi ou de confiance en lui, ce qu'il exprimera par des paroles négatives vis-à-vis de lui-même. Il ne doit pas s'enfermer dans cette idée, il doit se sentir fort pour affronter l'avenir et il vaut mieux être le plus fort possible, le plus tôt possible. Après la phase naturelle où votre enfant est l'enfant idéal, sachez maintenant entrer dans la phase des critiques bienveillantes. Dites-lui ce qui ne va pas, c'est ainsi que vous l'aidez à dépasser les obstacles. Vous protégez son avenir en lui donnant dès maintenant la notion de critique, mais n'y mettez ni mépris ni irrespect. ■

1RE SEMAINE

1ER MOIS

2 À 3 MOIS

4 À 5 MOIS

6 À 7 MOIS

8 À 9 MOIS

10 À 11 MOIS

1 AN

1 AN 1/2

2 ANS

2 ANS 1/2

3 ANS

4 ANS

5 ANS

6 ANS

ANNEXES

La valeur de l'exemple

Il refuse obstinément d'apprendre les formules élémentaires de savoir-vivre. N'insistez pas, mais faites preuve à son égard d'une politesse extrême. Dites-lui « Bonjour » le matin, « Bon appétit » lorsqu'il passe à table, « Bonsoir » au coucher, etc. C'est l'apprentissage le plus efficace.

Par contre, il semble normal que votre enfant refuse d'embrasser toutes les personnes que vous rencontrez. Il a appris la valeur affective de ce geste et refuse de l'accorder à ceux qu'il ne connaît pas bien. De même, dire « Bonjour » à quelqu'un qu'il ne connaît pas l'étonne beaucoup. Très centré sur lui-même, il ne « voit » pas la personne qui est en face de lui : elle aura de l'intérêt quand il aura fait sa connaissance, alors il lui dira « Bonjour » sans difficulté.

Un enfant bien élevé, comme un adulte, attire toujours la sympathie. De plus, la politesse est la manifestation la plus simple de la considération d'autrui, voire d'une certaine admiration et d'un certain respect.

D'ailleurs les enfants ne s'y trompent pas : un enfant qui n'est pas capable de respecter les autres, qui ne peut pas attendre son tour et veut tout, tout de suite, va se trouver très rapidement exclu du groupe.

La politesse n'est une notion dépassée que si cela consiste à vouloir considérer l'enfant comme un être inférieur qui ne peut ni parler à table ni exprimer son point de vue parce qu'il coupe toujours la parole à un plus grand que lui. En fait, chaque famille fixe ses propres règles et les limites à ne pas dépasser. ■

Mieux que le verbe

La grimace est sans doute un des modes de communication les plus primitifs, utilisée bien avant la parole. Il suffit d'étudier nos ancêtres primates pour s'en persuader. De nombreuses observations ont mis en évidence que ce sont les enfants les moins bavards qui en usent le plus, et avec un répertoire très étendu. Le dialogue par les mimiques comme par les mots s'apprend avec l'usage. Vous pouvez même, pour son plus grand plaisir, organiser des concours de grimaces en famille. ■

Accepter les différences

La rencontre de personnes « différentes » dans la rue ou dans les magasins peut être l'occasion, de sa part, de réflexions incongrues, souvent embarrassantes pour les parents. Cela peut être aussi le moment de lui apprendre à accepter les autres comme ils sont. Expliquez et si besoin valorisez la personne mise en cause. Ainsi vous aiderez l'enfant à gérer ses sentiments. En effet, c'est bien souvent l'anxiété qui le pousse à s'exprimer avec brutalité. ■

Mots d'enfant et jeux de mots

Les premiers viennent d'une mauvaise prononciation ou d'une association de mots involontaire. Tout au contraire, les seconds sont volontaires et soulignent son humour. C'est une véritable création qui montre une certaine assurance dans ses capacités langagières. Cet humour peut aussi être un moyen de provoquer l'adulte. Il est encore possible que ces petits mots plus ou moins drôles selon les circonstances soient un moyen astucieux de braver votre autorité. ■

Calendrier du savoir-vivre

• **À 3-4 ans**, il sait dire « Bonjour, au revoir », serrer la main des inconnus, embrasser les familiers.
• **À 4-5 ans**, il doit dire sans y penser « S'il te plaît, merci, pardon ». Il est capable de bien se tenir à table, et sait manger avec ses couverts et se servir de sa serviette. Il respecte les personnes handicapées et, bien sûr, toutes les personnes de son entourage.
• **À 5-6 ans**, il attend son tour pour parler ; à table, il ne parle pas la bouche pleine. ■

Apprendre la politesse

LA NOTION DE POLITESSE A SANS DOUTE BEAUCOUP ÉVOLUÉ, mais un minimum semble indispensable pour vivre en société et s'en faire accepter. Généralement, les enfants apprennent assez facilement les règles de bonne conduite au contact des autres et au quotidien.

Vivre en société

La politesse est-elle une notion dépassée? Non si l'on considère que ses règles ont pour fonction de faciliter la vie en société. Un enfant, comme un adulte, bien élevé, attire toujours la sympathie.

Par expérience, ils savent qu'il faut attendre son tour pour monter sur le toboggan du square ou pour être servi par le marchand de glaces. Très tôt, surtout s'ils sont scolarisés, ils ont leurs codes et veulent qu'ils soient respectés par leurs camarades. Un enfant agressif ou trop effacé risque de se voir rejeté du groupe. Il est beaucoup plus difficile de leur faire comprendre et assimiler des formules qui ne leur apparaissent pas comme directement utiles. « Bonjour, au revoir, merci, s'il te plaît » sont des mots et des phrases de pure convention. Ils ne sont pas de première utilité. Les premiers apprentissages de savoir-vivre se font d'abord par simple imitation des adultes qui, d'ailleurs, ne devraient jamais avoir l'impression d'enseigner: le respect des autres et la politesse doivent être spontanés. Mais on peut demander à l'enfant de prendre l'habitude de ponctuer ses demandes de « S'il te plaît » et de dire « Merci » quand il a obtenu ce qu'il voulait. Et pourquoi ne pas l'encourager à les formuler? « S'il te plaît » permet aux parents d'entendre et « Merci » donne droit à un petit baiser en plus. Enfin, surveillez son vocabulaire et dites-lui fermement que certains mots sont défendus en société même si ses petits camarades de classe les utilisent souvent.

Des réflexes de politesse

Au fil des semaines et des mois, l'enfant remarquera que la politesse élémentaire rend les relations avec les autres plus faciles et qu'elle peut lui servir le jour où il devra faire face à une situation inhabituelle. De petites difficultés dans cet apprentissage peuvent être dues à la timidité. Certains enfants ont beaucoup de mal à dire « Bonjour » à des personnes qu'ils voient rarement ou pour la première fois. Il n'est pas nécessaire de le forcer s'il s'agit d'une première rencontre, attendez la suivante. Enfin, vers 3-4 ans, beaucoup d'enfants traversent une phase d'opposition. Ne pas vouloir dire « Bonjour » ou « S'il te plaît », c'est mettre l'autorité des plus grands en doute.

À l'imitation des premières années succède l'identification aux autres, et le modèle parental prend alors toute sa valeur. Votre enfant supportera et sera d'autant plus attentif à vos remarques si vous lui précisez quelques règles de bonne conduite à suivre, notamment dans des situations nouvelles. La visite chez des amis ou chez les grands-parents est toujours l'occasion de vérifier si l'enfant a acquis certains réflexes de politesse. Si c'est le cas, vous pouvez le complimenter affectueusement, mais en restant raisonnable, il en sera flatté. Dans le cas contraire, rappelez-lui les règles que vous entendez lui voir respecter et insistez sur leur reconnaissance unanime. Mais attention, trop d'insistance ou trop de compliments peuvent faire croire à l'enfant qu'il y a là matière à négocier. ■

1RE SEMAINE

1ER MOIS

2 À 3 MOIS

4 À 5 MOIS

6 À 7 MOIS

8 À 9 MOIS

10 À 11 MOIS

1 AN

1 AN 1/2

2 ANS

2 ANS 1/2

3 ANS

4 ANS

5 ANS

6 ANS

ANNEXES

Côté boissons

Pour les quantités de boissons à acheter, sachez qu'une bouteille de 1 litre permet de remplir environ 8 à 10 gobelets en carton. Tous les jus de fruits et boissons à bulles sont autorisés. Attention simplement aux boissons type Coca-cola, qui ont tendance à énerver les enfants. ∎

Lancer les invitations

Généralement, ce sont des copains de classe, les cousins et les cousines, les enfants des amis de la famille qui seront invités ; l'essentiel est que tout ce petit monde se connaisse déjà un peu. Un nouveau venu risque toujours d'être exclu du groupe. L'idéal est d'inviter autant de garçons que de filles. Si les garçons sont en plus grand nombre, vous devrez sans doute, à un moment, organiser un jeu qui leur permettra de se défouler. Si, au contraire, vous n'avez dans le groupe qu'un ou deux invités du même sexe, donnez-leur un rôle important dans les jeux pour qu'ils s'intègrent au groupe.

Les fêtes d'enfants se programment dans la plupart des cas le mercredi et le samedi après-midi, le moment idéal se situant entre 15 heures et 17 h 30. Il est toujours préférable que vous confirmiez par écrit, deux semaines avant le jour J, les heures et le lieu exacts du rendez-vous, sans oublier d'indiquer votre numéro de téléphone. Et pour que vous soyez facilement repérable dans l'immeuble ou dans la rue, pensez à décorer votre porte de guirlandes ou encore de ballons. ∎

Des cadeaux souvenirs

Les fêtes d'enfants sont l'occasion d'échanges de cadeaux. Pour éviter que le petit hôte n'en reçoive trop d'identiques et en soit déçu, organisez les surprises avec les mamans des invités. Les cadeaux seront plus marquants et originaux s'ils sont faits maison. Vous pouvez organiser une pêche à la ligne ou, pour changer, un arbre à cadeaux où seront accrochés les paquets par un fil de laine de couleur ou un morceau de bolduc. Autre idée : la malle surprise, un grand carton que l'on remplit de papiers journaux froissés en boules au milieu desquelles on « noie » les petits cadeaux emballés dans des papiers de couleur. Vous pouvez aussi, grâce à un appareil Polaroïd, prendre en photo chacun des petits copains de votre enfant dans une activité où il tenait la vedette. Datez la photo et indiquez le nom de chaque enfant au dos. Elle trouvera ainsi sa place dans son album de famille. ∎

Inviter ses amis

1RE SEMAINE

1ER MOIS

2 À 3 MOIS

4 À 5 MOIS

6 À 7 MOIS

8 À 9 MOIS

10 À 11 MOIS

1 AN

1 AN 1/2

2 ANS

2 ANS 1/2

3 ANS

4 ANS

5 ANS

6 ANS

ANNEXES

SON ANNIVERSAIRE EST L'OCCASION RÊVÉE DE RÉUNIR QUELQUES AMIS.
Mais ne vous laissez surtout pas déborder. Pour un adulte, recevoir huit à dix
enfants âgés de 3 à 6 ans, est une bonne moyenne. Cela demande une très solide
organisation et une bonne santé !

Organiser la fête !

Définissez, une quinzaine de jours avant la date retenue, le nombre d'invités. Ne dépassez pas la dizaine pour un adulte : les enfants de cet âge sont très exigeants. Le goûter traditionnel peut se transformer en une fête à thème, ce qui, souvent, est beaucoup plus drôle : fête des monstres, des lutins, des bonbons, ou d'une couleur, etc. Demandez à l'enfant de vous aider à la préparation des cartes d'invitation. Il peut décorer et personnaliser de simples bristols blancs, c'est beaucoup plus drôle que les invitations toutes faites. Surtout, indiquez que vous souhaitez une réponse. Elle sera impatiemment attendue et aidera votre enfant à prendre conscience du temps et des différences de comportement de ses petits camarades. L'anniversaire offre l'occasion de promouvoir l'enfant. Plus il est timide, plus la théâtralisation sera importante et efficace pour l'aider à se valoriser vis-à-vis des autres.

Installer le décor

L'animation commencera par l'installation du décor. Organisez d'abord un coin jeux, un coin repas et un coin repos. Des bouquets de ballons de couleurs différentes peuvent ordonner clairement l'espace. Installez si possible deux tables repas (c'est l'idéal) à leur hauteur (c'est encore mieux). Bien sûr, pour la vaisselle, la nappe et les serviettes, optez pour le papier. Demandez à l'enfant d'en choisir les couleurs et les motifs, il sera flatté. Prévoyez beaucoup plus de couverts que de convives, ils perdent tous leur verre et leur cuillère, renversent leur assiette et déchirent leur serviette. Organisez un buffet avec des mets sucrés, mais aussi salés. Prévoyez des petites portions, mini-gâteaux et sandwichs. Ne voyez pas trop large : les enfants, dans ce type de manifestation, mangent assez peu. En revanche, ils boivent beaucoup.

Savoir anticiper

Les réunions entre enfants, même s'ils sont peu nombreux, demandent toujours à être bien préparées à l'avance. Proposez à une ou deux autres mamans disponibles de venir partager ce grand moment avec vous... à charge de revanche. À défaut, quelques jeunes gens de votre entourage feront l'affaire, ils ont plus de patience que les adultes et savent souvent mieux amuser les enfants. Prévoyez des activités différentes pour satisfaire tout le monde, car les enfants inoccupés sont souvent perturbateurs. Alternez les temps forts où tous les enfants jouent ensemble (cache-cache, lâcher de ballons...) et s'excitent mutuellement avec des moments plus calmes (en fin d'après-midi, les dessins animés si vous avez un lecteur DVD sont parfaits pour calmer les esprits). Soyez attentifs à ceux qui vous paraissent délaissés, entraînez-les vers le groupe, et si un conflit éclate, intervenez pour détourner l'attention en proposant une autre activité ; ayez toujours sous la main une bricole pour consoler des chamailleries. ■

La cantine *en savoir plus*

Cantine, mode d'emploi

La nourriture servie aux enfants est contrôlée sur le plan de l'hygiène et de l'équilibre diététique. Certaines cantines ont même l'ambition d'initier les élèves au goût des aliments. Les menus doivent obligatoirement être affichés afin de permettre aux parents de les connaître.

Les repas se font sous la responsabilité des dames de service qui, normalement, devraient avoir un rôle éducatif : faire goûter à tout, apprendre à tenir le couteau et la fourchette, un rôle délicat lorsqu'elles sont peu nombreuses pour beaucoup d'enfants. Un repas doit toujours comporter une entrée chaude ou froide, un plat principal composé de viande, de poisson, d'œuf et d'un légume, féculent ou légume vert. Il est obligatoire encore qu'il offre aux enfants un laitage et un fruit.

Certaines cantines, faute de place, ne peuvent accueillir tous les enfants qui le souhaitent. Il est alors demandé aux deux parents un justificatif de leur employeur. Le prix de la cantine est fixé par la municipalité. Il peut être modulable selon les revenus et la situation des familles. En cas d'observations, les parents peuvent s'adresser directement au service scolaire de la munici-palité, ou s'exprimer par l'intermédiaire des associations de parents d'élèves ou lors des conseils d'école. ∎

Menus équilibrés

Le repas comportera toujours une crudité, des protéines d'origine animale dont une partie sera sous forme de lait ou de fromage, des légumes frais cuits deux fois par semaine, des pommes de terre, pâtes, riz ou légumes secs les autres jours de la semaine. La quantité d'aliments servis dans l'ensemble du repas, les matières grasses nécessaires à l'assaisonnement ou à la cuisson, le pain, les céréales devront assurer un apport calorique qui soit conforme aux quantités prévues.

Dans les secteurs où les conditions économiques sont défavorables, il peut être nécessaire de porter le taux de protéines d'origine animale à 50 % des besoins journaliers. Le repas doit être pris en 45 minutes (d'après la circulaire relative à la nutrition de l'écolier).

Malheureusement, les enfants sont amenés à déjeuner beaucoup plus rapidement pour laisser la place à ceux du second service. ∎

La cantine self-service

De plus en plus d'écoles maternelles font le choix de la formule self-service pour leur cantine quel que soit l'âge des enfants. Ce mode de restauration permet aux enfants de se déplacer librement, sans contrainte, et de choisir la quantité de nourriture qu'ils souhaitent, bref de leur donner un certain sens des responsabilités. Afin de rendre les lieux plus conviviaux voire presque familiaux, l'espace est souvent divisé en petites cellules regroupant généralement 8 enfants. Chaque groupe est isolé des autres par un système de bahuts où les enfants viennent déposer la vaisselle sale. Sur un grand plateau central à une hauteur idéale pour des petits convives, le personnel de service dispose les éléments du repas. Les enfants viennent une première fois chercher leur entrée, débarrassent leur assiette lorsqu'ils ont fini et se servent du plat principal dans des assiettes chaudes. Ils se lèveront une troisième fois pour prendre leur dessert. Tous les enfants collaborent à l'expérience. Les « grands » et les « moyens » participent dès la rentrée, les « petits » s'adaptent à l'expérience au cours des deux premiers trimestres et, à Pâques, ils sont capables d'autonomie. On constate curieusement que dans ce type de cantine, il y a beaucoup moins de casse et de nourriture gâchée. ∎

Déjeuner à l'école

MANGER À LA CANTINE EST UNE EXPÉRIENCE qu'il est préférable de tenter quelques semaines après la rentrée scolaire notamment pour les enfants petits. Partager ses repas avec d'autres enfants du même âge, manger des plats différents de ceux dont il a l'habitude à la table familiale, est une véritable aventure.

Une épreuve parfois stressante

Généralement, à cet âge, peu d'enfants se plaignent des menus. Par contre, il n'est pas rare qu'ils ne mangent pas équilibré. Qui plus est, trop de bruit et de bousculade, pas assez d'affection leur rendent cet instant de détente particulièrement stressant et nuisent souvent à leur appétit. Heureusement, dans de nombreux établissements scolaires, beaucoup d'efforts ont été réalisés pour transformer les cantines trop bruyantes : matériaux antibruit, tables de 6 ou 8 convives, décor attrayant, plantes vertes contribuent à faire du déjeuner un moment privilégié de détente. Aussi, pour mieux adapter ce service aux besoins de l'enfant, de plus en plus de cantines se transforment en self-services pour la plus grande joie de tous, enseignants et personnel de service compris.

Devenir des convives responsables

Cette formule a de nombreux atouts : elle responsabilise les enfants, leur permet de déjeuner plus calmement et fait de ce moment un temps fort sur le plan éducatif. Généralement, les plus petits sont conviés les premiers, les moyens arrivent 1/4 d'heure après, puis viennent les grands. Très vite, les enfants apprennent à se renseigner sur le menu du jour, savent attendre leur tour et se servent eux-mêmes en boisson. Heureux de ne pas être assistés, ils coupent leur viande, choisissent ce dont ils ont envie, par exemple un fruit à la place d'un petit-suisse. Ils apprennent aussi à goûter de tout : puisque le meilleur copain prend des épinards, pourquoi ne pas essayer. Le self-service leur permet aussi de manger à leur rythme. Au fur et à mesure qu'ils ont fini leur repas, les enfants sont emmenés en récréation. Ainsi, les plus rapides ne s'ennuient pas à table et les plus lents peuvent alors prendre tout leur temps pour déjeuner dans une ambiance plus calme. C'est une méthode ingénieuse pour les préparer à manger avec les adultes en leur apprenant à être davantage autonomes à table. Les habitudes des dames de service ont dû aussi être modifiées. Admettre qu'un enfant de 2-3 ans puisse disposer d'une grande autonomie ne leur a pas toujours été facile à comprendre. Mais elles ont pu constater que ce nouvel « art de vivre » à la cantine était aussi enrichissant pour elles.

Le petit déjeuner parfois

Depuis peu, des petits déjeuners sont servis dans certaines écoles. Ils permettent aux enfants qui arrivent tôt en raison du travail de leurs parents de ne pas manquer ce repas essentiel à leur bon développement et, à tous les autres enfants, de s'intégrer agréablement et en douceur au groupe. ∎

" Utilisez la cantine à des fins thérapeutiques si votre enfant est difficile. Elle le guérira des refus alimentaires et des choix trop sélectifs. "

1RE SEMAINE

1ER MOIS

2 À 3 MOIS

4 À 5 MOIS

6 À 7 MOIS

8 À 9 MOIS

10 À 11 MOIS

1 AN

1 AN 1/2

2 ANS

2 ANS 1/2

3 ANS

4 ANS

5 ANS

6 ANS

ANNEXES

La notion d'espace

C'EST LE LIEU OCCUPÉ PAR SON CORPS et dans lequel il peut d'abord s'asseoir puis se mouvoir qui signifie l'espace pour l'enfant. C'est une notion qui existe dès la naissance. La marche, dans ce domaine, est pour lui une vraie révélation. Elle repousse les limites de son champ d'action et lui donne les premières expériences de profondeur.

Premières notions d'orientation

C'est à partir de l'observation et de l'expérience appliquées à son environnement que l'enfant comprend les notions de verticalité et d'horizontalité. Vers 4-5 ans, on observe dans ses dessins les toutes premières préoccupations d'orientation dans l'espace de la feuille. Les objets sont souvent mieux installés que les personnages qu'il sait par expérience mobiles. Ces derniers sont toujours de face et simplement installés tête en haut pour la position debout et à l'horizontale dans l'attitude couchée. En revanche, les animaux sont représentés de profil, ce qui témoigne que l'enfant a conscience d'un avant et d'un arrière définis par le déplacement.

Par la parole et par le geste

La toute première notion apparaît avec l'utilisation de la préposition « dans ». Elle n'est pas forcément employée avec un verbe impliquant cette situation mais elle est toujours utilisée pour définir la position de quelque chose situé dans un espace limité. Entre 2 ans 1/2 et 3 ans, l'enfant l'associe avec le verbe « aller », c'est ainsi que naît alors la notion de mouvement. On explique la préférence de ce mot, qui pourrait être souvent remplacé par « sur », tout simplement parce que cette préposition est très courante dans la bouche des adultes. Par contre, « sur » apparaît avant « sous ». Cette première position étant plus directement repérable par l'enfant que la seconde.

« Sous », dans l'esprit de l'enfant, est associé à la disparition plus qu'à la position. D'ailleurs, il s'en sert surtout avec le verbe « cacher ». D'une manière générale, les positions statiques sont apprises avant le mouvement, le mouvement « en avant » étant acquis avant celui « en arrière ». Lorsqu'on demande à un enfant de 3 ans de localiser un objet, il se sert immédiatement de l'adverbe « là ». Il ne donne aucune indication de proximité ou d'éloignement. D'ailleurs, souvent, il s'approche le plus possible de l'objet désigné, au point de devenir lui-même l'endroit où l'objet se trouve, prouvant ainsi, s'il en était besoin, que sa petite personne est le point de repère essentiel de son espace.

Si petit dans le monde des « grands »

Il semble encore normal, et pour longtemps, que l'enfant éprouve quelques difficultés à évaluer l'espace dans lequel il vit. Sa taille par rapport au monde qui l'entoure explique bien des erreurs d'appréciation et de comportement. La vision qu'il en a est bien particulière : soit tout est déformé en raison du regard plafonnant que lui impose toute relation avec les adultes ; soit il fixe en gros plan des détails à peine perceptibles pour ses parents. Ce qui lui fait apparaître les choses beaucoup plus grandes qu'elles ne le sont en réalité. C'est également vrai pour les personnes. Voilà pourquoi il aime tant regarder les fourmis et autres insectes minuscules. De plus, les distances comme les volumes lui semblent énormes. Pour l'enfant de 3-4 ans, traverser un couloir d'une dizaine de mètres pour aller aux toilettes est un exploit, tout comme s'aventurer au fond d'un jardin grand comme un mouchoir de poche. De même, sa maison, son école resteront à jamais dans sa mémoire comme des bâtisses énormes. L'enfant n'a encore aucune notion de l'immensité. La mer, pour lui, n'est pas une grande étendue d'eau mais uniquement un élément où il est agréable de barboter.

Il faudra encore bien des années avant qu'il ne fasse un lien entre la taille de ceux qui l'entourent et leur âge. D'ailleurs, très vite, à côté d'un plus petit que lui, il se sentira et se comportera comme un « grand ». Et quand il se déguise avec les vêtements de ses parents, il a l'impression qu'il devient aussi grand qu'eux. En permanence, l'enfant petit compense sa faiblesse dans l'espace par l'imaginaire. Il se rêve grand, il est grand. Malgré tout, il gagne avec difficulté son autonomie. Trouver l'astuce qui le conduira à réaliser des actes simples lui demande de véritables efforts d'imagination et des prouesses musculaires. ■

1RE SEMAINE

1ER MOIS

2 À 3 MOIS

4 À 5 MOIS

6 À 7 MOIS

8 À 9 MOIS

10 À 11 MOIS

1 AN

1 AN 1/2

2 ANS

2 ANS 1/2

3 ANS

4 ANS

5 ANS

6 ANS

ANNEXES

■ MON AVIS

Conquérir l'espace est une vraie préoccupation pour l'enfant. Il commence à partir de lui-même : sa peau lui apporte ses premières impressions sur le monde qui l'entoure, puis il acquiert sa latéralité et développe son schéma corporel. Il apprend différentes positions, des objets et de lui-même, dans l'espace, avec des notions comme le haut, le dedans, le bas, le derrière. À 3 ans, il acquiert le concept d'espace qui le conduira quelques mois plus tard à celui de temps. Il matérialise ses découvertes dans ses dessins et, par la maîtrise de la propreté, il a la notion de ce qui est en lui et en dehors de lui. Il joue encore à faire apparaître et disparaître les objets. Toutes les tables deviennent des cabanes, le grenier paraît immense, etc. C'est le corps qui permet la conquête et la connaissance de l'espace. Les événements et leur répétition organisent ultérieurement le temps. L'espace précède le temps. ■

Un vocabulaire de presque mille mots !

SON VOCABULAIRE S'ENRICHIT DE JOUR EN JOUR. Prononcé pour la première fois, le mot nouveau est aussitôt assimilé tout comme les tournures de phrase empruntées aux adultes. Tout cela est le résultat de perfectionnements importants.

La magie du « Je »

Ses nouvelles capacités langagières reposent sur sa mémoire qui est en plein développement, et sur sa maîtrise du geste qui est de plus en plus fine. Il est mu aussi par le désir de faire comme un grand. Plus il fait, plus il parle : tout chez lui est en parfaite osmose. L'enfant s'aperçoit de plus en plus qu'en parlant il peut tout faire exister, même des histoires qui sont invraisemblables. Il découvre qu'il peut discuter de n'importe quoi et constamment, y compris avec des personnes qu'il ne voit pas, comme mamie au téléphone, ou à des choses ou des êtres qui ne disposent pas de la parole, comme son chien ou un jouet. Autre étape décisive pour cet enfant, la découverte du « je ». C'est le résultat d'une parfaite appropriation de son schéma corporel et c'est aussi l'acquisition essentielle du langage ; il se pose alors en individu capable de faire et de penser.

Un vocabulaire par analogie

À 3 ans, il comprend les questions « qui ? où ? comment ? » et sait différencier les couleurs les unes des autres, le grand du petit, le loin du proche. Il utilise le pronom personnel « moi » et conjugue les verbes. Les noms communs forment les deux tiers de son vocabulaire, les noms de tous ses proches y entrent pour un sixième. Adverbes et interjections constituent le reste. Son vocabulaire atteint les 900 mots. Il utilise les articles, les pronoms et les adverbes ainsi que le passé

et le futur. Il parle très facilement et commence à poser des questions. Son vocabulaire se rapporte en partie aux domaines de la nourriture, des vêtements, de l'hygiène et des jouets.

Les mots sont encore mal prononcés et souvent seules les syllabes terminales sont dites.

Si ces syllabes sont faciles, elles sont redoublées. Il ne lui reste de sa petite enfance que quelques difficultés de prononciation, notamment celle du « r ». Souvent, les « r » et les « ch » sont remplacés par des « p », des « m » ou des « b », des consonnes qu'il possède bien. En matière de grammaire, il procède par analogie. L'emploi du verbe « être » ou « avoir » est assez fantaisiste. Il connaît son nom de famille, énumère sans difficulté ce qu'il voit sur une image, identifie les parties de son corps, pose des questions. Il utilise certains mots analogiquement. Il dit, par exemple, « approcher » pour « éloigner », ou « éteindre » pour « allumer ».

Un langage acquis

La plupart des études montrent qu'un enfant de 3 ans comprend la majeure partie du langage qu'il utilisera toute sa vie dans une conversation courante. La fréquentation de l'école maternelle apporte beaucoup à l'enrichissement du vocabulaire et à la construction des phrases. Apprendre à parler est indispensable pour le développement de la pensée et pour aborder, plus tard, l'apprentissage de la lecture. Les parents ont également un rôle important à jouer. Les voyages, les visites sont des moments propices pour décrire un paysage ou une situation cocasse et enrichir ainsi son vocabulaire. Multiplier ces occasions transformera la leçon de vocabulaire en un jeu divertissant.

De superbes mots d'enfants

Cet enfant de 3 ans va bientôt aimer jouer avec les mots, répéter à plaisir « crocodile » ou « hippopotame », à moins qu'il n'invente de nouveaux mots en sachant très bien qu'il en détourne l'usage pour faire rire les adultes. Il lui arrive bien sûr d'avoir des surprises avec la syntaxe, avec l'utilisation des préfixes et des suffixes. Sa langue est vivante, créatrice, drôle. Ce sont ces fameux mots d'enfants que tous les parents aimeraient garder à jamais en mémoire. Bon nombre de ses phrases commencent par le verbe, puis vient le sujet, l'article est souvent absent. L'enfant emprunte aussi à l'adulte des phrases toutes faites. À 3 ans, il va expérimenter la phrase composée de trois termes, celle d'ailleurs que l'adulte utilise le plus souvent lorsqu'il parle. Des progrès vont apparaître tous les jours. Il va s'exercer à l'emploi des outils grammaticaux, essentiellement l'adjectif et les prépositions, mais il a des difficultés de césure entre les mots et sur les genres. Petit à petit apparaissent les pronoms possessifs, le « mon » étant, bien sûr, le premier à être bien employé. C'est par tâtonnement et par imitation de l'adulte que son expression verbale va se peaufiner. ■

1RE SEMAINE

1ER MOIS

2 À 3 MOIS

4 À 5 MOIS

6 À 7 MOIS

8 À 9 MOIS

10 À 11 MOIS

1 AN

1 AN 1/2

2 ANS

2 ANS 1/2

3 ANS

4 ANS

5 ANS

6 ANS

ANNEXES

Quelques manifestations d'autonomie

• L'enfant ne veut pas raconter ce qu'il se passe à l'école ou ce qu'il mange à la cantine. Bref, il a envie de garder ses secrets.

• Il souhaite avoir un coin bien à lui.

• Il n'éprouve aucune précipitation, aucune joie au moment des retrouvailles, alors qu'il a eu du mal à se séparer de ses parents, par exemple le matin, lors de la rentrée en classe ou lorsqu'il est laissé à la garde de ses grands-parents pour quelques jours de vacances.

Dans les deux cas, l'enfant n'a pu compter que sur lui-même pour bien vivre sa solitude. Il a vécu des « aventures » qu'il ne doit qu'à lui. De plus, il veut sciemment montrer à ses parents qu'il a été capable de se débrouiller sans eux. Ils ne sont pas les « sauveurs » qu'il s'était imaginés. Cependant, toutes ces explications échappent à l'enfant.

Chez lui, l'action remplace la compréhension, elle est d'autant plus marquée qu'il est en proie à des sentiments violents. Il est tout impulsion. ▪

Le laisser faire

Le bon moyen de l'aider à devenir autonome est de le laisser faire et de résister à la tentation de l'assister dès qu'il semble avoir des difficultés ou qu'il risque d'être en léger danger. Un enfant trop soutenu devient vite maladroit, manque d'initiatives et de confiance en lui. La bonne attitude lorsqu'il se lance dans une nouvelle action consiste à lui expliquer, à lui montrer mais à ne pas faire pour lui et, bien sûr, à couronner sa réussite par quelques mots de félicitation.

Les choses qu'un enfant peut faire seul sont beaucoup plus étendues que ce que ses parents lui laissent faire. Combien se plaignent de devoir tout faire pour lui : le laver, l'habiller, lui donner à manger, alors que l'enfant peut tout à fait s'occuper de lui.

Si on le lui montre, il sera capable de faire seul sa toilette. Sous la douche, il frottera lui-même son corps ; il aimera se passer seul le gant de toilette sur le visage. Il adorera se laver les dents et utiliser un dentifrice faiblement fluoré et adapté à son âge. Il est capable encore de se déshabiller et peut commencer à se moucher quand il est enrhumé. ▪

Devenir de plus en plus autonome

APPRENDRE À ÊTRE SEUL EST LA CONSÉQUENCE D'APPRENTISSAGES et expériences divers depuis la toute petite enfance. L'enfant a également appris que la disparition de ses parents de son champ de vision ne l'empêche absolument pas ni d'exister ni de penser.

Un lien par la pensée

Il s'aperçoit alors que la solitude est supportable : il sait qu'il existe des personnes sur lesquelles il peut compter et avec lesquelles il a des souvenirs. L'expérience de la solitude le conduit à développer des conduites de créativité, lui permet d'acquérir la capacité d'être autonome. Ainsi, il apprend à jouer seul parce qu'on lui en a laissé la possibilité, tout en lui permettant d'avoir l'esprit tranquille sur la présence plus ou moins lointaine de ceux qui l'aiment, de ceux qui le rassurent. En fait, même seul, l'enfant ne doit pas se sentir seul. L'autonomie est la possibilité de renoncer à la présence de l'autre physiquement pour élaborer un lien par la pensée. Rêveries, souvenirs, réflexions sont soutenus par les mots du passé ; être autonome, c'est pouvoir s'occuper seul de soi. Une acquisition pour toute la vie.

Seul avec ses jouets

La première marque d'autonomie pour l'enfant est de jouer aux côtés de ses parents alors que ceux-ci sont occupés à d'autres activités. Cela signifie qu'il est capable d'oublier l'autre pour s'occuper uniquement de lui, pour vivre seul dans son monde. L'enfant s'installe dans cet univers en parlant avec ses jouets, en élaborant des projets dont ses parents sont exclus. C'est leur présence sécurisante qui lui permet de découvrir toutes les possibilités de sa vie personnelle. C'est encore par la conscience que les personnes qui lui apportent la sécurité ont une vie personnelle en dehors de son existence propre, que l'enfant va devenir capable d'être physiquement seul et d'y prendre plaisir.

Un besoin d'indépendance

À l'autonomie du jeu va succéder le besoin d'indépendance dans la vie quotidienne. L'enfant demande, du jour au lendemain, à s'habiller ou à se laver seul. Tous ces actes représentent une véritable conquête sur lui-même. Savoir les accomplir le rend très fier de lui et lui laisse présager qu'un jour il sera grand et pourra réaliser tout ce que ses parents font. De plus, la fréquentation de l'école maternelle va l'inciter vivement à se responsabiliser : à l'école, l'enseignant demande à l'enfant de se prendre en charge le plus souvent possible. Laisser un enfant prendre son autonomie n'est pas toujours facile à vivre pour les parents. Mis à part ses bêtises dues aux tâtonnements, certains craignent de ne plus compter pour leur « bébé », d'être de plus en plus inutiles. Ce sont souvent ces sentiments qui les poussent à le surprotéger, entravant son bon développement. L'autonomie, pour l'enfant, est à la fois une conquête sur lui-même mais aussi sur l'adulte. Celui-ci redoute que l'enfant l'oublie et l'aime moins. Ce qui est faux : l'enfant l'aime tout autant mais différemment. ■

1RE SEMAINE

1ER MOIS

2 À 3 MOIS

4 À 5 MOIS

6 À 7 MOIS

8 À 9 MOIS

10 À 11 MOIS

1 AN

1 AN 1/2

2 ANS

2 ANS 1/2

3 ANS

4 ANS

5 ANS

6 ANS

ANNEXES

Les jouets guerriers

Un jour ou l'autre, votre enfant va vous demander un pistolet, une mitraillette. Depuis longtemps, parents et psychologues débattent de la grande question : faut-il céder ? Pour le Dr Brazelton, célèbre pédiatre, pourquoi pas ? En effet, si ce n'est pas avec un jouet, l'enfant de 4 ans jouera à la guerre avec un morceau de bois brandi comme une arme ou même plus simplement imitera l'arme à feu avec les doigts de sa main. Les jeux des enfants ne sont que le reflet des images de notre actualité. Il manifeste ainsi les pulsions agressives qui le troublent et contre lesquelles il est vain de vouloir lutter. En cédant à sa demande, l'adulte peut ainsi les contrôler et saisir l'occasion de s'expliquer sur les armes à feu, la guerre et l'agressivité qui doivent se limiter à faire semblant. ■

Une maison à soi

Dans l'imaginaire de l'enfant, la cabane appartient au monde important de la maison. Mais cette fois c'est « sa maison », un lieu sécurisant parce qu'enveloppant. D'ailleurs, plus elle est fermée, plus il s'y sentira à l'aise. Pour lui, c'est un moyen fantastique de se soustraire au regard des parents, de se sentir autonome.

Côté pratique, elle peut se monter à l'intérieur comme à l'extérieur. D'abord précaire avec quelques chaises, un drap, le dessous d'une table, elle deviendra ensuite plus conforme : une tente ou encore une maison de carton. À 3-4 ans, l'enfant y cache ses objets favoris, ses jouets. À 5 ans, c'est une maison qui permet des expériences personnelles. On y joue au docteur, au papa et à la maman, au bébé et à la maman. Les règles de vie à l'intérieur de la cabane sont strictes. La porte a une importance énorme, elle est la limite entre l'intérieur et l'extérieur, entre les autres et soi. D'ailleurs, pour la franchir, il faut en demander la permission. Y pénétrer sans autorisation ou en cachette est une véritable atteinte à la vie privée. ■

■ MON AVIS

Votre enfant est devenu maintenant un véritable professionnel du jeu. Il sait tout faire avec ses jeux et ses jouets, souvent d'ailleurs il vous singe et vous mime. Observez votre petite fille en train de jouer à la poupée, vous apprendrez quel type de maman vous êtes ; regardez votre petit garçon diriger ses voitures et vous modifierez votre conduite automobile dès le lendemain. Chaque enfant est typique de son jeu, mais il « colle » encore au jeu plutôt qu'il ne le crée. Il va lui falloir encore presque une année pour bien jouer avec un autre enfant. On n'est pas encore scénariste à 3 ans. ■

Le jeu

1RE SEMAINE

1ER MOIS

2 À 3 MOIS

4 À 5 MOIS

6 À 7 MOIS

8 À 9 MOIS

10 À 11 MOIS

1 AN

1 AN 1/2

2 ANS

2 ANS 1/

3 ANS

4 ANS

5 ANS

6 ANS

ANNEXES

LE JEU DU « FAIRE SEMBLANT » EST UNE ÉTAPE IMPORTANTE dans son développement. C'est sans doute un des tout premiers jeux où il rencontre les autres. Il est capable, à partir d'un objet, d'imaginer quantité de situations.

Faire comme si...

Un bâton, un carton vide se transforment à volonté. Il est d'ailleurs intéressant de remarquer que plus l'objet est rudimentaire, plus ses « usages » peuvent être divers.

Parallèlement, l'enfant peut inventer une véritable histoire à partir de ces objets. Et, ne faisant pas encore bien la différence entre ses fantasmes et la réalité, il lui arrive de raconter des choses « insensées » pour l'adulte. Souvent, les parents sont gênés par ce qu'imagine l'enfant au cours de ces jeux d'imitation et pourtant, il faut laisser l'enfant délirer.

Le jeu « miroir » des autres et de soi

Jouer à la poupée, jouer au garage ou à la dînette, c'est étudier le rôle des grands dans la société et faire l'apprentissage de sa propre identité. L'enfant n'invente rien, il calque les gestes et les comportements de ses parents. Depuis des mois, il les observe – s'attachant tantôt à l'un, tantôt à l'autre – dans les multiples situations quotidiennes et tout particulièrement lorsqu'il est lui aussi acteur. Le jeu du « faire semblant » est à la fois un miroir et le moyen d'exprimer ses désirs plus ou moins conscients. Quand l'enfant, au volant de sa petite voiture, devient pilote, il exprime un fantasme transmis par son père, amateur de courses automobiles. Quand la petite fille joue avec sa poupée mannequin, elle se transforme en star hollywoodienne, comme celles qu'elle voit dans les feuilletons télévisés.

L'ami imaginaire

Pour tous ces jeux, l'enfant n'a pas réellement besoin de camarades parce qu'en réalité, il se les invente. Ce qui lui permet d'exprimer encore plus librement tous ses fantasmes. Ainsi, pourquoi ne jouerait-il pas en compagnie des fées, ou ne chasserait-il pas les dragons avec son ami Jérémy qui, pour l'instant, est chez sa grand-mère à des kilomètres de lui ? Par contre, l'enfant aime partager ses jeux avec l'adulte mais à condition que celui-ci se plie à ses règles. Le jeu lui permet d'exprimer des pensées et des sentiments qu'il continuerait à ignorer s'il ne les mettait pas ainsi en actes.

Grâce au jeu, les parents peuvent comprendre comment leur enfant voit et construit son monde. Pour Bruno Bettelheim : « Il exprime par le jeu ce qu'il aurait bien du mal à traduire par des mots. Aucun enfant ne joue spontanément dans le seul but de passer le temps, contrairement à ce que lui-même et les adultes qui l'observent peuvent penser. Ce qui se passe dans l'esprit de l'enfant détermine son activité ludique ; le jeu est son langage secret que nous devons respecter, même si nous ne le comprenons pas. » ■

" Il adore retrouver parmi ses jouets les héros qu'il a appréciés dans les dessins animés. C'est une proie facile du « merchandising ». À vous de poser les limites. **,,**

Le premier jour d'école

DEVENIR ÉCOLIER DEMANDE SOUVENT UNE PRÉPARATION même si l'enfant a déjà eu l'expérience d'une vie en collectivité. Tout est nouveau, les lieux, comme les visages, et l'angoisse des uns rejaillit parfois sur les autres. De retour à la maison, votre enfant a besoin de beaucoup d'attention et d'affection.

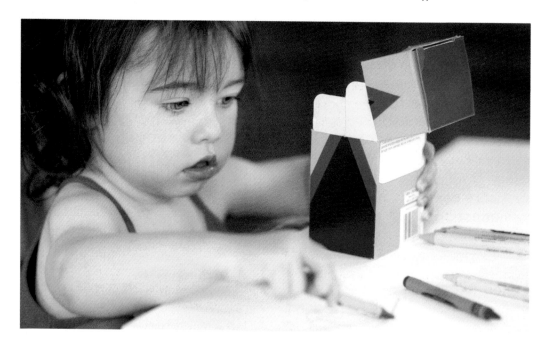

Visite guidée

Pour aider votre enfant à aborder la rentrée scolaire sans crainte, faites avec lui un petit repérage quelques jours avant, par exemple à l'occasion d'une promenade. Une simple reconnaissance des lieux, en somme. Montrez-lui les bâtiments, la cour de récréation et, si vous la connaissez, sa classe. Chaque fois que vous le pouvez, valorisez l'école et son nouveau statut d'écolier. Parlez-lui de ce qu'il va faire, décrivez-lui les toilettes, le dortoir pour les siestes et les coins jeux.

Une difficile séparation

C'est toujours un grand jour, en réalité plus souvent appréhendé par les parents que par les enfants. Il est souvent marqué par des cris et des pleurs. Si votre enfant sanglote ce jour-là, cela n'a rien d'étonnant même s'il est content à l'idée d'aller à l'école. La séparation d'avec sa mère, sa maison, sa famille lui est difficile. Il entre dans un monde totalement inconnu qui lui fait peur. Il lui faut rencontrer d'autres enfants et d'autres adultes qui sont de parfaits étrangers. Et puis, lui qui semblait si courageux ne peut résister à l'ambiance : beaucoup de petits sont en larmes au moment de la séparation, de quoi déstabiliser les plus solides qui se laissent souvent gagner par l'émotion. Préparez-le : dites-lui que certains enfants vont sûrement pleurer parce qu'ils ne sont pas « grands ».

Selon les institutrices, les modalités de la séparation varient. Certaines préfèrent que les parents partent aussitôt, sans trop prolonger les adieux. D'autres estiment que la rupture doit être douce et invitent les parents à entrer dans la classe. Ils s'éclipseront le moment venu. Avant de lui lâcher la main et de partir sans vous retourner, faites-lui un dernier baiser et donnez-lui rendez-vous à l'heure de la sortie. Un conseil : soyez ponctuelle, un retard de quelques minutes serait fort mal vécu car interprété comme un abandon. Profitez aussi de ce jour où il n'y a pas de cantine pour soigner le menu de votre nouvel écolier, ou encore pour l'emmener manger une glace. D'un point de vue psychologique, il est préférable d'attendre la deuxième semaine pour l'inscrire à la cantine.

Attendre pour lui poser des questions

La sortie de l'école n'est pas le moment idéal pour poser des questions à votre enfant sur ce que la journée lui a apporté comme découvertes. Il a besoin d'un temps d'adaptation pour passer de la vie collective à la vie de famille. De plus, il est souvent difficile pour lui d'évoquer des faits qui se sont déroulés il y a déjà quelques heures. À tout cela s'ajoutent des problèmes liés à la maîtrise du langage et notamment à la compréhension des questions posées. Pour lui, répondre à « Qu'as-tu fait à l'école ? » est d'une complexité insurmontable.

Des conditions favorables

L'adaptation est d'autant plus rapide et réussie que les parents sont convaincus des bienfaits de l'école maternelle. Si l'enfant sent que sa mère souffre de cette séparation, il n'aimera pas aller à l'école. Aussi, faites d'abord le point avec vous-même avant de décider d'y inscrire votre enfant. Une mauvaise adaptation peut être due, aussi, à des problèmes familiaux liés à la naissance d'un autre enfant, à la reprise d'une activité régulière de la mère, à une séparation entre les parents. Ce ne sont pas là des circonstances idéales pour commencer une scolarité ; l'enfant peut penser que c'est un moyen de se débarrasser de lui. L'école lui permet de devenir encore plus autonome et de s'autodiscipliner. Là, il peut choisir son activité, son jeu en toute liberté et, lorsqu'il en a assez, il sait qu'il faudra le ranger avec soin pour les autres, mais aussi pour la maîtresse. C'est souvent l'occasion d'expérimenter l'entraide : face à un jeu compliqué, ou difficile à ranger, il n'est pas rare qu'il accepte la participation d'un autre élève. ∎

∎ MON AVIS

L'école maternelle, école non obligatoire, est bénéfique à tous les enfants. L'idéal serait que, quelques mois avant la rentrée, l'enfant ait fait connaissance avec les lieux, l'espace et les personnes qui vont l'accueillir. Il pourrait aussi venir, deux à trois fois, à la cantine et passer quelques instants dans la cour de récréation au milieu des autres enfants, plus grands que lui et qui ont déjà profité des apprentissages prépédagogiques. Toute préparation, quelle qu'elle soit, ne l'empêchera pas d'être anxieux à l'idée de vous quitter. Il est normal que vous teniez bon face à son déplaisir et que vous soyez persuadée de l'importance de son intégration à l'école et de ses capacités à se séparer de vous. Et au moment de « l'heure des mamans », ne lui demandez pas de raconter ses expériences et ses sentiments. Le secret et le non-dit sont tout aussi importants que les mots. ∎

1RE SEMAINE

1ER MOIS

2 À 3 MOIS

4 À 5 MOIS

6 À 7 MOIS

8 À 9 MOIS

10 À 11 MOIS

1 AN

1 AN 1/2

2 ANS

2 ANS 1/2

3 ANS

4 ANS

5 ANS

6 ANS

ANNEXES

Les dangers de la récré

Heureusement, l'accident en milieu scolaire est rare. Dans 60 % des cas, il se produit dans la cour de récréation et plus particulièrement au cours de celle de la mi-journée, au moment du déjeuner. Les principales victimes sont les garçons de la grande section (plus de 4 ans). Ils comptabilisent à eux seuls les deux tiers des accidents en milieu scolaire. Dans 70 % des cas, il s'agit de la chute de l'enfant seul ; dans 20 %, elle est due à une collision et, pour 10 %, on peut l'attribuer à une bagarre. Ces accidents provoquent des blessures dans 47 % des cas et des fractures dans 23 %.

Reste un petit pourcentage d'accidents un peu plus graves avec traumatismes et contusions. La partie du corps la plus souvent atteinte est le visage. Généralement, la trousse à pharmacie de l'école est suffisante pour venir à bout des égratignures. Quand c'est plus grave, le directeur de l'école doit prévenir les parents, notamment s'il faut emmener l'enfant à l'hôpital. Il avertit alors les pompiers, seuls aptes à pouvoir prendre une telle décision.

D'ailleurs, parmi les papiers administratifs que les parents ont à remplir en début d'année scolaire, se trouve une autorisation de transfert à l'hôpital qu'ils doivent signer. ■

L'emploi du temps

Matin :
- 8 h 30 : arrivée des enfants. Libre accès aux coins jeux.
- 10 h : goûter.
- 10 h 15 : récréation.
- 10 h 45 : éducation motrice.
- 11 h 05/10 : atelier dessin, collage, modelage.
- 11 h 30 : sortie.

Après-midi :
- 13 h 30 : sieste.
- 15 h : récréation.
- 15 h 30 : jeux libres dans les « coins ».
- 16 h 15 : écoute d'une histoire ou d'une chanson.
- 16 h 30 : sortie. ■

La peur des autres enfants

Elle apparaît souvent au moment de la première scolarisation, lorsque l'enfant est confronté à un groupe. Tant de visages inconnus, tant d'agitation, tant de bruit ne sont pas très rassurants pour lui. Dès qu'il aura fait connaissance avec un ou deux camarades, il se sentira capable d'entrer dans ce groupe. Cela se fera en quelques jours ou en une à deux semaines. Il peut encore avoir peur parce qu'il attribue aux autres enfants une force et une puissance bien supérieures à la sienne. De fait, imposer ses desseins à la classe est parfois plus compliqué qu'à ses propres parents. ■

Un programme tout en douceur

En entrant à l'école, votre enfant va apprendre la vie en société. Au cours des semaines et des mois, il va se socialiser, s'exprimer et communiquer avec les autres. Il devient plus expansif et partage plus volontiers ses jouets. Mais l'école, c'est aussi l'autonomie : on lui apprendra à boutonner seul son manteau, à aller chercher et à réclamer ce dont il a besoin, à ranger toutes ses petites affaires après avoir joué. Pour ne pas lasser l'enfant, les activités pédagogiques de la petite classe sont multiples. Elles s'appuient sur ce qu'il connaît déjà. Sa psychologie et sa maturité sont toujours prises en compte. Dans cette première section, le but est de chercher à développer ses possibilités physiques et intellectuelles. Le matin, l'institutrice profite de la disponibilité des enfants pour la séance d'initiation au langage (p. 504), souvent suivie de quelques activités physiques. L'école maternelle cultive avec beaucoup de soin l'éducation psychomotrice, car, pour l'enfant, toute expérience de la vie passe par son corps. On lui apprend donc à être bien dedans et à savoir s'en servir au maximum. La musique a bien sûr sa place. L'enfant l'écoute et la pratique grâce à de petits instruments. La peinture et le dessin sont deux activités fondamentales qui développent son habileté manuelle et offrent surtout les toutes premières occasions de création. ■

La section des petits

C'EST LA PREMIÈRE CLASSE QUI ACCUEILLE MAJORITAIREMENT LES ENFANTS DE TROIS ANS et parfois quelques écoliers plus jeunes. On y apprend à vivre en collectivité et à respecter les consignes simples de l'enseignant. Tous les apprentissages passent bien sûr par le jeu.

Le bon âge

Si, pour des raisons personnelles ou administratives, votre enfant n'a pas encore fait connaissance avec l'école, il est temps maintenant de l'y inscrire. 95 % des enfants de plus de 3 ans fréquentent l'école maternelle. D'autant plus que l'on sait aujourd'hui que la réussite scolaire passe par une intégration précoce à l'école maternelle : 3 ans est unanimement reconnu comme l'âge idéal. L'enfant est capable d'une certaine autonomie, il se sent en sécurité dans son univers familier, il cherche alors des copains et des activités qui vont satisfaire sa soif d'apprendre et de découvrir. La section des petits est particulièrement adaptée pour répondre à ses besoins d'activités physiques et pour les canaliser. Les premiers mois, la maîtresse va proposer des activités psychomotrices globales : danser, jouer. Puis elle affinera cette motricité avec, notamment, l'organisation d'ateliers de peinture, de modelage et de jeux de construction.

Depuis toujours l'école maternelle a fait preuve d'un fantastique dynamisme et de beaucoup d'innovations pédagogiques. Bien des pays nous envient cette école des petits.

Rendez-vous à l'atelier

Ce sont souvent ces ateliers qui ouvrent la journée dans cette section. La maîtresse propose, les enfants disposent. Ceux qui ne veulent pas participer aux activités graphiques, par exemple, peuvent jouer : des « coins » ont été spécialement aménagés pour cela. Le coin cuisine est un grand classique, comme celui des livres. Les séances d'atelier sont très courtes et correspondent au potentiel d'attention, très limité à cet âge. Généralement vers 11 h 30, la maîtresse regroupe tous les élèves pour une histoire ou des chansons. Les enfants apprendront vite que cette activité signifie « l'heure des mamans » pour ceux qui ne restent pas à la cantine.

Apprendre par le jeu

L'après-midi commence toujours par la sieste et s'organise au fur et à mesure des réveils. Quand toute la classe est présente, la maîtresse offre aux enfants une petite récréation propice au défoulement. Ensuite, elle propose un jeu ou un travail « artistique » en commun. Généralement, comme pour la matinée, la classe se termine par une histoire que chacun écoute avec intérêt. Il n'y a pas d'apprentissage obligatoire en petite section. Simplement on y travaille son schéma corporel et son expression graphique.

L'enfant apprend à vivre avec ses pairs, à développer sa personnalité, à suivre un rythme établi, à respecter des consignes simples.

Dans cette classe, l'enfant joue beaucoup. Rien de plus normal puisque pour lui c'est une activité naturelle. L'aménagement de la salle de classe est entièrement pensé pour favoriser le jeu. L'installation de coins permet aux enfants de s'isoler du groupe, d'apprendre à jouer à deux ou trois, d'expérimenter les premiers échanges d'entraide. ■

1RE SEMAINE

1ER MOIS

2 À 3 MOIS

4 À 5 MOIS

6 À 7 MOIS

8 À 9 MOIS

10 À 11 MOIS

1 AN

1 AN 1/2

2 ANS

2 ANS 1/2

3 ANS

4 ANS

5 ANS

6 ANS

ANNEXES

Des règles imposées

À cet âge, l'enfant est un touche-à-tout et un « grand aventurier ». Ayez toujours à l'esprit quelques règles simples de sécurité. Les consignes du premier âge (p. 338) s'appliquent avec encore plus de rigueur pour un enfant plus grand :

• ne laissez jamais un enfant seul à la maison (défenestration, incendie) ;

• ne laissez jamais un enfant seul dans la baignoire ou au bord d'un plan d'eau même une mare ou un bassin de jardin ;

• ne lui donnez pas de fruits secs (noisettes, cacahuètes, etc.) avant 4 ans ;

• ne manipulez pas un produit ménager en présence d'un enfant ;

• débranchez les rallonges électriques après utilisation ;

• pensez à protéger les fenêtres et les escaliers ;

• n'utilisez jamais de récipients alimentaires pour des produits toxiques, ménagers ou caustiques ;

• placez tous les médicaments dans une armoire à pharmacie, qui sera fermée à clé ;

• ne déménagez jamais avec des enfants !

• la cuisine est une pièce très dangereuse : deux accidents sur trois y ont lieu ;

• pour toutes les activités sportives à risque, faites-lui porter un casque et des protections pour les coudes et les genoux. ■

Prenez garde aux bons gros chiens

Les enfants sont souvent attirés par les animaux, notamment les chiens qu'ils croisent dans la rue. Cette attirance est d'autant plus forte qu'ils peuvent avoir eux-mêmes un compagnon à la maison. Ils les touchent, les caressent. Ils commencent généralement par l'encolure, puis le haut des pattes avant et le ventre. Et c'est alors le drame. Les morsures ont presque toujours pour cause l'inadéquation des attitudes du chien et de l'enfant. Elles se situent souvent au niveau du visage, le chien étant attiré par le regard. Les chiens dits agressifs seraient, la plupart du temps, tout simplement peureux ou appartiennent à des races dites méchantes comme le pitt-bull, le berger allemand, le doberman, etc.

Le chien a souvent prévenu l'enfant par des mimiques d'intimidation que celui-ci n'a pas su ou pas voulu comprendre. L'enfant le poursuit et le chien, excédé, réagit en le mordant. Hormis les réactions violentes de l'animal, dues à une douleur causée sciemment ou non par l'enfant, la morsure peut exprimer la jalousie. L'arrivée d'un bébé à la maison peut perturber un chien aussi violemment qu'elle perturbe l'aîné.

Le garçon est plus souvent agressé que la petite fille et principalement entre 2 et 3 ans. L'enfant en est le plus souvent responsable, les petits chiens étant plus « persécutés » que les grands. Dans la plupart des cas, le chien n'était pas un compagnon habituel de l'enfant. ■

Les lits superposés

Les lits superposés peuvent être à l'origine d'accidents. L'enfant, encore ensommeillé, rate l'échelle et tombe de la couchette supérieure. C'est le cas une fois sur trois, le reste des traumatismes étant plutôt le résultat de jeux. Il est conseillé de ne pas faire dormir les enfants de moins de 6 ans sur la couchette du haut. De plus, il est préférable de toujours choisir un lit avec des barrières latérales et des échelles soigneusement fixées. Il existe dans ce domaine une norme NF. ■

Jeux dangereux

Les patins à roulettes ne se choisissent pas au hasard. Seulement deux marques de jouet ont conçu des patins « premier âge ». Ceux-ci sont très légers aux pieds, ils sont faciles à mettre et sont équipés d'un dispositif antirecul. Un de ces modèles permet même un blocage complet des quatre roues, ainsi l'enfant, avant d'apprendre à rouler, se rassure en marchant avec ses patins. Cependant, il est indispensable qu'il porte un casque, des genouillères et des coudières, qui sont les seules vraies protections en cas de chute. ■

Les accidents domestiques

CET ENFANT EST UN « DÉCOUVREUR » ET UN « AVENTURIER », ce qui le conduit à affronter des dangers dont la plupart du temps il n'a pas conscience. Les intoxications et les brûlures sont la cause des principaux accidents domestiques.

Capable de tout avaler

Les intoxications les plus fréquentes sont dues aux médicaments (une sur deux) : l'enfant avale son sirop antitussif dont le goût à la fraise ou à l'orange lui plaît. La seule prévention est de placer tous les médicaments hors de portée des enfants. Autre agent d'intoxication, les produits ménagers. Ils peuvent avoir des effets redoutables, surtout s'ils contiennent de la soude caustique. Les intoxications à l'eau de Javel et aux produits pour lave-vaisselle sont les plus courantes. À cet âge, elle est à mettre sur le compte de la méprise : l'enfant croyant se servir une boisson avale un verre d'eau de Javel tout bêtement parce que ses parents ont dilué un berlingot de ce produit dans une bouteille vide de jus d'orange ou d'eau minérale. Il arrive même qu'il ingère des produits beaucoup plus dangereux, tels qu'un déboucheur de canalisations, un détartrant ou un décapant. Les conséquences de ces accidents sont dramatiques : brûlures de la bouche mais aussi de l'œsophage, ce qui entraîne des infirmités irréversibles (p. 670).

Un environnement inconnu

Les brûlures sont aussi le résultat d'une méconnaissance de l'environnement. L'enfant touche, veut être grand et soulève une casserole trop lourde pour lui ou se déplace avec un plat chaud alors que ses gestes sont encore pleins de maladresse. La deuxième grande cause de brûlure chez l'enfant est à attribuer à des appareils ménagers tels que fer à repasser, radiateur électrique ou porte de four. Quant aux brûlures dues à l'électricité, c'est le piège pour l'enfant de cet âge : les rallonges qui restent branchées et qu'il manipule les mains mouillées ou qu'il porte à la bouche. L'enfant peut encore se brûler tout simplement avec l'eau trop chaude qui sort du robinet de la baignoire ou avec son bol de soupe ou de chocolat qu'il renverse sur lui. À cet âge, les trois quarts des brûlures sont dues à un liquide chaud (p. 751).

Attention, casse-cou

Avant 5 ans, les chutes sont responsables dans les deux tiers des cas de contusions du visage, voire de fractures du crâne (chute d'une chaise ou d'une poussette). Entre 2 et 3 ans, c'est l'âge où l'on se penche par la fenêtre. Heureusement rare mais d'une extrême gravité, la défenestration a presque toujours la même cause : l'enfant a voulu « voir » ce qui se passait dans la rue. Même si la fenêtre est haute, il saura déplacer une chaise ou une petite table.

Seules préventions efficaces : fermer les fenêtres, ne jamais laisser l'enfant seul dans une pièce où une fenêtre est entrouverte et si possible équiper toutes les ouvertures de systèmes de sécurité.

Ensuite viennent les chutes liées aux jeux, balançoires, toboggans qui doivent êtres équipés d'aires d'atterrissage spéciales. Attention encore aux premières expériences en vélo et patins à roulettes. Équipez-le toujours d'un casque, de coudières et de genouillères. ∎

1RE SEMAINE

1ER MOIS

2 À 3 MOIS

4 À 5 MOIS

6 À 7 MOIS

8 À 9 MOIS

10 À 11 MOIS

1 AN

1 AN 1/2

2 ANS

2 ANS 1/2

3 ANS

4 ANS

5 ANS

6 ANS

ANNEXES

Fêter Noël*en savoir plus*

Des cadeaux originaux

Pourquoi n'offrir que des jouets et des jeux ? Vous aimerez combler un enfant avec des objets assez inattendus. Pour les petites filles, un chapeau à voilette que vous pouvez confectionner : une calotte de velours noir achetée dans une grande surface, sur laquelle vous cousez une voilette, fera merveille. Toute l'année, la petite fille jouera à la dame avec délice. De même, les petites coquettes adorent les gants fantaisie, les eaux de toilette, les parapluies et les mallettes de maquillage, mais les vraies. Achetez ou récupérez dans vos affaires une toute petite valise ou un vanity-case et bourrez-le d'échantillons de parfumerie. Plus il y en a, mieux c'est. Ajoutez un tube de rouge à lèvres rose pâle pour éviter trop de barbouillages, une ombre à paupières de couleur et un compact pas trop foncé. Les petits garçons aiment aussi les coiffures : les képis, les casques de soldat ou de style colonial. Parmi les objets qui ont aussi beaucoup de succès, vous pouvez offrir un stéthoscope. Un petit garçon ayant eu ce merveilleux cadeau a passé une année entière à écouter tous les cœurs qui passaient à la portée de son instrument. Enfin, certains enfants ne sont pas toujours contents de ce qu'ils ont. Cette réaction est naturelle, peu d'enfants étant, à cet âge, immédiatement satisfaits de leurs jouets. L'idée qu'ils s'en faisaient était assez floue et la réalité les surprend. Seul l'usage suscitera peu à peu un intérêt grandissant. ■

Des arbres de Noël sans danger

Boules, guirlandes, bougies... un décor qui ne convient pas toujours aux petits touche-à-tout. Vous pouvez joliment les remplacer avec, par exemple, des rubans de satin noués aux extrémités des branches. Pour l'esthétique, choisissez une harmonie de couleurs et pas plus de trois tons. Le tulle pastel en forme d'énormes papillons à accrocher un peu partout dans l'arbre avec, cousus dessus, des boutons multicolores ou des paillettes, habille aussi superbement les sapins. Vous pouvez faire le choix du « tout papier » en coupant des guirlandes dans du papier crépon et en accrochant aux branches des boules de papier mâché. Le sapin peut devenir « gourmand » si vous y suspendez des petits gâteaux secs ou des bonbons. Il existe aussi des décors de Noël faits de paille et de bois. Choisissez toujours également de grosses boules incassables. ■

Le Père Noël

LA PLUPART DES PARENTS SACRIFIENT AU RITE DU PÈRE NOËL tant sa hotte est chargée de souvenirs d'enfance. Et c'est tout naturellement que cette figure mythique devient, pour quelques années, un personnage important dans la vie des enfants.

Un papy gâteau

Il est le symbole de dons gratuits, à l'inverse des cadeaux qu'ils reçoivent pour leurs anniversaires. Il répond au besoin de merveilleux dont ils sont si friands. À cet âge, son existence est incontestable, même si les différents Pères Noël qu'ils rencontrent au coin des rues sont différents de ce qu'ils imaginent. La parole des parents ne saurait être mise en doute, pour l'instant. C'est probablement le premier Noël dont ils se souviendront. Si vous êtes croyant, cette période de l'année sera l'occasion d'emmener votre enfant à la découverte d'une crèche et de lui raconter l'histoire de la naissance du Christ. L'enfant nu dans la paille, l'âne, le bœuf et les Rois Mages vont retenir toute son attention. Ainsi vous marquerez certainement le début de son éducation religieuse.

Des cadeaux... mais pas trop

Les enfants adorent recevoir des cadeaux, et Noël est l'occasion d'y penser très fort, en attendant fébrilement le jouet dont ils ont rêvé. Le fait que ce soit le Père Noël qui le dépose au pied du sapin les fait frissonner de plaisir : il connaît leurs secrets les plus intimes, il n'a pas de « compte à régler » avec eux, d'ailleurs il a la réputation d'être d'une grande clémence. Et surtout, il est capable, pour eux, d'exaucer les vœux les plus fous. Petits ou grands, nous avons besoin d'imaginer un tel être bon et puissant.

Il procure une sensation de puissance et confirme que l'on est aimé. Plus les paquets sont enrubannés et difficiles à ouvrir, plus la surprise est grande et le cadeau important. Pourtant, il faut des limites. Notion difficile et cependant indispensable à apprendre à l'enfant dès ses premières années. Ses désirs sont sans cesse nouveaux. Ils ne peuvent et ne doivent pas être tous satisfaits au risque de les tuer : ils deviendraient alors de tristes besoins. Il lui faut encore quelques envies pour souhaiter avec impatience le Noël suivant. Noël, c'est aussi l'occasion de lui apprendre que le don n'est pas à sens unique, qu'il y a toujours une notion d'échange. L'enfant peut participer à la préparation de la fête, décorer le sapin et la maison ou fabriquer des petits gâteaux « maison » en découpant de la pâte sablée avec un emporte-pièce en forme de sapin, d'étoile ou d'ange. C'est ainsi qu'il connaîtra le plaisir de « faire plaisir » aux autres et de leur être agréable. Il est aussi nécessaire qu'il ouvre ses cadeaux en même temps que tout le monde.

L'emballage compte aussi

Pensez à réaliser un joli emballage cadeau car celui-ci a de l'importance pour les enfants. La classique petite boîte qui se cache dans de multiples autres boîtes, agrémentées de tous ces papiers multicolores et de tous ces bolducs frisés, remporte toujours un grand succès auprès des enfants. Au moment du déballage, facilitez-lui la tâche mais laissez-lui le plaisir complet de la découverte, même si ses gestes paraissent maladroits. Mieux vaut attendre sa demande d'assistance que d'intervenir trop vite. ∎

1RE SEMAINE

1ER MOIS

2 À 3 MOIS

4 À 5 MOIS

6 À 7 MOIS

8 À 9 MOIS

10 À 11 MOIS

1 AN

1 AN 1/2

2 ANS

2 ANS 1/2

3 ANS

4 ANS

5 ANS

6 ANS

ANNEXES

Les dangers des bonbons de toutes les couleurs

Les bonbons, les chewing-gums et les friandises en tout genre contiennent pratiquement tous des colorants alimentaires, destinés à exciter la gourmandise. L'utilisation de ces additifs est sévèrement contrôlée. Ainsi, en Europe, une trentaine de colorants sont autorisés et donc absorbés par les enfants. Cependant, chez certains, ils peuvent provoquer des réactions allergiques. Les manifestations cutanées sont les plus fréquentes, notamment l'urticaire et, dans certains cas, elles sont associées à un œdème de Quincke (réaction caractérisée par une éruption œdémateuse sous-cutanée située surtout sur le visage et qui peut être grave, p. 681). En revanche, les troubles respiratoires sont rares. Des douleurs abdominales, des migraines, une hyperactivité ont été attribuées à ces colorants, mais sans preuves réelles. Les enfants ayant déjà des problèmes allergiques, ou nés dans une famille à risque, sont les plus susceptibles d'être touchés. En outre, ces manifestations peuvent différer chez un même enfant. Le seul traitement est l'élimination des produits avec colorants dans son alimentation. Les colorants dangereux chez l'allergique sont situés entre E 100 et E 150 (les colorants alimentaires et pharmaceutiques étant classés entre E 100 et E 180). Leur mention est obligatoire sur les emballages des produits alimentaires et des médicaments. ■

Les différents sucres

Le sucre se trouve dans presque tous les aliments, et, bien sûr, toujours dans les desserts. On distingue deux groupes : les sucres à absorption lente et ceux à absorption rapide. Les premiers se trouvent dans le pain, les pâtes, les pommes de terre, les céréales. Ils composent notre alimentation de base et sont assimilés lentement. Les seconds sont tous les sucres « classiques » : les bonbons, les pâtisseries, les boissons sucrées gazeuses. Ils passent directement dans le sang et sont donc assimilés rapidement. Consommés en excès, ils sont stockés sous forme de graisses. ■

Les caries

Généralement, on associe la consommation de sucre à l'apparition des caries. Il semble que rien ne soit aussi sujet à discussion. En fait, il faut tenir compte du mode et du moment de sa consommation, ainsi que de l'hygiène dentaire. Ainsi, une étude suédoise a établi que ce n'est pas la quantité globale de sucre qui est déterminante, mais sa forme, sa fréquence d'absorption et l'hygiène dentaire. Le seul moyen de lutter contre les caries est d'avoir une bonne hygiène dentaire, d'éviter de manger des bonbons entre les repas et, surtout, le soir au coucher. Cependant, les bonbons peuvent être remplacés par un peu de chocolat. En effet, plus un aliment favorise la création d'un milieu acide, plus il facilite le travail des bactéries et inversement. Le chocolat et ses dérivés appartiendraient aux aliments les moins acidogènes, tout comme le lait ou le fromage. Ainsi les produits chocolatés, le chocolat au lait seraient beaucoup moins cariogènes que les bonbons durs, les sucettes et autres tartes aux pommes. La plupart des médecins sont réticents envers les faux sucres, ces substituts qui entraîneraient une surconsommation d'aliments par un phénomène physiologique de compensation. Certains sucres de remplacement seraient tout aussi nocifs que les « vrais sucres » et provoqueraient, notamment, des caries. ■

Le chocolat

Tous les chocolats, qu'ils soient en tablette ou en poudre, ne sont pas les mêmes sur le plan de la composition, du goût et de la texture.
Il existe dans le chocolat des « crus », et le produit de base est plus ou moins mélangé à du beurre de cacao, du lait et du sucre. Il faut donc que vous lisiez les étiquettes.
À la différence des bonbons, le chocolat possède des qualités nutritionnelles. En effet, il apporte à l'organisme du potassium, du magnésium, du phosphore et aussi un peu de calcium lorsqu'il est au lait. C'est un aliment particulièrement énergétique. ■

Les sucreries, c'est si bon !

LE GOÛT DU SUCRE EST APPRÉCIÉ PAR L'ENFANT BIEN AVANT QU'IL NAISSE puisque l'on sait que le fœtus manifeste son plaisir lorsqu'il boit du liquide amniotique sucré. Ensuite, lorsque l'enfant grandit, la consommation de sucre devient un problème diététique et éducatif.

À gérer avec modération

C'est au moment des repas que se pose principalement la place du sucre dans l'alimentation de l'enfant : le yaourt sera-t-il toujours sucré, beaucoup ou un peu ? Mais le sucre a aussi une valeur éducative : le récompensera-t-on plus couramment avec une friandise ?

Quoi que l'on dise, quoi que l'on pense, le sucre est utile à notre organisme. Il libère immédiatement une énergie qui permet un effort rapide. Ce qui importe, c'est la quantité prise et les habitudes alimentaires que donnent les parents. Pourquoi ajouter du sucre à un petit-suisse ou à une banane écrasée ? Mieux vaut le remplacer par un bonbon, un peu de chocolat ou un biscuit à la fin du repas (le sucre d'un bonbon est bénéfique à ce moment-là car il se mélange au bol alimentaire et devient un sucre lent parfait pour l'organisme, alors que, pris en dehors du repas, il reste un sucre rapide stocké sous forme de graisses), tout comme il est préférable de lui donner une tranche de pain accompagnée de chocolat à une banane « coupe-faim » trop sucrée. En fait, il est nécessaire d'apprendre à l'enfant que manger du sucre est permis mais pas n'importe quand, ni n'importe comment. Aussi, pour lui éviter les grignotages sucrés à 11 heures, proposez-lui un petit déjeuner copieux. En cas de petit creux, pensez aux fruits et au fromage (et non aux croissants très riches en matières grasses). Qui plus est, l'abus de sucre, surtout consommé entre les repas, coupe l'appétit.

Bonbons allégés et substituts

Le sucre n'est pas mauvais en soi, il apporte simplement des calories supplémentaires et inutiles. Certains médecins conseillent aux parents dont les enfants ne peuvent pas s'en passer de leur donner des bonbons « allégés » contenant des édulcorants. Cette petite gâterie de temps en temps n'a pas vraiment de conséquences. Le miel est aussi un bon substitut. Son pouvoir sucrant est supérieur à celui du sucre tout en étant moins calorique. On le consommera dans le lait, pour le parfumer, ou dans les yaourts. Il existe aussi en petits tubes, aromatisé au chocolat ou aux fruits ; c'est idéal pour un petit goûter. Quant aux fruits secs, raisins, dattes, bananes ou ananas déshydratés, ils remplacent très avantageusement les bonbons. Ils apportent de l'énergie mais également du calcium et du magnésium. Dernier principe : à table, faites-lui boire de l'eau pure, sans adjonction de sirop, et limitez les boissons sucrées aux fêtes et aux occasions particulières. ■

" Pensez à lui attribuer un budget bonbons pour qu'il puisse faire des échanges avec ses camarades. Ne soyez pas horrifiée par ses choix. Ses bonbons appartiendront plus tard à ses souvenirs d'enfance. „

1RE SEMAINE

1ER MOIS

2 À 3 MOIS

4 À 5 MOIS

6 À 7 MOIS

8 À 9 MOIS

10 À 11 MOIS

1 AN

1 AN 1/2

2 ANS

2 ANS 1/2

3 ANS

4 ANS

5 ANS

6 ANS

ANNEXES

Sa chambre, un coin de paradis

L'ENFANT EST SENSIBLE AU COIN QUI LUI EST RÉSERVÉ DANS LA MAISON.
S'il ne peut avoir sa propre chambre, un petit bureau, un coin jouets ou tout
simplement un tiroir à trésors peut lui suffire, pourvu qu'il soit entièrement à lui.
Plus il grandit, plus il déteste que vous l'exploriez ou le rangiez.

Bien dans ses meubles

L'enfant se sentira en parfaite sécurité si vous installez sa chambre au cœur de l'appartement ou, dans une maison, au même étage que le reste de la famille. Si la vôtre est située entre la sienne et l'entrée de la maison, cette disposition lui donne toutes les garanties contre un éventuel danger venu de l'extérieur. Très longtemps, il aimera dormir la porte ouverte. L'idéal serait une porte communicante, le couloir n'étant pas un lieu de vie, mais souvent un endroit froid et sombre où naissent bien des fantasmes angoissants. Il demandera encore, bien qu'il soit « grand » la douce lumière d'une veilleuse : elle le rassure s'il s'éveille dans la nuit et guide ses pas, si besoin, sur le chemin des toilettes.

Son lit est maintenant un lit d'une personne. Pour éviter les chutes dues à un sommeil agité, vous pouvez l'équiper de barrières amovibles. Le matelas est plutôt dur, garantie d'un futur dos solide. À l'enfant de décider s'il souhaite un oreiller, à vous, en revanche, de choisir entre un couchage traditionnel, draps et couverture, ou la couette que la plupart des enfants plébiscitent. À cet âge, votre enfant peut décider de l'orientation de son lit et de l'endroit qu'il préfère pour dormir. Lui laisser ce choix est un bon moyen pour faire disparaître certains troubles du sommeil. S'il dort seul et si sa chambre est assez grande, il peut vous demander un lit supplémentaire pour accueillir un copain : le sommeil est de meilleure qualité s'il est partagé.

Un monde à sa taille

La chambre est le lieu parfait pour que l'enfant y retrouve un monde à sa taille : un bureau, une petite chaise, un meuble où il range ses crayons et ses jouets et de petites cachettes pour ses trésors. Dès 4-5 ans, un enfant est capable de trouver et de ranger ses vêtements, avec un peu d'aide bien sûr. Une armoire et une penderie à sa hauteur l'aident à acquérir un peu plus d'autonomie. Peu de mobilier suffit à faire son bonheur. Car ce qu'il aime par-dessus tout, c'est jouer par terre. Au sol, préférez le revêtement plastique au parquet ou à la moquette. Cet enfant est encore maladroit et son expression artistique « explosive ». Ce lieu est le sien, il peut donc participer au choix du papier peint et le décorer comme bon lui semble, même si ce n'est pas totalement conforme à vos goûts. Sa chambre, c'est son univers et il manifestera l'envie, surtout lors de visites de petits camarades, d'y jouer loin des regards des adultes.

Vivre à deux

Mais bon nombre d'enfants doivent partager leur chambre avec un frère ou une sœur. Une cohabitation qui, plus tard, laisse généralement des souvenirs émus, mais qui sur le moment demande un peu d'organisation. Pour que tout se passe bien, il est préférable de séparer la pièce en deux espaces bien délimités pour que chacun ait son coin bien à lui ; chaque enfant a ses propres rangements afin d'éviter les conflits. De même, chaque lit a son éclairage. Enfin établissez des règles de savoir-vivre, surtout si l'un des enfants est en âge scolaire et a des devoirs à faire.

Vivre à trois ou à quatre

Beaucoup plus compliquée est la répartition de l'espace entre plusieurs enfants. Trois solutions s'offrent à vous, chacune a ses avantages et ses inconvénients. La première consiste à créer une chambre des petits et une chambre des grands. Cette répartition ne correspond pas forcément aux affinités mais les petits apprécient : ils s'amuseront sans doute beaucoup, peut-être même un peu trop s'ils sont matinaux ! La deuxième solution est de réunir petits et grands : les premiers sont rassurés par la présence de leurs aînés et dorment en toute tranquillité. Cependant, les aînés peuvent souffrir du partage de territoire avec un cadet « touche-à-tout ».

Enfin, la dernière solution est de faire dormir tout le monde ensemble et de réserver une pièce aux activités et aux jeux. C'est parfait si les enfants sont d'un âge proche mais, lorsqu'ils seront scolarisés, il faudra revoir cet aménagement pour que chacun ait un lieu pour s'isoler.

Investir une nouvelle maison

Pour l'enfant, le logement a une forte valeur affective et tout déménagement demande une certaine préparation. Rares sont les enfants qui l'apprécient. Ces déplacements occasionnent trop de changements de repères et sont à l'origine de bien des troubles du sommeil. Retrouver, recréer l'ambiance de sa chambre « d'avant » est alors un facteur sécurisant. C'est sans doute une des toutes premières pièces du nouveau logement à installer. Mieux vaut éviter de faire coucher votre enfant dans une pièce non aménagée, surtout si le nouveau lieu de résidence est une maison ancienne aux peintures défraîchies, aux planchers qui craquent et au papier peint inconnu. L'enfant aimera retrouver un peu de son ancienne chambre dans la nouvelle grâce à une disposition identique des meubles et des objets familiers. Cet âge est sensible au changement de maison et il est difficile pour l'enfant de déménager. Pour l'aider, transformez-le en petit déménageur et faites-lui faire les paquets. Il est indispensable qu'il emporte dans sa nouvelle maison et dans sa nouvelle chambre une part de l'ancienne, accompagnée de la plupart de ses secrets. ■

1RE SEMAINE

1ER MOIS

2 À 3 MOIS

4 À 5 MOIS

6 À 7 MOIS

8 À 9 MOIS

10 À 11 MOIS

1 AN

1 AN 1/2

2 ANS

2 ANS 1/2

3 ANS

4 ANS

5 ANS

6 ANS

ANNEXES

L'activité sportive *en savoir plus*

La piscine familiale

La noyade en piscine privée est la seconde cause d'accidents mortels des moins de 6 ans, après les accidents de la route. Les chiffres alarmants qui montraient qu'entre 2002 et 2003 les noyades mortelles avaient augmenté de 73 % dont 16 % concernaient les enfants de moins de 6 ans ont poussé les pouvoirs publics à agir.

Aujourd'hui toutes les piscines doivent être sécurisées. La prévention la plus efficace est l'installation, autour du bassin, d'une clôture équipée d'une porte sans poignée, qui se ferme automatiquement, l'ouverture n'étant accessible qu'aux parents. De plus, tout comme votre enfant met son maillot avec fierté, apprenez-lui à mettre systématiquement ses bracelets gonflables. Surveillez leur mise en place et ne confiez ce soin à personne d'autre. Apprenez à votre enfant à nager le plus vite possible, pour certains dès l'âge de 4 ans pour d'autres un an plus tard. Ne laissez pas cette responsabilité à un autre enfant, même s'il est beaucoup plus grand. Enfin, initiez-vous aux gestes de sauvetage. Il existe à ce sujet deux dépliants : les réflexes anti-noyade mer-lac-rivière et piscine réalisés par l'INPES (Institut national de prévention et d'éducation pour la santé). ■

Les bains de mer

Les bains de mer sont profitables aux enfants sous certaines conditions. L'eau doit être chaude et propre, 27 °C étant la température idéale. L'enfant y entrera tout doucement, en commençant par les pieds. L'eau de mer, même chaude, sera toujours plus froide que celle de son bain, et risque de le surprendre. S'il l'eau est froide, il trouvera le bain fort désagréable et risquera d'en être dégoûté pour longtemps. Il est préférable, pour sa première expérience, de trouver une flaque d'eau bien chaude.

Bien sûr, il faut veiller à la propreté de l'eau. Elle ne peut pas toujours s'apprécier à l'œil nu, c'est pourquoi les ministères de la Santé et de l'Environnement surveillent les eaux du littoral français. L'eau est analysée de façon à mettre en évidence d'éventuels germes pathogènes.

Les eaux sont classées en quatre catégories, qui s'échelonnent de la baignade autorisée à la baignade interdite. Les préfectures sont chargées, localement, de faire connaître l'état des plages au public. Sachez que les enfants sont plus vulnérables à la pollution de l'eau et des plages. En effet, ils n'ont pas conscience de leur saleté et y jouent donc sans répulsion. De plus, la peau « tendre » des enfants est davantage sujette aux attaques microbiennes que celle des adultes. ■

Son premier vélo

Trois ans, c'est le bon âge pour les premières balades à vélo. Vélo de cross, de course ou classique, il s'équipe d'abord de stabilisateurs que vous enlèverez une fois l'équilibre venu. La réglementation pour ce type de vélo précise que les roues ne doivent pas dépasser 400 mm de diamètre, pneus compris. D'autre part, sécurité oblige, il doit être adapté aux capacités de l'enfant. En effet, il freine souvent avec ses pieds, aussi est-il conseillé que le premier vélo soit muni d'un frein rétropédalage. Lorsqu'il sera plus grand, il saura plus facilement dissocier bras et jambes et pourra alors acquérir un vélo avec système de blocage-freinage sur le guidon. Mais le vélo, sous forme de tricycle, peut entrer plus tôt dans la vie des petits. Une étude récente a démontré que les enfants, dès 18 mois, pouvaient faire du vélo comme les grands et qu'ils étaient capables d'appuyer alternativement sur les pédales du tricycle. En fait, pédaler ne demande pas une aptitude particulière, c'est l'aboutissement de plusieurs apprentissages que l'enfant réussit à coordonner et associe au sens de l'équilibre. La stimulation et l'imitation des frères et sœurs ou des amis aident beaucoup le « petit coureur ». Sa plus grande joie : avoir un vélo neuf bien à lui. Mais si vos moyens financiers vous permettent simplement de lui donner le vélo de votre aîné ou d'un cousin, repeignez-le et ajoutez-lui des accessoires pour que votre petit sportif ait le sentiment d'avoir « son » vélo. ■

Faire du sport

1RE SEMAINE

1ER MOIS

2 À 3 MOIS

4 À 5 MOIS

6 À 7 MOIS

8 À 9 MOIS

10 À 11 MOIS

1 AN

1 AN 1/2

2 ANS

2 ANS 1/2

3 ANS

4 ANS

5 ANS

6 ANS

ANNEXES

TOUTE ACTIVITÉ PHYSIQUE POURRAIT ÊTRE CONSIDÉRÉE COMME UN SPORT chez le petit enfant : la marche, particulièrement, est une véritable performance sportive. Ensuite, il adorera dépenser sa toute nouvelle énergie dans une activité sportive choisie en fonction des capacités de son âge.

Des vertus bien connues

Il est assez curieux de constater que, malgré toutes les vertus attribuées aux activités sportives, elles occupent relativement peu de place dans la vie des enfants petits, majoritairement, ils jouent ou regardent la télévision. Si l'enfant a fait connaissance avec la gymnastique du nourrisson (p. 208) ou a déjà pris contact avec l'eau comme bébé nageur (p. 244), il sera sans doute un peu plus préparé à une véritable activité sportive. On ne dira jamais assez l'effet bénéfique du sport sur le développement physique et intellectuel. À cet âge, il aide à la croissance harmonieuse du corps, il développe les capacités cardiaques et respiratoires dont le bénéfice se poursuivra jusqu'à l'âge adulte. Mais il permet aussi à l'enfant de mieux se situer dans l'espace, de mieux utiliser ses capacités motrices et gestuelles et d'apprendre à commander à son cerveau les gestes inhabituels. Sur le plan psychique, le sport lui donne confiance en lui, l'aide dans ses relations avec les autres et lui apporte un bon esprit de compétition.

Quelle activité choisir ?

À 3 ans, le choix d'activités sportives est encore limité. À cet âge, ce ne peut être que des initiations. Le corps de l'enfant est encore en formation et ne peut supporter, sans risque, de réels efforts physiques. Il n'est pas question de muscler son corps ou de réaliser des performances. L'enfant peut faire de la gymnastique fondée sur de petits mouvements du corps et sur le travail de l'équilibre qui s'apparentent à des jeux. Certains tout-petits sont plus attirés par la danse rythmique qui associe à la gymnastique la notion de rythme.

Il peut aussi s'initier à la natation, prendre contact avec l'eau, apprendre à s'y déplacer avec des brassards. La natation est le sport le plus complet. Qui plus est, le nombre important de piscines en France permet de la pratiquer facilement. Elle est obligatoire à l'école primaire et facultative à l'école maternelle. Dans la majorité des cas, c'est vers 5-6 ans que l'enfant est capable de coordonner ses mouvements pour apprendre à nager, la brasse dans 90 % des cas. Le ski est aussi à sa portée. Sa souplesse va lui donner beaucoup d'aisance sur les pentes enneigées, tout comme sur des patins à glace. L'École de ski français a mis au point un enseignement parfaitement adapté aux petits et presque toutes les stations de sports d'hiver proposent des cours amusants et des jardins de « neige ».

Une initiation à la vie en société

Le sport est d'autant plus intéressant pour lui qu'il est pratiqué en famille. Il constitue alors une autre forme d'échange. Pratiquer un sport très jeune est aussi bénéfique pour la formation du caractère. Il enseigne l'effort, la persévérance, l'entraide, initie véritablement à la vie en société. C'est vers 6 ans qu'une réelle initiation à la plupart des sports peut commencer. ■

Petite gymnastique

DÈS QUE L'ENFANT MAÎTRISE BIEN SA GESTUELLE, IL A ENVIE DE FAIRE MIEUX.
Il aime bouger, sauter, danser : proposez-lui un peu de gymnastique, essentiellement
pour travailler son équilibre. Ces petits exercices, qui se pratiquent sur un tapis
de sol, seront aussi l'occasion de fous rires.

L'enfant se tient debout la tête bien droite, il regarde devant lui. L'exercice consiste à plier une jambe et à mettre le pied derrière l'autre jambe à hauteur du genou. Il va essayer de tenir la pose quelques secondes, puis il procédera de même avec l'autre jambe.

Toujours debout, l'enfant saute d'une jambe sur l'autre en jetant le pied devant. Attention, il n'est pas facile de garder son équilibre.

L'enfant se penche tête en avant, pose ses bras sur le sol puis le haut de sa tête. Il monte alternativement les jambes le plus haut possible en pliant les genoux.

L'enfant, jambes écartées, se baisse lentement pour poser ses bras et sa tête au sol. Que c'est drôle de regarder le monde à l'envers !

Allongé
sur le dos,
l'enfant attrape
ses pieds en écartant
le plus possible les
cuisses vers l'extérieur.

Allongé sur le tapis de sol, l'enfant fait rouler ses
hanches en s'appuyant sur ses bras.

Petite relaxation

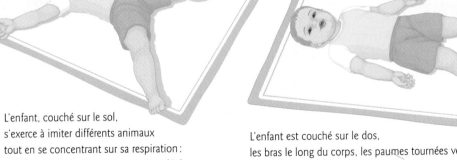

L'enfant, couché sur le sol,
s'exerce à imiter différents animaux
tout en se concentrant sur sa respiration :
un chat qui s'étire, un serpent qui se déplace,
un poisson qui ondule et un oiseau qui vole.

L'enfant est couché sur le dos,
les bras le long du corps, les paumes tournées vers le haut,
les bras légèrement écartés. Il respire calmement en se
concentrant sur sa respiration. Il pèse de plus en plus
sur le sol, son corps devient très lourd, de plus en plus lourd.
Puis il se concentre de nouveau sur sa respiration,
son corps devenant de plus en plus léger.

L'enfant est assis sur ses talons, il inspire profondément.
Puis en expirant, il incline lentement la tête
jusqu'au sol. Il glisse alors ses bras vers l'arrière.
Il se concentre sur sa respiration qui devient calme.

1RE SEMAINE

1ER MOIS

2 À 3 MOIS

4 À 5 MOIS

6 À 7 MOIS

8 À 9 MOIS

10 À 11 MOIS

1 AN

1 AN 1/2

2 ANS

2 ANS 1/2

3 ANS

4 ANS

5 ANS

6 ANS

ANNEXES

4 ans

1RE SEMAINE

1ER MOIS

2 À 3 MOIS

4 À 5 MOIS

6 À 7 MOIS

8 À 9 MOIS

10 À 11 MOIS

1 AN

1 AN 1/2

2 ANS

2 ANS 1/2

3 ANS

4 ANS

5 ANS

6 ANS

ANNEXES

4 ans

Vous

« MAMAN, TU ES LA PLUS BELLE des mamans et toi, papa, le plus gentil et le plus fort de tous les papas. Mon psychothérapeute m'a expliqué que j'étais à l'acmé (mot compliqué pour dire au maximum) de la phase œdipienne. C'est vrai que je vous aime et que cette affection améliore mes chances de comprendre, d'apprendre, de jouer et de grandir.

Cela fait déjà un an que je suis à l'école maternelle. Mon psy m'a dit aussi que j'avais conforté (assumé, organisé, encore un mot compliqué) mon accession à l'individuation-séparation. Pour devenir un petit garçon, il m'a expliqué qu'il fallait que j'entre dans la triangulation œdipienne : il faut que je m'identifie tout à la fois à mon papa et à ma maman.

Dans ma tête, bien des choses changent. Ma peur des gros animaux s'est peu à peu transformée en peur des microbes et des maladies. J'aimerais bien tout comprendre sur le corps ou sur les animaux. Je peux inventer des histoires et jouer à plusieurs. Et puis, j'ai peur aussi que papa ait un accident et que maman aille à l'hôpital. Il faudra que je reparle de tout ça à mon psy, lors de ma prochaine consultation. »

Votre enfant

- Il pèse 16 kg en moyenne pour 1 m.

- Le fameux « caca boudin » est un classique de son vocabulaire. Il parle tellement vite qu'il en bégaie et déforme les mots. Son vocabulaire s'enrichit des adjectifs de nuances. Il connaît environ 2 000 mots et il s'essaie au conditionnel.

- Il commence à comprendre que les autres ne pensent pas comme lui, c'est la grande période des « pourquoi? ».

- Il commence aussi à avoir des notions de temps et d'espace.

- Il est sensible à ses tenues vestimentaires.

- Il mange 55 g de viande ou de poisson par jour. Il lui arrive de refuser certains aliments.

1RE SEMAINE

1ER MOIS

2 À 3 MOIS

4 À 5 MOIS

6 À 7 MOIS

8 À 9 MOIS

10 À 11 MOIS

1 AN

1 AN 1/2

2 ANS

2 ANS 1/2

3 ANS

4 ANS

5 ANS

6 ANS

ANNEXES

Que faire ?

Mieux vaut d'abord en sourire et prendre votre mal en patience. Une réaction de refus et d'interdit trop violente dévoilerait à votre enfant le bon moyen de vous faire enrager. Si réellement il vous a choqué, il faut le lui dire. Il est nécessaire de lui expliquer la signification du mot qu'il a prononcé et de lui faire comprendre que s'il veut qu'on le respecte, il doit aussi respecter les autres. Certains mots doivent être clairement identifiés comme intolérables parce qu'ils blessent. Plus il sait ce qu'il dit, plus il limitera ses grossièretés. Il est souhaitable de lui faire remarquer qu'elles ne doivent pas s'exprimer en société.

Certains « gros mots » peuvent être réservés aux échanges entre copains et sont à éviter devant les grands-parents et, s'il prend à votre enfant l'envie d'en dire, qu'il aille les clamer dans sa chambre. N'amenez pas votre enfant à culpabiliser en lui faisant croire que son vocabulaire le rend désagréable et méchant. Ayez une attitude cohérente : ne vous accordez pas ce que vous ne lui permettez pas. ■

Une vraie fonction sociale

Les gros mots servent de signes de ralliement. Échanger « caca boudin » ou « zizi prout prout » entre copains, c'est comme se dire « bonjour, comment vas-tu ? ». Au plaisir de l'interdit va très vite s'ajouter celui de la nouveauté et de la création. En effet, les enfants peaufinent avec malice le vocabulaire de leur propre langue verte, assez différente de celle de l'adulte. Leur imagination est, là aussi, très prolixe et souvent fort drôle. Bien sûr, ce sont toujours les fonctions naturelles et les parties du corps liées à la sexualité qui servent de base à leur création. Le nouveau mot fait en quelques minutes le tour de la classe et, à la récréation, sera entré dans le vocabulaire de toute l'école. Bien sûr, ces « gros mots » vont se transformer en injures au cours de pugilats entre enfants, ils permettent aussi d'exprimer une bonne part de l'agressivité autrement que par des gestes. Ce sont souvent les enfants qui expriment le moins leur colère ou leur désapprobation par le langage qui sont les plus violents physiquement et, a contrario, les plus peureux qui sont les plus brutaux en paroles. À la maison, l'enfant sait qu'il peut utiliser son vocabulaire de charretier avec ses frères et sœurs, mais ce n'est que débordé par la colère qu'il l'emploie avec ses parents. Lorsqu'il les utilise devant eux, c'est plutôt de manière indirecte, simple provocation verbale pour voir jusqu'où il peut aller. Il cherche la manifestation évidente de l'autorité de ses parents. ■

▌ MON AVIS

Permettez-moi de penser que vous faites preuve d'une certaine mauvaise foi lorsque vous vous offusquez de ces grossièretés. Savez-vous qu'en réalité il vous imite ? Non, ce n'est pas la faute de l'école ou du centre de loisirs. En fait, les gros mots appartiennent aux conquêtes langagières de tout enfant. Ils permettent souvent des progrès considérables en prononciation et ce sont souvent les premiers mots des enfants souffrant de troubles du langage. Soyez sereins, c'est en dramatisant le problème que vous le fixez. Vous remarquerez d'ailleurs qu'il emploie un langage grossier en présence d'un tiers qui n'appartient pas à la famille. Ne le sanctionnez pas, mais apprenez-lui le plaisir des mots, utilisez des mots compliqués dont il vous demandera le sens. Vous constaterez alors que les mots grossiers diminuent dans son vocabulaire. ■

Il dit des gros mots

IL Y A DÉJÀ QUELQUES MOIS QUE SON VOCABULAIRE S'EST ENRICHI du très classique « caca boudin » suivi de peu par ses dérivés « pipi, caca, zizi ». Ce vocabulaire imagé n'apparaît pas par hasard. Il est lié au développement de l'enfant, il correspond à la phase d'acquisition définitive de la propreté.

D'abord pour le plaisir

L'acquisition de la propreté est une étape qui fait la fierté de l'enfant mais qui lui laisse encore quelques inquiétudes. Ce qui est au fond de son pot ou dans les toilettes, il aimerait bien y toucher, jouer avec… mais voilà, c'est défendu. Il va transgresser l'interdit en jouant avec les mots. Curieusement, ce gros mot n'agresse personne. Il n'est d'ailleurs pas destiné à autrui. On le prononce tout simplement, pour le plaisir. Il sert bien souvent de test pour connaître les limites imposées par l'adulte. Le fameux « caca boudin » n'aura qu'un temps : avec l'âge, son vocabulaire changera. Il empruntera alors ses gros mots aux adultes.

Un code…

Ces grossièretés ne sont pas agressives et sont même prononcées avec jubilation. « Caca boudin » est aussi un mot codé que l'on s'échange entre copains, histoire de contrôler que l'on appartient bien au même groupe. À partir de 4 ans, une étape différente se profile : le vocabulaire de l'enfant devient beaucoup plus grossier. Il emploie alors souvent des mots dont il ignore la signification. Les jurons se diversifient et on se les échange au moment de la récréation. Les gros mots sont maintenant destinés à autrui. À l'école, ils servent à exprimer une agressivité. À la maison, ils montrent un besoin de rébellion, une recherche d'indépendance. Bon nombre de psychologues comparent ce moment à celui de l'adolescence. L'enfant teste les adultes,
défie les limites qu'on lui a imposées. Certains estiment qu'il faut laisser le jeune enfant extérioriser son agressivité pour éviter une véritable explosion plus tard.

…et un langage fleuri

Les gros mots ne s'apprennent pas, pour la plupart, à la maison. Même si le vocabulaire des parents n'est pas très châtié, celui des copains de classe est bien plus riche et intéressant. Dans la majorité des cas, les enfants de cet âge ignorent totalement le sens des mots qu'ils prononcent. Leur langage fleuri reflète simultanément l'influence réciproque des petits camarades et l'intérêt, certain et naturel, pour les fonctions biologiques. En disant des insanités, l'enfant joue à l'adulte et se sent puissant. Normalement, plus l'enfant grandit, plus les gros mots diminuent. Il apprend à censurer son vocabulaire et à l'utiliser à bon escient. Même si les gros mots ne s'apprennent pas pour l'essentiel à la maison, le vocabulaire familial entrera dans ses habitudes. Aux mots vulgaires peuvent s'ajouter ceux d'argot et l'enfant les utilisera très naturellement comme un autre vocabulaire. ■

" Dites-lui clairement que certains mots et certaines expressions ne peuvent être employés à la maison. „

Insomnies et somnambulisme

Mis à part les insomnies dues à une maladie aiguë, grave ou tout simplement banale comme une forte rhinite, l'enfant peut souffrir de diverses formes d'insomnies. Elles s'installent soit au moment de l'endormissement, soit au cours de la nuit et plus rarement le matin et peuvent perturber le sommeil des enfants de 2 à 6 ans. Malheureusement, non traitées, elles s'associent et évoluent souvent vers une insomnie globale. Certains de ces enfants sont hyperactifs, de nuit comme de jour (p. 453). Ils souffrent de troubles psychomoteurs et de troubles du langage. D'autres vivent en permanence dans l'anxiété et l'angoisse. Un interrogatoire précis des parents permettra, dans la plupart des cas, de déterminer les facteurs qui provoquent ces insomnies. Elles peuvent être dues à une mauvaise relation affective parents-enfant, à des traumatismes physiques ou psychiques tels qu'une hospitalisation ou une séparation mal vécues, à des fautes éducatives avec notamment le non-respect des rythmes biologiques et des rites d'endormissement (p. 395), à des difficultés socioculturelles et familiales, etc. Le traitement de ces insomnies sera tout à la fois physique et psychique et constituera un véritable réapprentissage du sommeil. Le somnambulisme est impressionnant mais en rien pathologique. Cette manifestation n'est pas liée au rêve, lequel bloque le tonus musculaire. Il n'y a rien d'inquiétant, si cela se produit rarement, qu'un enfant se promène en dormant. De plus, ces manifestations disparaissent généralement à la puberté. Comment réagir face à un enfant somnambule ? Il est bon de le raccompagner dans son lit et de ne pas lui en parler, cela risquerait de provoquer une anxiété qui perturberait bien davantage son sommeil. Le somnambulisme est souvent associé à d'autres troubles, tels que terreurs nocturnes et parler pendant le sommeil. ■

S'endormir en paix

Quatre conditions sont nécessaires pour qu'un enfant entre sans difficultés dans le sommeil : il lui faut tout d'abord un environnement calme, qu'il n'y ait plus d'excitation autour de lui, la sphère cérébrale qui gouverne l'éveil n'étant alors plus stimulée ; il doit se sentir en parfaite sécurité : dans le cas contraire, ses sens, récepteurs cérébraux, sont en alerte ; il ne doit être en rien perturbé : aucune douleur, aucune sensation de faim, de soif, de froid, etc. Enfin, il faut que sa période d'endormissement se situe dans la phase d'inactivité du rythme circadien des 24 heures. Combien de temps l'enfant doit-il dormir ? À 4 ans, on estime son besoin de sommeil entre neuf et onze heures et demie, mais il existe déjà de petits et de gros dormeurs. Il semble que les raisons en sont avant tout génétiques et déjà bien affirmées dès l'âge de 1 an.

Cependant, pour le professeur Jouvet, spécialiste français, mondialement reconnu, il faut laisser un très jeune enfant dormir autant qu'il veut ; il regrette que, pour des raisons de scolarité, la plupart des enfants soient obligés de se lever tôt, vers 7h-7h 30, ce qui, toutefois, ne perturbe pas leur développement ni leur équilibre même si le dernier rêve du matin, dit-il, est supprimé. Ils pourront récupérer leur manque de sommeil pendant le week-end. ■

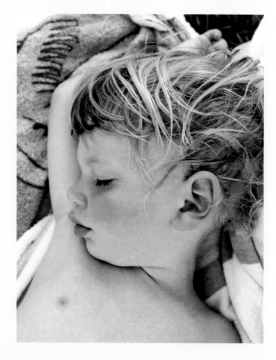

À quoi rêve-t-il

MÊME SI L'ENFANT RACONTE SES RÊVES, il est difficile de savoir si tout cela est vrai. En effet, il est impossible de faire la part des fantasmes dans son récit. Mais laissez-le raconter librement ses rêves, il peut même les dessiner.

Les cauchemars

D'après certaines études, le début des hallucinations oniriques se situerait vers 4 ans. Quant au souvenir du rêve lui-même, il nécessite une maturation et une réflexion pour que l'enfant différencie le rêve de la réalité. C'est à partir de 3 ans 1/2 chez les petites filles et 4 ans 1/2 chez les garçons que l'on peut obtenir des souvenirs de rêves (au moins jusqu'à 6 ans, le développement intellectuel des filles est plus rapide que celui des garçons).

L'âge des cauchemars se situe entre 3 et 6 ans. Faire de mauvais rêves n'est pas pathologique. L'enfant pousse des hurlements. En général, quand il se réveille, il raconte ce qui l'a effrayé. On admet que les cauchemars participent à sa maturation émotionnelle.

Les terreurs nocturnes

Elles, en revanche, inquiètent beaucoup de parents. L'enfant, assis dans son lit, crie dans son sommeil et ne se réveille pas. Le lendemain, il ne se souvient de rien. Elles sont les manifestations d'une forte anxiété. Pourtant, elles ne sont pas dommageables sur le plan de son développement, à condition que les parents les supportent sans les fixer. Si elles se répètent, il est préférable d'engager une prise en charge psychologique, parents et enfant ensemble. La peur chez l'enfant nécessite toujours une explication et une réassurance.

Le sommeil paradoxal est le support du rêve (et non comme on le croit souvent le sommeil profond) et chaque individu est typique de son sommeil paradoxal. Les rêves les plus angoissants chez l'enfant sont souvent en corrélation avec des événements familiaux traumatisants, tels la séparation des parents ou le décès d'un des grands-parents. Il est normal que l'enfant, comme l'adulte, réagisse par le rêve aux situations dramatiques de l'éveil.

Physiologie du rêve

Le professeur Michel Jouvet, qui depuis de nombreuses années travaille sur le sommeil, a étudié plus particulièrement le mécanisme cérébral du rêve et notamment le rôle du glucose dans l'activité onirique, qui, apporté à l'organisme par l'alimentation, est stocké dans les cellules de réserve, situées à côté des cellules nerveuses. Au début du sommeil, le cerveau a besoin de peu de sucre. Il l'emmagasine sous forme de glycogène. Puis il le libère dès que certaines cellules signalent que les réserves de glycogène sont suffisantes pour que le stade du rêve puisse commencer. ■

" C'est dans le temps qui précède le sommeil paradoxal que l'hypophyse, qui est située à la base du cerveau, sécrète l'hormone de croissance. ,,

1RE SEMAINE

1ER MOIS

2 À 3 MOIS

4 À 5 MOIS

6 À 7 MOIS

8 À 9 MOIS

10 À 11 MOIS

1 AN

1 AN 1/2

2 ANS

2 ANS 1/2

3 ANS

4 ANS

5 ANS

6 ANS

ANNEXES

Bégayer, zozoter

CE SONT LES TROUBLES DU LANGAGE LES PLUS ÉVIDENTS, que les parents signalent d'emblée puisqu'ils perturbent la bonne communication dans la famille. Mis à part ceux liés à l'audition, ils ont des causes et des manifestations diverses.

Quand les mots se bousculent

La plupart des troubles du langage doivent être identifiés et soignés avant 4-5 ans, car ils peuvent entraîner d'autres complications : difficultés scolaires, presque toujours, ou troubles psychiques pour les enfants plus fragiles.

L'enfant sait parfaitement ce qu'il veut dire mais il n'y parvient pas. Les sons qu'il émet se répètent, se raccourcissent ou s'allongent de manière involontaire. Très souvent encore, sa respiration est irrégulière, il fait des grimaces, ne place pas correctement sa mâchoire et sa langue. Il peut aussi être agité de mouvements du tronc. Le plus curieux, c'est que cet enfant est capable de parler tout à fait normalement quand il est seul, quand il chante ou quand il discute avec des gens qu'il connaît bien. De même, les garçons semblent plus atteints que les filles. Le bégaiement fait penser à un passage en force de la parole, les mots ne viennent pas naturellement. Il est normal chez un petit de 2-3 ans et l'on observe une phase de bégaiement chez la plupart des enfants, les premiers mois de leur entrée à la maternelle. Généralement, ce défaut ne dure pas. Pourtant, si l'enfant a une tendance à bégayer, il le fera dans 70 % des cas avant 5 ans et dans 95 % des cas avant 7 ans. Il semble encore que ce défaut de langage ait une part de génétique puisque l'on constate que 30 à 40 % des bègues naissent dans des familles ayant ce problème.

Le bégaiement peut être de deux natures : chronique, avec répétition d'un même phonème souvent emprunté au premier mot, ou tonique, le blocage de la parole s'accompagnant de mouvements du corps et d'une rougeur du visage. Ce trouble du langage est le fait d'enfants émotifs. Très pressés de raconter tout ce qui leur arrive, ils ne réussissent pas à mettre en forme les mots. Ce trouble se rencontre plus volontiers dans les familles où l'atmosphère est tendue en raison d'une forte discipline, d'un autoritarisme important ou encore de difficultés financières. Les enfants expriment ainsi une tension et une nervosité latentes. Bien sûr, cette tendance au bégaiement s'accentue dès qu'il y a une perturbation d'ordre émotionnel : rivalité frère-sœur, fortes pressions éducatives ou scolaires, déménagement ou séparation des parents. Il peut alors apparaître du jour au lendemain.

Comment l'aider

Se moquer de l'enfant qui bégaie ou lui ordonner de parler correctement le met dans un état d'anxiété peu susceptible d'améliorer son défaut. Dans un premier temps, mieux vaut lui laisser trouver le bon rythme d'élocution et l'aider simplement à finir ses phrases. Mais n'ignorez pas son trouble de langage, incitez-le à la discussion, posez des questions et, s'il le faut, répondez à sa place : donnez de l'importance à la communication et non à la façon de parler. En réalité, trois enfants sur quatre arrêtent spontanément de bégayer. Si le bégaiement persiste au-delà de 4 ans, faites-le examiner par un orthophoniste qui entreprendra une rééducation. Celle-ci consiste à réapprendre à l'enfant à coordonner respiration et articulation. Il existe aussi des stages intensifs axés sur une rééducation globale de la parole, du corps et de l'esprit. Les résultats sont spectaculaires sur les enfants motivés.

Un parler déformé

Leur nature est très diverse. Ils peuvent d'abord être dus à des troubles de l'articulation : certains mots sont difficiles à prononcer car l'enfant zozote ou chuinte ; il place mal sa langue par rapport à ses dents. Les syllabes « cha » et « sa » sont délicates à dire jusqu'à 4 ans 1/2. Ils peuvent aussi venir d'un retard de langage : l'enfant déforme les mots en inversant une lettre ou en les raccourcissant. Ces déformations sont banales jusqu'à 4-5 ans, mais doivent être corrigées ensuite. Un retard du discours peut être également responsable : l'enfant n'utilise pas la forme de la phrase, il utilise les verbes à l'infinitif, ignore les articles. Enfin, un retard global peut réunir plusieurs formes de retards de locution déjà cités. La plupart de ces troubles doivent être rééduqués par un orthophoniste qui, dans certains cas, demandera aussi l'aide d'un pédopsychiatre. Mis à part les handicaps lourds perturbant le développement de l'enfant, et notamment celui de son langage, bien des troubles sont dus à des facteurs affectifs et à des problèmes relationnels familiaux. Enfin, un enfant qui ne peut communiquer normalement, qui ne peut mettre des mots sur ses fantasmes et ses peurs, souffrira très tôt et très vite de troubles psychiques graves. ◾

▓ MON AVIS

L'enfant utilise le langage de manière poétique, sociale et relationnelle. C'est la période où il fait le plus de progrès en matière de langage et où l'on « voit » son intelligence se développer. Surveillez tout retard de langage, il risque de faire naître un trouble de l'estime de soi, toujours ennuyeux. Il est faux de dire face à un enfant qui ne parle pas : « Il ne parle pas mais il comprend tout. » S'il comprend, il doit s'exprimer car les deux mécanismes sont liés et une bonne expression prouve une bonne compréhension. Ne repoussez pas un rendez-vous chez le médecin ou chez l'orthophoniste s'il vous paraît en retard. Récupérer et progresser est tout à fait possible et important maintenant, l'obstacle du CP n'est pas si loin. Il doit encore être avide de nouveaux mots, d'ailleurs il aime que vous lui expliquiez les mots qu'il ne comprend pas. N'hésitez pas à en révéler l'étymologie. Enfin, remplissez un carnet secret de ses mots d'enfant, c'est une poésie familiale faite de l'association magique des mots. Un moment inoubliable ! J'insiste pour que vous les écriviez, vous allez les oublier. ◾

1RE SEMAINE

1ER MOIS

2 À 3 MOIS

4 À 5 MOIS

6 À 7 MOIS

8 À 9 MOIS

10 À 11 MOIS

1 AN

1 AN 1/2

2 ANS

2 ANS 1/2

3 ANS

4 ANS

5 ANS

6 ANS

ANNEXES

Les mères célibataires

AUJOURD'HUI, EN FRANCE, PLUS D'UNE FAMILLE SUR HUIT EST MONOPARENTALE. Le nombre de familles monoparentales est passé de 1,4 million en 1990 à 1,7 million, neuf ans plus tard. Ce sont en grande majorité des femmes, divorcées, veuves, séparées ou volontairement célibataires qui se retrouvent seules pour élever leur(s) enfant(s).

Absence du père

Ces femmes célibataires doivent mener de front une vie professionnelle et une vie familiale dans laquelle il manque le mari, le compagnon, le père, celui avec qui elles ne peuvent partager les soucis et les joies. Aux tracas domestiques s'ajoute l'angoisse du devenir des enfants privés au quotidien de la présence de leur père, d'autant que les psychologues n'ont pas manqué de dénoncer les dégâts causés par cette situation. C'est vrai que les enfants des familles monoparentales sont différents : ils vont être plus matures, plus précoces que les autres. Peut-être auront-ils, plus tard, davantage de difficultés à quitter le parent qui les a élevés. Les psychologues parlent encore de déficience de l'estime de soi, en particulier chez le garçon qui se construit en copiant son père auquel aucun homme ne pourra totalement se substituer. Les filles, elles, sont obligées d'aimer le seul parent qui les élève et qui leur propose un modèle unique, dont elles auront, elles aussi, du mal à s'écarter.

Cependant, les enquêtes à ce sujet le montrent clairement : ce n'est pas tant l'absence du père qui pose problème que les conditions dans lesquelles la séparation s'est opérée. Si elle a été violente, douloureuse, s'il y a dénigrement d'un parent envers l'autre, si pis encore il existe une réelle confiscation de l'enfant par l'un des parents, l'enfant ne peut qu'en souffrir. Si, au contraire, la rupture s'est déroulée au mieux, il ne sera pas plus en péril qu'un enfant qui est ignoré tous les soirs par un père indisponible !

Jugement social

Aujourd'hui encore, pourtant, les familles monoparentales sont en butte à la méfiance de notre société : échec scolaire, délinquance, violence, ces enfants restent encore considérés comme des sujets à risque. Or ces mères célibataires sont au contraire très attentives au devenir de leurs enfants. Cependant, une situation sociale plus difficile, des conditions socio-économiques défavorables peuvent engendrer d'éventuelles difficultés. En effet, les familles monoparentales ne bénéficient que d'une aide spécifique très ponctuelle, l'allocation pour parent isolé (API), qui est versée sous conditions de ressources à celles qui élèvent seules un enfant de moins de 3 ans et pendant un an maximum (p. 733).

Cette aide, à l'évidence, ne suffit pas ; il existe réellement un manque de moyens dans beaucoup de familles monoparentales : 22 % d'entre elles vivent aujourd'hui en dessous du seuil de pauvreté, contre 5 % des familles biparentales. Ajoutons à cela que, dans un tiers des séparations, les pensions alimentaires ne sont pas acquittées.

L'équilibre de l'enfant

Élever un enfant seule relève du défi. Il faut à la fois faire preuve d'autorité et de tendresse. Dans cette situation difficile, les mères se sentent davantage responsables de l'amour à donner que de l'éducation. Elles ont souvent peur qu'en étant trop sévères, leur enfant se sente rejeté, mal aimé. Des « erreurs » éducatives bien compréhensibles s'ensuivent. Ainsi, certaines mères incitent, à tort, les hommes de la famille (leur frère ou leur propre père) à prendre une place laissée vacante : l'enfant risque alors de ne pas s'y reconnaître ; un oncle n'est pas un père et un grand-père a un rôle original à jouer dans sa vie.

De la même façon, les mères célibataires doivent éviter de prendre leur enfant comme confident de leurs problèmes professionnels ou amoureux. Cette trop grande proximité ne peut que le troubler, cela ne le regarde pas. Par contre, il est nécessaire de le mettre à l'abri des conflits conjugaux et, dans la mesure du possible, de valoriser l'image de ce père qui lui manque tant. Si la femme a gardé un lien avec l'homme qui est le père de son enfant, si celui-ci est prêt à assumer son rôle, il est important qu'il continue à voir son enfant de façon très régulière, les visites sporadiques ont montré leur effet catastrophique sur ces enfants !

Se ménager des moments à soi

Reste un paradoxe de taille : les mères qui vivent seules avec leur enfant ne sont jamais seules. Savoir se réserver du temps, sans pour cela se culpabiliser, est ce qui leur apparaît le plus difficile à réaliser. Elles s'épuisent à concilier l'inconciliable et à s'investir à fond pour leurs enfants. Bon nombre d'entre elles retrouvent la valeur de la solidarité féminine et s'organisent entre copines pour s'échanger des services : gardes d'enfant, courses, etc. ; certaines vont même jusqu'à solliciter les bonnes volontés familiales. Elles n'hésitent pas, non plus, à aller frapper à la porte des voisins quand elles sont débordées ou à demander des petits services aux parents des camarades de leurs enfants, alors que, dans une famille classique, la cellule familiale fonctionne de manière plus fermée. Nombreuses, cependant, sont celles qui racontent combien leur vie sociale s'est appauvrie. ■

1RE SEMAINE

1ER MOIS

2 À 3 MOIS

4 À 5 MOIS

6 À 7 MOIS

8 À 9 MOIS

10 À 11 MOIS

1 AN

1 AN 1/2

2 ANS

2 ANS 1/2

3 ANS

4 ANS

5 ANS

6 ANS

ANNEXES

▊ MON AVIS

Dans la majorité des cas, la famille monoparentale n'est pas cause d'isolement chez un enfant de cet âge. L'isolement risque de venir plus tard, à l'adolescence, lorsque l'enfant quittera sa mère pour vivre sa propre vie. Mais l'idéal reste que la mère choisisse de combler sa vie affective, surmontant parfois une blessure profonde. La relation mère-enfant sera meilleure si celle-ci a une vie affective personnelle tout en respectant la relation affectueuse qui la lie à son enfant. En fait, sa vie d'aujourd'hui doit permettre à l'enfant devenu adulte de la quitter sans culpabilité. La situation de famille monoparentale devrait avoir une durée momentanée et surtout ne jamais laisser croire à l'enfant qu'il est un obstacle à un remariage ou à une vie en couple. La mère célibataire doit pouvoir compter sur ses amis, ses parents, pour ne pas rester isolée et permettre à l'enfant de connaître un adulte masculin. A contrario, il est préférable qu'elle ne lui présente pas tous ses amis s'ils ne doivent être que de passage. L'enfant peut être séduit par l'un d'entre eux et sa perte ravivera sans doute le sentiment initial de perte du père biologique que parfois il n'a même pas connu. C'est l'accumulation des pertes qui fragilise l'enfant. ■

L'enfant unique *en savoir plus*

Qui sont-ils ?

Aujourd'hui, un enfant sur dix est unique. Ces enfants sont issus de familles appartenant à des catégories sociales moyennes, dans lesquelles l'un des parents est aussi enfant unique. Certains sont nés de procréations médicalement assistées. Leurs mères ont dû attendre souvent des années avant de les mettre au monde. Elles sont donc d'une part âgées et, d'autre part, incapables de recommencer le véritable « parcours du combattant » que représentent ces techniques médicales. Ces enfants uniques sont particulièrement « couvés » et encadrés par leurs parents, d'où un taux de réussite scolaire exceptionnel. ∎

Intégrer une autre famille

Tout se complique un peu pour l'enfant unique qui vit seul avec l'un de ses parents si celui-ci décide de vivre en couple. Cette nouvelle situation bouscule ses repères affectifs et il peut se sentir abandonné. Pourtant ses sentiments sont mitigés : il est heureux de constater le bonheur de « son parent » et se sent soulagé qu'une relation à deux, parfois un peu pesante, cesse, même s'il est inquiet de la nature des relations affectives qu'il va devoir établir avec son beau-parent et de la transformation des sentiments qu'il entretenait jusqu'alors avec

sa mère ou son père. Il traverse donc souvent une phase d'anxiété qui peut durer quelques mois. L'arrivée d'un cadet est également un moment délicat : l'enfant unique est à la fois content d'avoir un frère ou une sœur pour partager sa vie et angoissé sur la place qu'il aura dorénavant dans le cœur de ses parents. Autre scénario possible : le nouveau parent a un ou des enfants et l'enfant unique est du jour au lendemain intégré à une famille avec laquelle il faut tout partager. Cette situation demande une bonne préparation de l'enfant et, de la part de tous, faculté d'adaptation et patience. Dans la majorité des cas, chacun trouve sa place et cette famille « mosaïque » devient une famille à part entière. ∎

Pourquoi suis-je unique ?

Vers 4-5 ans l'enfant demande à ses parents pourquoi il est seul. Expliquez-lui simplement les motivations et les raisons qui vous ont poussés à n'avoir pas voulu ou pu avoir d'autres enfants. Il a besoin de cette vérité. Ce qu'il cherche en vous posant cette question n'est pas forcément un besoin de compagnie, il veut sans doute savoir pourquoi sa famille n'est pas conforme à celle de son meilleur ami ou de ses cousins. Vous pouvez aussi lui faire remarquer que son statut n'a pas que des désavantages. ∎

▌ MON AVIS

Les taux de fécondation bas que nous constatons aujourd'hui dans les pays développés laissent la part belle aux enfants uniques. Mais après tout, l'enfant unique existe-t-il ? N'est-il pas toujours entouré de frères et de sœurs imaginaires et ne prend-il pas son père ou sa mère pour un aîné ? Il est important que cet enfant ne soit pas isolé, qu'il ait des amis pour lui permettre de vivre l'équivalent de l'amour fraternel. D'ailleurs, l'enfant unique est rarement unique au niveau de la famille élargie, il a sans doute des cousins qui lui apportent le réconfort d'appartenir à une famille sans pour cela connaître les rivalités. Enfin, il faut se demander si tous les enfants ne sont pas uniques ? Même si les parents disent aimer leurs enfants de manière identique, chacun est différent et noue avec chaque parent une histoire affective singulière. ∎

L'enfant unique

LES ENFANTS UNIQUES SONT MIEUX ACCEPTÉS DANS NOTRE SOCIÉTÉ qu'autrefois parce qu'ils sont de plus en plus nombreux en raison du changement du modèle familial et du plus grand nombre de femmes à accéder à la maternité.

Rencontrer d'autres enfants

Malgré tout, un seul enfant « coincé » entre deux adultes pose des problèmes éducatifs particuliers. Son principal handicap : la solitude. Il la ressentira d'autant plus s'il n'est pas scolarisé tôt. Mais dès l'entrée à l'école, tout s'arrange. Il partage jeux et émotions avec d'autres enfants de son âge. Souvent, à la maison, il veut prolonger l'expérience avec ses parents. L'enfant unique demande donc un peu de disponibilité, sans quoi il s'ennuie.

Gagner son indépendance

Si le partage des jeux l'aide à lutter contre la solitude, le partage des activités de l'adulte aussi. Il aime se rendre utile aux côtés de ses parents en participant aux tâches ménagères ou au bricolage. Mettre la table, ramasser les feuilles dans le jardin sont des activités qui vont le distraire et lui apprendre à partager. Mais à l'inverse, il a besoin de vivre, de se comporter en enfant. On constate que beaucoup de parents d'enfant unique ont tendance à un peu trop le solliciter. Tout dévoués à son avenir, ils lui apprennent très tôt à lire, l'encouragent à être le meilleur dans l'activité sportive qu'il a choisie, etc. Dès son plus jeune âge, il est bon que ses parents l'aident à se forger de solides amitiés, qui lui permettront de se mesurer aux autres, de partager et de se soucier d'autrui. Plus que tout autre, l'enfant unique a besoin de vivre dans une famille élargie. Cousins et cousines peuvent jouer un rôle très proche de celui de frères et sœurs. Il appréciera notamment les vacances et les week-ends en leur compagnie. Ainsi, il a le sentiment d'appartenir à une grande famille. Il a aussi la réputation d'être un enfant couvé. Ses parents sont attentifs à tous ses gestes, tous ses maux. Le plus difficile pour eux est d'accepter qu'il les quitte. Les signes d'autonomie sont souvent interprétés comme des abandons affectifs. Pourtant, cet enfant a besoin de faire des expériences en solitaire pour acquérir confiance en lui et maturité. Pour grandir, il lui faut sortir du cocon familial. Il ne doit pas se sentir un enfant « différent ». Être enfant unique n'est pas drôle tous les jours. Sur lui reposent toutes les ambitions de ses parents, et il est souvent tiraillé entre leur volonté et la sienne. ■

1RE SEMAINE

1ER MOIS

2 À 3 MOIS

4 À 5 MOIS

6 À 7 MOIS

8 À 9 MOIS

10 À 11 MOIS

1 AN

1 AN 1/2

2 ANS

2 ANS 1/2

3 ANS

4 ANS

5 ANS

6 ANS

ANNEXES

Comment fonctionne la fratrie ?

L'AÎNÉ EST VRAIMENT UN ENFANT À PART. Il ne faut jamais oublier qu'il est le premier à avoir été désiré et élevé et que les parents ont beaucoup investi en lui. Ce qui explique sans doute que l'on trouve beaucoup d'aînés dans les grandes écoles et dans les postes à fortes responsabilités.

L'aîné, un référent

La plupart des études en sociologie le décrivent comme autoritaire, toujours prêt à prendre des responsabilités et de nature assez conventionnelle. Mais avoir le statut d'aîné n'est pas toujours agréable. Trop souvent, et à regret parfois, il doit être l'exemple, celui qui ne peut qu'être « grand », qui doit, même s'il n'en a pas envie, être responsable et qui, bien sûr, doit céder devant les plus petits. Il est très sollicité par ses parents et souvent investi du rôle d'un adulte. À tout cela s'ajoutent de manière plus ou moins latente des sentiments de jalousie envers ses frères et sœurs venus troubler sa belle tranquillité d'enfant unique. Cette situation peut le conduire à se comporter de manière un peu trop autoritaire avec les plus petits.

Un cadet contestataire et un « petit dernier » gâté

La seule solution pour le cadet : la contestation. Lui, les psychologues le dépeignent comme un être sociable qui sait partager et est plus indiscipliné que son aîné. Adulte, le cadet est plus souvent anticonformiste et désinvolte. Pourtant, son aîné ne le laissera pas indifférent. Si, au contraire, plusieurs années les séparent, il éprouvera une certaine animosité pour cet être qui lui est toujours supérieur et qu'il ne peut égaler. Il essaiera donc plutôt de jouer la différence. C'est parmi les cadets que l'on trouve le plus de fantaisistes, d'anticonformistes et de professions artistiques. Quant au « petit dernier », le plus grand risque qu'il court est d'être un enfant gâté. Toute la famille n'a d'yeux que pour lui et toute la maison est bien souvent à ses pieds. S'il y a beaucoup de différence avec les autres enfants de la famille, il risque d'être toujours traité en bébé, donc très infantilisé. Il sera très surveillé, en permanence conseillé et réprimandé par les autres. Il gagnera son indépendance grâce à une forte personnalité.

Au sein d'une famille nombreuse, des clans se forgent. Mis à part l'aîné et le petit dernier, les enfants du milieu trouvent entre eux des affinités. Le second se rapproche généralement du quatrième, le troisième subissant bien souvent les affronts faits par l'aîné. La position du troisième est particulièrement inconfortable. Il doit lutter pour se faire reconnaître face à deux aînés déjà bien dans leur place. Il a souvent peur de ne pas avoir été désiré. On constate que les enfants du troisième rang, bien dans leur peau, sont volontaires, ambitieux et développent une grande confiance en eux.

Tous différents

Quoi que l'on fasse, la notion de justice existe rarement entre les enfants d'une même famille. En effet, chacun est unique, avec ses propres besoins affectifs. De plus, les parents changent, ils n'élèvent jamais tous leurs enfants exactement de la même manière et leur éducation peut évoluer sensiblement avec le temps. Faire preuve de

d'une autre maman et ses frères auraient tendance à l'exploiter. Enfin, elle peut avoir quelques difficultés à affirmer sa féminité. Il est parfois difficile d'affronter seule une équipe de foot. Un garçon seul parmi deux ou trois filles (ou plus) reçoit une tâche extrêmement lourde, celle d'assurer toutes les ambitions et les espoirs des parents. Une situation qui peut entraîner de sérieux complexes s'il ne se sent pas à la hauteur de ses sœurs. Il peut encore avoir du mal à trouver un modèle pour affirmer sa virilité.

Les familles de multiples

Dans les familles de « multiples », seuls les jumeaux peuvent avoir quelques difficultés à se reconnaître et à se faire reconnaître comme des individus uniques. Dire «je» et non «nous». Leur attachement réciproque est étonnant et les parents doivent les aider à se séparer en douceur et permettre à chacun de s'épanouir dans sa propre personnalité. C'est dès le berceau et tout au long de l'enfance qu'il faut cultiver leurs différences. Les triplés ou les quadruplés trouvent plus facilement leur individualité et très vite vivent dans une connivence proche de celle que l'on retrouve entre enfants du même âge à la crèche ou à l'école. ■

justice ne sert qu'à déterminer ce dont chacun des enfants a besoin sur le plan affectif et de s'efforcer de le lui donner. Une fille seule dans une famille de garçons, surtout si elle est la petite dernière, risque d'être l'enfant gâtée par excellence. Cependant, la situation de fille aînée est bien moins confortable. Elle a souvent le rôle

▍ MON AVIS

Il faut en finir avec l'idée que l'enfant du milieu est plus exposé que les autres dans la fratrie. En réalité, chacun va devoir trouver sa place : l'aîné doit gérer ses frères et ses sœurs et faire des concessions, le cadet doit se détacher de la place idéale qui lui est le plus souvent octroyée. L'essentiel tient sans doute au fait que les parents acceptent qu'il y ait des différences entre leurs enfants et qu'ils les accentuent pour que chacun développe sa personnalité. La principale difficulté se pose lorsque ce sont des jumeaux. Ils doivent être au plus vite différenciés et rendus plus autonomes l'un vis-à-vis de l'autre. Enfin, reste le cas de l'enfant unique qui, à l'âge de 12 ou 13 ans, voit arriver un cadet : ayant accumulé des souvenirs qui lui appartiennent en propre, il accède sans risque à la fraternité. Grâce aux progrès de la médecine en matière de procréation, les couples ont la possibilité d'avoir des enfants tard tout en ayant été parents tôt, ce qui ouvre un bel avenir aux familles dont les enfants ont de grandes différences d'âge. ■

1RE SEMAINE

1ER MOIS

2 À 3 MOIS

4 À 5 MOIS

6 À 7 MOIS

8 À 9 MOIS

10 À 11 MOIS

1 AN

1 AN 1/2

2 ANS

2 ANS 1/2

3 ANS

4 ANS

5 ANS

6 ANS

ANNEXES

Éviter les discriminations

Sans s'en apercevoir, les parents peuvent avoir des comportements discriminatoires. Ce sont des petits riens qui comptent : la place à table près de maman, les vêtements neufs pour l'aîné, des réflexions plus ou moins adroites sur des caractéristiques physiques ou intellectuelles. La jalousie s'appuyant sur l'idée que l'on n'est pas assez aimé, mieux vaut, quand elle s'exprime, ne pas la punir. Elle se soigne par l'affection, non par la répression. ▪

Deux et plus

Mis à part les cas, presque particuliers, où il y a plus de quinze ans d'écart entre les enfants d'une même famille, on constate que moins il y a de différence d'âge, moins les conflits sont nombreux. Ce seraient même les meilleures conditions pour apprendre dans la sérénité les rapports entre individus. Les enfants pratiquement du même âge, surtout s'ils sont scolarisés, ont très vite la notion de justice et d'équité entre eux. De même, dans les familles nombreuses, ils s'entendent souvent mieux, des affinités se créant entre certains et les aînés ayant souvent un rôle protecteur vis-à-vis des plus petits qui, de leur côté, déploient des efforts surhumains pour se montrer à la hauteur des plus grands. On attribue cette sérénité à un fort sentiment de sécurité de chaque membre de la famille, l'enfant se sachant toujours entouré et soutenu. ▪

Ce qui le rend jaloux

Comme chez l'adulte, la jalousie chez l'enfant se fonde sur le sentiment qu'il va perdre quelque chose. Pour lui, c'est avant tout l'amour de ses parents et tout particulièrement celui de sa mère. Cette peur est entretenue par des changements dans sa vie familiale et par des paroles plus ou moins adroites ou que l'enfant a plus ou moins bien interprétées. Dans la majorité des cas, les premiers signes de jalousie s'expriment à la naissance d'un autre enfant. L'aîné a l'impression que les autres membres de la famille n'ont alors d'yeux que pour ce bébé. La jalousie peut encore se manifester au moment où le cadet se met à marcher et envahit le monde de l'aîné. Mais les petits peuvent aussi éprouver ce sentiment lorsque l'aîné entre à l'école ou part pour la première fois seul en vacances. ▪

Les relations frères-sœurs

1RE
SEMAINE

1ER MOIS

2 À 3
MOIS

4 À 5
MOIS

6 À 7
MOIS

8 À 9
MOIS

10 À 11
MOIS

1 AN

1 AN 1/2

2 ANS

2 ANS 1/2

3 ANS

4 ANS

5 ANS

6 ANS

ANNEXES

JALOUSIE, DIFFÉRENCE D'ÂGE, RIVALITÉ DES SEXES, BESOIN D'INDIVIDUALITÉ, autant de prétextes pour que conflits et chamailleries éclatent entre membres d'une même fratrie. Selon les moments, tout devient objet de désaccord et il semble qu'il y ait toujours un enfant particulièrement prêt à chercher la bagarre.

Entre disputes et connivence

À part la jalousie, qui a pour cause le partage de l'affection des parents, les sources de dispute sont souvent déclenchées par des « nuisances ». Le plus grand trouve, par exemple, que le plus petit fait trop de bruit au moment où il doit se concentrer sur ses devoirs ; le plus petit refuse de prêter à son aîné le jeu vidéo que l'on vient de lui offrir et, si ce dernier essaie de s'en emparer par la force, c'est le drame. Mais leurs disputes ne veulent pas dire qu'ils sont incapables de s'entendre comme « larrons en foire ». S'ils se déchirent face aux petites bêtises – le « c'est pas moi » est un grand classique – ils savent souvent s'entendre sur les plus grosses. Il arrive même que les plus grands prennent la défense des plus petits, voire endossent leurs bêtises, sachant qu'ainsi ils pourront faire face aux adultes.

La jalousie, également moteur de progrès

La jalousie entre frère et sœur n'a pas que des aspects négatifs ; c'est aussi un moteur nécessaire pour que chacun progresse et évolue. Simplement, elle ne doit pas dépasser les limites de l'acceptable. Les revendications d'un enfant, son opposition à l'aîné révèlent généralement le désir d'accéder à une autre étape dans sa vie. Des parents disponibles et attentifs sauront résoudre habilement ces conflits. Chaque enfant a besoin d'une écoute individuelle, d'un petit coin d'affection bien à lui. Mais la vie de famille nécessite l'instauration de règles de vie commune essentiellement fondées sur le respect de l'autre : respect du territoire, respect de sa personnalité et de son sexe. Les garçons, notamment, aiment afficher leur mépris vis-à-vis des filles qui ont les « défauts » de leur genre : coquettes, peureuses, chouineuses, etc. C'est ainsi qu'eux affirment leur masculinité. L'essentiel pour les parents est de contrôler ces comportements pour éviter à ces petits garçons de devenir de vilains machos à l'âge adulte. L'art d'éviter les rivalités en famille passe par l'alternance équitable des privilèges et des satisfactions.

Enfin, il est important d'encourager les individualités, chaque enfant ayant ses amis propres, ses activités sportives et ses loisirs. L'exemple du comportement des parents vis-à-vis de leur propre fratrie est aussi essentiel. Voir son père ou sa mère entretenir des rapports affectueux avec ses frères et sœurs amènera les enfants d'une même famille à constater que leurs relations peuvent aussi être chaleureuses et agréables. ■

❝ Les relations qui unissent les frères et sœurs sont le résultat d'une grande intimité imposée par les parents. Ce qui unit essentiellement les fratries ce sont les souvenirs des instants partagés. ❞

Vacances chez papi et mamie

LA PLUPART DES ADULTES ONT DES SOUVENIRS ÉMOUVANTS DE LEURS GRANDS-PARENTS. Ces souvenirs se forgent tout au long de l'enfance. L'enfant, pour bien grandir, a besoin de se « frotter » à d'autres adultes que ses parents.

Un lien affectif fort

Il semble en fait que le lien qui unit grands-parents et petits-enfants est le second lien émotionnel important après celui qui unit parents et enfants. D'abord, souvent plus libres que les parents, ils ont aussi plus de patience. Ce qui explique qu'ils aiment partager des occupations avec leurs petits-enfants et prennent le temps d'écouter leurs confidences ; ils leur donnent un rythme de vie plus calme et mieux structuré. Et puis, ils ont des occupations différentes des parents. Bien des mamies font encore la cuisine et les papis du jardinage ou du bricolage. Des activités que les enfants aiment partager et qui sont source de nombreux apprentissages. Les grands-parents établissent le lien entre les générations, donnent à l'enfant la notion sécurisante de la continuité. Ils racontent des histoires, celles de leur époque, celles de la famille. Ils sont une référence au passé importante pour l'enfant qui ne vit que dans le présent. Ils révèlent encore les parents sous un autre angle : eux aussi faisaient des bêtises, eux aussi avaient des difficultés avec leurs propres parents. Toutes ces informations donnent à l'enfant des points d'ancrage solides. Ils se comprennent mieux et relativisent davantage les situations, notamment les conflits avec leurs parents. Surtout, les grands-parents acceptent leurs petits-enfants comme ils sont, ils ne se sentent pas remis en cause par un échec ou une difficulté qu'ils rencontrent. C'est pourquoi ils réussissent souvent mieux que les parents dans les « coups de pouce » scolaires qu'ils leur donnent. Ils n'ont pas la même anxiété quant à l'avenir de leurs petits-enfants.

La différence entre grand-père et grand-mère

Les grands-mères entretiennent avec leurs petits-enfants des relations charnelles, elles revivent un peu leur vie de mère. Elles aiment avoir les enfants sur les genoux, les caresser, les soigner, les nourrir. Les grands-pères, eux, découvrent en fait un rôle nouveau. Ils ont souvent vécu peu de choses communes avec leurs enfants, trop occupés à l'époque par leur vie professionnelle ou, imprégnés du rôle autoritaire du père, ils n'ont pas eu la possibilité d'exprimer tous leurs sentiments. Les petits-enfants les intéressent particulièrement dès qu'ils commencent à être autonomes, à parler, à aimer bouger et faire des choses. Ce qui explique les résultats d'une étude menée par un sociologue nancéien, Antoine Delertre, qui montre des grands-pères joueurs et farceurs. Ce sont eux qui se chargent en majorité de l'apprentissage du vélo, ils réparent les jouets et vont à la pêche aux crevettes. Les jours de pluie, ils aiment sortir les jeux de société. La grande difficulté dans le rôle de grand-père est d'abandonner l'image de père autoritaire qu'il a endossée pendant de nombreuses années. Un « bon » grand-père est celui qui sait renoncer à l'idée qu'il est le seul à posséder un bon modèle éducatif si souvent exprimé par « de mon temps ». C'est, par ces quelques mots, nier le modèle éducatif que représentent les parents et suggérer implici-

1RE SEMAINE

1ER MOIS

2 À 3 MOIS

4 À 5 MOIS

6 À 7 MOIS

8 À 9 MOIS

10 À 11 MOIS

1 AN

1 AN 1/2

2 ANS

2 ANS 1/2

3 ANS

4 ANS

5 ANS

6 ANS

ANNEXES

tement à l'enfant qu'ils ne détiennent pas la vérité, ce qui déstabilise l'enfant et transforme le rôle de papi en « papa bis ». Les enfants qui n'ont pas de grand-père se sentent toujours un jour un peu orphelins. Il leur manque un bout de leur histoire, amputée d'une des branches maîtresses de leur arbre généalogique. Pour les enfants, le grand-père porteur du nom et, avant lui, son père et chacun de ses aïeux sont les véritables fondateurs de la lignée. Leur grand-père, beaucoup plus que leur grand-mère, apparaît comme un homme qui a vécu dans la nuit des temps. Il parle du temps où les chevaux tiraient des chariots, où les trains étaient à vapeur, où la télévision n'existait pas.

Bonne entente parents/grands-parents

Quelques petits principes doivent être respectés pour que cette complicité demeure. Établissez entre vous les grands fondements éducatifs auxquels vous tenez afin qu'ils les respectent dans leurs relations avec leurs petits-enfants. Ne leur reprochez pas de trop les gâter : c'est leur rôle et leur bonheur. N'êtes-vous pas en fait un peu jaloux de n'avoir pas été autant comblés dans votre enfance ?

Lorsque les distances séparent les générations, demandez à votre enfant d'envoyer des dessins et des petits bricolages à ses grands-parents et laissez-lui de temps en temps le téléphone pour qu'il leur confie ses secrets. Laissez-les établir entre eux une relation personnelle. N'hésitez pas, si vous traversez une mauvaise passe relationnelle avec votre enfant, à le leur confier quelques jours. Ils sauront peut-être trouver les gestes et les mots pour l'aider et vous permettront de reprendre votre calme.

C'est souvent au cours de séjours chez les grands-parents que les enfants ne mouillent plus leur lit ou font des progrès spectaculaires en lecture. ■

Ses goûts alimentaires *en savoir plus*

Bons et mauvais aliments

Le professeur Matty Chiva a étudié les aliments que les enfants de 4 à 18 ans aiment et détestent. Au « top 50 », on trouve les aliments sucrés avec le chocolat, la glace, le yaourt, les fruits tels que les cerises, les fraises et les framboises. En bonne place aussi : le poulet, les œufs au plat, les frites et les biscuits salés. Les mets qu'ils détestent : la cervelle, les olives noires, le poivre, l'ail, l'oignon, les épinards, la moutarde, les lentilles, la vinaigrette et l'eau gazeuse. Toutes ces aversions changent un peu avec l'âge, les goûts forts étant de plus en plus appréciés. Par contre, la peau sur le lait et les abats restent, quel que soit l'âge, une source de dégoût. ∎

Boire suffisamment

Certains enfants ne boivent pas assez. Un enfant doit toujours avoir facilement accès à l'eau du robinet ou à la mini-bouteille d'eau minérale placée dans le réfrigérateur familial. Que penser des boissons gazeuses excitantes comme les sodas, Pepsi et autres Coca-Cola dont les enfants raffolent ? À chaque canette, il ingurgite six à sept morceaux de sucre et, pour le Coca-Cola, un café. Heureusement, on peut le trouver sans caféine ou sans sucre. La boisson idéale du goûter reste bien sûr le lait, froid ou chaud, nature ou légèrement aromatisé au chocolat. Mais ce repas est encore le moment parfait pour lui accorder un peu de boisson gazeuse et sucrée. Soda ou limonade sont toujours des douceurs appréciées et autorisées si elles ne débordent pas du cadre du goûter. ∎

Sa palette alimentaire

Un enfant n'est pas dupe. N'essayez pas de lui faire manger un plat alors que vous, parents, vous le détestez. Il s'apercevra d'abord que vous n'en mangez pas et, surtout, que vos gestes et vos mimiques vous trahissent. Et ainsi, sans le savoir, vous ferez passer en lui un message d'aversion. De même, une répulsion alimentaire d'un aîné incitera votre cadet à l'imiter. Par contre, il ne restera pas longtemps insensible devant un plat dont il voit toute la famille se délecter.

Choisir ce que l'on veut manger, c'est aussi faire preuve d'autonomie.

À cet âge, l'enfant commence à se constituer sa propre palette gastronomique. C'est ainsi qu'Annick Laurion, spécialiste du goût et chercheuse aux Laboratoires de neurobiologie sensorielle de Nancy, dit que « plus l'enfant s'oppose fort, mieux il construit sa personnalité et son répertoire culinaire ». ∎

Déjà un convive,
bientôt un gourmet

CET ENFANT EST DÉJÀ UN PETIT CONVIVE À PART ENTIÈRE. Il a aussi assimilé les principaux modèles alimentaires familiaux. Il a l'habitude de retrouver dans son assiette les aliments appréciés par toute la famille ainsi que leurs combinaisons.

Plutôt facile

Il n'est pas difficile, à condition de lui proposer ce qu'il connaît car, en réalité, il traverse une phase dite de néophobie, c'est-à-dire qu'il rejette tout aliment nouveau, toute consistance à laquelle il n'est pas habitué. Les spécialistes attribuent ce comportement à un état latent d'angoisse qu'il manifeste alors qu'il est en pleine exploration du monde.

Il vaut mieux ne pas le perturber dans son alimentation et lui offrir des saveurs douces et surtout connues. Vous pouvez être désolée de devoir lui servir essentiellement des pommes de terre ou des pâtes, du jambon et du steak haché, mais tout cela n'a pas vraiment d'importance. Mieux vaut ne pas le forcer, ne pas dramatiser et transformer les repas en pugilats au risque de faire naître chez ce jeune enfant un véritable dégoût, voire une répulsion franche pour la nourriture.

Souvenez-vous pourtant que le goût fonde l'origine et l'identité de l'enfant. Il est important qu'il goûte aux mets typiques de sa famille. Mais il est aussi indispensable de respecter ses goûts, car c'est peut-être le seul moyen de combattre le syndrome pâtes, frites, ketchup qui le menace un peu plus tard.

Dégoût et répulsion

Il est d'ailleurs rare d'en connaître réellement l'origine. L'enfant est dans l'incapacité d'avaler ces mets, au point parfois d'en être malade. L'aliment en cause a été chargé d'une valeur affective négative. Il peut être proposé pour la première fois dans un contexte d'angoisse ou de peur. Son aversion a pu ainsi être transmise, plus ou moins consciemment, par l'un des parents qui l'éprouve aussi. Beaucoup des phobies alimentaires de l'enfance sont passagères. Ce qui était refusé à la table familiale ne l'est plus en compagnie de petits cousins au moment des vacances ou entre « copains » à la cantine. La cantine a des vertus éducatives indéniables même si on ne s'y tient pas toujours bien à table.

Soignez la présentation

Devant un refus, ne le forcez pas et tentez l'expérience quelques semaines plus tard, voire essayez de lui faire accepter cet aliment sous une autre forme : en purée et non en morceaux, mélangé à un peu de pomme de terre, sous forme de plat plus élaboré, etc. Et si vraiment rien n'y fait, ne vous obstinez pas ; après tout, rares sont les adultes qui n'ont pas une aversion alimentaire ou tout simplement une certaine réticence face à des aliments nouveaux. Pensez encore que, tout comme pour l'adulte, pour lui aussi la présentation compte. Un peu de persil, une rondelle de citron ou de tomate change tout. Il y a fort à parier qu'il acceptera peut-être de goûter aux brocolis s'ils se transforment en arbre dans un paysage de purée ou aux radis s'ils se métamorphosent en fleurs ou en papillons. ■

1RE SEMAINE

1ER MOIS

2 À 3 MOIS

4 À 5 MOIS

6 À 7 MOIS

8 À 9 MOIS

10 À 11 MOIS

1 AN

1 AN 1/2

2 ANS

2 ANS 1/2

3 ANS

4 ANS

5 ANS

6 ANS

ANNEXES

Faire la cuisine *en savoir plus*

Les courses et la vaisselle

Il sera ravi d'aller acheter les ingrédients dont il a besoin et prendra plaisir à les trouver dans les rayons du supermarché. Apprenez-lui à mémoriser leur emplacement. Ainsi, la prochaine fois, il pourra se débrouiller seul. N'oubliez pas aussi de lui faire laver la vaisselle qu'il utilise. Il se délectera sans doute en « léchant » le bol de chocolat fondu mais trouvera aussi beaucoup d'agrément à laver bols, casseroles, cuillères et fouet. Pardonnez ses maladresses, car c'est en expérimentant qu'il apprend. Seuls des exercices répétés le rendront adroit. ■

Cuisine éducative

Fille ou garçon, un enfant qui apprend à se débrouiller dans la cuisine sera plus tard un adulte autonome. Et s'il est doué, la cuisine deviendra un véritable art qui lui apportera les joies de la création et de la convivialité. Au départ, faire la cuisine avec un enfant demande beaucoup de patience, mais très vite il se fera une « spécialisation » et aura ses recettes favorites. Avec un peu de confiance, il sera capable d'assurer une aide réelle dans les mois et les années à venir.

En cuisinant, l'enfant apprend les notions élémentaires de calcul, car il faut mesurer, compter, peser. Il apprend aussi que certains ingrédients sont légers, d'autres lourds, et assimile les notions premières des saveurs : sucré, salé, amer, doux. Il évalue les grosseurs, les textures, les couleurs. Il va se servir d'instruments étonnants, dont le bruit ajoute à la magie de la préparation : batteur, presse-fruits. Cependant, il est encore trop petit pour prendre la responsabilité de toucher aux appareils de cuisson. Tout au plus pourra-t-il allumer le four électrique et contrôler de la pointe d'un couteau que son quatre-quarts est cuit. ■

Cuisiner comme un chef

Faire la cuisine a plus d'une vertu. C'est d'abord pour l'enfant de 4 ans une véritable valorisation. Il ne fait plus « semblant », il a les responsabilités d'un grand, et quelle n'est pas sa fierté lorsqu'il apporte sur la table familiale sa réalisation ! Il prendra plaisir à confectionner des gâteaux mais se sentira encore plus grand en se voyant confier la réalisation d'un plat. ■

Des expériences magiques

Les œufs fascinent les enfants et à juste titre : c'est drôle, cet aliment dur qui renferme des éléments liquides dont un est rond et d'un jaune superbe. Commencez par leur donner la responsabilité de les casser. Puis l'enfant apprendra à les battre et, encore mieux, à séparer les blancs des jaunes. Faites-lui monter les blancs en neige ou réaliser une mayonnaise à l'aide d'un batteur électrique. La transformation aura un côté magique. Autre rencontre étonnante : le four. Quelle merveille, cet appareil qui dore les tartes et fait gonfler les gâteaux ! Bien sûr, son utilisation par des mains non expertes doit se faire avec prudence. L'opération la plus délicate est aussi la plus excitante : retirer le plat du four. Elle sera encore pour pas mal de temps réservée aux « très grands ». ■

Déclinaisons de tartines

Les sucrées :
• pain beurré + sucre vanillé + cannelle ;
• pain beurré + pommes en lamelles + cannelle ;
• pain (de préférence une baguette dont on a enlevé la mie) + chocolat cuit au four ;
• pain + petit-suisse + sucre vanillé.

Les salées :
• pain + fromage demi-sel + tomate cerise + ciboulette ;
• pain + chèvre (au four) ;
• pain tartiné de beurre (peu) + gruyère râpé ;
• pain + jambon + gruyère.

À partir de pain d'épice tartiné :
• beurre aux raisins secs ou aux noisettes ;
• crème Chantilly en bombe ;
• confiture ;
• chocolat fondu encore tiède. ■

Le goûter

S'IL EST PARFOIS DIFFICILE DE DEMANDER À UN ENFANT de prendre quelque chose de consistant au petit déjeuner, le goûter est un repas souvent réclamé et pratiquement toujours apprécié. Cette petite collation est indispensable à l'équilibre alimentaire de l'enfant et laisse intact l'appétit pour le repas du soir.

Une petite pause

Le goûter permet, surtout si votre enfant déjeune à la cantine, de lui apporter les vitamines de fruits frais et le calcium indispensables à sa croissance. Mais le goûter est encore justifié par la grande activité physique des enfants. C'est lui qui va leur donner l'énergie pour finir en forme la journée ou leur permettre d'entreprendre l'effort physique demandé par une activité sportive. Il se doit d'être nutritif sans pour autant couper l'appétit pour le dîner. Des générations ont dégusté la fameuse tartine de beurre et confiture dont on peut varier régulièrement les saveurs. Elle représente un bon équilibre tout comme le pain et le chocolat « à croquer ». Ce goûter se compose de deux apports glucidiques, les glucides simples et rapides de la confiture et les glucides lents et complexes du pain, une combinaison idéale pour faire le plein d'énergie. Sur le plan diététique, il doit représenter un apport calorique de 200 à 300 kcal selon l'âge de l'enfant et son appétit. C'est aussi 15 % de l'apport énergétique de la journée.

Au fil des saisons

C'est la monotonie qui enlève tout plaisir au goûter. Et pourtant, il peut, comme les autres repas, changer d'un jour à l'autre et évoluer au fil des saisons. Aux tartines et gâteaux en tout genre, vous ajouterez un fruit : fraises au printemps, pêche en été, pomme et poire en automne. Préférez un fruit frais aux compotes que l'enfant consomme souvent à la cantine. De même, en été, quelques biscuits légers peuvent remplacer les solides tartines de l'hiver, à moins que les vacances à la campagne ne soient l'occasion de goûter au pain fait maison.

Quant aux petits sportifs, ils peuvent se régaler d'un bol de céréales : corn flakes ou müesli, énergétiques et plus légers que le pain. Pourquoi ne pas lui proposer, les mercredis ou les week-ends, de réaliser son goûter ? Voici les toutes premières réalisations : le gâteau au yaourt, un grand classique de l'école maternelle, le quatre-quarts et tous les gâteaux à préparation froide. Faire la cuisine est aussi l'occasion de retrouver les traditions : les crêpes à la Chandeleur, les beignets de carnaval, la galette des rois à l'Épiphanie, les œufs décorés ou en couronne à Pâques. Mais un goûter n'est pas obligatoirement sucré, les fromages, le jambon font aussi d'excellentes tartines pour le quatre-heures. Pensez encore que les sucres naturels sont plus intéressants sur le plan diététique. N'hésitez pas à varier les miels et tentez le sirop d'érable. Faites provisions de vermicelles de couleurs, de fleurs en sucre ou même de simples bonbons pastilles de couleur pour donner une touche ludique aux tartines comme aux crêpes. ■

« On croque toujours les coins d'un biscuit pour en arriver au cœur, preuve qu'il s'agit bien d'affectivité. »

1RE SEMAINE

1ER MOIS

2 À 3 MOIS

4 À 5 MOIS

6 À 7 MOIS

8 À 9 MOIS

10 À 11 MOIS

1 AN

1 AN 1/2

2 ANS

2 ANS 1/2

3 ANS

4 ANS

5 ANS

6 ANS

ANNEXES

Le premier gâteau à faire avec lui

Votre enfant sera étonné de constater que vous connaissez les secrets de sa maîtresse d'école.

Voici la recette du gâteau mascotte de la petite classe de maternelle. Il vous faut un yaourt, du sel, du sucre, de la farine, deux œufs, de l'huile, un sachet de levure, un peu de zeste de citron.

La première opération consiste à vider le pot de yaourt dans un bol. Ce pot va devenir la mesure de base de tous les ingrédients.

Dans une terrine, vous versez deux « mesures » de sucre, vous faites un puits au milieu pour y mettre les œufs. Vous battez afin que le mélange soit bien mousseux. Ajoutez alors un demi-pot d'huile, un sachet de levure et une pincée de sel. Mélangez énergiquement. Ajoutez trois pots de farine, l'un après l'autre, en les incorporant au mélange. Mettez un peu de zeste de citron. Attention, choisissez un citron non traité ou alors brossez-le soigneusement sous l'eau chaude.

La préparation sera terminée quand vous aurez ajouté le yaourt. Mettez-la maintenant dans un moule. Vous pouvez choisir un moule à cake ou à manqué. Avant d'y vider la pâte, beurrez ce moule et farinez-le. Le gâteau est cuit en 30 minutes à four moyen. Il gonfle et dore, c'est un régal. Il peut se manger en dessert ou même au petit déjeuner. ■

Quelques astuces pour manger joyeux

Fruits, tomates, champignons peuvent se transformer... en papillons. Pour les champignons, rien n'est plus simple. Placez deux fines tranches, coupées dans toute la longueur, chapeau contre chapeau. Pour les radis, découpez quatre rondelles dans la largeur, deux grosses, deux petites. Disposez les rondelles deux par deux, les plus petites placées sur les plus grosses. Ensuite, découpez deux antennes en pelant la peau rosée d'un radis.

Il existe également une autre possibilité de décor : les fleurs. Elles sont très faciles à réaliser à partir de radis, mais sont plus compliquées à faire avec des tomates.

Lavez les tomates, découpez-les aux deux tiers de la hauteur et sculptez délicatement des pétales de différentes tailles, en partant de l'extérieur des fruits pour atteindre progressivement le centre. Écartez délicatement les pétales au fur et à mesure de votre progression. ■

Goûter de tout

L'ENFANT EST MAINTENANT CAPABLE DE MANGER DE TOUT, il est en pleine possession de son sens du goût. Tout influence le goût : l'hérédité sans doute, les habitudes culturelles et géographiques, l'environnement social et familial.

Une découverte programmée

Ses récepteurs sont essentiellement sur la langue. Les informations décryptées par les papilles sont filtrées par le bulbe rachidien et envoyées au cerveau qui les transforme en sensations. Le goût est fondé sur quatre saveurs : le sucré, le salé, l'acide et l'amer. Les recherches ont mis en évidence des territoires sur la langue, dont les papilles sont spécialisées dans certaines saveurs. Le sucré est perçu à l'avant, l'acide et le salé sur les côtés, l'amer vers le fond de la bouche.

Tous les sens en éveil

À ces saveurs s'ajoutent des réactions chimiques tels le piquant de l'oignon, le brûlant du piment, l'astringent de la pomme verte. Mais le goût, ce sont aussi les stimulations olfactives qui nous transmettent l'arôme de la fraise et du chocolat, par exemple. Le sens du toucher informe sur la température de l'aliment et sa consistance : dur, mou, moelleux, pâteux, etc. L'ouïe joue aussi son rôle. Les enfants adorent croquer les biscottes et sucer les bonbons.

Pour leur apprendre le goût, jouez avec eux à reconnaître les saveurs, à dessiner et mettre en couleurs les odeurs, à écouter le bruit de leur langue et de leurs dents. Ainsi, ils sauront cerner l'aliment avant et pendant la dégustation et aussi connaître les émotions enrichissantes créées par l'alimentation. Et c'est avec plaisir et intérêt que l'enfant constituera sa mémoire gustative avec « son catalogue » de saveurs, d'odeurs et de consistances.

Sucré et amer, deux symboles

Le rôle des parents en tant que modèles a bien sûr une grande importance, comme dans tout ce qui relève de l'éducation. Les seuils de sensibilité gustative sont très variables d'un enfant à l'autre. Ainsi, pour une même sensation sucrée, certains enfants auront besoin de plus de sucre que d'autres. Cependant, sous toutes les latitudes, on constate une nette préférence pour la saveur sucrée et le rejet de l'amer. Il se pourrait qu'au cours de l'évolution des espèces, le sucré soit devenu symbole de calories, c'est-à-dire d'un aliment bon pour l'organisme et l'amer aurait pour signification le poison, donc le danger.

Première éducation

C'est le moment de donner à votre enfant quelques notions de bonnes manières à table. Apprenez-lui à bien tenir sa fourchette et sa cuillère. Vous pouvez l'initier au maniement du couteau en lui proposant d'utiliser un petit couteau à beurre. Évitez, notamment au début, de lui donner des aliments difficiles à attraper et valorisez ses efforts. Enfin dans ce domaine comme dans d'autres, la valeur de l'exemple a fait ses preuves. Aujourd'hui, certains spécialistes du goût s'inquiètent. Il semble qu'un peu partout dans les pays industrialisés, les enfants aient tendance à diminuer la palette de leurs sensations gustatives pour privilégier le doux, le mou et le sucré. Des journées d'initiation au goût en milieu scolaire ont pour but de lutter contre cet appauvrissement. ■

1RE SEMAINE

1ER MOIS

2 À 3 MOIS

4 À 5 MOIS

6 À 7 MOIS

8 À 9 MOIS

10 À 11 MOIS

1 AN

1 AN 1/2

2 ANS

2 ANS 1/

3 ANS

4 ANS

5 ANS

6 ANS

ANNEXES

Jouer l'équilibre et la variété

• Le déjeuner se compose d'une entrée de crudités avec un peu d'huile ; d'un plat principal : viande, poisson ou œuf cuit sans graisse et légumes ou féculents ; d'un produit laitier ; d'un dessert à base de fruit ; de pain ; d'eau plate.

• Le dîner doit être léger pour ne pas perturber le sommeil. Il n'est pas nécessaire de donner un plat protéique à base de viande. Il comporte : une entrée de crudités ou un potage de légumes ; un plat de légumes ou de féculents enrichis d'un peu de fromage ou d'un œuf ; un produit laitier ; un dessert à base de fruit ; du pain ; de l'eau plate. Une bonne répartition des aliments est importante dans l'équilibre de l'alimentation de l'enfant.

• Il faut proposer à l'enfant toutes les semaines, en ne dépassant pas 10 à 15 g par année d'âge, jusqu'à 7 ans :

– **des légumes et des fruits :** fruits frais crus : 10 fois ; fruits cuits : 4 fois ; légumes crus (crudités) : 5 fois ; légumes cuits : 7 fois ;

– **des féculents :** 7 fois ; du riz : 2 fois ; des pâtes : 2 fois ; des pommes de terre : 2 fois ; des légumes secs : 1 fois ; du pain (au cours des 4 repas) ;

– **du beurre frais cru au petit déjeuner :** 7 fois ;

– **de l'huile** à raison d'une cuillerée à café tous les jours ;

– **du lait,** au moins un apport de 500 ml tous les jours ou bien en équivalence. ■

Manger seul

Il adore se débrouiller seul devant son assiette avec plus ou moins d'adresse.

• À 2 ans, un enfant mange seul et à peu près proprement si les aliments ont été coupés en petits morceaux. Il tient son verre d'une seule main. Il commence à vouloir se servir d'une fourchette.

• À 2 ans 1/2, il sait piquer sa viande avec sa fourchette. Il aime se servir seul, il tient sa tasse par l'anse. Il mange de plus en plus proprement.

• Vers 3-4 ans, il sait se servir d'un couteau et coupe son fromage et les aliments mous.

• À 6 ans, il est capable de couper seul sa viande et les aliments durs. ■

Les troubles graves de l'appétit

Ces troubles d'ordre psychique exigent la consultation d'un pédopsychiatre, heureusement ils sont très rares à cet âge.

• **La boulimie :** les enfants boulimiques qui mangent n'importe quoi à toute heure sont des angoissés. L'origine de leurs troubles est souvent transmise par leurs parents et l'on constate fréquemment ce phénomène lorsque, à la naissance ou au cours des tout premiers mois, la vie de l'enfant a été mise en danger. Les parents, pour se rassurer et être certains qu'il est en bonne santé, lui donnent beaucoup plus à manger que ne le voudrait son âge.

• **L'anorexie :** c'est le refus total de nourriture. Elle est très rare chez l'enfant de 3 à 6 ans qui, en réalité, ne se laisse jamais mourir de faim. L'anorexie est le résultat d'un conflit mère-enfant. Celle-ci a, en général, transformé un ou deux refus passagers en véritable guerre ouverte. Elle est capable alors de toutes les ruses, de tous les stratagèmes pour le faire manger. En vain et, si on le force, l'enfant peut même vomir.

Généralement, l'enfant est vif et de bonne humeur alors que sa mère est dans un état d'anxiété profond. Elle essaie de dominer l'enfant, mais elle se laisse en même temps martyriser par lui, et le tyrannise à son tour.

Si l'enfant se porte bien, la mère a souvent des insomnies, elle maigrit, à moins qu'à son tour, elle ne devienne anorexique. Les mères d'enfants anorexiques se caractérisent souvent par des comportements identiques dans leur propre petite enfance. Elles s'exaspèrent rapidement, sont émotives, instables, dépressives, souvent très actives. Elles ont un souci de perfection et se réfèrent à leur propre mère, mère idéale qu'elles désirent égaler. Dans les cas où ce trouble s'installe, il est indispensable d'avoir recours à une psychothérapie mère-enfant. ■

Des repas très variés

1RE SEMAINE

1ER MOIS

2 À 3 MOIS

4 À 5 MOIS

6 À 7 MOIS

8 À 9 MOIS

10 À 11 MOIS

1 AN

1 AN 1/2

2 ANS

2 ANS 1/

3 ANS

4 ANS

5 ANS

6 ANS

ANNEXES

POUR ÊTRE EN BONNE SANTÉ, un enfant doit à chaque repas consommer des laitages, des protéines, de la vitamine C et des légumes. Ce n'est pas toujours facile car il a déjà une idée précise de ce qu'il veut. Faites preuve d'imagination.

Contourner ses refus

S'il refuse le lait, remplacez-le par des crèmes glacées ou des laits aromatisés, au pire par une dose de calcium ajoutée à de l'eau ou à une compote. S'il n'aime pas la viande, préparez-lui un œuf battu dans du lait. S'il refuse les fruits, proposez-lui un jus d'orange ou une compote. Les fruits exotiques permettent de l'initier à des goûts différents. Ils ont aussi l'avantage d'être sur nos marchés à l'époque où nous ne trouvons plus que des pommes et des agrumes.

Pour le docteur Brazelton, les phobies alimentaires qui poussent l'enfant à refuser tantôt la viande, tantôt les laitages cachent en réalité un prétexte, celui du conflit dont l'objet n'a en réalité rien à voir avec l'alimentation. Son conseil : ne pas engager la lutte, la plupart des enfants ont assez de réserves pour ne pas entraver leur bon développement. Tant qu'un enfant ne maigrit pas, il n'y a aucune raison de s'inquiéter.

Légumes en habits de fête

Le plus difficile est sans doute de faire manger des légumes aux enfants. Tout est alors question de présentation et de recette. Sachez que les légumes peuvent se servir en jus : passés à la centrifugeuse, ils sont ensuite mélangés à un jus d'agrumes ou de fruits frais.

Sous forme de purée, presque tous les légumes sont acceptés. Dans un premier temps, mélangez-les à de la purée de pommes de terre pour faciliter ce nouveau goût à votre enfant. Beaucoup de légumes s'en accommodent parfaitement. Les mousses sont plus légères et séduisent les palais délicats. Elles sont réalisées en mélangeant une purée de légumes (sans pommes de terre) à du fromage blanc ou de la crème fraîche montée, et en ajoutant à ce mélange quelques feuilles de gélatine, préalablement ramollies dans de l'eau. La mousse ainsi obtenue est mise à refroidir deux heures au réfrigérateur dans des moules individuels, avant démoulage.

Les brochettes de crudités sont très ludiques, elles se trempent dans un bol de fromage blanc aromatisé aux herbes : carottes, champignons, tomates, radis, céleri en branche, chou-fleur, etc.

Tester les mélanges

Les légumes se « croquent au sel » : avec du pain, du beurre et une pincée de sel. C'est idéal pour les radis noirs ou roses, les fèves fraîches, les carottes, les navets nouveaux et les artichauts poivrade.

Les soupes sont mieux acceptées froides : gaspacho, potage de concombre à la menthe, crème de tomates. Restent encore les salades, les légumes crus et cuits « al dente » mélangés et les gratins, en ne lésinant pas sur la ration de fromage râpé.

N'hésitez pas non plus à mettre aussi de temps en temps à son menu des plats différents : sucrés-salés comme le canard aux pêches ou le porc sucré, acidulés comme le foie de veau au vinaigre de miel, acides avec la rhubarbe en tarte ou en compote et, pourquoi pas, amers avec un peu de confiture d'orange. ∎

L'ami imaginaire

C'est un phénomène assez fréquent et normal : l'enfant s'invente un ami dont il parle beaucoup. Ce personnage fictif le rassure dans son exploration du monde et sur sa propre valeur, il lui sert de messager toujours disponible. Pour les enfants les plus introvertis, c'est une façon créative d'apprivoiser des relations réelles avec le monde extérieur. Cet ami a toujours un prénom et des goûts bien déterminés, c'est un véritable héros de roman. L'enfant se « pose » vis-à-vis de lui et construit sa personnalité en se frottant à un personnage fictif. Curieusement, ce personnage disparaît habituellement aussi soudainement qu'il est apparu. Il est généralement remplacé par un ou des amis réels. Généralement, l'ami imaginaire sert à apprivoiser une situation difficile qui bouleverse la vie de l'enfant. Il sert à dire ce qu'il a sur le cœur sans risquer de remettre en question l'amour qui le lie à ses parents. ∎

Les « pourquoi ? »

Certaines questions d'enfants vous paraissent gênantes. Elles jaillissent à tout propos, souvent crûment et sont parfois mal venues. Elles posent des problèmes de société plus ou moins cachés, plus ou moins tabous. Tous les sujets peuvent être abordés à brûle-pourpoint : la sexualité, l'argent, la science ou les problèmes existentiels. Ce qui vous met mal à l'aise, c'est la difficulté des réponses. Il vous faut être à la fois précis, compréhensibles et non traumatisants. Toute réponse bâclée peut déclencher préjugé ou angoisse.

Évitez de faire celui ou celle qui n'a pas entendu, d'éluder le problème, de vous moquer de l'enfant, de lui répondre à voix basse, à côté de la question ou très à la légère, de répliquer par des plaisanteries à une question fort sérieuse ou, au contraire, d'entrer beaucoup trop dans les détails. ∎

▌ MON AVIS

Son goût de la découverte le pousse à poser quantité de questions. Elles sont de deux ordres, cognitives et affectives. Dans un premier temps, les premières portent sur le monde qui l'environne. Il est logique qu'ayant dépassé le stade de l'identification, il s'intéresse maintenant à la découverte et à la conquête du monde. C'est un futur petit savant qui vous pose parfois des questions bien difficiles. Sachez lui dire que vous respectez sa question, que vous n'avez pas la réponse immédiate mais que vous effectuerez des recherches pour lui répondre. C'est ainsi que la pensée scientifique s'apprend. Les pourquoi affectifs concernent, eux, les secrets de famille et sont tout aussi difficiles à satisfaire. Toutes les familles en ont, mais sachez doser vos révélations. Si vous décidez de répondre, faites-le avec pudeur et sans tricher, souvenez-vous qu'à cet âge, il lit dans vos pensées. Mais certains secrets sont plus ou moins faciles à dire et plus ou moins utiles à connaître à 4 ans. Faites pourtant toujours une réponse. Par exemple : « C'est une question que j'ai du mal à aborder, j'y reviendrai plus tard quand moi-même je serai assez grand. » La révélation de certains moments difficiles ne doit pas forcément être effectuée au moment où les enfants le demandent. Il faut souvent un temps de maturité, le temps de votre propre acceptation, celui où vous serez prêts. Ses questions ne sont pas le résultat du hasard, il a perçu quelque chose et reviendra toujours interroger les sites fragiles de votre passé. ∎

Il est naturellement curieux

LE DÉVELOPPEMENT INTELLECTUEL DE L'ENFANT de cet âge fait un progrès important. Il sait donc maintenant que la réalité a plusieurs représentations et que ses perceptions peuvent ne pas être constantes et identiques pour tous.

Lire dans la pensée des autres

En grandissant, il s'aperçoit qu'il n'y a pas que les objets qui donnent lieu à des interprétations différentes. L'enfant comprend que son entourage pense des choses dont il n'a pas forcément idée. Il constate que ces réflexions commandent des comportements, grâce auxquels il peut imaginer à quoi songent les autres pour expliquer ou prévoir ce qui va se passer. Mais il sait aussi que ses pensées peuvent être justes ou fausses et qu'à tout moment, selon les circonstances, son jugement va se modifier. Il réalise encore qu'il peut influencer les pensées des autres, en tout cas imaginer les pensées de ceux qui sont en face de lui. Bien sûr, toutes ces étapes sont franchies progressivement, car les rapports entre la perception que l'enfant a des choses et la réalité sont très compliqués. Souvent, il s'interroge sur les différences entre ce qu'il voit et ce qu'il sait.

Jouer avec la réalité

Tout naturellement, cela va lui donner l'idée qu'il peut jouer avec la réalité : il entame une période où il va adorer faire des farces. Pour faire ces blagues à bon escient, il a acquis ce que les psychologues appellent « la théorie de l'esprit ». Il a compris que son entourage agit en fonction de ce qu'il croit et non de ce qui est. Aux farces s'associent les mensonges, petits mais vrais, ceux destinés à tromper délibérément l'autre et qui permettent de tirer un bénéfice personnel d'une situation. L'affabulation prend alors différentes formes : l'enfant dissimule une information pour éviter une réprimande ou pour obtenir un avantage, mais il sait aussi la déformer ou la tronquer pour se faire plaindre. C'est, par exemple, l'enfant qui dit avoir été battu par un copain en omettant de dire qu'il a été le premier à le faire. Enfin, l'imagination des enfants étant très fertile, le petit menteur s'invente une histoire, se donne un ami imaginaire qui affable à sa place et le tire d'un certain nombre de mauvais pas. Ces mensonges sont motivés par la peur d'être grondé, par la honte et par la jalousie. Vous pouvez dire que vous n'y croyez pas trop mais ne cherchez pas à lui en apporter la preuve irréfutable. Il a besoin avant tout d'être aimé tel qu'il est.

D'autant plus qu'à cet âge, les mensonges n'ont jamais pour intention de nuire à autrui et l'enfant ne possède pas encore de sens moral affirmé. C'est pourquoi il est préférable d'y répondre avec un certain sens de l'humour. Acceptez la version fantaisiste de l'enfant en lui montrant que vous n'êtes pas dupe et en lui expliquant que vous pensez différemment de lui. C'est par l'échange et par l'explication que vous éviterez qu'il prenne l'habitude de mentir à tout propos. Enfin, s'il vous prend souvent en flagrant délit de mensonge, ne vous étonnez pas qu'il fasse de même. ■

« Faites preuve d'humour mais ne vous moquez jamais ouvertement de lui. Mettez sa vérité en doute mais ne le traitez pas de menteur. »

1RE SEMAINE

1ER MOIS

2 À 3 MOIS

4 À 5 MOIS

6 À 7 MOIS

8 À 9 MOIS

10 À 11 MOIS

1 AN

1 AN 1/2

2 ANS

2 ANS 1/2

3 ANS

4 ANS

5 ANS

6 ANS

ANNEXES

Toujours une dominance

Il n'y a pas de bilinguisme sans dominance d'une langue principale : celle de l'école, celle de la communication avec l'extérieur, pour la simple et unique raison qu'elle est « travaillée » en classe, et souvent de façon beaucoup plus riche que celle apprise en famille, où les situations quotidiennes impliquent tant soit peu les mêmes conversations. C'est encore celle qui marque souvent « l'indépendance » vis-à-vis des parents. C'est ainsi que bon nombre d'enfants de parents émigrés oublient la langue « première » de leur famille. Ces enfants ne comprennent que quelques mots rudimentaires du langage que parlaient leurs grands-parents, rares seront ceux qui pourront l'utiliser couramment ou sauront l'écrire. Leurs parents ne cherchent pas à leur transmettre préférant privilégier la langue du pays d'accueil, preuve d'une parfaite intégration. Souvent pourtant le langage d'adoption garde les traces de celui des origines, par exemple dans l'intonation ou le rythme. Pour ces enfants, la langue parlée par leurs parents est une langue d'adulte, une langue d'écoute et non de parole, un langage dont ils se sentent exclus. Dans certaines situations, ils peuvent en éprouver un peu d'angoisse. C'est notamment le cas lorsque les parents ne veulent rien transmettre de leur culture par souci d'intégration ou en raison d'un complexe d'infériorité voire de honte. Ces enfants ont alors le sentiment d'appartenir à une culture autre que celle des leurs et que celle du pays où ils vivent. Tous ces parents, quelle que soit leur origine, devraient savoir que permettre à leurs enfants d'apprendre la langue de leurs ancêtres est une chance et favorise même leur intégration. ■

Les étapes de l'apprentissage

Il n'est pas rare, vers 2-3 ans, de constater un certain retard de langage dans chacune des langues. Il est indéniable que l'enfant qui apprend une deuxième langue doit beaucoup assimiler, mais ce retard est totalement provisoire. À 4-5 ans, ces enfants ont exactement la même maîtrise du verbe, la même connaissance des nuances et des subtilités du langage que leurs congénères monolingues, et ce dans les deux langues ! De même, vers 2-3 ans, certains enfants peuvent mélanger les deux langues dans la même phrase, soit en mêlant des mots isolés ou des structures grammaticales, soit – et c'est encore plus déstabilisant pour les parents – en combinant des mots qui sont faits de morceaux de langues différentes. En fait, l'enfant choisit pour s'exprimer le mot qui lui vient le premier à l'esprit ou celui dont la sonorité lui plaît le plus, ou encore celui qui est le plus facile à prononcer pour lui. Pour les spécialistes, l'enfant puise dans un « fonds commun » aux deux langues, ce qui est plutôt le signe d'un réel bilinguisme. Vers 4-5 ans, tous ces « défauts » ont disparu et l'enfant s'exprime alors correctement dans chacune des deux langues. ■

▮ MON AVIS

Quelle chance pour un enfant d'apprendre une autre langue à cet âge idéal ! Il n'y a aucun danger à apprendre deux langues et, à l'heure de l'Europe, il faut bien admettre que les parents bilingues vont être de plus en plus nombreux. Les enfants de demain auront la chance extraordinaire de maîtriser la langue de leur père et celle de leur mère. Si l'enseignement d'une autre langue devait se faire dans le cadre scolaire, je préconiserais qu'il se fasse à l'école maternelle, dans la section des moyens. Attention, le bilinguisme est déconseillé chez les enfants souffrant de troubles du langage. ■

Apprendre une autre langue

LA MONDIALISATION ÉTANT LA GRANDE AVENTURE DE NOTRE SOCIÉTÉ, la recherche des meilleures chances pour les enfants incite bien des parents à vouloir leur donner une éducation bilingue. Des écoles privées et quelques écoles publiques répondent à ces attentes.

Particulièrement doué

Plus nous utilisons notre cerveau, plus il se développe. Il n'y a donc aucun risque de perturber l'apprentissage de la langue maternelle si l'enfant en apprend une autre. Tous les enfants sont capables d'apprendre une langue, quelle qu'elle soit. Avant la puberté, la structure du cerveau est telle qu'ils peuvent apprendre facilement deux à trois langues en plus de la leur. En effet, plus l'enfant apprend tôt, plus il parle sans accent, adaptant parfaitement sa prononciation à celle de son entourage. Les apports du milieu sont donc essentiels.

Ces apprentissages se font par imitation et l'on sait l'enfant fort doué dans ce domaine. Il est capable de restituer sans difficulté les sons qu'il a entendus, alors que l'on constate, sans trop savoir pourquoi, qu'un enfant, dès 6 ans, a déjà de réelles difficultés dans cet exercice. Certains attribuent cela à une certaine défense inconsciente de la langue maternelle dominante. Quant à la grammaire et aux structures de la phrase, le petit enfant apparaît tout aussi doué. Il apprend en fait de manière non analytique. Il semble qu'il soit capable, à partir d'un certain nombre de phrases qu'il a entendues, de déduire des principes de grammaire et de les appliquer à un nombre infini de combinaisons. Ce qui expliquerait que l'enfant ait une capacité inhérente pour acquérir une langue. Certes, la grammaire sera hésitante, approximative, pleine de lacunes, mais l'enfant progressera de jour en jour vers le parfait et c'est ainsi que, petit à petit, il assimilera les exceptions aux règles d'accord ou de conjugaison.

Parfaitement bilingue

En fait, l'enfant apprend une seconde langue comme la première, en parlant. Il expérimente et corrige, si besoin, au coup par coup. L'acquisition du vocabulaire est fort différente de celle de l'adulte. Il ne recherche jamais l'équivalent dans sa langue maternelle, chaque mot appartient à une réalité autonome et cohérente. Dans ces conditions, il ne lui est pas difficile de devenir bilingue, voire trilingue, et cela d'autant plus aisément que ses parents ont chacun une nationalité différente et peuvent, tout à loisir, l'aider à entrer dans diverses cultures et les faire cohabiter très naturellement. Bien sûr, pour l'enfant, la motivation première de cet apprentissage est son utilité, mais aussi (si ce n'est déjà !) le prestige social de cette langue. Ce qui expliquerait les difficultés des enfants de parents immigrés pour maîtriser leur langue maternelle. Les problèmes de langage mis au compte du bilinguisme sont, en réalité, rares. Ils cachent en général d'autres difficultés relationnelles.

Du parler à l'écrit

Parler est une chose, lire et écrire en sont d'autres. La plupart des pédagogues conseillent d'attendre que l'enfant ait appris à lire et écrire dans la langue enseignée à l'école pour s'initier à la lecture et à l'écriture dans l'autre langue. ■

1RE SEMAINE

1ER MOIS

2 À 3 MOIS

4 À 5 MOIS

6 À 7 MOIS

8 À 9 MOIS

10 À 11 MOIS

1 AN

1 AN 1/2

2 ANS

2 ANS 1/2

3 ANS

4 ANS

5 ANS

6 ANS

ANNEXES

La syntaxe du temps

Des études faites à partir du langage permettent de savoir de quelle manière l'enfant, petit à petit, maîtrise la notion de temps. On constate que le premier adverbe temporel utilisé dès 2 ans 1/2 est « maintenant », mais il n'a alors aucune valeur chronologique. Il indique un souhait fort de l'enfant, « maintenant, c'est à moi de jouer ». De même, l'enfant de cet âge utilise le passé composé. Malgré cela, la notion de temps n'est pas encore acquise. Ce passé est utilisé pour faire le constat d'un acte accompli. Un état constaté au moment où il s'exprime, le présent, lui, est réservé aux actions en cours. Le futur est aussi connu de cet enfant. Tout d'abord sous la forme de la périphrase « aller » suivie d'un verbe à l'infinitif. Le futur n'apparaît que vers 3 ans en raison de sa plus grande difficulté de prononciation. Le temps n'est pas toujours marqué dans ce futur, mais il a valeur d'ordre, de désir impératif. Il évoque quelque chose à faire immédiatement.

Toujours vers 3 ans, on constate l'apparition des premières références faites à la datation dans le passé ou le futur. L'enfant utilise « aujourd'hui » et « maintenant » en référence au moment où il parle et en opposition à d'autres moments encore compléments indéfinis dans le temps. La première référence au temps naît avec « hier » qui évoque simplement un moment qui n'est plus, un jour dans un passé incertain. À cet âge, l'enfant emploie indifféremment « demain » et « hier » pour les opposer au présent. Il lui arrive encore fréquemment d'opposer l'adverbe et le temps employé pour le verbe. C'est ainsi que « demain » peut être suivi d'une forme verbale au passé. La notion de journée est loin d'être acquise et l'enfant est encore incapable d'organiser dans le temps une succession d'actions. Quand il dit « ce matin, cet après-midi, ce soir, demain ou après-demain », cela signifie un moment antérieur ou postérieur à celui où il parle. La maîtrise du temps naît vers 4 ans. Mais les heures, les semaines, les jours sont remplacés d'abord par des points de repère personnels, tels que des détails de sa vie quotidienne. Il va pouvoir dater un événement par rapport à un autre, point dans le temps qui n'est pas obligatoirement l'instant présent. ■

Premières notions de calcul

Il peut déjà apprendre les premières notions de calcul. Un biscuit, deux biscuits, trois... quatre..., sans aller plus loin. Les couleurs primaires sont aussi à sa portée. Répétition et patience sont indispensables. Beaucoup de livres demandent aux enfants de compter, simplement parce qu'ils aiment cela. Le compte, c'est le rythme, le balancement. ■

▌ MON AVIS

C'est par le jeu de cache-cache que l'enfant accède à la notion de temps. Elle est précédée par la notion d'espace. De même, la notion de vitesse succède au concept du « vite » et du « lentement ». Ainsi, l'enfant peut voir qu'une voiture arrive vite vers lui, mais il n'a aucune notion de la vitesse. On comprend toutes les précautions à prendre à la sortie de l'école. L'espace précède le temps et s'incorpore aux préformes du temps. L'enfant est très sensible aux saisons, représentées concrètement par la succession des fruits. Il a aussi conscience des périodes de vacances, moments où le partage est plus long avec ses parents. Les congés sont essentiels pour marquer le temps de l'enfant. Souvenez-vous, lorsque vous étiez enfant, combien les grandes vacances vous paraissaient interminables. En grandissant, ce temps de vacances se transformera en congés annuels. ■

Acquérir la notion de temps

1RE SEMAINE

1ER MOIS

2 À 3 MOIS

4 À 5 MOIS

6 À 7 MOIS

8 À 9 MOIS

10 À 11 MOIS

1 AN

1 AN 1/2

2 ANS

2 ANS 1/2

3 ANS

4 ANS

5 ANS

6 ANS

ANNEXES

TOUT À L'HEURE, DEMAIN, CE SOIR... les adultes autour de lui font en permanence référence au temps. Ces nouvelles capacités lui permettent d'acquérir ces notions abstraites mais il doit d'abord bien maîtriser les notions d'espace pour ensuite aborder tranquillement celles du temps.

Un apprentissage par l'expérience

Le bébé dans son berceau n'a aucune notion du temps. Il sait simplement qu'il y a des moments de déplaisir et de plaisir. C'est ainsi qu'il découpe son temps en instants gais et tristes. À ces moments, il associe les faits, un bruit (celui d'une voix, d'un pas), une odeur, une luminosité. Il est capable de « pressentir », donc il a déjà une première notion du futur proche. Ses « objets transitionnels » : sa couche, sa poupée, son drap, lui donnent l' « impression » que sa mère est auprès de lui. Il sait faire durer dans le temps les moments agréables. De plus, le langage des grands exprime en permanence du temps.

Temps et espace liés

Ses nouvelles capacités motrices vont lui permettre de décomposer dans le temps des gestes précis pour obtenir ce qu'il veut ; là encore, il aborde la notion de durée et de déroulement dans le temps. Jusqu'à 18 mois, l'enfant va vivre dans l'idée d'une permanence temporelle des personnes et des objets qu'il ne voit pas. Il comprend « tout de suite », mais le passé et le futur sont encore mystérieux. Vers 3 ans, la notion de durée, d'avant et d'après, s'affine. Cet enfant patient sait attendre le moment pour... sortir, manger, arriver à la maison. Sa mesure du temps est alors liée à celle de l'espace, au plus loin, au plus vite. Ce n'est pas avant 4 ou 5 ans qu'il fera des projets d'avenir et prendra conscience que

le temps passe, qu'il y a « quelque temps » il était un bébé.

Une frustration constructive

L'enfant de 3 ans teste ses limites et celles des autres. Ce sont alors les frustrations qui l'aident à prendre conscience des durées : il ne peut pas aller jouer dehors parce que c'est l'heure de se coucher. Il dira alors facilement : « Je dors. Après j'irai. » En effet, à cet âge, il fait des projets et les exprime en utilisant des adverbes dans ses phrases.

Sa mesure des durées et des intervalles est attachée à celle de l'espace. Pour lui, « plus longtemps » égale « plus vite, plus loin ».

Comme dans beaucoup de cas, le livre et le jeu peuvent l'aider à l'apprentissage de la notion de temps. Ce sont par exemple les tout premiers jeux de logique qui demandent une mise en ordre en fonction du déroulement d'une action : la souris qui mange le fromage, l'enfant qui s'habille pour aller à l'école, etc. Un peu plus tard, l'enfant s'initiera au déroulement des saisons grâce à des lotos où doivent s'associer les transformations du paysage, les vêtements que portent les personnages, les récoltes ou les habitudes de vie. Ses nouvelles capacités vont lui permettre de décomposer dans le temps des gestes précis pour obtenir ce qu'il veut. Il aborde la notion de durée et de déroulement dans le temps. Mais ce n'est que lorsqu'il maîtrise les chiffres simples, vers 5 ans, qu'il peut lire l'heure sur une montre digitale. ■

La classe des moyens

CETTE SECTION PEUT APPARAÎTRE COMME LA PLUS IDYLLIQUE. L'enfant s'est fait des amis et ne craint plus la séparation d'avec ses parents. Il ne subit pas encore la pression de la future « grande école ». Il prend plaisir à tout apprendre, à tout découvrir, et, notamment, à écrire son prénom.

Déjà bien autonome

Normalement, la classe des moyens regroupe des enfants de 3 ans 1/2 à 4 ans. Dans les écoles où les enfants sont nombreux, il n'est pas rare de voir des sections de moyens divisées en deux. Les « petits moyens » de 3 ans 1/2 à 4 ans et les « grands moyens », ceux qui, entrés plus tardivement à l'école maternelle, ont plus de 4 ans lorsqu'ils arrivent dans cette section. Plus autonomes, moins intimidés par les personnes et les locaux, ces enfants vont seuls aux toilettes et sont capables de se déplacer dans la classe à la recherche du matériel qui leur est nécessaire.

La majorité des enfants évoluent au rythme de la classe et en profitent. D'autres, plus incisifs au niveau des apprentissages, méritent une discussion d'orientation entre les parents et les enseignants, en partenariat avec le médecin et le psychologue scolaire.

Un bon dosage d'activités

L'institutrice est extrêmement libre de son programme scolaire. La plupart d'entre elles se fixent pourtant pour principe de réserver les matinées aux activités éducatives. Une des plus importantes et des plus appréciées des enfants est la leçon de langage. Regroupés autour de la maîtresse, ils s'expriment souvent librement sur ce qu'ils ont fait la veille au soir à la maison. Puis l'enseignante dirige la conversation vers un thème afin d'enrichir le vocabulaire des petits élèves et de donner à chacun le moyen de s'expri-

mer. Elle doit écouter mais aussi corriger une prononciation défaillante, une syntaxe approximative et aider les plus timides à placer leurs mots. Plus tard, dans la journée, comptines, poésie et lecture aideront encore à l'expression orale. L'après-midi est consacré à la création en tout genre. De grands principes sont pourtant toujours à respecter : aux activités demandant un effort intellectuel doivent succéder des occupations ludiques, aux efforts physiques succèdent des séances plus calmes. À cet âge, les enfants ne peuvent pas fournir un effort prolongé, que celui-ci soit physique ou mental. L'après-midi, comme les enfants sont plus excités que le matin, le travail en atelier, donc en groupes, permet de mieux canaliser les énergies.

Le travail en atelier

À cet âge, tous les enfants fréquentent l'école plus régulièrement. Ils viennent tout l'après-midi et sont beaucoup moins souvent malades. Leur classe est caractérisée par un décor riche et pratiquement toujours réalisé par leurs soins. Ils aiment les couleurs, ils adorent dessiner, colorier, découper. Bref, tout ce qu'il faut pour être décorateur. Les après-midi ne sont plus tronqués par la sieste, les enfants ont donc tout le temps de travailler en ateliers de création, simplement l'institutrice programme des activités plus calmes en début d'après-midi. Plus habiles manuellement, les activités artistiques se diversifient. Les enfants manipulent les encres colorées, les différentes techniques de peinture : à l'éponge, au pochoir, etc. Ils aiment travailler la pâte à modeler, mais aussi la pâte à sel, la pâte à papier, voire la terre pour réaliser des objets qu'ils offrent avec un plaisir extrême à leurs parents. Les travaux sont toujours divisés en séquences et en ateliers pour que jamais le petit « bricoleur » ne se lasse.

L'initiation à l'écriture

Mais la grande activité « manuelle » de cette section est le graphisme. Cela permet d'initier les enfants à l'écriture par le jeu, par des exercices qui les amènent à utiliser des formes complexes et à utiliser les boucles, mais avec des contraintes très précises données par la maîtresse. L'enfant doit travailler entre deux lignes délimitant ses « signes ». Il lui faut respecter les consignes de l'écriture, de gauche à droite, de haut en bas.

Le graphisme, c'est la magie de la trace que laisse le crayon sur la feuille blanche. Un exercice d'autant plus facile à cet âge que le poignet se délie, que les doigts tiennent mieux le crayon et que l'enfant connaît mieux son schéma corporel.

Voici comment, par exemple, le jeu, le mouvement du corps et le graphisme s'associent. Un parcours fait de plots posés en zigzag est installé dans la cour. Les enfants marchent puis courent autour des obstacles. Avec l'institutrice, ils vont transcrire leur parcours sur une grande feuille de papier. Puis les enfants sont invités à passer entre des gommettes collées sur une feuille de papier, selon le même schéma. La maîtresse peut même leur demander de reproduire cette ligne ondulée avec de la peinture pour figurer la mer, par exemple. Dans cette mer, il faudra ensuite dessiner et peindre des poissons couverts d'écailles, les obligeant à répéter de nombreuses fois le même geste avec la même ampleur et la même précision. À la fin de l'année, les enfants sauront bien écrire leur prénom en carac-

tères d'imprimerie. Ils dessinent lettre après lettre en sachant déjà bien les nommer. Écrire leur prénom est pour eux extrêmement valorisant. Ils sont presque grands.

Vive la récréation

Ces enfants sont parfaitement à l'aise dans le groupe que forme leur classe ; ils n'ont plus peur de rien ni de personne, ce qui les conduit à un défoulement total. C'est l'âge où chacun va chercher à se situer dans le groupe. Il faudra être le plus rapide, le plus fort, le plus futé pour grimper sur le toboggan ou pour participer à la course de vélo. Pleins de vie, maîtrisant mieux leur corps et l'espace (p. 502), ils apprécient ce moment de liberté, surtout si ce sont des garçons, et en profitent pour exprimer leur trop-plein d'énergie. De plus, l'enfant de 4 ans a besoin d'affronter le danger. C'est pourquoi les bagarres ne sont pas rares, même chez les filles. ■

1ʳᵉ SEMAINE

1ᵉʳ MOIS

2 À 3 MOIS

4 À 5 MOIS

6 À 7 MOIS

8 À 9 MOIS

10 À 11 MOIS

1 AN

1 AN 1/2

2 ANS

2 ANS 1/2

3 ANS

4 ANS

5 ANS

6 ANS

ANNEXES

561

La psychomotricité *en savoir plus*

De la psychomotricité au sport

Les séances de psychomotricité vont se modifier à l'entrée en grande section de maternelle. L'enfant de 5 ans est audacieux et autonome.

Il aime les difficultés physiques et la compétition. Lorsqu'on lui demande de courir pour atteindre, le premier, un but, ou lorsqu'il doit exécuter le plus vite possible un parcours avec équilibre, saut, roulade, il participe avec beaucoup d'entrain.

Les parcours évoluent au fur et à mesure que les enfants deviennent plus performants. De plus, à 5 ans, les enfants commencent à avoir un véritable esprit d'équipe et deviennent capables de respecter des règles. Ainsi peut-on leur proposer des jeux de relais ou de ballon. Certaines écoles maternelles organisent même de véritables initiations sportives : tennis, natation, patinage, football. ∎

Une aide aux premiers apprentissages

Les instructions officielles définissent la raison d'être de cette drôle de gymnastique : « Le corps étant à la fois condition, cause et moyen de développement, l'activité motrice de l'enfant soutient l'éducation de son être tout entier. » Grâce à du matériel très simple (cerceaux, banc, tapis de sol, balles), l'enfant va découvrir son corps et tout ce qu'il peut en faire. Il va aussi prendre conscience de l'espace dans lequel il bouge et va acquérir les notions de grandeur et de forme. Par le geste et le mouvement, il intégrera des concepts tels que « devant, derrière, dessous, dessus, à droite, à gauche ». Se déplacer, sauter, courir, grimper sont des exercices qui favorisent le développement global en affinant et en diversifiant ses activités motrices. De plus, il est toujours fier de réussir un exercice proposé par la maîtresse. Ainsi valorisé, il sera prêt à d'autres efforts, notamment intellectuels. Les plus timides et les craintifs ont parfois, lors des toutes premières séances, besoin de l'aide de la maîtresse. L'expérience motive, stimule les facultés mentales. La maîtresse invente des jeux tels que suivre une ligne plus ou moins compliquée, marcher en avant ou en arrière au rythme d'une musique... L'enfant apprend encore à se servir d'un ballon ou à jongler avec des cerceaux. Tout cela lui sera indispensable plus tard dans l'apprentissage de la lecture et de l'écriture. Toute séance de psychomotricité se termine normalement par quelques minutes de relaxation. Allongé sur le tapis de sol, chacun retrouve alors son calme. ∎

Se sentir à l'aise

Pour bien maîtriser les premiers apprentissages scolaires, il est indispensable que votre enfant se sente à l'aise dans l'espace et dans le temps. Des notions comme « en haut, en bas, au milieu, devant, derrière », doivent être acquises pour apprendre à lire et à écrire. ∎

▌ MON AVIS

Le sport est une deuxième chance de bon développement psychologique, éducatif et intellectuel. Réussir dans un sport permet à l'enfant de réussir mieux dans les apprentissages, dans sa communication avec vous et dans sa sociabilité. Le sport est une organisation rationnelle des jeux. L'enfant peut maintenant passer du jeu spontané au sport collectif ou au sport avec des règles établies. Ce qui démontre également ses progrès au niveau symbolique. Le choix du premier sport est souvent fait par les parents, mais sachez qu'il est normal qu'il pratique ensuite toutes les gammes de sport, pour enfin abandonner ceux de sa petite enfance et choisir ceux de ses petits camarades. ∎

Leçon de psychomotricité

1RE SEMAINE

1ER MOIS

2 À 3 MOIS

4 À 5 MOIS

6 À 7 MOIS

8 À 10 MOIS

10 À 11 MOIS

1 AN

1 AN 1/2

2 ANS

2 ANS 1/2

3 ANS

4 ANS

5 ANS

6 ANS

ANNEXES

LA PSYCHOMOTRICITÉ, FORME D'ACTIVITÉ PHYSIQUE ÉLABORÉE, est très pratiquée à l'école maternelle pour deux raisons essentielles. Elle permet d'abord à cet enfant jeune, incapable de rester en place plus de quelques minutes, de se dépenser physiquement. Mais elle a aussi un rôle éducatif.

Ajuster le geste

Depuis la naissance, le corps est le premier médiateur de la connaissance. L'ouïe, l'odorat, le toucher, le goût, essentiels à tout apprentissage, sont avant tout des capacités corporelles. Tous les gestes et les attitudes de cet enfant sont empreints de spontanéité et de naturel. Il possède une aisance corporelle qui lui donne une confiance fondamentale sur ce qu'il faut faire pour atteindre un but et il est en possession d'une véritable mémoire du corps toute chargée d'affectivité. Des aptitudes qui se modifient au fur et à mesure des mois lorsque l'enfant s'aperçoit de l'effet qu'il produit sur les autres. La psychomotricité a pour fonction d'augmenter la plasticité et de travailler l'ajustement du geste à sa finalité.

Drôle de gymnastique

Les mouvements, les exercices physiques vont renseigner l'enfant sur ses possibilités, ses limites et son pouvoir sur ce qui l'entoure. Il va encore apprendre à commander des gestes précis à son corps et à se situer dans l'espace.
Pour l'enfant, entrer en contact avec le monde, avec la réalité, ne peut se faire que par le mouvement. Jusqu'à présent, il avait conscience de son corps par l'image qu'il en voyait dans le miroir. Ses expériences corporelles et l'effet kinesthésique de l'air sur sa peau vont lui permettre de mettre cette image en relation avec ses sensations.

Des exercices en musique

Les exercices de psychomotricité demandent du matériel : ballons, cerceaux, rubans, tapis de sol, cordes, tonneaux, petits bancs, échelles... Tous les jours, toutes les sections ont une bonne demi-heure de psychomotricité où l'institutrice varie les activités : danse, jeux, équilibre, course, parcours... On ne connaît pas d'enfant qui n'aime pas ça. Généralement, le cours commence par une prise de fonction de l'espace. Les enfants sont invités à se déplacer sur un parcours, en suivant les consignes de la maîtresse : il faut marcher sur la pointe des pieds, les bras en l'air, les mains sur les hanches, en canard ou suivre une ligne matérialisée au sol, etc. Suivent alors des exercices tels que sauts et équilibre qui permettent à l'enfant de découvrir son autonomie, d'apprendre à contrôler son corps. Les mouvements accompagnés de musique permettent aux enfants de frapper dans leurs mains, de taper du pied en rythme. Ainsi la notion du temps est « physiquement » abordée puisque les rythmes peuvent être lents ou rapides. Les lancers de ballon, les maniements de cerceaux développent l'habileté manuelle du bras, de l'épaule, du poignet et des doigts, des acquisitions importantes dans l'apprentissage de l'écriture. Des notions fondamentales comme devant, derrière, en haut, en bas, à droite à gauche sont expérimentées pour être mieux assimilées. La leçon de psychomotricité est un des moments fort de l'enseignement en maternelle. ■

La dame de service

Cette employée municipale, l'ATSEM, est chargée d'aider l'enseignant à tout moment : elle accompagne les enfants dans leurs déplacements hors de la classe. Elle est particulièrement utile aux moins autonomes au moment des déshabillages et habillages. Elle est aussi chargée de préparer certaines activités comme la peinture ou les feuilles d'initiation au graphisme. Comme l'employée qui surveille la cantine, la dame de service a souvent le rôle d'une seconde maman. Les enfants lui confient leurs petits tracas et elle n'hésite pas à les consoler d'un baiser. ■

Quand tout va mal

Il n'aime pas sa maîtresse. Peut-être ne lui consacre-t-elle pas assez de temps en raison d'une classe surchargée. Connaît-elle bien l'enfant, notamment s'il traverse une passe difficile ou vit une situation de famille délicate ? Les parents ont-ils des relations « normales » avec elle ? Des questions qu'il faut se poser en commun et en toute franchise. Si le conflit persiste, il est toujours possible de demander la médiation de la directrice de l'école ou de l'association des parents d'élèves. En dernier recours, l'enfant pourra changer de classe. ■

Si c'était un maître...

Les hommes sont rares dans l'enseignement pré-élémentaire. À l'école publique, 4 % de l'effectif est masculin. Cette féminisation du corps enseignant est le résultat des premières consignes s'appliquant à l'école maternelle qui voulaient que l'enseignant ait un rôle de « bonne mère ». Sans doute est-ce dommage, car la présence d'hommes à l'école maternelle aurait sans doute de l'importance sur le plan éducatif et psychique, notamment pour tous les enfants qui vivent seuls avec leur mère. On constate que, dans la classe où l'enseignant est un homme, les enfants sont plus vite autonomes, que le rythme des activités et des acquis est plus rapide, l'instituteur étant moins influencé par les états d'âme des petits. Il semble encore que le maître donne plus d'importance aux activités motrices que ses consœurs, plus performantes sur le plan de la créativité. ■

Participer à la classe

L'école maternelle est certainement l'école que fréquentent le plus les parents. Ceux-ci sont invités régulièrement à participer aux sorties pour renforcer l'encadrement. Mais les parents peuvent aussi être les bienvenus dans la classe pour transmettre un « talent », ils animent alors un atelier avec l'institutrice. Leur participation a encore une forme plus officielle : celle du conseil d'école. Il réunit le maire ou un conseiller municipal, les maîtres, l'infirmière, l'assistante sociale et le comité des parents délégués, élus par les parents à raison d'un représentant par classe.
Réuni une fois par trimestre, le conseil débat de la vie quotidienne à l'école, du règlement intérieur, des cantines, des activités périscolaires, des sorties pédagogiques et des fêtes. Enfin, il a un droit de regard sur les investissements d'équipement. Mais on lui nie toute opinion sur les contenus pédagogiques. ■

La directrice

Elle s'occupe de l'organisation générale de l'école. Elle assure le secrétariat administratif et transmet aux instituteurs tous les documents de l'inspection d'académie et de la mairie. Elle gère le budget de l'école, elle est responsable du matériel et des locaux. Les personnels de service sont sous ses ordres et son rôle est celui d'une animatrice auprès des enseignants, définissant avec eux le projet pédagogique de l'école. Elle est encore juridiquement responsable en cas d'accident. Dans la plupart des établissements, cette enseignante reste chargée de classe. ■

Tous amoureux
de leur maîtresse

DES LIENS AFFECTIFS TRÈS FORTS LIENT LE MAÎTRE ET L'ÉLÈVE tout au long de la scolarité, mais ceux qui « enchaînent » l'institutrice de l'école maternelle avec ses élèves sont d'une puissance exceptionnelle.

Un adulte de référence

Ils s'expliquent par les circonstances de leur naissance. Laissé pour la première fois à l'école, l'enfant se sent abandonné, perdu. Il est naturel qu'il cherche protection et amour auprès du seul adulte présent : la maîtresse.

Elle est alors l'adulte de substitution, celui qui remplace les parents et prend le statut d'adulte de référence.

Une séductrice

Celle-ci fait d'ailleurs tout pour le séduire. Elle l'appelle par son prénom, le console, le prend dans ses bras, si besoin l'aide à rencontrer d'autres enfants. Les relations affectives avec l'institutrice sont à la base de la bonne volonté d'apprentissage de l'enfant. Se sentant aimé et en sécurité, il est prêt à participer à tout ce qu'elle lui propose. Tout au long de la journée, l'institutrice organise la vie du groupe et se charge de faire respecter les règles de vie en collectivité. Mais elle est là aussi pour aider chacun à compenser son manque d'autonomie : comme maman, elle l'aide à mettre ses lacets, elle raconte des histoires et aide à ranger les jouets. L'institutrice s'efforce encore de trouver le temps d'un peu d'intimité avec chaque enfant, c'est important pour bien le connaître et lui permettre, s'il en a besoin, d'être écouté et considéré. Elle doit être capable de détecter un coup de cafard, un chagrin ou un petit malaise pour consoler et rassurer aussitôt. L'institutrice de l'école maternelle a un rôle important de maternage et veille au bien-être affectif du petit écolier, lui permettant ainsi de supporter l'absence de ses parents. L'attachement est parfois tel que les petits écoliers sont jaloux des propres enfants de la maîtresse et sont fort curieux de savoir ce qu'elle fait quand elle n'est pas à l'école. Au fil des mois, l'enfant va encore s'apercevoir qu'être aimé ailleurs qu'à la maison renforce son pouvoir sur ses parents et son individualisme. L'enfant sera également sensible aux bonnes relations que la maîtresse entretiendra avec ses parents. Il aura plaisir à ressentir un suivi affectif dans les différents moments de sa journée. Plus les échanges entre parents et enseignants seront fréquents, plus l'enfant se sentira bien à l'école, comme chez lui. Ses relations aident aussi les parents à se sécuriser sur ce que fait et ce que ressent leur enfant quand il est loin d'eux.

Faites attention à ne pas tenir un discours trop négatif envers la maîtresse. Votre enfant risque alors de se rapprocher un peu plus de vous et d'avoir encore plus de difficultés à vous quitter pour aller à l'école. ■

> ❝ Les maîtresses comme les dames de service, les tatas, participent de plus en plus à des formations sur la psychologie et la pédagogie de la petite enfance. ❞

1RE SEMAINE

1ER MOIS

2 À 3 MOIS

4 À 5 MOIS

6 À 7 MOIS

8 À 9 MOIS

10 À 11 MOIS

1 AN

1 AN 1/2

2 ANS

2 ANS 1/2

3 ANS

4 ANS

5 ANS

6 ANS

ANNEXES

Il vaut mieux éviter...

• De se moquer, de le (la) tourner en dérision ou de faire trop d'ironie sur sa coquetterie.
• De le (la) contrarier en l'obligeant à porter des vêtements qu'il (elle) refuse de mettre, surtout ceux qu'un garçon juge être pour filles.
• De lui imposer vos goûts, de choisir ses vêtements seule ou sans tenir compte de son avis.
• De traiter cela à la légère, sans essayer de comprendre ce qui se cache derrière ses exigences.
• De le (la) culpabiliser d'être si soucieux de son image.
• De céder à ses exigences et d'encourager ses caprices vestimentaires. ■

...mais il est recommandé

• De le (la) laisser choisir.
• De trouver parfois des moyens termes lorsqu'il y a réellement conflit (lui proposer le pull-over supplémentaire à mettre en dessous lorsqu'il veut porter son blouson en jean en hiver).
• De prendre quelques précautions quand il s'avère nécessaire de lui faire entendre raison.
• De ne pas critiquer ses goûts sans arrêt, même s'ils ne correspondent pas vraiment aux vôtres, mais plutôt d'essayer de les comprendre.
• De lui expliquer ce qu'est un budget.
• De lui faire comprendre gentiment qu'il faut respecter les saisons : l'hiver, le printemps, l'été, l'au-

tomne, et qu'il n'est donc pas possible de se balader en short ni même en bermuda sous la neige.
• De même que pour les saisons, il est nécessaire qu'il comprenne qu'on ne s'habille pas de la même façon pour aller faire du foot que pour un soir de fête (et réciproquement).
• De le laisser faire sans pour autant l'encourager et de le rassurer au sujet de son apparence. ■

▌ MON AVIS

J'aimerais attirer l'attention des parents sur plusieurs points. Faites attention, si vous avez un enfant roux. Idéalisez la beauté de ses cheveux couleur feu plutôt que d'en faire une particularité. De même, ne vous extasiez pas trop devant les yeux bleus d'un de vos enfants si les autres ont les yeux marron, ceux-ci vont se sentir tout à fait injustement dévalorisés : il existe des yeux bleus ternes et des yeux bruns piquants ! En matière vestimentaire, respectez ses goûts et laissez-le s'habiller comme il le veut, même si ce n'est pas très esthétique. Et surtout, laissez-le développer sa propre personnalité, pas de coupe de cheveux standardisée père-fils et de tenues mère-fille à l'identique. Dites-vous que pour eux vous êtes déjà démodés. ■

La coquetterie :
rien n'est assez beau

*LES PREMIERS SIGNES DE COQUETTERIE CHEZ LES ENFANTS se manifestent
généralement à l'entrée en maternelle. Les petites filles ont alors un goût immodéré
pour le rose qui marque leur féminité et les petits garçons pour les tee-shirts
à l'effigie de leur héros à moins qu'ils ne préfèrent un bon vieux dinosaure.*

Le regard des autres

D'un jour à l'autre, garçons ou filles refusent d'enfiler ce que leur mère leur propose le matin. Parallèlement, les uns veulent changer de coiffure, les unes mettent des heures à choisir la couleur de leur barrette ou de leur chouchou. D'ailleurs, garçons comme filles passent de longues minutes à se regarder dans la glace.

Toutes ces manifestations signifient que l'enfant attache de plus en plus d'importance au regard de ses pairs. Il a une image à tenir au sein du groupe, au sein de sa classe.

Il sent qu'il a un rôle à jouer vis-à-vis du monde extérieur mais aussi vis-à-vis de lui-même.

L'apparence pour lui aussi est quelque chose d'important. Et peut-être d'autant plus que cela révèle un manque d'assurance à compenser.

Ces comportements ne sont en rien futiles puisque c'est du rapport au monde qu'il s'agit, c'est de la construction et de l'affirmation d'une identité qu'il est question. Le vêtement, la coiffure, l'apparence extérieure fonctionnent comme des signes, comme des repères.

De plus, les enfants ne sont pas tendres entre eux et ils ressentent très fort la crainte du ridicule.

Paraître pour s'affirmer

Leur peur a toujours les mêmes ressorts : peur de faire « bébé », peur de faire « fille » pour les garçons, etc. Bref, ils redoutent tous de ne pas être considérés comme ils devraient l'être. Ainsi, s'il veut mettre son blouson de cow-boy ou d'aviateur, même si ce n'est pas tellement de saison, c'est qu'il a besoin, vis-à-vis des copains et de lui-même, de se sentir dans la peau dudit cow-boy qu'il rêve d'être. Alors, pourquoi ne pas lui ajouter un pull supplémentaire au-dessous et le lui laisser porter ? Car, sans son blouson, il se sentira peut-être démuni, pas à la hauteur, mal dans la peau de son personnage ? Peut-être qu'en anorak, il aura peur d'être rejeté ?

Allez savoir ! À ce jeu de rôle, se mêle encore le besoin de paraître grand, plus grand qu'il n'est. Tout est bon alors pour se vieillir un peu et ressembler à ses parents. Il ou elle sera d'autant plus sensible à son apparence que ses parents soignent leur « look ». L'identification joue là aussi un grand rôle.

De l'importance de la coiffure

La mode, en réalité, a peu d'emprise sur eux ; seule la coiffure est un point sensible, surtout pour les garçons. Si l'année est marquée par les cheveux en brosse ou très courts avec une houppette à la Tintin, vous n'échapperez pas au modèle en vogue. Et vous jugerez du bonheur que vous offrez à votre petit coquet au temps qu'il passera à se regarder dans les glaces et dans tout ce qui peut lui renvoyer son image. Il s'aime et c'est parfait. ■

1RE SEMAINE

1ER MOIS

2 À 3 MOIS

4 À 5 MOIS

6 À 7 MOIS

8 À 9 MOIS

10 À 11 MOIS

1 AN

1 AN 1/2

2 ANS

2 ANS 1/2

3 ANS

4 ANS

5 ANS

6 ANS

ANNEXES

Équipement tout-terrain

FAIRE LES COURSES EN COMPAGNIE D'UN ENFANT est souvent un moment difficile. Il a déjà des idées précises sur ce qu'il désire. Il n'a aucune notion des prix et dès qu'il ne veut pas quelque chose, ça le gratte ou le pique. À vous de le satisfaire tout en lui apprenant l'art du compromis.

Des vêtements parfaitement adaptés

• Commencez par un repérage en solitaire. Sélectionnez déjà les vêtements que vous voulez lui faire essayer.

• Si vous avez plusieurs enfants, évitez les déplacements en bande, surtout si les achats ne sont que pour l'un d'entre eux.

• N'habillez jamais l'aîné dans la boutique où vous achetez les vêtements du plus petit : c'est une véritable humiliation !

• Prenez en compte leurs remarques, les enfants attachent parfois beaucoup d'importance aux détails : un écusson, des boutons, une doublure peuvent suffire à justifier un refus total. Vous aurez alors acheté pour rien.

• N'achetez pas trop grand. Si les enfants n'aiment pas être serrés, ils ne veulent pas non plus y être trop au large. La norme consiste en une taille au-dessus de leur taille normale.

Voici quelques repères pour vous permettre de choisir la bonne taille en fonction de sa hauteur : le 3 ans pour un enfant qui mesure entre 90 et 97 cm, le 4 ans de 98 à 105 cm, le 5 ans de 106 à 110 cm et le 6 ans de 111 à 116 cm.

• Achetez avant tout des matières lavables et celles qui ne nécessitent pas forcément de repassage : le mélange coton-polyester est idéal.

• Le jean et le velours sont des tissus d'hiver comme d'été.

• Attention, c'est vrai, certaines matières grattent plus que d'autres. C'est le cas des tissus en pure laine, un pull de laine mélangée sera toujours plus doux.

• Les tissus les plus chauds pour l'hiver sont la laine, les mélanges laine-polyester, les molletons de coton.

• Vérifiez l'emplacement des coutures et des étiquettes, elles peuvent être source d'inconfort.

• Pour ceux qui vont en classe et qui devront donc très tôt se débrouiller seuls, pensez à sélectionner des vêtements faciles à enfiler et à enlever. Préférez les cols ronds, en V ou boutonnés sur les épaules aux cols roulés ou cheminées. Dans le même ordre d'idée, préférez les élastiques à la taille plutôt que les boutons, les fermetures à glissière (avec lesquelles ils risquent, de surcroît, de se pincer la peau) et les systèmes de fermeture de salopette.

• Consultez-le sur la couleur et les motifs qu'il aime. Très tôt, il existe des modes que votre petit écolier veut respecter pour ressembler à ses copains et aussi pour se sentir plus à l'aise dans le groupe.

• Pour les vestes et les manteaux, achetez des emmanchures raglan, larges et souples, de préférence à des manches montées, plus près du corps et plus étroites, et qui sont donc moins confortables.

• Dans l'ensemble, achetez-leur plutôt des vêtements sportswear, confortables et faciles à porter. Prévoyez également dans leur garde-robe quelques pièces plus habillées, comme un joli chemisier, une petite robe ou un petit blazer indispensables dans certaines circonstances. Ils aiment s'habiller lorsqu'ils sont invités à des goûters.

• Choisissez toujours des couleurs qui vont ensemble pour éviter de les voir choisir dans leur garde-robe ce qui est le plus « spectaculaire » au détriment du plus harmonieux.

• Apprenez-leur à réguler leur tenue en fonction de la température ambiante. Il vaut mieux leur faire porter deux petits pull-overs légers ou un gilet sur une chemise plutôt qu'un gros pull en laine qu'ils ne pourront enlever s'ils ont trop chaud dans la journée.

Un tee-shirt sous un pull de laine évite d'abord que cela gratte, mais permet aussi une bonne régulation de la température.

• Un vêtement en coton en été est toujours moins chaud que son homologue en tissu synthétique.

Toujours choisir de bonnes chaussures

• Soyez vigilante sur le contrefort et le capitonnage de cuir du talon. Évitez les petites chaussures qui bâillent de partout et les sandales qui ne maintiennent pas l'arrière-pied et blessent l'avant-pied. Entre 5 et 7 ans, la musculature du pied d'un enfant qui a été bien chaussé est formée. Si ses talons avaient tendance à basculer en dedans, ce qui n'est pas anormal, ils se sont peu après redressés. Ils ont trouvé une position neutre qu'il est souhaitable d'entretenir.

D'une manière générale, les enfants et les institutrices préfèrent les fermetures agrippantes, type Velcro, bien plus faciles à utiliser que les lacets ou les boucles.

• Les chaussures de sport doivent être perméables pour faciliter l'évacuation de la transpiration, donc en toile (lavable), de préférence au cuir qui se durcit quand il est mouillé, ce qui risque de relâcher ensuite la chaussure. La toile permet le déroulement naturel du pied. Un contrefort

semi-rigide doit maintenir et protéger le talon.

Il ne faut jamais oublier qu'elles peuvent être portées pieds nus ; l'intérieur doit être parfaitement lisse, sans aspérités.

Il est indispensable que la semelle épouse la forme de la plante des pieds et s'affaisse au niveau du talon pour permettre à l'enfant qui saute, par exemple, de retomber en douceur, sans douleur au talon.

Le modelage léger de la semelle permet de tenir le pied à l'intérieur, mais ce n'est pas un soutien plantaire. Enfin, des trous de ventilation doivent être régulièrement répartis sur la semelle intérieure, mais pas sur les zones d'appui. ■

1RE SEMAINE

1ER MOIS

2 À 3 MOIS

4 À 5 MOIS

6 À 7 MOIS

8 À 9 MOIS

10 À 11 MOIS

1 AN

1 AN 1/2

2 ANS

2 ANS 1/2

3 ANS

4 ANS

5 ANS

6 ANS

ANNEXES

5 ans

1RE SEMAINE

1ER MOIS

2 À 3 MOIS

4 À 5 MOIS

6 À 7 MOIS

8 À 9 MOIS

10 À 11 MOIS

1 AN

1 AN 1/2

2 ANS

2 ANS 1/2

3 ANS

4 ANS

5 ANS

6 ANS

ANNEXES

5 ans

Vous

« IL FAUT D'ABORD QUE JE TE CONFIE UN SECRET. Comme beaucoup de mamans, j'ai gardé tes premières chaussures. Leurs belles couleurs vives ont perdu de leur fraîcheur tant elles ont frotté, marché, trébuché et sauté. Elles sont le témoignage de tes premiers pas. C'est si loin déjà et pourtant tu restes dans ma tête toujours un bébé, mon bébé.

Tu viens de passer dans la section des grands, ton institutrice m'a expliqué que cette classe était liée à celle des apprentissages fondamentaux, bref tu vas bientôt apprendre à lire !

L'école maternelle t'a beaucoup changé, mais tu dois encore devenir plus attentif et plus tranquille au moment des leçons.

Longtemps je me suis inquiétée pour rien. J'avais peur que tu ne marches pas ou que tu ne parles pas. Et surtout je voulais être sûre que tu m'aimerais. Et voici maintenant que je me demande si tu apprendras bien. Heureusement, toutes ces inquiétudes ont été atténuées par tes performances, ton bon développement et tes grandes qualités.

Je suis sûre de ton avenir. Je serai toujours à côté de toi et je veux que pour toujours ton papa et moi soyons très fiers de toi. »

Votre enfant

- Il pèse 18 kg en moyenne pour 1,05 m.

- Ses mouvements sont bien coordonnés, il descend les marches d'un escalier en posant un pied sur chaque marche.

- Il dessine des cercles, des lignes parallèles. Il découpe et colorie parfaitement bien.

- Il sait comparer ce qui est plus grand et plus petit.

- C'est un enfant très imaginatif, pas encore très patient et souvent autoritaire. Il parle beaucoup et se plaît à l'école.

- Il mange tous les fromages.

1RE SEMAINE

1ER MOIS

2 À 3 MOIS

4 À 5 MOIS

6 À 7 MOIS

8 À 9 MOIS

10 À 11 MOIS

1 AN

1 AN 1/2

2 ANS

2 ANS 1/2

3 ANS

4 ANS

5 ANS

6 ANS

ANNEXES

Les facteurs de croissance

Ils sont doubles. Pour se développer, le squelette a besoin de vitamine D : celle-ci augmente l'absorption intestinale du calcium et favorise, en conséquence, sa fixation par l'os. Sa principale source est le foie.

Mais le rôle de l'hormone de croissance sécrétée par l'hypophyse est également essentiel. Elle est produite pendant certaines phases du sommeil, d'où l'importance d'une durée suffisante de repos. Cette hormone agit sur la croissance du cartilage de conjugaison. L'enfant grandit donc par les articulations et l'extrémité de ses membres.

La pratique intensive d'un sport, notamment la danse et la gymnastique, par un enfant de moins de 10 ans, a des conséquences néfastes sur le bon déroulement de sa croissance. L'important développement musculaire que provoquent certains sports fixe prématurément la taille en gênant la croissance des cartilages de conjugaison. Dans la petite enfance, le sport doit être avant tout un moment de détente et de plaisir.

Les enfants qui sont considérés comme trop petits pour leur âge peuvent être soignés. Ils subissent d'abord deux tests successifs qui permettent le dosage des hormones de croissance qui sont aujourd'hui le résultat de produits de synthèse. Le traitement doit être entrepris avant la fin de la puberté, lorsque la croissance s'arrête. Sa durée est de deux ans à raison d'une injection quotidienne. ∎

Les douleurs de croissance

Les enfants s'en plaignent tout particulièrement lorsqu'ils sont allongés. Les adultes s'en souviennent et pourtant, pour un grand nombre de scientifiques, ces douleurs-là n'existent pas, bien que d'autres estiment qu'elles sont le résultat de la mise sous tension de la membrane qui entoure les os et aux tractions des cartilages, tendons et ligament dus à la croissance. Statistiquement, les enfants disent les ressentir dans la majorité des cas aux jambes, tantôt l'une, tantôt l'autre. Elles se localisent de manière diffuse sur le tibia ou le péroné souvent à l'arrière des genoux. Bien que parfois fort douloureuses, elles n'altèrent en rien l'état général de celui qui en souffre, il n'est en rien gêné dans ses mouvements. Trop fréquentes ou trop intenses, ces douleurs peuvent avoir une autre cause et nécessitent alors la consultation du médecin.

Pour soulager votre enfant lors des crises, un peu de paracétamol ou d'aspirine suffit. Vous pouvez aussi avoir recours à l'homéopathie. Les massages des jambes par des mouvements doux de bas en haut apportent à l'enfant un certain réconfort. Si l'enfant a de la fièvre ou s'il boite, il est recommandé de consulter un médecin. Une radiographie et un bilan sanguin permettront de déterminer s'il s'agit ou non d'une pathologie. ∎

▌ MON AVIS

En réalité, définir exactement la taille d'un enfant de cet âge est aléatoire. Aux facteurs génétiques se mêlent aussi des données psychologiques. Mon conseil, si vous trouvez votre enfant trop petit ou trop grand, ne multipliez pas les consultations. Vous pouvez créer une anxiété bien inutile puisque vous ne pouvez pas changer le cours du développement, les traitements par l'hormone de croissance devant rester l'exception. Souvent, les parents projettent sur leur enfant leurs propres complexes. Si vous constatez un arrêt brusque de la croissance de votre enfant, il est indispensable de consulter un médecin. Les raisons de ce trouble peuvent être physiologiques ou psychologiques, seul un bilan très spécifique le dira. ∎

Il grandit

LA CROISSANCE DÉPEND ESSENTIELLEMENT DE FACTEURS GÉNÉTIQUES
auxquels s'ajoute, dans une moindre mesure, la qualité de l'alimentation,
de l'environnement et des relations affectives qui entourent l'enfant.

Petit deviendra grand

Sous l'effet d'une hormone dite de croissance sécrétée par l'hypophyse, les os du squelette grossissent. La croissance s'effectue selon un ordre bien établi : la tête, les mains et les pieds grandissent le plus vite, en proportion et en rythme ; les bras et les jambes poussent plus lentement, le buste, par contre, s'allonge encore plus progressivement. De la naissance à l'âge adulte, la tête double de volume, le tronc triple de longueur, les bras deviennent quatre fois plus grands et les jambes cinq fois plus longues. La vitesse de croissance est régulière jusqu'à 7 ans, elle est d'environ 6 à 8 cm par an. Les garçons ont tendance à grandir plus vite que les filles.

Depuis un siècle, les hommes ont grandi de 7 cm en moyenne. Une meilleure alimentation, une bonne hygiène de vie et une qualité de vie supérieure sont les causes de cet accroissement de la taille. De nos jours, donc, la taille standard est de 1,75 m pour l'homme et de 1,65 m pour la femme.

Quelles références ?

À partir de 3 ans, et jusqu'à la fin de la puberté, la surveillance de la croissance se fait environ tous les 6 mois, en référence à une courbe moyenne de croissance. Ce procédé statistique permet de vérifier si la taille de l'enfant est inférieure ou égale à deux déviations standards, soit 8 cm en plus ou en moins par rapport à la moyenne des enfants de son âge. Lorsqu'on détecte une différence trop importante entre la taille de l'enfant et cette courbe de référence, ou si l'on constate une cassure subite dans la courbe de croissance, les médecins prescrivent un examen consistant à mesurer l'âge osseux du petit patient, qui est calculé à partir d'une radiographie de la main et du poignet gauche, pour les enfants de 3-4 ans. Après cet âge, il est évalué à partir d'une radiographie du coude et du bassin et, si besoin, cet examen est complété par un dosage de l'hormone de croissance.

Une valeur standard

Mais qu'est-ce que la norme ? Il n'y a pas de taille précise pour un âge déterminé, mais des valeurs ponctuelles dispersées autour d'une valeur centrale, dite moyenne. Toutes ces valeurs sont définies statistiquement sur la population des enfants fréquentant les écoles françaises. Tout enfant qui se trouve dans cette aire est dit « normal ». Et tout enfant dont la taille se trouve supérieure ou inférieure à deux déviations standards est dit trop grand ou trop petit. L'approche n'est que statistique. Ce qui intéresse les pédiatres ce n'est pas une seule donnée à un âge défini, mais plusieurs qui, sur un laps de temps, leur fournissent une idée de la vitesse et de la dynamique de croissance de l'enfant. D'où l'intérêt de tracer régulièrement les courbes sur le carnet de santé. ■

" L'inquiétude de la taille est souvent sexuée : les garçons sont trop petits et les filles trop grandes. "

1RE SEMAINE

1ER MOIS

2 À 3 MOIS

4 À 5 MOIS

6 À 7 MOIS

8 À 9 MOIS

10 À 11 MOIS

1 AN

1 AN 1/2

2 ANS

2 ANS 1/2

3 ANS

4 ANS

5 ANS

6 ANS

ANNEXES

Que savent-ils de la reproduction ?

Une enquête menée dans une école maternelle révèle que la théorie de la germination est la plus répandue ; cependant, presque la moitié des enfants interrogés n'attribuent aucun rôle au père. Quant aux garçons, nombreux sont ceux qui ne réussissent pas à se persuader qu'ils ne pourront jamais porter d'enfant. Toujours selon cette enquête, pour les petits enfants, la conception n'est ni liée à une histoire d'amour, ni à un rapprochement physique. Pourtant, pratiquement tous connaissent l'expression « faire l'amour ». Elle provoque d'ailleurs souvent leurs rires, preuve sans doute qu'elle évoque déjà pour eux des fantasmes. En ce qui concerne la conception, toutes les solutions sont possibles et tous les orifices sont envisageables. Et même lorsque l'adulte explique la conception par les voies génitales, les enfants continuent longtemps à imaginer une fécondation par la bouche ou les oreilles. La grossesse est toujours perçue comme un moment heureux pour la mère qui, ils le savent, grossit, et pour le bébé qui vit tout nu dans un ventre doux et sombre. Pour les plus jeunes, l'accouchement peut se faire par tous les orifices du corps. Vers 5 ans, la naissance a lieu au niveau du ventre maternel. Là, trois théories s'affrontent. Selon la première, l'enfant est un « aliment » qui est à évacuer par l'anus, comme un excrément. La deuxième théorie situe la sortie du bébé à l'endroit où maman « fait pipi », sans pour cela qu'il y ait la notion de vagin. Enfin, la troisième s'apparente à une opération : le ventre maternel s'ouvre et le bébé en sort. ■

◼ MON AVIS

En phase œdipienne, l'enfant s'identifie aux deux sexes alors que, plus tard, en phase de latence, il est fixé sur son sexe et renforce son identité : les garçons avec les garçons, les filles avec les filles. À partir de 3 ans, l'enfant pose des questions sur la sexualité et la reproduction. On note une grande différence de connaissances entre les garçons et les filles. Ces dernières savent qu'elles seront mamans et que leur bébé se développera dans leur ventre. Les garçons ont beaucoup plus de mal à imaginer que plus tard ils auront des capacités de reproduction. La plupart des enfants n'ont aucune idée de ce que représente l'acte sexuel, ils pensent que les enfants se font simplement en s'embrassant. Leur intérêt est avant tout tourné vers la connaissance de leurs organes génitaux. Ils font leurs premières expériences du plaisir en se masturbant et deviennent pudiques. La plupart des consultations portent sur des cas de petits garçons qui jouent comme des filles. Un tel comportement est plus mal vécu par les parents que celui de la fille qui s'habille en garçon et dont le tempérament est énergique. Son allure « garçon manqué » flatte son papa, alors que la féminité du petit garçon inquiète particulièrement sa mère, qui entretient avec lui une relation érotisée et bisexuée. Une tendance homosexuelle précoce chez le garçon ou chez la fille ne peut être considérée comme une maladie, elle donnera simplement lieu à un accompagnement de l'enfant en alliance avec les parents. ◼

La sexualité,
une préoccupation naturelle

RIEN DE PLUS NORMAL QU'UN ENFANT QUI POSE DES QUESTIONS SUR SES ORIGINES, sur sa naissance et sur les différences anatomiques qu'il a pu observer. Toute demande précise appelle une réponse claire, quel que soit l'âge de l'enfant.

Une légitime curiosité

Vous constaterez certainement que les plus importantes interrogations sont souvent posées à des moments inattendus, à table, à l'occasion d'une visite, etc. C'est sans doute la preuve que la sexualité est une préoccupation latente chez l'enfant. Elles ont toujours un fondement : un événement, une parole proche ou lointaine, restée en suspens. Dans tous les cas, le mieux est de lui répondre franchement et le plus simplement possible. Il n'y a pas d'information à donner en fonction de l'âge. En fait, plus les interrogations viennent tôt, plus les réponses sont faciles, car le petit enfant reçoit les explications « brutes », sans les déformer sous l'influence de ce qu'il a vu à la télévision, au cinéma, ou de ce que ses camarades ont pu lui raconter.

Répondre simplement

La vérité ne le choque jamais si elle est dite naturellement, avec un vocabulaire simple et surtout si vous ne paraissez pas gênés. En revanche, il est préférable de ne pas susciter encore plus de questions ni d'apporter plus de détails que l'enfant n'en demande. Plus difficiles sont les interrogations qui ne semblent pas avoir un rapport direct avec une recherche d'informations. Il vous faut alors trouver ce qui tracasse l'enfant. Vous saisirez toutes les occasions de conversation concernant les relations sexuelles pour définir le seul interdit, celui de l'inceste : on ne se marie pas avec ses parents, ni avec son frère ou sa sœur.

La question des origines

Les premières questions, dès l'âge de 3-4 ans, concernent l'origine des enfants : « D'où viennent les bébés ? » Ensuite, ce sont des problèmes plus pratiques : « Comment se font les enfants ? » et un peu après, viennent les grandes interrogations sur le fonctionnement biologique du corps : l'ovulation, les spermatozoïdes...

Un certain nombre de questions peuvent être plus générales : la contraception, l'avortement, la prostitution, l'homosexualité, etc. Il arrive souvent aussi que quelques semaines, quelques mois plus tard, l'enfant les pose de nouveau, sans paraître se souvenir de la réponse qui lui a été donnée. Il n'y a là aucune angoisse, aucune obsession. Il était alors sans doute trop petit pour intégrer l'information. Cela montre sa confiance en l'adulte.

Concernant la sexualité, il est important de ne pas lui parler uniquement de reproduction, mais d'évoquer aussi une dimension de plaisir. L'éducation sexuelle passe également par les comportements et l'enfant capte bien la sensualité ambiante.

Pour être de bons pédagogues, les parents doivent se débarrasser de leurs tabous et de leurs interdits. Vous ne devez pas avoir peur de vous montrer amoureux devant votre enfant, à condition que vous préserviez l'intimité de votre chambre. Pour un enfant de 5-6 ans, l'amour qu'éprouvent ses parents l'un envers l'autre est toujours chaste. ■

1RE SEMAINE

1ER MOIS

2 À 3 MOIS

4 À 5 MOIS

6 À 7 MOIS

8 À 9 MOIS

10 À 11 MOIS

1 AN

1 AN 1/2

2 ANS

2 ANS 1/2

3 ANS

4 ANS

5 ANS

6 ANS

ANNEXES

Il boit toujours au biberon

Les enfants d'aujourd'hui semblent attachés beaucoup plus longtemps à leur biberon qu'autrefois et il n'est pas rare qu'ils conservent l'habitude de prendre ainsi leur petit déjeuner. Cette habitude est souvent entretenue par les parents qui y trouvent bien des qualités : le petit déjeuner est entièrement bu et la ration quotidienne de lait est assurée. De plus, l'enfant se débrouille seul, ce qui n'est pas négligeable à ce moment de la journée où toute la famille est un peu débordée. L'enfant, quant à lui, retrouve par cette régression un peu de sa petite enfance, lorsqu'il n'avait pas de contraintes horaires, et se réveille en douceur.

En réalité, au fil des mois, le plaisir de téter va diminuer ; l'enfant qui a perdu le réflexe de succion va avoir des difficultés pour boire le lait ou le chocolat, et il ne reconnaît plus tout à fait le goût de son breuvage favori. ■

Il a besoin de son doudou

La succion de ce tissu ou de la patte d'un animal en peluche est souvent associée à celle du pouce. Elle reste longtemps indispensable à l'endormissement. La douceur de l'objet, son odeur, son contact dans la main lui procurent un profond sentiment de sécurité, l'aident à se retrouver après l'énervement et la dispersion liés aux activités de la journée. Le doudou est rarement admis dans la classe des moyens et reste un objet essentiellement domestique. ■

Il ronge ses ongles

On a longtemps prétendu que l'onychophagie chez les enfants – la manie de ronger ses ongles – venait de l'interdiction qui leur était faite de sucer leur pouce. En effet, cette manie apparaît généralement vers 8 ans. On l'attribue à un sentiment d'insécurité et de nervosité dû à un changement de rythme, comme le passage à la grande école, ou à une perturbation dans la vie émotionnelle : chômage d'un parent, maladie, naissance d'un petit frère ou d'une petite sœur. Ronger ses ongles n'est en aucun cas un signe d'instabilité ni la preuve de troubles psychiques graves.

Il n'y a pas vraiment de remèdes. Il faut attendre que l'enfant soit capable de dominer cette pulsion. Et, avouons-le, c'est très difficile. Bien des adultes qui rongent leurs ongles ont gardé cette habitude de l'enfance. ■

■ MON AVIS

Je suis très laxiste vis-à-vis des enfants qui gardent tardivement l'habitude de sucer leur pouce, leur sucette ou leur biberon. Les parents doivent accepter ces petites manies et laisser les enfants les gérer. Petit à petit, ils les supprimeront d'eux-mêmes, souvent en observant que leurs amis ont depuis longtemps abandonné tétine et biberon. Rassurez-vous, on peut estimer que ces comportements sont sans gravité jusqu'à 7-8 ans, et attendez-vous à les retrouver au moment de l'adolescence, lorsqu'ils traversent des difficultés. La manie de ronger ses ongles, l'onychophagie, touche toutes les personnalités. Cela n'a aucune gravité et ce n'est qu'au moment de l'adolescence que l'enfant en souffre pour des raisons esthétiques. ■

Il suce encore son pouce

1RE SEMAINE

1ER MOIS

2 À 3 MOIS

4 À 5 MOIS

6 À 7 MOIS

8 À 9 MOIS

10 À 11 MOIS

1 AN

1 AN 1/2

2 ANS

2 ANS 1/2

3 ANS

4 ANS

5 ANS

6 ANS

ANNEXES

ILS SONT ENCORE BEAUCOUP À GARDER CETTE HABITUDE. Maintenant, comme avant, sucer son pouce est un acte sécurisant. Par contre, les enfants qui se mettent à sucer leur pouce à cet âge sont extrêmement rares.

Chercher à comprendre

En tétant leur pouce ou leur tétine, ces enfants retrouvent la tendresse de la succion du sein ou du biberon au creux des bras de leur mère et luttent aussi contre un profond sentiment de solitude ou de détresse, réelle ou crainte. C'est une trace de leur petite enfance.

Les punitions et les réprimandes ne servent à rien, il faut plutôt essayer de comprendre les raisons de ce comportement. Dans un premier temps, n'intervenez pas si ce besoin n'est pas trop fréquent et notamment s'il subsiste uniquement au moment de l'endormissement. À ce moment, sucer son pouce (ou un autre doigt) est un moyen simple pour l'enfant de s'apaiser et d'entrer dans le monde des rêves.

Il semble que les petits garçons soient plus « atteints » que les petites filles et cela traduit souvent une difficulté relationnelle avec le père. Un peu plus de proximité, d'attention, de tendresse et de valorisation peut aider à sécuriser l'enfant.

Dans certaines situations, il est possible encore qu'après un certain temps d'« abstinence » l'enfant recommence à sucer son pouce dans la journée. C'est alors un phénomène normal de régression, souvent lié à un changement important et plus ou moins traumatisant, tels un déménagement, l'entrée à l'école ou la naissance d'un autre enfant dans la famille. Il semble que toute éducation contraignante dans ce domaine, pouce protégé ou badigeonné d'un produit amer, n'ait aucune efficacité.

Aucune conséquence esthétique

S'il suce son pouce ou sa tétine de manière excessive, il faut en chercher la cause. Peut-être s'ennuie-t-il. L'occuper, lui proposer jeux et sorties vont l'aider. Peut-être ressent-il une certaine anxiété ou un peu de jalousie vis-à-vis d'un cadet ? Pourquoi ne pas en parler ? En aucun cas la contrainte et la force ne seront efficaces. L'enfant risque ensuite d'entretenir cette manie par simple provocation. De plus, les réprimandes et les railleries le dévalorisent et le rendent malheureux, ce qui le prive alors du sentiment de sécurité qui l'aiderait à surmonter ce geste. Généralement, cette habitude passe vers 6 ans et on ne peut pas réellement lui attribuer de déformation de l'implantation des dents, par contre il semble qu'elle crée un mauvais positionnement de la langue entraînant un léger défaut de prononciation qu'il faut parfois rééduquer. Grâce à l'orthodontie devenue tellement courante et performante sucer son pouce tardivement n'a plus de conséquence esthétique visible.

À 5 ans, cette « mauvaise habitude » n'a rien de dramatique, ni d'exceptionnel. Pour Freud, sucer son pouce est une manifestation de caractère sexuel et l'enfant qui suce son pouce tardivement sera un adulte qui aimera embrasser. ■

❝ Essayez de limiter cette habitude aux périodes d'endormissement et de gros chagrins. ❞

C'est un artiste

À CET ÂGE, LE DESSIN SE FAIT PLUS PRÉCIS mais il n'a pas l'âme d'un copiste. C'est un créateur de génie qui sera fier de voir ses œuvres accrochées en bonne place et qui les offrira avec grand plaisir.

Une véritable mise en scène

Il sait maintenant centrer le personnage important sur la feuille et son dessin en occupe la totalité. Le ciel, la terre, l'horizon sont installés. Quand il reproduit une maison, il n'oublie jamais le chemin qui y conduit et les personnages qu'il représente sont en mouvement. Deux thèmes favoris se retrouvent curieusement chez tous les enfants de cet âge, quelle que soit la latitude du globe où ils vivent : la maison et l'arbre.

La maison et son jardin

La maison est dessinée de différentes façons mais reste un puissant révélateur de la personnalité de son auteur : la hutte qui, dit-on, évoque l'utérus ; la maison gratte-ciel avec sa connotation phallique ; enfin la maison sociale telle que l'église, le moulin, l'usine. Une maison aux nombreuses fenêtres et portes ouvertes est l'œuvre d'un enfant facile. Si elle est petite avec des ouvertures minuscules et un environnement pauvre, l'enfant souffre de troubles affectifs. Dans un dessin « classique », les fenêtres sont toujours ouvertes ; jusqu'à l'âge de 6 ans, on les trouve plaquées de chaque côté des murs. C'est le phénomène de remplissage : l'enfant a horreur du vide. Un chemin est toujours représenté. Attention, s'il se termine en cul-de-sac ou est colorié en noir : l'enfant est anxieux ou particulièrement agressif.

L'arbre et son environnement

Autre thème très courant, l'arbre. Généralement le tronc est large, il ne repose d'abord sur rien.

Mais, en quelques mois, il se verra doté d'une base stable et horizontale. Il se traitera en multiples branches partant directement du tronc et dans tous les sens. Il est souvent représenté avec des oiseaux ou des papillons, à moins qu'en période de fête il ne devienne arbre de Noël couvert de boules multicolores.

Une approche cosmique

À 5 ans, la plupart des dessins sont dotés d'un superbe soleil. Les psychologues attribuent une grande importance à sa taille et à sa place dans le ciel. L'enfant qui s'entend bien avec son père dessine un beau soleil placé haut dans le ciel. La lune, au contraire, a une interprétation plus complexe. Elle signifie la nuit, avec ses mystères et ses ombres angoissantes, mais elle peut être romantique. Le bonhomme a subi une transformation radicale. Il a une tête, un tronc, parfois un cou, des jambes, des bras et des mains qui ont, selon les enfants, des formes de balai ou de râteau. Certains bonshommes sont transparents avec la représentation des os et de certains organes, notamment le sexe et le cœur.

La mise en place d'un scénario

Souvent, quand il dessine, l'enfant parle ; il raconte l'histoire qu'il dessine. L'ordre d'entrée en scène des personnages est important. Celui qui est le plus chargé d'affectivité apparaît en premier. Deux attitudes peuvent être observées : l'enfant peut les dessiner en premier pour s'en débarrasser ou, au contraire, mettre toute son attention

1RE SEMAINE

1ER MOIS

2 À 3 MOIS

4 À 5 MOIS

6 À 7 MOIS

8 À 9 MOIS

10 À 11 MOIS

1 AN

1 AN 1/2

2 ANS

2 ANS 1/2

3 ANS

4 ANS

5 ANS

6 ANS

ANNEXES

et son amour à les représenter. L'enfant sensible et doux aime les lignes courbes, alors que l'enfant réaliste utilise les lignes droites et les angles. Mais attention, trop de traits linéaires peut révéler un conflit psychologique. Un bon équilibre psychique se traduit aussi par un équilibre entre les courbes et les droites.

La place du dessin dans la feuille a également son importance. Le dessin envahissant révèle une certaine immaturité. Le dessin « rabougri » dans un coin un enfant à problèmes. L'enfant équilibré centre son dessin.

L'explosion des couleurs

La couleur est aussi significative. Sa valeur est importante, à condition qu'elle n'ait pas été mise pour coller à la réalité. Ainsi le rouge, très utilisé avant 6 ans, révèle après cet âge une certaine agressivité et un manque de contrôle de ses émotions. Le bleu montre un comportement bien contrôlé. Il correspond à une bonne adaptation. Le vert traduit de bonnes relations sociales. Le jaune est souvent associé au rouge et indique un enfant dépendant de l'adulte. Le brun et toutes les couleurs un peu sales traduisent des problèmes d'adaptation au milieu familial. Le noir est utilisé à tous les âges et signifie l'angoisse, mais il révèle aussi des enfants qui sont très riches intérieurement. Toutefois, le choix des couleurs n'est pas uniquement fait à partir de pulsions sentimentales, l'éducation a aussi un rôle important.

D'une manière générale, on juge l'enfant extraverti sur la profusion de couleurs qu'il utilise. L'enfant introverti utilise peu de couleurs. ■

Vaincre l'anxiété et les peurs

On peut vaincre l'anxiété de l'enfant de diverses manières. La plus simple est de l'écouter et de respecter ses propos puis de lui affirmer qu'avoir peur est normal en le rassurant. Il doit savoir que la peur peut être contrôlée et qu'en grandissant il sera capable de la maîtriser. Laissez-le régresser s'il en a besoin pour se rassurer. Cela ne dure jamais longtemps chez cet enfant qui veut avant tout devenir grand. Pourquoi ne pas lui parler de vos peurs quand vous étiez petit et lui montrer que les autres enfants ont également peur. Enfin valorisez toutes ses victoires sur la peur.

Les peurs d'un enfant ne se traitent que par la compréhension. C'est en comptant sur l'appui des siens qui le rassureront qu'un enfant arrivera à la surmonter. C'est aussi en le familiarisant avec ce qui le terrifie : la peur de l'eau se conjure en jouant avec l'eau ; celle de l'obscurité en manipulant les commutateurs électriques ; celle des monstres cachés dans le placard ou sous le lit en allant voir, main dans la main avec papa ou maman, qu'ils n'ont aucune réalité. Pour Françoise Dolto, c'est par le dessin que les enfants exorcisent leurs angoisses. En les dessinant, ils les expriment et les dominent. Elle conseillait aussi d'habituer les enfants à délimiter les contours des objets pour qu'ils se rendent compte qu'ils sont inanimés, qu'ils sont manipulables sans risque. Ils peuvent alors faire la différence entre réel et imaginaire. ■

L'imagination lui joue des tours

Avoir peur n'est pas uniquement un problème d'âge, c'est aussi une question de caractère. Les enfants imaginatifs se créent davantage les plus grandes et les plus diverses peurs. En grandissant, d'ailleurs, ils jouent à s'effrayer mutuellement, preuve qu'en fait ils dominent très bien la situation. D'autre part, la peur peut s'installer suite à une maladresse de l'adulte : « Attention, le chien va mordre ; ne monte pas les escaliers, tu vas tomber ; si tu es malade, tu auras des piqûres... » Elle peut encore être transmise par une personne de la famille qui, elle-même, l'éprouve : c'est la peur des insectes ou de l'orage. ■

De la peur à la phobie

Attention aux peurs qui s'installent. L'angoisse est tellement forte que, l'objet de la peur éliminé, les cris et les larmes se poursuivent, l'enfant allant jusqu'à refuser de manger, de se coucher, de quitter les bras de l'adulte. La peur devient phobie lorsqu'elle resurgit systématiquement en présence d'un objet ou d'un animal, toujours le même. Les phobies s'accompagnent d'autres troubles (timidité, agressivité, état latent de crainte). Ce comportement demande l'aide d'un psychothérapeute. ■

■ MON AVIS

Il faut que l'enfant ait peur, cela participe à son développement normal et naturel. C'est en maîtrisant ses peurs qu'il va pouvoir grandir et progresser. Il ne faut pas confondre angoisse et anxiété. L'angoisse est tout autre chose, c'est une situation où la peur sidère l'enfant, l'empêchant de se développer ou d'agir. Il ne joue plus, il ne jouit plus du monde qui l'entoure, il n'a plus de bonnes relations avec ses pairs. C'est le résultat d'une fixation des peurs et des anxiétés naturelles. L'angoisse envahit toute la vie psychique, au détriment des connaissances et des relations avec les autres. Elle se manifeste par des comportements de repli et d'évitement. Elle se traite par des soins psychologiques où la parole tient une grande place, et cela dès 5 ans. ■

L'enfant anxieux

L'ANXIÉTÉ EST UN SENTIMENT NORMAL POUR UN ENFANT. La difficulté pour l'enfant, comme pour ses parents, est qu'il est incapable de définir son angoisse. Plus il est jeune, plus il va la vivre dans son corps.

À l'origine, un conflit psychique

En grandissant, l'enfant est en permanence confronté à des ruptures et à des perturbations. D'un côté, il doit aller à l'école, quitter sa maman de plus en plus souvent, changer de maîtresse, être gardé par des personnes différentes. De l'autre, il supporte de plus en plus de contraintes, l'autorité de ses parents et de ses maîtres est plus appuyée. Son anxiété peut naître d'un conflit entre ses besoins personnels et les interdits des autres, d'une contradiction entre ses désirs et la difficulté de les réaliser à cause de ses capacités ou de son entourage. L'angoisse et l'anxiété sont des peurs sans objet ni contenu. Elles provoquent dans l'organisme une montée d'adrénaline qui met l'enfant dans l'impossibilité de contrôler son émotion. L'autonomie de plus en plus grande, la notion de responsabilité qu'on lui inculque à l'école vont l'amener à éprouver des inquiétudes différentes de celles de la petite enfance. C'est d'abord, dès la grande section de maternelle et le CP, la peur de l'échec. Tous les enfants la rencontrent un jour. Elle devient excessive si l'enfant n'a pas le sentiment que ses parents ou l'enseignant lui font confiance. Le seul moyen de la combattre est de le persuader qu'il est aimé tel qu'il est et qu'il est tout aussi capable que ses petits camarades. Ses réussites seront bien sûr félicitées à leur juste valeur. Il est parfois souhaitable de l'encourager à développer un talent personnel à condition, bien sûr, que cette activité extrascolaire ne soit pas source de trop de désir de réussite de la part des parents.

À cet âge, une autre crainte peut l'envahir : celle de l'étranger. L'enfant étant plus autonome, il est moins sous la surveillance effective des adultes et peut avoir des velléités d'indépendance. C'est à cette période que, généralement, les parents mettent en garde l'enfant contre l'inconnu croisé dans la rue, au square ou à la sortie de l'école. Cela demande beaucoup de délicatesse afin de ne pas lui laisser imaginer que tout étranger est un danger.

Parler de son anxiété

Enfin, l'anxiété est un sentiment qui se communique. L'enfant sera d'autant plus angoissé que ses parents le sont. Les situations les plus alarmantes pour eux – maladie, accident, retards de développement (réels ou fictifs) – doivent être vécues avec raison. Il est important que l'enfant ait l'image d'un adulte solide, qui sait agir face à l'imprévu. L'anxiété est souvent présente chez les enfants souffrant de troubles de la personnalité. Dans tous les cas, elle doit être traitée par des soins psychologiques pour être déplacée. L'enfant est alors encouragé à la dire et à en discuter : la parole dès cet âge est un point clé du traitement. ■

" Tremblements, coliques, maux de ventre sont les manifestations physiques les plus classiques de l'anxiété. "

1RE SEMAINE

1ER MOIS

2 À 3 MOIS

4 À 5 MOIS

6 À 7 MOIS

8 À 9 MOIS

10 À 11 MOIS

1 AN

1 AN 1/2

2 ANS

2 ANS 1/2

3 ANS

4 ANS

5 ANS

6 ANS

ANNEXES

Les parents et leurs craintes

Pour certains psychologues, la peur est en réalité une affaire d'apprentissage. Ce sont les adultes qui transmettent ce sentiment. D'abord, tout à fait normalement, en mettant en garde l'enfant contre les dangers de son environnement. Les parents lui apprennent à avoir peur du feu, des animaux inconnus, des étrangers. Mais ils peuvent aussi lui transmettre leurs craintes telles que la peur de l'orage, des soins médicaux ou des araignées. Enfin, certaines menaces pseudo-éducatives peuvent être sources d'angoisse : « Si tu ne manges pas, je t'enferme à la cave. Si tu n'es pas sage, je vais m'en aller. » Les menaces peuvent être multiples et profondément agressives. L'enfant en déduit naturellement que si on le protège tant, c'est sans doute qu'il y a beaucoup à craindre du monde. ∎

Les cauchemars

Les frayeurs s'affirment vers 3 ans, alors que l'enfant commence à prendre conscience de l'agressivité et de ses conséquences. En retour, d'ailleurs, il peut devenir agressif. Ces peurs plus ou moins présentes le jour s'installeront surtout la nuit. Une nouvelle situation, une ambiance familiale tendue seront des situations aggravantes. Il lui faudra un certain temps pour retrouver son calme.

La mort d'un animal

La disparition d'un animal est toujours tragique pour un enfant. Il doit exprimer toute son angoisse et vous devez le soutenir dans sa tristesse. S'il veut l'enterrer, laissez-le faire, cela l'aidera à accepter sa mort. Mais mieux vaut attendre encore quelque temps avant de reprendre un animal afin de lui permettre de mesurer l'ampleur des sentiments qui le liaient à l'animal décédé. Le nouvel animal ne sera pas un simple palliatif mais un autre ami à part entière. ∎

La peur de disparaître

Elle est d'abord souvent liée au difficile apprentissage de la propreté. L'enfant s'inquiète de voir une partie de lui-même disparaître à grand bruit dans les toilettes. Plus subtile, pourrait-on dire, est la peur de disparaître par la bonde de la baignoire au moment où l'eau du bain s'écoule. De même, certains enfants ont peur du vide-ordures qui avale avec une facilité déconcertante les papiers sur lesquels ils ont dessiné ou la petite boîte en carton qui les avait occupés toute la journée. Il représente un gouffre qu'il vaut mieux éviter et certains enfants peuvent aller jusqu'à ne plus vouloir entrer dans la cuisine de peur de se faire avaler par le vide-ordures. ∎

▌ MON AVIS

La peur de la mort est à la mesure de la représentation que l'enfant se fait de la mort. Jusqu'à 5-6 ans, il la vit sur l'idée qu'elle peut être réversible. Ainsi, il se dit : « Je joue avec mon chat, je tombe par la fenêtre, je suis mort, je vais à l'hôpital puis je rentre chez moi jouer avec mon chat. » Cette façon de penser le conduit à mettre sa vie en danger sans crainte puisque, pour lui, la mort n'est qu'un état passager et que tout rentre dans l'ordre après. Lorsqu'il comprend la réalité de la mort, il peut manifester une certaine anxiété par des troubles comme des tics ou des difficultés dans son sommeil. Cette peur est normale, comme toutes les peurs. En parler est le seul moyen de la combattre. Mais lorsque la peur devient envahissante et de nature phobique, lorsqu'elle devient pathologique, il faut traiter. ∎

La peur de la mort

DÈS QU'IL PREND CONSCIENCE QU'IL NE FAIT PLUS PARTIE INTÉGRANTE DE SA MÈRE, la question existentielle de la mort taraude l'enfant. Car il lui faut affronter la vie, et donc la fin de la vie. Comme aux adultes, la mort lui fait peur.

Un événement connu

Il se sent envahi par un immense sentiment de solitude. Il s'inquiète, d'autant plus que ses parents ne peuvent le rassurer sur sa propre peur. Qui peut en effet raconter cet événement ? Cependant, il ne découvre pas subitement la mort. Il la connaît déjà à travers le monde animal qu'il côtoie et avec lequel il joue. S'il habite à la campagne, il a peut-être été confronté à la disparition d'une bête, le hérisson sur le bord de la route, l'oiseau tombé du nid. De plus, il sait bien qu'il mange des animaux qui ont été vivants. À de nombreuses reprises, dans les livres ou à la télévision, il a vu des scènes montrant la mort d'êtres humains. Les bons, les méchants, les fées et les princes meurent tout autant !

La mort, il s'en amuse également avec ses petits camarades et c'est à celui qui tuera l'autre le premier « pour de rire ».

Du jeu à la réalité

À son âge, la mort est comme un jeu, qui lui permet d'exprimer tout ce qu'il ressent : l'amour, la haine, bref la vie ! Mais entre le divertissement et la réalité, le fossé est grand et l'enfant le franchit le jour où une personne proche et aimée disparaît. Là, il est confronté à la réalité. Il faut alors lui annoncer ce décès avec douceur, avec des mots simples, et prendre le temps d'en parler. Souvent, si besoin, il faut lui dire que cette épreuve est rude, qu'avoir du chagrin est normal. Lui mentir pour le protéger ne ferait qu'augmenter son désarroi. Comme pour cette petite fille de 5 ans dont la mère était hospitalisée depuis longtemps et à qui sa famille avait caché le décès. Le jour où elle a voulu rendre visite à sa maman, le choc a été, on l'imagine, extrêmement violent ! Il faut dire la vérité à un enfant, aussi dure soit-elle, ne pas lui cacher que cette séparation est malheureusement définitive, mais lui assurer que son souvenir restera toujours vif ; qu'il a, enfin, le droit d'avoir un chagrin immense et qu'il n'y a pas de honte à le montrer !

Parler des sentiments

Mais comment lui expliquer la mort ? Les parents croyants trouvent dans leur foi matière à réponse. Ils peuvent expliquer qu'il existe une vie sur terre, que dans la majorité des cas, ce sont les personnes âgées qui meurent les premières, qu'au-delà une autre vie inconnue les attend.

Pour les non-croyants, le message à donner n'est pas plus facile. On peut s'aider d'histoires vécues ou non, qui disent la séparation, l'absence définitive, le chagrin, tous ces mots qui illustrent la mort à défaut de la raconter vraiment. Le mieux est de répondre aux questions de l'enfant aussi clairement que possible en s'adaptant à sa sensibilité, son âge et sa maturité. Peu à peu, il va sublimer à sa manière ses problèmes métaphysiques. ■

" Certains enfants parlent souvent de la mort, c'est normal puisqu'elle appartient aussi à la vie. "

1RE SEMAINE

1ER MOIS

2 À 3 MOIS

4 À 5 MOIS

6 À 7 MOIS

8 À 9 MOIS

10 À 11 MOIS

1 AN

1 AN 1/2

2 ANS

2 ANS 1/2

3 ANS

4 ANS

5 ANS

6 ANS

ANNEXES

Le décès d'un parent proche

PERDRE UN PARENT PROCHE confronte l'enfant directement à l'idée de mort. L'annonce comme la réponse à ses nombreuses questions est une tâche bien difficile qu'il faut pourtant accomplir car le silence est souvent traumatisant.

S'appuyer sur les souvenirs

S'il s'agit de son père ou de sa mère, il faudra apporter toute la douceur possible. Si l'un ou l'autre était malade, le chagrin ne sera pas moindre, mais l'enfant aura pu, inconsciemment, s'y préparer. Pour le consoler, il est indispensable de l'écouter, de l'encourager à parler, de le laisser pleurer tout son soûl, il en a bien besoin. Surtout, il faut l'entourer de toute l'affection et la tendresse possibles, lui dire qu'un parent est unique, que personne ne pourra le remplacer. Il va supporter plus ou moins bien cette situation, le temps restant son allié le plus précieux, ce qui lui permettra de sublimer le souvenir du parent décédé, de se référer à lui, à sa personnalité. Souvenirs sur lesquels il va pouvoir s'appuyer.

Perdre son frère ou sa sœur

Dans le cas de la disparition d'un frère ou d'une sœur, il souffre de la perte d'un être cher, mais également de l'absence d'un compagnon de jeux, d'un complice, voire d'un modèle si c'est l'aîné qui disparaît. Mais il a, de surcroît, à supporter la peine de ses parents. Il peut parfois même se sentir coupable d'être encore en vie. Il est indispensable de lui conserver le rang qu'il occupe dans la famille : en effet, lui, le cadet, ne devient pas l'aîné. Comme le formule Françoise Dolto dans son ouvrage *Solitude* (éd. LGF), « la place reste la même, parce que symboliquement quelqu'un de mort reste dans la famille à sa place. C'est pour ça qu'il peut intégrer son absence comme une présence continue. » Il faut

également le rassurer s'il a eu des mauvaises pensées envers son frère ou sa sœur, ce qu'on appelle la « pensée magique » où l'enfant pense : « S'il pouvait disparaître, qu'est-ce que je serais content, j'aurais une chambre pour moi tout seul, une maman rien qu'à moi », etc. Malheureusement, le drame se produit et l'enfant se sent immédiatement responsable. Il peut demander à voir son frère ou sa sœur décédé (e), mais c'est une démarche qui peut le troubler : il va, d'un côté, voir la mort telle qu'elle est et la percevoir comme étant moins effrayante qu'il ne l'imaginait ; mais il risque également d'avoir ce souvenir omniprésent à l'esprit. Surtout, il ne faut l'obliger en rien ! Tout dépend de sa sensibilité, de sa maturité, de l'apparence aussi de son frère ou de sa sœur mort(e).

Assister à l'enterrement ?

Il est bien difficile de donner des conseils dans ce domaine. Le vécu familial de ce deuil, le lien avec la personne décédée, le caractère de l'enfant, sa sensibilité, son âge sont à considérer. Certaines pratiques religieuses associent l'enfant aux enterrements. Dans cette perspective, il est nécessaire de le préparer à cette cérémonie, de lui en expliquer tous les détails. Il est important que quelqu'un reste à ses côtés pendant cette épreuve pour l'écouter, le rassurer s'il la supporte difficilement, voire le consoler. Dans un moment pareil, il ne peut être livré à lui-même.
Certains pensent que les rites de l'enterrement, dans la mesure où ils sont dignes, donc suppor-

tables, peuvent être d'un grand secours pour l'enfant. À l'inverse, l'inhumation peut lui être tout à fait intolérable, surtout si ce deuil est resté occulté dans sa famille ou si les comportements sont en contradiction avec les croyances, religieuses ou philosophiques, qui lui ont été inculquées : on l'a rassuré, protégé de l'idée de mort et on va le propulser brutalement au milieu de personnes accablées de chagrin, maîtrisant mal leur émotion. Il risque d'en être profondément perturbé.

Le deuil et ses troubles

Tout va dépendre de l'âge de l'enfant. Le petit qui ne parle pas encore bien aura du mal à s'exprimer sur ce deuil. Aussi, le fera-t-il plus volontiers avec son corps, en développant là une petite maladie, là une incapacité à s'endormir ou à avaler son déjeuner, bref il va somatiser ! Un enfant plus grand pourra plus facilement formuler le chagrin qu'il ressent, à condition qu'il soit écouté ! Et s'il était très lié à la personne décédée, son chagrin sera immense. S'il est taciturne, peu expansif, il risque de se replier sur lui-même, de perdre l'appétit. Il peut aussi souffrir de maux de ventre ou de tête fréquents, deux symptômes déjà très présents chez le petit enfant. D'autres vont trouver refuge dans les sucreries ou dans un sommeil excessif. Les manifestions des troubles varient d'un enfant à un autre, selon son âge, son caractère, l'attitude des parents, de la famille devant ce drame. L'essentiel est qu'il puisse à tout moment exprimer sa peine et dire que lui aussi souffre.

Par contre, jamais la disparition d'un proche ne doit être cachée au prétexte de protéger l'enfant. Lui raconter que cet être cher est parti brusquement sans un adieu favorise la naissance d'un profond sentiment d'abandon, d'une trahison affective fort dommageable. ◾

◾ MON AVIS

La disparition d'un des membres de la famille permet souvent à l'enfant de réaliser ce qu'est la mort. Il va craindre alors sa propre mort et sa peur sera plus importante que son chagrin pour l'être disparu. D'ailleurs, il posera davantage de questions sur la mort en général que sur le mort en particulier. Ces interrogations sont souvent embarrassantes dans le contexte de la disparition d'un proche, par exemple si sa mère est bouleversée par la mort de sa propre mère. Il faut aussi savoir que, pour l'enfant, la disparition d'un grand-parent est aussi la perte d'un repère : les grands-parents protègent de la mort des parents. Leur disparition et la peine qu'elle provoque amènent l'enfant à imaginer que ses parents pourront aussi mourir un jour. L'idée de la mort le tracasse beaucoup et il se sent maintenant coupable lorsque sa jalousie l'a entraîné à souhaiter la mort d'un frère ou d'une sœur ou encore d'un ami. La situation la plus difficile est, sans aucun doute, la disparition d'un des deux parents à la suite d'un suicide. L'enfant ne comprend pas que celui qui a décidé de mettre fin à ses jours ne l'aimait plus assez pour vivre avec lui. Dans tous les cas, il est préférable de protéger l'enfant de tout le cérémonial du deuil. Il faut, bien sûr, lui éviter la vue du disparu. Par contre, plus tard, il pourra aller poser des fleurs sur sa tombe. Généralement, les enfants font le deuil de l'être cher en quelques mois, plus vite que les adultes. Ne lui en voulez donc pas de l'oublier plus rapidement que vous. ◾

1RE SEMAINE

1ER MOIS

2 À 3 MOIS

4 À 5 MOIS

6 À 7 MOIS

8 À 9 MOIS

10 À 11 MOIS

1 AN

1 AN 1/2

2 ANS

2 ANS 1/2

3 ANS

4 ANS

5 ANS

6 ANS

ANNEXES

L'enfant malade *en savoir plus*

Les rendez-vous médicaux

Chez le médecin, la première crainte de l'enfant est celle du déshabillage, qu'il vit comme l'intrusion d'un étranger dans sa vie privée. Avec l'âge naît aussi le sentiment que le médecin, en examinant son corps tout nu, peut découvrir une maladie qui occasionnera forcément un traitement rarement agréable. Dès 3 ans, la plupart des enfants ont l'expérience des piqûres, ne serait-ce que lors des vaccinations. Elles sont vite associées à la douleur ou tout au moins à l'inconfort des actes.

Les soins du dentiste touchent la bouche, endroit du corps vital, très important pour l'enfant. C'est par là qu'il respire, qu'il mange, qu'il parle. L'univers du cabinet dentaire lui est inconnu : les appareils lui apparaissent énormes et bruyants, le fauteuil l'emprisonne, la lumière l'éblouit. Connaître ce lieu peut l'aider à vaincre toutes ses craintes. Pourquoi ne pas lui demander de vous accompagner lors de soins simples et non traumatisants ? Pourquoi ne pas lui expliquer en quoi consistent les gestes du dentiste ? Certains dentistes vont même jusqu'à expliquer dans le détail en quoi consiste leur intervention et placent devant le champ opératoire une glace permettant au petit patient de suivre les soins. Les parents peuvent aussi choisir un centre dentaire où les enfants sont accueillis en groupe. Ainsi l'institut Eastman, à Paris, organise des « sessions » d'une trentaine d'enfants sous la responsabilité de pédodentistes. La première visite est consacrée à la prévention. Tout est expliqué aux enfants, du brossage des dents au fonctionnement des instruments de soins, de l'origine des caries à leur traitement. Les enfants font encore un dessin du dentiste tel qu'ils l'imaginent. Ces croquis sont ensuite analysés par un psychologue chargé tout spécialement des enfants qui semblent les plus effrayés.

Les visites chez le dentiste se font aussi souvent dans l'urgence. La douleur tient alors une place importante. Bien des angoisses enfantines sont dues à l'anxiété des parents. ∎

▌ MON AVIS

L'enfant ne devient pas la maladie qu'il présente. L'enfant est porteur d'une histoire, d'un passé et d'un futur. L'examen médical et le soin doivent donc en tenir compte : il a ses goûts, ses plaisirs et ses activités ludiques. Il est surtout inquiet de tout ce qui vient du dehors – la roulette du dentiste, la seringue du docteur – pour atteindre le dedans. Cette peur est parfaitement naturelle à son stade de développement. Les soignants doivent donc avoir une mission pédagogique auprès de l'enfant en lui expliquant tous les soins et toutes les techniques d'intrusion dont ils vont se servir. Bien sûr, la douleur doit être respectée et traitée dès qu'elle est repérée. Ainsi, raconter le pourquoi et le comment des vaccins est un bon moyen de ne pas lui faire redouter les piqûres. De même, la visite chez le dentiste lui permet une meilleure connaissance du dedans par rapport au dehors, à partir du moment où celui-ci explique le traitement par la démonstration et en s'approchant de l'enfant avec des gestes bienveillants et ludiques. Le jeu, au moment des soins, prouve la qualité des praticiens. Imaginez que vous êtes un enfant et que quelqu'un de très triste veuille vous soigner. Vous auriez naturellement peur, comme dans les contes de fées, de cet être malveillant qui va vous faire des choses terribles. Dentistes et médecins doivent toujours penser à une approche pédagogique de leur visite. ∎

Le petit malade

1RE SEMAIN

1ER MOIS

2 À 3 MOIS

4 À 5 MOIS

6 À 7 MOIS

8 À 9 MOIS

10 À 11 MOIS

1 AN

1 AN 1/2

2 ANS

2 ANS 1/

3 ANS

4 ANS

5 ANS

6 ANS

ANNEXES

CET ENFANT DEMANDE ENCORE PLUS D'ATTENTION ET D'AFFECTION que lorsqu'il est en bonne santé. Il aura besoin de davantage de câlin et de votre présence qui, rassurante, est un élément important dans sa guérison. Il appréciera de partager quelques jeux avec vous.

Le soigner

Rassurez-vous, le gâter quelques jours ne mettra pas en péril tous vos principes éducatifs. Vous pouvez sans problème le faire dormir dans votre chambre s'il le souhaite.

L'enfant fiévreux manque d'appétit, laissez-le manger les quantités qu'il se sent capable d'avaler et offrez-lui ce qu'il désire même si l'équilibre alimentaire de ses repas en souffre ; veillez simplement à ce qu'il boive suffisamment. Il préférera généralement boire frais, ce qui est parfait s'il a tendance à vomir. Ne le forcez pas à absorber des médicaments, à son âge, il est capable de comprendre leur efficacité, donc de les avaler même s'ils ont un goût désagréable. Il peut prendre les comprimés de petite taille, coupés en quatre s'ils sont trop gros ; le contenu de gélules peut être mélangé à un peu de confiture ou de compote ; les sirops dont le goût est déplaisant « passent » mieux après avoir sucé un glaçon pendant une ou deux minutes. Regroupez tous les soins si possible en une seule fois, pour le confort de l'enfant. Les vomissements ou les douleurs doivent être traités, bien sûr, mais minimisés, sinon ils peuvent s'aggraver par des manifestations psychosomatiques.

Pas forcément alité

Le laisser alité n'a rien d'obligatoire, c'est à l'enfant de décider de la position qui lui semble la plus confortable. S'il est fiévreux, quelques activités motrices, quelques jeux n'ont aucune influence sur sa température, à condition qu'ils se déroulent dans le calme et la tranquillité. Un enfant maintenu de force au lit s'ennuie, s'agite, ne se repose pas et a toutes les chances ensuite de passer une mauvaise nuit. Évitez encore, comme pour le nourrisson, de trop le couvrir s'il a de la température. S'il reste dans son lit, laissez-le uniquement en pyjama. S'il se lève, habillez-le légèrement. S'il se plaint du froid, mettez-lui un simple gilet. Par contre, s'il transpire abondamment, changez ses vêtements chaque fois que nécessaire. Il peut prendre un bain ou une douche, l'eau lui apportera même un certain réconfort. Sa chambre doit être à sa température habituelle (20 °C), méfiez-vous simplement des courants d'air mais aérez-la régulièrement. Le plus difficile est sans doute de distraire l'enfant malade qui, apathique, n'a pas de vrais désirs et se fatigue vite. Essayez d'alterner des occupations de courte durée : livres, télévision, jeux ou activités manuelles. Trop de télévision risque de l'abrutir davantage et, si vous louez un DVD, préférez une succession de petits dessins animés. ■

" Soyez disponible ou demandez à un proche de vous relayer à son chevet. L'ennui, pour le petit malade, est la pire des affections. ,,

Les dents de lait *en savoir plus*

La dent de 6 ans

Les dents de 6 ans sont importantes car elles sont situées à un point fort de la mastication. Par contre leur position et leur forme les rendent très vulnérables aux caries. ∎

Les dents définitives

Tout à fait naturellement, et sans douleur, les dents définitives se développent et usent les petites racines des dents de lait. Celles-ci vont se mettre à bouger et tombent, laissant place à la dent définitive. Seules exceptions à ce processus, « les dents de 6 ans », nom commun des deux premières molaires définitives qui s'installent derrière les deuxièmes molaires de lait. La chute des dents de lait se fait dans un ordre identique pour tous les enfants. Ce sont les incisives médianes qui tombent les premières à partir de 6 ans. Puis suivent dans l'ordre : les incisives latérales, les premières molaires, les canines et enfin les deuxièmes molaires. Perdre une dent de lait, c'est la preuve que l'on grandit. L'offrir à la souris, c'est faire un cadeau extraordinaire à sa maman. ∎

La dent cassée

Les accidents dentaires sont fréquents dans l'enfance. Une dent de lait ou dent définitive, cassée ou même traumatisée, demande la consultation rapide d'un chirurgien-dentiste ou d'un médecin stomatologiste qui procédera à une radio pour poser son diagnostic. Si la dent est déplacée, tournée ou sortie de la gencive, il est indispensable de la remettre au plus vite en place simplement avec un doigt, ainsi elle reste dans un milieu humide, baignant dans la salive (rassurez-vous, c'est indolore), et de se rendre au plus vite chez un spécialiste. Si la dent est tombée, les soins seront différents. La dent définitive est remise en place dans la gencive ; la dent de lait est remplacée par une petite prothèse temporaire que l'enfant gardera jusqu'à l'apparition de la dent définitive. Si seul un morceau de la dent est cassé, et qu'il est rapidement et soigneusement récupéré, il peut très souvent être recollé. Dans tous les cas de traumatisme, il vaut mieux vérifier que la dent n'est pas sortie de son alvéole osseuse, ce qui peut provoquer ultérieurement des douleurs et une nécrose. ∎

Les dents de lait

L'ENFANT POSSÈDE 20 DENTS DE LAIT qu'il conservera jusqu'à 6 ans. Elles doivent être entretenues comme les dents définitives et les caries régulièrement soignées. De bonnes habitudes qui se conservent toute la vie.

Des dents assez fragiles

Ce sont, dans l'ordre d'apparition, les quatre incisives centrales, les quatre incisives latérales, les quatre prémolaires, les quatre canines et les quatre molaires. Les dents jouent un rôle dans la mastication, bien sûr, mais aussi dans la parole. Leurs principales affections dans la petite enfance sont les caries : l'émail des dents de lait est particulièrement fragile en raison de sa faible épaisseur (1 mm contre 3 à 4 mm pour les dents définitives), aussi la plaque dentaire et ses multiples bactéries ont une action redoutable.

Soigner les caries

Bien que ces dents soient destinées à être remplacées, elles doivent être soignées si elles ont des caries. Tout d'abord parce qu'une carie est douloureuse, mais aussi parce que les dents de lait conditionnent les dents définitives. Par exemple, si une dent de lait trop gâtée doit être enlevée pour cause d'infection, la poussée de la dent définitive en est modifiée. Les espaces interdentaires se referment et l'os de la mâchoire se reminéralise, si bien que la dent définitive devra se faire un chemin dans des conditions douloureuses. De plus, les dents temporaires ont un rôle déterminant dans l'équilibre et la croissance des maxillaires. Le fluor a un effet majeur dans la lutte contre les caries. L'enfant peut l'absorber sous forme de comprimés à sucer ou dilués dans de l'eau (p. 322). Une visite par an chez le dentiste pour un examen de routine est aussi indispensable. Les caries étant causées par la plaque dentaire qui absorbe les débris alimentaires sucrés en produisant des acides puissants, il vaut mieux limiter la consommation de sucre, bonbons, chocolat, pâtisseries et jus de fruits, surtout au repas du soir.

Bien se brosser les dents

Attention, certains médicaments peuvent avoir des effets sur la couleur de l'émail des dents. C'est le cas des tétracyclines qui entraînent une coloration jaunâtre.
À 5 ans, un enfant a encore besoin d'être guidé dans le brossage de ses dents. À cet âge, il est sensible à la couleur et à la forme de sa brosse à dents. Il est bon de lui donner l'habitude de se brosser les dents au moins deux fois par jour et de lui apprendre à cracher et à se rincer la bouche.

Visite de contrôle

Il est temps de programmer la première visite chez le dentiste. Vous pouvez profiter de l'un de vos rendez-vous. Après vos soins, votre enfant considérera cela comme tout à fait normal et ne sera pas anxieux si vous l'installez à son tour sur le fauteuil. Cette visite sera encore l'occasion de discuter avec le dentiste du bien-fondé d'une supplémentation en fluor (p. 322) ou des conséquences de l'habitude persistante de sucer un doigt ou une tétine. Enfin, si vous craignez que votre enfant ait une dentition définitive mal ordonnée, si c'est un défaut familial, consultez un orthodontiste qui n'interviendra pas immédiatement mais programmera des soins précoces. ■

1RE SEMAIN

1ER MOIS

2 À 3 MOIS

4 À 5 MOIS

6 À 7 MOIS

8 À 9 MOIS

10 À 11 MOIS

1 AN

1 AN 1/2

2 ANS

2 ANS 1/

3 ANS

4 ANS

5 ANS

6 ANS

ANNEXES

La relaxation *en savoir plus*

Ce qui accentue les tensions

• **La fatigue due à un exercice trop long pour son âge :** 20 à 25 minutes semblent un maximum, tant pour les exercices physiques qu'intellectuels. Les plus stressants ne devraient pas dépasser 5 à 10 minutes.

• **La lassitude dans les activités proposées.**

• **Trop de chauffage.** Sous l'effet de la chaleur, l'enfant transpire, s'agite, il est mal à l'aise.

• **Le manque d'oxygène,** le manque d'air entraînent une agitation.

• **L'abus de bruit :** il provoque une tension nerveuse qui rend l'enfant particulièrement excitable. ■

Utile dans certains troubles

Conseiller des séances de relaxation s'avère très positif pour de nombreuses indications : les troubles psychomoteurs comme les tremblements émotionnels, les crampes, les insomnies, les troubles névrotiques, la spasmophilie et les affections psychosomatiques comme les troubles vasomoteurs, les spasmes du tube digestif, voire même certaines allergies comme le coryza, l'asthme ou les dermatoses. On constate également des résultats remarquables dans le domaine de la rééducation orthophonique ou de l'écriture et dans les cas de dysfonctionnement de la motricité oculaire. ■

Quelques exercices

• **Pour retrouver son calme.** Couché à plat ventre sur le sol, bras le long du corps, paumes des mains tournées vers le haut, jambes jointes : lever une jambe en inspirant, expirer en la descendant lentement ; lever l'autre jambe. À exécuter cinq ou six fois.

Couché à plat ventre sur le sol, les jambes jointes, placer les mains à plat sur le sol au niveau des épaules : lever la tête vers le ciel, soulever les épaules et le buste, en inspirant ; rester dans cette posi-

tion en bloquant la respiration, puis revenir lentement sur le sol ; expirer. Cet exercice est à faire cinq ou six fois.

Couché à plat ventre, jambes jointes, bras le long du corps : amener ses pieds sur ses fesses ; attraper ses pieds avec ses mains ; inspirer en levant la tête et en tendant les jambes ; relâcher en expirant. Recommencer cet exercice cinq ou six fois.

• **Pour apprendre à jouer avec les parties de son corps.** Allongé sur le sol, jambes et bras écartés, se faire tout « mou » ; durcir les orteils en inspirant, relâcher en expirant ; crisper les mollets (ou les tendre) en inspirant, relâcher en expirant ; serrer les bras le long du corps, paumes vers le haut, replier les bras, mains aux épaules en inspirant, relâcher en expirant ; hausser les épaules en inspirant, relâcher en expirant ; tendre le cou en tirant la tête vers le haut en inspirant, relâcher en expirant ; froncer tout le visage en fermant les yeux très fort en inspirant, détendre en expirant ; ouvrir la bouche lentement, largement, plusieurs fois, puis bâiller.

• **Pour décontracter son dos.** L'enfant est debout, jambes écartées : laisser tomber en avant le buste, les bras, la tête, alourdir la tête et les mains le plus possible ; effectuer un léger balancement de droite à gauche ; laisser le mouvement s'arrêter de lui-même.

• **Pour se préparer à un effort.** La relaxation dynamique est idéale pour se préparer à un effort physique ou intellectuel, elle aide particulièrement les enfants en situation d'échec.

Se mettre à quatre pattes, genoux et mains à plat sur le sol, arrondir le dos. Pousser les fesses à l'arrière en inspirant, la tête doit presque toucher le sol. Se relever en expirant et arrondir le dos. Baisser la tête en avant le plus loin possible en inspirant. Se relever en expirant et arrondir le dos. Recommencer trois fois. Toujours à quatre pattes, tendre une jambe en arrière, la monter le plus haut possible, tendre le pied dans le prolongement. Tirer tout le corps, tenir quelques secondes cette position. Ramener doucement la jambe sur le sol. Faire de même avec l'autre jambe. Recommencer l'exercice trois fois. ■

Les bienfaits de la relaxation

1RE SEMAIN

1ER MOIS

2 À 3 MOIS

4 À 5 MOIS

6 À 7 MOIS

8 À 9 MOIS

10 À 11 MOIS

1 AN

1 AN 1/2

2 ANS

2 ANS 1/

3 ANS

4 ANS

5 ANS

6 ANS

ANNEXES

ENFANTS EXCITÉS, ENFANTS TENDUS, ENFANTS FATIGUÉS, autant de candidats à la relaxation. La tension, l'agitation peuvent se manifester à différents moments de la journée, mais généralement l'une ou l'autre s'installe en fin de journée, au retour de l'école en période scolaire ou en rentrant d'une activité sportive ou culturelle au moment des vacances.

Se détendre volontairement

L'expérience vous a déjà appris, sans doute, que si vous ne mettez pas immédiatement un frein aux cris, aux mouvements désordonnés, cela n'ira qu'en s'amplifiant, perturbant même le repas et l'endormissement. Se détendre et se relaxer, ce n'est pas se laisser aller et s'étendre mollement, tant pour les adultes que pour les enfants. La relaxation pour les enfants va tendre à obtenir d'eux un relâchement musculaire, dit hypotonie musculaire, et à apprendre ensuite à en contrôler le degré de tension. Pour obtenir ces deux phases de la relaxation, il est indispensable que l'enfant ait déjà une bonne conscience de son schéma corporel.

Apprendre à connaître son corps

Le « tout corporel », selon le psychologue Jean Piaget, est acquis vers 2 ans, les relations avec les différentes parties du corps plus tard, au cours des quatre années qui suivent. C'est par apprentissage et expérience que l'enfant s'aperçoit de son pouvoir sur ses mains, ses pieds, sa tête, puis il connaîtra mieux ses doigts et les parties de son corps qu'il n'a pas conscience de pouvoir faire bouger : ses yeux, son ventre, ses fesses... Enfin, des exercices simples lui feront prendre conscience des phénomènes de syncinésie : par exemple, lorsque l'on crispe une main, l'autre a tendance à le faire. Par des mouvements faciles à exécuter, l'enfant réussira à les désolidariser. Toutes les occasions sont bonnes pour qu'il apprenne à jouer avec son corps : la toilette, l'habillage et le déshabillage en premier lieu ; le dessin et le jeu avec des poupées ou des figurines vont ensuite beaucoup l'aider. C'est ainsi que l'apport de multiples détails pour approcher la réalité, la recherche du mouvement des personnages vont lui enseigner la fonction et l'importance des articulations.

Si la relaxation passe par le corps, elle s'appuie aussi sur les sens. Ainsi l'audition et l'attention que l'enfant va porter aux sons lui permettront de retrouver son calme. Aux paroles d'une histoire contée à mi-voix pour forcer l'attention, aux chansons douces s'ajoutera l'écoute d'un disque ou d'une cassette de fabulettes, de contes ou même de chants d'oiseaux. L'écoute, pour être efficace, doit être proche.

La relaxation est particulièrement intéressante dans les manifestations psychosomatiques. Lorsque l'enfant dévoile une souffrance par son corps, c'est qu'il ne peut pas la dire par des mots. Il faut donc passer par le corps pour rétablir le dialogue des mots. Le temps du corps est premier, avant celui de la psychothérapie. ■

" La relaxation peut être utilisée également pour dominer les émotions trop fortes. "

593

L'obéissance *en savoir plus*

Quand la violence l'emporte

Une réprimande, un changement de ton, un froncement de sourcil sont d'un effet suffisant sur un enfant qui a peu l'habitude d'être grondé.

En revanche, l'enfant qui est régulièrement grondé attache de moins en moins d'importance aux réprimandes. Il existe alors un risque certain d'escalade dans la violence.

Que faire après s'être emporté ? Pourquoi ne pas vous excuser et vous expliquer une fois le calme revenu ? Mais s'excuser n'est pas pardonner. Profitez-en pour réaffirmer les limites à ne pas dépasser et expliquez pourquoi la transgression de ces limites a provoqué votre sanction. Il faut que l'enfant sache que ces règles restent valables en n'importe quelle circonstance et que vous entendez qu'il les respecte. Une punition n'est en aucun cas vexatoire et humiliante. Exagérée, elle amène l'enfant à s'interroger sur le pourquoi d'une telle violence et, pour la comprendre, il répétera la bêtise qui l'aura motivée. ■

La récompense

Dans sa forme la plus classique, elle s'exprime ainsi : « Si tu es sage, tu auras... » Selon les circonstances, la récompense se mesure en valeur marchande ou affective. En fait, user de cette méthode, c'est établir un système de chantage affectif. Un terrain dangereux, car les enfants adorent ce type de marchandage et savent très bien l'utiliser ; de plus, en se laissant « manipuler », son entourage prête davantage le flanc à ce genre de conduite. L'enfant aura vite fait d'observer, par exemple, ce qui irrite ses parents et saura s'en servir à bon escient. Il cherche les limites du tolérable et de l'intolérable et la vigueur des interdits parentaux. Par la manipulation, l'enfant apprécie aussi la tension qu'il peut installer entre ses parents. Il est alors courant de le voir manœuvrer pour déclencher une dispute dont il est le centre d'intérêt. Le système des récompenses n'est éducatif que s'il s'apparente à des félicitations ; il gratifie l'effort et l'application. Il est nocif s'il laisse à l'enfant la liberté de décider d'un comportement qui, normalement, devrait être imposé par ses parents. C'est le bonbon qui « remercie » l'enfant d'avoir été sage pendant les courses au supermarché ou le cadeau parce qu'il a accepté d'embrasser ses grands-parents.

Dans bien des circonstances, la récompense peut être remplacée par la discussion et le compromis. Vous demandez un effort, en contrepartie vous accordez un peu de liberté. Par exemple, l'enfant sera là pour accueillir ses grands-parents, mais s'il s'ennuie un peu avec les adultes, il pourra regarder des dessins animés. ■

▌ MON AVIS

Seriez-vous absolument ravis que votre enfant soit toujours obéissant et ne transgresse pas un petit peu votre autorité ? Nous souhaitons tous que nos enfants adhèrent à nos opinions, tout en espérant qu'ils nous proposent d'autres voies de connaissance et de réflexion. Ce qui est sûr, c'est qu'un enfant a besoin tout à la fois de frustrations et d'acceptations. Il faut savoir lui dire « non » tôt pour qu'il accepte l'autorité familiale. L'enfant, d'un naturel mégalomaniaque, croit toujours qu'il commande à tous les membres de sa famille. La plus mauvaise des réprimandes est la violence. Outre qu'elle est hors la loi, elle prouve l'impuissance des parents au niveau éducatif et relationnel. De plus, les enfants qui ont souffert de la violence sont doués pour attirer sur eux la violence et pour répondre par la violence. Une médiation par un tiers est indispensable lorsque les relations se sont dégradées et que le passage à l'acte remplace le contact par les mots. ■

L'obéissance

POUR BIEN GRANDIR, UN ENFANT A BESOIN DE RÈGLES DE CONDUITE.
C'est ainsi qu'il apprend à se comporter en société mais aussi à se garder
en bonne santé (ne pas trop manger, se couvrir par temps froid, etc.), tout
en acquérant une image positive de lui-même.

Respecter les règles

Voilà pour la théorie, mais dans la pratique, comment se faire obéir ? Tous les psychologues l'affirment, la punition physique, tapes en tout genre, transmet plutôt un message négatif : elle implique la loi du plus fort et ne peut donc avoir de valeur éducative. Seuls les mots ont un poids et toute « punition » se doit d'être justifiée pour être efficace. L'enfant qui est envoyé dans sa chambre, exclu quelques instants de la vie familiale, ne l'est pas uniquement pour le punir mais aussi pour qu'il retrouve son calme. Ensuite, quelques explications lui font comprendre que toute transgression aux règles établies sera suivie de la même sanction.

Amour et fermeté

Il est souhaitable que les parents aient la même attitude, sinon, l'enfant n'a plus de vrais repères. Cela dit, désobéir est un acte tout à fait normal pour un enfant. Il a besoin de se prouver qu'il existe et que lui aussi a une certaine puissance sur les choses et les êtres. Il va donc régulièrement tester les limites de ce qu'il peut, ou non, faire. La fermeté et la contrainte des principes établis sont impératives mais ne doivent, en aucun cas, le faire douter de l'amour de ses proches. Il sera d'autant plus discipliné et obéissant qu'il se sait aimé. Sachez qu'un enfant gâté n'est pas un enfant heureux.

C'est progressivement qu'un enfant acquiert le sens de la discipline. Petit à petit, à tâtons, de bêtises en colères, il assimile les limites fixées par ses parents et les adopte. Sachez cependant qu'une bonne obéissance n'est possible que si la discipline est supportable.

Mieux vaut parfois négocier et savoir partager ce qui est contraignant comme par exemple ranger les jouets surtout si cela se transforme en jeu.

Une discipline raisonnable

Dire « non » à un enfant en permanence, c'est aller au-devant de l'instauration d'une relation d'opposition, de colère et de nombreuses manifestations d'insécurité. L'obéissance établie sur la contrainte est toujours de courte durée et présage des difficultés plus importantes, notamment à l'adolescence...

Les points, les règles indiscutables doivent être limités et d'importance, et être peu nombreux si l'on veut qu'ils soient observés. Une éducation stable est indispensable à tout respect d'une discipline.

Une bonne éducation est celle qui conduit l'enfant à respecter les consignes pour être simplement agréable à ses parents. Chaque enfant a sa personnalité et son caractère. Le rôle des parents est de les respecter et de les mettre en valeur. ■

" Les garçons ne sont pas plus indisciplinés que les filles, ils sont plus bruyants et plus voyants qu'elles, c'est tout ! "

1RE SEMAIN
1ER MOIS
2 À 3 MOIS
4 À 5 MOIS
6 À 7 MOIS
8 À 9 MOIS
10 À 11 MOIS
1 AN
1 AN 1/2
2 ANS
2 ANS 1/
3 ANS
4 ANS
5 ANS
6 ANS
ANNEXES

Ses premières amours

LES AMOURS ENTRE ENFANTS NAISSENT SOUVENT PAR LA MAGIE D'UNE RENCONTRE... Odeur, couleur de peau, sourire, grimace, jeux partagés, bien des composantes entrent en ligne de compte. En réalité, il y a peu de différences entre ce qui fait naître les amours enfantines et le coup de foudre des adultes.

De vrais petits couples

Dès l'âge de l'école maternelle, certains enfants se trouvent très vite des affinités. Une amitié profonde peut naître alors, où le moindre chagrin, la plus petite déception tourne au drame tant la communication est intense. Ainsi s'établissent d'autres rapports affectifs que ceux qui lient parents et enfants : c'est l'apprentissage d'une forme d'amour différente.

C'est d'ailleurs par imitation des rapports entre adultes que des « couples » se créent. Les petit(e)s fiancé(e)s sont souvent légion dès la crèche, mais la fidélité est aussi éphémère que passionnelle. L'amitié est aussi profonde que l'amour. Ces couples se tiennent par la main à la récréation, veulent être assis l'un à côté de l'autre en classe et se sentent incapables de passer un week-end sans se voir. Ils échangent sans pudeur et facilement des « je t'aime », assurément ils éprouvent de vrais sentiments amoureux.

De réelles sensations

Ainsi, 90 % des enfants rencontreraient l'amour dès 5 ans et, pour le Pr Soulayrol, pédopsychiatre, c'est le signe d'une parfaite santé mentale et psychologique. En effet, tomber amoureux d'un enfant de sexe opposé signifie que le complexe d'Œdipe est assimilé, le père et la mère ont trouvé une place et un rôle bien définis. Mais si l'enfant en aime un du même sexe, cela n'a pas d'importance et ne présage en rien une homosexualité ; en fait, il se cherche et se reconnaît

en l'autre. L'imitation des adultes aide les petits amoureux à éprouver de réelles sensations. Ils se touchent, les petites filles aimant tenir les petits garçons par la main, ces derniers ayant une nette préférence pour le baiser. S'embrasser sur la bouche signifie pour eux « faire l'amour ». L'enfant de cet âge est à la recherche de son identité sexuelle. Ce sont les investigations sur son propre corps qui vont lui permettre de se connaître. En caressant son amoureux, il se fait plaisir. En se cherchant, en se trouvant à son contact, il éprouve des sensations proches de celles déjà ressenties avec sa mère quand il était bébé.

Des liaisons éphémères

Certains enfants s'investissent beaucoup dans l'attachement qui les lie à l'autre, c'est leur personnalité, leur tempérament qui veut ça. Et ce sont eux qui vont souffrir le plus des ruptures, car ces liaisons sont souvent éphémères, elles durent quelques semaines, le temps d'une année scolaire tout au plus. Les séparations seront aussi violentes que les passions. Heureusement, les sentiments de haine ne persistent jamais à cet âge. Ces chagrins sont, pour l'enfant, une manière de prendre conscience de la réalité : on s'aime mais pas toujours avec la même intensité, les uns et les autres changent ; éprouver des sentiments envers son camarade n'est pas forcément réciproque.

Ainsi, l'enfant apprend tout simplement la vie, les relations humaines qui, on le sait, ne sont pas toujours faciles. Que faire à l'heure de la rupture ?

Surtout ne pas se moquer de son chagrin. Il est réel, profond et authentique. Le mieux est d'en parler avec l'enfant, mais quand il le souhaite, et sans dramatiser la situation.

L'attitude des parents

Ils sont souvent mal à l'aise, sans doute parce qu'ils ne font pas de différence entre sexualité et génitalité. La sexualité est présente chez l'enfant dès son plus jeune âge. Elle est cette énergie fondamentale qui fait que chacun se développe à sa façon, par rapport à son entourage et à ses parents. La génitalité est une forme aboutie de la sexualité, qui s'exprime après la puberté. Dans les amours enfantines, elle est inexistante. Ce sont les parents qui projettent la leur. L'agacement peut être aussi une manifestation de jalousie. Ces premiers attachements montrent qu'il est mûr pour s'éloigner un peu de ses parents. Ceux-ci, par contre, ont du mal à se détacher de leur enfant, ils acceptent difficilement de le voir comme un être à part entière pouvant vivre sa vie si tôt ! ∎

▌ MON AVIS

Les petits amoureux imitent les relations amoureuses des grands mais, bien sûr, ils n'ont pas de sexualité agie. Il n'y a donc aucun risque de les laisser dormir ensemble ou de les autoriser à se doucher à deux. En fait, ils projettent des images qu'ils ont repérées chez les adultes et qui semblent tellement leur plaire. Ces amoureux de 5 ans vont se séparer pour entrer dans la phase dite de latence, marquée par des relations entre enfants du même sexe : je ne joue et ne m'habille que comme un garçon, je ne suis qu'avec les filles. Ces amours enfantines sont très importantes pour leur avenir amoureux : on se rappelle tous le premier garçon ou la première fille que l'on a tenu par la main, ceux et celles avec lesquels on s'enfermait dans les cabanes. C'est le début des secrets sexuels. Vous devez les respecter en n'étant ni intrusifs ni impudiques ou scrutateurs. Laissez-les goûter à leurs premières amours. Observez d'ailleurs quels sont leurs choix amoureux, cette petite fille ne vous ressemble-t-elle pas ou ce petit garçon n'a-t-il pas des expressions et des attitudes du papa ? Cette petite fille qui tient la main de votre petit garçon n'est pas votre rivale ! Il est toujours très amoureux de vous et veut toujours vous épouser. ∎

1RE SEMAINE

1ER MOIS

2 À 3 MOIS

4 À 5 MOIS

6 À 7 MOIS

8 À 9 MOIS

10 À 11 MOIS

1 AN

1 AN 1/2

2 ANS

2 ANS 1/2

3 ANS

4 ANS

5 ANS

6 ANS

ANNEXES

C'est un bavard

L'ENFANT MAÎTRISE DE MIEUX EN MIEUX SA LANGUE MATERNELLE.
La fréquentation de l'école l'oblige à utiliser des formes grammaticales
et syntaxiques qui vont rendre son langage compréhensible à tous.

Paroles, paroles

Il découvre qu'il existe un langage collectif avec des « plusieurs », le « nous » remplaçant le « je », etc. Enfin, l'institutrice, par le chant, les poèmes et les comptines l'initie à une langue poétique qu'il ignorait jusqu'alors.

À 3 ans, son vocabulaire comptait tout au plus 1 000 mots (p 504).

À 5 ans, il en a acquis le double. Diverses études montrent que l'enfant utilise d'abord beaucoup les mots nouveaux puis semble les oublier. Mais il saura les extirper de sa mémoire le jour où une situation adéquate lui permettra de les restituer. Parallèlement, en grandissant, il formule la phrase de façon de plus en plus complexe. Il juxtapose d'abord les phrases les unes aux autres pour construire un récit, puis il utilise les coordinations telles que « et, ou, mais » ; ensuite, il emploie très vite des propositions relatives introduites par « qui ». Ses questions révèlent une certaine maîtrise de la langue. Il ne dit plus uniquement « pourquoi ? » mais « comment ? » et « quand ? ». Il conjugue de mieux en mieux les verbes. Au présent, il ajoute le passé et le futur. Il connaît aussi la forme passive et fait des tentatives avec le subjonctif. Pour lui, les leçons de grammaire sont instructives. Il apprend en écoutant et en observant la manière dont les autres s'expriment, ensuite il en déduit des règles d'usage.

À 6 ans, entrent dans son vocabulaire les mots abstraits qui lui manquaient encore pour posséder assez bien la langue parlée, indispensable pour entrer dans le monde de l'écrit.

Le plaisir de créer des mots

Comme il apprend par intuition et par analogie, la langue française lui réserve des surprises et lui donne l'occasion de mots délicieux. Ce sont notamment les préfixes de contraires comme « de » ou « in » qui lui donnent les plus belles occasions de néologismes. Il aime ainsi créer des mots qui font rire les grands mais dont il rit lui-même. Ces petits mots sont souvent « gardés » en souvenir par les parents et peuvent même devenir une forme de code de complicité au sein d'une famille.

Évitez la leçon de grammaire

Pour apprendre à parler, point n'est besoin de leçons. L'enfant, pour acquérir un bon langage, doit d'abord entendre des mots, beaucoup de mots, mais avant tout précis et non complexes. Des mots qu'il mémorisera sans difficulté. Il fera beaucoup de fautes de grammaire qu'il ne faudra pas reprendre, au risque de le décourager ou de lui faire perdre tout envie de s'exprimer. Pour l'aider à trouver la forme juste, il suffit que, naturellement, vous placiez la bonne formulation dans la conversation. L'enfant, qui se sait en situation d'apprentissage, s'en apercevra et corrigera de lui-même ses phrases.

Ses fautes les plus courantes sont celles concernant les conjugaisons, l'utilisation des temps successifs, la forme négative imparfaite (il utilise encore rarement le « ne » avant le « pas ») ; les verbes irréguliers lui causent, c'est normal, bien des difficultés.

Un grand bavard

Il adore parler et tout est prétexte à s'exprimer en jouant. À l'école, il parle beaucoup avec les autres enfants. Ils sont capables d'échanger des informations et des émotions. Comme les grands, ils ont des sujets de conversation. La vie à la maison et la télévision sont leurs thèmes favoris. Ce petit bavard s'exprime encore lentement. Quand il s'énerve ou lorsque son débit ne lui semble pas suffisant pour dire tout ce qu'il veut, il lui arrive de bégayer, voire de se mettre en colère contre lui-même. Les conjonctions de coordination sont pour lui un vrai plaisir. Elles l'aident à se raconter des histoires et c'est au cours du jeu qu'elles se mettent en place plus ou moins adroitement. C'est la fin des phrases segmentées qui étaient l'apanage des bébés.

Quelques difficultés

On constate que certains enfants, en arrivant à l'école maternelle, ne savent pas toujours s'exprimer dans une langue compréhensible. Ils en sont encore au babillage. Pour Laurence Lentin, chercheur à la Sorbonne, l'acquisition, la structure du langage passent par l'audition d'une langue correcte que les enfants parleront ensuite. Pour diverses raisons, cette éducation au moment de l'explosion du langage n'est pas toujours bien menée dans la famille faute de temps ou de savoir-faire. Le langage ne vient jamais tout seul.

L'enfant de moins de 6 ans a besoin de parler, besoin d'exprimer ses sentiments, de raconter les événements de sa vie quotidienne. Le reprendre à la moindre faute de prononciation ou de syntaxe, c'est lui donner l'impression que ce qu'il dit n'a pas d'importance. Ce dont il a envie, c'est d'être encouragé, et non réprimé dans son expérience. En le corrigeant, vous le brimez et vous constaterez très vite qu'il ne progresse plus, voire s'enferme dans le mutisme. S'il ne prononce pas correctement certains mots, c'est en raison de l'immaturité de son système phonatoire. S'il fait des fautes de syntaxe, c'est tout simplement qu'il est en cours d'apprentissage. Placer les adverbes, les articles, conjuguer les verbes est affaire d'écoute, de tâtonnements et d'instinct. C'est en parlant avec lui, en lui racontant des histoires, en vous forçant à donner à toute chose le mot juste qu'il apprendra les formes correctes de sa langue. ■

1RE SEMAINE

1ER MOIS

2 À 3 MOIS

4 À 5 MOIS

6 À 7 MOIS

8 À 9 MOIS

10 À 11 MOIS

1 AN

1 AN 1/2

2 ANS

2 ANS 1/2

3 ANS

4 ANS

5 ANS

6 ANS

ANNEXES

La dyscalculie

On estime à 6 % le nombre d'enfants ayant des difficultés dans l'apprentissage du calcul. Généralement, elles se manifestent par des troubles de l'organisation dans l'espace, ce qui les empêche de comprendre la symbolique des chiffres et les rend incapables de dérouler la chaîne logique des chiffres, même de compter de 1 à 10. L'ordre des chiffres est inversé, l'automatisme de la succession des nombres impossible. Aborder les opérations devient dramatique, l'enfant ne peut pas placer correctement les chiffres en colonnes, il comprend mal le fait de soustraire ou d'additionner. Les enfants qui souffrent de dyscalculie sont souvent anxieux, peu sûrs d'eux et peuvent avoir aussi des troubles de la personnalité. ■

Le traitement de la dyslexie

La consultation du médecin généraliste ou du pédiatre permet de vérifier que l'enfant ne souffre pas de troubles de l'audition ou de la vue. Le petit dyslexique doit ensuite être orienté vers un service hospitalier spécialisé en orthophonie ou chez un praticien libéral qui entamera une rééducation. Celle-ci commencera par un travail sur les formes visuelles et les sons, puis s'attaquera à la lecture et à la compréhension des textes en revenant chaque fois que nécessaire sur les difficultés.

Généralement, chaque séance de rééducation dure 30 minutes, elle représente toujours un effort intense de concentration et impose une entente parfaite entre l'orthophoniste et l'enfant. Il existe plusieurs méthodes de rééducation, aucune n'ayant de meilleur résultat que l'autre. La rééducation doit être la plus précoce possible et dure en moyenne trois à quatre ans.

À la maison, mieux vaut ne pas jouer les thérapeutes, contentez-vous de faire des jeux lui donnant l'occasion de se repérer dans l'espace (par exemple, celui de cache-tampon) ou dans le temps (tels les jeux de cartes de suites logiques ou qui concernent l'observation des saisons). Vous pouvez aussi travailler ensemble sa mémoire en jouant régulièrement au mémory, ce jeu qui consiste à retrouver parmi les cartes retournées celles qui associent deux images semblables. Les débuts de l'apprentissage de la lecture sont souvent marqués par des difficultés chez l'enfant dans la mémorisation des chiffres et des lettres dont le graphisme est proche. Chez l'enfant dyslexique, cette confusion persiste. Les formes simples de dyslexie se rééduquent, mais 3 à 5 % des enfants dyslexiques souffrent de problèmes plus graves tels que la dysphasie (altération et retard importants du langage).

Attention, les enseignants ont tendance à mettre sur le compte de la dyslexie toute perturbation dans l'apprentissage de la lecture, mais seul un spécialiste pourra en faire le diagnostic.

Il y a peu de temps, un centre spécialisé s'est ouvert en France. Il regroupe dans un même lieu une équipe pluridisciplinaire capable d'établir un diagnostic et une prise en charge. Les soins qu'il propose repose sur l'idée que la dyslexie est liée dans de très nombreux cas à une mauvaise perception de son corps. ■

Premier dépistage

Le test du Poucet consiste à demander à l'enfant de lire un texte spécialement conçu pour permettre la mise en évidence des fautes dues à la dyslexie. On compte les erreurs de lecture et le temps de lecture. Ces deux éléments ont été mesurés par une moyenne obtenue chez des enfants normaux, d'un âge et d'une scolarisation définis. L'enfant est dit dyslexique si sa lecture est hachée, hésitante, voire incompréhensible, et si son temps de lecture est trois fois plus important que la moyenne.

Il semble que la dyslexie puisse être associée à d'autres troubles : du langage, de la motricité oculaire, de la latéralisation, de l'orientation temporelle, de la perception du rythme de la lecture, affectifs et psychologiques. Cette liste longue, et non exhaustive, montre la difficulté à connaître les causes de la dyslexie. Seule la méthode globale, longtemps incriminée, semble totalement mise hors de cause. ■

La dyslexie

QUELS SONT LES PARENTS QUI N'ONT PAS ENTENDU PARLER DE CE TROUBLE?
Presque tous en ont peur. Car si on en connaît parfaitement les manifestations,
il semble que l'on n'ait pas réussi à en définir vraiment la cause et que les
traitements doivent encore à faire leur preuve.

Dès l'apprentissage de la lecture

Elle se manifeste vers 4 ans 1/2 par des troubles du langage. Il est possible à ce stade d'effectuer un examen orthophonique afin de déterminer la cause de la déformation persistante des mots ou de la mauvaise construction des phrases. Une rééducation précoce évite souvent l'installation d'un trouble plus grave ensuite. Mais, généralement, elle est identifiée au cours préparatoire quand l'enfant apprend à lire et à écrire. Elle s'exprime par une difficulté d'apprentissage des automatismes nécessaires à une bonne lecture, alors que l'enfant est doté d'une intelligence tout à fait normale et ne souffre d'aucun trouble sensoriel.

Des troubles clairement identifiés

La description clinique de la dyslexie, par contre, est reconnue par tous. Les fautes du petit dyslexique sont de deux natures: confusions et inversions. Les confusions portent sur les formes graphiques – les lettres – et sur les liens entre formes écrites et phonèmes. Les lettres confondues sont celles qui ont des formes synthétiques par rapport à un axe vertical, classiquement le « b » et le « d », le « p » et le « b ». De même, l'enfant reconnaît mal les lettres qui ont des formes proches, par exemple « m » et « n ».
À ces confusions visuelles s'ajoutent les confusions phonétiques, celles des phonèmes sourds et sonores dont les articulations sont proches,

comme « bon » et « pont », « frais » et « vrai ». Les inversions se font dans l'ordre des lettres nécessaires à l'écriture d'un mot, « ne » pour « en » et inversement, ou encore « il » et « li », « un » et « nu », etc. Elles ont pour cause une mauvaise organisation de l'espace et du temps. Mais il arrive même que l'enfant ajoute des lettres, compliquant, comme à plaisir, le mot. Toutes ces confusions se retrouvent dans les premières dictées qui sont pleines de fautes d'orthographe.

La dysorthographie

Ces troubles se manifestent dans la lecture d'abord, puis dans l'écriture avec d'autres difficultés. À la dyslexie succède alors la dysorthographie. Colette Chiland, chercheur à l'Inserm, qui a particulièrement étudié ce trouble, classe les fautes d'orthographe en plusieurs catégories. Celles liées à une mauvaise discrimination phonétique, à une confusion des lettres, à un mauvais déroulement des graphies, celles dues à un mauvais découpage des éléments de la phrase, celles résultant d'une insuffisance d'analyse grammaticale, celles provenant d'une ignorance de la syntaxe et des règles de grammaire, enfin, les fautes d'usage. Toutes ces erreurs sont faites par tous les enfants mais de manière transitoire, les enfants dyslexiques ne réussissent pas à les corriger seuls. Ce trouble est souvent associé à un mauvais repérage dans l'espace et dans le temps, à des difficultés de mémorisation ou de concentration. ■

1RE SEMAINE

1ER MOIS

2 À 3 MOIS

4 À 5 MOIS

6 À 7 MOIS

8 À 9 MOIS

10 À 11 MOIS

1 AN

1 AN 1/2

2 ANS

2 ANS 1/2

3 ANS

4 ANS

5 ANS

6 ANS

ANNEXES

Sa mémoire *en savoir plus*

Des mémoires plus qu'une mémoire

Le développement de la mémoire nécessite d'abord une certaine maturité du système neuronal achevé à la fin de l'adolescence. Elle dépend aussi des « affects » soit l'intérêt que l'on porte à certaines informations plus qu'à d'autres. Chez l'enfant c'est donc par le jeu et le plaisir de jouer que se « cultive » la mémoire. Les spécialistes définissent plusieurs types de mémoire.

• **La mémoire de raisonnement.** Nous devons alors faire appel à plusieurs types de souvenirs pour les intégrer dans notre réflexion. Sa meilleure illustration est le calcul mental. Cette mémoire a cependant des limites ; en effet, nous ne pouvons pas effectuer de tête une opération à plusieurs chiffres sans faire des sous-calculs. La naissance d'automatismes de raisonnement permet d'accroître son potentiel, c'est par exemple l'intérêt d'apprendre les tables de multiplication.

• **La mémoire à long terme** est celle que nous utilisons dans toutes les activités de lecture et d'écriture.

• **Il existe encore la mémoire visuelle, gustative ou auditive.** Certains sens, selon les individus, ont une prévalence sur les autres. Plus une information est nouvelle, plus l'association de plusieurs sens est indispensable à sa mémorisation.

• **Enfin la mémoire « autobiographique »** est celle qui permet de se situer, de se représenter dans des événements passés. ■

L'amnésie infantile

Les spécialistes définissent ainsi l'absence de souvenirs sur les trois ou quatre premières années de la vie. Certains émettent l'hypothèse qu'elle serait due à l'immaturité de l'hippocampe, cette région du cerveau chargée de stocker les souvenirs épisodiques, c'est-à-dire ceux qui ne sont pas liés à l'apprentissage mais aux événements, aux lieux, au visage. Toutefois, il est impossible de savoir réellement ce que l'enfant a mis en mémoire. Seule certitude, il se souvient de ce qui est indispensable à sa survie et à son développement.

Il est possible encore qu'un petit enfant mette en mémoire uniquement des sensations, sans leurs interprétations, mais qui sont plus ou moins déformées en raison de son âge et de son immaturité physique, des informations que, plus tard, il ne saurait reconnaître. ■

MON AVIS

Vous pouvez constater que votre enfant a moins de mémoire que dans les années précédentes. Il a oublié ce qui s'est passé dans les premiers mois de sa vie, alors que vous aviez l'impression qu'il se souvenait de tous les événements de sa première année : c'est cela le phénomène de l'amnésie infantile. L'enfant oublie tout ce qui s'est passé dans sa prime enfance pour développer tout un système de souvenirs écrans faits de reconstruction, lui permettant d'idéaliser sa petite enfance, et modulables en fonction de souvenirs ultérieurs. Malgré tout, elle n'empêche pas de retrouver à l'âge adulte certains traumatismes de la petite enfance. L'amnésie infantile intègre, par exemple dans le roman familial, des images qui n'ont pas grand-chose de commun avec la réalité. Ces nouveaux souvenirs évoluent tout au long de la vie. Ainsi, les images de notre enfance continuent à vivre en nous, elles ne sont pas fixées comme celles enregistrées par un caméscope. C'est parce qu'elle est imaginée que notre enfance est toujours si présente en nous. Si on vous racontait votre petite enfance, cela vous ennuierait sans doute beaucoup parce que vous vous rendriez compte que vous l'avez plus imaginée que vécue. ■

La construction de sa mémoire

1RE
SEMAINE

1ER MOIS

2 À 3
MOIS

4 À 5
MOIS

6 À 7
MOIS

8 À 9
MOIS

10 À 11
MOIS

1 AN

1 AN 1/2

2 ANS

2 ANS 1/

3 ANS

4 ANS

5 ANS

6 ANS

ANNEXES

LA MÉMOIRE EST INDISPENSABLE À TOUT APPRENTISSAGE INTELLECTUEL comme pragmatique. Pourtant, il ne faut pas la confondre avec l'intelligence. Elle met en œuvre des processus interdépendants mais différents. La mémoire garde encore aujourd'hui une part de mystère.

Un tri nécessaire

Tout ce que l'on sait réellement de la mémoire, c'est qu'elle est régie par un ensemble de mécanismes complexes. Elle n'est pas située, telle une boîte à trésors, dans un endroit précis du cerveau, mais dans plusieurs zones. Celles-ci jouent un rôle fondamental dans le stockage des informations qui sont gardées sous forme de codes différents selon leur nature. De plus, l'affirmation que les enfants ont une bien meilleure mémoire que leurs parents (parce qu'elle est « neuve ») reste à prouver. Le phénomène sans doute le plus étonnant, chez l'enfant comme chez l'adulte, est qu'il ne retient pas tout ce qu'il ressent et expérimente, il fait un tri. Pour Freud, la mémoire est sélective et ne sont retenus que les événements qui sont utiles et qui font plaisir. La théorie de l'inconscient repose sur l'idée que toutes les sensations et les émotions de la petite enfance sont conservées au plus profond de notre mémoire. Chacun a le sien et en joue à sa guise. Il n'est pas uniquement porteur de traumatismes, mais aussi d'une somme infiniment positive de souvenirs avec lesquels chacun se construit et évolue. Pour les physiologistes du cerveau, ce tri est obligatoire car la mémoire a des limites.

L'apprentissage de la mémoire

Comment l'enfant transforme-t-il une information en souvenir ? Il est essentiel, d'abord, qu'il s'intéresse à l'événement qui le sous-tend, puis que cette information soit consolidée ou renforcée. De la naissance à 4-5 ans, l'enfant ne retient que très peu de souvenirs. C'est l'effet d'un phénomène tout à fait étonnant que les psychologues appellent « l'amnésie infantile ».

Ensuite, sa mémoire est constituée du résultat d'un nombre incalculable d'essais, de répétitions et d'erreurs dans ses apprentissages. Tout ce qui est appris par cœur est, par exemple, longuement consolidé par de multiples répétitions. En réalité, les enfants n'ayant aucun handicap cérébral ni trouble psychiatrique, et qui ne retiennent pas leurs leçons ou les consignes données par leurs parents, sont des enfants que ces sujets désintéressent par manque de motivation ou par réaction de rejet face à une éducation trop rigide. Mais ce trouble peut aussi s'expliquer par une mauvaise réception des informations en raison d'un défaut non diagnostiqué de la vue ou de l'audition.

La mémorisation, chez les enfants comme chez les adultes, est extrêmement dépendante du sommeil et plus particulièrement du sommeil paradoxal (p. 354). C'est ce qui expliquerait que l'on retient mieux ce que l'on a appris avant de s'endormir. Tous les enfants naissent avec le même potentiel de mémoire, après c'est une question d'entraînement. ■

" Sa mémoire ne peut être vérifiée qu'à partir du moment où il maîtrisera bien le langage. Plus elle est sollicitée mieux elle fonctionne. "

Les jeux collectifs*en savoir plus*

Se faire des amis

Vers 3 ans, l'enfant a besoin d'amis : il les recherche d'ailleurs avec beaucoup d'intérêt. Même s'il a déjà des frères et sœurs, il aime nouer de nouvelles relations avec des enfants de son âge. Il se trouve à égalité avec eux et aussi en meilleure position pour apprendre à nouer des relations sociales : c'est une expérience indispensable pour l'aider à dominer son égocentrisme et développer son sens de la sociabilité. Mais à partir de quel âge est-il capable d'avoir des copains ? 3-4 ans est l'âge idéal pour l'expérience de l'amitié : les enfants jouent encore en « parallèle », les échanges entre eux sont uniquement imitation. Et tout l'intérêt est là. Chacun s'efforce de reproduire ce que fait l'autre : même attitude, même expérience, même effort. L'enrichissement est mutuel. Les meilleurs camarades de jeux sont encore ceux qui ont des goûts très proches. Cela n'empêchera pas les disputes, voire les bagarres. Chacun a besoin de tester ses pouvoirs sur l'autre et de libérer son agressivité. Chamailleries, cheveux tirés, tapes scellent souvent les amitiés les plus profondes et les plus durables. Les frères et sœurs ne sauraient remplacer les copains : les copains ne sont ni dominateurs ni dominés. L'intérêt est d'être avec eux sur un pied d'égalité.

Dans toute relation, il y a du bon et du moins bon et même les disputes sont formatrices. Les enfants apprennent ainsi à accepter l'intensité de leurs sentiments réciproques et à régler les petits problèmes de la vie en communauté sans pour cela remettre en cause leur amitié. De plus, en grandissant, ils ne recherchent plus uniquement des copains qui leur ressemblent mais aussi ceux qui leur sont opposés, par attrait de la différence. ■

Filles et garçons, des comportements différents

Les petites filles développent plus tôt et plus largement leur vie sociale. Elles aiment jouer à deux ou trois en bavardant abondamment, elles se touchent, se sourient, ont des comportements maternels. Les garçons préfèrent de beaucoup partager leurs jeux avec un adulte. Entre eux, leurs gestes sont plus agressifs. Ils se bousculent, se font les gros yeux, à moins qu'ils ne chahutent à la dure. Ils adorent encore faire des grimaces. Jusqu'à 1 an 1/2-2 ans, les gestes, les mouvements du corps, les mimiques sont identiques chez les garçons et les filles. Ensuite, ils se différencient en passant souvent, pour les deux sexes, par une phase agressive. ■

Les jeux collectifs

1RE SEMAINE

1ER MOIS

2 À 3 MOIS

4 À 5 MOIS

6 À 7 MOIS

8 À 9 MOIS

10 À 11 MOIS

1 AN

1 AN 1/2

2 ANS

2 ANS 1/2

3 ANS

4 ANS

5 ANS

6 ANS

ANNEXES

LONGTEMPS, LES ENFANTS JOUENT CÔTE À CÔTE, ayant simplement besoin de la présence de leurs amis à côté d'eux. C'est grâce à l'école qu'ils rencontrent le plaisir de jouer à plusieurs surtout s'ils gagnent !

Des groupes instables

À l'école maternelle, le besoin de vie sociale est important au point qu'ils détestent être seuls. D'ailleurs, lorsqu'ils font une découverte, ils appellent un copain pour la lui faire partager. Mais ce comportement n'est pas suffisant pour leur fournir les clefs de la vie en société. Ainsi on constate que les petits groupes d'enfants qui s'amusent ensemble à l'école maternelle sont très instables jusqu'à l'âge de 5-6 ans.

Des meneurs et des suiveurs

Ce sont les jeux d'imitation qui, les premiers, rassemblent les enfants du même âge. Il faut être au moins deux pour jouer au papa et à la maman ou à l'école. Puis ce sont les tout premiers jeux collectifs qui les regroupent, souvent d'ailleurs à l'initiative de l'instituteur ou des parents. Il faut être plusieurs pour s'amuser au train, à la chandelle ou aux quatre coins.

Au fil des semaines, l'enfant apprécie de plus en plus ces parties en commun, surtout qu'il est à un âge où il aime se fixer des règles. Bien vite, on remarque alors qu'une hiérarchie s'établit dans le groupe, même s'il ne se compose que de deux enfants : il y a les meneurs et les suiveurs, ceux qui prennent toujours le rôle des adultes et ceux qui sont toujours les « bébés » de l'histoire. Avant de pouvoir se distraire à trois ou quatre ou plus, les enfants de 5 ou 6 ans ne sont bien qu'à deux. À trois, les disputes sont nombreuses et la partie dégénère. À deux, s'établit un vrai dialogue, une vraie collaboration. Des études faites sur leurs conversations montrent qu'ils enrichissent mutuellement leur vocabulaire et qu'ils expérimentent de nouvelles formes grammaticales. C'est au cours des jeux qu'ils utilisent pour la première fois le conditionnel.

Des gagnants et des perdants

Ils s'échangent aussi des idées et s'enseignent mutuellement des notions plus ou moins abstraites. À un peu plus de 6 ans, les jeux sont une véritable activité de groupe demandant une bonne organisation et un « chef » qui s'impose aux autres par la force et la qualité de ses innovations. Les jeux de société développent le sens de l'effort, la ténacité, l'esprit d'équipe, la solidarité et le sens de la compétition. Mais ils initient aussi à l'idée qu'il existe des gagnants et des perdants. C'est parfois dur d'accepter de perdre à 5 ans, surtout face à des enfants du même âge. L'enfant va devoir apprendre que le monde ne s'effondre pas parce qu'il perd. Il doit se persuader qu'il aura toutes les chances de gagner la prochaine fois.

L'anxiété de perdre au jeu est naturelle, c'est même un signe de bon développement. Il faut magnifier l'échec autant que la réussite. L'enfant doit accepter les règles, le jeu des règles remplaçant alors le jeu mégalomaniaque de cet enfant qui se croit tout-puissant. ■

« Savoir perdre apprend à gagner, un fait qu'il a pour l'instant bien du mal à accepter. »

Le sens caché des contes

• *Le Petit Chaperon rouge* montre le passage délicat de l'état d'enfant à celui de jeune fille, voire de femme. Le loup ayant le rôle du séducteur.

• *Blanche-Neige* décrit les conflits œdipiens entre la mère et la fille. La mère, la reine, montre une jalousie insurmontable vis-à-vis de sa fille plus belle de jour en jour. Ce conte met en évidence la « normalité » des sentiments œdipiens pour l'enfant et l'« anormalité » lorsqu'ils sont éprouvés par l'un des parents. Ils doivent donc être punis dans ce cas. Dans ce conte comme dans beaucoup d'autres, la mort ne signifie pas la fin de la vie, Blanche-Neige survit à ses malheurs et rencontre le bonheur.

• *Le Merveilleux Voyage de Nils Holgerson* raconte la quête de son identité chez l'enfant.

• *Boucle d'Or* nous montre la difficulté de grandir, de ne plus être un bébé, mais pas encore un adulte.

• *Pinocchio* incarne l'enfant jouet, refusant de se plier aux lois d'une société trop rigide.

• *Peau d'Âne* dénonce les tourments de l'inceste.

• Les *Trois Petits Cochons* nous enseigne que la vie ne doit pas être prise à la légère, au risque de la perdre. ∎

Des histoires à message

Les premiers textes lus continuent le lien logique et naturel entre la langue parlée, qu'ils maîtrisent déjà bien, et la langue écrite qu'ils n'ont pas encore acquise. On serait tenté de dire qu'il faut tout lire, des textes simples aux plus littéraires. La lecture peut se faire au moment du coucher, et bien des enfants la réclament. Ce sont toujours des moments d'échange intenses. La lecture envoie aussi un message pédagogique évident : elle joue avec les mots et les phrases, tout ce qu'il faut pour apprendre à bien parler. Elle développe aussi le sens logique car le récit est construit : les actions s'emboîtent les unes dans les autres, découlent les unes des autres. Ces notions ne sont pas encore totalement évidentes chez l'enfant de cet âge. Pour remplir toutes ces fonctions, l'histoire ne doit jamais être ennuyeuse. Il faut donc adapter le seuil de compréhension à l'âge de l'enfant et si le vocabulaire ou le scénario vous semble un peu complexe, expliquez-le et même posez des questions pour vérifier qu'il comprend ce que vous êtes en train de lui lire. Au fur et à mesure de vos lectures, vous apprendrez à connaître ses besoins, ses goûts. L'enfant saura aussi de mieux en mieux exprimer ses préférences. À cet âge, on aime aussi s'amuser dans les livres. Ceux qui proposent tirettes, volets et autres caches sont très appréciés, tout comme les livres où l'humour ponctue le récit.

Une histoire bien racontée provoque souvent la confidence. L'enfant va poser les questions qui le préoccupent, exprimer les sentiments qui le bouleversent. Certains auteurs se sont même donnés pour mission d'aborder indirectement, mais toujours clairement pour l'enfant, des situations particulières telles que l'arrivée d'un autre enfant, la disparition d'un être cher, l'entrée à l'école, etc. Généralement, ces livres provoquent peu de questions tant le message est clairement reçu. ∎

▌ MON AVIS

Le livre est un objet essentiel et ne saurait être remplacé par le lecteur DVD et le dessin animé. C'est en écoutant ses parents lui lire des histoires que l'enfant aura envie d'apprendre à lire. Le conte de fées représente aussi une transmission héréditaire importante par la qualité de la voix, l'intimité et la théâtralisation apportées par le lecteur. L'auditeur devient l'enfant d'une famille en écoutant sa maman lui raconter *Le Petit Chaperon rouge* ou son papa les aventures de *Pinocchio* : il participe à l'imaginaire, aux peurs, aux craintes, à la mythologie infantile. ∎

La valeur des contes

INCROYABLE, À L'ÉPOQUE DES AVIONS SUPERSONIQUES et de la télévision par câble, les histoires qui font toujours « frémir » les enfants sont des contes. Sans doute parce qu'ils racontent beaucoup plus qu'une aventure d'un autre âge.

Toujours d'actualité

Sans doute *Le Petit Chaperon rouge*, *Le Petit Poucet*, *Barbe Bleue* racontent-ils des histoires de toujours. Leurs héros sont confrontés aux premières expériences de la vie et leur valeur initiatrice est d'autant plus importante que les contes agissent sur l'imagination de l'enfant.

Pour Bruno Bettelheim, psychanalyste américain, l'enfant a besoin d'être instruit symboliquement sur la manière dont il peut régler ses problèmes existentiels. Les contes de fées simplifient les situations et typent les personnages. L'enfant qui les écoute est séduit par le héros auquel il s'identifie, traversant avec lui toutes les épreuves. Le sens moral du conte se dégage des combats qu'affronte avec succès le héros. Plus le personnage du conte est bon et simple, plus l'enfant se reconnaît facilement en lui. La conclusion heureuse lui apprend que c'est la relation profonde entre les gens qui combat l'angoisse latente de la séparation. Cet épilogue n'est possible que s'il a su se dégager de l'emprise paternelle.

Un univers de peurs et de rêves

Dans son livre *Psychanalyse des contes de fées*, Bruno Bettelheim a décrit le rôle majeur des contes dans le monde dit moderne. Les enfants vivent maintenant beaucoup plus solitaires qu'autrefois, moins protégés par une large famille ou une grande communauté. Ils sont isolés comme la plupart des héros des contes de fées et obligés, comme eux, de s'aventurer dans un univers dont ils connaissent peu de choses. Pour Bruno Bettelheim, leur suprématie sur tout autre récit s'explique par le fait qu'ils dévoilent les peurs et les rêves qui hantent tous les enfants. Le conte révèle d'abord un monde merveilleux où tout est possible, où les bons finissent toujours par avoir le dessus sur les méchants, tout comme les petits sur les grands, les faibles sur les forts. La ruse, l'astuce, la gentillesse, l'intelligence viennent à bout de toutes les difficultés, là sont tous les espoirs des enfants.

Les contes aident aussi à matérialiser les peurs diffuses de l'enfance : les loups, les sorcières, les ogres. Ils aident encore à atteindre le monde du rêve, le même qu'imagine l'enfant quand il joue à faire parler les objets. Ils lui font espérer que les mauvais moments ne sont que passagers, qu'ils permettent d'accéder à une situation meilleure et plus sûre. Il semble d'ailleurs que ces histoires appartiennent au patrimoine de l'humanité et qu'elles aient toujours exercé une influence apaisante et encourageante. Malheureusement, les adaptations cinématographiques, ou même certaines éditions, les appauvrissent dangereusement, mettant au premier plan le spectaculaire et le secondaire au détriment du fond. ∎

" Lire des contes c'est dévoiler les peurs et les rêves communs à tous les enfants de la terre. "

1RE SEMAINE

1ER MOIS

2 À 3 MOIS

4 À 5 MOIS

6 À 7 MOIS

8 À 9 MOIS

10 À 11 MOIS

1 AN

1 AN 1/2

2 ANS

2 ANS 1/2

3 ANS

4 ANS

5 ANS

6 ANS

ANNEXES

Des poupées pour les filles et les garçons

Ce n'est pas en interdisant aux petits garçons de jouer à la poupée que l'on en fait des « hommes ». En leur refusant ce jouet essentiel à leur développement, on risque au contraire de leur laisser à penser qu'il y a là problème. Tout comme les nouveaux pères, pourquoi leur refuserait-on le droit de s'occuper d'un bébé ? Jouer à la poupée favorise le développement affectif et psychologique. C'est l'objet transitionnel par excellence, celui qui aide à supporter notamment la séparation au moment de l'endormissement. Il a aussi un rôle important pour extérioriser des conflits restés latents entre parents et enfant. La poupée sera fessée, punie à la moindre bêtise. La vie de poupée n'est pas toujours rose.

Le petit garçon a besoin, autant que la petite fille, d'exprimer son amour et sa sollicitude envers les poupées. En aucun cas, cela ne remet en question sa future virilité. Quand il joue comme une petite fille, il s'identifie à l'autre sexe. D'ailleurs, les garçons et les filles ne jouent pas à la poupée de la même manière. Vers 5 ans, les petites filles ont des gestes d'apprenties puéricultrices. Les garçons, eux, au même âge, ont tendance à expérimenter leur nouvelle autorité et leur agressivité. C'est d'ailleurs pourquoi ils choisissent des poupées de sexe masculin indéniable, comme Ken. Deux chercheurs de l'université de Bordeaux, Alain Laflaguière et Gabriela Piglafos, ont voulu en savoir un peu plus en proposant aux enfants des poupées sexuées.

Première constatation : le sexe a une place importante dans le choix des enfants, ils en contrôlent l'anatomie. Les filles, dès 3 ans, choisissent majoritairement le poupon, tout comme les garçons. En grandissant, les garçons continuent de le préférer alors que les filles s'intéressent tout autant aux deux sexes. Plus l'enfant grandit, plus il s'identifie

à son sexe et cette tendance est encore plus nette pour les poupées habillées. Ce conformisme est noté chez les garçons et les filles entre 5 et 6 ans. Cependant, la poupée nue intéresse davantage les garçons, les filles, elles, préfèrent le poupon viril. Ces observations rejoignent les travaux de la psychologue suisse Myriam Halperin. Elle explique, en substance, que la fillette s'identifie plus spontanément à la poupée à travers son symbolisme de féminité et de maternité. La poupée, en revanche, serait vécue comme menaçante pour l'identité du jeune garçon. Il éprouverait un complexe de féminité accompagné d'un sentiment d'infériorité qui justifierait son agressivité. De plus, pour un petit garçon, jouer sans cesse à la poupée comme une fille est souvent révélateur d'un problème d'identité sexuelle.

Deuxième constatation liée au maternage : rares sont les enfants qui ne maternent pas leurs poupées. Ce sont les filles qui l'exercent le plus. Les deux tiers des enfants explorent le corps de la poupée (regard, toucher, manipulation...). Presque 60 % d'entre eux la mettent en action (marche, saut, gymnastique...) et le quart en explorent l'anatomie sexuelle. ■

Une poupée star

Bien qu'elle soit un peu moins à la mode, le phénomène Barbie mérite quelques réflexions. La poupée amène généralement la petite fille à jouer le rôle d'une maman attentionnée et aimante. La poupée Barbie et son compagnon Ken n'ont pas ce rôle. Barbie est une dame qui projette la petite fille dans l'univers des femmes, celles qui savent séduire et vivre avec leur temps. Barbie d'abord star s'est mise à travailler. Elle est chanteuse, hôtesse de l'air, elle fait du sport, de l'aérobic, du ski en passant par les patins à roulettes. Bref, c'est une poupée différente des autres. ■

L'éveil par les jeux

LE JEU DÉVELOPPE LES QUALITÉS INDISPENSABLES à tout propos intellectuel et à tout apprentissage. Il faut être persévérant, réfléchir avant d'agir, être patient pour réussir. Le jeu enseigne que l'on réussit rarement la première fois que l'on tente une expérience.

Un éveil intellectuel... mais aussi moteur et créatif

À cet âge, l'enfant est toujours passionné par les jouets qui l'aident à s'imaginer adulte.

Pour lui, exercer sa motricité a toujours beaucoup d'importance. Les jouets à dominante motrice font généralement travailler l'ensemble du corps, aident à la maîtrise de l'équilibre, à la coordination des mouvements et à l'habileté manuelle. Ils permettent d'aller toujours plus vite, toujours plus haut, toujours plus loin. C'est en se surpassant que l'enfant prend confiance en lui. Ses « armes » : la bicyclette, les patins à roulettes, les ballons, les cerfs-volants. Pourtant, cet enfant reste un tendre. Il a besoin de poupées, de peluches, de personnages miniatures. En leur compagnie, il imagine des situations et vit les aventures de personnages réels ou fictifs. Cet enfant est aussi un créateur, il dessine, aime tripoter la pâte à modeler, faire des mosaïques, jouer avec des gommettes, assembler des petites briques. En créant, il donne libre cours à sa fantaisie et se moque des règles préétablies. Il expérimente et s'initie à de nouvelles sensations. Il affirme en permanence sa personnalité. À 5 ans, grâce à l'école, l'enfant s'est déjà exercé aux grandes fonctions cognitives : il découvre, observe, reconnaît, raisonne, analyse.

Ces nouvelles capacités lui donnent la possibilité de chercher les pièces d'un puzzle (maximum 200 pièces), de s'initier à des mécaniques simples et bien sûr d'aborder les premiers jeux de cartes tels que les mémory, dominos ou lotos. Pour ces premiers jeux intellectuels, l'enfant a besoin de partenaires. Le jeu et le jouet, en favorisant l'échange avec autrui, l'aident à se situer dans ses rapports avec les autres. Il doit accepter d'appliquer les règles établies pour tous. Dès qu'il connaîtra les premiers chiffres ou reconnaîtra les couleurs, il jouera au jeu de l'oie, à moins qu'il ne préfère le jeux de sept familles. C'est le début d'une autre relation avec le jeu où entrent les notions de rivalité, de hasard, de rapidité et où il y a un perdant et un gagnant (p. 605).

Prendre confiance en soi

Dans ses progrès, l'enfant est sensible aux compliments, notamment de ses parents, mais il sait très bien s'ils sont justifiés et détestent ceux qui cachent ses échecs. La confiance des parents lève tous les doutes que l'enfant éprouve vis-à-vis de lui-même. Il doit cependant disposer de tout son temps pour réussir ou se concentrer sur un jeu. S'amuser est toujours un acte spontané, l'apprentissage n'existe pas.

Cela suppose aussi, de la part de l'adulte, la capacité d' « entrer dans le jeu », c'est-à-dire de faire appel à sa propre expérience d'enfant. Le jeu éveille l'intelligence à condition de ne pas en faire son objectif. ■

> " Le jeu éveille l'intelligence à condition de ne pas en faire son objectif. „

1RE SEMAINE

1ER MOIS

2 À 3 MOIS

4 À 5 MOIS

6 À 7 MOIS

8 À 9 MOIS

10 À 11 MOIS

1 AN

1 AN 1/2

2 ANS

2 ANS 1/2

3 ANS

4 ANS

5 ANS

6 ANS

ANNEXES

Trop souvent absent

Les absences de l'écolier commencent à poser quelques problèmes en grande section. Sans avoir réellement de programme, cette section demande de la régularité de la part des enfants, et le rythme de travail est clairement défini comme un déroulement dans le temps.

Les absences répétées peuvent empêcher un enfant de bien s'intégrer au groupe et risquent de lui donner un sentiment d'exclusion s'il a raté une sortie ou une activité collective fortement appréciée. Évitez les absences de convenance. S'il « manque » plusieurs jours, demandez à la maîtresse de lui donner quelques exercices de rattrapage. ■

Petits mais responsables

Tous les jours, un enfant est nommé responsable de la classe. C'est pour lui une vraie fierté parce qu'il est proche de la maîtresse, parce qu'elle lui donne des responsabilités et parce que les autres sont un peu sous son autorité.

Le petit « délégué de classe » marque généralement la date au tableau et le temps qu'il fait ; il distribue aussi les cahiers, le goûter et il donne à manger à l'animal de la classe s'il y en a un. ■

Le préapprentissage de la lecture et de l'écriture

Il est indispensable que l'enfant s'habitue et aime jouer avec les lettres, les mots, les phrases, c'est ce qu'il a appris dans les autres sections. Il n'apprend pas réellement à lire et à écrire. Il « photographie » globalement le plus de mots possible et apprend à les utiliser. Le jeu de « pigeon vole » est un grand classique dans le préapprentissage de la lecture. L'institutrice énumère des mots, le jeu consiste à reconnaître ceux ayant des syllabes communes. Il faut alors crier « pigeon vole ». Puis les enfants cherchent eux-mêmes des mots ayant la syllabe choisie. L'approche de la lecture se fait donc essentiellement par le son et le langage parlé. La maîtresse écrit sur le tableau une ou deux phrases simples composées de mots connus. Les enfants vont alors jouer avec les mots pour construire d'autres phrases. L'écrit est aussi très présent dans la désignation des objets. Partout, dans la classe, se multiplient les étiquettes afin que l'enfant mémorise l'objet et son nom écrit. Tout est prétexte à entrer dans l'écrit. La bibliothèque, bien sûr, mais aussi la création d'histoires, les comptes rendus d'observation, par exemple la météo. Enfin, certaines classes établissent des liens épistolaires avec d'autres enfants. ■

La grande section

TOUS LES ENFANTS ÉPROUVENT UNE VÉRITABLE FIERTÉ à accéder à cette dernière section de l'école maternelle. À 5 ans, ce petit écolier sait se plier aux règles de la vie scolaire, il a un véritable sens des responsabilités et apprendre devient très excitant. Sa maturation lui permet encore une vraie réflexion sur ses actes.

Des matinées chargées

En raison de la nouvelle capacité d'attention et de concentration de l'enfant, le rythme de la journée en grande section a été voulu plus soutenu. Le matin est généralement réservé aux préapprentissages de la lecture, de l'écriture et des mathématiques. Ces apprentissages sont directement liés à ce que vivent les enfants et prennent toujours la forme de jeux. L'observation des objets, des animaux, des plantes, des phénomènes naturels est à la base de toutes les activités d'éveil. Toutes les occasions sont bonnes pour satisfaire la très grande curiosité sur l'environnement et la vie qui occupe l'enfant de cet âge. Tout est prétexte à conduire un raisonnement logique, tout est fait pour enrichir le vocabulaire de mots plus précis, plus techniques. Les élèves inventent des histoires que la maîtresse écrit au tableau, ils savent lire leur prénom et le jour de la semaine, ils recopient des petits textes en respectant l'horizontalité des lignes. Côté mathématiques, les enfants complètent des séries, abordent la symétrie et les tableaux à double entrée. Les lettres et les chiffres les intéressent et ils s'amusent à les reconnaître dans leur environnement. Généralement, c'est en ateliers que l'instituteur ou l'institutrice organise sa classe.

Des après-midi créatives

L'après-midi est plus « libre », avec l'installation d'ateliers à caractère plus créatif. Le matériel se sophistique, les enfants se servent de craies, de pochoirs, de fusains, d'encres. Le petit écolier sait ainsi mélanger des couleurs, il est capable de réalisme intellectuel, il dessine ce qu'il sait, ainsi les animaux ou les personnes de profil n'ont qu'un œil. Les jeux sont aussi présents dans les ateliers, mais ils sont plus intellectuels : puzzles, jeux de construction ou de logique, jeux collectifs avec respect des règles ouvrent aux enfants la réflexion. Par petits groupes, les élèves sont capables de travailler en commun.

Le début d'un dossier scolaire

Autre changement fondamental avec les autres sections : les « productions » des enfants sont évaluées et collectées dans un début de dossier scolaire qui suivra l'enfant à la grande école et permet de repérer la présence eventuelle de premières difficultés.

Aujourd'hui, la grande section appartient au « cycle des apprentissages fondamentaux » avec le cours préparatoire et le cours élémentaire première année. Cette nouvelle structure n'a pas pour but d'apprendre aux enfants à lire plus tôt mais devrait permettre un meilleur respect du rythme d'acquisition de chaque enfant. Apprendre à lire est toujours l'affaire du CP.

C'est à partir du deuxième trimestre que se fait le préapprentissage de la lecture et de l'écriture. Tout commence par l'acquisition de son prénom et de mots simples tels que « papa » et « maman ». L'essentiel, en fait, est qu'ils soient chargés d'affectivité. ■

1RE SEMAINE

1ER MOIS

2 À 3 MOIS

4 À 5 MOIS

6 À 7 MOIS

8 À 9 MOIS

10 À 11 MOIS

1 AN

1 AN 1/2

2 ANS

2 ANS 1/2

3 ANS

4 ANS

5 ANS

6 ANS

ANNEXES

Le passage anticipé

Dans leur grande majorité, les enseignants n'y sont pas favorables. Pour eux, le passage de la maternelle au CP est un virage difficile qu'il faut bien négocier : pas trop vite, pas trop tôt. Il faut d'abord discerner la maturité et l'intelligence. Les deux sont indispensables pour réussir au CP et peu d'enfants, même très doués, sont assez mûrs. La maturité doit en fait être « globale », aux capacités intellectuelles doivent s'ajouter des capacités affectives et sociales. Au CP, les rythmes sont très soutenus, rythme de travail et contraintes physiques sont importants. Enfin, l'enfant va devoir affronter des grands qui vont chercher à lui imposer leurs lois. Saura-t-il résister ?

Pour demander un passage anticipé, il faut s'adresser à l'institutrice de maternelle de l'enfant. Un dossier sera alors constitué. Il se peut que l'enfant soit convoqué pour un entretien avec un psychologue qui lui fera peut-être aussi passer des tests. Ensuite, les enseignants, les psychologues et l'inspecteur départemental se réunissent, discutent au cas par cas. La dernière décision se prend en mai-juin, sous la direction de l'inspecteur départemental. Le bien-fondé de la démarche est l'aboutissement de la confrontation des opinions des parents, des enseignants, du psychologue scolaire et du médecin scolaire, voire si besoin d'un intervenant extérieur à l'école. L'alliance de toutes leurs réflexions permet de raisonner utilement sur l'avenir scolaire et intellectuel de l'enfant. ▪

Liaison avec la maternelle

Bien que la grande section de maternelle et le CP appartiennent au même cycle d'apprentissage, le passage d'une classe à l'autre se prépare. Ainsi, les enseignants sont tenus d'établir des liaisons entre les élèves de ces deux classes, souvent séparées entre établissements. Les enfants correspondent, ils s'envoient des lettres ou des cartes postales à moins qu'ils n'établissent un cahier de liaison qui voyage d'une classe à l'autre. Les petits

écoliers se rendent visite, parfois même leurs enseignants organisent des sorties scolaires ou un pique-nique. À moins qu'au dernier trimestre, ils partagent pour quelques heures la même classe. Des visites dans l'autre sens sont aussi indispensables pour qu'aucun ne se sente dévalorisé. Une bonne liaison maternelle-CP se concrétise aussi par des rencontres entre enseignants. ▪

Les examens complémentaires

Au moment du bilan de fin de maternelle, le regroupement de l'avis de l'institutrice et des conclusions de l'assistante sociale peut amener l'école à décider d'effectuer des examens complémentaires, notamment des tests pratiqués soit par des psychologues scolaires, soit par les GAPP (groupes d'aide psychopédagogique). Ces tests permettent d'évaluer les possibilités d'apprentissage scolaire de l'enfant en cours préparatoire.

Toute une batterie de tests est à la disposition des « spécialistes ». Cela peut aller du calcul du quotient intellectuel (qui ne prouve d'ailleurs rien en soi), à la construction d'une histoire à l'aide de dessins. Selon la façon de faire de l'enfant, le psychologue pourra mieux cerner sa personnalité. Si le psychologue conclut, par exemple, à une immaturité affective, liée à des problèmes de relations familiales, il peut conseiller aux parents de demander une consultation spécialisée dans un centre médico-psychopédagogique – CMPP (p. 758). Si l'on est certain que l'enfant ne pourra pas, dans l'immédiat, bénéficier des acquisitions scolaires d'un cours préparatoire, on propose aux parents de garder l'enfant une année de plus en maternelle ou bien de l'inscrire dans une classe d'adaptation, classe intermédiaire entre la maternelle et le CP. Mais, en dernier ressort, ce sont les parents qui décident.

Les cas particulièrement épineux sont présentés devant une commission médico-pédagogique départementale, seule habilitée à diriger les enfants en difficulté vers des classes ou des structures plus spécialisées. ▪

L'examen médical d'entrée au CP

IL NE SUFFIT PAS D'AVOIR 6 ANS POUR ENTRER AU CP... encore faut-il réussir son premier « examen de passage médical ». Généralement, cet examen est programmé au cours du troisième trimestre de la grande section de maternelle.

Médical et social

C'est un bilan très complet fait en présence des parents. D'ailleurs, il comporte une petite enquête sociale réalisée par une assistante sociale. Les enseignants comprendront mieux le mode de vie de leur petit écolier et seront à même d'expliquer un certain nombre de difficultés. Ainsi on se soucie de savoir s'il vit avec ses deux parents ou non, s'il a sa propre chambre ou s'il la partage, à quelle heure il se couche, s'il regarde beaucoup la télévision, s'il a des frères et sœurs, etc. Si, pour des raisons d'organisation, cette date n'a pas pu être retenue, l'enfant sera examiné au cours du premier trimestre de l'école primaire.

L'examen clinique

Puis vient l'examen clinique réalisé par un médecin scolaire. Il observe la croissance de l'enfant : notamment la courbe biométrique, c'est-à-dire le rythme de croissance de la taille. Grâce au carnet de santé, le médecin peut faire le point sur les vaccinations et leurs rappels. Généralement, le BCG (p. 678) est contrôlé par la pose d'un test tuberculinique. Viennent ensuite les problèmes orthopédiques (jambes arquées, pieds plats, etc.), l'écoute du cœur, l'examen des dents pour déceler d'éventuelles caries, mais aussi les troubles de « l'articulé dentaire » tels que les dents qui se chevauchent ou un défaut de prononciation.

Le médecin procède également à un dépistage audiométrique : une bonne ouïe est importante dans l'apprentissage de la lecture et de l'écriture. La vue est aussi soigneusement contrôlée, ainsi que la vision exacte des couleurs. Généralement, on procède encore à une recherche rapide d'albumine dans les urines.

Des observations consignées dans un dossier

Toutes les observations du médecin concernant l'état de santé de l'enfant sont notées dans un dossier dont une copie est adressée aux parents. Le médecin peut, si une difficulté ou un trouble a été dépisté, leur conseiller la consultation d'un médecin spécialiste, d'un psychologue ou d'un pédopsychiatre. Rappelons que le médecin scolaire n'a pas le droit d'effectuer de prescriptions.

Le dossier social et médical ainsi établi suivra l'enfant tout au long de sa scolarité et dans tous les établissements qu'il sera amené à fréquenter. Il est strictement confidentiel et même les directeurs des écoles n'y ont pas accès. Il ne doit pas être utilisé contre un enfant, ni lui nuire dans la suite de sa scolarité. ■

" Il est possible de passer grâce au passage anticipé, comme il est parfois anticipé de proposer ce passage. „

1RE SEMAINE

1ER MOIS

2 À 3 MOIS

4 À 5 MOIS

6 À 7 MOIS

8 À 9 MOIS

10 À 11 MOIS

1 AN

1 AN 1/2

2 ANS

2 ANS 1/2

3 ANS

4 ANS

5 ANS

6 ANS

ANNEXES

Les jeux dangereux

LES ENFANTS SONT PLEINS DE VIVACITÉ et leur activité principale consiste à bouger. Il est donc normal que les accidents dont ils sont les victimes soient majoritairement dus à leurs jeux ou à leurs activités sportives.

Au square

Cage d'escalade, toboggan, balançoire, tourniquet, les squares sont pleins de jeux amusants qui peuvent parfois se révéler dangereux. Tout dépend de leur état, de leur utilisation, des autres enfants mais aussi de la chance. Une balançoire endommagée, une glissière de toboggan détériorée, une corde usée et le jeu se transforme en drame. Un peu de bousculade sur le toboggan encombré, une bagarre dans la cage d'escalade et c'est la chute. Et puis il y a les enfants intrépides, ceux qui ne peuvent descendre les toboggans que la tête la première et faire de la balançoire debout sur le siège... Ceux-là, lorsqu'ils tombent, savent pourquoi, mais il y a les malchanceux qui glissent de la balançoire les mains en avant ou ratent un barreau de l'échelle du toboggan. Pourtant, bien des accidents pourraient être évités si la surface de réception était souple et capable d'amortir les « atterrissages » les plus scabreux. Le choix de l'aménagement dépend essentiellement de la nature des équipements. Pour les jeux de très grande hauteur, on conseille l'utilisation de dalles haute sécurité double couche (43 mm d'épaisseur). Pour des structures comprises entre 1 m et 1,70 m, des dalles standard de 30 mm d'épaisseur suffisent. En dessous de 1 m, c'est le gazon synthétique – mais pas n'importe lequel – ou un autre revêtement mince (10 mm d'épaisseur) qui est le plus indiqué. Enfin, l'aire de sécurité proprement dite doit s'étendre sur 2 m, libres de tout obstacle au-delà des limites de jeux. Toutes ces recommandations sont consignées dans une norme AFNOR. La Commission de la normalisation a également rédigé une norme spécifique concernant les exigences de sécurité des toboggans. Reste qu'elles sont aujourd'hui conseillées mais nullement imposées. À la différence des réglementations anglaise ou allemande.

Sports de glisse

Le ski compte de nombreux adeptes et c'est un sport qui se pratique beaucoup en famille. Les enfants prennent un grand plaisir aux sports de glisse en général. Il n'est sans doute pas inutile de rappeler qu'en ce qui concerne les accidents liés au sport, le ski figure en tête du palmarès des causes d'hospitalisation des enfants de 5 à 14 ans. En fait, la plupart des petits skieurs ignorent les règles de priorité et sont loin de respecter le code des pistes. Ils skient rarement en file indienne, préférant se déployer sur la neige et prennent souvent des risques, glissant tout schuss pour épater leurs petits copains. Or les enfants ont un champ de vision beaucoup moins étendu que celui de l'adulte, ce qui ne leur permet pas d'anticiper l'obstacle. Cela étant, même s'ils aiment skier dangereusement, les petits sportifs courent souvent des risques qui pourraient être facilement évités s'ils avaient un équipement adéquat et s'ils vérifiaient tous les jours l'état de leur matériel.

Les chaussures doivent être rigides, tout en laissant une liberté de mouvement aux orteils, et être à la bonne pointure. Quant aux fixations, sept sur dix sont mal réglées. Or, c'est un élément de sécurité qui se choisit toujours en fonction du poids du skieur et de sa pointure, de façon à s'ouvrir en cas de chute ou lorsque les possibilités normales de rotation d'une articulation sont dépassées. Inutile de préciser que les fixations doivent être parfaitement entretenues. Les vêtements doivent assurer une bonne protection contre le froid, sans être trop lourds ni gêner les mouvements. Aux sports d'hiver, les « accessoires » portent mal leur nom car ils sont indispensables. Pour la tête, choisissez un bonnet couvrant bien les oreilles ou une cagoule. De même, emmitouflez-leur bien les mains dans des gants ou des moufles. Enfin, si votre enfant est turbulent et casse-cou, mettez-lui un casque. Ce n'est pas du tout un gadget : les lésions cranio-faciales représentent 16 % des accidents en France. Quant aux lunettes, elles protègent les yeux contre le soleil mais aussi contre les coups de bâton imprévisibles !

Les accidents de parcours

En France, un enfant sur deux se rend tout seul à l'école et ce n'est pas sans risque puisque chaque année 500 enfants de 5 à 15 ans sont victimes d'accidents. Pourquoi ? Tout d'abord parce qu'un enfant ne voit ni n'entend comme un adulte et plus il est petit, plus cette différence est importante. Le champ de vision d'un adulte dépasse 180°, chez l'enfant ce champ se limite à 70°. De plus, en raison de leur petite taille, les écoliers ne peuvent pas voir au-dessus des voitures en stationnement qui, inversement, les cachent à la vue des automobilistes.

En outre, les enfants mettent 4 secondes pour réaliser si une voiture roule ou est arrêtée. Enfin, ils ne détectent pas bien l'origine des bruits. Facilement distraits par ceux qui les entourent, ils n'entendent que ceux qui les intéressent. Également incapables d'évaluer correctement les distances, le temps et les vitesses, ils ne savent

pas penser et réagir à plusieurs choses en même temps. Difficile pour eux de faire tout à la fois attention au passage pour piétons, au pictogramme des feux et aux voitures.

À tout cela, il faut ajouter que l'enfant est prêt à commettre n'importe quelle imprudence pour satisfaire son envie de retrouver des amis ou pour rattraper son ballon et pouvoir ainsi continuer à jouer.

Certains enfants particulièrement audacieux collectionnent les accidents. C'est ainsi qu'ils forgent leur idée du risque. Il est important de discuter dès maintenant avec eux de leurs activités « dangereuses » afin d'éviter qu'à l'adolescence ils prennent encore plus de risques. Leur proposer des sports risqués, comme l'escalade ou les sports de combat, les aide à mieux les maîtriser. Leur offrir l'occasion de les partager en famille leur permet d'en vérifier les limites. ■

1RE SEMAINE

1ER MOIS

2 À 3 MOIS

4 À 5 MOIS

6 À 7 MOIS

8 À 9 MOIS

10 À 11 MOIS

1 AN

1 AN 1/2

2 ANS

2 ANS 1/2

3 ANS

4 ANS

5 ANS

6 ANS

ANNEXES

Un sentiment altruiste

Les Noëls et les anniversaires sont des fêtes où l'enfant reçoit généralement beaucoup de cadeaux (souvent trop). C'est l'occasion de lui expliquer que Noël est la fête de tous les enfants et du partage. Noël devrait permettre aux parents d'apprendre à leur enfant le plaisir de donner : offrir un dessin, un objet réalisé de ses mains, lui procurera un profond sentiment de satisfaction et lui montrera qu'il est lui aussi capable de témoigner son affection à tous ceux qui lui sont chers.

Toutes les fêtes de famille et surtout celle de Noël permettent de mettre en place tout doucement le sentiment d'altruisme. L'enfant va progressivement comprendre la notion de don et celle de recevoir. Il va d'ailleurs éprouver presque le même plaisir à offrir qu'à recevoir. Il sera fier de mettre ses cadeaux parmi tous les autres. Cette notion est importante pour aider la vie en société de ces enfants encore souvent égocentristes. Selon Laurence Kolhhey, professeur de psychologie à l'université de Harvard, l'enfant n'est pas capable d'éprouver un véritable sentiment d'altruisme avant 5-6 ans.

Cette fête peut être l'occasion de lui raconter l'histoire de la déesse Strana qui n'était jamais figurée dans la Rome antique. Son nom est à l'origine des mots « étrennes » et « étrange ». C'est une déesse qui tourne autour de la maison et qui fait des cadeaux. Véritable ancêtre de la Béfana et du Père Noël, elle ne pouvait pas être représentée parce qu'un cadeau est toujours anonyme. ■

Saint Nicolas

Saint Nicolas est une autre figure d'altruisme, bien connu des enfants de l'est et du nord de la France. Comme le soir de Noël, ils mettent leurs souliers devant la cheminée ou la fenêtre. Cet évêque qui se déplace en compagnie de sa « bourrique » et qui a fait carrière en sauvant d'une fin abominable trois petits enfants distribue aujourd'hui surtout des friandises. ■

▌ MON AVIS

Un 24 décembre, j'ai été appelé en urgence à l'hôpital. On venait d'y conduire un patient, récupéré sur un toit, et qui se prenait pour le Père Noël. Dès le début de l'entretien, il se plaint de la masse de travail qu'il a à faire, de la difficulté à stationner ses rennes, de la dispersion des adresses dans le monde et surtout de la répétition des jouets qu'il distribue. Ce n'est plus comme à une certaine époque, tous les enfants ont les mêmes jouets et il faudrait véritablement qu'il prenne les commandes sur Internet pour être certain de ne pas se tromper. Enfin, ajoute-t-il, il a le sentiment que l'on ne croit plus en lui. Sa dépression fait peine à voir et je trouve qu'il est bien atteint. Pour le réconforter, j'avance l'argument qu'à cette période de l'année, beaucoup de gens se prennent pour le Père Noël et que c'est même devenu un travail saisonnier très recherché. Il s'aperçoit, à ces mots, que je doute de lui. Aussi, il me coupe net, affirmant qu'il peut me citer tous les jouets qu'il m'a apportés dans mon enfance et qu'il connaît même celui que j'ai chéri plus que les autres. Il fait revivre alors Plume Blanche, mon Indien préféré. Abasourdi, je lui conseille de prendre un solide fortifiant capable de lui donner la force de continuer à alimenter les enfants en souvenirs, ceux si précieux pour leur avenir. Et je suis donc reparti sans avoir psychanalysé ce fou à barbe blanche. Moralité : travailler avec les enfants vous permet et vous oblige à croire toujours au Père Noël. ■

Et si le père Noël n'existait pas

1RE SEMAINE

1ER MOIS

2 À 3 MOIS

4 À 5 MOIS

6 À 7 MOIS

8 À 9 MOIS

10 À 11 MOIS

1 AN

1 AN 1/2

2 ANS

2 ANS 1/2

3 ANS

4 ANS

5 ANS

6 ANS

ANNEXES

LE DOUTE COMMENCE À S'INSTALLER VERS 5 ANS 1/2-6 ANS. Les enfants se partagent alors en deux clans : ceux qui y croient et ceux qui n'y croient pas. Ces derniers ayant toujours tendance à vouloir convaincre les premiers.

Le début des doutes

C'est assez normalement que naissent les soupçons. Comment ce Père Noël unique peut-il avoir autant de représentants ? Il y a celui des livres, celui des grands magasins, celui qui vient à l'école. Les indices sont de plus en plus nombreux pour le rendre perplexe. Découvrir qu'il n'existe pas est toujours pour l'enfant une profonde désillusion, lui qui personnifie la générosité totale : il offre des cadeaux sans rien demander en contrepartie, ni remerciements, ni sagesse. Pour les psychologues, le Père Noël est un mythe qui répond aux besoins de merveilleux et de fantastique des enfants.

Ne pas forcer la croyance

Le Père Noël développe un imaginaire riche et plein de sensibilité, c'est ainsi que l'enfant se fabrique le pouvoir d'affronter les difficultés de la vie. La révélation de la vérité ne fait généralement que confirmer des doutes le plus souvent entretenus par un camarade de classe bien informé. L'enfant accepte bien la vérité s'il s'aperçoit que cela ne remet pas en cause la distribution des cadeaux. Par contre, il n'est pas souhaitable d'entretenir le mythe envers et contre tout. L'enfant donne trop de poids aux paroles de ses parents, toujours détenteurs de la vérité, pour ne pas être bouleversé de les découvrir à ce point trompeurs. De plus, cette façon de faire signifie que les parents refusent de voir leur enfant grandir, ce qu'ils manifestent d'ailleurs dans d'autres comportements.

Préserver la valeur symbolique

Faire du Père Noël un instrument de chantage est à éviter absolument : Noël doit rester un moment merveilleux où les conflits et les rancœurs disparaissent. La générosité du Père Noël n'est pas sans limite. Il est normal que les enfants fassent quantité de projets à cette époque de l'année.

Pour éviter toute déception et laisser à cette fête une valeur avant tout symbolique et non matérialiste, il est important de leur demander de faire un choix dans leur liste interminable. La classique lettre au Père Noël peut en être l'occasion. Même si l'enfant est en pleine période de doute, il y sacrifiera, après tout on ne sait jamais... Pour ces enfants qui ne savent pas encore écrire, elle est faite de découpages et de dessins, les quelques lignes d'accompagnement seront dictées à un parent ou à un aîné complaisant. Il la mettra lui-même à la boîte. Elle ne restera pas sans réponse puisque la poste met en place en période des fêtes un service spécialisé. ■

" Noël est particulièrement propice aux colères et aux jalousies. L'enfant, très sollicité, est souvent fatigué. Un quart d'heure d'isolement peut l'aider à retrouver son calme. **"**

6 ans

1RE SEMAINE

1ER MOIS

2 À 3 MOIS

4 À 5 MOIS

6 À 7 MOIS

8 À 9 MOIS

10 À 11 MOIS

1 AN

1 AN 1/2

2 ANS

2 ANS 1/2

3 ANS

4 ANS

5 ANS

6 ANS

ANNEXES

6 ans

Vous

C'EST UN GRAND QUI SAIT CE QU'IL VEUT. Pour jouer et pour apprendre, il utilise l'ordinateur de papa. Vous avez d'ailleurs l'impression qu'il apprend plus vite que vous, une impression tout à fait juste. Pour lui, le réel prend de plus en plus d'importance.

Cet enfant est toujours aussi imaginatif mais sa pensée devient plus scientifique. Elle a évolué du proche au lointain, du semblable au différent. Ses nouveaux intérêts et sa curiosité pour ce qu'il ne connaît pas lui ouvrent les portes du monde.

Les notions de possibilité et de probabilité sont entrées dans sa panoplie conceptuelle. Il sait acheter du pain et compter, il s'intéresse à la monnaie et s'interroge sur l'euro. Il fait des choix et il affirme ses goûts en matière de programme télévisuel.

Il est talentueux dans la programmation de ses émissions de télévision. Intéressez-vous à ce qu'il regarde plutôt que de lui interdire le petit écran. Offrez-lui des DVD de contes. Il les utilise comme des livres, jouant sur la répétition et l'arrêt sur image. Mais attention, la télévision ne doit pas faire écran à vos relations, parlez-lui de ce qu'il écoute et de ce qu'il voit.

Votre enfant

1RE SEMAINE

1ER MOIS

2 À 3 MOIS

4 À 5 MOIS

6 À 7 MOIS

8 À 9 MOIS

10 À 11 MOIS

1 AN

1 AN 1/2

2 ANS

2 ANS 1/2

3 ANS

4 ANS

5 ANS

6 ANS

ANNEXES

- *Il pèse 20 kg en moyenne pour 1,12 m.*

- *Il a besoin de mouvement et déborde d'activité, il court et grimpe partout. Son habileté manuelle lui permet des activités fines. Il adore participer aux activités des adultes.*

- *Il connaît son adresse et son numéro de téléphone, il sait l'enchaînement des jours et souvent des saisons, il connaît aussi le chemin de l'école.*

- *Il imagine des histoires, mais mêle assez facilement le vrai et l'imaginaire. C'est un amateur d'humour.*

- *Il s'exprime bien avec une grammaire correcte et une bonne prononciation.*

- *Il faut parfois le forcer à prendre un petit déjeuner, par contre il adore le goûter.*

L'aider à être moins timide

• Favorisez les activités où il réussit.
• Proposez-lui de faire quelques courses simples sous prétexte de rendre service, et laissez-le se débrouiller seul.
• Ne vous moquez pas de lui et ne l'écrasez pas sous une autorité excessive.
• Ne vous apitoyez pas sur son sort chaque fois qu'il est embêté par ses camarades.
• Félicitez-le de ses efforts pour vaincre sa timidité.
• Suggérez-lui de s'occuper d'un autre enfant plus petit ou qui traverse une difficulté. ■

La timidité à l'école

Certains enfants ont du mal à s'intégrer au groupe de leur classe. Ce phénomène se remarque lorsque ce sont des nouveaux, surtout s'ils entrent en moyenne ou grande section où les enfants se connaissent déjà bien. Pour l'aider à s'intégrer, favorisez l'élaboration de liens amicaux avec un ou deux enfants ; lancez une invitation ou organisez une sortie. Ainsi il se fera des amis qui formeront un groupe de poids face à ceux déjà constitués. ■

▌ MON AVIS

La timidité peut parfois cacher une inhibition, un trouble de la confiance en soi, un repli sur soi ou même un retard. La timidité doit être parfaitement repérée afin d'aider l'enfant à la surmonter. En effet, les timides réservés au fond de la classe sont rarement pris en charge, alors que l'excité, l'agité et l'agressif sont immédiatement diagnostiqués. Et pourtant, le timide court souvent plus de risques. L'inhibition peut enfermer l'enfant dans un monde intérieur, provoquer un manque de confiance, entraînant une attitude de régression et des retards dans le développement. On aide un enfant timide en lui proposant de partager avec lui des activités comme le dessin ou la lecture, en le mettant en situation de s'exprimer et en favorisant son intégration à un groupe. La pratique d'un sport individuel puis collectif est une bonne solution : le foot pour les garçons et la danse pour les filles. Attention enfin à l'enfant inhibé qui s'identifie à l'un de ses parents, lui-même timide. Celui-ci doit faire un effort sur sa propre timidité. Non, ce n'est pas un trait de caractère héréditaire. Tout comportement outré chez l'enfant peut entraîner un retard de développement. ■

Combattre la timidité

1RE SEMAINE

1ER MOIS

2 À 3 MOIS

4 À 5 MOIS

6 À 7 MOIS

8 À 9 MOIS

10 À 11 MOIS

1 AN

1 AN 1/2

2 ANS

2 ANS 1/2

3 ANS

4 ANS

5 ANS

6 ANS

ANNEXES

TOUS LES ENFANTS TRAVERSENT UN JOUR UNE PHASE DE TIMIDITÉ. Elle se définit par la crainte du jugement d'autrui. L'enfant qui la subit se croit toujours le centre d'intérêt de la société et de son entourage. La famille joue alors un rôle important dans l'« installation » définitive ou non de la timidité.

Un malaise révélateur

Les manifestations physiques de la timidité sont toujours handicapantes : l'enfant se tortille, rougit, se cache dans les jupes de sa mère, ne veut dire ni « bonjour » ni « au revoir ». Il peut être pris de tremblements, voire de transpiration, sa gorge est nouée et il peut se mettre à bégayer. Il devient maladroit, ne voit et n'entend plus rien. Les raisons de ce comportement ? Le changement de maîtresse, un déménagement, le premier rendez-vous chez un médecin... Les occasions sont nombreuses et variées mais n'ont pas grand-chose à voir avec une timidité « maladive ». Cependant, elle est handicapante à l'école. L'enfant est trop inhibé pour prendre la parole. Lorsque l'enseignante la lui donne, il perd toutes ses capacités. Cette attitude l'exclut souvent de la vie de la classe et du groupe des élèves. La timidité qui survient lors de l'entrée à l'école peut être la manifestation d'un profond malaise qui ne s'est pas exprimé tant que l'enfant était protégé par le cocon familial.

Éviter l'isolement

Soigner une timidité excessive n'est pas facile. Il semble que le plus sûr moyen de la combattre est de donner à l'enfant l'occasion de vivre hors de sa famille avec d'autres enfants ou d'autres adultes que ceux qu'il connaît bien. Surtout ne le laissez pas s'isoler. N'hésitez pas à inviter d'autres enfants à venir jouer avec lui. Quand il aura surmonté ses premières craintes, sans doute sera-t-il prêt, sans trop de réticences, à faire les premiers pas vers les autres. Mais ne le forcez pas, cela le mettrait encore plus mal à l'aise. S'il est timide, c'est qu'il ne se sent pas sûr de lui ; il vaut donc mieux le valoriser plutôt que de lui faire des reproches ou de se moquer de lui. Évitez, par quelques paroles malheureuses, de lui donner des doutes sur ses capacités. Montrez-lui que, dans certaines circonstances, les « grands » peuvent aussi être intimidés. Exiger de manière autoritaire un autre comportement est inutile : cette timidité est toujours incontrôlée et ne peut donc pas être dominée.

La timidité est aussi une façon de se protéger. Un enfant sensible et introverti peut en jouer, le temps d'observer son entourage et ses réactions. Quand il se sera forgé son opinion, il entrera en relation avec ceux qu'il aura jugés. L'enfant timide est à la maison un enfant facile à vivre. Docile, obéissant, il participe à la vie de la famille. Généralement, sa réserve est appréciée. Il aime les activités calmes qui demandent une réflexion en solitaire. Il est souvent appliqué en classe et assez orgueilleux de ses réussites scolaires. Enfin, certains sports ont la réputation d'aider l'enfant timide, c'est le cas du judo, notamment. ■

> " Choisissez-lui des camarades qui ont son caractère. Le petit timide fera ainsi son initiation à la vie en société en douceur. ""

Parler de tout ou presque

LES TENSIONS, LES PROBLÈMES QUI PERTURBENT UNE FAMILLE SONT TRÈS VITE PERÇUS PAR UN ENFANT. Les gestes, le ton, le comportement des adultes ne lui échappent pas. Il vaut mieux, généralement, lui expliquer le plus simplement possible ce qui se passe.

Les coups durs

Doivent être abordés les problèmes de chômage, les difficultés liées à une maladie grave et ce que ces événements vont modifier dans la vie de la famille. Les parents seront souvent étonnés de constater que leur « bébé » de 4 ou 5 ans est capable de prendre une part de responsabilité et sait être attentif aux membres de la famille particulièrement touchés. Autre difficulté qu'il est essentiel de ne pas lui cacher : celle de la mésentente dans le couple, voire le divorce. Un enfant doit être rassuré sur le fait qu'il n'a aucune responsabilité dans la séparation de ses parents, qu'elle est le résultat d'un conflit entre eux et que, quoi qu'il arrive, ils continueront tous deux à l'aimer comme avant, qu'ils feront tout pour vivre le plus près possible de lui. Jamais un enfant ne doit être l'otage des adultes, c'est le plus sûr moyen de détruire la confiance qu'il place en chacun d'eux et par là même sa propre confiance en lui. Il est inutile d'espérer cacher une maladie grave, par exemple d'un grand-parent dont il faudra annoncer un jour la disparition. Il y a d'ailleurs de fortes chances pour que l'enfant s'aperçoive de ses changements physiques. De plus, pensez que lui aussi a peut-être envie de profiter au maximum des derniers moments de cet être cher. Être malade pour un enfant de 6 ans, cela signifie « ne pas se sentir bien ». C'est donc ainsi qu'il faut lui expliquer la maladie. Il posera sans doute des questions auxquelles vous devrez répondre le plus clairement et le plus simplement possible. Préparez doucement l'enfant à l'idée de la mort en lui apportant les informations que vous possédez.

Cambriolage et accident

Un cambriolage chez des voisins, un accident de voiture survenu à des amis vont éveiller aussitôt la crainte que cela ne lui arrive aussi. Il est important qu'il s'exprime. Rassurez-le en évoquant le côté exceptionnel de ces événements, en affirmant que vous les connaissez et que votre attention pour les prévenir est constante. Faites-lui voir les verrous de sécurité de votre maison ou appartement, montrez l'exemple en voiture en attachant votre ceinture de sécurité et en respectant les limitations de vitesse.

L'adulte dangereux

Ce n'est pas avant 6 ans que vous pouvez réellement éduquer votre enfant à reconnaître les personnes qui peuvent être dangereuses pour lui. Avant, il traduira cette mise en garde contre tout étranger, contre toute figure inconnue par le sentiment que ses parents ne sont pas là pour veiller sur lui et le protéger. De façon générale, d'ailleurs, l'enfant a naturellement du mal à imaginer qu'il puisse craindre quelque chose d'un adulte. Dès 6 ans, expliquez-lui qu'il existe dans la société des gens « malades » qui aiment faire du mal aux autres mais que certaines précautions peuvent le protéger. Parlez-lui en termes généraux et ne l'impliquez pas dans une situation particulière. Comme vous avez appris à votre enfant à ne pas jouer avec le feu, à ne pas courir avec un couteau, fixez des règles de conduite en société. Ainsi il doit toujours dire où il va et avec qui. Il ne doit jamais s'éloigner de vous en ville ou même dans les grands magasins.

Il doit vous attendre à la sortie de l'école même si un camarade propose de le raccompagner. Enfin, il ne doit jamais jouer seul dans la rue ou dans un endroit désert.

En règle générale, un enfant averti saura reconnaître une personne au comportement bizarre, se méfiera des inconnus qui veulent le raccompagner en voiture ou l'emmener acheter des bonbons ou encore qui prétendent vous remplacer à la sortie de l'école.

À la moindre crainte, conseillez-lui de se diriger vers un groupe d'enfants ou d'adultes et d'en parler, s'il se sent mal à l'aise, à une personne qu'il connaît bien. Vous pouvez même lui donner des repères : un commerçant familier, l'agent municipal. Comme toujours, à toutes ses questions, vous devez apporter des réponses claires. ■

▌ MON AVIS

Sans aucun doute, il faut répondre franchement aux questions délicates même si la vérité est difficile à dire. L'essentiel est que l'enfant participe aux difficultés familiales de manière plus ou moins impliquée selon son âge. Vous devez lui parler de tout mais en respectant ses capacités de compréhension. Ainsi, il ne doit pas collaborer, dans un divorce, à une stratégie de dépit amoureux qui ne le concerne pas ; vous pouvez lui parler de votre situation de chômage ou de celle de son père à condition que cela n'hypothèque pas sa scolarité. De même, lui confier que ses grands-parents vont bientôt disparaître lui évitera, le moment venu, les aspects morbides de cette disparition. Par contre, ne l'inquiétez pas en lui parlant des rapts d'enfants ou de sévices qui font les gros titres de la presse, dites-lui simplement que tous les adultes ne méritent pas la confiance qu'il est prêt à leur accorder. Informer un enfant sur des problèmes complexes et douloureux se fait presque toujours en plusieurs temps. Il faudra attendre que des événements fâcheux se soient produits, que le temps et leur évolution intellectuelle aient fait leur œuvre pour reprendre la discussion sur d'autres bases. Il ne faut jamais imposer la vérité, mais savoir répondre à ses demandes en décodant son comportement, car un enfant pose rarement des questions directes. ■

1RE SEMAINE

1ER MOIS

2 À 3 MOIS

4 À 5 MOIS

6 À 7 MOIS

8 À 9 MOIS

10 À 11 MOIS

1 AN

1 AN 1/2

2 ANS

2 ANS 1/2

3 ANS

4 ANS

5 ANS

6 ANS

ANNEXES

Le mensonge comme alibi

« C'EST PAS MOI » EST LE MENSONGE LE PLUS COURAMMENT PRATIQUÉ PAR L'ENFANT DE CET ÂGE. Mais en est-ce vraiment un ou est-ce plutôt une mauvaise interprétation des parents ? Car l'enfant ne nie pas l'acte, il en refuse l'intention qui, pour lui, est seule répréhensible.

Un sens moral en développement

À 3-4 ans, l'enfant fabule facilement parce qu'il distingue mal le réel de l'imaginaire, il prend encore ses rêves pour la réalité.

C'est vers 5-6 ans qu'apparaît l'intention de tromper, notamment pour ne pas être puni. L'enfant se rend compte qu'il ne dit pas la vérité, mais, comme sa conscience morale est naissante, il confond encore l'erreur et le mensonge. De plus, d'après William Stern, psychologue allemand contemporain de Freud, sa dénégation peut aussi bien signifier la réprobation et le regret de son acte

que le désir d'en rejeter la responsabilité. Vers 6 ans 1/2, l'enfant ne les confond plus. Mais, pour lui, le mensonge n'existe moralement que parce que ses parents lui ont donné un qualificatif négatif. Il va d'ailleurs, dans ses relations avec les autres enfants, voire parfois avec l'adulte, utiliser beaucoup le terme de « menteur », telle une injure. Et elle sera d'importance. D'ailleurs, l'enfant qualifié ainsi ne s'y trompera pas et fera tout pour retrouver sa dignité, et même le « coup de poing ».

Le mensonge gratification

Mais il en existe un autre qui est formulé pour être félicité, voire récompensé. C'est le mensonge-gratification, celui que l'enfant propage pour affirmer sa supériorité en classe, celui de toutes les vantardises. Les mobiles sont clairs : une légère crainte de ne pas être à la « hauteur » de ce qu'on lui demande, une envie de récompense, ne serait-ce que par des félicitations, et aussi un certain désir d'expérience et d'exaltation personnelles. L'inconvénient de ces propos qui n'ont qu'un caractère fantaisiste est qu'ils l'enferment dans un système où il est souvent sollicité par l'adulte qui veut en savoir plus. Et c'est l'escalade...

Mais là encore, ces mensonges n'ont pas que des aspects négatifs. Ils l'aident à se décharger d'une partie des conflits intérieurs qui l'agitent, l'enfant ayant toujours le souci d'être conforme à l'image que ses parents voudraient de lui. Mentir, c'est souhaiter être reconnu. Pour les parents, ce sont des signes d'appel. L'enfant qui affabule très souvent a un besoin de tendresse, il veut être aimé. Les psychologues conseillent alors aux parents de ne pas mettre en doute, apparemment, son honnêteté et de lui montrer toute l'estime qu'ils lui portent. Tout en n'attachant pas, bien sûr, une importance démesurée à ses exploits, on l'aime tel qu'il est. Il est bon de le rassurer pour l'aider à ne pas dénaturer la vérité.

Le mensonge fable

Il est enfin des mensonges qui ne semblent répondre ni au mobile de crainte ni à celui d'intérêt : les mensonges-fables, apparemment gratuits, qualifiés hâtivement de mythomanies, le mensonge pour rien, pour raconter des histoires. Ils semblent souvent le fait d'une imagination particulièrement créatrice et correspondent à cette phase où réel et imaginaire se distinguent mal. C'est l'âge des jeux qui commencent par : « Tu serais..., je serais... » et de la fameuse réplique : « C'est celui qui l'a dit qui l'est. » Ces histoires sont un moyen d'échapper à un réel perçu comme peu sûr, dans lequel l'enfant ne se sent pas encore bien inséré. L'imagination n'est-elle pas, même pour les adultes, un merveilleux moyen d'échapper à la dure réalité ?

La meilleure solution pour empêcher que le mensonge s'installe ne passe ni par la sanction ni par l'exigence de la vérité, rien que la vérité en tant que vertu première, mais consiste plutôt à rassurer l'enfant qui, ainsi, clame ses sentiments d'insécurité. Bien sûr, cette façon de faire est toujours énervante, d'autant plus qu'elle remet en cause la valeur de la communication parents-enfant. Mais il n'y a pas d'enfant menteur, il n'y a que des enfants qui traversent des moments de doute et d'insécurité. Mieux il se sent adapté à son milieu, en sachant ce que l'on désire de lui, moins il aura besoin d'utiliser ce genre de fables. Car en réalité, l'enfant a en lui un sens de la justice très poussé qui devrait, dans des situations normales, le conduire naturellement à la franchise. ■

MON AVIS

À cet âge, le mensonge de l'enfant est proche de celui de l'adulte. Il ment pour se défausser d'un petit larcin ou d'une difficulté à l'école. Certains de ces mensonges sont sans doute intéressants à accepter pour aller plus avant dans ce qu'ils signifient au niveau de la fragilité ou d'un trouble de l'estime de soi. Les parents pourront, dans certains cas, rechercher la signification du mensonge plutôt que de ne constater que son utilité immédiate. Ils se poseront alors ces questions : Pourquoi ment-il ? En quoi est-ce nécessaire pour lui ? Ne se leurre-t-il pas sur ses capacités ? Ne l'a-t-on pas entraîné par des opinions d'adulte dans une situation tellement insoluble qu'il ne peut en sortir que par l'illusion et par une proposition imaginaire que nous appelons mensonge ? Mentir est souvent le signe évident d'une fragilité de caractère et de représentation de soi. Les mensonges scolaires deviennent de plus en plus fréquents, preuve qu'il traverse une période difficile. Ne vous transformez pas en censeur, mais parlez avec lui de ses réussites. Tout naturellement, il vous confiera ses problèmes. S'il ment, ce n'est pas par mépris mais parce que son narcissisme est touché. Mais il existe aussi dans son répertoire les mensonges sentimentaux : les mamans sont toujours les plus jolies et les papas les plus gentils. Profitez de ces tendres moments, ils ne dureront pas. ■

1RE SEMAINE

1ER MOIS

2 À 3 MOIS

4 À 5 MOIS

6 À 7 MOIS

8 À 9 MOIS

10 À 11 MOIS

1 AN

1 AN 1/2

2 ANS

2 ANS 1/2

3 ANS

4 ANS

5 ANS

6 ANS

ANNEXES

L'enfant handicapé

POUR LES PARENTS D'UN ENFANT HANDICAPÉ, ASSUMER LE QUOTIDIEN EST SOUVENT BIEN LOURD. Cela commence par les soins constants à donner, les difficultés à trouver un mode de garde adapté, le souci d'une intégration, ou non, dans le monde scolaire.

Une scolarisation personnalisée

Dès l'âge de 3 ans, l'enfant handicapé peut si ses parents le souhaitent entrer à l'école maternelle de son quartier ou de son village. Selon les besoins de l'enfant, un projet de scolarisation personnalisée sera ou non mis en place ainsi que d'éventuelles mesures d'accompagnement. Ainsi, pour la plupart des généticiens et des pédiatres les enfants trisomiques, les enfants qui souffrent de déficiences visuelles ou auditives tirent le plus grand profit de l'école maternelle. Seuls impératifs, l'instituteur responsable de la classe doit adhérer au projet et l'enfant doit fréquenter régulière un lieu de soins spécialisés.

À partir de l'école élémentaire, l'intégration scolaire est obligatoire comme pour les autres enfants. Elle peut être « individualisée », c'est-à-dire que l'enfant participe à une classe ordinaire à temps plein ou à temps partiel, accompagné si besoin par un auxiliaire de vie scolaire et suivi par un service d'éducation spéciale. C'est la formule recherchée en priorité. L'accueil peut encore être « collectif » ; dans ce cas, une classe d'un établissement classique reçoit dix à douze d'enfants handicapés.

Dans les écoles élémentaires, les classes d'intégration scolaire accueillent ainsi des enfants présentant un handicap mental, auditif, visuel ou moteur. D'ailleurs un certain nombre d'activités sont menées avec les autres enfants de l'école.

Depuis le 1er janvier 2006, la loi a inscrit le droit des élèves handicapés à l'éducation et la responsabilité du système éducatif de leur offrir une formation.

Les institutions spécialisées

Mais pour les handicaps plus lourds, la question du type de scolarisation se pose. Faut-il le laisser dans un circuit normal ou le placer dans un établissement spécialisé ? Il faut reconnaître que depuis quelques années, l'intégration a été vivement prônée et a soulagé nombre de parents sans toujours prendre en compte l'intérêt de l'enfant, Pourtant certains enfants, par leur différence, ont besoin de lieux particuliers de soins et d'écoute avec des personnes averties et compétentes. La scolarité est alors adaptée aux troubles, aux problèmes mais également aux potentialités de chacun. C'est un véritable accueil de l'enfant qui est réalisé et non une acceptation de la différence. Enfin les enfants qui en raison de leur état de santé ne peuvent fréquenter aucun établissement classique ou spécialisé, peuvent suivre leur scolarité à domicile grâce au Centre National d'Enseignement à Distance. L'inscription peut se faire à tout moment de l'année. Le soutien d'un enseignant à domicile vient parfois en complément.

La vie de famille

S'il a des frères et des sœurs, n'essayez pas de leur cacher la vérité. Ils sont capables de comprendre très tôt les notions de maladie, de handicap. Expliquez-leur assez vite de quoi souffre réellement leur petit frère ou leur petite sœur. Responsabilisez-les en leur montrant le rôle protecteur qu'ils peuvent tenir auprès de leur frère ou sœur. Ils sentiront d'emblée, intimement, son besoin de soins et de tendresse tout particulier. Pour eux, sachez-le, il n'y a pas de honte à avoir un frère ou une sœur handicapé(e).

Pour que tout se passe harmonieusement, il faut que les parents, notamment les mères, ne s'investissent pas excessivement dans les soins à donner à cet enfant handicapé, ils doivent savoir doser l'intérêt porté à chacun des membres de la famille et ne pas concentrer toute l'attention sur cet enfant, la famille ayant droit à une vie normale.

Le problème n'est pas simple, puisque des frères et des sœurs de personnes handicapées ont fondé une association pour exprimer les difficultés qu'ils rencontrent.

Comment prend-il conscience de sa différence ?

De l'avis des psychanalystes, les enfants handicapés, même déficients, réalisent très tôt leur anormalité. Tout petits, ils commencent à percevoir la réalité, avec les frustrations qui l'accompagnent, les échecs qu'ils doivent supporter. Ils se comparent aux autres enfants. Ils mesurent les efforts qu'ils doivent faire pour réaliser ce qu'ils souhaitent et ce que leurs parents attendent d'eux. Cette notion est dérangeante, car on préférerait s'imaginer que les enfants handicapés n'ont pas cette conscience. Or bien des signes montrent qu'il n'en est rien. Tout comme leurs parents, ils vont être confrontés à un travail de deuil : deuil de leur normalité, de leur intégrité, sans toutefois y renoncer vraiment.

Quand les parents ne sont plus là

C'est un problème de plus qui se pose aux parents d'un enfant handicapé et qu'il leur faut résoudre au plus tôt. La loi de 1975 sur les handicapés, prévoit qu'un enfant – et tout particulièrement s'il est entièrement dépendant – ne peut être abandonné. On peut considérer qu'il est donc en permanence sous tutelle, soit de ses parents, soit d'un membre de sa famille, d'un juge ou d'une institution. Malgré cette assurance, il est sans doute préférable de choisir un tuteur qui aura l'agrément du juge des tutelles. C'est à lui qu'incombera, en cas de disparition des parents, la gestion du confort matériel et affectif du filleul handicapé. ∎

1RE SEMAINE

1ER MOIS

2 À 3 MOIS

4 À 5 MOIS

6 À 7 MOIS

8 À 9 MOIS

10 À 11 MOIS

1 AN

1 AN 1/2

2 ANS

2 ANS 1/

3 ANS

4 ANS

5 ANS

6 ANS

ANNEXES

▌ MON AVIS

Vivre avec un enfant handicapé donne aux parents une véritable chance de mieux comprendre et de mieux se représenter leur enfant. Ils souffriront longtemps de la perte de l'enfant imaginaire qu'aurait pu être cet enfant s'il n'était pas né avec un handicap. Mais, petit à petit, ils acceptent le handicap de leur enfant et l'accompagnent merveilleusement dans ses limites et ses difficultés. Par contre, il faut faire attention à ne pas demander à l'enfant handicapé de réussir des performances dont il n'est pas capable, notamment sur le plan scolaire. À l'inverse, dans les situations de jeux, il faut savoir jouer ni en deçà ni au-delà de ses performances. C'est d'ailleurs sur ces bases que se conduisent les bonnes rééducations. ∎

La fatigue *en savoir plus*

Prévenir et reconnaître

Il suffit de donner à l'enfant de bonnes habitudes :
- des heures fixes pour le coucher et les repas ;
- une ambiance familiale calme et décontractée ;
- un petit déjeuner copieux et pris calmement ;
- une alimentation équilibrée ;
- des loisirs intégrant les activités physiques.

Il faut s'inquiéter si :
- Il dort plus que la normale.
- Il manque d'appétit.
- Il est grognon ou agressif.
- Il ne réussit plus à fixer son attention. ■

Les soins

Les vitamines antifatigue sont-elles efficaces contre la fatigue ? Bien des médecins en contestent l'utilité tout comme celle des compléments alimentaires aujourd'hui très à la mode. Seule la vitamine C peut aider un enfant à reprendre un peu de « force », mais attention, prise en fin de journée, elle peut être à l'origine de troubles du sommeil. Dans certains cas, le praticien peut prescrire de la vitamine D, vitamine de la croissance, jusqu'à l'âge de 5 ans, notamment en automne et en hiver lorsque l'ensoleillement est minimal. Par contre, l'enfant fatigué doit être pris au sérieux et vous devez chercher la raison de son trouble. Éliminez les causes organiques d'abord en cherchant les symptômes associés. Observez son rythme de vie, notamment s'il dort assez. Si sa fatigue est d'ordre psychologique, encouragez votre enfant à vous raconter ce qui le perturbe, un problème affectif à la maison, une relation difficile avec son enseignant ou avec ses camarades. Derrière sa plainte peut se cacher un besoin d'écoute et d'attention. Enfin, pensez aux remèdes homéopathiques, ils sont souvent très efficaces. ■

▌MON AVIS

Les causes organiques éliminées, le médecin devra être attentif à ce que ce symptôme ne recouvre pas celui d'une dépression. Certaines statistiques font état de 3 % d'enfants dépressifs à cet âge. Le traitement de cette maladie consiste essentiellement en une série d'entretiens avec les parents afin d'éliminer la note dépressive qui s'est installée dans la relation parents-enfant. Soigner une légère dépression à cet âge est encore la meilleure prévention contre une dépression grave à l'adolescence ou à l'âge adulte. Attention, cependant, à ne pas trop galvauder ce terme de dépression chez l'enfant : la dépression ne s'applique qu'aux adultes. ■

De la fatigue à la dépression

1RE SEMAINE

1ER MOIS

2 À 3 MOIS

4 À 5 MOIS

6 À 7 MOIS

8 À 9 MOIS

10 À 11 MOIS

1 AN

1 AN 1/2

2 ANS

2 ANS 1/

3 ANS

4 ANS

5 ANS

6 ANS

ANNEXES

TOUT COMME L'ADULTE, L'ENFANT PEUT ÊTRE FATIGUÉ. Le manque d'appétit, un teint de papier mâché et les yeux cernés en sont généralement les signes extérieurs. Cet état est un motif fréquent de consultation médicale, les parents pensant que la prescription de vitamines et de fortifiants va redonner du « punch » à leur enfant fatigué.

Petits coups de pompe

C'est une fatigue soudaine qui survient en fin de matinée ou d'après-midi et se caractérise par une sensation de vertige. Leur cause est une hypo-glycémie, c'est-à-dire une baisse du taux de sucre dans le sang. Généralement, ces manifes-tations sont liées à un déséquilibre alimentaire. Le coup de pompe le plus connu des écoliers est celui de 10 h 30-11 heures, qui a pour cause un petit déjeuner insuffisant, voire même inexistant. Mais il existe aussi des manifestations plus pro-fondes de fatigue.

La plupart ces symptômes se manifestent en jan-vier, au début du printemps et vers la mi-novem-bre. Il semble que pour ces deux dernières pério-des, le changement de saison puisse être mis en cause. Les accès de fatigue en janvier sont plus souvent la conséquence de l'agitation des fêtes de fin d'année : rythmes de vie perturbés, man-que de sommeil, excès alimentaires.

Des symptômes de maladie

Cet état peut aussi révéler une maladie cachée ou être la conséquence d'une maladie déclarée. L'hépatite, les insuffisances rénale ou respira-toire, la mononucléose infectieuse sont épui-santes tout comme une bonne grippe ou une maladie parasitaire.

L'anémie, le manque de fer sont encore des cau-ses de fatigue. Un examen clinique et un bilan sanguin détermineront un diagnostic.

Une vie difficile

Une vie trop dense est tout aussi perturbante. Les rythmes scolaires sont loin d'être adaptés aux rythmes biologiques et l'organisme de l'enfant en souffre. Ainsi, on constate chez certains élè-ves en dernière section de maternelle une fati-gue quasi permanente due tout simplement au fait qu'il n'y a plus, à cet âge, de sieste alors qu'elle leur serait encore nécessaire. D'autres enfants ont des « loisirs » tellement chargés qu'ils n'ont aucun moment de repos réel pour récupérer. D'une manière générale, la fatigue n'est jamais une mani-festation normale chez l'enfant.

Elle peut encore être psychosomatique, l'enfant manifestant ainsi un état dépressif dû à des dif-ficultés familiales ou scolaires. Il associe alors des troubles de l'appétit à des troubles du som-meil, n'a plus beaucoup de goût aux jeux et aux activités collectives. Cet état cesse souvent après quelques jours de vacances. Cependant, elle est à surveiller car elle peut être à l'origine d'un état dépressif, et celui-ci n'est pas rare chez l'enfant.

Il se désintéresse alors de tout, s'ennuie, est triste et se dévalorise à la moindre occasion ; selon le cas, il est apathique ou instable, agité et irrita-ble. À ces troubles s'ajoutent en général des mani-festations somatiques : maux de tête, maux de ventre, boulimie ou au contraire anorexie. Ces attitudes exigent absolument la consultation d'un spécialiste. ■

631

Les rythmes biologiques*en savoir plus*

D'une saison à l'autre

L'hiver n'est pas une bonne saison pour les petits enfants. Des recherches sur les défenses immunitaires naturelles de l'homme montrent une nette déficience de celles-ci en janvier et février, moments où la grippe sévit le plus, où les enfants sont fatigués à cause d'une « dépression saisonnière ». Cette fatigue se manifeste par un sommeil de mauvaise qualité, une humeur maussade, une certaine instabilité et la perte de l'envie de jouer. Ce trouble surgit à l'automne, s'amplifie en hiver et disparaît avec le printemps. Les médecins l'expliquent par une difficulté d'adaptation au raccourcissement de la durée du jour et au manque de lumière. Quelques jours de vacances au soleil et l'enfant retrouve tout son dynamisme. ■

Le rythme des vacances

Les enfants ne supportent pas bien encore la multiplication des ruptures dans leur rythme de vie. Ce sont bien sûr ceux déjà en situation difficile qui en souffrent le plus. On constate que le lundi n'est jamais un bon jour « chronobiologiquement » parlant. De même, les petites vacances d'une semaine seraient en fait plus nocives que réparatrices. En effet, il faut à l'enfant une semaine pour s'habituer au rythme des vacances. Ensuite il profite de son repos. Ce sont donc des modules de deux semaines qu'il faudrait toujours prévoir. Le professeur Hubert Montagner, spécialiste du comportement de l'enfant, est à l'origine du découpage de l'année scolaire, non plus en trimestres, mais en unités de sept semaines ponctuées par deux semaines de vacances ; idéales pour respecter les rythmes de l'enfant mais difficiles à installer dans les habitudes sociales et économiques. Ces dispositions n'ont pu être appliquées que sur l'année scolaire 1990-1991. ■

▌ MON AVIS

Actuellement en France, plus de deux cents communes ont développé des programmes où les rythmes de vie de l'enfant et les rythmes scolaires sont associés. Au niveau de l'enseignement primaire comme du secondaire, les après-midi de ces enfants sont libres d'activités scolaires. Ils se voient proposer à la place des activités sportives, culturelles ou d'éveil à l'environnement. Ce type d'organisation s'appuie sur la chronobiologie de l'enfant qui révèle que les petits écoliers ne sont disponibles aux enseignements qu'à des heures précises. Ce système est en voie d'évaluation à l'Éducation nationale afin de proposer, sans doute, une réforme de la scolarité. J'espère qu'elle se concrétisera car les journées scolaires sont aujourd'hui bien trop longues pour être réellement efficaces. ■

Rythmes biologiques et scolarité

DE NOMBREUSES ÉTUDES ONT MIS EN ÉVIDENCE l'importance dans la vie de l'enfant (et aussi de l'adulte) des rythmes biologiques. Bien que chaque individu ait son originalité, il existe un certain nombre de fonctions physiologiques et psychologiques qui s'organisent pour tous, tout au long d'une journée de 24 heures.

Les jours, les mois et plus

Parmi les rythmes biologiques, l'alternance veille/sommeil est le plus important. Mais il existe aussi des rythmes biologiques propres à la croissance, à l'alimentation, voire aux petites maladies de l'enfance. Ainsi, elles ne semblent pas apparaître à n'importe quel moment de l'année. Elles suivent le cycle des saisons.

La varicelle et les oreillons sont les maladies infantiles les plus fréquentes les six premiers mois de l'année, la rubéole et la rougeole « préfèrent » le joli mois de mai.

La vie des enfants se découpe en jours, en nuits, en semaines, en mois d'autant plus structurés que les enfants sont scolarisés. Quelques chiffres permettent de souligner l'ampleur du phénomène. Une étude concernant des enfants de 3 à 5 ans fréquentant l'école maternelle montre que 90 % d'entre eux s'endorment spontanément en début d'après-midi à 3 ans, 40 % à 4 ans alors que la sieste est déjà supprimée. D'autre part, 20 à 40 % des enfants de 6 ans s'endorment avec plaisir à l'heure des mathématiques et 10 % ont encore réellement besoin de faire la sieste sur le plan biologique. De plus, tous les enfants sont sujets à une chute de vigilance, voire à un phénomène de somnolence en début d'après-midi. Il serait donc idéal de ne pas programmer à ce moment des exercices difficiles sur le plan intellectuel ou physique.

Une journée idéale

De plus en plus d'enfants souffrent d'une déficience chronique du sommeil. La fréquence maximale des bâillements chez les enfants en cours préparatoire et en cours élémentaire première année se situe autour de 9 heures du matin alors que, précisément, ils devraient être reposés après une bonne nuit de sommeil ! En fait, on observe que la période de vigilance se situe entre 9 et 11 heures et de 16 à 20 heures Ces périodes sont donc particulièrement favorables aux activités intellectuelles complexes. L'étude des possibilités de concentration d'un enfant amène encore les chronobiologistes à penser qu'un écolier de 6 ans ne devrait pas travailler plus de 4 heures par jour en tout, et sur 210 à 220 jours par an. La journée idéale commencerait à 9 h 30 pour s'achever vers 16 heures, avec une coupure de 11 h 30 à 14 heures. De plus, différentes études ont démontré que le milieu de la matinée est particulièrement favorable à la mémorisation à court terme, tandis que le milieu de l'après-midi l'est pour la mémoire à long terme. Il serait intéressant de programmer les apprentissages fondamentaux à cette période, le reste de la journée étant alors réservé à des activités plus culturelles ou sportives. Ces journées allégées seraient compensées par un travail scolaire normal le mercredi qui remplacerait le samedi matin. ■

1RE SEMAINE

1ER MOIS

2 À 3 MOIS

4 À 5 MOIS

6 À 7 MOIS

8 À 9 MOIS

10 À 11 MOIS

1 AN

1 AN 1/2

2 ANS

2 ANS 1/2

3 ANS

4 ANS

5 ANS

6 ANS

ANNEXES

Le syndrome de Gilles de La Tourette

Cette maladie neurologique est rare. Elle survient entre 2 et 10 ans et se traduit par une association de tics agitant le plus souvent le visage et les jambes, assortis fréquemment de manifestations vocales. L'enfant grogne, renifle, racle sa gorge et, surtout, répète en écho toutes les paroles qu'on lui adresse, émaillant son discours de mots obscènes. Pour les médecins, cette maladie est considérée comme « un ensemble de symptômes névrotiques entrant dans le cadre d'une problématique obsessionnelle » pouvant être considérablement améliorée par une psychothérapie individuelle et un traitement par neuroleptiques. ■

Le balancement

Cela n'a rien de comparable avec les tics. C'est un processus d'endormissement : en se berçant, l'enfant s'auto-stimule pour entrer dans le sommeil. Généralement, il balance sa tête ou son tronc de manière très rythmée. Il peut aussi être agité de la même façon dans son sommeil profond. Ces mouvements sont normaux et passeront avec l'âge. Plus impressionnants sont les enfants qui tapent leur tête contre la paroi de leur lit ou contre le mur au moment de l'endormissement ou tout au long de leur sommeil. Dans la plupart des cas, cette manie cesse vers l'âge de 4 ans mais peut se prolonger jusqu'à 5-6 ans. Elle est souvent précédée de mouvements de roulement rythmés du corps ou de la tête. Différentes études ont mis en rapport ce comportement avec un problème ophtalmique ; il est donc recommandé de faire examiner régulièrement les enfants ayant cette habitude. Différents traitements sont possibles selon les « écoles », tous ont une efficacité relative. Le premier souci du médecin est d'abord de dédramatiser la situation auprès des parents et de leur conseiller d'éviter toute manifestation autoritaire ou sarcastique. Certains médecins sont partisans de la psychothérapie et de la relaxation ; d'autres encore pensent que la rémission ne peut se faire qu'avec des médicaments tels que des neuroleptiques. ■

■ MON AVIS

Les petites manies et les rituels ne doivent pas être confondus. Beaucoup de rites sont encore présents à l'âge adulte : nous avons des expressions favorites de langage, nous aimons dormir d'un côté du lit, nous avons certaines habitudes alimentaires. Ces rites se construisent dès l'enfance et il est donc normal de les trouver chez l'enfant où ils sont véritablement magiques, l'aidant à atténuer toutes les anxiétés dues au changement et à l'inconnu. Très différentes sont les petites manies répétitives, par exemple les tics, qui gênent l'enfant dans sa sociabilité, provoquant la réprimande des parents et la moquerie de ses camarades. Leur traitement consiste avant tout en une mise à plat des raisons psychologiques qui ont vu naître de tels comportements. La relaxation est souvent efficace sur des manifestations qui sont l'expression somatisée d'une angoisse qui n'a pu être exprimée. Il est bon de ne pas attendre que ces petites manies deviennent encore plus fréquentes ou plus compliquées pour consulter un médecin. Plus elles sont ancrées, plus elles sont difficiles à traiter et plus elles hypothèquent l'image de soi chez cet enfant en plein développement. ■

Les manies et les tics

1RE SEMAINE

1ER MOIS

2 À 3 MOIS

4 À 5 MOIS

6 À 7 MOIS

8 À 9 MOIS

10 À 11 MOIS

1 AN

1 AN 1/2

2 ANS

2 ANS 1/2

3 ANS

4 ANS

5 ANS

6 ANS

ANNEXES

CLIGNEMENT DES YEUX, PLISSEMENT DU NEZ OU DU FRONT, haussement des sourcils, contraction des lèvres... Les tics sont innombrables et se situent souvent au niveau du visage. Généralement ils ne durent que quelques mois. Seuls 12 à 24 % des enfants en souffriraient durablement.

Une infinité de formes

Ce sont des mouvements musculaires brusques, soudains, involontaires, inconscients, stéréotypés, qui se répètent mais sans rythme précis. Les tics agitent souvent les muscles du visage, clignement d'un œil ou des deux, mouvement des muscles autour de la bouche, froncement des sourcils ou hochement de la tête. Mais ils peuvent aussi être respiratoires : ronflements, toussotements, reniflements. Ils peuvent également secouer certaines parties du corps : haussements d'épaules, tressautements des pieds ou des mains, mouvements de grattage. Il arrive qu'un tic disparaisse pour laisser place à un autre.

Une manifestation d'angoisse

Les tics n'apparaissent généralement pas avant 6 ans et 10 % des écoliers y sont sujets. Ils surviennent par période et correspondent la plupart du temps à un moment où l'enfant est anxieux, fatigué, ému, ou lorsqu'il traverse une phase de difficultés scolaires ou familiales. Quels qu'ils soient, les tics tendent à s'atténuer avec le repos et cessent pendant le sommeil.

Les tics dits « transitoires » durent plus d'un mois et moins d'un an. Ils surviennent souvent à l'occasion de circonstances déclenchantes telles que la rentrée des classes, la naissance d'un petit frère ou d'une petite sœur, ou le divorce des parents. Ils ont alors un sens symbolique, variable selon chaque enfant, en lien avec son développement et des conflits de personnalité non résolus.

Quelques entretiens entre le médecin, la famille et l'enfant aideront à ce que tout rentre dans l'ordre. Un peu de relaxation peut aussi être efficace. Cependant, une des conditions importantes à la guérison consiste pour les parents à ne pas faire preuve d'ingérence mais au contraire de beaucoup de modération. Empêcher le tic par la remontrance ou les punitions ne sert à rien. L'enfant est assez malheureux de ce qui lui arrive, il se sent déjà coupable et honteux.

Ne pas mal les interpréter

Pour le Dr Isabelle Soares-Boucaud, psychiatre, la réponse des parents aux toutes premières manifestations est déterminante. Trop couramment interprétées comme une intention hostile et agressive, les parents « traitent » ces manifestations par l'ironie ou l'agressivité, augmentant alors la charge d'anxiété ressentie par l'enfant. Ainsi ils contribuent à l'ancrage d'un problème qui n'était pas très structuré jusqu'alors. Ces tics transitoires peuvent alors évoluer vers des tics chroniques. Là aussi, une consultation médicale est nécessaire. ■

" Les tics touchent les zones du corps utilisées dans la communication et sont plus fréquents face à une situation anxiogène, à une émotion ou à des difficultés familiales ou scolaires. „

Le divorce des parents

ROMPRE AVEC SON COMPAGNON DE VIE est une expérience difficile tant pour les parents qui prennent cette décision que pour les enfants qui doivent la subir. D'un divorce pour 10 mariages vers 1970, nous sommes passés à 4 pour 10 aujourd'hui. Plus de 100 000 séparations sont ainsi prononcées chaque année.

Quand la famille éclate

Ces histoires d'amour ratées sont toutes différentes et concernent des personnes plus ou moins capables d'y faire face. Lorsque les deux partenaires ont envie de se séparer en même temps, c'est à l'évidence la situation la plus favorable. Malheureusement, peu de cas sont aussi exemplaires. Dans la plupart des divorces, l'un des deux adultes n'y trouve pas son compte ou le subit et donc en souffre davantage. Près de la moitié sont encore prononcés pour « faute », et dans les séparations à l'amiable, le consentement est souvent âprement discuté. La situation légalisée, chacun doit retrouver sa place dans un paysage différent, se fixer d'autres repères, parents comme enfants. Emportés par la tourmente, les premiers apprécient mal les déchirures provoquées chez les plus jeunes, même si « cela s'est plutôt bien passé ». L'idéal serait que les couples s'entendent encore assez pour laisser les enfants en dehors de tout conflit, tout en les informant.

Des enfants qui souffrent

Pour les enfants, le bouleversement est tout aussi majeur. Il faut apprendre à vivre avec maman et sans papa, ou inversement. Ils vont réagir différemment selon leur âge, mais il est faux de penser que plus un enfant est jeune, moins il va souffrir de la séparation. Lui aussi va connaître tristesse et anxiété, voire présenter des troubles plus importants s'il n'est pas suffisamment sécurisé (repli sur soi, instabilité, difficultés scolaires, etc.). Aujourd'hui, les ruptures se produisent surtout au début du mariage, vers la quatrième année, généralement à l'âge où l'enfant devient autonome, entre à la maternelle et semble avoir moins besoin de la présence de ses parents. Plus il est grand, plus il comprend la situation sans pour autant l'admettre. Il peut connaître un sentiment de honte, de culpabilité, qui normalement va s'atténuer au fil du temps. Selon certains psychologues, les troubles seraient plus importants et dureraient plus longtemps chez les petits garçons. On en vient à se demander si la garde, le plus souvent attribuée à la mère, n'est pas sans incidence sur l'enfant qui est séparé trop longtemps de son père.

Malgré l'évidence de la séparation, les enfants, quel que soit leur âge, vont garder longtemps l'espoir que tout redevienne comme avant. Une étude menée auprès d'enfants de divorcés a démontré qu'ils gardaient toujours à l'esprit une image de couple « solidaire ». Une façon inconsciente de se rassurer alors qu'ils sont fortement ébranlés dans les fondements de leur psychisme.

Surmonter le chagrin

Si les parents ont une attitude responsable dans la séparation, restent présents physiquement ou symboliquement, l'enfant, malgré sa peine, saura faire face petit à petit. Malheureusement, beaucoup de mères et de pères l'utilisent encore trop comme objet de chantage, se servent de lui pour régler toutes sortes de litiges affectifs ou financiers. Dans cette situation, l'enfant en veut à la personne avec qui il vit de ne pas le laisser en paix. D'autres se trouvent extrêmement partagés, surtout si les deux parents se méprisent constamment. L'enfant doit alors passer d'un univers à l'autre, respectivement porteur d'accusations négatives. Il devient malgré lui le partenaire de heurts quotidiens qui le blessent et favorisent son angoisse.

Maintenir le contact

Quelquefois, le conflit se traduit par la mort symbolique de l'autre : il n'y a plus aucun contact entre la mère et le père. En général, deux ans après le divorce, près de la moitié des pères disparaissent de la vie des enfants ou ne font plus que des visites épisodiques. Conséquence : ils se retrouvent le plus souvent seuls avec leur mère, avec le risque de perdre leur statut et de devenir le confident, le compagnon qu'elles ont perdu. On voit ainsi des couples « mère-enfant » se constituer pour le meilleur mais aussi pour le pire (p. 536). Depuis quelque temps, une initiative se développe un peu partout en France : elle consiste à créer des appartements où les parents divorcés ou séparés peuvent exercer facilement leur droit de visite. Cette aide matérielle permet d'éviter la rupture du lien affectif avec le parent qui n'a pas obtenu le droit de garde.

Malgré les difficultés de la séparation, il est important que chacun reste à sa place et qu'il n'y ait pas confusion des rôles. Il est tout aussi indispensable que les parents s'expriment avec leurs mots, le plus sincèrement possible et sans chercher à cacher la vérité. Car l'enfant, de façon intuitive, a déjà la perception que rien ne sera plus comme avant. Il sait déjà que ses parents ne vont plus vivre ensemble. Plus que tout, il a besoin de savoir qu'il n'est pas coupable de cette séparation et qu'il continuera à être aimé.

Ils sont persuadés que s'ils avaient été plus gentils, plus obéissants, moins bagarreurs, meilleurs élèves, le divorce ne serait pas arrivé. Seule la persuasion des parents, affirmant clairement à l'enfant qu'il n'est pas la cause de leur mésentente, l'apaisera.

Ces propos, les parents devront sans doute les répéter souvent à leur enfant, avec l'assurance et l'affirmation de leur amour indéfectible à son égard. Il doit être tranquillisé sur le fait que le lien qui l'unit à chacun de ses parents reste intact et que, surtout, leur séparation ne le privera ni de son père ni de sa mère. Parfois il éprouve de la honte vis-à-vis des autres enfants dont les parents vivent ensemble. L'enfant se rapproche alors de ceux qui vivent la même situation que lui, en pensant que, comme lui, ils souffrent de ne pas être des enfants ordinaires. ■

▌ MON AVIS

Le divorce est toujours une épreuve malgré les études sociologiques qui affirment que les enfants se développent très bien au sein d'une famille recomposée. Pourtant, au moment de la séparation, les manifestations de souffrance sont très visibles chez ces enfants encore jeunes. Tous expriment le souhait que leurs parents revivent ensemble. Certains éprouvent des difficultés relationnelles avec le parent qu'ils ne rencontrent que dans le cadre du droit de visite. D'autres manifestent une forte agressivité vis-à-vis de celui ou celle qui remplace le parent absent. Bégaiement, énurésie, difficultés scolaires et agressivité sont fréquents. L'enfant est obligé de faire le deuil de sa vie de famille et d'organiser son amour de manière différenciée. ■

1RE SEMAINE

1ER MOIS

2 À 3 MOIS

4 À 5 MOIS

6 À 7 MOIS

8 À 9 MOIS

10 À 11 MOIS

1 AN

1 AN 1/2

2 ANS

2 ANS 1/2

3 ANS

4 ANS

5 ANS

6 ANS

ANNEXES

Il souffre dans son cœur et dans son corps

La séparation des parents entraîne pour l'enfant bien des bouleversements. Il risque de déménager, de changer d'école et de perdre ainsi ses amis. Il partagera ses week-ends et ses vacances entre ses deux parents. Lorsque la famille compte plusieurs enfants, ils peuvent craindre d'être séparés. Il est fondamental de rassurer la fratrie sur son devenir. Tout doit être expliqué et détaillé à l'enfant. Il est important qu'il soit acteur de ces bouleversements. Soyez clairs dans la définition des nouvelles règles de vie. Surtout n'adoptez pas une attitude trop laxiste en croyant ainsi le consoler. Pourtant il est probable qu'il exprimera son malaise par des sautes d'humeur, des colères, une forte agressivité vis-à-vis des autres enfants, des moments d'apathie ou de repli sur lui-même. Des perturbations peuvent se manifester, tel un épisode d'énurésie ou un désintérêt pour son travail scolaire. Certains enfants peuvent même psychosomatiser, ils souffrent de douleurs abdominales, de douleurs de croissance, de migraines, d'insomnies ou de boulimie... Dans la majorité des cas, ces manifestations sont passagères. ∎

La maison des enfants

Depuis quelques années, la garde alternée des enfants est la solution la plus demandée par les parents séparés. Ainsi chacun a le sentiment de maintenir un lien fort avec son ou ses enfants. Pourtant cette solution n'est pas sans inconvénient pour les enfants qui passent leur vie à déménager, à s'attacher à un lieu pour devoir tout aussi vite le quitter. Et puis ils doivent gérer la tristesse du parent qui reste seul ; l'enfant a le sentiment de l'abandonner de la trahir en retrouvant son autre parent. Une autre solution que la garde alternée semble voir le jour, c'est l'appartement partagé. Dans ce cas, ce ne sont plus les enfants qui bougent mais les parents. Les enfants restent dans leur univers sécurisant au milieu de leurs repères, les parents s'installant pour quelques jours ou une semaine. Bien sûr, cette formule exige l'entente entre les adultes et des frais financiers conséquents puisqu'il faut louer trois appartements. ∎

▮ MON AVIS

L'enfant du divorce est tiraillé entre une double alliance : fidèle à papa, fidèle à maman. Il est aussi dans une situation d'acteur-spectateur, entraîné au gré des conflits, dans un camp ou dans un autre. Peut-être pourra-t-il compter sur la neutralité bienveillante de ses grands-parents, sauf si ceux-ci entrent dans le conflit. Si l'enfant est tout petit, il ne lui sera pas possible de fixer ses souvenirs sur un être imaginaire, celui-ci étant parti trop tôt. S'il est un peu plus grand, notamment en pleine phase œdipienne, il souffrira de cette faille identitaire. L'éventuelle recomposition de sa famille lui permettra de retrouver, chez celui qui vit maintenant avec son père ou sa mère, des images substitutives qui vont bien l'aider à construire son identité. La situation du divorce pour l'enfant est particulièrement difficile lorsqu'un des parents reste isolé alors que l'autre a refait sa vie, car il ira toujours en direction du plus fragile, comme pour le protéger précocement. Sachez étancher les vies qui se sont disjointes. Ne posez pas à votre enfant de questions sur la vie de l'autre, sur sa nouvelle union et respectez même ses silences et sa discrétion, surtout s'il est petit. ∎

Ses parents se séparent

1RE SEMAINE

1ER MOIS

2 À 3 MOIS

4 À 5 MOIS

6 À 7 MOIS

8 À 9 MOIS

10 À 11 MOIS

1 AN

1 AN 1/2

2 ANS

2 ANS 1/2

3 ANS

4 ANS

5 ANS

6 ANS

ANNEXES

QUELLES QUE SOIENT LES CIRCONSTANCES, la séparation de ses parents est toujours un moment difficile à vivre pour l'enfant. Tous, tant que leurs parents n'ont pas annoncé cette séparation, refoulent cette idée qui les déstabilise au plus profond d'eux-mêmes.

La crainte de perdre ses repères

Ceux que le divorce surprend totalement ressentent celui-ci comme un cataclysme. Ceux qui savaient déjà que leur père et leur mère ne s'entendaient plus – les nombreuses scènes de ménage ne leur ayant pas été épargnées –, ne réussissent pourtant pas à y croire.

Les deux êtres qui leur servaient de repères, ceux sur lesquels ils s'appuyaient, vont prendre des routes différentes. Si la réalité est dure, l'incertitude l'est encore plus. Cet enfant a une grande imagination et les scénarios les plus fous vont jaillir dans son esprit. Il en est totalement prisonnier, n'osant parler de ses craintes à personne, surtout pas à ses parents, rarement même à ses grands-parents qu'il sent impliqués dans cette histoire familiale. Mieux vaut alors aborder le sujet avec eux, si possible les deux parents ensemble, et en incitant l'enfant à dévoiler ce qu'il croit déjà savoir et quelles sont ses craintes. Cette façon de procéder permet de clarifier toutes les idées vraies ou fausses qui lui trottent dans la tête. Bien sûr, l'essentiel de cet entretien a pour but de le rassurer sur son avenir et sur l'amour que ses deux parents lui portent. Si vous vous sentez incapables de vous retrouver à deux pour parler avec votre enfant, faites-le séparément en vous efforçant de gommer toutes vos rancœurs personnelles vis-à-vis de votre conjoint. L'enfant ne doit jamais être mis en situation d'avoir à juger ou à choisir entre ses deux parents.

L'intervention d'un médiateur

Si vous savez que vous serez dans l'impossibilité de garder votre calme, faites appel à un tiers. Les grands-parents maternels ou paternels, à ce moment précis, ne sont pas les bons interlocuteurs : ils sont trop proches. Un(e) ami(e), un(e) psychologue ou un médiateur familial est alors recommandé. Il saura trouver les mots justes et rassurants et permettra ensuite des conversations plus faciles avec l'enfant. Car ce sujet est si essentiel pour lui qu'il reviendra encore au premier plan plusieurs semaines, voire plusieurs mois. L'enfant a besoin de comprendre, de réfléchir et d'assimiler toutes ces nouvelles si bouleversantes. Malgré toutes ces précautions, vous ne pourrez pas éviter qu'il traverse un grand moment de tristesse. Pour lui la séparation de ses parents est une perte où pointe une crainte d'abandon. Même si vous faites avec lui des projets d'avenir, rien ne sera plus comme avant. Et il le sait.

L'espoir de la réconciliation

Généralement, il faut compter une année avant qu'un enfant retrouve son équilibre. Longtemps, pourtant, il gardera le secret espoir que ses parents se réconcilient pour que tout recommence « comme avant ». Certains mettent même en œuvre des stratégies de réconciliation. Avec le temps, l'enfant accepte la réalité, trouve de nouveaux repères et s'aperçoit que cette situation n'a pas que des désavantages. Il apprend à gérer sa nouvelle vie. ■

Le petit déjeuner *en savoir plus*

Un repas à respecter

Pour les enfants qui ne veulent rien avaler, préparez une petite collation pour la récréation. Ne cédez pas à la facilité en lui donnant quelques gâteaux et du chocolat ou les trop pratiques barres énergétiques qui apportent beaucoup de sucre. Composez des petits sandwichs maison et originaux tels que pain de mie tartiné d'un carré demi-sel ou pain d'épice fourré d'un petit-suisse à la banane. Glissez dans son cartable une briquette de jus de fruits, de lait ou une petite bouteille de yaourt liquide. Évitez les boissons gazeuses excitantes et surtout beaucoup trop sucrées. ■

Que mangent les enfants européens ?

• **Les petits Anglais :** des céréales mélangées à du lait froid sucré, des œufs avec ou sans bacon, des toasts grillés, du beurre et de la marmelade.

• **Les petits Allemands :** un peu de charcuterie avec du pain noir ou au cumin.

• **Les petits Espagnols :** de petits sandwiches à la tomate et au jambon cru ou des ensaimadas (petits pains aux raisins) ou des churros (beignets).

• **Les petits Hollandais :** du fromage édam ou gouda, des crèmes à la vanille ou au caramel, de superbes tartines saupoudrées de granulés de chocolat, des céréales et parfois un œuf (pour les plus gros mangeurs). ■

Une journée à lui

Tous les ans, le Comité d'éducation pour la santé organise une « journée petit déjeuner ». À cette occasion, il diffuse des plaquettes d'information et des messages publicitaires pour encourager les petits et les grands à prendre le temps et le plaisir du petit déjeuner. La persuasion des enfants passe par l'information des adultes : un Français sur cinq néglige son petit déjeuner. ■

Le petit déjeuner

1RE SEMAINE

1ER MOIS

2 À 3 MOIS

4 À 5 MOIS

6 À 7 MOIS

8 À 9 MOIS

10 À 11 MOIS

1 AN

1 AN 1/2

2 ANS

2 ANS 1/2

3 ANS

4 ANS

5 ANS

6 ANS

ANNEXES

MAINTENANT QU'IL FRÉQUENTE LA « GRANDE ÉCOLE », il est indispensable qu'il prenne un vrai petit déjeuner. Dans l'idéal, il devrait se prendre au calme (télévision éteinte !), sans précipitation et en famille, et si possible une demi-heure avant le départ pour l'école.

Du biberon aux tartines

Pour beaucoup d'enfants, le plus difficile est d'avaler ce premier repas de la journée. Le passage le plus délicat se fait entre le temps des biberons (qui pour certains perdure un certain temps) et les tartines. Ce qui nuit le plus à ce premier repas de la journée, c'est la précipitation que provoque le départ à l'école. Encore ensommeillés, juste débarbouillés, beaucoup d'enfants n'ont pas grand appétit, surtout si certains sont déjà angoissés par la perspective d'une journée loin de leurs parents. Et pourtant, sans petit déjeuner, c'est le coup de pompe assuré vers 11 heures, la fatigue qui se traîne toute la matinée et, sur le plan diététique, un mauvais équilibre alimentaire.

Les études chronobiologiques ont démontré que, pour les enfants, les deux repas essentiels sont le petit déjeuner et le dîner et qu'il y a toujours un moment où ils ont très faim. Pour déterminer ce moment, profitez des vacances ou de quelques week-ends pour laisser table ouverte à votre enfant. Ainsi, vous saurez s'il est du genre à dévorer dès le saut du lit ou s'il lui faut une demi-heure pour se mettre en appétit.

Du lait ou ses dérivés

Un bol de lait est suffisant pour couvrir le tiers des besoins en calcium d'un enfant. Il apporte autant de protéines qu'un œuf et, avec 90 % d'eau, il est idéal pour hydrater l'organisme. Pensez aux associations lait-féculent en proposant au petit déjeuner des crèmes à base de riz ou de semoule. Les enfants considèrent souvent ces crèmes comme des « desserts » et les acceptent bien au petit déjeuner.

Une table appétissante

Tout comme les adultes, les enfants aiment les plats appétissants. Prenez un peu de temps pour mettre la table ; préparez des tartines différentes ; variez les céréales et les boissons. Un petit déjeuner doit normalement représenter un quart des apports alimentaires de la journée afin d'éviter de surcharger les repas du midi et du soir.

Au cours de la nuit, l'organisme brûle en moyenne 600 calories et l'enfant en pleine croissance a besoin de reprendre des forces. Pour être équilibré et complet, le petit déjeuner doit se composer d'un produit laitier (lait, yaourt, fromage), d'un produit céréalier (pain, biscotte, céréales), d'une boisson chaude ou froide et d'un fruit frais. Les laitages apportent du calcium, des protéines animales, de la vitamine A, B2 et D.

Les céréales sont en fait des glucides complexes, des vitamines B et des sels minéraux.

La boisson est indispensable pour réhydrater l'organisme. Les fruits frais offrent de la vitamine C et des sels minéraux. ■

" On n'oublie jamais les confitures de son enfance. Tout compte dans la tartine : la quantité, la qualité, le bord et le croquant. "

Un vélo sûr

Les vélos méritent un examen attentif avant tout achat. Les chutes représentent 40 % des accidents de jeunes enfants causés par des jeux individuels. Souvent graves, les traumatismes sont générale-ment dus à l'imprudence, mais aussi à un mau-vais entretien, voire à une adaptation erronée du vélo à l'âge de l'utilisateur. Les consignes de pru-dence sont pourtant simples. D'abord, un vélo doit toujours être adapté à la taille de l'enfant, qui doit pouvoir mettre ses pieds sur les pédales sans se livrer à des acrobaties. Ensuite, il doit être suffi-samment lourd. L'enfant doit aussi pouvoir serrer les freins qui sont volontairement souples, car conçus en fonction de sa force. Ils n'ont donc pas la même puissance que sur les bicyclettes d'adul-tes. Enfin, il faut savoir qu'un vélo n'est pas fait pour durer et doit être changé tous les trois ans, car les enfants grandissent. Inutile de préciser qu'il est indispensable de vérifier régulièrement les pla-quettes de freins, l'éclairage et l'état général. ■

L'ennui a du bon

Posez-vous la question de savoir si vous n'organi-sez pas trop ses moments de loisirs au point que votre enfant n'a plus l'expérience de l'ennui. Il est vrai que la majorité des parents déteste entendre leur enfant leur répéter en boucle qu'il ne sait pas quoi faire. Sans doute ont-ils le souvenir, dans leur propre enfance, de moments de mélancolie ou d'abandon qu'ils ont interprétés comme de l'en-nui ? Et puis l'éveil sportif ou intellectuel a pris une telle place dans la vie des enfants que certains parents peuvent se sentir coupables de ne rien leur proposer de précis. Il est vrai qu'aujourd'hui la télé-vision remplit facilement le moindre créneau de temps laissé libre. À tort estime un nombre de plus en plus grand de psychologues et d'éducateurs car il ne faut pas avoir peur de l'ennui et à tout âge. À petites doses, il laisse place à l'imaginaire, aux rêves, à la créativité, à la réflexion et à la connais-sance de soi. Pour être constructif, disent-ils, l'en-fant doit avoir appris à s'ennuyer et être capable de trouver tout seul dans son environnement les moyens de le combattre. Ses parents doivent lui faire confiance et lui laisser le temps de l'observer et de trouver ce qui va l'occuper ou tout bêtement de prendre le temps de s'allonger pour se reposer. C'est en l'absence de jouets que l'enfant imagine des situations totalement inédites comme c'est le calme et la solitude qui vous font réaliser que vous êtes fatigué. ■

Quels jouets choisir ?

Le choix d'un jouet dépend bien sûr de l'âge de l'en-fant, de son développement psychomoteur et de son caractère. Pourtant, on retrouve toujours les mêmes constantes chez l'enfant. Il aime jouer à symboliser la vie quotidienne et apprécie les jouets d'imitation. Ils lui donnent l'occasion de s'affirmer, de se situer, de mieux comprendre le monde des adultes. Les « best-sellers » : la dînette et la pano-plie de docteur. Aux éléments classiques de la dînette, on peut ajouter, pour la plus grande joie des enfants, des objets réels, une petite casserole, de vraies petites cuillères et une spatule en bois pour tourner « la soupe ». Parallèlement, il aime retrouver ses poupées et ses animaux en peluche, qui l'aident à surmonter les angoisses que ne man-quent pas de créer de nouvelles découvertes et cal-ment les cauchemars, fréquents à cet âge. Dans un coffre à jouets idéal, on trouve encore des jeux de création : pâte à modeler, mosaïque, coloriage, peinture, gommettes, laissant libre cours à l'ima-gination de l'enfant. Les jouets sportifs : ballon, vélo, patins à roulettes lui permettent de dévelop-per sa motricité et de canaliser son énergie. À ne pas négliger : les jeux de construction au montage fin. Démontage et remontage du jouet demandent les mêmes capacités d'analyse et de synthèse. L'esprit d'analyse et d'abstraction apparaîtra ainsi progressivement. Les jeux de société entraînent sa mémoire et sa réflexion. Normalement, chaque enfant doit être attiré par ces divers types de jouets. Cependant, il est tout à fait possible que certains aient une nette préférence pour l'un plutôt que pour l'autre. ■

La folie des jeux vidéo

*C'EST UNE VÉRITABLE FOLIE ET AUCUNE FAMILLE N'EST ÉPARGNÉE : 30 %
du marché du jouet en France est consacré à ces jeux, qu'ils soient « portables »
ou retransmis par le poste de télévision familial. Les jeux vidéo sont partout,
à la maison, dans le métro, dans les cours de récréation.*

Un monde virtuel

Ils ont pris une telle importance que bien des parents s'en inquiètent. Ils leur reprochent d'abrutir le joueur qui, pris dans le jeu, s'isole, ne communique plus avec sa famille et ses copains. Ils déplorent leur fâcheuse tendance à ne proposer que des jeux violents où règnent les guerriers et les exterminateurs de toutes les planètes. Tout cela n'est qu'en partie vrai. Bien des craintes sont en fait sous-tendues par l'ignorance de ces jeux auxquels les parents ne comprennent rien. De plus, lorsqu'ils s'y essayent, ils n'en sortent pas forcément vainqueurs, ce qui est un peu agaçant.

La violence, certes, règne dans certains jeux, mais ils ne sont pas les plus nombreux et ce sont plus souvent les mots empruntés au monde de la science-fiction qui sont agressifs que le jeu en lui-même.

Une gamme diversifiée

Pourtant, les jeux vidéo, par la complexité des situations qu'ils proposent, sont de véritables défis pour l'intelligence. Le petit joueur y apprend la concentration, la persévérance, la rapidité d'analyse et de réaction. Il faut, pour gagner, tout à la fois de l'imagination et de la mémoire ; il est indispensable de faire preuve d'esprit de déduction et de savoir élaborer une stratégie. Ce qui est extrêmement fascinant, c'est le déroulement imprévisible de l'action dont le joueur est le personnage central.

La gamme des jeux est fort large. On trouve des jeux d'action, d'aventure, de stimulation, de stratégie, et aussi des jeux éducatifs pour parfaire le vocabulaire, travailler l'orthographe ou même dessiner. Mais les plus appréciés par les enfants restent ceux qui mettent en scène monstres et mutants en tout genre, dont les combats se déroulent sur des planètes fantastiques. L'intérêt tient encore au graphisme et aux bruitages qui rythment toutes les étapes de l'action.

Si le jeu portable a tendance à isoler le joueur, les consoles à brancher sur un poste de télévision peuvent programmer des jeux en duo. Enfin, certaines consoles peuvent se relier les unes aux autres et entraîner deux, trois, quatre joueurs dans la même aventure où le meilleur gagne.

Que choisir ? Deux types de consoles existent. Les fixes qui se connectent sur la prise péritel d'un téléviseur. Les portables, plus petites, qui possèdent un écran intégré. L'écran télé, par sa taille, donne plus de relief aux couleurs et à l'animation. ■

" La mode est aux robots. Ils « s'animent » dans des scénarios personnels. Quel que soit leur aspect, leurs aventures fictives ont le même but : ils finissent pratiquement toujours par être civilisés. "

1RE SEMAINE

1ER MOIS

2 À 3 MOIS

4 À 5 MOIS

6 À 7 MOIS

8 À 9 MOIS

10 À 11 MOIS

1 AN

1 AN 1/2

2 ANS

2 ANS 1/2

3 ANS

4 ANS

5 ANS

6 ANS

ANNEXES

La musique *en savoir plus*

La musique à l'école

L'éducation musicale est inscrite au programme de l'école primaire à raison d'une heure par semaine, le plus souvent fractionnée. Son enseignement reste très modeste par manque d'équipement et de formation des instituteurs. Elle consiste à écouter quelques disques, à chanter tous en chœur et parfois à s'initier aux rythmes à partir d'instruments comme le triangle, le xylophone, le tambourin ou les maracas. Au cours élémentaire, l'enfant découvre l'écriture musicale et apprend à déchiffrer ses premières notes. ■

Musique éducative

Les sons, l'étude du rythme sont utiles dans le développement de l'acuité auditive. Timbre, intensité, hauteur, durée, toutes ces notions musicales sont induites par de petits exercices, jeux simples, où seuls les sens sont sollicités. L'expression corporelle permettant de mieux « vivre » le rythme y est associée. La musique aide encore l'enfant à se structurer dans l'espace et dans le temps. ■

Un investissement coûteux

Il est indispensable que votre enfant ait son instrument personnel à la maison car il aura à s'exercer presque quotidiennement en plus de ses cours souvent hebdomadaires. Mis à part la flûte, les instruments de musique sont chers. Afin de ne pas investir à perte, attendez que les goûts de votre enfant pour la musique et pour l'instrument qu'il a choisi se confirment. En attendant, louez l'instrument ou faites-vous en prêter un si possible. ■

Les méthodes « actives »

Elles sont pour la plupart pratiquées dans des cours privés. Une des plus anciennes est la méthode Orff, du nom de son créateur. Elle repose sur un apprentissage dynamique à partir de la danse, l'expression corporelle et le mime. Elle se sert de l'émulation du groupe et commence toujours, avant l'initiation à un instrument spécifique, par la pratique des percussions et de la flûte.
• La méthode Martenot donne une grande importance au rythme et à la lecture des notes, mais en utilisant des jeux pour développer la mémoire auditive et l'oreille.
• La méthode Montessori repose, quant à elle, sur l'association de la musique et des couleurs.
• La méthode Suzuki nous vient du Japon et est sans doute la plus spectaculaire puisqu'elle permet aux enfants de jouer du violon sans aucune notion de solfège. Elle demande une grande disponibilité des parents qui doivent au début assister aux cours et faire travailler régulièrement les enfants à la maison.
• La méthode Willems est consacrée à l'étude du chant et des percussions par le jeu uniquement. ■

▌ MON AVIS

Permettez-moi de vous raconter une très belle histoire associant musique et soins. À l'hôpital Sainte-Marguerite de Marseille, les enfants bénéficient de l'attention d'un musicien appartenant à l'association Enfance et Musique. Il les accompagne jusqu'au bloc opératoire en leur jouant des mélodies sur sa guitare, fredonnant ensemble leurs chansons préférées. En salle de réveil, le musicien est toujours là, reprenant la chanson où il a fallu l'interrompre. Voilà une des missions de la musique, accompagner la vie psychique dans le bonheur et les émotions. ■

Jouer d'un instrument

1PE SEMAINE

1ER MOIS

2 À 3 MOIS

4 À 5 MOIS

6 À 7 MOIS

8 À 9 MOIS

10 À 11 MOIS

1 AN

1 AN 1/2

2 ANS

2 ANS 1/2

3 ANS

4 ANS

5 ANS

6 ANS

ANNEXES

LES CONSERVATOIRES MUNICIPAUX SONT CHAQUE ANNÉE PRIS D'ASSAUT par des enfants de tout âge, pourtant il paraît que les Français sont fâchés avec la musique. Pratiquement tous les instruments sont à la portée d'un jeune enfant, après tout est une question de méthode.

Un choix volontaire

Les vertus de la musique et de l'apprentissage d'un instrument ne sont plus à démontrer : ils aident à acquérir une bonne coordination motrice et le sens du rythme, favorisent la concentration et développent la mémoire, apprennent la maîtrise de soi et éveillent à la sensibilité artistique. Pour réussir une bonne éducation musicale, il est d'abord indispensable que l'enfant soit volontaire et qu'il choisisse son instrument. Pour l'aider, faites-lui écouter différents morceaux mettant en valeur divers instruments afin qu'il se fasse une opinion : on ne joue bien qu'avec plaisir. Certains instruments sont-ils plus difficiles que d'autres ? Les musiciens eux-mêmes ne sont pas d'accord sur un classement. Il semble pourtant que certains permettent simplement un démarrage plus rapide. D'autres peuvent s'adapter à la taille de l'enfant, comme le violon dont on peut commencer à jouer vers 6-7ans. Toujours de manière précoce, l'enfant peut s'initier à la flûte, au saxophone ou à la clarinette. Dans certains conservatoires, on propose toujours aux enfants de commencer leur éducation musicale par la flûte, ce qui décourage souvent beaucoup d'enfants qui avaient choisi leur instrument avec passion ou par fidélité à des pratiques familiales.

Voici comment se répartit la pratique musicale des enfants à partir de l'étude des instruments choisis dans les conservatoires. En tête, le piano et le violon, puis la flûte traversière, la clarinette, enfin le saxophone, la guitare et le violoncelle.

Conservatoire ou cours privé

Il existe quantité d'endroits où l'on enseigne la musique : cours particuliers, écoles publiques ou privées et conservatoires municipaux. Ces derniers sont les seuls à garantir une bonne qualité d'enseignement, les autres formules sont aléatoires et dépendent du professeur, des moyens mis en œuvre et du nombre d'élèves par cours. Seul le bouche à oreille pourra vous renseigner. Les conservatoires sont gérés par les municipalités et l'enseignement est dispensé par des professeurs diplômés. En cours d'année, les connaissances et compétences de votre enfant seront régulièrement contrôlées et la réussite à un examen de passage lui ouvre les classes supérieures. Les conservatoires ont encore l'avantage de proposer des leçons à prix très raisonnables. Mais rien n'étant parfait, ils ont aussi quelques inconvénients : leur succès les oblige de plus en plus à opérer une sélection sur des critères musicaux (un comble pour des débutants), l'enfant doit y venir très régulièrement et il lui faut souvent commencer son enseignement par une année assez rébarbative de solfège. Les conservatoires ouvrent leurs portes aux enfants de 7 ans, certains un peu plus tôt, vers 6 ans. Permettre ou vouloir que son enfant apprenne à jouer d'un instrument demande aussi aux parents une certaine disponibilité et de la patience. Ils devront soutenir l'enfant dans le dur apprentissage du solfège et surveiller la régularité des entraînements à la pratique de l'instrument. ■

Les différentes pédagogies

Si les parents souhaitent que leur enfant suive « une pédagogie différente », il est préférable d'en faire le choix dès le cours préparatoire. En effet, celle-ci est conçue pour se dérouler sur tout le cycle élémentaire et au-delà. Le découpage des « apprentissages » dans le temps est souvent différent des écoles traditionnelles et certaines matières peuvent être ajoutées au programme.

• **L'école Freinet.** Elle a depuis très longtemps inspiré l'école maternelle en général. Son principe : la prise d'autonomie et de responsabilité précoce de l'enfant. L'enfant apprend par « tâtonnement expérimental » et c'est son expérience personnelle qui le conduit au savoir. Ici il n'y a pas de programme, c'est à partir de moments de vie que l'enfant acquiert des informations qui seront ensuite utilisées en classe. L'outil pédagogique de base : le journal de la classe que les élèves rédigent, mettent en page, illustrent et enfin fabriquent.

• **L'école Decroly.** Elle a le statut d'école expérimentale dans le cadre de l'Éducation nationale. L'étude de la nature dans la vie quotidienne et de la vie en société est l'appui de toute la pédagogie : fleurs, fruits, animaux. Les bases des apprentissages sont réparties en trois temps forts : l'observation, l'association, l'expression. Il n'y a ni horaire, ni programme, ni leçon à proprement parler, mais l'établissement entre élèves et maîtres de « centres d'intérêt ». D'ailleurs, la vie scolaire est proche d'une vie communautaire où chacun s'entraide, où règne avant tout l'autodiscipline. L'école Decroly s'attache à promouvoir la méthode globale d'emblée. Apprendre à lire se fait donc d'abord de manière visuelle puis de façon auditive.

• **La méthode Maria Montessori.** L'enfant est capable d'apprentissage à des périodes sensibles que les éducatrices doivent repérer. Les outils pédagogiques de cette méthode favorisent les capacités sensorielles de l'enfant. Ainsi l'apprentissage de la lecture se fait avec des lettres que l'on reconnaît aussi bien par la vue que par le toucher. ■

Samedi ou mercredi

Parents et instituteurs ne voient pas les aménagements des rythmes scolaires de la même manière. Pour les premiers, pas de doute, il faut libérer le samedi matin et ouvrir l'école le mercredi matin. C'est notamment le point de vue des parents qui travaillent et des couples divorcés dont le droit de visite se situe très souvent le week-end. Par contre, 59 % des enseignants du primaire sont opposés à cette modification de l'emploi du temps. Ils estiment que la suppression de la respiration du mercredi sera cause de davantage de fatigue et de stress chez les petits écoliers. Aujourd'hui, seulement 3 écoles primaires sur 10 ont aménagé leurs rythmes scolaires. ■

En cas de difficultés évidentes

Dans ce cas, en accord avec l'instituteur, et après en avoir largement débattu avec lui, les parents peuvent faire appel à un « spécialiste » ou à une structure spécialisée.

• L'entourage familial de l'enfant est un bon recours, notamment lorsque le ou les parents ne réussissent plus à établir un contact constructif avec l'enfant. Les grands-parents, éloignés des conflits familiaux quotidiens, peuvent se révéler de bons pédagogues.

• Il existe souvent, organisés par l'école, des « groupes de rattrapage » qui rassemblent dix à douze élèves, et les enseignants les font travailler en dehors des heures scolaires.

• Dans certaines communes, des cours de soutien scolaire sont mis en place avec l'aide d'instituteurs ou de professeurs à la retraite.

• Dans les cas plus graves, on peut diriger l'enfant vers un Rased : Réseau d'aide à la scolarité et au développement. Ces institutions regroupent psychologues scolaires, éducateurs en psychopédagogie et en psychomotricité.

• Enfin, les parents peuvent faire appel à un(e) orthophoniste qui prendra l'enfant en rééducation individuelle. ■

Entrer à la grande école

DÈS LE PREMIER JOUR DE CLASSE, l'écolier du CP fait la différence avec ses années de maternelle. Tables et chaises sont alignées et tournées vers le tableau. Il faut rester assis pour écouter et l'institutrice demande souvent le silence.

La confiance en soi

Ce nouvel écolier sera fier de constater qu'on ne l'appelle plus uniquement par son prénom, mais qu'il porte aussi un nom de famille. Même si l'enfant est content de devenir un « grand » et s'il attendait avec une certaine impatience l'entrée au cours préparatoire, il est très sensible à tous ces changements, véritables petits « chocs » émotionnels qui, quotidiennement, le font mûrir. L'adaptation à ce nouveau monde est conditionnée par le niveau de confiance que l'enfant a en lui-même. Il va falloir relever bien des défis. Heureusement, à cet âge, la plupart des enfants se sentent prêts à découvrir le monde. Les « pourquoi ? » et les « comment ? » sont ses questions favorites. On mesure l'importance de cette classe aux statistiques.

93 % des écoliers qui redoublent le CP n'atteindront pas la classe de seconde. Au CP, l'enfant débute les apprentissages fondamentaux que sont la lecture et l'écriture. Savoir lire et écrire est indispensable pour lui permettre plus tard une parfaite maîtrise des matières étudiées dans le primaire. De plus, dès le CP, beaucoup de consignes du maître passent par l'écrit.

À 6-7 ans, l'enfant agit encore plus par sensibilité que par logique. Il aura donc besoin d'une solide affection pour vaincre toutes ses craintes et se plier à toutes ces nouvelles contraintes. À l'école et à la maison, il va construire sa personnalité. Le pouvoir des adultes et des choses perd de sa magie. Tout commence à s'expliquer et à se comprendre. Ces découvertes vont l'aider à comprendre l'univers dans lequel il vit et à agir sur lui : il acquiert à son tour un pouvoir. Il va savoir, il va pouvoir faire.

Des rythmes d'apprentissage personnalisés

Depuis septembre 1991 a été mise en place une nouvelle politique pour l'école. Les années de scolarité sont théoriquement regroupées en cycles auxquels ont été attribués des objectifs. Le premier cycle, celui dit des apprentissages premiers, se termine à 5 ans. Le deuxième cycle est celui des apprentissages fondamentaux pour les enfants âgés de 5 à 8 ans. Le troisième cycle, baptisé celui des approfondissements, conduira les enfants jusqu'au CM2. Ces cycles de trois ans pourront être faits en deux ou quatre ans selon les élèves. Pourquoi cette réforme ? Elle doit permettre une adaptation aux rythmes d'apprentissage plus personnalisés à chaque élève. Il n'y aura plus de redoublement qu'en fin de cycle. L'enfant qui a des difficultés dans une discipline ne se voit pas obligé de tout recommencer. Il peut poursuivre une scolarité normale dans les disciplines qu'il maîtrise. ■

" Votre enfant est grand. Son nouveau cartable est la preuve de sa maturité. Dites-vous que, bientôt, il vous écrira et qu'il lira ce que vous avez écrit. "

1RE SEMAINE

1ER MOIS

2 À 3 MOIS

4 À 5 MOIS

6 À 7 MOIS

8 À 9 MOIS

10 À 11 MOIS

1 AN

1 AN 1/2

2 ANS

2 ANS 1/2

3 ANS

4 ANS

5 ANS

6 ANS

ANNEXES

L'aider à la maison

Pour aider son enfant à lire, mieux vaut suivre les consignes du maître qui, bien souvent, demande aux parents d'accompagner leur enfant le soir dans une révision de ce qui a été fait en classe. Ils peuvent y ajouter le souci de parler avec lui car, pour savoir lire, il faut d'abord savoir parler.

Travaillez ensemble un vocabulaire simple mais précis, bien prononcé. Favorisez l'expression orale en l'aidant à poursuivre un récit cohérent et ordonné. Corrigez les fautes de prononciation et de syntaxe. Posez des questions et n'imposez pas le thème de la conversation. Le rôle des parents n'est pas d'apprendre à lire à leur enfant. Il consiste davantage à entretenir sa motivation. À eux de proposer plutôt des jeux qui offrent des occasions de lecture « utilitaire ». L'essentiel est de vérifier que l'enfant a bien compris ce qu'il a lu, de soutenir les efforts du petit écolier quotidiennement, quelques minutes pas plus, et de lui donner à lire ou à écrire des textes très simples sur la base de son langage courant. Plus tard, il pourra accéder à la connaissance de savoirs nouveaux par la lecture. Au CP, la performance à atteindre est de savoir lire aisément un texte simple, et non de déchiffrer des mots complexes, à haute voix comme silencieusement. Daniel Pennac, professeur de français et auteur à succès, applique la méthode de la lecture à haute voix pour amener ses élèves adolescents à aimer les livres. Pour lui, ce type de lecture devrait se faire régulièrement en famille. Et la mémorisation est bien meilleure quand il y a vocalisation.

Dernière recommandation : aux parents de dominer leur impatience et leur angoisse. L'impatience fait perdre tous ses moyens à l'écolier, l'angoisse lui fait perdre confiance en lui. Toutes deux le mettent en situation d'échec. ■

Les raisons de l'échec

On considère que 15 % des enfants quittent l'école élémentaire sans une bonne maîtrise de la lecture. Pour le linguiste Alain Bentolila, il semble que les premières difficultés peuvent être repérées dès la grande section de maternelle. En entrant au CP, un élève moyen connaît 1 200 mots alors qu'un enfant en situation d'échec n'en possède que 300. Il a donc quatre fois moins de chance d'associer un son à une syllabe. Son échec n'est pas le résultat d'une absence de déchiffrage mais celui de la limite de ses possibilités lexicales. ■

Apprendre à lire

LA GRANDE AFFAIRE DU COURS PRÉPARATOIRE EST L'APPRENTISSAGE DE LA LECTURE. Les parents sont toujours inquiets de la méthode que l'instituteur va adopter. Certaines ont meilleure réputation que d'autres. Selon un sondage de l'IFOP, 83 % des enseignants utilisent une méthode syllabique ou semi-globale.

Syllabique, globale ou mixte

Voici les méthodes aujourd'hui appliquées à l'école publique et dont l'instituteur a le libre choix. La méthode syllabique, c'est celle du B-A = BA. Elle demande aux enfants de reconnaître les lettres pour ensuite les associer en syllabes, celles-ci étant assemblées à leur tour pour former des mots qui, eux, s'associent en phrases. Depuis quelques années, cette methode a fait un retour en force dans les classes.

La méthode globale s'appuie sur le dessin que forme chaque mot qu'il faut mémoriser pour ensuite le reconnaître. Les mots choisis le sont avant tout pour leur connotation affective et non en raison de leur difficulté. C'est la curiosité du lecteur, son goût pour la nouveauté qui le pousse à apprendre.

La méthode est celle d'une lecture visuelle silencieuse. Son usage est devenu extrêmement rare. Comme son nom l'indique, la méthode mixte combine les deux précédentes. La compréhension du sens est essentielle. Écriture et lecture sont intimement liées dès le début de l'apprentissage. Le mot est appris par l'enfant d'abord dans sa globalité et pour son sens. Puis l'enfant décompose le mot pour intégrer les ressemblances sonores et graphiques qu'il va rencontrer dans d'autres mots.

Des méthodes dérivées

Ces trois « principes » de base ont donné naissance à des méthodes dérivées, généralement le résultat de la réflexion de grands pédagogues. La méthode Maria Montessori s'appuie sur l'association de la vue et de l'activité manuelle. L'enfant manipule des lettres en bois, sait les reconnaître du bout des doigts, apprend à les dessiner et s'amuse à recopier ainsi des mots à partir d'un modèle. Pour la méthode Freinet, l'écrit n'a qu'un seul but : communiquer. Les enfants, tous les jours, apportent en classe un « bagage » de mots liés à leurs intérêts et à leurs préoccupations. Mis en phrase et écrits, imprimés par leur soin, ils seront mémorisés. Enfin, la méthode phonétique et gestuelle mêle son et geste, le geste accompagnant le son. Ainsi vécu, le mot est d'autant mieux mémorisé.

Le pouvoir des livres

Le goût de lire s'acquiert par la fréquentation des livres quels qu'ils soient. Tant que votre enfant n'est pas capable de lire seul, et même au-delà, n'hésitez pas à lui lire des histoires afin de lui révéler toute la magie et la féerie qui se cachent parmi toutes ces pages. Si les enfants doivent se montrer attentifs et appliqués, les parents ne doivent pas stresser immodérément. Il est important de laisser à l'enfant le temps de cette acquisition fondamentale. ▨

" Vous serez émus de l'entendre ânonner. Maintenant c'est certain, il est devenu grand. "

1RE SEMAINE

1ER MOIS

2 À 3 MOIS

4 À 5 MOIS

6 À 7 MOIS

8 À 9 MOIS

10 À 11 MOIS

1 AN

1 AN 1/2

2 ANS

2 ANS 1/2

3 ANS

4 ANS

5 ANS

6 ANS

ANNEXES

Les classes nature*en savoir plus*

Si votre enfant part en classe verte

Voici quelques consignes :

• Assistez aux réunions préparatoires de l'école et posez toutes les questions qui vous tracassent. N'oubliez pas de signaler par écrit tout régime particulier, si votre enfant est diabétique par exemple. N'ayez pas honte de dire que votre enfant souffre d'énurésie ou qu'il a peur de s'endormir dans le noir : cela n'est pas dramatique mais il est important que les enseignants le sachent.

• Ne soyez pas angoissée : votre petit n'est pas perdu. Il est en de très bonnes mains. Après la séparation, vous aurez l'un et l'autre mille choses à vous dire qui vous rapprocheront davantage.

• Préparez la valise en suivant scrupuleusement la liste qui vous a été remise. Ne mettez rien de plus, mais n'oubliez rien non plus. Tous les vêtements doivent être marqués (même les chaussettes) : c'est long à faire. Pensez à commander des noms tissés dans une mercerie ou un grand magasin (tenez compte d'un délai de trois semaines environ). Cousez-les à l'avance afin que vous ne soyez pas débordée le jour du départ.

• Écrivez au minimum tous les deux jours. Votre enfant a besoin de savoir que vous ne l'oubliez pas. Envoyez même une lettre la veille du départ, il sera ravi d'avoir du courrier le matin de son arrivée.

• Envoyez des colis (bonbons, gâteaux, illustrés) au nom de la classe, jamais au nom de votre enfant (certains ne reçoivent jamais rien et peuvent ainsi imaginer que ce sont leurs parents qui ont eu cette attention).

À l'heure du retour, soyez à l'heure (et même avant). Accueillez votre enfant avec le sourire, prévoyez une petite surprise pour lui et ne le pressez pas de questions : il est fatigué de son voyage. Ne vous formalisez pas s'il ne déborde pas d'enthousiasme à votre vue : il est content de vous revoir, mais il est aussi un peu triste à l'idée de reprendre le train-train quotidien. Pour lui, c'est un peu la fin des vacances. ■

Côté organisation

L'école et la municipalité, en collaboration ou non avec une association, montent un projet pédagogique soumis à l'inspection académique qui donne son agrément et se charge de mettre en rapport l'école et le centre d'accueil susceptible de recevoir la classe. Ce dernier doit fournir un encadrement spécialisé comportant des personnes titulaires du BAFA (Brevet d'aptitude à la fonction d'animateur) et des moniteurs spécialisés si le projet comprend des activités sportives. Le financement est majoritairement à la charge de la commune. La coopérative scolaire, si besoin est, complète le financement, et les parents doivent toujours participer. Pour les familles les plus modestes, il existe des systèmes municipaux d'aide. Ce sont généralement toujours les mêmes classes qui partent, simplement parce que ce sont souvent toujours les mêmes enseignants qui sont friands de ces expériences. ■

Première classe nature

1RE
SEMAINE

1ER MOIS

2 À 3
MOIS

4 À 5
MOIS

6 À 7
MOIS

8 À 9
MOIS

10 À 11
MOIS

1 AN

1 AN 1/2

2 ANS

2 ANS 1/2

3 ANS

4 ANS

5 ANS

6 ANS

ANNEXES

PARTIR SANS SES PARENTS AVEC TOUS SES COPAINS DE CLASSE et même la maîtresse est une aventure qui excite la plupart des enfants. Généralement, la première classe « transplantée » est une classe nature à vocation écologique, une classe de mer ou une classe de neige à caractère plus sportif.

Découvrir d'autres univers, d'autres gens

Ces classes sont habituellement organisées au cours du deuxième ou du troisième trimestre, lorsque élèves et maître se connaissent bien. Pendant dix à quinze jours, les petits écoliers vont partager leur temps entre l'éducatif pur et la découverte d'un milieu qui leur est étranger. Ces quelques jours seront riches en expériences. Ainsi, en classe nature, les enfants assisteront à la traite des vaches, visiteront un poulailler industriel. En classe de mer, ils feront des collections de coquillages, visiteront un phare, à moins qu'ils ne partent sur un chalutier pour une journée en mer. Et, bien sûr, ils commenceront une initiation à la voile. En classe de neige, ils feront essentiellement du ski et découvriront un environnement inconnu de la plupart d'entre eux. Ces classes sont aussi généralement l'occasion d'une initiation à l'écologie et au rapport de l'homme avec la nature. Elles peuvent se préparer par la lecture de quelques livres découvertes.

À toutes ces richesses s'ajoutent celles de connaître d'autres rapports humains. Tout d'abord, après une classe transplantée, jamais les enfants ne verront leur maître ou leur maîtresse de la même manière, puisqu'il (elle) ajoute à son rôle d'enseignant(e) celui d'adulte protecteur, quand il (elle) ne devient pas un papa ou une maman de remplacement. Il (elle) apprend aux enfants les rudiments des mathématiques et tout à la fois les borde dans leur lit.

Des souvenirs inoubliables

Cette manière différente d'apprendre se révèle bénéfique : on ne parle plus de choses abstraites mais l'enseignement est fait d'expériences vécues et de situations concrètes. Pour beaucoup d'enfants, la classe transplantée est leur première expérience de vie en collectivité : dormir tous ensemble, s'asseoir à une grande table, partager les douches, retrouver ses affaires... voici des aventures qui forgent le caractère et apprennent à devenir un peu plus autonome. Peu d'enfants ne s'adaptent pas ; ce sont souvent des enfants qui traversent un moment délicat dans leur vie de famille et qui interprètent la classe transplantée comme un moyen de se débarrasser d'eux. Par contre, tous les instituteurs s'accordent à dire que le « retour » est bien souvent difficile. Il faut retrouver une certaine discipline, s'habituer de nouveau à l'univers clos de l'école, bref renouer avec le quotidien.

Tous les pédagogues reconnaissent à ces classes transplantées un intérêt sur le plan de l'éveil, dans le développement de l'autonomie de chacun, dans le renforcement de la cohésion de la classe et la naissance de liens amicaux forts entre les enfants. ▪

"Pour les petits citadins, ces classes nature sont extrêmement riches de découvertes et participent aux premiers engagements écologiques. "

Les devoirs de vacances*en savoir plus*

Remise à niveau

La grande affaire du cours préparatoire c'est l'apprentissage de la lecture. Si votre enfant ne souhaite pas faire des devoirs de vacances efforcez-vous au moins de le faire lire. Bien sûr, il y a les livres et leur diversité est colossale, mais ayez le réflexe de le faire lire à tout propos, sur les boîtes de céréales ou de biscuits, faites-vous dicter une recette de cuisine, lisez ensemble les affiches publicitaires croisées dans la rue ou les panneaux de signalisation.

Si votre enfant est prêt à s'investir dans la rédaction d'un cahier de vacances, choisissez celui qui lui convient.

À cet âge, votre petit écolier pourra choisir parmi deux types de cahiers : les cahiers d'entraînement qui proposent un travail sur une matière balayant tout le programme d'une année, et les cahiers qui traitent de toutes les matières en tenant compte du rythme des vacances. Il faut toujours choisir le cahier qui correspond à la classe que l'enfant vient de quitter. Les enfants apprécient les cahiers attrayants que l'on peut commencer là où l'on se sent le plus à l'aise et qui contiennent essentiellement un enseignement par le jeu. Les séquences d'apprentissage sont, dans beaucoup de cahiers, entrecoupées de propositions d'activités manuelles. La méthode d'enseignement est souvent la même : l'enfant est invité à lire ou à regarder une image qui sert de support à l'approfondissement d'une matière, souvent le français ou les mathématiques, parfois l'histoire, la géographie ou les sciences. Un bon cahier de vacances stimule la réflexion et procure l'envie de progresser.

• *Passeport* (éd. Hachette) : pour travailler et un peu s'amuser sans les parents. Tout a été mis en œuvre pour rendre ce cahier le plus ludique possible et sortir de la routine scolaire. Pour les maternelles : 3-4 ans, 4-5 ans et de la maternelle au CP.

• *Hachette Vacances* (éd. Hachette) : véritables livres dont le but est l'apprentissage de la lecture.

• *Les Cahiers de Vacances d'Albin* (éd. Albin Michel) : trois cahiers pour les enfants de maternelle étudiés pour 15 à 20 minutes de travail quotidien : 3-4 ans, 4-5 ans, 5-6 ans.

• *Nathan Vacances* (éd. Nathan) : beaucoup de jeux pour tout réviser. Chaque jour, une variété d'activités est proposée. Un cahier spécial parents explique ce qui va changer à la prochaine rentrée et les notions que l'enfant doit avoir acquises.

• *Les Cahiers de Vacances de Winnie* (éd. Disney Hachette) : trois cahiers pour la maternelle auxquels s'ajoutent des cahiers d'entraînement. Chaque cahier raconte une histoire dont Winnie l'ourson est le héros, l'occasion de le retrouver dans des jeux d'observation, de logique, de calcul et d'écriture.

• *Carnet de Vacances* (éd. Magnard) : petit carnet à spirales conçu à la manière d'un journal de bord, il aborde toutes les matières sous forme de mots croisés ou fléchés, de fiches d'activités proposant des recettes de cuisine, des tours de magie ou des petits bricolages. Pour les maternelles de 4-5 ans et le CP.

• *Cahier du jour, cahier du soir* (éd. Magnard) un cahier par matière pour le français et les maths sous forme de petit mémo suivi d'exercices d'entraînement.

• *Jouer pour réviser* (éd. Hachette éducation). Un cahier vendu avec un crayon et une gomme. Pas d'exercices mais des devinettes, des mots en vrac, des carrés magiques et des jeux d'observation. ■

En faire un moment agréable

Ne laissez pas un enfant seul devant ses pages d'exercices, soyez disponible pour établir un dialogue. Efforcez-vous de rendre ce moment agréable et surtout ne vous servez pas de ces devoirs comme punition. Profitez aussi des vacances pour donner à votre enfant le goût de la lecture. Aimer lire ne s'impose pas mais s'expérimente. Proposez à votre enfant de lire avant de s'endormir, à l'heure de la sieste s'il n'aime pas dormir ou organisez des temps de lecture pour lui et pour vous où, chacun dans votre fauteuil et dans la position que vous appréciez le plus, vous dévorerez un bon livre. Offrez-lui de lire des livres, des bandes dessinées, des journaux. L'essentiel est qu'il lise. ■

Les devoirs de vacances

CONÇUS, POUR LA PLUPART, PAR DES ENSEIGNANTS, les cahiers de vacances s'adressent aujourd'hui aux enfants dès les classes maternelles. Ils possèdent un double avantage, à la fois pédagogique et psychologique. À l'âge du CP, il ne peut pas travailler seul, il a besoin de l'accompagnement de ses parents.

De drôles de cahiers

L'enfant retrouve dans ces cahiers des notions qu'il connaît déjà, mais traitées de manière différente, de façon plus ludique. Il garde ainsi le contact avec des savoir-faire, il s'entraîne en quelque sorte, sans avoir l'impression de retourner à l'école. Cela dit, le but d'un cahier de vacances est avant tout de maintenir le niveau et non de faire acquérir des connaissances. Or certains cahiers n'ont quelquefois rien à voir avec le programme étudié en classe, ou anticipent sur celui de l'année à venir. Si un travail de révision est nécessaire pendant les vacances scolaires, il ne s'agit en aucun cas d'enseigner quoi que ce soit, ce qui pourrait faire plus de mal que de bien. Avant de le choisir, n'hésitez pas à demander l'avis de l'instituteur (ou de l'institutrice) de votre enfant : ce sont eux les experts en la matière. Quelle que soit la formule choisie, il reste, bien sûr, la grande question : comment s'y prendre ? Ce n'est pas si simple.

Pour que les devoirs de vacances ne se transforment pas en épreuve de force, quelques règles sont à respecter. Ne commencez pas les premiers jours, laissez votre enfant se changer les idées et souffler un peu. Préférez un « entretien » régulier, 20 minutes, pas plus, pour les plus petits. La meilleure solution serait d'étaler le travail sur un mois, du 15 juillet au 15 août, avec quelques jours de révision juste avant la rentrée.

Choisissez un moment où chacun, adulte comme enfant, est disponible (en fin de journée, par exemple, ou, mieux encore, le matin après le petit déjeuner). Les instituteurs constatent que les enfants sont plus réceptifs et apprennent plus facilement à ces moments-là. S'il a un peu de mal à faire ses exercices, s'il ne comprend pas et s'énerve (et vous avec), il est inutile de vous acharner ; dans l'instant, rassurez-le, refermez le cahier et reportez la leçon au lendemain.

Mais certains enfants refusent catégoriquement de travailler. Inutile alors de passer des vacances à se battre avec un élève récalcitrant. Vous pouvez le faire travailler sans qu'il s'en aperçoive vraiment en lui faisant faire un carnet de souvenirs de vacances. Sur quelques pages d'un cahier, il écrira ses impressions, collera des cartes postales ou des photos et des « petits souvenirs » ramassés au gré de ses balades. Ainsi, il entraînera son sens de l'observation et son pouvoir imaginatif.

Mêler devoirs et vie de tous les jours

Et puis, de temps à autre, pourquoi ne pas lier les devoirs de vacances à la vie de tous les jours ? Les courses au marché, par exemple, peuvent se transformer en « exercices » de calcul ou de lecture. Les révisions en lecture et en écriture peuvent essentiellement prendre la forme de jeux (après tout, les vacances sont faites pour ça !) : s'amuser à reconnaître et à lire le nom des villes sur les panneaux pendant le trajet en voiture, lui demander de vous lire la recette lorsque vous préparez le gâteau qu'il préfère. ■

1RE SEMAINE

1ER MOIS

2 À 3 MOIS

4 À 5 MOIS

6 À 7 MOIS

8 À 9 MOIS

10 À 11 MOIS

1 AN

1 AN 1/2

2 ANS

2 ANS 1/2

3 ANS

4 ANS

5 ANS

6 ANS

ANNEXES

L'éducation religieuse *en savoir plus*

Des revues pour vous aider

• Les numéros de *Pomme d'Api Soleil*, éditions Bayard Presse (quatre numéros par an sont publiés).
• *Parler de Dieu à ses enfants*, E. Daylac, Centurion-Bayard Éditions.
• *L'Éveil à la foi du jeune enfant*, de la revue Alliance.
• *Mon Premier Livre de messe* de M. H. Delval et Hamamoto, hors série de *Prions en l'Église, Pomme d'Api Soleil*.
• *La vie de Jésus racontée aux petits enfants*, pour les 3-10 ans. Vidéo qui est proposée par Méromédia. ▪

Du côté des grands-parents

Leur rôle est prépondérant dans la religion musulmane : ils sont chargés de transmettre la foi. Dans la religion catholique, ils sont souvent des alliés importants. Tenez-les au courant de vos activités : célébrations, catéchèse, préparation à la première communion, laissez-les préparer les grandes fêtes avec vos petits comme la réalisation de la crèche, la décoration de la maison pour Noël, les gâteaux ou les œufs pour Pâques... Souvent, ce sont les grands-parents qui enseignent les premières prières à leurs petits-enfants. ▪

La présence des enfants à la messe

C'est un sujet qui divise les parents. Certains préfèrent qu'ils soient en âge de comprendre, d'autres à l'inverse pensent que leur présence n'est pas déplacée, comme l'était la leur au même âge. D'ailleurs, les églises essaient dans la mesure du possible d'associer les enfants aux célébrations : par le biais d'offrandes, de fleurs, de rassemblements autour de l'autel ou de processions, ils en font des sujets de plus en plus actifs dans le déroulement de la messe. Certains parents ont pris le parti d'organiser des célébrations en dehors des messes dominicales : Noël, Pâques, rentrée scolaire... puis d'imaginer ensuite un geste symbolique à faire, un thème à mémoriser. L'idéal est sans doute d'initier les plus jeunes aux célébrations tant classiques qu'informelles. Elles leur font découvrir qu'ils appartiennent à une grande communauté, bien plus grande que leur propre famille. ▪

Des idées pour donner du sens aux fêtes

Au-delà du caractère magique de la fête, il peut vous sembler important d'y accorder un sens particulier. Par exemple, à Pâques, vous pouvez tout à fait fabriquer un poisson en pâte à sel qui, une fois séché et verni, pourra servir de décoration de table. Vous pouvez également faire un poisson lumière pour la prière de la Semaine Sainte. L'utilisation du poisson n'est pas anodine. C'est une façon de rappeler à vos enfants que Jésus a choisi plusieurs de ses apôtres parmi les pécheurs du lac de Tibériade, le poisson étant dans cette région une des bases du repas quotidien avec le pain. Le poisson, c'est à l'évidence le signe de la vie ! De la même façon, vous pouvez organiser une préparation de Noël et jalonner l'Avent, cette période qui précède Noël, de moments merveilleux en fabriquant, par exemple, une couronne de l'Avent avec des branches de sapin et des rubans, de jolis personnages, avec des trous pour y disposer des bougies (le premier dimanche de l'Avent, on allume une bougie et ainsi de suite, jusqu'à Noël). Vous pouvez également réaliser une guirlande de messages où l'enfant accrochera ses petites intentions, ou ses prières, sans oublier bien sûr la réalisation de la crèche. Le soir de Noël, certains se réunissent pour faire revivre la vieille tradition du conte oral autour de la Nativité. De la musique, beaucoup d'imagination... et la magie opère ! ▪

Naturellement religieux

L'enfant est un être naturellement religieux. Sa capacité imaginaire et sa vivacité intellectuelle créent en lui le besoin de thèmes religieux et entraînent son adhésion à la religion de ses parents. Plus tard, il décidera de continuer ou non dans la foi. ▪

L'éducation religieuse

C'EST UNE MISSION DÉLICATE, à laquelle toutes les grandes religions ont pensé en organisant des moments de rencontres. Les enfants les fréquenteront avec d'autant plus de plaisir et d'aciduité que leurs parents sont pratiquants eux-mêmes.

Réfléchir ensemble

Pour la religion catholique, les enfants fréquentent les cours de catéchisme, souvent le mercredi matin. Les enfants de religion protestante se retrouvent autour d'un pasteur pour des activités d'éveil qui sont aussi l'occasion d'échanges spirituels. Les enfants juifs apprennent très tôt à lire l'hébreu afin de pouvoir étudier la Bible et le Talmud. Quant aux petits musulmans, ils participent à l'école coranique où ils lisent et commentent le Coran sous la responsabilité d'un religieux.

Pluralisme religieux et groupes d'éveil à la foi

L'univers culturel a évolué, le contexte familial aussi. Devant des enfants de parents divorcés, devant ceux qui vivent dans des familles recomposées, il a bien fallu revoir un discours quelque peu poussiéreux, et trouver une nouvelle façon de parler de Dieu. C'est vrai aussi que les enfants sont confrontés naturellement à d'autres traditions culturelles. C'est le pluralisme qui domine, ce qui provoque bien évidemment des interrogations : pourquoi un tel suit-il la catéchèse ? pourquoi tel autre ne prépare-t-il pas sa communion ? Devant ce foisonnement, il a bien fallu s'adapter, expliquer les différences entre les religions juive, chrétienne ou musulmane, histoire de donner des repères à l'enfant et de l'aider à avoir des convictions. Les catéchistes, animateurs ou parents s'y emploient. Certaines paroisses se regroupent pour ouvrir toute la journée du mercredi leur centre de loisirs. Au programme : loisirs avec catéchisme intégré.

Un plaisir non un devoir

On peut constater que les initiatives sont légion ; la plus importante reste le développement important des groupes d'éveil à la foi des 3-7 ans. Des groupes se sont créés un peu partout en France : là, on organise des célébrations pour enfants, au moment des grandes fêtes religieuses, comme à Pâques ou à Noël, dans d'autres endroits on se retrouve plutôt toutes les semaines ou de préférence lors de la messe du dimanche. L'éveil à la foi ne trouve pas uniquement un écho favorable parmi les familles pratiquantes, certains milieux laïcs trouvent dans cette organisation non formelle, conviviale, une réponse à leurs attentes. Plus que de transmettre la foi, il est important de la partager en famille. N'attendez pas que votre enfant soit grand pour qu'il puisse choisir. Ce que l'on aime et ce à quoi l'on croit, on le partage dès son plus jeune âge. Enfin, transmettre la foi doit être un plaisir et non un devoir. Répondez aux questions de vos enfants le plus simplement possible, quitte à dire que vous ne savez pas quand c'est le cas ! ■

" Transmettre une religion, c'est transmettre des valeurs spirituelles, mais aussi culturelles. ,,

1RE SEMAINE

1ER MOIS

2 À 3 MOIS

4 À 5 MOIS

6 À 7 MOIS

8 À 9 MOIS

10 À 11 MOIS

1 AN

1 AN 1/2

2 ANS

2 ANS 1/2

3 ANS

4 ANS

5 ANS

6 ANS

ANNEXES

L'argent de poche *en savoir plus*

Des prescripteurs

Les enfants influencent leurs parents consommateurs et leur « poids » n'attend pas la valeur des années. Différentes études démontrent qu'ils agissent sur 43 % des dépenses globales de la famille. Les enfants sont ainsi à l'origine de : 84 % des achats de livres, 82 % des achats de jouets et jeux, 75 % de tout ce qui touche aux études, 74 % des achats de vêtements d'enfants, 70 % des achats alimentaires, 62 % du choix de résidence, 60 % du choix des spectacles et divers loisirs familiaux, 53 % de l'achat du mobilier de chambres d'enfants, 51 % de l'organisation des vacances familiales, 43 % de l'achat des différents produits d'hygiène et de cosmétique, 41 % des achats d'aménagement de la maison, et, enfin, 40 % du choix de l'équipement électroménager ! Lorsque les parents font leurs courses en compagnie des enfants, ils achètent davantage d'aliments doux et tendres (purée, steak haché, poulet, banane, sucreries et gâteaux) que d'aliments forts (café, alcool, viande à griller). Il semble même que les enfants, très tôt, influencent le choix du lieu de vacances : 15,5 % des enfants de 4 à 7 ans jouent un rôle moteur dans cette décision. ∎

La publicité encadrée

Depuis bientôt 10 ans, la publicité pour les moins de 12 ans est interdite en Suède et très réglementée en Belgique. La Grèce, elle, interdit toute publicité sur les jouets. Des recommandations viennent d'être faites en France pour mieux encadrer les publicités destinées au jeune public. Elles s'ajoutent à un décret de 1992 qui interdit à un spot « d'inciter les mineurs à persuader leurs parents ou des tiers d'acheter les produits ou les services concernés ». Pour contrebalancer l'influence de la publicité, certaines chaînes envisagent la création d'émissions de consommation pour les enfants. Les opposants à la pub affirment qu'avant l'âge de 10 ou 12 ans un enfant ne peut faire la différence entre un spot publicitaire et une émission télévisée. ∎

Ce qu'ils possèdent

De 4 à 7 ans : 6 € mois ; de 8 à 10 ans : 7 € mois ; de 11 à 19 ans : 25 € mois. On estime que 10 millions d'enfants, âgés de 5 à 14 ans, dépensent tous les ans 2,29 milliards d'euros. ∎

Bravo la pub !

Claude Allard, psychiatre et spécialiste de l'enfant, a analysé les rapports de l'enfant et de la publicité. Pour lui, l'influence de la publicité sur l'enfant est considérable. Elle lui donne une image rassurante du monde. Tout le monde est beau, gentil et réussit dans ce qu'il entreprend. L'enfant se retrouve dans un monde connu, de fées qui nettoient tout et de géants qui goûtent à tout avec délice. ∎

Déjà des clients des banques

Il est de tradition dans certaines familles d'ouvrir un compte épargne à l'enfant, dès sa naissance. Ainsi 63 % des enfants possèdent dès leur plus jeune âge un livret de Caisse d'épargne le plus souvent approvisionné par les grands-parents, les oncles, tantes, parrains et marraines en mal d'idée de cadeaux pour des enfants déjà très gâtés. ∎

D'où vient l'argent ?

L'argent entre très tôt dans leur univers. Ils font connaissance à travers les jeux de marchande, où l'on s'échange des pièces de couleur en plastique, les jeux de société où il faut payer des amendes en billets de banque qui ressemblent à des vrais. De plus, les enfants accompagnent leurs parents dans les boutiques. Ils connaissent donc parfaitement l'usage des billets, des chèques et des cartes de crédit. Par contre, la notion de l'origine de ce que l'on dépense est plus confuse pour eux. Ils savent ce qu'est une banque mais pourquoi la banque distribue ainsi des billets leur semble souvent incompréhensible. Il est vrai qu'aujourd'hui plus personne ne ramène à la maison le fruit de son travail en monnaie sonnante et trébuchante. ∎

Son argent de poche

IL Y A CEUX QUI COLLECTIONNENT TOUTES LES PIÈCES JAUNES, ceux à qui l'on donne 2 euros par semaine, ceux qui les prennent dans le porte-monnaie maternel (plus rarement dans la poche de papa) avant de le dépenser, car il est fait pour ça.

Bien gérer sa tirelire

L'argent de poche s'apparente d'abord à une collection d'objets qui s'enferment dans la tirelire. Généralement, cette pratique commence au moment de l'entrée au cours préparatoire.

En fait, les premières demandes d'argent de poche sont formulées pour répondre à l'envie d'acheter, comme papa ou maman. C'est une recherche d'autonomie et d'indépendance. Décider de ses achats est sans doute la forme de responsabilisation la plus agréable, car justement l'enfant n'a à demander son avis à personne. Aux parents ensuite d'apprendre à l'enfant la valeur de l'argent et sa bonne utilisation, véritable intégration dans la société. Et c'est en l'utilisant que l'on en acquiert la maîtrise. Très vite, il deviendra un consommateur averti et saura, d'abord sur les conseils de ses parents, puis seul, ce qui est à la portée de sa bourse, ce qui est cher et bon marché et ce qu'il doit économiser pour acheter des choses importantes. Enfin, rien ne vaut l'échange des pièces ou des billets chez les commerçants pour apprendre à compter mentalement, une gymnastique intellectuelle qu'il mettra un peu de temps à maîtriser.

Une fois par semaine

Pour responsabiliser l'enfant et lui donner la valeur de l'argent, il est souhaitable de lui allouer une somme fixe par semaine. L'enfant apprendra à gérer son budget et à ne pas réclamer quelques pièces chaque fois qu'il lui passe une idée de dépense par la tête. Il est normal que l'allocation soit modulée selon l'âge et revalorisée au fil des ans. Les anniversaires et les fêtes peuvent encore être l'occasion de grossir son trésor.

L'argent de poche à cet âge doit être un moyen simple de s'offrir des petits plaisirs, mais aussi une initiation à l'économie, à la prévoyance. Il sera d'ailleurs très fier d'avoir su mettre un peu d'argent de côté pour offrir des cadeaux. La Fête des mères et la Fête des pères sont les moments idéaux pour casser avec bonheur sa tirelire.

Une valeur éducative

L'enfant doit être laissé entièrement libre de disposer de son argent. Les parents ne doivent pas le contraindre à acheter ce qui leur plaît à eux. Cet argent est encore « intouchable ». Il n'est pas souhaitable que, pour une bêtise, même grosse, ou une mauvaise note, l'enfant soit obligé de payer avec ses économies.

À l'inverse, la rétribution de petits services est à utiliser avec précaution. En effet, il n'est pas toujours facile de faire la différence entre le service qu'il est normal de rendre dans le cadre de la vie familiale et celui de nature plus exceptionnelle. Enfin, leurs « emprunts » doivent être remboursés si vous voulez donner à l'argent de poche une valeur éducative. ■

> **" Il sera extrêmement fier d'acheter lui-même avec son argent un petit cadeau pour l'anniversaire d'un ami ou de sa maman. "**

1RE SEMAINE

1ER MOIS

2 À 3 MOIS

4 À 5 MOIS

6 À 7 MOIS

8 À 9 MOIS

10 À 11 MOIS

1 AN

1 AN 1/2

2 ANS

2 ANS 1/

3 ANS

4 ANS

5 ANS

6 ANS

ANNEXES

Portrait-robot du jeune téléspectateur

C'est sans doute aux États-Unis que les enfants passent le plus de temps devant leur poste de télévision. Selon l'âge, ils y consacrent de 20 à 30 heures par semaine. En Europe, la consommation moyenne de télévision s'évalue à un peu plus de deux heures par jour. Si l'on sait, grâce aux sondages médiamétrie, que dès 6 ans les enfants passent une moyenne de 15 heures par semaine devant le petit écran, on est incapable d'évaluer scientifiquement le temps qu'y consacrent les plus petits. Il semble pourtant que dès 3 ans, et dans la plupart des pays industrialisés, les enfants regardent tous les jours la télévision, la consommation augmentant pendant toute la période préscolaire. Leurs habitudes varient avec les saisons, l'automne et la période de Noël étant les périodes les plus chargées en temps d'écoute. Si le mercredi et le samedi restent des « grands jours télé » pour plus de la moitié des jeunes téléspectateurs français, une à trois heures de spectacle, les rendez-vous dans la journée évoluent avec notamment les programmations de dessins animés à l'heure du petit déjeuner. À savoir, pour les petits Parisiens, dès 6 ans, la vidéothèque de Paris organise des « ateliers du regard ». Sous forme de jeux, les enfants apprennent à regarder. Ils doivent répondre à des questions simples qui vont leur permettre de développer leur sens critique. ■

Mode d'emploi à l'usage des parents

• **Choisissez les programmes en famille :** on ne regarde pas la télévision mais une émission.
• **Regardez en famille et discutez des émissions.** Éveillez le sens critique du jeune téléspectateur.
• **Évitez la télévision remède à l'ennui et la télé baby-sitter.**
• **Montrez l'exemple** en choisissant de vous relaxer autrement que devant l'écran.
• **Si vous êtes abonné au satellite,** faite installer sur votre boîtier de réception un code confidentiel.

• **Où placer le téléviseur ?** Ni dans la chambre des enfants, elle serait allumée en permanence et deviendrait un besoin. Ni dans la chambre des parents qui doivent garder un lieu à eux. Si possible ailleurs que dans la salle à manger pour préserver aux repas leur valeur importante dans la communication familiale. Sa place est dans la salle de séjour côté salon ou, mieux, dans une pièce indépendante type bureau ou bibliothèque, un endroit de la maison accessible à tous mais qui demande une démarche volontaire pour s'y installer. Par contre, vous pouvez lui offrir un lecteur portable de DVD afin qu'il puisse visionner tranquillement ses films et ses jeux préférés. ■

Un discours bref et simple

Pour les enfants de moins de 6 ans, la langue utilisée dans les émissions qui leur sont théoriquement destinées est dans la majorité des cas beaucoup trop élaborée et trop rapide pour qu'ils puissent la percevoir clairement. Le discours oral leur échappe. D'ailleurs, lorsqu'on leur demande si l'un des personnages de l'histoire parlait, ils sont incapables de s'en souvenir. Seules sont mémorisées les formules courtes souvent répétées.

De plus en plus sélectifs

La multiplication des chaînes n'entraînerait pas de surconsommation. Il apparaît même que c'est de plus en plus tôt que les jeunes téléspectateurs sont sélectifs et que le petit écran les fascine moins qu'autrefois. Différentes études montrent que, de 1 à 5 ans, l'attention de l'enfant face aux images augmente de manière importante en raison d'une meilleure compréhension. Plus le programme est intelligible, plus l'enfant se concentre. On observe que l'enfant est d'autant plus attentif que ses parents sont à ses côtés et qu'ils ont pris l'habitude de discuter avec lui ensuite de ce qui s'est passé sur l'écran. Quel programme a la préférence des moins de 6 ans ? Essentiellement les dessins animés, soit 70 % des émissions qui leur sont destinées. ■

La télévision, un moyen éducatif

NON, LA TÉLÉVISION NE REND PAS LES ENFANTS IDIOTS et c'est à tort que trop souvent nous les jugeons passifs devant le petit écran. En fait, ils sont sensibles à la qualité de l'image et du son et développent à cet instant des activités mentales spécifiques que ne leur apportent ni les livres ni la musique.

Une source d'informations

Elle met en œuvre leur attention visuelle et auditive, les effets de l'une et de l'autre étant intimement liés. L'intensité de l'attention visuelle est totalement dépendante de la facilité de compréhension du programme. Elle est stimulée par l'attention auditive, notamment si l'image est accompagnée de dialogues. C'est pourtant toujours l'information apportée par l'image qui est largement privilégiée. Il est pourtant préférable d'en limiter le temps d'écoute pour qu'elle ne prenne pas trop de place dans la vie de l'enfant. Il vaut mieux éviter d'avoir la télévision allumée en permanence, et efforcez-vous de n'en permettre l'écoute qu'une heure par jour. La télévision ne doit jamais être assimilée à un besoin.

Ce qui retient son attention

En regardant, en écoutant, il réfléchit et analyse les informations et les messages codés que délivre l'image. Ainsi, à partir de 4 ans, il est capable de regarder des séquences d'images à la suite allant jusqu'à sept minutes. Une performance qui va très rapidement s'améliorer au fil des années.

Des analyses plus fines montrent qu'à cet âge l'enfant est plus attentif si les héros du spectacle sont des femmes ou des enfants. Il aime que les personnages courent, sautent, volent. Ainsi les scènes de violence semblent le captiver surtout parce qu'elles mettent en scène des actions rapides. Ces séquences ont une certaine influence sur son comportement. Une étude américaine, menée à l'université de Stanford, a montré que les enfants se conduisent pendant un certain temps comme les personnages qu'ils viennent de voir à la télévision. Cette imprégnation peut durer 24 heures.

La mémorisation et la compréhension sont meilleures si le contenu est transmis de manière romanesque plutôt que sous la forme d'un magazine, l'animation étant toujours plus appréciée que le tournage réel. L'attention à l'image est renforcée par le dialogue surtout s'il est riche en rimes, allitérations et répétitions. Face à l'écran, l'enfant réagit d'abord en fonction de son plaisir, des émotions qu'il éprouve et des projections à des références personnelles.

Une lucarne sur le monde des adultes

Toutes les études démontrent que comprendre ce que montre la télévision aide au développement social de l'enfant en lui donnant la possibilité d'accéder au monde des adultes et de le comprendre. Des informations auxquelles il n'avait accès jusqu'alors que par ses propres expériences. La naissance sur quelques chaînes de véritables magazines d'actualité ou à caractère scientifique et technique devrait renforcer ce pouvoir. Certains programmes ont même l'ambition de leur apprendre quelques mots d'anglais et ils adorent. Le jeune téléspectateur de 6 ans est exigeant et capable de jugements judicieux. ■

1RE SEMAINE

1ER MOIS

2 À 3 MOIS

4 À 5 MOIS

6 À 7 MOIS

8 À 9 MOIS

10 À 11 MOIS

1 AN

1 AN 1/2

2 ANS

2 ANS 1/

3 ANS

4 ANS

5 ANS

6 ANS

ANNEXES

L'ordinateur *en savoir plus*

Le CD-Rom

C'est sans doute la vraie révolution dans les loisirs des enfants. Qui dit CD-Rom enfant dit ordinateur familial. 40 % des familles en sont aujourd'hui équipées. Pour l'instant, il y a des ordinateurs conçus pour des enfants de 3 ans, mais le plus gros de la production s'adresse aux 6-12 ans. À l'inverse des jeux vidéo qui avaient déclenché une levée de boucliers de la part des pédagogues, le multimédia a toutes leurs faveurs. C'est d'autant plus vrai que la plupart des CD-Rom pour enfants allient pédagogie et activités ludiques. Les psychologues leur reconnaissent des vertus et voient en eux un bon sujet de communication entre parents et enfant, chacun ayant quelque chose à apporter à l'autre. Afin d'améliorer cette communication, une société propose même des cours de « rattrapage » aux parents en difficulté. Le CD-Rom pour enfant est un jeu magique, il réunit quantité de sollicitations. Il permet un dosage des activités en fonction de l'âge. La multiplication des jeux est intéressante pour un objet dont le prix de vente est à peine plus élevé qu'un jouet classique. ■

Quelques exemples

La production de CD-Rom destinés aux tout-petits est relativement importante. Voici une brève sélection de titres parmi les meilleurs :

• *M. Heureux et le monde à l'envers*, Emma éditions : un CD-Rom pour jouer avec des personnes pleines d'humour et rire de leurs farces.

• *Arc-en-ciel, l'anniversaire de Kraktor* : des jeux, des chansons, une multitude de personnages et de situations drôles et même la possibilité de créer ses propres cartes d'anniversaire. Parfait pour s'initier au maniement de la souris.

• *Mia, Kutoka Kids* : une petite souris pétillante pour accompagner les premiers apprentissages.

• *Akakliké*, Hachette multimédia : pour une approche ludique du multimédia. Le héros de chaque CD-Rom entraîne les enfants dans des activités de création et de réflexion remplies de fantaisie et de surprise.

• *À l'abordage Pit*, Bayard éditions : 60 jeux d'observation, de logique et d'adresse, et chansons de « petits marins ».

• *La grande aventure de Pablo*, Gallimard éditions : des activités variées pour s'initier avec plaisir à la lecture.

• *Un prince à l'école*, Bayard éditions : un CD-Rom pour découvrir le sens des mots et travailler la lecture et le vocabulaire.

• *Le Louvre raconté aux enfants*, Gallimard éditions : 150 œuvres de l'Antiquité à nos jours à observer, à détailler et comprendre, et de nombreux puzzles pour exercer son sens de l'observation.

• *L'imagier du père Castor*, Flammarion éditions : un CD-Rom conçu pour familiariser les enfants à la prélecture. L'enfant fait défiler des images, les range dans un cartable à partir d'une liste ou par thème dans différentes malles. Le son est toujours associé à l'image : l'objet émet un son ou est nommé ou écrit, à moins que l'enfant ne décide de l'écrire lui-même. ■

▌ MON AVIS

Voilà une activité dans laquelle les enfants de 6 ans sont beaucoup plus forts que nous. Cet intérêt pour l'écran fait naître une autre forme de mémoire visuelle. Le rôle des parents est alors de former leurs enfants à ces nouveaux moyens de connaissance afin de leur ouvrir un immense monde de recherches. C'est peut-être grâce à l'ordinateur qu'il trouvera des réponses à tous ses « pourquoi ? » restés sans réponse. Mais attention, l'informatique sous toutes ses formes doit cohabiter avec la lecture, seule véritable garantie d'une bonne scolarité. ■

Ordinateur et CD-Rom

LE CLAVIER ET L'ÉCRAN ENTRENT À L'ÉCOLE ET À LA MAISON pour devenir un outil d'apprentissage et de loisir. On constate que les enfants sont naturellement à l'aise dès 3-4 ans et adorent ces nouveaux médias.

Un jeu comme un autre

Les premiers logiciels sont ludiques et reprennent sous une autre forme des activités qui leur sont familières : coloriage, assemblage et jeux de logique simples. Vers 5-6 ans, des logiciels permettant une initiation à la lecture et au calcul complètent la gamme. Les bons produits se reconnaissent au fait qu'ils tiennent compte du développement psychomoteur de leurs petits utilisateurs.

Une pratique vite apprise

Pour entrer dans la pratique, l'enfant a besoin dans un premier temps de l'aide d'un de ses parents ou de son instituteur. Il doit apprendre à ne pas taper trop fort sur les touches, à manier délicatement la souris et à se conformer au respect scrupuleux des instructions. Mais le sentiment d'être un « grand » qui utilise un appareil comme ses parents et la mémorisation des règles de fonctionnement le rendent tout à fait capable d'agir seul, à condition qu'on lui ouvre le logiciel. L'utilisation de l'ordinateur est l'occasion d'un moment fort entre parents et enfant, le plus souvent cette complicité s'installe avec les pères qui sont statistiquement plus familiarisés avec l'informatique. L'ordinateur a une fonction identique à celle qu'a, depuis toujours, le train électrique ou le jeu de construction.

Mis à part des acquisitions pédagogiques ou de simple éveil que permettent les logiciels, la pratique de l'outil ordinateur est l'occasion de découvertes. Le maniement de la souris demande habileté, concentration et précision. L'informatique oblige un respect de règles successives imposées et logiques, l'initie à l'anticipation d'un résultat avant d'en constater la concrétisation et l'incite à créer mentalement avant de réaliser. Toute la complexité tient à ce que l'enfant n'a aucun contact physique avec la surface de travail.

Un outil pédagogique aussi

Cet outil permet aussi une initiation et une mise en pratique de notions précises dans l'organisation de l'espace : « en haut, en bas, à droite, à gauche, au milieu », de mieux en mieux maîtrisées au fil des jours. Enfin, les jeux et les exercices familiarisent l'enfant avec la lecture et l'écriture sans la contrainte du dessin des lettres. Dès 3 ans, les enfants découvrent l'alphabet sous la conduite d'un imagier parlant : l'enfant touche l'image ou la lettre sur l'écran et le mini-ordinateur nomme le dessin ou la lettre. Le répertoire proposé contient 1 000 mots. Autre exemple : un piano magique entraîne les enfants de 5 ans à classer des lettres et des nombres et surtout leur apprend le maniement précoce de la souris. L'enfant plus grand, vers 6-7 ans, peut se débrouiller seul avec l'ordinateur et même jouer contre lui en choisissant des niveaux de difficulté ou en jouant avec un partenaire. Il y a un ordinateur dans 18 % des chambres d'enfants, dès l'âge de 3 ou 4 ans. Les garçons seraient plus attirés que les filles par l'informatique et les nouveaux médias, en raison d'une moins grande attirance des filles pour les « machines ». ∎

1RE SEMAINE

1ER MOIS

2 À 3 MOIS

4 À 5 MOIS

6 À 7 MOIS

8 À 9 MOIS

10 À 11 MOIS

1 AN

1 AN 1/2

2 ANS

2 ANS 1/2

3 ANS

4 ANS

5 ANS

6 ANS

ANNEXES

Sa chambre *en savoir plus*

Ranger ses jouets

Le coffre à jouets n'est pas le meilleur rangement. On y jette les jouets en vrac et il est toujours difficile d'y retrouver celui dont on a besoin impérativement et rapidement, bien sûr. Préférez l'armoire ou l'étagère où l'enfant visualise facilement l'objet recherché. Des boîtes de récupération de grande taille abriteront tous les petits jouets ou ceux composés de multiples pièces. Autre solution : l'accrochage, notamment pour les poupées et les peluches. Il existe aussi quantité de bacs en plastique qui s'empilent facilement pour gagner un peu d'espace ou se glissent sous le lit pour un rangement discret mais organisé. Enfin, le dernier tiroir d'une commode se transforme très facilement en maison de poupées. Suivant sa taille, on pourra y installer tout un mobilier ou au contraire on y installera un simple lit. Le soir venu, à l'heure du « rangement », il suffit de remettre le tiroir en place… et les poupées s'endorment. ■

Il investit chaque pièce

Un enfant a du mal à comprendre et à accepter le cloisonnement des fonctions de chaque pièce. Jouer dans la cuisine, improviser un atelier de peinture dans la salle à manger lui semble naturel. De plus, l'éparpillement des jouets dans l'appartement s'apparente au marquage du territoire chez les animaux. Pourquoi ne pas entrer de temps en temps dans son jeu en le laissant s'installer où bon lui semble ou en lui proposant de dîner sur la petite table de sa chambre, surtout les jours où il se sent fatigué ou grognon ? Il sera toujours ravi de ce programme inattendu qui, pour lui, prend la valeur d'un véritable événement.

Le sociologue François de Singly à la suite d'une réflexion sur l'évolution de la famille et de l'habitat fait une proposition qui devrait plaire aux enfants. Il suggère l'aménagement d'une pièce à usage multiple où parents et enfants se retrouveraient ou non pour jouer, pour regarder la télévision ou pour pianoter sur l'ordinateur familial. Elle accueillerait aussi les petits copains le temps d'un mercredi. ■

Un mobilier évolutif

Dans les familles d'un ou deux enfants, les enfants ont en général leur propre chambre. Les parents investissent donc dans le mobilier. Pour gagner de l'espace, les chambres sont devenues évolutives : un lit de bébé (60 x 120 cm) peut ultérieurement devenir un lit d'enfant (90 x 190 cm). Le bloc-rangement avec plan à langer devient, lorsqu'il est démonté, une table de chevet et un bureau, ou la commode se transforme en bureau-secrétaire. Il existe des chambres, dites compactes, où l'ensemble, lit de bébé, meuble de rangement, table à langer constitue un meuble unique qui peut se démonter entièrement et dont toutes les pièces permettent de construire un lit d'enfant, une table de chevet, une commode-bibliothèque et un bureau. Ces « chambres-kits » ou « chambres puzzles » correspondent à un besoin précis : éviter de renouveler le mobilier lorsque l'enfant grandit. ■

▌ MON AVIS

Ne persécutez pas votre enfant en lui demandant en permanence de ranger sa chambre. Il comprend très vite que c'est un jeu de pouvoir entre lui et vous. Il va alors vous provoquer soit pour vous obliger à la ranger vous-même, soit pour vous pousser à la montrer à son père, moyen comme un autre de se rendre intéressant. Jouez plutôt la ruse, dites par exemple que cet objet abandonné dans un coin va être piétiné ou servir d'exutoire au chien de la maison. Respectez son désordre en admettant que cela fait partie de son imaginaire. ■

Ranger sa chambre

1ʳᵉ SEMAINE

1ᵉʳ MOIS

2 À 3 MOIS

4 À 5 MOIS

6 À 7 MOIS

8 À 9 MOIS

10 À 11 MOIS

1 AN

1 AN 1/2

2 ANS

2 ANS 1/2

3 ANS

4 ANS

5 ANS

6 ANS

ANNEXES

RANGER EST UN MOT QUE LES ENFANTS NE RÉUSSISSENT JAMAIS À METTRE DANS LEUR VOCABULAIRE. Et ceux qui, l'année dernière, acceptaient encore de se plier à cette règle, déclinent aujourd'hui toute proposition.

Un désordre logique

Au cours des deux premières années, ce qui amuse l'enfant tient dans la répétition des actes. Mettre de l'ordre, activité on ne peut plus répétitive, est logiquement intégré au plaisir du jeu. De plus, sa pensée très ancrée dans l'immédiat le conduit à ranger ses jouets un par un dans leur coffre ou leur panier. Il classe, il ordonne avec plaisir, un plaisir qui se double de celui d'être agréable à sa mère ou à son père. L'enfant n'a alors aucun souci d'utilité ni de travail accompli.

Au cours de sa troisième année, la relation parents-enfant devient plus difficile et sa pensée plus vagabonde. Lorsqu'il remet tous ses jouets à leur place, il s'arrête et recommence à jouer oubliant, voire même réduisant à néant le bel effort entrepris. Sa pensée l'amène de plus en plus à imaginer que l'ours caché sous le fauteuil se dissimule volontairement ou a été puni. Il est donc logique de l'y laisser…

Une éducation et un rituel

L'ordre, en fait, ne peut être que le résultat d'une éducation. Jusqu'à 3 ans-3 ans 1/2, les adultes peuvent demander aux enfants de rassembler leurs jouets et d'en remplir un coffre, un sac. De 3 à 6 ans, l'enfant va aimer trier en classant par catégories. Le laisser vivre dans son désordre n'a aucun effet sur lui si ce n'est de le voir s'installer dans une autre pièce de la maison. Établir avec lui quelques règles et l'aider à les respecter, c'est tout simplement l'éduquer à la vie en famille et en société.

Vers 6 ans, va apparaître une nouvelle manie, celle de « garder », d'accumuler tous les objets. Qu'ils soient en bon état ou cassés n'a aucune importance, qu'ils soient de valeur ou non, tout autant. Il n'aime pas que l'on mette le nez dans ses affaires, déteste qu'on les lui range et, encore moins, que ses parents jettent ce qu'ils considèrent comme encombrant et inutile. Il aura d'ailleurs tendance, devant les remontrances, à tout entasser dans son armoire ou dans ses tiroirs qui renferment alors un incroyable bric-à-brac.

Ranger, c'est établir un rituel, les briques à encastrer se mettent dans telle caisse, les poupées dans tel endroit de sa chambre, les crayons de couleur d'une certaine façon dans leur boîte, etc. Tous ces actes sont pour l'enfant l'occasion de se repérer dans l'espace et se font généralement avant de passer à une autre activité ; il va aller se promener, il passe à table, il est temps d'aller dormir. Là encore, ces notions l'aideront à se repérer dans le temps. Ranger est encore apprendre à prévoir : un puzzle éparpillé, c'est risquer de perdre une pièce, tout comme un jeu de société dont on ne prend pas soin. En ayant de l'ordre, il préserve les objets qu'il aime. Des notions qu'il va acquérir au fil des mois. ∎

" Sa chambre est son territoire, laissez-le l'investir comme il veut, c'est là qu'il peut exprimer toute sa créativité. "

L'activité sportive *en savoir plus*

Quels sports à cet âge ?

Six ans est l'âge de l'initiation à bien des sports. Si l'enfant a déjà depuis quelques années pris l'habitude d'aller à la piscine, il va pouvoir apprendre sans trop de difficulté à nager la brasse, le crawl étant réservé aux enfants un peu plus grands. Il peut aussi pratiquer le ski et faire ses premiers pas en patins à glace. Sa souplesse lui donne beaucoup de facilité. Pour lui, on a conçu le minitennis qui permet d'apprendre les notions de rebond de balle dans un cours adapté à sa taille. Le judo et l'escrime lui apportent une grande maîtrise du geste et de la discipline. L'équitation (sur poney) lui permet de rencontrer l'animal d'une manière différente. ■

Médecine sportive

Avant d'inscrire votre enfant dans une discipline, il est bon que vous consultiez un médecin. D'ailleurs, un certain nombre de fédérations exigent un certificat médical. Le médecin déterminera si, en effet, l'enfant est assez endurant, fort, adroit, rapide ou souple. Cette visite est aussi l'occasion de s'assurer que l'enfant ne souffre d'aucun problème entraînant une contre-indication. Cet examen doit toujours prendre en compte la croissance de l'enfant. Selon son âge, la colonne vertébrale, l'appareil cardiovasculaire et respiratoire, les muscles n'ont pas les mêmes capacités. Il faut aussi savoir que l'entraînement intensif peut avoir des conséquences physiques et psychologiques irréversibles chez l'enfant, notamment sur la croissance. ■

L'alimentation du petit sportif

L'effort se prépare en donnant à l'enfant un vrai repas, notamment un petit déjeuner ou un goûter deux à trois heures avant la séance de sport. Au menu : tartines de beurre et confiture, lait, fruits, céréales. L'enfant doit aussi boire beaucoup. L'activité physique peut provoquer une déshydratation. Prévoyez, après le sport, une barre chocolatée, un petit morceau de sucre ou quelques fruits secs pour qu'il retrouve son énergie. ■

▌ MON AVIS

C'est l'âge où presque tous les sports peuvent être pratiqués. L'enfant est maintenant capable de faire le choix de celui qu'il aimera poursuivre pendant toute son enfance. Mais certains enfants ne sont pas encore fixés, c'est sans importance. Pensez à lui proposer des sports collectifs moins spectaculaires que le foot ou le rugby, mais fort intéressants sur le plan de l'effort, comme par exemple l'aviron. Notez encore que ce n'est pas à vous de choisir son sport (celui que vous aviez rêvé de pratiquer enfant) mais à lui, vous donnant peut-être l'occasion de découvrir une activité sportive que vous ne connaissiez pas. ■

Un vrai sportif

1RE SEMAINE

1ER MOIS

2 À 3 MOIS

4 À 5 MOIS

6 À 7 MOIS

8 À 9 MOIS

10 À 11 MOIS

1 AN

1 AN 1/2

2 ANS

2 ANS 1/2

3 ANS

4 ANS

5 ANS

6 ANS

ANNEXES

L'ACTIVITÉ SPORTIVE CHEZ L'ENFANT SE CONFOND AVEC LE BESOIN DE BOUGER, de sauter, de courir, bref de se dépenser. Le mouvement est pour lui signe de vie. De plus, comme pour l'adulte, le sport est un facteur d'épanouissement physique, psychologique et intellectuel.

Le besoin de bouger

Il est propice au développement harmonieux de son corps, il développe ses capacités cardiaques et respiratoires dont il tirera bénéfice à l'âge adulte. Mais il lui permet aussi de mieux se situer dans l'espace, de mieux utiliser ses capacités motrices et gestuelles et d'apprendre à commander à son cerveau des gestes inhabituels.

Les parents sont « demandeurs » de plus en plus tôt d'activités sportives pour leurs enfants. Ils estiment, à juste titre, développer ainsi leur personnalité. L'enfant est, généralement, volontaire. Cela lui permet de rencontrer des enfants de son âge et de se mesurer à eux. Ainsi concurrence et performance s'associent pour lui donner le goût de l'effort et de l'exigence vis-à-vis de lui-même. Le plus difficile pour les parents, comme pour les enfants, est alors de choisir le bon sport. Les sports les plus pratiqués par les enfants de cet âge, hormis la natation, sont le judo, l'escrime et le basket pour les garçons, la danse, l'équitation et le tennis pour les filles.

Un choix compliqué

Voici quelques notions de base pour se décider. À cet âge, le sport doit être pratiqué comme un jeu, vécu comme un plaisir, non comme une contrainte. L'enfant aura donc à dire ses préférences. L'âge, la morphologie, le caractère de l'enfant sont aussi des facteurs déterminants. Il faudra notamment choisir entre les sports individuels et les sports collectifs, ceux demandant de la force ou de l'adresse. Les petits sportifs pourront se mesurer à deux activités différentes pour ensuite faire leur choix. Il n'est pas souhaitable de trop multiplier les « expériences » au risque de voir l'enfant ne se décider sur rien, se fatiguer de trop d'activités et être incapable de passer le stade de l'initiation pour atteindre les joies d'une vraie pratique. Il vaut mieux encore commencer par la pratique d'un sport individuel, afin que l'enfant puisse exprimer au mieux sa personnalité et ensuite, s'il le souhaite, l'intégrer dans une pratique collective. Toutes ces activités sont pratiquées, sauf programmes pédagogiques spécifiques, en dehors de l'école dans des clubs sportifs associatifs ou municipaux.

Dans le cadre scolaire

Le sport à l'école est encore trop souvent limité, dans le meilleur des cas, aux sorties piscine pour un apprentissage de la natation, à un peu de gymnastique dans la cour de l'école ou, si l'instituteur est un maître, à quelques échanges de ballon. Seules quelques municipalités, notamment celles des grandes villes, sont assez riches pour mettre à la disposition des enseignants des professeurs d'éducation physique et sportive. ■

" Ses premières compétitions vont le faire rêver d'être un champion et il sera très fier d'arborer ses premières « décorations ». "

Partir seul*en savoir plus*

Les vacances chez papi et mamie

C'est vers 4-5 ans que les grands-parents acceptent de prendre en charge un enfant pour quelques semaines. Même s'il les connaît bien, la séparation, le changement de cadre et de rythme de vie se préparent. Il est conseillé que l'un des parents accompagne l'enfant et reste quelques jours sur place, le temps qu'il prenne ses repères. Ensuite, les séjours chez ses grands-parents seront généralement une fête... jusqu'à l'adolescence. Un psychiatre américain, le docteur Kornabert, spécialiste des relations grands-parents/petit-enfant a créé aux États-Unis des camps de vacances en pleine nature où ils peuvent partager des vacances communes et découvrir les plaisirs intergénérationnels. Cette formule est intéressante aux États-Unis où les familles peuvent être séparées par des distances importantes et où les grands-parents peuvent être actifs très tard. En France, certains clubs de vacances proposent aux grands-parents d'emmener gratuitement leur petit-enfant, en dehors des vacances scolaires. ■

Côté santé, jouez la prévention

Sur le plan médical, il est indispensable avant le départ de vérifier les vaccinations et de s'assurer que l'enfant est protégé au maximum. Généralement, au moment de l'inscription, on demande aux parents de remplir une fiche de renseignements. Il est important que vous le fassiez consciencieusement, en précisant les intolérances alimentaires, les allergies déclarées, les « fragilités » sur le plan de la santé. Si l'enfant doit suivre un traitement, il est indispensable que vous l'indiquiez et que vous donniez à l'enfant tout ce qu'il lui faut pour le soigner, ainsi que l'ordonnance prescrivant les médicaments qu'il doit prendre. L'enfant, s'il est assez débrouillard, peut se prendre en charge sous la surveillance de l'infirmière. ■

Voyager seul(e)

Depuis longtemps, les compagnies aériennes mettent à la disposition des parents un service d'accompagnement des enfants de moins de 12 ans sans supplément au prix du billet. Les enfants dès 4 ans sont pris en charge sur les vols intérieurs et dès 5 ans sur les vols internationaux. Un dossier de voyage complet est établi au moment de l'achat du billet. Les enfants sont placés dans l'avion sous la responsabilité du personnel de bord. Depuis quelque temps, la SNCF, uniquement en période de vacances, propose un service identique, c'est le JVS (Jeune Voyageur Service). Il est destiné aux enfants de 4 à 12 ans. Il est confié à la surveillance d'une animatrice qui s'occupe d'une dizaine d'enfants. La personne qui doit venir chercher l'enfant à l'arrivée doit lui être nommément indiquée. Son identité est scrupuleusement vérifiée avant qu'on ne lui confie l'enfant. Généralement, les enfants sont très fiers de cette nouvelle autonomie. ■

▮ MON AVIS

Partir seul en vacances est un énorme progrès dans l'autonomie. L'enfant est devenu grand, il peut voyager seul (sous la surveillance de l'hôtesse) et avoir une impression d'honorabilité et d'héroïsme. Il sera ravi de vous raconter ses aventures sans vous. Ces premières expériences vont vous aider à supporter de mieux en mieux vos séparations, voire même ce rejet si caractéristique de l'adolescence. Ainsi, vous respectez sa liberté et lui donnez de plus en plus d'autonomie. Ses absences répétées renforcent en vous le désir de le revoir, de jouer avec lui et de lire avec lui. Les vacances ravivent le besoin mutuel de se revoir. ■

Partir en colonie de vacances

LES « COLOS » NE PORTENT PLUS CE NOM ET ONT BEAUCOUP CHANGÉ. Il faut parler maintenant de centres de vacances et les enfants en petits groupes y vivent quelques semaines des expériences et des découvertes inoubliables.

Des vacances à thèmes

Pour certains, c'est l'occasion de découvrir les balades en poneys, pour d'autres de faire leurs premières armes à bord d'un Optimiste. Aujourd'hui, la plupart des séjours pour enfants ont des thèmes sportifs ou de découverte de la nature. C'est à l'enfant de choisir la manière dont il occupera son temps de vacances. Pourtant, la première inscription de votre enfant suscite toujours les mêmes interrogations : est-il prêt à vivre loin de sa famille ? saura-t-il s'intégrer au groupe ? Plus vous vous approchez de la date fatidique du départ, plus elles deviennent angoissantes.

La préparation psychologique

Partir pour la première fois dans un centre de vacances se prépare, surtout si l'enfant ne s'est jamais séparé réellement de sa famille.
L'idéal est sans doute qu'il parte avec un aîné ou un très bon ami, pour qu'il ne se sente pas perdu les premiers jours. Il est encore intéressant d'emmener votre enfant aux réunions préparatoires, ainsi le jour du départ toutes les têtes ne lui seront pas inconnues. Bien sûr, vantez-lui aussi les fantastiques découvertes et activités que ce type de vacances va lui offrir. N'hésitez pas à flatter son goût pour l'autonomie, à mettre en avant l'absence de surveillance parentale et la confiance en lui que cela suppose.
Pour lui garder un contact physique avec sa famille, rien ne remplace l'objet bien à lui que vous glisserez dans sa valise : peluche imprégnée des odeurs familières, objet appartenant à sa maman qui lui rappelle sa présence affectueuse. Préparez-lui quelques enveloppes timbrées ; en effet, votre « colon » vous écrira brièvement ou vous enverra de beaux dessins et vous, vous ne manquerez pas de lui rappeler votre affection.

Un départ chaleureux et bref

Au moment du départ, n'arrivez pas trop en avance pour éviter les adieux prolongés qui sont toujours éprouvants, montrez-vous confiante sur la réussite de ce séjour et, si vous le voyez parfaitement intégré dans le groupe, ne vous sentez pas obligée de rester jusqu'au départ du car ou du train. Si votre enfant a quelques habitudes personnelles, c'est le moment d'essayer de rencontrer la personne qui s'occupera de lui pour lui transmettre quelques consignes. Pendant le séjour, écrivez-lui, bien sûr, et envoyez-lui même un ou deux petits paquets bourrés de friandises à partager avec ses copains. On conseille aux parents de correspondre avec leur enfant de manière épistolaire pour éviter la trop grande émotion suivie de larmes que représentent les appels téléphoniques. Donnez-lui un peu d'argent de poche, juste de quoi s'offrir quelques friandises et la joie de vous ramener un petit souvenir de quatre sous. ∎

“ La plupart des services sociaux des mairies proposent une aide financière aux familles les plus modestes. ”

1RE SEMAINE

1ER MOIS

2 À 3 MOIS

4 À 5 MOIS

6 À 7 MOIS

8 À 9 MOIS

10 À 11 MOIS

1 AN

1 AN 1/2

2 ANS

2 ANS 1/2

3 ANS

4 ANS

5 ANS

6 ANS

ANNEXES

Les annexes

1RE SEMAINE

1ER MOIS

2 À 3 MOIS

4 À 5 MOIS

6 À 7 MOIS

8 À 9 MOIS

10 À 11 MOIS

1 AN

1 AN 1/2

2 ANS

2 ANS 1/

3 ANS

4 ANS

5 ANS

6 ANS

ANNEXES

Les premiers soins

Dans la vie de tous les jours, les chutes, les brûlures ou les doigts pincés sont des accidents courants qui demandent de la part des parents la bonne réaction et les gestes appropriés. Les connaître, c'est déjà être plus calme devant l'enfant qui pleure parce qu'il a mal ou tout simplement parce qu'il a peur. Si la douleur est évidente, n'hésitez pas à la combattre en lui donnant un peu de paracétamol ou d'aspirine. N'oubliez pas de vous laver soigneusement les mains avant toute intervention sur une plaie.

AMPOULE : Généralement située au talon, c'est une brûlure due au frottement et à l'échauffement de la peau. Elle se soigne différemment selon qu'elle est percée ou non. Si la peau a cédé sous le frottement, coupez-la si besoin avec des petits ciseaux préalablement passés à l'alcool, puis couvrez la blessure d'un simple pansement (il existe en pharmacie des pansements spéciaux).
Si l'ampoule est bien gonflée, il ne faut surtout pas la percer : nettoyez doucement avec un produit antiseptique et couvrez-la d'une gaze et de sparadrap.

BLEU : C'est un choc qui provoque la rupture des capillaires sanguins situés dans l'épiderme. Selon la nature du coup, son aspect est différent : plan, il est superficiel ; légèrement bombé, il est plus profond. Sa disparition se fait en quelques jours. Des glaçons dans un gant de toilette soulagent tout d'abord la douleur, puis l'application d'une pommade à l'arnica favorise la résorption de l'hématome. Vous aurez des résultats spectaculaires si, dans les minutes qui suivent le coup, vous donnez à l'enfant quelques granules d'Arnica 4 CH. Elles sont particulièrement efficaces pour les chocs sur le nez et évitent l'œil « au beurre noir ». Si votre enfant se fait des bleus pour un oui pour un non, consultez un médecin.

BOSSE : Chez l'enfant, ce sont celles situées sur la tête qui sont les plus fréquentes. Elles sont provoquées par un choc à la suite d'une chute ou d'une collision avec un autre enfant, un meuble ou un objet. Ce sont soit des petits hématomes, soit des épanchements de sang. Cela se produit quand au moment de la chute la peau s'écrase contre l'os.
Le froid permet de calmer la douleur, puis l'application d'une pommade à l'arnica aide le traumatisme à se résorber en quelques heures, parfois en quelques jours. Si la bosse est douloureuse et violacée, si l'enfant perd connaissance à la suite du choc ou vomit, il est préférable de consulter au plus vite un médecin, voire de se rendre dans un service d'urgences.
La plupart des bosses sont sans gravité. Par contre, les bosses importantes faites au niveau du crâne, surtout si elles ont tendance à continuer d'augmenter de volume ou si elles s'accompagnent de perte de connaissance ou de troubles neurologiques doivent être examinées par un médecin.

BRÛLURE : De nombreux agents peuvent être à l'origine de brûlures : l'eau, le feu, les corps chauds, l'électricité ou les produits chimiques. L'étendue de la brûlure donne une indication sur son importance. Elle est grave si elle dépasse 10 % de la surface du corps. Sa localisation a aussi une influence sur sa gravité. Elle est plus sérieuse sur le visage, les mains et les organes génitaux. Le type de brûlure est encore à prendre en compte, les brûlures électriques sont souvent graves alors qu'elles ont un aspect bénin. Enfin, plus l'enfant est jeune, plus il est fragile. Surtout, ne cédez pas à la tentation des remèdes de « bonne femme ». Ne mettez jamais ni d'huile ni de vinaigre sur une brûlure.

On distingue trois degrés de gravité dans les brûlures :
• *premier degré :* la brûlure est superficielle et se manifeste par une rougeur de la peau sans cloque. Il suffit de désinfecter la zone avec un produit antiseptique puis de laisser la peau à l'air. Attention, le bain ou la proximité d'une source de chaleur ravive la douleur ;
• *deuxième degré :* la brûlure est un peu plus profonde dans le derme et se reconnaît souvent par une cloque remplie de liquide clair. Si elle

est d'une surface très réduite, couvrez la blessure d'une gaze stérile et attendez que la peau se reconstitue ;

• *troisième degré :* la brûlure est grave ; elle est profonde, lésant les vaisseaux sanguins, les nerfs et les muscles. Elle nécessite l'intervention immédiate d'un médecin. Pour les brûlures par flammes, ne déshabillez pas l'enfant et ne mettez rien sur les brûlures. Couvrez la plaie d'un tissu de coton propre pour éviter la contamination.

• *Pour les brûlures par vapeur ou produits chimiques :* l'agent causal continue son effet ; déshabillez l'enfant. Dans tous les cas, évacuez-le sur l'hôpital le plus proche.

• *Pour les brûlures par acide ou par base :* lavez abondamment à l'eau tiède pendant 10 à 20 minutes, puis conduisez l'enfant à l'hôpital.

• *Pour la projection d'un produit chimique dans l'œil :* lavez l'œil à l'eau tiède pendant 10 à 20 minutes et conduisez l'enfant chez l'ophtalmologiste ou à l'hôpital.

CORPS ÉTRANGER DANS LA GORGE : Voir Manœuvres d'urgence p. 675.

CORPS ÉTRANGER DANS LE NEZ : Si l'objet est introduit partiellement dans le conduit nasal, saisissez-le avec une pince à épiler, faites-le légèrement tourner pour l'extraire. Mais si l'objet est complètement dans la narine, surtout n'essayez pas de le retirer, vous risqueriez alors de l'enfoncer plus profondément ou de blesser la muqueuse de la narine. Si l'enfant est petit et s'il ne connaît pas vraiment la différence entre souffler et expirer, emmenez-le chez un médecin ORL ou dans un service d'urgences. Pour l'enfant plus grand, demandez-lui de pencher la tête en avant et de prendre la plus grande inspiration possible par la bouche. Bouchez la narine non obstruée et demandez-lui de souffler violemment. Refaites la manœuvre autant de fois que nécessaire pour extraire le corps étranger.

CORPS ÉTRANGER DANS L'ŒIL : Dans la plupart des cas, ce sont des poussières, du sable ou de la terre, parfois un moucheron. Le plus difficile est d'empêcher l'enfant de se frotter l'œil, ce geste pouvant être à l'origine d'une irritation ou d'une véritable blessure. Comment chasser une poussière qui s'est glissée sous la paupière ? Demandez tout d'abord à l'enfant de

bien fermer l'œil atteint et mouchez-le en pressant la narine opposée à l'œil atteint. Très souvent, le liquide lacrymal entraîne la poussière dans le cul-de-sac lacrymal qui se vide dans les fosses nasales. Si cette manœuvre ne réussit pas, le seul moyen est d'extraire le corps étranger en le poussant vers un angle de l'œil pour le recueillir simplement avec le bord d'un mouchoir, en tirant légèrement vers le bas la paupière inférieure. Si besoin, demandez à l'enfant de regarder vers le bas, puis soulevez sa paupière supérieure pour dégager la particule gênante, toujours à l'aide d'un coin de mouchoir ou d'un bâtonnet de coton légèrement humide. Tout corps étranger dans la cornée demande l'intervention immédiate d'un médecin. Demandez à l'enfant de fermer les deux yeux sans serrer les paupières pour que l'œil atteint ne bouge pas, car les mouvements oculaires sont solidaires.

CORPS ÉTRANGER DANS L'OREILLE : Son extraction ne peut être faite que par un médecin qui agira par des lavages et des instruments spécifiques.

COUPURE : Une petite coupure se désinfecte et se protège des infections par un pansement, une coupure plus importante et qui saigne doit être comprimée fermement, avec un mouchoir propre ou une compresse, une bonne dizaine de minutes et directement sur la plaie. Si ce pansement doit être changé, ne le remplacez pas, mais ajoutez-en un dessus. Quand le saignement se ralentit, faites un pansement compressif avec, par exemple, plusieurs mouchoirs ou un paquet de compresses que vous maintiendrez fermement sur la plaie par une large bande. Attention pourtant à ne pas serrer trop fort la bande, elle risquerait alors de bloquer la circulation sanguine. Surélevez légèrement le membre blessé. Si le saignement persiste dans l'heure qui suit, consultez un médecin. Plus l'enfant est petit, plus les blessures sont graves, en raison de la proportion de sa masse sanguine par rapport à sa taille.

DENT CASSÉE : Les dents les plus fragiles sont les dents de lait et les incisives permanentes. Si la dent est encore en place, n'y touchez pas et rendez-vous immédiatement à un service d'urgences. Si la dent est tombée, nettoyez-la à l'eau froide ou au sérum physiologique puis replacez-la dans son alvéole. Conduisez alors l'enfant immédiatement chez le dentiste ou aux

1RE SEMAINE

1ER MOIS

2 À 3 MOIS

4 À 5 MOIS

6 À 7 MOIS

8 À 9 MOIS

10 À 11 MOIS

1 AN

1 AN 1/2

2 ANS

2 ANS 1/2

3 ANS

4 ANS

5 ANS

6 ANS

ANNEXES

urgences. Dans l'idéal, il ne faudrait pas dépasser 20 minutes entre l'accident et la réimplantation de la dent. Si vous ne parvenez pas à la remettre en place, conservez-la le temps du transport vers le service spécialisé, dans un mouchoir propre mouillé.

DOIGT PINCÉ : Les portes, les fenêtres, les volets sont de redoutables pièges pour les petits doigts des enfants. Si le pincement est superficiel, appliquez une compresse d'arnica liquide ou appliquez-la sous forme de pommade. Si la douleur est forte, calmez-la par l'application de glaçons. Si le doigt est bleu et l'ongle très endommagé, allez chez le médecin ou au service des urgences le plus proche.

Si le doigt saigne, comprimez sa base entre votre pouce et votre index afin d'éviter une hémorragie.

ÉCHARDE : Il est préférable de l'extraire aussitôt afin d'éviter toute infection, laquelle rend la manœuvre plus douloureuse. Placez-vous bien à la lumière mais de manière à ce que l'enfant ne voie pas vos mouvements ; à l'aide d'une aiguille que vous aurez passée à la flamme, dégagez l'écharde en soulevant la partie qui n'est pas dans la peau. Puis avec une pince à épiler préalablement désinfectée à l'alcool, enlevez-la. Faites perler une goutte de sang et désinfectez la plaie avec un antiseptique.

ÉCORCHURE : C'est la blessure la plus courante et la moins importante, mais à traiter avec douceur. Lavez-vous soigneusement les mains avant d'intervenir, puis nettoyez-la à l'eau oxygénée en partant du centre pour aller vers le bord ; appliquez une pommade analgésique. Vérifiez quelques heures plus tard qu'il n'y a aucune infection. Attention, les écorchures à la bouche et au nez sont un peu plus graves et demandent un peu plus de surveillance.

ENTORSE : Cheville, poignet, genou peuvent être luxés à la suite d'une chute ou d'un faux mouvement. L'enfant ne peut plus bouger le membre ou souffre dès qu'il fait un mouvement. La région de l'articulation qui est atteinte gonfle souvent de manière spectaculaire. Il est préférable de consulter un médecin qui vérifiera s'il ne s'agit pas d'une fracture.

Il prescrira l'immobilisation du membre, l'application d'une pommade et d'un bandage pour immobiliser l'articulation.

ÉTRANGLEMENT/ÉTOUFFEMENT : Un bonbon, un morceau de nourriture qui fait fausse route ou une gorgée d'eau avalée de travers peut provoquer un étouffement suivi, quelquefois, d'une détresse respiratoire. Pour dégager l'enfant, deux manœuvres sont recommandées : pour un petit enfant, placez-le à califourchon sur votre avant-bras ou votre cuisse, tête en bas, et de l'autre donnez des tapes sèches entre les deux omoplates.

Si l'enfant suffoque, il ne faut pas hésiter à aller chercher dans la bouche l'objet qui provoque l'étouffement. Le fait de vomir peut provoquer l'évacuation de l'intrus. Si l'enfant ne peut plus parler, ni tousser, ni respirer, pratiquez la manœuvre de Heimlich (voir p. 675).

Attention aux étouffements dus aux sacs plastique. L'enfant, pour jouer, le place sur sa tête ; sous l'effet d'une inspiration, le sac se plaque sur son visage, l'empêchant ainsi de respirer, ce qui occasionne une panique peu propice à des gestes adaptés à la situation. Un conseil : ne laissez jamais un enfant jouer avec ce type d'emballage.

FRACTURE : Elle peut être de plusieurs natures. Simple, l'os est cassé complètement ou partiellement mais les fragments osseux ne sont pas déplacés. Compliquée, elle s'est produite à divers endroits sur le même os ou sur plusieurs os à la fois. Enfin, la fracture ouverte associe cassure de l'os et plaie ouverte. Généralement, elle se produit à la suite d'une chute, l'enfant se plaint d'une forte douleur et ne peut plus bouger le membre atteint.

Vous constaterez, peut-être, une déformation, un hématome ou un gonflement au niveau du choc. L'enfant doit bouger tant que le membre n'est pas parfaitement immobilisé. Pour ce faire, il faut bloquer l'articulation en amont et en aval de la fracture sans bouger le membre. Bien sûr, il est ensuite conduit chez le médecin ou à l'hôpital.

GRIFFURES DE CHAT : Elles peuvent provoquer une affection appelée « maladie des griffes du chat » ou lymphoréticulose. C'est une infection qui se manifeste par un gonflement des ganglions. Il est donc essentiel de désinfecter la plaie et de consulter le médecin dès l'incident si les griffures sont nombreuses ou profondes, si l'aspect des plaies n'est pas sain et si apparaissent des manifestations telles que douleur, enflure située au creux de l'aisselle ou au pli de l'aine.

INFECTION D'UNE PLAIE : Il faut préserver toute plaie de l'infection. Pour cela, lavez-la et recouvrez-la ensuite d'un pansement stérile. Attention, il y a début d'infection dès que la plaie devient douloureuse, boursouflée et enflammée. Il faut s'alarmer si des stries rouges apparaissent autour de la plaie, si la peau est tendue et surtout si la douleur produite est persistante et lancinante.

INTOXICATIONS

• *De type alimentaire.* Elles se manifestent par des vomissements, des nausées, des coliques et des diarrhées. À cela peuvent s'ajouter des troubles nerveux ou de la fièvre. Appelez le médecin si les vomissements durent plus d'une demi-heure ou les coliques plus de deux heures. Si l'état général de l'enfant se modifie, il faut en chercher les causes. Mettez l'enfant au lit et recueillez, si possible, les vomissements ; ne lui donnez rien, ni nourriture ni aucun médicament, sans l'avis du médecin.

• *Dues aux médicaments.* Soit à cause d'une erreur de posologie, d'une automédication, soit à cause d'une bêtise de l'enfant qui a absorbé un produit qui ne lui était pas destiné.
Téléphonez à votre médecin ou au centre antipoison le plus proche. Recherchez l'emballage du produit pour en donner la composition et, si possible, retrouvez l'ordonnance (voir p. 674).

• *Dues aux produits ménagers dangereux.* La plupart des produits ménagers sont dangereux, y compris les insecticides, les raticides, les pesticides. Mais certains d'entre eux sont plus particulièrement toxiques : eau de Javel (surtout sous sa forme concentrée), adoucisseur, produit lavant pour lave-vaisselle, antirouille, détartrant, encaustique et cirage, antigel, détachant, antimites, déboucheur, sans oublier certains produits d'hygiène et de beauté comme les déodorants corporels, les shampooings et les fards.
Les troubles sont variables selon les produits et les quantités absorbés. Les uns donnent des nausées, vomissements, salivation, diarrhées, larmoiements, toux ; d'autres s'accompagnent de troubles généraux : sanguins (raticide), rénaux (insecticide), pulmonaires (détachant, essence), nerveux (détachant, pesticide).

Ne vous affolez pas. Déterminez rapidement la cause de l'intoxication ; en règle générale, ne donnez rien à boire (sauf s'il s'agit d'absorption d'eau de Javel : dans ce cas, pour diluer le produit, donnez à l'enfant de l'eau additionnée de 200 ml d'hyposulfite de sodium à 2 % – si vous en avez – et surtout pas de lait car il accélère la diffusion du produit toxique dans l'organisme) ; n'essayez pas de faire vomir votre enfant, surtout s'il a absorbé du produit détergent ou caustique, ou s'il est inconscient. Conduisez-le d'urgence à l'hôpital ou au centre antipoison le plus proche de votre domicile.

MORSURE DE CHIEN : S'il s'agit d'un simple pincement, désinfectez la blessure et appliquez un peu d'arnica. Si la morsure a provoqué une plaie, nettoyez d'abord à l'eau et au savon, puis appliquez un produit antiseptique et conduisez l'enfant chez le médecin. Emportez avec vous le carnet de vaccination de l'enfant pour qu'il vérifie son immunisation contre le tétanos et le carnet de vaccination du chien qui atteste qu'il a été vacciné contre la rage. Les morsures au visage nécessitent toujours une hospitalisation rapide.

MORSURE DE SERPENT : En France, n'est à craindre que celle de la vipère. Sa morsure est très dangereuse : dans les quelques minutes qui la suivent, une enflure apparaît avec un œdème dur, une douleur intense accompagnée de troubles généraux (éblouissements, vertiges, angoisses), ainsi que des gênes respiratoire et digestive. En vacances ou en promenade, ayez toujours à votre portée un sérum antivenimeux. En cas de morsure, sachez que la propagation est très rapide chez le jeune enfant. Pour retarder la diffusion du venin, posez un garrot.

PÉNIS PINCÉ : C'est un accident que connaissent souvent les petits garçons, trop pressés de remonter la fermeture à glissière de leur pantalon. N'essayez pas de le dégager, vous risqueriez de lui faire encore plus mal. Rendez-vous dans un service d'urgences, le médecin pratiquera une anesthésie locale pour sortir votre enfant de cet embarras.

PIQÛRES D'INSECTES : Seules les piqûres d'abeilles et de guêpes peuvent être dangereuses, soit par leur nombre, soit par leur localisation. Le venin est inoculé par le dard qui, muni de crochets, reste très souvent au niveau de la piqûre. Isolée, elle se présente comme une petite boursouflure douloureuse et de couleur blanche, avec apparition d'un œdème rouge.

1RE SEMAINE

1ER MOIS

2 À 3 MOIS

4 À 5 MOIS

6 À 7 MOIS

8 À 9 MOIS

10 À 11 MOIS

1 AN

1 AN 1/2

2 ANS

2 ANS 1/

3 ANS

4 ANS

5 ANS

6 ANS

ANNEXES

• *Pour une piqûre unique et simple.* Si le dard est resté, il faut le retirer en veillant à ne pas écraser la poche à venin restée solidaire. Retirez-le à l'aide d'une aiguille passée à la flamme. Appliquez un antihistaminique. Pour diminuer l'irritation, utilisez quelques gouttes d'alcool, d'ammoniaque et, à l'extrême rigueur, de vinaigre. Si une réaction se produit au niveau de l'état général, allongez l'enfant et alertez le médecin.

• *Piqûre à la bouche.* Elle peut être dangereuse car elle peut provoquer un œdème obstruant les voies respiratoires. Emmenez au plus vite l'enfant dans un centre hospitalier.

• *Les piqûres multiples.* Elles sont graves par la quantité de venin injectée. Allongez l'enfant et conduisez-le à l'hôpital.

• *Les piqûres de moustiques.* Le moustique, en France, ne présente pas de grand danger. Il pique pour se nourrir, suce le sang par une trompe qui, lors de la piqûre, injecte une petite quantité de venin. Sa salive contient un anticoagulant et un sensibilisant. La plaie gonfle, des démangeaisons apparaissent et incitent l'enfant à se gratter, ce qui provoque une petite plaie.

PIQÛRES PAR DES PLANTES : La plante la plus irritante est l'ortie. Un peu de pommade antihistaminique calme les brûlures qu'elle provoque. Les piqûres avec une plante type rosier ou acacia sont à surveiller si l'enfant n'a pas été vacciné contre le tétanos. Certains enfants ont, à la suite de telles piqûres, une réaction de nature allergique. La première piqûre et la réaction de l'enfant peuvent amener les parents à avoir toujours avec eux un minimum de médicaments d'urgence.

SAIGNEMENT DE NEZ : Il est souvent consécutif à une chute ou à un choc. Asseyez l'enfant tête en avant pour que le sang ne descende pas dans la gorge, compressez la narine qui saigne d'un doigt ou pincez fermement le nez de l'enfant en lui demandant de respirer par la bouche. Maintenez la pression jusqu'à la coagulation. Ne le faites ni tousser ni se moucher dans les minutes qui suivent. Si le saignement persiste, imbibez une petite compresse de gaze roulée (pour réaliser une mèche) d'un produit hémostatique ou d'eau oxygénée ; introduisez cette mèche dans la narine, en laissant l'extrémité apparente. Une insolation peut aussi être accompagnée de saignement de nez. Elle est souvent relativement grave chez le jeune enfant. Si cela se produit, conduisez-le sans hésiter chez le médecin, en ayant rafraîchi la tête et la nuque avec une serviette imbibée d'eau fraîche.

Si les saignements se répètent, apparemment sans cause, consultez le médecin.

Lorsque l'hémorragie est consécutive à un choc sur la tête ou à un accident grave, placez l'enfant sur le côté, en chien de fusil, col dégagé, tête légèrement en arrière pour dégager les voies respiratoires, nez et bouche dirigés vers le sol et conduisez-le, dans cette position, vers un centre hospitalier : il peut parfois s'agir d'un signe de traumatisme crânien.

Les centres antipoison

Pour répondre aux questions les plus diverses, des équipes de médecins spécialisés sont là 24 heures sur 24. À leur disposition, une impressionnante documentation sur les médicaments et les produits ménagers, informations fournies par les laboratoires et les fabricants.

Leur diagnostic s'appuie, en outre, sur un descriptif très précis des symptômes observés par les parents. En effet, bien souvent, le produit ingéré n'est pas vraiment déterminé et le diagnostic ne se fait alors que sur les symptômes.

Le centre antipoison Fernand-Vidal à Paris est l'un des plus documentés. Mais à Marseille, par exemple, les médecins ont plus particulièrement étudié les intoxications dues aux plantes. À Nancy, ils ont mis au point le portrait-robot du médicament, ce qui leur a permis d'établir de véritables fiches informatisées grâce auxquelles il est possible de retrouver le produit concerné, même si son emballage est perdu.

Ayez le numéro du centre le plus proche constamment à portée de main, c'est la plus élémentaire des prudences.
(Pour les numéros de téléphone, voir le carnet d'adresses p. 751.)

Les manœuvres d'urgence
de la naissance à 3 ans

L'enfant a avalé de travers ou un objet s'est coincé dans sa gorge

Pour un petit enfant, placez-le à califourchon sur votre avant-bras ou votre cuisse, tête en bas et, de l'autre main, donnez des tapes sèches entre les deux omoplates. Pour un enfant de 3 ans et plus, la manœuvre de Heimlich s'impose. Placez-vous derrière l'enfant, entourez-le de vos bras au niveau de la ceinture, placez vos mains l'une sur l'autre entre le nombril et le thorax et appuyez fortement d'avant en arrière et du bas vers le haut afin de chasser l'air contenu dans les poumons et permettre l'expulsion du corps étranger.

Les vêtements de l'enfant prennent feu

Couchez immédiatement l'enfant pour éviter la propagation des flammes et étouffez celles-ci avec une couverture, un tapis ou un tissu épais non synthétique. Refroidissez les blessures à l'eau froide sans toucher aux vêtements, puis transportez l'enfant à l'hôpital ou appelez un service de secours.

L'enfant est en état de choc : mettez-le en position de sécurité

Placez l'enfant sur le côté, glissez un petit coussinet sous sa tête et basculez-la légèrement vers l'arrière. Maintenez l'enfant et saisissez sa jambe supérieure, repliez-la pour que le genou repose sur le sol et bloque la position. Calez le dos d'un coussin et couvrez-le. Pour l'enfant petit, maintenez la position en plaçant un coussin entre ses jambes.

1RE SEMAINE

1ER MOIS

2 À 3 MOIS

4 À 5 MOIS

6 À 7 MOIS

8 À 9 MOIS

10 À 11 MOIS

1 AN

1 AN 1/2

2 ANS

2 ANS 1/2

3 ANS

4 ANS

5 ANS

6 ANS

ANNEXES

Votre pharmacie de base

Pour éviter les larmes des enfants et l'angoisse des parents, il est indispensable d'avoir quelques produits pour faire face aux petits accidents de la vie quotidienne.

Spécial nourrissons

- Un flacon d'éosine pour combattre les irritations de la peau, particulièrement celles du siège.
- Un flacon d'huile d'amande douce.
- Des mini-doses de sérum physiologique pour nettoyer les yeux et le nez.
- Une crème soignante pour l'érythème fessier.
- Des médicaments pour lutter contre la fièvre.
- Un flacon de sirop Delabarre ou un anneau de dentition à mettre au froid en cas de poussées dentaires.
- Un thermomètre à cristaux liquides ou auriculaire.

Quelques règles à observer

- L'armoire à pharmacie doit être inaccessible aux enfants et fermée à clé.
- Les dates limites d'utilisation des produits sont marquées généralement sur les emballages cartonnés : pensez à les garder.
- À savoir : un collyre ouvert est utilisable dans les 15 jours, de même pour un sirop. Pensez à vérifier régulièrement les dates. Les médicaments non utilisés à la suite d'un traitement sont à jeter ou à rapporter à la pharmacie.
- Séparez clairement les médicaments destinés aux enfants de ceux des autres membres de la famille. Sachez que les suppositoires se gardent mieux au réfrigérateur.
- Affichez à l'intérieur de la porte de votre armoire à pharmacie une fiche avec tous les numéros d'urgence.

Pour les enfants plus grands

- *Pour les blessures en tout genre :* un produit antiseptique qui ne pique pas en flacon ou, encore mieux, en bombe, des pansements adhésifs à couper, de l'alcool à 60°, du savon liquide, des compresses stériles, du sparadrap.
- *Pour les chutes, les doigts pincés, etc. :* pommade à l'arnica, coton hydrophile, bande élastique de longueur moyenne, quelques bandes de gaze.
- *Pour les petits malaises (rhumes, diarrhées, etc.) :* aspirine ou paracétamol en suppositoires ou en sachets (respectez bien les doses de 15 mg par kilo et n'hésitez pas à demander des précisions à votre pharmacien en indiquant le poids de l'enfant), un flacon de sirop antitussif.
- *Pour les brûlures :* une boîte de tulle gras ou un tube de pommade calmante.
- *Pour les piqûres d'insectes :* une pommade calmante.
- *Pour vous permettre de juger facilement de la température,* un thermomètre frontal, un thermomètre rectal pour avoir des indications plus précises. Mieux, mais plus cher, le thermomètre auriculaire qui donne la température en 3 secondes.
- *Quel que soit l'âge de l'enfant :* une paire de petits ciseaux, une pince à épiler et quelques épingles à nourrice.

Votre pharmacie homéopathique

Vous pouvez compléter votre pharmacie de base avec quelques produits homéopathiques. Voici ce qu'il est indispensable d'avoir sous la main pour soulager les petits maux quotidiens. Ils ne remplacent en rien ceux prescrits par un médecin homéopathe après une consultation pour déterminer le « profil » de votre enfant. Cependant, quelques médicaments peuvent être retenus en raison de leur fréquence dans les prescriptions. Ils seront d'autant plus faciles à administrer que vous les choisirez sous la forme de granules.

Pour soigner*

• Les blessures	▶ CALENDULA 4 CH ▶ Pommade CALENDULA
• Les bronchites	▶ PHOSPHORUS 9 CH
• Les brûlures	▶ APIS 15 CH ou BELLADONNA 9 CH
• Les démangeaisons	▶ RHUS TOXICODENDRON 5 CH
• Les diarrhées	▶ CHINA 9 CH ou PODOPHYLLUM 9 CH
• Les difficultés à l'endormissement	▶ PULSATILLA (*Pour les timides qui ont besoin de leur mère et d'un doudou*) ▶ LACHESIS (*Pour les possessifs et les bavards*)
• L'eczéma	▶ RHUS TOXICODENDRON 5 CH
• L'émotivité	▶ IGNATIA 5 CH
• La fièvre : élevée et oscillante brutale et élevée	▶ BELLADONNA 9 CH ▶ ACONIT 9 CH ▶ APIS 15 CH
• La grippe	▶ OCCILLOCOCCINUM ▶ BRYONIA 15 CH
• Les hématomes	▶ ARNICA 4 CH ▶ pommade aRNICA 4 % TM
• Les insomnies	▶ ARSENICUM ALBUM 9 CH (*Pour ceux qui ont peur du noir*) ▶ CHAMOMILLA (*Pour ceux qui ont besoin des bras de maman pour se rendormir*) ▶ LYCOPODIUM (*Pour ceux qui se lèvent et veulent dormir avec leurs parents*)
• Les intoxications alimentaires	▶ ARSENICUM 9 CH
• Le mal des transports	▶ COCCULUS
• Les otites	▶ FERRUM PHOSPHORICUM 7 CH ou ▶ ARSENICUM 9 CH
• Les piqûres d'insectes	▶ APIS 15 CH
• Les poussées dentaires	▶ CHAMOMILLA 15 CH
• Les rhinites	▶ MERCURIUS SOLUBILIS 5 CH
• Les rhinopharyngites	▶ FERRUM PHOSPHORICUM
• La toux	▶ IPECA 5 CH
• Les vomissements	▶ NUX VOMICA 9 CH
• Les troubles digestifs	▶ PHOSPHORUS 9 CH

* Source : les laboratoires Boiron

1RE SEMAINE

1ER MOIS

2 À 3 MOIS

4 À 5 MOIS

6 À 7 MOIS

8 À 9 MOIS

10 À 11 MOIS

1 AN

1 AN 1/2

2 ANS

2 ANS 1/2

3 ANS

4 ANS

5 ANS

6 ANS

ANNEXES

Les vaccinations

De tous les vaccins pratiqués dans la petite enfance, deux sont obligatoires :
le BCG, qui protège l'enfant de la tuberculose, et le DT Polio, vaccin associé qui agit
contre la diphtérie, le tétanos et la poliomyélite. Mais le seul contrôle de
l'administration se limite à leur exigence au moment de l'entrée à l'école publique,
maternelle et primaire. Aucune vérification n'est effectuée dans les écoles privées.
Tous les autres vaccins sont recommandés : l'Hæmophilus influenzæ B immunise
contre certaines méningites ; le ROR protège contre trois maladies infantiles
(rougeole, oreillons et rubéole) ; le VHB combat le virus de l'hépatite B.
Tous ces vaccins se programment tout au long de la vie de l'enfant et ne sont
efficaces que s'ils sont suivis de leurs rappels.

Dès le 1er mois	*À partir de 2 mois*	*3 mois*	*4 mois*	*À partir de 12 mois*
• 1re injection du DT Polio associée à l'*Hæmophilus influenzæ* B. • 1re injection du VHB.	• BCG Il est obligatoire dès la naissance.	• 2e injection du DT Polio associé à l'*Hæmophilus influenzæ* B. • 2e injection du VHB.	• 3e injection du DT Polio associé à l'*Hæmophilus influenzæ* B. • 3e injection du VHB.	• ROR La vaccination contre la rougeole seule est effectuée vers 9 mois pour les enfants accueillis en collectivité, suivie d'une nouvelle vaccination associée à la rubéole et aux oreillons six mois après.

De 16 à 18 mois	*Avant 6 ans*	*6 ans*	*11-13 ans*
• 1er rappel du DT Polio associé à l'*Hæmophilus influenzæ* B. • 4e injection du VHB.	• BCG pour les enfants non vacci-nés.	• 2e rappel du DT Polio. • ROR* • 1er rappel du VHB.	• DTPolio/Oreillons/Rubéole/VHB. • BCG** Pour tous ceux qui n'ont pas été vaccinés. Pour les filles sous forme de rappel ou en trois injections pour celles non vaccinées. Pour les enfants dont le test tuberculinique de contrôle est négatif.

* Le ROR est recommandé lors de l'entrée à l'école s'il n'a pas été pratiqué avant.
** Le contrôle de cette vaccination est fait sous forme d'un test trois à douze mois après l'injection. Si après une deuxième injection de BCG, le test est toujours négatif, l'enfant est considéré comme ayant satisfait les obligations vaccinales.
On conseille un contrôle des vaccinations contre la rubéole et les oreillons, respectivement chez les filles et les garçons, au moment de l'adolescence.

Quand les séparations
sont difficiles

1RE SEMAINE

1ER MOIS

2 À 3 MOIS

4 À 5 MOIS

6 À 7 MOIS

8 À 9 MOIS

10 À 11 MOIS

1 AN

1 AN 1/2

2 ANS

2 ANS 1/2

3 ANS

4 ANS

5 ANS

6 ANS

ANNEXES

« Ma femme est atteinte d'une maladie incurable. Comment notre enfant supportera l'inévitable séparation ? »

La mort d'un des parents à la suite d'un cancer ou de la maladie du Sida est encore une situation spécifique. Votre enfant va accompagner votre épouse en scrutant de manière très pointue l'évolution de la maladie. N'en soyez pas choqué, cela fait partie de son goût de la connaissance et de sa démarche scientifique. Il faut même utiliser cette capacité et lui donner un rôle de partenaire avec les soignants qui lui apporteront une pédagogie de la santé en le mettant au courant des soins pratiqués à son parent malade. Il y a une grande différence entre la mort annoncée et la mort brutale. Celle-ci surprend l'enfant qui, faute d'explications, se sent coupable. Il est alors indispensable de l'aider. ∎

« Je viens de perdre mon épouse dans un accident. Que dire à ma petite fille ? »

Tout dépend de son âge. Si c'est un bébé, elle va vivre cette absence comme une mort anticipée. Elle perd d'un jour à l'autre tout son réseau de communications et d'interactions. Il faut donc être très attentif à ses réactions.
En grandissant, ses réflexions seront dérangeantes en raison de l'idée qu'elle se fait de la mort : pour elle, celle-ci est réversible et elle demandera sans doute souvent quand reviendra sa mère. Ses demandes peuvent être très perturbantes dans l'élaboration de votre propre deuil. De même, vers 5 ans, cette disparition va considérablement la bouleverser, car elle confirme ce qu'elle ne faisait que supposer : nous sommes tous mortels. Il ne faut pas craindre alors le recours à une aide spécialisée.

Si l'accident a provoqué la mort d'autres personnes, il est préférable de ne pas le lui dire. Tout comme il est dommageable de vouloir trop entrer dans les détails et les circonstances du drame. Le suicide d'un des parents est un problème particulier : il est recommandé de ne pas parler du suicide à un enfant, il faut attendre qu'il soit assez grand pour lui révéler les causes de la mort de son parent, en évitant tous les détails morbides. Expliquez que celui qui a décidé de mettre fin à ses jours ne voulait plus vivre. ∎

« Malheureusement, mon mari et moi envisageons de divorcer. Quelles seront les conséquences psychiques de cette séparation sur notre enfant ? »

Cela dépend de son âge. Le divorce, dans les semaines qui suivent sa naissance, a souvent comme conséquence l'annulation de l'image du père. En effet, dans la majorité des cas, votre bébé ne connaîtra jamais le père qui l'a conçu : ce sera un trou dans sa mémoire. Il est indispensable de lui construire un père imaginaire, surtout si vous ne refaites pas votre vie et si vous restez isolée avec cet enfant. Lorsque la séparation survient alors que l'enfant est à l'âge de la maternelle, c'est différent. Il a eu le temps d'accumuler un certain nombre de souvenirs de son père et il aura sans doute l'occasion, par un droit de visite, de conforter cette image.

Depuis la loi de 1993, l'autorité parentale est fixée presque toujours de manière conjointe et annule le principe de la garde alternée, à la mode il y a quelques années. Elle était source de nombreux conflits. Pour un enfant de cet âge, elle est extrêmement nocive.
Il est dans l'incapacité de faire le deuil de sa famille si, alternativement, il est chez l'un ou chez l'autre parent. Pour un enfant plus grand, ce mode de vie peut se discuter, mais il est presque toujours consulté par le juge pour connaître son choix. Depuis peu de temps, les enfants plus petits interviennent aussi dans les décisions les concernant, souvent par l'intermédiaire d'un avocat d'enfants spécialisé. Toutes ces décisions sont laissées à la totale appréciation du juge. Dans tous les cas, il est indispensable de respecter les droits de visite. Il est aussi essentiel de ne jamais parler de manière négative de ce qui s'est passé chez l'autre parent. Certains gestes peuvent être ravageurs, par exemple, lui changer ses vêtements quand il rentre de son séjour chez l'autre parent, comme s'il avait été sali d'avoir vécu ailleurs qu'avec vous. De même, il est souhaitable qu'il promène son jouet favori chez l'un et chez l'autre. Il est fondamental encore pour l'enfant, qui ne voit le parent dont il est séparé que de temps en temps, de garder « sa chambre », un lieu bien à lui qui l'attend lorsqu'il n'est pas là. Enfin, n'idéalisez pas les relations que vous aviez avec votre ex-conjoint.

Si vous vous êtes séparés, c'est que vous ne vous aimiez plus. Mais ne ternissez pas l'origine de la conception de votre enfant. Il ne peut pas supporter l'idée d'avoir pu être à l'origine du conflit qui vous a séparés. Tous les enfants doivent être sûrs d'avoir été désirés par leurs parents. ■

« Nous venons de perdre notre deuxième enfant, victime de la mort subite du nourrisson. Depuis, son aîné est très agressif. Que pouvons-nous faire ? »

La mort d'un frère ou d'une sœur est toujours un moment délicat pour un aîné. S'il s'agit d'un nouveau-né, l'enfant culpabilise. En effet, il est certain que sa jalousie l'a conduit, à un moment ou un autre, à souhaiter la mort de ce rival. Sa situation est d'autant plus compliquée qu'en réalité, il avait souhaité la naissance de ce petit frère ou de cette petite sœur. Mais si c'est l'aîné qui décède, le cadet peut également lui en vouloir de l'avoir quitté car il a perdu un camarade de jeux. Dans ce cas, comme dans l'autre, l'enfant réagit le plus souvent de manière agressive. Ne lui en faites pas le reproche, cette agressivité est un moyen de défense contre la mort. ■

Glossaire médical

A

ACÉTONE : Commencez par appliquer la bonne vieille méthode des pédiatres qui consiste à donner à l'enfant des petites cuillères d'eau fraîche sucrée. La crise d'acétone est caractérisée par des vomissements. Elle se reconnaît à l'odeur caractéristique d'acétone de l'haleine. La langue de l'enfant est également blanche et chargée. Malgré la suppression de toute alimentation, les vomissements se poursuivent. Ce trouble, relativement courant chez l'enfant de 1 à 6 ans, est dû à un fonctionnement particulier du foie avant cet âge. La crise survient assez souvent après une rhinopharyngite ou une otite et laisse l'enfant fatigué. Elle nécessite la consultation d'un médecin et un régime sans œufs ni matières grasses, mais avec beaucoup de sucre. Les boissons type Coca-Cola ou Pepsi-Cola à petites doses et battues pour enlever le gaz font merveille car elles contiennent du kola, substance antivomitive et stimulante qui redonne un peu de tonus au petit malade.

ALBUMINE : Sa recherche dans les urines est souvent demandée au moment d'une maladie telle qu'une angine ou avant de procéder à la vaccination contre la typhoïde. Un peu d'albumine n'est pas forcément alarmant. En revanche, un taux anormal, plus de 150 mg par 24 heures, est le signe d'une « protéinurie ». Elle peut révéler une maladie rénale, souvent associée à de la fièvre. Des examens complémentaires permettront alors d'établir un diagnostic. Mais certaines protéinuries sont permanentes sans que l'enfant soit malade.

ALLERGIE : C'est une réaction « anormale » à un agent extérieur très variable et généralement sans effet sur la plupart des personnes. Elle est due à un mauvais fonctionnement des défenses immunitaires d'un individu.

Les phénomènes allergiques peuvent se produire à tout moment chez un individu qui, jusqu'alors, n'avait présenté aucun trouble. Pourtant, dans 70 % des cas, l'allergie est héréditaire, avec des manifestations différentes d'une génération à l'autre. Des facteurs extérieurs peuvent la favoriser, ainsi que l'émotivité ou bien encore l'anxiété.

Les allergies peuvent se manifester par des troubles respiratoires tels que asthme ou rhinites, par des éruptions cutanées (eczéma, urticaire, œdème) ou encore par des troubles digestifs (notamment, chez le nourrisson, l'intolérance aux protéines du lait de vache). On rencontre aussi des allergies oculaires, caractérisées par une conjonctivite. Dès sa naissance, l'enfant est entouré de nombreux allergènes, substances qui provoquent la « réaction allergique ». Leur nature est très variable : végétale (pollens, notamment ceux du troène et du tilleul, ainsi que les graminées qui déclenchent le fameux rhume des foins), alimentaire (l'œuf, les crustacés, les fraises et surtout les cacahuètes, première cause d'allergies alimentaires aujourd'hui), physique (contacts avec des substances chimiques ou métalliques, qui se produisent par la peau, les poumons et l'alimentation) et animale. Dans cette dernière catégorie, les plumes d'oiseaux (vivants ou morts) et les poils de chat sont les plus redoutables. Personne n'est à l'abri des allergènes, aussi

mieux vaut éviter de trop fréquents contacts avec eux. Rappelons que l'allergène de contact le plus courant est la poussière. Tenture, rideau, moquette et couverture sont à bannir de la chambre d'un enfant allergique. La poussière est notamment aussi le lieu favori de prolifération des acariens, petites bêtes qui se nourrissent des desquamations de la peau. Ils sont les principales causes de rhinites, asthme et bronchites. Dans ce cas, il faut éliminer de la chambre de l'enfant la moquette et les tentures murales, lui donner une literie synthétique et hypoallergénique.

Il existe des housses pour matelas antiacariens, des peintures et des produits liquides à pulvériser.

Certains enfants sont allergiques à la plume, d'autres à la laine. Ces matières seront éliminées de leur lit. Attention aux humidificateurs d'eau. De microscopiques champignons, parfois allergènes, peuvent s'y développer. Enfin, certains produits ménagers ou de soins, et bien sûr des médicaments sont encore des agents allergènes.

La recherche de ceux-ci est souvent complexe, elle nécessite toujours la consultation d'un spécialiste. Les soins se déroulent en deux étapes : on élimine d'abord tout contact avec l'agent allergisant, puis on procède à une désensibilisation.

AMYGDALES : Petites masses de chair situées en arrière de la langue, de part et d'autre de la luette, elles sont en partie visibles, en partie enclavées derrière le voile du palais. Leur rôle est encore assez mal connu. On a découvert qu'elles sécrétaient des anticorps qui participent sans doute à la protection des voies aériennes supérieures.

1RE SEMAINE

1ER MOIS

2 À 3 MOIS

4 À 5 MOIS

6 À 7 MOIS

8 À 9 MOIS

10 À 11 MOIS

1 AN

1 AN 1/2

2 ANS

2 ANS 1/2

3 ANS

4 ANS

5 ANS

6 ANS

ANNEXES

Glossaire médical

Leur infection, l'angine ou amygdalite, d'origine virale ou bactérienne est dans la plupart des cas sans gravité. En revanche, si ces troubles sont très fréquents ou sévères, on peut envisager de recourir à l'ablation des amygdales. Cette intervention se pratique beaucoup moins facilement qu'autrefois. Faite sous anesthésie, elle nécessite généralement une hospitalisation de l'enfant pour une journée ; dans certains cas, il peut cependant rentrer chez lui le jour même. La cicatrisation demande, elle, huit à dix jours.

L'enfant devra manger froid pendant quelques jours pour réduire les risques d'hémorragie.

ANÉMIE : L'enfant qui souffre d'anémie est toujours fatigué, lymphatique, souvent essoufflé. Elle se diagnostique par une analyse de sang qui détermine une baisse d'hémoglobine dans le sang et un manque de ferritine. L'anémie se reconnaît à la pâleur anormale des muqueuses, tout particulièrement au niveau des paupières, des lèvres et de la bouche. Elle est souvent provoquée par une alimentation mal diversifiée et dans laquelle il manque tout particulièrement des aliments contenant du fer et des vitamines. Mais elle peut également être due à une maladie infectieuse. Un nourrisson sur deux présente vers 10 mois une carence en fer. Dans tous les cas, son traitement est du ressort de votre médecin qui prescrira un changement de régime et des produits de supplémentation.

ANGINE : Elle est due à un microbe ou à un virus. Elle atteint les enfants de plus de 1 an, sans aucun lien avec les saisons. C'est une maladie contagieuse. L'angine accompagne parfois d'autres maladies telles que rougeole, grippe ou scarlatine. En attendant l'arrivée du praticien, examinez la peau de l'enfant, à la recherche d'une éruption éventuelle.

L'enfant ne se sent pas bien, a mal à la tête et dans le cou (parfois, il peut y avoir gonflement des ganglions du cou), sa température est élevée (39 °C à 40 °C), la déglutition est plus ou moins douloureuse. Regardez la gorge de votre enfant de face, en l'éclairant à l'aide d'une petite lampe de poche. Faites-lui ouvrir la bouche et tirer la langue. Les amygdales sont alors nettement visibles et vous pouvez observer soit une rougeur diffuse s'étendant aux amygdales dont le volume aura augmenté, soit un enduit blanchâtre tapissant les amygdales par plaques ou pointillés.

Toute angine doit faire l'objet d'un examen médical et ne peut être soignée efficacement que par un médecin qui prescrira un antibiotique. La guérison d'une angine survient normalement en quelques jours, mais les récidives sont fréquentes chez certains enfants. Il faut, dans ce cas, envisager avec le médecin un traitement de fond. Si les amygdales sont très grosses et si l'enfant a peu d'appétit, s'il souffre de troubles digestifs ou du caractère (irritabilité, par exemple), si son état général n'est pas très bon, on peut penser à l'ablation des amygdales (ou amygdalectomie). Cette opération ne se pratique en général qu'à partir de 4 ans, sous anesthésie générale. La fréquence des angines tend à diminuer après l'âge de 9 ans et la grosseur des amygdales, si toutefois celles-ci sont saines, ne constitue pas à elle seule un symptôme pathologique. Pour apaiser la douleur, donnez à l'enfant des pastilles calmantes et vitaminées à sucer et un peu d'aspirine (sauf contre-indication médicale) ou un suppositoire contre la fièvre adapté à son âge, si la température est élevée. Gardez-le au chaud, mais ne le couvrez pas trop s'il a beaucoup de fièvre. Faites-le boire le plus possible et, s'il refuse les boissons chaudes, donnez-lui une tisane ou tout simplement de l'eau minérale (à la température de la pièce) à laquelle vous ajouterez du miel ou du citron frais.

Les angines peuvent paraître banales, mais il faut se méfier de celles dues à un streptocoque. C'est l'angine dite rouge. Elle peut entraîner des séquelles comme des rhumatismes articulaires ou des lésions cardiaques ou rénales.

ANGIOME : Plus couramment appelés taches de naissance, il existe plusieurs types d'angiomes.

• **Les angiomes plans** sont une dilatation superficielle des vaisseaux sanguins. Ils ont un aspect rouge, leurs bords sont nets et sans relief. Ils ont tendance à s'atténuer avec le temps et ne s'agrandissent pas. Souvent localisés dans le cou, sur la partie interne des paupières et entre les deux sourcils, ils deviennent plus foncés lorsque l'enfant crie ou se met en colère. Le traitement de ces angiomes a fait beaucoup de progrès avec l'utilisation du laser. En outre, plus le traitement est réalisé tôt, meilleures sont les chances de réussite.

• **L'angiome tubéreux :** la tache est saillante et violacée. Pratiquement inexistant à la naissance, il apparaît dans les premières semaines et grandit rapidement, puis dans 80 % des cas finit par se résorber spontanément vers 6-7 ans.
Pourtant, lorsqu'il devient trop inesthétique, même chez le nourrisson, un traitement dermatologique peut en prévenir l'évolution.

• **Les angiomes caverneux,** forme plus profonde de l'angiome tubéreux, nécessitent l'intervention d'un chirurgien.

ANOREXIE : Elle se manifeste par un refus persistant de prendre toute nourriture, sans raison organique. L'enfant perd du poids et peut même manifester son trouble par des vomissements « à la commande ». Ce trouble psychologique est le symptôme d'un conflit relationnel profond entre mère et enfant, l'anxiété de la mère rejaillissant sur l'enfant.

Il faut savoir qu'il existe des âges critiques où peut s'installer l'anorexie : entre 8 et 18 mois et à l'adolescence. Mais elle peut être très précoce. Le traitement consistera souvent en une longue et délicate enquête psychologique, l'origine de la maladie pouvant être très difficile à appréhender. Mais attention, tout refus d'alimentation n'est pas signe d'anorexie. Un enfant peut, pour une raison quelconque, manquer d'appétit. Tant que sa courbe de poids reste normale, il n'y a pas à s'inquiéter.

APHTES : Petites lésions qui se localisent dans la bouche, sur la langue, les gencives, la muqueuse des joues et les lèvres. Ils peuvent apparaître après l'absorption de certains aliments tels que fromages, fruits crus ou secs, ou encore après l'absorption de certains médicaments. L'enfant a mal à la bouche, mastique difficilement. Il présente à l'intérieur de la bouche de petites vésicules de la taille d'une tête d'épingle, transparentes, entourées d'un cercle rouge. Beaucoup plus impressionnante est la gingivo-stomatite aqueuse. Les aphtes envahissent toute la bouche. L'enfant a de la fièvre et les ganglions du cou sont sensibles. À prendre particulièrement au sérieux chez le nouveau-né. Cette manifestation peut être liée à une poussée dentaire. Les traitements sont toujours locaux par des badigeons, bains de bouche ou applica-

tions de gel. Dans les cas les plus douloureux, le médecin pourra prescrire une solution à base de cortisone.

APPENDICITE : Inflammation de l'appendice, petit organe situé à la naissance du gros intestin et qui aurait une certaine importance dans la défense des intestins contre les affections microbiennes et virales. Elle est assez rare chez les enfants de moins de 2 ans, plus fréquente entre 3-4 ans et 10-12 ans. Son diagnostic est peu aisé chez l'enfant, qui se plaint assez souvent d'avoir mal au ventre, mais les examens échographiques semblent donner de bons résultats et éviteraient notamment les interventions inutiles. La crise aiguë est brutale, avec de vives douleurs abdominales au côté droit atteignant le haut de la cuisse, elle ne laisse souvent aucun doute. Mais la douleur peut être aussi très mal localisée. L'enfant souffre de nausées et de vomissements. La fièvre est modeste : de 38 °C à 38,5 °C. Il faut prévenir le médecin. L'intervention chirurgicale est une opération simple de 15 à 20 minutes. L'enfant reste hospitalisé une huitaine de jours. La convalescence à la maison dure environ un mois.

De plus en plus d'appendicites sont opérées par séliochirurgie et ne présentent plus de cicatrice.

La péritonite est la conséquence d'une appendicite non soignée. La douleur est diffuse dans tout le ventre, « ventre de bois », dur, impalpable, les vomissements se répètent. L'enfant est pâle (parfois même, son teint est gris), il est couvert de sueur. Il a de la fièvre (de 39 °C à 40 °C). Il souffre et doit être hospitalisé en urgence.

ASCARIS : Parasite intestinal vivant dans l'intestin grêle, ver rond, effilé aux deux extrémités, pouvant

mesurer de 15 à 20 cm de longueur sur 4 à 5 mm de diamètre. Il pénètre dans l'organisme sous forme d'œuf contenant un embryon, lors de la consommation de fruits ou de légumes mal lavés, ou même plus simplement par l'intermédiaire de mains sales, celles de l'enfant ou de la personne lui donnant à manger. L'ascaridiose est souvent ignorée et ne se révèle que par l'expulsion des vers hors de l'organisme. Leur présence peut entraîner des troubles tels que toux avec difficultés pulmonaires ou troubles digestifs, nausées, vomissements et douleurs abdominales. Ils doivent être éliminés par un traitement médical en une prise unique, répété trois semaines après la première prise.

Il est bon de contrôler les selles des autres enfants de la famille.

ASPIRINE : C'est le médicament le plus consommé par les enfants. Son nom scientifique est l'acide acétylsalicylique. Il a des vertus anti-inflammatoires et antalgiques. Son dosage et son utilisation doivent être adaptés à l'âge. La dose maximale est de 15 mg/kilo de poids et par jour. Chez l'enfant de moins de 2 ans, en cas de fièvre, il est indispensable de l'administrer par petites doses répétées dans la journée. Certains médecins lui trouvent plus d'inconvénients que d'avantages et le remplacent alors par le paracétamol, complètement ou en alternance.

ASTHME : C'est la maladie chronique la plus répandue chez l'enfant. Elle est la manifestation d'une allergie respiratoire qui se reconnaît par des crises aiguës de gêne respiratoire dues à un rétrécissement momentané des bronches. La première crise peut se déclencher brutalement et tôt, 80 % des enfants asthmatiques le sont avant

1RE SEMAINE

1ER MOIS

2 À 3 MOIS

4 À 5 MOIS

6 À 7 MOIS

8 À 9 MOIS

10 À 11 MOIS

1 AN

1 AN 1/2

2 ANS

2 ANS 1/2

3 ANS

4 ANS

5 ANS

6 ANS

ANNEXES

2 ans et ont souvent aussi antérieurement souffert d'eczéma. Les facteurs allergiques, la plupart du temps inhalés, doivent être recherchés pour éviter les récidives. Ce peut être des poussières de maison, du pollen de fleurs, des poils d'animaux, des plumes de literie... Seul un allergologue peut efficacement effectuer cette recherche. Les émotions, la pollution, l'effort physique peuvent favoriser la survenue de la crise. Elle est souvent précédée de toux et d'un écoulement nasal. Les difficultés respiratoires viennent ensuite. L'expiration devient de plus en plus longue, bruyante et sifflante. À ces difficultés s'ajoute l'angoisse. La crise peut être relativement courte, quelques heures, mais peut aussi durer 24 heures. Elle s'achève comme elle a commencé, par de la toux.

Entre les crises, l'enfant est en parfaite santé. La fréquence et l'intensité des crises d'asthme détermineront le traitement médical. Les crises d'asthme sont généralement plus impressionnantes que graves. Le traitement se fait aujourd'hui localement par pulvérisations, associées ensuite à un traitement de fond qui se prolonge des mois, voire des années. Plus les soins sont engagés précocement, plus l'enfant a de chance de vivre une vie normale, de voir ses crises s'espacer de plus en plus et même disparaître.

AUDITION (TROUBLES) : Les signes sont assez nombreux pour qu'on s'aperçoive rapidement qu'un enfant n'entend pas normalement. Le nourrisson ne tourne pas la tête en direction des bruits, dort beaucoup, ne réagit pas à la voix de sa mère chuchotée à son oreille, n'a aucun intérêt pour les jouets musicaux. Chez l'enfant de plus de 1 an, le babillage disparaît, remplacé par des sons discordants ; il vit à l'écart des autres, a mauvais caractère.

Le dépistage des troubles de l'audition se fait par une audiophonologie qui détermine une échelle d'acuité auditive et de types de sons perçus et non perçus. L'appareillage peut se faire dès 6 mois, évitant ainsi à l'enfant des retards psychologiques et intellectuels. Les surdités du nouveau-né sont diagnostiquées de manière totalement objective par l'otoémission provoquée. Un enfant sur 8 000 présente une surdité de perception sévère bilatérale. Plus un enfant est appareillé tôt, plus il est pris précocement en rééducation, mieux il s'intégrera dans la vie sociale.

B

BALANITE : Petite inflammation du prépuce et du gland provoquée par un prépuce serré ou une mauvaise hygiène. La verge est douloureuse, son extrémité est gonflée et rouge. Les soins consistent en bains de siège au permanganate de potassium et en lavages avec une solution de Dakin.

BEC-DE-LIÈVRE : Malformation caractérisée par une fente de la lèvre et du palais. Elle peut être simple ou double. Aujourd'hui, son diagnostic est fait avant la naissance grâce à l'échographie. La malformation est opérée en deux temps, d'abord à la naissance puis, un peu plus tard, pour une réparation plus esthétique. L'enfant devra simplement être pris en charge par un orthophoniste au moment de l'apprentissage du langage pour corriger quelques petits problèmes de prononciation. Cette rééducation prévient les séquelles et réussit pratiquement toujours.

BÉGAIEMENT : Trouble de la prononciation, consistant essentiellement en la répétition et au blocage de l'émission de certains mots. Le bégaiement peut s'installer à tout âge. Il n'a rien d'inquiétant s'il se situe dans la toute petite enfance, au moment de l'apprentissage du langage. L'enfant a souvent plus à dire qu'il ne le peut. Mais si ce trouble apparaît plus tard, il faut s'en inquiéter. Il est souvent le signe d'une angoisse profonde qui peut être provoquée par l'entrée à la grande école, ou bien encore par l'arrivée d'un autre enfant dans la famille. Le bégaiement est toujours accentué dans les situations stressantes. Il est parfois accompagné de troubles respiratoires, de difficultés de développement sur le plan moteur ou encore d'énurésie.

Le traitement de ce trouble est du domaine de l'orthophonie. Il est associé à des techniques de relaxation ou à un traitement en psychothérapie. L'enfant qui bégaie a avant tout besoin de beaucoup de compréhension et d'affection de la part de ses parents.

BOSSE SÉROSANGUINE : Elle est le résultat d'un léger traumatisme au moment de la naissance. La boîte crânienne de l'enfant a été fortement compressée pour passer au travers du bassin maternel. Cette bosse est un œdème du cuir chevelu avec un léger épanchement sanguin. Elle est sans gravité et disparaît en quelques jours.

BOULIMIE : C'est un trouble du comportement alimentaire. L'enfant mange sans arrêt, en cachette, sans faim, n'importe quoi en grande quantité et au point d'en vomir.

Ce comportement touche surtout les adolescents et se traite par une psychothérapie.

BOUTONS DE CHALEUR : Éruption passagère, formée de petites vésicules blanches qui apparaissent sur les tempes, le cou, les épaules, parfois même sur tout le corps. Elle est due à la transpiration causée par une chaleur excessive : bébé trop couvert, température extérieure élevée. La fièvre peut également, par la transpiration qu'elle entraîne, causer une petite éruption. Séchez les petites lésions et poudrez le corps de votre bébé. Pour le vêtir, adoptez le coton.

BRONCHIOLITE : Bronchite particulière à l'enfant de moins de 2 ans. Elle commence comme une rhinopharyngite d'origine virale, puis l'enfant tousse, respire péniblement avec un sifflement à l'expiration, associé au bruit d'un encombrement. Les épidémies débutent souvent mi-novembre et se terminent en avril. L'enfant de moins de 6 mois, 80 % des cas, peut être à la limite de la détresse respiratoire, nécessitant l'hospitalisation. Les difficultés respiratoires s'accentuent au moment des biberons. L'enfant de moins de 3 mois devra, lui, être hospitalisé sans attendre. Le traitement à domicile se compose de kinésithérapie respiratoire, de soins réguliers des voies respiratoires, de la prescription d'antibiotiques et de précautions comme le couchage sur le dos, la tête surélevée, et l'humidification de la chambre.

BRONCHITE : Maladie inflammatoire des bronches. Avant 6 mois, l'enfant est particulièrement sensible aux attaques des virus et des microbes en raison de défenses immunitaires insuffisantes. La bronchite est souvent une complication d'une rhinopharyngite ou d'une grippe.
Elle est aussi une complication de la rougeole ou de la coqueluche.

Cette maladie peut encore avoir une origine allergique. Elle doit être rapidement soignée, car elle risque de fragiliser l'enfant, qui, à la moindre occasion, fera des rechutes.
Elle se reconnaît par une toux persistante, sèche ou grasse. Peu de fièvre en général, mais une accélération du rythme respiratoire et une respiration soufflante ou ronflante.
Les soins sont du ressort médical. L'infection microbienne est combattue par des antibiotiques. Veillez à ce que l'enfant ne prenne pas froid, ne le couvrez pas trop, l'atmosphère doit être tempérée sans courants d'air. Pour aider l'enfant à se débarrasser des mucosités qui gênent sa respiration, le médecin peut prescrire des séances de kinésithérapie respiratoire.

BRONCHO-PNEUMONIE : Infection grave, conséquence d'une rhinopharyngite mal soignée ou d'une bronchite tenace. Elle frappe plus volontiers les enfants âgés de moins de 4 ans. Comment la reconnaître ? Le début peut être brutal, la fièvre est élevée : 39 à 40 °C ; l'enfant est agité, respire mal, on note l'apparition d'une toux sèche et persistante et un rythme respiratoire accéléré. Appelez le médecin de toute urgence.

C

CARIE DENTAIRE : Les caries, qu'elles attaquent les dents définitives ou de lait, doivent être traitées. Dès l'âge de 18 mois, on peut déjà déceler les premières caries et l'on sait que 60 % des enfants de 4 ans en souffrent. La carie est le résultat de l'attaque de l'émail par des substances acides, produites par les microbes naturels de la bouche et par certaines bactéries cariogè-

nes. Elles sont dues aux résidus d'aliments qui restent coincés dans les dents.
La carie évolue beaucoup plus rapidement chez l'enfant que chez l'adulte.
La prévention passe par une bonne hygiène buccale, par l'absorption régulière de fluor et par une consommation modérée de sucre, bonbons et desserts.

CHALEUR (COUP DE) : Particulièrement dangereux pour le nouveau-né et le nourrisson, le coup de chaleur est dû à une chaleur excessive provoquée soit par le soleil, soit par le chauffage artificiel. La régulation du corps par les glandes sudoripares ne se fait plus. L'enfant souffre de maux de tête, de vertiges, de nausées, son corps est chaud et sec. Il peut même souffrir de convulsions et, dans les cas graves, d'une perte de connaissance.
Comment l'éviter ? N'exposez jamais votre enfant dans son landau en plein soleil, même avec la capote relevée ; ne le laissez pas trop longtemps sous une tente ou un parasol ; ne le laissez pas dans une voiture fermée exposée au soleil ; ne le couvrez pas trop à proximité d'une source de chaleur, surtout en cas de fièvre. Face au problème, que faire ? Allongez votre enfant loin de la source de chaleur ; dégrafez largement ses vêtements ; appliquez-lui des compresses d'eau froide sur la tête ; s'il est conscient, donnez-lui de l'eau fraîche et laissez-le en position semi-assise, tête relevée.
Dans tous les cas, appelez d'urgence le médecin.

CHUTES : Elles font partie des accidents les plus fréquents, surtout au moment de l'apprentissage de la marche. Dans la plupart des cas, elles sont sans gravité.

1RE SEMAINE

1ER MOIS

2 À 3 MOIS

4 À 5 MOIS

6 À 7 MOIS

8 À 9 MOIS

10 À 11 MOIS

1 AN

1 AN 1/2

2 ANS

2 ANS 1/2

3 ANS

4 ANS

5 ANS

6 ANS

ANNEXES

Les signes inquiétants après une chute sont les vomissements, saignements du nez ou d'une oreille, les pertes de connaissance ou l'impossibilité de bouger un membre, qui est en général signe d'une fracture ou tout au moins d'une foulure sérieuse.

Les suites d'une chute sur la tête sont particulièrement à surveiller sur plusieurs jours. Toute manifestation anormale doit être signalée au médecin.

CIRCONCISION : Cette petite opération consiste à supprimer le prépuce, dégageant le gland. Elle est pratiquée systématiquement dans les religions israélite et musulmane.

Elle peut aussi être indispensable au traitement de certains phimosis (adhérences prépuciales).

COALESCENCE : Cette adhérence des petites lèvres ferme l'orifice vulvaire de la petite fille. Il est recommandé, lors de la toilette, d'essayer d'ouvrir doucement la vulve en appliquant une pommade aux œstrogènes. Si ces simples soins ne suffisent pas, le médecin interviendra et posera une mèche jusqu'à cicatrisation.

COLIQUES : C'est sans aucun doute un malaise assez fréquent chez le petit enfant. Elles se manifestent par des pleurs inexpliqués, souvent en fin de journée. Elles disparaîtront spontanément dans la plupart des cas, vers 3 mois. Ces coliques sont dues pour certains enfants à un blocage des gaz dans les intestins en raison de l'immaturité des contrôles nerveux. Pour d'autres, elles sont le résultat d'une communication difficile entre le bébé et sa mère. Mais il y a des coliques accidentelles : aliment mal supporté ou coup de froid. Attention, certaines farines précuites peuvent provoquer des coliques. Ne vous inquiétez que si elles sont fréquentes, durables et associées à des vomissements. Pour calmer l'enfant qui souffre, essayez de le tenir droit, de le coucher sur le ventre, de le lui frotter très doucement. Le portage et les promenades berçantes peuvent également le soulager.

CÔLON IRRITABLE : Le gros intestin de l'enfant réagit de manière excessive, provoquant des diarrhées chroniques non liées à un trouble alimentaire ou à une infection microbienne.

Cette perturbation n'altère généralement pas l'état de santé de l'enfant et se calme vers 3-4 ans. Pourtant, certains enfants continuent à souffrir, alternant diarrhée et constipation.

CONJONCTIVITE : Très fréquente chez le jeune enfant, surtout s'il est souvent enrhumé et vit en collectivité, c'est une inflammation de la membrane qui tapisse l'œil et la face interne des paupières. Elle est due à une infection virale ou microbienne, à une allergie ou encore à une lésion provoquée par un corps étranger.

Les yeux sont rouges, ils pleurent. L'enfant éprouve une sensation de cuisson, une démangeaison. Le matin, ses paupières sont collées par les sécrétions qui se sont formées durant la nuit.

Si le larmoiement est constant, demandez au médecin s'il n'y a pas occlusion du canal lacrymal, favorisant la récidive des conjonctivites. Bien que généralement bénigne, la conjonctivite ne doit pas être négligée. Pour décoller les paupières, passez doucement une compresse imbibée d'eau bouillie tiède sur chacune d'elles, du coin interne de l'œil au coin externe (une compresse pour chaque œil). N'administrez aucun collyre sans avis médical.

CONSTIPATION : L'enfant est constipé lorsque ses selles sont dures ou peu fréquentes. Les deux symptômes peuvent d'ailleurs être associés. L'enfant peut refuser l'élimination d'une selle si son passage est douloureux. Cette constipation peut provenir d'un dérèglement digestif d'origine diététique, par exemple une mauvaise reconstitution du lait en poudre. Elle apparaît parfois aussi lors du passage à une alimentation solide. Un bébé qui ne mange pas assez, ou au contraire qui est trop nourri, a toutes les chances d'être constipé. Il en sera de même si son alimentation n'est pas assez variée.

La constipation peut encore avoir des raisons psychologiques : certains enfants refusent d'aller à la selle, ce qui provoque alors une constipation réflexe. En sont la cause l'apprentissage précoce de la propreté, la peur de la cuvette dans les W-C, ou le désarroi devant les toilettes collectives de la crèche. Elle peut aussi être le symptôme d'une affection ou d'une malformation intestinale. Les suppositoires à la glycérine peuvent avoir un excellent effet, à condition que leur emploi ne devienne pas une habitude. Le jus d'orange non sucré, donné à jeun, est efficace chez le petit enfant. Un régime alimentaire varié, riche en légumes verts et en fruits, est conseillé. Si la constipation persiste, consultez votre médecin.

CONVULSIONS : C'est une perte de connaissance après une agitation anormale. Les yeux se révulsent, les membres deviennent raides, la respiration se coupe quelques secondes ; puis le visage grimace et les dents s'entrechoquent, l'enfant respire mal, les membres sont agités de façon incontrôlée. Cette agitation peut durer quelques minutes et est suivie par une perte de connaissance. Les convulsions se produisent le premier jour d'une maladie liée dans 95 % des cas à une infection virale, sous l'effet d'une forte fièvre, ou bien encore après un « coup de chaleur », notamment chez les enfants âgés de 6 mois à 6 ans.

Surtout, ne vous affolez pas : les convulsions sont plus spectaculaires que dangereuses. Pour l'enfant petit, mettez-le sur le ventre en travers de vos genoux. Pour l'enfant plus grand, installez-le bien à plat, allongé sur le côté. Défaites ses vêtements pour qu'il respire mieux, baissez la lumière et gardez-le au calme. Si l'enfant a beaucoup de température, faites-la baisser par un bain tiède (2 °C environ en dessous de la température du corps). Ne donnez aucun médicament sans l'avis du médecin.

Certains enfants sont plus sujets que d'autres à ce trouble, le médecin prescrit dans ce cas des produits anticonvulsifs à prendre souvent quotidiennement et pour une année. Enfin, certaines crises de convulsions sont liées à une épilepsie. Si elles se répètent, le médecin prescrira des suppositoires de Valium.

COQUELUCHE : Maladie contagieuse dont l'incubation est de huit à quinze jours, elle frappe l'enfant très jeune, même le nouveau-né, et peut survenir aussi chez l'enfant vacciné.

La coqueluche du nouveau-né est redoutable par ses quintes asphyxiantes avec encombrement total des voies respiratoires.

Après quelques jours de rhinopharyngite banale, la toux apparaît. Elle devient de plus en plus fréquente, par quintes, avec reprises en « chant du coq » ; la fin de la quinte est souvent marquée par un vomissement glaireux. Ces manifestations peuvent durer quatre à six semaines mais l'enfant peut tousser encore un certain temps après. Il n'y a habituellement pas de fièvre.

Isolez l'enfant. S'il y a de jeunes enfants, ou des adultes non vaccinés dans son entourage, signalez-le au médecin, qui prendra toutes les mesures préventives nécessaires. Veillez à ce qu'il ne prenne pas froid, car cela pourrait entraîner des complications.

CORDON OMBILICAL : Au moment de la naissance, le cordon ombilical est sectionné et pincé dans une pince spéciale. Ce petit morceau de cordon va rester jusqu'au moment où le nombril sera formé ; il tombera alors (environ cinq ou six jours après la naissance). Mais la cicatrisation définitive n'intervient pas avant le douzième ou le quinzième jour de vie. Il faut donc jusque-là le nettoyer avec une solution désinfectante et le protéger au moyen d'une compresse stérile. S'il suinte plus longtemps, s'il se forme une croûte, s'il suppure ou s'il est rouge et gonflé, consultez votre médecin. Pendant un certain temps, l'ombilic peut rester saillant mais, dans la majorité des cas, il se rétracte avant l'âge adulte.

COUDE DÉBOÎTÉ : Médicalement appelé pronation douloureuse, cet accident survient lorsque l'on tire violemment l'enfant par la main. Sous la force de l'étirement, la tête du radius est luxée et sort de l'articulation. L'avant-bras pend alors le long du corps, la paume de la main tournée vers le bas, l'enfant souffre. Une simple manipulation faite par le médecin remettra le tout en place.

COUP DE SOLEIL : Inflammation de la peau due à une exposition excessive aux rayons ultraviolets. La peau d'un enfant est particulièrement sensible et le coup de soleil peut être grave s'il est étendu et intense. Dans ce cas, on peut redouter que lui soit associé un « coup de chaleur ». Le soleil peut encore provoquer des pigmentations anormales de la peau ou des réactions allergiques de type eczéma ou urticaire.

On distingue des degrés dans les coups de soleil, comme pour les brûlures. Le coup de soleil classique du premier degré apparaît trois à quatre heures après l'exposition. Il disparaît en deux à sept jours. Ce coup de soleil se soigne par des applications locales de crème calmante.

Tout autre cas plus grave est du ressort du médecin.

COUPURE : Plaie franche dans la peau et le tissu épidermique ; sa gravité est fonction de sa profondeur. Une petite coupure se désinfecte et se protège des souillures par un petit pansement adhésif.

Une coupure plus profonde peut entraîner un saignement important. Dans ce cas, comprimez la blessure à l'aide d'une compresse ou d'un linge propre et conduisez l'enfant à un service d'urgence. Pensez aussi à vérifier la date de la vaccination antitétanique ou de son rappel.

CROISSANCE (DOULEURS DE) : Bien qu'elles soient tout à fait contestées médicalement, il faut reconnaître pourtant qu'il existe un type de douleurs diffuses, généralement localisées au niveau des membres. On peut constater assez souvent qu'elles correspondent à un moment où l'enfant grandit. Le bain chaud a souvent des vertus calmantes. Toutes douleurs persistantes et accompagnées de fièvre demandent la consultation du médecin.

1RE SEMAINE

1ER MOIS

2 À 3 MOIS

4 À 5 MOIS

6 À 7 MOIS

8 À 9 MOIS

10 À 11 MOIS

1 AN

1 AN 1/2

2 ANS

2 ANS 1/2

3 ANS

4 ANS

5 ANS

6 ANS

ANNEXES

Glossaire médical

CROÛTES DE LAIT : Il arrive parfois que le cuir chevelu du bébé se couvre de petites croûtes plus ou moins adhérentes et épaisses. Elles peuvent aussi s'installer dans les sourcils. Cette séborrhée apparaît lorsque la peau de l'enfant est particulièrement grasse, ce qui est fréquent les premiers mois.

Pour faire disparaître ces croûtes disgracieuses, passez le cuir chevelu à la vaseline. Cela les ramollira et il suffira alors de les éliminer par un léger shampooing.

CYANOSE : On nomme ainsi la coloration bleutée de la peau sous l'effet du froid ou d'une insuffisance cardiaque ou respiratoire. Elle est le plus souvent localisée autour des lèvres et au bout des doigts. Elle est sans gravité dans les premiers jours après la naissance si elle est localisée au bout des doigts et légère.

Généralisée et permanente, elle peut faire craindre une malformation cardiaque. Elle apparaît aussi en cas d'insuffisance respiratoire due à une asphyxie ou à une infection.

D

DARTRE : Désigne toute irritation de la peau au niveau des joues. Les dartres ont des origines diverses : eczéma, impétigo ou mycose.

DÉSHYDRATATION : Perte d'eau importante du corps. Ce déséquilibre peut mettre la vie d'un nourrisson en danger. La déshydratation peut se produire en cas de diarrhées, de vomissements, de forte transpiration due à une fièvre ou à un excès de chaleur.

Elle est d'autant plus grave que le sujet est jeune. L'enfant ne bouge pratiquement plus, il pousse des cris faibles et rares. Son visage est marqué d'anxiété, son teint est grisâtre. Sa fontanelle est creuse et la peau qui la couvre flasque. Ses yeux sont creusés. Il est important d'exclure le plus tôt possible toute boisson lactée et de donner à l'enfant une alimentation à base de carottes et de crème de riz. Celle-ci sera donnée froide.

Appelez le médecin, car réhydrater un enfant n'est pas toujours facile ; en effet, dès qu'il boit, il vomit. La réhydratation sera progressive, petit biberon par petit biberon d'une préparation spéciale, ou bien par perfusion si l'enfant a perdu plus de 10 % de son poids. Un enfant déshydraté doit être conduit à l'hôpital.

DIABÈTE : Il est le résultat d'une impossibilité pour l'organisme d'assimiler le sucre. C'est une maladie souvent héréditaire, généralement révélée au cours d'une analyse d'urine où l'on note la présence de sucre.

Le diabète chez l'enfant est grave et le traitement ne peut se borner à un régime. Il nécessite souvent des injections d'insuline.

Le diabète ne se guérit jamais totalement, il est indispensable de le traiter quotidiennement.

DIARRHÉE : Attention à ne pas confondre diarrhée et selle molle. Si le bébé est nourri au sein, il y a diarrhée lorsqu'il y a plus d'une selle par tétée ; s'il est nourri artificiellement, plus de quatre selles quotidiennes.

La diarrhée est due soit à une infection générale ou une infection intestinale (dans 40 % ou 50 % des cas), ou encore à une intoxication alimentaire. L'intolérance au lait de vache peut aussi être une cause de diarrhée. Quel que soit l'âge de l'enfant, il est indispensable de le faire boire. Supprimez tout laitage, donnez en grande quantité du bouillon de carottes, des bouillies à l'eau de riz, des gelées de fruits (coing ou myrtille), des pommes râpées et de la banane, ou même une préparation à base de carottes vendue en pharmacie.

Consultez le médecin si la diarrhée persiste, car elle peut déclencher une déshydratation grave.

E

ECZÉMA : La peau est sèche, granuleuse sous les doigts. L'eczéma se présente sous la forme de plaques rouges couvertes d'une multitude de toutes petites vésicules. La démangeaison est importante, voire insupportable. Il se reconnaît des autres maladies de peau à sa localisation en symétrie sur le corps. Chez le nourrisson, il peut apparaître vers 3 mois et se localise principalement sur le visage. Vers 2 ans, on le trouve plutôt aux pliures des genoux ou des coudes. Son apparition est parfois explicable par des réactions de type allergique, mais il peut aussi survenir sans véritable raison. Son intensité est tout aussi variable. Heureusement, dans 70 % des cas, il disparaît vers 4-5 ans.

• **L'eczéma chez le nourrisson** est dit constitutionnel et on en retrouve des traces dans la famille. Le traitement médical aura toujours plusieurs fonctions : diminuer la poussée, calmer les démangeaisons et prévenir les rechutes.

Dans la grande majorité des cas, l'eczéma bien traité ne se répand pas davantage sur le corps. Mais parfois, à l'inverse, il se loge partout, et plus particulièrement dans les plis du cou, des coudes et des genoux. L'aspect est alors celui de plaques plus ou moins épaisses et plus ou moins rouges. Cet eczéma est souvent associé à d'autres manifestations allergiques.

Le médecin prescrira des antiseptiques locaux pour éviter toute infection, puis un traitement local associé à un traitement général. L'inflammation se traite par une pommade aux corticoïdes.

Le médecin pourra demander une enquête allergologique. Au quotidien, il est recommandé d'éviter les bains chauds et de limiter au strict nécessaire les produits de toilette.

• **L'eczéma atopique.** L'atopie est une maladie héréditaire caractérisée par quatre composantes : eczéma, asthme, conjonctivite et rhinite allergique. Des antécédents de même type dans la famille sont fréquents mais les différentes manifestations sont très rarement associées au même moment. L'eczéma atopique évolue par poussées qui débutent à un âge variable (entre 3 mois et 2 ans environ). Il débute par des rougeurs sur une peau très sèche, craquelée, parfois érosive. Les poussées siègent au niveau des plis (cou, coudes, genoux). Elles démangent énormément, pouvant même gêner le sommeil. L'enfant est alors facilement grognon.

Le traitement est toujours local par des crèmes à base de corticoïdes. Il doit être commencé dès le début de la poussée pour la bloquer le plus rapidement possible et doit toujours être arrêté progressivement. Les antihistaminiques peuvent diminuer le grattage et ainsi aider au sommeil. En dehors des crises, il persiste une sécheresse importante mais peu gênante. Le graissage quotidien de la peau par une pommade ou une huile de bain permet de renforcer la barrière cutanée et ainsi de diminuer la fréquence des poussées. À éviter : le port de la laine à même la peau. Chez ces enfants, les bilans allergiques sont souvent décevants car on retrouve de nombreux allergè-

nes et, surtout, les désensibilisations donnent peu de résultats sur l'état cutané. L'évolution de l'eczéma constitutionnel est variable : une amélioration spontanée avec disparition des poussées vers 2-3 ans ou vers 6-7 ans, est possible. Plus rarement, les poussées persistent, parfois en se raréfiant.

Ne pas confondre cet eczéma avec l'eczéma de contact, réaction allergique à une substance précise.

ENGELURES : C'est une réaction anormale de l'organisme au froid. Les engelures se manifestent par des lésions rouges, boursouflées, en taches ou en plaques. Elles deviennent brillantes et lisses, puis virent au violet. Favorisées par le froid humide et aggravées par le soleil, elles donnent des démangeaisons. Elles disparaissent en deux ou trois semaines sous traitement médical. Pour les éviter, choisissez des vêtements amples, ne gardant pas l'humidité, ne serrant pas et protégeant, grâce à la superposition de plusieurs vêtements, donc de plusieurs couches d'air. L'hiver, mettez des chaussettes bien chaudes et des gants à votre enfant.

ENTORSE : L'entorse est un étirement des ligaments maintenant une articulation, le plus souvent la cheville. Elle est assez rare chez l'enfant, mais ne doit pas être négligée faute de voir s'installer une fragilité de l'articulation en question.

Le traitement consiste en une immobilisation de l'articulation touchée, jusqu'au genou dans le cas de la cheville.

ÉNURÉSIE : Désigne généralement l'acte de « faire pipi au lit » chez un enfant de 3 à 4 ans, mais s'applique en fait à toute miction incontrôlée. Ainsi, médicalement, on

parle d'énurésie diurne chez un enfant qui n'est pas propre dans la journée à 3-4 ans.

Si l'enfant n'a jamais été propre la nuit, il s'agit d'une énurésie primaire. Dans le cas contraire, s'il a été propre un certain temps, puis recommence, cette énurésie est dite secondaire. Les causes en sont presque toujours psychologiques. Mais avant d'entreprendre un traitement dans ce sens, il est bon de vérifier qu'aucun problème organique n'intervient.

L'énurésie est un symptôme affectif : gronder, punir, sermonner un enfant n'a pas d'effet. Il faut mettre en évidence la cause profonde de ce trouble. Limiter l'absorption de liquide et faire prendre à l'enfant des médicaments ne traitent pas le véritable problème. Le traitement sera avant tout prophylactique, avec une grande mise en confiance de l'enfant et une participation active à son traitement, notamment l'entraînement à des mictions contrôlées lorsqu'il va aux toilettes.

ÉPILEPSIE : Elle se manifeste par des crises de convulsions en dehors de tout état fébrile. Elle peut être provoquée par une lésion cérébrale, mais très souvent on ne peut en déterminer l'origine et les médecins parlent d'épilepsie primaire. La crise commence par la perte brutale de la conscience, l'enfant tombe, le corps raide et tendu d'abord, puis il est secoué de convulsions rythmées au niveau des membres, les yeux sont révulsés et fixes, la respiration est bloquée et le visage cyanosé. La crise dure quelques minutes puis l'enfant se détend et généralement s'endort. Quand il se réveille, il ne se souvient de rien. La crise d'épilepsie peut aussi être incomplète avec simplement un raidissement musculaire, une révulsion oculaire ou se localiser simplement au

1RE SEMAINE

1ER MOIS

2 À 3 MOIS

4 À 5 MOIS

6 À 7 MOIS

8 À 9 MOIS

10 À 11 MOIS

1 AN

1 AN 1/2

2 ANS

2 ANS 1/2

3 ANS

4 ANS

5 ANS

6 ANS

ANNEXES

visage pour quelques secondes. Les enfants épileptiques doivent être suivis médicalement. Des traitements permettent de bien soigner ce trouble. De plus, l'enfant doit vivre d'une manière régulière, notamment en ayant une bonne qualité et quantité de sommeil. Sont déconseillés les jeux vidéo pour des raisons de tension nerveuse et oculaire.

ÉRYTHÈME : Le nourrisson a une peau fragile. La moindre agression provoque une rougeur plus ou moins importante. Les causes de l'érythème fessier sont multiples : contact prolongé des urines, culottes imperméables, couches en fibres synthétiques, ou lavées avec un détergent ou un assouplisseur et insuffisamment rincées. L'érythème est formé de petites taches rouges légèrement surélevées, de 1 ou 2 cm de diamètre. Il se situe le plus fréquemment au niveau des plis de l'aine, s'étendant parfois au bas de l'abdomen et sur le haut des cuisses. Le siège de bébé est chaud et douloureux. Changez fréquemment l'enfant dès que vous constatez la moindre « rougeur ». Pour éviter la macération de l'urine, utilisez un savon acide dilué ; essuyez bien le siège à l'occasion du change, en particulier au niveau des plis. Laissez-lui les fesses à l'air le plus souvent possible ; badigeonnez le derrière et les plis à l'aide d'une solution à l'éosine ; mettez ensuite une bonne couche de pommade dite « pâte à eau ».

F

FATIGUE : L'enfant peut se plaindre d'être fatigué, mais ce sont parfois ses parents qui le constatent. Le petit enfant fatigué a tendance à s'endormir à tout moment. Chez l'enfant plus grand, on observe plutôt un ralentissement général de toutes les activités. Beaucoup d'éléments peuvent être retenus comme « causes » d'une fatigue : le rythme de vie, la puissance de l'effort intellectuel ou physique demandé, une perturbation psychologique ou affective, le début d'une maladie ou la suite d'une affection telle que la grippe, l'hépatite ou la toxoplasmose.

La plupart des enfants souffrent de fatigue par manque de sommeil ; ils se couchent trop tard pour leur âge, ou sont obligés de se lever très tôt pour s'adapter au rythme de vie de leurs parents. Sachez que les premiers jours à la crèche sont particulièrement fatigants pour un bébé, en raison du bruit et du changement de rythme.

FIÈVRE : La température normale du corps est de 37 °C. À partir de 37,8 °C, l'enfant peut être considéré comme fiévreux. Elle est l'indication que son organisme se défend contre une infection ou une inflammation. En revanche, qu'elle soit peu ou très élevée ne renseigne pas sur la gravité du cas. Ainsi, chez le nourrisson, on peut diagnostiquer une infection grave sans qu'il ait pour cela la moindre fièvre. Le comportement de l'enfant est différent de la normale. Il peut être légèrement rouge, avoir une respiration accélérée ou une forte transpiration. Il arrive même qu'il ait des convulsions. Votre but sera de faire tomber cette fièvre. Ne chauffez pas trop la chambre (19 °C environ), mettez un linge mouillé sur le front de l'enfant, faites-lui prendre un bain de 1 ou 2 degrés en dessous de sa température. Si la fièvre persiste, appelez le médecin.

Si vous donnez à l'enfant de l'aspirine, respectez les doses : 10 centigrammes par kilo de poids.

FOIE (CRISE DE) : N'existe pas sur le plan médical. Elle semble d'ailleurs n'exister sous ce nom qu'en France. Voir à Acétone.

FONTANELLES : Ce sont des endroits du crâne mous chez le nourrisson, espaces laissés entre les os du crâne non encore soudés. La plus importante et la plus significative sur le plan médical est celle située sur le dessus de la tête. Elle est recouverte d'une peau très solide, qui peut cependant sembler ténue car on perçoit un battement sous cette fontanelle. Cette peau doit être toujours tendue, son affaissement signifiant une déshydratation certaine ; en revanche, une fontanelle bombée est la marque d'un enfant malade.

Avec l'âge, les fontanelles se referment. La fontanelle postérieure se ferme très rapidement (vers 2 à 3 semaines), la fontanelle antérieure, la grande, vers l'âge de 12 à 18 mois.

FRACTURE : Rupture brutale d'un os. Une fracture peut être directe, c'est-à-dire en rapport immédiat avec un coup porté, ou indirecte, c'est-à-dire due à un mouvement du corps (traction, flexion, torsion). Chez l'enfant, la fracture la plus courante est dite « en bois vert », c'est-à-dire incomplète, comme se casse une branche verte. En cas de fracture, l'enfant souffre beaucoup, il ne peut plus se servir de son membre, qui est gonflé et contusionné. Seule une radio déterminera la gravité exacte de cette fracture. Il faut emmener l'enfant à l'hôpital, en évitant de trop bouger le membre en question.

Si le petit blessé est couché par terre et ne peut se relever, installez-le plus confortablement sur le sol et ne le laissez déplacer que par des spécialistes, médecins ou infirmiers. Si la fracture est ouverte, c'est-à-dire accompagnée d'une blessure, recouvrez cette dernière d'un linge stérile, avant le transport à l'hôpital. Dans tous les cas, évitez de lui donner à manger ou à boire. Il y a de fortes chances que les soins demandent une anesthésie générale.

Les fractures chez l'enfant se réparent toujours très bien.

FURONCLE : Chaque poil est logé dans l'épaisseur de la peau, par l'intermédiaire d'un petit conduit, le follicule pileux. Le furoncle est l'infection de ce follicule par le staphylocoque doré. Le furoncle se manifeste d'abord par une tuméfaction rouge et douloureuse, puis, au milieu, par une autre petite élévation blanche remplie de pus. Le furoncle va mûrir et le pus s'écouler. Il laissera dans la peau, après avoir séché, une cicatrice.

Attention, les furoncles sont contagieux et peuvent se répandre sur toute une région du corps. Nettoyez la peau avec un antiseptique tout autour du furoncle et protégez-le d'un pansement stérile. Consultez un médecin en cas de localisation sur les fesses, aux aisselles, à l'aile du nez ou dans le conduit auditif. En aucun cas, il ne faut presser ou appliquer des compresses chaudes.

G

GALE : C'est un acarien qui est responsable de la gale. Il dépose ses œufs et ses déjections sous la peau, d'où un petit renflement qui a tendance à démanger. Ses lieux de prédilection sont les plis chauds du corps : l'aine ou l'espace interdigital. Lorsque les œufs éclosent, les acariens contaminent d'autres personnes. Les plaies provoquées par le grattage s'infectent très facilement. La gale se soigne par des applications locales d'une lotion

insecticide. Toute la famille devra être traitée et la literie complètement aérée et nettoyée par un lavage à 50 °C ou à sec.

GANGLIONS : Ils se présentent comme de petites boules dont la taille varie de celle d'un grain de riz à une noisette. Ils se localisent au niveau du cou, de la nuque, de l'aisselle et de l'aine. Ce ne sont pas des glandes mais des masses de cellules de défense.

Ils sont nombreux dans le corps. Ceux qui sont le plus « utiles » dans la recherche d'un diagnostic sont ceux de la nuque, du cou, des aisselles et de l'aine. Chez l'enfant de moins de 2 ans, seuls ceux du cou et des aisselles sont palpables, et encore si l'enfant n'est pas trop « rond ». Les ganglions grossissent lorsqu'il y a maladie et infection. Pratiquement chacun d'eux détermine, s'il est enflé, l'atteinte d'une région du corps. On remarque des ganglions gonflés au niveau du cou en raison d'un abcès dentaire, d'une rhinopharyngite, d'une otite, d'une angine. À l'aine, ils apparaissent à la suite d'une plaie à la jambe ou d'une griffure, à l'aisselle pour une plaie ou une griffure au bras ou à la main. Leur taille anormale est aussi remarquée en cas de rubéole ou de toxoplasmose, par exemple. Ce sont des signes d'alerte.

GASTRO-ENTÉRITE : Inflammation simultanée de l'estomac et de l'intestin qui se manifeste par des douleurs abdominales, des vomissements et des diarrhées. Chez le petit enfant, elle est à soigner sans délai car elle peut entraîner une déshydratation grave. Ces diarrhées importantes sont souvent dues à une infection intestinale d'origine virale, causée en général par des salmonelles ou des staphylocoques. Elles accompagnent par-

fois certaines infections telles que les otites. L'enfant est pâle, abattu et pleure beaucoup. Consultez alors sans tarder votre médecin.

GRIPPE : Maladie infectieuse très contagieuse, qu'il ne faut pas confondre avec une simple rhinopharyngite. Bénigne dans la majorité des cas, elle peut cependant entraîner des complications (otite, bronchite, ou broncho-pneumonie), surtout chez le nourrisson et le jeune enfant.

Le début est en général brutal, marqué par une sensation de fatigue intense, de courbatures généralisées. La fièvre est élevée (40 °C). L'enfant se plaint de maux de tête violents, de douleurs musculaires. Il peut tousser ou présenter certains troubles digestifs. La maladie est généralement guérie au bout de quelques jours, mais la convalescence est plus longue. Appelez le médecin et n'hésitez pas à le consulter de nouveau en cas de complications (maux d'oreilles, difficultés respiratoires, convulsions). Laissez votre enfant au lit, surtout lors de la période fébrile : le repos est indispensable.

Alimentez-le normalement, mais avec des plats légers. Faites-le boire souvent, surtout des jus de fruits frais et de l'eau minérale.

H

HÉMOPHILIE : Maladie génétique qui se manifeste par l'absence dans le sang de facteurs indispensables à la coagulation. Il existe plusieurs types d'hémophilie, plus ou moins graves. Cette maladie touche exclusivement les garçons mais elle est transmise par la mère. Elle est le plus souvent découverte fortuitement à la suite d'une blessure ou d'une chute provoquant un hématome important. Aux hémorragies

1RE SEMAINE

1ER MOIS

2 À 3 MOIS

4 À 5 MOIS

6 À 7 MOIS

8 À 9 MOIS

10 À 11 MOIS

1 AN

1 AN 1/2

2 ANS

2 ANS 1/2

3 ANS

4 ANS

5 ANS

6 ANS

ANNEXES

Glossaire médical

externes s'ajoutent des hémorragies internes, notamment au niveau des articulations. Le traitement se fait essentiellement par l'injection en intraveineuse de facteur 8, facteur manquant pour permettre la coagulation du sang. Aujourd'hui, ces produits sanguins sont obtenus à partir de sang chauffé pour éviter la transmission de virus tels que ceux du Sida ou de l'hépatite C. Ces enfants doivent être suivis par des services spécialisés.

HÉMOPHILUS : L'*Haemophilus influenzæ* est un microbe très répandu, il est responsable chez l'enfant de rhinopharyngites, de bronchites, de laryngites, d'otites et de méningites. Il existe un vaccin pour combattre ce microbe.

HÉPATITE : Relativement fréquente, elle est due soit au virus A, soit au virus B, assez difficiles à différencier. Elle se manifeste d'abord par de la fièvre et une certaine fatigue, puis se reconnaît à un ictère colorant la peau en un jaune pâle et à une plus grande sensibilité du foie que la normale. Tous les troubles disparaissent progressivement au bout de deux semaines de traitement médical. Les hépatites de type A sont bénignes, des complications pouvant être craintes avec l'hépatite B.
Le virus A se transmet par contact, avec les objets utilisés par l'enfant ou l'adulte malade. Le virus B est, lui, apporté par le sang, notamment par l'intermédiaire de la seringue au cours de transfusions, d'une coupure, etc. Le cas le plus délicat est l'hépatite de type B ayant été transmise par voie placentaire et qui se déclare dans les deux mois suivant la naissance.

HERNIE : Sous ce nom générique se classent deux types de hernies.
• **La hernie ombilicale,** la plus fréquente, est aussi la moins grave ; elle disparaît généralement spontanément. Elle est due à une largeur excessive de l'anneau ombilical qui, après la naissance, doit normalement se refermer. Elle se manifeste par une grosseur à proximité de l'ombilic. Une intervention chirurgicale peut être nécessaire si elle ne se résorbe pas spontanément. Elle se pratique vers 3 ou 4 ans.
• **La hernie inguinale** est, elle aussi, fréquente et bénigne. Elle est due à la non-fermeture du canal péritonéo-vaginal par lequel passe un petit morceau d'intestin. Cette hernie se situe au niveau de l'aine. Elle peut, selon les cas, être visible en permanence ou apparaître et disparaître. Il faut attendre huit mois avant d'être sûr qu'elle ne disparaîtra pas spontanément. Dans ce cas, une opération chirurgicale est nécessaire.
Seule complication à cette hernie, la hernie étranglée. Elle se diagnostique par l'impossibilité de rentrer la hernie dans l'abdomen, associée à des vomissements et à des cris de douleur de l'enfant. C'est une urgence.

HERPÈS : Maladie causée par un virus, qui se localise en général aux muqueuses buccales et sur les lèvres, où elle apparaît sous la forme de bouton de fièvre. La contagion se fait par contact avec une personne infectée. Comment le reconnaître ? Vous constaterez des difficultés à l'alimentation dues à la douleur locale, une gêne à avaler (votre enfant bave) et une odeur fétide de l'haleine. Les lésions ressemblant à des aphtes se situent au niveau des gencives, à la face interne des joues, sur la langue et dans l'arrière-gorge. Elles débordent fréquemment sur les amygdales et les lèvres sous forme de petites cloques en bouquet. C'est ce que l'on appelle le « bouton de fièvre ». Vous constaterez que dès que votre enfant est fébrile et fatigué, ces boutons de fièvre fleurissent. Cette maladie est bénigne mais doit être soignée par le médecin qui prescrira un traitement général et un traitement local par badigeonnage des lésions à l'aide d'une solution désinfectante et calmante. Cette primo-infection n'est pas toujours aussi apparente : elle est marquée par l'apparition de petites vésicules aux coins des lèvres qui se transforment en une plaque rouge qui disparaît.
Mais le virus atteint les ganglions nerveux et s'y installe à l'état latent. La moindre contrariété, l'exposition au soleil, une infection ou tout bêtement l'ingestion de certains aliments, le réactivent et surgit alors une éruption, toujours au même endroit. Tous ces troubles disparaissent spontanément sous huit à dix jours, mais dans le cas de gingivite-stomatite herpétique, le médecin peut conseiller l'injection d'un antiviral pour atténuer la puissance du virus. Seul l'herpès transmis par la mère à l'enfant au moment de l'accouchement est dangereux.
Heureusement les futures mamans souffrant d'herpès génital sont normalement prises en charge avant l'accouchement, celui-ci se déroulant dans des conditions particulières.

HOQUET : Il est dû à des contractions involontaires des muscles inspiratoires, suivies de la fermeture des voies aériennes supérieures. Le hoquet se produit au milieu ou à la fin de l'inspiration. Il est, chez l'enfant, la plupart du temps lié à la distension de l'estomac due à un repas copieux, pris trop rapidement. Parfois aussi une émotion peut le provoquer. Il n'est jamais grave.

HYDROCÈLE VAGINALE : On désigne sous ce nom un testicule anormalement gros et mou. Cette manifestation est due à une sécrétion anormale d'une muqueuse qui entoure le testicule. Généralement, l'hydrocèle disparaît spontanément.

HYPERMÉTROPIE : Chez l'enfant, ce trouble de la vue est fréquent : l'image vient se former en arrière-plan de la rétine. Elle est due à un problème de croissance des diverses parties du système oculaire. L'enfant la compense par l'accommodation qui, à cet âge, est très puissante.

I

ICTÈRE (OU JAUNISSE PHYSIOLOGIQUE DU NOUVEAU-NÉ) : Beaucoup de nouveau-nés et de prématurés sont jaunes les trois premiers jours de leur vie, une couleur qu'ils perdront très vite. Cela est dû à la lente mise en fonction du foie ou à une incompatibilité sanguine fœto-maternelle. Dans la plupart des cas, on ne traite pas cet ictère, sauf chez les enfants prématurés que l'on soigne par photothérapie ou par exsanguino-transfusion, dans les cas les plus graves. Les autres formes d'ictères, dus notamment aux hépatites infectieuses, se présentent rarement chez le nourrisson. Toutes les infections ou malformations du foie peuvent entraîner un ictère.

IMPÉTIGO : L'impétigo est une infection superficielle de la peau, due au streptocoque ou au staphylocoque. C'est une affection très contagieuse, dont la transmission est facilitée par une hygiène douteuse. L'éruption se présente sous la forme d'ulcérations recouvertes de croûtes jaunâtres. Les lésions siègent en général sur le visage, en particulier autour du nez et de la bouche. Mais elles peuvent également se rencontrer aux doigts et aux genoux, ou se généraliser. L'impétigo est souvent familial et toute la famille doit être traitée. Le traitement de cette affection doit être prescrit par le médecin : une désinfection locale minutieuse suivie d'une application d'antiseptiques qui devra se poursuivre en traitement de fond par des antibiotiques en cas de récidive.

INCUBATION : C'est le moment entre lequel l'enfant contracte la maladie et celui où on peut la diagnostiquer. Temps d'incubation des principales maladies infantiles :
• Coqueluche : 8 à 14 jours ;
• Oreillons : 14 à 25 jours ;
• Rougeole : 8 à 14 jours ;
• Rubéole : 14 à 21 jours ;
• Scarlatine : 1 à 5 jours :
• Varicelle : 17 à 21 jours.

INFECTION URINAIRE : Elle peut être localisée sur les reins, la vessie ou l'urètre. Relativement fréquente, elle n'est pas toujours grave et peut être due à une infection, mais aussi à une malformation. Chez le nourrisson, elle se manifeste par une courbe de poids anormale et par de la fièvre. L'enfant plus grand se plaint généralement de douleurs abdominales et parfois de douleurs en urinant (cystite). Les infections urinaires récidivantes doivent faire penser à une malformation qu'il sera parfois nécessaire d'opérer. Dans tous les cas, un traitement à base d'antibiotiques les combattra efficacement.

INSOLATION : À la suite d'une exposition au soleil, l'enfant devient pâle et moite, il se plaint de maux de tête et de nausées. Sa température dépasse les 38 °C. Il est indispensable de mettre l'enfant au frais, de le déshabiller et de lui donner à boire de l'eau légèrement salée (1 cuillerée à café de sel par litre). Prenez sa température toutes les demi-heures… Si elle ne baisse pas, appelez le médecin.

L

LARYNGITE : Les virus, souvent à la suite d'un rhume, envahissent le larynx et la trachée-artère. La laryngite peut se compliquer d'une angine ou d'une bronchite à surveiller surtout chez le jeune enfant. L'enfant se réveille en toussant. Sa toux est pénible et douloureuse. Il pleure et émet en respirant une toux dite « aboyante », très caractéristique. Sa voix est rauque. Appelez le médecin d'urgence. Calmez au mieux l'enfant qui panique de ne pas très bien respirer. En attendant, conduisez-le dans la salle de bains et faites couler de l'eau chaude en permanence pour créer une atmosphère humide. Attention, si la difficulté respiratoire s'accompagne d'une fièvre élevée, si la voix de l'enfant est éteinte et s'il salive abondamment, il peut s'agir d'une épiglottite nécessitant l'hospitalisation.

LEINER-MOUSSOUS : Complication de l'érythème fessier, l'irritation atteint les plis des cuisses et des fesses, les organes génitaux, l'abdomen ainsi que le cuir chevelu et les sourcils. Elle peut gagner tout le corps. Les soins consistent en une hygiène rigoureuse et une application de pommade calmante. Cette maladie est sans gravité et disparaît en quelques mois de traitement.

LENTES (ET POUX) : Les lentes sont les œufs des poux. Elles se collent aux cheveux, très souvent sur la nuque. Un manque d'hy-

1RE SEMAINE

1ER MOIS

2 À 3 MOIS

4 À 5 MOIS

6 À 7 MOIS

8 À 9 MOIS

10 À 11 MOIS

1 AN

1 AN 1/2

2 ANS

2 ANS 1/2

3 ANS

4 ANS

5 ANS

6 ANS

ANNEXES

giène favorise la prolifération des poux. Lavez souvent les cheveux de vos enfants et, à la moindre alerte, utilisez un traitement approprié. Sachez qu'il existe aussi des shampooings préventifs.

LUXATION : Se dit d'un os déboîté de sa cavité articulaire. Rares sont les luxations sans fracture. Les plus fréquemment rencontrées sont celles de l'épaule et de la mâchoire.
Diagnostic et traitement sont l'affaire d'un médecin.

LUXATION CONGÉNITALE DE LA HANCHE : La tête d'un ou des deux fémurs n'est pas parfaitement bien placée dans les cavités du bassin destinées à la recevoir ou cette cavité n'est pas assez creuse pour tenir bien en place le haut du fémur. Elle peut avoir deux causes. Soit une prédisposition génétique, notamment en Bretagne, soit un étirement survenu au cours de la vie fœtale.
Aujourd'hui, son dépistage est fait systématiquement à la naissance, car plus son traitement est précoce, meilleur est le résultat. Il suffit d'emmailloter le bébé les jambes écartées pour redonner à la hanche sa conformation normale.
Cette manière de langer en abduction peut se prolonger plusieurs mois, jusqu'à la guérison.

M

MAMMITE : Tout à fait fréquente chez le nouveau-né, ce gonflement des seins est dû à l'influence des hormones maternelles dans l'organisme du bébé. Il ne faut surtout pas les presser. Tout au plus s'ils sont inflammés, appliquez des pansements calmants. En cas d'infection, un traitement antibiotique s'impose.

MAL DE VENTRE : La « maladie » la plus fréquente chez les enfants. Dans la majorité des cas, cela n'a rien à voir avec un problème pathologique. Ces petits malaises sont essentiellement d'ordre psychosomatique. L'enfant ne triche pas mais il n'est pas malade. Il a mal au ventre, au genou ou au coude, bref il a mal à l'âme. Généralement, ces douleurs naissent en raison de problèmes scolaires. Parce qu'il en a assez des règles qu'impose l'école, parce qu'il a un conflit avec l'institutrice, il ne trouve plus sa place dans le système. Il est bien sûr incapable d'analyser ainsi la situation et il va la vivre au travers de son corps.
Autres manifestations du même ordre : les rhinites à répétition, les angines, les diarrhées, la constipation, les vomissements et le grignotage. En fait, ce qu'il souhaite c'est chaleur et douceur qui feront disparaître la boule qui lui serre la gorge et lui pèse sur l'estomac. Les maux de ventre sont les plus fréquents en raison de la sensibilité du côlon au changement d'humeur. Ces troubles à l'origine psychique ont toutes les chances de conduire à une vraie maladie. En effet, on sait aujourd'hui le rôle important que joue le système nerveux central et donc le psychisme sur les défenses immunitaires de l'organisme. Dès qu'il « flanche », la barrière immunitaire s'affaiblit et les virus et bactéries en profitent. Face à une situation ponctuelle, le dialogue et la douceur devraient permettre à l'enfant d'exprimer par des mots ce que dit son corps. Par contre, si ces petits maux deviennent trop fréquents, il est sans doute souhaitable de consulter un psychothérapeute qui saura parler à l'enfant, l'aider à s'exprimer en paroles et en dessins afin de lui faire découvrir le « secret » qui le tourmente à ce point.

À savoir encore, certaines familles semblent plus touchées. Un enfant d'une famille de migraineux, par exemple, aura à son tour des douleurs abdominales ou des migraines pour des raisons psychologiques liées à une situation familiale stressante ou à un changement de vie brutale. Un autre traduira ce stress ou un conflit avec sa mère par des colites, des troubles digestifs.
Les institutrices d'école maternelle connaissent bien ces petites douleurs. Elles sont fréquentes au moment où les enfants arrivent à l'école, à l'heure de la cantine ou de la sieste. La maîtresse a alors un grand rôle, elle doit s'installer près de l'enfant qui souffre, le calmer, le rassurer. Certaines, notamment quelques minutes avant la cantine, ont institué un moment de conversation, de chants ou de danse pour détendre l'atmosphère. À l'institutrice de trouver la juste mesure lui permettant de rassurer sans entrer dans le jeu de l'enfant. Celui-ci semble s'en « arranger » sauf à des moments bien précis : départ à l'école, mise au lit ou passage à table. Le mal au ventre se localise généralement autour du nombril et est souvent associé à un état de fatigue, à des troubles de l'appétit et du sommeil.
Attention, seulement la moitié des douleurs abdominales sont d'ordre psychologique, l'autre moitié est pathologique. Il est donc indispensable de consulter un médecin qui seul sera capable d'un diagnostic précis. Il faut toujours avoir à l'esprit qu'une appendicite non diagnostiquée à temps met en danger la vie de l'enfant.
• **Les douleurs se manifestant par une succession de crampes** sont caractéristiques des infections de l'estomac et des intestins. Les crampes douloureuses durent environ 1 minute pour laisser ensuite l'enfant en paix quelques minutes

et reprennent ensuite. Des crampes accompagnées de vomissements ou de diarrhées, ou si douloureuses que l'enfant ne peut plus avoir aucune activité, ou encore qui persistent plus de 1 heure, demandent l'intervention du médecin.

• **Les douleurs abdominales qui s'accompagnent d'urines fréquentes et douloureuses** sont symptomatiques des infections urinaires.

• **Un mal de ventre persistant et qui perturbe la vie de l'enfant** doit être signalé au médecin. Dans tous les autres cas, tâtez le ventre de l'enfant pour localiser la douleur. Appelez le médecin si sous votre main la douleur fait tressaillir l'enfant. De même, si elle l'empêche de dormir ou le réveille en pleine nuit.

• **Les vrais troubles digestifs sont, eux, la conséquence d'une erreur alimentaire,** mais ils peuvent être associés à d'autres maladies en raison de certains traitements médicaux. Enfin ils peuvent être provoqués par un manque d'hygiène, comme dans le cas des troubles dus aux parasites intestinaux.

MAL AU CŒUR : Nom communément donné au mal des transports. Rares sont les bébés qui ne supportent pas l'avion, la voiture ou le bateau. Par contre, les enfants plus grands semblent y être beaucoup plus sensibles. C'est un malaise dû à des mouvements de la tête provoqués par un véhicule en marche, qui trouve son origine autant dans la rupture momentanée d'un équilibre physiologique que dans la peur de partir et l'ennui du voyage. Aux premiers virages, roulis ou turbulences de l'air, le petit voyageur, déjà « barbouillé » avant de quitter la maison, se plaint d'avoir « mal au cœur », c'est-à-dire à l'estomac. Il est pâle, la tête lui tourne, des gouttes de sueur froide perlent sur son front, son estomac se contracte, il a envie de vomir. Il

souffre de fortes nausées. C'est le résultat d'un seul et même phénomène : l'excitation anormale et répétitive d'une partie de l'oreille interne – vestibule – d'où part le nerf de l'équilibre. Lorsque le voyageur est soumis à de brusques variations de mouvements dans le sens horizontal et vertical, son centre de l'équilibre est fortement secoué. Il éprouve une sorte de vertige qui lui soulève l'estomac. L'organisme répond à cette agression par des sueurs froides et une grande pâleur. Or les enfants n'ont pas encore un centre de l'équilibre bien stabilisé.

Pour lutter contre ces troubles, habillez votre enfant avec des vêtements amples et adaptés à la saison ; faites de fréquents arrêts ; respectez les pauses-boissons ; vous pouvez lui donner, une demi-heure avant de partir, un peu de sirop antiallergique qui le fera somnoler, le faire voyager allongé. Il existe une médication en patch, mais elle est réservée aux enfants de plus de 3 ans.

MALADIES CONTAGIEUSES : Les plus fréquentes chez les enfants sont la rougeole, les oreillons, la coqueluche, la scarlatine, la varicelle et la rubéole. Elles motivent l'éviction de l'école ou de la crèche. C'est vers la fin de la période d'incubation et au début de la maladie que les enfants sont les plus contagieux. Les temps d'incubation étant très variables, la contamination est difficile à éviter.

MALADIES INFANTILES : Un certain nombre de maladies sont qualifiées d'infantiles parce qu'elles se produisent au cours de la petite enfance. Elles se manifestent bien souvent dès que l'enfant est mis en collectivité et sont généralement dues à un virus. Ce sont des maladies que l'on n'a, dans la majo-

rité des cas, qu'une fois dans sa vie, ensuite l'enfant est immunisé. Bon nombre d'entre elles tendent à disparaître en raison des vaccinations qui les combattent très précocement.

Toutes ces maladies sont contagieuses, surtout en période d'incubation, et elles entraînent l'exclusion de l'école jusqu'à la guérison définitive. Leur période d'incubation est variable de l'une à l'autre. On appelle incubation le moment entre lequel on contracte la maladie et celui où on peut la diagnostiquer. Différentes recherches montrent que ces maladies se produisent plus souvent à des moments précis de l'année. Ainsi la varicelle et les oreillons se déclarent plutôt en hiver, la rubéole et la rougeole grimpent en flèche dans les statistiques et dans les écoles au mois de mai. Mais les statistiques vont être de plus en plus difficiles à établir, pour la plupart d'entre elles, en raison du recours à la vaccination. La coqueluche tend à devenir très rare puisque sa vaccination est associée au DT Coq Polio, qui est un vaccin obligatoire. Seules subsisteront la scarlatine ou des complications beaucoup plus rares. Le vaccin associé ROR (rougeole, oreillons, rubéole) tend à se généraliser de plus en plus, bien qu'il soit non obligatoire. Et on nous pronostique pour bientôt un vaccin contre la varicelle.

MÉDECINE SCOLAIRE : Son rôle a considérablement évolué depuis sa création : aujourd'hui elle a pour mission le dépistage des situations d'échec scolaire et la protection de l'enfance en danger. Le médecin scolaire voit les enfants une première fois avant l'entrée au cours préparatoire, puis en classe de 3e pour un véritable bilan de santé. Deux examens plus succincts sont réalisés en cours élé-

1RE SEMAINE

1ER MOIS

2 À 3 MOIS

4 À 5 MOIS

6 À 7 MOIS

8 À 9 MOIS

10 À 11 MOIS

1 AN

1 AN 1/2

2 ANS

2 ANS 1/2

3 ANS

4 ANS

5 ANS

6 ANS

ANNEXES

mentaire et en 6ᵉ par une infirmière. Le médecin scolaire reçoit plus particulièrement les enfants ayant des troubles du comportement et ceux qui, de leur fait ou à la suite d'inquiétude des instituteurs, semblent vivre difficilement dans leur famille. La santé des enfants scolarisés en maternelle est normalement surveillée par les médecins des PMI. Malheureusement, seulement 20 % des enfants seraient ainsi examinés.

MÉNINGITE : Une maladie qui effraie toujours un peu. Maux de tête, vomissements, fièvre et surtout raideur douloureuse dans la nuque caractérisent la méningite. Ces symptômes sont plus faciles à constater chez l'enfant plus grand que chez le nourrisson qui manifeste simplement son malaise en poussant des cris aigus. Sa fontanelle est anormalement tendue.
La confirmation du diagnostic devra se faire par une ponction lombaire pour analyser le liquide céphalorachidien qui indique si l'enfant souffre d'une méningite virale ou d'une méningite suppurée.
Elle peut survenir après une rhinopharyngite, mais de nombreux microbes peuvent en être la cause. Dans tous les cas, elle nécessite un traitement rapide.
Les méningites d'origine virale sont moins graves, et rares chez les bébés. Elles sont souvent des complications de maladies telles que les oreillons, la roséole ou la varicelle. Le traitement consiste alors à soulager la douleur et à enrayer la fièvre. La méningite suppurée est traitée par des perfusions d'antibiotiques, la guérison s'obtient généralement au bout de deux ou trois jours.
Par contre, la méningite cérébrospinale est une véritable urgence médicale où chaque heure compte. Elle se reconnaît par un fort état

fébrile et les membres inférieurs sont marqués de taches semblables à des ecchymoses. De type méningocoque, elle est fortement contagieuse et toutes les personnes en contact avec le petit malade doivent être suivies médicalement.

MIGRAINE : Fréquents chez l'enfant, les maux de tête (ou céphalées) peuvent être le symptôme révélateur de maintes affections bénignes. Avant 3 ans, un enfant est bien incapable de dire où il a mal en particulier. Plus tard, l'enfant se plaint de battements au niveau des tempes ou derrière les oreilles. Des vomissements peuvent s'associer aux maux de tête. Certains enfants disent avoir des troubles de la vue (perception de formes géométriques brillantes ou colorées) ou voient les objets grandir ou rétrécir. L'accès de migraine n'est jamais unique et se répète plus ou moins souvent selon les enfants. Si votre enfant a mal à la tête occasionnellement et pour une courte durée, la migraine est sans gravité et due à une fatigue passagère. Dans le cas de douleurs intenses et fréquentes, le diagnostic ne pourra se faire qu'en fonction d'autres symptômes tels que la fièvre, les troubles digestifs, une allergie, un manque de sommeil, des vomissements, l'intolérance à la lumière, une infection des sinus, de légers défauts de vision. Il y a souvent des antécédents familiaux. La constipation et les excès alimentaires peuvent être causes de migraines, qui ellesmêmes peuvent être les premiers signes d'autres maladies de type éruptif.
Mettez l'enfant au calme et dans la demi-obscurité. Donnez-lui un sédatif léger, et, si le malaise persiste, consultez votre médecin. Sachez que, dans la plupart des cas, le traitement sera difficile et long.

MILIAIRE : C'est le nom scientifique des petits points blancs ou jaunes qui s'installent sur le nez et le haut des joues du nourrisson. Ils sont dus à l'immaturité de ses glandes sudoripares. Ils ne nécessitent aucun traitement et disparaissent d'eux-mêmes.

MORT SUBITE DU NOURRISSON : Le syndrome de MSN frappe environ un nourrisson sur cinq cents dans les pays industrialisés et se produit le plus souvent entre le premier et le cinquième mois. Dans le monde entier, une multitude de recherches ont essayé d'en trouver, en vain, la cause. Seuls un certain nombre de facteurs semblent importants mais non déterminants : ce sont l'âge de l'enfant, une mauvaise régulation des centres respiratoire et cardiaque, une prématurité, le tabagisme maternel, une vie irrégulière, un reflux gastroœsophagien. Aujourd'hui, la seule prévention efficace tient au couchage du bébé. Il doit dormir sur le dos ou sur le côté, sans oreiller et sans couette ou édredon, sur un matelas dur, dans une atmosphère sans tabac et fraîche (19 °C), sans être attaché. Ces mesures simples ont permis déjà de réduire de près de 70 % les décès en cinq ans.
Pour les familles à risques et tout particulièrement celles ayant déjà été victimes de ce drame, il est proposé l'installation de monitorings auprès des bébés pour une surveillance étroite les six premiers mois.

MUCOVISCIDOSE : Maladie génétique parmi les plus fréquentes, dont on connaît aujourd'hui le gène responsable : c'est l'anomalie delta F 508. Elle se caractérise par des difficultés respiratoires en raison d'un mucus épais et visqueux produit par toutes les glandes et qui obstrue les bronches, les alvéoles pulmonaires, les canaux du pancréas et du foie. La mucoviscidose est surtout grave en raison du mauvais fonctionnement du pancréas et du foie qui ne permet pas la digestion des lipides et des protides. Il existe des traitements permettant de pallier cette difficulté ; par contre, seule une thérapie génique pourra, dans le futur, traiter réellement cette maladie pour l'instant incurable.

MUGUET : Il est provoqué par un champignon au niveau de la muqueuse buccale. Vous constaterez alors que votre enfant refuse son biberon et vomit. La muqueuse buccale est rouge et la langue a un aspect lisse et même luisant. Peu de temps après, l'intérieur de sa bouche va se couvrir de granulations blanchâtres. Secondairement, ces granulations, d'abord de la grosseur d'une tête d'épingle, grossissent, confluent et prennent une teinte jaunâtre. Cette affection doit être traitée par le médecin. Le traitement local, minutieux, nécessite le nettoyage de la bouche avec une solution bicarbonatée et le badigeonnage de la cavité buccale à l'aide d'une compresse imbibée de solution antimycosique pendant une vingtaine de jours.

MYCOSES : Elles ont pour origine l'invasion d'un champignon microscopique au niveau de la peau, localisé le plus souvent aux ongles et au cuir chevelu. Les mycoses se présentent comme des plaques rouges aux bords nets, avec souvent une desquamation. Il n'existe pas de démangeaisons. Elles se transmettent par contagion directe ou indirecte ; par exemple chaussures, taie d'oreiller, peigne, sable ou revêtement de sol des piscines. Elles se traitent localement par des pommades.

MYOPATHIE : Maladie génétique qui peut prendre différentes formes de gravité variable. La plus grave et la plus fréquente, la myopathie de Duchenne, est une dégénérescence des fibres musculaires aboutissant à leur atrophie. Elle n'atteint que les garçons. Seul un traitement génique pourra peut-être dans l'avenir venir à bout de cette maladie.

MYOPIE : Affection de ceux qui ne voient pas de loin. Pour accommoder les images, l'enfant est obligé de cligner des yeux. Il a tendance à approcher son visage de ce qu'il lit ou écrit. L'œil myope est un œil trop puissant. Les images se forment en avant de la rétine. La myopie augmente assez régulièrement pendant plusieurs années, puis se stabilise. La correction est apportée par des verres divergents.

N

NOURRISSON : Ce terme désigne un enfant âgé de 1 mois à 30 mois.

NOUVEAU-NÉ : Ce terme définit un enfant de la naissance à 1 mois.

O

OBÉSITÉ : Les principales causes de l'obésité sont la suralimentation (l'alimentation est trop abondante et trop riche), le manque d'activité physique, les antécédents familiaux d'obésité, soit par hérédité, soit par des habitudes diététiques familiales. Sachez que 30 % des adultes obèses l'étaient déjà enfants. L'obésité consiste en un excès de poids dû à une trop grande quantité de graisse, le plus souvent accumulée dans les tissus sous-cutanés. On peut considérer qu'un enfant est obèse lorsqu'il dépasse de 20 % à 30 % son poids théorique. Il existe en effet un poids moyen établi en fonction de l'âge et de la taille. Contrairement à une idée trop répandue, rares sont les cas d'embonpoint dus à un dérèglement hormonal. Seuls 5 % à 10 % des cas d'obésité sont dus à des troubles glandulaires.

Chez l'enfant, l'obésité a surtout des inconvénients esthétiques. Mais, si elle n'est pas traitée, sa persistance à l'âge adulte comporte des risques multiples (vasculaires, endocriniens, rhumatologiques). Le traitement, dans la plupart des cas, passe par un régime alimentaire associé à de l'exercice physique.

OBJET TRANSITIONNEL : Terme introduit par D. Winnicott pour désigner un objet auquel l'enfant attribue une valeur particulière : un coin de couverture, un mouchoir ou une peluche. Il aide, notamment, le jeune enfant à s'endormir.

En cas de séparation, c'est la première chose qui lui permet d'effectuer une transition entre sa mère, avec laquelle il entretient une relation très fusionnelle, et la personne qui va s'occuper momentanément de lui.

OCCLUSION INTESTINALE : Elle est la conséquence d'une hernie étranglée ou, chez le nourrisson, d'une malformation du tube digestif. Les premières manifestations sont des vomissements bilieux, suivis d'une pâleur brutale et de cris. L'enfant refuse de s'alimenter et le transit intestinal est interrompu. C'est un cas d'hospitalisation d'urgence.

ŒIL : Toute rougeur est signe d'irritation ou d'inflammation de la conjonctive, membrane transparente qui recouvre le globe oculaire et la face interne de la paupière. Le larmoiement est provoqué soit par

1RE SEMAINE

1ER MOIS

2 À 3 MOIS

4 À 5 MOIS

6 À 7 MOIS

8 À 9 MOIS

10 À 11 MOIS

1 AN

1 AN 1/2

2 ANS

2 ANS 1/2

3 ANS

4 ANS

5 ANS

6 ANS

ANNEXES

l'excès de sécrétion de larmes, soit par l'obstruction du canal d'écoulement vers les fosses nasales. Lorsque les larmes en excès se dessèchent, elles forment des croûtes, provoquant l'adhérence de la paupière. Les yeux collés se remarquent surtout le matin au réveil, car les paupières sont restées en contact pendant le sommeil et l'excès de larmes n'a pu alors s'écouler. Presque toujours, une sensation douloureuse accompagne ces symptômes : picotements, brûlure. Tout cela est souvent causé par une conjonctivite infectieuse microbienne ou virale. Regardez si votre enfant n'a pas une poussière dans l'œil, un cil recourbé ou bien un orgelet.

Si les paupières sont collées, décollez-les en tamponnant doucement (du coin interne au coin externe de l'œil) avec un linge imbibé d'une infusion de camomille ou de bleuet tiède, ou avec du sérum physiologique ou simplement de l'eau bouillie tiède.

OREILLES (MAL AUX OREILLES) :

Chez le nourrisson, les maux de ce type se reconnaissent aux signes d'inconfort qu'il manifeste, tournant sa tête sur l'oreiller d'un côté puis de l'autre, sans trouver de place confortable. Il peut aussi frotter son oreille de la main. Plus tard, l'enfant sachant parler pourra exprimer ce qu'il ressent.

L'otite est sans doute la cause du plus grand nombre de maux d'oreilles chez l'enfant. Vérifiez encore que l'enfant n'a rien introduit dans son conduit auditif. Des problèmes dermatologiques tels que l'eczéma et l'impétigo peuvent être également à l'origine de douleurs dans l'oreille. Désinfectez le nez de l'enfant, c'est souvent par là que débutent les infections de l'oreille. Instillez quelques gouttes auriculaires calmantes et consultez votre médecin.

OREILLONS :

Maladie touchant surtout l'enfant d'âge scolaire. Rares avant 2 ans, les oreillons sont habituellement sans gravité et tendront à le devenir de plus en plus grâce à la vaccination. Les complications sont rares :

• l'orchite chez le garçon (inflammation des testicules, gonflés et très douloureux) ;

• l'ovarite, plus rare, chez la fillette ;

• la pancréatite, annoncée par des douleurs abdominales et aussi des vomissements ;

• et surtout la méningite (des oreillons), qui peut parfois compliquer, au troisième ou quatrième jour, des oreillons d'allure banale.

Comment les reconnaître ? La fièvre est plus ou moins élevée, maux de tête puis douleur à l'ouverture de la bouche. L'enfant a du mal à avaler, à manger, à mastiquer. Vous pouvez alors remarquer un gonflement des glandes salivaires en avant et sous l'oreille, effaçant l'angle de la mâchoire inférieure et le menton. Le gonflement siège des deux côtés. La région est douloureuse au palper, tendue, chaude, mais exempte de rougeur. Cette tuméfaction persiste de deux à cinq jours puis s'efface rapidement.

Laissez l'enfant au lit, le repos est ici la meilleure thérapeutique. Luttez contre la fièvre et appelez le médecin. Tout rentre dans l'ordre au bout de huit à dix jours.

ORGELET :

C'est un furoncle de la paupière, qui se manifeste par une tuméfaction rougeâtre située au bord de la paupière inférieure ou supérieure. L'œil de votre enfant peut être gonflé, rouge, douloureux ou non au point de l'orgelet, et il se plaindra d'une sensation de chaleur. L'orgelet évolue en mûrissant, vous verrez alors apparaître au sein de la tuméfaction rouge un point jaune. Consultez votre médecin.

OTITE :

Il existe trois types d'otites.

• L'otite externe, qui est une inflammation du conduit auditif externe, peut être due à un eczéma, à un furoncle du conduit, à des lésions de grattage. Le conduit auditif est très douloureux. La fièvre est ou non présente.

• L'otite moyenne suit un rhume, une rhino-pharyngite ou une maladie infectieuse. L'enfant se plaint d'une oreille ou des deux, l'audition peut être amoindrie. Chez le nourrisson, l'otite à ses débuts peut passer inaperçue. Soyez vigilante après un rhume banal qui a duré trois à quatre jours. Votre enfant perd l'appétit, il a du mal à s'endormir, il pleure la nuit, il grogne, geint sans raison apparente, la fièvre est plus ou moins élevée, il tourne la tête d'un côté et de l'autre ou se frotte les oreilles.

L'otite peut aussi se signaler simplement par l'écoulement purulent d'une oreille, que vous constaterez fortuitement. C'est alors une otite aiguë suppurée. Appelez le médecin qui, suivant l'état du petit malade, lui prescrira des anti-inflammatoires, des antibiotiques et, si nécessaire, pratiquera une paracentèse (p. 217).

P

PHIMOSIS :

C'est un rétrécissement du prépuce qui ne permet pas le décalottage de l'extrémité du pénis. Il faudra intervenir chirurgicalement. Cette circoncision ne peut être pratiquée que lorsque l'enfant est propre, vers 5 ans environ.

Le phimosis peut être à l'origine d'infections et de perturbations de la vie sexuelle de l'adulte.

PNEUMONIE :

La pneumonie est une inflammation d'un lobe d'un poumon due à un microbe, le pneumocoque. Elle atteint les bronches les plus fines ainsi que les alvéoles pulmonaires. Elle touche l'enfant surtout après 2 ans. Il a des frissons, se plaint de maux de tête et de douleurs abdominales, parfois d'un point de côté. Il vomit, a de la fièvre. La toux est discrète, la gêne respiratoire minime.

Grâce aux antibiotiques, la maladie a perdu son caractère de gravité. Elle nécessite pourtant toujours l'intervention du médecin.

POTOMANIE : Ce trouble est celui de l'enfant qui boit trop, il est toujours associé à d'autres troubles du comportement et de la personnalité.

POUX : Quand on en attrape, ils s'installent. La femelle pond alors des œufs (les lentes) à la base des cheveux. Au bout de huit jours elles éclosent, colonisant la chevelure du petit porteur et celle de tous ceux qui l'approchent.

Le moyen de les combattre est le même depuis longtemps : lotions, shampooings actifs et préventifs. Traiter les cheveux n'est pas suffisant, il faut penser aussi aux vêtements et aux oreillers.

PROLAPSUS RECTAL : Il se manifeste par la naissance d'un bourrelet rouge autour de l'anus, c'est une partie du rectum qui sort par l'anus lors de l'expulsion des selles ou lorsque l'enfant tousse ou crie. Il apparaît souvent à la suite d'une constipation chronique et se résorbe spontanément ou manuellement.

PRURIGO : L'enfant souffre de démangeaisons, dort mal, a de la diarrhée ou est constipé, son corps est couvert de taches rouges de 1 mm de diamètre et légèrement bombées. Elles évoluent en grossissant et en prenant une couleur plus foncée, une vésicule se forme au centre et en quelques jours se transforme en une croûte jaunâtre. Ces vilains boutons disparaissent en huit à dix jours.

Le prurigo est une manifestation allergique. Le médecin prescrit généralement une lotion pour éviter toute infection.

PURPURA RHUMATOÏDE : Affection bénigne qui s'apparente à une allergie et qui se manifeste par une éruption de taches rouges sur la peau des jambes, dues à une lésion inflammatoire des capillaires. L'enfant se plaint de douleurs articulaires au niveau des genoux et des chevilles, souvent il souffre également de maux de ventre. Seule complication : une atteinte rénale dans 10 % des cas. Il n'existe aucun traitement, sauf des antalgiques pour calmer la douleur.

R

RACHITISME : L'organisme, et notamment le squelette, a besoin de vitamine D pour se développer harmonieusement. Celle-ci permet le métabolisme du calcium qui va se fixer sur les os. La vitamine D se trouve dans l'alimentation en très faible quantité, quel que soit le mode d'alimentation. Son apport est également favorisé par le soleil. Ces apports naturels sont toujours insuffisants, ce qui explique la prescription systématique de cette vitamine dès la naissance. Le rachitisme se caractérise par un tissu osseux qui reste mou, entraînant la fermeture tardive des fontanelles, une grosseur anormale des poignets et des chevilles, une insuffisance du développement de la cage thoracique, un retard de la marche et des jambes arquées. Attention, les bébés à peau brune en raison des réactions de leur peau au soleil, ont besoin d'un supplément plus important.

REFLUX ŒSOPHAGIEN : L'enfant a du mal à prendre ses biberons, il s'arrête, reprend, pleure, gigote, grimace. Mais surtout, il régurgite une heure à une heure et demie après son repas. Si la courbe de poids de l'enfant est normale, le médecin prescrira d'abord un lait spécifique antireflux. Si ce traitement est inefficace, si l'enfant souffre et si sa courbe de poids s'effondre, le médecin demandera une endoscopie. La plupart de ces reflux sont dus à une immaturité du cardia et disparaissent vers 6-9 mois.

REFROIDISSEMENT : Généralement, un bébé qui a du mal à garder sa chaleur est agité. Sa respiration est rapide, ses mains et ses pieds sont froids. Dès qu'on l'installe dans un lieu plus chaud, le bébé se calme.

Un enfant qui a vraiment trop froid reste silencieux et calme. La peau de sa poitrine est froide. Ajouter des couvertures est insuffisant, il faut d'abord le réchauffer. Mettez l'enfant dans une pièce dont la température est plus douce et donnez-lui à boire du lait chaud.

RÉGURGITATION : Elle se manifeste par le renvoi d'un peu de lait tout de suite après une tétée. Bien souvent, elle s'accompagne d'un rot profond. L'odeur acide et l'aspect caillé du lait sont tout à fait normaux car la digestion commence très vite. Pour éviter les régurgitations, ne bougez pas trop le bébé après sa tétée et ne le couchez pas non plus immédiatement ; attendez un bon quart d'heure. Certains nourrissons régurgitent plus violemment en raison d'une immaturité de la fonction œsophage-estomac.

1PE SEMAINE

1ER MOIS

2 À 3 MOIS

4 À 5 MOIS

6 À 7 MOIS

8 À 9 MOIS

10 À 11 MOIS

1 AN

1 AN 1/2

2 ANS

2 ANS 1/2

3 ANS

4 ANS

5 ANS

6 ANS

ANNEXES

Glossaire médical

RHINITE : Rhume provoqué par une allergie à quelque chose de présent dans l'air, pollen ou poussière par exemple. L'enfant éternue, ses yeux deviennent rouges et larmoient. Elle se traite par une désensibilisation, comme toute allergie.

RHUME DE LA HANCHE : Nom familièrement donné à une inflammation de la hanche, « synovite aiguë », qui survient dans la majorité des cas vers 2-3 ans et peut encore se déclarer vers 7 ans. Ce trouble est passager et sans gravité, souvent unilatéral et suit très souvent une grippe ou une rhinopharyngite. L'enfant souffre et boîte plus ou moins selon les cas. Le diagnostic n'est pas facile et se fait généralement par élimination. Le traitement consiste en l'immobilisation de l'enfant et la prescription d'anti-inflammatoires pour quelques jours. Mais parfois la douleur est si violente qu'il est nécessaire d'hospitaliser l'enfant.

RHUME et RHINOPHARYNGITE : Le rhume est une inflammation des fosses nasales. Quand elle s'étend à l'arrière-nez et au fond de la gorge, on parle alors de rhinopharyngite, véritable fléau chez certains enfants tant elles sont nombreuses. L'enfant a un gros rhume et ne tarde pas à tousser jour et nuit, le tout s'accompagnant d'une fièvre qui cède généralement au bout de quarante-huit heures. La rhinopharyngite est assez rare avant 6 mois, mais elle peut être d'autant plus fréquente et précoce que le bébé est entouré d'enfants. Elle apparaît de façon épidémique à la fin de l'automne, pendant l'hiver et au début du printemps. Chez le nourrisson, la rhinopharyngite est une affection plus sérieuse que chez l'enfant plus âgé. En effet, vivant couché, il avale les mucosités, qui peuvent entraîner des vomissements. L'infection peut se propager à l'oreille ou aux poumons. La rhinopharyngite est de durée variable.

Rien ne vaut les mesures préventives : évitez le contact avec des personnes atteintes (enfants et adultes) ; lorsque vous êtes vous-même enrhumée ou grippée, protégez-vous nez et bouche avec un masque d'infirmière. Le premier rhume du bébé doit être montré au médecin, qui indiquera le traitement et la conduite à suivre ; il vous suffira ensuite de vous y conformer à chaque petite atteinte. Cependant, au moindre signe de complication, consultez à nouveau. Pour soulager l'enfant, nettoyez les narines en instillant quelques gouttes de sérum physiologique ; après le nettoyage des fosses nasales, mettez les gouttes prescrites par votre médecin. Si la peau autour du nez et de la lèvre supérieure est irritée, protégez-la avec une pommade à la glycérine. À cela s'ajoutent souvent un sirop pour aider le passage des mucosités dans la gorge, et bien sûr un médicament, type paracétamol, pour faire baisser la fièvre. En cas de récidives trop fréquentes, les gammaglobulines ont sur certains enfants de bons résultats. L'homéopathie a aussi bon nombre de réussites à son actif.

ROSÉOLE (OU SIXIÈME MALADIE) : Maladie infectieuse d'origine virale qui se manifeste d'abord par une fièvre inexpliquée et élevée, qui persiste généralement trois bons jours, malgré tout traitement. C'est alors qu'apparaissent des petites taches rosées sur tout le corps. Le traitement consiste simplement à maîtriser la fièvre.

ROUGEOLE : Maladie contagieuse à incubation de dix à quatorze jours. Éviction scolaire : quatorze jours. La rougeole est la plus fréquente des fièvres éruptives. Elle se voit chez des enfants de tout âge. C'est une maladie bénigne, bien que très éprouvante physiquement pour l'enfant.

Cependant, certains signes peuvent annoncer des complications : fièvre qui persiste ou qui remonte après le troisième jour, toux épuisante et rebelle, maux d'oreilles, maux de tête violents.

La maladie se signale par des yeux larmoyants et rouges. Le nez coule, la toux devient de plus en plus fréquente et quinteuse. L'enfant est grognon, somnolent, il se plaint de maux de tête. La température s'élève à 39 °C, parfois plus.

L'éruption apparaît au niveau de la muqueuse buccale, puis sur le visage et derrière les oreilles, sur le cou, le thorax et les membres. Elle ne provoque pas de démangeaisons. Elle est faite de petites taches maculaires, rouges et rapprochées, qui s'étendent en vingt-quatre à quarante-huit heures sur tout le corps, puis s'atténuent. La toux doit cesser peu à peu.

La température redevient normale dès le deuxième ou troisième jour qui suit le début de l'éruption.

La maladie est terminée au bout d'une huitaine de jours. Appelez le médecin. Mettez l'enfant au lit les trois premiers jours. Faites-le boire abondamment.

Attention, la rougeole peut entraîner des complications d'ordre respiratoire ou nerveux, c'est pourquoi on ne saurait trop recommander la vaccination.

S

SAIGNEMENT DE NEZ : Il peut être provoqué par un corps étranger introduit dans les fosses nasales sans douleur réelle. L'enfant oubliera sa présence qui, au bout d'un certain temps, provoquera des saignements. Vous reconnaîtrez d'ailleurs à la couleur foncée du sang les risques d'une infection. L'enfant doit être conduit chez le médecin. Les saignements de nez peuvent aussi se produire au cours d'un rhume ou en raison de la faiblesse de petits vaisseaux sanguins de la muqueuse nasale. Mais le plus couramment, les saignements de nez sont dus à une chute ou à un coup. Une insolation peut aussi être accompagnée de saignements de nez. Elle est souvent relativement grave chez le jeune enfant. Conduisez-le sans hésiter chez le médecin, en ayant rafraîchi la tête et la nuque avec une serviette imbibée d'eau fraîche. Si les saignements se répètent, apparemment sans cause, consultez le médecin, cela peut être le signe d'une maladie plus importante.

SATURNISME : Intoxication au plomb due à l'ingestion d'écailles de peinture ancienne. Les enfants vivant dans des appartements anciens et insalubres en sont les principales victimes.

SCARLATINE : Maladie contagieuse dont l'incubation est de trois à cinq jours, elle est due au streptocoque et doit être soigneusement surveillée et traitée afin d'éviter des complications.
Son début est brutal : la fièvre monte à 39 °C et parfois plus. L'enfant souffre d'une angine rouge très douloureuse, de maux de tête, de vomissements. Puis, en vingt-quatre à quarante-huit heures, l'éruption apparaît au bas du ventre, sur les reins, les cuisses, généralement aux plis, et se généralise. Elle est faite de larges plaques rouges, granitées, rugueuses au toucher, ne laissant pas d'intervalles de peau saine entre elles. La peau est chaude, cuisante. La lan-

gue est rouge sur les bords et blanche en son centre. Environ une semaine après le début de la maladie, la peau desquame. Appelez le médecin ; isolez bien l'enfant de ses frères et sœurs et faites-lui garder le lit. Faites pratiquer une recherche d'albumine dans les urines quinze jours après la maladie.

SCOLIOSE : Il s'agit d'une déviation latérale de la colonne vertébrale sans déformation des vertèbres, souvent due à une légère différence de longueur entre les deux jambes. Si votre enfant présente une déformation de la colonne vertébrale, même peu importante, vous devez consulter votre médecin. Elle se remarque particulièrement au moment de la marche et au cours de la deuxième et troisième année. Toute scoliose doit être soignée, afin de prévenir des complications. Suivant l'importance de l'atteinte, la découverte d'une scoliose nécessite soit le recours à des services orthopédiques, soit une rééducation musculaire.

SIDA : Tous les enfants nés de mères atteintes du Sida ne développent pas la maladie. Une étude menée par les spécialistes de l'hôpital Necker-Enfants malades et l'Inserm montre que seulement 20 % de ces enfants sont séropositifs. Les traitements préventifs mis en place au cours de la grossesse ont permis de réduire considérablement le taux de transmission mère-enfant. En revanche, si l'enfant est contaminé par l'intermédiaire des échanges fœto-maternels, le diagnostic peut se faire dès la naissance pour la moitié des cas, mais les premiers symptômes n'apparaissent que vers 6 mois. Le pronostic est sombre ; 80 % des bébés atteints du Sida développent rapidement des

symptômes proches de ceux de l'adulte. Un espoir pourtant, il semble que les premiers essais de quadrithérapie prescrits dès la huitième semaine après la naissance donnent de bons résultats, permettant même dans certains cas l'éradication du virus.

SINUSITE : C'est l'infection des sinus, très rare chez le bébé dont les sinus ne sont pas complètement formés. Elle suit, chez l'enfant plus grand, les rhumes, qu'ils soient infectieux ou allergiques. Elle se manifeste par le gonflement plus ou moins rouge des paupières accompagné d'un écoulement purulent et d'une forte fièvre. L'appel du médecin est indispensable.
La sinusite plus « classique » se manifeste généralement par des maux de tête. Le traitement médical fera appel aux antibiotiques et aux anti-inflammatoires.

SPASME DU SANGLOT : Il se rencontre chez l'enfant de 6 mois à 3 ans. Il suit une colère ou un chagrin, mais peut aussi être provoqué par une émotion vive. À la suite de pleurs importants, l'enfant reprend de moins en moins bien sa respiration qui finit par se bloquer, aboutissant à une cyanose, voire à une syncope de tout au plus quinze minutes. C'est plus impressionnant que grave ; l'enfant reprend connaissance sans intervention particulière. Premiers gestes d'urgence : allongez l'enfant bien à plat, tapotez ses joues et tamponnez son front d'une compresse fraîche pour l'aider à retrouver sa respiration.

SPINA BIFIDA : Cette malformation est fréquente, mais grâce au diagnostic anténatal, de moins en moins d'enfants naissent avec ce handicap. La forme la plus fréquente est le myéloméningocèle : la moelle épinière et les méninges

1RE SEMAINE

1ER MOIS

2 À 3 MOIS

4 À 5 MOIS

6 À 7 MOIS

8 À 9 MOIS

10 À 11 MOIS

1 AN

1 AN 1/2

2 ANS

2 ANS 1/2

3 ANS

4 ANS

5 ANS

6 ANS

ANNEXES

forment une hernie dans l'ouverture du rachis. Cette malformation se manifeste par une paralysie des jambes et un handicap au niveau des sphincters.

STRABISME : Attention, ne pas confondre avec la « loucherie » tout à fait courante chez le nouveau-né. On peut parler de strabisme lorsque l'enfant louche encore après l'âge de 2 ans. Il se caractérise par la déviation d'un œil par rapport à l'autre. Le sens de la déviation permet de distinguer le strabisme convergent (vers l'intérieur) du strabisme divergent (vers l'extérieur).

La gravité du strabisme tient au fait que la vision de l'œil dévié s'altère peu à peu. En effet, n'étant pas dans l'axe de la rétine, les images ne se forment pas. L'œil ne travaille pas et risque de perdre petit à petit sa fonction si l'on n'intervient pas très tôt. L'enfant présentant un strabisme, même léger, doit être conduit sans tarder chez un spécialiste.

STÉNOSE DU PYLORE : Malformation du tube digestif. Le pylore, anneau musculaire entre l'estomac et l'intestin, a une épaisseur anormale empêchant l'estomac de se vider normalement. Une intervention chirurgicale s'impose pour permettre à l'enfant de bien se développer.

SYNDROME PIED-MAIN-BOUCHE : Infection virale qui se caractérise par l'apparition brutale de cloques aux pieds, aux mains et dans la bouche au niveau du pharynx. Cette maladie disparaît spontanément en une semaine. Des compresses d'eau bicarbonatée accélèrent la cicatrisation des lésions de la bouche, et une pommade antiseptique est appliquée aux pieds et aux mains.

SYNCOPE : Cette manifestation est le symptôme de maux divers. Elle peut résulter d'un malaise tout à fait bénin comme être le signe d'un problème grave. Ce mot recouvre d'ailleurs beaucoup de choses, du simple évanouissement – perte de connaissance brève ou prolongée – jusqu'à l'arrêt de la respiration et de la circulation (pouls non perçu à la carotide, au niveau de la face interne du poignet).

En pratique, la conduite à tenir dépend des signes que présente l'enfant.

Si l'enfant respire et est conscient : sa respiration est plus ou moins normale, mais il peut y avoir agitation, délire ou au contraire grand abattement. Allongez-le à plat en position horizontale, alertez le médecin ou les secours les plus proches de votre domicile.

Si l'enfant respire mais est inconscient : sa respiration est plus ou moins normale, il ne parle pas, ne semble pas entendre, ne répond pas à la pression de la main, sa main soulevée retombe. Il faut le mettre sur le côté et appeler le médecin.

T

TERREURS NOCTURNES : C'est le paroxysme du cauchemar. L'enfant semble éveillé mais ne parvient pas à reprendre pied dans le réel. Il a peur et est surtout très difficile à consoler. Si ces troubles sont fréquents et s'associent à des angoisses diurnes, il est impératif de consulter un médecin.

TESTICULES : Le trouble le plus fréquent consiste en l'absence d'un ou des deux testicules dans les bourses ; ils ne sont pas descendus. Une simple manipulation permet généralement de leur donner leur place.

Dans les cas plus difficiles, un traitement hormonal, ou une intervention chirurgicale pratiquée entre 2 et 6 ans, fait tout rentrer dans l'ordre.

Autre sujet d'inquiétude, les bourses volumineuses en raison d'une accumulation de liquide dans l'enveloppe. La torsion des testicules se manifeste aussi par un gonflement des bourses, c'est une urgence médicale.

TÉTANOS : Aujourd'hui, grâce à la vaccination, cette affection extrêmement grave a presque disparu, ce qui n'empêche pas quelques précautions en cas de blessures : vérification des dates de vaccinations et de rappels. Pour être protégé, la dernière injection doit avoir moins de 5 ans.

TOUX : La toux chez le jeune enfant est un phénomène assez banal. La toux n'est pas une maladie, mais un symptôme physiologique de défense des voies respiratoires contre une agression. Cette dernière, fréquemment bénigne, peut cependant être sérieuse. Causes principales de toux chez le nouveau-né : une infection microbienne ou virale des bronches, souvent à la suite d'une rhinopharyngite, ou une maladie infantile, par exemple rougeole ou coqueluche.

La toux sèche est caractérisée par des quintes brèves, saccadées, répétées. La toux grasse est beaucoup moins violente. Sa tonalité est différente, mouillée et ronflante. Suivant la nature de la toux et sa fréquence, ainsi que le fait qu'elle soit ou non associée à de la température, vous appliquerez des traitements symptomatiques simples ou vous appellerez le médecin. Attention, les enfants victimes du tabagisme passif développent souvent une toux chronique.

TORTICOLIS : Il peut avoir plusieurs causes. Le torticolis traumatique est la conséquence d'un faux mouvement de flexion ou de torsion du cou. Il se soigne par l'immobilisation. Le torticolis infectieux se déclare après une angine en raison d'une inflammation de l'espace calleux qui sépare le pharynx des vertèbres cervicales. Antibiotiques et anti-inflammatoires viennent à bout de la douleur.

Le torticolis congénital se diagnostique dans les premiers mois de vie, l'enfant tient sa tête de travers et au palper on trouve une masse musculaire dure : c'est un des deux muscles sterno-cléido-mastoïdiens qui est rétracté. Les soins consistent en une kinésithérapie pour une durée de quelques mois.

TOXOPLASMOSE : Cette affection non diagnostiquée au cours de la grossesse est cause de malformations du nouveau-né. Par contre, si elle atteint le nourrisson ou l'enfant plus grand, elle se manifeste par de la fièvre, l'apparition de ganglions, par des douleurs musculaires et parfois une éruption. Cette atteinte est généralement sans gravité.

TRAUMATISME CRÂNIEN : Il est le résultat d'une chute brutale sur la tête. C'est souvent la conséquence chez le nourrisson d'une chute de la table à langer.

Si l'enfant perd connaissance, même très peu de temps, s'il vomit plusieurs fois, cela nécessite immédiatement l'intervention du médecin, qui est souvent suivie d'une hospitalisation.

Une hémorragie inter crânienne peut se déclarer aussitôt après le choc, tout comme dans les semaines qui suivent.

TROUBLE DE CROISSANCE :

• **Les retards de croissance** peuvent avoir différentes origines.

Ils sont dus :
- à un développement « anormal » au cours de la gestation. C'est ainsi que 2,5 % d'enfants naissent trop petits. La moitié de ces bébés rattrapent ce retard au cours de la première année. Pour les autres, il faudra attendre deux ou trois ans et jamais ils ne rattraperont spontanément leur croissance. Ils devront être traités par des injections d'hormones de croissance ;
- à un manque de relation affective. On constate d'importants retards lorsque l'enfant est rejeté par ses parents. Il suffit souvent de l'isoler de sa famille pour le voir pousser comme un champignon ;
- à une naissance prématurée. Cet enfant aura toujours quelques mois de moins que la date légale de sa naissance ;
- à une maladie chronique et de longs traitements médicaux qui peuvent freiner un développement normal. Il faut citer par exemple les maladies ayant pour conséquences l'intolérance au gluten, les insuffisances pancréatiques ou encore les insuffisances rénales et thyroïdiennes ou hypophysaires.

Un déficit complet d'hormones de croissance s'accompagne de phénomènes visibles : petites mains, petits pieds, peau très fine, musculature faible, visage ridé tel celui d'une personne âgée. Selon le diagnostic, le médecin peut prescrire des examens complémentaires : examen de l'intestin grêle à la recherche d'une mauvaise absorption des aliments, caryotype pour détecter une maladie génétique, notamment le syndrome de Turner touchant uniquement les filles. C'est une affection congénitale des ovaires d'origine génétique qui ne perturbe pas la production normale par l'organisme d'hormones de croissance, mais qui se traduit par une petite taille à l'âge adulte, 1 m 45 environ.

• **Les enfants trop grands :** les enfants à surveiller sont ceux nés de parents déjà grands, dont la taille de naissance est élevée et qui grandissent « trop » entre 3 et 5 ans. À cette taille anormale s'associe presque toujours un retard de maturation osseuse. Le traitement consiste à freiner la sécrétion de l'hormone de croissance qui, chez les filles, agit sur la maturation osseuse en créant artificiellement une « super puberté ». Les meilleurs résultats sont obtenus sur des enfants de moins de 10 ans. Les filles sont traitées avec une hormone type œstrogène, les garçons avec une hormone de synthèse, la somatostatine, qui freine le travail de l'hypophyse. Ainsi certaines tailles peuvent être réduites de 6 cm environ par rapport au pronostic évalué à l'âge adulte.

TUBERCULINE : Cette substance permet de savoir si l'enfant est immunisé contre la tuberculose soit parce qu'il a été en contact avec le virus ou plus souvent parce que sa vaccination BCG a pris. On examine la réaction de la peau au contact de la tuberculine, substance fabriquée à partir de bacilles de Koch tués.

Le test peut se faire sous différentes formes : la cuti-réaction est une scarification sur laquelle on dépose une goutte de tuberculine, le timbre est l'application d'une pommade à base de tuberculine, la bague introduit le produit dans l'épaisseur de la peau tout comme l'intradermo-réaction. Si au bout de quelques jours, il n'existe aucune réaction dermatologique, il n'y a pas immunisation ; si la peau est irritée, le test est positif. Pourtant, dans la pratique, la lecture de certains tests est plus délicate, on parle alors de résultat douteux. Le test devra être renouvelé quelques mois plus tard.

1RE SEMAINE

1ER MOIS

2 À 3 MOIS

4 À 5 MOIS

6 À 7 MOIS

8 À 9 MOIS

10 À 11 MOIS

1 AN

1 AN 1/2

2 ANS

2 ANS 1/2

3 ANS

4 ANS

5 ANS

6 ANS

ANNEXES

Glossaire médical

U, V, Z

URTICAIRE : Elle apparaît subitement sous forme de petites cloques ou de plaques brillantes, soit blanc rosé, soit rouge pâle de 2 à 3 cm de diamètre, au relief plus ou moins étendu, qui disparaissent au bout de vingt-quatre à quarante-huit heures. La démangeaison est caractérisée par une sensation de cuisson. Cette allergie est surtout d'origine alimentaire, consécutive à l'absorption d'œufs, de fraises ou de poissons, ou à la prise de certains médicaments.

Il faut rechercher le responsable de l'allergie, atténuer les démangeaisons par l'application d'une pommade calmante et consulter le médecin si d'autres troubles apparaissent.

VACCINATION : Pour les voyages à l'étranger.
- **Entre 4 et 6 mois,** ou selon avis médical : le Tétracoq BCG est recommandé.
- **Entre 12 et 18 mois :** rougeole, rubéole, oreillons sont conseillés.
- **À partir de 18 mois :** méningite (AC). Peut être recommandée selon les destinations.
- **À partir de 1 an :** fièvre jaune. Peut être exigée.
- **Entre 1 et 2 ans :** variole, qui n'est pas obligatoire.

La réaction normale à une vaccination est une légère fièvre dans les vingt-quatre heures qui suivent et une légère rougeur locale. Les réactions sont de plus en plus discrètes, en raison de l'utilisation de vaccins de plus en plus purs.

Aujourd'hui, il existe de vingt à vingt-trois vaccins, plus ou moins utiles selon les pays. Il y a notamment les vaccins contre la tuberculose, la diphtérie, le tétanos, la coqueluche, la poliomyélite, la typhoïde, la rougeole, la rubéole, la grippe, les oreillons, la varicelle, la fièvre jaune, le choléra et la variole...

Mais il existe aussi des vaccins contre la méningite cérébro-spinale, contre certains pneumocoques, un vaccin contre l'hépatite virale, et les recherches continuent. Les parents et leurs enfants sont concernés par une dizaine de ces vaccins. Certains sont obligatoires, d'autres sont recommandés.

VARICELLE : Maladie contagieuse dont l'incubation est de dix à quatorze jours, la varicelle est une affection bénigne aux complications exceptionnelles. Elle survient surtout après l'âge de 2 ans. Elle provoque des démangeaisons. Il faut empêcher l'enfant de se gratter et d'enlever ses croûtes. Il risquerait d'infecter les vésicules et d'avoir plus tard des marques indélébiles. L'éruption survient brusquement, chez un enfant en pleine santé. Elle s'accompagne d'une fièvre plus ou moins élevée, mais le plus souvent discrète. Des boutons rouges apparaissent, puis des vésicules (cloques) très séparées les unes des autres, « en gouttes de rosée ».

Elles sèchent ensuite, laissant une croûte qui disparaîtra en dix jours environ, sans cicatrices si l'enfant ne s'est pas gratté. L'éruption siège sur le visage, le corps, les mains et même la plante des pieds, ainsi que sur le cuir chevelu.

Appelez le médecin. Talquez le corps de l'enfant. Empêchez-le de se gratter. Ne donnez ni bain ni shampooing à votre enfant avant le dixième jour, date où les croûtes vont tomber d'elles-mêmes. Il existe aujourd'hui un vaccin contre la varicelle, non commercialisé, et qui est réservé aux enfants présentant des risques particuliers en raison d'une défaillance immunitaire. Attention, les boutons écorchés de la varicelle laissent des lésions certaines qui s'atténueront avec l'âge mais que l'on ne peut traiter.

VÉGÉTATIONS : Comme les amygdales, les végétations jouent un rôle important dans la défense de l'organisme contre les agressions. Situées dans les fosses nasales, elles sont très développées chez le jeune enfant et diminuent de volume vers 6 ou 7 ans.

Dans certains cas, l'accroissement de leur volume peut gêner l'enfant. Il est souvent enrhumé, il respire par la bouche, il ronfle. Il a même parfois des difficultés à s'alimenter et des problèmes d'élocution. Il parle « du nez ». Le médecin peut envisager l'ablation des végétations dès l'âge de 6 mois. C'est une intervention bénigne, pratiquée par le spécialiste (l'oto-rhino-laryngologiste), sous sédatifs chez le nourrisson et sous anesthésie générale de très brève durée chez l'enfant plus âgé.

Mais cette opération ne règle pas toujours les problèmes et n'apporte pas toujours une solution aux états infectieux chroniques tels que rhumes et otites « à répétition ».

VERRUES : Généralement causées par un virus, elles peuvent avoir différents aspects.
- **Les verrues dites vulgaires** sont des excroissances arrondies dont la taille varie entre une tête d'épingle et un petit pois. Grisâtres ou jaunâtres, elles sont dures et râpeuses au toucher. Elles sont indolores.

Consultez un médecin qui aura recours soit à un traitement local assez long, un mois environ, soit à des soins d'élimination par cryothérapie, curetage ou électrocoagulation. L'homéopathie peut aussi en venir à bout.
- **Les verrues juvéniles :** planes, à

peine saillantes, sur une surface de peau de trois millimètres de diamètre, aux contours bien définis. Généralement, elles se situent sur le front, le menton, les joues, le dos, les mains et les genoux. Elles sont extrêmement contagieuses et particulièrement douloureuses si elles sont plantaires.

Il est bon de consulter un médecin ou un dermatologue qui prescrira selon le cas un traitement local ou d'élimination.

VERS : Les parasites de l'intestin que l'on rencontre le plus souvent chez l'enfant sont l'oxyure, l'ascaris, le ténia et le lamblia. N'administrez jamais de vermifuge sans avis médical, car tel produit, utilisé pour telle affection et à des doses calculées, peut devenir inefficace ou toxique lorsqu'il est donné sans prescription. Aujourd'hui, les médicaments destinés à l'élimination des vers sont très efficaces. Ils demandent simplement un bon respect de la posologie. Une prévention efficace passe par une hygiène scrupuleuse des mains, surtout après les jeux de sable.

• **L'oxyurose :** l'oxyure est un petit ver rond, blanc, de 5 à 10 millimètres de longueur. Les œufs sont ingérés par voie buccale. Les oxyures adultes s'accouplent dans le gros intestin. Les femelles fécondées vont pondre leurs œufs dans la région anale. La maladie est souvent inapparente. Les rares symptômes sont : démangeaison anale, troubles digestifs, nausées, manque d'appétit, vomissements, diarrhée, douleurs abdominales, troubles nerveux, tristesse, irritabilité, turbulence, insomnie. Le traitement consiste en la prise de médicaments oraux.

• **L'ascaridiose :** l'ascaris est un ver rond, aux extrémités effilées, mesurant 20 à 25 centimètres de longueur. Les larves sont introdui-

tes dans le tube digestif par l'intermédiaire d'eau souillée ou de légumes crus, contaminés par des engrais ou du purin contenant des œufs qui s'y sont développés. Elles traversent la paroi de l'intestin, arrivent au cœur et se dirigent ensuite vers les poumons, puis elles remontent les voies respiratoires pour être déglutis et passer dans le tube digestif, où elles deviennent adultes.

La femelle pond des œufs, qui sont rejetés dans les selles. Le ver adulte est aussi généralement rejeté dans les selles, mais il peut encore migrer vers la bouche et être rendu au cours de vomissements particulièrement spectaculaires. Comme l'oxyurose, l'ascaridiose est souvent difficile à déceler. Les rares symptômes sont des troubles digestifs tels que diarrhées, vomissements, présence de glaires ou de sang dans les selles, douleurs abdominales, démangeaisons anales, troubles nerveux et généraux. Le médecin prescrira des médicaments oraux, ainsi que la recherche des œufs dans les selles à plusieurs semaines d'intervalle.

• **La téniase :** le ténia est un ver plat, en forme de ruban, mesurant de 4 à 10 mètres de longueur.

Il est formé d'anneaux dont les derniers contiennent des larves. La tête est accrochée au tube digestif par des ventouses.

L'enfant se contamine en absorbant de la viande crue ou mal cuite (en général de la viande de bœuf ou de porc). Le plus souvent, votre enfant ne présente aucun symptôme et seule la découverte d'anneaux lors de la défécation, ou dans les sous-vêtements, confirmera le diagnostic. Cependant, la téniase peut parfois se traduire par de la fatigue, des vertiges, des palpitations, une faim intense, des douleurs abdominales. Consultez votre médecin,

qui prescrira un traitement efficace.

• **La lambliase :** le lamblia est un parasite microscopique qui pénètre dans l'intestin grêle par ingestion d'eau ou d'aliments souillés. Il peut provoquer des troubles digestifs.

VITAMINES : Elles sont apportées pour la plupart par notre alimentation et sont prescrites en cas d'anémie, de fatigue ou de perte d'appétit. Seule la vitamine D est administrée systématiquement au nourrisson et jusqu'à 18 mois.

Pour s'y retrouver :

• **La vitamine A :** on la trouve notamment dans le beurre, le fromage, le foie, le poisson, les épinards, les oranges, les cerises. Elle a une influence sur la peau, la vue et la croissance.

• **La vitamine C :** sa présence est bien connue dans les agrumes, mais on la trouve aussi dans les abricots, les oignons et le persil. C'est la vitamine de l'énergie et de la résistance. Elle est intéressante aussi pour la reconstitution des muqueuses.

• **La vitamine B1 :** elle se trouve dans le pain, les œufs, la banane et agit sur les systèmes cardio-vasculaire et nerveux.

• **La vitamine B2 :** présente dans le lait, le fromage, la viande, le poisson, les légumes, elle aide à la croissance.

• **La vitamine D :** présente dans l'huile, le lait, le beurre et les fromages. Élément indispensable à la croissance, elle est fabriquée par la peau sous l'effet des rayons du soleil.

• **La vitamine H :** présente dans le foie, le jaune d'œuf, les céréales et les légumes. Elle participe à la résistance de la peau, au maintien d'un taux normal d'hémoglobine.

• **La vitamine K :** présente dans le chou, les épinards, les tomates et

1RE SEMAINE

1ER MOIS

2 À 3 MOIS

4 À 5 MOIS

6 À 7 MOIS

8 À 9 MOIS

10 À 11 MOIS

1 AN

1 AN 1/2

2 ANS

2 ANS 1/2

3 ANS

4 ANS

5 ANS

6 ANS

ANNEXES

les fraises. Elle est indispensable pour une bonne coagulation du sang.

• **La vitamine B5 :** présente dans la viande et les céréales. Elle agit notamment sur la protection de la peau et la croissance.

• **La vitamine B6 :** présente dans la viande et le poisson. Elle a un peu le même rôle que la vitamine B5.

• **La vitamine B12 :** présente dans le jaune d'œuf et les coquillages. C'est un anti-anémique.

VOMISSEMENTS : Ne pas confondre vomissements et régurgitations. Les causes du vomissement et les conditions d'apparition sont très variées. Il s'agit presque toujours de vomissements alimentaires, parfois aqueux, rarement bilieux. Les vomissements peuvent être isolés ou s'associer à d'autres symptômes digestifs. Ils peuvent accompagner une fièvre élevée et ne sont souvent qu'un symptôme d'une maladie infectieuse aiguë chez le nourrisson ou chez le jeune enfant.

Accompagnés de maux de tête violents, ils peuvent être les premiers signes d'une méningite. Nous ne vous exposerons ici que les causes purement digestives. Elles sont nombreuses et très variables suivant l'âge de l'enfant.

• **Chez le nouveau-né :** les vomissements répétés après chaque tentative d'alimentation, avec chute rapide du poids, peuvent être le signe d'une malformation du tube digestif (la sténose du pylore est la plus fréquente), ou encore d'une malformation des voies biliaires de l'enfant, avec vomissements bilieux verdâtres.

• **Chez le nourrisson :** les vomissements après chaque biberon traduisent une difficulté de la digestion gastrique. Il faut alors adapter le régime de l'enfant, le médecin seul étant juge. Il choisira le lait suivant chaque cas, dans les premiers mois, puis les biberons seront épaissis avec des préparations diététiques spéciales.

• **Chez l'enfant plus grand :** l'alimentation étant désormais variée, les vomissements peuvent être liés à des erreurs de régime.

VULVITE : Cette inflammation de la vulve chez la petite fille est fréquente et doit être surveillée pour ne pas devenir purulente. Un traitement antibiotique est indispensable.

ZONA : Il se diagnostique facilement puisqu'il se manifeste par une éruption de petites vésicules à des endroits du corps bien localisés, sur le trajet d'un nerf sensitif, et toujours d'un seul côté du corps, soit sur le thorax, soit au niveau du pavillon de l'oreille ou sur le front et les paupières.

Souvent lié à des difficultés psychosomatiques, le zona est dû à un virus proche de celui de la varicelle. En une dizaine de jours les vésicules se dessèchent et forment des petites croûtes. Il semble que le zona de l'enfant soit moins douloureux que celui de l'adulte.

Quel sport pour les moins de 6 ans ?

Rares sont les enfants qui ont une idée précise ou exacte du sport qu'ils ont envie de pratiquer. Mieux vaut profiter de leur jeune âge pour leur faire goûter différentes expériences afin de leur permettre, vers 6 ans, de faire un choix et d'entamer une véritable initiation. Nous avons retenu les sports les plus fréquents.

Dès 2-3 ans

• **LE CYCLISME** – Dès 2-3 ans, un enfant est capable de faire du vélo. Plus tard, vers 6 ans, il peut s'inscrire dans un club. Cette pratique favorise le développement psychomoteur, la maîtrise de l'équilibre, la coordination des mouvements.

Dès 3 ans

• **LE PATINAGE** – L'enfant, dès 3 ans, peut s'initier à ce sport de glisse grâce à des patins spécifiques. À 5 ans, il aura droit à des patins normaux. Ce sport n'est pas indiqué aux enfants asthmatiques en raison de l'atmosphère froide et humide des patinoires.

Dès 3-4 ans

• **LA NATATION** – Son apprentissage est obligatoire à l'école primaire, mais dans beaucoup d'écoles maternelles les enfants fréquentent déjà la piscine pour une première initiation. La nage est accessible à tous les enfants, quelle que soit leur morphologie.

• **LE SKI** – À 3-4 ans, l'enfant peut faire ses premières descentes en compagnie de sa famille ; les écoles de ski acceptent les enfants à partir de 6 ans.

Dès 4 ans

• **LA DANSE** – Dès 4 ans, l'enfant peut s'initier à la danse rythmique. Elle permet aux filles comme aux garçons une meilleure maîtrise des gestes et de cultiver leur sens du rythme.

• **LE JUDO** – Dès 4 ans, votre enfant sera très fier de porter le kimono et de déséquilibrer son moniteur. Son ambition : devenir ceinture noire.

• **LA VOILE** – Dès 4 ans, et si votre enfant sait nager, il pourra tirer ses premiers bords à la barre d'un Optimiste.

Dès 5 ans

• **LE BASKET** – À 5 ans, les enfants seront initiés par le biais du baby-basket. Ce sport développe très tôt, chez l'enfant, des capacités psychomotrices, des qualités de saut, de course et de lancer. C'est aussi une bonne initiation aux jeux collectifs.

• **LE HANDBALL** – Il est accessible sous la forme de prim-hand, activité de jeu où course, saut et lancer développent les qualités demandées au handballeur. Le prim-hand ne peut se pratiquer que dans le cadre scolaire.

Dès 5-6 ans

• **LE CANOË-KAYAK** – Dès 6 ans, les enfants peuvent pratiquer ce sport. Bien que chacun ait son embarcation, c'est un sport d'équipe, l'intérêt étant de mesurer sa dextérité avec les autres. Seules conditions : avoir une pagaie à sa mesure, savoir nager et ne pas paniquer lorsque l'embarcation se retourne, ce qui arrive inévitablement.

• **L'ÉQUITATION** – À 5-6 ans, un enfant ne peut monter que sur un poney ou sur un cheval de petite taille. L'enfant prendra plaisir aux promenades, il apprendra à conduire l'animal et acquerra les réflexes élémentaires pour rester en selle. La seule contre-indication réside dans des problèmes de dos.

Dès 6 ans

• **L'ESCRIME** – Accessible dès 6 ans, ce sport lui apprendra la rigueur des postures, la discipline et le respect de l'adversaire.

• **LE FOOTBALL** – À 6 ans, on propose aux enfants une forme de jeu qui s'appelle le football des débutants. C'est une initiation d'abord au jeu collectif, puis une pratique plus spécifique, telle qu'arrêts de balle, passes. Mais ce n'est pas avant 12 ans qu'il pourra participer à des matchs (à 12). Le football ne demande pas de qualités spécifiques. Seule est essentielle la vitesse de réaction et de détente.

• **LE TENNIS** – Dès 6 ans 1/2, l'enfant peut apprendre à en jouer. Mais l'apprentissage de ce sport passera obligatoirement par des leçons avec un pédagogue attentif aux problèmes de croissance. Il devra par une pratique variée et multiforme compenser le travail d'un geste asymétrique.

1RE SEMAINE

1ER MOIS

2 À 3 MOIS

4 À 5 MOIS

6 À 7 MOIS

8 À 9 MOIS

10 À 11 MOIS

1 AN

1 AN 1/2

2 ANS

2 ANS 1/2

3 ANS

4 ANS

5 ANS

6 ANS

ANNEXES

Comment évaluer le sommeil de votre enfant ?

Tous les parents sont inquiets lorsque leur bébé ne semble pas dormir assez ou qu'il n'a pas un sommeil de bonne qualité. De plus, les difficultés d'endormissement et les réveils nocturnes entraînent chez eux fatigue et énervements.

Apprécier le sommeil d'un enfant n'est pas toujours facile puisqu'il dépend de son âge, de la période de développement qu'il traverse, des gestes de maternage de ses parents et d'énervements familiaux qui peuvent le perturber.

C'est pourquoi nous vous proposons cette grille du sommeil qui peut vous aider dans une évaluation objective. Elle est d'ailleurs souvent demandée par le pédiatre ou les services hospitaliers spécialisés, lors de la première consultation pour troubles du sommeil. L'observation se fait sur une semaine et consiste à cocher les moments de sommeil et d'éveil de votre enfant. Pour une lecture plus rapide, utilisez des stylos de couleurs différentes pour chaque état. Ainsi le médecin peut rapidement évaluer la quantité globale de sommeil en fonction de l'âge de l'enfant et constater si certains réveils sont anormaux. Une petite ligne sous chaque jour est destinée à recevoir vos appréciations et vos observations fines.

Si votre bébé ne dort pas très bien, rappelez-vous que la qualité de son sommeil est très liée au sentiment qu'il a ou non d'être en parfaite sécurité et d'être aimé.

Souvenez-vous encore qu'il faut compter environ six mois pour qu'un nourrisson apprenne à dormir et qu'il réussisse à régler son horloge interne, qui gouverne ses moments de veille et de sommeil, sur vingt-quatre heures et sur l'horloge familiale qui établit des heures pour dormir, manger et être actif.

Sachez encore que toute tension ou légère dépression maternelle peut être ressentie par le bébé. Il ne comprend pas pourquoi sa mère ne lui sourit plus comme d'habitude, pourquoi le son de sa voix est légèrement différent, pourquoi elle ne le serre pas contre elle de la même façon qu'hier. Il s'inquiète, il craint de la quitter et dort mal.

Enfin, ne soyez pas immédiatement inquiète si, pendant quelques jours, il ne semble pas dormir aussi bien qu'avant. Bercez-le, caressez-le, portez-le contre vous un peu plus que d'habitude tout en lui gardant un rythme de vie normale. Si au bout d'une dizaine de jours, cela ne va pas mieux, ne laissez pas s'installer une situation difficile et tendue, allez consulter un médecin.

Semaine du .... au ....

Lundi		Matin						Après-midi						Soir				Nuit					
Heures	7	8	9	10	11	12	13	14	15	16	17	18	19	20	21	22	23	24	1	2	3	4	5	6
Sommeil																								
Éveil																								

Commentaires : ....

Mardi		Matin						Après-midi						Soir				Nuit					
Heures	7	8	9	10	11	12	13	14	15	16	17	18	19	20	21	22	23	24	1	2	3	4	5	6
Sommeil																								
Éveil																								

Commentaires : ....

Mercredi		Matin						Après-midi						Soir				Nuit					
Heures	7	8	9	10	11	12	13	14	15	16	17	18	19	20	21	22	23	24	1	2	3	4	5	6
Sommeil																								
Éveil																								

Commentaires : ....

Jeudi		Matin						Après-midi						Soir				Nuit					
Heures	7	8	9	10	11	12	13	14	15	16	17	18	19	20	21	22	23	24	1	2	3	4	5	6
Sommeil																								
Éveil																								

Commentaires : ....

Vendredi		Matin						Après-midi						Soir				Nuit					
Heures	7	8	9	10	11	12	13	14	15	16	17	18	19	20	21	22	23	24	1	2	3	4	5	6
Sommeil																								
Éveil																								

Commentaires : ....

Samedi		Matin						Après-midi						Soir				Nuit					
Heures	7	8	9	10	11	12	13	14	15	16	17	18	19	20	21	22	23	24	1	2	3	4	5	6
Sommeil																								
Éveil																								

Commentaires : ....

Dimanche		Matin						Après-midi						Soir				Nuit					
Heures	7	8	9	10	11	12	13	14	15	16	17	18	19	20	21	22	23	24	1	2	3	4	5	6
Sommeil																								
Éveil																								

Commentaires : ....

1RE SEMAIN

1ER MOI*

2 À 3 MOIS

4 À 5 MOIS

6 À 7 MOIS

8 À 9 MOIS

10 À 11 MOIS

1 AN

1 AN 1/

2 ANS

2 ANS

3 ANS

4 ANS

5 ANS

6 ANS

ANNEXE*

Les dangers de la maison

Faites le tour de votre maison ou de votre appartement, ces dessins à la main. Vous constaterez que les pièges sont beaucoup plus nombreux que vous l'imaginiez.

À l'intérieur

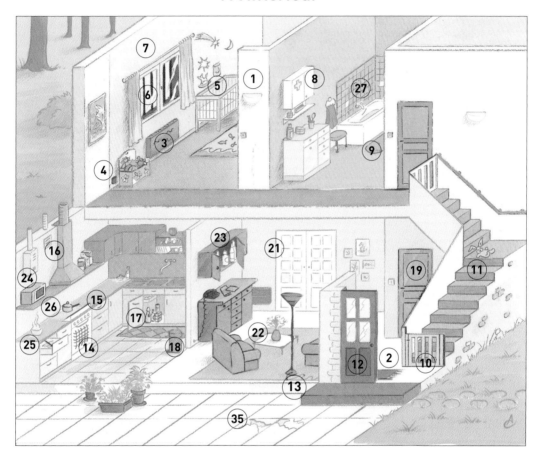

1. Bon éclairage dans les couloirs.
2. Pas de tapis « volant ».
3. Chauffage protégé.
4. Cache-prises.
5. Lit à barreaux.
6. Barres aux fenêtres.
7. Pas de peinture au plomb.
8. Armoire à pharmacie en hauteur et avec serrure.
9. Tapis de baignoire et siège sécurité.
10. Barrière de sécurité pour escalier.
11. Moquette collée dans l'escalier.
12. Verre feuilleté pour porte vitrée.
13. Pas de rallonge électrique.
14. Écran de sécurité pour cuisinière ou porte froide pour four.
15. Barre de sécurité pour les casseroles.
16. Ventilation pour appareils à gaz.
17. Fermetures sécurité pour placards.
18. Poubelle avec couvercle.
19. Poignées de portes en hauteur.
20. Crochets pour fenêtres.
21. Garniture de porte anti « doigt pincé ».
22. Protections pour arrondir les coins de table.
23. Les bouteilles d'apéritif hors de portée.
24. Micro-ondes : vérifiez la température des liquides avant de les servir.

À l'extérieur

1RE SEMAIN
1ER MOIS
2 À 3 MOIS
4 À 5 MOIS
6 À 7 MOIS
8 À 9 MOIS
10 À 11 MOIS
1 AN
1 AN 1/
2 ANS
2 ANS
3 ANS
4 ANS
5 ANS
6 ANS
ANNEXES

25. Plaque vitrocéramique : attention aux brûlures.

26. Casseroles dont les queues dépassent de la cuisinière.

27. Eau chaude à pas plus de 60 °C.

28. La porte qui s'ouvre sur la rue est fermée à clef.

29. La poubelle du jardin doit être hermétiquement fermée.

30. Les produits de traitement du jardin sont hors de portée.

31. Le bassin est entouré d'une grille, la piscine munie d'un système de sécurité.

32. Les outils et le matériel de jardin sont rangés aussitôt après usage.

33. Pas de carreaux cassés.

34. La porte automatique du garage est munie d'un système de sécurité.

35. Les dalles et les marches cassées doivent être remplacées.

36. Les feux de jardin sont contrôlés ou, mieux, faits dans un bidon spécial.

37. Approcher du barbecue est interdit aux enfants.

38. Les balançoires et les jeux de jardin doivent être régulièrement vérifiés.

39. Le sable du bac à sable est changé tous les ans.

40. La cabane du jardin est fermée à clef.

Les plantes dangereuses

Malgré leur beauté et leur charme, les baies, surtout, les feuilles et les fleurs des plantes des jardins et des champs peuvent constituer de véritables dangers. Pensez toujours à avoir chez vous, en cas d'intoxication, le numéro de téléphone du centre antipoison le plus proche.

Du côté du jardin

Si vous devez aménager un jardin, plantez plutôt des arbres et des fleurs inoffensifs. Si vous vous installez dans une maison dont le jardin est déjà aménagé, faites minutieusement le tour du propriétaire. Une consigne valable aussi pour toute location de maison de vacances. Pour vous aider, voici la liste des plantes dangereuses les plus communes de nos jardins. Toutes n'ont pas, bien sûr, la même toxicité.

- **Le laurier-rose.** Toutes les parties de la plante sont toxiques.
- **Le chèvrefeuille.** Toxique par ses baies.
- **Le troène.** Ses grappes de fruits noirs en automne entraînent des troubles gastriques.
- **Le fusain.** Ses fruits rose pourpre provoquent de violentes diarrhées.
- **L'if.** Ses fruits composés d'une baie foncée entourée de pulpe rouge occasionnent des paralysies respiratoires.
- **Le marronnier.** Ce sont les marrons, dans leur bogue verte et piquante, qui peuvent être à l'origine de troubles digestifs.
- **La primevère.** La manipulation de ses feuilles provoque des dermites.
- **Le lierre.** Ses baies toxiques déclenchent différents maux allant jusqu'aux troubles respiratoires graves.
- **Les hortensias.** Les feuilles de certains hortensias contiennent de l'acide hydrocyanique qui provoque vomissements et diarrhées.
- **Le buisson ardent (ou cotoneaster).** Ses feuilles et ses fruits sont la cause de troubles digestifs sérieux.

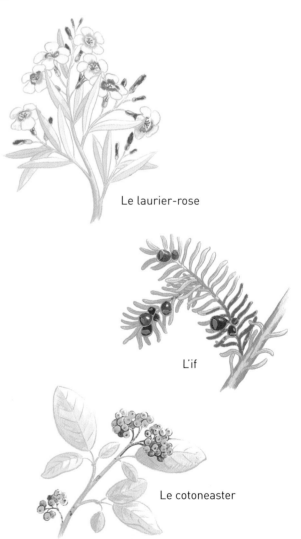

Le laurier-rose

L'if

Le cotoneaster

• **Le rhododendron.** Ce sont ses fruits qui sont toxiques, provoquant des troubles digestifs et respiratoires.

• **Jacinthe, narcisse, jonquille.** Toxiques par leurs bulbes, ils sont responsables de troubles gastro-intestinaux.

• **Le pois de senteur.** Dangereux par ses graines et cause de troubles cardiaques.

• **La stramoine.** Les fruits épineux de cette plante, qui aime les vieilles pierres, sont redoutables.

• **La pomme de terre (ou *Solanum tuberosum*).** Ce sont surtout les fruits que produisent ses fleurs blanchâtres qui sont très toxiques, le reste de la plante aérienne l'est moins.

• **L'aucuba.** Les baies rouges de cet arbuste, très répandu dans les jardins, sont toxiques.

• **La rhubarbe.** Les tiges sont bien sûr comestibles ; en revanche, les feuilles contiennent de l'oxyde oxalique qui cause des hémorragies et des atteintes rénales.

• **Le buis.** Sa tige provoque des atteintes gastro-intestinales sérieuses.

• **Le datura.** Son feuillage est vénéneux.

• **La symphorine.** Ses fruits blanc neige en grappes, très irritants pour les muqueuses, entraînent des troubles digestifs.

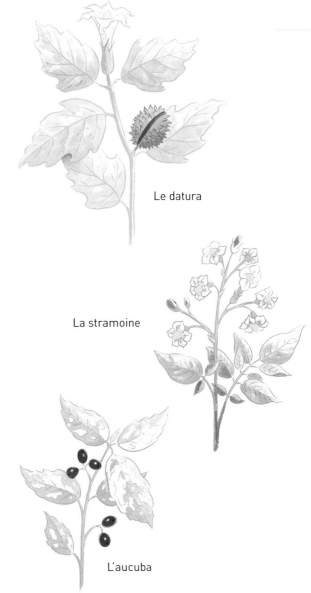

Le datura

La stramoine

L'aucuba

Les plantes d'appartement

Elles sont tentantes pour les enfants : ils en avalent une feuille ou la mettent à la bouche ou encore en sucent en toute inconscience la tige. Elles peuvent être la cause de troubles dermatologiques, de conjonctivites, voire même de troubles digestifs ou nerveux, parfois graves. Quelques exemples :

• **le classique philodendron** provoque une importante inflammation des lèvres, de la gorge ou de la langue ;
• **le dieffenbachia,** lui, est dangereux par le suc de sa tige qui peut entraîner des lésions des yeux importantes ;

1RE SEMAIN

1ER MOIS

2 À 3 MOIS

4 À 5 MOIS

6 À 7 MOIS

8 À 9 MOIS

10 À 11 MOIS

1 AN

1 AN 1/

2 ANS

2 ANS

3 ANS

4 ANS

5 ANS

6 ANS

ANNEXES

La sécurité

• l'anthurium, le caladium, le xanthosoma et le callicarpa
sont eux aussi à ne pas laisser à la portée des enfants. ;

• dans la famille des **Euphorbes,** on connaît près de six cents espèces
au suc irritant ;

• au banc des accusés encore : **les bulbes de jacinthes, les narcisses,
les jonquilles, les feuilles de poinsettia, les bégonias,** dont les feuilles provoquent
au niveau de la bouche des brûlures. Si elles sont ingérées, elles entraînent
des diarrhées, des vomissements ou un œdème de la langue provoquant
des troubles respiratoires ;

• autre plante dangereuse, surtout par sa graine, **le ricin.**
Cinq ou six graines croquées sont mortelles.

Dans les bois et sur les talus

Les promenades et les pique-niques peuvent conduire les enfants à toucher certaines plantes sauvages qui, ingérées, peuvent avoir des effets redoutables.

• **L'arum ou pied-de-veau.** Ses baies
peuvent être mortelles.

• **Le gui.** L'ingestion de dix à vingt
de ces baies est mortelle.

• **Le houx.** Ses baies rouge vif
provoquent des troubles gastro-
intestinaux sérieux.

• **La grande et la petite ciguë.** Toxiques,
les graines entraînent des troubles
digestifs et neuro-respiratoires.

• **La douce-amère.** L'ingestion d'une
dizaine de ses baies peut être mortelle.

• **L'aconit.** Toxique par ses sucs, elle
entraîne des troubles graves.

• **L'actea et la bryone.** Toxiques par leurs
baies.

• **Beaucoup de baies des arbres de la
famille des cyprès.**

• **Les fèves du hêtre.** Elles entraînent
des troubles hépatiques.

• **Le daphné ou bois-gentil.** Ses fruits
rouges provoquent une indigestion
qui peut être mortelle.

L'arum ou pied-de-veau

La digitale

• **La digitale.** Sa tige et ses fleurs pourpres laissent sur les mains un suc qui provoque des troubles cardiaques.

• **La belladone.** Ses baies noires semblables à des cerises sont vénéneuses.

• **Le colchique.** Il fleurit en automne et, en fin de floraison, libère des petites graines très toxiques.

• Sans être toxiques, d'autres plantes peuvent être dangereuses comme **les rosiers** et beaucoup d'arbustes décoratifs couverts d'épines.

La belladone

L'aconit

La douce-amère

La grande
et la petite ciguë

Le colchique

1RE SEMAIN

1ER MOIS

2 À 3 MOIS

4 À 5 MOIS

6 À 7 MOIS

8 À 9 MOIS

10 À 11 MOIS

1 AN

1 AN 1/

2 ANS

2 ANS 1

3 ANS

4 ANS

5 ANS

6 ANS

ANNEXES

Des repas équilibrés

Bien que l'obésité de l'enfant soit de plus en plus préoccupante et en constante augmentation, aucun régime ne doit être entrepris avant l'âge de 6 ans. Quelques conseils de vie quotidienne peuvent pourtant éviter aux petits enfants de prendre trop de poids.

Avant tout, il est indispensable de surveiller régulièrement leur poids et leur taille et de consulter un médecin au moindre doute. L'enfant doit manger de tout, même s'il est un peu rond, il n'y a pas d'aliment interdit. Par contre, mieux vaut être vigilant sur les quantités de frites, de viennoiseries et de bonbons qu'il absorbe au cours d'une journée.

Essayez de limiter la consommation de boissons sucrées, donnez-lui de l'eau à boire avec ses repas, ne lui servez pas des portions d'adultes, autorisez-le à ne pas finir son assiette et demandez-lui de prendre ses repas assis (surtout pas devant la télévision).

Enfin votre enfant doit bouger : faites-lui faire du sport ou donnez-lui l'habitude de marcher.

Teneur en protéines de quelques aliments
(parties comestibles)

Produits animaux		Produits végétaux	
• Fromage	24 %	• Légumes secs	24 %
• Charcuterie	22 %	• Noix (amandes)	15,5 %
• Viande (muscle)	20 %	• Pâtes	13 %
• Poisson (chair)	16 %	• Farines	11 %
• Œufs	12 %	• Pain	7 %
• Lait	3,5 %	• Pommes de terre	2 %

Apports conseillés en protéines
par jour

• Enfants de 1 à 3 ans	de 22 g à 40 g*
• Enfants de 4 à 6 ans	55 g
• Enfants de 7 à 9 ans	66 g

*selon l'âge

Marge de variation
(plus ou moins acceptables chez l'enfant)

• Enfants de 4 à 6 ans	de 50 g à 60 g
• Enfants de 7 à 9 ans	de 59 g à 73 g

Menus pour un bébé de 8 à 12 mois

LUNDI

Petit déjeuner	Lait additionné de farine lactée
Jus de fruits	Orange
Déjeuner	Jambon Purée verte pommes de terre-haricots verts Fruit frais
Goûter	Lait et biscuit
Dîner	Potage poireaux-pommes de terre Yaourt

MARDI

Petit déjeuner	Petit déjeuner tout prêt en brique
Jus de fruits	Cassis
Déjeuner	Veau Purée de carottes Compote ou fruit cuit
Goûter	Petit-suisse et 1 petite tranche de pain
Dîner	Soupe pommes de terre-haricots verts Fromage

MERCREDI

Petit déjeuner	Lait additionné de farine cacaotée
Jus de fruits	Pomme
Déjeuner	Porc Purée de fonds d'artichauts 1 pot de fruits mélangés
Goûter	Flan et biscuit
Dîner	Soupe de légumes (courgette, petit navet, tomate, poireau) Yaourt

JEUDI

Petit déjeuner	Yaourt légèrement sucré
Jus de fruits	Ananas
Déjeuner	Steak haché Pommes de terre à la vapeur Fruit frais
Goûter	Lait chocolaté et biscuit
Dîner	Crème de persil Flan

VENDREDI

Petit déjeuner	Lait additionné de farine vanillée
Jus de fruits	Pamplemousse
Déjeuner	Poulet Haricots verts à la tomate Compote
Goûter	Petit-suisse et 1 petite tranche de pain
Dîner	Purée pommes de terre-courgettes Fromage

SAMEDI

Petit déjeuner	Pétales de maïs dans un peu de lait
Jus de fruits	Carottes et citron
Déjeuner	Agneau Riz à la courgette Fruit frais
Goûter	Lait sucré de miel, 1 biscuit
Dîner	Potage carottes, céleri, pommes de terre Petit-suisse

DIMANCHE

Petit déjeuner	Lait au fruit
Jus de fruits	Exotique
Déjeuner	Poisson Épinards ou pommes de terre à la vapeur Dessert lacté
Goûter	Yaourt et biscotte
Dîner	Flan de légumes (courgettes-carottes) Fromage cuit

1RE SEMAIN

1ER MOIS

2 À 3 MOIS

4 À 5 MOIS

6 À 7 MOIS

8 À 9 MOIS

10 À 11 MOIS

1 AN

1 AN 1/2

2 ANS

2 ANS 1,

3 ANS

4 ANS

5 ANS

6 ANS

ANNEXES

Menus pour un bébé de 12 à 24 mois

LUNDI

Petit déjeuner	Lait additionné de farine vanillée
Collation de 10 h	Orange
Déjeuner	1 petite tranche de jambon 30 g de coquillettes Fruit frais écrasé avec un peu de sucre
Goûter	150 ml de lait sucré (1 morceau de sucre) 1 biscuit, 1 fruit frais
Dîner	Purée de poireaux-pommes de terre Yaourt

MARDI

Petit déjeuner	Lait, miel
Collation de 10 h	Carottes citronnées
Déjeuner	1 côte d'agneau - Riz à la courgette Yaourt Banane
Goûter	2 biscottes tartinées de fromage frais 1 jus de fruits
Dîner	Petites pâtes, spaghettis de carotte Fromage blanc Compote de pommes

MERCREDI

Petit déjeuner	Lait additionné de farine cacaotée
Collation de 10 h	Cocktail de fruits rouges
Déjeuner	1 filet de sole (30 à 50 g) Fond d'artichaut revenu au beurre Petit pot de fruits exotiques
Goûter	Crème caramel 3 langues de chat
Dîner	Salade composée Gruyère Fruit cuit

JEUDI

Petit déjeuner	Lait et corn-flakes au miel
Collation de 10 h	Pomme
Déjeuner	Steak haché (30 à 50 g) Purée pommes de terre-haricots verts Petite pomme en lamelles
Goûter	150 ml de lait chocolaté 2 biscuits à la cuillère
Dîner	Crème de persil Flan - Fruit frais

VENDREDI

Petit déjeuner	Lait, tartine beurrée-confiture
Collation de 10 h	Pamplemousse
Déjeuner	Carottes râpées Poulet haricots verts à la tomate Camembert Compote d'abricots
Goûter	2 petits-suisses, 1 madeleine
Dîner	Semoule au lait et aux raisins secs Fromage à pâte cuite Fruit

SAMEDI

Petit déjeuner	Lait, tartine beurrée-confiture
Collation de 10 h	Raisin
Déjeuner	Escalope de veau (30 à 50 g) Gratin de carottes Gâteau de semoule
Goûter	2 petits-suisses, 1 petite tranche de quatre-quarts
Dîner	Soupe pommes de terre-haricots verts Fromage blanc-confiture

DIMANCHE

Petit déjeuner	Yaourt, pain grillé confiture
Collation de 10 h	Ananas
Déjeuner	Œuf coque - Épinards en branche Entremets au chocolat
Goûter	50 ml de lait sucré de miel 1 biscuit, 1 pomme
Dîner	Flan de légumes (courgette, céleri, carotte) Fromage cuit Fruit

Les équivalences protéiques

Elles ne peuvent être réalisées qu'entre des aliments apportant des protéines de même qualité nutritionnelle. En pratique, on peut retenir que 100 g de viande apportent 18 à 20 g de protéines, de même que :

- 100 g d'abats, de poisson ou de volaille ;
- 2 œufs ;
- 1/2 litre de lait ;
- 4 yaourts ;
- 70 g d'emmental ;
- 90 g de camembert ;
- 180 g de fromage blanc.

Peser sans balance

	1 cuillerée à café rase	1 cuillerée à soupe rase	1 tasse à café	1 verre
Liquide	0,5 cl	1,5 cl	15 cl	20 cl
Farine	3 g	10 g	210 g	250 g
Sucre	6 g	12 g	75 g	200 g
Huile	4 g	13 g	120 g	160 g
Semoule	4 g	12 g	135 g	160 g
Riz cru	7 g	18 g	135 g	160 g

Boire du lait

Pour le CIDIL (Centre interprofessionnel de documentation et d'information laitière), le tableau des rations quotidiennes de produits laitiers conseillées peut s'établir ainsi :

Âge	Lait	Fromages	Beurre
De 2 à 5 ans	1/2 litre	20 à 25 g	20 g
De 6 à 11 ans	1/2 litre	25 à 30 g	20 à 25 g
De 12 à 15 ans	1/2 litre	30 à 40 g	20 à 25 g

Conseils

- 30 g de viande hachée = 20 g de viande cuite.
- Les poissons blancs sont les meilleurs.
- La cuisson sans matières grasses est préférable. Une noix de beurre dans les légumes suffit.
- Saler parcimonieusement.
- Les fruits doivent être bien mûrs.
- Jusqu'à 9 mois, il est préférable de toujours préparer à la dernière minute.
- Les petits pots permettent d'avoir à portée de main la quantité nécessaire en légumes ou en fruits.

1RE SEMAINE
1ER MOIS
2 À 3 MOIS
4 À 5 MOIS
6 À 7 MOIS
8 À 9 MOIS
10 À 11 MOIS
1 AN
1 AN 1/2
2 ANS
2 ANS 1/2
3 ANS
4 ANS
5 ANS
6 ANS
ANNEXES

Menus pour un enfant de plus de 2 ans

LUNDI

Petit déjeuner	Lait, müesli et jus de fruits
Collation de 10 h	Compote de pommes ou poires et quelques langues de chat
Déjeuner	Saucisson Poulet Gratin de chou-fleur ou brocolis Kiwi
Goûter	2 petits-suisses et pain d'épice
Dîner	Risotto Fromage frais Crème au chocolat

MARDI

Petit déjeuner	Lait, tartine beurrée-confiture
Collation de 10 h	Jus de pamplemousse et 1 sablé
Déjeuner	2 morceaux de blanquette de veau Riz et carottes Yaourt
Goûter	2 petits-suisses, 2 tranches fines de quatre-quarts
Dîner	Soupe de tomates- Tarte courgettes-fromage de chèvre Compote de pommes

MERCREDI

Petit déjeuner	Crêpes, lait et jus de fruits
Collation de 10 h	Ananas et 1 fine tranche de quatre-quarts
Déjeuner	Salade d'endives Poisson poché au beurre frais Riz à la tomate et au basilic Yaourt et poire
Goûter	150 ml de lait sucré, biscuit fourré au chocolat
Dîner	Purée de trois légumes : courgettes, carottes, pommes de terre Fromage - Yaourt aux fruits

JEUDI

Petit déjeuner	Lait et corn-flakes au miel
Collation de 10 h	Quelques fruits secs
Déjeuner	Steak haché Pommes frites Petit-suisse Abricots au sirop
Goûter	Banane, tartine de pain grillé beurré
Dîner	Crème de persil Assortiment de fromages, crakers Crumble aux fruits rouges

VENDREDI

Petit déjeuner	Lait au caramel et croissant
Collation de 10 h	Fruits frais de saison, 1 biscuit sec
Déjeuner	Carottes râpées sauce yaourt 1 tranche de rosbif Coquillettes en gratin Fruit frais
Goûter	Lait sucré (1 morceau de sucre) et pain au chocolat
Dîner	Omelette, haricots verts ou épinards Fruit frais

SAMEDI

Petit déjeuner	Œuf coque - Yaourt à boire
Collation de 10 h	Fruit de saison
Déjeuner	Couscous Fromage blanc Clafoutis
Goûter	Banane et yaourt
Dîner	Soupe de julienne de légumes de saison Œuf coque Salade de fruits frais

DIMANCHE

Petit déjeuner	Lait chocolaté et céréales
Collation de 10 h	Cocktail de fruits rouges
Déjeuner	1 filet de poisson pané Carottes sautées au cumin Camembert Fruit
Goûter	Lait et tartelette aux pommes
Dîner	Salade composée Coquillettes Petit gervais

L'état civil

Le nom de l'enfant

Depuis le 1ᵉʳ janvier 2005, les enfants nés d'un couple marié ou non peuvent porter le nom de leur père ou de leur mère, voire les deux, dans l'ordre choisi par eux.

Seule restriction à cette nouvelle loi : les enfants des mêmes père et mère devront avoir les mêmes noms et toujours dans le même ordre. Si l'enfant n'est reconnu que par l'un de ses parents, il porte le nom de celui qui l'aura reconnu en premier. S'il existe un désaccord entre les parents sur les noms et leur ordre, c'est la loi antérieure qui s'applique, c'est donc le nom du père qui l'emporte.
L'avis des parents :
Depuis le 1ᵉʳ janvier 2005, 74 % d'entre eux ont continué à choisir le patronyme paternel.

L'enfant peut-il changer de nom ?

• L'enfant qui porte uniquement le nom de sa mère peut, par la suite, prendre celui de son père si celui-ci le reconnaît. Mais les parents doivent en faire la demande conjointe auprès du greffier en chef du juge aux affaires familiales tant qu'il est mineur. À partir de 13 ans, le juge lui demandera son avis.
• Si l'enfant n'a pas de père reconnu et que sa mère se marie, l'époux de celle-ci peut lui donner son nom. Pour faire une « dation de nom », les époux doivent en faire la déclaration conjointe devant le greffier du tribunal de grande instance. Si l'enfant a plus de 13 ans, il devra donner son accord. Dans les deux ans qui suivent sa majorité, il pourra, s'il le souhaite, reprendre son nom d'origine en faisant la demande au juge des affaires familiales.

Le prénom de l'enfant

Aujourd'hui, les parents sont libres de choisir le (s) prénom (s) de leur enfant.
Si ce ou ces prénoms seuls, associés entre eux ou associés au nom de famille, paraissent contraires à l'intérêt de l'enfant ou au droit des tiers à protéger leur patronyme, l'officier d'état civil en avisera sans délai le procureur de la République qui, lui-même, saisira le juge aux affaires familiales. En attendant le jugement, l'état civil de l'enfant portera le prénom choisi par les parents. Si le juge-

ment oblige les parents à changer le prénom, celui-ci sera supprimé de l'état civil.
Le juge demandera alors un autre prénom aux parents, ou, à défaut, en attribuera un lui-même. Toutes ces décisions seront portées en marge des actes d'état civil de l'enfant.

La déclaration de naissance

Dans un délai maximal de trois jours après l'accouchement, la déclaration de naissance de l'enfant doit être faite à la mairie dont dépend la maternité (arrondissement, ville, village).
La personne effectuant cette déclaration doit obligatoirement avoir avec elle le livret de famille remis au couple au moment du mariage (ou du moins une pièce d'identité), ainsi que le certificat de naissance délivré par le médecin ou la sage-femme ayant pratiqué l'accouchement.
La déclaration de naissance donne lieu à l'enregistrement d'un acte de naissance.
Celle-ci, officiellement reconnue et inscrite sur le livret de famille, permettra l'établissement de documents tels que copie ou extrait de l'acte de naissance, fiche simple ou familiale d'état civil.

La copie ou l'extrait d'acte de naissance

Sur l'acte officiel de naissance sont inscrits le jour, l'heure, le lieu de naissance de l'enfant, ses nom et prénom (s) ainsi que les identités, les dates de naissance, les professions et adresse (s) du père et de la mère.
La copie ou l'extrait de cet acte sont délivrés sur simple demande, directement ou par correspondance, à la mairie ayant enregistré la déclaration.

La filiation, la légitimation

La filiation légitime est celle d'un enfant conçu ou né dans le mariage.
Légalement et dans ce contexte, l'enfant a pour père le mari de sa mère. En plus des enfants légitimes de naissance, il existe des enfants légitimes, soit par la reconnaissance déclarée conjointement ou le mariage de leurs parents, soit par un acte d'adoption officiel. Cette filiation ou légitimation entraîne des droits et des devoirs de la part des parents envers l'enfant, mais aussi de l'enfant envers ses parents.

1ʳᵉ SEMAIN
1ᵉʳ MOIS
2 À 3 MOIS
4 À 5 MOIS
6 À 7 MOIS
8 À 9 MOIS
10 À 11 MOIS
1 AN
1 AN 1/2
2 ANS
2 ANS 1
3 ANS
4 ANS
5 ANS
6 ANS
ANNEXES

Comment obtenir un extrait de naissance

• Les seuls renseignements à fournir sont le nom, le (s) prénom (s) et la date de naissance de la personne concernée. Cette formalité peut être effectuée par toute personne mandatée.

Comment obtenir la copie de l'acte de naissance

• Les renseignements à fournir sont le nom, le(s) prénom(s) et la date de naissance de l'intéressé. Cette formalité ne peut être effectuée que par les parents ou un membre de la famille devant faire la preuve de son lien de parenté. Chacune de ces pièces est gratuite. En cas de demande par correspondance, ne pas omettre de joindre une enveloppe timbrée et libellée à l'adresse de retour. La fiche d'état civil n'existe plus.

Action en reconnaissance de paternité

On peut en faire la demande au tribunal de grande instance si on peut :
– apporter la preuve de relations intimes avec le père pendant la période de conception (180 à 300 jours avant la naissance) ;
– justifier d'une « bonne conduite » pendant cette période.
La procédure doit être engagée dans les deux ans qui suivent la naissance, ou à la fin d'un concubinage notoire, ou encore à la majorité de l'enfant. Le magistrat peut demander une recherche en paternité mais cet examen biologique peut être refusé par le père supposé. Le père peut, dans certains cas, être condamné à verser des dommages-intérêts et une pension alimentaire. Les tests vendus sur Internet n'ont aucune valeur juridique en France.

Reconnaissance d'un enfant naturel

Elle établit la filiation entre un enfant, né hors mariage, et ses parents.
Le père et la mère de l'enfant peuvent le reconnaître s'ils sont tous deux célibataires, si le père est marié de son côté, si la mère est mariée de son côté. Il est alors indispensable que son mari légitime n'élève pas l'enfant. La reconnaissance par la mère est automatique dès l'établissement de l'acte de naissance et ne demande aucune démarche. Elle peut également reconnaître l'enfant avant sa naissance pour qu'il porte son nom. Elle doit alors s'adresser à la mairie de son domicile. L'enfant porte le nom du premier de ses parents qui l'a reconnu. Il peut porter le nom de son père ou le double nom si celui-ci l'a reconnu en second, en s'adressant au juge des tutelles avant que l'enfant ait 18 ans. À partir de 15 ans, on lui demandera son avis. Enfant naturel et enfant légitime ont les mêmes droits en matière de prestations familiales. L'enfant naturel donne droit à une augmentation du quotient familial pour le parent qui en a la charge. Une pension alimentaire peut être versée par le parent qui n'a pas la charge de l'enfant.

Le statut légal de l'enfant

L'enfant légitime est celui qui naît d'un couple marié. L'enfant naturel simple est né dans une famille où les deux parents sont célibataires. L'enfant naturel adultérin a un de ses deux parents marié avec une autre personne que celle qui est son père ou sa mère. Sont nés de parents inconnus les enfants dont le nom d'un ou des deux parents ne figure pas sur le registre d'état civil. Ils ont été déclarés à l'état civil par un seul des parents ou même, en cas d'abandon, par une personne ayant assisté à l'accouchement.

Un « acte solennel »

Un texte officiel prévoit que la reconnaissance d'un enfant à la mairie soit l'occasion d'une petite cérémonie appelée « acte solennel ». Au cours de cette cérémonie, l'officier d'état civil ou son représentant lit aux parents les articles du code civil portant sur leurs droits et leurs devoirs vis-à-vis de l'enfant. Cette pratique permet la reconnaissance conjointe avant la naissance et assure clairement la filiation des enfants naturels, leur donnant ainsi un statut presque équivalent à celui d'enfant légitime.

Le suivi de la maternité

La déclaration de grossesse

Pour bénéficier de tous les avantages et de tous les droits que donne une grossesse, il est indispensable de la déclarer dans les quatorze premières semaines (soit avant la fin du troisième mois).

Cette reconnaissance officielle est faite par le médecin. Ce praticien peut être un médecin généraliste, un gynécologue ou un médecin de PMI (protection maternelle et infantile). À l'issue de cette visite, il remet à la future maman un formulaire signé, composé de quatre feuillets.

Quels feuillets envoyer ?

• **les deux premiers feuillets (bleus)** sont à adresser à l'organisme chargé des prestations familiales (CAF, Caisse de mutualité sociale, organisme spécifique) ;
• **le troisième feuillet (rose)** est destiné à l'organisme d'assurance maladie-maternité, ainsi que les feuilles de soins des différents examens médicaux et de laboratoire que le médecin aura prescrits. À la réception de ce dossier, la Sécurité sociale établit le carnet de maternité ;
• à l'issue des examens de contrôle, **le quatrième feuillet (bleu)** doit être envoyé, avant la fin du 4e mois, à la Caisse d'allocations familiales.

Les visites obligatoires

Longtemps au nombre de quatre, ces visites viennent de passer à sept, pour une meilleure surveillance de la maternité.

• La première visite est celle qui correspond à la déclaration de grossesse et elle a lieu obligatoirement avant la fin du troisième mois. Seul un médecin est habilité à la faire. Cette première visite comporte un examen clinique général, une prise de sang avec recherche du groupe sanguin et du facteur Rhésus, un dépistage de la syphilis, la recherche des défenses immunitaires acquises contre la rubéole et la toxoplasmose.

Est laissée à l'appréciation de la future maman la recherche d'une éventuelle séropositivité ou d'une hépatite C ou B.

• Les autres visites obligatoires peuvent être faites auprès d'une sage-femme. Elles ont lieu à peu près une fois par mois, dès le début du quatrième mois jusqu'à l'accouchement.

Tous les examens dont, systématiquement, un examen clinique et une analyse d'urine, sont remboursés par la Sécurité sociale.

L'examen du 6e mois de grossesse comprend d'autre part un dépistage de l'antigène HBS et une numération globulaire.

L'examen des 8e et 9e mois exige le contrôle du groupe sanguin.

Bien sûr, à ces examens cliniques classiques, s'ajoutent des surveillances spécifiques adaptées aux cas particuliers. C'est notamment le cas des grossesses dites « pathologiques ». Tout examen complémentaire est remboursé à 100 % par la Sécurité sociale sur justification médicale.

Le Guide de surveillance médicale mère et nourrisson

Il est envoyé à la future maman par la caisse de Sécurité sociale dont elle dépend. Pour le recevoir, il faut justifier du versement de cotisations sociales au cours du trimestre précédant le début de la grossesse (sous forme de bulletins de salaire ou d'attestations de versement) et envoyer un certificat du premier examen médical signé par un médecin avant la fin de la quatorzième semaine d'aménorrhée. Ce nouveau guide est un calendrier personnalisé qui regroupe les informations sur les différents soins, examens, visites obligatoires, déclarations qui jalonnent la grossesse :
– les sept examens prénataux dont un examen facultatif du père au 3e mois ;
– la préparation à l'accouchement ;
– le repos prénatal ;
– le bulletin d'hospitalisation ;
– le certificat d'accouchement (à envoyer sous 48 heures à la Sécurité sociale avec une photocopie du livret de famille) ;
– la déclaration de naissance ;
– l'examen postnatal ;
– la surveillance médicale du bébé jusqu'à ses trois mois.

Votre guide maternité informe chaque professionnel de santé rencontré (médecins, sages-femmes, etc.) que vous bénéficiez de l'assurance maternité. Il utilisera les feuilles de soins habituelles. Ce guide est accompagné d'une série d'étiquettes informatisées à coller sur chaque feuille de soins remise au cours des différents examens médicaux et que vous adresserez à votre Caisse d'assurance-maladie (CPAM). Ce guide

1RE SEMAIN
1ER MOIS
2 À 3 MOIS
4 À 5 MOIS
6 À 7 MOIS
8 À 9 MOIS
10 À 11 MOIS
1 AN
1 AN 1/2
2 ANS
2 ANS 1
3 ANS
4 ANS
5 ANS
6 ANS
ANNEXES

sera ensuite relayé par le guide de surveillance médicale enfant. En cas d'interruption de grossesse, ce carnet doit être retourné au centre de paiement de la Caisse d'assurance-maladie.

Qu'est-ce que l'assurance maternité ?

Grâce à cette « assurance », la future maman devient un assuré social particulier.
Elle donne droit :
• au remboursement des différents frais de santé occasionnés par la grossesse et par l'accouchement ;
• aux indemnités journalières pendant les congés de maternité pour :
– les femmes salariées ;
– les femmes assurées sociales personnellement, telles que les commerçantes ;
– les femmes dont le mari est salarié (elles sont dites « ayants droit » d'un assuré social) ;
– les femmes dont le concubin est salarié, qui sont à sa charge effective lorsqu'ils vivent sous le même toit ;
– les jeunes filles encore à la charge de leurs parents, eux-mêmes assurés sociaux ;
– les femmes au chômage à condition d'être encore dans une période de maintien des droits ou de toucher le RMI ;
– les femmes dont le mari est au service militaire ;
– les veuves ou les divorcées depuis moins de 1 an.

Le maintien des droits

La qualité d'ayant droit est conservée quatre ans après la date du changement de situation :
– à laquelle la future maman cesse d'être à la charge de ses parents ;
– à laquelle la future maman cesse de vivre en concubinage ou jusqu'au troisième anniversaire du dernier enfant à charge ;
– du décès du conjoint ou du concubin, ou jusqu'au troisième anniversaire du dernier enfant à charge ;
– de transcription du jugement de divorce dans les registres de l'état civil, ou jusqu'au troisième anniversaire du dernier enfant à charge ;
– de l'arrêt des études pour les jeunes femmes ayant terminé leur scolarité.

L'assurance personnelle

Pour celles qui n'ont aucune couverture sociale, il est possible de bénéficier de prestations mater-nité moyennant le paiement de cotisations (commerçantes, agricultrices, membres des professions libérales, artisanes).
L'affiliation s'effectue soit à votre initiative, soit à celle de votre Caisse d'assurance-maladie.
Le montant des cotisations est calculé en fonction des revenus précédents, ou forfaitairement. Cette adhésion est définitive, tant que l'on ne bénéficie pas d'une couverture sociale à un autre titre.

Les conditions des prestations

Elles sont de deux ordres : remboursement des soins, des examens, des frais médicaux, pharmaceutiques, d'hospitalisation, et indemnités journalières ou revenu de remplacement.

Les salariées
Elles ont droit aux remboursements sous condition d'une durée d'immatriculation ou d'un versement minimal de cotisation soit :
– de 120 heures dans le mois civil précédant le début de la grossesse ;
– de 200 heures dans le trimestre civil précédant le début de la grossesse ;
– de 600 heures dans les six mois civils précédant le début de la grossesse (ou une cotisation de 1 015 fois le SMIC horaire dans la même période) ;
– de 1 200 heures dans l'année civile précédant le début de la grossesse ou une cotisation de 2 030 fois le SMIC horaire dans la même période ;
En cas de chômage, la future maman a droit à ces prestations si elle a cessé son activité moins de douze mois avant la grossesse et si elle justifie des conditions ci-dessus.
Les indemnités journalières sont versées aux salariées si, avant le début de la grossesse, ou avant le début des congés de maternité, ou avant la date de l'accouchement, elles justifient de :
– leur immatriculation à la Sécurité sociale dix mois au moins avant la date de l'accouchement ;
– d'un travail salarié de 200 heures dans le trimestre civil, date à date (ou une cotisation de 1 015 fois le SMIC dans les six mois civils).

Les non-salariées
Pour avoir droit aux prestations, elles doivent :
– être immatriculées à la Sécurité sociale dix mois avant la date de l'accouchement ;
– justifier de versements de cotisations dès la déclaration de grossesse.
Le droit aux prestations est apprécié à la date :

De quoi serez-vous remboursée ?

La prise en charge des frais par l'assurance maternité s'effectue dès la déclaration de grossesse jusqu'à l'examen postnatal.

L'assurance maternité s'applique :

• **aux actes médicaux correspondant aux visites obligatoires**, ainsi que les radiographies et les examens qui sont remboursés à 100 % selon le tarif de la Sécurité sociale, et gratuits dans les dispensaires et les PMI ;

• **aux autres frais médicaux** engagés à partir du sixième mois de grossesse jusqu'à la date de l'accouchement ;

• **à l'achat d'une ceinture de grossesse** sur prescription médicale ;

• **aux frais médicaux occasionnés par une fausse couche** ;

• **aux séances de préparation à l'accouchement,** animées par un médecin ou par une sage-femme (à 100 %) ;

• **aux frais de transport en ambulance** ou toute forme d'assistance médicale, du domicile à la maternité ou à l'hôpital, si l'état de santé l'exige ;

• **aux frais d'hospitalisation et d'accouchement** selon le type d'établissement (conventionné, agréé, etc.) ;

• **au remboursement de l'examen postnatal.**

Le remboursement des soins ne sera effectué que si, d'une part, la déclaration de grossesse a été faite et si, d'autre part, les examens médicaux obligatoires ont bien eu lieu.

Il concerne :

– l'examen facultatif du père ;

– les examens médicaux obligatoires pré et postnataux de la mère ;

– les huit séances de préparation à l'accouchement sans douleur, si elles sont effectuées par un médecin ou une sage-femme ;

– le remboursement des frais relatifs à la formule d'accouchement choisie ;

– les 10 séances maximales de rééducation de la paroi abdominale, prescrites sur avis médical.

Il est possible d'accoucher :

• **à l'hôpital public :** les frais sont pris en charge à 100 % dans la limite de douze jours d'hospitalisation et réglés directement par la Caisse d'assurance-maladie. Au-delà, les frais sont pris en charge en fonction du régime d'assurance contracté ;

• **dans une clinique conventionnée :** selon le type de convention, les frais sont pris en charge pour tout ou partie et réglés directement par la Caisse d'assurance-maladie. Au-delà de douze jours d'hospitalisation, l'assurance-maladie prend le relais ;

• **dans une clinique privée agréée,** non conventionnée : la future maman fait l'avance de tous les frais et ne sera pas remboursée de la totalité de ses dépenses. Ainsi, les frais de séjour ne sont pas pris en compte et le remboursement des frais médicaux est fonction de la situation du médecin (conventionné ou non) ;

• **chez soi :** la Caisse d'assurance-maladie verse dans ce cas un forfait de remboursement des frais médicaux et pharmaceutiques.

Sont également remboursées les dix séances de remise en forme après l'accouchement, effectuées chez un kinésithérapeute, sous réserve d'une entente préalable avec la Caisse d'assurance-maladie.

Les soins ou les interventions particulières

• **L'accouchement sous anesthésie péridurale** est remboursé en fonction de la convention que le médecin anesthésiste a passée avec la Sécurité sociale.

• **L'accouchement par césarienne** est remboursé à 100 % (au tarif de la Sécurité sociale).

• **Votre enfant bénéficiera d'une prise en charge totale pour :**

– l'hospitalisation et les soins dus à une prématurité ;

– les frais d'hospitalisation lorsque celle-ci intervient au cours des trente jours qui suivent la naissance ;

– la fourniture de lait maternel par un lactarium.

1RE SEMAIN

1ER MOIS

2 À 3 MOIS

4 À 5 MOIS

6 À 7 MOIS

8 À 9 MOIS

10 À 11 MOIS

1 AN

1 AN 1/2

2 ANS

2 ANS 1.

3 ANS

4 ANS

5 ANS

6 ANS

ANNEXES

– de la conception de l'enfant ;
– ou du début du repos prénatal.

Mois civil

Du 1er au 30, et selon le nombre d'heures de travail dans le mois (120 heures à temps plein et 60 heures à mi-temps).

La durée de l'assurance maternité se modifie lorsque le médecin :
– prescrit un repos de deux semaines en plus, dès la déclaration de grossesse (grossesse pathologique) ;
– demande un repos supplémentaire de quatre semaines, après le congé de maternité (couches pathologiques).

Le Guide de surveillance médicale enfant

Il fait suite au Guide de surveillance médicale mère et nourrisson. Il est adressé aux mamans par la Caisse d'assurance maladie.
Ce guide est réparti en trois volets :
– première année du bébé ;
– deuxième et troisième années de l'enfant ;
– la période de 4 ans à 6 ans.
Il se présente sous la forme d'un calendrier personnalisé accompagné d'étiquettes informatisées, à coller sur chaque feuille de soins remise lors des différentes visites et à envoyer à la Caisse d'assurance maladie.

Au cours de sa première année, votre bébé devra passer sept visites médicales obligatoires qui vous donneront droit au paiement des allocations postnatales et familiales. Elles doivent avoir lieu tous les deux mois au cours de la seconde année et tous les six mois lors des quatre années suivantes.

Le remboursement des soins de l'enfant

Durant sa première année, l'enfant bénéficie de l'assurance maternité qui rembourse tous les frais correspondant aux examens médicaux obligatoires et à une éventuelle hospitalisation. Après, toutes les visites médicales, les soins et les médicaments prescrits sont remboursés au titre de l'assurance-maladie.

Réforme de l'assurance-maladie
À SAVOIR

• Le pédiatre fait partie des spécialistes pouvant être consultés directement sans avoir à demander l'avis à un généraliste (le gynécologue entre aussi dans cette exception).
• Les remboursements des consultations ne seront pas pénalisés d'un euro s'il s'agit d'enfants de moins de 16 ans ou de futures mamans (à partir du 6e mois de grossesse).

Vous et votre employeur

Le contrat de travail

Les femmes enceintes salariées sont protégées par les contrats à durée indéterminée.
Quelle que soit l'ancienneté, l'employeur ne peut pas licencier une femme enceinte pendant toute la période de sa grossesse, excepté pour faute grave non liée à l'état de grossesse ou en cas de maintien impossible du poste pour des raisons dites économiques.
• Pour les contrats à durée déterminée : jusqu'à la date du terme normal du contrat, l'employeur ne peut licencier la future maman.

De plus, le non-renouvellement du contrat, si celui-ci était prévu, ne peut être lié à l'état de grossesse.
• Pour les femmes en période d'essai : l'employeur ne peut prendre pour motif la grossesse pour arrêter l'essai. Cependant, en cas de rupture pour motif déguisé, la future maman devra faire la preuve que c'est bien la grossesse qui est la cause de l'interruption de la période d'essai.
• Pour celles qui sont à la recherche d'un emploi : aucun employeur ne peut invoquer l'état de grossesse pour refuser une embauche. Lors de l'entretien d'embauche, la future maman n'est pas tenue de le révéler. De même, le médecin du tra-

vail, suite à la visite médicale d'embauche, n'a pas à en informer l'employeur.

• S'il y a licenciement malgré tout : la future maman dispose d'un délai de quinze jours à partir de la notification de licenciement pour adresser à l'employeur, par lettre recommandée avec accusé de réception, un certificat médical attestant la grossesse. Ce certificat aura pour effet soit d'annuler le licenciement, soit d'obliger l'employeur à verser la totalité des salaires qu'elle aurait dû percevoir pendant la durée de protection légale.

Les formalités vis-à-vis de l'employeur

À aucun moment, la future maman n'est tenue légalement d'informer son employeur. Cependant, pour bénéficier de la protection sociale et percevoir les indemnités journalières durant la période du congé, il est indispensable de l'informer dès que possible, par lettre recommandée avec accusé de réception, de la date légale du départ en congé de maternité ainsi que de celle prévue pour la fin du congé. Y joindre un certificat médical attestant la grossesse.

Les conditions particulières de travail

La mutation temporaire
Si l'état de santé de la future maman l'exige, elle peut demander à son employeur un changement provisoire de type ou de poste de travail. Il faut alors présenter un certificat médical établi par le médecin traitant.
En cas de désaccord entre le médecin et l'employeur, c'est le médecin du travail qui tranchera. L'employeur est alors tenu d'accepter cette décision et devra, quelle que soit la nature du changement apporté, maintenir la rémunération initiale si la future maman justifie de un an d'ancienneté dans l'entreprise.

Les horaires de travail
Mis à part la durée des congés de maternité, la loi ne prévoit pas d'aménagement d'horaires pour les femmes enceintes, sauf convention collective particulière.

La démission
Durant la grossesse, la future maman peut démissionner sans effectuer de préavis ni avoir d'indemnités de rupture de contrat à payer.

Les garanties

liées au contrat de travail...

Pendant le congé de maternité, le contrat de travail est provisoirement suspendu ; mais la future maman continue à faire partie des effectifs de l'entreprise. De ce fait, la période de congé de maternité est prise en compte dans le calcul tant des congés payés que de la retraite, tout comme des droits liés à l'ancienneté.

... et à la reprise du travail
Lors de la reprise du travail, elle retrouve dans l'entreprise le poste qu'elle occupait initialement. De plus, elle bénéficie d'une protection complémentaire contre le licenciement durant les quatre semaines qui suivent la fin du congé de maternité.

Le congé de maternité

Divisé en deux périodes, sa durée varie selon le rang de l'enfant à venir et le nombre d'enfants à charge. Depuis avril 2007, la loi autorise les salariées à moduler la répartition de leurs congés de maternité.

Les souhaits des mères

Une étude du ministère de la Santé publiée en 2006 indique que 84 % des mères estiment que le congé de maternité devrait être plus long et 70 % souhaiteraient s'arrêter pendant un an pour élever leur bébé.
Parmi les Européennes, les jeunes mamans qui ont le plus de congés de maternité sont les Suédoises avec 16 mois rémunérés et les Norvégiennes avec 52 semaines.

En cas de grossesse à risque ou pathologique, et sur prescription médicale, le repos prénatal peut être prolongé de deux semaines. Ces deux semaines supplémentaires peuvent être prises à tout moment de la grossesse.
Si l'accouchement a eu lieu plus tôt que prévu, le repos postnatal est prolongé d'autant. Si l'accouchement se produit alors qu'aucun congé de maternité n'a été pris, le repos postnatal est de seize semaines après l'accouchement.
Si l'accouchement a lieu plus tard que prévu, la durée du congé postnatal sera maintenue. Que vous accouchiez à terme, avant ou après terme, les indemnités versées par la Sécurité sociale ne

1RE SEMAIN

1ER MOIS

2 À 3 MOIS

4 À 5 MOIS

6 À 7 MOIS

8 À 9 MOIS

10 À 11 MOIS

1 AN

1 AN 1/2

2 ANS

2 ANS 1/

3 ANS

4 ANS

5 ANS

6 ANS

ANNEXES

Les formalités

peuvent dépasser le temps légal des congés, soit 16 semaines.

Attention, si, comme le propose la nouvelle loi, vous désirez prendre un congé de maternité plus court avant l'accouchement et bénéficier des prestations, notamment des indemnités journalières, il est obligatoire de vous arrêter de travailler au moins trois semaines avant la date de l'accouchement. Vous devez faire « une demande expresse » à votre employeur et fournir un certificat médical attestant que votre santé permet cet aménagement. Quelle que soit la formule adoptée, le congé de maternité doit garantir au minimum 14 semaines d'arrêt de travail selon les règles européennes.

En cas de grossesse multiple

Dans le cas d'une première grossesse gémellaire, il est possible d'ajouter quatre semaines au congé prénatal, mais la période postnatale en est réduite d'autant, à moins que la jeune maman ne demande une prolongation de ce congé pour raison médicale. Si la future maman a déjà un ou deux enfants à charge, le congé prénatal peut être augmenté de deux semaines sans justification médicale.

En cas de difficulté

Si, en raison d'une difficulté à l'accouchement ou d'une naissance prématurée, le bébé est encore hospitalisé six semaines après l'accouchement, il est possible de reprendre le travail et de garder les deux semaines restantes du congé postnatal pour accueillir l'enfant lors du retour à la maison. Cette disposition est soumise à l'accord du centre de Sécurité sociale.

À partir de la naissance d'un troisième enfant, le congé postnatal est de dix-huit semaines.

Les indemnités journalières

Pour les salariées

L'indemnité journalière est égale à 100 % du salaire journalier de base. Le salaire journalier de base se détermine à partir du salaire de référence qui est divisé par le nombre de jours ouvrables (exemple 30 jours par mois, dans le cas d'un salaire mensuel). Les trois derniers mois de salaire soumis à cotisation étant pris en considération, le salaire de référence est divisé par 90 jours.

Les indemnités journalières sont perçues généralement six semaines avant la date présumée de l'accouchement (congé prénatal) pour se terminer dix semaines après la date de l'accouchement (congé postnatal), soit seize semaines au total. Cette durée varie lorsqu'il y a naissance multiple : elle est alors de douze semaines après la naissance ; pour le troisième enfant, la durée totale est portée à vingt-six semaines.

À condition d'être personnellement assurée et sous réserve d'un minimum de dix mois d'immatriculation à la Sécurité sociale, la maman bénéficie d'indemnités équivalant, au minimum, à 100 % de son salaire journalier de base. Elles ne peuvent pas dépasser un montant net de 76,54 €. Selon les employeurs et les conventions collectives, la salariée peut toucher l'intégralité de son salaire. Soit l'employeur continue à la payer, soit il ne lui verse que le complément de salaire, la salariée touchant directement ses indemnités journalières.

Celles-ci sont alors versées automatiquement tous les quatorze jours. Les congés de maternité

Nombre d'enfants à charge	Naissances nouvelles	Congé parental	Congé postnatal	Durée totale du congé de maternité
0	• Naissance simple	6 semaines	10 semaines	16 semaines
	• jumeaux	12 semaines	22 semaines	34 semaines
	• triplés et plus	24 semaines	22 semaines	46 semaines
1	• Naissance simple	6 semaines	10 semaines	16 semaines
	• jumeaux	12 semaines	22 semaines	34 semaines
	• triplés et plus	24 semaines	22 semaines	46 semaines
2	• Naissance simple	8 semaines	18 semaines	26 semaines
	• jumeaux	12 semaines	22 semaines	34 semaines
	• triplés et plus	24 semaines	22 semaines	46 semaines

comptent comme des périodes de travail dans le calcul des congés et des retraites. Les indemnités journalières versées par la Sécurité sociale ne sont pas imposables.

Pour les agricultrices chefs d'exploitation ou salariées

Elles bénéficient d'indemnités journalières qu'elles soient salariées ou qu'elles exercent une activité à titre secondaire dès lors qu'elles sont immatriculées depuis au moins 10 mois au régime d'assurances sociales. Elles doivent cesser tout travail pendant la période d'indemnisation et au minimum pendant 8 semaines.

Les indemnités sont dues 6 semaines avant la date de l'accouchement et 10 semaines après si c'est un premier ou un deuxième enfant.

Pour la naissance d'un troisième enfant, le congé prénatal est porté à 8 semaines et le congé postnatal à 18. Pour une naissance de jumeaux, le congé indemnisé est de 12 semaines avant l'accouchement et de 22 semaines après.

Le montant des indemnités journalières est égal au salaire journalier moyen des salaires des trois mois précédant le congé de maternité dans la limite de 74,24 €.

Le congé et l'indemnisation pour une adoption sont de 10 semaines à partir de l'arrivée de l'enfant.

Pour les agricultrices conjointes non salariées

Elles peuvent bénéficier d'une indemnité de remplacement au prorata de leur activité à temps partiel sur l'exploitation dans la limite de 60 % de la durée légale du travail et dans la période allant de 6 semaines avant l'accouchement à 10 semaines après pour une grossesse normale. Le montant de l'indemnisation journalière est fixé tous les ans entre la Mutualité sociale agricole et les organismes de remplacement.

Pour les professions libérales, les commerçantes et les artisanes, pour les « chefs d'entreprise »

Si elles souhaitent interrompre leur activité, elles peuvent percevoir une indemnité journalière forfaitaire à condition de s'arrêter 30 jours consécutifs au moins entre le 9e mois de grossesse et le 1er mois de l'enfant. Elles reçoivent alors une indemnité d'environ 1 300 € pour 30 jours.

Elles peuvent prolonger cet arrêt de travail par 2 fois 15 jours consécutifs dont elles sont indemnisées chaque fois par une aide de 670,50 €, soit 2 011,50 € pour 45 jours d'arrêt et 2 682 € pour 60 jours.

En cas de grossesse difficile ou de grossesse multiple, l'arrêt d'activité peut compter 30 jours supplémentaires compensés par un versement de 1 341 €.

S'il s'agit d'une adoption, il est prévu un arrêt de 30 jours suivi ou non d'une période de 15 jours. L'indemnité pour 30 jours est de 1 341 € et de 2 011,50 € pour 45 jours.

Ces futures mamans ont droit à une allocation forfaitaire de repos maternel, cumulable avec les indemnités précédentes selon la durée de l'arrêt (30, 45, 60 jours pour une naissance simple ; 90 jours pour une naissance pathologique ou multiple).

Elle est versée pour moitié au 7e mois de grossesse et pour moitié après l'accouchement.

Son montant est de 2 682 €. En cas d'adoption, il est de 1 341 €.

Pour les conjointes collaboratrices

Si elles cessent toute activité et se font remplacer par une personne salariée pendant au moins une semaine dans la période comprise entre 6 semaines avant l'accouchement et 10 semaines après, elles touchent une indemnité de remplacement de 49,93 € par jour.

– En cas de grossesse pathologique, l'indemnité est portée à 1 398,04 € pour 28 jours d'arrêt.
– En cas de grossesse multiple, l'indemnité est portée à 2 796,08 € pour 56 jours d'arrêt. Si la grossesse est responsable d'un état pathologique, l'indemnité est de 3 495,10 € pour 70 jours d'arrêt.
– L'adoption donne droit à une indemnité maximale de 699,02 €.

Les conjointes collaboratrices perçoivent également une allocation forfaitaire de repos maternel de 2 796,92 € pour une naissance et de 1 398,46 € pour une adoption.

Chômage et maternité

Seules les personnes recevant des allocations de chômage peuvent prétendre à un congé de maternité avec paiement d'indemnités journalières versées par la Sécurité sociale.

Elles sont calculées sur le salaire brut antérieur. Elles remplacent alors les allocations de chômage. Il est préférable d'informer sa Caisse d'allocations familiales de sa nouvelle situation afin de postuler au versement de l'allocation pour jeune enfant avant et après la naissance. La naissance d'un troi-

1RE SEMAIN

1ER MOIS

2 À 3 MOIS

4 À 5 MOIS

6 À 7 MOIS

8 À 9 MOIS

10 À 11 MOIS

1 AN

1 AN 1/2

2 ANS

2 ANS 1/

3 ANS

4 ANS

5 ANS

6 ANS

ANNEXES

sième enfant permet de bénéficier de l'allocation parentale d'éducation après les congés de maternité, mais là encore cette allocation suspend le versement des allocations de chômage.

Le congé pour l'adoption

Les parents adoptifs ont droit à 10 semaines de congé à partir de la date où l'enfant est arrivé dans la famille. Si cet enfant est le troisième de la famille, ce congé est porté à 18 semaines et si l'adoption est multiple à 22 semaines. Il peut être pris par la mère ou le père, est fractionnable en deux à condition qu'il ne soit pas de moins de 4 semaines.
Si c'est la mère qui en profite, le père a droit aux 15 jours accordés à tout nouveau papa. Les indemnités journalières sont calculées sur la même base que celles accordées pour une maternité. Toutes les clauses du droit du travail liées à la maternité s'appliquent également en cas d'adoption d'un enfant.

Le congé parental d'éducation

Pour en bénéficier, il faut justifier de 1 an d'ancienneté dans l'entreprise à la date de naissance de l'enfant. Il peut s'appliquer à la future maman ou à son conjoint.
Ce congé initial est de 1 an, mais il peut être prolongé deux fois, jusqu'aux 3 ans de l'enfant, que l'on travaille à plein-temps ou à mi-temps.
Ce congé est sans solde et peut s'appliquer à l'un ou l'autre des parents, ensemble ou l'un après l'autre. À son retour, la personne ayant bénéficié d'un congé parental retrouvera son poste ou un poste similaire. Selon la date à laquelle on décide de prendre ce congé parental, les formalités à accomplir sont différentes :
• si le congé parental prolonge immédiatement le congé de maternité, il faut avertir l'employeur par lettre recommandée avec accusé de réception, au moins un mois avant la fin du congé de maternité ;
• si le congé parental ne suit pas immédiatement le congé de maternité, il faut informer l'employeur (selon le même principe) au moins deux mois avant la date du début du congé souhaité. Il doit bien sûr être pris dans les trois ans qui suivent la naissance de l'enfant ;
• si le congé parental d'éducation se transforme en travail à mi-temps ou inversement, la demande

doit être faite au moins un mois avant la date prévue. Dans une entreprise de plus de cent salariés, le congé parental d'éducation ne peut être refusé. À l'inverse, dans une entreprise de moins de cent salariés, l'employeur peut le refuser s'il estime que l'absence du salarié qui en fait la demande est préjudiciable à l'entreprise. Ce refus doit alors être notifié par lettre explicative, remise en main propre contre décharge, ou par courrier recommandé avec accusé de réception.
Cette disposition s'applique aussi en cas d'adoption. Dans la fonction publique, le congé parental peut être obtenu d'emblée pour 3 ans. Les parents adoptifs peuvent en bénéficier à condition qu'il soit pris dans les 3 ans qui suivent l'arrivée de l'enfant dans la famille ou dans les six ans si l'adoption porte sur plusieurs enfants.
• En cas d'arrêt total d'activité limité à 1 an, l'indemnité forfaitaire est de 750 euros environ par mois. Si le congé est prolongé, l'indemnité, toujours pour un arrêt total de travail, est de 512 euros environ par mois.

Le congé du père

Depuis le 1er janvier 2002, les pères peuvent bénéficier de 11 jours supplémentaires aux 3 jours accordés et payés par l'employeur. En cas de naissance multiple, la durée est de 18 jours. Ils doivent être pris dans les 4 premiers mois qui suivent la naissance ou l'adoption. Lors de ce congé, le contrat de travail est suspendu, le salarié n'est plus rémunéré, mais il touche une indemnité.
S'il appartient au régime général de la Sécurité sociale, l'indemnité est égale à 100 % du salaire brut, moins les cotisations sociales, dans la limite du plafond mensuel de la Sécurité sociale. Pour les autres régimes, c'est une indemnité de remplacement qui est accordée à 1/60e du plafond mensuel de la Sécurité sociale pour les chefs d'entreprise et à 1/28e pour les conjoints collaborateurs.

Les possibilités de réduction ou de suspension d'activité

À l'issue de son congé de maternité, la jeune mère peut décider de démissionner ou de ne reprendre son travail qu'à mi-temps.
• En cas de démission, il faut avertir l'employeur par lettre recommandée avec accusé de réception, au minimum quinze jours avant la reprise du tra-

vail. Cette formalité évite d'effectuer un préavis ou d'avoir à payer une indemnité de rupture de contrat. La jeune mère peut aussi, dans un délai maximal de douze mois après sa démission, solliciter sa réembauche auprès de l'employeur (par lettre recommandée avec accusé de réception). En principe, celui-ci est tenu pendant un an de l'embaucher en priorité dans l'emploi correspondant à sa qualification.

• Pour obtenir un emploi à mi-temps, sauf convention ou accords collectifs plus favorables, il faut justifier d'au moins un an d'ancienneté dans l'entreprise au moment de la naissance de l'enfant. Cette possibilité de travail à mi-temps peut être accordée jusqu'au troisième anniversaire de l'enfant. Les modalités d'obtention sont identiques à celles du congé parental d'éducation.

Congé pour enfant malade

Sur justification d'un certificat médical, le père ou la mère d'un enfant malade peut prendre un congé non rémunéré, dans la mesure où il ne dépasse pas cinq jours, si l'enfant a moins de 1 an ou si le salarié assume la charge de trois enfants, ou plus, de moins de 16 ans. Certaines entreprises ont institué des conventions collectives plus confortables ouvrant droit à plus de jours d'absence ou à une rémunération de ces congés.

L'allaitement pendant le temps de travail

Les mères désirant allaiter leur enfant après la reprise de leur travail peuvent bénéficier d'une réduction d'horaires à raison d'une heure par jour durant toute la période de l'allaitement, répartie en deux pauses de 30 minutes chacune, l'une le matin, l'autre l'après-midi. Cette période ne peut excéder un an.
Légalement, cette heure n'est pas rémunérée, mais de nombreuses conventions collectives en prévoient l'indemnisation.

Les modes de garde

La crèche publique ou privée

Elle accueille les petits de 2 mois à 3 ans, toute la journée, sous la surveillance d'un personnel qualifié. Elle est généralement gérée par la commune, le département ou la Caisse d'allocations familiales. Il faut s'inscrire soit à la crèche, soit au service social de la mairie. Pour la crèche publique, les deux parents doivent justifier d'une activité rémunérée. Les tarifs sont calculés en fonction des revenus du couple parental.

La crèche parentale

C'est un mode de garde autogéré par des parents sous la responsabilité d'un professionnel.
Les parents y assurent à tour de rôle une présence, avec l'aide d'un ou de plusieurs permanents recrutés et salariés par les parents réunis en association.

La crèche familiale

Elle assure la garde d'un ou de plusieurs enfants au domicile d'assistantes maternelles agréées par la DASES (Direction de l'action sociale de l'enfance et de la santé).
Cet agrément garantit des conditions sanitaires, matérielles et psychologiques satisfaisantes. Les assistantes maternelles sont sous la responsabilité d'une directrice, puéricultrice diplômée d'État. Elle les réunit toutes les semaines et contrôle régulièrement leur activité à leur domicile.

L'assistante maternelle

Elle garde les enfants à domicile, elle est agréée par la DASES.
Tarif et prestation se négocient directement avec elle. La liste de ces personnes est fournie par les services sociaux de la mairie.

La halte-garderie

Elle accueille pendant la journée les enfants de 3 mois à 6 ans. L'inscription se fait auprès des responsables d'établissement. La direction est assurée soit par une puéricultrice, soit par une éducatrice de jeunes enfants.

1RE SEMAIN

1ER MOIS

2 À 3 MOIS

4 À 5 MOIS

6 À 7 MOIS

8 À 9 MOIS

10 À 11 MOIS

1 AN

1 AN 1/2

2 ANS

2 ANS 1/

3 ANS

4 ANS

5 ANS

6 ANS

ANNEXES

La garde à domicile régulière

Elle est assurée par un jeune homme ou une jeune fille au pair, sur la base de cinq heures par jour avec obligation de logement.

La garde à domicile temporaire

Elle est faite par une baby-sitter sans obligation de logement.

Se renseigner au CROUS (Centre régional des œuvres universitaires et scolaires), dans les CIJ (Centres d'information pour la jeunesse) ou les CIDF (Centres d'information sur les droits des femmes).

Les centres maternels

Ils accueillent des femmes enceintes en difficulté, seules ou avec un enfant de moins de 3 ans. Généralement, les futures mamans y sont hébergées à partir du 7e mois de grossesse et jusqu'à ce que l'enfant ait 3 ans. Le montant de l'hébergement est calculé en fonction des revenus.

Une formation pour les baby-sitters

La Croix Rouge (américaine, suisse et française) a mis en place une formation pour les baby-sitters à raison de 32 heures par session. Les candidats reçoivent des cours théoriques et pratiques assurés par des pédiatres, des puéricultrices et des infirmières.

Au programme : le développement physique et psychomoteur, les soins d'hygiène, l'éveil et le jeu, les gestes d'urgence et la prévention des accidents domestiques.

Un stage d'une journée ou deux dans une crèche ou un centre de PMI permet de passer de la théorie à la pratique. Les lauréats reçoivent une « Attestation nationale de formation de baby-sitter ». Pour tout renseignement, téléphonez au correspondant départemental le plus proche.

Les allocations et les prestations

Les conditions de versement des prestations

Un certain nombre de règles sont communes à toutes les prestations sociales. Mieux vaut les connaître pour être sûr de recevoir exactement son dû.

• Les prestations familiales ne sont pas soumises à l'impôt ni à la CSG ; en revanche, certaines sont soumises à la RDS.

• Pour bénéficier de toute prestation versée par la caisse d'allocations familiales, il faut résider en France.

• Selon les allocations, il faut remplir certaines conditions de ressources (ce sont toujours celles de votre déclaration fiscale de l'année précédente). Les droits aux prestations familiales sont revus au 1er juillet de chaque année, en fonction des revenus des années précédentes.

Si votre situation familiale ou sociale change en cours d'année, la CAF effectue de nouveaux calculs de vos droits. Il est donc important de l'avertir par courrier de toute modification de ressources. Votre numéro d'allocataire doit être porté sur tous vos courriers.

Pour vous aider : sur Internet, www.caf.fr. Ce site permet d'obtenir aussi des informations générales et spécifiques.

En dehors des prestations légales, un certain nombre de municipalités accordent des aides particulières aux habitants, n'hésitez pas à vous renseigner auprès des services d'aide sociale de la mairie, vérifiées directement par la CAF à partir de votre déclaration de revenus.

Les allocations versées
dès la maternité

La prime à la naissance ou à l'adoption

C'est la seule allocation versée au cours de la maternité, au 7e mois de la grossesse pour chaque enfant à naître.

Elle est liée à la déclaration de grossesse avant la 14e semaine et au respect du premier examen prénatal obligatoire. Cette allocation est destinée à aider les familles à faire face aux dépenses occasionnées par l'arrivée d'un bébé.

Son montant — Il est d'un peu plus de 885 € versés en une seule fois, sous condition de ressources.

En cas de grossesse multiple, ce montant est multiplié par le nombre d'enfants à naître.

Le plafond de ressources est :
• modulé en fonction du nombre d'enfants à charge ;
• plus élevé lorsque les deux parents ont une activité professionnelle.

Pour l'ouverture du droit à cette prime, la situation de la famille sera appréciée le mois civil suivant le 5e mois de la grossesse.

La nouvelle loi sur l'adoption instaure une prime d'environ 1 775 € versée aux parents adoptifs, sous certaines conditions de ressources. Pour l'obtenir, il faut adresser à la CAF les justificatifs d'adoption à l'arrivée de l'enfant dans la famille.

L'allocation de parent isolé (API)

Cette allocation garantit un revenu mensuel minimum aux femmes enceintes et aux personnes seules ayant au moins un enfant à charge de moins de 3 ans.

L'allocation est accordée si :
• ces personnes vivent véritablement seules depuis au minimum 1 mois et au maximum 18 mois suivant l'événement à l'origine de leur solitude (sépa-ration, divorce, abandon, veuvage). Le droit à l'API est ouvert à la date de la déclaration de grossesse. Elle peut être versée aux futures mamans vivant dans leur famille ou dans un hôtel maternel ;
• leur conjoint ou concubin est incarcéré depuis 1 mois, sauf s'il est astreint à un régime de semi-liberté. Le parent incarcéré ne peut prétendre à cette allocation que s'il verse une pension à un tiers pour l'entretien de son enfant ;
• la moyenne de leurs ressources mensuelles des 3 mois précédant la demande est inférieure au montant maximal de l'API.

Son montant — Cette allocation est un complément de ressources dont le montant est variable selon les situations.

Elle est égale à la différence entre le montant des revenus maximaux que garantit cette allocation et la totalité des revenus imposables (salaire, pension alimentaire, autres prestations), plus un forfait « logement ». Celui-ci s'applique que vous soyez locataire, propriétaire ou bien logé gracieusement.

Sa durée — Elle est fonction de votre situation :
• si la demande est déposée dans les 6 mois qui suivent votre isolement, elle vous sera versée pendant 12 mois consécutifs ;
• si vous avez la charge d'un enfant de moins de 3 ans, elle vous sera versée jusqu'au mois précédent son troisième anniversaire.

Les futures mamans isolées commencent donc par la percevoir 12 mois et peuvent la voir se prolonger jusqu'au troisième anniversaire du dernier enfant à charge.

Pour tout complément d'information, adressez-vous à votre CAF ou consultez www.caf.fr

1RE SEMAINE
1ER MOIS
2 À 3 MOIS
4 À 5 MOIS
6 À 7 MOIS
8 À 9 MOIS
10 À 11 MOIS
1 AN
1 AN 1/2
2 ANS
2 ANS 1/
3 ANS
4 ANS
5 ANS
6 ANS
ANNEXES

Les allocations versées dès la naissance
Votre enfant est né après le 1er janvier 2004

Dans le nouveau régime des prestations, la prestation d'accueil du jeune enfant, la PAJE, regroupe les cinq prestations versées jusqu'ici au titre de la petite enfance (l'allocation pour jeune enfant, l'allocation d'adoption, l'allocation parentale d'éducation, l'allocation de garde d'enfant à domicile et l'aide à la famille pour l'emploi d'une assistante maternelle agréée) dans un objectif de simplification et de lisibilité de ces prestations ; 90 % des familles percevront désormais cette prestation.

La réforme améliore et simplifie toutes les aides existantes. Elle institue :
• une prime au 7e mois de la grossesse (p. 733) ;
• une allocation de base, un complément de libre choix d'activité ;
• un complément de libre choix du mode de garde lors de la reprise d'une activité professionnelle. Sachez que toute nouvelle naissance dans une famille fait « basculer » tous les aînés dans le nouveau régime quelles que soient leurs années de naissance.

La prestation d'accueil du jeune enfant (PAJE)

L'allocation de base
Elle intéresse les parents d'enfant de moins de 3 ans qui ne dépassent pas un certain plafond de ressources. Le versement de l'allocation de base est subordonné au respect des examens médicaux obligatoires de l'enfant, soit : au 8e jour, aux 9e et 24e mois.

Son montant — Il est de plus de 175 € mensuels. En cas de naissances multiples, l'allocation de base sera versée pour chacun des enfants.
Pour l'obtenir, vous devez fournir à votre CAF ou à l'organisme dont vous dépendez, une déclaration de ressources.

Plafond de ressources — Il est modulé en fonction du nombre d'enfants à charge et est plus élevé lorsque les deux parents exercent une activité professionnelle.

L'adoption d'un enfant ouvre droit à l'allocation de base. Elle est versée pendant la même durée que pour les enfants naturels (soit 36 mensualités).

Pour tout complément d'information, adressez-vous à votre CAF ou consultez www.caf.fr

Le complément de libre choix d'activité

Il est attribué lorsque l'un des parents décide de ne plus exercer d'activité professionnelle ou de travailler à temps partiel pour s'occuper d'un enfant de moins de 3 ans (date anniversaire).
Le parent qui arrête de travailler devra avoir exercé une activité professionnelle :
• de 2 ans (ayant donné lieu à la validation de 8 trimestres d'assurance vieillesse) dans les 2 ans qui précèdent la naissance d'un premier enfant. Les périodes de perception d'indemnités journalières « maladie » sont assimilées à une activité professionnelle ;
• de 4 ans s'il s'agit d'un deuxième enfant ;
• de 5 ans pour les enfants de rang trois ou plus.
Dans le cas d'un second enfant, d'un troisième, d'un quatrième et plus, sont prises en compte les périodes de chômage indemnisé, de formation professionnelle rémunérée, de perception d'indemnités journalières maladie, de l'allocation parentale d'éducation ou du complément de libre choix d'activité.
Les deux parents peuvent bénéficier chacun de ce complément de libre choix d'activité à taux partiel.

Son montant — À taux plein, il est d'environ 374 € par mois pour les familles touchant la PAJE et de 550 € pour ceux qui ne la reçoivent pas. À taux partiel, le montant des allocations est calculé sur deux taux, selon que la réduction d'activité correspond à un mi-temps ou à une activité professionnelle qui se situe entre 50 et 80 % d'un travail à plein-temps. Ces conditions s'appliquent aussi aux personnes non salariées.
Pour les familles de 2 enfants et plus, le cumul, pendant 2 mois, de la PAJE à taux plein et d'un revenu professionnel est possible, lorsqu'il y a reprise de l'activité professionnelle. Le complé-

ment de libre choix d'activité peut être majoré pour les personnes n'ayant pas droit à l'allocation de base pour cause de condition de ressources trop élevée. Ces parents perçoivent l'équivalent du cumul de l'allocation de base et du complément de libre choix d'activité.

En cas de naissances multiples, de triplés et plus, le versement est prolongé jusqu'à 6 ans.

Pour l'obtenir, vous devez fournir une déclaration de ressources et informer votre CAF de l'arrêt de votre activité professionnelle.

Cette allocation est soumise à des plafonds de ressources.

Le complément de libre choix du mode de garde

Il s'adresse aux parents qui ont un enfant ou plus, de moins de 6 ans, confié à la garde d'une assistante maternelle ou faisant garder leur enfant à domicile.

Il est multiplié par le nombre d'enfants gardés par une assistante maternelle agréée mais versé par la famille en cas de garde à domicile. Son versement est lié à l'exercice d'une activité professionnelle procurant un minimum de revenus.

• Pour les salariés, vivant en couple, le revenu minimum dû à l'activité professionnelle est fixé à un peu plus de 778 € par mois.

• Pour les personnes élevant seules leurs enfants, il est fixé à une fois le montant de cette base, soit un peu plus de 389 € par mois.

• Pour les non-salariés, c'est l'affiliation à l'Assurance vieillesse et l'acquittement du dernier terme de cotisations exigibles qui est pris en compte.

Les périodes de chômage indemnisé, de formation professionnelle rémunérée et de perception d'indemnités journalières sont assimilées à de l'activité professionnelle.

Son montant — Cette aide prend en charge la totalité des cotisations liées à l'emploi d'une assistante maternelle à la condition que sa rémunération ne dépasse pas 5 Smic par heure et par enfant gardé. Son montant est modulé en fonction des revenus de la famille, du nombre d'enfants à charge et de leur âge.

Cas particuliers

Vous bénéficiez d'un complément de libre choix d'activité à taux partiel.

• L'un des parents exerce une activité égale ou supérieure à 50 %, le complément de libre choix de garde

prend en charge la totalité des cotisations sociales pour la garde par une assistante maternelle et 50 % de celles-ci en cas de garde à domicile. Vous percevez également une aide compensatrice du coût de la garde divisé par deux.

• L'un des parents exerce une activité comprise entre 50 % et 80 %, le complément de garde à taux plein est attribué.

Votre mode de garde est original
Votre enfant est gardé au cours du même mois par une assistante maternelle et par une personne à domicile :

• les cotisations sociales sont prises en charge au titre de chaque emploi. Pour le calcul de la prise en charge partielle de la rémunération, les rémunérations des deux emplois sont totalisées.

Vous avez plusieurs enfants et des modes de garde différents pour chacun :

• les cotisations sociales sont prises en charge au titre de chaque emploi. Une prise en charge partielle de la rémunération est versée pour chaque enfant gardé par une assistante maternelle calculée en fonction des salaires et indemnités versés par la garde des enfants concernés. Le même dispositif est applicable pour la garde à domicile. Le complément est attribué aux personnes qui recourent à un organisme privé pour assurer la garde de leurs enfants selon des modalités spécifiques dès lors qu'elles répondent aux conditions de droit de ce complément et que l'enfant est gardé un minimum d'heures.

Un centre spécifique de gestion

Votre demande du complément doit être adressée à la CAF dont vous dépendez ou à la caisse de mutualité sociale agricole concernée. Ces organismes transmettent les informations reçues à un centre spécifique de recouvrement chargé de gérer ce complément. L'allocataire reçoit un carnet de volets sociaux PAJE sous forme de chèques dits « PAJEMPLOI » très simples à remplir (voir modèle p. 737).

Le droit au complément est subordonné à l'envoi, par la famille, du volet social au centre de recouvrement. Le formulaire de déclaration peut également être adressé par Internet au centre de gestion. Le centre assure le calcul et le recouvrement des cotisations sociales. Il délivre l'attestation d'emploi du salarié ainsi que l'attestation annuelle permettant à l'employeur de bénéficier des réductions d'impôt au titre de la garde des enfants.

1RE SEMAIN

1ER MOIS

2 À 3 MOIS

4 À 5 MOIS

6 À 7 MOIS

8 À 9 MOIS

10 À 11 MOIS

1 AN

1 AN 1/2

2 ANS

2 ANS 1/

3 ANS

4 ANS

5 ANS

6 ANS

ANNEXES

Les allocations spécifiques

L'allocation de soutien familial (ASF)

Cette allocation est accordée sans conditions de ressources au parent seul.
Il faut avoir au moins à charge :
• un enfant orphelin de père ou de mère ou des deux, qu'ils soient biologiques ou adoptifs ;
• un enfant non reconnu par l'un de ses parents ou avec une filiation établie vis-à-vis d'un seul de ses parents ;
• un enfant dont le père ou la mère n'assure pas l'entretien ;
• un enfant adopté par une personne seule. Cette allocation est versée pour chaque enfant.

Son montant — Il varie selon la situation de l'enfant et s'élève, après le prélèvement de la CRDS, à :
• un peu plus de 87 € pour un enfant élevé seul par l'un de ses parents ou orphelin d'un de ses parents ;
• près de 116 € pour un enfant orphelin de père et de mère. Le versement de cette allocation de soutien familial ne se fait pas automatiquement ; il faut en faire la demande auprès de la CAF.

L'allocation d'éducation spéciale (AES)

C'est une aide supplémentaire pour élever un enfant handicapé de moins de 20 ans.
Pour avoir droit à cette allocation, il faut :
• que le taux d'invalidité permanent soit d'au moins 80 % ;
• que le taux d'invalidité permanent soit estimé entre 50 % et 80 %, si l'enfant fréquente un établissement pris en charge par un service d'éducation.
Si, en raison des soins que nécessite son état, il reste au domicile de ses parents, c'est la commission départementale de l'éducation spéciale (CDES) qui attribue ou non cette allocation.

Son montant — L'allocation comprend un montant de base de plus de 124 € par enfant et par mois. Des compléments sont attribués afin de permettre des ajustements. Toute demande doit être adressée à la CDES, accompagnée de certificats médicaux et, le cas échéant, de la photocopie de la carte d'invalidité.

L'allocation de présence parentale

Elle permet de compenser une partie de la perte de revenus liée à l'arrêt de travail de parents qui, en raison de la maladie de leur enfant, cessent en totalité ou en partie de travailler.

Allocation de présence parentale (en cas de longue maladie) (APP)

Cette aide est destinée à permettre à l'un des parents d'interrompre momentanément son activité professionnelle pour soigner un enfant gravement malade ou accidenté s'il a entre 0 et 20 ans.
Elle est attribuée sans condition de ressource et quel que soit le type d'activité exercée. Elle est versée pour quatre mois, renouvelable deux fois. Pendant toute la durée du versement, le contrat de travail et la protection sociale sont maintenus. L'allocation est versée aussitôt après l'arrêt de travail. Son montant est variable selon que l'activité est suspendue totalement ou partiellement.

Mais il faut :

- avertir l'employeur de sa demande d'interruption totale ou partielle de l'activité. Celui-ci établira une attestation. Pour les professions non salariées, une attestation sur l'honneur sera établie.
- remplir une demande auprès de la CAF et l'accompagner d'un certificat médical détaillé établi par un médecin hospitalier ;
- renouveler sa demande quinze jours avant le terme du congé initialement prévu.

Son montant — Il varie selon qu'il y a un ou deux parents et en fonction du taux de cessation d'activité. Les deux parents peuvent tous deux réduire leur activité ; dans ce cas, ils cumulent deux aides à taux réduit.

L'allocation de rentrée scolaire

Elle concerne les parents dont l'enfant de 6 ans est scolarisé, mais elle est soumise à des conditions de ressources.
Si les revenus des parents dépassent légèrement ces plafonds, une allocation dégressive selon le revenu est versée.

Son montant — Il est de plus de 280 € par an et par enfant pour la rentrée 2009-2010.

Le carnet Pajemploi

Cette procédure simplifiée est spécifiquement destinée aux parents qui embauchent une personne pour garder leur enfant. Pour avoir droit au carnet Pajemploi il faut percevoir la prestation d'accueil du jeune enfant et avoir demandé le complément de libre choix du mode de garde. Celui-ci vous sera versé dès l'envoi du volet de déclaration Pajemploi. Il vous est adressé pour le dernier-né de vos enfants et, dans certains cas, pour d'autres. Le carnet se compose de volets qui vous permettent de déclarer très simplement l'activité de l'assistante maternelle qui garde vos enfants, et de volets d'identification de la salariée, destinés à déclarer les changements de situation ou une nouvelle embauche. Il est à renvoyer toutes fins de mois à la CAF ou à la MSA dans une enveloppe pré-adressée.

Vous y portez la rémunération de votre assistante maternelle, la date de paiement et vous signez. Le centre Pajemploi vous adressera un décompte et vous précisera les cotisations à votre charge, si vous employez une garde à domicile, et à quelle date celles-ci seront prélevées. La salariée reçoit de son côté une attestation lui servant de bulletin de salaire.

Pour la garde d'enfant à domicile, vous complétez :
• le nombre d'heures effectives et supplémentaires ;
• le salaire net horaire ;
• le salaire net total ;
• l'option retenue pour le calcul des cotisations : réel ou forfaitaire.

Attention, votre assistante maternelle doit être obligatoirement agréée par le Conseil général.

Sur ce volet, vous indiquez :
• l'identité de votre salariée.

Le montant de cette indemnité est librement fixé entre l'employeur et la salariée. Il peut comprendre les frais liés à l'électricité et au chauffage, à une collation (goûter), au repas...

Sur le second volet, vous indiquez :
• la période d'emploi (le mois concerné) ;
• le nombre d'heures rémunérées au taux de base convenu avec l'assistante maternelle ;
• le nombre d'heures supplémentaires ;
• le nombre de jours d'activité ;
• le salaire net total ;
• les indemnités d'entretien ;
• la date de naissance de votre ou vos enfants gardés.

Il s'agit du nombre de jours d'absence de votre salariée pour congés payés.

1RE SEMAIN

1ER MOIS

2 À 3 MOIS

4 À 5 MOIS

6 À 7 MOIS

8 À 9 MOIS

10 À 11 MOIS

1 AN

1 AN 1/2

2 ANS

2 ANS 1

3 ANS

4 ANS

5 ANS

6 ANS

ANNEXES

Les allocations versées au deuxième enfant

Les allocations familiales (AF)

Elles sont versées, sans plafond de ressources, dès que la famille compte deux enfants à charge. Pour avoir droit à cette allocation, il faut :
• avoir deux enfants à charge n'ayant pas dépassé 20 ans ;
• avoir une activité professionnelle quelle qu'elle soit ou pouvoir justifier d'une impossibilité de travailler ou bien toucher des indemnités, des rentes ou des pensions.

Leur montant — Il augmente en fonction du nombre d'enfants à charge :
• pour deux enfants : plus de 123 € ;
• pour trois enfants : plus de 282 € ;
• pour quatre enfants : un peu plus de 424 € ;
• par enfant en plus : plus de 158 €.

À ces montants s'ajoutent un peu plus de 33 € pour un enfant âgé de 11 à 16 ans, et de 59 € pour chaque enfant de plus de 16 ans.
Ces majorations ne s'appliquent qu'au deuxième enfant lorsque la famille compte deux enfants et à tous les enfants lorsqu'elle a au moins trois enfants à charge. Les allocations familiales sont versées tous les mois.

Attention, depuis juin 2006, les parents divorcés ayant choisi la garde alternée de leurs enfants peuvent se partager et toucher de manière égale les allocations familiales.

Le complément familial (CF)

Cette aide a été conçue pour prendre le relais de l'allocation pour jeune enfant dans les familles à revenus modestes. Une seule allocation est versée quel que soit le nombre d'enfants à charge. Pour avoir droit à cette allocation, il faut :
• avoir au moins trois enfants à charge âgés de plus de 3 ans et de moins de 21 ans ;
• ne pas dépasser un certain plafond de ressources.

Son montant — Après CRDS, celui-ci s'élève à près de 160 € par mois. Si les ressources de la famille dépassent légèrement le plafond, la CAF peut verser un complément familial d'un montant réduit.

Pour les naissances multiples

La naissance de jumeaux, de triplés ou plus ouvre le droit à plusieurs APJE pour une même famille. Vous recevrez ensuite un peu plus de 160 € par mois, somme multipliée par le nombre d'enfants dès le 4e mois de chacun de vos enfants et jusqu'à ce qu'ils aient 3 ans. Pour l'obtenir, il suffit d'envoyer à votre CAF une photocopie certifiée de votre livret de famille.

L'allocation de logement social (ALS)

Elle n'est pas versée à toutes les familles et ne peut être cumulée avec d'autres allocations logement. Pour avoir droit à cette allocation, il faut :
• habiter un logement répondant à certaines normes de salubrité et disposant d'une superficie minimale de 16 m^2 pour deux personnes, plus 9 m^2 par personne supplémentaire. Dans certains cas, lorsque ces conditions ne sont pas remplies, l'aide peut être accordée, toujours à titre exceptionnel, pour 2 ans ;
• payer un loyer ou des mensualités de remboursement de prêt et y consacrer un pourcentage minimal de ses ressources ;
• ne pas dépasser un certain montant de ressources : les revenus ne doivent pas excéder 812 fois le montant du Smic horaire brut.

Son montant — L'allocation varie avec la situation et les ressources de chaque famille, le loyer (sans les charges) et la zone géographique dans laquelle vous habitez. Elle peut aussi être versée directement au propriétaire ou à l'organisme prêteur. Son montant, qui est recalculé chaque année au 1er juillet, peut aller jusqu'à 75 % du loyer ou des mensualités de remboursement. Cette allocation s'ajoute aux prestations familiales.
Pour l'obtenir, il faut s'adresser à la caisse d'allocations familiales ou à la caisse de mutualité sociale agricole.

Pour tout complément d'information, adressez-vous à votre CAF ou consultez www.caf.fr

Les aides au logement

Les aides au logement s'appliquent aussi bien aux locataires qu'aux propriétaires, mais à condition que la maison ou l'appartement occupé soit la résidence principale du couple ou du parent célibataire. Elles sont réservées aux revenus les plus modestes et ne s'appliquent que s'il n'y a aucun lien de parenté directe entre le locataire et le bailleur.

L'aide personnalisée au logement (APL)

Cette aide est accessible à tous.

Les locataires comme les propriétaires peuvent en bénéficier, à condition que le logement soit leur résidence principale et à usage exclusif d'habitation.

Pour avoir droit à cette allocation, il faut :
• pour les accédants à la propriété, avoir souscrit un prêt d'accession sociale (PAS) ou un prêt conventionné (PC). Cette condition n'est pas exigée s'il s'agit d'un logement HLM ou appartenant à une société d'économie mixte ;
• pour les locataires, avoir signé avec le propriétaire un bail conforme à une convention établie entre celui-ci et l'État.

Son montant — Il est variable selon :
• les ressources des personnes habitant dans le logement ;
• le nombre de personnes à charge ;
• les charges occasionnées par le logement ;
• la région habitée ;
• pour les accédants à la propriété : la nature de leur achat, le mode de financement et la date de la signature de leur prêt.

Pour l'obtenir, il faut s'adresser à la caisse d'allocations familiales (CAF) ou à la caisse de mutualité sociale agricole (MSA). Ces organismes envoient un formulaire à remplir.

L'allocation de logement familial (ALF)

Cette aide s'adresse à ceux qui ne peuvent prétendre à l'APL.

Pour avoir droit à cette allocation, il faut :
• être enceinte ou avoir au moins un enfant de moins de 20 ans ou un ascendant à charge ;
• être marié depuis moins de 5 ans, le mariage ayant eu lieu avant les 40 ans de chacun des conjoints ;
• être locataire ou en accession à la propriété d'un appartement répondant à des normes d'équipement et de surface ;
• percevoir une prestation familiale (p. 736) : allocations familiales, complément familial, AJE, AES, allocation de soutien familial.

Cette allocation est soumise à des conditions de ressources.

Son montant — Il est variable et est calculé sur les mêmes critères que l'APL. Il est le plus souvent versé directement aux locataires ou aux propriétaires.

Pour l'obtenir, il faut vous renseigner à la CAF, à la MSA ou à l'organisme chargé du paiement de vos prestations familiales si vous appartenez à un autre régime. Ils vous adresseront un formulaire.

La prime de déménagement

Elle permet de diminuer le coût du déménagement d'une famille qui s'agrandit.

Pour avoir droit à cette prime, il faut :
• attendre ou venir d'avoir un troisième enfant ou de rang plus élevé ;
• pouvoir prétendre pour le nouveau logement aux allocations de logement dans un délai de 6 mois à compter du déménagement ;
• emménager entre le 4e mois de grossesse et le 2e anniversaire de l'enfant de rang trois ou plus.

Son montant — Il est égal aux frais réels du déménagement dans la limite de plafonds.

Vous aurez droit à cette aide d'autant plus que vos revenus sont faibles, que votre loyer est élevé et que vos enfants à charge sont nombreux.

Pour l'obtenir, il faut :
• envoyer le formulaire de demande dans les 6 mois maximum qui suivent le déménagement à la CAF ou à l'organisme dont vous dépendez ;
• joindre la facture du déménagement ou de la location de véhicule.

1RE SEMAINE
1ER MOIS
2 À 3 MOIS
4 À 5 MOIS
6 À 7 MOIS
8 À 9 MOIS
10 À 11 MOIS
1 AN
1 AN 1/2
2 ANS
2 ANS 1/
3 ANS
4 ANS
5 ANS
6 ANS
ANNEXES

Droits et devoirs envers l'enfant

L'autorité parentale

Elle représente l'ensemble des droits et des devoirs attribués au père et à la mère pour mieux protéger l'enfant mineur et assurer son éducation. Elle recouvre les droits et les devoirs de garde, de surveillance, d'éducation et, s'il y a lieu, de gestion des biens de l'enfant. Désormais, la loi consacre l'égalité des droits et des devoirs entre la mère et le père. Chacun des parents contribue à l'entretien et à l'éducation des enfants à proportion de ses ressources, de celles de l'autre parent ainsi que des besoins de l'enfant.

• **En cas de mariage,** l'autorité parentale est exercée conjointement entre mari et femme ; l'un et l'autre ont les mêmes droits et les mêmes devoirs à l'égard de l'enfant, et chacun d'entre eux est réputé agir avec l'accord de l'autre.

• **En cas de désaccord grave,** l'un des parents peut s'adresser directement au juge des tutelles du tribunal de grande instance dont dépend le domicile familial. C'est une solution ultime. En cas de désaccord persistant, le juge prend lui-même la décision qui lui semble la plus conforme à l'intérêt de l'enfant.

• **En cas de séparation ou de divorce,** la séparation des parents ne change rien à l'exercice de l'autorité parentale et chacun des parents doit maintenir des relations personnelles avec l'enfant. S'il y a désaccord sur cet exercice ou si le changement de résidence d'un des parents pose des difficultés, c'est le juge aux affaires familiales qui statue selon l'intérêt de l'enfant. L'autorité parentale peut alors être attribuée à l'un des parents. Le parent qui n'a pas l'exercice de l'autorité parentale conserve le droit de surveiller l'entretien et l'éducation de ses enfants. De même, il doit être tenu informé des choix importants relatifs à leur vie.

• **En cas de concubinage,** l'autorité parentale est exercée en commun par les deux parents dès lors qu'ils ont tous deux reconnu l'enfant dans la première année de sa naissance. La condition de communauté de vie est supprimée. En cas de séparation d'un couple non marié, les règles sont identiques à celles qui s'appliquent en cas de divorce.

• **En cas de décès du mari,** l'autorité parentale est attribuée en totalité à la mère. À défaut, il y a ouverture d'une tutelle que la mère peut choisir d'avance par testament ou par déclaration spéciale devant notaire.

En l'absence d'une telle déclaration, la tutelle est généralement transmise aux ascendants les plus proches, comme les grands-parents, ou à un tuteur désigné par le conseil de famille.

Une commission mise en place par le ministère de la Justice mène actuellement une réflexion sur l'autorité parentale. Les orientations sur le droit de garde sont les suivantes :
– redonner sa place au père dans les cas de divorce en favorisant la garde équitable de l'enfant par ses deux parents avec la résidence partagée,
– accorder la résidence au parent le plus apte à respecter la relation de l'enfant avec l'autre parent,
– renforcer les sanctions en cas de non-respect des droits de visite,
– généraliser le recours à un médiateur,
– redéfinir l'autorité parentale des parents non mariés.

L'adoption

Depuis 2005, la loi institue une agence française de l'adoption, qui a vu le jour en mai 2006. Son rôle est de simplifier et d'harmoniser les procédures selon les départements.

Elle doit encore servir d'intermédiaire entre les parents et les différents pays d'origine des enfants. Mais pour l'instant les espoirs des familles semblent déçus. Les documents complémentaires au dossier d'adoption, une lettre de motivation des adoptants et une fiche de renseignements retardent de 6 mois environ toutes les démarches. Selon l'agence c'est le temps nécessaire pour faire correspondre les projets de parents et les exigences des pays proposant des enfants à l'adoption. Celles-ci ont d'ailleurs tendance à devenir de plus en plus restrictives. Aujourd'hui 25 000 familles bénéficient en France d'un agrément. Sur 5 000 enfants adoptés chaque année, 1 000 viennent de France et 4 000 de 70 pays différents. Les enfants adoptés en France sont originaires de Russie, d'Ukraine, d'Éthiopie, d'Haïti, de Madagascar, de Colombie et de Chine. Ce pays représentera bientôt un enfant sur deux.

Conditions pour adopter

Toute personne de plus de 28 ans peut demander l'agrément. Les couples mariés peuvent adopter avant cet âge s'ils sont unis depuis plus de deux ans. La différence d'âge entre adoptant et adopté doit être d'au moins 15 ans. Un célibataire peut donc adopter, mais le lien de filiation ne sera établi qu'à son égard. Seuls les couples peuvent adopter de manière plénière.

L'adoption nécessite l'intervention de deux ordres, administratif et judiciaire. La phase administrative menée par l'Aide sociale à l'enfance, sous le contrôle du conseil général, examine l'agrément nécessaire pour les pupilles de l'État et les enfants étrangers. L'agrément constitue un « certificat de bonnes vie et mœurs » avant le jugement d'adoption prononcé par le tribunal de grande instance. En cas de refus d'agrément, les adoptants peuvent saisir le tribunal administratif qui jugera s'il y a eu ou non erreur d'appréciation des services sociaux.

Il existe deux types d'adoption. Toute demande doit être présentée au tribunal de grande instance du domicile de l'adoptant qui a six mois pour statuer. Une enquête sociale confirme que la famille adoptante est capable d'accueillir un enfant.

L'adoption plénière
C'est la plus fréquente pour les enfants de moins de 15 ans. Si l'enfant a plus de 13 ans, le tribunal demandera son consentement. Elle peut être faite à la demande d'un couple marié ou d'une personne célibataire âgée de plus de 30 ans. L'adoption plénière est irrévocable et donne à l'enfant adopté tous les droits d'un enfant légitime.

L'adoption simple
Elle est permise quel que soit l'âge de l'enfant. L'enfant garde des liens de sang avec sa famille d'origine. Cette adoption lui donne des droits de succession et elle peut être révoquée. Elle est aujourd'hui fréquente dans les situations de familles recomposées.

L'adoption d'un enfant étranger
Actuellement, 4 000 ou 5 000 enfants adoptés en France viennent de l'étranger. Les deux tiers des familles font des démarches seules et sont parfois victimes de « trafics ». Les représentations françaises doivent maintenant les accompagner dans leurs démarches. Ainsi, elles ont reçu une note signée du ministre délégué à la Famille et du ministre des Affaires étrangères les enjoignant d'offrir aux adoptants accueil et écoute.
Les informations relatives au lieu de naissance et à l'environnement direct de l'enfant doivent être collectées afin de permettre aux familles et aux enfants de mieux connaître leurs origines. Enfin, il est recommandé aux familles de ne pas changer le prénom d'origine de l'enfant. Les délais d'acquisition de la nationalité seront raccourcis en cas d'adoption simple.

Le secret des origines
En France, les enfants candidats à l'adoption sont souvent des enfants nés sous X, c'est-à-dire que leur mère a demandé que l'identité de l'enfant soit tenue secrète au moment de son admission à la maternité pour accoucher. Ils peuvent aussi avoir été confiés par leurs parents aux services de l'Aide sociale à l'Enfance avec la demande du secret de leur identité. Pourtant, les parents sont de plus en plus encouragés à laisser une trace de leur existence sous pli fermé et avec la garantie que le Conseil national pour l'accès aux origines n'en révélera le contenu qu'avec leur accord et à la demande de l'adopté.

La convention internationale de La Haye
Depuis février 1998, la loi française en matière d'adoption s'est alignée sur la Convention internationale de La Haye tout particulièrement en ce qui concerne l'adoption d'enfants venus de l'étranger. Cette convention cherche à garantir que toute adoption est faite dans l'intérêt supérieur de l'enfant et le respect de ses droits fondamentaux. Elle définit un cadre de coopération juridique entre les États d'où sont originaires les enfants et ceux des parents adoptants.
Ainsi, il est obligatoire que :
- le pays d'origine de l'enfant s'assure, notamment, de l'adaptabilité de l'enfant ;
- le principe de subsidiarité soit respecté : l'enfant adopté par une famille étrangère ne peut l'être que par une famille originaire de son pays d'origine, afin de lui permettre, entre autres, d'être élevé dans sa culture ;
- les pays d'accueil s'assurent que les familles adoptives offrent toutes les garanties. L'agrément des services sociaux est obligatoire ;
- les enfants adoptés soient autorisés à entrer et à séjourner sans restriction dans les pays d'accueil.
Afin de s'assurer le respect de ces règles, les États ont l'obligation de mettre en place une autorité centrale de contrôle. Toutes les démarches d'adoption internationale doivent d'abord s'adresser à ce service. Aujourd'hui, en France, la Mission à

1RE SEMAINE

1ER MOIS

2 À 3 MOIS

4 À 5 MOIS

6 À 7 MOIS

8 À 9 MOIS

10 À 11 MOIS

1 AN

1 AN 1/2

2 ANS

2 ANS 1/

3 ANS

4 ANS

5 ANS

6 ANS

ANNEXES

l'adoption internationale (MAI), rattachée au Quai d'Orsay, a cette fonction. En théorie, les candidats à l'adoption peuvent, selon leur choix, faire appel à une association agréée ou effectuer une démarche individuelle mais en respectant cette loi. La France est le deuxième pays d'accueil après les États-Unis.

Des démarches simplifiées

L'adoption en France est longue et compliquée : il faut en moyenne trois ans pour adopter. Les dernières mesures prises par le ministère délégué à la Famille ont pour but de faciliter et simplifier les démarches.

Le ministère a ainsi soutenu la publication d'un guide largement diffusé qui explique dans le détail les démarches et les étapes de la procédure tant pour les enfants français qu'étrangers. Les postulants à l'adoption y trouvent également des conseils psychologiques car, comme dans les familles biologiques, les enfants doivent apprendre à construire les liens qui unissent une famille. Il conseille les candidats avant, pendant et dans les mois qui suivent l'adoption. Il est également diffusé sur le net : www.famille-enfance.gouv.fr. Pour accompagner les parents dans leurs démarches et les soutenir, les organismes privés, habilités pour l'adoption, 38 en France, ont été regroupés et modernisés. Le régime d'autorisation et d'habilitation est réformé et unifié, le financement a été accru pour faire d'eux des organismes professionnels. Le Conseil supérieur de l'adoption a été chargé d'harmoniser le contenu des enquêtes afin de faire disparaître leur côté inquisitoire. Ainsi, la notion de famille moralement « parfaite » n'a plus lieu d'être. Elle a par le passé entraîné bien des obstacles administratifs et, par exemple, interdit l'adoption aux familles recomposées.

Autre mesure, l'ouverture à l'adoption des enfants pupilles de l'État âgés de plus de 8 ans, appartenant à une fratrie ou porteurs de handicaps. Deux mille enfants seraient dans cette situation. Les familles d'accueil peuvent maintenant adopter plus facilement (adoption simple) les enfants dont elles ont la charge.

Accouchement sous X

Désormais, les démarches des enfants nés sous X pour retrouver leurs parents biologiques sont rendues plus faciles grâce à la création du Conseil national d'accès aux origines personnelles, organisme chargé de conserver les informations laissées par les parents au moment de la naissance. Les mères sont d'ailleurs encouragées à laisser le plus possible de renseignements identifiants. Par la suite, le pouvoir de décision de rencontrer ou non leur enfant leur appartient.

Les lois de bioéthique

Les découvertes en matière de génétique, les procréations médicalement assistées, soulèvent bien sûr de nouvelles questions tant sur le plan juridique qu'éthique.

Pour les juristes, le statut de l'embryon humain n'est pas défini et à aucun moment la loi ne dit clairement quand commence la vie. Le fœtus n'est pas une personne et l'enfant n'existe en réalité qu'après la naissance.

Depuis le 30 mai 2001, la loi autorise l'avortement volontaire à 12 semaines de grossesse (14 semaines d'aménorrhée). La France s'aligne ainsi sur les législations européennes.

Pour les femmes mineures, l'autorisation parentale est de règle, mais elle n'est pas une obligation si la jeune femme se fait accompagner d'une personne majeure de son choix. Les femmes majeures ne sont plus tenues de participer à un entretien social. L'IVG doit être pratiqué dans un centre agréé.

L'avortement thérapeutique, pour des raisons médicales, est possible jusqu'à la fin de la grossesse. Il est décidé après le diagnostic de deux médecins qui attestent que la vie de la mère est en danger ou que les examens médicaux laissent fortement suspecter un enfant porteur de malformations gravement handicapantes. Ces règles permettent aussi de pouvoir pratiquer ce que médicalement on appelle la réduction embryonnaire. Depuis peu, un médicament, le RU 486, dite pilule du lendemain, permet d'interrompre une grossesse avant la 5e semaine, mais il est préférable qu'elle soit utilisée dans les quelques jours qui suivent la fécondation.

En France, deux lois s'appliquent aux problèmes de la reproduction.

La loi du 29 juillet 1994 donne quelques grandes règles de bioéthique. Elle s'intéresse au don et à l'utilisation des éléments et produits du corps humain, à l'assistance médicale, à la procréation, au diagnostic prénatal.

Depuis mars 1998, elle a été complétée pour permettre le diagnostic préimplantatoire qui consiste à retirer une cellule de l'embryon de trois jours conçu en éprouvette afin de l'analyser et ainsi de s'assurer qu'il n'est pas porteur de maladie génétique.

Elle autorise le diagnostic prénatal par un laboratoire autorisé dans le cas des grossesses « naturelles » mais ne l'autorise qu'à titre exceptionnel sur les cellules prélevées sur l'embryon in vitro et dans des conditions très précises. Ainsi un médecin appartenant à un centre de diagnostic prénatal pluridisciplinaire doit attester qu'il y a une forte probabilité que l'enfant soit atteint d'une maladie génétique reconnue comme incurable au moment du diagnostic. Le couple doit exprimer par écrit son accord et le diagnostic ne peut avoir pour objet que de rechercher cette affection.

Enfin, ce diagnostic ne peut être réalisé que dans un centre agréé. Seuls trois centres sont autorisés aujourd'hui en France à pratiquer cette recherche. Cette même loi fixe le champ d'action des procréations médicalement assistées. Celles-ci ont pour but de pallier une stérilité médicalement reconnue ou d'éviter la transmission à l'enfant d'une maladie particulièrement grave et incurable. Elles s'appliquent à des couples, hommes et femmes en âge de procréer, vivants et consentants.

Les dons de sperme et d'ovules ou d'embryons sont autorisés et assimilés aux dons d'organes : ils doivent être gratuits et faire l'objet d'un « consentement éclairé ». Les embryons congelés non réimplantés sont conservés à la demande des couples pour une durée de cinq ans sauf s'ils changent d'avis.

En août 2004, une loi de bioéthique valable pour 5 ans a été adoptée. Elle interdit le clonage reproductif ou thérapeutique. Elle ouvre la possibilité de faire des recherches à titre dérogatoire sur les embryons congelés en surnombre, qui ne font pas l'objet d'un projet parental, et sur les cellules-souches.

Elle accepte l'élargissement du diagnostic préimplantatoire dans le cadre d'une aide médicale à la procréation, afin de choisir un embryon indemne de la maladie du groupe tissulaire HLA compatible, et pour tenter de sauver un aîné atteint d'une maladie génétique incurable.

Elle n'autorise ni l'aide médicale à la procréation pour les couples non mariés, qui ne justifieraient pas de 2 ans de vie commune, ni l'implantation d'un embryon congelé chez une femme dont le compagnon est décédé.

L'Agence de biomédecine a été créée en mai 2005. Elle a pour mission de délivrer les autorisations aux projets de recherche, de les évaluer et d'émettre des avis.

Son rôle est encore d'apporter une certaine cohérence dans les pratiques et les interdits actuels comme l'élargissement des conditions d'accès aux fécondations artificielles. Cette agence aura encore un rôle de conseil auprès des autorités sanitaires et politiques.

En Europe

Les lois sur la bioéthique sont très disparates en Europe. La loi française interdit aujourd'hui toute recherche et expérimentation sur l'embryon humain conçu in vitro notamment à des fins eugéniques. Si la France a fait le choix d'une législation très restrictive, ce n'est pas le cas en Angleterre et en Espagne où, notamment, des recherches sur l'embryon humain sont autorisées jusqu'au quatorzième jour du développement sous certaines conditions et sous le contrôle d'un comité d'éthique. La Belgique ne s'est toujours pas dotée d'une législation alors que l'Allemagne interdit toute forme de recherche sur l'embryon humain.

La déclaration universelle sur le génome humain

Le 11 novembre 1997, l'Unesco a adopté la déclaration universelle sur le génome humain, véritable charte en vingt-cinq articles qui appelle au respect de la personne humaine et établit, au nom des droits de l'homme, des règles dans le domaine de la génétique.

C'est une étape fondamentale dans la définition des critères de bioéthique. L'article fondateur proclame que « chaque individu a droit au respect de sa dignité et de ses droits, quelles que soient ses caractéristiques génétiques ». Les signataires s'engagent aussi à ne pas autoriser, dans leur pays, le clonage d'êtres humains à des fins de reproduction. Il est stipulé encore que chaque individu doit donner son consentement préalable à toute intervention sur son génome et que toute discrimination fondée sur les caractéristiques génétiques est interdite. En revanche, ce texte appelle à la diffusion la plus large des connaissances scientifiques sur le génome humain.

1RE SEMAINE

1ER MOIS

2 À 3 MOIS

4 À 5 MOIS

6 À 7 MOIS

8 À 9 MOIS

10 À 11 MOIS

1 AN

1 AN 1/2

2 ANS

2 ANS 1/

3 ANS

4 ANS

5 ANS

6 ANS

ANNEXES

Le PACS et le concubinage

Aujourd'hui, deux formes juridiques permettent de lier un couple qui ne souhaite pas se marier : le PACS et le certificat de concubinage. Parents pacsés ou concubins ont les mêmes droits et devoirs envers leurs enfants. L'un comme l'autre permettent notamment de bénéficier d'avantages identiques à ceux des couples mariés. Ainsi, PACS et certificat de concubinage sont utiles pour obtenir le statut d'ayant droit à l'égard de la Sécurité sociale et des caisses d'allocations familiales.

PACS (pacte civil de solidarité)

Dernier-né dans l'arsenal des lois qui régissent les liens d'un couple :
– Il est accessible à deux personnes, quel que soit leur sexe, mais il est interdit entre frères et sœurs et entre parents et enfants.
– L'acte se fait à la mairie par une simple déclaration ; il ne nécessite pas la présence d'un officier d'état civil. Il est interrompu par le décès ou par la volonté de l'un des partenaires.
– Les partenaires s'apportent aide mutuelle et matérielle et contribuent selon leurs facultés respectives aux besoins de la vie courante. Les contractants sont solidaires de leurs dettes.
– Ils sont soumis au régime matrimonial de la communauté réduite aux acquêts.
– Ils établissent une déclaration d'impôts commune.
– En cas d'abandon du logement ou d'un décès, le contrat de location continue au profit du partenaire.
Une convention type aide à ne rien omettre dans la rédaction du contrat.

Certificat de concubinage

Pour l'obtenir, à la mairie ou au commissariat de police du domicile, il faut :
– deux témoins majeurs, français, non apparentés entre eux ni avec les concubins,
– une pièce d'identité,
– un justificatif de domicile connu,
– si l'un des concubins est étranger, il doit présenter son titre de séjour.
Pour la location d'un lieu de résidence, il est prudent, pour l'un comme pour l'autre des concubins, de faire établir le bail locatif aux deux noms. En cas de séparation, le concubin restant est assuré de garder son toit. Chacun prend à sa charge pour moitié le loyer ainsi que sa part d'impôts et de charges locatives. Le congé de la résidence doit être donné par les deux concubins. Par contre, le propriétaire doit avertir les deux locataires séparément en cas de rupture du bail. Un bail aux deux noms est un atout supplémentaire pour obtenir un crédit d'équipement. Le concubinage prend fin par le départ de l'un des concubins.

Statut des enfants

Un enfant né de parents non mariés a le statut d'enfant naturel.
Le lien de filiation entre l'enfant et ses parents est établi par un acte personnel et volontaire de chacun : la reconnaissance. Cette reconnaissance peut résulter d'une déclaration devant un officier d'état civil ou d'un acte notarié avant la naissance, à la naissance, ou à tout moment de la vie de l'enfant.
L'enfant peut être reconnu par son père, ou par sa mère, ou par ses deux parents. La reconnaissance peut être simultanée ou successive. Lorsque le lien de filiation n'a pas été établi par la reconnaissance volontaire des parents, il peut être établi par la possession d'état.
La possession d'état est caractérisée par un ensemble de faits permettant d'établir une filiation. Elle peut être constatée à tout moment, et sa preuve apportée par tous les moyens. Le lien de filiation peut également être établi judiciairement par les actions en recherche de paternité ou de maternité.

Le livret de famille

Toute mère célibataire peut demander un livret de famille à la mairie du lieu de naissance de son enfant (il est habituellement donné au moment du mariage). La date et le lieu de naissance de l'enfant seront inscrits dessus avec la mention « reconnu par », puis suivront les extraits de naissance de la mère et du père.

Si les concubins se marient, un nouveau livret leur sera remis et les enfants nés de leur couple seront automatiquement légitimés.

Si l'enfant n'a pas été reconnu par le père avant le mariage, celui-ci devra le faire séparément devant un officier d'état civil.

Quand les parents se séparent

En cas de rupture du PACS ou du concubinage si des enfants sont nés de cette union, les règles concernant l'autorité parentale continuent à s'appliquer. Lorsque le lien de filiation paternelle (par reconnaissance volontaire) n'a pas été établi, la mère peut, à la place de son enfant mineur, demander à ce que cette filiation soit établie judiciairement par une action en recherche de paternité.

Une fois le lien de filiation paternelle établi, la mère peut demander au père de participer à l'entretien de l'enfant (pension alimentaire). De son côté, le père peut obtenir certains droits vis-à-vis de l'enfant, comme par exemple un droit de visite et d'hébergement.

L'enfant pourra lui-même exercer cette action dans les deux ans qui suivent sa majorité, si elle ne l'a pas été durant sa minorité.

De même, lorsque sa filiation n'a pas été établie vis-à-vis de sa mère, l'enfant peut, en principe, engager une action en recherche de maternité s'il existe des « présomptions ou indices graves » relatifs à sa filiation maternelle. Toutefois, lors de son accouchement, la mère peut demander que son identité soit gardée secrète.

Le nom

Tous les enfants, dont la filiation est légalement établie, ont les mêmes droits et les mêmes devoirs dans leurs rapports avec leurs père et mère. Ils entrent dans la famille de chacun d'eux.

L'enfant naturel prend le nom de celui de ses parents qui l'a reconnu le premier. Il prend le nom du père si les parents l'ont reconnu tous les deux ensemble.

L'enfant qui a pris le nom de sa mère peut prendre le nom de son père par substitution si, pendant sa minorité, ses deux parents en font la déclaration conjointe devant le juge des tutelles du tribunal d'instance.

Lorsque l'enfant a plus de 15 ans, son consentement est nécessaire. À titre d'usage seulement, l'enfant peut porter les noms accolés de ses deux parents.

L'autorité parentale

La loi du 8 janvier 1993 a posé le principe de « l'autorité parentale conjointe ». La loi du 4 mars 2002 confirme ce principe, même en cas de séparation des parents.

L'autorité parentale est exercée conjointement (article 372 du Code civil) lorsque les deux parents :
– ont reconnu leur enfant avant qu'il ait atteint l'âge de 1 an,
– vivaient ensemble soit au moment de la reconnaissance simultanée, soit lors de la seconde reconnaissance (lorsque les parents ont effectué des reconnaissances successives).

Par dérogation, l'autorité parentale est exercée par un seul des parents (père ou mère) si celui-ci exerçait seul l'autorité parentale et vivait seul avec l'enfant à la date d'entrée en vigueur de la loi du 8 janvier 1993 (soit le 12 janvier 1993).

L'autorité parentale est exercée par un seul des parents :
– par le père ou par la mère lorsqu'il ou elle a reconnu seul (e) son enfant,
– par la mère lorsque les conditions d'exercice conjoint (posées par l'article 372 du Code civil) ne sont pas remplies. Dans le cas où l'autorité parentale n'est pas exercée conjointement, alors que l'enfant a été reconnu par ses deux parents, ces derniers peuvent faire ensemble une déclaration d'autorité parentale conjointe devant le juge des tutelles.

En cas de désaccord sur les conditions d'exercice de l'autorité parentale, chacun des parents peut saisir le juge aux affaires familiales. Celui-ci prend les mesures les plus conformes à l'intérêt de l'enfant. Il peut soit confier l'autorité parentale conjointement aux deux parents, soit seulement à l'un deux. Quelle que soit la situation antérieure, si l'un des parents décède, l'autorité parentale est attribuée en entier au parent survivant, à condition que sa filiation avec l'enfant ait été établie.

Les prestations familiales

La vie maritale est entièrement assimilée au mariage pour l'appréciation du droit aux prestations familiales.

Le divorce et les enfants

Le jugement du tribunal officialisant le divorce des parents fixe certaines dispositions vis-à-vis de l'enfant. C'est notamment :

1RE SEMAIN

1ER MOIS

2 À 3 MOIS

4 À 5 MOIS

6 À 7 MOIS

8 À 9 MOIS

10 À 11 MOIS

1 AN

1 AN 1/2

2 ANS

2 ANS 1/

3 ANS

4 ANS

5 ANS

6 ANS

ANNEXES

La législation

• **La garde,** appelée aujourd'hui la résidence. Dans la majorité des cas, si l'enfant a moins de 15 ans, elle est attribuée à la mère. Ce qui n'est pas sans provoquer des discussions tendues entre les parents lorsque le divorce ne se fait pas par consentement mutuel.

Si l'enfant a moins de 13 ans, le juge peut lui demander son avis, s'il a plus de 13 ans, il doit l'entendre. Aujourd'hui, la loi légalise la résidence alternée, une pratique qu'un certain nombre de parents ont largement expérimentée.

• **L'autorité parentale.** Elle est le plus souvent confiée au parent qui a la garde pour des raisons pratiques, mais cette décision n'est plus systématique. Lorsqu'il s'agit d'un divorce par consentement mutuel, ce sont les parents qui prévoient ses modalités d'exercice sous le contrôle du juge aux affaires familiales. Dans les autres cas, l'autorité parentale est fixée par le juge. Elle est généralement commune et, en cas de circonstances particulières, attribuée à l'un des parents. La loi Malhuret précise que le parent qui n'a pas l'exercice de l'autorité parentale conserve un droit de regard sur l'entretien et l'éducation de son enfant. Il est encore possible que le jugement stipule une autorité parentale conjointe si les parents semblent capables d'entretenir un dialogue cohérent vis-à-vis de leur enfant.

• **Le droit de visite.** Sauf motif grave, le juge fixe le temps que l'enfant passera obligatoirement avec le parent dont il est séparé : jours de la semaine, rythme des week-ends et temps des vacances. Le non-respect de ces règles par le parent qui a la garde de l'enfant est un délit de « non-représentation ». Si l'enfant refuse ce droit de visite, c'est le tribunal qui décidera, ou non, d'une dispense, souvent après avoir entendu l'enfant.

• **Une pension alimentaire.** Le montant est fixé en fonction des revenus des deux parents. En cas de non-paiement, le parent floué peut faire appel à la justice qui prendra les mesures pour obliger son règlement. Les CAF se chargent souvent des procédures et, dans les cas difficiles, versent une avance sur pension.

• **Le divorce des couples binationaux** pose souvent de dramatiques problèmes de droit de garde et de visite. Des difficultés dues en grande partie au manque de réglementation internationale. Un progrès vient d'être fait à l'échelon européen. Les ministres de la Justice de la communauté se sont mis d'accord pour qu'à partir du 1er mars 2001 un seul juge statue sur la garde des enfants. Ce sera le magistrat du pays dans lequel se trouve la résidence habituelle des époux.

L'enfant et le juge

L'audition d'un enfant par la justice est toujours un exercice délicat. La loi parle de « capacité de discernement » pour déterminer si le témoignage de l'enfant est important dans la prise de décision. Le juge se doit d'être d'une grande prudence car un enfant, quel que soit son âge, est toujours impressionnable. Choisir entre ses deux parents est pour lui une véritable épreuve. De plus, cet enfant peut être victime d'un chantage affectif. Le juge a d'ailleurs la possibilité de compléter ses informations par une enquête sociale.

Les grands noms de la psychologie et de la pédiatrie

La pédiatrie et la psychologie de l'enfant sont des sciences relativement récentes qu'un certain nombre de personnalités ont permis de faire progresser. Quelques noms sont à retenir.

Un certain nombre de psychiatres, psychologues et psychanalystes se sont plus spécialement attachés à l'étude du développement de la personnalité de l'enfant. Voici les plus célèbres, ceux qui font et feront toujours référence.

• **Bruno Bettelheim** (1903-1990) : psychanalyste américain, il est le fondateur d'un institut entièrement consacré aux enfants psychotiques, et tout particulièrement autistiques. Il est encore célèbre pour l'étude de la symbolique des contes et leurs effets sur les enfants.
• **John Bowlby** : pédiatre et psychanalyste anglais à l'origine de la théorie de l'attachement et spécialiste de la séparation.
• **Bertrand Cramer** : spécialiste suisse du jeune enfant et des prises en charge psychothérapique et psychanalytique du bébé et de ses parents.
• **René Diatkine** (décédé en 1998) : psychanalyste d'enfant à l'origine de l'approche des enfants en phase de latence. Grand théoricien français de la conduite du traitement psychanalytique des enfants en alliance avec les parents. Écrits merveilleux sur les contes et leur utilisation en thérapeutique.
• **Françoise Dolto** (1908-1988) : médecin et psychanalyste française fort connue du grand public par son apport remarquable dans la psychanalyse d'enfant. Au cours de ses analyses, elle met en valeur le rôle de la famille et particulièrement celui de la mère sur le psychisme de l'enfant, dès sa conception.
• **Didier-Jacques Duché** : créateur de la psychiatrie infantile en France, publie de nombreux travaux universitaires. Il a également étudié l'histoire de la psychiatrie infantile (titre de l'un de ses ouvrages).
• **Sigmund Freud** (1856-1939) : neuropsychiatre fondateur de la psychanalyse. Dans le domaine du développement de l'enfant, nous lui devons les fameux « stades » : le stade oral, de la naissance à 18 mois, le stade anal, de 18 mois à 4 ans, et le stade phallique, qui s'installe vers 4 ans.

• **Anna Freud** (1895-1982) : ce fut tout à la fois une praticienne, une chercheuse et une pédagogue, et une des premières à instituer le traitement des enfants par la psychanalyse. Elle mit en évidence le rôle des parents et de l'entourage de l'enfant dans sa construction psychique. Elle s'opposa aux théories de Mélanie Klein.
• **Arnold Gesell** (1880-1961) : psychologue américain qui fonda la célèbre Yale Clinic of Child Development. Sa méthode est celle de l'observation précise et rigoureuse du comportement du nourrisson et du jeune enfant en utilisant film et miroir sans tain. C'est aussi lui qui élabora le « baby test », échelle de développement toujours utilisée.
• **Mélanie Klein** (1882-1960) : psychologue anglaise qui a été l'une des premières à appliquer la psychanalyse aux enfants. Elle pratiquait l'« analyse » chez ses petits patients par l'intermédiaire du jeu : en étudiant les conduites des enfants autour de l'objet, elle recréait le monde de l'imaginaire et des fantasmes. Elle centra ses recherches sur les conflits mère-enfant à un stade d'évolution très précoce.
• **Jacques Lacan** (1901-1981) : psychanalyste français pour qui la différenciation psychique est le résultat d'un processus d'identification qui commence très tôt, vers 6 mois, à partir des adultes qui entourent l'enfant. Le rôle du miroir est encore essentiel. C'est un « structuraliste » qui chercha derrière les faits leur agencement, leur relation, leur logique.
• **Serge Lebovici** (1915) : maître de la psychiatrie infantile française, il a largement développé l'étude des bébés avec le concept de compétences et d'interactions. Tous ses travaux, ses écrits et ses propos sont d'une lumineuse clarté.
• **Magareth Mahler** (1900-1985) : psychiatre et psychanalyste d'enfant. Exerça en Autriche puis aux États-Unis, reconnue pour ses travaux sur la psychose infantile qui l'ont conduite à proposer une théorie du développement psycho affectif normal de l'enfant. Elle est à l'origine des concepts de séparation-individuation.

1RE SEMAIN

1ER MOIS

2 À 3 MOIS

4 À 5 MOIS

6 À 7 MOIS

8 À 9 MOIS

10 À 11 MOIS

1 AN

1 AN 1/2

2 ANS

2 ANS 1/

3 ANS

4 ANS

5 ANS

6 ANS

ANNEXES

• **Jean Piaget** (1896-1981) : psychologue suisse, il fonda le Centre international d'épistémologie génétique de Genève. Son projet essentiel : établir une théorie de la connaissance. Le premier stade de développement de l'enfant de 0 à 2 ans, dû aux apports de sensation et de l'activité musculaire, est celui de l'intelligence sensori-motrice, puis l'enfant apprend par « assimilation » de l'objet ; en jouant avec un objet, l'enfant le transforme.

• **Michel Soulé** : psychanalyste d'enfant, à l'origine des travaux, en collaboration avec les pédiatres, sur la psychosomatique et le développement de l'enfant (avec Léon Kreisler et Michel Fain dans *L'Enfant et son corps*, PUF). Il étudie aussi le très jeune enfant, le fœtus et le rôle de l'échographie. Depuis trente ans, il anime un cycle de formation sur le développement de l'enfant et ses troubles.

• **Daniel Stern** : pédopsychiatre, psychanalyste américain, effectue des recherches majeures en Suisse et aux États-Unis sur les interactions affectives précoces et la naissance de la vie psychique du bébé. C'est lui qui est à l'origine de la superbe expression accordage « affectif mère-enfant ».

• **René Spitz** (1887-1974) : psychologue et psychanalyste américain, il travailla essentiellement sur le développement psychoaffectif de l'enfant durant les deux premières années de sa vie. Il démontra l'importance des échanges mère-enfant sur le plan émotionnel.

• **Henry Wallon** (1879-1962) : médecin psychiatre qui fonda le laboratoire de psychologie de l'enfant à l'École pratique des hautes études. Il mit en évidence les étapes essentielles du développement de l'enfant, en insistant sur l'importance de la maturation biologique comme de l'environnement social. C'est à lui que nous devons la notion de « crises », à l'origine de profonds remaniements dans les structures psychologiques.

• **Donald Winnicott** (1897-1971) : pédiatre et psychanalyste anglais, il établit, à partir d'observations directes de la relation mère-enfant et de l'analyse de psychoses, une chronologie du développement affectif du bébé. Pour lui, la mère sait instinctivement ce qui est bon pour son bébé et le bébé a un bon développement grâce au comportement adéquat de sa mère.

• **René Zazzo** (1910-1995) : psychologue français qui s'est attaché, entre autres, à l'étude du comportement des jumeaux.

Les pédiatres qui marquent notre temps

• **Daniel Allagil** : un des pionniers de la transformation des hôpitaux en France avec tout particulièrement l'humanisation des services destinés aux enfants. C'est à lui que l'on doit leur ouverture aux parents et aux frères et sœurs. Il est le premier à avoir introduit le jeu à l'hôpital et à avoir développé les soins en hôpital de jour.

• **T. Berry Brazelton** : étudie tout particulièrement les compétences précoces du bébé ; a mis au point une échelle de développement du nouveau-né.

• **Robert Debré** (1882-1978) : a étudié l'influence de l'environnement dans le développement de l'enfant. Ce fut encore un grand spécialiste des troubles fréquents de l'appétit et du sommeil. Son originalité : mettre sur le même plan les maladies organiques et les anomalies du développement affectif et psychomoteur.

• **Fritzbugh Dodson** : un apôtre de la précocité qui défend l'idée que pour être un « génie » il faut commencer l'éducation au berceau, sans concession pour la relation affective.

• **Alexandre Minkowski** : mondialement connu pour ses travaux sur les prématurés. C'est à lui que l'on doit les progrès considérables dans le domaine de la néonatalogie, avec des traitements mis au point pour sauver les grands prématurés.

• **Benjamin Spock** : surtout connu pour ses traités de puériculture et ses manuels à l'usage des parents. Ses théories semblent aujourd'hui quelque peu dépassées.

• **Burton L. White** : directeur du célèbre *preschool project* de l'université de Harvard. Pour lui, le développement de l'enfant est l'affaire des trois premières années, les parents ayant une importance considérable dans son devenir.

Bibliographie

Vous trouverez ici une liste non exhaustive des ouvrages traitant du développement de l'enfant et de ses troubles. Nous avons sélectionné les livres essentiels et abordables par tous. Pour tout autre renseignement, vous pouvez nous écrire.*

Développement psychologique de l'enfant

La Construction du réel chez l'enfant, J. Piaget. Éd. Delachaux et Niestlé. 1937.

Le Langage et la pensée chez l'enfant, J. Piaget. Éd. Denoël. 1984.

Naissance de l'intelligence chez l'enfant, J. Piaget. Éd. Delachaux et Niestlé. 1977.

La Psychologie de l'enfant, J. Piaget et I. Bärbel. Éd. PUF, coll QSJ. 1992.

La Formation du symbole chez l'enfant, J. Piaget. Éd. Delachaux et Niestlé. 1978.

La Grande Aventure de monsieur bébé, sous la dir. de P. Ben Soussan. Éd. Érès, revue Spirale. 1996, vol. 1.

L'Enfant et le monde extérieur, le développement des relations, D. W. Winnicott. Éd. Payot. 1989.

Processus de maturation chez l'enfant, D. W. Winnicott. Éd Payot. 1989.

L'Enfant et sa famille, D. W. Winnicott. Éd Payot. 1991.

Lorsque l'enfant paraît, F. Dolto. Éd. Seuil. 1990.

Tout est langage, F. Dolto. Éd. Gallimard. 1995. 3 vol.

La Cause des enfants, F. Dolto. Éd. Seuil. 1985.

Les Étapes majeures de l'enfance, F. Dolto. Éd. Gallimard. 1994.

Naissance et séparation, ouvrage collectif. Éd. Érès, revue Spirale. 1997.

Secret de femmes, de mère à fille, B. Cramer. Éd. Calmann-Lévy. 1996.

Sous le signe du lien, B. Cyrulnik. Éd Hachette, Coll. Pluriel. 1996.

Le Bébé et les apprentissages. Génèse et incidences, sous la direction de M. Glaumaud-Carré et M. Manuélian-Ravet. Institut de l'enfant et de la famille/Éd. Syros. 1995.

Apprendre de 0 à 4 ans, C. Teyssèdre et P. M. Baudonnière. Éd. Flammarion, Coll. Dominos. 1994.

Profession bébé, B. Cramer. Éd. Calmann-Lévy. 1989.

Le Journal d'un bébé, D. Stern. Éd. Presse Pocket. 1993.

L'Intelligence des bébés, R. Lécuyer. Éd. Dunod. 1996.

Le Bébé dans tous ses états, Actes du colloque Gynécologie/Psychologie sous la direction de R. Frydman et M. Szejer. Éd. Odile Jacob. 1998.

La Naissance d'une famille, T. B. Brazelton. Éd. Stock. 1983.

L'Âge des premiers pas, T. B. Brazelton. Éd. Seuil, Coll Points.

Familles en crise, T. B. Brazelton. Éd LGF. 1991.

Points forts, les moments essentiels du développement de votre enfant, T. B. Brazelton. Éd. LGF. 1996.

À ce soir, T. B. Brazelton. Éd. Stock. 1986.

Les Premiers liens, T. B. Brazelton et B. Cramer. Éd. Calmann-Lévy. 1991.

L'Attachement, sous la dir. de R. Zazzo. Éd. Delachaux et Niestlé. 1996.

Pour être des parents acceptables, B. Bettelheim. Éd. Hachette, Coll. Pluriel. 1990.

La Sexualité « oubliée » des enfants, S D. Kipman et D. Rappoport. Éd Stock. 1993.

1RE SEMAIN

1ER MOIS

2 À 3 MOIS

4 À 5 MOIS

6 À 7 MOIS

8 À 9 MOIS

10 À 11 MOIS

1 AN

1 AN 1/

2 ANS

2 ANS

3 ANS

4 ANS

5 ANS

6 ANS

ANNEXE

Bibliographie

Langage

L'Enfance de la parole, É. Genouvrier.
Éd. Nathan. 1992.

Comment la parole vient aux enfants,
B. de Boysson-Bardies. Éd. Odile Jacob. 1996

Éveil

Les Livres, c'est bon pour les bébés, M. Bonnafé.
Éd. Calmann-Lévy. 1993.

L'Enfant et le jeu, J. Chateau. Éd. Scarabée.
1985.

L'Ours et le loup, P. Rosfelter. Éd. Calmann-Lévy.
1997.

Psychanalyse des contes de fées, B. Bettelheim.
Éd. Hachette, Coll. Pluriel. 1998.

Allaitement

L'Allaitement, M. Thirion. Éd. Albin Michel. 1994.

Jumeaux

Les Jumeaux, R. Zazzo. Éd. PUF. 1992.

Sommeil

Le Sommeil et le rêve, M. Jouvet.
Éd. Odile Jacob. 1992.

Mon enfant dort mal, M.-J. Challamel
et M. Thirion. Éd. Presse Pocket. 1993.

École

L'Enfant acteur de son développement,
H. Montagner. Éd. Stock. 1993.

*En finir avec l'échec scolaire : l'enfant,
ses compétences et rythmes*, H. Montagner.
Éd. Bayard. 1996.

Lire à 3 ans, F. Bouylanger. Éd. Nathan. 1992.

L'École maternelle à deux ans, oui ou non ?
B. Zazzo. Éd. Stock. 1984.

Alimentation/goût

Bébé au beurre, bébé à l'huile, ouvrage collectif
sous la direction de M. Rufo. Éd. Éres,
revue Spirale. 1997.

Le Doux et l'amer, M. Chiva. Éd. PUF. 1985.

Gourmande et Maman, C. Clavel.
Éd. Hachette.1998.

Santé

Homéo bébé et Homéo enfant, T. Joly.
Éd. Hachette.1991 et 1994.

La Douleur de l'enfant, A. Gauvain-Picard
et M. Meignier. Éd. Presse Pocket. 1994.

Pour tout savoir en psychiatrie de l'enfant

*Nouveau traité de psychiatrie, de l'enfance à
l'adolescence*, S. Lebovici, M. Soulé, R. Diatkine.
Éd. PUF (4 vol.). 1995.

*L'enfant dans l'adulte ou l'éternelle capacité de
rêverie*, R. Diatkine. Éd. Delachaux et Niestlé,
coll. Champs psychanalytiques. 1994.

L'enfant et son corps, L. Kreisler, M. Fain et
M. Soulé. Éd. PUF, Coll. Fil Rouge. 1981.

*L'Embryologie du moi, une théorie du champ pour
la psychanalyse*, R. Spitz. Éd. Complexe. 1979.

*Les Enfants malades, introduction
à leur compréhension psychanalytique*, A. Freud
et Th. Bergmann. Éd. Époque Privat. 1976.

*Processus de maturation chez l'enfant,
développement affectif et de l'environnement
chez l'enfant*, D. W. Winnicott. Éd. Payot. 1987.

Le Normal et le pathologique chez l'enfant,
A. Freud. Éd. Gallimard. 1968.

Connaissance de l'inconscient. Éd. Gallimard.
1965.

* *Élever Bébé*. Hachette Pratique
43, Quai de Grenelle 75015 PARIS

Carnet d'adresses

1RE
SEMAIN

1ER MOIS

2 À 3
MOIS

4 À 5
MOIS

6 À 7
MOIS

8 À 9
MOIS

10 À 11
MOIS

1 AN

1 AN 1/

2 ANS

2 ANS

3 ANS

4 ANS

5 ANS

6 ANS

ANNEXE

Numéros d'urgence

Composer le 15 pour tous les départements, sauf exceptions :

CHÂTEAUROUX
02.54.22.88.88

DIJON
03.80.40.28.29

GUADELOUPE
Pointe-à-Pitre : 83.29.66

GUÉRET
05.55.41.82.00

LYON
En plus du 15, 0.803.069.069

NANTES
02.40.82.22.22

VESOUL
04.84.76.33.33

Les centres antipoison

ANGERS
Hôpital d'Angers
4, rue Larrey
49100 Angers
Tél. : 02.41.48.21.21

BORDEAUX
Hôpital Pellegrin-Tripode CHU
Place Amélie-Raba-Léon
33076 Bordeaux Cedex
Tél. : 05.56.96.40.80

CLERMONT-FERRAND
Centre hospitalier
de Clermont-Ferrand
30 pl. Henri-Dunant
63003 Clermont-Ferrand Cedex
Tél. : 04.73.62.57.00
04.73.31.62.00
(Urgences enfants)

LA TRONCHE
CHRU - 38700 La Tronche
Tél. : 04.76.42.42.42

LILLE
Hôpital Calmette
Bd du Pr-Jules-Leclercq
59037 Lille Cedex
Tél. : 03.20.44.44.44

LYON
Hôpital Édouard-Herriot
5, pl. d'Arsonval
69003 Lyon
Tél. : 04.72.11.69.11

MARSEILLE
Hôpital Salvator CHU
249, bd Sainte-Marguerite
13009 Marseille
Tél. : 04.91.75.25.25

MONTPELLIER
Hôpital Lapeyronie
34059 Montpellier Cedex
Tél. : 04.67.33.80.12

NANCY
Hôpital central
29, av. du Mal-de-Lattre-
de-Tassigny
54000 Nancy
Tél. : 03.83.32.36.36

PARIS
Hôpital Fernand-Widal
200, rue du Fbg-Saint-Denis
75010 Paris
Tél. : 01.40.05.48.48

RENNES
Hôpital Pontchaillou
2, rue Henri-Le-Guilloux
35000 Rennes
Tél. : 02.99.59.22.22

ROUEN
Hôpital Charles Nicolle
1, rue de Germont
76031 Rouen cedex
Tél. : 02.35.88.44.00

STRASBOURG
Hôpital civil
1, pl. de l'Hôpital
67091 Strasbourg
Tél. : 03.88.37.37.37

TOULOUSE
Hôpital Purpan CHU
Pl. du Dr-Baylac
31300 Toulouse
Tél. : 05.61.77.74.47

TOURS
Hôpital Bretonneau
2, bd Tonnellé
37000 Tours
Tél. : 02.47.47.47.47

Les centres de soins grands brûlés

BORDEAUX
Hôpital Pellegrin
Place Amélie-Raba-Léon
33000 Bordeaux
Tél. : 05.56.79.56.79

CLAMART
Hôpital d'instruction
des armées Percy
101, av. Henri-Barbusse
92140 Clamart
Tél. : 01.41.46.60.00

FREYMING-MERLEBACH
Hôpital Freyming-Merlebach
1, rue de France
57800 Freyming-Merlebach
Tél. : 03.87.81.82.28

LILLE
Hôpital Huriez CHRU
Av. Oscar-Lambret
59037 Lille Cedex
Tél. : 03.20.44.59.62

LYON
• Hôpital Édouard-Herriot
5, pl. d'Arsonval
69003 Lyon
Tél. : 04.72.11.73.00.
• Hôpital Saint-Luc
9, rue du Pr-Grignard
69007 Lyon
Tél. : 04.78.61.88.88
04.78.61.81.81

MARSEILLE
Hôpital Nord
Chemin Bourrely
13015 Marseille
Tél. : 04.91.96.80.30
04.91.96.87.61 (urgences)

METZ
Hôpital du Bon Secours
1, pl. Philippe-de-Vigneulles
57038 Metz
Tél. : 03.87.55.31.31

Carnet d'adresses

Montpellier
Hôpital Lapeyronie
371, av. Doyen-Gaston-Giraud
34000 Montpellier
Tél. : 04.67.33.80.12

Nantes
Hôpital du CHU de Nantes
1, pl. Alexis-Ricordeau
44000 Nantes
Tél. : 02.40.08.33.33

Paris
Hôpital Trousseau
26, rue du Dr-Arnold-Netter
75012 Paris
Tél. : 01.44.73.74.75

Toulouse
Hôpital Purpan
Pl. du Dr-Baylac
31059 Toulouse Cedex
Tél. : 05.61.77.22.33

Tours
Hôpital pour enfants
Gatien-de-Clocheville
49, bd Béranger
37044 Tours Cedex
Tél. : 02.47.47.60.99
02.47.47.47.66
(Urgences)

Vandœuvre-lès-Nancy
Hôpital de Brabois
Rue du Morvan
54500 Vandœuvre-les-Nancy
Tél. : 03.83.15.30.30

S.O.S main

Bordeaux
SOS main Aquitaine
54, rue Huguerie
33000 Bordeaux
Tél. : 05.56.51.01.01

Courbevoie
Urgence main
Clinique de la Montagne
53 rue Victor-Hugo
92400 Courbevoie
Tél. : 01.47.89.46.36

Marseille
Hôpital de la Timone
Bd Jean-Moulin
13005 Marseille
Tél. : 04.91.38.56.35

Nice
Urgence main Nice
49, rue Gioffredo
06000 Nice
Tél. : 04.93.80.50.30

Paris
SOS main
Hôpital Bichat
46, rue Henri-Huchard
75018 Paris
Tél. : 01.40.25.80.80

Strasbourg
SOS main
2 rue Ste-Élisabeth
67000 Strasbourg
Tél. : 03.88.14.42.42

Les hôpitaux d'enfance

Ou Centres hospitaliers
intégrant un/des service (s)
spécialisé (s), autre (s) que
maternité, pédiatrie, etc.

Aulnay-sous-Bois
Hôpital intercommunal
Robert-Ballenger
93602 Aulnay-sous-Bois
Tél. : 01.49.36.71.23
(Chirurgie orthopédique et
chirurgie viscérale infantiles)

Bondy
Hôpital Jean-Verdier
av. du 14-Juillet
93140 Bondy
Tél. : 01.48.02.66.66
Tél. (Urgences) : 01.48.02.60.36

Brest
CHU de Brest
2, av. Foch
29285 Brest
Tél. : 02.98.22.33.33

Chambéry
Centre hospitalier
de Chambéry
Pl. Dr-François-Chiron
73000 Chambéry
Tél. : 04.79.96.50.50

Dax
Hôpital thermal
1, rue Labadie
40100 Dax
Tél. : 05.58.91.48.11.

Dijon
CHU de Dijon

2, bd Mal-de-Lattre-de-Tassigny
21000 Dijon
Tél. : 03.80.29.30.31

Fort-de-France
Centre hospitalier de Colson
98, route Balata
97234 Fort de France
Tél. : 0596.59.29.00

Giens
Hôpital Renée-Sabran
Bd Édouard-Herriot
83400 Giens
Tél. : 04.94.38.15.15
(Médecine infantile
et rééducation fonctionnelle)

La Bourboule
Centre hospitalier
Estivade maison
d'enfants thermale
Av. du Gal-Gouraud BP 25
63150 La Bourboule
Tél. : 04.73.81.08.14

La Tronche
CHRU
38700 La Tronche
Tél. : 04.76.76.75.75

Le Kremlin-Bicêtre
Hôpital de Bicêtre
78, av. du Gal-Leclerc
94270 Le Kremlin-Bicêtre
Tél. : 01.45.21.21.21
(Chirurgie infantile, pédiatrie
à orientation neurologique,
réanimation infantile)

Le Mans
Centre hospitalier du Mans
194, av. Rubillard
72000 Le Mans
Tél. : 02.43.43.43.43

Limoges
CHU Dupuytren
2, av. Martin-Luther-King
87000 Limoges
Tél. : 05.55.05.55.55

Lyon
•Hôpital Édouard-Herriot
5, pl. d'Arsonval
69003 Lyon
Tél. : 04.72.11.73.11
04.72.11.60.80
(Chirurgie infantile, urgences
pédiatriques, réanimation)
• Hôpital Debrousse
29, rue Sœurs-Bouvier
69005 Lyon
Tél. : 04.72.38.57.45
(Urgences pédiatriques)

MARSEILLE
Centre hospitalier de la Timone
Hôpital d'enfants
Bd Jean-Moulin
13385 Marseille Cedex 05
Tél. : 04.91.38.50.26

PARIS
• Groupe hospitalier
Saint-Vincent-de-Paul
74, av. Denfert-Rochereau
75014 Paris
Tél. : 01.40.48.81.11
- Groupe hospitalier Necker
Enfants Malades
149, rue de Sèvres
75015 Paris
Tél. : 01.44.49.40.00
• Hôpital Robert-Debré
48, bd Sérurier
75019 Paris
Tél. : 01.40.03.20.00

POITIERS
Centre hospitalier Henri Laborit
370, av. Jacques-Cœur
86000 Poitiers
Tél. : 05.49.44.57.57

SAINT-PIERRE
Centre hospitalier Sud Réunion
Av. président-Mitterrand
97410 Saint-Pierre
Tél. : 0262.35.90.00

STRASBOURG
CHU
1, pl. de l'Hôpital
67091 Strasbourg Cedex
Tél. : 03.88.11.67.68

TOULOUSE
Hôpital Purpan
Pl. Dr Baylac
31059 Toulouse Cedex
Tél. : 05.61.77.22.33

Santé

**Dans tous les départements,
des centres de PMI (Protection
maternelle et infantile)
permettent d'avoir des soins
gratuits. On peut trouver leurs
adresses dans les DASS et dans
les annuaires téléphoniques.**

DASES
94-96, quai de la Rapée,
75570 Paris Cedex 12
Tél. : 01.43.47.77.77

Comité français d'éducation
pour la santé
2, rue Auguste-Comte,
92170 Vanves
Tél. : 01.46.45.45.00 et
01.46.49.69.79

DASS (Direction de l'action
sanitaire et sociale)
23, bd Jules-Ferry
75011 Paris
Tél. : 01.43.14.11.00

Informations sur le Distilbène®
(DES) Association Pauline et
Julien
BP2 - 78670 Villennes-sur-Seine
Tél. : 01.39.75.66.42

Conseils génétiques

AMIENS
Hôpital Nord
Tél. : 03.22.66.80.00

ANGERS
Hôpital
Tél. : 02.41.35.36.37

BOIS-GUILLAUME
Centre de transfusion
Tél. : 02.35.60.50.50

BORDEAUX
Hôpital Pellegrin
Tél. : 05.56.79.55.79

BREST
Hôpital Morvan CHU
Tél. : 02.98.22.33.81

CAEN
CHR
Tél. : 02.31.27.27.27

CHAMBÉRY
Hôpital
Tél. : 04.79.96.50.50.

CHERBOURG
Hôpital Louis-Pasteur
Tél. : 02.33 .20.76.60

CLAMART
Hôpital Antoine-Béclère
Tél. : 01.45.37.44.44

CLERMONT-FERRAND
CHU Hôtel-Dieu
Tél. : 04.73.31.60.00

CRÉTEIL
Hôpital Henri-Mondor
Tél. : 01.49.81.21.11

DIJON
Hôpital du Bocage
Tél. : 03.80.29.33.00

MARSEILLE
Hôpital de la Timone
Tél. : 04.91.38.60.00

MONTPELLIER
Hôpital Arnaud-de-Villeneuve
Tél. : 04.67.33.58.17

MULHOUSE
Hôpital du Hasenrain
Tél. : 03.89.64.74.74

NANCY VANDOEUVRE
Centre de transfusion
Tél. : 03.83.44.62.62

NANTES
Pavillon de la mère
et de l'enfant
Tél. : 02.40.08.33.33

NEVERS
Hôpital
Tél. : 03.86.68.31.09

NICE
Hôpital Lenval
Tél. : 04.92.03.03.92
Hôpital Archet
Tél. : 04.92.03.62.43

TOULOUSE
Hôpital La Grave
Tél. : 05.61.77.90.56

LA TRONCHE
Hôpital des Sablons
Tél. : 04.76.76.75.75

RENNES
Hôpital de Pontchaillou
Tél. : 02.99.28.43.21

LILLE
Hôpital Jeanne-de-Flandres
Tél. : 03.20.44.40.18
Hôpital Saint-Antoine
Féron-Vrau
Tél. : 03.20.78.31.31

LIMOGES
Faculté de médecine
et pharmacie
Tél. : 05.55.43.58.00

LYON
Hôtel-Dieu
Tél. : 04.72.41.32.93.
Hôpital Debrousse
Tél. : 04.72.38.56.15

PARIS
Hôpital Necker des enfants
malades

1RE SEMAINE

1ER MOIS

2 À 3 MOIS

4 À 5 MOIS

6 À 7 MOIS

8 À 9 MOIS

10 À 11 MOIS

1 AN

1 AN 1/

2 ANS

2 ANS

3 ANS

4 ANS

5 ANS

6 ANS

ANNEXE

Carnet d'adresses

Tél. : 01.44.49.40.00.
Hôpital Pitié-Salpétrière
Tél. : 01.42.16.24.42

STRASBOURG
Institut de puériculture
Tél. : 03.88.11.67.32
Hôpital de Hautepierre
Tél. : 03.88.12.80.00

TOURS
Hôpital de Bretonneau
Tél. : 02.47.47.47.47

SAINT-ÉTIENNE
Hôpital
Tél. : 04.77.82.80.00

VANNES
Hôpital Prosper-Chubert
Tél. : 02.97.01.42.35

VERSAILLES
Hôpital André-Mignot
Tél. : 01.39.63 .91.33

Les lactariums

BORDEAUX
Hôpital Pellegrin
Pl. Amélie-Raba-Léon
33076 Bordeaux
Tél. : 05.56.79.59.25

BREST
CHRU – Hôpital Morvan
5, av Foch
29200 Brest
Tél. : 02.98.22.33.33

CHERBOURG
Hôpital Louis-Pasteur
44, rue du Val-de-Saire
BP208
50102 Cherbourg Cedex
Tél. : 02.33.20.70.00

DIJON
CHU Bocage
10, bd Mal-de-Lattre-
de-Tassigny
21000 Dijon
Tél. : 03.80.29.38.34

LA TRONCHE
Hôpital de Grenoble
BP 217 - 38700 La Tronche
Tél. : 04.76.42.51.45

LILLE
Hôpital Jeanne-de-Flandre
Av. Oscar-Lambret
59037 Lille Cedex
Tél. : 03.20.44.50.50

LYON
Hôpital Debrousse
29, rue Sœurs-Bouvier
69005 Lyon
Tél. : 04.72.38.55.67

MARMANDE
Lactarium Raymond-Fourcade
Av. des Martyrs-de-la-Résistance
47200 Marmande
Tél. : 05.53.64.26.22

MONTPELLIER
Hôpital Arnaud-de-Villeneuve
371, av du Doyen-Gaston-Guiaud
34295 Montpellier
Tél. : 04.67.33.66.99

MULHOUSE
Hôpital du Hasenrain
87, av. Altkirch
68100 Mulhouse
Tél. : 03.89.64.68.91

NANTES
Hôtel Dieu
1, pl. Alexis-Ricordeau
44000 Nantes
Tél. : 02.40.08.34.82

ORLÉANS
CHRU d'Orléans
1, rue Porte-Madeleine
45000 Orléans
Tél. : 02.38.74.41.81

PARIS
Lactarium de Paris
Solidarlait
26, bd Brune
75014 Paris
Tél. : 01.40.44.39.14

SAINT-PRIEST-EN-JAREZ
Hôpital Nord-St-Étienne
Av, Albert-Raimond
42270 Saint-Priest-en-Jarez
Tél. : 04.77.93.64.66

STRASBOURG
CHU de Strasbourg
23, rue de la Porte-de-l'Hôpital
67091 Strasbourg
Tél. : 03.88.11.60.54

TOURS
Hôpital de Clocheville
49, bd Béranger
37000 Tours
Tél. : 02.47.47.37.34

Informations générales

Fondation Polivé Wuhrlin de
recherche sur l'incontinence (SNC)
23, bd Georges-Clemenceau
BP 305
92402 Courbevoie Cedex
Tél. : 01.43.34.40.40

Association Ondine
97, av. Liberté
92000 Nanterre
Tél. : 01.41.37.01.01

Pour connaître les médecins
spécialistes :
Groupe de recherche
en urogynécologie (GRRUG) –
département de rééducation
fonctionnelle
BP 83 - 42110 Feurs
Fax : 04.77.26.30.46

Massage Bébé
Association Bébé-sourire
16, rue des Étuves
34000 Montpellier
Tél. : 04.67.60.70.39
Tél. : 04.67.61.97.24

Informations sur l'allaitement

BOULOGNE
Comités Alexis-Daman
Fédération nationale des comités
Alexis-Daman pour la protection
de l'enfance
164 ter, rue d'Aguesseau
92100 Boulogne
Tél. : 01.46.04.03.77

L'ÉTANG-LA-VILLE
La Leche League
7, allée Bruyères
78620 L'Étang-la-Ville
Tél. : 01.39.58.45.84
(info par boîte vocale)

PARIS
Association Solidarlait
26, bd Brune
75014 Paris
Tél. : 01.40.44.39.14

STRASBOURG
Action pour l'allaitement
8, rue de la Rotonde
67200 Strasbourg
Tél. : 03.88.27.31.72

Les centres antidouleur

PARIS
Association Sparadrap
48, rue de la plaine
75020 Paris
Tél. : 01.43.48.11.80

Enfants battus

LE KREMLIN-BICÊTRE
• Centre français de protection de l'enfance
23, place Victor-Hugo
94270 Le Kremlin-Bicêtre
Tél. : 01.43.90.63.00

LYON
L'enfant Bleu
18C, rue Songieu
69100 Villeurbanne
Tél. : 04.78.68.11.11

PARIS
• Enfance maltraitée
Appel gratuit 24 heures sur 24.
Tél. : 119 ou
0.800.05.41.41
• Enfance et Partage
24, cité Ameublement
75011 Paris
Tél. : 0.800.05.12.34
Appel gratuit du lundi
au samedi, de 9 heures
à 21 heures.
• SOS famille en péril
9, cours des Petites-Écuries
75010 Paris
Tél. : 01.42.46.66.77

Informations aux familles

Inter-Service Parents :
COLMAR
Tél. : 03.89.24.25.00

GRENOBLE
Tél. : 04.76.87.54.82

LYON
Tél. : 04.72.00.05.30

METZ
Tél. : 03.87.69.04.56

NEUILLY-SUR-SEINE
SOS Préma

La maison des associations
2 bis, rue du château
92200 Neuilly-sur-Seine

PARIS
Tél. : 01.44.93.44.93

STRASBOURG
Tél. : 03.88.35.26.06
Conseils médicaux et psychologiques pour tout ce qui concerne la petite enfance.

PARIS
• Institut de puériculture
(Renseignements par téléphone uniquement)
26, bd Brune, 75014 Paris.
Tél. : 01.40.44.39.39
• Trouver le bon hôpital
Tous les détails sur les spécialités des hôpitaux parisiens.
Assistance publique des hôpitaux de Paris (APHP)
3, av. Victorien
75004 Paris
Tél. : 01.40.27.30.00
• Allô social
2 quai de Gesvres
75004 Paris
Tél. : 01.40.27.98.00
Service de renseignements téléphonique de la mairie de Paris pour savoir quelles sont les aides auxquelles vous avez droit.
• CNAF : Caisse nationale d'allocations familiales
32, rue Sibelle
75014 Paris
Tél. : 01.45.65.52.52
Pour connaître les antennes locales
• Siège des Caisses primaires d'assurance maladie
21, rue Georges-Auric
75948 Paris Cedex 19
Tél. : 01.53.38.70.00
• Fédération nationale des associations pour l'aide aux mères et aux familles à domicile
80, rue de la Roquette
75011 Paris
Tél. : 01.49.23.75.50
• ACEPE : Association des collectifs enfants-parents
15, rue du Charolais
75012 Paris
Tél. : 01.44.73.85.20
• Grossesse-secours
51, rue Jeanne-d'Arc
75013 Paris

Tél. : 01.45.84.55.91
• Association nationale d'entraide des parents de naissances multiples
26, bd Brune
75014 Paris
Tél. : 01.44.53.06.03
Vous permettra d'obtenir des adresses proches de votre domicile
Tél. : 01.44.53.06.03
• Fédération syndicale des familles monoparentales
55, rue Riquet
75019 Paris
Tél. : 01.44.89.86.80
• S.O.S Divorce
(Droit des enfants de vivre avec Papa)
Permanence du centre associatif Champerret
23, rue Descombes
75017 Paris
Tél. : 01.45.63.11.13
• Fédération des lieux pour l'exercice du droit de visite
Tél. : 05.59.98.62.43
Pour connaître le point de rencontre entre enfants et parents divorcés le plus proche de votre domicile.
• Allô Maman Bébé
17, rue Castagnary
75015 Paris
Tél. : 08.36.68.34.36
(serveur vocal)
• Association FEA
Secours aux futures mères
6, cour Saint-Éloi
75012 Paris
Tél. : 01.43.41.55.65

TOULON
Association de défense des mères d'enfants naturels
23, rue Jean-Baptiste-Vin
83200 Toulon
Tél. : 04.94.92.12.85

L'enfant hospitalisé

ANTONY
APACHE : Association pour l'amélioration des conditions d'hospitalisation des enfants
63, bd Pierre-Brossolette
92160 Antony
Tél. : 01.42.37.61.88

1RE SEMAIN

1ER MOIS

2 À 3 MOIS

4 À 5 MOIS

6 À 7 MOIS

8 À 9 MOIS

10 À 11 MOIS

1 AN

1 AN 1/2

2 ANS

2 ANS 1

3 ANS

4 ANS

5 ANS

6 ANS

ANNEXE

Carnet d'adresses

Écoute et informations

Le Kremlin-Bicêtre
• Association française des centres de consultation conjugale et familiale
44, rue Danton
94270 Le Kremlin-Bicêtre
Tél. : 01.46.70.88.44

Paris
• Mouvement français pour le planning familial :
- 94, bd Masséna (Tour Mantoue) 75013 Paris
Tél. : 01.45.84.28.25
- 10, rue Vivienne
75010 Paris
Tél. : 01.42.60.93.20
• Fédération nationale couple et famille
28, place Saint-Georges
75009 Paris
Tél. : 01.42.85.25.98
(Pour connaître les antennes en province).
• Inter-Service Parents
École des parents et des éducateurs
5, impasse Bon-secours
75011 Paris
Tél. : 01.44.93.44.93
• Écoute cannabis
Tél. : 08.11.91.20.20

Trouver un mode de garde

Les adresses des crèches et des assistances maternelles sont à la disposition des parents dans la plupart des mairies et aux bureaux des Directions d'action sanitaire et sociale (DASES).

Grenoble
Dépann' famille
Tél. : 04.76.46.87.27

Lyon
• ADAMAR : Association départementale des assistantes maternelles agréées du Rhône
42, rue Gal Eisenhower
69005 Lyon
Tél. : 04.78.59.36.39
• Dépann' famille
Tél. : 04.78.27.71.91

Paris
• AFAD : Fédération nationale de l'aide familiale à domicile
13, rue Lafayette
75009 Paris
Tél. : 01.55.07.13.13
• Pour l'accueil d'une jeune fille au pair
L'accueil familial des jeunes étrangers
23, rue du Cherche-Midi
Tél. : 01.42.22.50.34
• DASES
94-96, quai de la Rapée
75012 Paris
Tél. : 01.43.47.77.77
• Dépann'famille
23, rue de la Sourdière
75001 Paris
Tél. : 01.42.96.58.32
• Employés de maison
FEPEM : Fédération des employeurs particuliers des employés de maison
18, rue Saint-Marc
75002 Paris
Tél. : 01.40.82.91.72
• Grands-mères occasionnelles
82, rue Notre-Dame-des-Champs
75005 Paris
Tél. : 01.46.33.28.45
• Pour connaître les antennes en province, contactez les adresses parisiennes ou bien téléphonez à la Fondation de France.
40, av Hoche
75008 Paris
Tél. : 01.44.21.31.00.
• ACEP : Association des collectifs enfants-parents
15, rue du Charolais
75012 Paris
Tél. : 01.44.73.85.20
Fax. : 01.44.73.85.39
Minitel : 3616 ACEPP
• Paris Familles Service
88, rue de la Jonquière
75017 Paris
Tél. : 01.42.28.92.43
• Fondation pour l'enfance :
Service Allô Maman Bébé
17, rue Castagnary
75015 Paris
Tél. : 01.45.30.15.66
• UNAF : Union nationale des associations familiales
Tél. (Paris) : 01.49.95.36.00
01.48.74.80.74
Pour obtenir des renseignements sur les possibilités de garde en crèches, proches de votre domicile.
• Pour rencontrer d'autres mamans et d'autres bébés et dialoguer avec un psychologue.
La Maison verte
13, rue Meilhac
75015 Paris
Tél. : 01.43.06.02.82
(Communique des adresses dans toute la France).
Lun-ven. : 14 h-19 h
Sam. : 15 h-18 h 30
• Maison ouverte de l'École des parents
164, bd Voltaire
75011 Paris
Tél. : 01.44.93.24.10
Ouvert du mardi au samedi de 13 h 30 à 18 h 30.
Il existe une trentaine de ces lieux d'accueil en France. Pour connaître la Maison ouverte la plus proche de chez vous, contactez le service petite enfance de votre mairie, la conseillère technique petite enfance de la Caisse d'allocations familiales, et le médecin de votre PMI.
• Pour répondre à une difficulté urgente
SOS Urgence Mamans
56, rue Passy
75016 Paris
Tél. : 01.46.47.89.98
Permanence : mardi : 9 h-12 h. vendredi : 9 h 15-12 h 15
• Pour quelques heures de dépannage.
Nursing : le relais des mamans
3, rue Cino-del-Duca
75017 Paris
Tél. : 01.40.55.03.03
• Kid services
31, av. Ségur
75007 Paris
Tél. : 0 820 00 02 30

Renseignements administratifs

• CIRA : Centres d'informations et de renseignements administratifs

Bordeaux
Tél. : 05.56.11.56.56

Lille
Tél. : 02.20.49.49.49

Limoges
Tél. : 05.55.04.56.56

Lyon
Tél. : 04.78.63.10.10

Marseille
Tél. : 04.91.26.25.25
04.91.26.24.55
04.91.26.25.25

Metz
Tél. : 03.87.31.91.91

Paris
Tél. : 01.40.01.11.01

Toulouse
Tél. : 05.62.15.15.15

Paris
• UNAF : Union nationale
des associations familiales
28, place Saint-Georges
75009 Paris
Tél. : 01.49.95.36.00
• UNAGA : Union nationale
des associations générales
pour l'aide familiale
28, place Saint-Georges
75009 Paris
Tél. : 01.48.78.20.56
• CNIDFF : Centre national
d'information et de
documentation des femmes
et des familles
7, rue du Jura - 75013 Paris
Tél. : 01.42.17.12.34
• FSFM : Fédération syndicale
des familles monoparentales
53, rue Riquet
75019 Paris
Tél. : 01.44.89.86.80

L'adoption

Toutes les demandes concernant
l'adoption sont à effectuer
auprès de la DASES. Son service
« aide sociale à l'enfance »
pourra vous communiquer la
liste des organismes qui vous
conseilleront dans vos
demandes.
Pour l'adoption d'enfants
étrangers, vous pouvez vous
renseigner :

Paris
Ministère des Affaires
étrangères
Service Mission de l'Adoption
internationale
244, bd St-Germain
75007 Paris
Tél. : 01.43.17.91.61
Ce service a pour vocation :
- de collecter et synthétiser les
informations des parents
désirant adopter,
- de contrôler toutes les œuvres
françaises proposant l'adoption
d'enfants étrangers, ainsi
que la délivrance des visas,
- de jouer un rôle d'intermédiaire
avec des organismes étrangers
d'adoption.

Cannes-la-Bocca
Le Rayon de soleil
Foyer Montbrillant
39, av. de l'Amiral Wester-
Wesmyss
06150 Cannes-la-Bocca
Tél. : 04 92.19. 41. 20
Gère l'adoption des enfants
français, placés dans ses
propres foyers.

Carrière-sous-Poissy
La Cause
69, av. Ernest-Jolly
76955 Carrière-sous-Poissy
Tél. : 01.39.70.60.52
Adoption d'enfants français et
étrangers (Corée, Madagascar),
action de parrainage.

Clefs
Emmanuel MontJoie
49150 Clefs
Tél. : 02.41.82.80.62
A pour objectif de donner une
famille aux enfants gravement
malades ou handicapés.

Orléans
L'Eau de Vie
5, rue Venelle-des-Beaumonts
45000 Orléans
Tel : 02.38.62.74.46
Accueil des enfants en attente
d'adoption (plus particulièrement
des bébés)

Lille
Enfants du monde
194, rue Artois
59000 Lille
Tél. : 03.20.30.04.92
Travaille avec les Missionnaires
de la Charité.
Adoption d'enfants indiens

exclusivement. Parrainage, aide
au tiers monde.

Lyon
Œuvre adoptive lyonnaise
29, av. Félix-Faure
69002 Lyon
Tél. : 04.78.58.48.35

Montrouge
Les Amis des enfants du monde
9, rue Delerue
92120 Montrouge
Tél. : 01.42.53.98.16

Mont-Saint-Aignan
Les Nids
27, rue du Maréchal-Juin
76130 Mont-St-Aignan
Tél. : 02.35.76.80.09
Enfants français en garde auprès
d'assistantes maternelles.

Paris
• Enfance et familles d'adoption
3, rue Gérando
75009 Paris
Tél. : 01.45.26.90.73
• Le Rayon de soleil et l'enfant
étranger
8 bis, rue Martel
75010 Paris
Tél. : 01.48.24.65.90
Adoption d'enfants étrangers.
• Les Nids de Paris
83, av. de Saint-Mandé
75012 Paris
Tél. : 01.43.43.25.38
Adoption mais aussi aide
aux femmes enceintes.
• Association Entraide
des femmes françaises
23, rue Viète
75017 Paris
Tél. : 01.43.80.20.10

Strasbourg
Enfants Espoir du monde
1, pl. Mal-de-Lattre-de-Tassigny
67200 Strasbourg
Tél. : 03.88.36.49.30
Adoption d'enfants étrangers.

Le parrainage

Clamart
Un enfant, une famille
110, rue de Fleury
92140 Clamart
Tél. : 01.46.44.92.10
Pour accueillir chez vous,
de manière bénévole et durable,

1RE
SEMAINE

1ER MOIS

2 À 3
MOIS

4 À 5
MOIS

6 À 7
MOIS

8 À 9
MOIS

10 À 11
MOIS

1 AN

1 AN 1/2

2 ANS

2 ANS 1.

3 ANS

4 ANS

5 ANS

6 ANS

ANNEXES

un enfant, un adolescent afin de lui apporter un soutien affectif, moral et matériel.

PARIS
• CFPE : Centre français de protection de l'enfance
19, rue Véga
75012 Paris
Tél. : 01.53.02.92.92
ou 01.53.17.16.16
Le centre s'occupe de placements familiaux, de foyers, de prévention de la maltraitance.
• Enfance et Partage
2, cité Ameublement
75011 Paris
Tél. : 01.55.25.65.65
Aider à parrainer l'un de leurs programmes : santé, éducation, formation.

Associations d'enfants handicapés

PARIS
• CMPP : Centres médico-psycho-pédagogiques
Ce sont des structures semi-publiques ou semi-privées qui accueillent les enfants qui sont en difficulté dans leur développement et leurs acquisitions. Ils sont regroupés par trois associations à même de vous indiquer le centre le plus proche de votre domicile.
• ANCE : Association nationale des communautés éducatives
145, bd Magenta
75010 Paris
Tél. : 01.44.53.91.19.
• AFCMPP : Association française des CMPP
36, rue de Romainville
75019 Paris
Tél. : 01.42.38.20.71.
29, rue du Fg-Poissonnière
75009 Paris
Tél. : 01.48.24.76.14.
• CAMSP : Centres d'aide médico-sociale précoce
Souvent situés dans un centre hospitalier, ces centres regroupent des psychologues, des médecins spécialisés, des orthophonistes et des psychiatres à même, entre

autres, d'établir un bilan en matière de développement. Ces centres s'adressent aux enfants de la naissance à 6ans. Il en existe 70 environ en France. Pour connaître celui le plus proche de chez vous, adressez-vous à votre généraliste, votre pédiatre ou au médecin de PMI.
• UNAF : Union nationale des associations familiales
28, place Saint-Georges
75009 Paris
Tél. : 01.49.95.36.00.
• UNAPEI : Union nationale des associations de parents d'enfants inadaptés
15, rue Coysevox
75876 Paris Cedex 18
Tél. : 01.44.85.50.50.
• APAJH : Association pour adultes et jeunes handicapés
5, rue Viollet-le-Duc
75009 Paris
Tél. : 01.48.74.91.59.
• ANECAMSP : Association nationale équipes et centres d'action médico-sociale précoce
10, rue Érard
75012 Paris
Tél. : 01.43.42.09.10.
• Association des paralysés de France
17, bd Auguste-Blanqui
75013 Paris
Tél. : 01 40 78 69 00
• Association nationale des infirmes moteurs cérébraux
41, rue Duris
75020 Paris
Tél. : 01.43.49. 22.33.
• Fédération Française Handisport
44, rue Louis-Lumière
75020 Paris
Tél. : 01.40.31.45.00.

LYON
Handicap international
14, av. Berthelot
69007 Lyon
Tél. : 04.78.69.79.79.

Associations des parents d'élèves

PARIS
• FCPE : Fédération des conseils de parents

d'élèves
108, av. Ledru-Rollin,
75011 Paris
Tél. : 01.43.57.16.16
• PEEP : Fédération des parents d'élèves de l'enseignement public
89-91, bd Berthier
75847 Paris Cedex 17
Tél. : 01.44.15.18.18

Associations d'aide aux enfants malades

Anorexie
GEFAB : Groupe d'étude français de l'anorexie et de la boulimie
54, bd Raspail
75006 Paris
Tél. : 01.45.43.44.75

Asthme et allergies respiratoires
PARIS
• Association Asthme
3, rue Hamelin
75116 Paris
Tél. : 01.47.55.03.56
• CNMRTAE : Comité national contre les maladies respiratoires, la tuberculose et l'asthme de l'enfant
66, bd Saint-Michel
75006 Paris
Tél. : 01.46.34.58.80.

Cécité
ANPEA : Association nationale des parents d'enfants aveugles
12 bis, rue de Picpus
75012 Paris
Tél. : 01.43.42.40.40

Dermatie atopique
http://www.afpada.net

Diabète
AJD : Association d'aide aux jeunes diabétiques
9, rue Pierre-de-Coubertin
75013 Paris
Tél. : 01.44.16.89.89

Épilepsie
FFRE : Fondation française pour la recherche sur l'épilepsie
9, av. Percier, 75008 Paris
Tél. : 01.47.83.65.36

Hémophilie
Association française des hémophiles

6, rue Alexandre-Cabanel
75015 Paris
Tél. : 01.45.67.77.67.

Mort subite du nourrisson
• Association Naître et Vivre
5, rue La Pérouse
75116 Paris
Tél. : 01.47.23.98.22.
Ligne Écoutant : 01.47.23.05.08
• CAIRN : Centre de référence
de la mort subite du nourrisson
Professeur Dehan
Hôpital Antoine-Béclère 1
157, rue de la Porte-de-Trivaux
92140 Clamart
Tél. : 01.46.30.05.93
Tél. : 01.45.37.44.44
(Service de réanimation
néonatale)

Mucoviscidose
• S.O.S mucoviscidose
Tél. : 01.64.63.15.04
• Vaincre la mucoviscidose
181, rue Tolbiac
75013 Paris
Tél. : 01.40.78.91.91

Myopathie
Association française contre
les myopathies
9, place de Rungis,
75626 Paris Cedex 13
BP 419
Tél. : 01.44.16.75.02

Petite taille
Grandir (Association de parents
d'enfants ayant des problèmes
de croissance)
84, av. Pasteur
10000 Troyes
Tél. : 03.25.70.05.08

Psoriasis
Association pour la lutte
contre le psoriasis
68, rue Romain-Rolland
78370 Plaisir
Tél. : 01.30.54.72.60

Sida
• AIDES : Association
de lutte contre le sida
247, rue de Belleville
75019 Paris
Tél. : 01.44.52.00.00
• SOL EN SI
(Solidarité enfants sida)
9, rue Léon-Giraud
75019 Paris
Tél. : 01.44.52.78.78

• Dessine-moi un mouton
(Aide aux enfants touchés
par le sida et à leurs familles)
35, rue de la Lune
75002 Paris
Tél. : 0 820 140 140

Trisomie
• FAIT 21 : Fédération des
associations pour l'insertion
sociale des trisomiques
32, rue Antoine-Durafour
42000 Saint-Étienne
Fax. : 04.77.33.99.02
• EPHAPA : Atelier
d'apprentissage
pour enfants trisomiques
L'Eau de Vie
83340 le Thoronet
Tél. : 04.94.73.84.96

Troubles de l'audition et du langage
• FNO : Fédération nationale
des orthophonistes
145, bd de Magenta
75010 Paris
Tél. : 01.40.35.63.75
• IDDA : Centre d'information
et de documentation sur
la déficience auditive
37, rue Saint-Sébastien
75011 Paris
Tél. : 01.49.29.06.65
• APD : Association parole-
bégaiement
BP 72
75622 Paris Cedex 13
Tél. : 01.46.65.36.39
• ANPEDA : Association
nationale de parents
d'enfants déficients auditifs
37-39, rue Saint-Sébastien
75011 Paris
Tél. : 01.43.14.00.38

Vitiligo
Association française de vitiligo
11, rue de Clichy
75009 Paris
Tél. : 01.45.26.15.55

Problèmes scolaires

Dyslexie
• APEDA : Association de
parents d'enfants en difficulté
d'apprentissage
3 bis, av. des Solitaires
78320 Le-Mesnil-Saint-Denis
Tél. : 01.34.61.96.43

• FNO : Fédération nationale
des orthophonistes
145, bd de Magenta
75010 Paris
Tél. : 01.40.35.63.75

Précocité intellectuelle
Information enfants surdoués
6, rue Amélie
75007 Paris
Tél. : 01.47.53.83.88

Idées loisirs

Contacter la Maison de la
jeunesse et de la culture : MJC
de votre région.
(Fédération régionale des
Maisons des jeunes et de la
culture d'Île-de-france)
54, bd des Batignolles
75017 Paris
Tél. : 01.43.87.66.83

Livres
Pour lui faire aimer les livres
DIJON
Promotion de la lecture
8, allée des Pyrénées
21000 Dijon
Tél. : 03.80.42.14.18
NANTERRE
ARPLE : Association recherche
et pratique sur le livre pour
enfants
8, rue de Lille
92000 Nanterre
Tél. : 01.47.60.25.10

Ludothèques
PARIS
ALF : Association des
ludothèques françaises
7, impasse Chartière
75005 Paris
Tél. : 01.43.26.84.62

Apprendre une langue
BORDEAUX
Maison des enfants (atelier
d'anglais à partir de 4 ans)
64, rue Magendie
33000 Bordeaux
Tél. : 05.56.33.86.50
PARIS
English Junior's Club
(pour les 3 à 12 ans)
3, rue Faustine-Hélie
75016 Paris
Tél. : 01.45.04.45.00
Relais Mini-schools

1RE SEMAINE

1ER MOIS

2 À 3 MOIS

4 À 5 MOIS

6 À 7 MOIS

8 À 9 MOIS

10 À 11 MOIS

1 AN

1 AN 1/2

2 ANS

2 ANS 1/2

3 ANS

4 ANS

5 ANS

6 ANS

ANNEXES

Carnet d'adresses

(Initiation à l'anglais à partir de 3 ans)
Moselle
Tél. : 03.87.31.29.94
Orléans
Tél. : 02.38.58.22.49
Région parisienne
Tél. : 01.39.50.88.66
Toulouse
Tél. : 05.61.84.77.92
(Initiation à l'allemand)

Sports
Fédérations françaises :
Athlétisme - FFA
Tél. : 01.53.80.70.00
Basket - FFBB
Tél. : 01.53.94.25.00
Base-ball
(Ligue IDF de base6ball)
Tél. : 01.40.50.00.94
Canoë Kayak
Tél. : 01.45.11.08.50
Courses d'orientation
Tél. : 01.47.97.11.91
Cyclisme
Tél. : 01.49.35.69.00
Danse
Tél. : 01.40.16.53.38
Équitation
Tél. : 01.53.26.15.15
Escrime
Tél. : 01.44.53.27.50
Football
Tél. : 01.44.31.73.00
Gymnastique
Tél. : 01.48.01.24.48
Hockey (gazon)
Tél. : 01.44.69.33.69
Judo
Tél. : 01.40.52.16.16
Karaté
Tél. : 01.43.95.42.00
Karting
Tél. : 01.42.05.09.44
Natation
148, av Gambetta
5, Cité Griset
75001 Paris
Tél. : 01.40.31.17.70

Pour les plus petits :
Fédération des Bébés nageurs
Tél. : 01.43.55.98.76
Plongée
Tél. : 04.91.33.99.31
Roller
Tél. : 05.56.84.10.97
Rugby
Fax. : 01.45.26.19.19
Ski - FFS
Tél. : 04.50.51.40.34
Sports de glace
Tél. : 01.53.92.81.81
Tennis - FFT
Tél. : 01.47.43.48.00
Tir
Fax. : 01.55.37.99.93
Tir à l'arc
Tél. : 01.48.12.12.20
Trampoline et sports acrobatiques - FFTSA
Tél. : 01.48.01.24.48
Voile - FFV
Tél. : 01.40.60.37.00

Consommation

Paris
Commission de la Sécurité des consommateurs
55, bd Vincent-Auriol
Télédoc 021
75703 Paris Cedex 19
Tél. : 01.44.97.05.63

Services Internet

www.enfance.com
Une rubrique consacrée aux droits de la famille et de l'enfant permet d'obtenir des informations concernant les prestations sociales, l'état civil, les démarches administratives.

www.sante.gouv.fr
Un des sites du ministère de la Santé.
www.multimania.com/adepeda
Site de l'association départementale des parents d'enfants déficients auditifs.
perso. orange. fr/anpea/
Site de l'association nationale des parents d'enfants aveugles ou gravement déficients visuels.
perso. orange. fr/arpeije/index. htm
Site de l'association de recherche pour l'éducation et l'insertion des jeunes épileptiques.
www.dpam.com
Site de la boutique « Du pareil au même » pour préparer depuis chez soi la valise de la maternité ou la chambre de votre bébé.
www.naissance.fr
Site qui offre la possibilité de commander ou faire réaliser ses faire-part de naissance sur papier.
www.auféminin. com
La rubrique maternité de ce site donne de nombreux renseignements pratiques sur les modes de garde
www.magique-emilie.com
Site d'informations autour de l'éducation des tout-petits, entre autres.
www.monbebe.net
Site proposant des informations sur l'allaitement, l'alimentation, la santé des enfants.
www.ansl.org
www.aufeminin.com
www.babyfrance.com
www.bebe-arrive.com
www.bebenet.com
www.bebe-zone.com
www.infobebes.com
www.lamaternite.com
www.ptitbout.com
www.sosprema.com

Index des mots clefs

1RE SEMAINE
1ER MOIS
2 À 3 MOIS
4 À 5 MOIS
6 À 7 MOIS
8 À 9 MOIS
10 À 11 MOIS
1 AN
1 AN 1/2
2 ANS
2 ANS 1/2
3 ANS
4 ANS
5 ANS
6 ANS
ANNEXES

Index des mots clefs

Index des mots clefs

***Élever son enfant (6-12 ans)*
avec les conseils de Marcel Rufo
et Philippe Meirieu**

MARCEL RUFO PHILIPPE MEIRIEU

ÉDITION
2010

Élever son enfant
6-12 ans

hachette
PRATIQUE

Crédits photographiques

Les photographies d'*Élever bébé* sont de **Alexandra Duca**, à l'exception de : p. 28 : © Getty / Charles Thatcher ; p. 54 : © Getty / Bushnell/Solfer ; p. 64 : © Getty / Michael Krasowitz ; p. 68 : © Getty / Ruth Jenkinson ; p. 98 : © Getty/ Ruth Jenkinson ; p. 108 : © Getty / Jean Mahaux ; p. 116 : © Getty / Lisa Spindler Photography Inc ; p. 144 : © Getty/Amanda Hall ; p. 153 : © Getty / Camille Tokerud ; p. 171 : © Getty / Tony May ; p. 189 : © Getty / Barbara Peacock ; p. 192 : © Getty / Photolibrary ; p. 196 : © Getty / Régine Mahaux ; p. 202 : © Getty / Vanessa Davies ; p. 232 : © Getty / Victoria Blackle ; p. 234 : © Getty / Dana Menussi ; p. 250 : © Getty / Eric Morita ; p. 255 : : © Getty/ Bill Sykes Images ; p. 256 : © Getty / Artiga Photo ; p. 259 : © Getty / Daly & Newton ; p. 314 : © Getty / Andrew Errington ; p. 334 : © Getty / Spike Mafford ; p. 365 : © Getty / Hola Images ; p. 384 : © Getty / Mel Yates ; p. 394 : © Getty / Nancy Ney ; p. 398 : © Getty / Elyse Lewin ; p. 418 : © Getty / Steffen Thalemann ; p. 428 : © Getty / Kate Powers ; p. 439 : © Getty / Trish Gant ; p. 441 : © Getty / Kevin Mackintosh ; p. 446 : © Getty / Devid Pfeifroth ; p. 454 : © Getty / Larry Gatz ; p. 456 : © Getty / Gabrielle Revere ; p. 464 : © Getty / Bob Thomas ; p. 477 : © Getty/ Nick Tresidder ; p. 487 : © Getty / Roy Gumpel ; p. 489 : © Getty / Brian Summers ; p. 505 : © Getty / Barry Rosenthal ; p. 506 : © Getty / Marilyn Conway ; p. 508 : © Getty / Andreas Pollok ; p. 510 : © Getty/ Peter Hannert ; p. 532 : © Getty / Marvin E. Newman ; p. 561 : © Getty / Getty Images ; p. 597 : © Getty / Darren Robb ; p. 599 : © Getty / Nancy Ney ; p. 640 : © Getty / Baoba Images.

Couverture : 1ᵉ : Garo / Phanie
4ᵉ : Portrait du Pr Marcel Rufo : © Philippe Vaures Santamaria
Couverture Élever son enfant : © Masterfile

Remerciements

Alexandra remercie chaleureusement tous les petits pour les moments joyeux et tendres qu'ils ont partagés : Aiden, Alicia, Claire et Alexandre, Damien, Éléonor, Évariste, Fatima, Gaïa, Ilal, Inès et Maxence, Jules, Julien, Killian, Léa et Louis, Louise, Juliette et Arthur, Louve, Luca, Maël et Paloma, Manon, Marie Amélie, Louis et Estelle, Mathéo et Benjamin, Maxime, Méliana, Océane, Pauline et Véranne, Yahya et Yasmina, Rosie, Tanguy, Térence, Thomas, Valentin, Zoé ; et tous les grands pour leur disponibilité et leur aide précieuse : Nolwenn, Madame Bouty, Alexandra, Monsieur et Madame Frédéric Marchal, Nadia, Nathalie, Nicole, Marie Clotilde, Stéphanie et Cyril, David, Marie Leclerc, Laurent et Aurélie, Joële et Jean-Claude, Frédéric, Laurent, Caroline, Félix et Alexandra, Virginie, Marie-Andrée, Carole, la crèche « Les petits drôles ».

Photogravure : Altavia Penez à Lille
Impression : Stige Italie
Dépôt légal : août 2009
23-49-7555-01-8
ISBN : 978-2-01-237555-0